UTB

Eine Arbeitsgemeinschaft der Verlage

Böhlau Verlag · Köln · Weimar · Wien
Verlag Barbara Budrich · Opladen · Farmington Hills
facultas.wuv · Wien
Wilhelm Fink · München
A. Francke Verlag · Tübingen und Basel
Haupt Verlag · Bern · Stuttgart · Wien
Julius Klinkhardt Verlagsbuchhandlung · Bad Heilbrunn
Mohr Siebeck · Tübingen
Nomos Verlagsgesellschaft · Baden-Baden
Orell Füssli Verlag · Zürich
Ernst Reinhardt Verlag · München · Basel
Ferdinand Schöningh · Paderborn · München · Wien · Zürich
Eugen Ulmer Verlag · Stuttgart
UVK Verlagsgesellschaft · Konstanz, mit UVK/Lucius · München
Vandenhoeck & Ruprecht · Göttingen · Oakville
vdf Hochschulverlag AG an der ETH · Zürich

KLINKHARDT LEXIKON ERZIEHUNGSWISSENSCHAFT

KLE Band 2: Gruppenpuzzle – Pflegewissenschaft

herausgegeben von
Klaus-Peter Horn • Heidemarie Kemnitz
Winfried Marotzki • Uwe Sandfuchs

unter Mitarbeit von Stefan Iske

In Zusammenarbeit mit
Christel Adick • Karl-Heinz Arnold • Lothar Böhnisch
Karin Büchter • Hans-Peter Füssel • Hans-Werner Fuchs
Ingrid Gogolin • Friederike von Gross • Hilmar Hoffmann
Sabine Hornberg • Hans-Christoph Koller • Karl Lenz • Anne Levin
Dieter Nittel • Sabine Reh • Lutz-Rainer Reuter • Uwe Sander
Uta Stäsche • Werner Thole • Horst Weishaupt • Rolf Werning

VERLAG
JULIUS KLINKHARDT
BAD HEILBRUNN • 2012

Online-Angebote oder elektronische Ausgaben zu diesem Buch
sind erhältlich unter www.utb-shop.de

Die Deutsche Bibliothek – CIP-Einheitsaufnahme
Die Deutsche Nationalbibliothek verzeichnet diese Publikation in der Deutschen Nationalbibliografie; detaillierte bibliografische Daten sind im Internet über http://dnb.d-nb.de abrufbar.

Einbandgestaltung: Atelier Reichert, Stuttgart.
Druck und Bindung: Friedrich Pustet, Regensburg.

Printed in Germany 2011.
Gedruckt auf chlorfrei gebleichtem alterungsbeständigem Papier.

UTB-Band-Nr.: 8468 (3 Bände im Schuber)
UTB-Bestellnummer: 978-3-8252-8468-8

KLE Band 1
Aa, Karl von der* bis *Gruppenprozesse

KLE Band 2
Gruppenpuzzle* bis *Pflegewissenschaft

KLE Band 3
Phänomenologische Pädagogik* bis *Zypern

G

Gruppenpuzzle

Das Gruppenpuzzle (englisch jigsaw classroom) ist eine kooperative Unterrichtsform. Sie wurde von dem Sozialpsychologen Elliot Aronson entwickelt, der dabei zunächst die Absicht verfolgte, die Beziehungen zwischen den Schülerinnen und Schülern durch eine kooperative Zusammenarbeit zu verbessern. Die Schüler werden zunächst in Stammgruppen eingeteilt. Der Lernstoff wird in mehrere eigenständige Themengebiete aufgeteilt; jedes Mitglied einer Stammgruppe wählt ein anderes Themengebiet (oder bekommt es vom Lehrer zugewiesen). Schüler mit gleichen Themengebieten treffen sich anschließend in den Expertengruppen, in denen sie den Stoff mit Hilfe von vorbereitetem Unterrichtsmaterial (Texte oder anderes) selbstständig bearbeiten, diskutieren und für die spätere Vermittlung in den Stammgruppen aufarbeiten. Nach der Erarbeitungsphase kehren die Schüler, jetzt Experten in ihrem Teilgebiet, in die Stammgruppen zurück und geben dort wechselweise ihr Wissen den anderen Mitgliedern der Stammgruppe weiter. Häufig wird das Gruppenpuzzle durch eine abschließende Phase zur Verarbeitung und Vertiefung des Wissens in den Stammgruppen ergänzt. Studien zur Effektivität des Gruppenpuzzle weisen heterogene, insgesamt positive Effekte bei Leistungsergebnissen auf. Positive Effekte resultieren für das Selbstwertgefühl und die Involviertheit in das Unterrichtsgeschehen. Das Gruppenpuzzle erfüllt durch die Ressourceninterdependenz (die Lernenden können nicht auf das gleiche Material zurückgreifen) in hohem Maße Basisvoraussetzungen erfolgreicher kooperativer Lernformen. Dazu gehören individuelle Verantwortlichkeit und wechselseitige Abhängigkeit zwischen den Gruppenmitgliedern.

Literatur

Aronson, E. u.a. (1978): The Jigsaw Classroom. Beverly Hills.

Martin Hänze

GTZ → Deutsche Gesellschaft für Technische Zusammenarbeit

Guam → Pazifikregion

Guatemala → Lateinamerika

Günther, Karl-Heinz (geb. 1926)

Günther, geboren in der Familie eines Eisenbahners, legte 1944 das Abitur ab und war als Wehrmachtsangehöriger zuletzt Sanitäter im Fronteinsatz. Nach vier Jahren in sowjetischer Kriegsgefangenschaft studierte er an der Universität Halle-Wittenberg Geschichte und Pädagogik. Er wurde 1955 in Halle promoviert mit einer Arbeit über die Persönlichkeitspädagogik Huo Gaudigs und habilitierte sich 1962 in Berlin mit einer Arbeit über bürgerlich-demokratische Pädagogen im 19. Jahrhundert. Im gleichen Jahr wurde er zum Professor für Geschichte der Pädagogik berufen.

Günther hat in leitenden Stellungen seit 1961 am Deutschen Pädagogischen Zentralinstitut, ab 1970 als Vizepräsident der Akademie der Pädagogischen Wissenschaften maßgeblich die Ausbildung wissenschaftlichen Nachwuchses, die Theorieentwicklung in verschiedenen Teildisziplinen der Erziehungswissenschaft und vor allem die erziehungsgeschichtliche Forschung in der Deutschen Demokratischen Republik (DDR) mitbestimmt und gefördert. Er war u.a. Mitherausgeber der historisch–pädagogischen Standardwerke der DDR (Geschichte der Erziehung, 16 Auflagen von 1957 bis 1988; Quellen zur Geschichte der Erziehung, 9 Auflagen von 1959 bis 1980; Editionen in der Pädagogischen Bibliothek, seit 1967; Jahrbuch für deutsche Erziehungs- und Schulgeschichte, ab 1972). Mit Arbeiten vor allem über Friedrich Wilhelm Adolph Diesterweg blieb die deutsche Pädagogik des 19. Jahrhunderts eines seiner wichtigsten Forschungsfelder. Neben einer Folge von Quelleneditionen veröffentlichte Günther auch Darstellungen zur Schulgeschichte der DDR. Er vertrat die Bildungs- und Wissenschaftspolitik der DDR auf zahlreichen internationalen Kongressen. Als Teilnehmer der Sendereihe Professorenkollegium des DDR-Fernsehens verlieh er der Pädagogik auch eine spezifische mediale Präsenz.

Literatur
Günther, K.-H. (2002): Rückblick. Frankfurt.

Gert Geißler

Gütekriterien qualitativer Forschung

Gütekriterien qualitativer Forschung sind Maßstäbe zur Beurteilung der Ergebnisse und des Verlaufs qualitativer Forschung, denen zugleich eine wichtige Funktion bei dem Versuch zukommt, die Geltung solcher Forschungsergebnisse zu begründen. Die besondere Bedeutung von Gütekriterien qualitativer Forschung ergibt sich aus dem Umstand, dass qualitative Forschungsmethoden z.T. in Abgrenzung zu etablierten Verfahren quantitativer Forschung entstanden sind und bis heute in verschiedener Hinsicht (z.B. im Blick auf die Forschungsfinanzierung) mit solchen Verfahren konkurrieren.

Die Diskussion über Gütekriterien qualitativer Forschung orientierte sich anfangs vor allem an den klassischen Gütekriterien quantitativer Forschung wie Objektivität, Reliabilität und Validität und war durch den Versuch gekennzeichnet, diese etablierten Kriterien auf qualitative Forschung zu übertragen. Da diese Maßstäbe jedoch für andere Methoden entwickelt wurden und z.T. auf Annahmen beruhen, die mit wissenschaftstheoretischen Grundpositionen qualitativer Forschung kaum vereinbar sind, wurde seit Mitte der 1980er Jahre versucht, spezifische Gütekriterien qualitativer Forschung zu entwickeln, die der wissenschaftstheoretischen, methodologischen und methodischen Besonderheit qualitativen Forschens Rechnung tragen. In den 1990er Jahren schließlich wurde aus postmoderner Perspektive gelegentlich bezweifelt, dass es überhaupt möglich sei, Gütekriterien qualitativer Forschung zu formulieren.

Dementsprechend lassen sich in der Diskussion über Gütekriterien qualitativer Forschung drei Grundpositionen unterscheiden. Kennzeichnend für die erste Position ist der Versuch, ausgehend von der Annahme, es gebe einheitliche Maßstäbe zur Beurteilung jedweder Art wissenschaftlicher Erkenntnisgewinnung, die etablierten Kriterien quantitativer Forschung auf qualitative Forschung zu übertragen bzw. so zu reformulieren, dass sie der Besonderheit qualitativer Forschung entsprechen. Die zweite Grundposition bezweifelt die Übertragbarkeit von Kriterien aus dem quantitativen Kontext auf qualitative Forschung und versucht deshalb, eigene, an den methodologischen Grundprinzipien qualitativer Forschung orientierte Bewertungsmaßstäbe zu entwickeln. Die dritte Position schließlich stellt aus grundsätzlichen erkenntnistheoretischen Erwägungen die Möglichkeit in Frage, allgemein verbindliche Gütekriterien qualitativer Forschung zu formulieren. Die meisten Beiträge zur Diskussion über Gütekriterien qualitativer Forschung lassen sich den beiden ersten Grundpositionen zuordnen.

Die Vorschläge zur Übertragung von Maßstäben quantitativer Verfahren auf qualitative Forschung gemäß der ersten Grundposition konzentrieren sich auf die Kriterien der Reliabilität und der Validität. Unter Reliabilität wird dabei vor allem die Genauigkeit bzw. Zuverlässigkeit von Messverfahren verstanden, deren umstandslose Übertragung auf qualitative Vorgehensweisen allerdings problematisch ist. So setzt z.B. diachrone Reliabilität, d.h. die Konstanz von Messergebnissen zu unterschiedlichen Zeitpunkten, voraus, dass das zu untersuchende Phänomen selbst keinem Wandel unterliegt, was auf die Gegenstände der qualitativen Forschung nur in seltenen Fällen zutreffen dürfte. Aber auch für synchrone Reliabilität, d.h. die Konstanz von Ergebnissen verschiedener Messungen zum selben Zeitpunkt, gilt, dass dieses Kriterium im Rahmen qualitativer Forschung besonders aufschlussreich sein kann, wenn es nicht eingehalten wird. Denn die Frage nach den Ursachen solcher Differenzen verweist auf die Unterschiedlichkeit der mit verschiedenen (Mess-)Methoden verbundenen Perspektiven auf denselben Gegenstand. Ein Versuch, das Gütekriterium der Reliabilität so umzuformulieren, dass es auch auf qualitative Forschung sinnvoll angewandt werden kann, stellt das Konzept der prozeduralen Reliabilität dar, das die Zuverlässigkeit des gesamten Forschungsprozesses in den Blick zu nehmen versucht. Zur Erhöhung von Reliabilität in diesem Sinn können u.a. die Standardisierung von Aufzeichnungs- und Dokumentationsmethoden, die Schulung von Interviewern bzw. Beobachtern sowie die reflexive Verständigung unter den Forschern über das Vorgehen bei der Datenauswertung beitragen.

Das klassische Gütekriterium der Validität betrifft die Frage, inwiefern ein Messinstrument wirklich misst, was es messen soll. Dieses Kriterium lässt sich in Bezug auf qualitative Forschung als Forderung verstehen, dass die Theorien, zu denen qualitative Forschung gelangt, als Versionen des untersuchten Gegenstandes in diesem Gegenstand selbst bzw. in den Konstruktionen der Akteure des untersuchten Feldes begründet sein sollen (sowie dass diese Begründetheit für andere nachvollziehbar sein soll). Validität in diesem Sinne kann z.B. überprüft werden, indem man untersucht, inwieweit die Datenerhebung den Akteuren Gelegenheit gab, ihre Sicht der Wirklichkeit unverzerrt zur Geltung zu bringen. Eine weitere Strategie zur Überprüfung bzw. Erhöhung der Validität in qualitativer Forschung stellt die kommunikative Validierung dar (im englischen Sprachraum auch als member check bezeichnet), die darauf abzielt, die Zustimmung der untersuchten Akteure zu ihren Aussagen (also z.B. zur Transkription eines Interviews) oder sogar zu deren Auswertung einzuholen. Die Einbeziehung von Auswertungsergebnissen (wie z.B. der Interpretation eines Interviews) in die kommunikative Validierung stößt allerdings dann an Grenzen, wenn die Fragestellung die subjektive Sichtweise der Akteure systematisch überschreitet und (wie z.B. in der Objektiven Hermeneutik oder der Tiefenhermeneutik) auf die Entdeckung von Tiefenstrukturen abzielt, die den Akteuren selbst gar nicht bewusst zu sein brauchen. Weitere Versuche, das Kriterium der Validität so zu reformulieren, dass es der Besonderheit qualitativer Forschungsmethoden gerecht wird, stellen die systematische Einbeziehung abweichender Fälle (die auch als analytische Induktion bezeichnet wird) sowie das Konzept der prozeduralen Validität dar, das darauf abzielt, die Frage der Validität auf den gesamten Forschungsprozess auszudehnen und die Beurteilung einzelner Elemente durch die Überprüfung der Transparenz des gesamten Prozesses zu ersetzen. Auch Triangulation, d.h. die Kombination unterschiedlicher Datensorten, Methoden, Forscher oder theoretischer Perspektiven bei der Erforschung desselben Gegenstandes, ist anfangs als eine Strategie zur Überprüfung bzw. Erhöhung der Validität qualitativer Forschung verstanden worden, wird heute aber meist als systematische Erweiterung der Erkenntnismöglichkeiten bzw. Zugänge zu einem Phänomen gedeutet.

Die Versuche der Formulierung eigener Kriterien zur Beurteilung qualitativer Forschung gemäß der zweiten oben genannten Grundposition verzichten zumeist explizit auf die Verwendung von aus dem Kontext quantitativer Verfahren stammenden Begriffe wie Objektivität, Reliabilität oder Validität und schlagen statt dessen neue Konzepte (wie z.B. Glaubwürdigkeit, Verlässlichkeit oder Authentizität) vor, die den Anspruch erheben, der Besonderheit qualitativer Forschung besser gerecht zu werden. Die Diskussion über solche Vorschläge hat noch zu keinem allgemein akzeptierten Konsens geführt. Besondere Bedeutung im deutschen Sprachraum kommt einem von Ines Steinke entwickelten Ansatz zu, der etliche bereits genannte Ideen aufgreift und in ein System von Kriterien zu integrieren versucht, das möglichst viele Aspekte der Bewertung qualitativer Forschung abdeckt. Zu den darin enthaltenen Kernkriterien, die je nach Fragestellung, Gegenstand und verwendeter Methode untersuchungsspezifisch konkretisiert werden sollen, gehören u.a. die intersubjektive Nachvollziehbarkeit des gesamten Forschungsprozesses (die durch umfassende Dokumentation aller Schritte, Auswertung in Forschergruppen sowie Anwendung kodifizierter, d.h. regelgeleiteter Erhebungs- und Auswertungsmethoden erreicht werden soll), die Indikation bzw. Gegenstandsangemessenheit aller methodischen Schritte (von der Entscheidung für ein qualitatives Vorgehen über die Wahl der Erhebungs-, Transkriptions- und Auswertungsmethode bis zur Strategie der Fallauswahl), die empirische Verankerung von Befunden und Theorien im Datenmaterial (unter ausdrücklicher Einbeziehung abweichender Fälle), die Reflexion der Grenzen des Geltungsbereichs bzw. der Verallgemeinerbarkeit der Forschungsergebnisse sowie die explizite Reflexion der Subjektivität der Forschenden und ihrer Rolle im Forschungsprozess.

Die Zukunft qualitativer Forschung wird u.a. davon abhängen, inwieweit es gelingt, einen Konsens über angemessene Kriterien zu ihrer Bewertung zu erzielen.

Literatur

Flick, U. ([3]2010): Qualitative Sozialforschung. Reinbek, 487-530. – Steinke, I. (1999): Kriterien qualitativer Forschung. Weinheim. – Steinke, I. ([8]2010): Gütekriterien qualitativer Forschung. In: Flick, U./Kardoff, E.v./Steinke, I. (Hg.): Qualitative Forschung. Reinbek, 319-331.

Hans-Christoph Koller

Guinea → Sub-Saharisches Afrika

Guinea-Bissau → Sub-Saharisches Afrika

Gurlitt, Ludwig (1855-1931)

Geboren als Sohn eines Landschaftsmalers studierte Gurlitt nach negativen Schulerfahrungen klassische Philologie in Göttingen. Das Studium schloss er 1879 mit der Promotion und dem Staatsexamen ab. Danach arbeitete er als Gymnasiallehrer in Hamburg und Berlin, zuletzt am Gymnasium Steglitz bei Berlin. Aus seiner Klasse ging mit seiner Unterstützung 1901 der Wandervogel hervor. Vor dem Hintergrund der eigenen negativen Schulerfahrungen wurde Gurlitt einer der schärfsten Schulkritiker der Reformpädagogik. Sein Buch Der Deutsche und sein Vaterland (1902) brachte ihn in Konflikt mit der Schulverwaltung und erzwang seinen vorzeitigen Ruhestand (1907). Anschließend war er publizistisch tätig und gründete mehrere Privatschulen. Jugendbewegt, befreundet mit Berthold Otto und kunstorientiert kritisierte Gurlitt u.a. die einseitig intellektuelle Schulbildung, den Mangel an Bewegung, die Distanz zur Natur und die Erziehung zur Unterwürfigkeit.

Literatur

Kontze, A. (2001): Der Reformpädagoge Prof. Dr. Ludwig Gurlitt (1855-1931) – bedeutender Schulreformer oder „Erziehungsanarchist“? Göttingen.

Jörg-W. Link

GutsMuths, Johann Christoph Friedrich (1759-1839)

Nach dem Studium in Halle (Saale) und einer Hauslehrertätigkeit bei dem Geographen Karl Ritter wirkte GutsMuths von 1785 bis zu seinem Tod als Lehrer für Geographie und Leibesübungen am Philanthropin von Christian Gotthilf Salzmann in Schnepfenthal, dessen pädagogische Neuerungsideen er in seinen Unterrichtsfächern umzusetzen versuchte. GutsMuths wandte sich gegen den vernunft- und naturwidrigen Lebensstil der Gesellschaft und forderte die Einbeziehung der körperlichen Bildung in den Schulunterricht. Im Anschluss an die von Johann Bernhard Basedow in Dessau begründete Gymnastik entwickelte GutsMuths ein System des Schulturnens (Gymnastik für die Jugend, 1793, ²1804), zu dem auch Spiele und Schwimmen gehörten (Spiele zur Uebung und Erholung des Geistes und Körpers, 1796, ⁴1845). Er forderte eine gründliche körperliche Schulung der Kinder aller Stände des Volkes, da jeder einer vielseitigen körperlichen Ausbildung bedürfe (Turnbuch für die Söhne des Vaterlandes, 1817/1973). In Schnepfenthal ließ GutsMuths den ersten Sportplatz Deutschlands mit verschiedenen Turngeräten einrichten.

1808-1820 gab GutsMuths das viel beachtete Rezensionsorgan Neue Bibliothek für Pädagogik, Schulwesen und die gesammte neueste pädagogische Literatur Deutschlands heraus.

Literatur

GutsMuths, J. C. F. (1999): Gymnastik für die Jugend, enthaltend eine praktische Anweisung zu Leibesübungen. 2 Bde. Rudolstadt.

Sylvia Schütze

GWK → Gemeinsame Wissenschaftskonferenz

Gymnasiale Oberstufe

Die gymnasiale Oberstufe besteht mittlerweile mit der gegenwärtigen Umstellung des neunjährigen auf das achtjährige Gymnasium in den meisten deutschen Bundesländern (einzige Ausnahme Rheinland-Pfalz) noch aus den letzten beiden Schuljahren des Bildungsganges, der zum Erwerb der Allgemeinen Hochschulreife führt. Die gymnasiale Oberstufe kann als Oberstufe verschiedener Schularten der Sekundarstufe II (Gymnasien, berufliche Gymnasien, Fachgymnasien oder Gesamtschulen) vorkommen. Die Zugangsvoraussetzung für den Besuch der gymnasialen Oberstufe wird in der Regel nach Jahrgangsstufe 10 erworben.

Die Stellung der gymnasialen Oberstufe zwischen Hochschule und Sekundarstufe I ist immer wieder Gegenstand bildungspolitischer und bildungstheoretischer Auseinandersetzungen. Kontrovers diskutiert wird seit den 1960er Jahren, wie die gymnasiale Oberstufe neben ihrer allgemeinbildenden Funktion angesichts einer auf Arbeitsteilung und funktionaler Ausdifferenzierung beruhenden Gesellschaft auch die Spezialisierung im Hinblick auf einen späteren Beruf bzw. ein Studium vorbereiten könne.

Mit den Vereinbarungen zur Neugestaltung der gymnasialen Oberstufe von 1972 hat die Kultusministerkonferenz (KMK) die gymnasiale Oberstufe bundesweit neu und einheitlich geordnet. Das bis dahin bis zum Abitur geführte Klassensystem wurde für die Jahrgangsstufen 11 bis 13 durch ein Kurssystem und die Noten durch ein Punktesystem abgelöst. Im Kurssystem wählen die Schüler nach bestimmten Regeln zwei (bzw. in Baden-Württemberg drei) Leistungskurse zu je fünf Stunden und eine bestimmte Anzahl von Grundkursen zu je zwei oder drei Stunden in der Woche für die Dauer von zwei bis vier Semestern. Die Kurse sind dem sprachlich-literarisch-

künstlerischen, dem gesellschaftswissenschaftlichen oder dem mathematisch-naturwissenschaftlich-technischen Aufgabenfeld zugeordnet. Die Vorschriften sichern, dass die Schüler bestimmte Fächer, wie eine Fremdsprache, Deutsch und Mathematik und eine festgelegte Anzahl von Semestern und Kursen aus allen drei Aufgabenfeldern belegen.
Durch die von der KMK 1995 eingesetzte Expertenkommission zur Weiterentwicklung der gymnasialen Oberstufe und des Abiturs wurden Empfehlungen für weitere Möglichkeiten individueller Schwerpunktsetzungen für die Schüler formuliert, die durch eine Facharbeit zu einem selbst gewählten Thema oder eine Besondere Lernleistung (z.B. Jahresarbeit oder Teilnahme an einem von Bund oder Land geförderten Wettbewerb wie Jugend forscht oder Jugend musiziert) dokumentiert werden.
Neuere Entwicklungen in den 2000er Jahren, wie die fast bundesweite Einführung des Zentralabiturs (Ausnahme Rheinland-Pfalz) und die Wiedereinführung eines verbindlichen Fächerkanons, schränken die Möglichkeiten der Schwerpunktsetzung zum Teil wieder ein.

Literatur
Tenorth, H.-E. (2000): Propädeutik und Reflexivität. In: Pädagogik 52, H. 12, 46-49. – Trautwein, U./Neumann, M. (2008): Das Gymnasium. In: Cortina, K. S. u.a. (Hg.): Das Bildungswesen in der Bundesrepublik Deutschland. Reinbek, 467-501.

Kerstin Rabenstein

Gymnasium

Die Wortbedeutung von Gymnasium weist bis in die griechische Antike zurück, in der das gymnásion der vorwiegend körperlichen, aber auch geistigen Ertüchtigung der männlichen Jugend dienen sollte. Die Geschichte des modernen Gymnasiums begann an der Wende vom 18. zum 19. Jahrhundert mit Wilhelm von Humboldts Idee zweckfreier, allgemeiner Bildung. Der Lehrplan umfasste gymnastischen, ästhetischen und didaktischen (wissenschaftspropädeutischen) Unterricht. Im Zentrum standen die alten Sprachen Latein, Griechisch sowie Mathematik und Deutsch. Nach einer in den verschiedenen deutschen Landesteilen unterschiedlichen Entwicklung wurde der Zugang zur Hochschule schrittweise (in Preußen zwischen 1788 und 1834) an den Erwerb eines Reifezeugnisses (Abitur) geknüpft. Damit wurde dem Gymnasium das Berechtigungsmonopol der Zulassung zur Universität übertragen. Gleichzeitig wurden damit bisherige Privilegien von Besitz und Stand durch ein für alle gültiges Leistungskriterium ersetzt. Das neuhumanistisch konzipierte Gymnasium geriet im 19. Jahrhundert zunehmend in Widerspruch mit jenen höheren Schulangeboten, die der gesellschaftlichen Entwicklung mit stärkerer realistischer Orientierung, etwa mit neusprachlicher Akzentuierung (Realgymnasien) bzw. naturwissenschaftlicher Gewichtung (Oberrealschulen), Rechnung trugen. Erst 1900 verlor das Gymnasium sein Berechtigungsmonopol. Fortan wurden alle Typen höherer Schulen für Jungen, ab 1908 in Preußen auch für Mädchen in den Studienanstalten, in den Berechtigungen des Abiturs formal gleichgestellt. Das Gymnasium wurde bis Mitte der 1930er Jahre zur Sammelbezeichnung eines dynamischen und sich ausdifferenzierenden Systems von zum Abitur führenden höheren Schulen für Jungen und Mädchen. In der Weimarer Republik wurde der Höhepunkt eines institutionellen Bildungspluralismus sowohl an grundständigen gymnasialen Schultypen als auch in der Aufbauform erreicht. Im Nationalsozialismus wurde die Abiturbildung hauptsächlich in der Oberschule für Jungen bzw. für Mädchen normiert. Die Entwicklung nach dem Zweiten Weltkrieg war in der Bundesrepublik Deutschland durch die Wiederherstellung eines – bis auf wenige Ausnahmen – grundständigen neunjährigen Bildungsganges als Lang- bzw. Normalform im Rahmen eines dreigliedrigen Sekundarschulsystems gekennzeichnet. Dem gegenüber war die zum Abitur führende Bildung in der Sowjetischen Besatzungszone/Deutschen Demokratischen Republik durch ein horizontales Modell der vierjährigen Oberschule (basierend auf einer achtjährigen Grundschule) bzw. der zweijährigen Erweiterten Oberschule (EOS) im Anschluss an die zehnklassige polytechnische Oberschule charakterisiert.
Das sozialgeschichtlich tief im Bürgertum verwurzelte Gymnasium hat heute seinen Charakter als sozial-elitäre bzw. Elitebildungsanstalt verloren. Die erhöhte Nachfrage und die Öffnung des Gymnasiums haben bewirkt, dass der Anteil der Abiturienten gegenwärtig im Bundesdurchschnitt etwa ein Drittel der Schülerjahrgänge umfasst, jedoch regionale und lokale Rekrutierungsraten nahe bei 50% der Altersklasse liegen. Befragungsstudien zufolge ist das Gymnasium ungebrochen attraktiv: Etwa die Hälfte aller Grundschulkinder würde, wenn es nach den Eltern ginge, auf das Gymnasium wechseln.
Nach wie vor jedoch repräsentiert das Gymnasium die am meisten selektive Schulform in Deutschland,

in der sehr viel häufiger Gymnasialschüler in eine Realschulkarriere absteigen als umgekehrt aufzusteigen vermögen. Im Vergleich zu Jugendlichen aus Facharbeiterfamilien liegt die relative Chance, ein Gymnasium anstelle einer Realschule zu besuchen, für Kinder aus den bildungsnahen Milieus weitaus höher.

In der Bundesrepublik führt die eingeleitete Schulzeitverkürzung des Gymnasiums von neun auf acht Jahre (sog. G 8) zu neuen curricularen und didaktisch-methodischen Herausforderungen eines bislang im historischen Verlauf wenig veränderten Unterrichts. Dabei erlangt der variantenreiche, binnendifferenzierende Umgang mit deutlich leistungsheterogenen Lerngruppen im Unterricht und Schulleben eine zentrale Bedeutung für den inneren Schulreformprozess. Die jüngsten Strukturreformen des Sekundarschulwesens – Zusammenführung von Haupt- und Realschulbildungsgängen – lassen die Gymnasien unberührt.

Literatur

Freisel, L. (2007): Das Gymnasium im Wandel – Einführung in seine Geschichte. In: Jahnke-Klein, S./Kiper, H./ Freisel, L. (Hg.): Gymnasium heute. Baltmannsweiler, 51-68. – Trautwein, U./Neumann, M. (2008): Das Gymnasium. In: Cortina, K. S. u.a. (Hg.): Das Bildungswesen in der Bundesrepublik Deutschland. Reinbek, 467-501.

Frank Tosch

H

Habermas, Jürgen (*1929)

Habermas gilt als der bedeutendste zeitgenössische Vertreter der kritischen Theorie. Er lehrte Soziologie und Philosophie an der Universität Frankfurt am Main von 1964 bis 1994, unterbrochen von einer mehrjährigen Tätigkeit als Direktor des Max Planck Instituts für Erforschung der Lebensbedingungen der wissenschaftlich-technischen Welt in Starnberg. Durch sein umfangreiches sozialphilosophisches und soziologisches Gesamtwerk zieht sich die Idee der Emanzipation des Menschen durch das Medium der diskursiven Verständigung. Sein Hauptwerk (Theorie des kommunikativen Handelns, 1981) ist dabei für die gesellschaftliche Verortung pädagogischer Bezüge besonders relevant. Hier geht es ihm um die Freiheit des Handelns in unterschiedlichen Lebenskontexten, um die Barrieren genauso wie um die Ermöglichung tendenziell herrschaftsfreier Kommunikation, in der sich Menschen erst sozial entfalten können. Solche Emanzipationsprozesse können aber nicht einfach linear von den Menschen her verlaufen, sondern sind in einer historisch zu spezifizierenden Dialektik von systemischer und lebensweltlicher Vergesellschaftung zu analysieren.

Verständigungsorientiertes Handeln kann sich vor allem im Bereich der Kultur, der Sozialisation und der alltäglichen Gemeinschaftsbezüge entwickeln. Im pädagogischen Bereich ist der System-Lebenswelt-Ansatz v.a. im Bereich der Schulkritik zum Tragen gekommen. Dabei wird deutlich, dass sich die Dominanz der Systemimperative nicht nur in der Schulkultur, sondern gerade auch in den Lernkulturen problematisch niederschlägt. Es wird immer wieder von einer Spaltung zwischen fachwissenschaftlicher Zurichtung und sinnlicher Erfahrung der Welt gewarnt, die die Schule provoziere. Die Möglichkeiten und Grenzen der Schulreform entscheiden sich daher weiterhin an der habermasschen Frage, wie die systemische Funktion und die lebensweltliche Wirklichkeit der Schule in ihrer Gleichzeitigkeit so mediatisiert werden können, dass die Schüler und Schülerinnen die Schule auch lebensweltlich erfahren und annehmen können.

Literatur

Lenhardt, G. (1984): Schule und bürokratische Rationalität. Frankfurt. – Reese-Schäfer, W. (2001): Jürgen Habermas. Frankfurt.

Lothar Böhnisch

Habitus

Dass das Alltagshandeln auf gesellschaftliche Hintergrundstrukturen zurückgeführt werden kann, ist in dem strukturalistischen Konzept des Habitus, wie es Pierre Bourdieu entwickelt hat (Die feinen Unterschiede, 1979/2004), thematisiert. Der Begriff bezeichnet eine Haltung, die durch die leibseelischen und sprachlichen Lebensäußerungen des Subjekts als dispositive Grundstruktur durchscheint und auf seine soziale Herkunft verweist. Bourdieu sieht die damit verbundene soziale Prägung aber nicht statisch und starr. Vielmehr meint er den sozialen Akteur, der mit seinem inkorporierten sozialen und kulturellen Erbe biografisch aktiv umgeht. Bourdieu spricht vom Habitus als sog. verinnerlichte Geschichte, als die zur zweiten Natur gewordene, in motorische Schemata und körperliche Automatismen verwandelte gesellschaftliche Notwendigkeit, die sich in den Praktiken und Repräsentationen des Individuums bemerkbar macht. Dies ist jedoch nicht deterministisch gemeint, denn in den habituellen Einstellungen und Handlungsweisen sind lediglich die Grenzen, nicht aber die Praktiken selbst festgelegt.

Als theoretisch besonders fruchtbar hat sich das Habituskonzept in der Geschlechtersoziologie erwiesen. So wurde versucht, einen männlichen Habitus zu identifizieren, der sich quer durch die unterschiedlichen Lebensverhältnisse von Männern zieht und an einen Kern hegemonialer Männlichkeit, also eine tradierte Vorstellung männlicher Überlegenheit, die von Männern untereinander geteilt wird, rückgebunden ist. Allerdings geht auch Bourdieu davon aus, dass die Klassenlage den Habitus nachhaltiger prägt als die Geschlechtersozialisation. Dennoch liegt in dem Konzept die Chance, die geschlechtersoziologische Perspektive des doing gender als in Geschichte eingebettete Praxis zu begreifen.

Literatur
Krais, B./Gebauer, G. (2002): Habitus. Bielefeld. – Liebau, E. (1987): Gesellschaftliches Subjekt und Erziehung. Weinheim, München.

Lothar Böhnisch

Haftung

In rechtlicher Hinsicht meint der Begriff der Haftung, dass jemand für die Folgen eines Ereignisses einstehen muss, z.B. für einen bei einer dritten Person entstandenen Schaden. Dabei kann diese Haftung sich auf die Wiedergutmachung, etwa in Form von Schadenersatz, beziehen; sie kann sich aber auch in einem erweiterten Sinne auf die Übernahme der Verantwortung für den eingetretenen Schaden beziehen, z.B. durch eine in der Folge verhängte strafrechtliche Sanktion. Das Einstehen-Müssen für ein Ereignis kann seine Ursache in einem vorwerfbaren Fehlverhalten der Person haben (Verschuldungshaftung), die Folge des Handelns kann aber auch in einer gefährlichen Situation bestehen (Gefährdungshaftung), z.B. beim Betrieb eines Kraftfahrzeuges; im Rahmen der Verschuldenshaftung wird zwischen fahrlässigem und vorsätzlichem Fehlverhalten unterschieden.

Für den Schul- und Bildungsbereich gilt, dass Lehrende – unabhängig von der Rechtsnatur ihres Beschäftigtenverhältnisses – persönlich für ihr Handeln haften und zum Ersatz eines möglicherweise daraus entstehenden Schadens verpflichtet sind, sofern ihnen ein Verschuldensvorwurf gemacht werden kann; strafrechtliche Sanktionen für Fehlverhalten sind nicht ausgeschlossen. Dabei gilt allerdings ein Haftungsprivileg insofern, als zunächst einmal für eine Schadensverursachung bei einem Dritten als Ausfluss der Ausübung einer dienstlichen Tätigkeit nicht die lehrende Person selbst, sondern zunächst einmal die sie beschäftigende Einrichtung haftet (Artikel 34 Grundgesetz für die Bundesrepublik Deutschland); allerdings kann im Wege des Regresses die einzelne Lehrperson in Verantwortung genommen werden, sofern Schadensersatz gezahlt worden ist und das Fehlverhalten grob fahrlässig oder vorsätzlich war.

Der Umfang einer möglichen Haftung kann auf Grund rechtlicher Regelung beschränkt sein, z.B. nur grobe Fahrlässigkeit oder Vorsatz einschließen (z.B. so bei der Verwahrung von Gegenständen im Interesse Dritter, § 690 des Bürgerlichen Gesetzbuches BGB).

Von besonderer Bedeutung ist die Haftung der Lehrkräfte im Zusammenhang mit der diese treffenden Aufsichtspflicht gegenüber den Schülern; diese Aufsichtspflicht bezieht sich darauf, Schüler vor Schäden zu bewahren, zugleich aber auch zu verhindern, dass andere Personen durch ein Verhalten von Schülern zu Schaden kommen. In Anbetracht der Unterschiedlichkeit und Komplexität der Lebenssituation in der Schule lässt sich kein abstrakter Maßstab aufstellen, spezifische (Gefahren-)Situation ebenso wie insbesondere Alter und Einsichtsfähigkeit von Schülern stellen wichtige Maßstäbe für die Beurteilung des Umfangs von Aufsichtspflichten dar, eine Verletzung der Aufsichtspflicht kann Haftungsfolgen im beschriebenen Sinne auslösen.

Literatur
Böhm, T. ([3]2007): Aufsicht und Haftung in der Schule. Köln. – Avenarius, H. ([8]2010): Schulrecht. Köln, Kronach.

Hans-Peter Füssel

Hahn, Kurt (1886-1974)

Hahn, deutsch-jüdischer Reformpädagoge, studierte 1904-1914 klassische Philologie und Philosophie in Oxford, Berlin, Heidelberg, Freiburg und Göttingen und arbeitete von 1916-1920 u.a. im Auswärtigen Amt und als Sekretär des Prinzen Max von Baden, mit dem er 1920 das Landerziehungsheim Schloss Salem gründete. Bereits als Schüler wurde er durch Hermann Lietz pädagogisch maßgeblich beeinflusst. Nach Verhaftung durch die Nationalsozialisten im Jahr 1933 emigrierte Hahn nach Schottland, wo er die British Salem School gründete. Nach dem Zweiten Weltkrieg engagierte Hahn sich auch für die Gründung internationaler Schulen (United World Colleges). Hahn gilt auch als ein Begründer gemeinwesenorientierter Erlebnispädagogik, nachdem er 1951 u.a. gemeinsam mit Minna Specht auf der Erfahrungsgrundlage seiner britischen Kurzschulen den Verein Outward Bound – Deutsche Gesellschaft für Europäische Erziehung gegründet hatte. Weltweit unterstützt Outward Bound heute durch Reisen und Veranstaltungen Menschen und Gruppen in ihrer individuellen Entwicklung durch Erlebnisse in und mit der Natur.

Literatur
Knoll, M. (Hg.) (1998): Kurt Hahn. Stuttgart.

Jörg-W. Link

Hahnöfersand

Hahnöfersand ist der Name einer Elbinsel und des auf ihr befindlichen Jugendgefängnis der Hansestadt Hamburg, das zwischen 1913 und 1920 von Gefangenen gebaut und 1920 als erstes offenes Jugendgefängnis in Deutschland eröffnet wurde. Hahnöfersand war Teil einer Sozialpädagogisierung des Strafvollzuges, geprägt durch Curt Bondy und Walter Herrmann. Die Ursache des Rechtsbruchs wurde von ihnen nicht in persönlichen Unzulänglichkeiten der Jugendlichen, sondern in ihrer sozialen Herkunft und im Erziehungsumfeld gesehen. Der Strafvollzug folgte daher dem präventiv-orientierten Grundsatz Erziehen statt Strafen. Ziel war das Erlernen von Verantwortung und Selbständigkeit durch Gemeinschaftserziehung, ganzheitlichen Unterricht und Arbeit nach einem bürgerlichen Arbeitsethos. Erreicht werden sollte dies u. a. durch betriebliche Ausbildungskonzepte mit handwerklicher und landwirtschaftlicher Arbeit im Rahmen der Kultivierung der Insel sowie einer strukturierten Freizeitgestaltung.

Literatur
Herrmann, W. (1923): Das Hamburgische Jugendgefängnis Hahnöfersand. Hamburg.

Tim Köhler

Halbbildung

Während nach Friedrich Paulsen Halbbildung als eine nur äußerliche Aneignung von Stoff von wahrer Bildung als wirkliches Wissen und sittliche Haltung zu unterscheiden ist, ist nach Theodor W. Adornos kritischer Analyse der bürgerlichen Gesellschaft – entgegen den Ansprüchen von Aufklärung – Halbbildung notwendig an die Stelle von Bildung getreten. Der Verfall der Bildung und die universelle Verbreitung von Halbbildung sind Ergebnis der Entwicklung der bürgerlichen Klassengesellschaft. Vor allem durch die Kulturindustrie und deren Vermarktung von Kulturgütern hat sich Halbbildung verbreitet und durchgesetzt. Zeichnete Bildung sich durch den Bezug auf Wahrheit und ein authentisches Subjekt aus, so ist Halbbildung der Anschein von Bildung als Mittel der Selbstdarstellung und der Durchsetzung in der Konkurrenz. Ohne Aussicht auf eine gesellschaftliche Emanzipation kann nach Adorno Bildung in der Gegenwart nur in der kritischen Selbstreflexion auf Halbbildung und den Verblendungszusammenhang einer total verwalteten Welt überdauern.

Literatur
Adorno, T. W. (1959/2006): Theorie der Halbbildung. Frankfurt.

Lothar Wigger

Halbstarke

Halbstarke ist die Bezeichnung für eine in der Bundesrepublik Deutschland in den 1950er Jahren auftretende Jugendkultur, zu der (groß)städtische, meist männliche Arbeiterjugendliche gehörten, die sich für Rock'n'Roll Musik begeisterten und in Aussehen (Jeans und Leder-Kleidung, Haartollen) und Auftreten (häufig in Mofa- oder Motorradgangs) Vorbildern aus amerikanischen Filmen (z.B. James Dean) folgten. 1956 kam es zu ersten Halbstarken-Krawallen, bei denen Jugendliche im Anschluss an Konzerte oder Filmvorführungen randalierend durch Innenstädte zogen. Dies führte zu scharfen Diskussionen in den Medien, die trotz der de facto geringen Anzahl an Halbstarken (ca. 5% der Jugendlichen) deren Freizeitverhalten als Bedrohung für die etablierte Ordnung thematisierten. In der Forschung gelten die Halbstarken zum einen als Ausdruck sozialen Jugend-Protests, zum anderen als Wegbereiter eines mentalen Wandels der deutschen Nachkriegsgesellschaft auf Basis kommerzieller Populärkultur, die später z.B. von Teenagern, Rockern oder Mods aufgegriffen wurde. Im Unterschied zu den westdeutschen agierten die ostdeutschen Halbstarken zwar weniger öffentlich, allerdings kam es auch hier zu Krawallen und zu einer politisch motivierten Verfolgung der sog. Rowdys.

Literatur
Kurme, S. (2006): Halbstarke. Frankfurt, New York.

Susann Fegter

Halbtagsschule

Halbtagsschule wurde als Begriff für eine spezifische zeitliche Organisation des Schultages im deutschsprachigen Raum geprägt, die mit dem Aufbau des Schulwesens entstanden war. In dieser werden alle Pflichtunterrichtsbestandteile am Vormittag angeordnet – mit Ausnahme von Hausaufgaben, denen dann eine spezifische Funktion zukommt.

Die Halbtagsschule entstand im deutschen Sprachgebiet durch eine Entwicklung der traditionellen ganztägigen Schule mit geteiltem Unterricht am Vor- und am Nachmittag in der zweiten Hälfte des 19. Jahrhunderts. Im niederen Schulwesen der ländlichen Volksschulen verweisen die Vorläufer in Gestalt unterschiedlicher Teilzeitschulen auf den gesellschaftlichen Vermittlungszusammenhang: Diese Schulen erfüllten die Funktion, trotz Kinderarbeit in Landwirtschaft und Gewerbe in begrenztem Umfang Unterricht und Schulpflicht durchzusetzen. Zudem war gegen Ende des 19. Jahrhunderts der Ausbau des Schulangebotes gemessen an der Schülerzahl ausreichend. Darauf wurde mit halbtägigem Schicht-Unterricht reagiert, um die Anzahl Beschulbarer zu erhöhen. Die städtischen Volksschulen mit anderer Finanzierung und anderem Status vollzogen erst in Orientierung an den höheren Schulen die Entwicklung zu Halbtagsbeschulung mit, nachdem sich diese im höheren Schulwesen durchgesetzt hatte. Hier hatten der Wandel der Qualifikationserfordernisse in Verbindung mit einem unzureichenden Ausbau des Schulangebotes und die Erweiterung der Curricula höherer Schulen für politischen Druck gesorgt, da für viele der Schüler eine gravierende Verlängerung der Schulwege, und das Problem, diese mehrfach täglich zurück legen zu müssen, entstanden war. Gleichzeitig war die Belastung durch eine Erweiterung der Fächer und Stundenanzahl, die mit dem Wandel der Bildungs- und Qualifizierungsvorstellungen und in Verbindung mit der Konkurrenz der höheren Schulen um attraktive Berechtigungen entstand sehr hoch – bis zu 40 Unterrichtsstunden in der damaligen Form von Zeitstunden sind dokumentiert. Bildungspolitisch wurden deshalb die Verkürzung der wöchentlichen Schulzeit und die Herabsetzung der Wochenstundenzahl für höhere Schulen gefordert. Durchgesetzt wurde sie mit der Einführung eines Halbtagsangebotes, einer Reduzierung der Stundenzahl, der Begrenzung auf wissenschaftsbezogene Inhalte und mit der Einführung von 45-Minuten-Schulstunden – eine Maßnahme, die eine höhere Anzahl von Unterrichtsstunden nach Stundentafel erlaubte – schrittweise ab Ende des 19. Jahrhunderts.

Die Folgen dieser veränderten Zeitstrukturierung sind komplexer Art und betreffen offensichtlich die Konstitution der Inhalte und die Unterrichtsmethoden bzw. die möglichen Arbeitsformen der SchülerInnen. Den Hausaufgaben wuchs eine spezifische Bedeutung zu; sie wurden zu im familialen Bereich zu erbringenden Vorleistungen für Unterricht, die sozial selektiv wirken können.

Die reformpädagogische Bewegung und ihre Schulversuche zu Beginn des 20. Jahrhunderts, die eine ganztägige Schulorganisation mit schülerorientierter Lernkultur zu verbinden suchten, antworteten in spezifischer Weise auf diese Problemlagen. Sie verbanden damit allerdings eine entgrenzende Kritik an der neuen Schule, die deren in funktionaler Ausdifferenzierung entstandenen primären gesellschaftlichen Aufgaben – Qualifizierung und Selektion durch Unterricht – oft unterschätzte oder gar in romantischer Naivität übersah.

Der Umstand, dass mit der heute flächendeckenden Einführung von Ganztagsschulen auch der Wandel von Familienstrukturen und von Formen der Berufstätigkeit bearbeitet werden soll, unterstreicht, welche gesellschaftspolitische Bedeutung und reproduktive Funktion dem organisatorischen Merkmal der Zeitstruktur von Schulangeboten heute im Namen von Betreuung historisch erneut zukommt. Die zeitliche Organisationsform allein schon als entscheidend für Bildungschancen anzusehen, greift aber erheblich zu kurz – entscheiden sollte über die Organisationsform das angestrebte Lehr-Lernkonzept und die damit zu erreichenden Qualitäten von Lernanlässen.

Literatur
Lohmann, J. (1965): Das Problem der Ganztagsschule. Ratingen. – Ludwig, H. (1993): Entstehung und Entwicklung der modernen Ganztagsschule in Deutschland. Frankfurt.

Fritz-Ulrich Kolbe

Hamburg (HH)

Die wichtigsten Grundsätze zur Verwirklichung des Bildungsauftrags sind in der Hansestadt Hamburg die Gemeinsamkeit des Lernens und seine Orientierung an Bildungsstandards, Chancengleichheit, Individualisierung und Durchlässigkeit sowie Zweisprachigkeit der Kinder mit Migrationshintergrund. Das Schulwesen ist nach Jahrgangsstufen, Schulstufen und Schulformen gegliedert. Die Jahrgangsstufen 1 bis 4 (Grundschule) bilden die Primarstufe, die Jahrgangsstufen 5 bis 10 die Sekundarstufe I und die Jahrgangsstufen 11 bis 13 die Sekundarstufe II. Seit der flächendeckenden Einführung der Gesamtschule besteht in Hamburg ein viergliedriges Schulsystem aus Hauptschule und Realschule, die miteinander organisatorisch verbunden sein können, sowie Gymnasium und Gesamtschule. Die integrierte Gesamtschule (IGS) besteht aus einem weitgehend einheitlichen Bildungsgang bis zur Jahrgangsstufe 10 mit Kursdifferenzierung nach Maßgabe von Neigung und Leistung; die kooperative Gesamtschule wird ab Klasse 7 in die Bildungsgänge der Hauptschule, Realschule und des Gymnasiums äußerlich differenziert; eine Gesamtschule kann mit einer Vorklasse und einer gymnasialen Oberstufe verbunden sein. Das Gymnasium umfasst in seiner Regelform die Jahrgangsstufen 5 bis 12/13, in der verkürzten sechsstufigen Form die Jahrgänge 7 bis 12/13. Das einem Gymnasium angeschlossene Aufbaugymnasium besteht in der Regel aus einer Vorstufe (Jahrgang 10) und einer Studienstufe (Jahrgänge 11 und 12) und vermittelt Schülern mit einem mittleren Abschluss nach 13 Jahren den Erwerb der Hochschulzugangsberechtigung. Die Verlängerung dieses Bildungsganges um das Vorstufenjahr dient dem erfolgreichem Abschluss der auf zwei Jahre verkürzten gymnasialen Oberstufe. Das einer Gesamtschule angeschlossene Aufbaugymnasium entspricht der dortigen Oberstufe und umfasst die Jahrgänge 11 bis 13.

Hamburg führt ab dem Schuljahr 2010/11 ein konsequent zweigliedriges Schulsystem ein; die bis dahin bestehenden Haupt- und Realschulen, Gesamtschulen, beruflichen Gymnasien und Aufbaugymnasien werden durch Stadtteilschulen ersetzt. Zeitgleich wird die vierjährige Grundschule in eine sechsjährige Primarschule, die mit einem Vorschuljahr verbunden sein kann, transformiert. Der Übergang in die 7. Jahrgangsstufe der Stadtteilschule oder des Gymnasiums ist vom jeweiligen Schülerleistungsstand abhängig. Beide Schulformen führen zum Abitur, das Gymnasium nach zwölf Jahren und die Stadtteilschule nach 13 Schuljahren. Das Gymnasium ist durch selbständige und beschleunigte Lernprozesse geprägt und stärker wissenschaftsorientiert. Die Stadtteilschule soll durch kleinere Klassen und Kurse sowie ein zusätzliches Bildungsjahr die Bildungschancen verbessern. Die Stadtteilschule ermöglicht den Erwerb des bisherigen Hauptschulabschlusses, des mittleren Abschlusses und der Hochschulreife.

Das berufliche Schulwesen in Hamburg umfasst die in allen Bundesländern angebotene Berufsschule im dualen System sowie die Berufsfachschule, Fachoberschule und Fachschule. Neben der Fachoberschule dient das Berufliche Gymnasium der Durchlässigkeit der Bildungsgänge; durch die Verbindung allgemeiner und beruflicher Bildungsinhalte vermittelt es Schülern mit einem mittleren Abschluss den Zugang zur Hochschule oder zu berufsqualifizierenden Bildungsgängen. Auch das Hansa-Kolleg erfüllt die Funktion eines Aufbaugymnasiums, indem es Personen mit abgeschlossener Berufsbildung oder dreijähriger Berufserfahrung zur Hochschulreife führt. Als Bildungsstätte für Jugendliche ohne allgemeinbildenden Schulabschluss, die keinen berufsschulischen oder praktischen Bildungsweg einschlagen, dient die Berufsvorbereitungsschule; sie vermittelt berufsfeldübergreifende Kompetenzen und ermöglicht den Übergang in einen allgemeinen oder beruflichen Bildungsgang oder in das Erwerbsleben.

Die Leitidee für die Weiterentwicklung des Hamburger Schulwesens zielt auf die Verbesserung der schulischen Arbeit durch größere Gestaltungsmöglichkeiten im pädagogischen Aufgabenbereich, im Schulmanagement, in der Schulorganisation, beim Personal und in Budgetfragen. Die staatliche Steuerung und Beaufsichtigung der Schulen erfolgt deshalb weniger über Normen als über Standards, Ziele, Leistungsvereinbarungen, schulische Rechenschaftsberichte und Evaluationen durch Schulinspektionen.

Literatur
Cortina, K. S. u.a. (Hg.) (2008): Das Bildungswesen in der Bundesrepublik Deutschland. Reinbek. – Institut für Bildungsmonitoring (2009): Bildungsbericht Hamburg 2009. Hamburg. – Lehberger, R. (2006): Schule in Hamburg.

Lutz R. Reuter

Hamburger Abkommen

Das Abkommen zwischen den Ländern der Bundesrepublik zur Vereinheitlichung auf dem Gebiete des Schulwesens vom 28.10.1964, nach dem Ort der Beschlussfassung als Hamburger Abkommen bezeichnet, ist einer der bekanntesten Beschlüsse zur Regelung der Grundstruktur des allgemein bildenden Schulwesens. Obgleich als Abkommen der Kultusministerkonferenz bezeichnet, wurde das Hamburger Abkommen durch die Ministerpräsidenten der Länder unterzeichnet. Es geht in seinen wesentlichen Inhalten auf das ebenfalls durch die Länderregierungschefs beschlossene Düsseldorfer Abkommen vom Februar 1955 zurück. Zweck des Hamburger Abkommens war es, für die allgemeinbildenden Schulen aller Länder der Bundesrepublik Deutschland verbindliche Struktur- und Organisationsgrundlagen zu schaffen. Insoweit enthält das Abkommen Regelungen u.a. zu Beginn und Ende des Schuljahres, zum Beginn der allgemeinen Schulpflicht, zur Dauer der Vollzeitschulpflicht, zur Dauer und Verteilung der Ferien, zu Bezeichnungen von Schultypen, zur Zählung der Klassenstufen, zu Organisationsformen und Typen von Schulen, insbesondere zum Gymnasium und zur Fremdsprachenfolge an den verschiedenen Gymnasialtypen, zu Schulversuchen, zur gegenseitigen Anerkennung von Zeugnissen und Lehramtsprüfungen sowie zu den zu verwendenden Notenstufen. 1968 wurde eine Bestimmung zur Fachoberschule eingefügt, 1971 eine sprachliche Veränderung bei der Regelung der Sprachenfolge an Gymnasien vorgenommen. Zu einigen Bestimmungen des Hamburger Abkommens gab es insbesondere in den 1990er Jahren den Abkommenstext ergänzende bzw. von ihm abweichende Beschlüsse. Dessen ungeachtet gilt das prinzipiell kündbare Abkommen nach wie vor, obgleich es in wesentlichen Punkten heute obsolet ist.

Literatur
Fuchs, H.-W. (2004): Gymnasialbildung im Widerstreit. Frankfurt.

Hans-Werner Fuchs

Handelslehrer

Die seit Ende des 19. Jahrhunderts mit der Einrichtung von Handelshochschulen in Deutschland verwendete Berufsbezeichnung Handelslehrer verweist heute auf eine Lehrtätigkeit im berufsbildenden Schulwesen innerhalb des Berufsfelds Wirtschaft und Verwaltung. Zudem ermöglicht die heutige polyvalente, universitäre Ausbildung auch Anstellungsmöglichkeiten in außerschulischen Institutionen wie bspw. in der Bildungsverwaltung oder in der betrieblichen Aus- und Weiterbildung. Die Ausbildung der Studierenden erfolgt in universitären Lehramts- oder Diplomstudiengängen. Entsprechend werden die Studiengänge nach einer Regelstudienzeit von neun Semestern mit dem Ersten Staatsexamen oder dem akademischen Grad Diplom-Handelslehrer (Dipl.-Hdl.) abgeschlossen.
Das Studium erfolgt in folgenden Fächern im Verhältnis 8:5:3 (bezogen auf 160 Semesterwochenstunden; KMK 1999): (a) Berufliche Fachrichtung Wirtschaftswissenschaften: Betriebs- und Volkswirtschaftslehre (inkl. relevanter Bezugsfächer wie Recht, Mathematik, Statistik), (b) im Diplomstudiengang der Studienrichtung I sind zwei einzelne Wahlpflichtfächer einer speziellen Betriebswirtschaftslehre zu studieren. Bspw. Finanzwirtschaft, Steuerrecht oder Marketing, im Lehramtsstudiengang und im Diplomstudiengang der Studienrichtung II kann ein allgemein bildendes Unterrichtsfach wie z.B. Deutsch, Englisch, Sport als Doppelwahlpflichtfach studiert werden (c) Wirtschaftspädagogik (als Studienfach mit erziehungswissenschaftlichen, fachdidaktischen und schulpraktischen Anteilen).
Die o.g. Studiengänge werden im Zuge des Bologna-Prozesses zunehmend auf konsekutive Bachelor-/Masterstudiengänge und -abschlüsse umgestellt.

Literatur
Pleiß, U. (1988): Der Handelslehrer und sein Diplom. In: Becker, M./Pleiß, U. (Hg.): Wirtschaftspädagogik im Spektrum ihrer Problemstellung. Baltmannsweiler, 389-433. – Ständige Konferenz der Kultusminister der Bundesrepublik Deutschland KMK (1999): Rahmenordnung für die Diplomprüfung im Studiengang Wirtschaftspädagogik an Universitäten und gleichgestellten Hochschulen. Beschluss vom 19.03.1999. Bonn 1999.

Jens Klusmeyer

Handelsschule

Die Handelsschule kann als die Vorgängerinstitution der heutigen Berufsfachschulen für Wirtschaft und Verwaltung angesehen werden.
Ende des 18. Jahrhunderts wurden in verschiedenen deutschen Städten erste Handelslehranstalten gegründet, deren Ziele und Bildungsprogramme stark divergierten. Mitte des 19. Jahrhunderts entstanden dann berufliche Vollzeitschulen, die als Handelsschulen bezeichnet wurden und eine berufliche, kaufmännische Erstausbildung oder eine berufliche Vorbereitung ermöglichten. Oberste Aufgabe der Handelsschule war die Vermittlung einer breit angelegten kaufmännischen Grundbildung unter Berücksichtigung der weiteren Förderung der Allgemeinbildung. Zu Beginn des 20. Jahrhunderts wurden in Preußen zum ersten Mal verbindliche Regelungen für die Handelsschule formuliert. So wurde zwischen der einfachen und der höheren Handelsschule unterschieden, wurden Eingangsvoraussetzungen für diese Schulformen festgelegt und Abschlüsse bestimmt. Aufgrund der Möglichkeit des Erwerbs der mittleren Reife stiegen die Schülerzahlen kontinuierlich an.
In den letzten Jahrzehnten wurden die Ziele, Aufgaben und die lernorganisatorischen sowie curricularen Strukturen der Handelsschulen immer wieder verändert und konkretisiert. Dies zeigt sich unter anderem auch darin, dass aktuell in den Rahmenrichtlinien oder den Rahmenvereinbarungen der Begriff Handelsschule offiziell nicht mehr verwendet, sondern ausschließlich von Berufsfachschulen für Wirtschaft und Verwaltung gesprochen wird.

Literatur
Pahl, J.-P. (2007): Berufsbildende Schule. Bielefeld.

Daniel Wälte

Handlungsfelder der Sozialpädagogik

Die unterschiedlichen historischen Wurzeln sowie das Wachstum und die Ausdifferenzierung der Sozialen Arbeit finden ihren Niederschlag in einem vielschichtigen und ausdifferenzierten sozialpädagogischen Handlungs- bzw. Praxissystem, das ein breites und vielfältiges Spektrum sozialpädagogischer Handlungsfelder umfasst.

Konstitutive Elemente der Handlungsfelder sind: 1. Der öffentlich institutionelle Rahmen, 2. die Adressaten, die die Institutionen und Angebote zur sozialen Lebensgestaltung oder Lebensbewältigung in Anspruch nehmen, sowie 3. die in diesen öffentlichen Institutionen bereit gestellten Dienste oder Maßnahmen, die durch qualifiziertes Fachpersonal ausgeführt werden.

Historisch lassen sich vier unterschiedliche Wurzeln der Handlungsfelder rekonstruieren: (1) die Vorläufer der heutigen Hilfen zur Erziehung, d.h. jene Maßnahmen, die für die Betreuung, Erziehung und Versorgung von Kindern und Jugendlichen sowohl innerhalb als auch außerhalb der Familie zuständig waren (z.B. Waisenhaus), (2) Kleinstkinderschulen und Bewahranstalten für vorschulpflichtige Kinder erwerbstätiger Eltern, (3) die Armen- und Gesundheitsfürsorge und (4) die Jugendpflege und Jugendfürsorge. Im Kern strukturierten sie sich um die klassischen Ungleichheitsrelationen, die die Soziale Arbeit zu ihrem zentralen Gegenstand macht(e): Alters- bzw. entwicklungsbezogene Ungleichheiten zwischen Erwachsenen und Noch-Nicht-Erwachsenen in der Spannung von Unmündigkeit und Autonomie sowie soziale Ungleichheiten in der Spannung von Norm und Abweichung bzw. von Haben und Nicht-Haben.

Seit den 1960er Jahren haben sich die sozial-pädagogischen Handlungsfelder erheblich ausdifferenziert. Diese Ausdifferenzierung ist zum einen durch eine Pluralisierung ihrer Adressaten bedingt. Neben den klassischen Adressatengruppen der Kinder und Jugendlichen umfassen Handlungsfelder zunehmend Personengruppen der gesamten Lebensspanne (Sozialpädagogisierung der Lebensalter). Eine adressatenbezogene Ausdifferenzierung ist zudem durch neue Arbeitsfelder mit spezifischen Zielgruppen bedingt (z.B. Migranten, Mädchen/Frauen). Zum zweiten ist die Ausdifferenzierung der Handlungsfelder durch die Ausweitung sozialpädagogisch relevanter Lebens- und Problemlagen bedingt. Neben den klassischen, durch Ungleichheitsrelationen bedingten Problemlagen gehören durch gesellschaftliche Individualisierungs- und Pluralisierungsprozesse zunehmend auch Anforderungen der Lebensführung und lebensweltunterstützende und biographisch relevante Fragen der Lebensplanung und Lebensführung zu den Problemgegenständen der Handlungsfelder. Das traditionelle Nothilfesystem wird durch vielfältige institutionelle und professionalisierte Unterstützungs-, Betreuungs- und Bildungsaufgaben erweitert, die die Angebote der Sozialen Arbeit auch zum Normalfall der Lebensbewältigung (individualisierter Lebensformen) werden ließen. Zum dritten ist die Ausdifferenzierung durch eine höhere Spezialisierung der Hilfemaßnahmen aufgrund eines differenzierten Verständnisses und Wissens über die Ursachen, Folgen und Problemlösestrategien von sozialen Problemen zu erkennen. Zum vierten lässt sich eine Ausdifferenzierung durch die Erschließung neuer Arbeitsfelder durch die Zuwendung zu neuen gesellschaftlichen Teilbereichen erkennen (z.B. Wohnen, Berufsausbildung, Schule).

Damit umfassen sozialpädagogische Arbeitsfelder Personengruppen angefangen von Kindern im frühen Lebensalter (z.B. Krippen) bis hin zu den Hochaltrigen (Pflegedienste). Sie umspannen die klassischen sozialen Problem- und Notlagen (Armut, Kriminalität, Abweichung) bis hin zu allgemeinen Problemen der sozialen Lebensgestaltung und Lebensbewältigung im Rahmen der reflexiven Moderne. Die Maßnahmen können präventiv oder intervenierend gestaltet sein sowie in Form materieller und/oder immaterieller Hilfen gewährleistet werden. Je nach Problemgegenstand umfassen sie beratende, erzieherische, bildungsbezogene, betreuerische, versorgende oder/und sozialisatorische Maßnahmen und Angebote. Sie können durch öffentliche oder staatliche Träger ausgeführt werden.

Werner Thole schlägt vor, das breite Feld sozialpädagogischer Arbeitsfelder folgendermaßen zu strukturieren. Zum einen untergliedert er die Arbeitsfelder in vier große Praxisfelder: in die Kinder- und Jugendhilfe (z.B. Kindertageseinrichtungen, Kinder- und Jugendarbeit, Hilfen zur Erziehung, Allgemeiner Sozialer Dienst, Jugendgerichtshilfe), die erwachsenenbezogenen Sozialen Dienste (z.B. Hilfen für Sozialhilfeempfänger, Schuldnerberatung, Hilfen für Nichtsesshafte und Obdachlose, Hilfen zur Familienplanung, Betreuung von Flüchtlingen, Aussiedlern und Asylbewerbern, Resozialisierungsmaßnahmen, betriebliche Sozialarbeit/Arbeitslosenzentren, Frauenhäuser, Vormundschaft), die Altenhilfe (offene, halboffene und stationäre Altenarbeit) und sozialpädagogische Angebote im Gesundheitssystem (z.B. sozialpsychiatrische Dienste, betriebliche Gesundheitsdienste, Gesundheitsberatungsstellen, Rehabilitationsmaßnahmen, Soziale Dienste in Krankenhäusern). Zum anderen unterscheidet er sozialpädagogische Handlungsfelder hinsichtlich ihres Einmischungsgrades in lebensweltunterstützende (Jugendfreizeitarbeit, Jugendverbandsarbeit, Schuldnerberatung), lebensweltergänzende (sozialpädagogische Familienhilfe, Jugendsozialarbeit) und lebensweltersetzende (z.B. Heime, Frauenhäuser) Hilfen und Angebote.

Gegenwärtig sind sozialpädagogische Handlungsfelder vor neue Herausforderungen gestellt. Sie stehen im Spannungsfeld gesellschaftlicher Veränderungsprozesse, die einerseits die Zunahme und Verschärfung sozialpädagogisch relevanter Problemlagen durch die Ausweitung sozialer Ungleichheiten und sozialer Ausschließungsprozesse (z.B. steigende Arbeitslosigkeit, Armut) zur Folge haben. Andererseits geraten sie unter den Druck des Um- und Abbaus des Sozialstaates und damit der diese Prozesse bestimmenden Ökonomisierung, Privatisierung und Managerialisierung sozialer Dienste. Damit einhergehend geraten sie unter den Druck, soziale Problemlagen aus dem Blickwinkel ökonomischer Verwertungsimperative zu bewerten und mit kontrollierenden bzw. teilweise punitiven Sanktionierungen zu reagieren. Inwieweit es angesichts dieser Herausforderungen gelingen wird, die den Handlungsfeldern zugrundeliegenden Prinzipien der sozialen Gerechtigkeit und Integration aufrechtzuerhalten, ist entscheidend dafür, ob der Grad ihrer erreichten Qualität und Professionalität fortgeschrieben werden wird.

Literatur
Böhnisch, L. (1997): Sozialpädagogik der Lebensalter. Weinheim, München. – Chassé, K. A./Wensierski, H.-J. v. (Hg.) ([3]2004): Praxisfelder der Sozialen Arbeit. Weinheim, München. – Thole, W. (Hg.) ([3]2010): Grundriss Soziale Arbeit. Wiesbaden.

Cornelia Schweppe

Handlungsorientierter Unterricht

Handlungsorientierter Unterricht ist die Bezeichnung für ein didaktisches Prinzip, bei dem die Handlungsmöglichkeiten der Lernenden im Unterricht spürbar ausgeweitet werden sollen. Der handlungsorientierte Unterricht beruft sich neben anderen reformpädagogischen Traditionslinien vor allem auf John Deweys erziehungswissenschaftlichen Pragmatismus, dem Erfahrung (experience) zum didaktischen Schlüsselbegriff wurde. Handlungsorientierter Unterricht strebt ein Lernen mit vielen Sinnen, in vielfältigen Handlungsformen sowie in sozialen Zusammenhängen an. Als grundlegend gilt die Beteiligung der Lernenden an der Unterrichtsplanung. Im Zentrum steht die Herstellung eines Handlungsprodukts, das veröffentlichungsfähig und anschlussfähig für weiteres Lernen ist. Die Auswahl der Lerninhalte erfolgt nach dem Prinzip des exemplarischen Lernens; konzeptionelle Überschneidungen mit dem Projektunterricht liegen auf der Hand. Handlungsorientierter Unterricht verspricht eine Verbesserung des Lernerfolgs, die Förderung individueller Lernwege, die Öffnung der Schule, eine damit einhergehende größere Realitätsnähe des Lernens sowie die reflektierte Einübung in Selbständigkeit. Forschungen zum handlungsorientierten Unterricht legen indes eine verkürzte und instrumentalisierte Praxis handlungsorientierter Prinzipien als Regelfall nahe. Reflexionen über Schülerinteressen bleiben häufig vordergründig und oberflächlich. So wird etwa der beruflichen Entwicklungsaufgabe von Oberstufenschülern im handlungsorientierten Unterricht kaum Beachtung geschenkt. Ausgeblendet bleibt, dass die Authentizität von Schülerhandlungen im Unterricht weder vorab vorausgesetzt noch im Prozess gesichert werden kann. Auch die Arbeit am Handlungsprodukt ist eine unterrichtliche Inszenierung und verbleibt im bewertenden Rahmen von Schule. Gerade die unstrittige Eignung von Handlungsorientierung als Unterrichtsrezept belegt, dass eine Entfremdung der Handlungssubjekte von ihren Handlungsprodukten auch im handlungsorientierten Unterricht zur Alltagsrealität werden kann.

Literatur
Gudjons, H. ([7]2008): Handlungsorientiert lehren und lernen. Bad Heilbrunn.

Uwe Hericks

Handwerk

Mit Handwerk wird die berufsmäßige klein- und mittelgewerbliche Erzeugung von Produkten, die einem individuellen Konsumbedarf entsprechen, bezeichnet. Zu den unterschiedlichen Gewerben gehören: Bau- und Ausbaugewerbe, Elektro- und Metallgewerbe, Bekleidungs-, Textil- und Ledergewerbe, Lebensmittelgewerbe, Gesundheits- und Körperpflege, Chemische Reinigung, Glas-, Papier- und keramische Gewerbe. Das handwerkliche Gewerbe wird durch die 1953 verabschiedete und inzwischen mehrfach novellierte Handwerksordnung geregelt. Zur Wahrung und Durchsetzung seiner Interessen hat sich das Handwerk im Laufe seiner Geschichte in unterschiedlicher Weise organisiert. Zu den ältesten Zusammenschlüssen gehören die Handwerksinnungen sowie die Handwerkskammern als Körperschaften des öffentlichen Rechts. Auf Bundesebene versteht sich der 1949 gegründete Zentralverband des Deutschen Handwerks als Unterstützung der Willensbildung in allen grundsätzlichen Fragen der Handwerkspolitik, indem er die Gesamtinteressen des Handwerks gegenüber Bundestag, Bundesregierung und anderen zentralen Behörden, der Europäischen Union und internationalen Organisationen vertritt. Zu den unterschiedlichen Politik- und Aufgabenbereichen des Handwerks und seiner Vertretungen gehört die Berufsbildung. Die handwerkliche Berufsbildung stellt im Hinblick auf die Zahl der Berufe, für die ausgebildet wird, hinter der industriellen Berufbildung den zweitgrößten Berufsbildungssektor dar.

Sie kann auf eine lange Tradition zurück blicken. Erste systematische Züge lassen sich in der vormodernen Epoche nachweisen, in der das Handwerk zünftlerisch organisiert war. Die Zünfte mit ihren Ordnungen boten den Handwerkern den Vorteil, ihre Angelegenheiten in eigenverantwortlicher Selbstverwaltung zu regeln. Dies betraf auch die Überwachung und Förderung der Berufsausbildung, die Regelung der Lehre, der Gesellenzeit, der Wanderschaft und der Meisterprüfung. Durch diese Autonomie war vor allem die am Stand orientierte berufliche Sozialisation der Lehrlinge gewährleistet. Charakteristisch für die zünftlerische Handwerkslehre waren die Verbindung von Leben, Arbeiten und Lernen im Hause des Meisters und das Einüben beruflicher Handfertigkeiten auf der Grundlage des Imitatio-Prinzips. Die Kritik an der Zunftordnung, der ständischen Mentalität und nicht zuletzt an den überkommenen Produktionsmethoden des Handwerks insbesondere seit Ende des 18./Anfang des 19. Jahrhunderts waren eine Bedrohung für das handwerkliche Gewerbe- und Ausbildungsmonopol. Die daraufhin erfolgte Organisation und Politik des Handwerks zur Abwehr der industrialisierten Modernisierung und der wirtschaftlichen Freiheit führten dazu, dass das Handwerk Endes des 19. Jahrhunderts zunächst die Eingrenzung des Gewerberechts errang. Das Handwerkerschutzgesetz von 1897 sicherte die öffentlich-rechtliche Regelung der handwerklichen Lehrlingsverhältnisse unter Aufsicht der Kammern und unter Mitwirkung der Innungen quasi als Form berufsständischer Selbstverwaltung. Gleichzeitig setzte sich jedoch die Industrie verstärkt für eine eigene Ausbildung ein, die aufgrund ihrer Methoden eine deutliche Konkurrenz für die handwerkliche Meisterlehre darstellte. Mit der Ausdifferenzierung der industrietypischen Ausbildung nach dem Ersten Weltkrieg begann verstärkt auch das Handwerk in den 1920er Jahren, seine Ausbildung zu modernisieren.

Die Nationalsozialisten zeigten eine deutliche Affinität zur tradierten Handwerkerideologie, stießen unter den Handwerkern allerdings auf massive Kritik. Gründe hierfür waren die enge Kooperation zwischen nationalsozialistischem Staat und Industrie und die am Führerprinzip ausgerichtete Erziehung, die die patriarchalische Sozialisation des Handwerks unterlief. Die Richtlinien zur Gleichschaltung der Innungen von 1933 schrieb rigoros das Führerprinzip im Handwerk vor. Das erste regulierende Dokument für das Handwerk in der Bundesrepublik Deutschland stellte das Gesetz zur Ordnung des Handwerks von 1953 dar.

In der klassischen Berufsbildungstheorie waren das Handwerk und seine Berufbildung aufgrund der geringen Arbeitsteilung und der Verbindung von Kopf- und Handarbeit in der Produktion Vorbild für die Förderung künstlerischen Schaffens und die Realisierung ganzheitlicher und persönlichkeitsbildender Berufsbildung.

Literatur

Wahle, M. (2007): Im Rückspiegel das Kaiserreich. Frankfurt.

Karin Büchter

Hanns-Seidel-Stiftung

Die der Christlich-Sozialen Union (CSU) nahestehende Hanns-Seidel-Stiftung (www.hss.de) versteht sich und ihr Wirken im Dienst von Demokratie, Frieden und Entwicklung, in dessen Zentrum die politische Bildungsarbeit in einem umfassenden Sinne steht. Diese Bildungsarbeit soll vor dem Hintergrund einer Vergewisserung über die historischen, gesellschaftlichen und politischen Grundwerte im Sinne christlich-sozialer Politik erfolgen. Insofern

wird die demokratische und staatsbürgerliche Bildung des deutschen Volkes auf christlicher Grundlage als Leitziel der Stiftungstätigkeit genannt.
Die Hanns-Seidel-Stiftung wurde im April 1967 gegründet. Sie hat nach wie vor ihren Hauptsitz in München; darüber hinaus verfügt sie über Repräsentanzen in Berlin, Brüssel, Washington und Moskau.
Zur Durchführung ihrer Stiftungsziele unterhält die Hanns-Seidel-Stiftung ein Bildungswerk, ein Förderungswerk, eine Akademie für Politik und Zeitgeschehen und ein Institut für internationale Begegnung und Zusammenarbeit. Wie bei den anderen politischen Stiftungen auch stehen dementsprechend die Durchführung unterschiedlichster Veranstaltungen zur politischen Bildung (national wie international), die ideelle und materielle Studien- und allgemeine Begabtenförderung, die politik- und gesellschaftswissenschaftliche Forschung und Beratung sowie die internationale Entwicklungszusammenarbeit im Vordergrund. Auf internationaler Ebene ist die Hanns-Seidel-Stiftung in mehr als 50 Staaten aktiv; in rund 30 Staaten unterhält sie eigene Projektbüros. Als aktuelle Leitlinien für die thematische Gestaltung der Stiftungsaktivitäten werden Bedeutung von Wertorientierungen, Verhältnis von Bürgern und Staat und Spannungsfeld von Globalisierung und Regionalisierung genannt.
Dem Vorstand der Stiftung gehören der von der Mitgliederversammlung gewählte Vorsitzende sowie zwei Stellvertreter an. Die Stiftungsaktivitäten werden vor allem aus Bundes- und ergänzenden Landesmitteln finanziert.

Literatur
Höpfinger, R. (Hg.) (2007): Im Dienst von Demokratie, Frieden und Entwicklung. München. – Lepszy, N. (2003): Politische Stiftungen. In: Andersen, U./Woyke, W. (Hrsg.): Handwörterbuch des politischen Systems. Bonn, 524-528.

Hans-Werner Fuchs

Hanselmann, Heinrich (1885-1960)

Nach einer Lehrerausbildung arbeitete Hanselmann von 1905-1908 in einer Taubstummenanstalt in St. Gallen. Nach 1908 studierte er u.a. Psychologie, Pädagogik und Psychopathologie, wurde 1911 in Zürich promoviert und leitete von 1912-1916 die Arbeitskolonie und Beobachtungsanstalt für psychopathische und geistesschwache Jugendliche in Steinmühle bei Frankfurt am Main. Als Generalsekretär der Stiftung Pro Juventute (1917-1923) war er maßgeblich an der Formulierung der Grundsätze der schweizerischen Jugendfürsorge beteiligt. 1924 übernahm er die Leitung des Heilpädagogischen Seminars und trat 1931 an der Universität Zürich die erste Professur für Heilpädagogik im deutschsprachigen Raum an.
Als sein bedeutendstes Werk gilt seine Einführung in die Heilpädagogik von 1930. Heilpädagogik verstand Hanselmann als Lehre vom Unterricht, der Erziehung und Fürsorge all jener Kinder, deren körperlich-seelische Entwicklung durch individuale und soziale Prozesse gehemmt ist. Dazu zählte er nicht nur Kinder, deren Sinne beeinträchtigt sind (blinde, sehschwache, taube, schwerhörige, taubblinde), sondern auch Kinder mit psychiatrischen Auffälligkeiten.
Hanselmann gilt als einer der bedeutendsten Vertreter der Sonder- und Heilpädagogik des 20. Jahrhunderts.

Literatur
Mürner, C. (1985): Die Pädagogik von Heinrich Hanselmann. Luzern.

Roswitha Stöcker

Harkort, Friedrich (1793-1880)

Der gelernte Kaufmann Harkort war Unternehmer und nacheinander Besitzer verschiedener Werkstätten und Fabriken in Westfalen und wirkte v.a. als Politiker: im Westfälischen Provinziallandtag, in der Frankfurter Nationalversammlung, im preußischen Abgeordnetenhaus und im ersten deutschen Reichstag. Im Mittelpunkt seines Engagements standen soziale und wirtschaftliche Fragen. Er entwickelte ein Modell zur sozialen Integration des neuen Vierten Standes in die bürgerlich-industrielle Gesellschaft und wies als notwendige Bereiche der Sozialpolitik u.a. die Sicherung der Existenz in Notzeiten durch Versicherungen, die Förderung von Eigentumserwerb und Sesshaftigkeit – etwa durch Sparkassen – und den Ausbau eines umfassenden Bildungssystems vom Kindergarten bis zur Erwachsenenbildung aus. Er engagierte sich u.a. gegen Kinderarbeit und für eine bessere Volksbildung (Bemerkungen über die Preußische Volksschule und ihre Lehrer, 1842; Bemerkungen über die Hindernisse der Civilisation und Emancipation der untern Klassen, 1844). 1843 gründete er den Verein für die deutsche Volksschule und für Verbreitung gemeinnütziger Kenntnisse.
Harkort wirkte auch publizistisch an der politischen

Bildung der Arbeiter mit, u.a. 1849 mit seinem Brief an die Arbeiter und 1852 mit einem Wahl-Katechismus für das Volk.

Literatur

Harkort, F. (1969): Schriften und Reden zu Volksschule und Volksbildung. Paderborn.

Sylvia Schütze

Harnisch, Christian Wilhelm (1787-1864)

Nach einem Studium der Theologie in Halle (Saale) und Frankfurt (Oder) wurde Harnisch Lehrer am Institut von Johann Ernst Plamann in Berlin an, wo er die Pädagogik Johann Heinrich Pestalozzis kennen lernte. Er schloss sich dem Deutschem Bund (Vorläufer der Burschenschaften) an, den seine Kollegen Friedrich Ludwig Jahn und Karl Friedrich Friesen – die Förderer des Turnwesens – begründet hatten. Nebenher studierte Harnisch u.a. bei Johann Gottlieb Fichte und bei Friedrich Daniel Ernst Schleiermacher.
1812-1822 war Harnisch Erster Lehrer am Schullehrerseminar in Breslau. In Zusammenarbeit mit dem Direktor des katholischen Seminars Daniel Krüger verbreitete er die Pädagogik Pestalozzis unter den schlesischen Lehrern und war Begründer des Breslauer Schullehrervereins. 1815-1820 gab Harnisch zudem eine der ersten pädagogischen Zeitschriften – Der Erziehungs- und Schulrath an der Oder – heraus.
1819 wurde Harnisch im Zusammenhang mit dem Turnstreit staatsfeindlicher Umtriebe verdächtigt und 1822 an das Lehrerseminar in Weißenfels versetzt. Er setzte sich auch hier für eine Reform der Lehrerbildung und für methodische Neuerungen ein, insbesondere im Sprachunterricht (Erstes Sprachbuch, oder Uebungen, um richtig sprechen, lesen und schreiben zu lernen, 1814, [33]1847). Auf ihn gehen die Begriffe Heimatkunde und Weltkunde zurück, die er als eigene Unterrichtsfächer würdigte.
1842 wechselte Harnisch in ein Pfarramt in Elbei (bei Magdeburg).

Literatur

Harnisch, C. W. (1893): Handbuch für das deutsche Volksschulwesen (zuerst 1817). Langensalza.

Sylvia Schütze

Harris, William Torrey (1835-1909)

Harris war als amerikanischer Pädagoge und Schuladministrator außerordentlich einflussreich. Er war Sproß einer Kongregationistenfamilie, studierte in Yale, begann dann aber vielseitige Aktivitäten, die ihn in den Westen der Vereinigten Staaten von Amerika führten. 1858 begann er seine pädagogische Tätigkeit in den Schulen von St. Louis. 1868 wurde er Superintentent. Harris war u.a. und als Commissioner of Education (1889-1906) wegweisend für den strukturellen und ideellen Aufbau des amerikanischen Schulsystems. Gemeinsam mit Susan E. Blow etablierte er 1873 den ersten öffentlichen Kindergarten als Teil des Schulssystems in St. Louis.
Gleichzeitig beschäftigte er sich mit Philosophie, besonders mit dem deutschen Idealismus. Herbarts Philosophie trat er entschieden entgegen, ebenso wie dem Herbartianismus. Er publizierte (u.a. Hegel's Logic: a Critical Exposition, 1890; A. Bronson Alcott, his Life and Philosophy, gemeinsam mit Frank B. Sanborn 1893; Psychologic Foundations of Education, 1898), hielt Vorträge und reiste extensiv. Er war Gründer und bis 1893 Herausgeber des Journal of Speculative Philosophy (1867). Zwischen 1880 und 1888 war er eng mit Bronson Alcott's Concord School of Philosophy assoziiert. In den 1890er Jahren war er Mitglied bedeutender Kommittees der National Education Association.

Literatur

Watras, J. (2009): Academic Studies, Science, and Democracy. In: Philosophical Studies in Education 40, S. 113-124.

S. Karin Amos

Hasenclever, Christa (1906-1992)

Hasenclever besuchte ab 1913 das Lyzeum und legte 1925 das Abitur ab. Sie war ehrenamtlich in der Säuglings- und Familienfürsorge in Bielefeld und Lübeck tätig, dann in der Fürsorgeerziehungsanstalt in Berlin-Tegel. Von 1928 bis 1930 absolvierte sie an einer Wohlfahrtsschule in Berlin-Charlottenburg eine Ausbildung zur staatlich anerkannten Jugendwohlfahrtspflegerin. Im Anschluss studierte sie Volkswirtschaft, Pädagogik und Psychologie in Münster, Bonn und Kiel. 1933 folgte die Promotion (Arbeitslosigkeit und Außenhandel). Danach war sie als wissenschaftliche Mitarbeiterin der Bibliothek für Weltwirtschaft in Kiel, 1939 als Dozentin am Sozialpädagogischen Seminar in Königsberg und 1943-53 an der Landeswohlfahrtsschule in Kiel tätig, bevor sie Leiterin der Referate Jugendwohlfahrt und Soziale Ausbildung, Schule und Fortbildung beim Bundesvorstand der Arbeiterwohlfahrt wurde (bis 1971), wo sie sich für die Zusammenarbeit aller freien Träger der Jugendhilfe einsetzte.

Literatur
Hasenclever, C. (1978): Jugendhilfe und Jugendgesetzgebung seit 1900. Göttingen.

Kurt Schilde

Haüy, Valentin (1745-1822)

Haüy, Sprachwissenschaftler, königlicher Dolmetscher und Lehrer in Frankreich, hat sich für die Unterrichtung blinder Menschen eingesetzt. Er eröffnete 1784 in Paris die erste Unterrichtsanstalt für Blinde und erarbeitete einen Lehrplan. Trotz der Verstaatlichung der Blindenanstalt im Jahr 1791 gab es vielfältige finanzielle Probleme. Haüy kämpfte darüber hinaus gegen das Zusammenlegen der Anstalt mit einem Hospiz, hatte aber keinen Erfolg. Der Unterricht wurde gekürzt und Haüy aus seinem Amt entlassen. Er eröffnete 1802 in Paris eine weitere private Anstalt für Blinde, ging dann jedoch 1806 zeitweise nach Russland, um dort eine Blindenanstalt aufzubauen. Seine Werke (z.B. Essai sur l'éducation des aveugles, 1786) waren international bekannt, zum Beispiel auch in den USA.

Literatur
Haüy, V. (1990): Abhandlung über die Erziehung blinder Kinder. Würzburg.

Jessica M. Löser

Hauptschule

Die Hauptschule ist eine Schulart bzw. ein Bildungsgang der Sekundarstufe I im allgemeinbildenden deutschen Schulsystem. Sie schließt an die Grundschule an und umfasst die Klassen 5 bis 9 bzw. 7 bis 9, in einigen Bundesländern auch noch die Klassenstufe 10. In immer mehr Bundesländern sind die Bildungsgänge der Haupt- und Realschule pädagogisch und organisatorisch zusammengefasst, wobei sowohl die Bezeichnung als auch die pädagogische Ausgestaltung variieren; in weiteren Bundesländern wird die Zusammenlegung diskutiert. Darüber hinaus wird der Bildungsgang der Hauptschule in einigen Bundesländern an Gesamtschulen angeboten.

Ziel der Hauptschule ist es, eine grundlegende und allgemeine Bildung zu vermitteln, die mindestens zur Berufsreife führt; hierbei soll die Hauptschule die Schüler befähigen, sich am Arbeitsleben und am politischen und sozialen Leben zu beteiligen und Zugang zum kulturellen Leben zu finden. Am Ende der 9. Jahrgangstufe besteht in allen Ländern die Möglichkeit, den Hauptschulabschluss zu erwerben; in einigen Bundesländern existieren Regelungen für den Erwerb eines höherwertigen Abschlusses. Die Schüler können ihren Bildungsweg vor allem in berufs-, aber auch in studienqualifizierenden Bildungsgängen fortsetzen.

Der Begriff Hauptschule wurde in Deutschland erstmals in der Zeit des Nationalsozialismus im Zusammenhang mit dem sog. Anschluss Österreichs an das Deutsche Reich verwendet; die entsprechende Schulform wurde aber nur ansatzweise realisiert. In der Bundesrepublik Deutschland wurde der Begriff Hauptschule 1964 mit dem Hamburger Abkommen der Kultusministerkonferenz bundeseinheitlich eingeführt und ersetzte den Begriff Volksschuloberstufe. Historisch war die Hauptschule aus der Kritik an eben jener Oberstufe der Volksschule hervorgegangen, welche bis in die 1960er Jahre auf die Vermittlung einer volkstümlichen Bildung abzielte. Ziel war es, die Hauptschule zu einer modernen weiterführenden Schule der Sekundarstufe I zu entwickeln, um sie mittels Niveauanhebung gegenüber den Realschulen und Gymnasien attraktiver und konkurrenzfähiger zu gestalten. Der Zugang zu theoretisch-wissenschaftlicher Bildung bzw. die Ebene abstrakt-begrifflichen Lernens sollte auch den Hauptschülern nicht mehr vorenthalten werden. Die Erhöhung der Anforderungen betraf verschiedene Bereiche; vor allem den naturwissenschaftlichen und mathematischen Unterricht sowie die Einführung fremdsprachlichen Unterrichts, i.d.R. Englisch. Als weiteres neues Fach wurde die Arbeitslehre integriert, um die Schüler frühzeitig mit der modernen Arbeitswelt bekannt zu machen.

Die mit der Reform der Volksschuloberstufe erhoffte Stabilisierung blieb jedoch aus. Im Zuge der Bildungsexpansion nahm der Anteil der Hauptschüler immer mehr ab. Besuchten 1952/53 noch 79,3% der Schüler im 7. Jahrgang eine Hauptschule, so waren es 1970/71 50,7% und 2005 nur noch 24%.

Gegenwärtig zeichnet sich im Hinblick auf die Entwicklung der Hauptschule in den Bundesländern ein ambivalentes Bild ab: In vielen Bundesländern vollzieht sich eine Annäherung der Haupt- und

Realschulen; dennoch wird die Eigenprofilierung gestärkt: Fast in allen Bundesländern wurden in den 1980er Jahren umfassende Lehrplanrevisionen durchgeführt, die das Gewicht praxis- und anwendungsbezogener Inhalte stärken sowie der Vermittlung elementarer Grundkenntnisse in Deutsch und Mathematik mehr Raum geben. So werden soziale und praktische Arbeiten verstärkt, Betriebspraktika und Betriebserkundungen haben sich zunehmend durchgesetzt und die Möglichkeiten zu einer freien Gestaltung des Schulalltags sowie einer Öffnung der Schule sind erweitert worden.
Trotz dieser Bemühungen nimmt der Anteil der Sekundarstufenschüler, die eine Hauptschule besuchen, weiter ab. Gleichzeitig haben zunehmend mehr Hauptschüler einen Migrationshintergrund; außerdem sind Kinder aus sozial schwachen Familien unverhältnismäßig stark an Hauptschulen vertreten. Das Lernklima gilt als ungünstig, Symptome sind hohe Fehlquoten und Disziplinprobleme. Diese Entwicklung und die angesichts der Lehrstellenknappheit schwierige Lage von Hauptschulabsolventen auf dem Arbeitsmarkt hat der Hauptschule den Ruf einer Restschule eingebracht, einhergehend mit einem Prestigeeinbruch des Hauptschulabschlusses.

Literatur
Leschinsky, A. (2008): Die Hauptschule – von der Be- zur Enthauptung. In: Cortina, K. S. u.a. (Hg.): Das Bildungswesen in der Bundesrepublik Deutschland. Reinbek, 377-406.

Stephanie Plückhahn

Hausaufgaben

Hausaufgaben sind vom Lehrer erteilte Aufgaben, die von den Schülern außerhalb des Unterrichts, i.d.R. zu Hause, bearbeitet werden. Mit Hausaufgaben sind unterschiedliche Ziele verbunden. Zum einen sollen Hausaufgaben zusätzliche Lern- und Übungsgelegenheiten beinhalten und aus dieser Perspektive den Lernerfolg von Schülern positiv beeinflussen. Zum anderen erhofft man sich von Hausaufgaben positive Wirkungen auf übergreifende Fähigkeiten, wie z.B. auf die Selbstständigkeit und Ausdauer der Lernenden sowie auf die Ausbildung von Arbeitstechniken. Hausaufgaben sind keine neue Erfindung, sondern werden bereits in Schulordnungen des 15. Jahrhunderts erwähnt.
Insgesamt gibt es erst wenige Forschungen über die Wirkung von Hausaufgaben; die meisten Studien wurden im Sekundarbereich durchgeführt: Offenbar hat die Zeit, die Schüler für die Hausaufgabenbearbeitung aufwenden, nicht die erwarteten positiven Wirkungen. Wichtiger als die investierte Zeit und die Länge von Hausaufgaben scheinen die Qualität der Auseinandersetzung mit den Aufgaben sowie die Häufigkeit und Regelmäßigkeit zu sein, mit der Hausaufgaben erledigt werden. Auch der prozessorientierte Umgang mit Hausaufgaben durch die Lehrer und die Einbindung der Hausaufgaben in den Unterricht erwiesen sich in einigen Studien als bedeutsam für die Hausaufgabenmotivation und die Leistungsentwicklung der Schüler.
Eltern spielen bei der Frage nach der Wirksamkeit von Hausaufgaben ebenfalls eine wichtige Rolle: Direktive Formen elterlichen Hausaufgabenengagements, wie z.B. Aufsicht, Kontrolle und direktes Eingreifen, wirken sich eher ungünstig auf die künftige Leistungsentwicklung aus, während indirektere Formen elterlicher Unterstützung, die die Selbstständigkeit der Lernenden fördern und emotional unterstützend sind, eher positive Effekte haben.
Wie sich verschiedene Arten von Hausaufgaben auf die Schüler auswirken, ob die genannten Forschungsergebnisse für alle Fächer und für Schüler aller Altersstufen gelten und welche Wirkungen unterschiedliche Qualitäten schulischer Hausaufgabenbetreuung, z.B. in Ganztagsschulen haben, kann zum gegenwärtigen Stand der Hausaufgabenforschung noch nicht beantwortet werden. Eine wesentliche Aufgabe der künftigen Hausaufgabenforschung dürfte auch in einer stärker theoretischen Konzeptualisierung des Hausaufgabenbearbeitungsprozesses liegen.

Literatur
Trautwein, U. (2008): Hausaufgaben. In: Schneider, W./ Hasselhorn, M. (Hg.): Handbuch der Pädagogischen Psychologie. Göttingen, 563-573. – Niggli, A. u.a. (2007): Elterliche Unterstützung kann hilfreich sein, aber Einmischung schadet. In: Psychologie in Erziehung und Unterricht 54, 1-14.

Frank Lipowsky

Hauslehrer

Bis zur verbindlichen Einführung der Schulpflicht 1919 war es in Deutschland möglich, Unterricht privat erteilen zu lassen, das Allgemeine Landrecht für die preußischen Staaten sah z.B. nur eine Unterrichtspflicht vor, der auch durch häuslichen Unterricht nachgekommen werden konnte. Die im Adel entwickelte Form der häuslichen Erziehung und Unterrichtung wurde im 18. und 19. Jahrhundert vom Bürgertum aufgenommen. Die Privaterzieher, Hauslehrer, Hofmeister und Gouvernanten waren zuständig für die gesamte Erziehung und Unterrichtung der Kinder, standen allerdings immer unter der besonderen Aufsicht der Eltern und entstammten oft einem niedrigeren Stand als die von ihnen zu unterrichtenden Kinder, was nicht selten zu Konflikten führte. Viele für die Tradition pädagogischen Denkens bedeutsame Theoretiker (u.a. Johann Bernhard Basedow, Johann Friedrich Herbart, Friedrich August Fröbel) waren als Hauslehrer tätig. In der Regel war die Hauslehrertätigkeit eine Zwischenstation auf dem Weg zu einer regulären Lehrer- oder Pfarrerstätigkeit, was nicht auschloss, dass die Tätigkeit als Hauslehrer auch neben anderen Unterrichtstätigkeiten ausgeübt wurde. Hohe, z.T. überhöhte Ansprüche standen nicht immer in einem günstigen Verhältnis zur Bezahlung, die soziale Lage der Hauslehrer war oft prekär. In gewisser Weise bot die Beziehung zwischen Hauslehrer und Zögling die Grundlage der verallgemeinerten Erzieher-Zögling-Dyade der pädagogischen Tradition (pädagogischer Bezug), wobei die realen Bedingungen der Hauslehrererziehung jedoch zugunsten einer idealisierten Typenbildung vernachlässigt wurden.

Literatur

Fertig, L. (1976): Die Hofmeister. Stuttgart.

Klaus-Peter Horn

Hausmann, Gottfried (1906-1994)

Nach einem Lehramtsstudium in Frankfurt/Main (1927-29) und weiteren Studien in Gießen (1929-33, Promotion 1933, Habilitation über den Begriff der Ahnung 1942), einer Zeit als Lehrer in Hessen (1929-34) und Dozent an der Frauenarbeitsschule Mainz (1934-40) war Hausmann Soldat und nach dem Krieg pädagogischer Assistent sowie Leiter des hessischen Schulfunks (1950-55). Von 1955-59 war er Austauschprofessor für Pädagogik in Ankara und bekleidete 1959-74 in Hamburg den ersten Lehrstuhl für Vergleichende Erziehungswissenschaft der Bundesrepublik Deutschland.

Sein Werk umfasst allgemeinpädagogische, historische, interkulturelle und didaktische Studien. Als Hauptwerk gilt sein geisteswissenschaftliches Lehrplankonzept Didaktik als Dramaturgie des Unterrichts. Hausmann engagierte sich in mehreren internationalen pädagogischen Institutionen. Er war seit 1963 Mitglied der deutschen Kommission der United Nations Educational, Scientific and Cultural Organization (UNESCO) und Mitbegründer des UNESCO-Instituts für Pädagogik.

Literatur

Hausmann, G. (1959): Didaktik als Dramaturgie des Unterrichts. Heidelberg.

Joachim Scholz

Hausrecht

Das Hausrecht ist auf die Abwehr von Störungen gerichtet, die Schulfremde im räumlichen Geltungsbereich der Schule verursachen. Die Schulleitung kann ihnen kann das Betreten des Schulgeländes untersagen oder sie von diesem verweisen. Bei Abwesenheit der Schulleitung ist der Stellvertreter zuständig, z.T. ist das Hausrecht auch dem Schulhausmeister übertragen.

Soweit die Ausübung des Hausrechts der Sicherung eines öffentlich-rechtlichen Zweckes dient – hier der Wahrung der Funktionsfähigkeit eines sicheren und geordneten Schulbetriebs als zwingende Voraussetzung für die Erfüllung des schulischen Bildungs- und Erziehungsauftrages –, ist es öffentlich-rechtlicher Natur; das Hausverbot stellt einen Verwaltungsakt i.S.d. § 35 (Landes-)Verwaltungsverfahrensgesetz dar. Handeln die Störer dem Hausverbot zuwider, kann die Schulleitung die Polizei rufen und Antrag wegen Hausfriedenbruchs (§ 123 Strafgesetzbuch) stellen.

Das Hausrecht darf grundsätzlich nicht gegenüber den am Schulverhältnis Beteiligten – den Schülern, ihren Eltern und den Lehrkräften – ausgeübt werden. Stören diese den Schulbetrieb, kommen das schulische Ordnungsrecht und das Disziplinarrecht zur Anwendung. Treten sie jedoch nicht in ihrer Eigenschaft als Schulinterne auf, kann das Hausrecht gegen sie eingesetzt werden. Das ist z.B. der Fall, wenn Eltern an einer außerschulischen Veranstaltung teilnehmen, die im Schulgebäude stattfindet, und dabei den Unterricht stören oder Schüler bedrohen. Störungen des Schulbetriebs von außen (z.B. die Verteilung von Werbematerial auf dem Bürgersteig) können nicht mit dem Hausrecht abgewehrt werden.

Literatur

Avenarius, H. (^{8}2010): Schulrecht. Köln, Kronach.

Uta Stäsche

Hausunterricht

Beim Hausunterricht werden die Kinder statt in den Schulen zu Hause, in der Regel von den Eltern, aber auch von Privatlehrern unterrichtet. Seit dem 18. Jahrhundert dehnte sich nach dem Vorbild der Adelserziehung der Hausunterricht als ständisch exklusive Form der Bildung und Erziehung auch auf das wohlhabende Bürgertum aus. Damit veränderten sich auch die Inhalte des Hausunterrichts, bei dem zunächst vor allem höfische Lebens- und Umgangsformen vermittelt worden waren, in die persönliche Erziehung und humanistische Bildung. Berühmte Hausschüler waren etwa Johann Wolfgang Goethe, Wolfgang Amadeus Mozart oder die Brüder Alexander und Wilhelm von Humboldt. Den Beruf des häufig als traurige Gestalt verspotteten Hauslehrers (Hofmeister, Gouvernante) übten in dieser Zeit oft stellenlose Pfarrer und Wissenschaftler als notwendigen Broterwerb aus, bekannte Beispiele sind Jean-Jacques Rousseau und Friedrich Hölderlin.
Mit der Durchsetzung der an den Schulbesuch gebundenen allgemeinen Schulpflicht verschwand der Hausunterricht in Deutschland – anders als etwa das Homeschooling in angelsächsischen Ländern – weitgehend in der Bedeutungslosigkeit. Nach der geltenden Rechtslage darf nur in Sonderfällen von dem Besuch einer Schule abgesehen werden. Hausunterricht ist nur insoweit erlaubt, wie schulpflichtige Kinder und Jugendliche infolge von längerfristigen Erkrankungen die Schule nicht besuchen können. In einigen Ländern haben Schüler, die wegen einer Krankheit längere Zeit ihre Schule nicht besuchen können, einen rechtlichen Anspruch auf die Erteilung kostenlosen Hausunterrichts. Auch für den Hausunterricht sind die staatlichen Lehrpläne Grundlage des Unterrichts. Der Unterricht soll den Bildungsauftrag der Schule unter dem besonderen Gesichtspunkt von Krankheit und mangelnder Schulbesuchsfähigkeit erfüllen, den Anschluss an die Schulausbildung ermöglichen und die Wiedereingliederung in den normalen Schulbetrieb vorbereiten.
Zuvorderst sind die Eltern zur Überwachung der Schulpflicht verpflichtet, die Verletzung wird strafrechtlich geahndet. In letzter Konsequenz können Schüler auch zwangsweise zur Schule gebracht werden (Schulzwang). Dieser Schulzwang wird vor allem von religiöser Seite zugunsten des Hausunterrichts in Frage gestellt. Das Bundesverfassungsgericht hat in seinem Beschluss vom 31.5.2006 die strafrechtliche Verfolgbarkeit von Verstößen gegen die Schulpflicht aus religiösen Gründen für zulässig erklärt.

Literatur
Avenarius, H. ([8]2010): Schulrecht. Köln, Kronach. – Fischer, R./Ladenthin, V. (Hg.) (2006): Homeschooling – Tradition und Perspektive. Würzburg.

Julian Nebel

Hecker, Johann Julius (1707-1768)

Hecker erhielt bereits als Schüler des Essener Gymnasiums eine pietistische Prägung und wurde während seines Theologiestudiums in Halle (1726-29) von Jakob Spener und August Hermann Francke beeinflusst. Ab 1729 war er Lehrer am Halleschen Pädagogium. 1735 wurde er als Prediger und Schulinspektor an das Potsdamer Militärwaisenhaus und 1738 als Prediger an die Berliner Dreifaltigkeitskirche berufen. Schon in diesem Amt widmete sich Hecker, dem Beispiel Franckes folgend, engagiert der Hebung des Schulwesens; berühmt wurde seine 1747 gegründete Realschule, die eine Vorqualifikation für bürgerlich-praktische Berufe bieten sollte und der Hecker im Folgejahr ein Landschullehrerseminar, das erste in Preußen, anschloss.
Das Generallandschulreglement (1763), das erstmals die preußische Elementarschulgesetzgebung vereinheitlichte, wurde in wesentlichen Teilen von Hecker ausgearbeitet.

Literatur
Mentzel, F.-F. (1993): Pietismus und Schule. Baltmannsweiler.

Joachim Scholz

Heckhausen, Heinz (1926-1988)

Heckhausen absolvierte eine Lehrerausbildung und studierte anschließend Psychologie an der Universität Münster (Promotion 1954, Habilitation 1962). Als Professor für Motivations- und Entwicklungspsychologie (1964-1983) begründete er das Psychologische Institut der Universität Bochum. Von 1983 bis zu seinem Tod war er Direktor des Max-Planck-Instituts für Psychologische Forschung in München. Daneben wirkte er in einer Vielzahl wichtiger Positionen (Präsident der Deutschen Gesellschaft für Psychologie, Vorsitzender im Deutschen Wissenschaftsrat).
Heckhausen ist v.a. als Entwicklungs- und als Motivationspsychologe bekannt geworden. Insbesondere seine Arbeiten zur Leistungsmotivation und zur Willenspsychologie gelten als Grundlagenforschung. Das Lehrbuch Motivation und Handeln (zuerst

1980; 3. Aufl. 2006) ist das Standardwerk der Motivationspsychologie. In der Erziehungswissenschaft wurde Heckhausen insbesondere durch seine Mitarbeit im Deutschen Bildungsrat bekannt. In dem von Heinrich Roth 1967 herausgegebenen Gutachtenband Begabung und Lernen publizierte Heckhausen die bekannte Formel der Lernmotivierung. 1974 erschien mit Leistung und Chancengleichheit die theoretische Grundlage für die Forschung zur individuellen (vs. sozialen) Bezugsnormorientierung der Leistungsbeurteilung.

Literatur

Heckhausen, H. (1990): Erinnerungen, Würdigungen, Wirkungen. Berlin.

Falko Rheinberg

Hegel, Georg Wilhelm Friedrich (1770-1831)

Hegel studierte am Tübinger Stift Philosophie und Theologie und habilitierte sich 1801 an der Universität Jena. 1805 wurde Hegel außerordentlicher Professor in Jena, 1807 Redakteur der Bamberger Zeitung und 1808 Professor und Rektor am Nürnberger Aegidiengymnasium. 1816 wurde er an die Universität Heidelberg, 1818 an die Universität Berlin berufen. Er entwickelte ein System der Philosophie, das die Wirklichkeit restlos begrifflich zu erfassen beansprucht (Phänomenologie des Geistes, 1807, Wissenschaft der Logik, 1812/1813/1816, Enzyklopädie der philosophischen Wissenschaften im Grundrisse, 1817, ^{3}1830). Besonders umstritten wie aktuell ist seine Sozial- und Staatsphilosophie (Grundlinien der Philosophie des Rechts oder Naturrecht und Staatswissenschaft im Grundrisse, 1821).

Hegel kritisiert philosophische Positionen, die eine Erkenntnis der Wirklichkeit bezweifeln, begrenzen oder bestreiten. Er versteht die Wirklichkeit als ein zusammenhängendes, in sich selbst differenziertes und sich dynamisch entwickelndes Ganzes und beansprucht mit seiner Philosophie alle Wirklichkeit, d.h. die wesentlichen physikalischen, biologischen, psychischen, sozialen und politischen sowie die ästhetischen, religiösen und philosophischen Phänomene und Zusammenhänge, aus einem einzigen Prinzip (Vernunft) in einer einheitlichen Theorie systematisch zu erklären und (als vernünftig) zu begründen. Hegels Philosophie, dem Deutschen Idealismus zugerechnet, fasst die Geschichte als Entwicklung und Bildung des Geistes auf und begreift die Erziehung und Bildung des einzelnen Menschen in einer verpflichtenden Abhängigkeit von Gesellschaft, Staat und Geschichte.

Hegels Bildungsphilosophie hatte nicht nur großen Einfluss auf die preußische Bildungspolitik seiner Zeit (Johannes Schulze) und die Pädagogik des 19. Jahrhunderts (Karl Rosenkranz, Gustav Ferdinand Thaulow), auch international (John Dewey, Giovanni Gentile), sondern später auch auf die geisteswissenschaftliche Pädagogik (Wilhelm Dilthey, Herman Nohl, Theodor Litt, Josef Derbolav) und auf das bildungstheoretische Denken bis in die Gegenwart (Jürgen-Eckardt Pleines).

Literatur

Jaeschke, W. (2003): Hegel-Handbuch. Stuttgart; Weimar. – Schnädelbach, H. (1999): Hegel zur Einführung. Hamburg.

Lothar Wigger

Hehlmann, Wilhelm (1901-1997)

Nach Absolvierung einer Volksschullehrerausbildung erwarb Hehlmann das Abitur und studierte neben seiner Lehrertätigkeit von 1922 bis 1927 an der Universität Halle, wo er 1927 bei Paul Menzer promoviert wurde (Zum Persönlichkeitsbegriff der neueren Pädagogik) und sich 1930 habilitierte (Naturwissenschaften und Pädagogik im 19. Jahrhundert). Seit 1930 Leiter des Akademischen Auskunftsamts der Studentenschaft und Privatdozent für Pädagogik, wurde Hehlmann 1939 zum Professor für Pädagogik und Jugendkunde ernannt, leistete in dieser Zeit aber mehrfach und für längere Zeit Dienst in der Wehrmachtspsychologie. Nach 1945 war Hehlmann zunächst Berater, dann Chefredakteur bei Brockhaus. Hehlmann hat bis 1945 historische und systematische Arbeiten zur Erziehungswissenschaft vorgelegt, ist heute aber hauptsächlich wegen seiner Wörterbücher zur Pädagogik (Pädagogisches Wörterbuch, zuerst 1931, ab der 4. Auflage Wörterbuch der Pädagogik, letzte von Hehlmann herausgegebene Auflage ^{11}1971) und zur Psychologie (Wörterbuch der Psychologie, zuerst 1959, ^{11}1974) bekannt.

Literatur

Hossbach, F. W. (1968): Bemerkungen zu einem pädagogischen Wörterbuch. In: Neue Sammlung 8, 95-103.

Klaus-Peter Horn

Heilpädagogik

Heilpädagogik wird häufig synonym zu dem Begriff Sonderpädagogik verwendet. Historisch geht der Begriff auf die deutschen Pädagogen Daniel Georgens und Heinrich Marianus Deinhardt zurück. In ihrem Grundlagenwerk Heilpädagogik mit besonderer Berücksichtigung der Idiotie und der Idiotenanstalten (1861/1863) wird die Heilpädagogik als Zweig der Pädagogik beschrieben, die sich auf das Notwendige einer besonderen Erziehung bei physisch, seelisch und sittlich entarteten Kinder beschränken soll. Dabei geht es ihnen darum, durch Heilpädagogik tiefer liegende Entartungen zu überwinden oder zumindest zu umgehen oder auszugleichen.
Umfassende pädagogische Ansätze zur Heilpädagogik finden sich in der Schweiz. Heinrich Hanselmann, erster Professor für Heilpädagogik an der Universität Zürich definierte Heilpädagogik als die Lehre vom Unterricht, von der Erziehung und Fürsorge aller jener Kinder, deren körperlich-seelische Entwicklung dauernd durch individuale und soziale Faktoren gehemmt ist. Georgens und Deinhardt sahen Heilpädagogik als Zwischengebiet zwischen Medizin und Pädagogik, betonten jedoch, dass es dabei um eine umbildende Tätigkeit, die zugleich eine Heilende sei, gehe. Paul Moor, ein Schüler Hanselmanns, stellte heraus, dass Heilpädagogik nichts anderes als Pädagogik und zwar Pädagogik unter erschwerten Bedingungen sei. Heilpädagogik wird auch heute als Theorie und Praxis der Erziehung unter erschwerten personalen und sozialen Bedingungen verstanden.
Kritik am Begriff der Heilpädagogik richtet sich gegen die mit dem Präfix Heil verbundenen Konnotationen. Hier wird vor allem die Nähe zur Medizin und die Problematik des Heilens aus pädagogischer Sicht angeführt. In Deutschland wurde der Begriff Heilpädagogik in den 1960er Jahren vielerorts durch den Begriff Sonderpädagogik ersetzt, was auf das in diesen Jahren sich stark entwickelnde Sonderschulwesen zurückgeführt werden kann.
Bis heute hat sich der Begriff Heilpädagogik vor allem in der Schweiz und in Österreich erhalten. Auch die sozialpädagogisch ausgerichtete Heilpädagogik in Deutschland verwendet ihn weiterhin. Zudem gibt es Argumente, dem Terminus Heilpädagogik den Vorzug vor Sonderpädagogik zu geben, da Heilpädagogik weniger mit dem Sonderschulwesen verbunden und damit unbelasteter ist.

Literatur

Klein, F./Meinertz, F./Klausen, R. ([10]1999): Heilpädagogik. Bad Heilbrunn. – Speck, O. ([5]2003): System Heilpädagogik. München, Basel.

Rolf Werning

Heimerziehung

Die Heimerziehung ist eine der ältesten Formen gesellschaftlich organisierter Hilfe für Kinder und Jugendliche. Zurückzuverfolgen sind die Wurzeln mindestens bis zu den Findel- und Waisenhäusern des Mittelalters. Heimerziehung am Anfang des 21. Jahrhunderts ist eine rechtlich im Sozialgesetzbuch (SGB) VIII kodifizierte Form der Hilfen zur Erziehung (siehe insbesondere §§ 27, 34 SGB VIII) und gehört hier zu den familienersetzenden Leistungen. Insbesondere seit den sogenannten Heimkampagnen Ende der 1960er- und in den 1970er-Jahren hat sich das Profil der Heimerziehung grundlegend gewandelt. Heimerziehung ist heute weitaus mehr als die dauerhafte Unterbringung von Kindern und Jugendlichen in Mehrgruppeneinrichtungen im Schichtdienstbetrieb. Vielmehr ist der Begriff zu einem Synonym für ein differenziertes Spektrum öffentlich organisierter und finanzierter sowie pädagogisch gestalteter und professionell strukturierter Orte des Aufwachsens für junge Menschen bis zum 21., in Ausnahmefällen bis zum 27. Lebensjahr außerhalb der Herkunftsfamilie geworden. Das sind beispielsweise neben den Mehrgruppeneinrichtungen, dezentrale Wohngruppenformen, Kleinstheime, Kinderhäuser, Jugendwohngemeinschaften, aber auch Erziehungsstellen oder die vielfältigen betreuten Wohnformen. Im Jahre 2005 wurden über die amtliche Statistik knapp 86.000 Fälle im aufgezeigten Spektrum gezählt, davon rund 68.300 mit Minderjährigen. Seit den 1970er-Jahren sind diese Zahlen rückläufig.

Literatur

Bürger, U. (2001): Heimerziehung. In: Birtsch, V./Münstermann, K./Trede, W. (Hg.): Handbuch Erziehungshilfen. Münster, 632-663. – Trede, W./Winkler, M. ([3]2000): Stationäre Erziehungshilfen: Heim, Wohngruppe, Pflegefamilie. In: Krüger, H.-H./Rauschenbach, T. (Hg.): Einführung in die Arbeitsfelder des Bildungs- und Sozialwesens. Opladen, 251-267.

Jens Pothmann

Heimlicher Lehrplan

Beim Begriff heimlicher Lehrplan handelt es sich um einen Sammelbegriff, der sich auf die verdeck-

ten Mechanismen schulischer Sozialisation bezieht. Seine Karriere begann in Deutschland in den späten 1960er Jahren mit der Übernahme des englischen Ausdrucks hidden curriculum, weswegen er im Deutschen auch manchmal versteckter Lehrplan heißt. In seiner Bedeutung als analytisches Konzept hat der Begriff bis heute nichts verloren. Mit ihm wird darauf aufmerksam gemacht, dass Schule neben dem offiziellen Lehrplan, der im Unterricht realisiert wird, Wirkungen ausübt, die meist unbemerkt ablaufen. Dies betrifft u.a. Verhaltenserwartungen, wie sie z.B. als Ansprüche an Schüler vorhanden sind (von Stillsitzen und Melden angefangen bis hin zum Befolgen unausgesprochener Verhaltensregeln im Umgang mit Lehrern und Peers). Zudem kann mit dem Begriff heimlicher Lehrplan erklärt werden, dass und wie Wertmaßstäbe und Einstellungen (z.B. bezüglich der sozialen und ethnischen Herkunft oder des Geschlechts) jenseits des offiziellen Lehrplans in der Schule implizit vermittelt werden.
Üblicherweise wird der Begriff heimlicher Lehrplan als schul- und gesellschaftskritischer Begriff in Debatten um Emanzipation und Schule benutzt. Dabei wird auch darauf verwiesen, dass Schüler sich den heimlichen Lehrplan, sobald sie ihn durchschaut haben, für das eigene Zurechtkommen in der Institution Schule zunutze machen können.

Literatur
Zinnecker, J. (Hg.) (1975): Der heimliche Lehrplan. Weinheim.

Stephanie Plückhahn

Heinicke, Samuel (1727-1790)

Aus bäuerlichem Elternhaus stammend, studierte Heinicke, nach einer mehrjährigen Militärzeit, in Jena Philosophie, Mathematik und Naturlehre. 1758 ging er mit seiner Familie in das dänische Altona. Von 1768-1777 war er Küster, Organist und Lehrer für gehörlose Kinder in Eppendorf bei Hamburg und wurde 1778 zum Leiter des neu gegründeten Chursächsischen Instituts für Stumme und andere mit Sprachgebrechen behaftete Personen in Leipzig ernannt, das er bis zu seinem Tod 1790 leitete.
Heinicke gilt als ein Pionier der Gehörlosenpädagogik. Er entwickelte die sog. lautsprachliche Methode, mit der er seinen Schülern unter weitgehendem Verzicht auf Gebärden das Sprechen und im Anschluss auch das Lesen und Schreiben beibrachte. Heinicke ging davon aus, dass erst das Erlernen der Lautsprache eine gesellschaftliche Partizipation möglich mache. Daher war der Spracherwerb seiner Schüler sein oberstes Ziel, und er verteidigte seine Prioritätensetzung in einem europaweit beachteten Methodenstreit gegen den französischen Priester Charles Michel de l'Epée, der den Einsatz der Gebärdensprache favorisierte. Im 19. Jahrhundert wurden diese beiden pädagogischen Ansätze zur deutschen Lautspracherziehung und der französischen Gebärdensprache stilisiert und einander als unüberwindbare Gegensätze gegenübergestellt. Bis heute werden diese, wenn auch nicht mehr mit einer solchen Vehemenz, kontrovers diskutiert.

Literatur
Große, K. D. (2001): Systemisch-handlungsorientierte Pädagogik für Hörbehinderte. Neuwied. - Heinicke, S (1912): Gesammelte Schriften. Leipzig.

Roswitha Stöcker

Heinrich-Böll-Stiftung

Die Heinrich-Böll-Stiftung (www.boell.de) ist die der Partei Bündnis 90/Die Grünen nahestehende politische Stiftung. Als Hauptaufgabe nennt sie die politische Bildungsarbeit im In- und Ausland; dabei sollen demokratische Willensbildung, gesellschaftspolitisches Engagement und Völkerverständigung gefördert werden. Als politische Grundwerte, denen sich die Heinrich-Böll-Stiftung verpflichtet sieht, werden Ökologie, Demokratie, Solidarität, Gewaltfreiheit und die Verwirklichung von Geschlechterdemokratie genannt.
Die Heinrich-Böll-Stiftung besteht seit 1997; sie ging hervor aus dem Stiftungsverband Regenbogen. Sie hat ihren Hauptsitz in Berlin; zugleich existiert in jedem Bundesland eine rechtlich eigenständige, mit der bundesweiten Heinrich-Böll-Stiftung durch Kooperationsabkommen verbundene Landesstiftung, der die Durchführung der regionalen Bildungsarbeit obliegt und die jeweils durch eine Person in der Mitgliederversammlung der Heinrich-Böll-Stiftung repräsentiert ist. Arbeitsschwerpunkte der Heinrich-Böll-Stiftung sind die in unterschiedlichen Formen organisierte allgemeine und politische Bildung, die materielle und ideelle Förderung von Studierenden, Künstlern und Wissenschaftlern, die Forschung und Politikberatung in den für die Stiftung politisch und gesellschaftlich relevanten Themenfeldern und die internationale Entwicklungszusammenarbeit. Sie verfügt u.a. über ein Studienwerk, ein Feministisches Institut, eine Grüne

Akademie, verschiedene Archive und ein kommunalpolitisches Fachinformationssystem. Zur Durchführung ihrer Tätigkeiten stehen mehr als 200 Personen zur Verfügung, die u.a. in 18 Auslandsbüros arbeiten. Auf internationaler Ebene betreibt die Heinrich-Böll-Stiftung Projekte in 60 Staaten.
Der hauptamtliche Vorstand der Heinrich-Böll-Stiftung besteht aus zwei von der Mitgliederversammlung gewählten Personen, die in ihrer Arbeit durch eine Geschäftsführerin unterstützt werden. Die Finanzierung der Stiftungstätigkeit erfolgt vorwiegend über Zuwendungen aus öffentlichen Haushalten.

Literatur
Heinrich-Böll-Stiftung (Hg.) (2010): Jahresbericht 2009. Berlin. – Lepszy, N. (2003): Politische Stiftungen. In: Andersen, U./Woyke, W. (Hrsg.): Handwörterbuch des politischen Systems. Bonn, 524-528.

Hans-Werner Fuchs

Helfersyndrom

Der Begriff Helfersyndrom geht auf Wolfgang Schmidbauer zurück, der das damit bezeichnete Phänomen psychoanalytisch herleitet und als biographisch-dynamischen Prozess erklärt. Das Konzept des Helfersyndroms rekurriert auf die Grundannahme, dass infolge von unbewussten Verdrängungen und Abwehrmechanismen bei den Helfern vor allem in sozialen Berufen emotionale Konflikte entstehen können, die sich nachteilig auf deren körperlich-seelische Gesundheit auswirken.
Die Ursachen der Entwicklung eines Helfersyndroms werden allgemein in der Persönlichkeitsentwicklung von Helfern verortet: Bereits als Kind wurde die Einstellung erworben, dass die eigene Schwäche unangenehm und mit einem Gefühl der Wertlosigkeit verknüpft ist. Um diese Mangelerlebnisse auszugleichen, meiden Helfer alle sozialen Beziehungen, in denen sie nicht die Gebenden, die Stärkeren oder die Versorgenden sind. Sie suchen Sicherheit und Selbst-Bestätigung darin, sich in der helfenden Interaktion aufopfernd um die Hilfeempfänger zu kümmern.
Als oft unbewusstes Handlungsmotiv erfüllt das Helfersyndrom implizit die Funktion, Abhängigkeiten im Sinne von Reziprozität, Symmetrie und Intimität von Beziehungen zu vermeiden. Ein unangemessenes und suchthaftes Helferverhalten kann insbesondere Depressionen, Burnout oder Drogenmissbrauch bedingen und in der Folge zu Arbeitsunfähigkeit oder sozialer Isolation führen.

Literatur
Schmidbauer, W. (1992): Hilflose Helfer. Reinbek.

Katja Lieber / Katja Maischatz

Helmholtz-Gemeinschaft → Herrmann von Helmholtz-Gemeinschaft Deutscher Forschungszentren

Henningsen, Jürgen (1933-1983)

Henningsen studierte zunächst an der Pädagogischen Hochschule Kiel und wurde Volksschullehrer, bevor er sich dem Studium an den Universität Kiel und Göttingen zuwandte. In Kiel wurde er 1957 bei Fritz Blättner mit einer Arbeit über den Hohenrodter Bund promoviert. Daran schlossen sich Tätigkeiten als Assistent an der Universität Kiel (1960-64), dann als Dozent bzw. Professor an den Pädagogischen Hochschulen Kiel, Hannover, Kettwig und Braunschweig sowie seit 1972 an der Universität Münster an, zwischenzeitlich unterbrochen durch eine Tätigkeit im Kultusministerium von Nordrhein-Westfalen.
In zahlreichen, eher kleinformatigen, doch trotzdem gewichtigen Schriften hat Henningsen sich nicht nur mit der Geschichte der Erwachsenenbildung, sondern auch mit Fragen der nationalsozialistischen Vergangenheit (Bildsamkeit, Sprache und Nationalsozialismus, 1963), mit Methoden der Forschung (Test, Experiment, Befragung, 1963, ²1964) sowie der Sprache der Erziehungswissenschaft (Sprachen und Signale der Erziehungswissenschaft, 1980) befasst. Daneben war er als Autor von Kriminalromanen und als Kabarettist tätig.

Literatur
Neumann, N. (1984): Jürgen Henningsen (1933-1983). In: Neue Sammlung 24, 177-181.

Klaus-Peter Horn

Herbart, Johann Friedrich (1776-1841)

Aus Oldenburg kommend, studierte Herbart 1794-97 in Jena Jurisprudenz, Mathematik, Literaturgeschichte sowie vor allem Philosophie bei Johann Gottlieb Fichte und stand in engerem Kontakt zu Friedrich Schiller. Danach war Herbart zwei Jahre lang Hauslehrer der Söhne der Familie Steiger in der Schweiz und besuchte gegen Ende dieser Zeit

Johann Heinrich Pestalozzi in Burgdorf. 1800-02 bereitete er sich bei einem Studienfreund in Bremen durch Publikationen (z.B. Pestalozzis Idee eines ABC der Anschauung, 1802) auf die akademische Laufbahn vor. Nach Promotion und Habilitation 1802 in Göttingen lehrte Herbart hier Pädagogik, Philosophie, Logik und Metaphysik als Privatdozent, ab 1805 als außerordentlicher Professor der Philosophie. 1809 wechselte Herbart nach Königsberg, um den Ruf auf den Lehrstuhl Kants als dessen zweiter Nachfolger anzunehmen. Hier versuchte er, ein pädagogisches Seminar aufzubauen. Er legte Wilhelm von Humboldt, Direktor der Sektion für Kultus und Unterricht des preußischen Innenministeriums, den Entwurf zur Anlage eines pädagogischen Seminars (1809) vor, gründete 1810 ein didaktisches Institut, das er 1818 zu einem pädagogischen erweiterte. 1833 kehrte Herbart nach Göttingen zurück, wo er sich 1837 als Dekan der Philosophischen Fakultät dem Protest der Göttinger Sieben zum Verfassungsbruch durch König Ernst August von Hannover nicht anschloss.

Herbarts Wirken galt vorrangig dem Anliegen, der Pädagogik zu akademischem Rang durch wissenschaftliche Begründung der Erziehung zu verhelfen. Entsprechend seinem deduktiven Wissenschaftsverständnis leitet er die wissenschaftliche Pädagogik in seinem Hauptwerk (Allgemeine Pädagogik aus dem Zweck der Erziehung abgeleitet, 1806) aus dem obersten Prinzip der Moralität ab. Zuvor hatte er Moralität als höchsten und ganzen Zweck des Menschen und folglich der Erziehung bestimmt und dieses Ideal als Harmonie zwischen Einsicht und dem ihr entsprechenden Willen beschrieben (Über die ästhetische Darstellung der Welt, als das Hauptgeschäft der Erziehung, 1804). Die Annäherung an das Ideal, das Herbart in die Teilzwecke Vielseitigkeit des Interesses und Charakterstärke der Sittlichkeit zerfallen lässt, erklärt er zum sittlichen Lebensprinzip der Menschen, welches durch Erziehung angestoßen werden soll. Die logische Methode, mit deren Hilfe Herbart auf diesen Ausgangspunkt schließt und die Hauptbegriffe seiner pädagogischen Systematik (Regierung, Unterricht und Zucht) zur wissenschaftlichen Theorie der Erziehung durch Unterricht kombiniert, reichte er in anderen Werken nach (Beilage zur 2. Ausgabe der Hauptpunkte der Metaphysik, 1808; Lehrbuch zur Einleitung in die Philosophie, 1813).

Die Allgemeine Pädagogik von 1806, die 1835 durch den Umriß pädagogischer Vorlesungen ergänzt wurde, beeinflusste insbesondere die didaktische Theoriebildung: Die Stufen des Unterrichts (Klarheit, Assoziation, System und Methode) sowie die entwickelten Vorstellungen über dessen Artikulation sind didaktische Klassiker.

Herbarts ebenso klassische Forderung, die Pädagogik möge sich so genau als möglich auf ihre einheimischen Begriffe besinnen und selbständiges Denken kultivieren, bedeutet konstruktive Abgrenzung von sowie Aufspürung notwendiger Beziehungen zu den Nachbardisziplinen Philosophie und Psychologie, die deshalb ebenfalls Gegenstand zahlreicher Publikationen wurden. Zu den wichtigsten zählen die jeweils zweibändigen Schriften Psychologie als Wissenschaft, neu gegründet auf Erfahrung, Metaphysik und Mathematik (1824 und 1825) und Metaphysik, nebst den Anfängen der philosophischen Naturlehre (1828 und 1829).

Auf dem Gebiet der pädagogischen Wissenschaft wirkte Herbart schulbildend. In seiner Nachfolge entwickelte sich im 19. Jahrhundert der sog. Herbartianismus zu einer der national wie international einflussreichsten und zugleich umstrittensten pädagogischen Strömungen.

Literatur

Asmus, W. (1968/1970): Johann Friedrich Herbart. 2 Bde. Heidelberg. – Blaß, J. L. (1969): Herbarts pädagogische Denkform oder Allgemeine Pädagogik und Topik. Wuppertal u.a. – Kehrbach, K./Flügel, O. (1887-1912/[2]1989) (Hg.): Johann Friedrich Herbart. Sämtliche Werke in chronologischer Reihenfolge. 19 Bde. Langensalza; Nachdruck Aalen.

Rotraud Coriand

Herbartianismus

Herbartianismus meint vor allem die in sich höchst differenzierte, z.T. umstrittene pädagogische Strömung, die in der Nachfolge Johann Friedrich Herbarts weltweit an Einfluss gewann. Im erfolgreichen Kampf um die Anerkennung der Pädagogik als eigenständige akademische Disziplin entwickelte der Herbartianismus alle Merkmale einer wissenschaftlichen Schule und bereitete den Boden für die fachliche Ausdifferenzierung der heutigen Erziehungswissenschaft. Die praktischen Innovationen der Herbartianer (u.a. Friedrich Wilhelm Dörpfeld, Gustav Adolf Lindner, Karl Eduard Mager, Wilhelm Rein, Karl Volkmar Stoy, Theodor Waitz, Ernst Thrändorf, Otto Willmann, Tuiskon Ziller) – z.B. Schulgründungen, universitäre Lehrerbildungskonzeptionen,

Initiierung von Volkshochschulen oder Engagement für sozialpädagogische Professionalisierung – relativieren die einseitige Inanspruchnahme des Reformgedankens durch die so genannte Reformpädagogik. Der Verein für wissenschaftliche Pädagogik, der von 1868 bis ca. 1927 agierte, repräsentierte das organisatorische Band der Herbartschule.

Literatur

Coriand, R./Winkler, M. (Hg.) (1998): Der Herbartianismus – die vergessene Wissenschaftsgeschichte. Weinheim.

Rotraud Coriand

Herkunftssprachenunterricht

Herkunftssprachenunterricht bezeichnet den Unterricht von Migrantensprachen im Einwanderungsland (zu unterscheiden vom grundsprachlichen Unterricht an Auslandsschulen, an Schulen autochthoner Minderheiten und an bilingualen Schulen); er dient dem Lernen der Standardform, der Schriftform und des Textverstehens der in Migrantenfamilien nach der Auswanderung weiter gesprochenen und in der sprachlichen Primärsozialisation vermittelten Sprache der Herkunftsregion.

Schulische oder schulähnliche Einrichtungen, die diesen Zwecken dienen, haben sich Migrantengruppen der Neuzeit in den unterschiedlichsten Migrationssituationen geschaffen, so z.B. die Einwanderer in den USA oder Brasilien und Russland, aber auch die polnischen Binnenwanderer im Deutschen Reich. Der Unterricht der Sprachen von Arbeitsmigranten in den europäischen Einwanderungsländern nach dem Zweiten Weltkrieg fügt sich in diese Tradition, weist aber die Besonderheit auf, dass sich auch die Bildungsverwaltungen der Einwanderungsstaaten mit dieser Aufgabe befasst haben, teils in eigener Souveränität, teils in Kooperation mit den Bildungsverwaltungen der Herkunftsstaaten. Die dabei verfolgten Politiken lassen sich drei Modellen zuordnen: Das zwischenstaatliche Modell sieht den Herkunftssprachenunterricht grundsätzlich als Angelegenheit der Herkunftsstaaten, die dabei vom Einwanderungsstaat unterstützt werden können; dieses Modell kennzeichnet z.B. das französische Bildungssystem. Das community-Modell sieht den Herkunftssprachenunterricht grundsätzlich als Angelegenheit der Migrantenorganisationen im Einwanderungsland, wie dies im britischen Bildungssystem der Fall ist. Das eigenstaatliche Modell sieht den Herkunftssprachenunterricht als Angebot des Einwanderungslandes an seine Immigranten; es ist typisch für die skandinavischen Bildungssysteme. Die Länder der Bundesrepublik Deutschland folgen teils der französischen, teils der skandinavischen Option. Den drei Optionen entsprechen unterschiedliche Definitionen der Klientel – durch die (ursprüngliche) Nationalität, durch die Sprachenvielfalt des Einwanderungslandes oder durch den individuellen Sprachengebrauch.

Die pädagogische Legitimation des Herkunftssprachenunterrichts in Deutschland, ähnlich aber auch in anderen europäischen Einwanderungsländern, zeigt eine Entwicklung von ursprünglicher Betonung der Rückkehrerleichterung über die Hervorhebung der Stützfunktion (für das Deutschlernen, für den Zugang zu unterrichtlichen Inhalten, für das Selbstbewusstsein der Schüler) oder der kulturellen Funktion (für die persönliche Identität, für den kulturellen Reichtum einer pluralistischen Gesellschaft) hin zu einer eher utilitaristischen, politisch-ökonomischen Begründung, sei es im Sinne europäischer Vielsprachigkeitspolitik, sei es im Sinne persönlicher Kapitalbildung. Versuche der Delegitimation setzen an einer angenommenen kulturellen Anpassungsverpflichtung der Einwanderer oder an methodischen Schwächen der Untersuchungen an, die unterstützende Effekte nachweisen wollen.

Herkunftssprachenunterricht wird in den Ländern der Bundesrepublik Deutschland seit den 1960er Jahren angeboten. Entsprechend der ursprünglichen Zielsetzung waren dafür zunächst nur die Amtssprachen derjenigen Länder vorgesehen, mit denen die Bundesanstalt für Arbeit Anwerbeverträge geschlossen hatte. Mit der Wendung zu allgemeinen pädagogischen Zielen wurde auch der Kreis der einbezogenen Sprachen erweitert. Die charakteristische Organisationsform ist die eines freiwilligen Ergänzungsunterrichts; für die Entwicklung zu einem regulären Schulfach gibt es bislang nur schwache Ansätze. Die statistische Erfassung erfolgt dezentral und uneinheitlich; eine relativ starke Frequenz findet sich beim Unterricht der romanischen Herkunftssprachen, beim Griechischen und beim Türkischen, eine relativ niedrige Frequenz bei den Sprachen des ehemaligen Jugoslawien und den Herkunftssprachen der Aussiedler.

Die Zukunft des Herkunftssprachenunterrichts ist ungewiss. Den Chancen der Einbeziehung in eine Politik der Diversifizierung des Sprachenangebots stehen Tendenzen der Reduzierung aus finanziellen oder ideologischen Gründen entgegen.

Literatur
Extra, G./Yağmur, K. (2004): European perspectives on immigrant minority languages at home and at school. In: Luchtenberg, S. (Hg.): Migration, Education and Change. London, New York, 140-166. – Reich, H. H./Hienz-de Albentiis, M. (1998): Der Herkunftssprachenunterricht. In: Deutsch lernen 24, 3-45. – Söhn, J. (2005): Zweisprachiger Schulunterricht für Migrantenkinder. Berlin.

Hans H. Reich

Hermeneutik

Der Begriff Hermeneutik bezeichnet ein weites Feld unterschiedlicher philosophischer Begründungen und Zielsetzungen sowie methodischer Konzepte für den verstehenden Umgang mit Texten und ist u.a. mit den Namen Friedrich Daniel Ernst Schleiermacher, Wilhelm Dilthey, Martin Heidegger, Hans-Georg Gadamer und Jürgen Habermas verbunden.
Besonders folgenreich im Blick auf die Entwicklung hermeneutischer Verfahren in den Geistes- und Sozialwissenschaften war der Versuch Diltheys, das Verstehen in Abgrenzung vom Erklären als eigenständige Methode auszuweisen und so den Geisteswissenschaften im Anschluss an Schleiermachers Hermeneutik eine wissenschaftstheoretische Grundlage zu verschaffen. Die unterschiedlichen methodischen Zugriffe begründet Dilthey aus den verschiedenen Gegenständen von Natur- und Geisteswissenschaften. Während das naturwissenschaftliche Erklären als Zurückführen eines Sachverhalts auf allgemeine Gesetzesaussagen aufgefasst werden kann, bezeichnet Dilthey als Verstehen den Vorgang, bei dem aus äußerlich wahrnehmbaren Zeichen (wie z.B. Gebärden, Lauten oder Schriftzeichen) auf ein Inneres geschlossen wird, das dabei als der diesen Zeichen zugrunde liegende ‚Sinn' bzw. als deren Intention, Zweck oder Motiv gilt. Mit der Begründung der Hermeneutik als einer Kunstlehre erhebt Dilthey nun den Anspruch, dieses Verstehen, das zunächst ein alltäglicher, jedes soziale Handeln begleitender Vorgang ist, in den Rang einer Methode wissenschaftlicher Erkenntnisgewinnung zu erheben, der objektive bzw. allgemeingültige Bedeutung zukommt. Als Bedingung der Möglichkeit des Verstehens gilt ihm dabei eine grundlegende Gemeinsamkeit der Menschen sowohl hinsichtlich möglicher Intentionen und Motive als auch in Bezug auf die äußere Welt, in der sie leben. Demzufolge kann in keiner fremden Äußerung etwas auftreten, was dem verstehenden Subjekt prinzipiell nicht auch zugänglich wäre. Wissenschaftliche Dignität im Sinne des Anspruchs auf objektive Geltung gewinnt das Verstehen Dilthey zufolge allerdings erst, wenn es zur Kunstlehre wird, d.h. bestimmten Regeln folgt, die die Auslegung bzw. Interpretation als wissenschaftliche Form des Verstehens auszeichnen. Zu diesen Regeln gehören die dauerhafte Fixierung des zu Verstehenden (wie z.B. schriftliche Aufzeichnung), die Berücksichtigung des Kontexts, aus dem das zu Verstehende stammt, sowie der Vergleich als wichtigstes Mittel der Objektivierung. Freilich ist Dilthey zufolge das Ziel objektiver Erkenntnis auch bei Befolgung dieser Regeln nur annäherungsweise zu erreichen, sofern das Verstehen als unendliche Aufgabe aufgefasst werden muss. Vollkommenes Verstehen bestünde ähnlich wie das Erklären in der Einordnung des zu verstehenden Gegenstandes in allgemeingültige Zusammenhänge, wobei ein solcher Zusammenhang einerseits induktiv aus dem Besonderen zu erschließen ist, aber andererseits (im Sinne eines unvermeidlichen Vorverständnisses) zugleich auch an den zu verstehenden Gegenstand herangetragen werden muss. Diese Konstellation, wonach das Ganze eines Werkes aus den einzelnen Bestandteilen heraus verstanden werden soll, aber zugleich das Verständnis des Einzelnen schon das des Ganzen voraussetzt, wird bereits von Dilthey als Zirkel beschrieben und ist später als hermeneutischer Zirkel thematisiert worden.
Diltheys Hermeneutik wurde u.a. von Heidegger und Gadamer aufgegriffen und von einer Methodenlehre der Geisteswissenschaften zur philosophischen Erschließung des menschlichen In-der-Welt-Seins insgesamt ausgedehnt. Habermas gab der wissenschaftstheoretischen Erörterung der Hermeneutik eine gesellschaftskritische Wendung, indem er das Erkenntnisinteresse der hermeneutischen (Geistes-) Wissenschaften als Interesse an der Erhaltung und Erweiterung der Intersubjektivität handlungsorientierender Verständigung auffasste und damit den Akzent vom Verstehen auf den Prozess intersubjektiver Verständigung verschob. Im Anschluss an Habermas plädierten Vertreter der Kritischen Erziehungswissenschaft wie z.B. Klafki dafür, die Hermeneutik um die ideologiekritische Analyse der gesellschaftlichen Interessen zu ergänzen, die einer zu verstehenden Äußerung zugrunde liegen.
Die Kritik an hermeneutischen Ansätzen in der Erziehungswissenschaft lässt sich im Wesentlichen in drei Einwänden zusammenfassen. Der Hermeneutik als bevorzugtem Verfahren der geisteswissenschaftlichen Pädagogik wurde vorgeworfen, dass sie sich

vor allem auf die Auslegung pädagogischer Gedankengebäude der Vergangenheit konzentriert und das pädagogische Handeln bzw. die Erziehungswirklichkeit der Gegenwart weitgehend ausgeblendet habe. Ein zweiter Einwand richtet sich gegen die in älteren hermeneutischen Ansätzen vorherrschende intentionalistische Auffassung des Verstehens, die davon ausgeht, der Sinn einer Äußerung erschöpfe sich in den Intentionen oder Motiven des Individuums, das diese Äußerung hervorgebracht hat. Dem steht die sprachphilosophische Einsicht entgegen, dass Sinn und Bedeutung keine bloß individuellen, sondern immer schon soziale Phänomene sind, die nur unter Berücksichtigung der historischen und gesellschaftlichen Bedingungen der Sinnkonstitution angemessen begriffen werden können. Der dritte Einwand stammt aus der Perspektive des empirisch-analytischen Wissenschaftsverständnisses und besagt, dass der Hermeneutik in wissenschaftstheoretischer Hinsicht nur die Funktion der Hypothesengewinnung zukomme, während sie vom eigentlich wissenschaftlichen Forschungsprozess der Hypothesenprüfung ausgeschlossen sei.

U.a. in Auseinandersetzung mit diesen Einwänden sind in den Sozialwissenschaften seit etwa 1970 qualitative Forschungsmethoden entstanden, die in gewisser Hinsicht als Weiterentwicklung der Hermeneutik verstanden werden können. Zu den Modifikationen, die die Hermeneutik dabei erfahren hat, gehört u.a., dass als bevorzugter Gegenstand der Auslegung nicht mehr nur schriftliche Zeugnisse bzw. Kunstwerke gelten, sondern vielmehr Äußerungen bzw. Interaktionen aller Art unter Einschluss alltäglicher Kommunikation und eigens erhobener qualitativer Daten (wie z.B. Interviews oder Gruppendiskussionen), wobei zur dauerhaften Fixierung häufig Tonband- oder Videoaufzeichnungen eingesetzt werden. Einen Hauptunterschied zu Diltheys Begründung der Hermeneutik markiert die veränderte Auffassung des zu verstehenden Gegenstandes. Hatte Dilthey die methodische Eigenständigkeit der Geisteswissenschaften damit begründet, dass diese es mit Phänomenen des Seelenlebens zu tun hätten, so wird die Besonderheit sozialwissenschaftlicher Erkenntnisgewinnung heute meist darin gesehen, dass diese anders als die Naturwissenschaften keine strikte Trennung zwischen Subjekt und Objekt vornehmen kann und es nicht mit objektiv gegebenen und deshalb messbaren Größen, sondern mit sozialen Konstrukten zu tun hat, deren Bedeutung erst durch interaktive Zuschreibungsprozesse zustande kommt und deshalb auch nur interpretativ erschlossen werden kann. An die Stelle der Einfühlung in fremde Seelenzustände als Grundoperation der Hermeneutik tritt deshalb die Interpretation bzw. Rekonstruktion jener interaktiven Prozesse, durch die sozialer Sinn bzw. die Konstrukte gesellschaftlicher Wirklichkeit hervorgebracht werden. Vor diesem Hintergrund können methodologische Ansätze der qualitativen Sozialforschung wie Narrationsanalyse, Objektive Hermeneutik, Tiefenhermeneutik und Wissenssoziologie als Weiterentwicklungen der Hermeneutik verstanden werden. Eher als Bruch mit der Hermeneutik sind demgegenüber solche Ansätze aufzufassen, die sich auf subjekt- bzw. sinnkritische Positionen (post)strukturalistischer Provenienz berufen – wie etwa die Diskursanalyse oder das auf Derrida zurückgehende und vor allem in den Literaturwissenschaften verbreitete Verfahren der Dekonstruktion, das in der Erziehungswissenschaft allerdings erst in Ansätzen Beachtung gefunden hat.

Literatur

Dilthey, W. (1900): Die Entstehung der Hermeneutik. In: Ders. (1982): Gesammelte Schriften. Bd. 5. Göttingen, 317-338. – Gadamer, H.-G./Boehm, G. (Hg.) (1976): Seminar: Philosophische Hermeneutik. Frankfurt. – Habermas, J. (1974): Erkenntnis und Interesse. In: Ders. (1974): Technik und Wissenschaft als ‚Ideologie'. Frankfurt, 146-169. – Hitzler, R./Honer, A. (Hg.) (1997): Sozialwissenschaftliche Hermeneutik. Opladen. – Rittelmeyer, Ch./ Parmentier, M. (2001): Einführung in die pädagogische Hermeneutik. Darmstadt.

Hans-Christoph Koller

Hermeneutisch-pragmatische Pädagogik

Mit der Bezeichnung hermeneutisch-pragmatische Pädagogik ordnet Wilhelm Flitner die Disziplin Pädagogik einer Gruppe von Wissenschaften wie Sozial-, Politik- und Rechtswissenschaften zu, denen er eine starke Abhängigkeit vom Stand des Philosophierens zuspricht. Einerseits hat diese Gruppe gemeinsam, dass sie Situationen, Zustände und Strukturen menschliches Handelns zu ihrem Gegenstand hat, die sie nicht allein empirisch beobachtend, sondern immer auch historisch verstehend erforscht. Andererseits hat sie nicht nur die Aufgabe, hermeneutisch zu arbeiten, sondern auch den juristisch, politisch oder pädagogisch Tätigen Handlungsorientierung zu geben oder – wie Flitner sagt – ihnen verantwortliches Handeln zu ermöglichen. Für die Disziplin Pädagogik bedeutet dies, dass sie weder empirische

noch historische Erziehungswissenschaft allein sein kann, sondern in enger Beziehung zu ethischen oder anthropologischen Reflexionen stehen muss.
Dies geschieht in der Form der hermeneutisch-pragmatischen Pädagogik. Deren Forschungsinteresse richtet sich auf den Sinngehalt historisch gegebener Wirklichkeit. Damit ist diese Pädagogik zwar eine die historische Erziehungswirklichkeit verstehende und auslegende Disziplin, jedoch mit einem bestimmten Objekt. Dieser Gegenstand erscheint als Zwischenwelt zwischen einerseits faktischen Erscheinungsformen (Strukturen, Zuständen, Regeln, Methoden usw.) von Erziehung und Bildung und andererseits deren normativen politischen, administrativen, ökonomischen, ethischen usw. Ziel- und Zweckbestimmungen. In dieser Zwischenwelt bilden sich pädagogische Lebensformen und Lebenswahrheiten. Diese bilden die pragmatische Grundlage von hermeneutisch-pragmatischer Pädagogik. Mit den Mitteln von Besinnung und Forschung, d.h. hermeneutisch und philosophierend zugleich, sollen diese Lebensgewissheiten in ihrer Vielheit, Unterschiedlichkeit und Widersprüchlichkeit ausgelegt, in der Form einer réflexion engagée geordnet und anhand eines universalen pädagogischen Grundgedankens geprüft und legitimiert werden, um zu einem Konsens über verantwortbares pädagogisches Handeln zu kommen. Pädagogisch Handelnde sollen damit ein Standortbewusstsein, d.h. Orientierungssicherheit in ihrer praktischen Erziehungsarbeit gewinnen und Handlungstechniken für diese Arbeit erwerben.
Hermeneutisch-pragmatische Pädagogik akzentuiert so das praktische Erkenntnisinteresse von Hermeneutik, die applikative Struktur des Verstehens (Hans-Georg Gadamer). Wie juristische Texte vor Gericht ausgelegt werden, um über Fälle zu urteilen oder die Exegese der Bibel der Handlungsorientierung einer Gemeinde dient, akzentuiert hermeneutisch-pragmatische Pädagogik die Applikationsstruktur des Verstehens als Auslegung des gelebten Lebens, als Selbstvergewisserung des konkreten Denkens, das sich über seine Situation und deren Normierung aufklärt.

Literatur
Flitner, W. (1989): Gesammelte Schriften. Bd. 3. Paderborn u.a.

Reinhard Uhle

Hermann von Helmholtz-Gemeinschaft Deutscher Forschungszentren

Die nach dem Physiker Hermann von Helmholtz (1821-1894) benannte, 1958 gegründete Hermann von Helmholtz-Gemeinschaft Deutscher Forschungszentren (www.helmholtz.de), kurz Helmholtz-Gemeinschaft, hat die Rechtsform eines eingetragenen Vereins mit Sitz in Bonn. Sie umfasst 16 Forschungseinrichtungen aus dem naturwissenschaftlich-technischen Bereich, der Medizin und der Biologie, unter ihnen das Alfred-Wegner-Institut für Polar- und Meeresforschung in Bremerhaven und das Deutsche Krebsforschungszentrum Heidelberg. Die Institute leisten, so die Selbstzuschreibung, Beiträge zur Lösung großer und drängender Fragen von Gesellschaft, Wissenschaft und Wirtschaft durch strategisch-programmatisch ausgerichtete Spitzenforschung in den Bereichen Energie, Erde und Umwelt, Gesundheit, Schlüsseltechnologien, Struktur der Materie, Verkehr und Weltraum. Die – rechtlich selbstständigen – Mitgliedsinstitute verfügen insgesamt über Mittel von rund 3 Milliarden Euro jährlich (Stand: 2009), von denen rund 70% vorwiegend aus dem Bundeshaushalt, zu einem kleineren Anteil auch aus den Länderhaushalten bereitgestellt werden. 30% des Budgets sind von den Instituten selbst als Drittmittel aus öffentlichen und privatwirtschaftlichen Quellen einzuwerben. Die bisher vorherrschende zentrenorientierte Förderung soll nach und nach auf eine programmorientierte Förderung umgestellt werden. Die Forschungszentren der Helmholtz-Gemeinschaft beschäftigen insgesamt rund 29.500 Personen, unter ihnen rund 9.700 Wissenschaftler.
Die Helmholtz-Gemeinschaft wird durch einen hauptamtlichen Präsidenten geleitet, der durch eine Geschäftsstelle in Bonn sowie Büros in Berlin und Brüssel in seinen Tätigkeiten unterstützt wird. Weitere Organe sind der Senat, der Ausschuss der Zuwendungsgeber und die Mitgliederversammlung.

Literatur
Helling-Moegen, S. (2009): Forschen nach Programm. Marburg. – Hermann von Helmholtz-Gemeinschaft Deutscher Forschungszentren (Hg.) (2019): Geschäftsbericht 2010. Bonn.

Hans-Werner Fuchs

Herrnhuter Brüdergemeine

Innerhalb der 1722 durch den Zusammenschluss von protestantischen Glaubensflüchtlingen aus Böhmen und Mähren unter Führung von Nikolaus Ludwig von Zinzendorf gegründeten Herrnhuter Brüdergemeine spielte Erziehung eine zentrale Rolle. Bereits das Alltagsleben besaß eine stark erzieherische Komponente, da dieses in Kleingruppen, den so genannten Chören, organisiert war und so Kinder und Erwachsene täglich im Sinne der von Frömmigkeit geprägten Gemeinschaft erzog. Wichtige Hilfsmittel waren dabei die als Losung und Lehrtext bezeichneten und täglich zu lesenden Bibeltexte, die die Gemeinemitglieder in ihrer Lebensführung beeinflussen sollten, sowie die Gepflogenheit der Abfassung eines Lebenslaufes im Alter. Beiden Einrichtungen kommt bis heute eine wichtige Funktion bei der angestrebten lebenslangen Selbst-Erziehung des Individuums zu.

In Bezug auf die Kindererziehung waren die Vorstellungen Zinzendorfs in den ersten Jahrzehnten der Existenz der Gemeine prägend. Er betonte einerseits die wichtige Funktion der Eltern sowie der Gemeine für die Erziehung der Kinder und orientierte sich andererseits bei der Einrichtung einer institutionalisierten Form von Erziehung (Waisenhaus, Lateinschule) zunächst an den Einrichtungen August Hermann Franckes in Halle. Anders als dort stand jedoch schon bald neben dem Erlernen der Kulturtechniken nicht mehr die Bekehrung des jungen Menschen im Vordergrund, sondern die altersgemäße und gefühlsbetonte Zuwendung zu Jesus Christus als Heiland. Einen eigenen Charakter erlangten die Schulen der Herrnhuter in der Folgezeit durch personelle Veränderungen, die zu einer Pädagogik führten, die neben der Religiosität auch die wissenschaftliche Bildung förderte und die Schulqualität deutlich verbesserte, was sich am Beispiel des Pädagogiums in Niesky zeigen lässt, einer bedeutenden Lehranstalt, die Vorbildcharakter für Schulgründungen im Ausland besaß. Die im 19. Jahrhundert voranschreitende staatliche Regulierung des Schulwesens führte nach und nach zur Anpassung des Herrnhuter an das öffentliche Schulwesen.

Literatur

Meyer, D. (2000): Zinzendorf und die Herrnhuter Brüdergemeine. Göttingen. – Lost, Chr. (2007): Das Leben als Lehrtext. Baltmannsweiler.

Rüdiger Loeffelmeier

Herrschaft

Herrschaft gilt als universales Strukturprinzip, das nahezu alle sozialen Beziehungen durchzieht. In gesellschaftlicher Perspektive werden soziale Ordnungen als Herrschaftsordnungen bezeichnet, wenn sie hierarchisch strukturiert und legitimiert sind, das heißt, wenn das ihnen innewohnende Verhältnis von Befehl und Gehorsam, normativer Regelung und ihrer Befolgung der öffentlichen Zustimmung eines kollektiven Willens unterliegt. In dieser Legitimationsbindung unterscheidet sich Herrschaft von Macht, die als Zwangsverhältnis gegen den Willen der Beherrschten durchgesetzt werden kann. Allerdings können sich Grenzen zwischen Macht- und Herrschaftssphären in der sozialen Wirklichkeit vermischen. Herrschaft ist geordnet, Macht ist amorph.

Grundlegend für die soziologische Erfassung von Herrschaftsverhältnissen ist die Typologie Max Webers (Wirtschaft und Gesellschaft, [5]1980) – charismatische (persönlichkeitsgebundene), traditionale (überkommene, z.B. ständische) und legale (rational-bürokratisch verfasste) Herrschaftsform – die einerseits auf unterschiedliche Epochen der Gesellschaftsentwicklung verweist, andererseits aber auch heute noch gleichzeitig wirkende Herrschaftsbeziehungen beschreibt.

In der Auseinandersetzung mit der weberschen Typologie, vor allem dem Typus der rationalen Herrschaft in der Form der Bürokratisierung, hat Michel Foucault kritisiert, dass dadurch die Sicht auf die moderne Gesellschaftsentwicklung entscheidend verengt würde. Sie zwinge alle gesellschaftlichen Prozesse in einen gleichsinnigen Rahmen und verstelle damit den Blick auf die unterschiedlichen Strömungen, die zu modernen Machtkonstellationen und Herrschaftsverhältnissen führen. Die Entwicklung von Macht und Herrschaft in der Moderne sei vielmehr als sich permanent bewegendes und verschiebendes Magnetfeld zu betrachten, in dem unterschiedliche Programme und Praxen aufeinander zulaufen, Brüche und Diskontinuitäten und Nichtlinearität vorherrschen (Mikrophysik der Macht, 1976).

Herrschaftsverhältnisse entwickeln sich somit in einer komplexen Ambivalenz. Herrschaft und Freiheit sind ineinander verwoben. Die Aufklärung als Begriff der Befreiung von Abhängigkeiten hat gleichzeitig – so Foucault – die Disziplinen erfunden, die wiederum Kontrolle erzeugen. Aufklärendes Wissen über die Natur, über die sozialen Vorgänge, über den

Körper wird zur Macht der Regelung und Disziplinierung, die die Menschen in ihrem Alltag durchdringt.
Allerdings hat auch schon Max Weber von der Verselbstständigung bürokratischer Herrschaft und der damit einhergehenden Gefahr der Dehumanisierung gewarnt. Andererseits bewirkt Herrschaft auch soziale Integration, vor allem dann, wenn sie sich im demokratischen Konflikt und damit auf ein allgemeines Konsensniveau hinentwickelt und entsprechend institutionalisiert ist. Damit kommt der Aspekt der Gegenseitigkeit von Herrschaft, als einem System geregelter Beziehungen von Autonomie und Abhängigkeit zwischen Akteuren und Kollektiven in den Blick. Die Beherrschten verfügen somit auch über Ressourcen, Herrschaft zu gestalten. In diesem Zusammenhang kann auch thematisiert werden, ob und wie die Individuen Herrschaft als ihnen übergeordnete wie verfügbare soziale Ordnung wahrnehmen. Diese Gegenseitigkeit und Akzeptanz der Herrschaftsbeziehungen ist gesellschaftlich dann bedroht, wenn sich die systemischen Prozesse gegenüber den Lebenswelten so verselbstständigen, dass Herrschaftsverhältnisse unübersichtlich geworden, weil informalisiert sind. Dieser Diskurs wird heute angesichts der sozialen Entbettungstendenzen des globalisierten Kapitalismus geführt.

Literatur
Böhnisch, L. (2006): Politische Soziologie. Opladen. – Giddens, A. (1995): Konsequenzen der Moderne. Frankfurt. – Junge, M. (Hg.) (2003): Macht und Moral. Opladen. – Maurer, A. (1998): Herrschaft und soziale Ordnung. Opladen.

Lothar Böhnisch

Hessen (HE)

Die Landesverfassung enthält Aussagen zu den allgemeinen Erziehungs- und Bildungszielen, zur Schulpflicht, zum Recht der Eltern auf Mitbestimmung im Schulwesen, zum Religions- und Geschichtsunterricht, zur Unentgeltlichkeit des Schul- und Hochschulunterrichts, zur staatlichen Verpflichtung, Beihilfen für begabte Schüler bereitzustellen, sowie zur Zulassung privater Schulen und Hochschulen. Das Schulgesetz garantiert allen Kindern und Heranwachsenden das Recht auf schulische Bildung und setzt dieses in einzelne Leistungs- und Teilhabeansprüche um. Der Erziehungs- und Bildungsauftrag wird in einem ausführlichen Katalog von Zielen und Grundsätzen zu ihrer Verwirklichung konkretisiert. Das Schulgesetz gibt Vorgaben für die Definition, Entwicklung und Verbindlichkeit von Bildungsstandards und Lehrplänen; es definiert das Fächerspektrum des Pflichtunterrichts und enthält einen Katalog fachübergreifender Aufgabengebiete (z.B. informations- und kommunikationstechnische Grundbildung und Medienerziehung). Es ist eines der wenigen Landesschulgesetze, das die Maßnahmen zur Förderung der Schüler mit Migrationshintergrund spezifiziert und verbindlich festlegt.
Die Grundschule umfasst die ersten vier Jahrgangstufen; von diesen können die ersten beiden mit dem Ziel der Verkürzung oder Verlängerung der individuellen Schulzeit um ein Jahr zu einer pädagogisch-unterrichtsorganisatorischen Einheit zusammengefasst werden. Vorklassen für zurückgestellte schulpflichtige Kinder und zweijährige Eingangstufen für Fünfjährige sind Bestandteil der Grundschule und dienen dem Ausgleich von Entwicklungsunterschieden. Sprachstandserhebungen erfolgen bereits im Rahmen der vorgezogenen Grundschulanmeldung. Zur Vermeidung einer Zurückstellung aus sprachlichen Gründen werden Vorlaufkurse, die zugleich der Verbesserung der Sprachkompetenz und der Schulfähigkeit dienen, an Grundschulen und Kindertagesstätten angeboten. Grundschulen können mit allen Schulformen der Sekundarstufe mit Ausnahme des Gymnasiums verbunden werden. Die Sekundarstufe I umfasst die Haupt- und die Realschule sowie die integrierte und die kooperative Gesamtschule sowie das Gymnasium; Haupt- und Realschulen können miteinander verbunden werden. An der kooperativen sowie an der verbundenen Haupt- und Realschule können Förderstufen zur Orientierung und Vorbereitung auf die verschiedenen Schularten eingerichtet werden. Im fakultativen zehnten Hauptschuljahr können der qualifizierende Hauptschul- und der mittlere Abschluss, an den übrigen Schulformen der mittlere Abschluss und die Zugangsberechtigung zur gymnasialen Oberstufe erworben werden. Grundschulen, Schulen der Mittelstufe und Förderschulen können als Ganztagsschulen mit unterschiedlichen Betreuungsangeboten und Profilen eingerichtet werden. Alle Abschlüsse werden aufgrund landesweiter Prüfungen vergeben. Die gymnasiale Oberstufe umfasst drei Jahre und beginnt mit der Jahrgangsstufe 10. Die Einführung des achtjährigen gymnasialen Bildungsgangs erfolgt ab 2005 in mehreren Phasen, um einen doppelten Abiturientenjahrgang zu vermeiden.

Das berufliche Schulwesen umfasst die Berufsschule, Berufsfachschule, Höhere Berufsfachschule und Fachschule sowie Fachoberschule. Die Fachhochschulreife kann neben der Fachoberschule auch an der Höheren Berufsfachschule und an der Fachschule erworben werden. Das dreijährige berufliche Gymnasium vermittelt auf der Grundlage des mittleren Abschlusses Teile einer Berufsausbildung in den Fachrichtungen Technik, Wirtschaft, Ernährung/Hauswirtschaft und Agrarwirtschaft und führt zur allgemeinen Hochschulreife. Berufliche Schulen sind in der Regel organisatorisch zusammengefasst. Das Hessische Schulgesetz räumt den Eltern relativ weitreichende Mitbestimmungsrechte ein und ermöglicht den Schulen modifizierte Formen der Schulleitung und die Erweiterung ihrer Selbstverwaltungsbefugnisse.

Literatur
Cortina, K. S. u.a. (Hg.) (2008): Das Bildungswesen in der Bundesrepublik Deutschland. Reinbek.

Lutz R. Reuter

Heterogene Lerngruppen

Mit dem Ausdruck heterogene Lerngruppen wird auf die Verschiedenheit der Mitglieder von Lerngruppen Bezug genommen, dabei werden sehr unterschiedliche Aspekte wie zum Beispiel Schulleistung, Lernweise, (Dis)Ability, soziale und ethnische Herkunft, Alter, Geschlecht oder Religion thematisiert. Solche Differenzen können als egalitär oder hierarchisch strukturierte verstanden werden.
Schon früh wird in pädagogischen Konzepten die Verschiedenheit der Lernenden thematisiert, so etwa bei Comenius, der entsprechend seinem Motiv, alle alles zu lehren, eine für alle gemeinsame Schule entwarf, in der die Jahrgangsklasse das didaktische Ordnungsprinzip darstellte. In ständischen Bildungsvorstellungen werden Unterschiede zwischen Lernenden hierarchisch konzipiert. In demokratischen Bildungskonzepten soll soziale Ungleichheit durch bildungspolitische und pädagogische Maßnahmen behoben oder ausgeglichen werden.
Der Beginn des gemeinsamen Unterrichts von Kindern mit und ohne Behinderung 1976 in einer staatlichen Schule in Berlin markiert eine neue Wertschätzung von Heterogenität. Beeinflusst durch die Kritische Theorie, postmoderne Theorien sowie soziale Bewegungen entwickelte sich eine Pädagogik der Leistungs-, Kulturen- und Geschlechtervielfalt. Diversity-Education und Inklusive Pädagogik sowie Menschenrechtsbildung mit den Prinzipien der Gleichheit und Freiheit für Verschiedenheit bilden Rahmentheorien; sie entwerfen und erproben eine die Egalität und Heterogenität der Schülerinnen und Schüler berücksichtigende pädagogische Arbeit.
Empirische Untersuchungen liegen u.a. für den Bereich der Leistungsheterogenität vor. Hier konnte gezeigt werden, dass leistungsschwächere Schüler in ihrer Lernentwicklung von heterogenen Gruppen profitieren. Ebenso zeigte sich, dass die heterogene Zusammensetzung von Lerngruppen bezogen auf die soziale und ethnische Herkunft oft günstig für die Entwicklung sozialer Kompetenzen ist. Ingesamt zeigen Forschungsergebnisse, dass der Erfolg des Unterrichts in heterogenen Lerngruppen davon abhängt, ob ein fachlich kompetenter und methodisch vielfältiger, binnendifferenzierender Unterricht gelingt. Ein Problem empirischer Untersuchungen zu heterogenen Lerngruppen bilden kategoriale Zuordnungen. Darum regen Intersektionalitätstheorien dazu an, Reifizierungen zu vermeiden und auch individuelle und kollektive Differenzen innerhalb einer untersuchten Gruppierung, Gemeinsamkeiten mit Angehörigen anderer Gruppierungen und die Wechselwirkungen pluraler Heterogenitätsdimensionen im Unterricht zu untersuchen.

Literatur
Heinzel, F. (2008): Umgang mit Heterogenität in der Grundschule. In: Ramseger, J./Wagener, M. (Hg.): Chancen(un)gleichheit in der Grundschule. Wiesbaden, 133-138. – Prengel, A. (2007): Diversity-Education. In: Krell, G. u.a. (Hg.): Diversity Studies. Frankfurt, 49-67.

Friederike Heinzel / Annedore Prengel

Heterogenität

Heterogenität, allgemein verstanden als Verschiedenartigkeit oder Ungleichartigkeit, lässt sich nach vielfältigen Kriterien differenzieren, als deren wichtigste hinsichtlich der Konsequenzen für Bildung und Erziehung Herkunft, Geschlecht, Alter, Lernausgangslage, Religion, soziale Lage und die je individuelle Leistungsfähigkeit gelten können.
Der kreative und konstruktive Umgang mit Heterogenität gilt als eine der zentralen Herausforderungen, die dem Bildungswesen und den in ihm Tätigen in Gegenwart und Zukunft gestellt sind. In historischer Perspektive galt insbesondere (Leistungs-)Heterogenität als eher hemmend für schulischen Lernerfolg,

was die Aufrechterhaltung niveauverschiedener Schularten insbesondere in der Sekundarstufe I des deutschen Schulsystems begünstigte. Nicht zuletzt die seit Mitte der 1980er Jahre durchgeführten Lernleistungsuntersuchungen belegten aber eine ungeachtet der Erwartung leistungshomogener Schülergruppen faktisch gegebene Heterogenität in den Schulen der Sekundarstufe I, die auf vielfältige Ursachen zurückgeführt werden kann.

Aktuell gilt als gesicherte Erkenntnis, dass eine in Kauf genommene oder sogar bewusst geschaffene Heterogenität in Lerngruppen förderlich für den Lernprozess sein kann. In der schulischen Praxis wird dies in reformpädagogisch orientierten Unterrichtskonzeptionen zwar bereits seit langem beachtet, so z.B. im Hinblick auf altersgemischte Lerngruppen. In der Breite des staatlichen Schulwesens fand dieses Prinzip bislang aber noch kaum Anwendung. In den deutschen Bundesländern zu beobachtende Strukturreformen in Richtung einer sukzessiven Zusammenführung der allgemeinbildenden Schulen in der Sekundarstufe I werden jedoch nicht nur mit sinkenden Schülerzahlen, sondern auch mit der Akzeptanz faktisch gegebener Heterogenität der Lerngruppen und der Erwartung eines zukünftig konstruktiveren Umganges mit diesen im Unterrichtsgeschehen begründet.

Literatur

Becker, G. u.a. (Hg.) (2004): Heterogenität. Seelze. – Bräu, K./Schwerdt, U. (Hg.) (2005): Heterogenität als Chance. Münster.

Hans-Werner Fuchs

Hetzer, Hildegard (1899-1991)

Aufgewachsen in Wien, absolvierte Hetzer nach dem Abitur eine Ausbildung als Volkspflegerin und arbeitete dann in verschiedenen Kindertagesstätten. 1924 begann sie das Studium der Psychologie an der Universität Wien bei Karl und Charlotte Bühler, das sie 1927 mit der Promotion abschloss. Sie arbeitete dann als Assistentin in der neu geschaffenen Kinderübernahmestelle und leitete die kinderpsychologischen Praktika des Psychologischen Instituts.

1931 wurde Hetzer Professorin für Pädagogische Psychologie an der Pädagogischen Akademie in Elbing; 1934 entlassen, arbeitete sie von 1934 bis 1940 als Erziehungsberaterin und Gutachterin für gefährdete Kinder in Berlin. Ab 1940 für die Nationalsozialistische Volkswohlfahrt tätig, wurde Hetzer 1942 nach Posen versetzt, wo sie kurzfristig psychologische Untersuchungen in dem Gau-Kinderheim Brockau in einer selektierenden Maßnahme zur sog. Germanisierung polnischer Kinder durchführte.

Nach dem Ende des nationalsozialistischen Regimes arbeitete sie von 1947 bis 1961 als Dozentin und danach als Professorin für Psychologie am Pädagogischen Institut in Weilburg (Lahn). Nach der Eingliederung der Lehrerbildungsinstitute in Universitäten war Hetzer als Professorin für Pädagogische Psychologie bis zu ihrer Emeritierung 1967 an der Hochschule für Erziehung der Universität Gießen tätig.

Forschungsschwerpunkte von Hetzer waren die Tagebuchuntersuchungen junger Mädchen, die mit Charlotte Bühler durchgeführten Entwicklungsstudien zum ersten Lebensjahr, Untersuchungen über das Kinderspiel, erziehungspsychologische Untersuchungen über Pflegemütter und Mütterlichkeit, Entwicklungstests für das erste bis sechste bzw. das zweite bis dreizehnte Lebensjahr sowie die Entwicklung des Welt-Tests (jeweils zusammen mit Charlotte Bühler) und der Weilburger Testaufgaben (Schulreifetest, zusammen mit Lothar Tent).

Der psychologisch-praktischen Arbeit maß Hetzer große Bedeutung zu. Sie war maßgeblich am Aufbau der Erziehungsberatungsstellen in Hessen beteiligt und in der Förderung von Kindern mit geistiger Behinderung aktiv.

Literatur

Hetzer, H. (1988): Eine Psychologie, die dem Menschen nützt. Göttingen u.a.

Karl-Heinz Arnold

Heuristik

Heuristik ist die Lehre von den Begriffen, Grundsätzen, Methoden und allgemeinen Verfahren, mithilfe derer (in der Wissenschaft) neue Erkenntnisse und neues Wissen explorativ gewonnen werden sollen. Eine heuristische Methode findet dann Anwendung, wenn zur Lösung von Problemen noch keine eindeutigen Regeln oder Methoden bekannt sind. Da die heuristischen Mittel selbst noch nicht begründet bzw. erst in ihrem Einsatz nachträglich begründbar sind, wird auch von Gedankenexperimenten oder Arbeitshypothesen und in diesem Zusammenhang auch von systematischem Erproben gesprochen.

Obwohl der Begriff in der vorneuzeitlichen Terminologie nicht systematisch und eher selten gebraucht wird (z.B. Platon, Cicero, Galen), tritt er im 17.

Jahrhundert verstärkt auf und wird spätestens mit Alexander Gottlieb Baumgartens Aesthetica von 1750 systematisch eingeführt. Für Immanuel Kant ist ein heuristischer Begriff ein Vernunftbegriff, der dazu dient, die Beschaffenheit und Verknüpfung der Gegenstände der Erfahrung zu erfassen. Heuristische Begriffe sind nach Kant also regulative Prinzipien des systematischen Verstandesgebrauchs innerhalb des problemorientierten Denkens.

Literatur

Glatfeld, M. (Hg.) (1992): Heuristische Vorgehensweisen für das Lösen komplexer Aufgaben lehren und lernen. Seelze.

Markus Rassiller

Heydorn, Heinz-Joachim (1916-1974)

Heydorn studierte von 1935 an in Hamburg Philosophie, Sinologie und Anglistik und wurde 1939 zur Wehrmacht eingezogen, aus der er 1944 desertierte. In Abwesenheit zum Tode verurteilt, überlebte er in Frankreich. Nach der Entlassung aus der Kriegsgefangenschaft im September 1945 nahm er sein Studium wieder auf und wurde 1949 in Hamburg mit einer Arbeit über Julius Bahnsen promoviert. Parallel wirkte er beim Neuaufbau der Sozialdemokratischen Partei Deutschlands und des Sozialistischen Deutschen Studentenbundes, dessen erster Vorsitzender er wurde, mit und war von 1946 bis 1952 Abgeordneter in der Hamburgischen Bürgerschaft. Seit 1950 war Heydorn in der Lehrerbildung tätig, zunächst als Dozent an der Pädagogischen Hochschule Kiel, ab 1952 als Dozent und später Professor für Pädagogik am Pädagogischen Institut Jugenheim und ab 1961 mit dessen Integration in die Universität Frankfurt an der dortigen Hochschule für Erziehung.

Keiner der gängigen Richtungen der Pädagogik der Nachkriegszeit zugehörig hat Heydorn eine eigenständige kritische, an Aufklärung und Mündigkeit orientierte Bildungstheorie entwickelt, in der die Widersprüche zwischen Vernunft und Natur, Freiheit und Knechtschaft, Bildung und Herrschaft zentral sind und Bildung als Medium der Befreiung konzipiert wird.

Literatur

Heydorn, H.-J. (2004/05): Werke – Studienausgabe. 9 Bde. Wetzlar.

Klaus-Peter Horn

Hilfe

Der Begriff Hilfe ist in der Sozialen Arbeit ein häufig genutzter, historisch unterschiedlich gefüllter, theoretisch wenig reflektierter, moralisch codierter, Dimensionen der Macht, Kontrolle, Asymmetrie und Stigmatisierung beinhaltender, gleichwohl für die Verständigung über Gegenstand und Ziel der Sozialen Arbeit zentraler Begriff. Es handelt sich bei ihm also nicht um einen präzise gefassten Fachbegriff, der über eine differenzierte theoretische Fundierung verfügt. Dennoch scheint er sich zur Charakterisierung von Sozialer Arbeit zu eignen. Albert Scherr beispielsweise fasst Soziale Arbeit als organisierte Hilfe, helfendes Handeln bzw. helfende Beziehung und argumentiert, dass die Absicht Hilfe zu leisten für das Selbstverständnis der Profession grundlegend sei. Mit der These von Hilfe als Grundkategorie der Sozialpädagogik vertritt Hans Gängler eine ähnliche Konzeption. Zu beobachten ist auch, dass die meisten arbeitsfeldrelevanten rechtlichen Bestimmungen den Hilfebegriff im Titel erwähnen. Augenscheinlich bleibt jedoch die Differenz zwischen dem häufigen Gebrauch, dem angenommenen Bedarf und der fehlenden theoretischen Fundierung des Begriffs.

Die Bedeutungsbreite zeigt sich z.B. darin, dass Hilfe sowohl ein Alltagsbegriff als auch ein, wenn auch unklar gefasster Fachbegriff ist. Hilfe bezeichnet darüber hinaus Phänomene auf unterschiedlichen Akteursebenen, betitelt Programme und markiert verschiedenste Organisationsformen.

Im historischen Rückblick zeigt sich, dass der Begriff Hilfe mit der Etablierung des Sozialstaats in Deutschland eine zunehmende Bedeutung erlangte. Alice Salomon etwa sah Soziale Arbeit als einen auf den Einzelmenschen wie auf die Gesellschaft orientierten Prozess des Helfens und Heilens. Diese konzeptionelle Idee konkretisierte sich insbesondere ab der Weimarer Republik. Ab diesem Zeitpunkt gewannen Wohlfahrtspflegeprogramme eine zunehmende Bedeutung und lösten die bis dato bestehende zentrale Position nicht-staatlicher Hilfe ab. Zum potentiellen Empfänger von Hilfe wurden alle Staatsbürger. Neben einer Vergesellschaftung von sozialen Problemen sowie einer Ausweitung des Gegenstandes lässt sich mit dem Wohlfahrtspflege-Begriff auch eine Pädagogisierung und Normalisierung von Hilfe verzeichnen. Durch die gewandelte Auffassung der Entstehung von Armut wurden Hilfe, Erziehung und Bildung deutlicher miteinander verknüpft – während Armut im Mittelalter als schicksalshaft-unausweichlich an-

genommen wurde, wurde sie nun zunehmend im Kontext individuellen Versagens wahrgenommen.
Seit Mitte der 1960er Jahre wird der Hilfebegriff bezogen auf Aspekte der Herrschaft zunehmend kritisch befragt. Thematisiert wird, inwieweit Hilfe insbesondere der Kontrolle von Nutzern dient. Im Kontext der Verberuflichung des Helfens werden zudem Fragen der Expertenrolle sowie Probleme der Ethik und der Aspekt des Ehrenamtes thematisiert.
Bisher existieren nur wenige theoretische Reflexionen des Hilfebegriffs im Bereich der Sozialen Arbeit. Die fehlende theoretische Ausbuchstabierung des Begriffs Hilfe bedingt seine meist alltagssprachliche Verwendung im Fachkontext. Im Anschluss an oben referierte Überlegungen und in Abgrenzung zum Alltagsbegriff müsste ein theoretisch ausdifferenzierter Fachbegriff moralische, selbstreflexive, methodische und theoretische, gesellschafts- und machtsensible Dimensionen berücksichtigen. Im Gegensatz zu alltäglicher Hilfe ist professionelle Hilfe zudem selektiv, spezialisiert und methodisch angeleitet sowie fachlich bzw. rechtlich reguliert. Die jeweilige Deutung und Intervention ist vom konkreten Fallverstehen abhängig. Auch hier stellt sich die Frage nach der Deutungs- und Definitionsmacht – wenn auch professionell begründet und sozial reglementiert. Zu berücksichtigen ist darüber hinaus, dass die Möglichkeit in der Sozialen Arbeit Hilfe zu leisten, zumeist abhängig von staatlicher Finanzierung und damit von historisch spezifischen politischen Konstellationen ist.

Literatur
Gängler, H. (2005): Hilfe. In: Otto, H.-U./Thiersch, H. (Hg.): Handbuch der Sozialarbeit/Sozialpädagogik. Neuwied, 772-786. – Thole, W./Hunold, M. (2011): Helfen. In: Kade, J. u.a. (Hg.): Pädagogisches Wissen. Stuttgart, 147-154.

Cora Herrmann

Hilfe zur Selbsthilfe

Hilfe zur Selbsthilfe gilt als Leitidee und Handlungsmaxime Sozialer Arbeit. Hilfe als Zentralkategorie Sozialer Arbeit erhält damit auf einer allgemeinen Ebene eine Bestimmung ihres Zwecks, der Voraussetzung ihrer Gewährung und ihrer Grenze. Hilfe in Form von Geld-, Sach- und Dienstleistungen soll so ausgestaltet werden, dass der Hilfeempfänger in die Lage versetzt wird, sich selbst zu helfen, also von Fremdhilfe unabhängig zu werden. Hilfe soll erst und nur dann gewährt werden, wenn der Einzelne sich nicht selbst helfen kann. Die nicht zu überschreitende Grenze der Hilfe (Maß und Dauer) ist erreicht, wenn die Selbsthilfefähigkeit des Einzelnen restituiert ist. Die Definition von legitimer, unterstützungsbegründender Hilfebedürftigkeit sowie die konkrete Ausgestaltung von Hilfe unterliegen dabei dem gesellschaftspolitischen Wandel.
Die in der kommunalen Armenfürsorge wurzelnde Sozialarbeit war schon früh durch armenrechtliche Regelungen und kommunale Armenordnungen angehalten, Hilfe als Hilfe zur Selbsthilfe auszugestalten. Die Hauptform der Hilfe war dort, wo Einkommensarmut Arbeitsfähiger Hilfsbedürftigkeit verursachte, Hilfe zur Arbeit. Schon die vielfach adaptierte Elberfelder Armenordnung von 1853 stand unter dem Motto: Hilfe statt Almosen. Die Hilfegewährung verband sich stets mit kontrollierend-disziplinierender persönlicher Einflussnahme auf die Hilfeempfänger. Bis heute kennzeichnet die Verwobenheit von Hilfe und Kontrolle – das doppelte Mandat – die Soziale Arbeit.
Eine spezifische Ausprägung der Hilfe als Hilfe zur Selbsthilfe formuliert das Subsidiaritätsprinzip. Hilfe zur Selbsthilfe ist also die (ideal-)typische Hilfe in der bürgerlichen Gesellschaft. Sie ist dementsprechend an der prominentesten Stelle des deutschen Sozialrechts, in § 1, Absatz 1 des Sozialgesetzbuches (SGB) I platziert.
Aktuell erfolgt im Kontext des Umbaus des Sozialstaates auch eine Reinterpretation des Subsidiaritätsprinzips. Die Voraussetzungen und Grenzen für Hilfen werden strenger und enger gefasst, die Anforderungen an und Zumutungen für die Individuen steigen. Hilfe bleibt dabei im eingangs genannten Sinne Hilfe zur Selbsthilfe, aber unter dem politischen Schlagwort Fördern und Fordern verschiebt sich die Gewichtung zum letzteren. Inhaltlich wird die Hilfe im Bereich der Sozialen Arbeit wie in den überwiegenden Bereichen der Sozialpolitik immer stärker und ausschließlicher auf die Herstellung von Arbeitsfähigkeit ausgerichtet. Andere Aufgaben und Ziele von Sozialer Arbeit und Sozialpolitik, die in Verfassung und Sozialrecht verankert sind, wie etwa die freie Entfaltung der Persönlichkeit und Bildung, treten demgegenüber in den Hintergrund.

Literatur
Hammerschmidt, P./Tennstedt, F. ([3]2010): Der Weg zur Sozialarbeit. In: Thole, W. (Hg.): Grundriss der Sozialen Arbeit. Wiesbaden, 73-86. – Sachße, C. (2003): Subsidiarität – Leitidee des Sozialen. In: Hammerschmidt, P./Uhlen-

dorff, U. (Hg.): Wohlfahrtsverbände zwischen Subsidiaritätsprinzip und EU-Wettbewerbsrecht. Kassel, 15-37.

Kirsten Aner / Peter Hammerschmidt

Hilfen zur Erziehung (HzE)

Unter Erziehungshilfen oder der rechtstechnischen Bezeichnung HzE wird eine breite, insgesamt expandierende Palette beratender und bildungsorientierter, begleitender und unterstützender Hilfen für Kinder, Jugendliche, junge Erwachsene und Familien verstanden. Maßgeblich ist hierbei der Anspruch von Kindern und Jugendlichen auf Erziehung und Förderung ihrer Entwicklung (§§ 1 und 27 des Sozialgesetzbuches, SGB, VIII). Als Kernaufgabe der Kinder- und Jugendhilfe bieten die HzE einerseits Unterstützung und Ressourcen bei der Bewältigung schwieriger Lebenssituationen. Andererseits können sie als Interventionsformen einen deutlichen Eingriff in die Lebensverhältnisse von Kindern, Jugendlichen und Familien darstellen.

Als vorwiegend familienunterstützende und -ergänzende Leistungen sind sie im Abschnitt 4 des SGB VIII (Kinder- und Jugendhilfegesetz, KJHG) ausdifferenziert in (1) ambulante (Erziehungsberatung, § 28; Erziehungsbeistand/Betreuungshelfer, § 30; Sozialpädagogische Familienhilfe, SPFH, § 31), (2) teilstationäre (Soziale Gruppenarbeit, § 29; Erziehung in einer Tagesgruppe, § 32), und (3) stationäre (Vollzeitpflege, § 33; Heimerziehung, sonstige betreute Wohnformen, § 34) Hilfen. Hinzu kommt die flexible Form der intensiven sozialpädagogischen Einzelbetreuung (§ 35). Die Gewährung der Maßnahmen erfolgt gemäß dem subjektiven Rechtsanspruch der Eltern (§ 27 SGB VIII) auf notwendige und geeignete Hilfe mit konsequenter Einzelfallorientierung, wenn eine dem Wohl des Kindes oder des Jugendlichen entsprechende Erziehung nicht gewährleistet ist (§ 27, Absatz 1). Die Gewährung der Hilfe liegt in der Verantwortung des Jugendamts als öffentlichem Träger. Ziel ist durchgängig eine Stärkung der ambulanten und teilstationären Hilfen gegenüber den stationären familienersetzenden Formen. Obwohl Beteiligungs- sowie Wunsch- und Wahlrechte gesetzlich festgeschrieben sind (§§ 36 und 5 SGB VIII), findet sich dennoch häufig eine Diskrepanz zwischen intendierter Partizipation und Unterstützung einerseits und den diesen Prinzipien zuwiderlaufenden Handlungsformen und institutionellen Arrangements andererseits.

Eine systematische historische Rekonstruktion der heterogenen Praxis von HzE, ist ein schwieriges Unternehmen – zumal eine Rahmentheorie, die hierfür Anknüpfungspunkte liefern könnte, bislang erst angedacht ist. Leichter ist es die Wurzeln einzelner Leistungsformen der HzE historisch zu rekonstruieren.

Mit der Verabschiedung des SGB VIII und dem Erscheinen des Achten Jugendberichts Anfang der 1990er Jahre wurde ein ausdifferenziertes Ensemble an unterschiedlichen, vorrangig lebensweltorientierten und damit auf das bisherige Lebensumfeld der Heranwachsenden bezogenen familienunterstützenden und -ergänzenden Hilfesettings rechtlich abgesichert und fachlich fundiert.

Ebenso vielfältig wie die dem Feld gesetzlich zugeschriebenen Leistungsformen sind auch die mit den HzE assoziierten Debatten, die zudem auf einzelne Unterstützungsangebote begrenzt und somit unvermittelt nebeneinander geführt werden. Allgemeinere, d.h. an den gesamten Leistungsbereich der HzE anknüpfende Diskurse sind jene, die sich auf Partizipationsmöglichkeiten und -barrieren der Heranwachsenden als primären Leistungsempfängern im Rahmen des Hilfeprozesses beziehen. Andere Debatten erörtern, wie im Zuge der konzeptionellen Ausdifferenzierung und der organisatorischen Flexibilisierung der Erziehungshilfen die institutionell begründete Versäulung einzelner Hilfen überwunden, dabei aber Fachlichkeit und Qualitätsstandards beibehalten werden können. Weitere Diskussionen drehen sich um Fragen des Für und Widers der geschlossenen Unterbringung sowie um Fragen der Effektivität und Effizienz der HzE und um entsprechende Reformen der öffentlichen Verwaltung und ihrer Finanzierungssysteme.

Für die letzten Jahre lässt sich bei steigenden Fallzahlen und bei geringen Ausgabensteigerungen ein Rückgang der familienersetzenden stationären Hilfen gegenüber ambulanten Hilfen feststellen. Die steigenden Fallzahlen dürfen jedoch nicht vorschnell auf eine wachsende elterliche Erziehungsunfähigkeit zurückgeführt werden, sondern sind auch Ausdruck demografischer Verschiebungen.

Literatur

Birtsch, V./Münstermann, K./Trede, W. (Hg.) (2001): Handbuch Erziehungshilfen. Weinheim. – Bundesministerium für Familie, Senioren, Frauen und Jugend (Hg.) (2009): Bericht über die Lebenssituation junger Menschen und Leistungen der Kinder- und Jugendhilfe in Deutschland. Berlin – Günder, R. (1999): Hilfen zur Erziehung.

Freiburg. – Fendrich, S./Pothmann, J (2005): Hilfen zur Erziehung – über quantitative Ausweitungen und qualitative Strukturveränderungen In: Rauschenbach, T./Schilling, M. (Hg.): Kinder- und Jugendhilfereport 2. Weinheim, München, 85-107.

Sarina Ahmed / Davina Höblich

Hilfeplanung

Hilfeplanung bezeichnet ein im Kinder- und Jugendhilfegesetz normiertes Verfahren (§ 36 Sozialgesetzbuch, SGB, VIII), in dem der Rechtsanspruch auf Hilfe zur Erziehung (§§ 27ff. SGB VIII), Hilfe für junge Volljährige (§ 41 SGB VIII) sowie Eingliederungshilfe für seelisch behinderte Kinder und Jugendliche (§ 35a SGB VIII) geprüft, fachlich beraten, beteiligungsorientiert ausgehandelt und prozesshaft in bedarfsorientierten Hilfesettings ausgestaltet wird. Zu den zentralen Merkmalen der Hilfeplanung gehören, dass (1) die Entscheidungsfindung über die Notwendigkeit und Geeignetheit von Hilfen im Zusammenwirken mehrerer Fachkräfte erfolgt; (2) die Herstellung von Beteiligungsfähigkeit und die Mitwirkung der Personensorgeberechtigten sowie der Kinder und Jugendlichen zu einem konstitutiven Element des Hilfeprozesses werden; (3) über regelmäßige Hilfeplangespräche unter Beteiligung der Hilfeadressaten, der leistungserbringenden Einrichtungen sowie des federführenden Jugendamtes der Hilfeprozess überprüft, fachlich reflektiert und bedarfsorientiert fortgeschrieben wird; (4) die Ergebnisse dieser multiperspektivischen Aushandlung, die wechselseitigen Erwartungen und zieldienlichen Handlungsschritte in einem Hilfeplan nachvollziehbar dokumentiert werden. Bei der Hilfeplanung handelt es sich um einen Schlüsselprozess, in dem sozialrechtliche Leistungsansprüche, verwaltungsrechtliche Verfahrensnormen, professionelle Standards und individuelle Bedarfslagen in Einklang gebracht werden müssen. In der Kinder- und Jugendhilfe steht die Hilfeplanung leistungsrechtlich wie professionell für eine Abkehr von obrigkeitsstaatlichem Interventionshandeln und expertokratischer Entscheidungsfindung, in dem die jungen Menschen und Eltern den Status mitgestaltender Subjekte und von Ko-Produzenten der Hilfe erhalten. Die Hilfeplanung gilt als Prototyp reflexiver Fachlichkeit und nutzerorientierter Dienstleistungserbringung in kooperativen Arbeitsbündnissen zwischen allen Beteiligten. Ansätze individueller Hilfeplanung finden zunehmend auch in anderen Sozialleistungsbereichen Anwendung.

Literatur

Merchel, J. (1998): Hilfeplanung bei den Hilfen zur Erziehung § 36 SGB VIII. Stuttgart. – Schwabe, M. (2005): Methoden der Hilfeplanung. Frankfurt.

Heinz Müller

Hilker, Franz (1881-1969)

Hilker wirkte als Lehrer und Ministerialbeamter und gilt als Pionier der Vergleichenden Erziehungswissenschaft. Ab 1925 leitete er zunächst die Kunstabteilung, 1929 dann die Pädagogische Abteilung des Zentralinstituts für Erziehung und Unterricht in Berlin und ab 1931 kommissarisch das gesamte Institut. Zugleich übernahm er im Auftrag des Reichsministers des Inneren die Leitung der neu eingerichteten Deutschen Pädagogischen Auslandsstelle in Berlin, ein Jahr später begann seine Tätigkeit in der Kommission für geistige Zusammenarbeit beim Völkerbund. Durch das nationalsozialistische Regime wurde er 1933 aller Ämter und Funktionen enthoben. Ab 1946 engagierte er sich in der Wiederaufbauarbeit im Hessischen Ministerium für Erziehung und Volksbildung sowie in der Kooperation mit amerikanischen Studienkommissionen und verfolgte unermüdlich das Ziel der Restitution der Vergleichenden Erziehungswissenschaft in Deutschland. 1948 errichtete er in Wiesbaden die Pädagogische Arbeitsstelle als Dokumentations- und Informationszentrum, die 1957 in das Sekretariat der Ständigen Konferenz der Kultusminister in Bonn eingegliedert wurde. Hinzu kam nach 1948 eine breite publizistische Tätigkeit, z.B. die Herausgabe der Zeitschrift Bildung und Erziehung. Ganz im Sinne des Educational Borrowing hoffte er, mit Hilfe des Vergleichs ausländischer Bildungssysteme Anregungen für Bildungsreformen in Deutschland zu gewinnen.

Literatur

Hilker, F. (1962). Vergleichende Pädagogik. München.

Sonja Steier

Hirnforschung

Hirnforschung (Synonym: Neurowissenschaften) ist eine Sammelbezeichnung zahlreicher Forschungsdisziplinen, die auf unterschiedliche Weise die Funktion des Gehirns untersuchen. Für die Pädagogik bedeutend sind vor allem die Neuropsychologie, die Neurologie und die Neurobiologie. Gängige

Forschungsmethoden der Hirnforschung sind Tierversuche, psychologische Testuntersuchungen von Patienten mit klar diagnostizierten Hirnschäden und in neuerer Zeit vor allem Studien mittels bildgebender Verfahren, welche die Struktur oder bestimmte Stoffwechselprozesse im Gehirn abbilden.
Der Bezug der Hirnforschung zur Sonderpädagogik ist an vielen Stellen naheliegend, vor allem dort, wo Unfälle, Krankheiten oder genetische Veränderungen des Gehirns eine körperliche oder geistige Behinderung mit sich bringen. Gerade in diesem Feld führten aber in der Vergangenheit Diskrepanzen in der Einschätzung der Veränderbarkeit und Entwicklungsfähigkeit des Menschen zu einer weitgehenden Ignoranz der beiden Wissenschaftszweige. Neuere Konzepte der Hirnforschung wie das Konzept der Neuroplastizität, die Bewusstseinstheorie Antonio Damasios, das Konzept der Spiegelneuronen, die Psychoneuroimmunologie oder die beziehungsmedizinische Sichtweise bieten aber durchaus Anknüpfungspunkte für die Sonderpädagogik. Letztlich eint die Neurowissenschaften und die Erziehungswissenschaft die gemeinsame Frage, wie sich die Arbeit des Gehirns durch erzieherisch-therapeutische Maßnahmen fördern und wiederherstellen lässt.
Seit Mitte der 1990er Jahre greifen Erkenntnisse der Hirnforschung verstärkt in pädagogische Kontexte hinein. Statt einer wissenschaftlichen Bereicherung scheint aber eher ein Kampf um Autoritäten die Debatte zu bestimmen. Inhaltlich scheitert die Diskussion daran, dass sowohl die Erkenntnisse der Hirnforschung als auch der Erziehungswissenschaft/ Sonderpädagogik verkürzt in die Diskussion einfließen und die Komplexität beider Wissenschaftszweige an ihrer Schnittstelle keine Rolle zu spielen scheint. Weitere Probleme sind das hierarchische Verhältnis der Disziplinen zugunsten der Hirnforschung sowie das Fehlen einer gemeinsamen Sprache.
Derzeit werden verschiedene Perspektiven für die Kooperation von Hirnforschern und (Sonder-)Pädagogen diskutiert: Die Hirnforschung könnte eine der Grundlagenwissenschaften der Pädagogik darstellen; die Hirnforschung könnte ein Baustein in der Betrachtung abweichender Entwicklungswege sein; die Hirnforschung könnte als Selektionsinstrument zur Prüfung pädagogischer Theorien dienen; aus den Diskrepanzen zwischen Neurowissenschaften und Erziehungswissenschaften könnte eine gemeinsame Fragehaltung entstehen, die offen lässt, welche Disziplin mit welchen Methoden diese Fragen untersucht. Ziel wäre ein gemeinsames Forschen.

Literatur
Becker, N. (2006): Die neurowissenschaftliche Herausforderung der Pädagogik. Bad Heilbrunn. – Pritzel, M./ Brand, M./Markowitsch, H. J. (2003): Gehirn und Verhalten. Heidelberg, Berlin.

Menno Baumann

Historische Bildungsforschung

Für die historische Dimension der Erziehungswissenschaft in Forschung und Lehre ist die Bezeichnung Historische Bildungsforschung relativ neu. Erst in den 1990er Jahren hat sie den in der zweiten Hälfte des 19. Jahrhunderts aufgekommenen Begriff Historische Pädagogik abgelöst. Letzterer findet heute noch seine Entsprechung in den englischen, amerikanischen, französischen und italienischen Fachgemeinschaften, die ihr Arbeitsfeld als History of education, Histoire de l'education und storia dell'educazione bezeichnen.
Historische Bildungsforschung untersucht 1. Erziehungs-, Bildungs- und Sozialisationsprozesse von Individuen und Gruppen vom Kindesalter über die Jugendzeit bis in das Erwachsenenalter hinein, 2. die Herausbildung pädagogischer Institutionen, Organisationen und Berufe, 3. die Entwicklung erziehungswissenschaftlicher Theorien und pädagogischer Ideen und 4. die pädagogischen Praktiken in Familie, Schule sowie in außerschulischen Bereichen. Dabei reflektiert sie die soziokulturellen und politischen Rahmenbedingungen der jeweiligen geschichtlichen Epochen.
Motiviert werden bildungshistorische Untersuchungen meist von aktuellen pädagogischen Fragestellungen. Sie zielen z.B. in modernisierungstheoretischer Perspektive auf historische Aufklärung und Vergewisserung von Denk- und Handlungstraditionen in bildungs- und schulpolitischen Auseinandersetzungen. Geleitet werden die wissenschaftlichen Analysen von unterschiedlichen Erziehungs- und Bildungstheorien; ebenso werden Anleihen am Theorieangebot der Geschichts-, Kultur- und Sozialwissenschaften gemacht. Historische Bildungsforschung integriert dabei die Historische Sozialisationsforschung, die pädagogische Ideengeschichte, die Sozialgeschichte der Erziehung und Bildung sowie die wissenschaftsgeschichtlichen Zugänge zur erziehungswissenschaftlichen Disziplin.
In ihrem Selbstverständnis ist Historische Bildungsforschung B. im Wesentlichen empirisch ausgerichtet und bedient sich qualitativer und quantitativer

Methoden der Sozialforschung. Ihre Quellen sind sprachliche, bildliche und materielle Überlieferungen. Zu den sprachlichen Überlieferungen zählen z.B. Gesetze und Statistiken, Archivalien aus Behörden und Institutionen, schriftliche und mündliche Egodokumente, Belletristik, Lehrbücher, pädagogische Schriften und Lexika oder Zeitschriften, zu den bildlichen z.B. Gemälde, Zeichnungen, Fotografien oder Comics, zu den materiellen Sitzbänke, Schulhäuser, Schuluniformen etc..

Die Funktion Historischer Bildungsforschung leitet sich aus dem jeweils vorherrschenden Wissenschaftsverständnis der Erziehungswissenschaft ab, das sich nicht zuletzt in Studien- und Prüfungsordnungen für die lehramtsbildenden und erziehungswissenschaftlichen Studiengänge an Universitäten niederschlägt. Derzeit ist die historische Dimension in der Ausbildung nach Standorten unterschiedlich, bei der Ausbildung für pädagogische Berufe insgesamt aber eher schwach vertreten.

Die pädagogische Historiographie hat als Historische Pädagogik bzw. als Geschichte der Pädagogik eine bis in den Neuhumanismus zurückreichende Tradition. Ihre Etablierung als erziehungswissenschaftliche Disziplin an deutschen Universitäten im ausgehenden 19. Jahrhundert war mit dem Aufstieg des Historismus in der Geschichtswissenschaft verknüpft und korrespondierte eng mit der Durchsetzung der geisteswissenschaftlichen Pädagogik, denn diese fragte nach der Pädagogik in der Geschichte und nutzte diese wiederum für systematische Fragestellungen bzw. prüfte selbige an der Geschichte der Erziehung. Die Historische Pädagogik war bis in die 1950er Jahre vorrangig auf Schulgeschichte ausgerichtet und als Ideengeschichte konzipiert. Sie machte einerseits Biographien und Werke pädagogischer Klassiker zum zentralen Gegenstand wissenschaftlicher Erkenntnis. Andererseits produzierte sie eine ereignisorientierte Geschichtsschreibung, die vorrangig für Lehrbücher in der Lehrerausbildung genutzt wurde.

Die Neuorientierung historischen Arbeitens in der Erziehungswissenschaft als Historische Bildungsforschung ist ein Ergebnis der disziplingeschichtlichen Entwicklungen in der Erziehungswissenschaft, der Soziologie und der Geschichtswissenschaft. Spätestens mit der sog. realistischen Wendung kam es in den 1960er Jahren zu einer empirisch sozialwissenschaftlichen Ausrichtung der Disziplin. In der Soziologie war es im 20. Jahrhundert zum einen zu einer Differenzierung in Subdisziplinen gekommen: Die Bildungssoziologie macht seither Bildung und Erziehung zu ihrem Gegenstandsbereich und wendet sich den Feldern der Schule, Familie und anderen pädagogischen Institutionen zu. Zum anderen beschäftigt sich die Soziologie verstärkt mit ihrer Geschichte und der Historisierung ihrer Gegenstände. In der Geschichtswissenschaft vollzog sich in der frühen Bundesrepublik wiederum eine verstärkte Orientierung an den Theorien der Soziologie, die schließlich Eingang in die pädagogische Historiographie fanden und einen subdisziplinären Zugang in der empirisch orientierten Erziehungswissenschaft eröffneten. Damit wird die historische Betrachtung von Bildung und Erziehung in vergangenen Zeiten fortgesetzt, aber gleichzeitig ein anderer, an sozialwissenschaftlichen Theorien (z.B. Modernisierung und Disziplinierung) und Methoden (z.B. Kollektivbiografien, Analyse serieller Daten) orientierter Zugang gewählt. Damit öffnet sich das Fach langsam auch neueren Forschungsperspektiven wie z.B. geschlechtergeschichtlichen Fragestellungen.

Die Neuorientierung als Historische Bildungsforschung, mit der eine interdisziplinäre Zusammenarbeit v.a. mit Historikern einherging, dokumentiert sich in der Bundesrepublik Deutschland (BRD) in den seit 1987 erscheinenden Datenhandbüchern zur deutschen Bildungsgeschichte, dem sechsbändigen Handbuch der deutschen Bildungsgeschichte und dem seit 1993 herausgegebenen Jahrbuch für Historische Bildungsforschung. Hiermit wird an eine in den 1960er Jahren in der Deutschen Demokratischen Republik (DDR) aufgenommene Dokumentation pädagogischer Historiographie (Jahrbuch für Erziehungs- und Schulgeschichte 1961ff.; Monumenta Paedagogica 1970ff.) angeknüpft, die ihre Wurzeln schon im ausgehenden 19. Jahrhundert hat. Damals belegte die Pädagogik ihr historisches Wissen als eine eher deskriptiv chronologische Darstellung in den Monumenta Germaniae Paedagogica (1886-1938), in den Mitteilungen der Gesellschaft für deutsche Erziehungs- und Schulgeschichte (1890-1938) und in der Zeitschrift für Geschichte der Erziehung und des Unterrichts (1911-1938).

In der DDR wurde 1955 die Kommission für deutsche Erziehungs- und Schulgeschichte der Deutschen Akademie der Wissenschaften gegründet, die 1970 in die Akademie der Pädagogischen Wissenschaften der DDR überführt wurde. Historische Bildungsforschung etablierte sich in der BRD als erziehungswissenschaftliche Subdisziplin seit 1972 mit der Historischen Kommission in der Deutschen Gesellschaft für Erziehungswissenschaft (DGfE) und firmiert seit

1999 unter der Bezeichnung Sektion Historische Bildungsforschung.

Ein Manko der älteren Historischen Pädagogik war die nationalstaatliche Orientierung. Mit der Etablierung Historischer Bildungsforschung verbindet sich eine internationale Perspektive, um einerseits im bi- oder internationalen Vergleich die Kriterien bildungshistorischer Analysen zu schärfen und nationale Sonderwege konturierter herausarbeiten und um andererseits Frühformen internationaler Verflechtungen im Bildungswesen aufzeigen zu können. Diesem Anliegen sind auch die international ausgerichtete Zeitschrift Paedagogica Historica, die in neuer Serie seit 1990 in Belgien erscheint sowie die International Standing Conference for the History of Education gewidmet.

Literatur

Böhme, G./Tenorth, H.-E. (1990): Einführung in die Historische Pädagogik. Darmstadt. – Gestrich, A. (1999): Vergesellschaftungen des Menschen. Tübingen. – Hermann, U. (1991): Historische Bildungsforschung und Sozialgeschichte der Bildung. Weinheim. – Lundgreen, P. (1977): Historische Bildungsforschung. In: Rürup, R. (Hg.): Historische Sozialwissenschaft. Göttingen, 96-125.

Edith Glaser

Historisch-systematische Methode

Schon einer der ersten Historiker der Pädagogik, Friedrich Heinrich Christian Schwarz, betonte am Anfang des 19. Jahrhunderts, dass die Geschichte der Erziehung das systematische Nachdenken über Erziehung vervollständige. In der Folgezeit wurde daraus ein allgemein anerkanntes und kaum hinterfragtes Selbstverständnis, demzufolge in der Darstellung der historischen Entwicklungen der Erziehung eine Systematik der Pädagogik stecke. Daraus wurde zugleich der Nutzen einer historischen Betrachtung der Erziehung abgeleitet: Die Geschichte bietet Erkenntnisse nicht nur über die Vergangenheit, sondern auch für die Gegenwart, und zwar sowohl für die Praxis als auch für die Theorie. Mit Bezug auf letztere lässt sich dann ein sich als historisch-systematische Methode verstehender Ansatz benennen, der nicht bei der Rekonstruktion des historisch gegebenen Wissens stehen bleibt, sondern dieses zugleich als Bestandteil der eigenen, je gegenwärtigen Theoriebildung begreift. Mit Wilhelm Dilthey und seinem Schüler Herman Nohl wird die Verknüpfung von historischer und systematischer Pädagogik weiter geführt und mit der Hermeneutik als Methode verknüpft: Die pädagogische Idee soll im Durchgang durch die Geschichte verstehend erarbeitet werden. Dazu orientierte man sich vorrangig an den Texten der Klassiker, die ausgelegt werden mussten, um die Entwicklung der pädagogischen Idee nachvollziehen zu können.

In dieser Tradition stand auch die Dissertation von Wolfgang Klafki (Das pädagogische Problem des Elementaren und die Theorie der kategorialen Bildung, zuerst 1959, [3/4]1964), an der sich 1961/62 aufgrund einer Kritik von Peter-Martin Roeder eine grundsätzliche Diskussion über die historisch-systematische Methode entspann. Klafkis Rekonstruktion war, so Roeder, eine Konstruktion von seinem Standort aus, ohne dass Klafki dies selbst thematisierte. Das theoretische (Vor-)Verständnis leitete die Untersuchung an, alle dargestellten Theorien wurden auf diesen Bezugspunkt hin bearbeitet und gedeutet. Roeder dagegen betonte, dass die historischen Texte aus ihrer Zeit heraus gedeutet werden müssten. Ohne historische Kontextualisierung aber (Entscheidungen über Bildungsinhalte sind nicht Entscheidungen der Theoretiker, sondern finden im politisch-gesellschaftlichen Kontext statt; diese Kontexte wirken auch auf die Theoretiker ein, was bedeutet, dass auch die Theorien historisch zu kontextualisieren sind) könne man die Ideen nicht verstehen. Offen blieb freilich die Frage, welche Kriterien für die Beurteilung dieser Texte gelten sollten.

Die Debatte um die historisch-systematische Methode wurde in den letzten Jahren von verschiedener Seite erneut aufgenommen, z.B. von Alfred Langewand mit einer Gegenüberstellung von Applikationshermeneutik und Kontextanalyse und der Benennung von zentralen Unterscheidungen (objektive Vorgeschichte vs. selbst konstruierte Vergangenheit des Autors; Zeitgenossenschaft vs. aktive Selbstkontextualisierung; historischer Textsinn vs. Wirkungsgeschichte; Entwicklungsanalyse eines nachzuzeichnenden Argumentationsgangs vs. Erforschung diskursiver Konstellationen im Sinne historisch verfügbarer Alternativen der Ideenentwicklung) oder von Fritz Osterwalder und anderen mit kritischen Analysen zur Konstruktion Johann Heinrich Pestalozzis als pädagogischem Heros. Auch in der Geschichtswissenschaft wird Kontextualisierung als Methode intensiv diskutiert (Intellectual History, Quentin Skinner).

Seit der Kontroverse zwischen Klafki und Roeder war deutlich, dass die historisch-systematische Methode ihre Grenzen hat. Allerdings sind mit der Kontextualisierung die Probleme nicht gelöst: In methodischer Hinsicht führt die Forderung nach Kontextualisierung zu einem tendenziell unendlichen Kontextualisierungsprozess, wenn die von den einen als relevant erachteten Kontexte durch von anderen als relevant erachtete andere Kontexte ersetzt werden, ohne dass dies durch die jeweils herangezogenen Kontexte selbst irgendwie plausibilisiert oder legitimiert wird. Kontexte sind aber nicht einfach gegeben, sondern selbst wieder Ergebnis von Konstruktionen. Auch die Kontextualisierung kann also nicht ohne Auswahl aus den möglichen Kontexten auskommen. In theoretischer Hinsicht stellt sich die Frage nach der Bedeutung der Bildungsgeschichte für die Theoriebildung in der Erziehungswissenschaft. Wenn die historisch-systematische Methode mit ihrem Rekurs auf eine sich in der Geschichte entwickelnde pädagogische Idee nicht mehr trägt, dann scheint die Bezugnahme auf historische Entwicklungen für die Theoriebildung irrelevant. Hält man aber daran fest, dass die historische Forschung zumindest eine heuristische Bedeutung für die Theoriebildung haben kann, bleibt als Aufgabe, die historische Dimension zu berücksichtigen, ohne sie zu einem Steinbruch für beliebige Argumentationen zu machen, aber auch ohne sie als bloße Vorgeschichte des eigenen Denkens zu verwenden.

Literatur
Bellmann, J./Ehrenspeck, Y. (2006): Historisch/systematisch – Anmerkungen zur Methodendiskussion in der pädagogischen Historiographie. In: Zeitschrift für Pädagogik 52, 245-264. – Böhme, G./Tenorth, H.-E. (1990): Einführung in die Historische Pädagogik. Darmstadt. – Prondczynsky, A. v. (2009): Historische Bildungsforschung. In: Caruso, M./Kemnitz, H./Link, J.-W. (Hg.): Orte der Bildungsgeschichte. Bad Heilbrunn, 15-29. – Winkler, M. (2006): Kritik der Pädagogik. Stuttgart.

Johannes Bellmann / Klaus-Peter Horn

Hitler-Jugend (HJ)

Mit HJ werden vier unterschiedliche Sachverhalte bezeichnet: 1. im allgemeinen und wie hier, die Staatsjugendorganisation des Dritten Reiches mit der Reichsjugendführung (RJF) an ihrer Spitze; 2. das Jugendkollektiv in der HJ; 3. der Verband der männlichen Jugend in der HJ im Unterschied zum Verband der weiblichen Jugend (Bund Deutscher Mädel, BDM); 4. der Altersverband der 14- bis 18jährigen männlichen Jugend in der HJ.

Die HJ wurde offiziell 1926 als Nachwuchsorganisation der Nationalsozialistischen Deutschen Arbeiterpartei (NSDAP) auf deren erstem Reichsparteitag in Weimar gegründet und der Sturmabteilung (SA) unterstellt; sie sollte die politischen Aktionen der Partei (Kampf um die Macht) unterstützen. Nach dem zeitweiligen Verbot der SA 1932 wurde eine eigenständige Reichsjugendführung der NSDAP gegründet; ihr wurden HJ und BDM unterstellt wobei wiederum die BDM-Führung der männlichen HJ-Führung unterstellt war. Damit war der Gesamtverband HJ als Gliederung der NSDAP (d.h. ohne eigenes Budgetrecht) konstituiert. Ihr Führer war Baldur von Schirach; er war Adolf Hitler direkt unterstellt.

Nach der Machtergreifung 1933 ernannte Hitler Schirach zum Jugendführer des Deutschen Reiches. Der damit erhobene jugendpolitische Anspruch wurde bis 1936 z.T. gewaltsam gegen die anderen Jugendverbände durchgesetzt. 1936 legalisierte das Gesetz über die Hitlerjugend das Jugendmonopol der HJ und legitimierte sie als Erziehungsinstanz. Damit war die HJ Staatsjugendorganisation und öffentliche Erziehungsgewalt. Mit einer eigenen Disziplinarordnung (1936) und einer Dienststrafordnung (1940) übte sie zudem Rechtsgewalt über die Jugend aus.

In der HJ waren Kinder und Jugendliche vom 10. bis zum vollendeten 18. Lebensjahr organisiert. Sie wurden ab 1936 jeweils zum 20. April (Geburtstag Hitlers) in die HJ aufgenommen, der Geburtsjahrgang 1926 bereits zu 90%, der Geburtsjahrgang 1929 dann zu fast 100%. 1939 gehörten der HJ 8,7 Millionen Kinder und Jugendliche an; das waren je nach angenommener Basisgröße maximal rund 98%, mindestens rund 85% aller deutschen Jugendlichen; jüdische Jugendliche waren ausgeschlossen. Die Gesamtorganisation gliederte sich unter der RJF in vier Altersverbände: die Verbände der 10- bis 14jährigen in der HJ (Pimpfe) und im BDM (Jungmädel) sowie die Verbände der 14- bis 18jährigen in der HJ (Hitlerjungen) und im BDM (BDM-Mädel); 1938 kam im BDM eine Organisation für die 17- bis 21jährige weibliche Jugend, 1939 in der HJ die Organisation der Stamm-Hitler-Jugend hinzu.

Die HJ war der Größe nach in sieben (bis 1938) bzw. sechs (ab 1939) Organisationsebenen aufgebaut. Die in beiden Teilverbänden (HJ und BDM) je anders benannten Organisationseinheiten zählten in aufsteigender Größe je ca. 15, 50, 150, 600, 3.000, 150.000 und 750.000 Mitglieder. Auf den ersten vier Organisationsebenen wurden diese Einheiten ehrenamtlich jeweils aus den eigenen Reihen geführt; erst

in den drei bzw. zwei obersten Organisationsebenen wurden erwachsene hauptamtliche Funktionäre und Funktionärinnen eingesetzt. Die Führung wurde mit absoluter Befehlsgewalt hierarchisch ausgeübt, jedoch emphatisch als Selbstführung ausgegeben und aufgrund der Führung durch Gleichaltrige im Jugendkollektiv selbst auch so erlebt.
Die straff organisierte Praxis der HJ lag in den Bereichen Sport, Wehrertüchtigung (nur HJ), Fahrten, Feste und Feiern sowie gesellschaftliche Dienste; zu diesen zählte zuletzt auch der Kriegseinsatz. Sie war teils militärförmig organisiert (Uniform, Dienstrituale, Dienstvorschriften) und insgesamt ein attraktives jugendspezifisches Angebot; in den Bereichen Sport und Kultur wurden dazu Sondereinheiten gebildet: Flieger-HJ, Motor-HJ, Marine-HJ, Nachrichten-HJ, Reiter-HJ, Rundfunkspielscharen, Spielscharen – durch diese mit nationalsozialistischem Dienst- und Opferpathos aufgeladene Jugendpraxis gelang es in der HJ, die deutsche Jugend kollektiv an Hitler und sein Reich zu binden. Die Nachwirkungen dessen in der HJ-Generation sind uneinheitlich: seelische Verunsicherung sowie politische und normative Skepsis aufgrund der singulären Erfahrung von Krieg und Niederlage seitens der HJ, überwiegend positives Erleben auf der Seite des BDM.

Literatur
Boberach, H. (1997): Jugend unter Hitler. München. – Buddrus, M. (2003): Totale Erziehung für den Totalen Krieg. 2 Bde. München. – Kater, M. (2005): Hitler-Jugend. Darmstadt.

Gisela Miller-Kipp

Hochbegabung

Wie Begabung wird auch Hochbegabung uneinheitlich gebraucht. Eine Person ist intellektuell hochbegabt, wenn sie das Potential hat, (1) sich effektiv Wissen anzueignen, (2) dieses in unterschiedlichen Situationen zur Lösung individuell neuer Probleme adäquat zu nutzen, (3) aus den Erfahrungen schnell zu lernen und (4) zu erkennen, auf welche Situationen die Erkenntnisse transferierbar sind. Weltweit hat sich deshalb eingebürgert, unter Hochbegabung eine hohe Ausprägung kognitiver Merkmale (i.d.R. allgemeine Intelligenz g) zu verstehen – zumeist mindestens zwei Standardabweichungen über dem Populationsmittelwert liegend (d.h., der Intelligenzquotient übersteigt den Wert 130). Diese quantitative Konzeption hat sich in Forschung und Praxis bewährt, qualitative Besonderheiten in den Denkstrukturen Hochbegabter ließen sich bislang jedoch nicht nachweisen. Für diese (intelligenzbasierte) Konzeption sprechen gute theoretische, empirische, statistische und erfassungspraktische Gründe. Verschiedentlich wurde vorgeschlagen, zusätzlich andere Personvariablen (z.B. Motivation, Kreativität) als für Hochbegabung konstituierend anzusehen (mehrdimensionale Konzeptionen). Eine empirische Bewährung dieser Ansätze steht allerdings aus.
Bei der Diagnostik/Identifikation Hochbegabter stellen Intelligenztests die Methode der Wahl dar. Berücksichtigt man die auf die zwei möglichen Fehler (Übersehen eines tatsächlich Hochbegabten; fälschliche Zuschreibung einer Hochbegabung) aufbauenden Stichprobenkennwerte Effektivität (Anzahl richtig nominierter Hochbegabter geteilt durch die Anzahl hochbegabter Personen) und Effizienz (Anzahl richtig nominierter Hochbegabter geteilt durch die Anzahl der als hochbegabt Nominierten), leisten alternative Identifikationsmethoden (Einschätzungen durch Lehrer, Eltern, Peers) deutlich weniger als Intelligenztests. In das Lehrerurteil gehen z.B. Schulleistungen stärker als Intelligenz ein. Aufzählungen vermuteter Merkmale Hochbegabter (z.B. in Checklisten) sind nach bisherigem Kenntnisstand diagnostisch nicht brauchbar.
Mythen über vermeintliche Auffälligkeiten oder Probleme Hochbegabter sind weit verbreitet, obwohl empirisch widerlegt. Die meisten Hochbegabten entwickeln sich unauffällig. Neben dem kognitiven Entwicklungsvorsprung werden in der seriösen Forschungsliteratur – im Gegensatz zu vielen Ratgebern – nur wenige Unterschiede in psychologischen Variablen zwischen hoch- und durchschnittlich Begabten berichtet (z.B. keine Differenzen im Spielzeugbesitz, in Familien- und Peerbeziehungen, in vielen Persönlichkeitsfacetten). Hochbegabte Kinder und Jugendliche sind zunächst einmal Kinder und Jugendliche wie alle anderen. Im Mittel haben Hochbegabte bessere Schulleistungen und z.B. höhere (schulische) Selbstkonzepte, sind emotional etwas stabiler und geringfügig stärker an sprachlichen und mathematischen Inhalten interessiert.
Anders ist das Bild bei der kleinen Gruppe Hochbegabter, die ihr exzellentes intellektuelles Potential nicht in gute Schulleistungen umsetzen (Underachiever). Sie sind problembelasteter als Hochbegabte mit (sehr) guten Leistungen, aber auch als durchschnittlich Begabte mit durchschnittlichen Leistungen (z.B. niedrigere Selbstkonzepte, höhere Leistungsangst,

unrealistischere Ziele, geringere Leistungsorientierung, unerfülltere Familien-/Freundesbeziehungen, ineffektiveres Lern- und Arbeitsverhalten).
Den Königsweg zur schulischen Förderung Hochbegabter stellt die (auch von den Betroffenen präferierte) innere Differenzierung dar. Weiterhin werden Maßnahmen der äußeren Differenzierung, aber auch außerschulische Maßnahmen und Ansätze, die auf eine Optimierung von Betreuung und Beratung abzielen, diskutiert.

Literatur
Rost, D. H. (Hg.) (^{2}2009): Hochbegabte und hochleistende Jugendliche. Münster. – Heller, K. A. u.a. (Hg.) (2001): International handbook of giftedness and talent. Oxford.

Detlef H. Rost / Jörn R. Sparfeldt

Hochschuldidaktik

In der wissenschaftlichen Diskussion wird der Begriff der Hochschuldidaktik unterschiedlich weit gefasst. Während im engeren Sinne unter Hochschuldidaktik oft nur die wirksame methodische Gestaltung von Lehre verstanden wird, ist Hochschuldidaktik im weiteren Sinne ein eigenständiges Wissenschaftsgebiet, das das ganze System Hochschule als Studien- und Bildungsort forschend in den Blick nimmt und sowohl orientierendes Kontext- und Begründungswissen als auch professionelles Know-how für die Lehrpraxis bereitstellt. Nachdem es bereits am Ende des 19. Jahrhunderts Überlegungen zu einer Hochschulpädagogik gab, entstand Hochschuldidaktik im neueren Verständnis in der zweiten Hälfte des 20. Jahrhunderts im Zusammenhang mit Forderungen nach aktivierenden Lernformen und alternativen Lehrmethoden, die in der Bundesrepublik Deutschland auch im Kontext der Studentenbewegung und der Forderung nach demokratischen Hochschulen standen. Wenig Beachtung fand die Geschichte der Hochschulpädagogik in der Deutschen Demokratischen Republik, die nach der politischen Wende fast vollständig abgewickelt wurde. Nach einem Bedeutungsverlust in den 1980er Jahren, erstarkte die Hochschuldidaktik in den 1990er Jahren wieder, wobei der Akzent nun auf der Weiterbildung für Lehrende lag. Damit begann eine neue Erfolgsgeschichte der Hochschuldidaktik, die sich in der Gründung zahlreicher hochschuldidaktischer Zentren und Verbünde äußerte. Hochschuldidaktik wurde nun nicht selten als Dienstleistung der Universität für ihr Personal verstanden und organisational der Verwaltung zugeordnet. Im Zuge des Bologna-Prozesses hat auch die Hochschuldidaktik begonnen, ihre Rolle neu zu bestimmen. Während mit dem Shift from Teaching to Learning die Stunde der Hochschuldidaktik geschlagen haben sollte, kann zugleich festgestellt werden, dass die aufwändigen Reformen häufig lediglich neue Organisationsstrukturen hervorgebracht haben, ohne das Studium wirklich vom Lernen her neu zu denken. Entsprechend vielfältig bleiben die Aufgaben einer sich neu positionierenden Hochschuldidaktik in Weiterbildung, Beratung und Forschung, von der Mikroebene der Gestaltung von Lehr-Lernsituationen über Curriculumentwicklung, Einsatz von Multimedia, geeignetes Qualitätsmanagement bis hin zur lernenden Organisation Hochschule, immer in Bezug zu Lehrkulturen unterschiedlichster Disziplinen.

Literatur
Huber, L. (2007): Wurzeln der Hochschuldidaktik im Westen – die Bundesassistentenkonferenz oder: Kühne Absichten – noch unerledigte Aufgaben. In: Reiber, K./Richter, R. (Hg.): Entwicklungslinien der Hochschuldidaktik. Berlin, 77-116. – Wildt, J. (2006): Ein hochschuldidaktischer Blick auf Lehren und Lernen. In: Berendt, B. u.a. (Hg.): Neues Handbuch Hochschullehre. Berlin (Loseblatt, Beitrag A 1.1).

Sabine Marx

Hochschulen

Hochschulen im Sinne des Hochschulrahmengesetzes sind Universitäten, Pädagogische Hochschulen (PH), Kunsthochschulen, Fachhochschulen (FH) und die sonstigen Einrichtungen des Bildungswesens, die nach Landesrecht staatliche oder staatlich anerkannte Hochschulen sind. Nach der ISCED-Klassifikation (International Standard Classification of Education) der UNESCO (United Nations Educational, Scientific and Cultural Organisation) sind Hochschulen Einrichtungen, die postsekundäre Bildung auf den Niveaustufen 5 und 6 anbieten. Die Hochschulen in Deutschland lassen sich nach der Art ihrer Fächerprofile (Universitäten mit breitem Fächerprofil bzw. Spezialhochschulen), ihrer Trägerschaft (staatliche, kirchliche und private Hochschulen), ihrem rechtlichen Status (Körperschaft, Stiftung, gemeinnützige Gesellschaft mit beschränkter Haftung, verwaltungsinterne Einrichtung) sowie ihrer Aufgabenstellung in Forschung, Lehre, Studium, Weiterbildung und Qualifizierung des wissenschaftlichen Nachwuchses unterscheiden. Die aufgabeno-

rientierte Differenzierung spiegelt sich in der Dreistufigkeit des Hochschulwesens in Universitäten, FH und Berufsakademien (Duale Hochschulen). Den Universitäten sind die fachlich stärker spezialisierten, insbesondere die Technischen, Pädagogischen, Künstlerischen sowie Wirtschaftswissenschaftlichen Hochschulen gleichgestellt.
Universitäten und FH sind in der Regel öffentlich-rechtliche Körperschaften mit weitreichenden Selbstverwaltungsbefugnissen. Mit der Überführung einzelner Universitäten in öffentlich-rechtliche Stiftungen setzt sich der Prozess der Entstaatlichung der Hochschulen fort. In unterschiedlicher Weise nehmen alle Hochschulen Aufgaben im Bereich von Lehre, Studium und Weiterbildung wahr; sie unterscheiden sich vor allen im Bezug auf ihre Aufgaben in der Grundlagenforschung und Qualifizierung des wissenschaftlichen Nachwuchses.
Universitäten wurden in Europa seit dem 11. Jahrhundert gegründet. Ihr Name steht für das Konzept der Schaffung, Bewahrung, Weitergabe und Erneuerung universalen Wissens; ihre Geschichte ist durch die Ausdifferenzierung der wissenschaftlichen Disziplinen unter demselben Dach, seit dem 19. Jahrhundert aber auch durch die Entstehung fachlich spezialisierter Hochschulen (Technische Hochschulen) geprägt. Sie dienen der Generierung neuen komplexen Wissens durch Forschung sowie der Ausbildung von Nachwuchswissenschaftlern und Studierenden. Universitäten verfügen über das Promotions- und Habilitationsrecht. Studienzugangsvoraussetzung ist in der Regel die allgemeine oder fachgebundene Hochschulreife.
Technische Universitäten sind Hochschulen, die Forschung und Lehre auf dem Gebiet der Technikwissenschaften durchführen und in der Regel ergänzende Programme in Mathematik sowie Natur- und Geisteswissenschaften anbieten.
Pädagogische Hochschulen sind wie Theologische Hochschulen, Kunst-, Musik- oder Sport-Hochschulen u.a. Spezialhochschulen mit einem segmentär definierten Auftrag den Universitäten rechtlich gleichgestellt. Ursprünglich in allen deutschen Bundesländern vorhanden, existieren Pädagogische Hochschulen heute nur noch in Baden-Württemberg. Neben Studienprogrammen für andere Bildungsberufe bieten sie Studiengänge für Lehrkräfte an Grund-, Haupt-, und Realschulen an, während die gymnasiale Lehrerbildung an den Universitäten erfolgt.
FH, die seit den 1970er Jahren existieren, sind allgemeine und für den öffentlichen Dienst von Bund und Ländern spezialisierte Hochschulen, deren Lehre sich durch eine besondere Praxisnähe auszeichnet. Sie nehmen heute auch Aufgaben der anwendungsbezogenen Forschung wahr. Studienzulassungsvoraussetzung ist die an Fachoberschulen zu erwerbende Fachhochschulreife.
Berufsakademien bzw. Duale Hochschulen sind, soweit sie dem tertiären Bereich angehören, Mischtypen beruflicher Qualifizierung und wissenschaftlicher Bildung auf den Gebieten der Wirtschafts- und Sozialwissenschaften. Sie realisieren auf wissenschaftlichem Niveau das duale Konzept der Berufausbildung, welches es z.T. auch an FH gibt; sie haben keinen Forschungsbezug und verfügen nicht über das Recht der akademischen Selbstverwaltung.
Die Kunsthochschulen dienen der Pflege der Künste und Medien sowie der hierfür einschlägigen Wissenschaften.
Die nichtstaatlichen Hochschulen umfassen private und kirchliche Einrichtungen; sie ordnen sich in die Typologie der öffentlichen Hochschulen ein. Sie bedürfen der staatlichen Genehmigung, die in der Regel mit der institutionellen Akkreditierung durch den Wissenschaftsrat verbunden ist.

Literatur
Roellecke, G. ([2]1996): Geschichte des Hochschulwesens. In: Flämig, C./Kimminich, O./Krüger, H. (Hg.): Handbuch des Wissenschaftsrechts. Bd. I. Berlin, Heidelberg, 3-36. – Thieme, W. (2004): Deutsches Hochschulrecht. Köln.

Lutz R. Reuter

Hochschulpolitik und Hochschulsystem

Hochschulpolitik ist die auf Macht, Interessen und Ressourcen gestützte Entscheidung über Ziele und Aufgaben sowie Strukturen und die Verteilung von Mitteln im Hochschulsystem. Das deutsche Hochschulsystem stützt sich auf Bundes-, Landes- und Satzungsrecht der Hochschulen; es wird ergänzt durch gemeinschaftsrechtliche Regelungen der Europäischen Union (Artikel 149f. des Vertrags über die Europäische Gemeinschaft). Der Schwerpunkt des Hochschulrechts liegt im Bereich des Landesrechts. Dieses ist heute vollständig durchnormiert, so dass das Satzungsrecht einen relativ geringen Stellenwert einnimmt. Das Grundgesetz für die Bundesrepublik Deutschland enthält keine inhaltlichen Aussagen zum Hochschulsystem; es beschränkt sich auf kompetenzielle Bestimmungen (insbesondere Artikel 75,

Nr. 1a; Artikel 91a, Absatz 1, Nr. 1; Artikel 74, Nr. 11-13) und die Garantie einschlägiger Grundrechte, das individuelle Grundrecht der Wissenschaftsfreiheit (Forschung und Lehre) und das institutionelle Grundrecht der Hochschule (Artikel 5, Absatz 3), die Freiheit der Wahl der Ausbildungsstätte und des Berufs, welche für die Hochschulzulassung von großer Bedeutung ist (Artikel 12, Absatz 1) und das Recht auf Bildungsteilhabe (Artikel 2, 3, 20). Die landesverfassungsrechtlichen Bestimmungen haben für die Hochschulpolitik, die Entwicklung des Hochschulsystems und die Garantie der Hochschulselbstverwaltung kaum praktische Bedeutung erhalten.

Fünf Merkmale kennzeichnen das Hochschulsystem, deren Ausprägungsgrad das deutsche von ausländischen Hochschulsystemen unterscheidet: (1) Ausmaß der Forschungsorientierung der Universitäten; (2) Reichweite der Freiheit von Forschung und Lehre; (3) Gleichheit der Programme und Qualität der Hochschulen innerhalb des jeweiligen Typs; (4) Reichweite des staatlichen Einflusses auf die Hochschulen (z.B. Verrechtlichung, Organisationsvorgaben, Staatsprüfungen, Berufungen); (5) Berufsqualifizierungsfunktion der Studiengänge mit verfassungsrechtlicher Absicherung des Hochschulzugangs als Aspekt der Berufswahlfreiheit.

Das deutsche Hochschulsystem umfasst (1) forschungsorientierte Universitäten und gleichgestellte, im Fächerangebot spezialisierte Hochschulen (z.B. Technische, Theologische, Pädagogische, Musik-, Kunst-, Film- und Sport-Hochschulen), (2) stärker praxisorientierte Fachhochschulen (Hochschulen für angewandte Wissenschaften) einschließlich der Fachhochschulen für öffentliche Verwaltung des Bundes und der Länder sowie (3) Berufsakademien (Duale Hochschulen), soweit diese die Standards der Kultusministerkonferenz erfüllen. Universitäten und Fachhochschulen dienen der Pflege, Vermittlung und Weiterentwicklung der Wissenschaft und Künste durch Forschung, Lehre und Studium; sie verleihen akademische Abschlüsse und fördern den wissenschaftlichen und künstlerischen Nachwuchs sowie die Weiterbildung ihres Personals. Sie bereiten auf Berufe bzw. professionalisierte Tätigkeiten vor, welche die Anwendung und ggfs. Weiterentwicklung wissenschaftlicher Erkenntnisse und Methoden oder die Fähigkeit zu künstlerischer Gestaltung erfordern. Die Hochschularten unterscheiden sich durch das Ausmaß ihres Forschungsauftrags, die Aufgabe der Qualifizierung des wissenschaftlichen Nachwuchses (Promotion, Habilitation), ihre Studienzulassungsbedingungen (allgemeine oder fachgebundene Hochschulreife, Fachhochschulreife) und ihre stärker theorie- oder praxisbezogenen Studienprofile. Berufsakademien sind gehobene wissenschaftliche Ausbildungsstätten ohne Forschungsorientierung, deren Ausbildungskonzept durch alternierende Theorie-Praxis-Phasen geprägt ist.

Die Zahl der Studierenden an den 365 Hochschulen in Deutschland, von denen sich 99 in kirchlicher oder privater Trägerschaft befinden (Stand: 2003), beträgt über zwei Millionen; der Jahrgangsanteil liegt in den deutschsprachigen Ländern mit 32% bis 34% deutlich unter dem vergleichbarer Industriestaaten (Großbritannien, Italien, Japan, USA: 40% bis 50%). Die tatsächliche Studiendauer deutscher Studierender (Universitäten: 6 bis 7 Jahre; Fachhochschulen: 4 bis 5 Jahre) ist im internationalen Vergleich recht hoch; dies liegt u.a. daran, dass der Anteil der nach einem Bachelorstudium die Hochschulen verlassenden Personen noch sehr gering ist. Mit der Studienabbrecherquote liegt Deutschland im internationalen Mittel; die Studienerfolgsquote bleibt allerdings weiterhin erheblich hinter dem Durchschnitt der Industriestaaten zurück.

Die Hochschulpolitik steht im Spannungsverhältnis der Kompetenzen von Bund, Ländern sowie staatlichen (z.B. Kultusministerkonferenz, Akkreditierungsrat), halbstaatlichen (z.B. Wissenschaftsrat, Hochschulrektorenkonferenz) und privaten (z.B. Akkreditierungs- und Evaluationsagenturen, Centrum für Hochschulentwicklung) Organisationen. Die Kulturhoheit der Länder ist insoweit eingeschränkt, als der Bund für die Regelung der Ausbildungsbeihilfen (Bundesausbildungsförderungsgesetz) und die Forschungsförderung (Globalzuweisungen an die Forschungsförderungsorganisationen) verantwortlich ist. Zudem war der Bund bis 2008 für die allgemeinen Grundsätze des Hochschulwesens (Hochschulrahmengesetz) zuständig. Er wirkt mit den Ländern bei der Förderung von Forschungseinrichtungen (z.B. Max-Planck-Gesellschaft) und Projekten von überregionaler Bedeutung zusammen und finanziert mit diesen zu gleichen Teilen den Ausbau und Neubau der Hochschulen (Hochschulbauförderungsgesetz). Schließlich wirkt er mit Zuständigkeiten im Arbeitsrecht, öffentlichen Dienstrecht und Zulassungsrecht für die Justiz- und Heilberufe auf die Hochschulpolitik ein. Im Rahmen der Föderalismusreform wird eine Entflechtung der Kompetenzen zwischen Bund und Ländern und eine Konzentration der bildungspolitischen Aufgaben bei den Ländern angestrebt.

Neben dem Wissenschaftsrat, der Empfehlungen zur inhaltlichen und strukturellen Entwicklung des Hochschulsystems verfasst und private Hochschulen akkreditiert, und der Hochschulrektorenkonferenz, die als freiwilliger Zusammenschluss der meisten deutschen Universitäten und Fachhochschulen deren Interessen gegenüber Politik und Gesellschaft vertritt, beeinflusst das Bundesverfassungsgericht mit seinen Entscheidungen zur Organisation und Mitwirkung, Personalstruktur und Hochschullehrerqualifizierung, Studienzulassung und Hochschulfinanzierung die Hochschulpolitik und Hochschulgesetzgebung nachhaltig.

Im Rahmen des Prozesses zur Entwicklung eines einheitlichen europäischen Hochschulraums wird das Studiensystem grundlegenden Veränderungen unterzogen. Die bisherigen Diplom- und Magister-Studiengänge werden durch zweistufige Bachelor-/Bakkalaureus- und Master-/Magisterstudiengänge ersetzt, die Abschlusszertifikate durch Zeugnisanhänge (Diploma Supplements) näher beschrieben, die Studieninhalte durch kursübergreifende Lehreinheiten (Module) strukturiert sowie erbrachte Studienleistungen mit einem europäischen Leistungspunktsystem (European Credit Accumulation and Transfer System, ECTS) erfasst und bei den Abschlussprüfungen berücksichtigt.

Der externen Qualitätssicherung dient der Akkreditierungsrat, der für die Festlegung verbindlicher Mindeststandards für die Akkreditierung der gestuften Studiengänge zuständig ist und zu diesem Zweck nichtstaatliche Akkreditierungsagenturen auf Zeit akkreditiert. Diese führen mit fachlich einschlägigen Gutachtergruppen aus Hochschule und Berufspraxis die Qualitätsprüfung der Studiengänge durch und verleihen befristet das Siegel des Akkreditierungsrats.

Ziele dieses tiefgreifenden Umbauprozesses des deutschen Hochschulsystems sind die Internationalisierung der Abschlüsse, die Vergrößerung des Anteils der Studierenden am Jahrgang, die Verkürzung der Studienzeiten (Bachelor/Bakkalaureus) sowie die leistungsgesteuerte und restriktive Zulassung zur zweiten Studienphase (Master/Magister).

Die Veränderungen im Hochschulsystem deuten einen Paradigmenwechsel in der Hochschulpolitik an: Der Staat beschränkt sich auf eine grund- und ergebnisabhängige Ergänzungsfinanzierung, Rahmensteuerung und Anreizinstrumente, er unterwirft die Hochschulen verstärkten Effektivitäts- und Leistungskriterien und verweist sie in den nationalen und globalen Wettbewerb um Ressourcen, Studierende und Forschungsaufträge.

Literatur

Hochschulrektorenkonferenz (Hg.) ([5]2006): Bologna-Reader. Bonn. – Sekretariat der Ständigen Konferenz der Kultusminister der Länder in der Bundesrepublik Deutschland (2009): Das Bildungswesen in der Bundesrepublik Deutschland 2008. Bonn – Schwarz, S./Teichler, U. (Hg.) (2003): Universität auf dem Prüfstand. Frankfurt. – Teichler, U.: Hochschulbildung. in: Tippelt, R./Schmidt, B. (Hg.) ([3]2010): Handbuch Bildungsforschung. Wiesbaden, 349-370. – Thieme, W. (2004): Deutsches Hochschulrecht. Köln.

Lutz R. Reuter

Hochschulrecht

Mit dem Begriff des Hochschulrechts wird das Recht der Universitäten, der Fachhochschulen, der Kunsthochschulen, der Pädagogischen Hochschulen, der Dualen Hochschulen (früher Berufsakademien) beschrieben. Dabei sind sowohl Hochschulen in staatlicher als auch solche in freier Trägerschaft umfasst. Hochschulrecht umfasst mithin den Gesamtbereich der tertiären Bildung.

Ausgangspunkt der hochschulrechtlichen Regelungen in Deutschland ist die verfassungsrechtliche Bestimmung des Artikels 5, Absatz 3 des Grundgesetzes für die Bundesrepublik Deutschland (GG), in dem festgehalten wird, dass Kunst und Wissenschaft, Forschung und Lehre frei seien, die Freiheit der Lehre nicht von der Treue zur Verfassung entbinde.

Die Wissenschafts- und Forschungsfreiheit im Sinne des Artikels 5, Absatz 3 GG ist nach der Rechtsprechung des Bundesverfassungsgerichts (BVerfG) zunächst ein individuelles Recht, das jedem und jeder zusteht, der oder die wissenschaftlich tätig werden will. Geschützt sind demnach die auf wissenschaftlicher Eigengesetzlichkeit beruhenden Prozesse, Verhaltensweisen und Entscheidungen beim Auffinden von Erkenntnissen, ihrer Deutung und Weitergabe. Die Wissenschafts- und Forschungsfreiheit steht damit nicht nur Professoren an Universitäten oder Fachhochschulen sowie anderweitig dort tätigen Personen zu, sie umfasst nicht nur Beschäftigte in Einrichtungen der außeruniversitären Forschung, sondern auch Privatgelehrte, sofern sich diese dem Grundprinzip der Wissenschaftlichkeit verpflichtet fühlen. Zugleich wird – einer historischen Tradition aus der Weimarer Republik folgend – Artikel 5, Absatz 3 GG auch als Grundrecht der deutschen Universität bezeichnet und somit institutionell verstanden; zwar hat das BVerfG dieses erweiterte Verständnis des Grundrechts ausdrücklich nicht bestätigt, jedoch gibt es hinreichende Gründe, dem Grundrecht der Wissenschafts- und Forschungsfreiheit auch eine institutionelle Dimension zuzuschreiben. Im Ergebnis unterfällt damit zwar nicht die einzelne Hochschule in ihrem Bestand, wohl aber das Hochschulsystem in seiner in Deutschland bestehenden Struktur dem grundrechtlichen Schutz.

Die nähere Ausgestaltung des Hochschulrechts obliegt als Ausfluss der Kulturhoheit den einzelnen Bundesländern; sie haben hierfür landeseigene Hochschulgesetze geschaffen. Die ursprünglich dem Bund übertragene Befugnis, Rahmenvorschriften für das Länderhochschulrecht durch das Hochschulrahmengesetz (HRG) zu setzen, ist mit der Verfassungsreform des Jahres 2006 entfallen; das HRG gilt als Bundesrecht einstweilen aber noch fort. Trotz der grundlegenden Länderzuständigkeit gibt es eine Reihe bundesrechtlicher Einflüsse, die das Landeshochschulrecht mit prägen. So ist der Bund nach Artikel 74, Absatz 1, Nr. 13 GG für Ausbildungsbeihilfen (d.h. das Bundesausbildungsförderungsgesetz) und Forschungsförderung (z.B. der Max-Planck-Gesellschaft, der Leibniz-Gemeinschaft, der Deutschen Forschungsgemeinschaft etc.) zuständig. Dem Bund obliegt die Regelung der Zulassung zu den ärztlichen Berufen (Artikel 74, Absatz 1, Nr. 19 GG) ebenso wie die Regelungskompetenz für medizinisch unterstützte Zeugung menschlichen Lebens (Artikel 74, Absatz 1, Nr. 26 GG). Rahmenbedingungen der Forschung werden durch die bundesgesetzlichen Regelungen zum Tierschutz (Artikel 74, Absatz 1, Nr.20, auch Artikel 20a GG) gesetzt. Außerdem hat der Bund die Gesetzgebungskompetenz für den Bereich der Hochschulzulassung und Hochschulabschlüsse (Artikel 74, Absatz 1, Nr. 33 GG), auch wenn den Ländern die Möglichkeiten einer Abweichung von den entsprechenden bundesrechtlichen Vorgaben zusteht (Artikel 72, Absatz 3 GG). Von besonderer Bedeutung ist schließlich die Regelungskompetenz des Bundes für die Rechte und Pflichten der in Beamtenverhältnissen Beschäftigten an Hochschulen; die Länderkompetenz im Bereich des beamteten Personals an Hochschulen ist auf die Regelung der Laufbahnen, auf Fragen der Besoldung und Versorgung beschränkt (Artikel 74, Absatz 1, Nr. 27 GG). Von nicht geringer Bedeutung sind auch die nach wie vor im Grundgesetz vorhandenen Kooperationsregelungen für den Hochschulbereich (Artikel 91b, Absatz 1 GG): hiernach können Bund und Länder bei der Förderung von Einrichtungen und Vorhaben der wissenschaftlichen Forschung außerhalb von Hochschulen, von Vorhaben der Wissenschaft und Forschung an Hochschulen sowie schließlich bei Forschungsbauten an Hochschulen und bei Großgeräten zusammenwirken; die hierfür von Bund und Ländern eingerichtete Gemeinsame Wissenschaftskonferenz (GWK) ist das Gremium, das die entsprechenden Verabredungen und Finanzverteilungsabreden zwischen Bund und Ländern trifft; zu den im Rahmen dessen vereinbarten Maßnahmen zählt auch die sog. Exzellenzinitiative.

Das Hochschulrecht der Länder bezieht sich zunächst auf eine Konkretisierung der den Hochschulen übertragenen Aufgaben, auf die nähere Bestimmung der Rechtsstellung der Hochschulen und auf Bestimmungen über das Zusammenwirken von Staat und Hochschulen einschließlich der Ausgestaltung der staatlichen Aufsicht über die Hochschulen; neue Instrumente der Steuerung der Hochschulen (über Ziel-/Leistungsvereinbarungen) finden in Hochschulgesetzen ihren rechtlichen Rahmen. Die Landeshochschulgesetze verzichten auf eine abstrakte Definition des Begriffs der Hochschule, vielmehr werden die vom jeweiligen Hochschulgesetz betroffenen Einrichtungen numerativ benannt. Die deutschen Hochschulen sind als selbstständige, rechtsfähige Körperschaften des öffentlichen Rechts verfasst, sie verfügen über Mitglieder; unterschieden werden innerhalb der Hochschulen unterschiedliche Mitgliedsgruppen je nach Status (Hochschullehrer, wissenschaftliche Mitarbeiter, Studierende, sonstiges Personal), denen je nach Aufgabenzuweisung innerhalb der Hochschule verschiedene Rechte und Pflichten zugewiesen werden: Kriterium des Umfangs der Aufgabenzuweisung ist nach der Rechtsprechung des BVerfG die jeweilige Nähe zum individuellen Grundrecht der Wissenschafts- und Forschungsfreiheit. Entsprechend sind die Mitwirkungsrechte der Statusgruppen innerhalb der Selbstverwaltung der Hochschule bestimmt und unterschieden, wobei den Professoren grundsätzlich weitergehende Rechte als etwa den Studierenden zugewiesen werden, die in Fragen der Lehre stärkere Mitwirkungsrechte haben als in solchen der Forschung. Gegenstand der Hochschulgesetze sind demzufolge Bestimmungen über die körperschaftsrechtliche Binnenstruktur der Hochschulen, die Bestimmung der Gremien der Selbstverwaltung innerhalb von Hochschulen und deren Zusammensetzung, die diesen zukommenden Entscheidungsbefugnisse und die ihre Tätigkeit prägenden Verfahrensvorgaben. Bestimmt werden darüber hinaus der Umfang und die Kompetenzen der Hochschulleitungen (sei es als Rektorats-, sei es als Präsidialverfassung) sowie Rolle und Aufgaben des Kanzlers. Gegenstand der Hochschulgesetze sind außerdem Vorgaben für die innere Struktur der Hochschulen (Gliederung in Fachbereiche/Fakultäten, Institute, Arbeitsgruppen etc.) sowie den Umgang mit Forschungsmitteln, auch solchen Dritter. Gegenstand sind schließlich auch die Regelungen über die Zulassung zum Studium (Immatrikulation) sowie über die hierbei geltenden Verfahren (z.B. bei Zulassungsbeschränkungen in einzelnen Fächern, numerus clausus), über (mögliche) Studienbeiträge, über Lehre und Prüfungen (durch von den Hochschulen im Rahmen ihrer Selbstverwaltung verabschiedete Studien- und Prüfungsordnungen) sowie über die zu erwerbenden akademischen Grade. Zu den den Hochschulen übertragenen Selbstverwaltungsangelegenheiten zählt auch die Personalrekrutierung, besonders im Hinblick auf die Auswahl und – je nach Landesrecht auch – die Bestellung der Professoren im Rahmen von Berufungsverfahren. Die dienstrechtliche Stellung der an den Hochschulen beschäftigten Personen wird ebenfalls in den Landeshochschulgesetzen näher bestimmt. Die Landeshochschulgesetze enthalten darüber hinaus Regelungen für die Hochschulen in freier Trägerschaft, die staatliche Anerkennung bedürfen und hierfür in ihrer Struktur und in ihren Anforderungen den Grundbedingungen der staatlichen Hochschulen entsprechen müssen.

Literatur
Hailbronner, K./Geis, M.-E. (Hg.): Hochschulrecht in Bund und Ländern. (Loseblatt, Stand Mai 2010) Heidelberg. – Hartmer, M./Detmer, H. (Hg.) (2004): Hochschulrecht. Heidelberg.

Hans-Peter Füssel

Hochschulzugangsberechtigung

Die Hochschulzugangsberechtigung wird durch die beiden höchsten schulischen Qualifikationen vermittelt: die Hochschulreife (Abitur und fachgebundene Hochschulreife) und die Fachhochschulreife (allgemeine und fachgebundene).
Während das Abitur zu einem Studium an Universitäten und anderen Hochschularten (z.B. Technischen Hochschulen, Pädagogische Hochschulen, Kunst- und Musikhochschulen sowie Fachhochschulen) ohne Beschränkung auf bestimmte Fächer oder Fachgebiete berechtigt, ermöglicht die fachgebundene Hochschulreife nur das Studium bestimmter Fachrichtungen. Mit der allgemeinen Fachhochschulreife – auch Fachabitur genannt – kann an einer Fachhochschule, in einigen Bundesländern auch an Universitäten studiert werden, wobei in diesem Fall nicht alle Studienrichtungen gewählt werden dürfen. Auch mit der fachgebundenen Fachhochschulreife können nur bestimmte Fachrichtungen an Fachhochschulen belegt werden.
Die Ständige Konferenz der Kultusminister der Länder in der Bundesrepublik Deutschland (KMK) hat 2009 beschlossen, beruflich Qualifizierten auch ohne schulische Hochschulzugangsberechtigung den Hochschulzugang zu eröffnen: Während Meister, Techniker, Fachwirte und Inhaber gleich gestellter Abschlüsse eine allgemeine Hochschulzugangsberechtigung erhalten, wird für die fachgebundene Hochschulzugangsberechtigung regelmäßig eine mindestens zweijährige Berufsausbildung, eine mindestens dreijährige Berufspraxis im Ausbildungsberuf und die erfolgreiche Teilnahme an einem Eignungsfeststellungsverfahren der Hochschule verlangt. Den Bundesländern bleibt es unbenommen, ihre Hochschulen noch stärker zu öffnen.

Literatur
Bölling, R. (2010): Kleine Geschichte des Abiturs. Paderborn u.a. – Täger, M. K. (2010): Der Hochschulzugang. München.

Uta Stäsche

Höhn, Elfriede (1916-2003)

Im Anschluss an das Studium an der Hochschule für Lehrerbildung in Esslingen am Neckar war Höhn mehrere Jahre als Volksschullehrerin – überwiegend in kleinen Dorfschulen – tätig. 1944 konnte sie an der Universität Tübingen das Diplom im Fach Psychologie ablegen, 1946 das Staatsexamen für das Höhere Lehramt (Englisch, Geschichte) sowie ihre Promotion im Fach Psychologie. Sie hatte in dieser Zeit eine Assistentenstelle inne und arbeitete im Umfeld des Psychiaters und Psychologen Ernst Kretschmer. Ab 1955 war Höhn in der Ausbildung von Sonderschullehrern in Reutlingen tätig. Nach ihrer Habilitation erhielt sie 1966 einen Ruf auf eine Professur für Erziehungswissenschaft und Pädagogische Psychologie an der Universität Mannheim, an der sie bis zu ihrer Emeritierung geblieben ist.
Das Engagement Höhns galt sowohl der streng empirischen als auch der geisteswissenschaftlichen Bildungsforschung. Noch heute wird ihre Studie

Der schlechte Schüler (1967) als Standardbeleg für die fatalen Folgen der schulischen Benotung und der Meinungsbildung von Lehrpersonen über leistungsschwache Schüler (Etikettierung) zitiert. Ein besonderes Interesse von Höhn galt dem sich damals schnell entwickelnden Bereich der Psychodiagnostik. Bereits in ihrer Habilitation beschäftigte sie sich mit den psychometrischen Eigenschaften projektiver Erhebungsverfahren. Auf Höhn gehen weitere Testverfahren zurück wie die deutsche Fassung des Soziogramms zur Erfassung von Gruppenstrukturen, die deutsche Bearbeitung des Welttests von Charlotte Bühler und Hildegard Hetzer sowie der Kretschmer-Höhn-Test zur Begabtenauslese für die Höheren Schulen. Zudem war Höhn eine gefragte Gutachterin zur Glaubhaftigkeit von Zeugenaussagen in Sexualstrafverfahren.

Literatur

Schäfer, E. (Hg.) (1995): Behinderung und verstehendes Helfen. Berlin.

Karl-Heinz Arnold / Elke Wild

Hönigswald, Richard (1875-1947)

Hönigswald wurde in Medizin und Philosophie promoviert, habilitierte sich 1906 und war Ordinarius in Breslau und München. 1933 entzogen ihm (wie anderen jüdischen Neukantianern, z.B. Jonas Cohn oder Ernst Cassirer) die Nationalsozialisten die Lehrbefugnis und inhaftierten ihn 1938 in Dachau. 1939 konnte Hönigswald in die Vereinigten Staaten von Amerika emigrieren, ohne sich dort beruflich etablieren zu können. Die geplante Remigration kam nicht mehr zustande.

Im Zentrum des Werks steht eine Theorie der konkreten Subjektivität: Sie besteht im Nachweis transzendentaler Erkenntnisbedingungen, die Hönigswald nicht allein an überzeitlichen Geltungsprinzipien festmacht, sondern auch an denjenigen faktischen Bedingungen (psychischer, sprachlicher, geschichtlicher und erzieherischer Art), denen das konkrete Subjekt untersteht. Die von Hönigswald pädagogisch fundierte Theorie des psychischen Verstehens (Über die Grundlagen der Pädagogik, 1927) wurde von Alfred Petzelt detailliert ausgebaut.

Literatur

Schmied-Kowarzik, D. (Hg.) (1995): Erkennen – Monas – Sprache. Kassel.

Peter Kauder

Hördt, Philipp (1890-1933)

Hördt war Volksschullehrer und seit 1927 Dozent an der Lehrerbildungsanstalt Heidelberg. Er verfasste verschiedene Lehrbücher (Muttersprache und Volkserziehung, 1926; Lesen, 1931; Geschichte und Geschichtsunterricht, 1926) und theoretische Schriften zur Schule. Bekannt wurde v.a. seine Schrift Grundformen volkhafter Bildung (1932), in der Hördt Gedanken Friedrich Fröbels aufnahm und mit Überlegungen Ernst Kriecks in einer völkischen Pädagogik zusammenführte. Der größte Teil seiner Ausführungen war den Bildungsformen Spiel, Arbeit, Lehrgang (Unterricht) und Feier gewidmet, die Hördt parallel zu Peter Petersen von Kurt Riedel übernahm und als aus dem Lebensganzen völkischer Gemeinschaft ableitbare universale Formen und Basis von Bildungsvorgängen darstellte. Mit seinem in Zügen antiintellektuellen und antirationalen Konzept (Der Durchbruch der Volkheit und die Schule, 1932) untermauerte Hördt nicht nur Forderungen nach Schulreformen, sondern begründete auch eine stärkere Gewichtung außerunterrichtlicher völkischer Erziehungsorganisationen wie Jugendbund und politische Bewegung.

Literatur

Retter, H. (2007): Reformpädagogik und Protestantismus im Übergang zur Demokratie. Frankfurt u.a.

Joachim Scholz

Hoernle, Edwin (1883-1952)

Nach dem Abitur 1902 studierte Hoernle ab 1904 Theologie in Tübingen und Berlin und legte 1909 die Theologische Dienstprüfung ab. Anschließend brach er seine theologische Laufbahn ab und nahm das Studium des wissenschaftlichen Sozialismus auf. Ab 1910 war er Mitglied der Sozialdemokratischen Partei Deutschlands (SPD), 1918/19 Mitbegründer des Spartakusbundes und der Kommunistischen Partei Deutschlands (KPD). Von 1924 bis 1933 Reichstagsabgeordneter und Leiter der Abteilung für Agrar- und Schulpolitik des Zentralkomitees der KPD, emigrierte Hoernle 1933 in die Sowjetunion und kehrte 1945 nach Deutschland in die Sowjetische Besatzungszone (SBZ) zurück. Bis 1949 war er Leiter der Zentralverwaltung für Land- und Forstwirtschaft, anschließend wurde er Professor für Agrarpolitik.

In pädagogischer Hinsicht ist Hoernle v.a. als Jugendpolitiker hervorgetreten: Er gründete kommunistische Kindergruppen, war Redakteur der Zeitschrift Das proletarische Kind und darüberhinaus vielfältig publizistisch tätig (Sozialistische Jugenderziehung und sozialistische Jugendbewegung, 1919; Die Arbeit in den kommunistischen Kindergruppen, 1923; Grundfragen der proletarischen Erziehung, 1929).

Literatur

Hoernle, E. (1958): Schulpolitische und pädagogische Schriften. Berlin.

Kurt Schilde

Hoffmann, Erika (1902-1995)

Nach Hausunterricht durch den Vater besuchte Hoffmann das Lyzeum und Oberlyzeum und legte 1923 die Lehrerinnenprüfung ab. Danach studierte sie Chemie in Göttingen, wo sie im dritten Semester zum Studium der Pädagogik, Philosophie, Psychologie und Kunstgeschichte wechselte. 1928 folgte die Promotion bei Herman Nohl (Das dialektische Denken in der Pädagogik). Im Anschluss arbeitete sie als Lehrerin im Pestalozzi-Fröbel-Haus in Berlin, wo sie auch intensive Forschungen zu Friedrich Fröbel durchführte und zahlreiche Beiträge zur Fröbel-Rezeption mit völkisch-nationalen Tendenzen veröffentlichte. 1947 wurde sie Professorin für Kleinkind- und Grundschulpädagogik an der Universität Jena, ab 1949 war sie als Dozentin an der Pädagogischen Hochschule in Lüneburg tätig und übernahm 1951 die Leitung des Evangelischen Fröbelseminars in Kassel. Im Zentrum der Arbeiten Hoffmanns standen zeitlebens Fröbel und der Kindergarten.

Literatur

Ebert, S. (Hg.) (1996): Bilden, erziehen, betreuen. München, Wien.

Kurt Schilde

Hofmann, Franz (1922-2003)

Hofmann, geboren in der Familie eines Eisenbahnbediensteten, wurde nach dem Abitur 1941 zur Wehrmacht einberufen. Nach Kriegsende aus der Tschechoslowakischen Republik ausgewiesen und als Neulehrer zunächst an einer Landschule tätig, studierte er ab 1948 in Halle Germanistik, Geschichte und Pädagogik. 1954 wurde er hier promoviert (Die pädagogischen Bestrebungen von Ketzerbewegungen vor und während der Reformation), und konnte sich 1960 mit einer Schrift über die Phansophie des Johann Amos Comenius habilitieren. Ein Jahr danach wurde er zum Professor für Allgemeine Pädagogik an der Universität Halle-Wittenberg berufen, die bis zur Emeritierung seine Wirkungsstätte blieb.

Mit seinen comeniologischen Forschungen, seinen Editionen und Schriften u.a. zu Wolfgang Ratke, August Hermann Francke, Friedrich Adolf Wilhelm Diesterweg und Johann Friedrich Herbart, aber auch durch verschiedene problemhistorische Abhandlungen hat Hofmann das pädagogische Geschichtsbild in der Deutschen Demokratischen Republik wesentlich mit geprägt.

Literatur

Hofmann, F. (1989): Studien zur Geschichte der bürgerlichen Didaktik. Berlin.

Gert Geißler

Hohendorf, Gerd (1924-1993)

Der Sohn eines Volksschullehrers arbeitete nach Wehrdienst und Gefangenschaft 1946 zunächst als Laienlehrkraft und absolvierte 1947 das Pädagogische Institut in Weilburg an der Lahn. Politisch engagierte er sich für die Kommunistische Partei. Wegen seiner Haltung zum Religionsunterricht aus dem Schuldienst entlassen, wechselte Hohendorf 1948 in die Sowjetische Besatzungszone. 1950/51 arbeitete Hohendorf als Stadtschulrat in Leipzig. Seit 1953 war er Dozent, seit 1961 Professor für Geschichte der Pädagogik an der Pädagogischen Hochschule Potsdam. Von 1966 bis 1988 vertrat er dieses Gebiet an der Technische Hochschule Dresden. Von 1982 bis 1988 war er an die Akademie der Pädagogischen Wissenschaften in Berlin abgeordnet.

Hohendorf erwarb sich besonders als Mitautor der zwischen 1957 und 1988 mehrfach aufgelegten Geschichte der Erziehung einen Namen, ferner als Mitherausgeber des Jahrbuchs für Erziehungs- und Schulgeschichte und der Monumenta Paedagogica sowie in der Nachfolge von Heinrich Deiters zusammen mit seiner Frau Ruth als Mitherausgeber der Sämtlichen Werke Friedrich Adolph Wilhelm Diesterwegs.

Literatur

Hohendorf, R./Hohendorf, G. (1994): Diesterweg verpflichtet. Köln, Weimar, Wien.

Ulrich Wiegmann

Hohenrodter Bund

Der Hohenrodter Bund war eine lose Vereinigung von Denkern und Praktikern der Erwachsenenbildung. Seinen Namen erhielt er vom Tagungsort Hohenrodt (Schwarzwald), wo sich seine Mitglieder von 1923 bis 1930 jährlich in der Pfingstwoche zu Vorträgen und Diskussionen trafen. Die Gründung dieses Bundes erfolgte in einer politisch und sozial schwierigen Zeit (Inflation, Existenznöte), in der zudem die plurale Erwachsenenbildungslandschaft in verschiedene scheinbar unversöhnlich sich gegenüberstehende weltanschauliche Lager und Richtungen gespalten war. Der Hohenrodter Bund kennzeichnet den Versuch, durch Begegnung und Gespräch über die Grenzen partikularer Standpunkte hinweg im Interesse des gemeinsamen Anliegens der Erwachsenenbildung integrativ zu wirken und zu einem Grundkonsens unterschiedlicher Repräsentanten der Erwachsenenbildung aus Wissenschaft, Praxis und Politik zu finden. Zugleich sollte der Hohenrodter Bund eine Institution sein, in der die Verwissenschaftlichung und Professionalisierung der Erwachsenenbildung vorangetrieben wurde. Zu diesem Zweck wurde 1927 unter dem Dach des Hohenrodter Bundes auch die Deutsche Schule für Volksforschung und Erwachsenenbildung gegründet.
Die sogenannten Hohenrodter Wochen standen unter inhaltlichen Schwerpunkten, die von erstaunlicher Aktualität sind und in denen teilweise neuartige Problemsichten zutage traten. Den innersten Zirkel des Hohenrodter Bundes bildeten Theodor Bäuerle, Robert von Erdberg und Wilhelm Flitner. Wegen seines exklusiven Charakters wurde der Hohenrodter Bund zum Teil scharf kritisiert. Der Hohenrodter Bund war in der Weimarer Republik von großer Bedeutung für das pädagogisch-andragogische Denken und übte bildungspolitischen Einfluss aus. Ab 1930 erlahmten die Aktivitäten des Hohenrodter Bundes; er wurde 1935 aufgelöst. Ein Versuch zur Wiederbelebung nach dem Zweiten Weltkrieg war ohne Erfolg.

Literatur

Henningsen, J. (1958): Der Hohenrodter Bund. Heidelberg. – Laack, F. (1984): Das Zwischenspiel freier Erwachsenenbildung. Bad Heilbrunn.

Elisabeth Meilhammer

Holst, Amalia (1758-1829)

Holst war die Tochter des Naturwissenschaftlers und preußischen Staatsbeamten Johann Heinrich Gottlob von Justi, der verschiedene Schriften, u.a. zur Einrichtung von Frauen-Akademien, verfasste. 1792 heiratete sie den Juristen Ludolf Holst. Holst war als Erzieherin, Lehrerin und Leiterin einer Mädchenpension tätig. Nebenbei schrieb sie, um das Familieneinkommen aufzubessern, wobei sie insbesondere die Schriften Jean-Jacques Rousseaus und der Philanthropen rezipierte.
Holst war eine Verfechterin der höheren Frauenbildung und argumentierte für die Vereinbarkeit höherer Bildung von Frauen mit ihren Aufgaben als Gattin, Mutter und Hausfrau. Das Recht von Frauen auf Bildung begründete sie als Naturrecht und mit der Pflicht aller Menschen, die eigenen Kräfte zu bilden, um das Wohl aller zu verbessern. Sie vertrat die Auffassung der Gleichwertigkeit von Mann und Frau als Voraussetzung einer idealen Ehe. Die gebildete Hausfrau und Mutter lege als erste Lehrerin ihrer Kinder die Grundlage für eine aufgeklärte zukünftige Gesellschaft. Holst trat für die Errichtung von Instituten und die Berufsausbildung unverheirateter Frauen ein.
Die Universität Kiel verlieh ihr den Doktortitel in Philosophie. Holst gehörte zu den wenigen Pädagoginnen des frühen 19. Jahrhunderts, deren theoretische Schriften von einer breiten Öffentlichkeit rezipiert wurden. Sie wird heute als Aufklärerin in der Tradition der Querelle des femmes gesehen.

Literatur

Holst, A. (1802): Über die Bestimmung des Weibes zur höheren Geistesbildung. Berlin (Neuauflage Zürich 1984).

Karin Manz

Homberg, Tinette (1797-1877)

Homberg war die Tochter eines Tuchfabrikanten, dessen Unternehmung 1812 bankrott ging, was die Tochter veranlasste, sich zur Lehrerin und Erzieherin ausbilden zu lassen. Sie eröffnete 1828 zusammen mit ihrer Schwester in Krefeld eine private Pensionsanstalt, die aber sieben Jahre später aus finanziellen Gründen wieder schließen musste.
Fortan widmete sich Homberg dem Schreiben und verdiente ihren Lebensunterhalt als erfolgreiche Schriftstellerin. Seit 1849 lebte sie in Düsseldorf. In ihren Schriften befasste sie sich mit der Frauenfra-

ge (Über die sogenannte Emanzipation der Frauen 1836; Auch ein Beitrag zur Frauenfrage 1872), aber auch mit philosophischen Fragen (Gedanken über das wahre Glück 1869). Sie übersetzte Erzählungen aus der schwedischen Geschichte ins Deutsche, verfasste literarische Betrachtungen und publizierte eine Literaturgeschichte für Frauen. 1845 erschien ihre wichtigste pädagogische Schrift (Gedanken über Erziehung und Unterricht, besonders des weiblichen Geschlechts und über weibliche Erziehungsanstalten), die 1862 in zweiter Auflage vorgelegt wurde. Beide Ausgaben waren mit einem Vorwort von Friedrich Adolph Wilhelm Diesterweg versehen. Von den Ideen der Aufklärung geprägt, forderte Homberg eine sittliche, ästhetische und intellektuelle Erneuerung der weiblichen Erziehung.

Literatur
Homberg, T. (1845): Gedanken über Erziehung und Unterricht, besonders des weiblichen Geschlechts und über weibliche Erziehungsanstalten. Berlin (Neuausgabe Lage 1998).

Karin Manz

Homogenität

Leitend für die Institutionalisierung von Bildung, insbesondere in Form der Schule für alle Kinder war die Idee, dass homogene Lerngruppen das Lehren und Lernen erleichtern und erfolgreicher gestalten. Diese Idee ist für die Geschichte der Schule, ihre innere und äußere Organisation und auch für die pädagogische Theoriebildung über lange Zeit bestimmend gewesen. Dass die Idee der Homogenität in den (nationalen) Bildungssystemen bis in die Gegenwart wirksam ist, haben die international vergleichenden Schulleistungsstudien (z.B. PISA, das Programme for International Student Assessment) erneut vor Augen geführt. Die Herstellung homogener Lerngruppen ist offiziell nicht vorrangig mit askriptiven Kategorien wie z.B. soziale Herkunft oder Geschlecht legitimiert worden, sondern – unter Verweis auf Gleichheit und Funktionalität – mit scheinbar übergeordneten bildungsbezogenen Kategorien wie Reife, Begabung und Leistung(sfähigkeit).

International und über einen längeren historischen Zeitraum kann man z.B. folgende Formen der Separation beobachten: Separation nach Alter (Jahrgangsklassen), nach Geschlecht (Jungen- und Mädchenschulen), nach Gesundheitsstatus (Sonder- bzw. Förderschulen), nach Sozialstatus (Volks- bzw. Grundschulen, mittlere und höhere Schulen verschiedenen Typs, kostenpflichtige Privatschulen), nach Religion bzw. Konfession (evangelische bzw. katholische Schulen, jüdische Schulen), nach Sprache und Ethnizität (Minderheitsschulen), nach Hautfarbe (getrennte Schulen für schwarze und weiße Kinder). Ferner ist die Idee der Homogenität auch durch Ausschluss und Ignorieren von Andersheit durchgesetzt worden, so z.B. indem Kinder fremder Staatsangehörigkeit oder ohne gesicherten Aufenthaltsstatus nicht in die Schulpflicht einbezogen werden.

Viele dieser oftmals rechtlich festgelegten und institutionell verankerten Einteilungen sind im Laufe der Geschichte international gesehen in je unterschiedlichem Maße verändert oder auch aufgehoben worden. Beispiele hierfür sind die Einführung der Koedukation als Regelfall, die integrative Beschulung von Kindern mit und ohne Behinderung oder die Abschaffung der Sonderschule, die Einrichtung von jahrgangsübergreifenden Gruppen, die Etablierung von Einheits- oder Gesamtschulen oder auch die generelle Einbeziehung von Kindern und Jugendlichen fremder Staatsangehörigkeit in die allgemeine Schulpflicht. Die Idee der Homogenität der Lerngruppen ist jedoch weiterhin wirksam: So haben sich Formen innerer Differenzierung nach Leistung herausgebildet, empfohlen wird u.a. auch die zeitweise Bildung geschlechtshomogener Gruppen in bestimmten Unterrichtsfächern.

Ab den 1990er Jahren sind die Idee der Homogenität und ihre vermeintlich positive Wirkung sowie die ihr zugehörigen Homogenisierungsstrategien zunehmend in die Kritik geraten. Gefordert wird ein veränderter Umgang mit Heterogenität: zum einen die Überprüfung erziehungswissenschaftlicher Theorien, Konzepte und der Strukturen von Bildung und Erziehung unter der Frage nach dem Verhältnis von Gleichheit, Differenz und Pluralität, zum anderen die Entwicklung von Ansätzen, Konzepten und Strategien, die von Heterogenität als Normalfall zur Strukturierung und Theoretisierung gemeinsamer Bildung ausgehen.

Literatur
Gomolla, M./Radtke, F.-O. (2002): Institutionelle Diskriminierung. Opladen. – Lenhardt, G. (1996): Bürgerlicher Universalismus und staatliche Schule. In: Tertium Comparationis 2, 1, 65-74. – Lutz, H./Wenning, N. (Hg.) (2001): Unterschiedlich verschieden. Opladen.

Marianne Krüger-Potratz

Honduras → Lateinamerika

Hongkong → Ostasiatische Staaten

Honnefer Modell

Als Honnefer Modell wurde die erste bundeseinheitliche Studienförderung an Hochschulen bezeichnet. Sie wurde 1955 in Bad Honnef von der Ständigen Konferenz der Kultusminister und der Westdeutschen Rektorenkonferenz beschlossen und 1957 von Bund und Ländern eingerichtet. Abgelöst wurde das Honnefer Modell 1971 durch das Bundesausbildungsförderungsgesetz (BAföG).
Gefördert wurden deutsche Studierende aus einkommensschwachen Familien, die gute Leistungen im Studium zeigten oder dies anhand ihres Abiturzeugnisses erwarten ließen. Im Gegensatz zu dem Nachfolger BAföG bestand auf eine Förderung nach dem Honnefer Modell kein Rechtsanspruch.
Die Förderung bestand aus finanziellen Stipendien und gliederte sich in eine Anfangsförderung und eine Hauptförderung. Die Anfangsförderung umfasste die Vorlesungszeit der ersten drei Semester und sollte den Studierenden ermöglichen, das Studium so lange durchzuführen, bis die Hochschule die Eignung des Studenten hochschulgerecht für die Hauptförderung prüfen konnte. Grundlage der Zulassung zur Anfangsförderung war das Abiturzeugnis der Schule, darüber hinaus konnten die Hochschulen in Zweifelsfällen Gutachten der Schule anfordern oder den Bewerber zu einer persönlichen Vorstellung einladen. Vom Beginn des vierten Semesters bis zum Ende der festgelegten Studiendauer lief die Hauptförderung. In den letzten 12 Monaten der Förderung wurden 50% des Betrages als Stipendium und 50% als Darlehen gewährt. Die Aufnahme in die Hauptförderung setzte eine Eignungsprüfung voraus, dabei sollten möglichst die akademischen Zwischenprüfungen verwendet werden. Das Stipendium konnte auch für ein zweisemestriges Auslandsstudium gewährt werden.

Literatur

Westdeutsche Rektorenkonferenz (1957): Die Studienförderung nach dem Honnefer Modell in der Bundesrepublik und Berlin. Bad Godesberg. – Brickwell, A. (⁹2009): BAföG-Ratgeber. Bad Honnef.

Ina Sylvester

Horkheimer, Max (1895-1973)

Der deutsche Soziologe und Philosoph Horkheimer war der Sohn eines jüdischen Fabrikanten. Er studierte zunächst Psychologie und Philosophie und wurde 1922 an der Universität in Frankfurt am Main promoviert. Während dieser Zeit schloss er Freundschaft mit Theodor W. Adorno. 1925 habilitierte sich Horkheimer mit einer Schrift über Kants Kritik der Urteilskraft als Bindeglied zwischen theoretischer und praktischer Philosophie. 1931 wurde Horkheimer Direktor des Instituts für Sozialforschung, das nach der Machtübernahme der Nationalsozialisten 1933 geschlossen werden musste. Horkheimer emigrierte zunächst in die Schweiz, 1934 in die Vereinigten Staaten von Amerika, wo er das Institut weiterführte. Zusammen mit Adorno verfasste er dort auch das Werk über die Dialektik der Aufklärung, in dem die Frage bearbeitet wurde, warum die Menschheit in eine neue Art von Barbarei versinke. Die Autoren kamen zu dem Ergebnis, Vernunft als Massenbetrug anzusehen. In ihrer Kritischen Theorie nahmen sie Stellung zur Rolle der Massenkultur und verwiesen sie auf den anti-aufklärerischen Warencharakter der Massenmedien. 1949 kehrte Horkheimer an die Universität Frankfurt zurück, wo auch das Institut für Sozialforschung 1950 neu eröffnet wurde.

Literatur

Horkheimer, M. (1985ff.): Gesammelte Schriften. 19 Bde. Frankfurt.

Friederike von Gross

Hort

Ein Hort (auch Kinderhort oder Schulhort) ist eine pädagogische Einrichtung zur Tagesbetreuung von Schulkindern. Prinzipiell können in Deutschland Schulkinder vom 6. bis zum 16. Lebensjahr den Hort besuchen, meist besuchen ihn aber nur Grundschulkinder, d.h. 6-10- bzw. 6-12-Jährige. In der Regel betreut eine Erzieherin eine Hortgruppe mit 20-25 Kindern, trotz der in manchen Bundesländern vorgesehenen Gruppengröße von 15-20 selten weniger. Horte haben als Einrichtungen der Kinder- und Jugendhilfe einen Bildungs-, Erziehungs- und Betreuungsauftrag. Der Schwerpunkt liegt auf der Hausaufgabenbetreuung und der Freizeitgestaltung; manche Horte halten auch ein Verpflegungsangebot und besondere Lernhilfen bereit.

Erste Horte entstanden in Deutschland v.a. in Großstädten an der Wende zum 20. Jahrhundert. Sie wurden mit der Notwendigkeit begündet, Schulkinder erwerbstätiger Mütter vor und nach der Schule zu versorgen und vor den Gefahren der Großstadt zu bewahren. Henriette Schrader-Breymann wollte zugleich die nur auf den Intellekt gerichtete Schulbildung durch frühes Einüben in Hauspflege und Handwerklichkeit ergänzen. Angeregt von der schwedischen Hausfleißbewegung befand sie eine solche Ergänzung für besonders wichtig für Arbeiterkinder, deren Eltern noch auf dem Land aufgewachsen waren und nicht mehr die Hausbildung vermitteln konnten, die sie selbst noch erhalten hatten. Insofern waren in den Horten soziale Hilfsmaßnahmen von Anfang an mit pädagogischen Impulsen verknüpft. Die Zahl der Horte wuchs aufgrund des erhöhten Arbeitseinsatzes der Frauen in den beiden Weltkriegen besonders stark an.

Nach 1945 verlief die Entwicklung in den beiden deutschen Staaten unterschiedlich. Während in der Deutschen Demokratischen Republik eine nahezu flächendeckende Versorgung mit Hortplätzen gegeben war (1988/89 besuchten 93% aller Schüler der 1. Klasse den Hort), war und ist dies in der Bundesrepublik Deutschland nicht der Fall. Die derzeitigen Bemühungen zum Ausbau der Ganztagsschule bringen für den Hort neue Perspektiven mit sich. Im Grundschulbereich existieren in einigen Regionen Horte und Ganztagsschulen nebeneinander, in anderen kooperieren sie oder wurden zusammengeführt. Im Schuljahr 2007/08 nahm jedes vierte Kind unter 11 Jahren ganztägige Bildung und Betreuung (Ganztagsschulen und Horte zusammen genommen) in Anspruch, im Schuljahr 2006/07 war es nur jedes fünfte. Aufgrund des in Ostdeutschland wesentlich breiteren Hortangebotes liegt die Gesamtbetreuungsquote in Westdeutschland mit 20% deutlich unter dem Wert von Ostdeutschland mit rund 74%.

Literatur

Autorengruppe Bildungsberichterstattung (2010): Bildung in Deutschland 2010. Bielefeld. – Lüders, Y. G. (1991): Hort. In: Zeitschrift für Pädagogik 37, 581-602.

Heidemarie Kemnitz

Hospitalismus

Hospitalismus bezeichnet die seelisch-körperliche Schädigung von Kleinkindern durch die Bedingungen institutioneller Massenpflege. Der Psychoanalytiker René Spitz hat den psycho-physischen Verfall von Kindern in Säuglingsheimen auf die andauernde Entbehrung emotionaler Zuwendung durch eine vertraute Pflegeperson zurückgeführt (Deprivation). Seine bahnbrechenden Studien (1945) und John Bowlbys Bericht für die Weltgesundheitsorganisation (WHO) im Jahre 1951 haben die Fachwelt alarmiert und weitere Studien nach sich gezogen, die eine hohe Übereinstimmung mit den ersten Untersuchungen aufweisen. Die Sozialisationsforschung hat die Hospitalismus-Forschung als wichtigen Erkenntnisbereich rezipiert, da deren Befunde die grundlegende Bedeutung des Erziehungsmilieus in den ersten Lebensjahren für die Entwicklung des Kindes aufzeigen. Die Bundesrepublik Deutschland und andere westliche Länder haben als Reaktion darauf weitreichende Reformen im System der Fremdunterbringung von Kleinkindern durchgeführt, womit Ende der 1980er Jahre die Gefahr von Hospitalismus-Schäden als überwunden galt. Das Interesse an der Hospitalismus-Forschung ist danach zurückgegangen. An ihre Stelle ist das bis heute zunehmende Interesse an der Erforschung von Störungen in der Mutter-Kind-Beziehung als Bedingung für Fehlentwicklungen beim Kind getreten. In diesem Zusammenhang hat die von Bowlby begründete Bindungstheorie eine Renaissance erfahren.

Die Hospitalismus-Problematik ist mit den Kindern aus rumänischen Waisenhäusern auch für die Wissenschaft wieder aktuell geworden. Führende Arbeiten dazu stammen von Michael Rutter, der adoptierte Waisenkinder aus Rumänien in einer Längsschnittstudie untersucht hat und damit neue Einsichten und theoretische Erklärungsansätze zu den Fragen (1) nach unverwechselbaren Mustern der Pathologie bei diesen Kindern, (2) nach besonders kritischen Entwicklungsphasen für den schädigenden Einfluss der Heimerziehung und (3) nach der späteren Verarbeitung der Deprivationsfolgen in einer normalen Erziehungsumgebung gewonnen hat.

Literatur

Rutter, M. (2006): Die psychischen Auswirkungen früher Heimerziehung. In: Brisch, K./Hellbrügge, T. (Hg.): Kinder ohne Bindung. Stuttgart, 91-137. – Spitz, R. (1945/1946): Hospitalismus. In: Bittner, G./Harms, E. (Hg.) ([7]1985): Erziehung in früher Kindheit. München, 89-161.

Hilde Kipp

Hospiz

Hospiz bezeichnet sowohl Einrichtungen als auch die Philosophie einer auf Sterbende spezialisierten Versorgung (Sterbebegleitung). Das moderne Hospiz geht auf die Pioniereinrichtung von Cicely Saunders in London 1967 zurück (St. Christopher-Hospiz), zunächst ins Deutsche als Sterbeklinik übersetzt und mit dieser Etikettierung bis Ende der 1980er Jahre von den Wohlfahrtsverbänden abgelehnt. Das erste stationäre Hospiz in Deutschland wurde 1986 in Aachen gegründet. Die Hospizphilosophie wird seit den 1990er Jahren durch eine Hospizbewegung erfolgreich in der Öffentlichkeit vertreten. Angestrebt wird eine ganzheitliche Versorgung (total care) von Patienten, die an progredienten, zum Tode verlaufenden Krankheiten leiden und deren Sterbezeitpunkt absehbar ist, in der Mehrheit Tumorpatienten, die 80–95% des Hospizklientels ausmachen, sowie u.a. Patienten mit Multipler Sklerose und der Immunschwächekrankheit AIDS. Ziel der Hospize ist die größtmögliche Selbstbestimmung der Sterbenden und die Unterstützung ihrer Angehörigen. Das Hospiz reagiert auf die als unzureichend geltende Versorgung Sterbender im Krankenhaus, insbesondere auf eine unzureichende Schmerzbehandlung. Dem wird das von Saunders entwickelte Konzept des totalen Schmerzes (total pain) entgegengehalten, der nicht nur körperliche, sondern auch seelisch-geistige, psychische und soziale Dimensionen umfasst und die besonderen Bedürfnisse Sterbender abbildet. In Hospizen erfolgt eine umfassende pflegerische und palliativmedizinische Versorgung, bei der Krankheitssymptome gelindert werden und unnötige und belastende kurative Maßnahmen unterbleiben. Das Hospizkonzept ist inzwischen in Randbereichen der normalen Krankenhausversorgung aufgenommen (Palliativstationen). Organisationsformen sind stationäre Hospize als Pflegeeinrichtungen sowie ambulante Hospize als Beratungsdienste, ehrenamtliche Besuchsdienste und pflegerische Hausbetreuungsdienste. Die Verlegung in stationäre Hospize erfolgt, wenn durch Krankheitssymptome oder soziale Problemstellungen die Versorgung zu Hause nicht mehr angemessen möglich ist.

Literatur

Student, C./Mühlum, A./Student, U. (2007): Soziale Arbeit in Hospiz und Palliative Care. Stuttgart.

Stefan Dreßke

Humanisierung der Arbeit

Humanisierung der Arbeit ist ein Programm im Kontext betrieblicher Mitbestimmung. Es zielt auf eine menschengerechte Verbesserung der Arbeitsbedingungen im Betrieb, um die Arbeitszufriedenheit innerhalb der Belegschaft zu steigern.

Humanisierung der Arbeit erfordert eine möglichst umfassende Analyse, Bewertung und Gestaltung der Arbeit und ist daher eng verknüpft mit der Arbeitswissenschaft, einer interdisziplinären Wissenschaft, die sich mit unterschiedlichen Aspekten menschlicher Arbeit befasst. Die älteste arbeitswissenschaftliche Disziplin ist die Ergonomie, deren Ziel es ist, einerseits Produkte und andererseits Arbeitsplätze so zu gestalten, dass sie schädigungsfreie und langfristig ausführbare Tätigkeiten gewährleisten. Der Begriff Ergonomie wurde 1857 von Wojciech Jastrzebowski eingeführt. Die von Frederik Winslow Taylor entwickelte Wissenschaftliche Betriebsführung (1911) sah die Organisation von Arbeitsabläufen als zentral für die Wirtschaftlichkeit von Unternehmen an und führte zu einer ausgeprägten Standardisierung und Formalisierung der Arbeit und zur strikten Trennung von ausführenden und Leitungstätigkeiten in der Industrie. Das hier zugrundeliegende Menschenbild wurde in den 1920er Jahren durch die Human Relation-Bewegung massiv kritisiert, die den Menschen als soziales Wesen verstand und das soziale Klima in Arbeitsgruppen sowie zwischen Vorgesetzten und Mitarbeitern als Kern der Arbeitsgestaltung ansah.

Nach dem aktuellen arbeitswissenschaftlichen Selbstverständnis ist menschengerechte Arbeit gekennzeichnet durch die Kriterien Schädigungslosigkeit/Erträglichkeit, Ausführbarkeit, Zumutbarkeit/Beeinträchtigungsfreiheit, Zufriedenheit/Persönlichkeitsförderlichkeit und Sozialverträglichkeit/Beteiligung. Bei der Humanisierung der Arbeit werden Mensch, Technik und Organisation in ihren Wechselbeziehungen betrachtet. Im Zentrum steht dabei aber der Mensch, Technik und Organisation sollen hingegen vollständige Aufgaben und die Selbstverwirklichung in der Arbeit ermöglichen.

Literatur

Hacker, W. (2005): Allgemeine Arbeitspsychologie. Bern. – Ulich, E. (2011): Arbeitspsychologie. Stuttgart, Zürich.

Thomas Vollmer

Humanismus

Der Humanismus bildet die wichtigste europäische Bildungsbewegung der Neuzeit. Sie entstand in Italien im 14. und 15. Jahrhundert, verbreitete sich bis zur Mitte des 16. Jahrhunderts in ganz Europa und hatte eine ästhetische und moralisch-politische Bedeutung. Durch die Wiederentdeckung der Literatur und der Künste der Antike, vor allem der römischen Kultur, sollte eine freie und tugendhafte Form von Menschlichkeit ausgebildet werden. Der Begriff Humanismus wurde 1808 von Friedrich Immanuel Niethammer geprägt und bezeichnet das Programm und das Ideal klassischer Bildung der höheren Schulen. Humanismus leitet sich aber auch von dem Wort Humanist ab, mit dem im 16. Jahrhundert diejenigen bezeichnet wurden, die sich mit humanistischen Fächern beschäftigten. Eine weitere Traditionslinie ergibt sich aus dem von Cicero und Gellius verwendeten Terminus studia humanitatis, die sich bis zur ersten Hälfte des 15. Jahrhunderts als ein fester Kanon rhetorischer und historischer Disziplinen etablierten. Beliebte Ausdrucksformen der Humanisten waren Abhandlungen und Dialoge, die sich mit pädagogischen, moralischen und politischen Problemen befassten. Bildungsgeschichtlich relevant sind die Schriften über die moralische und pädagogische Bedeutung der studia humanitatis von Pietro Paolo Vergerio (De ingenuis moribus et liberalibus adolescentiae studiis, 1400), von Leonardo Bruni (De studiis et litteris, 1422-1429) und von Maffeo Vegio da Lodi (De educatione liberorum clarisque eorum moribus, 1515), die Ablehnung mittelalterlicher Handbücher und Kommentare (u.a. des Catholicon von Giovanni von Genua) und die direkte Auslegung der Quellen, die Gründung von neuen Schulen nach humanistischen Vorstellungen (u.a. die von Guarino da Verona und von Vittorino da Feltre) und die europäische Verbreitung von Zivilisationstraktaten, deren wichtigste Autoren Baldassar Castiglione, Erasmus von Rotterdam, Ludovico Vives und Guillaume Budé waren.

Unter den Humanismus-Forschern gibt es Dissens bezüglich eines breiteren Gebrauchs des Begriffs, demzufolge unter Humanismus auch der Neuhumanismus, der dritte Humanismus und der marxistisch und existentialistisch inspirierte Humanismus zu verstehen sind. Für Paul Oskar Kristeller z.B. ist der Begriff Humanismus nur im Zusammenhang mit der Renaissance und ihren klassischen Studien zu verwenden. Im Gegensatz dazu wird vor allem in Lexika auf die Entwicklung des Begriffs verwiesen. Es werden drei Stadien unterschieden: das des Renaissance-Humanismus; der auf Deutschland eingeschränkte Neu-Humanismus im 19. Jahrhundert und der dritte Humanismus am Anfang des 20. Jahrhundert. Der Neu-Humanismus wird vom Renaissance-Humanismus durch eine neue anthropologisch begründete Konzeption literarisch-ästhetisch-historischer Bildung unterschieden, deren Zweck die Entfaltung des Individuums durch das Studium des Altertums, der alten Sprachen und der Kunst ist. Die Reform des Bildungswesens im Sinne Wilhelm von Humboldts wurde als Bedingung für die Realisierung einer solchen Zielsetzung gesehen. Als dritter Humanismus wird der Versuch von Werner Jäger erfasst, der gegen den herrschenden Positivismus und Materialismus die Bedeutung der Antike als entscheidendes Element für die Gegenwart hervorhob.

Weiterhin werden als humanistische Konzeptionen Theorien (z.B. von Jean-Paul Sartre, Maurice Merleuau-Ponty, Herbert Marcuse, Max Horkheimer, Theodor W. Adorno) betrachtet, welche in Anlehnung an die frühen Schriften von Karl Marx die Aufhebung von Entfremdung und Barbarei bzw. die Humanisierung der Menschheit zum Gegenstand haben.

Literatur

Kristeller, P. O. (1974-76): Humanismus und Renaissance. 2 Bde. München. – Menze, C. (1974): Humanismus; Humanität. In: Ritter, J./Gründer, K./Gabriel, G. (Hg.): Historisches Wörterbuch der Philosophie. Basel, Bd. 3, 1217-1219. – Walther, G. (2007): Humanismus. In: Jaeger, F. (Hg.): Enzyklopädie der Neuzeit. Stuttgart, Weimar, 665-692.

Rita Casale

Humanistische Bildung

Der Begriff humanistische Bildung geht auf den humanitas-Gedanken der römischen Antike zurück, der die Merkmale des spezifisch Menschlichen bündelt. In dieser Anbindung meint humanitas zum einen eine bestimmte Geisteshaltung des Menschlichen, zum anderen kennzeichnet sie eine geisteswissenschaftliche Epoche, die sich zwischen dem 14. und 16. Jahrhundert von Italien ausgehend in Europa ausbreitet und das Menschliche in all seinen Dimensionen herausstellt.

In dieser Epoche erweist sich der vom Geiste der humanitas veränderte Blick des Menschen auf den Menschen und seiner Stellung in der Welt als bedeut-

sam (Giovanni Pico della Mirandola). Die Bildung des Menschen zum Menschen wird vorherrschendes Ideal. Auf der Grundlage wiederentdeckter Quellen der Antike, insbesondere Platon und Cicero, gilt das Studium literarischer und philosophischer Texte als geeignetes Bildungsmittel. Das Beherrschen sowohl des Lateinischen als auch Griechischen wird zum Merkmal des humanistisch Gebildeten.
Zu den Vertretern humanistischer Bildung zählen insbesondere Dante Alighieri, Francesco Petrarca, Giovanni Boccacio (Italien), Thomas Morus (England) sowie im deutschsprachigen Raum Erasmus von Rotterdam und Philipp Melanchthon. Im 19. Jahrhundert erfährt die humanistische Bildung in Abgrenzung zur utilitaristischen Aufklärungspädagogik eine Wiederbelebung. Johann Gottfried Herders Sprachdeutung und Verständnis von Geschichte bieten Anknüpfungspunkte eines humanitas-Gedankens, der im Neuhumanismus durch Wilhelm von Humboldt fortgeführt wird.

Literatur
Ruhloff, J. (1989) (Hg.): Renaissance-Humanismus. Essen.

Alexandra Böck

Humanistische Pädagogik

Mit Humanistische Pädagogik werden drei unterschiedliche Sachverhalte bezeichnet: Erstens steht in der pädagogische Historiographie der Ausdruck für die Pädagogik des Renaissance-Humanismus, wie sie nach dem Mittelalter zunächst in Italien als literarische Strömung entwickelt wurde und das europäische Bildungsdenken beeinflusst hat. Francesco Petrarca steht an erster Stelle mit seiner für das Selbstbewusstsein des europäischen Menschen maßgebenden Schrift über die Würde des Menschen, dann Giovanni Pico della Mirandola. Er führt das neuzeitliche Subjektivitätsverständnis eigentlich ein, indem er die von Gott gegebene Unbestimmtheit des Menschen und die ihm auferlegte Wahlmöglichkeit als Ausgangspunkt einer anthropologischen Theorie und somit auch des Erziehungsdenkens festhält. Erasmus von Rotterdam und Philipp Melanchthon entwerfen vor diesem Hintergrund eine umfassende Theorie, in deren Zentrum in Ausrichtung an der rhetorischen Tradition die Sprachmächtigkeit menschlicher Subjekte und zugleich deren Weltaneignung steht.
Eine zweite, für die systematische Theoriebildung des beginnenden 19. Jahrhunderts relevante Traditionslinie von Humanistischer Pädagogik knüpft daran an, stützt sich zugleich aber auf einen lang zurückreichenden theologischen Begründungszusammenhang, der auf Augustinus zurückgeführt werden kann. Sie kommt, nun mundan gewendet, in der Aufklärung zur vollen Entfaltung, indem sie die Perspektive des universellen Humanismus entwirft. Gotthold Ephraim Lessing kann hier genannt werden, ebenso Christoph Martin Wieland, die Deutsche Klassik versucht die Idee eines generellen, allgemeinen Menschentums poetisch zu entwerfen, um letztlich in Georg Wilhelm Friedrich Hegels Theorie auf der Ebene des absoluten Weltgeistes entfaltet zu werden, um die Nichthintergehbarkeit des normativen Universalitätsanspruchs zu bezeichnen, welche Menschen schlechthin auszeichnet. Damit ist der eigentlich moderne Begriff der Humanität entfaltet, der von der Vorstellung des Kosmopolitismus begleitet wird. Pädagogisch wird diese Entwicklung flankiert durch die Einreden, mit welchen die Neuhumanisten das auch ästhetisch begründete Ideal des ganzheitlich gebildeten Menschen gegenüber den Verkürzungen geltend machen, die sie in der Aufklärungspädagogik zu erkennen glauben.
Das – drittens – jüngste Verständnis von Humanistischer Pädagogik entsteht in der Mitte des 20. Jahrhunderts. Es knüpft an die humanistische Psychologie und Psychotherapie von Carl Rogers an, nimmt dabei Denklinien der Gestaltpsychologie, aber auch des dialogischen Denkens auf, wie es von Martin Buber entwickelt wurde. Als Theorie eher zurückhaltend entwickelt, greift sie pragmatisch auf ein Menschenbild zurück, das den anderen rückhaltlos als positiv annimmt, therapeutisch wie pädagogisch der Maxime eines nicht-direktiven Handelns folgt, einerseits spiegelnd-diskursiv mit anderen Menschen umgeht, andererseits themenzentriert agiert. Insofern birgt die Humanistische Pädagogik eine eigene Bildungstheorie, in welcher die eigenen, subjektiven Kräfte aller Beteiligten angeregt sowie durch gemeinsames Tun und Lernen entwickelt werden. Ein eigener Forschungsbereich geht dem am bildungswissenschaftlichen Institut der Universität Wien nach. Jüngere Darstellungen – so etwa von Heinrich Dauber – entwerfen dazu eine zwar umfassende, gleichwohl in ihren Argumentationslinien heterogene Theorie, die auf konstruktivistische Ansätze verweist, Leiblichkeit und Dialogizität im menschlichen Leben als zentral ansieht und spirituelle Perspektiven eröffnet.
Unterhalb dieses Anspruchs auf reflexive Begründung wird der Begriff der Humanistischen Päda-

gogik zugleich eher undifferenziert für alle Bemühungen verwendet, insbesondere eine menschlichen Ansprüchen genügende Schule zu entwickeln. So steht der Begriff für die Idee der Humanisierung von Pädagogik schlechthin, wobei damit zugleich eine Plattform für den internationalen Austausch geschaffen wurde.

Literatur
Dauber, H. (²2009): Grundlagen Humanistischer Pädagogik. Bad Heilbrunn. – Musolff, H.-U. (1997): Erziehung und Bildung in der Renaissance. Köln, Weimar, Wien. – Stipsits, R. (1999): Gegenlicht. Wien.

Michael Winkler

Humboldt, Wilhelm von (1767-1835)

Nach häuslicher Erziehung studierte Humboldt von 1787 bis 1790 an den Universitäten in Frankfurt an der Oder und in Göttingen die Rechte und die klassischen Sprachen. Im Jahr 1789 reiste er mit seinem Bruder Alexander in Begleitung von Joachim Heinrich Campe in das revolutionäre Paris. 1790/91 kurzzeitig Referendar beim Kammergericht und Legationsrat im preußischen Staatsministerium, zog sich Humboldt von 1791 an zu Studienzwecken zurück und lebte abwechselnd auf dem Lande, in Jena, wo er mit Friedrich Schiller und Johann Wolfgang Goethe in engem Kontakt stand, und in Berlin, bevor er ab 1797 ausgedehnte Reisen nach Frankreich und Spanien unternahm. 1802 trat er wieder in den Staatsdienst ein, zunächst als Gesandter beim Papst in Rom, dann im Innenministerium, in dem er ab 1809 für die Sektion für Kultus und öffentlichen Unterricht übernahm. In die kurze Zeit seiner verantwortlichen bildungspolitischen Tätigkeit, die bereits 1810 wieder endete, fielen die Gründung der Berliner Universität sowie die Einführung der Prüfung für den höheren Schuldienst (examen pro facultate docendi). Im Anschluss war er bis 1819 u.a. als Gesandter beim Wiener Kongress, bei den Verhandlungen des Deutschen Bundes in Frankfurt am Main sowie in London. Seitdem lebte er wieder weitgehend zurückgezogen und arbeitete v.a. an seinen Sprachforschungen.

In seinem umfangreichen Werk, von dem nur ein kleiner Teil zu seinen Lebzeiten publiziert wurde, hat Humboldt sich bereits früh mit Fragen der Erziehung und Bildung befasst. So hat er u.a. in seiner politischen Frühschrift Ideen zu einem Versuch, die Grenzen der Wirksamkeit des Staates zu bestimmen (1792), dem Staat die Aufgabe zugeordnet, allgemeine Bildung für alle zu gewährleisten, allerdings ohne sich in die inhaltlichen Belange einzumischen. Diese Position wiederholte er auch im Hinblick auf die Berliner Universität, für die der Staat zwar sorgen, deren Unabhängigkeit er aber auch garantieren sollte. In seiner Bildungstheorie ist das Verhältnis von Mensch und Welt zentral; der Mensch solle in freier und mannigfaltiger Wechselwirkung mit der Welt seine Kräfte ausbilden können. In bildungspolitischen Denkschriften (Königsberger und Litauischer Schulplan) hat er 1809/10 zudem eine schulpolitische Konzeption eines gestuften Schulsystems (Elementar-, Schul-, Universitätsunterricht) vorgelegt.

Literatur
Benner, D. (³2003): Wilhelm von Humboldts Bildungstheorie. Weinheim, München. – Humboldt, W. v. (1903-36; Nachdruck 1968): Gesammelte Schriften. Berlin. – Menze, C. (1975): Die Bildungsreform Wilhelm von Humboldts. Hannover.

Klaus-Peter Horn

Hylla, Erich (1887-1976)

Nach dem Besuch der Volksschule und des Lehrerseminars arbeitete Hylla von 1909-1914 als Volksschullehrer in Breslau, studierte ebenda mit kleiner Matrikel Psychologie und qualifizierte sich zum Mittelschullehrer (1913) und Rektor (1915). Bis 1921 war er Lehrer bzw. Rektor in Berlin und Stettin. Anschließend wechselte Hylla in den Schulaufsichtsdienst und war bis 1933 u.a. als Ministerialrat und beurlaubter Professor für Psychologie an der Pädagogischen Akademie Halle/Saale (1930) Mitarbeiter im Preußischen Kultusministerium und im Zentralinstitut für Erziehung und Unterricht. Von den Nationalsozialisten entlassen, emigrierte Hylla in die USA, wo er als Gastprofessor arbeitete. Von 1946 bis 1951 war er als Fachberater beim Chef der Erziehungsabteilung des US-Hochkommissars tätig, ab 1950 in diesem Rahmen mit der Gründung der Hochschule für Internationale Pädagogische Forschung, Frankfurt am Main (heute Deutsches Institut für Internationale Pädagogische Forschung) beauftragt, deren erster Direktor Hylla wurde. U.a. mit Franz Hilker zusammen war er Herausgeber der Zeitschrift Bildung und Erziehung (ab 1948). Ein Arbeitsschwerpunkt Hyllas war die vergleichende Pädagogik; u.a. hatte er bereits 1930 John Dewey ins Deutsche übersetzt. Er vertrat – auch als Ergebnis einer längeren Studienreise durch die USA 1926/27 – ein demokratisches Gesamtschulsystem.

Literatur
Hylla, E. (1928): Die Schule der Demokratie. Langensalza.

Jörg-W. Link

Hyperaktivität

Mit Hyperaktivität bzw. Überaktivität wird aus klinisch-psychologischer Sicht eine exzessive Ruhelosigkeit bezeichnet, die sich im Herumlaufen oder -springen und/oder in Redseligkeit, Wackeln und Zappeln äußert. Die Aufmerksamkeitsdefizit-/Hyperaktivitätsstörung (ADHS) ist ein situationsübergreifendes Muster von Merkmalen der Unaufmerksamkeit, Überaktivität und Impulsivität. Diagnostische Klassifikationssysteme wie das Diagnostic and Statistical Manual of Mental Disorders (DSM, aktuell Version IV) und die International Classification of Diseases (ICD, aktuell Version 10) fordern, dass die genannten Leitsymptome vor dem sechsten Lebensjahr und in mindestens zwei Lebensbereichen konstant auftreten. In Ausmaß und Stärke der hyperkinetischen Verhaltensauffälligkeiten unterscheiden sich die Betroffenen deutlich von Kindern gleichen Entwicklungsalters. Kinder und Jugendliche mit ADHS lassen sich insbesondere bei abverlangten kognitiven Lernhandlungen leicht ablenken, arbeiten flüchtig und fehlerhaft oder führen begonnene Tätigkeiten nicht zu Ende. Sie neigen zu plötzlichen und unüberlegten Handlungen, können kaum abwarten, unterbrechen andere und neigen zu riskanten Aktivitäten, ohne mögliche Gefahren zu erkennen. Als besonderes Merkmal neben Unaufmerksamkeit und Impulsivität ist eine überschießende und von außen kaum zu regulierende motorische Aktivität zu beobachten. Die von Person zu Person unterschiedliche Gewichtung des Störungsmusters und die bei Mädchen selteneren Impulskontrollprobleme sind Hinweise auf das Vorhandensein von Subtypen der hyperkinetischen Störung.

Prävalenzraten (relative Auftretenshäufigkeiten) liegen je nach Untersuchungsmethode zwischen 3% und 18% einer Altersgruppe. Auf dem Lehrerurteil basierende Prävalenzen liegen auf Grund der hohen unterrichtlichen Anforderungen an die Aufmerksamkeitssteuerung im zweistelligen Bereich. Metaanalysen ermitteln im Durchschnitt eine Prävalenzrate von 3-5%. Aggressive und oppositionelle Verhaltensweisen sind in klinischen Stichproben bei etwa drei Viertel aller hyperkinetischen Kinder zu beobachten. Jungen sind gegenüber Mädchen zwei- bis viermal häufiger betroffen. Da Mädchen eine geringer ausgeprägte Kernsymptomatik aufweisen, werden sie möglicherweise als weniger auffällig wahrgenommen. Im Alter von sechs bis neun Jahren beträgt die Persistenz (Wahrcheinlichkeit für das längerfristige Weiterbestehen) der Störung zwischen 60% und 70%.

Hyperkinetische Störungen lassen sich multifaktoriell als Zusammenwirken biologischer, psychologischer und sozialer Bedingungsfaktoren erklären. Als eine mögliche biologische Bedingung finden sich wiederholt Störungen der neurochemischen Balance im Frontalhirnbereich, die zu einer Beeinträchtigung der Handlungsplanung und Verhaltenssteuerung führt. Die gestörte Aktivitätsregulation erschwert das Erkennen komplexer impliziter sozialer Normen und Regeln. Soziale Ereignisse werden vielfach verzerrt wahrgenommen, und Lernen am Modell findet kaum statt. Das überschießende Verhalten und häufige Regelverletzungen belasten die Interaktion zwischen Eltern/Lehrern und Kind und lösen oft eine eskalierende Spirale gegenseitig erzwingenden Verhaltens aus. Im Erzieherverhalten überwiegen Drohungen und Bestrafungen und angemessene Verhaltensansätze werden kaum noch verstärkt. Dadurch erleben die Kinder eine insgesamt negative Verstärkerbilanz, die sie vermehrt nach kurzfristigen Belohnungen suchen lässt.

Das diagnostische Vorgehen umfasst Befragungen der Bezugspersonen im familiären und schulischen Umfeld, den Einsatz von Symptom-Checklisten zur Fremdbeurteilung, Beobachtungen des Lern-, Arbeits- und Aufmerksamkeitsverhaltens in der Schule, eine psychometrische Diagnostik der Intelligenz und der Aufmerksamkeitsleistungen sowie die Untersuchung der schulischen Leistungsfähigkeit. Förderschwerpunkte sind eine Verbesserung der Ärger- und Impulskontrolle, eine Stabilisierung des Aufmerksamkeits- und Arbeitsverhaltens und der Aufbau sozialer Kompetenzen. Bei einer stark ausgeprägten Symptomatik kann eine Pharmakotherapie (bekanntestes Präparat: Ritalin) indiziert sein.

Literatur
Döpfner, M./Schürmann, S./Frölich, J. ([3]2002): Therapieprogramm für Kinder mit hyperkinetischem und oppositionellem Problemverhalten. Weinheim.

Georg Hoffmann

Hypothese

Im Bereich der mit empirischen Methoden arbeitenden Wissenschaften versteht man unter einer Hypothese eine (empirische) Aussage über einen als existierend behaupteten Sachverhalt oder einen als existierend behaupteten Zusammenhang zwischen mindestens zwei Sachverhalten, welche eine generelle Vermutung über Eigenschaften der tatsächlichen Welt und über deren Gesetzmäßigkeiten aufstellt. Der Wahrheitsgehalt von Hypothesen ist durch Forschung bislang weder definitiv widerlegt (falsifiziert) noch definitiv bewiesen (verifiziert), d.h. Hypothesen gelten wie alle wissenschaftlichen Sätze vorläufig. Hypothesen stehen am Anfang der Forschung, sie werden aus theoretischen und empirischen Fragestellungen abgeleitet (Entdeckungszusammenhang) und mit Hilfe empirischer Datenerhebungsinstrumente (Beobachtung, Fragebogen, Test u.a.m.) und statistischer Datenauswertungsverfahren (Varianzanalyse, Faktorenanalyse u.a.m.) geprüft (Überprüfungszusammenhang). Im Kritischen Rationalismus wird der empirische Gehalt von Hypothesen und Theorien über den Grad der Falsifizierbarkeit definiert. Scheitern regelgeleitete (Logik der Forschung) Falsifizierungsversuche, dann gilt die Hypothese bzw. Theorie mit einer angebbaren (Irrtums-)Wahrscheinlichkeit und Wahrheitsnähe (verisimilitude) nur vorläufig. Die in (empirische) Hypothesen resp. Theorien eingehenden Begriffe müssen widerspruchsfrei, eindeutig, klar und verständlich definiert sein, was zu Problemen von Zirkularität und des infiniten Regresses führt. Bestätigte und systematisch geordnete Hypothesen, die Zusammenhänge zwischen als unabhängigen und abhängigen Variablen festgelegten Sachverhalten widerspruchsfrei formulieren, sind Grundlage von empirischen Theorien, welche eine auf Gesetzmäßigkeiten beruhende Erklärung, Prognose oder technologische Herstellung von Sachverhalten bezwecken.

Literatur
Bortz, J. (1984): Lehrbuch der empirischen Forschung für Sozialwissenschaftler. Berlin u.a. – Rost, D. H. ([2]2009): Interpretation und Bewertung pädagogisch-psychologischer Studien. Weinheim u.a.

Guido Pollak

HzE → Hilfen zur Erziehung

I

ICD → International Classification of Diseases

ICF → Internationale Klassifikation der Funktionsfähigkeit, Behinderung und Gesundheit

Idealismus

Der Begriff Idealismus bezeichnet eine philosophische Grundposition, die auf das Konzept der idéa (vom griechischen eídos: Bild, Vorbild, Urbild) verweist. Seit Platon meint Idealismus die Lehre von den Ideen als der wahren Wirklichkeit, der die empirischen Daten, die als Trugbilder gelten, gegenüber stehen. In der Neuzeit gibt es zahlreiche Weiterentwicklungen dieses Konzepts. Im Kontext der Ethik meint Idealismus ein Handeln, das sich an einem Ideal (z.B. das Gute) orientiert.

Die Positionen des Idealismus konturieren sich im Vergleich zu Gegenpositionen wie denen des Realismus und Materialismus. Als Realismus bezeichnet man im allgemeinen Positionen, die von der Existenz einer Realität unabhängig vom Subjekt ausgehen. Der naive Realismus nimmt an, dass die Außenwelt (Objekt) so existiert, wie sie (vom Subjekt) wahrgenommen wird, wohingegen der kritische Realismus davon ausgeht, dass wir nach kritischer Prüfung unserer Wahrnehmung durch Erfahrung die Existenz einer Außenwelt behaupten können und unsere Wahrnehmungen annäherungsweise der Realität entsprechen (wichtige Vertreter sind u.a. Aristoteles und Johann Friedrich Herbart). Unter Materialismus fasst man diejenigen Positionen zusammen, die die Wirklichkeit als Materie deuten – also auch Seele, Geist oder Denken. Dem Materialismus liegt allgemein die Vorstellung zugrunde, dass der Kosmos nach mechanischen Gesetzen aufgebaut ist und diesen gehorcht (Julien Offray de La Mettrie, Pierre-Simon Laplace, Karl Marx).

Auch der Idealismus kann in verschiedene Positionen unterteilt werden, denen – stark pointiert – die Auffassung gemeinsam ist, dass die Ideen und die damit verbundenen Begriffe (Subjekt, Geist, Vernunft, Denken) die Grundlage des Seins, der Erkenntnis und der Objekte sind, wohingegen die Materie und die damit verbundenen Begriffe (Natur, Objekt, Realität) lediglich eine Erscheinungsform von Ideen darstellen und Produkte des Subjekts, des Geistes oder des Denkens sind. Als subjektiven Idealismus bezeichnet man die Annahme, dass die Existenz der Realität und ihrer Objekte ausschließlich auf unsere Vorstellungskraft zurückzuführen sei (auch empirischer Idealismus; Vertreter: George Berkeley und Johann Gottlieb Fichte). Des Weiteren ist der objektive Idealismus zu nennen: Bei Platon erscheinen die Objekte nur als seiend, weil sie an einer sie begründenden Idee teilhaben (Methexis) und als deren Abbild erscheinen (die Schönheit eines Objekts hat teil an der Idee des Schönen). Bei Georg Wilhelm Friedrich Hegel ist es der absolute Geist, in dem Ideen und Objekte (Natur) durch die dialektische Selbstbewegung des Geistes aufgehoben sind.

Der kritische oder transzendentale Idealismus Immanuel Kants geht von reinen Vernunftbegriffen aus (regulative Ideen), die als Idealvorstellungen die Wahrnehmung und die Erkenntnis der Objektwelt ordnen (z.B. Gott, Seele, Freiheit). Die Objektwelt kann empirisch nur mithilfe der apriorischen Kategorien des Verstandes erkannt werden, ist also dessen Produkt – die Dinge-an-sich können aber nicht erkannt werden.

Der Begriff Deutscher Idealismus bezeichnet eine philosophiegeschichtliche Periode (ca. 1780-1830), deren Ausgangspunkt die Transzendentalphilosophie Kants ist (Hegel, Fichte). Der Deutsche Idealismus beeinflusste den zeitgenössischen Diskurs der Weimarer Klassik und der Romantik (Gebrüder Friedrich und August Wilhelm Schlegel) und wirkte sich in diesen Kreisen auch auf die Formulierung bildungstheoretischer Konzepte aus (auch im Bildungsroman). Der Konvergenzpunkt dieser Strömungen ist die sog. innere Bildung (Johann Gottfried Herder, Johann Wolfgang Goethe). Diese wendet sich gegen die einseitige Privilegierung der Vernunft (Aufklärung) und versucht stattdessen, das Individuum in all seinen Dimensionen in den Blick zu nehmen. Ziel ist ein harmonisches Verhältnis mit Gesellschaft

und Welt durch die moralisch gebundene Entfaltung aller innerer Kräfte des Subjekts. Vorbild für dieses Denken ist die griechische Antike in ihrem Geist, ihrer Sprache, Geschichte und ihrer Kunst (Neuhumanismus). In diesem Kontext hat auch Wilhelm von Humboldt eine Bildungs- und Erziehungstheorie ausgearbeitet, die er als Reformer des preußischen Schulwesens und Mitbegründer der Berliner Universität auch institutionell umzusetzen versuchte.
In die klassisch-idealistische Epoche fallen auch die Pädagogiken von Johann Friedrich Herbart, Johann Heinrich Pestalozzi, Friedrich Daniel Ernst Schleiermacher und Friedrich Fröbel, die sich je kritisch oder affirmativ v.a. auf die Transzendentalphilosophie Kants bezogen haben.
In der neueren Theoriebildung führten idealistische Einflüsse im Rückgang auf Kant und in der Tradition des Neukantianismus (Jonas Cohn, Ernst Cassirer, Paul Natorp, Richard Hönigswald) zu einer Position der Transzendentalphilosophischen Pädagogik (Alfred Petzelt, Wolfgang Fischer und Marian Heitger).

Literatur
Ballauff, Th./Schaller, K. (1969-73): Pädagogik. 3 Bde. Freiburg, München. – Bollenbeck, G. (1996): Bildung und Kultur. Frankfurt. – Reichenbach, R. (2007): Philosophie der Bildung und Erziehung. Stuttgart.

Markus Rassiller

Identität

Identität verweist auf das grundlegende Problem der Identifikation, die in jeder sozialen Situation von den Akteuren auf der Grundlage des mitgebrachten Erfahrungsvorrats zu leisten ist. Die Akte der Identifikation erstrecken sich nicht nur auf physikalische Objekte, sondern vor allem auf die in einer Situation anwesenden Personen. Nach George J. McCall und Jerry L. Simmons muss in jeder Situation die Person selbst als erstes identifiziert werden. Nicht nur die Frage nach der eigenen Person stellt sich, sondern es muss immer auch geklärt werden, wer der andere ist. Wie weit diese Identifikationsprozesse gehen, hängt von der konkreten Handlungssituation ab: Manchmal reicht es aus, wenn ich mich vergewissere, dass von dieser Person keine Gefahr für mich ausgeht. In anderen Fällen ist für die Identifikationsarbeit eine einfache Kategorisierung (ein typischer Beamte) ausreichend, aber der Wissensdurst kann sich auch auf die gesamte Lebensgeschichte erstrecken.
Der Gebrauch dieses Konzepts reicht in den Sozialwissenschaften auf William James und Charles H. Cooley zurück. Trotz dieser langen Begriffsgeschichte ist der Gebrauch alles andere als eindeutig. Die Schwierigkeiten mit dem Konzept der Identität beginnen bereits bei der Frage, ob Identität auf die Innen- oder Außenperspektive oder auf beide Perspektiven festgelegt werden soll. Soll mit dem Begriff bezeichnet werden, wie sich eine Person selbst identifiziert oder wie sie durch andere gesehen wird? Darauf werden unterschiedliche Antworten gegeben. Identität kann als selbstreflexiver Prozess eines Individuums verstanden werden. Konträr dazu ist die Verwendung des Identitätskonzepts bei Erving Goffman (Stigma, 1963/1967), der die beiden Begriffe der sozialen und persönlichen Identität – was in der Rezeption vielfach übersehen wird – als zwei Formen der Fremddefinition auffasst.
Eine andere Traditionslinie dieses Konzepts führt in die Psychoanalyse. Hier ist vor allen Erik H. Erikson zu nennen (Identität und Lebenszyklus, 1966). Die zentrale Anforderung der Adoleszenz ist für Erikson der Aufbau einer stabilen Ich-Identität. Durch eine erfolgreiche Bewältigung der Adoleszenz gewinne der junge Erwachsene das sichere Gefühl innerer und sozialer Kontinuität, das die Brücke bilde zwischen dem, was er als Kind war, und dem, was er nunmehr im Begriff sei zu werden; eine Brücke, die zugleich das Bild, in dem er sich selber wahrnehme, mit dem Bilde verbinde, unter dem er von seiner Gruppe, seiner Sozietät erkannt werde.
Inzwischen gibt es Kritik an Eriksons Identitätskonzept. Das Konzept sei zu starr, um den vielschichtigen, divergenten und veränderten Anforderungen, die an eine Person gestellt werden, gerecht zu werden. Heiner Keupp hat in Absetzung von Erikson den Begriff der Patchwork-Identität geprägt, mit dem er die Identitätsbildung unter den Bedingungen von fragmentierten und widersprüchlichen Alltagserfahrungen zu fassen versucht. Von einem sicheren Gefühl innerer und sozialer Kontinuität (Erikson) könne unter diesen Bedingungen nicht mehr die Rede sein. Es stellt sich also die Aufgabe, die Dynamisierung und Pluralisierung des Identitätskonzepts mit der Kontinuitätsvorstellung zu verbinden. Dies ist möglich, wenn die Kontinuität oder Kohärenz nicht in die Identität verlagert, sondern als Teil der zu erbringenden Identitätsarbeit aufgefasst wird, sowohl als ein kreativer Prozess der Selbstorganisation als auch als alltägliche Aufgabe der Lebensbewältigung Die Kontinuität ist eine beständige Hervorbringung der Person und dies entgegen der gängigen Position vieler Zeitdiagnosen nicht erst in der Gegenwart. Die

Notwendigkeit ihrer Herstellung mit der Faktizität von Kontinuität verwechselt zu haben, ist ein Geburtsfehler des Identitätskonzepts von Erikson.

Literatur
Abels, H. (2006): Identität. Wiesbaden. – Keupp, H. (2006): Identitätskonstruktionen. Reinbek. – McCall, G. J./Simmons, J. L. (1974): Identität und Interaktion. Düsseldorf.

Karl Lenz

Ideologiekritik

In der Mitte des 20. Jahrhunderts wird – aufbauend auf Karl Marx und Friedrich Engels, Georg Lukàcs, Theodor W. Adorno und Max Horkheimer sowie Jürgen Habermas – eine systematische Ideologiekritik als Kernaufgabe einer Wissenschaft ausgebaut, der es um ein kritisches Bewusstsein geht. Sie bezieht sich vornehmlich auf Texte sowohl der politischen wie der wissenschaftlichen Rede und auf ästhetische Werke. Ideologiekritik ist demnach ein prinzipiell unverzichtbares Element wissenschaftlicher Arbeit. Sie prüft zunächst, ob Sachverhalte (intentional) falsch dargestellt werden oder als Ausdruck eines verkehrten Bewusstseins verdeckt oder verdreht wurden; wichtig wird dabei die Frage nach Interessen, welche Erkenntnis verzerren. Dann gilt die Aufmerksamkeit den Prämissen eines Textes sowie den impliziten strukturellen Mustern. Ideologiekritik deckt so latenten Rassismus oder die vordergründige Naturalisierung von Genderdifferenzen auf. Insbesondere bewegt die Ideologiekritik Sensibilität für illegitime Formen von Herrschaft, welche als Selbstverständlichkeiten behauptet werden, sich aber als menschliche Artefakte enthüllen lassen. Die Rezeption der Arbeiten Michel Foucaults kann als Nachklang von Ideologiekritik gelten.
Für die Pädagogik wurde neben dem Problem der normativen Implikationen von Menschenbildern die Behauptung etwa einer unbestreitbaren Substanz oder des menschlich Wesentlichen wichtig, so die Annahme von vorgeblich biologisch gegebenen Defiziten oder einer Asymmetrie zwischen Erwachsenen und Kindern.

Literatur
Habermas, J. (1973): Erkenntnis und Interesse. Frankfurt. – Klafki, W. (1971): Erziehungswissenschaft als kritisch-konstruktive Theorie. In: Zeitschrift für Pädagogik 17, 351-385.

Michael Winkler

IEA → International Association for the Evaluation of Educational Achievement

IGLU → Internationale Grundschul-Lese-Untersuchung

Illich, Ivan (1926-2002)

Illich, in Wien geboren, studierte von 1943-51 in Salzburg und Rom Philosophie und Theologie. Nach der Promotion ging er 1951 in die Vereinigten Staaten von Amerika (USA), um sich zu habilitieren und arbeitete daneben als Geistlicher im New Yorker Einwanderermilieu. Seither trat er öffentlich im Sinne eines erneuerten christlichen Humanismus auf und übte Kritik an der kulturellen Ignoranz der westlichen Gesellschaft, die er auf einem stationenreichen Lebensweg in der Folge in kirchlichen Bildungsorganisationen wie dem 1961 als Ausbildungsstätte für US-amerikanische Missionare gegründeten centro intercultural de documentacion in Puerto Rico und durch Publikationen wirkungsvoll artikulierte. Die Nähe zu marxistischen Positionen und seine Entfernung von der Amtskirche führten 1969 zum offenen Bruch mit der Römisch-Katholischen Kirche. Seit den 1970er Jahren intensivierte Illich seine Tätigkeit als Hochschullehrer abwechselnd in den USA und Deutschland, zuletzt an der Universität Bremen.
Illich steht für eine radikale Kritik an den Institutionen und Machtstrukturen der kapitalistischen Gesellschaft, in die er auch die moderne Schule, für deren Abschaffung er plädierte, einbezog.

Literatur
Illich, I. (1972): Entschulung der Gesellschaft. München.

Joachim Scholz

IMF → Internationaler Währungsfonds

Imitatio-Prinzip

Berufliches Lernen nach dem Imitatio-Prinzip ist eng an den Herstellungs- und Arbeitsprozess gebunden und erfolgt durch wenig systematisiertes Vormachen und Nachmachen. Die dem Imitatio-Prinzip entsprechende Lehre wird als en-passant-Lehre bezeichnet. Kennzeichnend für das Imitatio-Prinzip sind die fehlende theoretische Durchdringung und die begrenzten Transfermöglichkeiten des Gelernten. Das Imitatio-Prinzip war kennzeichnend für die zünftlerische Handwerkslehre: Die berufliche Ertüchtigung lebte allein aus den beiden Kategorien Vormachen und Nachmachen. Neue Techniken selbst auszuprobieren oder von anderen zu übernehmen, war dem Lehrling streng untersagt. Das Imitatio-Prinzip unterstützte das patriarchalische Selbstverständnis des Handwerksmeisters, die Erziehung zur Disziplin und gleichzeitig den diese begünstigenden rezeptiven Charakter der Handwerkslehre. Der nach dem Imitatio-Prinzip erfolgreich ausgebildete Lehrling galt als ehrbarer Geselle, der gehorsam und mit scharfem Beobachtungssinn seine Arbeit verrichtet. Die Würdigung berufsspezifischer Qualifikationen am Ende einer solchen Lehre spielte gegenüber der von Verhaltenstugenden eine nur untergeordnete Rolle. Kritik an den mangelnden qualifikatorischen Leistungen, der Intransparenz der Handwerkslehre sowie am entmündigenden Umgang mit den Lehrlingen forcierten Ende des 18. Jahrhunderts die Entwicklung von Lehrplänen und didaktischen Überlegungen, die das Willkürliche des Imitatio-Prinzips zugunsten einer systematischen, theoretisch angereicherten Handwerkslehre immer mehr verdrängten. Auch wenn das Imitatio-Prinzip heute nicht mehr ausschließliche Methode der Ausbildung ist, findet sie in alltäglichen betrieblichen Lehr-Lernprozessen als wenig geplante Form des arbeitsplatzintegrierten Vormachens und Nachmachens Anwendung. Aber auch in expliziten Methoden der beruflichen Bildung findet sich das Imitatio-Prinzip wieder. Die sog. Beistellehre, die systematisiertes Vormachen und Nachmachen umfasst, ist eine gängige Form der Anlernung Jugendlicher.

Literatur

Stratmann, K. (1999): Lehrlingserziehung. In: Pätzold, G./ Wahle, M. (Hg.): Berufserziehung und sozialer Wandel. Frankfurt, 81-96.

Karin Büchter

Index

Ein Index ist eine Kennzahl, mit der eine zusammenfassende quantitative Beschreibung hinsichtlich eines bestimmten Kriteriums vorgenommen wird. So wird zum Beispiel im internationalen sozio-ökonomischen Index der individuelle Status auf einer hierarchischen Skala ausgedrückt, die das Einkommen und die notwendige Bildung spezifischer beruflicher Tätigkeiten integriert. Weitere Beispiele sind der Body-Mass-Index zur Einschätzung des Körpergewichts oder der Deutsche Aktienindex als zusammenfassende Kennziffer für den Stand der deutschen Aktienkurse.

Literatur

Ganzeboom, H. B. G. u.a. (1992): A standard international socio-economic index of occupational status. In: Social Science Research 21, 1-56.

Johannes Hartig

Indien (Republik Indien; India)

Etwa ein Drittel der Bevölkerung Indiens (ca. 1,2 Milliarden) ist jünger als 15 Jahre, etwa 70% leben in ländlichen Regionen. Während etwa ein Drittel der Bevölkerung als absolut arm gilt (80% davon leben von weniger als zwei Dollar pro Tag), orientiert sich eine wachsende Mittelschicht (ca. 20%) an westlichen Lebensstandards. Seit 2001 gilt Indien – gemessen an der Kaufkraft – als viertgrößte Wirtschaftsnation der Welt und als eine der sechs am stärksten wachsenden Ökonomien. Die ethnische Vielfalt lässt sich verorten zwischen den Indo-Ariern im Norden, den Draviden im Süden sowie den Adivasi (Ureinwohnern), die auf dem gesamten Subkontinent verteilt sind (Schwerpunkt im Tribal Belt Nordwest- und Zentralindiens). Es gibt 22 offizielle Hauptsprachen (Amtssprachen Hindi und Englisch) sowie zwischen 844 und fast 1600 lokale Sprachen und Dialekte.

Etwa 80% der Bevölkerung sind Hindus. Indien hat aber auch eine der größten muslimischen Populationen weltweit, die dennoch im Land eine Minderheit darstellen (ca. 14%). Vorhandene Religionen sind des Weiteren Christentum, Sikhismus, Jainismus, Buddhismus, Parsismus, Judentum und andere. Indien ist eines der wenigen Länder weltweit, in dem es mehr Männer als Frauen gibt (1000 zu 933), dies vor allem wegen der sozialen Diskriminierung von Frauen insbesondere in ländlichen Gegenden mit patriarchal-feudalen Gesellschaftsstrukturen (z.B. gezielte Abtreibung weiblicher Föten). Gleichzeitig gibt es eine sehr aktive Frauenbewegung.

Zum Ausgleich sozialer Disparitäten existieren Quoten positiver Diskriminierung für Frauen bei Kommunalwahlen (33%). Quotierungen gibt es ferner für Scheduled Casts (Unberührbare/Kastenlose: 16,2% der Bevölkerung), für Scheduled Tribes (Ureinwohner: 8,2% der Bevölkerung) und Other

Backwards Casts (andere rückständige Kastengruppen) im Bildungsbereich, im Staatsdienst und in den Parlamenten. In der sog. größten Demokratie der Welt gibt es eine lange Tradition unzähliger sozialer Aktionsgruppen.

Das Land blickt auf eine fünftausendjährige Geschichte zurück: Indus-Zivilisation und Hrappa-Kultur im 4. bis 2. Jahrhundert v. Chr., Maurya-Reich von ca. 320 bis 180 v. Chr., Delhi-Sultanat und Verbreitung des Islam ab dem 13. Jahrhundert n. Chr., Mogul-Reich ab dem 16. bis Mitte des 18. Jahrhunderts, britische Kolonialherrschaft ab 1757 und Unabhängigkeit (1947) als Ergebnis eines gewaltfreien Kampfes unter Führung Mohandas K. Gandhis. In der Folge kam es zur Dreiteilung in West- und Ostpakistan sowie Indien mit massiver Völkerwanderung (ca. 15 bis 20 Millionen Menschen) und unzähligen Toten. Indien ist trotz Spannungen und kriegerischen Auseinandersetzungen mit Pakistan und China eine sozialistisch-demokratische Republik mit stabiler parlamentarischer Demokratie.

Die Geschichte institutionalisierter Bildung beginnt auf dem Subkontinent mit der Einrichtung von Schulen und höheren Bildungsanstalten in Hindu-Tempeln (ab etwa 1000 v. Chr.) sowie später auch in buddhistischen Klöstern (ab etwa 600 v. Chr.). Mit der Invasion muslimischer Herrscher im 8. Jahrhundert wurden auch Maktabs und Madrasas (Koranschulen) eingeführt. Später kamen katholische und protestantische Missionsschulen und Colleges sowie Bildungseinrichtungen der Sikhs hinzu.

Folgenreich für heutige gesellschaftliche Trends und das Bildungswesen war die britische Kolonialherrschaft, in der Bildungsvorstellungen institutionalisiert wurden, um vor allem die Kolonialverwaltung zu fördern. Parallel dazu gab es Bewegungen, die eine Rückbesinnung auf die indische Bildungstradition forderten (z.B. Sri Aurobindo, Rabindranath Tagore und Mohandas K. Gandhi). Im Unabhängigkeitskampf (1885 bis 1947) wurde massiv die Forderung nach einer Bildung für alle erhoben.

Indien hat eine zentralistisch-föderative Struktur mit 28 Bundesländern (BL), sechs zentral verwalteten Unionsterritorien (UT) und dem Hauptstadtterritorium von Delhi. Die Bildungshoheit liegt weitgehend bei den Ländern. Es gibt eine optionale Pre-Primary Education und die verpflichtende Elementary Education (Primary School und Upper Primary School mit variabler Länge in BL/UT – 5+3 Jahre bzw. 4+4 sowie 4+3 bzw. 5+2). Die Elementary Education wird auch im non-formalen Bereich angeboten. Die Secondary Education (2+2 Jahre bzw. 3+2) ist aufgeteilt in Secondary und Higher Secondary Schools (akademisch oder berufsbildungsorientiert). Über parallel existierende Open Schools werden alternative Bildungswege für Drop-, Push- und Stay-Outs eröffnet. Die tertiäre Bildung wird an über 18.000 Colleges und derzeit 425 Universitäten angeboten (davon 20 zentral verwaltete Bundeseinrichtungen). Verschiedene Tertiärbildungseinrichtungen sind international renommierte Eliteinstitutionen v.a. im Ingenieurs-, Wirtschafts- und Medizinbereich. Mögliche Abschlüsse sind Bachelor-, Master- und Predoctoral-/Doctoral- sowie Diplomabschlüsse. Die Teilhabe an höherer Bildung hängt nach wie vor weitgehend vom sozialen und ökonomischen Status ab. Die besten Schüler streben nach der 12. Klasse die All India Entrance Tests an, mit deren Bestehen eine Aufnahme in die Spitzeninstitutionen im höheren Bildungsbereich und eine sich anschließende nationale oder internationale Karriere erhofft wird.

Im allgemeinbildenden Bereich gibt es eine Koexistenz staatlicher, semi-staatlicher und privater Schulen. Der Ausbau des letzteren Typs, der vor allem von der Mittel- und Oberschicht nachgefragt wird, erfährt eine vermehrte Unterstützung durch die Regierungen der BL und UT; allerdings ist dieser Sektor weitgehend unreguliert, da staatliche Auflagen nur dann verbindlich sind, wenn staatliche Mittel fließen. Die Nachfrage nach privaten, englischsprachigen Schulen steigt – auch in den unteren Schichten.

Die Situation staatlicher Primarbildung ist alarmierend: Hauptprobleme sind die schlechte Ausbildung der Lehrkräfte, marode Schulgebäude und der Absentismus von Lehrkräften (ein Viertel kommt nach Angaben der Weltbank von 2004 niemals zum Unterricht).

In Indien gibt es weiterhin eine große Zahl von Menschen, die keinen Zugang zu Grundbildung haben. Die Allgemeine Schulpflicht (8 Jahre) wurde als Zehn-Jahres-Ziel bereits in der Verfassung von 1950 verankert; es gibt seitdem immer wieder Anstrengungen, dieses Ziel im Rahmen groß angelegter Initiativen und Programme im formalen und non-formalen Bereich zu erreichen (z.B. im Rahmen des District Primary Education Programme in den 1990er Jahren). Bekräftigt wird dies im Right To Education Bill (2005), in dem klare Bestimmungen über Organisation und Struktur der Elementary Education formuliert werden. 2009 wird das Recht auf kostenlosen Besuch der achtjährigen Elementary Education ab 2012 gesetzlich garantiert. Damit ist die flächen-

deckende Einrichtung staatlicher Nachbarschaftsschulen verbunden (Verwaltung durch Lehrkräfte, Eltern und staatliche Beamte). Abgeschafft wird so auch das Privileg der Schulleiter, über die Aufnahme von Schülern eigenständig zu entscheiden oder aber Aufnahmegebühren zu fordern. Zudem werden Privatschulen verpflichtet, ein Viertel der Plätze für sozial Benachteiligte und Kinder mit Behinderungen bereitzustellen (ab der 9. Klasse dürfen Gebühren erhoben werden). Zudem gibt es breit angelegte Alphabetisierungsprogramme, vor allem im Rahmen der National Literacy Mission.
Trotz Fortschritten in der Verbreitung von Bildung für alle gilt nach wie vor ein Drittel der Bevölkerung als Analphabeten (fast 50% der Frauen, etwa 40% in ländlichen Regionen, große regionale Unterschiede). Fast 4,6 Millionen Kinder wurden 2004 nicht eingeschult und fast 15% brachen die Primarschule bereits in der 1. Klasse ab. Für Drop- und Push-Outs gibt es spezielle Bildungsangebote von Nichtregierungsorganisationen und staatlichen Stellen.
Seit der New Education Policy (1986) und dem Programme of Action (1992) soll bundesweit ein für alle Menschen zugängliches Bildungswesen mit vergleichbarer Qualität und Struktur (10+2+3 Jahre) eingerichtet sowie ein nationales Rahmencurriculum (National Curriculum Framework 2005) für allgemeinbildende Schulen (verbindliche Kernelemente, flexible Komponenten) umgesetzt werden. Die Bildungsausgaben betrugen 2003 3,3% des Bruttoinlandprodukts (eine Steigerung auf 6% wird avisiert). Dabei ist von 1990/91 bis 2005/06 eine Steigerung der Einschreibequoten im Grundschulbereich (von 48 auf 53%), ein Abstieg im Sekundarbereich (von 32 auf 29%) sowie eine weitgehende Konstanz in der technischen und höheren Bildung festzustellen. Zentrale Herausforderungen am Beginn des 21. Jahrhunderts sind die Umsetzung einer qualitativ hochwertigen Elementary Education für alle, der Ausbau und die Qualitätsverbesserung der Sekundarbildung, eine Reform der Berufsbildung sowie Ausbau und Qualitätsverbesserung der technischen und der tertiären Bildung.
Um als Lehrkraft im Primarbereich tätig zu sein reicht i.d.R. der Abschluss der 10. Klasse. Upper-Primary-Lehrkräfte müssen die 11. Klasse abgeschlossen und an einem ein- oder zweijährigen Lehrerausbildungskurs der Schulverwaltung teilgenommen haben. Lehrende in Sekundarschulen haben i.d.R. die Sekundarschule abgeschlossen und in einem Ein-Jahres-Kurs den Bachelor of Education (B.Ed.) an einem universitätsangegliederten College erworben. Des Weiteren existieren verschiedene bundesfinanzierte Institutionen (vier regionale Colleges for Education sowie das National Institute for Education, Delhi). Die Abschlüsse Master of Education (M.Ed.) und Promotion (Ph.D) können an verschiedenen Universitäten erworben werden. Die meisten der indischen Lehrkräfte in Primar- und Sekundarschulen haben ihre Ausbildung in Institutionen absolviert, die keinen Bezug zu Universitäten haben. Zur Verbesserung der Lehrerbildung wurden in den letzten Jahren 500 District Institutes of Education and Training (DIET) und 87 Colleges of Teacher Education (CTE) sowie 38 Institutes of Advanced Studies in Education neu eröffnet.

Literatur

Aggarwal, J. C. (200): Educational Reforms in India for the 21st Century. Delhi. – Chandra, R. (2003): Encyclopedia of Education in South Asia. India: Bde. 1-3. Delhi. – Jha, P. u.a. (2008): Public Provisioning for Elementary Education in India. Los Angeles u.a. – Lang-Wojtasik, G. (2011): Indien. In: Adick, C. (Hg.): Regionale Bildungsentwicklungen und nationale Schulsysteme in Afrika, Asien, Lateinamerika und Karibik. Münster u.a. (im Erscheinen). – Rothermund, D. (Hg.) (1995): Indien. München.

Gregor Lang-Wojtasik

Indigene Erziehung

Indigene Erziehung bezeichnet einheimische oder autochthone, früher primitiv und heute oft traditionell oder vormodern genannte Erziehungspraxen vor, jenseits oder neben der Überlagerung oder Verdrängung durch Fremdeinflüsse. De facto sind damit überwiegend (aber nicht nur) nicht-literate außereuropäische Ethnien unter dem oft gewaltsamen Einfluss der europäischen Expansion nach Übersee in den letzten 500 Jahren gemeint. In historischer Betrachtung spricht man dann auch von vorkolonialen Erziehungsmustern.
Laut den Vereinten Nationen ist der Begriff indigene Völker (indigenous peoples) ein Sammelbegriff für die Ureinwohner aller Kontinente, deren Vorfahren dort vor der Kolonialisierung oder der Errichtung der heutigen Staatsterritorien lebten (z.B. die Aborigines in Australien, die Adivasi in Indien oder die Indianer und Inuit, die heute meist als First Nations oder Native Americans bezeichneten Völker Amerikas). Insgesamt fallen 300 Millionen Menschen, d.h. etwa 5% der Weltbevölkerung, die in mehr als

70 Ländern dieser Erde leben und 4.000 bis 6.000 Sprachen sprechen, in diese Gruppe. Die Lebenssituation und die Rechte dieser Völker standen im Mittelpunkt einer entsprechenden Dekade der Vereinten Nationen (1994-2004) und führten zu verschiedenen Resolutionen und Aktivitäten, darunter z.B. auch das Indigenous Knowledge Programme (1996-1999) zur Stärkung und Sicherung indigenen Wissens durch das United Nations Development Programme (UNDP).

Die Rückbesinnung auf die eigenen Wurzeln führt einerseits bei den Betroffenen zu Forderungen nach dem Erhalt oder der Wiederbelebung indigener Erziehung, Beispiele hierfür sind die sog. Indianerschulen in Nordamerika und die neuerliche stärkere Berücksichtigung der indigenen Sprachen und kulturellen Traditionen in den Bildungssystemen etlicher lateinamerikanischer Länder. Andererseits wird in der Weltgemeinschaft auch zunehmend anerkannt, dass bedeutsames indigenes Wissen (z.B. medizinisches und naturkundliches) verloren zu gehen droht, da es an orale Traditionen der Weitergabe von Wissen gebunden und daher nicht schriftlich aufgezeichnet ist. Indigenes Wissen und die Rechte indigener Völker stehen heute in der Gefahr, z.B. durch Rohstoff- und Pharmakonzerne oft ohne entsprechende (vor allem finanzielle) Beteiligung der Betroffenen ausgebeutet zu werden. Wenn indigene Erziehung in der Familie und in lokalen Gemeinschaften vollständig durch moderne Schulausbildung abgelöst wird, sind außerdem zahlreiche Sprachen nicht-literater Ethnien vom Aussterben bedroht, was zu entsprechenden Bemühungen um Verschriftlichung dieser Sprachen und teils auch um ihre Aufnahme in den Schulunterricht oder in die Erwachsenenbildung geführt hat. Auch in sozialwissenschaftlichen Diskursen ist angesichts der westlichen (vor allem angloamerikanischen) Dominanz in Forschung und Theoriebildung verschiedentlich eine Indigenisierung gefordert worden, die allerdings, wenn sie nicht nur Kontextualisierung meint, sondern von kulturell unterschiedlichen Erkenntnisweisen ausgeht, in Widerspruch zum Universalitätsanspruch von Wissenschaft geraten kann.

Literatur

UNESCO Institute for Lifelong Learning (2007): Adult Education for Indigenous Peoples and Minorities. Hamburg.

Christel Adick

Indikator

Inidkatoren sind empirische Größen, von denen auf bestimmte Untersuchungsdimensionen geschlossen werden soll, die einer unmittelbaren Beobachtung nicht zugänglich sind. In der Bildungsberichterstattung sind Indikatoren die empirischen Größen, von denen auf Prozesse und Zustände des Bildungssystems geschlossen wird. Mit dem Begriff Indikator werden auch die beobachten Variablen bezeichnet, die in Modellen mit latenten Variablen wie z.B. dem Raschmodell zur Messung theoretischer Konstrukte verwendet werden.

Literatur

Atteslander, P. u.a. ([13]2010): Methoden der empirischen Sozialforschung, Berlin.

Johannes Hartig

Individualisierung

Die gesellschaftliche Tendenz zur Individualisierung ist ein Kennzeichen moderner Industriegesellschaften seit dem ausgehenden 19. Jahrhundert. Schon Emile Durkheim hat als typisches Strukturmerkmal der sozialen Arbeitsteilung herausgearbeitet, dass die Gesellschaftsmitglieder in individuelle Arbeitsbeziehungen gestellt und gerade deswegen stärker auf gesellschaftliche Kontexte angewiesen sind. Diesen Zusammenhang hat Ulrich Beck (Risikogesellschaft, 1986) in seinem Individualisierungstheorem auf die Grundthese hin fokussiert, dass zunehmende Individualisierung mit einer steigenden Standardisierung einhergeht. Dies bildet sich z.B. in der Strategie der Wirtschaft ab, Massenproduktion und Individualwerbung in einem zu betreiben. Wichtig ist beim Gebrauch des Individualisierungstheorems, dass es sich hier um eine soziologische Strukturkategorie und nicht um ein psychologisches Konzept handelt. Vom Individuum her gesehen wird also nicht das Verhalten, sondern die Lebenslage strukturiert.

Das Becksche Modell der Individualisierung gliedert sich in die Dimensionen der Freisetzung, der Entzauberung und der Reintegration. Die Menschen in modernen Gesellschaften werden aus historisch tradierten Herrschafts- und Sozialformen herausgelöst – freigesetzt –, gewinnen somit an sozialen Freiheitsspielräumen, büßen aber traditionelle, normative und kulturelle Sicherheiten ein. Diese Paradoxie des Individualismus, die darin besteht, dass das Individuum gleichzeitig freier wie unfreier wird, das

Nebeneinander von Chance und Risiko macht die besondere Ambivalenz der Individualisierung aus. Auch in der Dimension der Entzauberung, des Verblassens und der Auflösung traditionaler Normen, Kontrollen und Zwänge ist das Individuum nicht einfach autonom geworden, sondern dem neuen Zwang ausgesetzt, sich in der Gesellschaft zu inszenieren, sozial bemerkbar zu machen. Insofern stellt die Suche nach neuen Anschlüssen und Formen sozialer Integration eine zwangsläufige Konsequenz aus dieser Freisetzung dar. Dennoch kann man über das Konzept der Individualisierung den epochalen Kontrast zwischen traditionalen und modernen Gesellschaften herausarbeiten und Individualisierung als modernen Typ sozialer Differenzierung begreifen. Hatte man in traditionalen Sozialbezügen noch seinen angestammten Platz in Zeit und Raum, Vertrauen zu den Autoritäten und in das alltägliche Leben, so muss jetzt Ich-Identität auch unabhängig von Zeit und Raum erworben, mit pluralen Autoritäten selbstbestimmt umgegangen und die Einbindung in das soziale Leben selbst gesucht werden. Dies hat nachhaltige Konsequenzen z.B. für die Jugendphase, die sich im Zuge der Individualisierung entstrukturiert und nicht mehr die Verlässlichkeit des Statusübergangs und des Moratoriums aufweist. Dem wiederum steht eine frühe soziokulturelle Selbstständigkeit der Jugendlichen gegenüber, die wiederum – ganz im Sinne der Ambivalenz der Individualisierung – mit einem höheren Druck verbunden ist, die eigene Lebensperspektive nicht nur selbst zu entwickeln, sondern sie auch anderen gegenüber durchzusetzen.

Literatur
Giddens, A. (1995): Konsequenzen der Moderne. Frankfurt. – Heitmeyer, W./Olk, T. (Hg.) (1990): Individualisierung von Jugend. Weinheim, München. – Junge, M. (2002): Individualisierung. Frankfurt.

Lothar Böhnisch

Individualisierung im Unterricht

Im Kontext des schulpädagogischen Diskurses kennzeichnet der Begriff Individualisierung im Unterricht ein didaktisches Prinzip: die Adaptation des Unterrichtsangebots an die spezifischen Voraussetzungen eines Lernenden und dessen Eigenaktivität.

Im 20. Jahrhundert wiesen Reformpädagogen (insbesondere Maria Montessori) der Individualisierung im Unterricht in ihren Konzeptionen eine zentrale Bedeutung zu. Seit den 1960er Jahren werden in didaktischen Modellen Lernvoraussetzungen der Schüler als Planungsbedingung für Unterricht einbezogen und die Bedeutung relevanter Vorkenntnisse für den Erwerb komplexen Wissens anerkannt. Individualisierte Lernangebote gelten heute aufgrund der Heterogenität der Schülerschaft in Bezug auf Vorerfahrungen, Lernvoraussetzungen, Nutzung von Lernzeit und Interessen als erforderlich und als eine Bedingung qualitätsvollen Unterrichts.

Individualisierung im Unterricht erfordert Maßnahmen wie u.a. die Gestaltung einer Lernumgebung, die eine individuelle Adaptation ermöglicht, das Zugestehen der individuell benötigten Lernzeit, eine zeitweise Einzelförderung zur Schaffung der erforderlichen Lernvoraussetzungen und die Berücksichtigung individueller Interessen durch die Bereitstellung interessenspezifischer Themen und Materialien. Individualisierung im Unterricht ist insbesondere dann wirksam, wenn Lehrende von Lernerfolg und Machbarkeit individuellen Lernens im Unterricht überzeugt sind.

Begrenzt wird die Individualisierung im Unterricht durch die vorgegebenen Standards sowie die Leistungsbeurteilung nach der kriterialen Bezugsnorm mit Ziffernnoten. Zur exakten Feststellung der Lernvoraussetzungen sind Kompetenzen der Lehrenden im Bereich der Lernstandsdiagnostik (einschließlich einer Lernstildiagnose) sowie im Umgang mit spezifischen diagnostischen Erfassungsinstrumenten unabdingbar.

Literatur
Jonassen, D. H./Grabowski, B. L. (1993): Handbook of individual differences, learning, and instruction. Hillsdale, NJ. – Loebell, P. (2000): Lernen und Individualität. Weinheim.

Olga Graumann

Individueller Entwicklungsplan (IEP)

Ziel der Erstellung eines IEP ist eine fortlaufende und prozessorientierte, strukturierte Sammlung und Dokumentation von Informationen zum individuellen Entwicklungsverlauf, zu besonderen Ereignissen im Lebenslauf und zu individuellen Entwicklungsschritten einer Person. Ein IEP dient somit einer kontinuierlichen Förderplanung und Lernprozessbegleitung. Dabei sind die gegenwärtigen Leistungsniveaus, die individuellen Stärken bzw. Kompetenzen und die individuellen Förderbedürfnisse gleichermaßen zu erfassen. Gemeinsam mit der Person und

anderen bedeutenden Bezugspersonen wird nach der am geringsten einschränkenden Lernumwelt, den lang- und kurzfristigen Zielen der Förderung sowie der geeigneten Fördermaßnahme gesucht. Eine fortlaufende Dokumentation und Informationssammlung ermöglicht eine stetige Überprüfung der Förderangebote und ggf. Veränderung der Fördermaßnahmen.
IEP, welche inhaltlich mehrere Bereiche ansprechen können (z.B. Selbstkonzept, Sprache, Wahrnehmung), sind auch als Grundlage für Gespräche, Berichte oder evtl. Beratungsgutachten nützlich.
Der individuelle Entwicklungs-, Förder- oder Lernplan dient als ein Instrument, mit dessen Hilfe der Lernstoff der jeweiligen Person angepasst wird. Alle Maßnahmen werden möglichst präzise dokumentiert, da eine genaue Beschreibung von Verhalten und Ereignissen eine realistischere Einschätzung des Entwicklungsprozesses ermöglicht. So kann das fortlaufende Führen eines IEP als wichtige Informationsquelle bei einem Erzieher-, Lehrer- oder Institutionswechsel hilfreich sein.
Ein IEP kann für Kinder, Jugendliche, aber auch Erwachsene geführt werden. In Deutschland hat die Erstellung eines IEP insbesondere im vorschulischen und schulischen Bereich eine Bedeutung, wobei sowohl schulische als auch außerschulische Informationen von Interesse sind.
Die Idee der IEP stammt aus den USA (Individualized Education Plan), wo es gilt, derartige Förderpläne für jedes Kind zu schreiben. Auch in europäischen Ländern wie Schweden, Dänemark, Finnland, Island oder Norwegen wird für jedes Kind einer Regelschule ein individueller Entwicklungsplan erstellt. Seit den 1990er Jahren wurde das Verfassen von IEP in Deutschland zunehmend zum Thema. Inzwischen ist es in vielen Bundesländern verpflichtend, einen IEP für jedes Kind ab der Grundschule zu schreiben.
IEP können im Rahmen von Qualitätssicherung sehr gut als Evaluationsgrundlage eingesetzt werden. Empfehlenswert ist, die von der Lehrkraft geführten IEP mindestens alle vier Wochen zu ergänzen sowie eine halbjährliche Teamsitzung einzuberufen. Im Team können dann die Zielvorgaben überprüft, aufgetretene Hindernisse benannt, Änderungen bzw. Verbesserungsvorschläge und Realisierungsmöglichkeiten überlegt sowie neue Ziele formuliert werden. In dem Zusammenhang hat es sich als positiv erwiesen, dass eine Arbeit mit IEP den Austausch im Team fördert und die individuellen Kompetenzen der Teammitglieder erweitert.
Es gibt keine allgemeingültigen Vorlagen für IEP, so dass sich jede Institution oder jeder Anwender selbst für eine Art der Dokumentation und deren Inhalte entscheiden kann. Wichtig bei der Anwendung ist neben einer regelmäßigen Abstimmung im Team, dass jede Bezugsperson zu jeder Zeit die Möglichkeit hat, neue Informationen zu dokumentieren und diese mit dem Datum versieht, so dass Veränderungen nachvollzogen werden können.

Literatur
Eggert, D./Reichenbach, C./Lücking, C. (2007): Von den Stärken ausgehen. Dortmund.

Christina Reichenbach

Individuum und Gesellschaft

Individuum und Gesellschaft werden in der Alltagssprache als mehrdeutige und unbestimmte Begriffe verwendet. Im wissenschaftlichen Sinne sind beide Begriffe als Konstrukte zu verstehen, die je nach theoretischem Ansatz und wissenschaftstheoretischer Perspektive sehr Unterschiedliches bedeuten und unterschiedliche Erklärungen für das Funktionieren einer Gesellschaft und für den sozialen Wandel in einer Gesellschaft liefern. Es handelt sich bei Individuum und Gesellschaft um komplexe sozialwissenschaftliche Grundbegriffe, die sowohl in der Erziehungswissenschaft als auch in der Soziologie grundlegend sind.
Individuum ist die Bezeichnung für das menschliche Einzelwesen und bezieht sich auf die Individualität und Persönlichkeit des Einzelnen. Gesellschaft bezieht sich auf zeitlich oder sozial begrenzte Gruppen von Individuen und deren Formen des menschlichen Zusammenlebens, Arbeitens und Kommunizierens sowie auf die rechtlichen Regelungen dieser Formen. Während in der Erziehungswissenschaft das Individuum als sich entwickelnde Persönlichkeit, als einzelnes, reflexives und lernfähiges Subjekt im Blickfeld steht und an der Einzelleistung des autonomen Subjektes angesetzt wird, bildet das Individuum mit seinen individuellen (ontologischen) Besonderheiten keinen genuinen Gegenstand der Soziologie. Der Gegenstand der Soziologie ist die moderne Gesellschaft; es bedarf jedoch der Individuen, um das soziale Handeln in der Gesellschaft zu verstehen und zu erklären. In soziologischer Hinsicht wird die gegenseitige Bedingtheit von Individuum und Gesellschaft thematisiert, wobei die Individuen primär in ihrer sozialen Verfasstheit bezogen auf die

Verinnerlichung von Normen und Werten und das Funktionieren von Gesellschaft in den Vordergrund treten. Der Blick wird auf das soziale Handeln in gesellschaftlichen Lebenszusammenhängen gelenkt, in denen die Einzelnen ihre Besonderheiten ausbilden. Stark vereinfachend gesagt kann man dabei Gesellschaft als Produkt von individuellem Handeln von Individuen fassen, man kann aber auch das individuelle Handeln als bestimmt durch die Gesellschaft begreifen. Der Sachverhalt, ob das Individuum gesellschaftlich bestimmt ist oder die Gesellschaft durch das Handeln der Individuen bzw. ob das Individuelle oder das Allgemeine als grundlegend anzusehen ist, durchzieht als Vorannahmen die unterschiedlichen soziologischen Theorien, in denen es immer auch um das Verhältnis und die Vermittlung von Individuum und Gesellschaft geht.

So ist Karl Marx in seinem klassischen Beitrag dazu davon ausgegangen, dass es die materiellen Lebensbedingungen sind, sowohl die vorgefundenen wie die durch die Aktionen der Menschen erzeugten, die die Individuen bestimmen. Marx sieht die Individuen in der bürgerlichen Gesellschaft nicht nur determiniert, sondern genauso als Akteure, die ihre Geschichte aus den ökonomischen Verhältnissen heraus mitbestimmen.

Max Weber schreibt den Ideen und Werten einen erheblichen Einfluss bei der Entwicklung moderner Gesellschaft zu und gibt somit die einseitige Bestimmung der Individuen durch materielle Lebensverhältnisse auf. Ihn interessieren die Prozesse der Rationalisierung und Säkularisierung, die mit der kapitalistischen Vergesellschaftung einhergehen. So kommt für ihn fast zwangsläufig das sozial handelnde Individuum in seinem Streben nach subjektiver Sinnsetzung in den Blick.

Während bei Karl Marx, Max Weber oder auch Emile Durkheim soziale Veränderungen in der Gesellschaft im Mittelpunkt stehen, interessiert Talcott Parsons die Stabilität einer Gesellschaft. Diese Perspektive drückt sich im Verhältnis von Individuum und Gesellschaft dahingehend aus, dass Parsons versucht, nicht isolierte Handlungen von einzelnen, sondern die strukturellen und funktionalen Aspekte von Handlungen im Kontext des jeweiligen Sozialsystems zu erfassen. Der Einzelne geht – über den Prozess der Sozialisation – im soziologischen Konstrukt der sozialen Rolle auf.

Diese klassischen Theoriemodelle, in denen es auf unterschiedliche Weise um das Verhältnis von Individuum und Gesellschaft geht, werden in neueren Ansätzen aufgegriffen, weiterentwickelt, modifiziert und in ihren Prämissen aufgezeigt und kritisiert. Dabei sind in den 1980er Jahren wesentliche Impulse von Ulrich Beck ausgegangen, der eine zunehmende Individualisierung als Folge der ökonomischen, sozialen und kulturellen Entwicklungen in westlichen Industriegesellschaften diagnostiziert. In diesem Zusammenhang wird das Verhältnis Individuum und Gesellschaft zugunsten des Individuums akzentuiert. Diese Akzentuierung kann sich zweifellos auf eine gestiegene Bedeutung der Selbstthematisierung des Individuums in modernen Gesellschaften stützen, die sich wissenschaftlich beispielsweise in der Biografieforschung niederschlägt. Doch die Soziologie sozialer Ungleichheit zeigt, dass in modernen Gesellschaften soziale Strukturen nicht im Verschwinden begriffen sind und es neuer Konzepte bedarf, um das Verhältnis von Individuum und Gesellschaft in hochdifferenzierten Gesellschaft zu begreifen, ohne soziale Unterschiede zu negieren.

Literatur

Beck, U. (1983): Jenseits von Klasse und Stand. In: Kreckel, R. (Hg.): Soziale Ungleichheiten. Göttingen, 35-74. – Berger, P. A./Hitzler, R. (Hg.) (2010): Individualisierung. Wiesbaden. – Schroer, M. (2001): Das Individuum der Gesellschaft. Frankfurt.

Steffani Engler

Indoktrination

Als politischer Begriff ist Indoktrination in den 1970er Jahren in dichotomer Abgrenzung zu Erziehung, Aufklärung, Unterricht und Bildung als intentionale (Inhalte, Methoden, Ziele) wie auch strukturelle Kategorie (heimlicher Lehrplan) in die bundesdeutsche erziehungswissenschaftliche Diskussion eingeführt worden. Im Anschluss an das sog. Indoktrinationsverbot an Schulen wird Indoktrination in den 70er und 80er Jahren als eine die Mündigkeit und Kritikfähigkeit von Schülern (durch einseitige Darstellungen, nicht falsifizierbare Wahrheiten, bloßes Reproduzieren) verhindernde Vorgehensweise kritisiert; seit 1989 (Zusammenbruch des Sowjetregimes, deutsch-deutscher Mauerfall) wird Indoktrination als Merkmal totalitärer Regimes betont. Ist Indoktrination in der ersten Phase ihrer Thematisierung noch an Kohlbergs Modell der Moralerziehung gebunden, wird in der zweiten Phase die Wirksamkeit von Indoktrination bzw. Indoktrinationsabsichten vornehmlich biografietheoretisch hinterfragt. Literatur- und Sachbezüge (z.B. hinsichtlich der vorgenommenen Abgrenzung zu anderen Begriffen wie Konditionierung, Gehirnwäsche, Propaganda, Halbbildung, Manipulation) unterbleiben weitgehend.

Neben der Unterscheidung von offener und latenter Indoktrination (Bewusstseinsvergewaltigung in totalitären Gesellschaften vs. Beförderung einer rezeptiv-passiven Haltung in demokratischen) ist ein dem pädagogischen Denken und Handeln inhärenter Begriff zu entwickeln, der – begleitet von der Entstehung dichotomer Menschen- und Weltbilder (Schwarz-Weiß-Malerei) – auf die Ausgrenzung von alternativen Deutungsmustern und Handlungsvollzügen in pädagogischen Prozessen, Lehrerbildung und Bildungssystemen verweist. Dabei gilt es, historisch-theoretisch kontextuierend (etwa Bildsamkeit als anthropologische Voraussetzung von Indoktrination) Ergebnisse der empirischen Bildungs(system)-, Sozialisations- und Professionalisierungsforschung (zu sozialer Ungleichheit, Neuen Medien, reflexivem Lernen etc.) zu nutzen und diese durch Analysen (auf Ausgrenzung verweisender) indoktrinärer bzw. (Wirksamkeit entfaltender) indoktrinierender Prozessstrukturen im Sinne empirischer und operationalisierbarer Konstrukte (z.B. im schulischen Unterricht, in Bildungsprogrammen und Leitbildern) zu ergänzen, ggf. zu rekonturieren.

Literatur

Reboul, O. (1979): Indoktrination. Freiburg. – Schluß, H. (Hg.) (2007): Indoktrination und Erziehung. Wiesbaden. – Snook, J. A. (1972): Indoctrination and Education. London/Boston.

Annette M. Stroß

Indonesien (Republik Indonesien; Indonesia)

Der aus den Hauptinseln Java, Sumatra, Kalimantan (Borneo), Sulawesi und Papua und etwa 30 kleineren Inselgruppen bestehende Archipel zählt laut Weltbank derzeit zur unteren Gruppe der Staaten mit mittlerem Einkommen. Abgesehen von den Jahren der sog. Asienkrise 1997/98 verzeichnet Indonesien durchgehend ein beträchtliches Wirtschaftswachstum, das in erster Linie auf Auslandskrediten und ausländischen Investitionen gründet. Die extremen sozialen Disparitäten in und zwischen den Provinzen sowie zwischen städtischen und ländlichen Regionen haben sich damit aber eher noch verschärft.

Das Schulwesen, das nach der sechsjährigen Grundschule und der dreijährigen unteren Sekundarstufe in der oberen Sekundarstufe nach Inhalten oder Leistungen differenziert, musste nach der (1945 proklamierten, 1949 durchgesetzten) Unabhängigkeit fast aus dem Nichts heraus aufgebaut werden. Zwar gab es in der ehemaligen Kolonie Niederländisch-Indien neben einem nur schwach entwickelten kolonialen Bildungswesen vielfältige Ansätze islamischer und (vor allem in östlichen Landesteilen) christlicher formaler Erziehung, die teilweise in das neu entstehende Schulwesen integriert wurden, aber damit konnten weder aufstiegsorientierte Bildungswünsche der städtischen Mittelschichten befriedigt werden noch die Ansprüche der politischen Führung auf umfassende Mobilisierung der ethnisch, kulturell und sprachlich sehr heterogenen Bevölkerung für den neuen Nationalstaat. Bis heute existiert vor allem im Sekundarbereich ein vielgestaltiges religiöses Schulwesen, das meist als preiswerte Alternative zu anderen privaten und staatlichen Schulen gilt.

Der Ausbau der allgemeinen Grundbildung kam nach ersten Anläufen in den 1950er Jahren erst wieder in den 1970er Jahren in Schwung, als mit dem Erdölboom die Zahl der Grundschulen und der Schüler binnen einer Dekade verdoppelt wurde. 1974 wurde die Grundschule verpflichtend, 1994 die Schulpflicht auf die untere Sekundarstufe ausgedehnt. Das als Bahasa Indonesia (Sprache Indonesiens) zur gemeinsamen Sprache erklärte Malaiisch, das seit Jahrhunderten als lingua franca, aber in keiner der dominierenden Ethnien als Muttersprache fungierte, wurde zunächst neben, später aber immer mehr statt der jeweiligen Muttersprache an den Grundschulen unterrichtet.

Seit Mitte der 1980er Jahre gilt die Grundschulbildung als weitgehend durchgesetzt. Der Ausbau des Sekundarschulwesens hält dagegen noch an. Hier sollen vor allem die berufsqualifizierenden Züge gestärkt werden, die aber bei den urbanen, eher auf den Staatsdienst und auf akademische Zertifikate orientierten Mittelschichten weniger beliebt sind. Obgleich auch der Hochschulbereich in den vergangenen Jahrzehnten stark ausgebaut wurde, übersteigt die Nachfrage das Angebot, das zu mindestens 60% von privaten Institutionen sehr unterschiedlicher Qualität kommt. Trotzdem sind Unterbeschäftigung und Arbeitslosigkeit auch bei akademisch Ausgebildeten ein Problem. Die Lehrkräfte aller Schulstufen werden seit 1994 in drei- bis fünfjährigen Studiengängen an Hochschulen ausgebildet.

1977 wurden die Schulgebühren für den Pflichtschulbereich abgeschafft. Da mehr als die Hälfte der Sekundarschulen privat ist, hilft das nur bedingt beim Abbau sozialer Disparitäten. Selbst im Grundschulbereich belasten z.B. Kosten für Lehrmittel arme Haushalte sehr. Der Einfluss des sozio-ökonomischen Status auf die Bildungsbeteiligung verstärkt sich in der oberen Sekundarstufe und im tertiären Bereich, wo auch offiziell Schul- bzw. Studiengebühren zu entrichten sind.

Kritisiert wird allgemein, dass die qualitative Verbesserung des Unterrichts mit dem quantitativen Ausbau des Schulwesens nicht Schritt gehalten habe. Dem Einwand, die Schule sei zu sehr auf den urbanen modernen Sektor ausgerichtet und bleibe für Arbeit und Leben auf dem Lande weithin irrelevant, wird seit Ende der 1990er Jahre durch eine vorsichtige Dezentralisierung Rechnung zu tragen versucht, die auch eine stärkere Berücksichtigung lokaler und regionaler Lebensverhältnisse ermöglichen soll. Konkrete Untersuchungen über die (möglicherweise kulturspezifische) Gestaltung von Schule und Unterricht gibt es jedoch nur in Ansätzen – vor allem für das islamische Schulwesen.

Laut der United Nations Educational, Scientific and Cultural Organisation (UNESCO) werden derzeit 96% der Kinder des entsprechenden Jahrgangs eingeschult. Davon beenden allerdings weniger als 80% die sechsjährige Grundschule. Die Übergangsquote zur Sekundarstufe I wird mit 78%, die zur Sekundarstufe II mit 51 % angegeben. Die Verteilung nach Geschlecht ist dabei fast ausgeglichen; die Alphabetisierungsrate (bei Über-15-Jährigen) liegt mit 86% bei Frauen allerdings noch unter der bei Männern (94%). Institutionen des tertiären Bildungsbereichs besuchen 17% der Altersgruppe.

Literatur
Bjork, Ch. (2005): Indonesian Education. New York, London. – Hadar, I. (1999): Bildung in Indonesien: Krise und Kontinuität. Frankfurt.

Volker Schubert

Industriearbeit

Industriearbeit findet in produzierenden Industriebetrieben statt. Sie entwickelte sich mit der Industrialisierung und Massenproduktion in der zweiten Hälfte des 19. Jahrhunderts und zeichnete sich zunächst durch Mechanisierung, Standardisierung und Hierarchisierung von Arbeitsprozessen aus. Ihre extreme Ausprägung erreichte sie mit der Einführung des scientific managements nach F. W. Taylor bzw. daran angelehnter Formen der Arbeitsorganisation. Der vorherrschende Arbeitstypus dieser Zeit lässt sich mit dem Bild des unqualifizierten, seiner Autonomie beraubten, fremdbestimmten Arbeiters beschreiben, der sich dem Maschine-Mensch-System unterzuordnen hat. Kritik an der Industriearbeit wurde bereits Mitte des 19. Jahrhunderts (z.B. von Karl Marx und Friedrich Engels) vorgebracht und zu Beginn des 20. Jahrhunderts v.a. von Psychologen wie Kurt Lewin, Willy Hellpach und Otto Lipmann formuliert. Sie versuchten mittels Untersuchungen zur Arbeitsorganisation und Aufgabengestaltung, Arbeitsmonotonie und Ermüdung zu verringern und eine Motivations- und Leistungssteigerung der Industriearbeiter zu erreichen. Der Gedanke einer humanen, an die menschlichen Bedürfnisse angepassten Industriearbeit spielte dabei eine bedeutende Rolle. Mit der Krise der Massenproduktion, den gestiegenen Flexibilitätsanforderungen und dem Einsatz neuer Prozess- und Informationstechnik seit Mitte der 1960er Jahre nahm die qualitative Bedeutung menschlicher Arbeit zu. Die Humanisierung des Arbeitslebens (HdA – so auch der Name eines breit angelegten Forschungsprogramms in den 1970/80er Jahren in der Bundesrepublik Deutschland) führte zu verstärkter Dezentralisierung, dem Abbau von Hierarchien, Einführung von Teamarbeit und Übertragung von Selbstverantwortung der Beschäftigten. Damit verbunden sind jedoch auch negative Aspekte, wie z.B. die Gefahr der Selbstausbeutung aufgrund hoher Leistungsforderungen. Zudem lassen sich in einigen Industriebereichen rückläufige Entwicklungen hinsichtlich Arbeitsgestaltung beobachten, die Gestaltungsspielräume der Beschäftigten wieder begrenzen.

Literatur
Schumann, M. (2003): Metamorphosen von Industriearbeit und Arbeiterbewusstsein. Hamburg.

Monique Wölk

Industriepädagogik

In Verbindung mit den Industrieschulen taucht der Begriff Industriepädagogik erstmalig und beiläufig im 18. Jahrhundert auf. In diesen Anfängen war mit Industriepädagogik die handfertigkeits- und gesinnungsmäßige Vorbereitung von jungen Menschen auf die Arbeitswelt der frühen Industrie gemeint. Eine häufige Verwendung findet der Begriff in den 1920er Jahren. 1929 sind zwei einschlägige Arbeiten erschienen, die von Kurt Iven über die Industriepädagogik im 18. Jahrhundert sowie die von Heinrich Kautz über den Zusammenhang von Industriepädagogik und Industriepsychologie. Vor allem aber wurde der Begriff zu dieser Zeit durch die Anhänger des Deutschen Instituts für Technische Arbeitsschulung (DINTA) vereinnahmt, die in ihren Programmatiken die Erziehung der Werksangehörigen zum Industriefrieden durch industrieeigene pädagogische Maßnahmen forderten. Skepsis gegenüber der Industriepädagogik kam von Seiten der Gewerkschaften, der damaligen Soziologie, etwa in der Wirtschaftssoziologie Karl Mannheims, und von den Vertretern der Deutschen Schule für Volksforschung und Erwachsenenbildung. Diese wiesen auf die Gefahren einer Industriepädagogik im Zuge des industriellen Kampfes um die Seele des Arbeiters hin und setzten sich für eine öffentliche Verantwortung der Industriepädagogik ein. Als es nach 1945 darum ging, die einzelnen pädagogischen Teilbereiche, wie die Arbeits-, Berufs-, Betriebs- und Wirtschaftspädagogik, zu ordnen, wurde auch die Industriepädagogik im Hinblick auf disziplinäre Zugehörigkeit und Aufgaben zu systematisieren versucht und dabei entweder der Wirtschaftspädagogik oder der Betriebspädagogik zugeordnet. Der zentrale Gedanke der damaligen Auseinandersetzung mit Industriepädagogik bestand darin, den Betrieb als Erziehungsfaktor, wie bei Karl Abraham, oder als Erziehungsraum, wie bei Erwin Krause, zu betrachten und ihm trotz seiner berufserzieherischen Dominanz im Nationalsozialsozialismus einen auch künftig starken Einfluss auf die Bildung und Erziehung der Jugendlichen zuzugestehen. Inzwischen ist der Begriff der Industriepädagogik durch den der Betriebspädagogik ersetzt worden.

Literatur
Krause, E. (1961): Grundlagen einer Industriepädagogik. Frankfurt.

Karin Büchter

Industrieschulen

Unter dem Einfluss der Aufklärung forderten Ende des 18. Jahrhunderts verschiedene Stimmen eine Verbesserung der Elementarbildung für die Kinder der unteren Schichten durch die Verbindung mit einer Erziehung zum Fleiß und einer Eingewöhnung in Arbeitsroutinen. Von Böhmen ausgehend kam es daraufhin überall in Deutschland zur Gründung von Industrieschulen, in denen die Kinder zum einen die elementaren Kulturtechniken lernen sollten, zum anderen mit Handarbeiten, überwiegend im textilen Bereich, beschäftigt wurden. Der Verkauf der Produkte sollte zur Deckung der Kosten und des Schulgeldes beitragen, mit dem Verlassen der Schule sollten die Kinder in der Lage und willens sein, ihren Lebensunterhalt selbst zu bestreiten. Die heutige Einschätzung dieser nur kurz existierenden Einrichtung schwankt von der positiven Bewertung der Absicht und vereinzelter Erfolge zur entschiedenen Ablehnung der Praxis in den Industrieschulen, da hier eine bewusste Ausbeutung der kindlichen Arbeitskraft mit der Verschlechterung des Armenschulwesens einher gegangen sei.

Literatur
Leschinsky, A./Roeder, P. M. (1976): Schule im historischen Prozess. Stuttgart.

Rüdiger Loeffelmeier

Industriosität

Industriosität, auch Gewerbefleiß oder Kunstfleiß, umschreibt zumeist Tugenden wie Arbeitsamkeit, Tüchtigkeit und Innovationsgeist. Im Gegensatz zum reinen Arbeitsfleiß transportiert Industriosität vor allem die Bedeutung der besseren Ausnutzung menschlicher Arbeitskraft durch eine optimierte Zeitausschöpfung, um Schlendrian und Müßiggang am Abend oder im Winter zu unterbinden. Im letzten Drittel des 18. Jahrhunderts setzt im Kontext von Bevölkerungswachstum, protoindustriellen Entwicklungen und kommerzialisierenden Agrarreformen eine von Staatsbeamten und vor allem von aufklärerischen Theologen, wie Heinrich Philipp Sextro u.a., forcierte Erziehungsbewegung zur Industriosität ein. Industriosität zielte durch Erziehung zur Arbeit einerseits auf Nützlichkeit, um die künftigen Erwachsenen zum eigenverantwortlichen Bestreiten des Lebensunterhalts zu befähigen, die Produktion zu steigern und die kommunale Armenfürsorge zu entlasten. Andererseits strebten vor allem orthodoxe Pfarrer mit Erziehung zur Industriosität eine erneuerte religiös fundierte Disziplinierung durch weltliche Bewährung an. Eine Mittlerposition zwischen industriöser Leistungsethik und Gehorsamerziehung nahm etwa Johann Heinrich Pestalozzi ein, der Arbeit als Weg zur sittlichen Lebensführung, zur Veredelung und zur Würde des Menschen ansah. Der um 1800 diskutierte Industriegedanke mündete nur in Teilen in die Gründung von Industrieschulen, in denen neben Elementarkenntnissen vor allem textiles Handwerk vermittelt wurde.

Literatur
König, M. (1984): Der industriöse Mensch. Frankfurt u.a. – Horlacher, R. (2007): Volksbildung als Berufsbildung bei Pestalozzi. In: Schmitt, H./Horlacher, R./Tröhler, D. (Hg.): Pädagogische Volksaufklärung im 18. Jahrhundert im europäischen Kontext. Bern u.a., 112-124.

Norbert Grube / Andrea De Vincenti-Schwab

Informations- und Telekommunikationstechnik-Berufe (IT-Berufe)

Im Bereich der Informations- und Telekommunikationstechnik (IT) gibt es seit den 1990er Jahren vier Ausbildungsberufe: IT-System-Elektroniker, Fachinformatiker, IT-System-Kaufmann und Informatikkaufmann. In den Ausbildungsordnungen finden neue Qualifikations- und Kompetenzanforderungen Berücksichtigung, die die unterschiedlichen Marktanforderungen und Geschäftsprozesse im IT-Bereich als berufliche Grundlage abbilden. Mit dem Konzept der Kernqualifikationen und einer breiten Berücksichtigung berufsfeldübergreifender Inhalte wurde in den IT-Berufen ein innovatives Qualifizierungs- und Prüfungskonzept realisiert.
Mit der Verordnung über die berufliche Fortbildung im Bereich der Informations- und Telekommunikationstechnik, wurde darüber hinaus im Mai 2002 die berufliche Weiterbildung im IT-Sektor geregelt. Auf drei verschiedenen Qualifikationsebenen (IT-Spezialisten, Operative Professionals, Strategische Professionals) wurden insgesamt 35 Abschlüsse entwickelt.
Für die Berufsbilder der Professionals bestehen Rechtsverordnungen des Bundes, auf deren Grundlage ein Nachweis der beruflichen Qualifikation durch die Prüfung an einer Industrie- und Handelskammer erbracht werden muss. Dabei handelt es sich um zwei Berufsprofile mit Qualifikation für Leitungsfunktionen auf der Ebene von Strategischen Professionals und vier Berufe mit Qualifikation für mittlere Fach- und Führungskräfte auf der Ebene von Operativen Professionals.
Die erste Ebene des Weiterbildungssystems bilden 29 Spezialistenprofile (Stand 2007). Hier erfolgt statt einer Prüfung vor der Industrie und Handels-Kammer eine Personenzertifizierung durch eine unabhängige Zertifizierungsstelle entsprechend europäischen Normen.

Mit der Arbeitsprozessorientierten Weiterbildung wurde mit der Konzeption des IT-Weiterbildungssystems erstmalig auch ein didaktisch-curriculares Modell für die Weiterbildung zur Umsetzung der konkreten Qualifizierung in den Betrieben empfohlen. Damit werden nicht, wie bisher, nur Lernziele und Lerninhalte vorgegeben, sondern auch die Methoden des arbeitsprozessorientierten Lernens.

Literatur
Meyer, R. (2006): Theorieentwicklung und Praxisgestaltung in der beruflichen Bildung. Bielefeld.

Rita Meyer

Informationstheoretische Didaktik

Die informationstheoretische Didaktik der kybernetischen Pädagogik galt in den 1960er Jahren neben der bildungstheoretischen und der lerntheoretischen Didaktik als einer der drei bedeutsamen didaktischen Modellansätze, blieb aber isoliert und wenig rezipiert. Die informationstheoretische Didaktik versteht Didaktik als Theorie der Steuerung von Lernprozessen. Auf Basis von Annahmen der Kybernetik als universeller Wissenschaft der Regelung und Steuerung von Nachrichtenübertragung und mit Hilfe des Modells des Regelkreises (steuernde Anpassungen der beobachtbaren Ist-Werte eines Steuerungsobjekts an den gewünschten Soll-Wert) wurde Unterricht beschrieben und sollten Lehr- und Lernprozesse optimiert werden. Neue Aktualität können die Konzepte eines programmierten Unterrichts durch die öffentliche Aufmerksamkeit für die neuen Medien und durch Forderungen ihrer intensiven Nutzung in Schule und Unterricht erhalten.

Literatur
Cube, F. v. (1965/[4]1982): Kybernetische Grundlagen des Lernens und Lehrens. Stuttgart.

Lothar Wigger

Informationsverarbeitung

Technische Computermodelle und mathematische Informationstheorie erwiesen sich als wichtigste Basis für die Entwicklung der interdisziplinären Kognitionswissenschaft. Diese untersucht für alle Arten kognitiver Leistungen, welche internen Prozesse zwischen Informationsaufnahme (input) und Reaktionen bzw. Handlungen (output) ablaufen und welche Repräsentationen im menschlichen Informations-

verarbeitungssystem (IVS) durch die aktive Transformation der Ausgangsinformation in diesem Zusammenhang gebildet werden (z.B. Wissensstrukturen). Nachgewiesen wurde, dass Verarbeitungsprozesse und Strukturen die Qualität aller (Anpassungs-)Leistungen von Individuen determinieren. Dazu gehören auch schulische Leistungen wie das Lösen von Mathematikaufgaben oder das Lernen mit Texten, die sich durch Förderung zugrunde liegender Verarbeitungsprozesse (bzw. Strategien) optimieren lassen.
George A. Miller gilt mit seinem Beitrag zum Symposium on Information Theory am Massachusetts Institut of Technology (MIT) als Mitbegründer der Kognitionswissenschaft. Danach ist die (Kanal-)Kapazität des menschlichen IVS auf sieben simultan verfügbare Informationseinheiten (chunks) begrenzt. Durch Rekodierung der aufgenommenen Information kann der Informationsgehalt pro chunk allerdings vergrößert und damit das begrenzte System auch für komplexe Leistungen eingesetzt werden. Höhere Behaltensleistungen resultieren, wenn etwa Texte, die in Form einzelner Buchstaben enkodiert wurden, rekodiert werden, so dass die chunks z.B. ganze Wörter repräsentieren. (Re-)Kodierungsstrategien zur effektiveren Nutzung des menschlichen IVS können erlernt werden (etwa von Gedächtniskünstlern oder von Schülern mit Lernschwächen). Neben der Möglichkeit zur Computersimulation kognitiver Leistungen ist die damit verbundene Förderbarkeit prozessualer Leistungsvoraussetzungen der wohl entscheidende praktische Vorteil der Informationsverarbeitungsperspektive.
Das Mehrspeichermodell des Gedächtnisses diente lange Zeit als Standardparadigma der menschlichen Informationsverarbeitung. Kurz- und Langzeitspeicher erfüllen dabei unterschiedliche Funktionen und machen jeweils andere, als Kontrollprozesse bezeichnete Verarbeitungsstrategien erforderlich. Während im Kurzzeitgedächtnis vor allem der schnelle Zerfall der Information durch Wiederholung als Kontrollprozess (rehearsal) vermieden werden kann, müssen im Langzeitgedächtnis permanente und abrufbare Strukturen aktiv aufgebaut werden. Dazu sind verschiedene Organisations- und Elaborationsstrategien erforderlich, die Richard C. Atkinson u.a. bereits beim Lernen fremdsprachiger Wörter trainierten. Entsprechende Verarbeitungsstrategien finden sich nach wie vor in Trainingsprogrammen und stellen wichtige Kategorien in der Klassifikation von Lernstrategien dar.
Weitere Forschungsschwerpunkte von erheblicher praktischer Relevanz sind Verarbeitungsprozesse bei einem breiten Spektrum spezifischer Leistungen (z.B. bei Lernaufgaben verschiedenster Fachrichtungen oder Denkaufgaben aus Intelligenztests). Besonders aktuell ist die Frage nach der langfristigen Repräsentation komplexen bereichsspezifischen Wissens als Voraussetzung für Expertenleistungen (etwa als Frames, Schemata oder Scripts). Auch bei diesen Weiterentwicklungen erweist sich die enge Verzahnung von Grundlagenforschung und praktischer Anwendung als besonderer Vorteil des Informationsverarbeitungsansatzes.

Literatur
Atkinson, R. C./Shiffrin, R. M. (1968): Human memory. In: Spence, K. W./Spence, J. T. (Hg.): The psychology of learning and motivation. Vol. 2. New York, 89-195. – Miller, G. A. (1956): The magical number seven, plus or minus two. In: Psychological Review 63, 81-97.

Heinz Neber

Ingenkamp, Karl-Heinz (geb. 1925)

Nach einer Volksschul- und Gymnasiallehrerausbildung war Ingenkamp an Berliner Mittelschulen und Gymnasien tätig. Nach Abschluss des Psychologiestudiums 1956 arbeitete er außerdem an der schulpsychologischen Beratungsstelle Berlin-Tempelhof. 1965 wurde er Direktor der neu gegründeten Abteilung Pädagogische Psychologie am Pädagogischen Zentrum (PZ) Berlin. In diese Zeit fällt die noch heute viel zitierte Untersuchung über Schulklassenunterschiede in der Zensierung (klasseninternes Bezugssystem). 1971 wechselte er auf eine Professur für Allgemeine Pädagogik an die heutige Universität Koblenz-Landau und leitete dort das von ihm 1971 gegründete Zentrum für empirische pädagogische Forschung. Eine Vielzahl von Erhebungsverfahren sind von ihm und seinen Mitarbeitern entwickelt und publiziert worden. Ingenkamp plädierte für die ergänzende, d.h. das von ihm für hochbedeutsam gehaltene Lehrerurteil keineswegs ersetzende Nutzung von standardisierten Testverfahren in der Schule ebenso wie für flächendeckende Leistungsmessungen zur Evaluation auf der Systemebene.
In zahlreichen Publikationen hat er das Feld der pädagogischen Diagnostik bearbeitet. Besonders bekannt geworden sind das Lehrbuch der Pädagogischen Diagnostik (1985; [5]2005, zusammen mit Urban Lissmann) und das Jahrbuch der Pädagogischen Diagnostik, Tests und Trends (1981 bis 1997). Mit besonderem Interesse hat er sich auch der Geschich-

te der Pädagogischen Diagnostik (1990) zugewandt. Eine Bilanzierung empirischer pädagogischer Forschung erschien 1992 (20 Jahre Empirische Pädagogik).
Nach der Emeritierung 1991 hat er unter dem Pseudonym Frank Adam zahlreiche historische Seekriegsromane verfasst.

Literatur
Ingenkamp, K. (Hg.) (1971/[9]1995): Die Fragwürdigkeit der Zensurengebung. Weinheim.

Karl-Heinz Arnold / Urban Lissmann

Inhaltsanalyse

Mit Inhaltsanalyse sind alle Formen einer systematischen kategoriengeleiteten sozialwissenschaftlichen Textanalyse gemeint. Systematisch meint dabei, dass das Vorgehen stark von inhaltsanalytischen Regeln bestimmt ist. Die Kategorien bezeichnen dabei die zentralen Analyseaspekte bzw. Werkzeuge, mit denen der Text bearbeitet wird. Damit grenzt sich die Inhaltsanalyse von stärker interpretativen, hermeneutischen (als Kunstlehre des Verstehens definierten) Textanalyseansätzen ab. Qualitative und quantitative Formen der Inhaltsanalyse sind in den Sozialwissenschaften die wichtigsten textbezogenen Auswertungstechniken. Die Materialien können sehr vielfältig sein, von Interviewtranskripten, offenen Fragebogenantworten, Beobachtungsprotokollen bis hin zu Dokumenten (z.B. Materialien, Akten, Medienprodukten, Webpages). Dabei zielt heute die Inhaltsanalyse nicht nur auf inhaltliche Aspekte des Textes ab, sondern auch auf komplexere Bedeutungen, Strukturen und formale Eigenschaften.
Die Inhaltsanalyse entstand, abgesehen von einzelnen Vorläufern, zu Beginn des 20. Jahrhunderts in den Vereingten Staaten von Amerika, vor allem im Rahmen von kommunikationswissenschaftlichen Analysen von Massenmedienprodukten (Content Analysis). Große Textmengen, inhaltliche Aspekte (z.B. Themen) und quantitative Auswertungen standen zunächst im Vordergrund. In der Folge erweiterten sich die Anwendungen (z.B. psychologische Therapieprotokolle, Literatur, historische Texte, Musiknotationen) und wurden auch qualitative Verfahren entwickelt.
Zur Systematik der Inhaltsanalyse gehören im Wesentlichen folgende Aspekte: 1) Einordnung des Materials in ein Kommunikationsmodell (Bestimmung des Textkontextes), um das Ziel der Analyse festzulegen; 2) Bestimmung der Analyseeinheiten als der Textportionen, die systematisch bearbeitet werden (Auswertungseinheit, Kodiereinheit, Kontexteinheit); 3) Erarbeitung eines Kategoriensystems, das die Analyseaspekte beinhaltet; 4) regelgeleitete Zuordnung der Kategorien zu Textstellen; 5) Zusammenfassung dieser Kodierungen und eventuelle quantitative Analyse; 6) Überprüfung inhaltsanalytischer Gütekriterien (Intracoder- und Intercoderübereinstimmung).
Die Inhaltsanalyse zeichnet sich damit gegenüber offeneren Textanalysemethoden durch ein klares Ablaufmodell und den Anspruch auf Objektivität und Reliabilität aus.
In Bezug auf die quantitative Inhaltsanalyse lassen sich drei Grundformen unterscheiden. Einfache Häufigkeitsanalysen zählen vorab festgelegte, theoretisch relevante Begriffe (evtl. inklusive Zusammensetzungen und Beugungsformen) aus oder erstellen Worthäufigkeitslisten (z.B. aller Substantive). Komplexe Häufigkeitsanalysen bestimmen Textbestandteile als Indikatoren für Variablen: deontische Begriffe und Zeichen als Indikatoren für Dogmatismus des Autors; Satzunterbrechungen als Anzeichen für psychische Unausgeglichenheit; Stil- und Lesbarkeitsanalysen. Kontingenzanalysen untersuchen Zusammenhänge und Strukturen verschiedener Kategorienklassen: Bedeutungsfelder und Assoziationsstrukturen zu Zentralbegriffen; Subjekt-Aktions-Objekts-Zusammenhänge im Rahmen narrativer Analysen; Gegenstands-Bewertungs-Zusammenhänge im Rahmen von Bewertungsanalysen oder Argumentationsstrukturanalysen. Hier können dann komplexere Auswertungen vorgenommen werden (z.B. welche Bewertungsgegenstände werden wie beurteilt?).
Die Kritik an einer rein quantitativen Inhaltsanalyse (Discontent Analysis) bezieht sich einerseits auf die automatische oder nur am Oberflächeninhalt ansetzende Zuordnung von Kategorien zum Text. Mehrdeutigkeiten und latente Sinngehalte können hier nur schlecht berücksichtigt werden. Häufig werden deshalb hier die Kodierungen nachkorrigiert, wobei man dann gleich eine qualitative Inhaltsanalyse hätte wählen können. Das zweite Problem besteht in der Angemessenheit des numerischen Relativs, also in der Frage, ob man z.B. von der Häufigkeit einer Kodierung auf deren Bedeutsamkeit schließen kann. So wurde von Kritikern der quantitativen Inhaltsanalyse betont, dass einzelne Stellen des Textes oft zentral sind.

Der Ansatzpunkt qualitativer Inhaltsanalyse ist es, die Systematik und das regelgeleitete Vorgehen der quantitativen Inhaltsanalyse beizubehalten, die qualitativen Analyseschritte auszuarbeiten und eventuelle Quantifizierungen erst als letzten Schritt vorzunehmen. Der zentrale Punkt ist hierbei die Zuordnung von Kategorien zu Textstellen, die in qualitativer Inhaltsanalyse zwar regelgeleitet, aber nicht automatisch, sondern interpretativ angelegt ist.
Es wurden Techniken qualitativer Inhaltsanalyse vorgeschlagen, die unterschiedlichen Zielen einer Textauswertung dienen: Zusammenfassende qualitative Inhaltsanalyse will den Text auf seine Kernaussagen komprimieren. Die inhaltsanalytischen Regeln bestehen darin, den Text in inhaltstragende Paraphrasen zu transformieren, nach den aus der Psychologie der Textverarbeitung stammenden reduktiven Operatoren (Bündelung, Konstruktion, Integration, Selektion, Streichung) zusammenzufassen und schrittweise das Abstraktionsniveau anzuheben. Induktive Kategorienbildung als Technik qualitativer Inhaltsanalyse setzt daran an und formuliert zusätzlich ein Selektionskriterium (Kategoriendefinition), auf das hin Kategorien gebildet werden sollen. In einem zweiten Schritt können hier (induktiv-deduktiv) Hauptkategorien gebildet werden. Explizierende qualitative Inhaltsanalyse definiert den zur Erläuterung einer fraglichen Textstelle notwendigen Textkontext schrittweise, fasst zusammen und paraphrasiert. Strukturierende qualitative Inhaltsanalyse definiert theoriegeleitet die Kategorien (das Kategoriensystem) vorab und definiert diese durch einen Kodierleitfaden, der Kategoriendefinitionen, Ankerbeispiele als prototypische Textstellen und Kodierregeln zur Abgrenzung der Kategorien untereinander festlegt. Bei all diesen Formen qualitativer Inhaltsanalyse muss das Verfahren in einer Pilotphase überprüft und gegebenenfalls verändert werden. Mit den (qualitativen) Zuordnungen von Kategorien zu Textstellen lassen sich, wo sinnvoll, anschließend quantitative Analysen (Kategorienhäufigkeiten, Kategorienzusammenhänge) durchführen. Die Anwendungsgebiete solcher Techniken qualitativer Inhaltsanalyse sind sehr vielfältig und in erziehungswissenschaftlicher Forschung weit verbreitet.
Schon in der Frühphase der quantitativen Inhaltsanalyse wurden Computerprogramme angewendet. Sie werden bis heute laufend verfeinert, wobei für weitere Entwicklungen im quantitativen Bereich die automatische Erkennung von Wörtern in verschiedenen Beugungsformen (Lemmatisierung) im Vordergrund stehen dürfte. Auch für qualitative Inhaltsanalyse stehen Computerprogramme zur Unterstützung zur Verfügung und werden laufend weiterentwickelt. Solche Programme können heute vermehrt auch digitalisierte Bilder und Videomaterial verarbeiten und so einer Inhaltsanalyse direkt, ohne aufwendige Transkription, zugänglich machen. Für die zukünftige Entwicklung der Inhaltsanalyse wird es aber auch entscheidend sein, inwieweit es gelingt, quantitative und qualitative Analyseschritte zu kombinieren und zu integrieren, auch im Sinne einer Mixed Methodology. Entscheidendes Kriterium muss die Angemessenheit der konkreten Methodik an Gegenstand und Fragestellung sein. Der große Vorteil der Inhaltsanalyse gegenüber anderen textbezogenen Auswertungsverfahren ist dabei neben ihrer intersubjektiven Überprüfbarkeit die Möglichkeit, auch größere Textmengen zu bearbeiten.

Literatur

Krippendorf, K. (2004): Content analysis. Beverly Hills. – Lissmann, U. (2001): Inhaltsanalyse von Texten. Landau. – Mayring, P. (2007): Qualitative Inhaltsanalyse. Weinheim – Mayring, P./Gläser-Zikuda, M. (2005): Die Praxis der Qualitativen Inhaltsanalyse. Weinheim. – Titscher, S. u.a. (1998): Methoden der Textanalyse. Opladen.

Phillip Mayring

Inklusion

Inklusion fokussiert die grundlegende Frage nach dem Umgang mit Verschiedenheit in pädagogischen Kontexten. Damit soll eine enge, allein an Platzierungs- und Förderungsfragen von Kindern und Jugendlichen mit Behinderungen orientierte Sichtweise überwunden werden. Die inklusive Beschulung in einer Schule für (möglichst) alle Schüler wird weltweit seit Langem diskutiert und erhält durch die 2009 in Deutschland in Kraft getretene Behindertenrechtskonvention der Vereinten Nationen besondere Aufmerksamkeit.
Inklusion umfasst in der international geführten Debatte unterschiedliche Bedeutungskontexte:
(1) Inklusion als gemeinsame Beschulung von Kindern mit und ohne Behinderungen: Inklusion ist hier auf die Schüler ausgerichtet, die bisher in Förderschulen unterrichtet werden. Dieser Ansatz von Inklusion entspricht dem klassischen Integrationsverständnis. Hieran wird kritisiert, dass die Fokussierung auf Kinder und Jugendliche mit Behinderungen bzw. mit sonderpädagogischem Förderbedarf viele

andere Aspekte von Verschiedenheit ignoriert, die die Bildungspartizipation von Schülern behindern oder fördern können. Dazu gehören Ausgrenzungen bzw. Benachteiligungen z.B. aufgrund von Geschlecht, sozialer Herkunft, spezifischen Lebensbedingungen, Religionszugehörigkeit und/oder Kultur.
(2) Inklusion als Konzept zur Überwindung von Diskrimination aller Risikogruppen in der Schule: Insbesondere nach den Untersuchungen des Programme for International Student Assessment (PISA) ist diese Debatte aufgegriffen worden, da deutlich wurde, dass sozial randständige Schülerinnen und Schüler sowie Kinder und Jugendliche mit Migrationshintergrund nicht selten in der Schule benachteiligt und überproportional häufig an Förderschulen überwiesen werden. Vor diesem Hintergrund kann Inklusion als Konzept zur Überwindung von Diskriminierung aller Risikogruppen verstanden werden und fokussiert unterschiedliche Formen des Schulversagens und der Exklusion im schulischen Kontext.
(3) Inklusion als Schulentwicklungskonzept: Mit dieser Dimension rückt eine systemische Betrachtungsweise in den Vordergrund: Wie müssen Schulen beschaffen sein, damit alle Kinder und Jugendlichen aufgenommen und gefördert werden können? Die Frage der Inklusion und Exklusion wird nicht an den Kindern und Jugendlichen, sondern an der Institution festgemacht. Es wird die Idee einer Schule angesprochen, die keinen Menschen ausschließt und bemüht ist, allen Personen die Möglichkeit der vollen sozialen Teilhabe am gemeinsamen schulischen Leben zu geben.
Inklusive Pädagogik umfasst dabei die Veränderung der Schulkultur durch a) die Verbesserung des Zugangs aller Schüler zu einer Schule für alle, b) die Förderung und Verbesserung der Akzeptanz aller Schüler durch die Lehrkräfte, c) die Maximierung und Optimierung der sozialen Teilhabe aller Schüler am Unterricht und am Schulleben, d) die Entwicklungs- und Leistungsförderung aller Schüler.
(4) Inklusion als gesellschaftliche Wertegrundlage: Eine inklusive Perspektive steht in enger Verbindung mit übergreifenden Werten wie Gleichheit, Partizipation und gesellschaftlicher Teilhabe, Respekt vor Vielfalt und Nachhaltigkeit. Inklusive Entwicklungen sind dabei immer an die strukturellen Vorgaben und historisch-gesellschaftlichen Bedingungen in nationalen bzw. regionalen Kontexten gebunden.

Literatur

Ainscow, M. u.a. (2006): Improving Schools, Developing Inclusion. London, New York. – Artiles, A. J. u.a. (2006): Learning in inclusive education research. In: Review of Research in Education 30, 65-108. – United Nations (2006): Convention on the Rights of Persons with Disabilities. (http://www.un.org/disabilities/convention/conventionfull.shtml) – Werning, R./Löser, J. M./Urban, M. (2008): Cultural and Social Diversity. In: The Journal of Special Education 42, 47-54.

Rolf Werning

Innis, Harold Adam (1894-1952)

Innis war Professor für Wirtschaftswissenschaften an der Universität Toronto (Kanada). Als akademischer Lehrer von Marshall McLuhan ist er gemeinsam mit diesem Begründer der als Toronto School bezeichneten medientheoretischen Strömung, die insbesondere die Medienwirkungsforschung beeinflusst hat.
Innis analysierte den Einfluss der natürlichen Ressourcen auf das Wirtschaftssystem. Davon ausgehend entwickelte er eine Medientheorie, in der die Tendenzen der Verständigung, die von den in Medien verwendeten materiellen Zeichenträgern wie Papyrus, Papier, Ton oder Stein forciert werden, im Mittelpunkt stehen. Forciert wird entweder die Verständigung im Raum (Ausdehnung) oder die Verständigung in der Zeit (Dauerhaftigkeit). Steintafeln sind z.B. schlecht zu transportieren und dauerhaft, während Daten in Computerspeichern gut zu transportieren und wenig dauerhaft sind. Innis zeigte in seinen sozialhistorischen Analysen, dass ein dominant verwendetes Medium, das die Ausdehnung forciert, staatliche Machthaber und zentrale Strukturen unterstützt, während ein Medium, das die Kommunikation in der Zeit forciert, religiöse Machthaber und dezentrale Strukturen unterstützt. Diese Überlegungen werden in der bildungstechnologischen Medienpädagogik aufgegriffen und z.B. zum Verständnis der mit dem E-Learning verbundenen Ausdehnung der pädagogischen Überwachung in den privaten Raum verwendet. Nach Innis benötigen stabile Gesellschaften eine Balance zwischen diesen beiden Tendenzen.

Literatur

Innis, H. A. (1951): The Bias of Communication. Toronto. – Barck, K. (1997) (Hg.): Kreuzwege der Kommunikation. Wien.

Christian Swertz

Inobhutnahme

Unter einer Inobhutnahme versteht man eine zeitlich befristete Intervention des Staates durch das Jugendamt zum Schutze von Kindern und Jugendlichen in Form einer Unterbringung in einer Einrichtung, einer betreuten Wohnform oder bei einer geeigneten Person. Die rechtliche Grundlage ist der 2005 neu gefasste § 42 des Sozialgesetzbuches (SGB) VIII. Szenarien im Rahmen der Inobhutnahme sind (1) Selbstmeldungen, also der Minderjährige selbst bittet um eine Inobhutnahme, (2) Herausnahmen von Kindern und Jugendlichen bei einer dringenden Gefahr für das Kindeswohl, und zwar auch gegen den Willen des Minderjährigen sowie dessen Personensorgeberechtigten, aber auch (3) Unterbringungen unbegleiteter ausländischer Kinder und Jugendlicher nach ihrer Einreise. Damit ist die Inobhutnahme nicht nur eine Kriseninterventionsmaßnahme mit einem eindeutigen Eingriffscharakter, sondern auch sozialpädagogische Hilfe in Krisen- und Gefahrensituationen, insbesondere bei Überforderung der Eltern und/oder Erziehungsschwierigkeiten. Im Jahr 2008 wurden (ohne Herausnahmen) knapp 31.900 Minderjährige in Obhut genommen, davon 24% auf eigenen Wunsch sowie 76% auf Grund einer Gefährdungslage für das Kind bzw. den Jugendlichen.

Literatur
Trenczek, T. ([2]2008): Inobhutnahme. Stuttgart.

Jens Pothmann

Institutionen

Unter Institutionen werden ganz allgemein sozial verankerte Deutungs- und Handlungsmuster verstanden. In der Soziologie werden Institutionen als Vermittlungsmechanismen zwischen Gesellschaft und Individuum begriffen und deren handlungsleitende Wirkungen betont. Als wichtige Institutionen moderner Gesellschaften gelten Verwandtschaftssysteme und insbesondere die Kernfamilie, Tauschformen wie der Markt- oder der Gabentausch, Eigentumsrechte, aber auch Herrschaft, Organisationen, Verfassungen, Wahlen; und sogar Freundschaft und die romantische Liebe werden als sozial verankerte, institutionalisierte Deutungs- und Handlungsmuster untersucht. Ihren Niederschlag finden Institutionen sowohl in stabilen sozialen Beziehungsmustern, z.B. die geschlechtsspezifische Arbeitsteilung, in komplexen Strukturen wie Wirtschaftsbetrieben oder in ganzen institutionellen Arrangements wie etwa dem kapitalistischen oder sozialistischen Wirtschaftssystem.

Zur Differenzierung wird einerseits auf die Art und Weise der Legitimation und Sicherung und andererseits auf das jeweilige Handlungsfeld zurückgegriffen. Institutionen, die direkt in sozialen Kontext verankert und gesichert sind, wie Sitten, Bräuche oder Konventionen, werden im ersten Fall von Institutionen abgegrenzt, die formal definiert und durch legitime Sanktionsinstanzen stabilisiert sind, wie formale Satzungen und Ordnungen. Der Händedruck bei einer Begrüßung oder die Kleiderregeln einer Jugendclique sind informelle Institutionen, wohingegen die Ehe, das Geld und die Kleiderordnungen in Gefängnissen bzw. psychiatrischen Anstalten formale Institutionen darstellen. Zum zweiten werden nach den gesellschaftlichen Handlungsfeldern, in denen die Institutionen entstehen und wirken, soziale, ökonomische und politische Institutionen unterschieden. Das Geschenk wäre im sozialen Bereich anzusiedeln, der geldvermittelte Marktkauf in der Wirtschaftssphäre und der Ämter- oder Stimmenkauf in der politischen Arena. Allen Institutionen ist gemeinsam, dass es sich um sozial verankerte Handlungs- und Deutungsmuster handelt, die den Handlungsraum vorstrukturieren und Handlungen vorschreiben oder verbieten bzw. belohnen oder bestrafen.

Die frühen Institutionentheorien waren mit der Hoffnung verbunden, universale Regeln und Prinzipien des Zusammenlebens ausfindig zu machen (großes Interesse fand dabei das Inzesttabu). Neuere Ansätze der Soziologie gehen jedoch von der sozialen Konstitution, der Vielfalt und auch der Variabilität sozialer Institutionen aus und wollen gerade die Entstehung, die gesellschaftliche Relevanz und auch den Wandel von Institutionen analysieren. Moderne Gesellschaften werden oftmals als das Resultat der Institutionalisierung umfassender individueller und kollektiver Handlungsrechte (z.B. Wahlrecht, Versammlungsrecht, Vertragsfreiheit usw.) beschrieben. Typisch für moderne Gesellschaften ist der Bedeutungsverlust von Familie und Verwandtschaft sowie von religiösen Vorstellungen und der Bedeutungszuwachs von Marktinstitutionen, Wirtschaftsunternehmen und großen Mitgliederverbänden. In der neueren Diskussion werden der Wandel in den Geschlechterbeziehungen, neue Lebensführungsmodelle und interkulturelle, globale Institutionen in den Mittelpunkt gerückt. Ein besonderes Augenmerk haben die Institutionentheorien und -analysen seit jeher Umbruchsphasen, Rebellionen und Revolutionen gewidmet. Emile Durkheim und Robert K. Merton haben dafür den Begriff der anomischen, regellosen Situation eingeführt und wollten damit Verhältnisse beschreiben, in denen alte Muster nicht mehr tragen und neue noch nicht vorliegen, so dass die Einzelnen orientierungslos sind, was zu erhöhten Selbstmordraten, Delinquenz usw. führen kann. Aktuell aufgegriffen wird das Anomie-Konzept zur Erklärung von Auflösungsprozessen in der ehemaligen Deutschen Demokratischen Republik.

Die Klassiker haben die Soziologie als die Wissenschaft definiert, die sich mit den Grundlagen und Formen des sozialen Zusammenlebens insbesondere in modernen Gesellschaften beschäftigt und die dabei entstehenden sozialen Institutionen erklärt, in ihrer Funktionsweise analysiert und mögliche Folgen untersucht. Prominent dafür stehen die Namen Emile Durkheim und Max Weber, die die Soziologie damit als eigenständige sozialwissenschaftliche Disziplin etablieren wollten. Für Emile Durkheim, den Begründer des Strukturfunktionalismus und den Gründervater der französischen Soziologie, sind soziale Institutionen wichtig, um die individuelle Freiheit zu sichern; sie sind für ihn aber soziale Größen, die sich nur und allein aus der Moral einer ganzen Gruppe oder Gesellschaft speisen und den Einzelnen als unveränderliche, objektive Größe gegenübertreten. Es sind die moralgestützten Regeln einer Gruppe, welche das soziale Zusammenleben ermöglichen. Für Durkheim war die Soziologie als die Wissenschaft von den sozialen Institutionen anzulegen.

Demgegenüber hat Max Weber die Komplexität und Unübersichtlichkeit der Welt zum Ausgangspunkt seiner Ordnungskonzeption gemacht und wollte stabile soziale Beziehungen allein aus gemeinsam getragenen Wert- und Legitimitätsvorstellungen folgern, die die Einzelnen mit einer sinnhaften Handlungsmotivation versorgen und zu typischen sozialen Beziehungsmustern wie Freundschaft, Herrschaft, Markt usw. führen. Soziale Ordnung ist mit Weber zu erwarten, wenn kollektive Ideen und Deutungsmuster zur Ausbildung sozialer Regeln führen, die die Mitglieder einer Kultur für richtig und deshalb auch für verbindlich halten und zu deren Garantie in Verbänden überdies noch Sanktionsinstanzen errichtet werden. Max Weber hat in der Herrschaftssoziologie und im Bürokratiemodell die ordnungsstabilisierenden und rationalitätssteigernden Effekte sozialer Institutionen dargestellt und darüber den Siegeszug formal-legaler Institutionen wie der großen Massenverbände und Parteien prognostiziert. Im Anschluss an Max Weber haben Heinrich Popitz und viele andere die normative Konstruktion von Gesellschaft und soziale Normen als handlungsleitende Institutionen untersucht. In der Soziologie wurde daher auch lange Zeit von der normativen Fundierung sozialer Verhaltensforderungen und deren Sanktionierung ausgegangen und die Orientierungsleistungen sozialer Institutionen bei der Situationsdeutung und der individuellen Handlungswahl thematisiert.

Neuere Theoriediskussionen zur Verbindung von Individuum und Gesellschaft haben zu einer Wiederbelebung von Institutionentheorie und -analyse in den letzten 10 bis 20 Jahren beigetragen. Es stehen sich gegenwärtig drei große, disziplinenübergreifende Programme gegenüber: das Kulturprogramm, das die Sinnsetzungsfähigkeit und das Orientierungsbedürfnis der Menschen betont und daher vor allem die Orientierungs- und Deutungsleistungen von Institutionen in den Blick nimmt, das Rationalprogramm, das von sozialen Handlungs- und Abstimmungsproblemen ausgehend die Vorteilhaftigkeit sozialer Institutionen thematisiert und deren Aufrechterhaltung angesichts des individuellen Rationalismus und Egoismus problematisiert und nicht zuletzt auch konflikttheoretische Ansätze, die von Interessen- und Verteilungskonflikten ausgehen und die Entstehung machtbasierter Institutionen erklären wollen und dabei auch deren konfliktregulierende Wirkungen analysieren.

Im Rahmen des Neuen Institutionalismus sind bislang vor allem Wirtschaftsunternehmen und Märkte untersucht worden, es finden sich aber zunehmend auch Erklärungen und Analysen von Vertrauen, Moral und sozialen Netzwerken. Während die Neue Institutionenökonomie die effiziente Wahl und Gestaltung von Markt, Hierarchie und sozialen Netzen zum Thema macht, werden in der neuen Wirtschaftssoziologie bzw. in der soziologischen Organisationsforschung Kulturmuster und Rationalitätsmythen in und über Organisationen und Unternehmen diskutiert. Den Erziehungswissenschaften könnte die Institutionentheorie den Blick auf spezifische Institutionen der Wissensvermittlung, der kollektiven Wissensspeicherung und der individuellen Wissensaneignung eröffnen und ließe nach deren Folgen fragen.

Literatur

Durkheim, E. (1895/1961): Die Regeln der soziologischen Methode. Neuwied. – Maurer, A./Schmid, M. (Hg.) (2002): Neuer Institutionalismus. Frankfurt, New York.

– Popitz, H.(1980): Die normative Konstruktion von Gesellschaft. Tübingen. – Reuter, N. (²1996): Der Institutionalismus. Marburg. – Weber, M (⁵1976): Wirtschaft und Gesellschaft. Tübingen.

Andrea Maurer

Institutionen der Erwachsenen- und Weiterbildung

Die Begriffe Einrichtung, Träger, Institution und Organisation bezeichnen in der Erwachsenen- und Weiterbildung soziale Gebilde, deren Funktion darin besteht, Lernprozesse Erwachsener zu ermöglichen und zu begleiten. Die Reihenfolge der Nennung verweist auf die historische Abfolge ihrer Verwendung; damit gehen in der Praxis veränderte Organisationsformen und bildungspolitische Zielsetzungen, in der Forschung veränderte Fragestellungen und theoretische Orientierungen einher.

So kennt die Geschichte der Volks-, Erwachsenen- und Weiterbildung seit dem Beginn der Moderne Lesegesellschaften, Handwerker- und Arbeiterbildungsvereine, seit Beginn des 20. Jahrhunderts auch Volkshochschulen, kirchliche und gewerkschaftliche Bildungswerke, seit Mitte des 20. Jahrhunderts schließlich betriebliche Weiterbildungsabteilungen und kommerzielle Bildungs- und Beratungsinstitute. Der Begriff der Einrichtung dominiert bis etwa in die Mitte des 20. Jahrhunderts. Bezeichnet werden damit rechtlich selbständige soziale Gebilde, die im Auftrag und mit (subsidiärer) Unterstützung ihrer Träger, später des Staates, Vorträge, Kurse und Seminare in (zumeist) öffentlichem Interesse organisieren. Träger sind solche sozialen Gebilde, die die formalrechtlichen, organisatorischen und finanziellen Voraussetzungen für die Arbeit der Einrichtungen schaffen (z.B. Vereine, Korporationen, Verbände, Kommunen). Bis zur Mitte des 20. Jahrhunderts wurden die Begriffe Einrichtung und Institution sowohl in den Selbstbeschreibungen der Praxis als auch in der wissenschaftlichen Literatur weithin synonym verwandt. Der Institutionsbegriff war verwaltungswissenschaftlich geprägt und bezeichnete juristisch definierte Gebilde des öffentlichen oder privaten Rechts. Dieses Verständnis änderte sich in den letzten Jahrzehnten mit der Rezeption organisationstheoretischer und betriebswirtschaftlicher Theorien und Konzepte (z.B. Neo-Institutionalismus, Systemtheorie, New Public Management). Seither ist es auch in der Erwachsenenbildung üblich, die Begriffe Institution und Organisation zu unterscheiden. Institutionen werden als relativ verfestigte, in Routinen zugeschliffene soziale Erwartungsstrukturen betrachtet, die individuelles und kollektives Handeln begrenzen und ermöglichen. In diesem Sinne lässt sich von lebenslangem Lernen als einer Institution sprechen. Der Begriff der Organisation wird für die Scharnierstelle zwischen der Verfestigung okkasioneller Interaktionen in lebensweltlichen Zusammenhängen und der Operationalisierung gesellschaftlicher Funktionen reserviert. Organisationen werden als soziale Systeme betrachtet, die durch Mitgliedschaft, geregelte Kommunikationswege sowie Programme zur Bewertung der Richtigkeit von Entscheidungen bestimmt sind.

Organisation wurde in der Erwachsenenbildung mit ihren historisch gewachsenen, antiinstitutionellen Affekten lange Zeit als Störfaktor des Pädagogischen, als bloße Voraussetzung für die administrative Handhabbarkeit des Lernens und der Bildung Erwachsener betrachtet und aus diesem Grund wenig thematisiert. In den vergangenen beiden Jahrzehnten hat sich jedoch eine organisationale Wende vollzogen, die sich an zwei Forschungsschwerpunkten ablesen lässt:

Ein erster, zum Teil systemtheoretisch inspirierter Schwerpunkt beschäftigt sich mit der Struktur, dem Wandel und der Steuerung des Weiterbildungssystems, verstanden als Summe der Organisationen, die als Primär- oder Sekundärfunktion organisiertes Lernen ermöglichen. Der Institutionalisierungsprozess der Erwachsenen- und Weiterbildung, der in der Bundesrepublik durch die Bildungsreform der 1960er und 1970er Jahre beschleunigt wurde, regte insbesondere Forschungen zu der Frage an, welche Wirkungen jene rechtlichen und finanziellen Impulse der Reformzeit erzeugten, die auf ein quartäres, öffentlich verantwortetes Weiterbildungssystem zielten. Mehrere Bundesländer gaben als Systemmonitoring kartografische Studien in Auftrag. Dabei zeigte sich u.a., dass der Wildwuchs an Organisationen durch traditionelle Unterscheidungen (freie vs. gebundene, offene vs. geschlossene, öffentliche vs. partikulare Interessen verfolgende Einrichtungen) nicht mehr angemessen erfasst werden kann. Einigkeit besteht darin, dass die Weiterbildung sich nicht zu einem quartären, öffentlich verantworteten Bildungsbereich entwickelt hat. Beachtung fand der Vorschlag, ihren Entwicklungsstand mit dem Begriff der mittleren Systematisierung zu fassen, der der Bildungspolitik nach ihrem Abschied vom Leitbild des korporativen Pluralismus zugleich eine neue Orientierung anbot.

Ein zweiter Forschungsschwerpunkt umfasst Arbeiten, die sich mit der spezifischen Struktur von Organisationen der Weiterbildung, ihrer Steuerbarkeit sowie ihrer Lern- und Entwicklungsfähigkeit befassen. Verursacht u.a. durch verschärfte Bedingungen der Reproduktion, auch aufgrund des Rückzugs des Staates aus der öffentlichen Verantwortung, wurde die Betrieblichkeit von Weiterbildungseinrichtungen zu einem zentralen Diskussionsthema. Ablesen lässt sich dies u.a. an den Debatten über Qualität, Management, Organisationsentwicklung oder neue Steuerungsmodelle. Insbesondere neo-institutionalistisch inspirierte Forschungen dokumentierten, dass Organisationen der Weiterbildung eine große Offenheit für Rationalitätsmythen zeigen, die in ihrer Umwelt zirkulieren. Gleichzeitig erwies sich ihre Steuerbarkeit als begrenzt, u.a. aufgrund der Tatsache, dass zentrale Leistungen in Lehre, Moderation, Training oder Beratung durch neben- oder freiberufliche bzw. ehrenamtliche Mitarbeiterinnen und Mitarbeiter erbracht werden, deren Mitgliedschaftsstatus unklar ist.

Forschungsdesiderate lassen sich für beide Schwerpunkte benennen. Das hybride System der Erwachsenen- und Weiterbildung sowie der Wandel seiner Strukturen sind theoretisch und empirisch noch unzureichend erfasst. Noch kaum erforscht ist zudem die Frage, welche institutionalisierten Handlungslogiken die Entscheidungen in den lose gekoppelten Organisationen der Weiterbildung bestimmen. Der Rückgriff auf organisationstheoretische Konzepte würde es erlauben, das Verhältnis von Interaktionen auf der Lehr-Lern-Ebene, Entscheidungen auf der Ebene der Organisation und Erwartungen der Umwelt unter dem Begriff der institutionellen Staffelung zu thematisieren, theoretisch präzise zu fassen und damit für empirische Forschung zu öffnen.

Literatur
Schäffter, O. (1992): Arbeiten zu einer erwachsenenpädagogischen Organisationstheorie. Frankfurt. – Schäffter, O. (2001): Weiterbildung in der Transformationsgesellschaft. Baltmannsweiler. – Tietgens, H. (1995): Institutionelle Strukturen der Erwachsenenbildung. In: Schmitz, E./Tietgens, H. (Hg.): Erwachsenenbildung. Stuttgart, 287-302.

Josef Schrader

Instruktionspsychologie

Instruktionspsychologie ist die Psychologie des Lernens unter Einfluss des Lehrens und neben der Erziehungspsychologie eine Säule der Pädagogischen Psychologie. Im engeren Sinne befasst sich Instruktionspsychologie mit individuell gestaltetem, material- und technologiegestütztem Lehren und Lernen, im weiteren Sinne mit Unterricht, Ausbildung und Training allgemein.

In der instruktionspsychologischen Forschung geht es nicht nur um die Beschreibung und Erklärung von Lehr- und Lernprozessen (deskriptive Unterrichtsforschung), sondern insbesondere auch um die Optimierung von Lehr- und Lernprozessen (Präskription): Ziel sind psychologisch begründete und empirisch belegte Empfehlungen zur Gestaltung von Lehr- und Lernprozessen, die über pädagogisch-didaktische Rezepte hinausgehen. Typische Forschungsfragen sind: Wie müssen Lehrziele und Bildungsstandards formuliert werden, damit Lernprozesse durch Unterricht optimal gesteuert und die Effekte von Unterricht optimal evaluiert werden können? Wie muss Kompetenzdiagnostik gestaltet werden, damit sie einerseits steuernde, andererseits evaluative Aufgaben optimal übernehmen kann? Wie muss Unterricht gestaltet werden, dass die für Kompetenzerwerb erforderlichen Lehrfunktionen (d.h. Motivation, Information, Informationsverarbeitung, Speichern und Abrufen, Anwendung und Transfer, Steuerung und Kontrolle) optimal erfüllt werden? Wie kann Unterricht an interindividuelle Unterschiede der Lernenden optimal angepasst werden? Wie müssen Lehr- und Lernmedien gestaltet werden, damit sie den Lernprozess optimal unterstützen? Wie können Lernende befähigt werden, ihr eigenes Lernen in optimaler Weise selbst zu steuern und zu regulieren?

Literatur
Klauer, K. J./Leutner, D. (2007): Lehren und Lernen. Weinheim.

Detlev Leutner

Integration

Im sozialwissenschaftlichen Diskurs gibt es keine einheitliche Definition des Begriffs Integration. Zentrale Elemente beziehen sich auf Prozesse der Herstellung eines Zusammenhaltes unterschiedlicher aufeinander verwiesener Gruppen in einer Gesellschaft, der umso schwieriger wird, je heterogener die einzelnen Teilbereiche sind. Als Voraussetzung zur Schaffung eines derartigen Zusammenhaltes werden auf Gerechtigkeit zielende Herrschafts- und Sozialstrukturen gesehen, die einen Interessensausgleich ermög-

lichen, Konfliktbewältigungsmechanismen vorsehen und eine soziale Praxis gegenseitiger Anerkennung fördern. In diesem Prozess kommt dem Zugang zu Bildung, der Chancengleichheit auf dem Arbeitsmarkt unter Einbeziehung von Familienarbeit und der staatsbürgerlichen Anerkennung unter jeweiliger Berücksichtigung der strukturellen Faktoren Klasse, Geschlecht und Ethnie eine zentrale Bedeutung zu.
Seit der bürgerlichen Revolution und dem Zeitalter der Aufklärung spielt Integration im Sinne der Inklusion aller Mitglieder einer Gesellschaft eine zentrale Rolle im Kampf um Gleichheit und Gleichberechtigung. Derzeit scheint jedoch der diesbezügliche Konsens bürgerlicher Gesellschaften im Zuge des Neoliberalismus zu bröckeln und die Hinnahme einer wachsenden Exklusion gesellschaftlicher Gruppen zu steigen. Neben der schwindenden strukturellen Basis sind zentrale Stichworte der Problematisierung der Integrationsfähigkeit heutiger, postindustrieller Gesellschaften die zunehmende Individualisierung einerseits und die Entwicklung sog. Parallelgesellschaften andererseits.
Konflikttheoretiker wie Ralf Dahrendorf gehen davon aus, dass Prozesse der Integration in einer Gesellschaft durch soziale Konflikte, auf der Basis gemeinsamer Grundüberzeugungen und institutionalisierter Formen, erreichbar sind, während Karl Marx und alle Klassentheoretiker antagonistische Interessengegensätze sehen, die nur durch gesellschaftliche Umwälzungen aufhebbar sind.
Nach Franz-Xaver Kaufmann erfordert Inklusion Teilhabe an allen relevanten gesellschaftlichen Teilsystemen, die zusammen Eckpunkte von Lebenslagen darstellen: Teilhaberechte als Rechtsansprüche, finanzielle Ressourcen durch bezahlte Arbeit oder soziale Rechtsansprüche, Chancen durch Zugang zu allen öffentlichen Einrichtungen, Kompetenzen durch Erwerb von Fähigkeiten und Motivationen.
Daraus lassen sich Interventionsformen für professionelles pädagogisches und soziales Handeln ableiten, indem diese Teilhabe gesichert wird. Neben den großen gesellschaftlichen Institutionen und Verbänden kommt dem intermediären Bereich der Bürgerinitiativen, Selbsthilfegruppen u.a. Nichtregierungsorganisationen eine zunehmend wichtige Integrationsfunktion zu. In der pädagogischen und der Sozialen Arbeit gilt es, neben einer Integration aller Schichten, beider Geschlechter und allen Ethnien, der Exklusion weiterer von Marginalisierung bedrohter Gruppen entgegenzuwirken. Der Grad der jeweils erreichten bzw. nicht erreichten Integration ist messbar an zuvor erarbeiteten, öffentlich debattierten Indikatoren, die einer empirischen Überprüfung standhalten und den Stand gesellschaftlicher Integrationsfähigkeit widerspiegeln.

Literatur
Friedrichs, J./Jagodzinski, W. (Hg.) (1999): Soziale Integration. Opladen, Wiesbaden. – Kaufmann, F.-X. (1999): Konzept und Formen sozialer Intervention. In: Albrecht, G./Groenemeyer, A./Stallberg, F. (Hg.): Handbuch soziale Probleme. Opladen, Wiesbaden, 921-940. – Knapp, G.-A./ Wetterer, A. (Hg.) (2003): Achsen der Differenz. Münster.

Margit Brückner

Integration und Behinderung

In der Sonderpädagogik meint Integration die weitestmögliche Teilhabe von Menschen mit Behinderungen am allgemeinen Leben in allen gesellschaftlichen Formen und Institutionen. Die Integration von Menschen mit Behinderung versteht sich als demokratisches und humanitäres Gegenkonzept zur herkömmlichen und immer noch verbreiteten Separation in besondere Institutionen (wie Sonderkindergärten, Sonder- oder Förderschulen, Werkstätten für Behinderte, heilpädagogische Wohnheime, Behindertenclubs).
Integrationsbestrebungen beziehen sich auf alle Altersstufen und Lebensbereiche. Die Diskussion zwischen Befürwortern und Gegnern konzentriert sich jedoch häufig auf das Schulalter, weil Schule die einzige Pflichtinstitution für alle ist. Integrationsbefürworter plädieren für die gemeinsame Unterrichtung von Kindern mit und ohne Behinderung in Klassen der Regelschulen (allgemeinen Schulen); Sonderschulbefürworter streiten für die separierte Unterrichtung von Kindern mit Behinderung in Sonderschulen und verweisen darauf, dass das Ziel der Sonderschule schon immer die Integration sei, nämlich die nachschulische Eingliederung in Beruf und Gesellschaft (Integration als Ziel). Integrationsbefürworter lehnen den Umweg über die Sonderschule ab und setzen sich für gemeinsames Lernen und Leben von Anfang an ein (Integration als Weg).
Integration im Schulalter meint idealiter die aktive und effektive Teilnahme von Kindern und Jugendlichen mit Behinderungen aller Arten und Schweregrade am Unterricht und sonstigen Schulleben auf allen Schulstufen in wohnortnahen Regelschulklassen Gleichaltriger.
Der schulische Integrationsprozess wird von vielen Bedingungen beeinflusst. In aller Regel ist die Mit-

wirkung einer sonderpädagogischen Lehrkraft erforderlich, die die Regelschullehrkraft berät, aber auch Kinder mit Behinderungen (und deren Mitschüler) schulpraktisch unterstützt. Meistens arbeitet die sonderpädagogische Lehrkraft stundenweise im Unterricht mit (Ko-Unterricht); Gruppenunterricht, Wochenplanarbeit und andere Formen binnendifferenzierten Unterrichts sind dafür besser geeignet als Frontalunterricht. Werden mehrere Schüler mit Behinderung in einer Klasse integrativ unterrichtet, kann die Wochenstundenzahl der sonderpädagogischen Lehrkraft so weit steigen, dass sie ständig in der Klasse mitwirkt (Zwei-Lehrer-System). Je nach Kooperationsfähigkeit und pädagogischer Übereinstimmung der Beteiligten tragen Ko-Unterricht und Zwei-Lehrer-System wesentlich zur Effizienz des Unterrichts, zur Verbesserung des sozialen Klassenklimas und zur Berufszufriedenheit der Lehrkräfte bei. Wissenschaftliche Begleituntersuchungen belegen, dass die Schulleistungen sowohl der Schüler ohne als auch mit Behinderungen im Durchschnitt in integrativen Klassen mindestens so gut gefördert werden wie in nicht-integrativen Regelschul- bzw. wie in Sonderschulklassen, und dass die soziale Entwicklung in integrativen Klassen deutlich besser gefördert wird.

Ein Teil der Schüler mit Behinderung in Regelschulklassen kann mit sonderpädagogischer Unterstützung zielgleich unterrichtet werden, d.h. für sie gelten die gleichen Lehrplanziele wie für ihre Mitschüler ohne Behinderung. Ein anderer Teil muss in Abhängigkeit von Art und Schwere der Behinderung zieldifferent unterrichtet werden; für diese Schüler werden individuelle Förderpläne aufgestellt, die möglichst viele themengleiche, wenn auch niveauverschiedene Stoffe wie der Klassenlehrplan enthalten. Zieldifferent unterrichtete Schüler verbleiben grundsätzlich in ihrer Regelschulklasse, für sie gelten nicht die Versetzungsbestimmungen des zielgleichen Unterrichts. Die offizielle Zulassung zieldifferenten Unterrichts durchbricht also das traditionelle Konzept von der Schulklasse als einer homogenen Lerngruppe. Zieldifferente Unterrichtung befreit die Lehrkräfte und die Kinder oder Jugendlichen von dem Druck, Tag für Tag vor unerreichbare Ziele gestellt zu werden. Praktische Integrationserfahrungen und wissenschaftliche Begleituntersuchungen haben gezeigt, dass viele der als zieldifferent eingestuften Schüler (vor allem mit der Diagnose Lernbehinderung) in einigen Fächern dennoch zielgleich mitzuarbeiten beginnen. Die Dichotomie zielgleich/zieldifferent wird in der Schulpraxis also um eine Mischform erweitert. Auf den Zeugnissen der Schüler wird dies entsprechend vermerkt.

Die schulische Integration von Kindern und Jugendlichen mit Behinderung begann in Deutschland dauerhaft erst in den 1970er Jahren, angeregt durch die rigorose Selektionskritik der 1968er Reformbewegungen und legitimiert durch die behindertenpädagogische Empfehlung des Deutschen Bildungsrates (1973). Ältere Vorläufer des Integrationsansatzes wie die Verallgemeinerungsbewegung, die um 1830 den Verbleib gehörloser und blinder Kinder in den örtlichen Volksschulen anstrebte, oder die Hilfsschulkritik, die um 1900 die Separation der schwachbefähigten von den übrigen Volksschülern verhindern wollte, hatten sich in Deutschland nicht durchsetzen können. Nach der Bildungsratsempfehlung wurden vor allem auf Drängen betroffener Eltern in vielen Bundesländern der Bundesrepublik Deutschland zunächst lokale Modellversuche, dann auch breitere Projekte schulischer Integration zugelassen. Da die Ergebnisse meistens sehr befriedigten, begannen ab 1986 die Bundesländer, Integration als reguläre Option in ihre Schulgesetze aufzunehmen – allerdings unter Haushaltsvorbehalt. Schulische Integration in Deutschland bleibt also weiterhin Gegenstand von Auseinandersetzungen zwischen Eltern, Lehrkräften und Behörden, aber auch in Bildungspolitik und Fachverbänden.

1994 folgte die Kultusministerkonferenz (KMK) den integrationsorientierten Reformen in vielen Bundesländern und empfahl, sonderpädagogische Förderung nicht mehr nur in Sonderschulen, sondern verstärkt auch integrativ in Regelschulen aller Art durchzuführen. An Stelle des traditionellen Begriffs Sonderschulbedürftigkeit unterstützt die KMK seither das Konzept Sonderpädagogischer Förderbedarf, denn diesem Förderbedarf kann auch in anderen Schulen als Sonderschulen entsprochen werden. Integration soll gestärkt, aber das Sonderschulsystem grundsätzlich erhalten werden.

Die Eltern eines Kindes mit Behinderung haben in den meisten deutschen Bundesländern nicht die Wahl zwischen Sonderschule und Integration, sondern nur zwischen Sonderschule und einem Antrag auf Integration, der von den Schulbehörden aus Haushaltsgründen abgelehnt werden kann (Haushaltsvorbehalt zu Gunsten der Sonderschulen). Tatsächlich nimmt die Integration von Kindern mit Behinderung im Bundesdurchschnitt nur langsam zu. Eine bundesweite Statistik führt die KMK erst seit 1999. Danach wurden im Schuljahr 1999/2000

von allen Schülern mit sonderpädagogischem Förderbedarf nur 11,6% integrativ in Regelschulen unterrichtet; im Schuljahr 2006/07 war diese Integrationsquote erst auf 15,7% gestiegen. Zwischen den Bundesländern und auch nach Behinderungsarten differieren die Integrationsquoten erheblich.
Ein zentrales Desiderat ist also die quantitative, aber auch die qualitative Weiterentwicklung der Integration in Schulen. Dazu muss dieses Thema in die Lehrerausbildung für alle Regelschularten aufgenommen und in der Sonderschullehrerausbildung wesentlich vertieft werden. In Staaten mit fortgeschrittener Integrationsentwicklung hat die Erweiterung zur Pädagogik der Inklusion begonnen, d.h. zu einer Pädagogik, die neben Kindern mit Behinderung auch alle anderen Kinder mit besonderen Bedürfnissen individuell und integrativ fördert.

Literatur
Eberwein, H./Knauer, S. (Hg.) (2009): Handbuch Integrationspädagogik. Weinheim, Basel. – Sekretariat der Ständigen Konferenz der Kultusminister der Länder in der Bundesrepublik Deutschland (1994): Empfehlungen zur sonderpädagogischen Förderung in den Schulen in der Bundesrepublik Deutschland. Bonn. – Schnell, I. (2003): Geschichte schulischer Integration. Weinheim, München.

Alfred Sander

Integration und Migration

Der vieldeutige Begriff Integration wird auch in der Migrationsforschung und -politik kontext- und theorieabhängig unterschiedlich definiert. In einer politikwissenschaftlichen Perspektive wird unter Integration der Prozess der individuellen und kollektiven Eingliederung von Immigranten in die Aufnahmegesellschaft verstanden. Integration umfasst verschiedene Lebensbereiche: in struktureller Hinsicht v.a. den rechtlich-politischen Status und die soziale Lage (u.a. Erwerbstätigkeit, Wohnen, Bildung, gesundheitliche Versorgung), in kultureller Hinsicht v.a. die Entfaltung in den Bereichen Sprache und Religion. Integration bedeutet ferner, einen Zustand anzustreben, in dem Zugewanderte in zentralen sozialen Bereichen eine Position einnehmen, die der vergleichbarer einheimischer Gruppen entspricht. Im Unterschied zur Assimilation wird eine gleichberechtigte Existenz verschiedener ethnischer Gruppen und ihrer kulturellen Lebensformen angestrebt, wobei jedoch ein normatives Rahmenwerk – etwa eine Staatsverfassung – gemeinsam akzeptiert wird.
In Deutschland wird Integration v.a. mit Blick auf die Eingliederung Zugewanderter seit dem Zweiten Weltkrieg thematisiert. Dabei galt Integration lange als ausschließlich von den Zugewanderten zu erbringende Anpassungsleistung. In den 1990er Jahren wurde dem die Idee der multikulturellen Gesellschaft entgegengesetzt. Während diese etwa in den Vereinigten Staaten von Amerika, Kanada, Großbritannien, den Niederlanden oder Schweden mit politischen Forderungen nach Gleichstellung und staatlichen Antidiskriminierungsmaßnahmen in der rechtlichen, institutionellen und distributiven Sphäre einherging, blieb sie in Deutschland auf Aspekte des Kulturellen verengt. Erst mit der am 1.1.2000 in Kraft gesetzten Neuregelung der Staatsbürgerschaft und dem seit 2005 gültigen Zuwanderungsgesetz werden die durch den migrationsbedingten sozialen Wandel hervorgerufenen Herausforderungen aktiv aufgegriffen. Im Jahr 2007 wurde erstmals ein Konzept einer systematischen staatlichen Gesamtstrategie der Integration für die Bundesrepublik Deutschland vorgelegt: der Nationale Integrationsplan. Hier werden Handlungsfelder umrissen sowie Ziele und Selbstverpflichtungen öffentlicher und privater Instanzen definiert, mit denen Integration im Sinne eines funktional gleichberechtigten, wechselseitig anerkennenden und friedlichen Miteinanders der unterschiedlichen gesellschaftlichen Gruppen erreicht werden soll.

Literatur
Bundesregierung (2007): Der Nationale Integrationsplan. Berlin. – Schulte, A. (2002): Integrations- und Antidiskriminierungspolitik in Einwanderungsgesellschaften. Bonn.

Mechtild Gomolla

Integrationsklasse und integrative Regelklasse

Integrationsklassen sind Jahrgangsklassen an der allgemeinen Schule, die auch von mehreren Schülern mit festgestelltem sonderpädagogischen Förderbedarf besucht werden. In Deutschland stellen sie das erste und bekannteste Modell der gemeinsamen Unterrichtung von Kindern mit und ohne Behinderungen dar. Die ersten Integrationsklassen entstanden in Deutschland Anfang der 70er Jahre des 20. Jahrhunderts, als Eltern von Kindern mit Behinderungen sich für eine Fortsetzung der in Kindertageseinrichtungen begonnenen gemeinsamen Erziehung in der Schule einsetzten. Die Fläming-Schule und die Uckermarck-Schule in Berlin waren die ersten Schulen, die Integration als Schulentwicklungsprozess auffassten und als ganze Institutionen Konzepte für den gemeinsamen Unterricht entwickelten. In den Folgejahren schlossen sich zahlreiche Modellversuche in den westlichen Bundesländern an, die zum Teil umfangreich wissenschaftlich begleitet und gut dokumentiert wurden. In den östlichen Bundesländern setzte die Entwicklung des gemeinsamen Unterrichts erst nach 1989 ein. Eine große Leistung der Modellversuche war und ist die Entwicklung einer integrativen Didaktik, die durch die Akzeptanz der Heterogenität aller Schüler, die Individualisierung und innere Differenzierung sowie die bewusste Herstellung von Gemeinsamkeit gekennzeichnet ist.

Die Begleitforschung konnte die Effektivität der gemeinsamen Unterrichtung in Integrationsklassen eindrucksvoll nachweisen: Im Hinblick auf die Schulleistungen konnte für die Schüler mindestens ein Patt, vielfach aber auch eine klare Überlegenheit integrativer Unterrichtung gegenüber der Sonderbeschulung festgestellt werden. In Bezug auf die soziale Integration bringt der gemeinsame Unterricht klar erwiesene Vorteile mit sich, und im Hinblick auf die Entwicklung des Selbstkonzepts lassen sich auf Dauer keine Nachteile feststellen.

Wesentliche Ausstattungsbedingungen der Integrationsklassen der ersten Phase waren eine gegenüber Regelklassen reduzierte Klassenfrequenz, ein Zwei-Pädagogen-System und eine besondere Raumausstattung. In Bezug auf die Klassenfrequenz wurden unterschiedliche Modelle erprobt, z.B. das 18+2 Modell der Uckermarckschule (18 Kinder ohne, zwei mit Behinderung) oder das 15+5 Modell der Flämingschule. Die weitgehende oder sogar vollständige Doppelbesetzung wurde und wird in den meisten Konzepten durch eine Lehrkraft der allgemeinen Schule und eine Lehrkraft der Förderschule abgedeckt, in einigen Fällen auch durch eine Erzieherin oder Sozialpädagogin. Es wurden Kinder mit unterschiedlichsten Behinderungen in diesen Klassen unterrichtet, dabei wurde je nach Bedarf auch therapeutisches oder Pflegepersonal einbezogen.

Aufgrund der positiven Untersuchungsergebnisse wurde der gemeinsame Unterricht seit Ende der 1980er Jahre in den meisten Bundesländern deutlich ausgeweitet und als Ergänzung zum Sonderschulsystem in den Schulgesetzen verankert. Die Arbeit in integrativen Klassen wurde durch die Empfehlungen der Ständigen Konferenz der Kultusminister (KMK) von 1994 bundesweit zu einer Regelform der Unterrichtung von Kindern und Jugendlichen mit sonderpädagogischem Förderbedarf erhoben. Auch wenn mit ca. 13% noch immer ein im internationalen Vergleich geringer Anteil von Schülern mit sonderpädagogischem Förderbedarf in integrativen Klassen unterrichtet wird und die Zahl der in Sonderschulen unterrichteten Schüler ebenfalls weiter ansteigt, hat die Zahl integrativer Klassen insgesamt stark zugenommen.

Mit dieser Ausweitung geht eine im Vergleich zu den Modellversuchen massive Reduzierung der Ressourcen einher. Die meisten integrativen Klassen nähern sich inzwischen der jeweils üblichen Klassenfrequenz, und der Umfang der Doppelbesetzung von Regel- und Förderschullehrkraft wird in den meisten Bundesländern von den ausgewiesenen Förderbedarfen der Kinder abhängig gemacht. Die Unterscheidung in eine zielgleiche und zieldifferente Integration wurde eingeführt, die eine Zuordnung der integrativ unterrichteten Schüler zu den Rahmenrichtlinien der Regelschule, des Förderschwerpunkts Lernen oder des Förderschwerpunkts geistige Entwicklung notwendig macht. In diesem Zusammenhang wird vom Etikettierungs-Ressourcen-Dilemma gesprochen: Die Ausstattung der integrativen Klassen, insbesondere der Umfang an sonderpädagogischen Ressourcen, wird von der Etikettierung der einzelnen zu integrierenden Schüler abhängig gemacht. Dieses in den meisten Bundesländern praktizierte Vorgehen widerspricht dem Gedanken der Inklusion, denn in diesem Verständnis ist die Gemeinsamkeit der Verschiedenen und eine individuelle Unterstützung für jedes Kind gemäß seiner Fähigkeiten und Bedürfnisse im Fokus. In diesem Sinne gilt die Entwicklungsaufgabe, sich in das soziale System zu integrieren, für alle Kinder und nicht nur für solche mit ausgewiesenen besonderen Merkmalen. Aus dieser Perspektive ist auch die Unterscheidung von zielgleicher und zieldifferenter Förderung hinfällig, weil der Unterricht insgesamt sich an den individuellen Voraussetzungen zu orientieren hat.

In Hamburg, Bremen und Niedersachsen wurden daher Modelle entwickelt, die eine systembezogene anstelle einer individuellen Ressourcenzuweisung vorsehen. Es wird von dem prozentualen Anteil von Kindern mit sonderpädagogischem Förderbedarf in jedem Jahrgang ausgegangen (z.B. 3% Schüler mit Förderbedarf im Bereich des schulischen Lernens), und die Schulen bekommen die entsprechenden Ressourcen zugewiesen, ohne dass eine individuelle Begutachtung notwendig wird.

Das Modell der integrativen Regelklasse in Hamburg stellt in diesem Sinne eine Weiterentwicklung des Modells Integrationsklasse dar. Im Hamburger Modellversuch bestehen beide Modelle nebeneinander. Kinder, für die bereits vor der Einschulung ein sonderpädagogischer Förderbedarf festgestellt wird (z.B. im Bereich geistige oder motorische Entwicklung, Sehen oder Hören), besuchen eine Integrationsklasse mit den beschriebenen besonderen Ausstattungsbedingungen. Alle anderen Kinder eines Schulbezirks, bei denen nicht schon im Vornherein umfängliche Schädigungen fest stehen, besuchen eine integrative Regelklasse in ihrer wohnortnahen Schule. Dies betrifft insbesondere Schüler mit Beeinträchtigungen in den Bereichen Lernen, Sprache und Verhalten, deren Förderbedürfnisse oftmals erst im Laufe der ersten Schuljahre erkennbar werden und in vielen Fällen nur für einen begrenzten Zeitraum auftreten. Für diese Kinder ist im Modell der integrativen Regelklasse keine Etikettierung erforderlich, sondern es arbeitet in jeder Klasse eine Förderschullehrkraft im Umfang von 10 Wochenstunden mit, die die Schüler nach Bedarf gemeinsam mit der Regelschullehrkraft unterstützt. Nach demselben Prinzip, wenn auch mit wesentlich geringerer Ausstattung, arbeiten die Regelklassen im Rahmen der sonderpädagogischen Grundversorgung in Bremen und Niedersachsen.

Literatur
Füssel, H.-P./Kretschmann, R. (1993): Gemeinsamer Unterricht für behinderte und nichtbehinderte Kinder. Winterschlick. – Hildeschmidt, A./Sander, A. (1996): Zur Effizienz der Beschulung sogenannter Lernbehinderter in Sonderschulen. In: Eberwein, H. (Hg.) (1996): Handbuch Lernen und Lern-Behinderungen. Weinheim, Basel, 115-134. – Hinz, A./Wocken, H. (1998): Die integrative Grundschule im sozialen Brennpunkt. Hamburg.

Birgit Lütje-Klose

Integrative Didaktik

Die integrative Didaktik entstand aus den Erfahrungen der Schulversuche zur Integration seit den 70er Jahren des 20. Jahrhunderts und wurde seither stetig weiter entwickelt. In Integrationsklassen ist die natürliche Heterogenität der Schüler durch die Einbeziehung von Kindern mit unterschiedlichsten Behinderungen nochmals deutlich erhöht, so dass die Berücksichtigung der individuellen Lernausgangslagen eine elementare Bedingung jeden Unterrichts darstellt. Integrative Didaktik versteht sich nicht als eine spezifische, sondern als gute allgemeine Didaktik, die die Heterogenität jeder Lerngruppe als Normalfall akzeptiert und die spezifischen Lebenssituationen und Förderbedürfnisse aller Kinder berücksichtigen will, unabhängig davon ob für sie ein sonderpädagogischer Förderbedarf festgestellt wurde. Integrative Didaktik ist daher im Sinne einer Pädagogik der Vielfalt gekennzeichnet durch die Umsetzung der Prinzipien Individualisierung und innere Differenzierung sowie die bewusste Herstellung von Gemeinsamkeit. Gleichzeitig hat eine integrative Didaktik den spezifischen Förderbedürfnissen von Kindern mit Behinderungen zu entsprechen. Dazu gehört neben der grundsätzlichen Gemeinsamkeit mit allen anderen auch das Recht auf besondere Unterstützung und Gewährleistung spezifischer Hilfen.
Die Entwicklung einer integrativen Didaktik wurde von Beginn der deutschen Integrationsbewegung an besonders von Georg Feuser voran getrieben, der seinen didaktischen Entwurf als basale, allgemeine, kindzentrierte Pädagogik bezeichnete. Seine wichtigsten Prinzipien sind die innere Differenzierung und die Kooperation an einem gemeinsamen Gegenstand. Durch innere Differenzierung in Bezug auf die Ziele, Methoden und Medien soll jeder Unterrichtsgegenstand so aufbereitet werden, dass er den Lernmöglichkeiten jedes einzelnen Kindes entsprechend bearbeitet werden kann. Der Inhalt dagegen soll für alle Kinder ein gemeinsamer sein, weil nur die Kooperation am gemeinsamen Gegenstand die Erfahrung von Gemeinsamkeit und damit die Integration ermögliche. Um die für einen solchen Unterricht erforderlichen individualisierten Curricula für die Schüler entwickeln zu können, benötigen Lehrkräfte eine förderdiagnostische Grundhaltung: Der Unterrichtsgegenstand wird nicht nur im Hinblick auf die Sachstruktur, sondern auch auf die individuelle Tätigkeitsstruktur jedes Kindes hin analysiert, um Differenzierungsmaßnahmen planen zu können.
Der förderdiagnostische Grundansatz und die Betonung von projektorientierter Arbeit haben in der integrationspädagogischen Literatur und Praxis über Feusers Ansatz hinaus einen hohen Stellenwert erreicht. Die starke Betonung des gemeinsamen Gegenstands wird allerdings von anderen Vertretern integrativer Didaktik, kritisch gesehen. Neben didaktisch geplanter Arbeit an gemeinsamen Gegenständen könne zur Herstellung von Gemeinsamkeit auch der regelmäßige Austausch aller über ihre nach Interesse, individueller Bedeutsamkeit oder spezifischem Förderbedarf unterschiedlichen Gegenstän-

de beitragen. Außerdem wird auf den Stellenwert informeller Situationen und Gespräche verwiesen, in denen die Kinder quasi nebenbei Themen wie Behinderung, Freundschaft etc. verhandeln. Diese gemeinsamen Themen werden, anders als die gemeinsamen Gegenstände im Sinne Feusers, nicht durch Lehrkräfte didaktisch organisiert, sondern von den Kindern in der Interaktion selbst erst hervorgebracht. Integrativer Unterricht muss solchen informellen Kommunikationen Raum geben und den Schülern Mitgestaltungsmöglichkeiten geben. Dazu ist eine bewusste Aufmerksamkeit der Lehrkräfte für die je individuellen wie auch die gemeinsamen Themen der Schüler und eine Öffnung des gesamten Unterrichts für diese Themen und die individuellen Bearbeitungsformen von besonderer Bedeutung.

Literatur
Feuser, G. (1995): Behinderte Kinder und Jugendliche zwischen Integration und Aussonderung. Darmstadt. – Wocken, H. (1998): Gemeinsame Lernsituationen. In: Hildeschmidt, A./Schnell, I. (Hg.): Integrationspädagogik. Weinheim, München, 37-52.

Birgit Lütje-Klose

Integrative Erwachsenenbildung

Integrative Erwachsenenbildung wendet sich gegen dichotomisierende Tendenzen in der Erwachsenenbildung. Sie ist gekennzeichnet durch den Anspruch, Fragmentiertes, aber Zusammengehöriges mit den Potentialen von Erwachsenenbildung in hierarchiefreien Konzepten zu verbinden. Geschichtlich reicht ihre Genese bis in die Bildungsdebatten des 18. und 19. Jahrhunderts zurück. Sie beruht auf Kontroversen über allgemeine versus spezialisierte Erwachsenenbildung und spiegelt vor allem die bildungstheoretischen Auseinandersetzungen der 1970er Jahre über die Spaltung allgemeiner, beruflicher und politischer Bildung wider. Wissenschaftstheoretische Basis integrativer Erwachsenenbildung ist die Forderung nach Interdisziplinarität sowie nach lebensweltlicher Verankerung von Bildungsprozessen.
Bildungspraktische Modelle des Lernens realisieren Integration in unterschiedlichen Dimensionen: auf fachlicher und didaktischer Ebene – etwa durch fächerübergreifende Konzepte; auf intrapersonaler Ebene – etwa durch Lernen mit allen Sinnen; auf sozialer Ebene – etwa durch interkulturelles Lernen; auf institutioneller und systemischer Ebene – etwa durch Vernetzungen und Lernpartnerschaften.
Auf jede dieser Ebenen richtet sich aktuell spezielle öffentliche Aufmerksamkeit, sei es durch verstärktes Transferieren der Grenzen wissenschaftlicher Disziplinen, durch Rückbesinnung auf das Zusammenwirken kognitiver, emotionaler und körperlicher Faktoren in Kontexten selbstorganisierten Lernens, die durch neurowissenschaftliche und konstruktivistische Erkenntnisse belebt wird, durch die demografische Entwicklung und gesellschaftliche Inklusionsansprüche, durch ökonomisch erzeugte Kooperationszwänge und -notwendigkeiten in regionalen Bildungslandschaften.
Eine besondere Herausforderung für integrative Erwachsenenbildung zeichnet sich vor dem Hintergrund geschlechterdemokratischer Ziele ab, welche die Zweiwertigkeit von beruflicher und allgemeiner Bildung als Synonym für die Abwertung reproduktiver gegenüber produktiver Arbeit kritisieren.

Literatur
Schulz, M. (1996): Integrative Weiterbildung. Neuwied. – Venth, A. (2006): Gender-Porträt Erwachsenenbildung. Bielefeld.

Angela Venth

Integrative Erziehung im Kindergarten

Unter integrativer Erziehung im Kindergarten im engeren Sinne versteht man die gemeinsame Erziehung Behinderter oder von Behinderung oder Entwicklungsbeeinträchtigung bedrohter Kinder mit anderen Kindern. Im weiten Sinn wird auch die inklusive Erziehung von Kindern mit Migrationshintergrund dazu gezählt. In beiden Fällen ist das Ziel, den Kindern Werte des Miteinanderlebens zu vermitteln. Sie sollen zur gegenseitigen Achtung und Wertschätzung erzogen werden und den Reichtum des Anders seins erkennen. Prinzipien sind Nicht-Aussonderung, Nicht-Etikettierung, Wohnortnähe, Gemeinsamkeit von Anfang an, Kontinuität in den Übergängen und Offenheit gegenüber der Verschiedenheit des Anderen.
Entstanden ist integrative Erziehung im Kindergarten im engeren Sinne zunächst aus dem Bestreben heraus insbesondere geistig behinderte Kinder nicht zu isolieren, sondern ihre Entwicklungspotenziale durch den Umgang mit nichtbehinderten Kindern auszuschöpfen. Gleichzeitig sollten die nichtbehinderten Kinder einen natürlichen Umgang mit Behinderung lernen. Weiteres Ziel ist eine optimale Förderung der Kinder mit und ohne Behinderungen

in einem gemeinsamen sozialen Umfeld. Grundlegend ist der Gedanke des gemeinsamen Lernens. Die Kinder sollen so auf das Miteinanderleben in der Gesellschaft vorbereitet werden. Gleichzeitig werden Potenziale des voneinander Lernens ausgeschöpft. Es wird davon ausgegangen, dass gegenseitige Lerneffekte wirksam werden.
Die individuelle Förderung der Stärken der Kinder soll durch innere Differenzierung und Zusammenarbeit von Erzieherinnen und Heilpädagogen erreicht werden. Dabei gibt es Formen der integrativen Erziehung im Kindergarten, in denen Angehörige beider Professionen gemeinsam in den Kindergruppen arbeiten, und solche, bei denen ambulant tätige Heilpädagogen spezielle Förderung anbieten. Forschungsergebnisse weisen darauf hin, dass beim inklusiven Modell bessere Ergebnisse erzielt werden, da die Förderung ganztägig in den Alltag integriert werden kann und Synergieeffekte zwischen Erzieherinnen und Heilpädagogen entstehen.
Es besteht die Forderung einer ausreichenden therapeutischen und heilpädagogischen Versorgung, möglichst in integrierter Weise oder durch Angebote, die seitens anderer Dienste in den Einrichtungen durchgeführt werden. Eine intensive Vernetzung zwischen Tageseinrichtungen und Frühförderstellen, niedergelassenen Ärzten, psychosozialen Diensten und Beratungsstellen ist für die Sicherung der Qualität der integrativen Erziehung im Kindergarten unabdingbar. Als Qualitätskriterien werden die Strukturierung des pädagogischen Prozesses, die Sicherung der Ergebnisse und die Qualifizierung der an der Integration Beteiligten gesehen.
Als problematisch kristallisieren sich die Diagnose und die daraus abzuleitenden pädagogischen Maßnahmen heraus. Nicht in allen Fällen sind geeignete Instrumentarien zum frühzeitigen Erkennen von Förderbedarf gegeben. In engem Zusammenhang damit steht die Qualifikation der Erzieherinnen, die auf die besonderen Bedürfnisse der Kinder und die Anforderungen an das professionelle Handeln (im Team) ausgerichtet sein muss. Forschungsergebnisse weisen auf die Notwendigkeit der unterstützenden Begleitung durch Supervision hin.

Literatur

Miedaner, L. (1991): Gemeinsame Erziehung behinderter und nichtbehinderter Kinder. Weinheim, München – Sylva, K. u.a. (2004): The Final Report: Effective Pre-School Education. London. – Wagner, P./Hahn, St./Enßlin, U. (Hg.) (2006): Macker, Zicke, Trampeltier ... Berlin.

Yvonne Adler

Intelligenz

Intelligenz (lateinisch intelligentia = Einsicht) kennzeichnet das Fähigkeitsbündel, zweckvoll zu handeln, vernünftig zu denken und sich effektiv mit der Umwelt auseinander zu setzen (David Wechsler). Peter R. Hofstätter versteht unter Intelligenz die Fähigkeit, Ordnung/Regelhaftigkeit zu erkennen und Probleme zu lösen. Er trennt zwischen einer Intelligenz erster Art (existierende Regeln werden gesehen) und zweiter Art (Zufall wird als Zufall erkannt) sowie Dummheit (Regeln werden fälschlich nicht erkannt bzw. fälschlich werden Regeln angenommen, wenn Zufall herrscht). Andere Autoren bezeichnen Intelligenz als Fähigkeit zum Lernen. Obwohl es vielfältige verbale Intelligenz-Umschreibungen gibt, herrscht unter Intelligenzforschern Konsens über folgende Kernbestimmungsstücke der Intelligenz: logisches Denken, Problemlösung und Wissensaneignung.
Intelligenz ist ein hypothetisches Konstrukt (d.h. nicht direkt beobachtbar) und wird aus Leistungen in psychometrischen Tests erschlossen. Operational definiert ist Intelligenz das, was ein Intelligenztest misst (Edwin G. Boring). Die Erfolgsgeschichte der Intelligenztests begann mit Alfred Binet und Théodore Simon (1905). William Stern führte 1911/12 den Intelligenzquotienten (IQ) ein, der heute – von Wechsler 1932/39 umdefiniert – als Abweichungsmaß Auskunft darüber gibt, wie weit eine Person, in Standardabweichungseinheiten (S=15) gemessen, über oder unter der durchschnittlichen Leistung ihrer Bezugsgruppe (IQ=100) liegt. Ein IQ ist nur dann sinnvoll interpretierbar, wenn der verwendete Intelligenztest bekannt ist.
Prominente frühe und heute noch diskutierte Intelligenz-Strukturmodelle sind Charles Spearmans Generalfaktoransatz (jede intellektuelle Leistung setzt sich aus zwei Komponenten zusammen, einem allgemeinen Intelligenzfaktor g und einem für die jeweiligen Leistung spezifischen Anteil s) und Louis Leon Thurstones sieben – als statistisch unabhängig konzipierte – primäre Gruppenfaktoren (Gedächtnis; Rechenfertigkeit; Raumvorstellung; schlussfolgendes Denken; verbales Verständnis; Wahrnehmungsgeschwindigkeit; Wortflüssigkeit). Aktuell sind hierarchische Modelle state of the art, mit nur einem (Generalfaktor g) oder mit zwei extrem hoch korrelierten Intelligenzfaktoren an der Spitze: g_f = flüssige, bildungsunabhängige Intelligenz, g_c = kristallisierte, bildungsabhängige Intelligenz; g_f bzw. logisches Denken sind sehr eng mit g verknüpft. Alternative Konzepte

(z.B. soziale/emotionale/multiple Intelligenz) sind zwar bei Laien populär, wissenschaftlich aber problematisch und empirisch nicht oder kaum gestützt.

Die große Relevanz der allgemeinen Intelligenz ergibt sich aus der breiten und guten Vorhersagevalidität von g: Intelligenzleistungen gehören zu den besten Prädiktoren für diverse real-life-Kriterien wie Schul-/Studien-/Berufserfolg, Einkommen, Status, Lebenszufriedenheit – auch bei Kontrolle des sozialen Hintergrunds. Keine andere psychologische/soziologische Variable ist so umfassend und bereichsunabhängig prädiktiv.

Die Intelligenzentwicklung gleicht einer Wachstumskurve: Nach einem schnellen Anstieg vom Säuglings- zum Jugendalter findet man später über viele Jahre hinweg ein Plateau. Erst im Alter führen nicht mehr mit Erfahrung kompensierbare Abbauprozesse i.d.R. zu einer stärkeren Intelligenzabnahme.

Obwohl schon bei Säuglingen durch Habituationsaufgaben eine gewisse Vorhersage der Intelligenz im Kindesalter möglich ist, ist eine Intelligenz-Einzelfalldiagnostik normalerweise erst ab einem Alter von ca. fünf Jahren sinnvoll. Interindividuelle Intelligenzdifferenzen werden in der Grundschulzeit stabiler; ab ca. 12-14 Jahren kann die Erwachsenen-Intelligenz im Rahmen der messfehlerbedingten Unsicherheit fast perfekt vorhergesagt werden.

Oft wurde versucht, Intelligenz zu trainieren – i.d.R. mit bescheidenem Erfolg. Neben genetischen Faktoren scheint vor allem die Schulbesuchsdauer für die Intelligenzentwicklung entscheidend zu sein. In mehreren Untersuchungen konnte pro Schulmonat ein Leistungsgewinn, der ca. 0,6 IQ-Werten entspricht, beobachtet werden.

Literatur

Amelang, M. (1995): Intelligenz. In: Ders. (Hg): Verhaltens- und Leistungsunterschiede. Göttingen, 245-328. – Jensen, A. (1998): The g-factor. Westport. – Mackintosh, N. J. (1998): IQ and human intelligence. New York. – Rost, D. H. (2009). Intelligenz. Weinheim.

Detlef H. Rost / Jörn R. Sparfeldt

Intelligenzdiagnostik

Intelligenz zu erfassen und messbar zu machen gehört zu den ersten und ältesten Unternehmungen der Psychologie überhaupt. Ausgehend von Francis Galton und zunächst stärker naturwissenschaftlich-statistisch, psycho-physikalisch orientierten Versuchen Mitte bis Ende des 19. Jahrhunderts wird der Beginn der eigentlichen Intelligenzmessung meistens in den Testentwicklungen von Alfred Binet und Théophile Simon (1905) gesehen, die allerdings auf einem anderen, eher kasuistischen und pädagogischen, geistes- und humanwissenschaftlichen Ansatz aufruhen. Bemerkenswerterweise war dabei schon ein sonderpädagogisches Interesse maßgebend, indem mit dem neuen Verfahren die Intelligenz eines Kindes gegenüber dem subjektiven Lehrerurteil objektiver erfasst werden sollte, bevor Entscheidungen über die mögliche Sonderbeschulung getroffen wurden.

Im Unterschied zum angloamerikanischen Sprachraum spielt die Intelligenzdiagnostik in unserem heutigen Schulwesen allgemein keine Rolle; sie wird nur im individuellen Fall bei Entscheidungen über notwendige Forderung und Förderung, also vor allem bei sonderpädagogischen Fragestellungen und Beratungen mit herangezogen (z.B. Lernschwäche oder Hochbegabung). In der (sonderpädagogischen) Förderdiagnostik ist der Wert und Einsatz von Intelligenztests sehr umstritten. Während die bei der sorgfältigen Konstruktion von Testverfahren eingehaltenen Gütekriterien der Objektivität, Reliabilität und Validität einerseits professionelle Qualität garantieren, schränken sie gleichzeitig die Aussagekraft der Ergebnisse in gewisser Weise ein; beides muss bei einem reflektierten Umgang mit Intelligenztests bedacht werden. Neben dem Vorwissen für eine bestimmte Domäne ist ein Intelligenztestergebnis immer noch der beste Prädiktor für zukünftige intellektuelle Leistungsfähigkeit.

Der frühere, von William Stern 1912 definierte Intelligenzquotient war auch mathematisch betrachtet ein Quotient, der das Verhältnis von Intelligenzalter zu Lebensalter ausdrückte. Der heute verwendete Intelligenzquotient (IQ) ist ein sog. Abweichungswert, weil er angibt, wie weit eine gemessene Leistung vom Mittelwert einer Normpopulation abweicht.

Man unterscheidet zwischen nonverbalen und verbalen Tests bzw. Testteilen sowie zwischen Einzel- und Gruppentests. Einzeltests sind in der Regel umfassender, betreffen mehr und verschiedene Intelligenzdimensionen; sie liefern damit nicht nur einen einzelnen, zusammenfassenden Wert, sondern die Möglichkeit, ein (Stärken-Schwächen-)Profil zu erstellen.

Bei pädagogischen Entscheidungen z.B. zu Platzierungen, Selektion oder Intervention, bei denen (Intelligenz-)Testergebnisse eine Rolle spielen sollen, ist zu berücksichtigen, dass solche Testergebnisse immer einem sog. Standardmessfehler unterliegen, d.h. dass

Tests nie punktgenau messen können, sondern das wahre Ergebnis mit einer bestimmten Irrtumswahrscheinlichkeit stets nur innerhalb einer bestimmten Bandbreite (sog. Vertrauensintervall) um den gemessenen Wert herum anzunehmen ist. Besonders bei pädagogischen Entscheidungen sollte die Irrtumswahrscheinlichkeit dabei möglichst klein gehalten werden (höchstens 5%).
Den Vorwurf gegenüber der Intelligenzmessung, nur einen statischen Ist-Zustand zu erheben, haben andere Ansätze zu überwinden versucht, wie etwa das Dynamische Testen (LPAD) nach Reuven Feuerstein oder das Lerntestkonzept nach Jürgen Guthke, das Lernfähigkeit als Veränderungen (im Sinne eines Prä-/Posttest-Designs) nach einer sog. Lern- oder Pädagogisierungsphase zu erfassen versucht. Diese Ansätze sind in der Praxis allerdings kaum verbreitet, was vermutlich auch an den damit verbundenen methodischen Schwierigkeiten sowie Auswertungs- und Interpretationsproblemen liegt.

Literatur
Conrad, W. (1983): Intelligenzdiagnostik. In: Groffmann, K.-J./Michel, L. (Hg.): Intelligenz- und Leistungsdiagnostik. Göttingen, 104-201. - Perleth, C. (1998): Einsatz normierter Testverfahren in der sonderpädagogischen Diagnostik. In: Greisbach, M./Kullik, U./Souvignier, E. (Hg.): Von der Lernbehindertenpädagogik zur Praxis schulischer Lernförderung. Lengerich, 173-190.

Klaus K. Urban

Intelligenztests

Intelligenztests dienen der quantitativen oder qualitativen Erfassung der kognitiven Leistungsfähigkeit eines Menschen und sind auf der Grundlage unterschiedlicher Intelligenzdefinitionen und Intelligenztheorien formuliert. Es existiert keine allgemeingültige Konzeptualisierung des Konstruktes Intelligenz, und Intelligenztests unterscheiden sich zum Teil erheblich in ihren Inhalten. Bei aller Unterschiedlichkeit der Definitionen wird Intelligenz aber zumeist als die Fähigkeit zur Lösung von Problemen oder zum Sich Zurechtfinden in neuen Situation gesehen. Inwieweit bereits erworbenes Wissen oder Erfahrung eine Rolle spielen, wird demgegenüber unterschiedlich bewertet.
Intelligenz wird als eine globale, an allen intellektuellen Leistungen beteiligte Eigenschaft oder als ein Bündel spezifischer und unabhängiger Teilfähigkeiten betrachtet. Neuere Tests enthalten Aufgaben, die vor kognitionspsychologischem Hintergrund sequentielle und simultane Verarbeitungsprozesse (Kaufman assessment battery for children, K-ABC) oder Teilprozesse des analogen Schließens (Bildbasierter Intelligenztest für das Vorschulalter, BIVA) prüfen. In diesem Sinne werden auch Auswirkungen systematischer und standardisierter Hilfestellungen während der Testdurchführung interpretiert. Zu erwarten ist, dass in zukünftige Konzeptentwicklungen diese und weitere Prozessaspekte kognitiver Leistungen vermehrt eingehen werden.
Die Ergebnisse von Intelligenztests gelten als gute Prädiktoren für Problemlösekompetenzen oder Schulleistungen. Analysen belegen, dass Intelligenzleistungen vor allem die Entwicklung von Vorkenntnissen beeinflussen, die ihrerseits bedeutsam mit Schulleistungen korrelieren. Allerdings sind Intelligenzleistungen zugleich auch Ergebnis kulturell determinierter Anregungsbedingungen.
Diese Annahmen wirken sich inhaltlich auf die Gestaltung von Tests aus, so werden mehr oder weniger kulturgebundene Testverfahren unterschieden, die in unterschiedlichem Ausmaß sprachliches und kulturspezifisches bzw. non-verbales Wissen prüfen.

Literatur
Melchers, P./Preuß, U. (2001): K-ABC: Kaufman assessment battery for children. Göttingen. – Schaarschmidt, U. u.a. (2004): Bildbasierter Intelligenztest für das Vorschulalter (BIVA). Göttingen.

Gabi Ricken / Karin Zimmer

Intensive Sozialpädagogische Einzelbetreuung (ISE)

Die ISE ist Teil des Katalogs von Hilfen zur Erziehung, wie er im Kinder- und Jugendhilfegesetz festgelegt ist. Sie richtet sich an Jugendliche, die einer intensiven Unterstützung zur sozialen Integration und zu einer eigenverantwortlichen Lebensführung bedürfen (§ 35 Sozialgesetzbuch, SGB VIII). Zwar sind Intentionen und Zielgruppen der ISE sehr unterschiedlich, gleichwohl wird die Hilfe v.a. für Jugendliche angeboten, die sich anderen Hilfeformen entzogen haben und sich in gefährdeten Lebenssituationen befinden (z.B. Zugehörigkeit zu Drogen- und Nichtsesshaftenmilieu, Psychiatrie-Erfahrung). Im Jahr 2005 gab es in Deutschland insgesamt 3.844 Hilfen nach § 35 SGB VIII.
In die öffentliche Diskussion geraten ist die ISE, weil sie häufig in Form von erlebnispädagogischen

Auslandsprojekten durchgeführt wird. Die Kritik an einzelnen, skandalisierten Hilfeverläufen übersieht jedoch, dass dieses milieuferne Arrangement für bestimmte Jugendliche und ihre Lebenslagen positive Wirkungen entfalten kann, wenn es unter Berücksichtigung fachlicher Qualitätsstandards durchgeführt wird.

Literatur
Witte, M. D./Sander, U. (2006): Intensivpädagogische Auslandsprojekte in der Diskussion. Baltmannsweiler.

Stefan Köngeter

Intention

In der Philosophie wird seit Franz Brentano unter Intention das Gerichtetsein des Bewusstseins auf einen Gegenstand verstanden. Die Rede von Bewusstsein hat daher nur Sinn, wenn von der Differenz zwischen einem Gegenstand und einem Subjekt, das sich in einem Prozess der Vergegenständlichung auf den Gegenstand bezieht, ausgegangen wird.
Im pädagogischen Denken wird mit dem Begriff der Intention meistens nicht diese enge Bedeutung verbunden, sondern die Absicht, die jemandes Tun zugrundeliegt. Wer etwas tut, verfolgt eine Absicht. Unterschieden wird die Intention in reale Absichten, die im pädagogischen Tun zum Ausdruck kommen, und ideale Absichten, die theoretisch formuliert und begründet werden und die dem pädagogischen Tun zur Orientierung dienen können. Der idealen Absicht entspricht ein Verhalten, wie es z.B. im pädagogischen Bezug (Herman Nohl) als fürsorgliche Zuwendung zum jungen Menschen in der Absicht, ihn in seiner Entwicklung zu unterstützen, beschrieben wird. Unter dem Begriff Schwarze Pädagogik werden Intentionen gefasst, die der idealen Absicht zuwiderlaufen. Hierzu zählt man gewollt oder ungewollt eingesetzte Maßnahmen, die als Manipulation, Dressur, Züchtigung, Gewalt oder Machtmissbrauch anzusehen sind.
Intentionen werden aber nicht nur den pädagogisch Handelnden zugeschrieben, sondern auch den Adressaten dieses Handelns oder Institutionen. Die pädagogische Theorie habe sich – so die Kritik – meist einseitig auf die Absichten des Erziehers konzentriert und häufig die konkreten Absichten der Kinder und Jugendlichen vernachlässigt. Die Institution Schule verfolgt die Intention, den heranwachsenden Menschen dabei zu helfen, in einer sich auf Leistung und Können berufenden Gesellschaft zurechtzukommen. Während vor allem die Geisteswissenschaftliche Pädagogik die ideale Absicht des Erziehers im Blick hatte, betonte die Kritische Erziehungswissenschaft die jeder erzieherischen Intention eingeschriebene Verführbarkeit durch machtgeleitete Interessen. Die Berufung auf Autorität und die Forderung nach Disziplin wurden dadurch desavouiert als Versuche des Erziehers, die erzieherische Situation zu dominieren und den zu Erziehenden gegen dessen Willen zu lenken.

Literatur
Mollenhauer, K. ([4]1970): Erziehung und Emanzipation. München. – Münch, D. (1993): Intention und Zeichen. Frankfurt.

Elmar Anhalt

Intentionale Erziehung

Intentionale Erziehung bezeichnet eine absichtsvoll geleitete erzieherische Einwirkung durch Personen. Der Fokus liegt auf der Erziehungsabsicht, der ein bestimmter Zweck als Erziehungsziel zu Grunde liegt. Sie ist verbunden mit der Reflexion geeigneter Mittel zur Erfüllung bestimmter Erziehungsziele und -zwecke. Sie gilt daher als grundsätzlich lehr- und lernbar. Dem steht der Begriff funktionale Erziehung gegenüber, der unabsichtliche erzieherische Einwirkungen durch Personen, gesellschaftliche Institutionen und Verhältnisse umfasst.
Vertreter intentionaler Erziehung bestimmen das zweckgerichtete Handeln und die erzieherische Verantwortung als genuinen Gegenstand von Erziehung. Wolfgang Brezinka z.B. fasst Erziehung als absichtsvolle Handlungen des Erziehers, die das psychische Dispositionsgefüge der zu Erziehenden dauerhaft erhalten, verbessern oder schädliche Dispositionen verhindern sollen.
Kritiker intentionaler Erziehung geben zu bedenken, dass erzieherische Handlungen häufig aus einem Geflecht von Absichten bestehen, die im konkreten Handeln nicht notwendig bewusst seien. Zudem seien intentionale Einwirkungen von ungewollten Nebenwirkungen begleitet, so dass die erzieherische Verantwortung nicht auf den Bereich intentionaler Erziehung begrenzt bleiben dürfe. Außerdem wird am Konzept intentionaler Erziehung kritisiert, dass der Adressat zum Objekt des Erziehungsvorgangs herabgesetzt werde. Dies widerspreche Erziehungszielen, die eine reflexive Selbsttätigkeit, wie beispielsweise Vernunftgebrauch und Mündigkeit, anstreben.

Letztlich hänge der Erfolg intendierter Erziehungsmaßnahmen von der Rezeption des zu Erziehenden ab. Der unterstellte ursächliche Zusammenhang von Intention und Wirkung sei in der erziehungswissenschaftlichen Forschung jedoch kaum verlässlich belegt. Insofern sei die implizite Prämisse intentionaler Erziehung problematisch, welche pädagogische Absichten in einen Kausalzusammenhang zu beabsichtigten Wirkungen setzt.

Literatur
Brezinka, W. (1974): Grundbegriffe der Erziehungswissenschaft. München, Basel. – Luhmann, N./Schorr, K. E. (1992) (Hg.): Zwischen Absicht und Person. Frankfurt.

Claudia Equit

Interaktionsanalyse

Der Terminus Interaktionsanalyse ist ein Sammelbegriff für unterschiedliche theoretische Ansätze und methodische Verfahren, deren gemeinsames Ziel darin besteht, menschliche Interaktionen zu untersuchen, vor allem solche im direkten face-to-face-Kontakt. Erziehungswissenschaftlich bedeutsam sind Interaktionsanalysen insofern, als sie pädagogische Interaktionen z.B. im Kontext von Familie, Schule, Erwachsenenbildung oder Sozialpädagogik zum Gegenstand haben.
Je nachdem, ob Interaktionen dabei primär als von außen beobachtbares Verhalten oder als sinnhaftes und deshalb nur interpretativ zu erschließendes Handeln aufgefasst werden, bedienen sich Interaktionsanalysen eher quantitativer oder aber qualitativer Verfahren. Zu den quantitativ orientierten Verfahren der Interaktionsanalyse gehören die Interaktionsprozessanalyse nach Robert F. Bales und das Interaktionsanalyse-Kategoriensystem nach Ned A. Flanders, die mit Hilfe standardisierter Beobachtungen und entsprechender Kategoriensysteme Verhaltensweisen in face-to-face-Situationen (z.B. von Lehrern und Schülern) und ihren Zusammenhang zu erfassen versuchen. Qualitative Verfahren der Interaktionsanalyse beruhen in der Regel auf Interaktionsprotokollen, d.h. Transkriptionen von Audio- oder Videoaufzeichnungen menschlicher Interaktionen, die mit Hilfe interpretativer Verfahren wie z.B. der Konversationsanalyse oder der Objektiven Hermeneutik ausgewertet werden.
Interaktionsanalysen werden vor allem in der Schul- und Unterrichtsforschung, aber auch in Studien zu Erwachsenenbildung und Sozialpädagogik sowie in der Beratungs- und Supervisionsforschung eingesetzt.

Literatur
Merkens, H./Seiler, H. (1978): Interaktionsanalyse. Stuttgart. – Nolda, S. ([3]2010): Interaktionsanalysen in der Erwachsenenbildung. In: Friebertshäuser, B./Langer, A./Prengel, A. (Hg.): Handbuch qualitativer Forschungsmethoden in der Erziehungswissenschaft. Weinheim, München, 745-755. – Schweer, M. K. (Hg.) ([2]2008): Lehrer-Schüler-Interaktion. Wiesbaden.

Hans-Christoph Koller

Inter Nationes

Inter Nationes wurde 1952 in Bonn-Bad Godesberg als gemeinnütziger Verein von der Regierung der Bundesrepublik Deutschland gegründet. Er wurde dem Bundespresseamt zugeordnet und sollte die kulturelle, gesellschaftliche und politische Kommunikation Deutschlands mit dem Ausland im Medienbereich fördern. Hauptzielgruppen von Inter Nationes waren Institutionen aus Bildung und Wissenschaft, Vertreter der Medien, Politik und Kultur sowie Entscheidungsträger in der Gesellschaft. Aufgrund massiver Etatkürzungen fusionierte der Verein im Jahr 2001 mit dem Goethe-Institut zur Kulturorganisation Goethe-Institut Inter Nationes und wurde damit zur größten Mittlerorganisation der deutschen Auswärtigen Kulturpolitik. 2003 wurde der Zusatz Inter Nationes im Namen allerdings wieder gestrichen.

Literatur
Maaß, K.-J. ([2]2009): Kultur und Außenpolitik. Baden-Baden.

Claudia Richter

Interaktion

Von sozialer Interaktion spricht man dann, wenn sich zwei oder mehr Menschen in ihrem Handeln aufeinander beziehen. Soziales Verhalten kann auf verbaler oder nicht verbaler Ebene stattfinden. Eine Interaktionsepisode lässt sich als Verhaltenskette beschreiben. Thema der pädagogischen Interaktionsforschung ist das gegenseitige Aufeinandereinwirken von Personen in pädagogischen Situationen. Entsprechend dem Begriff des Erziehens als einer gezielten Beeinflussung des Zöglings durch den Erzieher sind Lehrer-Schüler- und Eltern-Kind-Interaktion zentrale Untersuchungsgegenstände. Daneben findet zunehmend die Interaktion zwischen Educanden,

also zwischen Schülern, Geschwistern und Freunden, das Forscherinteresse.
Ein Beispiel für eine Interaktionsepisode ist das abwechselnde Verhalten von Eltern und Kindern beim Erledigen der Hausaufgaben. Das wiederholte Auftreten von Interaktionsepisoden charakterisiert die jeweilige Eltern-Kind-Beziehung. Interaktionsmuster bestehen aus relativen Häufigkeiten der einzelnen Verhaltensweisen pro Partner sowie aus den Übergangswahrscheinlichkeiten, den relativen Häufigkeiten der Reaktionen des Anderen auf das Verhaltens des einen Partners.
Soziale Interaktion hat neben dem Verhaltensaspekt auch eine subjektive Seite. Beziehungsschemata sind die Vorstellungen einer Person über die Beziehung zur anderen Person. Beschreibende Kognitionen sind das, was die Partner über ihre Beziehung wissen, z.B. Vorstellungen über die typischen Interaktionen mit dem jeweils anderen (Scripts). Analytische Kognitionen bezeichnen die Art und Weise, in der die Beteiligten über Verursachungen denken. Ein Beispiel dafür sind die Attributionsmuster von Lehrern oder Eltern über die Schulleistungen ihrer Kinder (Attributionstheorie). Evaluative Kognitionen sind Vorstellungen darüber, wie die Dinge in der Beziehung sein sollten, also Werte und Ziele, z.B. über Erziehung. Wirksamkeitskognitionen beziehen sich darauf, mit welchen Verhaltensweisen man glaubt, beim anderen seine Ziele zu erreichen. Dabei handelt es sich insbesondere um Vorstellungen über geeignete Erziehungspraktiken. Außerdem spielen Gefühle in Bezug auf die Bezugsperson eine Rolle, z.B. Sicherheit, Vertrauen, Liebe, Eifersucht.
Forschungen über die Beeinflussung von Schülern und Kindern durch Lehrer (Unterrichtsstil) oder Eltern (Erziehungsstil) haben eine lange Tradition. Weniger intensiv untersucht wurde die umgekehrte Einflussrichtung. Dabei wird zunehmend betont, dass das Kind durch seine Individualität seine Entwicklung mit gestaltet. Ein Kind wirkt seinem individuellen Temperament gemäß auf die Umwelt ein und löst durch sein Verhalten entsprechende Reaktionen der Erzieher aus (evokative Genotyp-Umwelt-Korrelation). So setzen Kinder und Jugendliche eine Reihe von Handlungen ein, um bei Erziehern ihre Wünsche und Ziele zu verwirklichen. Ihre Beeinflussungsstrategien entsprechen ihrem jeweiligen sozial-kognitiven Entwicklungsstand. Angeregt durch entwicklungspsychologische Erkenntnisse richtet sich das Forschungsinteresse in den letzten Jahren verstärkt auf lernwirksame Interaktionen zwischen Gleichaltrigen (Gruppenprozesse). Das sozio-emotionale Gefüge innerhalb von Gruppen (auch Schulklassen) wird traditionellerweise mit der Soziometrie ermittelt.
In der Lehrer-Schüler-Interaktion erhielten seit den 1960er Jahren Forschungen zur Wirksamkeit von Erwartungen von Lehrern auf die Entwicklung von Schülern eine bedeutende Rolle. Besonderes Augenmerk gilt der Frage, inwieweit unzutreffende Erwartungen von Lehrern über die Leistungsfähigkeit von Schülern deren Leistung in Richtung der Erwartung zu beeinflussen vermögen (Erwartungseffekt). Diesem Einfluss wird heute eine geringere Bedeutung beigemessen als noch in den siebziger Jahren. Er ist an eine Reihe von Bedingungen geknüpft. Lehrer können durch besondere (proaktive) Anstrengungen auch bewirken, dass sich die Schüler entgegen den Erwartungen entwickeln. Interessant ist der umgekehrte Erwartungseffekt, der darin besteht, dass Erwartungen von Schülern an die Qualität von Lehrern ihren Lernerfolg beeinflussen.
Seit den 1970er Jahren haben sich Forschungsrichtungen zum Klassenklima (Unterrichtsklima) und zum Schulklima etabliert. Von Klima sprechen zu können setzt voraus, dass die Beteiligten ein Mindestmaß an Übereinstimmung bei der Beurteilung der Lernumgebung aufweisen. Lehrer, Schüler, die anderen Akteure im Binnenraum Schule sowie das sozioökonomische Umfeld bestimmen die Eigenschaften des Klimas. Klimavariablen korrelieren bedeutsam mit Leistungen und Wohlbefinden der Schüler.
Intensiv untersucht wurde seit Ende des vergangenen Jahrhunderts die Eltern-Kind-Interaktion im frühen Kindesalter. Hauptthema war die soziale Feinfühligkeit. Feinfühliges Verhalten ist die Fähigkeit, die Signale des Säuglings genau wahrzunehmen und darauf prompt und angemessen zu reagieren. Die Zeitspanne zwischen Aktion und Reaktion des Gegenübers ist von besonderem Interesse, weil das kleine Kind nur eingeschränkt fähig ist, Informationen im Gedächtnis zu speichern. Als angemessen werden elterliche Verhaltensweisen bezeichnet, die thematisch auf das vorausgehende kindliche Verhalten bezogen sind.
Seit den 1980er Jahren wurden Interaktionen zwischen Eltern und Jugendlichen ausgiebig untersucht. Die Erhebung und Analyse von (Konflikt- und Planungs-)Gesprächen diente meist dazu, die in der Individuationstheorie enthaltenen Aussagen interaktionstheoretisch zu untermauern. Es gilt als bestätigt, dass Eltern und Jugendliche ihre Beziehung von einer

komplementären zu einer stärker partnerschaftlichen verändern, und dass Jugendliche bei gleich hoher Verbundenheit mit ihren Eltern ihre Eigenständigkeit stärker herausstellen.
Die systemische Perspektive besagt, dass Eltern-Kind-Interaktionen abhängig sind von übergreifenden Familieninteraktionen. Beispielsweise hängt die Entwicklung des Kindes von der Qualität der Elternbeziehung ab. Und nach der Geburt des zweiten Kindes verändern sich die Familienstrukturen.
Die Systematisierung und Erfassung des elterlichen Erziehungsstils mündete nach den bahnbrechenden frühen Experimenten von Kurt Lewin und den Untersuchungen von Reinhard und Anne-Marie Tausch aus den 1960er Jahren in die Einteilung von vier Erziehungsstilen, die sich aus der Kombination der beiden Dimensionen Wärme und Kontrolle ergeben: autoritär, autoritativ, verwöhnend und vernachlässigend. Die positiven Auswirkungen des autoritativen Erziehungsstils auf die psychosoziale Entwicklung und die akademische Kompetenz Jugendlicher geht offenbar auf die Komponenten Wärme, Festigkeit und Autonomiegewährung zurück.
Ein wichtiger Forschungsstrang bezieht sich auf das Phänomen coercion (sich gegenseitig unter Druck setzen). Es handelt sich um eine Sequenz von zwei Verstärkungen Die erzieherische Person verstärkt das fordernd/aggressive Problemverhalten des Kindes, wenn sie nachgibt, und das Kind verstärkt das verstärkende Verhalten des Erziehers, indem es das Problemverhalten einstellt. Das Ergebnis ist, dass das Problemverhalten und das darauf folgende erzieherische Nachgeben gehäuft gezeigt werden. In der Erziehungs- und Familienberatung können unter Rückgriff auf einschlägige Theorien und Befunde aus der Familienforschung solche und andere problematische Interaktionen in der Familie (z.B. Kindesmisshandlung) angegangen werden.

Literatur
Hofer, M. (1996): Lehrer-Schüler-Interaktion. In: Weinert, F. E. (Hg.): Psychologie des Unterrichts und der Schule. Göttingen, 231-252. – Hofer, M. (2004). The role of discourse in the transformation of Parent-Adolescent Relationships. In: Perret-Clermont, A.-N. u.a. (Hg.): Joining Society. Cambridge, 241-251. – Hofer, M./Wild, E./Noack, P. (2002): Familienbeziehungen. Göttingen.

Manfred Hofer

Interesse

Der Begriff Interesse (vom lateinischen inter esse = dazwischen sein) wird für die Beschreibung unterschiedlicher Sachverhalte verwendet. Im Kontext der psychometrischen Interessenforschung werden Interessen als motivationale Persönlichkeitsmerkmale interpretiert (z.B. Berufsinteressen), welche mit Hilfe von Tests gemessen und für selektive Personalentscheidungen verwendet werden können. Die pädagogisch-psychologische Motivationsforschung betrachtet Interessen als wichtige Komponenten der Lernmotivation. Ein zentrales Kennzeichen von Interesse ist seine Gegenstandsspezifität.
Sowohl ältere als auch moderne Interessentheorien orientieren sich an einer Person-Gegenstandskonzeption, welche die Prozesse des Lernens und der menschlichen Entwicklung als permanente Austauschbeziehung zwischen der Person und ihrer sozialen und gegenständlichen Umwelt interpretiert. Das Interesse bezeichnet aus dieser Sicht eine besondere, durch bestimmte Merkmale herausgehobene Beziehung einer Person zu einem (Lern-)Gegenstand. Entscheidend ist das Zusammentreffen von positiven emotionalen Einschätzungen während des Handelns und positiven kognitiven Bewertungen der Inhalte und Handlungsmöglichkeiten des Interesses. Man spricht auch von positiver emotionaler und wertbezogener Valenz. Die hohe subjektive Wertschätzung beruht darauf, dass sich die Person mit ihren Interessen vorübergehend oder dauerhaft identifiziert. Dieser Sachverhalt erklärt auch die intrinsische Qualität einer auf Interesse beruhenden Lernmotivation.
In der Literatur wird zwischen einem aktuell erzeugten situationalen Interesse und einem längerfristig wirksamen individuellen (oder persönlichen) Interesse unterschieden. Im ersten Fall handelt es sich um den in einer Situation erzeugten Zustand des aktuellen Interessiertseins. Im zweiten Fall wird Interesse als eine längerfristig wirksame motivationale Disposition aufgefasst, die mehr oder weniger stark in der Struktur des individuellen Selbstkonzepts verankert sein kann. Die Entstehung und Veränderung persönlicher Interessen ist eng mit den Prozessen der Identitätsentwicklung verbunden.
Unter dem Gesichtspunkt des Lernens ist die epistemische Orientierung wichtig: Wer sich für eine Sache interessiert, möchte mehr darüber erfahren, sich kundig machen, sein Wissen kontinuierlich erweitern.
Die empirische Interessenforschung befasst sich u.a. mit der Bedeutung von Interesse für das Lernen,

den Wechselwirkungen von Interessen- und Persönlichkeitsentwicklung und den Bedingungen der Entstehung und Veränderung von Interesse über die Lebensspanne.
In zahlreichen Untersuchungen konnte z.B. nachgewiesen werden, dass sich eine auf Interesse beruhende Lernmotivation sehr günstig auf die Selbststeuerung und die Qualität des Lernens auswirkt: Hochinteressierte Schüler und Studenten bevorzugen tiefenorientierte Lernstrategien und erzielen in der Regel sowohl in quantitativer als auch in qualitativer Hinsicht bessere Lernergebnisse. Mit Blick auf die Interessenentwicklung wird postuliert, dass neben den in kognitiven Motivationstheorien ausführlich beschriebenen kognitiv-rationalen Überlegungen v.a. die subjektiven Erfahrungen während des Handelns ein wichtige Rolle spielen. Nur wenn man eine Sache für persönlich hinreichend bedeutsam erachtet und sich im konkreten Tun im Hinblick auf die drei grundlegenden psychologischen Bedürfnisse nach Kompetenzerfahrung, Autonomie und sozialer Eingebundenheit wohlfühlt, ist mit einer Stabilisierung und Weiterentwicklung des Interesses zu rechnen.

Literatur
Krapp, A./Prenzel, M. (Hg.) (1992): Interesse, Lernen, Leistung. Münster. – Krapp, A. (1998): Entwicklung und Förderung von Interessen im Unterricht. In: Psychologie in Erziehung und Unterricht 45, 185-201.

Andreas Krapp

Interkulturelle Bildung

Der Begriff der interkulturellen Bildung kommt seit den 1980er Jahren in die Diskussion. Er geht auf das Interesse zurück, sich mit den Folgen von Migration für Bildung und Erziehung zu beschäftigen. Der Begriff kommt auf im Diskurs der interkulturellen Pädagogik oder Erziehungswissenschaft, und zwar in der Auseinandersetzung mit der Frage, welche Geltung historisch überkommene Konzepte von Allgemeinbildung in einer zunehmend sprachlich, sozial und kulturell heterogenen gesellschaftlichen Lage besitzen.
Konzeptionen der Allgemeinbildung, wie sie im heutigen Verständnis fest verankert sind, sind historisch zu verstehen im Kontext der Herausbildung nationalstaatlicher Bildungssysteme seit dem 18. Jahrhundert. In diesen Entwicklungen werden vorherige Vorstellungen wie etwa die Konzeption des Johann Amos Comenius abgelöst, zu deren Kern es gehört, dass sich Allgemeinbildung an das ganze Menschengeschlecht richtet – unabhängig also von der gesellschaftlichen Ordnungsform oder der Region, in der einer lebt. Im Zuge der Herausbildung von Nationalstaaten und der Bildungssysteme in ihrer Verantwortung wird die Homogenisierung von Bevölkerungen, die vor dem in zersplitterten Herrschaftsgebieten und feudalen Beziehungen zu den Leitenden existiert hatten, zu den grundlegenden Aufgaben der Allgemeinbildung. Eine Ausdrucksform davon ist die sprachliche Homogenisierung der Bevölkerungen – also die Durchsetzung einheitlicher Nationalsprachen, die als Sprache der Bildung und des öffentlichen Lebens fungieren. Andere Formen sind die Schaffung der Vorstellung von einer einheitlichen Nationalgeschichte und -kultur, die sich zum Beispiel darin ausprägt, dass über den Kanon klassischer Literatur einer Nation Übereinkunft erzielt wird oder dass die Beziehungen zwischen verschiedenen Staaten nur aus der Perspektive des eigenen Staates im Bildungsprozess zum Thema wird. Fremde Perspektiven, Erinnerungen, Lebenspraktiken oder Erfahrungen werden entweder diesem Konzept einverleibt (z.B. als Erfahrung von autochthonen Minderheiten), oder sie werden in Bezug auf Gegebenheiten und Bevölkerungen anderer Nationalstaaten zum Thema gemacht (so z.B. in der Landeskunde im fremdsprachlichen Unterricht).
Im Kern dieser Leitvorstellung von Allgemeinbildung steht also die Tendenz, das Nationale als das Allgemeine zu verstehen und zu vermitteln. Diese leitende Vorstellung stand zur Diskussion, seit sprachliche, soziale und kulturelle Vielfalt innerhalb von Nationalstaaten infolge von Migration immer alltäglicher wurde. Es stellte sich die Frage, ob angesichts der Vielfalt im eigenen Land der Grundgedanke einer allen gemeinsamen und identischen Tradition und Zukunftsoption noch vertretbar sei. Im Diskurs über diese Frage wurde die Konzeption einer interkulturellen Bildung entwickelt, die entweder in das Konzept der allgemeinen Bildung aufgenommen wird oder für relevante Ausschnitte des Konzepts an seine Stelle tritt.
Interkulturelle Bildung widersteht dem Impetus der Homogenisierung. Sie richtet sich vielmehr auf die Frage, wie trotz der realen Existenz von Verschiedenheit in einer Gesellschaft – die in sprachlicher, kultureller und sozialer Hinsicht auftritt, aber auch andere Erscheinungsformen hat, etwa in den Bereichen von Gesundheit und Wohlbefinden oder Alter – eine gesellschaftliche Verständigung und die

Erhaltung von gesellschaftlicher Kohärenz möglich sind. Perspektive der interkulturellen Bildung ist es, dass die Fähigkeit zur Kommunikation und Kooperation in heterogenen Gesellschaften erlangt werden kann. Dies schließt ein, dass Verständigung über Verschiedenheit nötig ist, dass Differenzen zwischen unterschiedlichen Auffassungen und Lebensformen erhalten bleiben können und es dem einzelnen Mitglied der Gesellschaft möglich ist, mit seiner sprachlichen, kulturellen und sozialen Herkunft identisch zu bleiben, ohne gesellschaftliche Ausgrenzung oder persönliche Abwertung zu erfahren.

Literatur

Gogolin, I. (²2010): Der monolinguale Habitus der multilingualen Schule. Münster u.a. – King, V./Koller, H.-C. (Hg.) (2009): Adoleszenz – Migration – Bildung. Wiesbaden. – Meyer, M. A. (2010): Allgemeinbildung und interkulturelle Bildung. In: Krüger-Potratz, M./Neumann, U./ Reich, H. H. (Hg.): Bei Vielfalt Chancengleichheit. Münster u.a., 100-110.

Ingrid Gogolin

Interkulturelle Curricula

Im Bereich der allgemeinbildenden Schulen wurden Curricula für das Aufgabengebiet interkultureller Bildung im Anschluss an eine Empfehlung der Konferenz der Kultursminister der Länder seit 1996 entwickelt. Auf verschiedenen Regelungsebenen (Schulgesetze, Rahmenpläne, fachspezifische Lehrpläne) wurden Prinzipien, Methoden, Ziele und Inhalte für den Umgang mit Heterogenität in der Schule formuliert.

Die vorliegenden Ansätze zu interkulturellen Curricula können differenziert werden in begegnungspädagogische und reflexive Konzepte. In ersteren wird davon ausgegangen, dass die Begegnung kultureller Ausdrucksformen und die Auseinandersetzung mit unterschiedlichen Lebensweisen und Weltsichten zu wechselseitigem Verstehen und zur Öffnung füreinander führen. Sie zielen auf das Individuum und seine Haltungen und Handlungen. Demgegenüber nehmen reflexive Ansätze eher die gesellschaftlichen Verhältnisse in den Blick und zielen auf eine kritische Reflexion des Verhältnisses von Mehrheit und Minderheiten, auf Mechanismen der Diskriminierung und der Konstruktion von ethnisch-kultureller Differenz. Beide Ansätze sind, auch in Mischungen, in den Curricula enthalten. Parallel dazu gibt es Ansätze der Entwicklung interkultureller Fachdidaktiken, die aus der Perspektive des jeweiligen Unterrichtsfachs Ziele, Inhalte und Methoden sowie die Relevanz interkultureller Fragen diskutieren.

In den meisten Bundesländern ist interkulturelle Bildung in Schulgesetzen oder Rahmenplänen als Querschnittaufgabe der Schule verankert. Vielfach beschränkt sich dies auf die Grund- und Hauptschulen, d.h. diejenigen Schulen, die von Migrantenkindern hauptsächlich besucht werden. Dies steht im Widerspruch zu dem – auch bildungspolitischen – Postulat, dass interkulturelle Kompetenz zu den Grundqualifikationen aller Schülerinnen und Schüler gehören soll. Inhaltlich konzentrieren sich die interkulturellen Curricula auf bestimmte Fächer (Sozialkunde, Geografie, Geschichte, Sachunterricht, Ethik, Philosophie, Religion). Auf folgende Qualitätsmerkmale hin können interkulturelle Curricula befragt werden: Orientierung an der Gesamtheit der Schülerschaft; reflektierter Vergleich von Lebensformen, Sprachen, religiösen und weltanschaulichen Haltungen; Reflexion gesellschaftlich-historischer sowie individueller Verantwortung und Entwurf von Handlungsmöglichkeiten; Entwicklung von Kriterien und Testverfahren, mit denen das Erreichen interkultureller Kompetenz praktisch überprüft werden kann.

Literatur

Neumann, U./Reuter, L. R. (2004): Interkulturelle Bildung in den Lehrplänen – neuere Entwicklungen. In: Zeitschrift für Pädagogik 50, 7-21. – Ständige Konferenz der Kultusminister der Länder (1996): Empfehlung „Interkulturelle Bildung und Erziehung in der Schule". Bonn.

Ursula Neumann

Interkulturelle Didaktiken

Die Geschichte interkultureller Didaktiken ist untrennbar verbunden mit der Entwicklung der Migration, der Multikulturalität von Gesellschaft und schulischen Lerngruppen sowie mit den Antworten der Pädagogik auf diese Herausforderungen. Die sog. Ausländerpädagogik der 1970er Jahre war Ausdruck des Bemühens um eine besondere Förderung der sog. Gastarbeiterkinder. Sie wurden im Schulsystem als Problem und Belastung wahrgenommen und ihre Defizite seien durch entsprechende Förderkurse zu kompensieren. Die Kritik dieses Ansatzes richtete sich v.a. gegen die paternalistische Grundhaltung sowie gegen die Ausblendung gesellschaftlicher Ursachen der Migrationsproblematik. Seit Beginn der

1980er Jahre setzte sich dann die Interkulturelle Pädagogik durch, die sich nicht nur an die Zuwandererkinder, sondern an alle Lernenden richten sollte und der Defizit- eine Differenzorientierung gegenüber stellte.

Der Blick in die Geschichte der interkulturellen Didaktiken macht deutlich, dass lange Zeit wenigen theoretisch fundierten Konzepten eine Vielzahl konkreter Unterrichtsansätze gegenüber stand. Die Thematisierung des Spannungsverhältnisses zwischen den Fachdidaktiken und einer erziehungswissenschaftlich begründeten Allgemeinen Didaktik war Gegenstand einiger Publikationen Anfang der 1990er Jahre. Neben der Frage, wie Interkulturelles Lernen altersgerecht (vgl. Schulstufenbezug) gestaltet werden kann, zeigen die Spannungsfelder zwischen allgemeinpädagogischen und Fachperspektiven sowie zwischen der schulischen und außerschulischen Bildungsarbeit die Schwierigkeit didaktiktheoretischer Reflexion zwischen Theorie und Praxis. Die Grundthemen Interkultureller Pädagogik, der Umgang mit Fremdheit, die grenzüberschreitende Verständigung und die nichtwertende Anerkennung der Differenz des Anderen, machen im Kontext gesellschaftlicher Globalisierungsprozesse die Notwendigkeit interkultureller Perspektiven auf allen Ebenen der Bildungsarbeit deutlich.

Folgende didaktische Konzepte interkulturellen Lernens können unterschieden werden: (1) Die antirassistische Erziehung thematisiert Rassismus als Herrschaft legitimierende Ideologie, mit dem Ziel, Interdependenzen zwischen der Mikroebene individueller, biografisch eingefärbter Alltagserfahrungen und weltgesellschaftlichen Entwicklungen erkennbar zu machen. (2) Lernen für Europa heißt, Migration und kulturellen Austausch als zentrale Kennzeichen europäischer Geschichte wahrzunehmen und die aufklärerischen Werte der Zivilgesellschaft anzuerkennen. (3) Sprachliche, kulturelle und kommunikationsbezogene Allgemeinbildung verweist auf eine der von Wolfgang Klafki postulierten Schlüsselqualifikationen: Mehrsprachigkeit und Begegnung mit Sprachen als Entwicklungsperspektive, das Verständnis von Sprache als Medium der persönlichen und kollektiven Identitätskonstruktion und nonverbale Aspekte interkultureller Kommunikation sind wichtige Inhaltsbereiche. (4) Das Konzept Globales Lernen integriert entwicklungsbezogene, sozial- und friedenspolitische sowie ökologische Fragestellungen und postuliert lokale Aktivitäten im Kontext weltpolitischer Verantwortung. (5) Zielperspektive des Konzepts Bilder vom Fremden und vom Eigenen wahrnehmen und gestalten ist es zu erkennen, dass Fremdheit eine biografisch und historisch-gesellschaftlich bedingte Konstruktion darstellt, die es zu reflektieren und kreativ weiter zu entwickeln gilt.

Diese aus allgemeindidaktischer Perspektive formulierten Konzepte bieten Anschlussmöglichkeiten an die Fachdidaktiken, ebenso an die außerschulische Bildungsarbeit.

Literatur

Auernheimer, G. ([5]2007): Einführung in die Interkulturelle Pädagogik. Darmstadt. – Holzbrecher, A. (2011): Interkulturelle Schule – eine Entwicklungsaufgabe. Schwalbach/Ts. – Reich, H. H./Holzbrecher, A./Roth, H. J. (Hg.) (2000): Fachdidaktik interkulturell. Opladen.

Alfred Holzbrecher

Interkulturelle Elementarerziehung

Interkulturelle Elementarerziehung beschäftigt sich mit interkulturellen Konzepten in der frühkindlichen Erziehung. In vielen Regionen prägen multikulturell zusammengesetzte Kindergruppen das institutionelle Bild. Allerdings gibt es bezüglich des Anteils von Migrantenkindern deutliche regionale Unterschiede. Ob bzw. in welchem Ausmaß interkulturelle Konzepte in Einrichtungen des Elementarbereichs und in der Aus- und Fortbildung zum Thema werden, hängt häufig von der Anzahl von Migrantenkindern ab. Dem steht die Auffassung entgegen, dass interkulturelle Kompetenz eine bereits im Kindergarten anzubahnende Basisqualifikation für alle Kinder sei.

Die Elementarerziehung bietet besondere Voraussetzungen für die Realisierung interkultureller Konzepte. Da die Elementarpädagogik keiner festgelegten Bildungsplanung unterlag, gab es Spielraum für innovative Ansätze. Das Konzept des Situationsansatzes mit seinem Bezug auf die Lebens- und Erfahrungswelt der Kinder sah in multikulturellen Kindergruppen eine große Chance für alle Beteiligten, Vielfalt und Perspektivenwechsel zu erleben und den Umgang damit zu erlernen. Die fremden Kulturen sollten in den Einrichtungen präsent sein, durch interkulturelle Materialien, Feste, Traditionen und durch die Zusammenarbeit mit (Fach-)Kräften anderer Muttersprachen. In diesem Verständnis von Kulturenvielfalt als Bereicherung steht noch immer ein großer Teil der heutigen Praxis.

Auf der Ebene der Konzeptentwicklung erfolgte eine Erweiterung des Verständnisses von interkultureller

Elementarerziehung. Beispielhaft steht dafür der Anti-Bias-Ansatz der Internationalen Akademie (Berlin), der interkulturelle mit einer vorurteilsbewussten Arbeit verbindet und darüber versucht, den Blick zu schärfen für ungerechtfertigt wertende Haltungen und Umgangsformen gegenüber persönlichen, biografischen und sozialen Unterschieden von Kindern. Der interkulturelle Ansatz, den Dialog zwischen den Kulturen zu fördern, fand seine Korrektur in der Erfahrung von Multikulturalität als Bildungsbenachteiligung. Bestätigt wurde dies durch die Ergebnisse der internationalen Vergleichsstudien, die eine Neuorientierung in der Elementarpädagogik nach sich zogen. Der Kindergarten wird heute verstärkt als Bildungs-, nicht primär als Erziehungsinstitution definiert, und die frühe Kindheit gilt als Phase der individuellen Konstruktion und Aneignung von Wissen. Dem kindlichen Spracherwerb wird dabei eine Schlüsselfunktion zugewiesen. Als zentrale Bildungsaufgabe des Kindergartens gilt die sprachliche Förderung von Kindern, insbesondere die Deutschförderung bei Migrantenkindern. Gegenüber der Konzentration auf Sprachförderung scheinen andere Aspekte interkultureller Elementarerziehung in den Hintergrund zu geraten. Neuere Ansätze interkultureller Arbeit im Elementarbereich richten sich nun darauf, Sprachbildung und sachliches Lernen nach interkulturellen Prinzipien zu gestalten, z.B. durch eine systematische Einbeziehung der Mehrsprachigkeit in den Alltag der Einrichtungen.

Literatur

Jampert, K. u.a. (2007): Schlüsselkompetenz Sprache. Berlin. – Preissing, C./Wagner, P. (Hg.) (2003): Kleine Kinder, keine Vorurteile? Freiburg. – Projekt Multikulturelles Kinderleben (2000): Wie Kinder multikulturellen Alltag erleben. München.

Karin Jampert

Interkulturelle Genderforschung

Die Interkulturelle Genderforschung untersucht die Heterogenität innerhalb der Geschlechtergruppen und die Verschränkung von Geschlechterkonstruktionen mit anderen sozialen Klassifizierungen, vor allem ethnizitätsbezogenen Unterscheidungen: Menschen stellen sich als männlich oder weiblich dar und werden entsprechend zugeordnet (doing gender), gleichzeitig werden geschlechtliche Lebensweisen als ethnisch-kulturell unterschiedliche markiert (Ethnisierung). Die alltäglichen Konstruktionen von Geschlecht und Ethnizität vollziehen sich in Interaktionen, sind aber auch Dimensionen der Sozialstruktur und bringen durch geschlechtliche und ethnische Hierarchien Machtverhältnisse hervor.

In der deutschsprachigen Genderforschung wird eine interkulturelle Perspektive nur zögerlich aufgenommen; die interkulturelle Genderforschung ist vor allem in der erziehungswissenschaftlichen Teildisziplin Interkulturelle Pädagogik verankert, die seit ihren Anfängen geschlechtliche Zugehörigkeiten thematisiert. Die Ausländerpädagogik der 1980er Jahre zeigte ein großes Interesse an Geschlechterverhältnissen der Arbeitsmigranten, insbesondere an Frauen und Mädchen aus der Türkei. In einer Fülle von Publikationen wurde die Vorstellung verbreitet, sie seien aufgrund spezifischer ethnisch-kulturell bedingter Geschlechterkonzepte Opfer patriarchaler Unterdrückung; daraus wurde ein besonderer pädagogischer Betreuungsbedarf abgeleitet. Als Pendant zu diesem Bild wurde Männern und Jungen aus der Türkei ein autoritärer Dominanzanspruch unterstellt und daraus eine soziale Distanzierung durch die Mehrheitsgesellschaft legitimiert. Im gesellschaftspolitischen Diskurs, in medialen Darstellungen und in der pädagogischen Praxis sind diese Bilder bis heute dominant. Die interkulturelle Genderforschung entwickelte sich in der zweiten Hälfte der 1990er Jahre in Abgrenzung zu diesem Diskurs und kritisierte diese Perspektive als ethnozentrisch und defizitorientiert. Die verallgemeinernden Schlussfolgerungen basierten zudem auf dafür ungeeignetem empirischen Material, dessen Basis als Fallstudien zu schmal war sowie verzerrt durch selektive Befunde aus psychosozialen Beratungsstellen. Die interkulturelle Genderforschung konnte in zahlreichen Studien und mit vielfältigen methodischen Ansätzen die ausländerpädagogischen Stereotypisierungen revidieren. Zum Beispiel widerlegten Biografieforschungen Unterstellungen von einer einheitlichen ethnisch-kulturellen und geschlechtlichen Identität, quantitative Erhebungen können die Pluralität von Lebensstilen und -orientierungen innerhalb ethnischer und geschlechtlicher Gruppen abbilden, Studien aus einer postkolonialen Perspektive analysieren die sozialhistorische Genese der Institutionalisierung rassistischer und zugleich vergeschlechtlichender Machtverhältnisse.

In aktuellen Entwicklungen der Interkulturellen Genderforschung werden englischsprachige Untersuchungen der Verschränkung von Ethnizität, Geschlecht und Sozialstatus (race/ethnicity-genderclass) verstärkt aufgenommen. In theoretischen Debatten gewinnt das Konzept der Intersektionalität an Einfluss, das nach der Gleichzeitigkeit von Machtwirkungen verschiedener Achsen sozialer Differenz in der Gesellschaftsstruktur fragt (vom englischen intersection, Schnittpunkt). Empirisch ist dieser Ansatz noch wenig entwickelt. Für qualitative Studien ist der interaktionstheoretische Doing difference-Ansatz fruchtbar, der mit ethnomethodologischen Forschungsstrategien auf der gesellschaftlichen Mikroebene die symbolische Darstellung und interaktive Konstruktion sozialer Mitgliedschaften untersucht. Erste Studien beleuchten das Themenfeld von Weiblichkeitskonstruktionen im Kontext von ethnischen Zuschreibungen als türkisch. Erhebliche Forschungslücken bestehen in darüber hinausgehenden systematischen Untersuchungen der Verflechtungen sozialer Differenzen, die weitere ethnische Klassifizierungen sowie Männlichkeitskonstruktionen erfassen.

Literatur
Gümen, S. (1996): Die sozialpolitische Konstruktion „kultureller" Differenzen. In: beiträge zur feministischen theorie und praxis, H. 42, 77-89. – Lutz, H./Wenning, N. (Hg) (2001): Unterschiedlich verschieden. Opladen. – Müller, M. (2003): Geschlecht und Ethnie. Wiesbaden.

Martina Weber

Interkulturelle Identität

Die Identitätsdiskussion hat die Migrationsdebatten in der Bundesrepublik Deutschland seit den 1970er Jahren begleitet. Der Migrationsprozess wurde dabei als ursächlich für Identitätskrisen wahrgenommen. Die Metapher zwischen zwei Kulturen bzw. zwischen zwei Stühlen, die immer wieder zur Beschreibung der Situation von Migranten herangezogen wurde, unterstellt eine Art kultureller Schizophrenie und somit ein angebliches Identitätsdefizit von Menschen mit Migrationshintergrund. Aus dieser reduzierten Perspektive wird Migration nicht als eine Form der Mobilität und damit als eine identitäre Neuorientierung verstanden. Die defizitäre Sicht etabliert einen ethnischen Blick auf die Gesellschaft und erzeugt den Mythos ethnischer bzw. monokultureller Identität.

Identitätskategorien sind Ergebnisse gesellschaftlicher und individueller Konstruktionsprozesse. Je nach Beobachterfokus ist von personaler, sozialer, kultureller, ethnischer, nationaler oder transnationaler Identität die Rede und je nach Blickpunkt wird die operative, narrative, situative oder reflexive Dimension als relevant für Identitätsentwürfe erachtet. Identität kann also nicht als natürliche Eigenschaft von Menschen definiert werden, sondern nur als relationale Kategorie, die im gesellschaftlichen Bezug erst hergestellt werden muss. Ebensowenig kann Identität aus dieser Sicht monokulturell gedacht werden, sondern erfordert eine mehrdimensionale Lesart, die marginale und unterdrückte Perspektiven sichtbar macht.

In den letzten Jahren ist in den Sozialwissenschaften, wenn auch nur ansatzweise, ein Perspektivenwechsel zu beobachten. Migration soll nicht mehr als Identitätsdefekt thematisiert werden, sondern vor allem als eine interkulturelle Neuorientierung. Aus dieser Sicht führen Globalisierungs- und Migrationsprozesse geradezu zwangsläufig zu interkulturellen Identitäten.

Wenn man also, statt normativ vorzugehen und sich an abstrakten Kategorien zu orientieren, den Blick auf alltägliche Praxisformen richtet, dann gewinnen Identitätskonstruktionen und biografische Entwürfe eine praktische Relevanz. Aus diesem gewendeten Blick wird sichtbar, dass solche Konstruktionen subjektorientiert, kontextabhängig und in die alltägliche Praxis eingebunden sind. Identität ist ein vielfältiger Entwurf, der nicht mehr in engen nationalen oder kulturellen Grenzen gedacht werden kann, so dass Identität in der heutigen Zeit gar nichts anderes mehr sein kann als interkulturell.

Literatur
Eickelpasch, R./Rademacher, C. (2004): Identität. Bielefeld. – Beck-Gernsheim, E. (2004): Wir und die Anderen. Frankfurt.

Erol Yildiz

Interkulturelle Jugendarbeit

Interkulturelle Jugendarbeit zielt auf den Austausch zwischen Jugendlichen unterschiedlicher Herkunft ab. Sie untergliedert sich in die beiden Handlungsfelder der internationalen Jugendbegegnung einerseits sowie der Förderung des interkulturellen Austauschs zwischen Jugendlichen mit und ohne Migrationshintergrund andererseits. Beide Praxisfelder fallen in den Bereich der interkulturellen Pädagogik, ohne jedoch in Theorie und Praxis in einem engeren Austausch zueinander zu stehen.

Die Geschichte der internationalen Jugendbegegnung reicht bis zum Beginn des 20. Jahrhunderts zurück und war stets eng an politisch dominante Interessen internationaler Beziehungen geknüpft. Vorformen internationalen Jugendaustauschs der Weimarer Republik werden in der Nachkriegszeit erst durch alliierte Interessen der Reeducation, später durch das Bestreben nach Westintegration (1950/60er Jahre) bzw. Ostannäherung (1970er Jahre) der Bundesrepublik Deutschland (BRD) bestimmt. In diesen Zeitraum fallen Prozesse der Institutionalisierung und Konsolidierung von Trägern des internationalen Jugendaustauschs (bspw. 1963: Gründung des Deutsch-Französischen Jugendwerks), wobei der zentrale inhaltliche Konflikt in der Balancierung von pädagogischen Zielen dieser Träger und Freizeitinteressen teilnehmender Jugendlicher besteht. Seit den 1980er Jahren steht das Ziel des interkulturellen Lernens durch internationale Begegnung im Mittelpunkt, für dessen Erreichen kaum empirische Evidenz besteht.

Interkulturelle Jugendsozialarbeit hat sich in den 1970er Jahren im Zuge des Migrationsanstiegs in der BRD zunächst als Ausländerpädagogik im schulischen Kontext entwickelt und auf (Sprach- und Integrations-)Defizite von Kindern und Jugendlichen mit Migrationshintergrund konzentriert. Seit dem Wandel zur interkulturellen Pädagogik in den 1980er Jahren zielt auch die (v.a. offene) Jugendsozialarbeit stärker auf den wechselseitigen Austausch zwischen Jugendlichen mit und ohne Migrationshintergrund. Theoretisch beruft sich die aktuelle interkulturelle Jugendsozialarbeit im Wesentlichen auf die Konzepte der intersubjektiven Anerkennung (Axel Honneth) und der Pädagogik der Vielfalt (Annedroe Prengel). Beide Ansätze besagen im Kern, dass die Förderung interkulturellen Zusammenlebens nur dann gelingen kann, wenn Angehörige der Majoritäts- und Minoritätskultur ihre Unterschiede anerkennen und deren Implikationen für Handeln und Kommunikation erkannt sowie respektiert werden. Ziel interkultureller Jugendsozialarbeit ist die Entwicklung interkultureller Kompetenz Jugendlicher durch interkulturelles Lernen in fünf Schritten: Erkenntnis der Kulturgebundenheit der eigenen und der Verhaltensweisen anderer, Erweiterung des Deutungswissens über andere Kulturen, Respekt für fremdkulturelle Muster, Flexibilisierung eigener kultureller Praktiken, Aufbau und Konsolidierung interkultureller Beziehungen.

Seit den 1990er Jahren spielt das Konzept des Sozialraumes (Richard Münchmeier) eine wichtige Rolle, indem im Rahmen offener Jugendarbeit der Versuch unternommen wird, für Jugendliche unterschiedlicher Herkunft Räume zu eröffnen, die Jugendliche sich eigenständig aneignen und gemeinsam gestalten können. Aussagekräftige Evaluationen, inwieweit interkulturelle Jugendsozialarbeit interkulturelle Kompetenz bei Jugendlichen fördert, stehen noch aus.

Neuere Trends der interkulturellen Jugendarbeit thematisieren seit den 1990er Jahren informelle Settings des interkulturellen Austauschs im Rahmen interethnischer Freundschaften. Ausgehend von der Kontakthypothese (Gordon W. Allport) wird angenommen, dass insbesondere interethnische Freundschaften dazu in der Lage sind, Vorurteile zu mindern. Empirische Befunde sprechen für die These.

Literatur

Thimmel, A. (2001): Pädagogik der internationalen Jugendarbeit. Schwalbach. – Kämper, W. (1992): LebensRäume. Frankfurt. – Nicklas, H./Müller, B./Kordes, H. (2006): Interkulturell Denken und Handeln. Frankfurt.

Heinz Reinders

Interkulturelle Kommunikation

Interkulturelle Kommunikation ist ein Oberbegriff für alle Beschäftigungen mit den Voraussetzungen, Praktiken und Konsequenzen grenzüberschreitender Personen-, Kultur-, Wirtschafts- oder Politikbeziehungen. Die Folgen von Migration, internationalen Wirtschaftsverflechtungen und vielfältigen Praktiken des internationalen Personenaustauschs führen notwendig zu Begegnungssituationen zwischen Menschen, die in unterschiedlichen Kulturen sozialisiert wurden. Entsprechend beschäftigen sich Bildungsinstitutionen, Unternehmen oder Behörden mit sprachlich-kulturellen Unterschieden in den Normalitätserwartungen der Beteiligten und den Folgen interpersonaler interkultureller Situationen und versuchen die interkulturelle Kommunikation durch vorbereitende oder begleitende Maßnahmen (interkulturelles Training oder Coaching) zu verbessern.

Fehlkommunikationen entstehen durch unterschiedliche Praktiken des Inter-Agierens, unterschiedliche Deutungen von Begriffen, verbalen, para- oder nonverbalen Äußerungseinheiten bzw. Kontextualisierungen oder durch kulturspezifische Wertorientierungen. Interkulturelle Kommunikation stellt als Personen-Kontakt eine interkulturelle Überschneidungssituation dar, in der die Interagierenden nicht-kongruente Regeln zur Deutung von Zeichen verwenden. Aus dieser Konstellation entstehen komplexe, von den Beteiligten zu bearbeitende kommunikative Problem-Situationen, zu deren Lösung sie vor allem eigensprachlich und -kulturell geprägte Muster verwenden. Der strukturell bedingte Mangel an Kommunikationsfähigkeit in Form asymmetrischer Kenntnisse der gewählten Verständigungssprache und fehlende Bewältigungsstrategien für auftretende Kommunikationsbarrieren führen systematisch zu unbefriedigenden Kommunikationsergebnissen.

In der Geschichte der Entwicklung des Forschungsgebiets interkulturelle Kommunikation sind es vor allem die negativen Auswirkungen dieser gesellschaftlich hinderlichen Erfahrungen, die wesentliche Anstöße zu ihrer empirischen Erforschung gegeben haben. Bis heute ist interkulturelle Kommunikation vom Druck negativer Praxiserfahrungen (z.B. in Schulen oder beim Schüler-Austausch) beeinflusst, die schnelle Lösungen (z.B. in Form sprachlich-kulturell kompetenter Konflikt-/Mediatoren oder interkultureller Trainings) erwarten, bevor die beteiligten Disziplinen die Problembereiche durch empirische Studien (Befragungen oder diskurslinguistische Analysen von Realsituationen) erhellen können.

Untersuchungen bezüglich personaler Interaktion basieren auf Manifestationen von Interaktionsprozessen (Ton-/Videoaufzeichnungen, Transkripte). Forscher rekonstruieren deren Ordnungen und wechselseitige Aufzeige-Praktiken, mit denen sich die Interagierenden als (fremd-)kulturelle Agenten sozial kategorisieren. Dadurch wird das Kulturelle von interkultureller Kommunikation nicht präskriptiv von der Herkunft der Interagierenden her bestimmt, sondern von kulturbezogenen Deutungen, die die Interagierenden im Verlauf ihres gemeinsamen Handelns vornehmen.

Statt den personalen Begegnungen widmen sich Untersuchungen im Rahmen einer weiten Definition von interkultureller Kommunikation den sprachlichen, psychischen oder kulturellen Voraussetzungen und möglichen Folgen interkultureller Phänomene. Methodisch haben sie kontrastive Verfahren und Darstellungsformen gemeinsam. Grundlage ist die Hypothese, dass aus nicht-kongruenten Kommunikationskonventionen und Wertorientierungen Prognosen über die interkulturelle Kommunikationspraxis und ihr Effektivitätspotenzial abgeleitet und in didaktische Maßnahmen überführt werden können. Diese Vergleichbarkeitsannahmen wurden jedoch verschiedentlich in Zweifel gezogen und durch Untersuchungen relativiert, die belegen, dass immer dann, wenn interkulturelle Situationen über Erstkontakte hinausgehen, sog. diskursive Interkulturen eigener Qualität entstehen.

Kulturwissenschaftlich-vergleichende Ansätze verweisen in der Regel auf eine wenig hinterfragte Grund-Folge-Vorstellung, dass nämlich die Verschiedenheit von Kulturen mit ihren jeweiligen Codierungen die situativen Interaktionsprobleme bewirkt. Nicht berücksichtigt wird dabei, dass es die Ko-Interagierenden sind, die sich wechselseitig aufzeigen, was sie an der gegebenen Situation wie als kulturell bzw. kulturspezifisch ansehen und entsprechend re-/agieren. Sie bestimmen also, was als kulturell fremd, wenig oder stark distant die Interaktion bestimmt. Darüber hinaus zeigen sie an, welche der vom Gegenüber verwendeten sprachlich-interaktionalen Konventionen sie fälschlicherweise als kulturell bedingt umdeuten. Dabei ist es gerade ein Charakteristikum von interkultureller Kommunikation, dass Ko-Interagierende sprachliche Konventionen, die von ihren Normalitätserwartungen abweichen, systematisch als Ausdruck kulturdifferenter Wertorientierungen uminterpretieren.

Hinsichtlich der Forschung muss die Funktion von Interview-Daten mit Kulturexperten, aus denen Schlüsse über vermeintlich typische kulturelle Differenzen sowie Ratschläge zur Bewältigung von interkultureller Kommunikation abgeleitet werden, neu bestimmt werden, da sie möglicherweise systematisch umgedeutete Erfahrungen enthalten. Verstärkt sollte anhand von Aufzeichnungen authentischer Situationen herausgearbeitet werden, wie kulturelle Fremde co-konstruiert wird und welche Konsequenzen sich für der Verlauf interkultureller Situationen ergeben, einschließlich des Bildes, das Ko-Interagierende von sich und der Fremdkultur entwickeln. Dazu hat die Angewandte Diskursforschung konkrete Erfahrungen dokumentiert und Forschungsprofile entwickelt.

Literatur

Lüsebrink, H.-J. (2005): Interkulturelle Kommunikation. Stuttgart, Weimar. – Lüsebrink, H.-J. (Hg.) (2004): Konzepte der Interkulturellen Kommunikation. St. Ingbert. – Rost-Roth, M. (1994): Verständigungsprobleme in der interkulturellen Kommunikation. In: Zeitschrift für Literaturwissenschaft und Linguistik 93, 9-45. – Thomas, A./Kammhuber, S./Schroll-Machl, S. (Hg.) (2003): Handbuch Interkulturelle Kommunikation und Kooperation. Bd. 2. Göttingen.

Bernd Müller-Jacquier

Interkulturelle Kompetenz

Der Begriff der interkulturellen Kompetenz wird in psychologischem und erziehungswissenschaftlichem Sprachgebrauch unterschiedlich verwendet. In psychologischem Sprachgebrauch rekurriert er auf Wissensbestände und Fähigkeiten, die im Umgang mit Angehörigen fremder Kulturen aktiviert werden. Hierbei wird auf Klassifikationssysteme von nationalen Kulturen nach ihren Hauptmerkmalen zurückgegriffen. Es wird also davon ausgegangen, dass interkulturelle Kompetenzen immer dann anzuwenden sind, wenn Menschen zusammentreffen, die verschiedenen Nationalkulturen angehören, wobei es in der Regel um Konfliktvermeidung geht. Die Kulturbegegnung im Sinne dieser Ansätze findet in der Regel jenseits der Grenzen des eigenen Landes statt. Im Unterschied hierzu hat sich im Bereich der interkulturellen Bildung ein Verständnis entwickelt, das sich darauf richtet, die Normalitätsmuster zu überprüfen, die bei der Beurteilung und Bewältigung des sprachlich und kulturell heterogenen pädagogischen Alltags angewendet werden. Hier steht die Auffassung im Hintergrund, dass kulturelle, sprachliche und soziale Verschiedenheit ein konstitutives Merkmal jeder komplexen Gesellschaft ist. Kulturbegegnung findet also potentiell jederzeit und allerorten – auch im pädagogischen Handlungsraum – statt. Zweck der Prüfung ist die Beantwortung der Frage, ob es durch die unreflektierte Anwendung solcher Muster dazu kommt, dass Menschen beim pädagogischen Handeln systematisch bevorzugt oder benachteiligt werden.

Interkulturelle Kompetenz in diesem Sinne ist die Fähigkeit, im kulturell, sozial und sprachlich heterogenen Kontext professionell, also möglichst unbeeinflusst von Stereotypen oder Kulturalisierungen handeln zu können. Hierfür sind verschiedene Teilfähigkeiten erforderlich. Interkulturelle Kompetenz im hier vertretenen Verständnis umschließt die Fähigkeiten, sich kulturelle Muster bewusst machen, dem Wandel unterworfene Spielarten von Einschätzungen und Empfindungen erkennen und, darauf aufbauend, eine eigene Sicht- und Handlungsweise im kulturell heterogenen Kontext begründen zu können.

Zu den Teilfähigkeiten interkultureller Kompetenz gehören zunächst Kenntnisse darüber, wie sich die Unterschiedlichkeit von Lebensweisen auf der Ebene der Phänomene zeigt: zum Beispiel in der Kleidung oder Nahrung von Menschen, in der Tradition der Namensgebung, in Redensarten, in der Tages- und Jahreseinteilung, in Ritualen zur Regelung des Zusammenlebens. Solche Kenntnisse bedürfen der Ergänzung durch die Auseinandersetzung mit den Gründen und Anlässen für die unterschiedliche Gestalt der Phänomene, in denen die kulturellen, sprachlichen oder sozialen Verschiedenheiten ihren Ausdruck finden. Diese Auseinandersetzungen schließen ein, Entwicklungen zu berücksichtigen, die dazu geführt haben, dass in oberflächlich sichtbaren Phänomenen scheinbar unhintergehbare Regeln geronnen sind. Wie kommt es, dass Phänomene als für eine Gruppe, eine Region oder ein Land typisch angesehen werden? – Verhüllende Kleidung kann zum Beispiel dem Schutz vor Kälte oder Hitze dienen; sie kann aber auch genutzt werden, um den Status einer Person oder religiöse Zugehörigkeit kenntlich zu machen, oder dazu, Generationen- und Geschlechterdifferenzen zu markieren. Möglich ist aber auch, dass sie Ausdruck persönlichen Stils ist. Regionale Speisegewohnheiten waren in der Vergangenheit der Spiegel der Produkte einer Region und der sozialen Situation der in dieser Region lebenden Menschen. Aber zugleich gehen sie einher mit Vorstellungen über Gesundheit und Krankheit, haben zu impliziten oder expliziten, teilweise religiös festgelegten Speisegeboten und -verboten geführt, die auch zur Identitätsbildung der Eigengruppe durch Abgrenzung gegenüber Anderen dienen können.

Auf einer nächsten Stufe liegt die Fähigkeit, die Phänomene, die auf kulturelle, sprachliche oder soziale Verschiedenheit verweisen, in ihrem Wandel zu betrachten und zu reflektieren. Dabei ist stets mit zu bedenken, dass die Sicht auf die jeweiligen Phänomene sich nicht nur bei den fremden Gruppen, in den anderen Regionen oder Ländern, sondern auch in der eigenen Gruppe, im eigenen Lebensraum verändert. Zugleich ist zu berücksichtigen, dass differierende Betrachtungsweisen oder Praktiken je nach sozialer Schicht, Geschlecht und anderen Merkmalen bestehen. In der Deutung des Kopftuches z.B. spiegelt sich unter anderem die Geschichte des Umgangs mit dem Haupthaar als sexuellem Symbol. Die Bedeckung des Haares, seine Länge, das Fehlen von Haaren und ähnliche Gestaltungsmerkmale werden historisch, sozial und situativ unterschiedlich gedeutet. Zu einigen Zeiten galt das gebundene oder verhüllte Haar als schicklich, zu anderen das unbedeckte. Die Länge des Haares kann sowohl Zeichen männlicher Stärke wie weiblicher Verführungskraft sein. Das Abschneiden des Haares, der kahlrasierte

Kopf kann als Demütigung oder Strafe eingesetzt werden, kann Zeichen für die vollständige Hingabe sein – aber auch Zeichen des Selbstbewusstseins und der Emanzipation. Alle diese Spielarten finden wir in der Geschichte und gegenwärtig. Ob ein Stück Stoff auf das Haar gebunden wird, kann religiöse oder modische Bedeutung haben; es kann auf Unterwerfung unter ein Gebot hinweisen – aber ebenso auf den Protest dagegen oder spielerischen Umgang damit. Das Stück Stoff als Kopftuch selbst hat mithin keine Bedeutung; es bedarf der Durchdringung des Kontextes, in dem es vorkommt.
Ein weiteres Element interkultureller Kompetenz liegt in der Fähigkeit, Phänomene, die auf kulturelle, sprachliche und soziale Verschiedenheit verweisen, aus verschiedenen Perspektiven reflektieren zu können. Ein Beispiel hierfür ist die Bedeutung des Jahres 1492. Die Wertschätzung der Eroberung Amerikas durch Columbus verschiebt sich, je nachdem, welche Sichtweise eingenommen wird: die der Eroberer, die eines Historikers oder die Sicht derjenigen, deren Vorfahren überfallen wurden und die bis heute die Folgen dieser Eroberung in Form von sozialer und politischer Marginalisierung erfahren.
Zur interkulturellen Kompetenz gehört ferner die Fähigkeit zu erkennen, wie es kommt, dass Phänomene, die auf Verschiedenheit deuten, für das Leben eines Menschen bzw. einer Menschengruppe bedeutsam oder bedeutungslos werden. Hierfür sind in der Regel historische, politische und soziale Zusammenhänge mitverantwortlich. Ein Beispiel hierfür ist die Selbstverortung einer Person als Angehöriger einer kulturellen Gemeinschaft. Sie kann der Verteidigung von Privilegien dienen, aber auch der Bekämpfung von Benachteiligungen. Hierzu gehört auch die Kompetenz, Widersprüche zu erkennen und ihnen auf den zu Grund gehen: Wie ist es z.B. zu erklären, wenn jemand ausländerfeindliche Reden hält, gleichzeitig aber betont, wie gerne er ins Ausland fahre und wie sehr er dort die Gastfreundschaft genieße.
Eine Komponente interkultureller Kompetenz ist schließlich die Selbstreflexion, die Fähigkeit, sich die eigenen Verhaltensgewohnheiten, Einstellungen, Wahrnehmungen und Empfindungen in Konstellationen sprachlicher, sozialer und kultureller Heterogenität bewusst zu machen und zu verstehen, worauf diese zurückzuführen sind. Interkulturelle Kompetenz im professionellen pädagogischen Handeln befähigt dazu, die eigenen Wertorientierungen, das eigene Verhalten und eigene Entscheidungen an den ethischen Standards auszurichten, die es Menschen in ihrer Verschiedenheit erlauben, in einer modernen, weltoffenen, pluralen und demokratischen Gesellschaft selbstbestimmt und verantwortlich zu leben.

Literatur

Auernheimer, G. (2002): Interkulturelle Kompetenz und pädagogische Professionalität. Opladen. – Gogolin, I./Krüger-Potratz, M. (²2010): Einführung in die interkulturelle Pädagogik. Opladen. – Thomas, A. (²2003): Kulturvergleichende Psychologie. Göttingen.

Ingrid Gogolin

Interkulturelle Pädagogik

Interkulturelle Pädagogik wird seit den 1990er Jahren als Bezeichnung für eine fachliche Spezialisierung benutzt, deren Augenmerk der pädagogische Umgang mit den Folgen von Arbeitsmigration und gesellschaftlicher Heterogenität für Bildung und Erziehung ist. Angelehnte Bezeichnungen wie interkulturelles Lernen oder interkulturelle Erziehung werden für die praktische pädagogische Arbeit im Themenfeld verwendet. Die Ausdrücke interkulturelle Erziehungswissenschaft, interkulturelle Bildung oder interkulturelle Bildungsforschung hingegen verweisen wie die Zusammensetzung mit Pädagogik auf die fachliche Spezialisierung, also eine Subdisziplin der Erziehungswissenschaft.
Die Geschichte der Interkulturellen Pädagogik ist eng mit dem gesellschaftlichen Wandel aufgrund der Einwanderung nach Deutschland seit den 1950er Jahren verbunden. In den 1960er Jahren entstanden zunächst zahlreiche Initiativen der pädagogischen Unterstützung von Kindern und Jugendlichen aus den zuwandernden Familien, insbesondere Hilfen zur Vermittlung der deutschen Sprache. Seit den 1970er Jahren wurden die Aufgaben über Sprachvermittlung hinaus nach und nach auf verschiedene Felder von Erziehung und Bildung ausgeweitet. Es bildete sich die sog. Ausländerpädagogik heraus: eine pädagogische Fachrichtung, die sich auf die spezifische Zielgruppe der fremden, aus einem anderen Staat kommenden Kinder und Jugendlichen bezog. Publiziert wurden vor allem Praxishilfen, aber auch erste theoretische Überlegungen und Studien, die insbesondere die Kultur und Traditionen der Staaten der Herkunft in den Blick nahmen. In den 1980er Jahren erfolgte eine Institutionalisierung der Ausländerpädagogik durch die Einrichtung spezieller Zusatzstudiengänge an etlichen Hochschulen und durch Fortbildungsangebote.

Die verstärkte Zuwendung zu grundlegenden Fragen der Folgen von Migration für die Praxis und die pädagogische Theoriebildung führte zu einer Kritik von Grundannahmen einer auf Ausländer, also auf den staatsbürgerlichen Status gerichteten Subdisziplin. In der Folge dieser Reflexion differenzierte sich das Gebiet aus. Ein Strang der Tätigkeit galt weiterhin der Frage nach Besonderheiten der Zielgruppe Ausländer (oder Migranten, Zugewanderte) und nach angemessenen pädagogischen Reaktionsformen auf diese Besonderheiten. Ein anderer Strang, für den sich die Bezeichnung interkulturelle Pädagogik etablierte, richtete die Aufmerksamkeit auf die Frage, wie Bildungssysteme auf migrationsbedingte Heterogenität ihrer Klientel reagieren. Ausdrucksformen migrationsbedingter Heterogenität sind soziale, kulturelle und sprachliche Merkmale, die Teile der Klientel – von Kindern bis Erwachsenen – von denjenigen Adressaten von Bildung und Erziehung unterscheiden, die als normale Adressaten bezeichnet werden. In der historischen Entwicklung nationalstaatlicher Bildungssysteme wie des deutschen hat sich die Vorstellung entwickelt und gefestigt, dass das normale Kind (oder der normale Mensch) einsprachig lebt und in dem Staat, in dem er geboren ist, auch bleibt. Die Grundstrukturen und geläufigen Inhalte des Bildungssystems, vom Kindergarten bis zur universitären Bildung, sind mehr oder weniger strikt von der Erwartung geprägt, dass ihr Angebot sich auf diesen Normalfall richtet. Das Faktum, dass zu Beginn der 2000er Jahre ungefähr ein Drittel der Kinder, die in Deutschland in die Schule kommen, aus einer Familie mit Migrationshintergrund stammt, veranlasst zu der Frage, ob ein auf diese Erwartung gebautes Bildungssystem mit der Realität noch schritthält, in der die ihm anvertrauten Menschen leben.

Eine Leitfrage der Forschung in der interkulturellen Pädagogik ist, welche Folgen es für Bildungsweg und Bildungserfolg von Menschen hat, wenn sie dem Normalbild nicht entsprechen, einsprachig, sesshaft und in bildungsnahem Umfeld zu leben. Heterogenität (oder Vielfalt, Diversität) wird dabei als konstitutives Merkmal von Gegenwartsgesellschaften angesehen. Sie ist deshalb kein Phänomen pädagogisch zu behandelnder Desintegration, sondern selbst Teil des Normalfalls. In diesem Verständnis ist Verschiedenheit – z.B. in der Form, dass Menschen vieler verschiedener Sprachen auf engem Raum in einer Gesellschaft leben – nicht Zeichen von Defiziten oder Gefahren, sondern in sich selbst eine Ressource dafür, das Leben in einer international und global beeinflussten Gesellschaft gut zu bewältigen.

Die interkulturell ausgerichtete pädagogische Forschung zeigt seit Ende der 1990er Jahre eine deutliche Zunahme empirischer Arbeiten. Komplementär zu der Frage, welche Merkmale und Eigenschaften von Migranten auf Bildungserfolg oder -misserfolg Einfluss haben, wird untersucht, welche strukturellen Merkmale des Bildungssystems oder welche Inhalte und Methoden von Erziehung und Bildung daran mitwirken, dass Bildungserfolg ermöglicht oder erschwert wird. Seit Mitte der 1990er Jahre richtet sich eine größere Anzahl von Studien auch auf bildungserfolgreiche Migranten, um Gelingensbedingungen für Bildungserfolg zu identifizieren. Ein großer Teil der empirischen Arbeiten stellt die Frage ins Zentrum, welchen Einfluss Zwei- oder Mehrsprachigkeit als Bildungsvoraussetzung auf Entwicklung und Lernen sowie auf den Bildungserfolg hat.

Literatur
Gogolin, I./Krüger-Potratz, M. (²2010): Einführung in die Interkulturelle Pädagogik. Opladen, Farmington Hills. – Mecheril, P. (2004): Einführung in die Migrationspädagogik. Weinheim, Basel. – Roth, H.-J. (2002): Kultur und Kommunikation. Opladen.

Ingrid Gogolin / Hans-Joachim Roth

Interkulturelle Schulqualitätsentwicklung

Interkulturelle Schulqualitätsentwicklung fokussiert auf quantitative und qualitative Studien zum Einfluss unterschiedlicher schulischer Arrangements (innerhalb einer oder zwischen Schulen) auf das Lernen, die Entwicklung und die Bildungserfolge von Kindern und Jugendlichen in sprachlich, ethnisch-kulturell und sozial heterogen zusammengesetzten Schulen. U.a. wird geprüft, wie schulische Strukturen und Prozesse gezielt verbessert werden können, um das Lernen aller Heranwachsenden optimal fördern und herkunftsbedingte Ungleichheiten abbauen zu können.

In den angelsächsischen Ländern stellte die Zielperspektive des school restructuring oder whole-school-change – verstanden als Bemühen um eine Verbesserung der Bildungseinrichtungen und ihrer Leistungen unter Beachtung der Ziele Integration und Chancengleichheit – bereits in der multikulturellen und antirassistischen Erziehung der 1980er Jahre einen Minimalkonsens dar. In den 1990er Jahren wurden Gleichheitspolitiken in vielen Staaten vom Interesse an hohen Standards in den Grundlagenfächern, der Unterordnung öffentlicher Schulbildung unter die Ökonomie und Tendenzen zur Deregulierung und Privatisierung von der Agenda verdrängt. In einigen Ländern (z.B. Großbritannien, Schweiz) wird jedoch die Strategie erprobt, sprachliche und sozio-kulturelle Heterogenität und Ziele der Gleichstellung benachteiligter Gruppen mit der Entwicklung und Evaluation der Schulen systematisch zu verbinden.

Die neuere interkulturelle Schulqualitätsentwicklung setzt an den Prozessen im Unterricht und der alltäglichen Schulerfahrung der Kinder und Jugendlichen an und konzipiert Schulen als lernende Organisationen. Hinsichtlich der konkreten Interventionsfelder und Strategien besteht ein weitgehender Konsens. Betont werden vor allem die Notwendigkeit der Ausrichtung auf die Organisationen als Ganze sowie die Ausbildung gemeinsamer Grundorientierungen und klarer Zielvorstellungen im Hinblick auf Chancengleichheit. Schwerpunkte in Forschung und Praxisentwicklung bilden Fragen der Gestaltung sensibler Aufnahmeverfahren, des Unterrichtens und Lernens in mehrsprachigen Konstellationen, eines leistungswirksamen Unterrichts für alle sowie die Anpassung von Verfahren zur Beurteilung von Leistungen an Heterogenität. Weitere Kernthemen sind die Kooperation mit Eltern und Migrantengemeinschaften, verbunden mit einer Kultur der Anerkennung in den Schulen und ihrem Umfeld. Auch Fragen der Öffnung der Curricula für Themen der Diversität werden untersucht. Zu den Entwicklungsaufgaben der interkulturellen Schulqualitätsentwicklung gehören geeignete Programme zur Qualifizierung, Monitoring-Verfahren, Beratungs- und Evaluationssysteme sowie unterstützende Strukturveränderungen im Umfeld der Schulen, die eine adäquate Handlungsperspektive für sprachlich, kulturell und sozial heterogene Schülerschaften eröffnen.

An konkreten Praxisprojekten ist im deutschen Sprachraum seit Ende der 1990er Jahre das Züricher Programm Qualität in multikulturellen Schulen wegweisend. Zu den Praxisversuchen in Deutschland, die mit einer Evaluation ihrer Wirksamkeit verbunden sind, gehört das Modellprogramm Förderung von Kindern und Jugendlichen mit Migrationshintergrund FörMig (2004-2009, www.blk-foermig.uni-hamburg.de). Hier liegt der Fokus auf Ansätzen einer durchgängigen Sprachbildung in multikulturellen Schulen sowie auf der Etablierung regionaler Sprachfördernetzwerke.

Literatur

Coelho, E. (1998): Teaching and Learning in Multicultural Schools. Clevedon et al. – Gomolla, M. (2005): Schulentwicklung in der Einwanderungsgesellschaft. Münster u.a. – Mächler, S. u.a. (2000): Schulerfolg: kein Zufall. Zürich.

Mechtild Gomolla

Interkulturelle Soziale Arbeit

Unter Interkultureller Sozialer Arbeit werden alle (sozial)pädagogischen Konzepte und Bemühungen verstanden, die darauf abzielen, sozio-kulturelle Überschneidungssituationen, die infolge von Migration und Globalisierung entstanden sind, zu bewältigen und innovativ zu nutzen.

Interkulturelle Soziale Arbeit entstand in den 1980er Jahren als sozialpädagogische Antwort auf Diskriminierung und Fremdenfeindlichkeit. Sie wendet sich nicht nur an Migranten, sondern als Teil der Pädagogik der Vielfalt und der Pädagogik des Offenen gleichermaßen an alle. Sie zielt auf und setzt die Anerkennung von Differenz bzw. Diversity als Voraussetzung für Gleichheit und Gerechtigkeit unter pluriformen Bedingungen voraus. Kritiker misstrauen dieser Entwicklung, weil sie darin die Gefahr der Kulturalisierung oder sogar Ethnisierung von sozialen Phänomenen sehen. Im Konzept der Interkulturellen Sozialen Arbeit würden sich nicht Subjekte begegnen, sondern Kulturträger. Zudem neige Interkulturelle Soziale Arbeit dazu, gesellschaftliche Probleme zu pädagogisieren. Es seien aber vielmehr die Institutionen und Organisationen in den Fokus der Betrachtung zu nehmen. Es gehe nicht nur um die Frage nach dem einzelnen Menschen, sondern um den sozialen Prozess, in dem Differenzen von definitionsmächtigen Institutionen bedeutsam und für das Individuum folgenreich gemacht werden.

Für die praktische Interkulturelle Soziale Arbeit bedeutet das, dass die Vorstellungen von Gleichheit und Gerechtigkeit als Ansatz der Anerkennung des Anderen einer Ausgestaltung und Realisierung in konkreten Handlungssituationen bedürfen. Davon ist die Realität der Interkulturellen Sozialen Arbeit noch weit entfernt. Faktisch ist Interkulturelle Soziale Arbeit vielfach noch das Etikett für Integrationskurse, Bildungs-, Beratungs- und Betreuungsangebote für Migranten.

Literatur

Freise, J. (2005): Interkulturelle Soziale Arbeit. Schwalbach. – Prengel, A. (1993). Pädagogik der Vielfalt. Opladen.

Dursun Tan

Interkulturelle Sprachdiagnostik

Zwei grundlegende Ziele der Erfassung und Bewertung des Sprachstandes von (mehrsprachigen) Kindern sind zu unterscheiden: Erstens kann es darum gehen, Hinweise für die Sprachförderung zu erhalten (Förderdiagnostik); zweitens kann es um die Begründung von Selektionsentscheidungen gehen.

Seit der Veröffentlichung der Ergebnisse der ersten PISA-Studie (Programme for International Students Assessment) und der darau abgeleiteten Erkenntnis, dass die Sprachkompetenz von Kindern frühzeitig und mit Blick auf ihre schulrelevanten Aspekte gefördert werden müsse, gibt es in den deutschsprachigen Ländern eine rege Entwicklung von Instrumenten zur Sprachdiagnose – nach einer Pause von etwa 20 Jahren. In mehreren deutschen Bundesländern liegen offiziell eingeführte Verfahren vor, die beispielsweise eingesetzt werden, um Schulanfängerinnen und -anfänger im Hinblick auf den Sprachstand im Deutschen zu prüfen. An diesen Erhebungen nehmen meist alle Kinder, also auch solche aus monolingual deutschsprachigen Elternhäusern teil. Im Anschluss an die Erhebungen werden für die Kinder, deren Deutschkenntnisse als unzureichend eingeschätzt werden, Fördermaßnahmen angeboten, die vor dem Beginn der ersten Klasse durchgeführt werden.

Aus der Sicht der Bilingualismusforschung erscheint es problematisch, dass mit den meisten der derzeit verwendeten Instrumente ausschließlich der Sprachstand im Deutschen erfasst und bewertet werden kann. Da die Sprachen eines mehrsprachig aufwachsenden Kindes sich in Verbindung miteinander entwickeln, müssten Instrumente zur Erfassung, Analyse und Bewertung von Sprachkompetenzen jedoch alle Lebenssprachen eines Kindes einbeziehen. Nur so kann beurteilt werden, ob ein Kind ein sprachliches Konzept noch nicht entwickelt hat – also etwa die Möglichkeit, sich über etwas Zukünftiges zu äußern –, oder ob ihm in der einen oder der anderen Sprache nur die konkreten Redemittel für die Realisierung eines Konzepts fehlen. Einige Verfahren bieten zwar die Möglichkeit des Einbezugs der Herkunftssprachen von Kindern mit Migrationshintergrund; allerdings scheitert deren Einsatz häufig an dem Fehlen von einschlägig qualifiziertem mehrsprachigen Personal.

Für die Entwicklung förderdiagnostischer Instrumente der interkulturellen Sprachdiagnostik hat sich ein Konsens darüber herausgebildet, dass es sinnvoll ist, an Kann-Bestimmungen anzusetzen und Sprachprofile zu ermitteln. Dieser Weg ist erstmals bei der Entwicklung des Gemeinsamen Europäischen Referenzrahmens für Sprachen beschritten worden. Dabei werden, differenziert nach sprachlichen Teilbereichen, Kompetenzstufen beschrieben; die Sprache eines Kindes wird danach eingeschätzt, welche dieser Stufen es bereits erklommen hat. Dem unterliegt die lerntheoretische Grundannahme, dass sprachliche Fortschritte am besten in der Zone der nächsten Entwicklung erzielt werden, so dass die Förderung von dem sprachlichen Können ausgehen muss, das ein Kind bereits erreicht hat.

Literatur

Ehlich, K. (2004): Anforderungen an Verfahren der regelmäßigen Sprachstandsfeststellung als Grundlage für die frühe und individuelle Sprachförderung von Kindern mit und ohne Migrationshintergrund. Berlin. – Wygotzki, L. ([3]1971): Denken und Sprechen. Frankfurt.

İnci Dirim

Interkulturelle Theaterpädagogik

Interkulturelle Theaterpädagogik thematisiert seit den 1980er Jahren im Kontext kultureller Bildung über die Spiel- und Ausdrucksformen der szenischen Künste (Spiel, Theater, Tanz, Performance) die Auseinandersetzung mit und zwischen den Kulturen. Sie versteht sich zum einen als künstlerisch-ästhetische Praxis mit nicht-professionellen, meist jugendlichen Spielern, die Interkulturalität szenisch gestaltet auf die Bühne bringt, zum andern als pädagogische Praxis, die mit szenischen Spiel- und Interaktionsformen in Schule und Bildungsarbeit interkulturelles Lernen unterstützt. Interkulturalität artikuliert sich dabei auf dreifache Weise: inhaltlich-thematisch durch die inszenierten interkulturellen Fragen, Probleme und Sichtweisen, sozial durch den meist multiethnischen Gruppenkontext und formal-ästhetisch durch die kulturell geprägten, spezifischen Ausdrucksformen der Spieler.

Das Fremde und Andere, Außenseiter- und Fremdsein, Rassismus, Gewalt und Migration bilden Schwerpunktthemen interkultureller Theaterpädagogik; Pluralität, Differenz und Fremdheit sind die zentralen theoretischen Kategorien. In der bis in die Antike zurückreichenden theatralen Auseinandersetzung mit anderen Kulturen und dem Fremden sind vier Haltungen zu beobachten: Exotismus (Bestaunen des Fremden), Internationalität (Nebeneinander verschiedener Nationalitäten unter homogenem

Kulturbegriff wie z.B. in Musik- und Tanzensembles), Transkulturalität (Überschreiten der Einzelkultur und Suche nach Kulturen Verbindendem) und Hybridkulturalität (Ausbilden innovativer Mischformen). Während Exotismus und Internationalität keinen Perspektivwechsel und Dialog intendieren, beschäftigen sich Transkulturalität und Hybridkulturalität mit der Vielsprachigkeit der Kulturen und entwickeln neue Ausdrucksformen. Polyphonie und Differenz bilden den Ausgangspunkt für interkulturelle Begegnung und Kommunikation. Interkulturelle Theaterpädagogik als Wahrnehmungs- und Ausdrucksschulung vermittelt im öffentlichen Zeigen des Eigenen, Anderen oder Differenten einen produktiven Umgang mit Differenz als sozialer und ästhetischer Praxis.

Literatur
Pfeiffer, G. (1998) Der Mohr im Mor: Interkulturelles Theater in Theorie und Praxis. Frankfurt. – Sting, W. (2005) Differenz zeigen. In: Korrespondenzen 21, 46, 41-47.

Wolfgang Sting

Interkulturelle Trainings

Die ersten Programme für interkulturelle Trainings entstanden nach dem Zweiten Weltkrieg in den Vereinigten Staaten von Amerika (z.B. A World of Difference) und in Israel (Betzavta). Seit dem Beginn der 1990er Jahre, nach dem Ende der Apartheid in Südafrika, sind sie auch in Deutschland vermehrt anzutreffen. Ein Teil der Trainings wird unter der Überschrift antirassistisch angeboten.
Ziele der Trainings sind die Förderung von Empathie und Sensibilität oder auch fairer Konfliktfähigkeit in kulturell heterogenen Situationen. Beitragen dazu soll die Bewusstmachung und der Abbau eigener Vorurteile. In Spielen, Übungen und Simulationen sollen affektive, soziale und kognitive Lernprozesse zum angemessenen Umgang mit ethnischen, sprachlichen, kulturellen Minderheiten angebahnt werden. Die Bereitschaft und Fähigkeit zu sozialem Engagement und politischem Handeln gegen Rassismus, Extremismus und Gewalt sollen stimuliert werden.
Zielgruppen sind Menschen aller Altersgruppen, insbesondere aber pädagogisches Personal und Verwaltungs- sowie Ordnungskräfte. Für Schulen gibt es Materialsammlungen, aber es werden auch Trainings durch Institutionen der außerschulischen Jugendbildung, der politischen Bildung u.a.m. angeboten.
Inhalt der Trainings sind meist Übungen zum Perspektivwechsel und zur sensiblen Reaktion auf diskriminierende Situationen. Als Methoden werden häufig Rollenspiele eingesetzt; auch sind Interpretationsübungen mit aufklärenden Informationen zur Funktion von Stereotypen und Vorurteilen oder Übungen zum Gebrauch einer nicht pejorativen Sprache gebräuchlich.
Kritische Einwände werden in Bezug auf den auf das Individuum gerichteten, psychologischen Ansatz der Trainings geäußert, wobei Mechanismen institutioneller Diskriminierung und gesamtgesellschaftlicher Machtverhältnisse ausgeblendet bleiben würden. Kritisiert wird ferner, dass kaum Evaluationsergebnisse zur Wirkung der Programme vorliegen. Das schematische Täter-Opfer-Konzept einiger antirassistischer Trainings werde zudem dem interaktiven Charakter von Konfliktsituationen zwischen Mehrheits- und Minderheitenangehörigen nicht gerecht.

Literatur
Bommes, M. u.a. (2002): Demokratieerziehung in der Praxis. Freiburg. – Leenen, W. R. (2001): Interkulturelles Training. In: Landeszentrum für Zuwanderung (Hg.): Interkulturelle und antirassistische Trainings – aber wie? Solingen, 9-24.

Ursula Neumann

Interkultureller Fremdsprachenunterricht

Kommunikative Kompetenz als Leitziel von schulischem Fremdsprachenunterricht wurde seit den 1990er Jahren auf eine interkulturelle Kommunikationsfähigkeit hin erweitert. Die Vernetztheit von sprachlichem und kulturellem Lernen erhielt einen zentralen Stellenwert; der Bewusstmachung eigenkultureller Wissensbestände bei gleichzeitigem Verstehen der Fremdkultur wurde mehr Raum gegeben; aber auch emotionale Aspekte von Fremdwahrnehmung wie etwa die Rolle der Vorurteile rückten mehr in den Mittelpunkt der fremdsprachendidaktischen Forschung.
Während man in der frühen Entwicklungsphase von interkulturellem Fremdsprachenunterricht noch einem weitgehend dichotomen Denkmodell einer relativ homogenen Ausgangssprache bzw. -kultur und einer ebenso homogenen Zielsprache bzw. -kultur folgte, wird interkultureller Fremdsprachenunterricht seit Ende der 1990er Jahre deutlich mehr als ein Wechselspiel zwischen verschiedenen Kulturen konzipiert: Aufgrund zunehmender sprachlich-kultureller Pluralität auf Seiten der Lernenden, der Ent-

wicklungen in den Kulturwissenschaften (Betonung der Konstruiertheit, aber auch der Hybridität von Kulturen und Identitäten) sowie der allmählichen Stärkung der didaktisch orientierten Mehrsprachigkeitsforschung, wird interkultureller Fremdsprachenunterricht nun konzipiert als kulturell vielschichtiger Begegnungs- und Diskursraum, der den Lernenden die Konstruktion kultureller Bedeutung und sprachliches Lernen in einem mehrsprachigen Kontext ermöglicht.

So verstanden ist interkultureller Fremdsprachenunterricht subjektorientierter Sprachenunterricht: Die lernenden Subjekte mit ihren persönlichen Wahrnehmungen, sprachlich-kulturellen Biografien und Normen rücken in den Mittelpunkt; gleichzeitig werden die zu lernende Sprache und die damit verbundenen kulturellen Deutungsmuster ebenfalls in ihrem historischen Gewordensein, in ihrer Umstrittenheit und der ihnen inhärenten Heterogenität in den Blick genommen.

Aktuell wird diese Konzeption von Sprachenunterricht überlagert von dem neuen Leitziel der Kompetenzorientierung. Es wird in Zukunft darum gehen, interkulturellen Kompetenzen, auch wenn sie schwer messbar sind, ihren Raum zu bewahren.

Literatur

Doyé, P. (2008): Interkulturelles und mehrsprachiges Lernen. Tübingen.

Adelheid Hu

Interkultureller Geschichtsunterricht

Ziel modernen Geschichtsunterrichts ist die Entwicklung der Kompetenz der Lernenden zu historischer Orientierung in einer auch kulturell pluralen Gesellschaft und Welt, d.h. der Fähigkeit zum selbstständigen historischen Erzählen (Re-Konstruktion) und Analysieren von historischen Aussagen (De-Konstruktion). Es kann dabei nicht mehr davon ausgegangen werden, dass diese Denk- und Orientierungsprozesse auf einer unbefragt allen gemeinsamen Basis kulturell geprägter Wertvorstellungen, Deutungs- und Erklärungsmuster erfolgen können. Vielmehr muss eine Pluralität des historischen Denkens anerkannt werden.

Interkultureller Geschichtsunterricht soll Lernende durch Thematisierung von vergangenen Kulturkontakten und -konflikten sowie ihrer geschichts- und erinnerungskulturellen Verarbeitungen dazu befähigen, sowohl diese gesellschaftliche Situation historisch zu reflektieren, als auch mit kulturell anders geprägten Mitgliedern der Gesellschaft gleichrangig und kritisch über historische Orientierung zu kommunizieren. Interkultureller Geschichtsunterricht greift auf Konzepte und Prinzipien zurück, die für nicht primär kulturell heterogene Gesellschaften entwickelt wurden, in diesen aber höhere Bedeutung entfalten: v.a. Fremdverstehen, Anerkennung, Multiperspektivität, Kontroversität und Pluralität. Interkultureller Geschichtsunterricht richtet sich nicht allein an Migranten mit dem Ziel der Assimilation ihrer Geschichtsvorstellungen, sondern an alle Menschen in heterogenen Gesellschaften mit dem Ziel der Erweiterung der Perspektiven und bedarf daher auch einer Orientierung auf Reflexivität des historischen Denkens.

Literatur

Körber, A. (Hg.) (2001): Interkulturelles Geschichtslernen. Münster.

Andreas Körber

Interkultureller Unterricht

Seit den 1990er Jahren ist interkulturelles Lernen in Lehrplänen, Richtlinien und didaktischen Planungshilfen aller Bundesländer verankert. Es gilt als ein Prinzip oder eine Querschnittsaufgabe der Lernbereiche und Fächer, wobei Verständnis und Umsetzung in den einzelnen Fächern stark differieren. Ein älteres und enges Verständnis von interkulturellem Unterricht beinhaltete, dass Merkmale und Eigenschaften von Menschen zum Thema gemacht wurden, die als kulturell fremd identifiziert wurden. Das am weitesten verbreitete Beispiel für diesen Typus interkulturellen Unterrichts ist Landeskunde in einer Fremdsprache. Hier wird das Fremde, Andere besprochen, das in den Gegensatz zum Eigenen, Vertrauten gestellt wird. Pauschale, stereotypisierende Muster und Entgegensetzungen sind dabei die Regel.

Ein anderes Verständnis begreift Interkulturalität als allgemeines Bildungsprinzip somit auch als Prinzip für Planung, Durchführung und rückblickende Evaluation jeden Unterrichts. Mit der Empfehlung der Konferenz der Kultusminister der Länder (Interkulturelle Bildung und Erziehung in der Schule, 1996) liegt seit Jahren ein diesem Verständnis entsprechender Rahmen für die Umsetzung des interkultureller Unterricht vor. Das Ziel ist hier die Anerkennung von Differenz und Heterogenität als

Grundbedingung jeder Bildungspraxis; Unterschiede in Herkunft und Lebenslage dürfen nicht dazu führen, dass die Postulate der Gerechtigkeit und Chancengleichheit außer Kraft gesetzt werden. Die didaktisch-methodische Realisierung im Unterricht ist an die schulischen Rahmenbedingungen gebunden, jedoch ergibt eine Analyse geltender Richtlinien und Rahmenpläne, dass sie im Prinzip in jedem Lernbereich und Fach möglich ist. Grundlegender Ansatz ist es, an der Heterogenität der Bildungsvoraussetzungen von Lernenden – also auf sprachliche, kulturelle soziale – einzugehen und die sich daraus ergebenen verschiedenen Perspektiven auf ein Fach, ein Thema oder einen Gegenstand explizit zum Anlaß für Lernen zu nehmen. Dies kann im Mathematikunterricht ebenso geschehen, beispielsweise durch die Vergewisserung und das ausdrückliche Gespräch über unterschiedliche Lesarten und Assoziationen mit Begriffen oder Texten, die zur lebensweltlichen Einbettung der im engeren Sinne mathematischen Probleme dienen sollen, oder auch im Sprach- und Literaturunterricht, in dem z.B. die verschiedenen Wertüberzeugungen thematisiert werden können, die mit der Interpretation literarischer Texte verbunden werden.

Literatur
Holzbrecher, A. (2004): Interkulturelle Pädagogik. Berlin. – Puskeppeleit, J./Krüger-Potratz, M. (1999): Bildungspolitik und Migration. 2 Bde. Münster. – Reich, H. H./Holzbrecher, A./Roth, H.-J. (2000): Fachdidaktik interkulturell. Opladen 2000.

Ingrid Gogolin / Hans-Joachim Roth

Interkulturelles Lernen

Der Begriff des interkulturellen Lernens entsteht seit den 1960er Jahren im Zusammenhang mit den Entwicklungen der interkulturellen Pädagogik, der interkulturellen Bildung und des interkulturellen Unterrichts. Er bezieht sich zum einen auf die Bildungs- und Lernvoraussetzungen von Schülern: Aufmerksam gemacht wird darauf, dass infolge von Migration zunehmend Lernende mit sehr unterschiedlichen sprachlichen, sozialen und kulturellen Erfahrungen und Lebenslagen gemeinsam unterrichtet werden. Da Lernen von etwas Neuem stets voraussetzt, an vorhandene Kenntnisse, Erfahrungen und Fähigkeiten anzuschließen, ist die Rücksichtnahme auf die unterschiedlichen Bildungsvoraussetzungen und die Berücksichtigung daher rührender individueller Möglichkeiten und Wege der Aneignung erforderlich. Eine Voraussetzung dafür ist es, diagnostische Tätigkeiten auszuüben – also auf Verfahren zurückzugreifen, die geeignet sind, die unterschiedlichen Kenntnisse, Erfahrungen und Fähigkeiten überhaupt erst zu ermitteln. Solche Verfahren reichen von Beobachtungen bis hin zu Tests. Im Kontext des interkulturellen Lernens sind die verschiedenen Verfahren zur Diagnose sprachlicher Fähigkeiten und Erfahrungen am bekanntesten. Sie werden eingesetzt, um die sprachlichen Kompetenzen in der Unterrichtssprache zu ermitteln, die ein Schüler an die Lerngegenstände heranträgt. Im Falle zwei- oder mehrsprachig aufwachsender Kinder ist eine Sprachdiagnose in den verschiedenen Lebenssprachen ratsam.

Die zweite Dimension des interkulturellen Lernens bezieht sich auf die Möglichkeit, dass die Lernenden von der Unterschiedlichkeit der Erfahrungen, Fähigkeiten und Kenntnisse, die in heterogenen Lerngruppen zusammenkommen, gemeinsam für ihr Lernen profitieren. Im Kontext wachsender sprachlicher, kultureller und sozialer Heterogenität der Gesellschaften gehört es zu den grundlegenden Fähigkeiten der einzelnen Menschen, dass sie in Situationen von – vielleicht irritierender – Vielfalt und Verschiedenheit kompetent und verantwortlich zu handeln und sich zu verhalten vermögen. Zur Aneignung dieser Fähigkeit bieten heterogene Lehr- und Lernsituationen beste Anlässe, wenn sie explizit dafür genutzt werden. Der Perspektivenwechsel, Lernen als einen produktiven Umgang mit den Anforderungen einer nichthomogenen Welt zu konzipieren, stellt somit eine Grundanforderung an eine moderne Didaktik dar.

Ziel des interkulturellen Lernens ist es, eine differenzoffene Verhaltensdisposition für den Umgang mit Heterogenität als Normalfall und nicht als Sonderfall zu erwerben. Interkulturelles Lernen ist insofern Bestandteil allgemeiner Lerntheorie. Es richtet sich auch nicht auf eine spezielle Gruppe aus, sondern betrifft prinzipiell alle Schüler. Im kognitiven Bereich richtet es sich auf den Wissenserwerb im Sinne einer multiperspektivischen Allgemeinbildung, von Selbst- und Fremdverstehen sowie einer transkulturellen Reflexionsfähigkeit, die über monokulturelle Verhaltensstandards und Orientierungen hinweghilft. Im affektiven Bereich richtet es sich auf Akzeptanz von Differenz und die Anerkennung des Anderen.

Literatur
Lengyel, D. u.a. (Hg.) (2009): Von der Sprachdiagnose zur Sprachförderung. Münster. – Reich, H. H./Holzbrecher, A./Roth, H.-J. (2000): Fachdidaktik interkulturell. Opladen.

Ingrid Gogolin / Hans-Joachim Roth

Interkulturelles Management

Vor dem Hintergrund von Internationalisierungs- und Globalisierungsprozessen von Unternehmen hat sich das Anforderungsprofil an das Management verändert. Die vergleichende Managementforschung hat hierzu wichtige Anstöße gegeben, die sich zu eigenen Spezialbetrachtungen entwickelt haben. In der Literatur zum Thema Management wird interkulturelles Management als Anforderung formuliert, die von leitendem Personal zu realisieren sei. Häufig wird in diesem Zusammenhang auch von internationalem Management gesprochen, eine eindeutige Abgrenzung der Begriffe existiert aber nicht.
Interkulturelles Management ist eine spezielle Managementform, die sich mit Fragen und Problemen beschäftigt, die sich aus dem Zusammentreffen von Menschen und Organisationen mit unterschiedlichem kulturellem Hintergrund ergeben. Dabei stehen neben den strategischen und strukturellen Unterschieden in Arbeitsorganisationen die Unterschiede im Führungs- und Arbeitsverhalten von Menschen im Mittelpunkt. Für Führungskräfte resultieren daraus komplexe Anforderungen, die häufig unter dem Begriff der interkulturellen Kompetenz zusammengefasst werden. Der verwendete Kulturbegriff beschränkt sich in diesem Bereich vorwiegend auf die ethnische Zugehörigkeit bzw. die Nationalität. Insbesondere in großen Unternehmen können verschiedene Ausprägungen des interkulturellen Managements unterschieden werden, welche z.B. in polyzentrische oder globale Unternehmenskulturen münden. Praxiserfahrungen zeigen, dass bei derartigen Prozessen von Unternehmen immer zu klären bleibt, ob ein Sachverhalt typisch für den Fall des interkulturellen Managements ist oder in den Bereich des allgemeinen Managements fällt.

Literatur
Bergemann, N./Sourisseaux, A. (2003[3]): Interkulturelles Management. Berlin, Heidelberg, New York.

Nadine Allers

Intermediäre Organisationen

Intermediäre Organisationen sind Grenzgänger zwischen Gemeinschaft/Privatheit und Arbeitsmärkten/Administration. Teilweise abgrenzend zum Begriff dritter Sektor (neben Staat und Markt) und Non-Profit-Organisationen markieren intermediäre Organisationen sehr differente soziale Trägerformen mit komplexer Verbindung und Vermittlung sehr unterschiedlicher Handlungsmotive, Arbeitsbeziehungen und Organisationsziele. Sie verarbeiten Einflüsse sowohl von Markt und Staat als auch von informellen Haushalten/Netzwerken. Ihre diesbezügliche Instabilität setzt in besonderer Weise Aushandlungs-, Kooperations- und Innovationsprozesse voraus, die für die Wohlfahrtsproduktion unverzichtbar sind. Intermediäre Organisationen als nicht-residualer, nicht-sektoraler und nicht-institutioneller analytischer Fokus zielen auf eine offene Sicht auf Veränderungsdynamiken und Transformationsprozesse sozialer Organisationen, auf die politisch-kulturellen Prozesse und Wirkungen, auf spezifische zivilgesellschaftliche Funktionen im Kontext von individueller und kollektiver voluntary action.

Ulrich Otto

Internate

Internate sind Einrichtungen, die heute zumeist speziellen, häufig reformpädagogischen Schulen aus der Tradition der Landerziehungsheime angegliedert sind, und in denen Kinder oder Jugendliche für die Zeit der Trennung von ihren Herkunftsfamilien leben. Sie leben in Gruppen zusammen, die je nach Konzept unterschiedlich organisiert sind (z.B. familienähnlich mit hauptamtlichen Erziehern als Ersatzeltern oder nach Altersgruppen und Geschlecht getrennt, bei denen Internatsangehörige wechselnde Aufsichts- oder Ordnungsfunktionen im Zusammenleben bekleiden).
Frühe Formen von Internaten finden sich bei Jesuitenkollegs, Kloster- und Fürstenschulen, in den Philanthropinen des 18. Jahrhunderts, aber auch bei den Lehrer- oder Lehrerinnenseminaren des 19. Jahrhunderts.
Für die erziehungswissenschaftliche Forschung waren und sind Internate aufgrund ihrer speziellen raum-zeitlichen Konstellation, der mehr oder weniger starken Geschlossenheit, den meist dezidiert pädagogischen Intentionen und den spezifischen erzieheri-

schen Milieus von Interesse, in ihren Konsequenzen für Prozesse des Aufwachsens und der Sozialisation empirisch bislang aber erst in Ansätzen erforscht.

Literatur
Kalthoff, H. (1997): Wohlerzogenheit. Frankfurt, New York.

Heidemarie Kemnitz

International Association for the Evaluation of Educational Achievement (IEA)

Die IEA (http://www.iea.nl/) ist eine 1958 gegründete non-profit Organisation mit Sitz in Amsterdam (Niederlande). Seither werden unter ihrer Ägide und in Kooperation mit Wissenschaftlern weltweit internationale Schulleistungsstudien durchgeführt, die von den an den Studien beteiligten Staaten finanziert werden und dazu dienen, Ansätze für Verbesserungen in Schulsystemen zu gewinnen. Dazu werden mithilfe von Fragebögen Informationen über die Schulen, Lehrkräfte, Schüler und ihre Familien sowie Lernleistungen der Schüler in den jeweils getesteten Domänen erhoben. Zu den bekanntesten internationalen Schulleistungsstudien der IEA gehören die Trends in International Mathematics and Science Study (TIMSS), die Civic Education Study (CIVED) und die Progress in International Reading Literacy Study (PIRLS), mit der seit 2001 im Turnus von fünf Jahren die Lesekompetenzen von Schülern am Ende der vierten Jahrgangsstufe erhoben werden. 2006 beteiligten sich 42 Staaten und Regionen an dieser Untersuchung, darunter auch die Bundesrepublik Deutschland. So gewonnene empirische Befunde werden in einem von der IEA publizierten internationalen Bericht und häufig auch im Rahmen von Länderberichten veröffentlicht.

Literatur
Bos, W. u.a. (Hg.) (2007): IGLU 2006. Münster.

Sabine Hornberg

International Classification of Diseases (ICD)

Die ICD der Welt-Gesundheits-Organisation (WHO) ist eine Systematik psychischer Störungen, die Symptomkomplexe zu Störungsbildern zusammenfasst und diese übergeordneten Störungskategorien zuordnet. Derzeit wird die Version 10 verwendet (ICD-10). Diese als kategoriale Diagnostik bezeichnete Klassifikation beschreibt psychische Störungen als eindeutig voneinander unterscheidbare und abgrenzbare Einheiten. Operationalisierte Diagnosekriterien für die Zuordnung von Symptomen zu Störungsgruppen sollen Objektivität und Reliabilität gewährleisten sowie Voraussagen über den weiteren Verlauf der Störung ermöglichen. Allerdings werden Zuordnungsgrenzwerte kontinuierlich verteilten Störungsmerkmalen nicht gerecht. Subklinische Ausprägungen können nur von einer dimensionalen Diagnostik erfasst werden, die psychische Auffälligkeiten anhand empirisch gewonnener Dimensionen beschreibt.
Für Störungen im Kindes- und Jugendalter sind im ICD-10 unter Berücksichtigung von Entwicklungsaspekten spezifische Bereiche von Entwicklungsstörungen, Verhaltens- und emotionalen Störungen definiert. Im schulischen Kontext zu diagnostizierende Störungen sind u. a. Aufmerksamkeits- und Hyperaktivitätsstörungen, Störungen des Sozialverhaltens, Angststörungen oder tiefgreifende Entwicklungsstörungen.

Literatur
Dilling, H./Mombour, W./Schmidt, M. H. ([4]2000): Internationale Klassifikation psychischer Störungen ICD-10. Göttingen.

Georg Hoffmann

International Standard Classification of Education (ISCED 97)

ISCED 97 ist eine internationale Standardklassifikation zur Kategorisierung von unterschiedlichen Ebenen bzw. Bildungsangeboten im Bildungssystem, die von der United Nations Educational, Scientific and Cultural Organisation (UNESCO) erarbeitet und zuletzt 1997 aktualisiert wurde. ISCED 97 umfasst sieben Stufen und beschreibt jeweils darunter fallende Bildungsangebote: ISCED 0 umfasst den Vorschulbereich, ISCED 1 die Primarstufe, ISCED 2 die Sekundarstufe I, ISCED 3 die Sekundarstufe II, ISCED 4 die Zweitausbildung ohne die tertiäre Stufe, ISCED 5 die Tertiärstufe I und ISCED 6 die Tertiärstufe II. Dieses Klassifikationssystem wird von der UNESCO, aber auch im Kontext von internationalen Schulleistungsvergleichen verwendet, um weltweite Bildungsangebote und -gänge zuordnen und statistische Aussagen über sie machen zu können.

Literatur
United Nations Educational, Scientific and Cultural Organization (UNESCO) (1999): Operational Manual for ISCED-1997. Paris.

Sabine Hornberg

International Standing Conference for the History of Education (ISCHE)

Die ISCHE wurde nach mehreren international besetzten bildungshistorischen Konferenzen 1979 unter Beteiligung von Bildungshistorikern aus Europa, Kanada und den Vereinigten Staaten von Amerika mit dem Ziel gegründet, die internationale Zusammenarbeit zu fördern und die Bedeutung der Historischen Bildungsforschung für die pädagogischen Fragen der Gegenwart stärker heraus zu stellen. Sie führt seit 1979 jährlich eine internationale Konferenz in wechselnden Ländern und zu variierenden Rahmenthemen durch. Zunächst hauptsächlich auf Europa konzentriert, ist in den letzten Jahren sowohl thematisch als auch personell und von den Konferenzorten her eine Ausweitung zu konstatieren. Inzwischen sind alle Kontinente regelmäßig auf den Konferenzen der ISCHE vertreten; die Konferenzen finden freilich meistens in Europa, wiederholt aber auch in den Vereinigten Staaten von Amerika und in Südamerika sowie in Australien statt. Für spezielle Fragen können International Standing Working Groups gebildet werden, die im Rahmen der regulären Konferenzen tagen. Hauptpublikationsorgan der ISCHE ist die internationale Zeitschrift Paedagogica Historica, in deren Rahmen Sonderhefte die Konferenzen in Auszügen dokumentieren.

Literatur
Lüth, Chr. (2000): Entwicklung, Stand und Perspektive der Internationalen Historischen Pädagogik am Beginn des 21. Jahrhunderts – am Beispiel der International Standing Conference for the History of Education (ISCHE). In: Götte, P./Gippert, W. (Hg.): Historische Pädagogik am Beginn des 21. Jahrhunderts. Essen, 81-107.

Klaus-Peter Horn

Internationale Erwachsenenbildung

Mit internationaler Erwachsenenbildung wird hauptsächlich die internationale Kooperation in Fragen der Erwachsenenbildung bezeichnet, neuerdings insbesondere im europäischen Raum im Rahmen der Europäischen Union. In diesem Sinne datiert sie auf das Jahr 1919, als in England die World Association for Adult Education gegründet wurde. Schon damals ging es um die auch heute wesentlichen Ziele: Forschung, Dokumentation und Erfahrungsaustausch zur Erwachsenenbildung über die nationalen Grenzen hinweg.

Die deutsche Erwachsenenbildung hatte bereits in den zwanziger Jahren einen deutschen Arbeitsausschuss in der World Association eingerichtet, in dem Erwachsenenbildner wie Walter Hofmann, Walther Koch, Wilhelm Flitner, Werner Picht und Robert von Erdberg mitarbeiteten. 1929 fand die erste Weltkonferenz in Cambridge statt. Nach dem zweiten Weltkrieg übernahm die Rolle der World Association die United Nations Educational, Scientific and Cultural Organisation (UNESCO), die bereits 1959 in Helsingör eine Weltkonferenz der Erwachsenenbildner einberief, der bis heute weitere fünf Konferenzen folgten (1960 Helsinki, 1972 Tokio, 1985 Paris, 1997 Hamburg, 2006 Belém).

Neben der UNESCO wird die internationale Erwachsenenbildung von der Organisation for Economic Cooperation and Development (OECD) unterstützt und vorangetrieben, insbesondere mit ihrem Education Committee und ihrem Centre for Educational Research and Innovation (CERI) in Paris. Darüber hinaus sind nichtstaatliche internationale Organisationen der Erwachsenenbildung tätig; die wichtigste von ihnen ist das International Council for Adult Education (ICAE). Die internationale Diskussion zur Erwachsenenbildung in diesen Organisationen konzentriert sich heute vor allem auf Konzepte des Lebenslangen Lernens und des Erwerbs von Grundbildung. Wichtige Dokumente in diesem Zusammenhang sind der Faure-Report zum Lebenslangen Lernen, der UNESCO-Bericht der Delors-Kommission (1996) und der Bericht des Club of Rome (1979).

In der Europäischen Union haben sich die beteiligten Staaten in der sog. offenen Koordination zum Einhalten und Erstreben gemeinsamer Ziele im Bildungsbereich verpflichtet. Diese europäischen Ziele richten sich auf die Eckdaten von Lissabon 2010, in der etwa eine bestimmte durchschnittliche Teilnahmequote an Weiterbildung angestrebt ist.

Im Bereich der Forschung bedeutet Internationalität vor allem die vergleichende Erwachsenenbildungsforschung. Sie beschäftigt sich insbesondere mit den Unterschieden und Gemeinsamkeiten der Ziele, Strukturen, Methoden, Voraussetzungen und Konzeptionen von Erwachsenenbildung in unterschiedlichen Staaten.

Die Probleme der internationalen Erwachsenenbildung bestehen vor allem darin, gemeinsame Ziele zu definieren und mit völlig unterschiedlichen Voraussetzungen der Erwachsenenbildung in den einzelnen Ländern umzugehen. Die Unterschiedlichkeit der Erwachsenenbildung ist bereits in den OECD-Ländern außerordentlich groß, darüber hinausgehende Forschungen konzentrieren sich in der Regel nur noch auf einzelne Aspekte (wie z.B. Grundbildung).

Literatur
Bechtel, M./Lattke, S./Nuissl, E. (2005): Porträt Weiterbildung Europäische Union. Bielefeld. – Delors, J. u.a. (1996): Learning: The Treasure Within. Paris. – Faure, E. u.a. (1973): Wie wir leben lernen. Hamburg.

Ekkehard Nuissl

Internationale Grundschul-Lese-Untersuchung (IGLU)

IGLU ist die deutsche Bezeichnung für die von der International Association for the Evaluation of Educational Achievement (IEA) initiierte Studie PIRLS (Progress in International Reading Literacy Study). In einem Fünfjahresrhythmus werden unter Leitung des International Study Center in Boston Grundschüler hinsichtlich ihrer Lesefähigkeiten untersucht. Deutschland beteiligte sich 2001 mit einer repräsentativen Stichprobe und erweiterte die Erhebung mit einer Stichprobe zum Vergleich einzelner Bundesländer und um die Bereiche Mathematik, Naturwissenschaften, Orthografie und Aufsatz (IGLU-E). Zusätzlich wurden mittels Fragebögen Hintergrundinformationen zur Differenzierung und ggf. Erklärung der Befunde erhoben.

Die Ergebnisse weisen auf eine gute Leistungsfähigkeit bereits im Jahr 2001 hin. Deutsche Grundschulen arbeiten weniger sozialselektiv – allerdings mit länderspezifischen Unterschieden – als Schulen des Sekundarbereichs und erreichen damit in allen Domänen Leistungen auf und/oder oberhalb des internationalen Durchschnittsniveaus bei durchgängig hoher Lernmotivation. Im Bereich Orthografie fehlten Standards zur Einschätzung der Leistungsfähigkeit. Daher fokussierte IGLU-E 2006 unter Federführung des Instituts für Schulentwicklung Dortmund besonders auf die Rechtschreibung, um Testverfahren aus unterschiedlichen Theoriekonzepten miteinander zu vergleichen.

Im Entwicklungstrend konnten Deutschlands Grundschüler bei IGLU 2006 in der Lesekompetenz bessere Ergebnisse erzielen als im Jahr 2001. Diese liegen im internationalen Vergleich im oberen Viertel. Dabei wird wieder auf eine geringe Leistungsstreuung und relativ kleine Unterschiede zwischen Jungen und Mädchen verwiesen. Der Anteil leseschwacher Schüler (unter Kompetenzstufe III) ist vergleichsweise niedrig.

Trotzdem wurde auf einige Probleme hingewiesen. Es finden sich soziale Disparitäten, deren Kompensation auf der Ebene der Sekundarstufe I wahrscheinlich nicht mehr geleistet werden kann. Befürchtet wird, dass sich diese in der Grundschulzeit nicht gelösten Probleme in der Sekundarstufe verschärfen, zumal die Übergangsempfehlungen in die Sekundarschulen bereits in höchstem Maße sozial selektiv sind.

Literatur
Bos, W. u.a. (Hg.) (2003): Erste Ergebnisse aus IGLU. Münster. – Bos, W. u.a. (Hg.) (2007): IGLU 2006. Münster. – Bos, W. u.a. (Hg.) (2008): IGLU-E 2006. Münster.

Astrid Neumann

Internationale Klassifikation der Funktionsfähigkeit, Behinderung und Gesundheit (ICF)

Die ICF wurde 2001 von der Weltgesundheitsorganisation (WHO) als revidierte Fassung der Internationalen Klassifikation der Schädigungen, Fähigkeitsstörungen und Beeinträchtigungen (ICIDH) von 1980 verabschiedet. Ihre Ziele sind die Entwicklung einer wissenschaftlichen Grundlage und die Bereitstellung einer gemeinsamen Sprache für das Verstehen und die Beschreibung des Gesundheitszustandes einer Person, um die Kommunikation zwischen verschiedenen Nutzern wie Fachleuten für Rehabilitation im Gesundheitswesen, Menschen mit Behinderungen, Forschern, Politikern und der Öffentlichkeit zu verbessern.

Die ICF ist eine Klassifikation der funktionalen Gesundheit und ihrer Beeinträchtigungen, die zu der von der WHO entwickelten Familie von Klassifikationen für die Anwendung auf verschiedene Aspekte der Gesundheit gehört und insbesondere die Internationale Klassifikation der Krankheiten (ICD) ergänzt. Als sog. Komplementärklassifikation kann sie nur dann angewendet werden, wenn eine Krankheit oder eine andere Gesundheitsstörung, die in der ICD klassifiziert ist, vorliegt. Einschränkungen der Teilhabe am Leben der Gesellschaft, die nicht mit einer Krankheit/Gesundheitsstörung zusammenhän-

gen (z.B. Armut, ethnische Herkunft), können mit der ICF nicht klassifiziert werden.
Dem Konstrukt der funktionalen Gesundheit liegt der Begriff der Funktionsfähigkeit zugrunde, der alle Aspekte der funktionalen Gesundheit umfasst. Eine Person ist funktional gesund, wenn vor dem Hintergrund ihrer Kontextfaktoren 1. ihre körperlichen Funktionen (einschließlich des mentalen Bereiches) und Körperstrukturen denen eines gesunden Menschen entsprechen (Konzept der Körperfunktionen und -strukturen), 2. sie all das tut oder tun kann, was von einem Menschen ohne Gesundheitsproblem (ICD) erwartet wird (Konzept der Aktivitäten), 3. sie ihr Dasein in allen Lebensbereichen, die ihr wichtig sind, so entfalten kann, wie es von einem Menschen ohne gesundheitsbedingte Beeinträchtigung der Körperfunktionen oder -strukturen oder der Aktivitäten erwartet wird (Konzept der Partizipation/Teilhabe an Lebensbereichen).
Behinderung (disability) fungiert in der ICF als Oberbegriff zur Beschreibung jeder Beeinträchtigung der gesundheitsbezogenen Funktionsfähigkeit eines Menschen. Wurde in der ICIDH mit disability lediglich die Dimension der Fähigkeitsstörung begrifflich gefasst, wird disability in der ICF zur Bezeichnung des Gesamtzusammenhangs der negativen Wechselwirkung zwischen einer Person mit einem Gesundheitsproblem und ihren Kontextfaktoren verwendet. Ähnlich wie die ICIDH unterscheidet die ICF 1. Schädigungen als Beeinträchtigungen einer Körperfunktion oder -struktur (z.B. eine wesentliche Abweichung oder ein Verlust), 2. Beeinträchtigungen der Aktivität als Schwierigkeiten, die ein Mensch bei der Durchführung einer Aktivität haben kann, und 3. Beeinträchtigungen der Partizipation als Probleme, die ein Mensch beim Einbezogensein in eine Lebenssituation erlebt.
Während der Behinderungsbegriff in der ICIDH nur zur begrifflichen Bezeichnung einer Ebene innerhalb des mehrdimensionalen Krankheitsfolgenmodells diente, umfasst er in der ICF das Ganze einer Behinderungssituation. Sie klassifiziert demnach nicht Personen, sondern liefert eine Beschreibung von Situationen bezüglich menschlicher Funktionsfähigkeit und ihrer Beeinträchtigungen.
Aus der Sicht der sozialen und pädagogischen Rehabilitation von Menschen mit Behinderung ist der zentrale innovative Ansatzpunkt der ICF das Partizipationskonzept. Damit trägt die WHO dem Sachverhalt Rechnung, dass das Behinderungsproblem in Deutschland und anderen Ländern mit einem hoch entwickelten Gesundheitssystem sowie hohen Hygiene- und Ernährungsstandards in erster Linie ein soziales Exklusionsproblem darstellt. Durch die Verabschiedung der ICF wird also vom Gesundheitssystem anerkannt, dass die erschwerte Partizipation am Leben der Gesellschaft die eigentliche Behinderung darstellt und zum zentralen Ansatzpunkt der rehabilitativen Hilfen werden muss.

Literatur
Deutsches Institut für Medizinische Dokumentation und Information (DIMDI) (2005): Internationale Klassifikation der Funktionsfähigkeit, Behinderung und Gesundheit. Berlin. - Lindmeier, Ch. (2002/2003): Rehabilitation und Bildung – Möglichkeiten und Grenzen der neuen WHO-Klassifikation der Funktionsfähigkeit, Behinderung und Gesundheit (ICF). In: Die neue Sonderschule/Sonderpädagogische Förderung 47, 404-421 und 48, 3-23. - Schuntermann, M. F. (2005): Einführung in die ICF. Landsberg.

Christian Lindmeier

Internationale Schulen (International Schools)

Die erste Bildungseinrichtung mit der Bezeichnung International School wurde 1924 in Genf (Schweiz) gegründet; in der Bundesrepublik Deutschland entstand die erste Schule dieses Typs 1957 in Hamburg. Heute gibt es sie weltweit, häufig in Form von Privatschulen, für deren Besuch ein privat aufzubringendes Entgeld zu entrichten ist. Es gibt aber auch eine stetig wachsende Zahl von staatlichen Schulen, die Bildungsgänge und -abschlüsse anbieten, die traditionell an Internationalen Schulen absolviert bzw. erworben werden können. Internationale Schulen entstanden insbesondere nach dem Zweiten Weltkrieg einerseits als Reaktion auf eine wachsende Zahl von hochmobilen Arbeitskräften; andererseits verfolgen sie seit ihrer Gründung das Anliegen, einen Beitrag zum Erhalt des Friedens und der Verständigung zwischen Menschen unterschiedlicher ethnischer und kultureller Herkünfte weltweit zu leisten. An Internationalen Schulen werden oftmals das International Baccalaureate (IB), eine international kompatible Hochschulzugangsberechtigung, und die dazu gehörigen IB-Curricula für die Primarstufe sowie die Sekundarstufe I und II angeboten, zum Teil aber auch landestypische Bildungsgänge und -abschlüsse. Nach Angaben der International Baccalaureate Organization (IBO, www.ibo.org/), einem zentralen Dachverband der Internationalen Schulen, absolvierten im Juli 2010 weltweit insgesamt ca. 838.000 Kinder und Jugendliche an 3.003 Schulen in 139 Staaten diese internationalen Curricula.

Literatur

Hornberg, S. (2010): Schule im Prozess der Internationalisierung von Bildung. Münster u.a.

Sabine Hornberg

Internationale Schulleistungsuntersuchungen

Welche Bildungsziele werden unter welchen Bedingungen von welchen Altersgruppen auf welchem Niveau auf verschiedenen Sachgebieten erreicht? Solchen Fragestellungen wird heute in einer Reihe von Ländern mittels elaborierter Forschungsmethoden im Rahmen von Schulleistungsuntersuchungen regelmäßig nachgegangen. Dies resultiert im Wesentlichen aus den Ergebnissen international vergleichender Schulleistungsuntersuchungen, von denen die erste mit zwölf beteiligten Ländern am Anfang der sechziger Jahre des vorigen Jahrhunderts durchgeführt wurde. In der Folge dieser ersten Studie entstand die International Association for the Evaluation of Educational Achievement (IEA), eine gemeinnützige Stiftung mit Sitz in den Niederlanden, die weltweit die meisten dieser Studien durchführte. Daneben etablierte sich das Southern Africa Consortium for Monitoring Educational Quality (SACMEQ) für vergleichende Schulleistungsuntersuchungen in Ländern der sog. Dritten Welt. Seit jüngster Zeit engagiert sich die Organisation für wirtschaftliche Zusammenarbeit und Entwicklung (OECD) auf diesem Feld. Deutschland beteiligte sich jahrzehntelang gar nicht oder nur in Teilaspekten bzw. mit Teilstichproben an diesen Untersuchungen, erst zu Beginn der 1990er Jahre nahm Deutschland an der International Reading Literacy Study (IRLS) und der Third International Mathematics and Science Study (TIMSS) teil, mit dem Ergebnis, dass deutsche Schülerleistungen in den gemessenen Jahrgangsstufen und Fachgebieten international nur in einem mittleren Bereich liegen. Dieser so nicht erwartete Befund führte dazu, dass sich die Ständige Konferenz der Kultusminister der Länder in der Bundesrepublik Deutschland 1997 im Konstanzer Beschluss darauf festlegte, sich regelmäßig international vergleichenden Schulleistungsmessungen zu unterziehen. Dementsprechend beteiligte sich Deutschland an der von der IEA durchgeführten Internationalen Grundschul-Lese-Untersuchung (IGLU), die international unter dem Akronym PIRLS (Progress in International Reading Literacy Study) firmiert, und an dem OECD Programme for International Student Assessment (PISA) mit ähnlichen Ergebnissen wie bei IRLS und TIMSS.

In der Regel werden im Rahmen dieser Untersuchungen repräsentative nationale Schülerstichproben entweder nach bestimmten Alterskohorten (PISA) oder nach festgelegten Jahrgangsstufen (IGLU, TIMSS) gezogen. Neben den eingesetzten Fachleistungstests werden gemäß der theoretischen Rahmenmodelle Schulleiter, Lehrer, Schüler und Eltern mittels Fragebogen zu den Bedingungen befragt, unter denen Schule, Unterricht und häusliches Lernen stattfinden. In Einzelfällen wird zusätzlich Unterricht beobachtet bzw. videografiert (TIMSS). Die eingesetzten Fachleistungstests sind entweder curricular valide wie in der TIMSS Oberstufenuntersuchung oder orientieren sich am angloamerikanischen Literacykonzept (IGLU, PISA). Danach werden in pragmatischer Absicht grundlegende Kompetenzen in einzelnen Fachgebieten definiert, die für eine angemessene verantwortungsvolle Teilnahme am Leben in einer Wissensgesellschaft notwendig sind. Für den Bereich des Leseverständnisses ist dies z.B. die Kompetenz, Lesen in unterschiedlichen, für die Lebensbewältigung praktisch bedeutsamen Verwendungssituationen einsetzen zu können. Im jeweiligen nationalen Curriculum festgelegte Autoren, Kanones etc. werden dabei nicht berücksichtigt. Durch Einbeziehung nationaler Expertengruppen und aufwändiger Pilotierungs- und Pretestverfahren ist die kulturelle Fairness der Tests gewährleistet. Die Skalierung der Tests im Rahmen probabilistischer Testtheorie erlaubt darüber hinaus die Festlegung von Kompetenzstufen. Dies ist nicht nur für die so über Mittelwertvergleiche hinausgehende Verortung von nationalen Schülerleistungen von Bedeutung, sondern erlaubt Lehrkräften auch eine genauere Diagnose von Lerndefiziten und gezielte Interventionen. Mit dem Einsatz solcher Testinstrumente wird also auch ein Beitrag für die Grundlagenforschung der jeweiligen Fachdidaktik gelegt. Darüber hinaus wurden durch die Ergebnisse der internationalen Schulleistungsstudien eine Reihe von strittigen, teils ideologisch begründeten Diskussionen über Quantität, Qualität und Struktur von Schule und Unterricht mit empirisch abgesicherten Fakten unterfüttert. Eine vergleichende Theorientestung ist im Bereich schulpädagogischer Forschung nur im Rahmen internationaler Schulleistungsuntersuchungen möglich.

Eine qualitative vergleichende Untersuchung bei PISA erfolgreicher Staaten belegt, dass diese über langjährige Erfahrungen mit Systemmonitoring und Schulleistungsmessungen verfügen. In der Regel sind dort seit Jahrzehnten professionelle Agenturen damit beschäftigt, regelmäßig nationale Evaluationen des Schulsystems durchzuführen. Lehrkräfte nutzen die Ergebnisse als Hilfe für die eigene professionelle Weiterbildung und zur Qualitätssicherung an ihren Schulen. Diese Tendenz zur Verbesserung durch regelmäßige Evaluation ist auch in Hamburg, dem Bundesland, dass diesen Weg nun seit mehr als zehn Jahren eingeschlagen hat, zu beobachten. Eine entsprechende Akzentverschiebung von der traditionellen deutschen Inputsteuerung hin zu einer Outputsteuerung ist in jüngster Zeit auch in ganz Deutschland festzustellen. Die Kultusministerkonferenz hat beschlossen, durch Tests überprüfbare Bildungsstandards für verschiedene Fachgebiete und unterschiedliche Jahrgangsstufen einzuführen und 2004 mit dem Institut zur Qualitätsentwicklung im Bildungswesen (IQB) eine Institution zur Durchführung der Standardentwicklung und Standardüberprüfung geschaffen. Die meisten Bundesländer sind dabei, solche Institutionen auf Länderebene zu gründen, wie z.B. Anfang 2005 die Qualitätsagentur in Nordrhein-Westfalen. Eine grundlegende Diskussion darüber, inwieweit die Ergebnisse der rezenten internationalen Schulleistungsuntersuchungen mit Testinstrumenten, die dem angloamerikanischen Literacykonzept entstammen, dazu führen ein Weltcurriculum einzuführen, also Schulleistungsuntersuchungen als Elemente der Globalisierung im Bildungswesen anzusehen sind, steht noch aus. Ebenfalls die Diskussion um die ergänzende Prozesssteuerung, denn ohne Unterstützungssysteme und Schulentwicklungsmaßnahmen werden sich bei Standardüberprüfungen erwartungswidrig schlecht abschneidende Schulen nur bedingt am eigenen Zopf aus dem Sumpf ziehen können.

Literatur

Bos, W./Postlethwaite, T. N. (2000): Möglichkeiten, Grenzen und Perspektiven internationaler Schulleistungsforschung. In: Rolff, H.-G. u.a. (Hg.): Jahrbuch der Schulentwicklung. Band 11. Weinheim, München, 365-386. – Bos, W./Schwippert, K. (2002): TIMSS, PISA, IGLU & Co. In: Bildung und Erziehung 55, 5-22. – Döbert, H./Sroka, W. (Eds.) (2004): Features of Successful School Systems. Münster. – Fuchs, H.-W. (2003): Auf dem Weg zu einem neuen Weltcurriculum? In: Zeitschrift für Pädagogik 49, 161-179. – Postlethwaite, T. N. (2004): Monitoring educational achievement. Paris.

Wilfried Bos

Internationale Schulpartnerschaften

Die Anfänge von Schulpartnerschaften und Schüleraustausch in der Bundesrepublik Deutschland (BRD) liegen in den 1950er Jahren. Ab den 1970er Jahren ist ein sprunghafter Anstieg in der Entwicklung der Schulpartnerschaften zu verzeichnen und die 1980er Jahre brachten einen weiteren Boom mit sich. Dabei richteten sich die Aktivitäten zunehmend auf eine größere Zahl an Ländern, darunter auch Entwicklungsländer.

Für internationale Schulpartnerschaften ist eine Vielfalt an Erscheinungsformen und Zielen zu konstatieren. Die Formen reichen von sporadischen Kontakten unter Schulleitern oder einzelnen Lehrern bis hin zu regen Kontakten zwischen den Schulen sowie regelmäßigem Austausch von Schülern und manchmal auch von Lehrern. Als Ziele lässt sich v.a. die politische Bildung nennen: Die internationalen Schulpartnerschaften sollen z.B. der Schaffung eines europäischen Bewusstseins, der Erziehung zum Frieden, der Völkerverständigung oder dem kulturellen Austausch dienen, Partnerschaften mit Schwellen- und Entwicklungsländern gelten als eine Form der Entwicklungshilfe. Daneben spielen aber auch pädagogische Ziele wie z.B. die Schaffung einer Klassengemeinschaft bei der Etablierung von internationalen Schulpartnerschaften eine Rolle. Bei den Schülerinnen und Schülern sind hingegen eher utilitäre Überlegungen hinsichtlich des Austauschwunsches festzustellen. Der Auslandsaufenthalt wird als Baustein für die eigene Lebens- und insbesondere Berufsplanung angesehen.

Literatur

Fuchs, J. (1993): Internationale Kontakte im schulischen Sektor. Berlin.

Carolin Rotter

Internationale Soziale Arbeit

Die zunehmende faktische Harmonisierung von Lebensweisen im Rahmen der Globalisierung tangiert auch die Soziale Arbeit. Sowohl typische Herausforderungen (z.B. demografischer Wandel, Migration) als auch bestimmte Antworten (z.B. die Fokussierung auf Sozialmanagement oder auf Qualität) sind dabei in einem internationalen Kontext zu sehen. Antworten werden aber immer noch weitgehend national gegeben oder zumindest stark national geprägt. Dabei sind internationale Bezüge bereits seit

Beginn des 20. Jahrhunderts zu erkennen, als von den Vereinigten Staaten von Amerika Einfluss auf die Entwicklung der Sozialen Arbeit in anderen Ländern ausgeübt wurde.
Internationale Soziale Arbeit in einem direkten Sinne findet in einem Bereich statt, den man in einem weiten Sinn als Entwicklungshilfe durch den Einsatz von Sozialarbeitern in Ländern der sog. Dritten Welt betrachten kann. Internationale Soziale Arbeit spielt zunehmend auch eine Rolle im Rahmen von Projekten, die von der Europäischen Union gefördert werden.
Drei Organisationen sind für die Internationale Soziale Arbeit von zentraler Bedeutung, die alle 1928 gegründet wurden:
(1) Die International Federation of Social Workers (IFSW, ifsw.org; ursprünglich International Permanent Secretariat of Social Workers) wurde in Paris gegründet. Die Arbeit wurde durch den Ausbruch des Zweiten Weltkrieges unterbrochen und erst 1950 wieder aufgenommen; 1956 wurde die Organisation dann unter neuem Namen gegründet. Nach eigener Aussage handelt es sich um eine weltweite Organisation, die soziale Gerechtigkeit, Menschenrechte und soziale Entwicklung durch die Entwicklung der Sozialarbeit, guter Praktiken und internationale Zusammenarbeit von Sozialarbeitern und ihrer Berufsorganisationen anstrebt. Von besonderer Bedeutung sind dabei die Vorschläge zu einer anerkannten Definition von Sozialarbeit, von ethischen Prinzipien sowie von globalen Standards.
(2) Die International Association of Schools of Social Work (IASSW, www.iassw-aiets.org) kann als Parallelorganisation zu der IFSW gesehen werden, vereinigt aber die Schulen, die mit der Ausbildung von professionellen Sozialarbeitern befasst sind. Die Organisation vertritt diese Interessen innerhalb der Vereinten Nationen, wo sie eine beratende Funktion innehat. Bedeutend ist, dass trotz universal gleicher Zielsetzungen, wie sie etwa durch den Bezug auf die Menschenrechte gegeben sind, ein permanenter und mehr oder weniger ausgesprochener Konflikt mit anderen Organisationen darüber besteht, in welchem Sinn und Maß Professionalität zu verstehen ist. Dies betrifft einerseits die verschiedenen Richtungen (z.B. Sozialarbeit, Gemeinwesenarbeit, Sozialpädagogik); zum anderen bezieht es sich auch auf die Einbeziehung verschiedener Felder und Berufe (z.B. Animateure, Sozialpfleger etc.).
(3) Ziel des International Council on Social Welfare (ICSW; icsw.org) ist die Förderung von Wohlfahrt, sozialer Entwicklung und sozialer Gerechtigkeit. Bezeichnend ist, dass von Beginn an eine enge Zusammenarbeit zwischen Fachleuten und Regierungsvertretern höchster Ebenen entstand. Die internationale Dimension bezieht sich eindeutig auf eine globale Perspektive und spiegelt sich nicht zuletzt darin, dass auch Regionalkomitees eine wichtige Rolle spielen. Damit wird sichergestellt, dass international nicht mit einer Unterordnung Anderer unter die Interessen einer starken Region gleichgesetzt, sondern die Vielfalt reflektiert wird. Die Einheitlichkeit wird vor allem durch die Arbeit an als für die gesamte Profession gültigen Werten und Definitionen gewährleistet. Weiterhin ist bedeutsam, dass der ICSW den höchsten Beraterstatus innerhalb des UN-Wirtschafts- und Sozialausschusses hat und auch in anderen UN-Ausschüssen eine Rolle spielt.

Literatur
Wagner, L./Lutz, R. ([2]2009): Internationale Perspektiven Sozialer Arbeit. Wiesbaden.

Peter Herrmann

Internationale Weiterbildung und Entwicklung gGmbH (InWEnt)

InWEnt ist ein international agierendes Unternehmen mit der Rechtsform einer gemeinnützigen Gesellschaft mit beschränkter Haftung (gGmbH) für Personalentwicklung, Fort- und Weiterbildung mit Sitz in Bonn. Seine Programme richten sich weltweit an Fach- und Führungskräfte aus Politik, Verwaltung, Wirtschaft und Gesellschaft, insbesondere aus Entwicklungs- und Transformationsländern. Darüber hinaus unterstützt es zahlreiche Projekte entwicklungsbezogener Bildung in Deutschland und bietet im Rahmen verschiedener Austausch- und Stipendienprogramme jungen Menschen während oder nach ihrer Ausbildung die Möglichkeit, Auslandserfahrungen zu erwerben und sich fachlich sowie interkulturell weiterzubilden. InWEnt entstand im Jahr 2002 durch die Zusammenführung der Carl Duisberg Gesellschaft (CDG) und der Deutschen Stiftung für internationale Entwicklung (DSE). Ähnlich wie die Deutsche Gesellschaft für Technische Zusammenarbeit (GTZ) oder der Deutsche Entwicklungsdienst (DED) ist InWEnt eine Durchführungsorganisation des Bundesministeriums für wirtschaftliche Zusammenarbeit und Entwicklung (BMZ). Internationale Auftraggeber sind u.a. die Europäische Union, die Weltbank, der Internationale Währungsfonds, die

Welthandelsorganisation und die Vereinten Nationen. Im Juli 2010 wurde InWEnt mit der GTZ und dem DED per Regierungsbeschluss zur Deutschen Gesellschaft für internationale Zusammenarbeit fusioniert.

Literatur
Internationale Weiterbildung und Entwicklung gGmbH (2008): Kompetenzen mehren – Verantwortung teilen. Bonn.

Claudia Richter

Internationaler Währungsfonds (IWF)

Der IWF (englisch IMF, International Monetary Fund, www.imf.org) ist eine Sonderorganisation der United Nations Organisation (UNO) und bildet zusammen mit der Weltbank die sog. Bretton-Woods-Institution. Die Entstehung des IWF geht auf die Konferenz in Bretton Woods von 1944 zurück, deren Ziel die Sicherung der Konvertierbarkeit der Währungen nach der Weltwirtschaftskrise war. Heutige Aufgaben des IWF sind die Förderung der internationalen Zusammenarbeit in der Währungspolitik, die Ausweitung des Welthandels, die Stabilisierung von Wechselkursen, Kreditvergaben, die Überwachung der Geldpolitik und die Gewährung technischer Hilfe.

Der IWF besitzt Eigenkapital, das sich aus Beiträgen der 187 Mitgliedstaaten (Stand: 2010) zusammensetzt. Die Höhe des Beitrags entscheidet zusammen mit dem Bruttoinlandsprodukt des Staates über die Gewichtung der Stimme und dient als Basis für die Ermittlung der Summe, die ein Staat beim IWF leihen kann. Der Kapitalanteil der Vereinigten Staaten von amerika an IWF-Mitteln liegt bei 17,46%, der Japans bei 6,26% und der Deutschlands bei 6,11%. Ende der 1960er Jahre wurden Sonderziehungsrechte geschaffen, die in Form von stoffwertlosem Wertgeld die Kreditvergabemöglichkeiten des IWF erhöhten.

Die Vergabe von Krediten des IWF an Mitgliedstaaten ist an die Einhaltung von Strukturanpassungsprogrammen geknüpft. Diese beinhalten u.a. die Privatisierung öffentlicher Einrichtungen. Damit kann der IWF auch in die Bildungspolitik eines Staates eingreifen und auf die Stärkung des Humankapitals im Bildungswesen Einfluss nehmen. Kritiker des IWF befürchten hingegen, dass im Bildungswesen und anderen Politikbereichen wirtschaftliche Effektivitätskriterien über andere Aspekte dominieren. So sahen sich Staaten, welche die Hilfe des IWF in Anspruch nahmen, häufig genötigt, Sozialprogramme zu kürzen, um die Auflagen des IWF erfüllen zu können.

Literatur
Stieglitz, J. (2002): Die Schatten der Globalisierung. München. – Driscoll, D. D. (1998): Was ist der Internationale Währungsfonds? Washington.

Ina Sylvester

Internationalisierung im Bildungswesen

Der Begriff international wird in (mindestens) zwei sehr unterschiedlichen Bedeutungen verwendet: Er steht zum einen als Oberbegriff für jegliche nationale Grenzen überschreitende Phänomene. Im Bereich von Erziehung und Bildung sind dies z.B. bilaterale Abkommen (z.B. das Deutsch-Französische Jugendwerk); die internationale Jugendarbeit und der Austausch von Schülern, Auszubildenden und Lehrpersonen oder Praktika im Ausland; die Bildungspolitik und die Bildungsprogramme von internationalen Organisationen wie insbesondere die der United Nations Educational, Scientific and Cultural Organisation (UNESCO); internationale Schulleistungstests (z.B. das Programme for International Student Assessment, PISA); multinationale Bildungsunternehmen (z.B. die Benedict- oder die Inlingua Sprachschulen); die europäische Dimension im Bildungswesen, die z.B. in Curricula oder in Schulen mit europäischem Profil ihren Ausdruck findet; internationale Bildungskooperationen als Teil der Entwicklungszusammenarbeit; Allianzen transnationaler Nichtregierungsorganisationen im Bildungsbereich (z.B. die Globale Bildungskampagne zur kritischen Begleitung des Education for All Programms der UNESCO); der globale Zugriff auf Wissen (Bildungsangebote, virtuelle Universitäten, Datenbanken) durch die moderne Informations- und Kommunikationstechnik; und schließlich das universale Menschenrecht auf Bildung sowie die universalen Kinderrechte und ihre Bekanntmachung in der schulischen und außerschulischen Bildungsarbeit.

Zum anderen steht der Begriff international in einem engeren Sinne für intergouvernemental, d.h. für zwischenstaatliche Beziehungen. In diesen Fällen kommen bildungspolitische Entscheidungen und Bildungsmaßnahmen durch die Übereinkunft von einzelstaatlichen Autoritäten zustande, indem diese z.B. ein Programm der UNESCO beschließen und national übernehmen, die Entstehung eines europäischen Hochschulraums (sog. Bologna-Prozess) vorantreiben, oder Staaten gegenseitig ihre Bildungszertifikate anerkennen oder binationale Schul- und Studienabschlüsse einführen.

Wenn bei alldem von Internationalisierung die Rede ist, wird meist implizit oder explizit angenommen, dass es sich um einen expansiven Prozess handelt, häufig auch, dass sich dadurch neue Herausforderungen für nationale Bildungswesen, womöglich für deren nationale Autonomie, ergeben; allerdings signalisieren zwischenstaatliche Reglements auch Ziele wie internationale Verständigung, Erziehung zum Frieden und Kooperation. Der seit den 1990er Jahren im Zuge der Liberalisierung, Deregulierung und Privatisierung der Weltwirtschaft vermehrt aufgekommene Begriff der Globalisierung wird inzwischen häufig auch mit Bezug auf Bildungsentwicklungen verwendet und bezeichnet dort meist die Befürchtung, Bildung könne zu einer Ware auf dem Weltmarkt werden und dadurch nationale Handlungsspielräume deutlich einschränken. Globalisierung überschneidet sich, ist jedoch nicht deckungsgleich mit Internationalisierung, wie sie oben skizziert wurde, da gerade die verständigungsorientierten und kooperativen grenzüberschreitenden Arrangements nicht mit gemeint sind.

Literatur

Hornberg, S. (2010): Schule im Prozess der Internationalisierung von Bildung. Münster u.a. – Seitz, K. (2002): Bildung in der Weltgesellschaft. Frankfurt.

Christel Adick

International-vergleichende Berufsbildungsforschung

Das besondere Gegenstandsmerkmal der international-vergleichenden Berufsbildungsforschung liegt in der Einbeziehung und systematischen Beschreibung, Analyse und Gegenüberstellung divergenter Traditionen und Formen der Berufsbildung in verschiedenen Nationalstaaten. Der internationale Vergleich kann in Hinblick auf die wissenschaftliche Profilierung und Außenwirkung der Berufs- und Wirtschaftspädagogik mittlerweile als ein fester Bestandteil des disziplinspezifischen Diskurses angesehen werden. Üblich ist auch die Verwendung der Bezeichnung international-vergleichende Berufs- und Wirtschaftspädagogik. Die international-vergleichende Berufsbildungsforschung ist ein Spezialgebiet der Vergleichenden Erziehungswissenschaft.

Als spezifische Erkenntnisinteressen der international-vergleichenden Berufsbildungsforschung können die folgenden unterschieden werden: 1) Das idiografische Erkenntnisinteresse dient der präzisen Beschreibung und Analyse der beruflichen Bildung in ihrem nationalen Kontext; damit ist die Möglichkeit des tieferen Verständnisses der Berufsbildung in einem Land verbunden. 2) Das melioristische Erkenntnisinteresse dient der Gewinnung von Hinweisen aus dem einen Land für die Veränderungsmöglichkeiten und damit intendierten Verbesserungen der Berufsbildung in einem anderen Land. Das Ausland kann insofern als Argument für inländische Reformanstöße dienen. 3) Im Rahmen der evolutionistischen Funktion dominiert die Suche nach Ähnlichkeiten. Damit sollen Erkenntnisse über allgemeine, länderübergreifende Entwicklungstrends erarbeitet werden. Angestrebt werden auch Aussagen über Eigengesetzlichkeiten möglicher Entwicklungsdynamiken. 4) Das quasi-experimentelle bzw. nomothetische Erkenntnisinteresse liegt darin, bestimmte Gesetzmäßigkeiten auf der Basis des internationalen Vergleichs zu differenzieren. Grundsätzlich dient auch die international-vergleichende Berufsbildungsforschung der Findung von Beschreibungs-, Verständnis-, Erklärungs- und schließlich Prognose- bzw. Entwicklungswissen.

Im Rahmen der international-vergleichenden Berufsbildungsforschung können die kompletten Systeme der beruflichen Bildung in den Vergleich einbezogen werden, es können aber auch eingrenzbare Aspekte der beruflichen Bildung (Aspektvergleich, z.B. Finanzierung, Lehrerbildung etc.) verglichen werden.

In Anlehnung an die internationalen Leistungsvergleichsstudien für den Bereich der allgemeinen Bildung werden neuerdings ähnlich angelegte Vergleichsanalysen auch für den Bereich der beruflichen Bildung erwogen und konzipiert. Derartige Vorhaben erscheinen aufgrund einer fehlenden vergleichbaren curricularen Basis in der Berufsbildung jedoch ausgesprochen schwierig.

In der komparativen Berufsbildungsforschung werden gelegentlich Typologisierungen vorgenommen, und zwar in der Absicht, von der gewachsenen empirischen Vielfalt der nationalen Lösungsmuster zu abstrahieren, um damit zugleich ein heuristisches Instrumentarium für den internationalen Vergleich zu gewinnen, das über ein deskriptives Erkenntnisinteresse hinausreicht. In solchen Typologisierungsansätzen wird häufig deutlich, wie sehr der eigene Erfahrungsraum, zum Beispiel der deutsche, die Typenbildung bestimmt hat.

Literatur
Frommberger, D./Reinisch, H. (1999): Ordnungsschemata zur Kennzeichnung und zum Vergleich von „Berufsbildungssystemen“ in deutschsprachigen Beiträgen zur international-vergleichenden Berufsbildungsforschung. In: Zeitschrift für Berufs- und Wirtschaftspädagogik 95, 323-343. – Lauterbach, U. (2003): Vergleichende Berufsbildungsforschung. Baden-Baden.

Dietmar Frommberger

Internet

Die Geschichte des Internet begann 1958 mit der Gründung von ARPA, der Advanced Research Projects Agency. Als eine von vielen Reaktionen auf den Sputnik-Schock beauftragte das Verteidigungsministerium der Vereinigten Staaten von Amerika die ARPA, innovative Technologien zu entwickeln, welche einen flächendeckenden und störungsresistenten Datenaustausch sicherstellen sollten. Ein wichtiges Merkmal des 1968 entstandenen Computernetzwerks ARPANET war seine Dezentralität, die Integration vollkommen heterogener Hardwareplattformen und die Möglichkeit des Datenaustausches zwischen Rechnern unterschiedlicher Hersteller. Im folgenden Jahr begann man mit der Vernetzung von vier ARPA-Forschungszentren in den USA.
Erst die 1971 hinzugekommene, anfänglich nicht intendierte Anwendung der elektronischen Post (E-Mail) leitete den Erfolg des Internet ein. Die Vorteile der elektronischen Post wurden schnell deutlich: Zeit- und Kostenersparnisse bei der landesweiten Kommunikation. 1977 wurde schließlich mit dem USENET ein weltweites elektronisches schwarzes Brett entwickelt, welches neben Militär, Regierung und Universitäten zunehmend auch andere Personengruppen als Nutzer ansprach. Um der wachsenden Unüberschaubarkeit Herr zu werden, entschloss man sich 1983, das Domain Name System einzuführen. Aus den bis dato komplizierten Adressen, bestehend lediglich aus Ziffernblöcken, wurden leichter zu merkende Namen mit Endungen wie .com, .org, .edu etc., wie sie auch heute noch üblich sind. 1986 ging die erste .de-Domain online. Erst 1991 wird durch die Erfindung der HTML (hyper text markup language) durch Tim Barners-Lee das World Wide Web (WWW) geboren. Zu Beginn des 21. Jahrhunderts spricht man nun zunehmend vom Web 2.0, welches sich u.a. durch die Beteiligung der Nutzer durch Formate wie Wikis und Blogs auszeichnet, die Idee des Internet als Plattform in den Vordergrund stellt und kontinuierlichen Service an Stelle von Lizenzierung und Verkauf betont.
Durch die stärkeren Beteiligungsmöglichkeiten der User an den Inhalten des Internet ergeben sich neben den einer vermehrten aktiven Partizipation inhärenten Chancen auch Risiken. Zu diesen zählen u.a. Cybermobbing, verdeckte Kosten und mögliche Konsequenzen unbedachter Weitergabe persönlicher Daten. In der zeitgemäßen medienpädagogischen Arbeit mit Kindern und Jugendlichen geht es nicht darum, Kinder vom Internet fernzuhalten (Bewahrpädagogik), sondern sie sowohl für den Umgang stark zu machen als auch neue, kreative Impulse zu wecken (Handlungsorientierte Medienpädagogik).

Literatur
Marotzki, W./Sander, U./Gross, F. v. (Hg.) (2007): Internet – Bildung – Gemeinschaft. Wiesbaden.

Friederike von Gross

Interpretative Sozialforschung

Der Terminus interpretative Sozialforschung ist eine andere Bezeichnung für qualitative Forschungsmethoden, die vor allem die Bedeutung hervorhebt, die der Interpretation sinnhafter Äußerungen im Rahmen qualitativer Forschung zukommt.
Als Interpretation kann dabei im Sinne der Hermeneutik die wissenschaftliche Form des Verstehens sinnhafter Äußerungen begriffen werden, die sich von alltäglichem Verstehen dadurch unterscheidet, dass sie bestimmten angebbaren Regeln bzw. Prinzipien folgt. Interpretative Sozialforschung beruht auf der Annahme, dass Phänomene der sozialen Wirklichkeit das, was sie sind, nicht an und für sich, sondern nur kraft der Bedeutungen sind, die sie für die Akteure des jeweiligen Feldes haben. Im Unterschied zur quantifizierenden Messung, wie sie im Rahmen quantitativer Forschung eingesetzt wird, zielt interpretative Sozialforschung deshalb darauf ab, die Bedeutungen von Gegenständen sozialwissenschaftlicher Forschung interpretativ zu erschließen, indem sie die sozialen Prozesse zu rekonstruieren versuchen, in denen solche Bedeutungen hervorgebracht wurden.

Literatur
Rosenthal, G. ([3]2011): Interpretative Sozialforschung. Weinheim.

Hans-Christoph Koller

Interreligiöser Dialog

Interreligiöser Dialog gewinnt seit Jahrzehnten in der Öffentlichkeit wie im Bildungsbereich zunehmend an Bedeutung. In diesem Dialog geht es um mehr als um eine Verständigung zwischen Religionsgemeinschaften. Seit dem 11. September 2001 ist sichtbar geworden, dass das Scheitern von Dialog Destruktion zur Folge haben kann. Interreligiöser Dialog hat zum Ziel, Möglichkeiten von Verständigung und Toleranz auszuloten und voranzutreiben. Zwei Ansätze von Dialog sind zu unterscheiden: Der Dialog von oben wird von den offiziellen Repräsentanten aus Religionsgemeinschaften geführt, während der Dialog von unten auf Begegnung und Austausch von Menschen mit unterschiedlichen religiösen Hintergründen gerichtet ist. Für den Bildungsbereich ist der zweite Ansatz besonders wichtig. Die Begegnung und der Austausch z.B. im Unterricht bezieht sich nicht vornehmlich auf die Lehrgebäude von Religionen, sondern setzt an der Lebenswelt und den Erfahrungen von Menschen mit unterschiedlichem religiösem und kulturellem Hintergrund, mithin an der Begenung von Menschen an. Diese Form des Dialogs lässt es zu, Eigenes im Angesicht des Anderen zu entwickeln, Respekt vor Anderen mit Selbstachtung zu koppeln, Differenz auszuhalten und als Ressource anzusehen.
In der Religionspädagogik spielt der interreligiöse Dialog eine zunehmend wichtige Rolle. Zwei Grundannahmen stehen sich dabei gegenüber: Die in den meisten Bundesländern vorherrschende Auffassung sieht in der Trennung des Religionsunterrichts nach Konfessionen und Religionen eine Voraussetzung, um Eigenes zu lernen und dann erst in den Dialog mit anderen zu treten. Die andere, die z.B. in Hamburg vertreten wird, unterstreicht die Vorzüge eines Religionsunterrichts, an dem alle Schüler mit unterschiedlichen religiösen, kulturellen und weltanschaulichen Hintergründen gemeinsam teilnehmen. Auf europäischer Ebene wird mehrheitlich der zuletzt genannte Ansatz vertreten. International vergleichende Forschungen laufen gegenwärtig an, um über die theoretische Fundierungen hinaus den Dialog im Klassenzimmer zu analysieren und weiterzuentwickeln.

Literatur
Schreiner, P./Sieg, U./Elsenbast, V. (Hg.) (2005): Handbuch interreligiöses Lernen. Gütersloh. – Weiße, W. (Hg.) (2002): Wahrheit und Dialog. Münster.

Wolfram Weiße

Intervention

Mit Intervention, einem aus dem Lateinischen stammenden Fremdwort (intervenire: einmischen, dazwischen treten), werden in pädagogisch-therapeutischen Arbeitsfeldern Ansätze bezeichnet, die eine zielorientierte, systematisch geplante, kontrollier-, dokumentier- und evaluierbare Beeinflussung von Entwicklung und Entwicklungsproblemen sowie von spezifischen Verhaltens- und Erlebnisweisen zum Ziel haben.
Interventionen sind hinsichtlich ihrer theoretischen Begründung (z.B. verhaltenstherapeutisch, konstruktivistisch), ihrer Inhalte (z.B. Lernstrategien, Aufmerksamkeit), Methoden und Techniken (z.B. Selbstinstruktion, Elternberatung) sowie dem Grad der Strukturiertheit (z.B. kognitives Training, systemische Beratung) zu unterscheiden. Die Bezeichnungsvielfalt (Interventionskonzept, -programm, -maßnahmen, Förder- und Entwicklungsplan) und die unscharfe Abgrenzung (auch synonyme Verwendung) stehen dafür, dass eine Systematik von Interventionen weitgehend fehlt. Unabhängig von den Unterschieden weisen Interventionen die folgenden Gemeinsamkeiten auf.
Interventionen sollen zu einer Veränderung individueller Handlungsmöglichkeiten führen. Für die Festlegung der Veränderungsrichtung sind zwei Bezugssysteme relevant: Individuelle Bedeutsamkeit und Bildungsziel- bzw. Entwicklungsorientierung. Der Anlass, neue Handlungsmöglichkeiten zu entwickeln, ergibt sich erstens aus entstandenen Lern- und Entwicklungsstörungen (Therapie, Förderung, Training) oder aus entwicklungsbedrohenden Situationen (Frühförderung). Interventionen haben zweitens auch das Ziel, z.B. mit den Mitteln der Binnendifferenzierung im Unterricht die individuellen Wissenskonstruktionsprozesse zu unterstützen.
Alle Interventionen sind als komplexe Interaktionssituationen zu verstehen, in denen individuelle Voraussetzungen unterschiedlich stark beteiligter Personen und kontextueller Bedingungen zusammenwirken. Zu den Bedingungen gehören z.B. Zielorientierungen, Motivationen, Bedeutungen, Erwartungen, Entwicklungskonzepte und Menschenbilder der unmittelbar beteiligten Personen, die transparent gemacht und verhandelt werden müssen, aber auch die der mittelbar begleitenden Menschen. Interventionsmaßnahmen wirken immer durch proximale und distale Bedingungsfaktoren. Welche im Einzelnen ausschlaggebend sind, ist durch widersprüchliche

Befunde nicht eindeutig zu beantworten. Dies gilt auch, obwohl es in Experimenten gelingt, Zuwendungseffekte und spezifische Programmwirkungen von Kontrollgruppenbedingungen für Stichproben zu unterscheiden.

Aufgrund dieser Komplexität werden Schwerpunkte gesetzt: (a) Modifikationen des Umfeldes (Elternberatung, Supervision, Lehrertraining) und (b) Modifikationen der Fähigkeiten des Kindes in verschiedenen Bereichen wie Denken, Vorwissen, Selbstgesteuertes Lernen, in verschiedenen Störungsbereichen wie Aggression, Hyperkinetisches Syndrom, Schulschwänzen oder vor dem Hintergrund komplexer Entwicklungsbedingungen wie Intervention bei Gehörlosigkeit.

Die Konzipierung von Interventionen erfordert theoretische Begründungen, die aus Bildungs-, Erziehungs- und Entwicklungstheorien abzuleiten sind. So spielt es eine Rolle, welche Theorien für Lernen, Leistung und Entwicklung zugrunde gelegt werden. Wie wird die Bedeutung der Voraussetzungen für die Kompetenzentwicklung eingeschätzt? Gibt es Nadelöhre in der Entwicklung, wie z.B. die phonologische Bewusstheit für den Schriftspracherwerb? Oder werden – wie in der Frühförderung bei Kindern mit multiplen Entwicklungsrisiken – Motorik, Sprache und Wahrnehmung gleichzeitig gefördert, da man um die ausschließlich spezifische Wirkung der Förderungmaßnahmen weiß? Transfereffekte sind z.B. von der Motorik auf die Wahrnehmung nicht zu erwarten.

Interventionsplanung basiert immer auf diagnostischen Daten, die den Förderbedarf in verschiedenen Bereichen belegen. Entschieden werden muss dann, was und wie gefördert werden soll. Insofern lassen sich Interventionen den Indikationsbereichen zuordnen. Wie genau Diagnosen aber erfolgen müssen, um zu einer effektiven Förderung zu führen, ist eine offene Frage. Gleichfalls sind auch Problembereiche diagnostizierbar, für die die Veränderungsmöglichkeiten noch unklar sind (z.B. der Arbeitsgedächtnissysteme). Diagnosebasierte Interventionsstrategien sind besonders dann entwickelbar, wenn ein bewährtes Entwicklungsmodell des Kompetenzbereiches (z.B. Leseentwicklung) verfügbar ist. Darüber hinaus gilt, dass diagnostische Befunde immer nur ein Teil der Datenbasis sind, die zur Definition von Interventionszielen und zur Entscheidung über Interventionsmethoden führen. Erziehungs- und Bildungskonzepte der Gesellschaft spielen ebenso eine Rolle wie unmittelbare Förderbedingungen vor Ort.

Evaluationsbefunde zeigen zwei Trends: Einerseits ist Intervention um so wirksamer, je spezifischer sie an den zu entwickelnden Fähigkeiten und Fertigkeiten ansetzt. Andererseits vergrößern sich Effekte, wenn mehrere Komponenten und Ebenen einbezogen werden: (a) soziales Umfeld (Kind, Familie und Schule), (b) psychische Funktionsbereiche (Kognition, Emotion, Verhalten) und (c) Interventionsmethoden (z.B. Selbststeuerung, Verstärkungspläne). So sind spezifische Trainingsprogramme wirksamer, wenn kognitive, metakognitive, selbstregulatorische Fähigkeiten und Motivationen gleichzeitig gefördert werden. Des Weiteren lassen sich Effekte durch die Kombination verschiedener Methoden steigern, d.h. wenn einführende Instruktionen mit angemessenem Fading verbunden werden und in selbstgesteuerte Lernformen übergehen. In vorhandenen Programmen wird diese methodische Frage wenig beachtet, folglich findet man hier einen eher undefinierten Freiraum (von Instruktion bis zu entdeckendem Vorgehen).

Die Wahl dieser Methodenkombinationen hängt von weiteren Bedingungen wie Vorwissen, Intelligenz, Aufgabenformen ab. Übereinstimmend zeigen Befunde, dass kombinierte Instruktionsansätze zu positiven Effekten führen.

In der pädagogischen Praxis in Deutschland wird der Aspekt der Interventionsbewertung z.B. im Vergleich zum Leerlingvolgsysteem (Lernentwicklungsdokumentation) in den Niederlanden noch wenig beachtet. Evaluationen sind jedoch in zweierlei Hinsicht bedeutsam: Erstens müssen gerade im komplexen Kontext kritisch Effekte geprüft und reflektiert werden. Grundsätzlich ist anhand von experimentellen Plänen der Nachweis für die Wirksamkeit von spezifischen Maßnahmen zu erbringen. Nicht nur aus der Sicht von Kindern und Eltern sind teure, aber wirkungslose Therapiemaßnahmen höchst problematisch. Zweitens müssen Maßnahmen auch bei einzelnen Kindern zu nachweisbaren Effekten führen. Dies erfordert eine differenzierte Beobachtung, Dokumentation und Adaptation von Förderplänen und -bedingungen. Hierfür liegen zur Zeit wenig praxistaugliche Dokumentationssysteme (z.B. Lerntagebücher) vor. Für die Bewertung müssen Transfereffekte betrachtet werden, indem interventionsnahe und -ferne Kriterien geprüft werden, um Performanz- und Kompetenzveränderungen abschätzen zu können. Unter dem Aspekt begrenzter Ressourcen muss die kurz-, mittel- und langfristige Stabilität von Effekten (Posttests und follow up) kontrolliert werden.

Literatur
Borchert, J. (Hg.) (2000): Handbuch der Sonderpädagogischen Psychologie. Göttingen. – Klauer, K. J. (²2001): Trainingsforschung. In: Ders. (Hg.): Handbuch Kognitives Training. Göttingen, 5-68.

Gabi Ricken / Annemarie Fritz-Stratmann

Interview

Interviews sind eine der wichtigsten Methoden der qualitativen Forschung. Sie werden eingesetzt, um subjektive Erfahrungen der Befragten im Face-to-face-Gespräch zu ermitteln. Bei Einzelinterviews wird unterschieden zwischen Leitfaden-Interviews mit einer Reihe von offenen Fragen, dem narrativen Interview, in dem die eigene Lebensgeschichte erzählt werden soll, Mischformen (z.B. episodisches Interview) und spezifischen Formen (z.B. Experteninterview). Entscheidend bei der Durchführung sind die flexible Anwendung von Fragen und das vertiefende Nachfragen, um die Tiefe und Breite subjektiver Erfahrungen des Befragten zum Thema der Untersuchung zu erfassen. Interviews können auch per Telefon, über das Internet, in Gruppen oder standardisiert (mit Antwortvorgaben) durchgeführt werden. Die Daten werden durch Kategorisierung und Kodierung oder hermeneutisch analysiert.

Literatur
Flick, U. (2007): Qualitative Sozialforschung. Reinbek.

Uwe Flick

Intervieweffekte

Der Begriff Intervieweffekte bezeichnet im Rahmen standardisierter und halbstandardisierter Interviews die unerwünschte Beeinflussung der Antworten interviewter Personen, die zu Verfälschungen der Untersuchungsergebnisse führen können. Im Sinne der klassischen Testtheorie könnte von systematischen Messfehlern in der Interviewsituation gesprochen werden. Diese systematischen Fehler können dabei durch Eigenschaften des Interviewers oder des Interviewten, Charakteristika der Fragen sowie die Beschaffenheit des Interviewkontextes (Kontext- und Priming-Effekte) hervorgerufen werden.
Wird auf (unbewusste) Verfälschungen der Untersuchungsergebnisse durch den Interviewer selbst fokussiert, so wird von Interviewereffekten gesprochen. Diese Sichtweise ist jedoch nur sinnvoll, wenn es einen Maßstab gibt, anhand dessen eine interviewerbedingte Abweichung angegeben werden kann. Dieser Maßstab wären die wahren Antworten des Befragten, die allerdings in der Regel nicht ermittelt werden können. Wie in jeder sozialen Interaktion ist auch in der Interviewsituation eine Vielzahl wechselseitiger Einflussfaktoren denkbar, die es äußerst unwahrscheinlich machen, dass sich durch entsprechende empirische Forschung verbindliche und generalisierende Aussagen erarbeiten lassen, die in einer konkreten Befragungssituation zur Vermeidung von Interviewereffekten herangezogen werden können. Die vorliegende Forschung macht deutlich, dass Interviewereffekte vor allem dann wahrscheinlich werden, wenn eine Beziehung zwischen dem Inhalt der Fragen und Merkmalen der Interviewer bestehen. Solche Charakteristika des Interviewers können sichtbare, unveränderliche Merkmale wie Geschlecht, ethnische Zugehörigkeit und Alter sein, aber auch die Zugehörigkeit zu einer bestimmten Sozialschicht sowie Einstellungen und Meinungen des Interviewers, die zu Verzerrungen bei den Antworten der Befragten führen.
Bei standardisierten und vor allem teil-standardisierten Interviews (z.B. Experteninterviews) können Interviewereffekte nicht nur mit den Charakteristika des Interviewers, sondern auch mit der Art und Weise der Interviewdurchführung verknüpft sein. In diesem Zusammenhang ist zwischen strategischen und taktischen Fehlern der Interviewführung zu unterscheiden: Strategische Fehler beinhalten das bewusste oder unbewusste Abweichen vom Interviewleitfaden und den Verlust der Neutralität des Interviewers. Letzterer ist vor allem dann gegeben, wenn der Interviewer deutliche positive oder negative Einstellungen gegenüber dem Gegenstand des Interviews oder seinem Interviewpartner entwickelt. Taktische Fehler beinhalten unzulässige Reaktionen des Interviewers in einer konkreten Interviewsituation. Dazu gehören abweichende Formulierungen standardisierter Fragen oder das Auslassen wichtiger Nachfragen.
Neben den dargestellten beeinflussenden Effekten von Seiten des Interviewers ist auch mit Verzerrungen der Untersuchungsergebnisse durch die Befragten selbst zu rechnen. Im Vorfeld eines Interviews ist bereits mangelnde Erreichbarkeit von Befragten bzw. deren bewusste Verweigerung eine Fehlerquelle bei populationsbasierten Verallgemeinerungen, wenn Nichterreichbarkeit und Verweigerung überproportional häufig in bestimmten Bevölkerungsschichten

auftreten. Weiterhin können problembehaftete Interaktionsbeziehungen und kontraproduktive Rollenverständnisse sowie sprachliche und kognitive Kommunikationsbarrieren zu (meist unbemerkten) Verzerrungen beitragen. Offenbare Fehlreaktionen von Befragten zeigen sich in der willentlichen Nichtbeantwortung von Fragen (non-response) bzw. deren Falschbeantwortung. Weitere in der Forschung benannte Fehlerquellen sind: Neigung zu sozial erwünschten Antworten; geringe Bereitschaft zur Selbstenthüllung (Self Disclosure); Streben nach Konsistenz; Antizipation möglicher negativer Konsequenzen des Interviews; Vermutungen über den Auftraggeber bzw. dessen Untersuchungszielen (Sponsorship Bias).

Literatur
Koolwijk, J. v./Wieken-Mayser, M. (Hg.) (1974): Techniken der empirischen Sozialforschung. München. – Gläser, J./Laudel, G. ([3]2009): Experteninterviews und qualitative Inhaltsanalyse als Instrumente rekonstruierender Untersuchungen. Wiesbaden. – Reinecke, J. (1991): Interviewereffekte und soziale Erwünschtheit. Journal für Sozialforschung 31, 293-320.

Oliver Böhm-Kasper

Inwent → Internationale Weiterbildung und Entwicklung gGmbH

Irak → Arabische Staaten

Iran → Süd- und Westasien

Irland (Ireland)

Die Insel Irland ist seit 1922 in Irland, das landläufig auch als Republik Irland bezeichnet wird und ca. 80% der Inselfläche beansprucht, und in Nordirland aufgeteilt, das der Nation Vereinigtes Königreich und Nordirland angehört. Seit 1973 ist Irland Mitglied der heutigen Europäischen Union; es hat ca. 4,2 Millionen Einwohner (2009) und zwei Amtssprachen: das irische Gälisch und Englisch.

Das irische Bildungswesen wird sowohl zentral als auch lokal verwaltet. Staatliche Schulen (Controlled Schools), wozu auch protestantische Konfessionsschulen gehören, unterstehen lokalen Bildungsbehörden; katholische Schulen (Catholic Maintained Schools), Schulen in freier Trägerschaft (Maintained Schools) und Integrationsschulen, sog. Grant Maintained Integrated Schools, unterstehen direkt dem Bildungsministerium und erhalten staatliche Zuschüsse; ihr Besuch ist kostenlos. Daneben gibt es in der Trägerschaft von Stiftungstreuhändern stehende Grammar Schools (Voluntary Schools), die ihre Schüler nach Leistungskriterien auswählen, sowie Privatschulen (Independent Schools); beide Schultypen sind kostenpflichtig.

In Irland können Zwei- und Dreijährige selbstständige Vorschulen, sog. Nursery Schools, und Dreijährige auch Vorschulklassen an Primarschulen besuchen (2004: 50%). Die Schulpflicht beginnt mit vier Jahren und dauert bis zum vollendeten 16. Lebensjahr. In den meisten Schulen findet der Unterricht in englischer Sprache statt, nur wenige Schulen (Gaelscoileanne) haben das irische Gälisch als Unterrichtssprache, das aber an allen Schulen zu den Pflichtfächern gehört. Die Grundschule dauert von der ersten bis zur sechsten Klasse. Die weiterführende Schule (Comprehensive School) ist eine Gesamtschule, die in der Sekundarstufe I die Klassen 7 bis 10 umfasst. Der Besuch der 10. Klasse ist fakultativ (Transition Year). Der Unterricht findet entlang des National Curriculum, einem landesweit einheitlichen Lehrplan, statt und wird von nationalen Prüfungen, die die Schüler im Alter von acht, elf, 14 und 16 Jahren ablegen, flankiert. Die Hochschulzugangsberechtigung (Leaving Certificate Examination) kann in der Sekundarstufe II an Sekundarschulen und in Einrichtungen der Further Education nach zwei bis drei Schuljahren (Senior Circle) erworben werden. Die Berufsausbildung erfolgt im Rahmen von Einrichtungen der Further Education oder im Youth-Training-Programme und dauert i.d.R. drei Jahre; 2004 besuchten nur 12,3% der Schüler eine berufsbildende Schule (Post Leaving Certificate Programme).

Der tertiäre Bildungsbereich umfasst neun Universitäten sowie Colleges, die z.T. mit Universitäten assoziiert sind, und 13 Technische Hochschulen (Institutes of Technology).

Es gibt zwei Ausbildungsgänge für angehende Lehrkräfte: einen für Grundschullehrer (Vorschule, Klasse 1-6) an Colleges und einen weiteren für Lehrkräfte weiterführender Schulen (Klasse 7-12 und Berufsschulen) an Universitäten und Colleges.

Literatur
Killeavy, M. (2002): Irland. In: Döbert, H. u.a. (Hg.): Die Schulsysteme Europas. Baltmannsweiler, 198-207. – Looney, A./Klenowski, V. (2008): Curriculum and Assess-

ment for the Knowledge Society. In: Curriculum Journal 19, 177-192.

Sabine Hornberg

ISCED → International Standard Classification of Education

ISCHE → International Standing Conference for the History of Education

ISE → Intensive Sozialpädagogische Einzelbetreuung

ISESCO → Islamic Educational, Scientific and Cultural Organization

Islamic Educational, Scientific and Cultural Organisation (ISESCO)

Die ISESCO (www.isesco.org.ma) entstand im Mai 1979 als Unterorganisation der Organisation of the Islamic Conference (OIC), einer internationalen Organisation muslimischer Staaten, die 1969 zur Stärkung der Einheit der Muslime und der internationalen Vertretung ihrer Interessen auf einem islamischen Gipfeltreffen in Rabat nach dem Brandanschlag auf die Al-Aqsa-Moschee in Jerusalem auf Initiative des saudischen Königs Faisal und anderer muslimischer Staatsoberhäupter im selben Jahr gegründet worden war. Vorbild der ISESCO als internationaler islamischer Kultur- und Bildungsorganisation war die UNESCO (United Nations Educational, Scientific and Cultural Organisation). Erklärtes Ziel ist eine Förderung von Bildung und Erziehung in den muslimischen Ländern. Diese soll eine Ausweitung naturwissenschaftlicher und technologischer Bildung umfassen und zugleich die islamische Kultur in den Mittelpunkt der Bildungsprogramme in den Partnerländern rücken, um so die muslimische Identität gegenüber Fremdeinflüssen zu stärken. Dieses zugleich offensive und defensive Bildungsprogramm wird in Drei-Jahres-Plänen formuliert. Es erstreckt sich heute auf die Bereiche der Schulbildung und der Förderung von Naturwissenschaften und Technologie sowie auf das Feld islamischer Kultur und Kommunikation, die auch durch eigene Direktorate in der Verwaltung der Organisation vertreten sind. Sie wird von einem Generalsekretär in Kooperation mit einem international besetzten Exekutivrat geleitet. Ihr Sitz ist in Rabat/Marokko.

Literatur

Choudhury, G. W./Piscatory, J./Khan, S. S. (2009): Organization of the Islamic Conference. In: Esposito, J. L. (Hg.): The Oxford Encyclopedia of the Modern Islamic World. Bd. 4. Oxford, 267-275.

Stefan Reichmuth

Islamische Bildung

Wie Judentum und Christentum lässt sich auch der Islam als Bildungsreligion bezeichnen. Von seinen religiösen Grundlagen her förderte er die Vermittlung und das Studium der religiösen Lehren und Quellentexte und zog dabei eine eigene dynamische Schriftkultur auf der Grundlage des Arabischen nach sich. Diese kann als Synthese der hellenistischen, christlichen und jüdischen Bildungstraditionen im Nahen Osten gesehen werden. Neben die islamischen religiösen Disziplinen (Koran, Prophetentradition, Theologie, Recht) trat dabei die Pflege der arabischen Sprache und der vorislamischen arabischen Poesie, die für die Muslime einen ähnlichen kulturellen Stellenwert gewann wie das griechisch-römische Erbe für die christliche Welt. Die Einführung des Papiers, dessen Produktion sich seit 750 im abbasidischen Kalifat verbreitete, ermöglichte die Entstehung einer arabischen Buchkultur, die alle Teile der weitläufigen muslimischen Oikumene des Mittelalters erreichte und allmählich auch weitere Sprachen einbezog.
Formen individuellen wie gruppenmäßigen Unterrichtes für Kinder (meist Jungen) im Lesen und Schreiben sowie im Koran und in den Grundzügen von Religion und arabischer Sprache sind schon für das erste islamische Jahrhundert belegbar. Die Einführung des Arabischen als Kanzleisprache unter den Umayyaden (ab 698) war mit der Entstehung eines einflussreichen Schreiberstandes verbunden, der seine eigenen Formen der Ausbildung entwickelte. Höhere religiöse und wissenschaftliche Bildung wurde teils in Moscheen, teils an Bibliotheken vermittelt, blieb aber auch in privaten Lehrzirkeln verankert. Seit dem 9. Jahrhundert förderten die Abbasiden die Übersetzung des Textgutes der hellenistischen Wissenschaften ins Arabische, wofür zumeist syrische Christen herangezogen wurden. Die eigenständige Weiterentwicklung dieser Wissenschaften erfuhr ihren Höhepunkt im 10.-13. Jahrhundert. Unter den islamischen religiösen Richtungen blieben die Schii-

ten der philosophischen hellenistischen Bildungstradition am engsten verbunden. Die Azhar-Universität in Kairo, 969 als Lehr-Moschee von den Fatimiden gegründet, stand zunächst im Dienste der schiitisch-ismailitischen Propaganda.
Auch bei den Sunniten wurden mit der Verfestigung der Lehrtradition der sunnitischen islamischen Rechtsschulen seit dem 10. Jahrhundert Lehranstalten für den rechtlichen und theologischen Unterricht gegründet, die zugleich zur Ausbildung religiöser und juristischer Amtsträger dienen sollten. Dieser neue Schultyp der Madrasa, der durch Stiftungen finanziert und mit eigenem Lehrpersonal sowie mit Wohneinrichtungen für Studenten ausgestattet wurde, entstand zunächst im Gebiet Afghanistans und im östlichen Iran und verbreitete sich bis zum 12. Jahrhundert im gesamten Nahen Osten und schließlich auch in Nordafrika. Er stand im Dienste der sunnitischen Konsolidierung in den Staaten der Ghaznaviden, Seldjuqen und Ayyubiden. Madrasa-Gründungen gewannen zentrale Bedeutung für das kommunale Leben in vielen urbanen Zentren der Muslime. Sie prägten die Lebensform und den Status des muslimischen Patriziates und bildeten ein wichtiges Element kommunaler Autonomie. Neben Recht und Theologie und den mit ihnen verbundenen religiösen und sprachlichen Disziplinen wurde auch die Medizin in eigenen Madrasen unterrichtet.
Im Osmanischen Reich wurden die Madrasen der verschiedenen Provinzen in ein hierarchisches System gebracht, an dessen Spitze die großen Hochschulen der Fatih-Moschee und der Süleymaniyye-Moschee in Istanbul standen. Auch für die Lehr- und Gerichtsämter wurde eine entsprechende Rang- und Karriereordung etabliert. Der osmanische Rechts- und Bildungsapparat der Ilmiyye spielte für die Zivilverwaltung des Reiches eine bedeutende Rolle. Er dokumentiert eine Tendenz zur Verstaatlichung des islamischen Bildungswesens, die bei den Osmanen weiter vorangetrieben wurde als in den übrigen islamischen Staaten.
Seit dem 19. Jahrhundert kamen viele muslimische Staaten und Regionen im Zuge der europäischen imperialen Expansion unter den verstärkten Einfluss der europäischen Bildung. Dieser Einfluss wurde bei der Reform der Armeen und der Ausbildung der Offiziere sowie auch in der zivilen Verwaltungselite wirksam. Die Osmanen führten als erster islamischer Staat ein eigenes modernes Militärschulwesen ein und schufen im späten 19. Jahrhundert auch die Grundlagen eines einheitlichen staatlichen Bildungswesens. Daneben spielten private Schulen christlicher Missionsgesellschaften in vielen muslimischen Regionen eine wichtige Rolle. Auch die jüdischen Gemeinschaften gründeten ihr eigenes modernisiertes Schulwesen.
Seit dem Ersten und verstärkt nach dem Zweiten Weltkrieg entwickelten alle unabhängigen Staaten der Muslime ihr eigenes staatliches Bildungswesen vom Primarschulbereich bis zur Universität. Die islamische Bildung fand dabei überall, selbst in der laizistischen Türkei, Eingang in den staatlichen Fächerkanon und erhielt eigene Institutionen zur Ausbildung religiöser Amtsträger. Daneben blieben in manchen Ländern private islamische Bildungsinstitutionen in der Trägerschaft lokaler Gelehrter erhalten. Seit den 1970er Jahren konnten sie sich grundlegend erneuern und besonders seit der iranischen Revolution vielerorts an öffentlicher Bedeutung gewinnen. Nicht selten angesiedelt an den Bruchlinien des sozialen, regionalen und kulturellen Gefüges, bleiben die islamischen privaten Bildungssektoren bis heute in spannungsreicher Interaktion mit Staat und Gesellschaft.

Literatur
Grandin, N./Gaborieau, M. (Hg.) (1997): Madrasa. Paris. – Makdisi, G. (1981): The Rise of Colleges. Edinburgh. – Makdisi, G. (1990): The Rise of Humanism in Classical Islam and the Christian West. Edinburgh. – Reichmuth, S. (1998): Islamische Bildung und soziale Integration in Ilorin (Nigeria) seit ca. 1800. Münster.

Stefan Reichmuth

Island (Republik Island; Iceland)

Die konstitutionelle Republik Island hat rund 317.000 Einwohner, Staats- und Unterrichtssprache ist Isländisch.
Die Schulpflicht erstreckt sich auf Sechs- bis 16-Jährige; der Schulbesuch ist kostenlos. In dem unter staatlicher Aufsicht stehenden vorschulischen Bereich gibt es Kindertageseinrichtungen, die von Kindern im Alter von sechs Monaten bis sechs Jahren besucht werden können; i.d.R. nehmen Vier- bis Sechsjährige dieses Angebot wahr. Kinder mit besonderem Förderbedarf sind in das Regelschulwesen integriert. Die Grundschule (Grunnskóli) umfasst zehn Jahre für die Sechs- bis 16-Jährigen und vereint den Primar- und Sekundarbereich I; sie wird mit schriftlichen Prüfungen in den Fächern Isländisch, Mathematik, Dänisch und Englisch abgeschlossen.

Der Besuch des Sekundarbereichs II für 16- bis 19- bzw. 20-Jährige ist freiwillig; jeder Schüler hat das Recht, diese Schulstufe zu absolvieren. Die Sekundarstufe II gliedert sich in die allgemeinbildende weiterführende Schule (Gymnasium), technische Schule (Gewerbe- und Berufsschule), integrierte Schule (Gesamtschule), berufliche Fachschule und Berufsausbildungen.
Der tertiäre Bildungsbereich umfasst zwei Universitäten, eine Pädagogische Hochschule, Fachhochschulen und Colleges; Studiengebühren werden nicht erhoben. Im Weiter- und Erwachsenenbildungsbereich gibt es verschiedene Lernmöglichkeiten in Betrieben und Bildungseinrichten. Die Ausbildung für Vor- und Grundschullehrkräfte dauert drei Jahre, findet an zwei an Universitäten angesiedelten Colleges statt und führt zu einem Bachelor. Lehrkräfte der Sekundarstufe II müssen ein mindestens zwei Jahre umfassendes Fachstudium sowie ein zwölf Monate dauerndes Studium der Didaktik an einer Universität absolvieren. Lehrkräfte von berufsbildenden oder technischen Fächern können ersatzweise einen Meisterabschluss haben.

Literatur
Jónasson, J. T. (2003). Does the State Expand Schooling? In: Educational review 47, 160-183.

Sabine Hornberg

Israel (Staat Israel)

Israel hat ca. 6,4 Millionen Einwohner, davon ist gut ein Viertel unter 15 Jahre alt. 76% sind Juden, 2% sind christliche, 2% drusische und 16% sunnitisch-muslimische Araber. Amtssprachen sind Hebräisch und Arabisch. Die Bevölkerung wächst um jährlich um 1,6%. Das Pro-Kopf-Einkommen betrug 2005 18.620 Dollar, das Wirtschaftswachstum 5,2%. Seit seiner Gründung im Jahre 1948 auf dem Territorium des britischen Mandatsgebiets Palästina ist das Leben in Israel von der Auseinandersetzung mit den benachbarten arabischen Staaten und den im Land beheimateten palästinensischen Arabern bestimmt. Seit 1949 ist Israel von Waffenstillstandslinien umgrenzt und hält seit 1967 darüber hinaus das Westjordanland besetzt. Dort und in den annektierten syrischen Gebieten und Ost-Jerusalem leben knapp 400.000 jüdische Siedler. Israel ist eine parlamentarische Demokratie.
Das bereits seit den 1920er Jahren entstandene jüdische Schulwesen, inklusive zweier Universitäten, wurde 1949 mit den existierenden arabischen Schulen zu einem System zusammengefasst und 1953 dem Erziehungsministerium (MOE) unterstellt. Es gibt staatliche (89%, darunter arabische 20%, jüdisch religiöse 15%) und private, meist jüdisch orthodoxe Schulen (11%). Obwohl auch vom MOE finanziert wählen private Schulen Lehrkräfte und Inhalte selbst, seit 2003 jedoch unter Auflagen, vor allem ein Mindestmaß Allgemeinbildung über religiöse Inhalte hinaus muss vorhanden sein. Es gibt eine Primarstufe, an die sich eine dreijährige Mittelstufe und eine dreijährige Oberstufe anschließen. Schulpflicht besteht gebührenfrei vom letzten Kindergartenjahr bis Klasse 12 einschließlich. Weniger als 5% der Israelis sind Analphabeten. Knapp 1,4 Mio. Schüler sind in 50.000 Klassen an 4.300 Schulen mit 118.000 Unterrichtenden eingeschult. Die Senior High School (Klassen 10-12) bietet die Wahl zwischen akademischen, berufsbildenden (inklusive kaufmännischen Fächern), landwirtschaftlichen, technischen und nautischen Schulen.
56% der Israelis studieren an einer der 12 Universitäten und 55 anderen Hochschulen. 25 der 55 Colleges sind Lehreraus- und Fortbildungsstätten in unterschiedlicher Trägerschaft, fachlicher und weltanschaulicher Orientierung. Die Ausbildung dauert drei Jahre. Um als Lehrer in den Klassen 7 bis 12 unterrichten zu dürfen, ist ein vierjähriges Universitätsstudium erforderlich.
Schulbücher werden von privaten Verlagen veröffentlicht, wobei Bücher, die dem staatlichen Curriculum folgen, aufgrund zentraler Prüfungen nach Klasse 9 und 12 Marktvorteil genießen. Eine besondere Aufgabe des israelischen Schulsystems ist die Integration von Einwanderern, zuletzt v.a. aus den ehemaligen Staaten der Sowjetunion, die heute ca. ein Fünftel der Bevölkerung stellen.

Literatur
Iram, Y. (1998): The Educational System of Israel. Westport/Conn. – Pingel, F. (Hg.) (2004): The Israeli-Palestinian Conflict in History and Civics Textbooks of Both Nations. Hannover. – Svirsky, S. (1999): Politics and Education in Israel. New York.

Jonathan Kriener

Italien (Italienische Republik; Italy)

Italien hat ca. 58 Millionen Einwohner (2007). National- und Amtssprache ist die von der Mehrheit gesprochene Sprache Italienisch; in einigen Provin-

zen fungieren darüber hinaus Deutsch, Französisch, Ladinisch und Slowenisch als Amtssprachen.
Das Ministerium für das Bildungswesen und das Ministerium für Hochschulen, Forschung und Technologie sind für das gesamte Bildungswesen zuständig. Die Schulpflicht beträgt acht Jahre (6. bis 14. Lebensjahr), bis zum 18. Lebensjahr ist die Teilnahme an Ausbildungsmaßnahmen verpflichtend. Das Schulsystem ist landesweit einheitlich gestaltet; der Schulbesuch an staatlichen Pflichtschulen ist bis zur Sekundarstufe I kostenlos. Der Besuch von staatlich anerkannten Privatschulen ist im Primarschulbereich kostenfrei, im Sekundarschulbereich hingegen kostenpflichtig. Sonderschulen wurden 1977 abgeschafft; seither sind alle Kinder mit sonderpädagogischem Förderbedarf in Regelschulen integriert.
Der Kindergarten (Scuola materna) kann drei Jahre (Drei- bis Sechsjährige) besucht werden und ist kostenlos; dieses Angebot wird von ca. 90% der infrage kommenden Kinder wahrgenommen. In die Grundschule (Scuola elementare) treten die Kinder im Alter von sechs Jahren ein und besuchen sie fünf Jahre (Klassen 1-5). Die daran anschließende, die Sekundarstufe I umfassende Mittelschule (Scuola secondaria di l grado) dauert drei Jahre (Klassen 6-9).
Im Anschluss an die Sekundarstufe I muss in der Sekundarstufe II entweder eine berufliche Ausbildung oder eine Vorbereitung auf eine universitäre Ausbildung absolviert werden. Besucht werden kann ein altsprachliches (Liceo classico) oder ein naturwissenschaftliches Gymnasium (Liceo scientifico) (Dauer: jeweils fünf Jahre), ein künstlerisches Gymnasium (Liceo artistico) (vier Jahre), eine Fachschule für bildende Künste (Istituto d'arte) (drei Jahre), die auf kunsthandwerkliche Berufe vorbereitet, oder ein technisch-berufliches Institut (Istituto tecnico) (fünf Jahre), das mit einer beruflichen Qualifikation abschließt. Die genannten Ausbildungsgänge ermöglichen den Erwerb der allgemeinen Hochschulreife. Das daneben bestehende berufliche Institut (Istituto professionale) dauert drei Jahre und führt zur Facharbeiterqualifikation sowie im Falle von zwei weiteren erfolgreich absolvierten Schuljahren zur allgemeinen Hochschulreife.
Der tertiäre Bildungsbereich umfasst 60 staatliche Universitäten, darunter drei Technische Hochschulen, 17 außeruniversitäre Einrichtungen oder nicht gesetzlich anerkannte Universitäten sowie elf Fernuniversitäten.
Die i.d.R. fünf Jahre dauernde Lehrerausbildung ist an Universitäten angesiedelt und wird mit einem Master abgeschlossen. Vorschul- und Grundschullehrer erwerben den Master of Education, Lehrkräfte für weiterführende Schulen müssen im Anschluss hieran Schulen (Scuola di specializzazione per l'insegnamento secondario) besuchen, die sie auf eine Lehrtätigkeit an Sekundarschulen vorbereiten.

Literatur
Corsaro, W. A./Molinari, L. (2008). Policy and Practice in Italian Children's Transition from Preschool to Elementary School. In: Research in Comparative and International Education 3, 250-65. – Liddicoat, A./Díaz, A. (2008): Engaging with Diversity. In: Intercultural Education 19, 137-151.

Nina Wyzujak

Itard, Jean Marc Gaspard (1774-1838)

Itard wandte sich nach seinem 1796 beendeten Medizinstudium zunächst der Chirurgie zu. 1800 wurde er leitender Arzt der Taubstummenanstalt in Paris und übte diese Funktion bis zu seinem Tod aus. 1821 wurde Itard Mitglied der Académie royale de Médicine. Erste nationale und internationale Berühmtheit erlangte er durch seine Unterrichts- und Erziehungsversuche mit Victor, dem Wilden von Aveyron (1800-1807).
Itard vertrat ein aufklärerisches Bildungsideal, das jeden Menschen ungeachtet seiner Herkunft oder Begabung prinzipiell als bildungsfähig ansieht. Im Verlauf seiner Tätigkeit entwickelte er didaktische Materialien und Methoden, die von seinem Schüler Edouard Séguin weiterentwickelt und durch eine Vielzahl von Pädagogen (u.a. Maria Montessori) aufgegriffen und fortgeführt wurden. Itard veröffentlichte Abhandlungen zu medizinischen und pädagogischen Themen und gilt als einflussreicher Wegbereiter der Ohrenheilkunde sowie der Gehörlosen- und Sonderpädagogik.

Literatur
Malson, L. (Hg.) (1972): Die wilden Kinder. Frankfurt.

Michael Lichtblau

IT-Berufe → Informations- und Telekommunikationstechnik-Berufe

IWF → Internationaler Währungsfonds

J

Jaques-Dalcroze, Emile (1865-1950)

Der Schweizer Komponist und Musikpädagoge Jaques-Dalcroze absolvierte eine Musikausbildung am Konservatorium in Genf (1877-1883), studierte dann zwei Jahre Musik und Theater in Paris und in Wien, u.a. bei Anton Bruckner. Ab 1892 arbeitete Jaques-Dalcroze als Professor für Musiktheorie am Genfer Konservatorium. Hier entwickelte er eine rhythmische Gymnastik, die auf die Wechselbeziehung der musikalischen, körperlichen und emotionalen Erfahrungen zielte. Im Jahr 1911 gründete er im reformpädagogischen Umfeld in Dresden-Hellerau, wo er u.a. auch Alexander Sutherland Neill kennen lernte, eine Bildungsanstalt für Musik und Rhythmus. Die von ihm entwickelte Methode Jaques-Dalcroze (dazu sein Buch Rhythmus, Musik und Erziehung, 1922) gewann als Rhythmische Gymnastik die Aufmerksamkeit der europäischen künstlerisch interessierten Avantgarde. Im Jahr 1914 kehrte Jaques-Dalcroze nach Genf zurück, wo er 1915 das Institut Jaques-Dalcroze eröffnete, das er bis zu seinem Tod leitete. Er komponierte Klaviermusik und zahlreiche Lieder, die heute noch in der frankophonen Schweiz verbreitet sind. Mit Jaques-Dalcroze wurde Rhythmik ein fester Bestandteil der Musik- und der musikpädagogischen Ausbildung.

Literatur
Gobbert, J. (1998): Zur Methode Jaques-Dalcroze. Frankfurt u.a.

Jörg-W. Link

Jahn, Friedrich Ludwig (1778-1852)

Jahn studierte Theologie, Geschichte und Sprachwissenschaft in Halle (Saale), Greifswald und Göttingen, allerdings ohne Abschluss. 1809 wurde er Erzieher am Institut von Johann Ernst Plamann in Berlin, das an Grundsätzen Johann Heinrich Pestalozzis ausgerichtet war. Gemeinsam mit seinem Kollegen Karl Friedrich Friesen gründete er den Deutschen Bund (Vorläufer der Burschenschaften), dessen Ziele die Befreiung Deutschlands von der Herrschaft der Franzosen und die nationale Einheit waren. In seiner Schrift Deutsches Volksthum (1810) räumte er der körperlichen Erziehung durch Turnen eine maßgebliche Rolle für die Entwicklung der physischen und moralischen Kraft des Volkes ein. 1811 eröffnete Jahn in Berlin den ersten Turnplatz. Ein erstes Lehrbuch zum Turnunterricht (Die Deutsche Turnkunst) veröffentlichte er 1816 gemeinsam mit Ernst Eiselen.

Im Rahmen des Turnverbotes von 1819 wurde Jahn hochverräterischer Verbindungen bezichtigt, verhaftet und 1825 mit der Auflage entlassen, sich in keiner Universitäts- oder Gymnasialstadt aufzuhalten. Bis 1840 lebte er unter Polizeiaufsicht in Freyberg (Sachsen); dann wurde er durch König Friedrich Wilhelm IV. rehabilitiert. 1848 wurde Jahn, der eine konstitutionelle Monarchie befürwortete, in die Deutsche Nationalversammlung gewählt.

Jahns größtes pädagogisches Verdienst liegt in der Förderung des Turnens; unter der Bezeichnung Turnvater ist er in die Geschichte eingegangen.

Literatur
Jahn, F. L. (1884-1887): Werke. 3 Bde. Hof.

Sylvia Schütze

Jahrgangsübergreifender Unterricht

Unter jahrgangsübergreifendem Unterricht ist ein Lernarrangement zu verstehen, in dem die zu unterrichtende Gruppe nicht nach dem Prinzip der Altershomogenität zusammen gestellt wird. Zusammengefasst werden dabei in der Regel zwei bis drei Jahrgänge.

Seit dem 19. Jahrhundert gilt die Einteilung der Schülerschaft ihrem Alter entsprechend in Jahrgangsklassen als angemessene organisatorische Voraussetzung für effektiven Unterricht. Dieses Prinzip löste das auf August Hermann Francke (1663-1727) zurückgehende System der Fachklassen ab, in denen Schüler jeweils nach erbrachter fachspezifischer Leistung Lerngruppen auf je unterschiedlichem Leistungsniveau angehören konnten. Während bei dieser frühen Form äußerer Differenzierung das Lebensalter offenbar eine nachgeordnete Rolle spielte, steht hinter den ab 1820 in Preußen eingeführten

Jahrgangsklassen die Annahme, dass Altersgleichheit einen (relativ) homogenen Entwicklungsstand und ähnliche Leistungsfähigkeit der Schüler einer Klasse garantiert. Bereits von Reformpädagogen, insbesondere Peter Petersen, wurde diese Annahme als Fiktion kritisiert und das Konzept einer altersheterogenen Gruppierung der Schüler entwickelt. Hierbei wurde die Zusammenarbeit zwischen alters- und leistungsheterogenen Lernenden in Stammgruppen mit Maßnahmen der Binnendifferenzierung durch spezifische Arbeitsformen (Projekt-, Wochenplan-, und Freiarbeit), durch unterschiedliche Aufgaben und den Einsatz vielfältiger Materialien zur Individualisierung des Lernens kombiniert. Insbesondere in der Grundschulpädagogik wurden diese Ansätze angesichts der unübersehbaren Heterogenität realer Lerngruppen seit etwa den 1980er Jahren zunehmend stärker aufgegriffen und jahrgangsübergreifender Unterricht in Modellversuchen erprobt. Solche als innovative Antwort auf unangemessen hohe Sitzenbleiber- und Schulversagerquoten verstandenen didaktischen Konzepte grenzen sich ab von Formen der lediglich organisatorischen Zusammenfassung mehrerer Altersjahrgänge in einer Lerngruppe, wie sie noch bis in die 1950er Jahre vor allem in ländlichen Volksschulen üblich war.

Empirische Untersuchungen zu Lernerfolgen im kognitiven und sozialen Bereich erbrachten bisher keine eindeutigen Ergebnisse. Bei Vergleichen von altersheterogenen mit altershomogenen Lerngruppen zeigten sich in der Regel in kognitiven Fähigkeiten (z.B. Lesen, Mathematik) keine Unterschiede, bezüglich der sozialen und emotionalen Entwicklung werden in den meisten Untersuchungen leicht positivere Ergebnisse in den jahrgangsgemischten Gruppen festgestellt.

Literatur
Laging, R. (Hg.) (1998): Jahrgangsgemischtes Lernen in der Grundschule. Baltmannsweiler. – Liebers, K. (2008): Kinder in der flexiblen Schuleingangsphase. Wiesbaden. – Kucharz, D./Wagener, M. (2007): Jahrgangsübergreifendes Lernen. Baltmannsweiler.

Marianne Horstkemper

Japan

Bereits im feudalen Japan verfügten gegen Ende der Tokugawa-Zeit (1600-1868) etwa 10 bis 15% der Mädchen und 40 bis 50% der Jungen über Schulbildung. Der forcierte Aufbau eines einheitlichen Schulsystems in der Meiji-Zeit (1868-1912) knüpfte daran an. Er zielte in erster Linie auf eine einheitliche Grundbildung, die eine universale zivilisatorische und ideologische Mobilisierung der Gesellschaft gewährleisten sollte. Etwa seit der Jahrhundertwende ist eine zunächst vier-, dann sechsjährige gemeinsame Pflichtgrundschule für alle Schichten des Volkes selbstverständlich. Im Sekundar- wie im Hochschulbereich entstand eine Vielzahl sehr unterschiedlicher Einrichtungen, die aber erst mit den Reformen nach dem Zweiten Weltkrieg zu einem einheitlichen Sekundar- bzw. Hochschulwesen zusammengefasst wurden.

Diese unter amerikanischem Einfluss durchgeführten Reformen prägen die Grundstruktur des Schulwesens bis heute. Mit dem Erziehungsgrundgesetz (kyôiku kihonhô) von 1947, das das 1890 veröffentlichte Kaiserliche Erziehungsedikt ablöste, wurde die Pflichtschulzeit auf neun Jahre ausgedehnt und mit dem im gleichen Jahr verabschiedeten Schulerziehungsgesetz (gakkô kyôikuhô) die 6-3-3-Struktur des Bildungswesens proklamiert: Einer einheitlichen sechsjährigen Grundschule (shôgakkô) folgt eine ebenfalls einheitliche dreijährige Mittelschule (chûgakkô), an die sich drei Jahre Oberschule (kôtô gakkô) und eine Hochschulausbildung anschließen können. Dass diese Struktur bis heute im Wesentlichen erhalten geblieben ist, dürfte zu einem guten Teil auf das anhaltende Engagement der lange Zeit sehr starken Lehrergewerkschaft (nikkoyôso) zurückgehen. Über Jahrzehnte hinweg haben die erbitterten Grabenkämpfe zwischen Nikkoyôso und den ihr nahe stehenden Linksparteien einerseits und dem konservativ dominierten Bildungsministerium (monbushô, seit 2001 monbukagakushô)) andererseits die bildungspolitische Auseinandersetzung bestimmt.

Die mit den Nachkriegsreformen etablierte Grundstruktur bildete den Rahmen für eine sehr rasche Bildungsexpansion. Obgleich alle Bildungsinstitutionen außerhalb der Schulpflichtzeit kostenpflichtig sind, ist seit Mitte der 1970er Jahre ein Oberschulabschluss faktisch die Regel und mehr als die Hälfte der Jugendlichen eines Jahrgangs setzen ihre Ausbildung an einer Hochschule fort.

Gegenwärtig beginnt die institutionalisierte Erziehungs- und Bildungskarriere in Japan für etwa 90 % aller Kinder in einer (meist privaten) vorschulischen Erziehungseinrichtung. Die yôchien, die dem Bildungsministerium unterstehen, nehmen Kinder vom vollendeten dritten Lebensjahr bis zum Beginn der Grundschule auf und sind für vier bis sechs Stunden vormittags geöffnet. Ein umfassenderes Betreuungsangebot von täglich mindestens acht Stunden bieten die hoikuen (auch hoikusho). Sie unterstehen dem Gesundheits- und Wohlfahrtsministerium (kôseishô).

Bei den Schulen handelt es sich durchweg um Ganztagseinrichtungen, die zahlreiche außercurriculare Angebote einschließen und insgesamt eher als Lebens- denn als Unterrichtsschulen charakterisiert werden können. Die Grund- und Mittelschulen verzichten auf Sitzenbleiben, so dass praktisch alle Schülerinnen und Schüler gleichzeitig die gleiche Schullaufbahn durchlaufen und nach einem zentral geregelten – alle 10 Jahre vollständig überarbeiteten – Curriculum lernen. Die Pflichtschulen, die bisher ohne äußere Differenzierung sehr heterogen zusammengesetzte Klassen (auch mit behinderten Schülern) unterrichteten, passen sich der zunehmenden Diversität der Schüler an und etablieren neben Team Teaching auch zeitlich begrenzte Differenzierungen, die sowohl themen- als auch leistungs- und interessenbezogen organisiert sind. Eine Art innere Differenzierung wird vermittels der oft bewusst heterogen zusammengesetzten Kleingruppen (han) vorgenommen, die auch die soziale Organisation im Klassenzimmer (wie schon in Vorschuleinrichtungen) unterstützen.

Kindern mit Förderbedarf (diagnostiziert und nicht diagnostiziert) stehen nach Frühförderung fünf Möglichkeiten der Beschulung offen: Regelklasse, Sonderklasse (tokushu gakkyû), Förderklasse (tsûkyû gakkyû), Sonderschule und Free School. In Sonderschulen lernt nur 1% der Schülerpopulation. Sowohl beim Austausch zwischen Sonder- und Regeleinrichtungen als auch in Regelschulen lassen sich Bemühungen um Integration behinderter Schüler dokumentieren. Jugendliche mit Behinderung erhalten eine berufliche Ausbildung an der Sonderschule bzw. studieren nach Schulabschluss an einer regulären Hochschule oder an der speziell für Studenten mit Seh- und Hörbehinderungen eröffneten Tsukuba gijutsu daigaku (Technologie Universität Tsukuba).

Selektions- und Allokationsfragen kommen erst durch zwei für den weiteren Lebensweg entscheidende Eingangsprüfungen ins Spiel: die zur Oberschule und die zur Hochschule. Diese Prüfungen bilden wichtige Zäsuren in der sog. Gakureki shakai (Bildungsganggesellschaft), weil die Reputation der besuchten Hochschule die spätere Erwerbsbiografie maßgeblich bestimmt und weil die verschiedenen Oberschulen ihrerseits unterschiedliche Möglichkeiten der Vorbereitung auf diese Zugangsprüfungen oder – für weniger ambitionierte Jugendliche – des Einstiegs in das Erwerbsleben bieten.

Aus der privaten Prüfungsvorbereitung ist in den vergangenen Jahrzehnten ein eigenes, kommerziell erfolgreiches Ergänzungsschulwesen (juku und yobikô) entstanden, das in eine pädagogisch problematische Konkurrenz zur öffentlichen Schule tritt und einen beträchtlichen Teil der Jugendlichen zeitlich stark belastet.

Ebenso heftig wie folgenlos beklagt wird die sog. Prüfungshölle (shiken jigoku) aber wohl auch deshalb, weil sie in einer ansonsten kooperativen Lernkultur ein fremdes Element darstellt. Auch andere zeitweise breit diskutierte Probleme müssen in ihrem spezifischen Kontext gesehen werden. Der Anspruch japanischer Schulerziehung, die Qualität der Beziehung unter Mitschülern denen zwischen Freunden ebenbürtig zu gestalten, erklärt die Heftigkeit, mit der Probleme wie Schikane (ijime) oder Gewalt (kônai bôryoku) Aufmerksamkeit finden. Über zwei Jahrzehnte Auseinandersetzung mit diesen Themen erzeugte eine hohe Sensibilität bei den Akteuren, so dass Japan heute aus internationaler Sicht zu den Schulsystemen mit den wirkungsvollsten Mitteln gegen diese Schwierigkeiten gilt.

Neben einem sozialpädagogisch-psychologischen Unterstützungssystem an Schulen etablieren sich zunehmend sozialpädagogische Angebote für Kinder und Jugendliche in Wohngebietszentren. Diese bieten Möglichkeiten der Beratung, stellen Räumlichkeiten für Hausaufgabenerledigung und Prüfungsvorbereitung zur Verfügung und unterstützen Freizeitaktivitäten unterschiedlichster Gruppen. Vor dem Hintergrund der demografischen Entwicklung bildet sich eine intergenerative Pädagogik heraus, die Schüler u.a. anregt, zivilbürgerliches Engagement zu entwickeln.

Fachliche Qualifizierung und Weiterbildung finden fast ausschließlich in den Betrieben statt; der Staat beschränkt sich hier auf wenige subsidäre Leistungen. In Zeiten zunehmender Teilzeitbeschäftigung vor allem unter jungen Menschen erfasst die innerbetriebliche Ausbildung diese aber immer weniger. Seit Jahren entwickeln vor allem Oberschulen mit geringem akademischen Niveau ein duales System, das neben einer Berufsvorbereitung durch die Schule eine Praxisausbildung in den umliegenden Firmen bietet.

Das Studium an einer Universität (daigaku) wird in vielen Fächern nicht als spezialisierend und berufs-

vorbereitend verstanden. Die meisten Studierenden schließen ein vierjähriges Studium mit dem gakushi (international als Bachelor gewertet) ab. Die Übergangsquote von ca. 12% zu einem Graduiertenstudium ist – trotz starker Zunahme in den letzten Jahren – im internationalen Vergleich sehr niedrig.
Lehrer und Lehrerinnen aller Schularten (einschließlich Kindergärten) werden an Hochschulen ausgebildet. Wer zu einer der – in Japan generell üblichen – Einstellungsprüfungen zugelassen werden will, muss über eine Lehrbefähigung für die angestrebte Schulart verfügen. Die meisten Lehrpersonen haben ein vierjähriges Studium absolviert, zu dem ein (nach Art der angestrebten Lehrbefähigung unterschiedlich gewichtiger) erziehungswissenschaftlicher Studienteil gehört. Seit 1989 ist ein einjähriges In-service-training für alle Berufsanfänger verbindlich. Darüber hinaus gibt es neben umfangreichen innerschulischen Fortbildungsmöglichkeiten eine Vielzahl von Weiterbildungsangeboten, die von eintägigen Kursen bis zum (bezahlten) Graduiertenstudium reichen.
Das 2006 verabschiedete neue Erziehungsgrundgesetz (kyôiku kihonhô) markiert eine von Kritikern als Neubestimmung des Verhältnisses von Individuum und Staat bezeichnete Zäsur in der japanischen Bildungspolitik. Zeitgleich veränderte die Erziehungswissenschaft, die seit der Modernisierung des Landes stark von westlicher Pädagogik beeinflusst ist, wobei das Spektrum von Herbert Spencers Erziehungslehre über amerikanische Versionen der Pädagogiken Johann Heinrich Pestalozzis und Friedrich Fröbels und reformpädagogischen Ideen von John Dewey, Anton S. Makarenko, Hermann Lietz u.a. bis zu einem ausgeprägten Herbartianismus reicht, ihre Forschungsschwerpunkte. Untersuchungen über Interessen, Einstellungen und Anstrengungsbereitschaft der Schüler, die das bis 2002 propagierte yutori kyôiku (Lernen ohne Druck) theoretisch untermauerten, wichen – forciert durch die Wiedereinführung nationaler Tests am Ende der Grund- und Mittelschule ab 2007 – einer testorientierten Bildungsforschung. Daneben rücken Fragen um eine wissensbasierte Gesellschaft und lebenslanges Lernen ins Zentrum der Betrachtungen. Die Antwortsuche erfolgt neben der Auseinandersetzung mit aktuellen nationalen und internationalen Strömungen auch durch eine Rückbesinnung auf vormoderne japanische Bildungstraditionen wie die schülerzentrierten Unterrichtsmethoden der Terakoya (meist übersetzt als Tempelschulen) in der Tokugawa-Zeit.

Literatur
Elschenbroich, D. (Hg.) (1996): Anleitung zur Neugier. Frankfurt. – Haasch, G. (Hg.) (2000): Bildung und Erziehung in Japan. Berlin. – Ishikida, M. Y. (2005): Japanese Education in the 21st Century. New York. – Schubert, V. (1992): Die Inszenierung der Harmonie. Darmstadt. – Schubert, V. (Hg.) (1999): Lernkultur. Weinheim. – Schubert, V. (2005): Pädagogik als vergleichende Kulturwissenschaft. Wiesbaden. – Teichler, U. (1975/76): Hochschule und Gesellschaft in Japan. 2 Bde. Stuttgart.

Volker Schubert / Sabine Meise

Jemen → Arabische Staaten

Jena-Plan

Der Jena-Plan ist ein von Peter Petersen ab 1923 an der Universitätsschule in Jena entwickeltes und bis heute international rezipiertes Schulmodell, das eine Synthese schulpädagogischer und didaktischer Elemente der internationalen Reformpädagogik des 20. Jahrhunderts darstellt. Die Jenaer Arbeits- und Lebensgemeinschaftsschule verband als Modell einer freien Allgemeinen Volksschule Elemente innerer und äußerer Schulreform. Das Hauptziel dieser pädagogischen Praxis war die Erziehung zur Gemeinschaft und durch die Gemeinschaft. Zentrale Elemente des Jena-Plans sind: jahrgangsübergreifende Stammgruppen aus drei bzw. zwei Schuljahren statt Jahrgangsklassen; Schulwohnstube als Arbeits- und Lebensraum statt Klassenzimmer; Wochenarbeitsplan mit einer ritualisierten und rhythmisierten Gliederung statt Stundenplan; Gruppenunterricht statt Lehrgang als Kern des Unterrichts; kindgerechte Lern- und Arbeitsmethoden; Leistungsberichte statt Ziffernzensuren; Feste und Feiern als Bestandteile eines gestalteten Schullebens.
Petersen stellte sein Modell erstmals 1927 auf dem Kongress der New Education Fellowship in Locarno vor, wo es in Anlehnung an bekannte Reformmodelle (z.B. Dalton-Plan, Winnetka-Plan) den Namen Jena-Plan erhielt (veröffentlicht 1927 unter dem Titel Der Jenaplan einer freien allgemeinen Volksschule, 62. Auflage 2001, sog. Kleiner Jena-Plan; der sog. Große Jena-Plan, in 3 Bänden 1930-34 erschienen, beinhaltet eine Reihe von Praxisberichten aus Petersens Schule sowie aus Schulen, die bereits nach dem Jena-Plan arbeiteten).
Die starke Betonung der Gemeinschaft führte auch dazu, dass der Jena-Plan im Nationalsozialismus Ver-

breitung fand, bis 1936 in großflächig angelegten Versuchen (Regierungsbezirk Minden), vor allem aber als Modell für wenig gegliederte Landschulen. Auch in der Sowjetischen Besatzungszone bzw. Deutschen Demokratischen Republik versuchte Petersen den Jena-Plan als Schulmodell zu etablieren, scheiterte damit aber letztlich. Die Tatsache, dass Petersen den Jena-Plan unabhängig von politischen Systemen als Schulmodell verstand, führt noch heute zu kontroversen Diskussionen. Gleichwohl ist der Jena-Plan als Synthese reformpädagogischer Schulpädagogik nicht identisch mit Petersen. Hierin zeigt sich auch die Ambivalenz der Reformpädagogik. Schulen, die heute nach dem Jena-Plan arbeiten (v.a. in den Niederlanden und Deutschland) haben das Modell weiter entwickelt und modernisiert.

Literatur
Hansen-Schaberg, I./Schonig, B. (Hg.) (2002): Jenaplan-Pädagogik. Baltmannsweiler. – Retter, H. (Hg.) (1996): Peter Petersen und der Jenaplan. Weinheim.

Jörg-W. Link

Jesuitenorden

Der Jesuitenorden wurde von dem baskischen Adligen Ignatius von Loyola in den 1530er Jahren in Paris gegründet und 1540 vom Papst anerkannt. Mit seinem Ziel, den Glauben an allen Orten zu verteidigen und zu verbreiten und die Menschen zu vertiefter Frömmigkeit zu führen, entwickelte sich der Jesuitenorden rasch zur führenden Kraft der katholischen Reform und der Gegenreformation. Bei der Verfolgung dieses Ziels gewann die pädagogische Arbeit bald zentrale Bedeutung. Über die Gründung von Kollegien, die neben dem Ordensnachwuchs auch externen Schülern offen standen, und die Übernahme theologischer Fakultäten erlangte der Jesuitenorden entscheidenden Einfluss auf das gesamte höhere Bildungswesen und damit auf die geistige Prägung der Elite in den katholischen Ländern (einschließlich ihrer außereuropäischen Kolonien).
Die Prinzipien der jesuitischen Bildung sind niedergelegt in der 1599 fertig gestellten Ratio Studiorum, die Anweisungen für Lehrer und Schüler mit Vorschriften bezüglich der Bildungsorganisation, des Lehrstoffs, der Methode und der Lehrbücher enthält. Der überwiegend in Jahresklassen gegliederte Bildungsgang führte von den niederen zu den höheren Studien (von Grammatik, Poesie und Rhetorik zu Philosophie und Theologie). Inhaltlich war die jesuitische Bildung stark vom Humanismus geprägt, wobei der Schwerpunkt bezüglich der Sprachen auf dem Lateinischen lag. Die Philosophie war aristotelisch, die Theologie an der Scholastik orientiert. Methodisch wurde Wert insbesondere auf systematische Wiederholung und auf logisches Argumentieren (Disputation) gelegt. Neben diszipliniertem Arbeiten wurde von den Schülern Fleiß, Bescheidenheit, Gehorsam, Frömmigkeit und Sittenreinheit erwartet. Der Förderung dieser Eigenschaften dienten neben dem Unterricht die alltägliche religiöse Praxis, das Theaterspiel (Jesuitentheater) sowie die Tätigkeit in den außerschulischen marianischen Kongregationen.
Mit dem Verbot des Jesuitenordens in verschiedenen europäischen Ländern Mitte des 17. Jahrhunderts und seiner Aufhebung 1773 begann eine wechselvolle, auch nach der päpstlichen Wiederzulassung 1814 von den jeweils herrschenden Bedingungen abhängige Entwicklung, die mit Anpassungen an den pädagogischen Zeitgeist verbunden war. Auch heute gibt es jedoch immer noch weltweit mehrere hundert Bildungseinrichtungen des Jesuitenordens (in der Bundesrepublik drei Kollegien und zwei Hochschulen).

Literatur
Ilgner, R. (Hg.) (1992): Handbuch Katholische Schule. Bd. 3. Köln. – Funiok, J./Schöndorf, H. (Hg.) (2000): Ignatius von Loyola und die Pädagogik der Jesuiten. Donauwörth.

Gerhard Kluchert

JFF – Institut für Medienpädagogik in Forschung und Praxis

Das JFF (www.jff.de) wurde 1949 gegründet. Träger ist der gemeinnützige Verein Jugend Film Fernsehen (JFF). Das in München ansässige Institut hat Außenstellen in Augsburg, Leipzig und Berlin.
Seit seiner Gründung beschäftigt sich das Institut mit dem Medienumgang Heranwachsender. Kennzeichnend für die Arbeit des Instituts ist die Verbindung von Forschung und Praxis. Die Ergebnisse der Forschung bilden die Grundlage für medienpädagogische Projekte in der Erziehungs-, Bildungs- und Kulturarbeit. Die Praxis liefert umgekehrt wichtige Impulse für die Forschung. Das Institut arbeitet mit allen und über alle Medien, von Print, Foto, Video, Film und Audio bis zu Computer und Internet.
Ziel der medienpädagogischen Forschung des Instituts, die auf einem interaktions- und sozialisationstheoretischen Ansatz basiert, ist die Analyse der

Aneignung verschiedener Medien und ihre Angebote Das Forschungsinteresse richtet sich dabei in erster Linie auf die Bedeutungen, die verschiedenen Medien und ihren Angeboten zugemessen werden, auf die Intensität, mit der sie genutzt werden, und auf die Einflüsse, die sie auf Einstellungen, Verhalten und Handeln nehmen.

Forschungsschwerpunkte sind: die Orientierungsfunktion medialer Angebote für Alltagsverhalten, Werteentwicklung und Lebensentwürfe; mediale Problembereiche und umstrittene Medieninhalte (z.B. Gewalt) und ihre Bedeutung für Kinder und Jugendliche; geschlechtsspezifische Umgangsweisen mit Medien und ihren Inhalten; der Umgang Heranwachsender mit einzelnen Medien und Konvergenzen im Medienensemble; Analyse von Medienangeboten, -strukturen und -entwicklungen in ihrer Bedeutung für Heranwachsende; Bedeutung des Jugendmedienschutzes für Bildung und Erziehung; Evaluation von medienpädagogischen Modellprojekten.

Eng verwoben in das auf Verstehen gerichtete Forschungsinteresse des Instituts ist das Anliegen, aus den Ergebnissen auch Hinweise für pädagogisches Handeln zu gewinnen und in Form von Materialien (Bücher, Buch-, Zeitschriften- und Online-Artikel, audiovisuelle Materialien und Materialpakete) zu dokumentieren.

Zielsetzungen der medienpädagogischen Praxis des Instituts, die auf einem handlungs- und kommunikationstheoretischen Ansatz basiert, sind die Förderung der Medienkompetenz von Heranwachsenden und ihren Bezugspersonen, die Anregung und Unterstützung medienpädagogischer Aktivitäten in der Arbeit mit Kindern und Jugendlichen sowie die Eröffnung von Zugängen für Kinder und Jugendliche zu Medien und ihren kommunikativen Möglichkeiten und somit zu Partizipation an der sozialen Umwelt.

Arbeitsschwerpunkte der Praxis des Instituts sind: die kontinuierliche Unterstützung und Förderung der Medienarbeit von Kindern und Jugendlichen; die Entwicklung und Erprobung von Modellprojekten zum Umgang mit Medien und medienbezogenen Themen; die Gestaltung öffentlicher Foren für Medienprodukte von Kindern und Jugendlichen; die Entwicklung und Betreuung von Online-Plattformen für Kinder und Jugendliche; die Fortbildung von Fachkräften der Erziehungs-, Bildungs- und Kulturarbeit und die Förderung geschlechts-, alters- und milieubezogener Medienarbeit.

Darüber hinaus erstellt das Institut Expertisen und Gutachten und veranstaltet wissenschaftliche Kongresse und Fachtagungen.

Literatur

Eggert, S. (2000): Chronik der Institute. In: Publizistik 45, 99-101. – Schiefele, H:/Theunert, H. (2000): Leben mit Medien. In: medien & erziehung 2, 75-85.

Fred Schell

Jordanien → Arabische Staaten

Jüdische Erwachsenenbildung

Jüdische Erwachsenenbildung lässt sich definieren als organisiertes Lehren und Lernen zu jüdischen Themen für jüdische und nichtjüdische Erwachsene. Jüdische Themen ergeben sich aus den Wissenskomplexen, die sich mit jüdischer Religion, jüdischer Kultur und Geschichte überschreiben lassen. Adressaten jüdischer Erwachsenenbildung sind Menschen jüdischen Glaubens, darüber hinaus aber immer mehr auch nichtjüdische Erwachsene. Jüdische Erwachsenenbildung enthält auch dann eine spezifische Botschaft für ihre jüdischen Adressaten, nämlich die Herausbildung bzw. Wahrung einer kollektiven Identität, wenn sie sich nicht ausschließlich an Menschen jüdischen Glaubens wendet.

Jüdische Erwachsenenbildung fand über Jahrhunderte hinweg in den sog. Schil- bzw. Lehrhäusern statt, die oft ein Teil der Synagoge waren. Als sich das assimilierte deutsche Judentum dem Wissen der Vorfahren mehr und mehr zu entfremden drohte, gründete 1920 in Frankfurt am Main Franz Rosenzweig das Freie Jüdische Lehrhaus, das erheblichen Einfluss auf vergleichbare Einrichtungen im In- und Ausland hatte (und bis in die Gegenwart hinein hat). Rosenzweig machte aus der Not eine Tugend, indem er die Verunsicherung im Umgang mit jüdischem Wissen nutzte, interessiertes Fragen zu provozieren: Lerner wurden zu Lehrern, die beim Unterrichten ihren eigenen Prozess der Aneignung von Wissen vor den Zuhörern rekonstruierten.

Martin Buber initiierte außerdem 1933 die Mittelstelle für jüdische Erwachsenenbildung, deren zentrale Aufgaben darin bestanden, Juden angesichts der Bedrohungen durch den nationalsozialistischen Repressionsapparat innerlich zu festigen und sie auf die sprachlichen und beruflichen Herausforderungen der Emigrationsländer vorzubereiten. Mit der Emi-

gration Bubers nach Palästina wurde die Mittelstelle aufgelöst.
Im Deutschland nach der Schoa sind (rudimentäre) Formen jüdischer Erwachsenenbildung erst wieder in den 1960er Jahren erkennbar, als in (West-)Berlin eine jüdische Volkshochschule gegründet wurde. Jahrelang von Überalterung und Substanzverlust bedroht, hat sich seit Beginn der 90er Jahre des 20. Jahrhunderts durch den Zuzug zehntausender Flüchtlinge vor allem aus den Ländern der ehemaligen Sowjetunion neues Leben in den Gemeinden entwickelt. Da es sich bei den neuen Gemeindemitgliedern oft bis zu 90% um Menschen handelt, die in ihren Heimatländern Judentum zwar als zentralen Teil ihrer Identität verstanden, als Religion aber nicht leben durften, besteht ihnen gegenüber jüdische Erwachsenenbildung heute vornehmlich in der Vermittlung religiösen Wissens.
Für das Judentum ist Lernen ein lebenslanger Prozess, durch keine Prüfung und kein Zertifikat beendbar. Darum ist die Unterscheidung zwischen Jugend- und Erwachsenenbildung eher eine akademische Konstruktion. Der jüdische Mensch lernt nie aus, deshalb ist für ihn Lernen endlos. Die Notwendigkeit aber, Lehren in einer adressatenbezogenen, d.h. auch altersangemessenen Weise zu betreiben, macht die Trennung sinnvoll.
Die zentralen Themen jüdischer Erwachsenenbildung sind identisch mit den großen Themen jüdischen Denkens: Assimilation und Identität, Laizismus und Frömmigkeit, Diaspora und Zionismus. Traditionell jüdisches Lernen stellt immer auch die Frage nach der Haltung des Lerners gegenüber dem jeweiligen Lernstoff, das gilt für religiöse wie für säkulare Wissensfelder. Damit wird der Prozess der Aneignung von Wissen jeweils begleitet von dem Versuch, sich selbst zu verstehen und raum-zeitlich zu verorten. Als Lernform von besonderer Bedeutung ist dabei die sog. Chawruta, ein Lernen in Paaren, das dadurch gekennzeichnet ist, dass die beiden gleichberechtigten Lerner wechselweise zum Lehrer des jeweils anderen werden, dann aber in die Rolle des Lerners zurückkehren.
Jüdische Erwachsenenbildung weiß über ihre Gegenwart bislang nur wenig Systematisches. Es liegen erst vereinzelte Forschungsergebnisse vor. Für den deutschsprachigen Raum ist die Erforschung folgender Fragen bedeutsam: Welche Gruppen nehmen mit welchen Motiven an jüdischer Erwachsenenbildung teil? Welche Gruppen sind unterrepräsentiert und warum? Aus welchen Berufen kommen die Lehrenden in der jüdischen Erwachsenenbildung? Welche Lehr-Lernformen werden von ihnen bevorzugt? Wie sehen Lehrende, wie Lernende die Perspektiven jüdischer Erwachsenenbildung?

Literatur
Müller-Commichau, W. (1998): Jüdische Erwachsenenbildung im heutigen Deutschland. Köln. – Simon, E. (1959): Aufbau im Untergang. Tübingen. – Schuster, D. T. (2003): Jewish lives, Jewish learning. New York.

Wolfgang Müller-Commichau

Jüdische Erziehung und Bildung

Lässt man vormoderne Formen außer Betracht, die seit der Entstehung des Judentums in der Antike entwickelt und bis in die Neuzeit hinein ausdifferenziert wurden, dann liegen die programmatischen Anfänge jüdischer Erziehung und Bildung in der Haskala, der jüdischen Aufklärungsbewegung des späten 18. Jahrhunderts. Ähnlich wie in der christlich geprägten Aufklärungspädagogik verdanken sich die beiden Begriffe u.a. der Rezeption der Schriften John Lockes und Jean Jacques Rousseaus in Deutschland. In seinem Aufsatz Über die Frage: was heißt aufklären? (1784), der zeitgleich mit dem von Immanuel Kant erschien, schrieb Moses Mendelssohn, die Worte Aufklärung, Kultur und Bildung seien in unserer Sprache noch Neuankömmlinge, sie gehörten bisher bloß zur Büchersprache, die meisten Menschen verstünden sie kaum. Mendelssohn sah sie als inhaltlich zusammenhängende, begrifflich jedoch unterscheidbare Modifikationen des geselligen Lebens, als Wirkungen des Fleißes und der Bemühungen der Menschen, ihren geselligen Zustand zu verbessern: Je mehr der gesellige Zustand eines Volks durch Kunst und Fleiß mit der Bestimmung des Menschen in Harmonie gebracht werde, desto mehr Bildung habe dieses Volk.
Erziehungs- und Bildungsbegriff waren im Diskurs der Maskilim, der jüdischen Aufklärer, auf die angestrebte bürgerliche Verbesserung der Juden und die Schaffung der Voraussetzungen für die rechtliche Gleichstellung mit den Christen bezogen. Als unerlässlich galten dafür grundlegende Reformen der Religion und der religiösen Unterweisung in Synagoge und Schule, Rückbesinnung auf die hebräische Bibel zu Lasten des bis dahin vorwaltenden Talmudstudiums, Abkehr vom Jüdisch-Deutschen zu Gunsten eines reinen Hebräischen und Deutschen, Bildung in weltlichen Wissenschaften, Erziehung zu Moral,

Vernunftgebrauch und bürgerlicher Erwerbstätigkeit, nicht zuletzt Akkulturation an die Landessitten. Forderungen nach Selbstdenken und Vernunftgebrauch waren zentrale Topoi der Haskala, unabhängig von der späteren Rezeption Kant'scher Schriften durch die Maskilim. Als einer ihrer führenden Köpfe forderte Hartwig Wessely 1782 eine Renaissance der Künste und Wissenschaften, kombiniert mit einem erneuerten Torastudium, als Grundlage der notwendigen Modernisierung jüdischer Erziehung und Bildung; die Schulklassen seien nach den Seelenkräften und vorgängigen Kenntnissen der Kinder einzuteilen, und wer zum Studium des Talmuds unbegabt sei, solle mit diesem subtilen und scharfsinnigen Studium gar nicht erst befasst werden. Außer Frage stand für die Maskilim bei alledem, dass es keine Abkehr von der jüdischen Kultur geben dürfe: Ebenso undenkbar wie eine Schule ohne Mathematik und Religion sei eine jüdische Schule ohne hebräische Sprache, heißt es 1810 bei Lazarus Bendavid, dem Direktor der Berliner jüdischen Freischule.
Die rechtliche Gleichstellung der Juden in Preußen (Edikt vom 11. März 1812), welcher durch die Französische Revolution die Bahn gebrochen war, konnte die Haskala als Erfolg ihrer eigenen Bemühungen um die Reform der jüdischen Erziehung und Bildung werten. Trotz aller Einschränkungen und Rückschläge war damit überall in den deutschen Ländern eine neue Dynamik in Gang gesetzt. Im 19. Jahrhundert wurde die Verjüngung der jüdischen Kultur daher zu einem Projekt, an dem nicht nur die Reformbewegung, sondern auch die Neo-Orthodoxie und sogar die Orthodoxie beteiligt waren. Im frühen 20. Jahrhundert wurden jüdische Erziehung und Bildung daneben zum Bestandteil des zionistischen Projekts, mit dem angesichts des wachsenden Antisemitismus die Auswanderung der europäischen Juden nach Palästina vorbereitet wurde. In diesem Horizont und später auch angesichts der Erfahrung der Judenvernichtung durch den Nationalsozialismus konzipierten Denker wie Siegfried Bernfeld, Martin Buber, Janusz Korczak und Emmanuel Levinas jüdische Erziehung und Bildung neu. Dabei verlagerte sich das Zentrum der Aufmerksamkeit einesteils auf den Aufbau des Staates Israel, anderenteils auf den philosophischen Beitrag des Judentums zu einer Ethik der Verantwortung für den Anderen.

Literatur

Buber, M. (2005): Schriften zu Jugend, Erziehung und Bildung. Gütersloh. – Levinas, E. (1989): Humanismus des anderen Menschen. Hamburg. – Jüdische Bildungsgeschichte in Deutschland (2001ff.) (bisher 7 Bde.) Münster u.a. – Lohmann, I. (2006): Erziehung und Bildung im antiken Israel und im frühen Judentum. In: Christes, J./Klein, R./Lüth, C. (Hg.): Handbuch der Erziehung und Bildung in der Antike. Darmstadt, 183-222, 293-297.

Ingrid Lohmann

Jüdische Jugendbewegung

Nach 1900 organisierten sich bürgerliche jüdische wie nichtjüdische Jugendliche im Wandervogel. Sie teilten die Sehnsucht nach Gemeinschaft, Natürlichkeit und Wahrhaftigkeit sowie das Streben, diese Ideale gegen die Isolation des Einzelnen, die Entfremdung und Verstädterung in der modernen Gesellschaft zu setzen. Die Erfahrung des wachsenden Antisemitismus in der deutschen Jugendbewegung wie auch die erstarkende nationaljüdische und zionistische Bewegung in Deutschland und Europa schufen bald ein Bedürfnis nach eigenen jüdischen Vereinen. Noch vor dem Ersten Weltkrieg gründeten zionistische Studenten in Breslau den ersten jüdischen Wanderbund Blau-Weiß (1912).
Die jüdische Jugendbewegung übernahm neben den Idealen auch Formen und Rituale der allgemeinen deutschen Jugendbewegung und wie diese auch Stil und Emblematiken der internationalen Pfadfinder-Bewegung, die sie in der Folge für die eigenen Bedürfnisse und Zielsetzungen transformierte. Allen jüdischen Gruppen gemeinsam war die Zielsetzung, jüdischen Kindern und Jugendlichen, die die jüdische Entfremdung ebenso krisenhaft erlebten wie Antisemitismus, die Entwicklung jüdischer Identität sowie von Solidarität und Selbstwertgefühl zu ermöglichen.
Nach dem Ersten Weltkrieg differenzierte sich die jüdische Jugendbewegung weiter aus: Ein Teil der Jugend aus assimilierten liberalen Familien nutzte die Jugendbewegung für die Suche nach einer deutsch-jüdischen Symbiose. Prominent dafür war der Wanderbund Kameraden. Ein anderer Teil, insbesondere Jugendliche mit osteuropäischem familiären Hintergrund, organisierte sich in zionistischen Bünden, die die Verwirklichung jugendbewegter und sozialistischer Ideale in der Schaffung eines jüdischen Gemeinwesens in Palästina sahen. Für diese chaluzisch-zionistische Strömung war der Jugendbund Brith Haolim beispielhaft, dem bereits 1928 eine Kibbuzgründung in Palästina glückte. Dazu gehörten auch die zionistischen Pfadfinderbünde sowie

religiös-zionistische Jugendgruppen, die die Grundlagen der religiösen Kibbuzbewegung in Palästina schufen. Seit Beginn der zwanziger Jahre gab es auch einige Ortsgruppen der revisionistisch-zionistischen Betar-Jugend. Ab 1931 wurde die internationale linkssozialistisch-zionistische Pfadfinder-Organisation Haschomer Hazair in Deutschland aktiv. Des Weiteren existierten allgemein nationaljüdisch ausgerichtete Bünde wie der Jüdische Pfadfinderbund Kadima.
Während die nicht-jüdische Jugendbewegung nach dem Machtantritt der Nationalsozialisten 1933 in der Hitlerjugend (HJ) gleichgeschaltet wurde, erfuhr die jüdische Jugendbewegung zunächst einen Aufschwung mit wachsenden Mitgliederzahlen. Unter dem Druck der Verhältnisse setzten sich die zionistischen, auf Auswanderung orientierten Positionen durch. Auch die aus der Spaltung der deutsch-jüdischen Kameraden hervorgegangenen Werkleute hatten sich 1932 für den Zionismus entschieden und forcierten nun die Auswanderung ihrer Mitglieder und Kibbuzgründungen. Die anderen schlossen sich zu größeren zionistischen Bünden, Habonim (1933) und Makkabi Hazair (1934), zusammen. In enger Zusammenarbeit mit den Organisationen der jüdischen Selbsthilfe und den palästinensischen Kibbuz-Bewegungen wirkte die jüdische Jugendbewegung an der Realisierung eines umfassenden Erziehungs-, Ausbildungs- und Auswanderungssystems für Jugendliche aktiv mit. Über die darüber geschaffenen Netzwerke, die auch nach dem offiziellen Verbot der jüdischen Jugendbewegung nach dem Novemberpogrom 1938 funktionierten, gelang die Rettung Tausender jüdischer Jugendlicher aus Deutschland. In den auf die Auswanderung vorbereitenden Institutionen der Hachschara und Jugend-Alija stand die kollektive Erziehung zur Arbeit im Zentrum, über die die jüdische Jugendbewegung das jugendbewegte Gemeinschafts-Ideal zur Idee der Kibbuz-Gemeinschaft transformierte.

Literatur

Döpp, S. (1997): Jüdische Jugendbewegung in Köln 1906-1938. Münster. – Hackeschmidt, J. (1997): Von Kurt Blumenfeld zu Norbert Elias. Hamburg. – Meier-Cronemeyer, H. (1969): Jüdische Jugendbewegung. In: Germania Judaica N.F. 27/28 u. 29/30, Jg. 8, H. 1-4, 2-121.

Ulrike Pilarczyk

Jüdisches Schulwesen

Ein jüdisches Schulwesen im engeren Sinne, das dauerhaft und in institutionalisierter Form der religiösen Tradierung diente, entstand erst mit dem Talmud: Nach der Zerstörung des Tempels in Jerusalem durch die römischen Truppen im Jahre 70 n. Chr. begannen antike Rabbinen mit der Fixierung der mündlichen Tora (Mischna) und deren vielschichtiger Kommentierung (Gemara). Im Zuge dieses weitreichenden Schaffensprozesses entstanden gegen 600 n. Chr., in der islamischen Ära, Talmudakademien nahe Babylon; in ihnen wurde der Gelehrten- und Verwaltungsnachwuchs für jene Gemeinden rekrutiert, die der rabbinischen Richtung folgten. Bereits ab dem 11. Jahrhundert entstanden Talmudhochschulen, Jeschiwot, auch im aschkenasischen Kulturraum, z.B. im rheinischen Worms.
In der neuzeitlichen Geschichte des jüdischen Schulwesens in Deutschland lassen sich drei Zäsuren verzeichnen: die Anfänge der Säkularisierung in der späten Aufklärung, die gewaltsame Schließung der jüdischen Schulen durch das nationalsozialistische Regime bis zum Beginn der 1940er Jahre und schließlich die hoffnungsvollen Neuanfänge ein halbes Jahrhundert später.
In Preußen um 1800 verfügten die jüdischen Gemeinden noch über eine eigene, rabbinische Gerichtsbarkeit sowie rechtliche Autonomie in Erziehungs- und Unterrichtsangelegenheiten. Der schulische Lehrstoff bestand überwiegend in Kompendien aus dem Talmud; weltliche Fächer waren verpönt. Diese Situation entsprach der sozialen, kulturellen und sprachlichen Isolierung der Gemeinden von der christlichen Mehrheitsgesellschaft. Die wenigen wohlhabenden jüdischen Familien ließen ihre Kinder durch Hauslehrer unterrichten, die ärmeren in Cheder und Talmud-Thora-Schulen. Erst mit der Entstehung des modernen Wirtschaftsbürgertums und der jüdischen Aufklärungsbewegung, Haskala, setzte ab 1760 eine beschleunigte Modernisierung ein – weiter vorangetrieben durch ökonomisch-politische Transformationen im Gefolge der Französischen Revolution. Mit der Herausbildung moderner Nationalstaaten wurde die rechtliche Gleichstellung der Juden unabweisbar, und an die Stelle der Gemeindeautonomie trat die staatliche Aufsicht des jüdischen Schulwesens.
Träger der von traditionalistischen Rabbinern anfangs heftig bekämpften Modernisierung waren neben preußischen Reformbeamten und jüdischen

Wirtschaftsbürgern vor allem Maskilim, jüdische Aufklärer wie Moses Mendelssohn, Hartwig Wessely, Isaak Abraham Euchel, Lazarus Bendavid und David Friedländer. Im Zentrum ihrer Kritik am traditionellen jüdischen Schulwesen stand das Fehlen von Unterricht in der hebräischen Bibel (Thora), im Hebräischen und Deutschen sowie den modernen Wissenschaften; es fehle an Unterweisung zum Gebrauch der Vernunft, an Erziehung zu Moralität und bürgerlichem Erwerb. Reformschulen wie die Freischule in Berlin (1778-1825) entstanden, in denen ein gründlich veränderter Religionsunterricht und weltliche Fächer kombiniert wurden. Es waren Zeiten, die treffend als Schulkampf bezeichnet worden sind: Umstritten waren die Art der Unterweisung in der Religion, Aufsicht und Finanzierung, Lehrerbildung, Lehrmethoden usw.

Dem Übergang in die Moderne verschlossen sich aber letztlich auch die erneuerten traditionellen bzw. neugegründeten neo-orthodoxen Schulen nicht. Im 19. Jahrhundert schälten sich neue Akkulturationsmuster heraus, die bis ins wilhelminische Kaiserreich und die Weimarer Republik hinein Bestand hatten: Die Mädchen wurden im jüdischen Schulwesen darauf vorbereitet, Religiosität im häuslichen Bereich als Moment eigenständiger Identität der Familie zu bewahren; der Schulbesuch der Jungen hingegen diente der Integration in die soziale Schicht.

In der Zeit des Nationalsozialismus wurden die jüdischen Schüler aus dem deutschen Schulwesen verdrängt und an die jüdischen Schulen verwiesen, die dadurch zunächst Zulauf erhielten und expandierten. Sie waren jedoch ihrerseits wachsender Repression ausgesetzt, bis sie mit Verordnung vom 30. Juni 1942 schließlich aufgelöst wurden. Ihr Verbot war Bestandteil der vom nationalsozialistischen Regime geplanten Vernichtung der Juden in Europa.

Seit den 1990er Jahren gründen jüdische Gemeinden staatlich anerkannte Schulen neu. Wie mühevoll diese Neuanfänge sind, zeigt sich daran, dass noch 1939 in Deutschland rund 130 jüdische Schulen bestanden, heute sind es kaum mehr als ein halbes Dutzend.

Literatur

Eliav, M. (2001): Jüdische Erziehung in Deutschland im Zeitalter von Aufklärung und Emanzipation. Münster u.a. – Jüdische Bildungsgeschichte in Deutschland (2001ff.) (bisher 7 Bde.) Münster u.a. – Walk, J. (1991): Jüdische Schule und Erziehung im Dritten Reich. Frankfurt.

Ingrid Lohmann

Jüngling

Der Jüngling des 18. Jahrhunderts kann als der Vorläufer des neuzeitlichen Jugendlichen angesehen werden. Im Unterschied zum späteren Jugendlichen jedoch, der alle jungen Menschen begrifflich zu fassen suchte, charakterisierte der Begriff des Jünglings eigentlich nur verschiedene Gruppen junger Männer aus bürgerlichen Kreisen. Diese waren im Wesentlichen Repräsentanten der literarischen Bewegung des Sturm und Drang, der Befreiungskriege bzw. einer bürgerlichen Avantgarde. Der Jüngling verkörperte eine neue Form von Jugend, mit der Vorstellungen von einem tiefen Gefühlsleben, von wahrer Freundschaft, von einer idealistischen und revolutionären Gesinnung sowie einer konträren Haltung zur Welt der Erwachsenen einhergingen. Zu unterscheiden ist konzeptionell der hoffnungsvolle vom christlichen sowie vom deutschen Jüngling.

Die Idee des Jünglings dominierte die Vorstellung von Jugend insgesamt bis in die 20er Jahre des 20. Jahrhunderts – ungeachtet der geringen Anzahl junger Männer, die mit dem Begriff des Jünglings treffend bezeichnet waren. Mit dem Reichsjugendwohlfahrtsgesetz von 1922 wird nicht mehr von Jünglingen und Jungfrauen, sondern von Jugendlichen gesprochen. Der Jüngling verschwindet gänzlich aus dem Sprachgebrauch mit der Wertneutralisierung des Begriffs des Jugendlichen und dessen Übertragung auf junge Menschen im Ganzen.

Literatur

Herrmann, U. (1985): Der „Jüngling" und der „Jugendliche". In: Geschichte und Gesellschaft 11, 205-216. – Hornstein, W. (1965): Vom „Jungen Herrn" zum „Hoffnungsvollen Jüngling". Heidelberg.

Christine Hunner-Kreisel

Jugend

Der Begriff Jugend beschreibt das Vorhandensein eines eigenständigen Lebensabschnittes zwischen Kindheit und Erwachsenenalter, wobei die damit bezeichnete Alterspanne zwischen unterschiedlichen gesellschaftlichen und wissenschaftlichen Gebieten z.T. deutlich variiert. Mit genaueren Unterscheidungen wie der zwischen Adoleszenz und Postadoleszenz in aktuellen Jugendstudien oder der zwischen Jugendlichen, Heranwachsenden und jungen Erwachsenen im juristischen Sprachgebrauch wird der Term begrifflich ausdifferenziert.

Als soziale bzw. biologische Grenzlinie zwischen Kindheit und Jugend gilt bis heute das Erreichen der Geschlechtsreife (Eintritt in die Adoleszenz). Zur Abgrenzung zwischen Jugend und Erwachsenenalter dienten früher die Merkmale Heirat und Familiengründung sowie Einstieg ins Berufsleben. Durch die Vergrößerung des Spektrums von Lebensformen (Lebensgemeinschaften, Singles) einerseits und eine deutlich längere Ausbildungszeit, die mitunter bis in die Mitte des dritten Lebensjahrzehnts reicht andererseits, ist diese Abgrenzung inzwischen jedoch nur noch bedingt tragfähig.

Historisch betrachtet entstand die Jugend als Lebensphase in Europa erst im Verlauf des 19. Jahrhunderts im Zuge der Industrialisierung mit zunehmendem Bildungs- und Qualifikationsbedarf und der damit einhergehenden Einführung von Schulpflicht und Berufsausbildung. Dabei bezeichnete der aus der Jugendhilfe stammende Begriff Jugend anfangs männliche Personen aus der Arbeiterklasse zwischen 13 und 18 Jahren, denen Verwahrlosung, Bandenbildung und Kriminalität zugeschrieben wurde, wodurch die Bezeichnung zunächst negativ konnotiert war. Erst im Zuge der Etablierung der Jugendbewegung Anfang des 20. Jahrhunderts wurde die Vorstellung vom Jugendlichen als Gefährdungspotenzial für die Gesellschaft durch ein positiveres Bild ersetzt, das in der Folgezeit mit der Entstehung des Jugendmythos zu einer Idealisierung und Idolisierung der Lebensphase führte. Seither schwankt die öffentliche Wahrnehmung Jugendlicher je nach Generationenverhältnis und Zeitdiagnose zwischen einem Bild von Jugend als Risikofaktor oder Hoffnungsträger.

Mit der Entstehung der Jugend als Lebensphase eröffneten sich, zunächst nur für männliche, privilegierte, später für alle Heranwachsenden Freiräume eines Jugendlebens in Gleichaltrigengruppen in und außerhalb pädagogischer Schonräume. Die Bedeutung informeller Kontakte unter Gleichaltrigen hat sich vor allem in den letzten Jahrzehnten deutlich erhöht und auch das Spektrum an Freizeitaktivitäten und -orten ist in dieser Zeit massiv angestiegen. Gleiches gilt auch für die Jugendlichen zur Verfügung stehenden finanziellen Ressourcen.

Ab Beginn des 20. Jahrhunderts verfügen Jugendliche mit der Entstehung und späteren Ausdifferenzierung von Jugendkulturen zunehmend auch über soziokulturelle Autonomie. Inzwischen hat sich die Kultur der Jugend in eine unüberschaubare Vielzahl von Stilen und Szenen ausdifferenziert und kann etwa seit den 1950er Jahren neben den historischen und sozialen Bedingungen der jeweiligen Gesellschaft als Charakteristikum einer spezifischen Jugendgeneration gelten.

Studien zum Gegenstandsfeld Jugend finden sich sowohl in der Erziehungswissenschaft wie auch in den Disziplinen Psychologie und Soziologie, womit Jugendforschung insgesamt durch eine Vielfalt theoretischer und inzwischen auch methodischer Bezüge gekennzeichnet ist. Historisch betrachtet ist die Jugendforschung dabei fast genau so alt wie ihr Gegenstand. In Deutschland etablierte sich eine eigenständige empirisch ausgerichtete Jugendforschung in den ersten drei Jahrzehnten des 20. Jahrhunderts, als Vertreter der Psychologie und Pädagogik vor dem Hintergrund reformpädagogischer Strömungen und Kontexte eine systematische Erforschung des Jugendalters forderten und erste Forschungsinstitute dazu gründeten. Diese ersten noch stark entwicklungspsychologisch orientierten Studien und Theorien zum Jugendalter stützten sich methodisch anfangs vorwiegend auf naturwissenschaftliche Verfahren, später jedoch vor allem auf qualitative Methoden und Materialien, wie z.B. Tagebücher oder Schüleraufsätze.

In der Nachkriegszeit bis in die 1970er Jahre hinein erfolgte eine zunehmende Abwendung der Jugendforschung von der Entwicklungspsychologie. Eine eher soziologische Ausrichtung etablierte sich, die wiederum mit einer stärkeren Orientierung an quantitativen Forschungsmethoden einherging. Nach dem Vorbild der amerikanischen Meinungsforschung wurden in den 1950er und 1960er Jahren in Deutschland mehrere repräsentative Jugendsurveys realisiert, in denen vor allem die politischen und wertbezogenen Einstellungen Jugendlicher im Mittelpunkt standen. Der Jugendforschung ging es dabei nicht mehr vorrangig um die körperliche und geistige Entwicklung im Jugendalter, sondern um die Jugend als Altersgruppe im politischen und gesellschaftlichen Zusammenhang. Die meisten der damals existierenden jugendsoziologischen Theorieansätze, wie z.B. der generationstypologische Ansatz von Helmut Schelsky, das strukturfunktionalistische Konzept von Shmuel N. Eisenstadt und Friedrich Tenbruck oder marxistische Ansätze von Helmut Lessing und Manfred Liebel betrachteten die Jugend aus einer makrosozialen Perspektive.

Erst in den 1980er Jahren setzte sich in der Jugendforschung in Deutschland eine integrative Sichtweise auf Jugend durch, in der das Wechselverhältnis zwischen der Persönlichkeitsentwicklung des Individuums und den ökologischen und gesamtgesellschaftlichen Lebensbedingungen der Altersgruppe ins Blickfeld gerät, und die sich als interdisziplinäres Forschungsfeld zwischen Erziehungswissenschaft, Psychologie und Soziologie versteht. Dabei wird der Jugendliche als eigenverantwortliches produktiv realitätsverarbeitendes und seine Umwelt aktiv mitgestaltendes Subjekt (Klaus Hurrelmann) konzipiert und in aktuellen Konzepten des Jugendalters mit modernisierungstheoretischen, sozialökologischen und entwicklungspsychologischen Annahmen über dessen gesellschaftliche Integration gerahmt. Nicht mehr einzelne Entwicklungsphasen, sondern die Bewältigung von Entwicklungsaufgaben steht in diesem Zusammenhang gegenwärtig im Zentrum von Untersuchungen im Bereich der Jugendforschung. Neben der Ablösung vom Elternhaus, der Realisierung eines stabilen Identitätskonzeptes, dem Aufbau stabiler sozialer Beziehungen geht es dabei hauptsächlich um das Erreichen ökonomischer Unabhängigkeit.

Im Zuge dieser Entwicklung und der Renaissance interaktionistischer und phänomenologischer Methodologien in den letzten zwei Jahrzehnten sind auch die methodischen Zugänge zur empirischen Erforschung des Jugendalters breiter geworden. Neben umfangreichen nationalen Jugendsurveys mit Blick auf unterschiedliche Altersgruppen und Kohorten (z.B. Shell-Studien) und auch mit umfassenden Längsschnittstudien etablierten sich innerhalb der Jugendforschung auch Biografie- und Lebensweltanalysen, die sich auf unterschiedliche qualitative Forschungszugänge stützen. Dabei liegen inzwischen auch Studien vor, die quantitative und qualitative Forschungszugänge verbindend anwenden, um so ein möglichst ganzheitliches und gegenstandsbezogenes Bild von Jugend in ihrer jeweiligen sozialen und ökonomischen Umwelt zu zeichnen. Mit einer breiten thematischen Ausdifferenzierung der Jugendforschung über die genannten Disziplinen hinweg ging also auch eine Ausweitung der Forschungsmethoden einher.

Genau diese Differenziertheit der Jugendforschung bedingt bislang jedoch den Mangel an einer umfassenden, interdisziplinär angelegten Theorie der Jugend. Darüber hinaus gehören kulturvergleichend angelegte Jugendstudien ebenso wie eine umfassende Analyse des Kompetenzerwerbs im Jugendalter über verschiedene Lebenswelten (Familie, Schule, Peers) hinweg sowie auch die Untersuchung der sozial- und bildungspolitischen Folgen der demografischen Entwicklung für die Jugend zu den gegenwärtigen Defiziten der Jugendforschung.

Literatur

Baacke, D. ([5]2007): Jugend und Jugendkulturen. Weinheim. – Fend, H. ([3]2005): Entwicklungspsychologie des Jugendalters. Opladen. – Hurrelmann, K./Grundmann, M./Walper, S. (Hg.) ([7]2008): Handbuch der Sozialisationsforschung. Weinheim, Basel. – Krüger, H.-H./Grunert, C. (Hg.) ([2]2010): Handbuch Kindheits- und Jugendforschung. Opladen. – Mitterauer, M. (1988): Sozialgeschichte der Jugend. Frankfurt.

Nicolle Pfaff

Jugend in der Migration

Jugend in der Migration ist seit den 1970er Jahren ein Gegenstandsbereich der erziehungswissenschaftlichen Migrationsforschung. Wie in der allgemeinen Jugendforschung auch, ist das moderne Jugendkonzept leitend. Die spezielle Fragestellung lautet hier, ob und wie diese Phase durch eigene oder familiale Migrationserfahrungen beeinflusst wird. Eine leitende Annahme ist, dass adoleszente Transformationsprozesse, die in Abgrenzung von und Auseinandersetzung mit familialen Erfahrungen und außerfamilialen Lebenswelten zur Entwicklung neuer Sichtweisen und Lebensentwürfe führen, durch Differenzerfahrungen im Kontext von Migration an Komplexität gewinnen. Untersucht werden die Risiken und seit einiger Zeit auch die Potenziale dieser Konstellation für Entwicklungs- und Bildungsprozesse.

Zur untersuchten Gruppe gehörten zunächst vor allem die Kinder der Arbeitsmigranten, die seit den 1950er Jahren von Deutschland angeworben wurden, Jugendliche aus osteuropäischen Staaten, deren Familien als (Spät-)Aussiedler die deutsche Staatsbürgerschaft erhielten und Flüchtlingsjugendliche aus sehr unterschiedlichen Weltregionen.

Die Thematisierung von Jugend und Migration war in der Erziehungswissenschaft lange Zeit ein Problemdiskurs. Jugendliche aus zugewanderten Familien (damals: ausländische Jugendliche) wurden seit den 1970er Jahren als spezielle Zielgruppe der Sozialpädagogik konstruiert, wobei ihnen z.B. Probleme aufgrund eines Kulturkonflikts unterstellt wurden. Inzwischen gilt der statische Kulturbegriff der Kulturkonflikthypothese als überholt. Die Defizitperspektive auf Migrationserfahrungen wird in der fachwissenschaftlichen Diskussion aber auch deshalb

kritisiert, weil sie ungünstige Bedingungen in der Ankunftsgesellschaft als Ursachen für Komplikationen weitgehend außer Acht lässt.
Problemlagen von Jugendlichen mit Migrationshintergrund, z.B. die nach wie vor unterdurchschnittliche Bildungsbeteiligung, werden (ebenso wie bei autochthonen Jugendlichen) zu einem Teil mit den Sozialisationsbedingungen der Familien erklärt (soziale, ökonomische und berufliche Situationen). Migrantenfamilien leben in Deutschland besonders häufig unter prekären sozioökonomischen Bedingungen. Möglichkeiten der Jugendlichen, migrationsbedingte Transformationspotenziale – wie Erfahrungen mit unterschiedlichen kulturellen Traditionen, soziale Kompetenzen, Mehrsprachigkeit – für die Entwicklung und Bildungslaufbahn konstruktiv zu nutzen, sind darüber hinaus durch strukturelle Ungleichheit und Diskriminierung in der Einwanderungsgesellschaft eingeschränkt. Jugendliche ohne deutschen Pass sind von politisch-rechtlicher Ausgrenzung betroffen, was in besonderem Maße auf Flüchtlingsjugendliche zutrifft, die von Abschiebung bedroht sind. Im deutschen Bildungssystem gelten die (z.B. mehrsprachigen) Lernausgangslagen von Kindern und Jugendlichen mit Migrationshintergrund als Abweichung von der Norm, es bestehen niedrige Leistungserwartungen an diese Gruppe, und die betroffenen Jugendlichen haben eingeschränkte Chancen beim Übergang von der Schule in eine Ausbildung. Jugendliche aus zugewanderten Familien müssen im sozialen Austausch oft die Erfahrung machen, nicht als Individuen, sondern als Angehörige einer bestimmten Herkunftsnation wahrgenommen zu werden. Ethnische Fremd- und Selbstzuschreibungen werden so wirksam und zur Legitimierung sozialer Zugehörigkeiten und Ausgrenzungen verwendet. Deutlich wird das Konfliktpotenzial solcher Prozesse zum Beispiel im Fall von Aussiedlerjugendlichen, deren Familien sich zum Deutschsein bekennen mussten, um die deutsche Staatsbürgerschaft zu erhalten, denen aber innerhalb der deutschen Mehrheitsgesellschaft aufgrund ihres vermeintlichen Ausländischseins oft mit Ablehnung begegnet wird. Ähnliche Erfahrungen machen Jugendliche aus türkischen Familien, die inzwischen zwar meistens in Deutschland geboren sind, denen aber oft eine kollektive andere Kultur zugeschrieben wird.
Forschungsergebnisse zeigen, dass die soziale Bezugnahme auf Ethnizität unter den Jugendlichen selbst im Kontext situationsbedingter Identifikationen und Abgrenzungen zu verstehen ist und nicht für feststehende Merkmale und Eigenschaften von Gruppenangehörigen steht. Von den Eltern vermittelte Werte und Normen aus der Herkunftskultur sind für die Lebensgestaltung von Jugendlichen durchaus von Bedeutung, aber sie werden im Alltag der Einwanderungsgesellschaft modifiziert und transformiert. Befragungen zufolge sind beispielsweise der emotionale Zusammenhalt in der Familie und Religion als positives Identifikationsmerkmal für Jugendliche mit Migrationshintergrund tendenziell wichtiger als für autochthone Jugendliche. Aus erziehungswissenschaftlicher Perspektive wird die in der pädagogischen und alltäglichen Praxis verbreitete Defizitperspektive auf solche Orientierungen (Stichworte Traditionalismus, Fundamentalismus) kritisiert und auf das gesellschaftliche Potenzial dieser Orientierungen verwiesen.
Studien haben weiterhin ergeben, dass Jugendliche mit und ohne Migrationshintergrund in Deutschland grundsätzlich ähnliche Zukunftsvorstellungen haben, in denen Ausbildung und Beruf tendenziell einen hohen Stellenwert einnehmen. Hohe Bildungsaspirationen sind unter Jugendlichen mit Migrationshintergrund verbreitet, und zwar gerade auch unter Mädchen aus türkischen Familien, denen in pädagogischen Kontexten mitunter ein geringes Bildungsinteresse unterstellt wird. Der Stellenwert von Bildung und Ausbildung ist unter anderem im Kontext der familialen Migrationsprojekte zu verstehen, die meistens mit sozialen Aufstiegsperspektiven verknüpft werden. Vor diesem Hintergrund können Jugendliche mit Migrationshintergrund die Erwartungen der Eltern an ihre schulischen und sozialen Karrieren in einem Spannungsverhältnis zu ihren eingeschränkten Chancen im deutschen Bildungs- und Ausbildungssystem erleben.
In der erziehungswissenschaftlichen Migrationsforschung zeichnet sich analog zur allgemeinen Jugendforschung seit Beginn des 21. Jahrhunderts eine Forschungslinie ab, die von einem Akteurstatus der Jugendlichen ausgeht und die Perspektiven der Jugendlichen selbst in den Mittelpunkt stellt (z.B. mit den Methoden der Biografieforschung). Diese Forschung gibt Aufschluss über soziale und kulturelle Selbstverortungen der Jugendlichen und zeigt, dass die Auseinandersetzung mit gesellschaftlich dominanten Konstruktionen und Zuschreibungen einerseits beeinträchtigend wirken kann und andererseits Innovationspotenzial birgt. Jüngere Untersuchungen aus migrationstheoretischer Perspektive weisen darauf hin, dass transnationale soziale Migranten-

netzwerke für die Sozialisation und Zukunftsorientierungen von Jugendlichen von Bedeutung sind. Es ist also davon auszugehen, dass Jugend in der Einwanderungsgesellschaft langfristig von sozialen Bindungen zwischen Herkunfts- und Ankunftsregionen der Migration geprägt sein wird. Davon werden, wie Studien über (sub-)kulturelle Orientierungen Jugendlicher zeigen, auch Jugendliche aus autochthonen Familien beeinflusst. Kulturelle und sprachliche Pluralität prägt die Lebenswelten aller Jugendlichen in der modernen, komplexen Gesellschaft, und zwar insbesondere in städtischen Regionen, in denen heute schon mehr als ein Drittel der Jugendlichen einen Migrationshintergrund hat. Eine Herausforderung für die künftige pädagogische Theorie und Praxis besteht darin, (familiale) Migrationserfahrungen bei Jugendlichen als Normalfall anzuerkennen.

Literatur
Badawia, T./Hamburger, F./Hummrich, M. (Hg.) (2003): Wider die Ethnisierung einer Generation. Weinheim u.a. – Bundesministerium für Familie, Senioren, Frauen und Jugend (Hg.) (2002): Elfter Kinder- und Jugendbericht. Bonn. – Deutsche Shell (Hg.) (2000): 13. Shell Jugendstudie. Opladen. – Geisen, T./Riegel, C. (Hg.) ([2]2010): Jugend, Zugehörigkeit und Migration. Wiesbaden.

Sara Fürstenau

Jugend- und Auszubildendenvertretungen

Zur Realisierung von Mitbestimmungsrechten sind gemäß der §§ 60-71 des Betriebsverfassungsgesetzes (BetrVG) in Betrieben mit mindestens fünf Arbeitnehmern, die das 18. Lebensjahr noch nicht vollendet haben oder zu ihrer Berufsausbildung beschäftigt sind und das 25. Lebensjahr noch nicht vollendet haben, Jugend- und Auszubildendenvertretungen zu wählen. Im Interesse der beschäftigten Jugendlichen und jungen Erwachsenen gehören zu den Aufgaben der Jugend- und Auszubildendenvertretungen: Fragen der Berufsausbildung, der Gleichstellung und der Integration benachteiligter Auszubildender und Arbeitnehmer sowie zu Schutzmaßnahmen entgegen zu nehmen, dem Betriebsrat vorzutragen und mit diesem nach Lösungen zu suchen.

Literatur
Dieckershoff, K./Kliemt, G./Dieckershoff, S. (1972): Die Jugendarbeitsschutzstudie. Essen.

Karin Büchter

Jugendamt

Jugendhilfe wird gesetzlich als Aufgabe der Kommune definiert, wofür das Sozialgesetzbuch (SGB) VIII Städte und Landkreise verpflichtet Jugendämter einzurichten. Jugendämter finden sich auch auf Landesebene (Landesjugendamt). Die Zweigliedrigkeit des Jugendamts – Jugendhilfeausschuss und Verwaltung – ist durch das SGB VIII, § 71, festgelegt, während die jeweilige Ausgestaltung den Kommunen und Ländern freigestellt bleibt. So gibt es Kommunen, in denen ein Allgemeiner Sozialer Dienst (ASD) Bestandteil des Jugendamts ist, und Kommunen, in denen das Jugendamt Teil von Fachbereichen ist. Ihre Legitimation beziehen Jugendämter aus dem Auftrag, dass die staatliche Gemeinschaft darüber wacht, dass Eltern ihrem natürlichen Recht und der ihnen obliegenden Pflicht der Pflege und Erziehung ihrer Kinder nachkommen und gerecht werden (§ 1, Absatz 2 SGB VIII).
Der konkrete Aufgabenkatalog des Jugendamts ergibt sich aus den allgemeinen Zielen der Jugendhilfe, die in § 1, Absatz 3 SGB VIII festgeschrieben sind. Als öffentlicher Jugendhilfeträger ist das Jugendamt für die Vergabe von Leistungen entsprechend den §§ 11-41 des SGB VIII sowie für andere Aufgaben der Jugendhilfe entsprechend §§ 42-60 des SGB VIII zuständig. Selbst hat das Jugendamt die Leistungen dann anzubieten, wenn freie Träger (privat-gewerbliche bzw. gemeinnützige) diese nicht leisten können bzw. wollen (Subsidiaritätsprinzip).
Die Verwaltung des Jugendamts setzt sich aus Fachkräften zusammen, die sachgebietsspezifisch tätig sind. Dem Jugendhilfeausschuss gehören Mitglieder des Kommunalparlamentes, sachverständige Bürger, Vertreter der Träger der freien Jugendhilfe und beratende Fachleute aus verschiedenen Bereichen an. Er befasst sich mit Angelegenheiten der Problemlagen von Kindern und Jugendlichen und bestimmt die Leitlinien der örtlichen Jugendpolitik. Beim örtlichen Jugendamt liegt die umfassende Zuständigkeit für die konkreten Aufgaben der Kinder- und Jugendhilfe, wobei die Angebote und Dienste über die Planungsverantwortung des Jugendamts und die Jugendhilfeplanung (§§ 79 und 80 SGB VIII) der Pflicht zur Fortentwicklung unterliegen (Qualitätsentwicklung von Handlungsstandards). Für die Förderung und Finanzierung überregionaler Jugendarbeit, Anerkennung von überregionalen Vereinen, Ausgestaltung landesspezifischer Umsetzungen des SGB VIII usw. sind auch die Landesjugendämter zuständig.

Erste Tendenzen zur Verselbstständigung der Jugendfürsorge gab es in der zweiten Hälfte des 19. Jahrhunderts, eigenständige Jugendbehörden wurden zu Beginn des 20. Jahrhunderts gegründet. Mit dem Reichsjugendwohlfahrtsgesetz (RJWG) (1922/24) kam es zur Aufgabenfestlegung (materielle Sonderfürsorge für Minderjährige, Krüppelfürsorge, Heilfürsorge als freiwillige, vorbeugende Gesundheitsfürsorge und die Fürsorgeerziehung) und Einrichtung von Jugendämtern auf kommunaler und Landesebene. Kritik am RJWG und an den Jugendämtern machte sich vor allem an der Unterscheidung zwischen Erziehungswürdigen und Unverbesserlichen sowie dem repressiven Charakter von Maßnahmen fest. Nach der Machtübernahme durch die Nationalsozialisten (1933) blieb das RJGW in Kraft, die Ziele wurden jedoch im Sinne der nationalsozialistischen Ideologie interpretiert. In der Bundesrepublik Deutschland (BRD) und der Deutschen Demokratischen Republik (DDR) entwickelten sich die Jugendämter unterschiedlich. Dieser Prozess fand mit dem Beitritt der DDR zum Grundgesetz und dem Inkrafttreten des SGB VIII (1990/1991) seinen Abschluss. In der BRD wurde das RJWG 1953 in seinem ursprünglichen Sinne in Kraft gesetzt und führte zur Einrichtung flächendeckender Jugendämter. Seit den 1970er Jahren versteht sich das Jugendamt zunehmend nicht mehr als Kontroll- oder Eingriffs-, sondern als moderne Dienstleistungsbehörde. Kritik am Jugendamt wird aktuell vor allem hinsichtlich des Vorgehens in Fällen von Kindeswohlgefährdung sowie hinsichtlich erlebnispädagogischer Angebote geäußert. Durch die Föderalismusreform I (2006) besteht inzwischen für die Bundesländer die Möglichkeit, die Organisationsstruktur des Jugendamts neu zu bestimmen. Dies betrifft u.a. die Zweigliedrigkeit des Jugendamts sowie die Qualifikationsstandards der Fachkräfte.

Literatur
Kreft, D. u.a. (1993): Perspektivwechsel der Jugendhilfe. 2 Bde. Frankfurt. – Münder, J. ([6]2009): Frankfurter Kommentar zum SGB VIII: Kinder- und Jugendhilfe. Baden-Baden, Weinheim, München. – Uhlendorff, U. (2003): Geschichte des Jugendamtes. Weinheim, Basel, Berlin.

Gerd Stecklina

Jugendarbeitslosigkeit

Jugendarbeitslosigkeit ist der Begriff für Arbeitslosigkeit junger Menschen zwischen 15 und 25 Jahren. Seit Mitte der 1970er Jahre ist Jugendarbeitslosigkeit ein zentrales Problem vieler Industriegesellschaften. In Deutschland ist die Zahl arbeitslos gemeldeter junger Menschen in den letzten 15 Jahren kontinuierlich auf weit über eine halbe Million angestiegen. Im Jahr 2006 lag die Arbeitslosenquote dieser Altersgruppe (arbeitslose Personen unter 25 Jahren in Prozent der Erwerbsbevölkerung gleichen Alters) dem statistischen Amt der Europäischen Union (EUROSTAT) zufolge bei 14,2%. Das ist etwas weniger als im Durchschnitt der Länder der Europäischen Union (17,3%).

Der Standarddefinition des International Labour Office (ILO) zufolge gilt als arbeitslos, wer ohne Arbeit und gegenwärtig verfügbar, d.h. bereit ist, innerhalb von zwei Wochen eine bezahlte Arbeit anzunehmen, und aktiv auf der Suche nach Arbeit ist. Nicht dazu zählen Jugendliche, die sich noch im schulischen und/oder beruflichen (Aus-)Bildungssystem befinden.

Ein zentrales individuelles Merkmal, das den Erfolg auf dem Arbeitsmarkt fördert bzw. hemmt, ist das Bildungsniveau. Mit zunehmender Bildung sinkt die Wahrscheinlichkeit, arbeitslos zu sein. Neben der schulischen Bildung spielt auch die berufliche Bildung eine entscheidende Rolle. So sind Jugendliche ohne oder mit schlechten Schulabschlüssen und ohne abgeschlossene Berufsausbildung deutlich häufiger arbeitslos als andere Jugendliche.

Weitere Einflussfaktoren sind der regionale Kontext – für Deutschland z.B. Ostdeutschland vs. Westdeutschland sowie regionale Unterschiede zwischen und innerhalb der einzelnen Bundesländer - sowie die Branche, in der jemand ausgebildet wurde bzw. beschäftigt war oder ist. Nicht zuletzt haben Geschlecht und Migrationshintergrund einen wichtigen Einfluss.

Seit Anfang der 1990er Jahre sind deutlich mehr junge Männer als junge Frauen von Arbeitslosigkeit betroffen. Dies ist vor allem darauf zurückzuführen, dass junge Frauen länger in schulischen Bildungsgängen bleiben und inzwischen auch bessere Chancen im dualen System haben.

Etwa die Hälfte der arbeitslos gemeldeten jungen Menschen in Deutschland ist weniger als drei Monate arbeitslos gemeldet, rund 10% sind aber länger als ein Jahr ohne Beschäftigung oder Ausbildung und damit langzeitarbeitslos.

Vor allem ungelernte Jugendliche haben ein hohes Risiko der beruflichen Ausgrenzung und damit der sozialen Marginalisierung. Für ihr Selbstwertgefühl

und ihre gesamte Biografie hat es verheerende Folgen, wenn die Entwicklung einer Berufsidentität, die immer noch als eine der zentralen Entwicklungsaufgaben Jugendlicher gilt, nicht mehr gelingt.
Angesichts der grundlegenden Krise der europäischen Arbeitsgesellschaft wäre es jedoch eine Illusion zu glauben, Vollbeschäftigung sei jemals wieder zu erreichen. Deshalb müssen auch Vorstellungen von linearen Übergängen aufgegeben werden. Für die Gesellschaft ergibt sich daraus eine gesellschaftspolitische, für die von Arbeitslosigkeit betroffenen Jugendlichen eine biografische Bewältigungsaufgabe. Dies erfordert nicht zuletzt einen Perspektivwechsel weg von einem defizitär orientierten belastungs- hin zum kompetenz- und ressourcenorientierten Bewältigungsparadigma.

Literatur
Kieselbach, T. (2001): Jugendarbeitslosigkeit und das Risiko sozialer Exklusion. Opladen. – Raab, E. (1996): Jugend sucht Arbeit. München. – Richter, I./Sardei-Biermann, S. (Hg.) (2000): Jugendarbeitslosigkeit. Opladen.

Gerhard Christe

Jugendarbeitsschutzgesetz

Das derzeit geltende, zuletzt 2008 geänderte Jugendarbeitsschutzgesetz (JArbSchG) basiert auf der 1976 verabschiedeten Fassung, die erstmals für alle Jugendlichen unter 18 Jahren, die als Auszubildende oder Arbeitnehmer in einem Beschäftigungsverhältnis stehen, den Jugendschutz regelte. Das Jugendarbeitsschutzgesetz untersagt Kinderbeschäftigung, regelt das Einhalten von Arbeitszeit und Freizeit und schreibt Arbeitschutzmaßnahmen und gesundheitliche Betreuung vor. Erste Initiativen für die Regulierung des Jugendarbeitsschutzes gingen zu Beginn des 19. Jahrhunderts vom Militär aus. Mit dem Hinweis, dass eine durch Nacht- und Fabrikarbeit verbrauchte Jugend kein geeigneter Rekrutennachwuchs wäre, wurde das preußische Regulativ über die Beschäftigung jugendlicher Arbeiter in Fabriken verabschiedet, mit dem die Fabrikarbeit von Kindern unter 9 Jahren verboten und die Arbeitszeit von Jugendlichen unter 16 Jahren auf 10 Stunden pro Tag beschränkt wurde. Nach der Verabschiedung der Gewerbeordnung des Norddeutschen Bundes 1869 und der Reichsgewerbeordnung 1871 setzte sich das Jugendarbeitsschutzgesetz auch außerhalb Preußens durch. Aber erst die umfangreichen Arbeitsniederlegungen sowie die internationalen Arbeiterbewegungen erzwangen, dass die Gewerbeordnung zugunsten jugendlicher Arbeiter ausdehnt und an alle gewerblichen Betriebe mit mehr als 10 Beschäftigten gerichtet wurde. Dennoch fehlte es lange an einem Gesetz, das alle bis zu Beginn des 20. Jahrhunderts errungenen Jugendarbeitsschutzbestimmungen beinhaltete. Erst durch das 1938 verabschiedete Jugenschutzgesetz wurde dieser Zustand geändert, in der Zeit des Nationalsozialismus freilich mit dem Ziel der Erhaltung und Stärkung der Wehrkraft Jugendlicher. Das 1960 in Kraft getretene Jugendarbeitsschutzgesetz knüpfte an dieses Gesetz an. Nachdem in den 1960er/1970er Jahren etliche Verstöße gegen das Jugendarbeitsschutzgesetz offensichtlich wurden, insistierten der Deutsche Gewerkschaftsbund (DGB) und die Gewerkschaftsjugend auf eine Neufassung des Gesetzes, bis schließlich 1976 der Deutsche Bundestag das neue Jugendarbeitsschutzgesetz verabschiedete.

Literatur
Dieckershoff, K./Kliemt, G./Dieckershoff, S. (1972): Die Jugendarbeitsschutzstudie. Essen.

Karin Büchter

Jugendberufshilfe

Projekte, Maßnahmen und sonstige Hilfen, die junge Menschen beim Übergang von der Schule in die Berufsausbildung und beim Übergang von der Ausbildung in Berufstätigkeit unterstützen, werden unter dem Begriff der Jugendberufshilfe zusammengefasst. Hierzu zählen vor allem: Beratung, Förderung schulischer Abschlüsse, Berufsorientierung, Berufsvorbereitung, Berufsausbildung, berufliche Weiterbildung und Qualifizierung.
Ziel der Jugendberufshilfe ist die Verbesserung der individuellen Voraussetzungen junger Menschen für den Zugang zu Ausbildung und Beschäftigung. Zielgruppe sind individuell beeinträchtigte und sozial benachteiligte junge Menschen im Alter bis 25 bzw. 27 Jahren.
Derzeit befinden sich in Deutschland rund 800.000 junge Menschen in Maßnahmen der Jugendberufshilfe. Daran wird deutlich, welch enorme gesellschaftliche Bedeutung dieses Übergangsfeld hat.
Während die Jugendsozialarbeit im Sozialgesetzbuch VIII verankert ist, ist die Jugendberufshilfe rechtlich nicht fixiert. Sie beruht auf einem Mix verschiedener Politik- und Förderbereiche und ist insbesondere in der Jugend-, Bildungs- und Arbeitsmarktpolitik verortet.

Ebenso wie die Förderansätze der Jugendberufshilfe unterschiedlichen Pädagogikbereichen – insbesondere der Berufs-, Schul- und Sozialpädagogik - entstammen, ist auch die institutionelle Verortung sehr heterogen. Berufliche Schulen, kommunale Träger der Wohlfahrtspflege und Bildungsträger sind hier die wichtigsten Institutionen.

Literatur

Bundesministerium für Bildung und Forschung (BMBF) (Hg.) (2005): Berufliche Qualifizierung von Jugendlichen mit besonderem Förderbedarf. Bonn, Berlin. – Bonifer-Dörr, G./Vock, R. (Hg.) (2004): Berufliche Integration junger Menschen mit besonderem Förderbedarf. Heidelberg.

Gerhard Christe

Jugendbewegung

Als Jugendbewegung werden Vereinigungen und Bünde bürgerlicher Jugendlicher, eine Gesinnungsgemeinschaft sowie eine Haltung zur Zeit des deutschen Kaiserreiches und der Weimarer Republik bezeichnet. Ursprünge sind ab 1896 in der Schülerwanderbewegung zu erkennen. Zur Jugendbewegung werden vor allem organisierte Verbände wie der Wandervogel, die Freideutsche Jugend und die Bündische Jugend gezählt, die eine Lebens- und (Selbst-) Erziehungsgemeinschaft in Abgrenzung zur bürgerlichen Erwachsenengesellschaft konstituierten. Die Jugendbewegung war mehr Ausdruck eines entstehenden jugendlichen Selbstverständnisses denn eines offensichtlichen Generationenkonflikts. Sie entstand aus der Jugend selbst und bezeichnet keinen von Erwachsenen organisierten Verband. Im Gegenteil wirkte die Jugendbewegung in Studenten- und Erwachsenenverbände, z.B. den Sera-Kreis, hinein. Damit war sie trotz aller lebensreformerischen Züge systemimmanent bzw. das Produkt einer gelernten Rebellion. Die Jugend sollte mit einem neuen Selbstverständnis ausgestattet werden mit dem Ziel einer neuen, in der Regel als deutsch verstandenen Gemeinschaft.

Neben den bürgerlichen Bünden gab es eine Vielzahl von organisierten Jugendlichen in konfessionellen, Brauchtums-, Sport- und Arbeiterorganisationen. Gemein war allen Bünden eine eigenständige Lebensweise mit klar zu unterscheidenden Merkmalen wie Kleidung und Wimpel.

Die verschiedenen Bünde einte das gemeinschaftliche Erlebnis und die gemeinsame Gesinnung (im Anspruch von Siegfried Bernfeld und Gustav Wyneken eine emanzipatorische Jugendkultur), so dass Jugendbewegung auch als ein gefühltes Erlebnis Jugend, als Jugendbewegtheit verstanden werden kann. Kennzeichen war ein verbreiteter naturromantischer Wertekonservativismus und eine stadt- und zivilisationskritische Haltung. In den Gemeinschaftserlebnissen des Tanzens, Wanderns und Singens sollte die Unmittelbarkeit des Empfindens gegen den beobachteten Materialismus gestellt werden.

Die Jugendbewegung beinhaltete eine kaum überschaubare Anzahl von Gruppierungen, so dass die Zersplitterung als ein wesentliches Merkmal herauszustellen ist. Nicht nur ist eine soziale, konfessionelle und politische Heterogenität zu erkennen, auch wurde sie von mehreren Jugendgenerationen getragen.

Der antisemitische Umgang mit jüdischen Jugendlichen, die eigene vom Wesen her der deutschen Jugendbewegung zuzuordnende, jedoch meist randständige Bünde gründeten, setzte sich zunehmend durch. Unabhängig vom politischen Standpunkt war eine autoritäre, frauenfeindliche, männliche Führerstruktur verbreitet, die bei vielen Bünden auf eine harmonisierte Volksgemeinschaft und ein nationalistisches Konzept verweist.

Auffällig ist, dass die Jugendbewegung nur im deutschsprachigen Raum vorkam und latent bis offensiv eine deutsche Kultur idealisierte und konstruierte. Das Ende des Ersten Weltkrieges leitete eine Bedeutungsverschiebung der Jugendbewegung mit der schrittweisen Auflösung des Wandervogels und der Freideutschen Jugend ein. An deren Stelle trat die, jedoch nur durch ihre Organisationsform vergleichbare, bündische Jugend, die das gesamte politische Spektrum abdeckte. Viele Elemente der Jugendbewegung wurden über den Ursprungszeitraum hinaus in konfessionellen und politischen Jugendverbänden übernommen, so auch in der Hitlerjugend.

In der Forschung herrschte lange Zeit eine Fokussierung auf die männliche bürgerliche Jugendbewegung, so dass sowohl in geschlechtsspezifischer als auch in sozialer Hinsicht – eine vergleichbare Lebensphase Jugend ist für die Heranwachsenden in der Arbeiterschicht sowie für die Mädchen in der fraglichen Zeit weniger deutlich herauszuarbeiten – ein selektiver Blick zu konstatieren war. Dies wurde erst in den letzten Jahren durch neuere Studien korrigiert.

Literatur

Andresen, S. (1997): Mädchen und Frauen in der bürgerlichen Jugendbewegung. Berlin. – Martens, K. P. (1998): Die deutsche Jugendbewegung 1895-1933. Stuttgart. – Weiß,

E. (2007): Jugendbewegung. In: Archiv für Reformpädagogik 9-12, 1, 3-35.

Tim Köhler

Jugendfürsorge

Jugendfürsorge ist ein Begriff, der bis in die 1980er Jahre gebräuchlich war. Er ist heute als Teilaspekt im Begriff der Jugendhilfe nach dem Sozialgesetzbuch (SGB) VIII aufgehoben. In den Vorgängergesetzen, dem Reichsjugendwohlfahrtsgesetz (RJWG) (1922/1924-1961) und dem Jugendwohlfahrtsgesetz (JWG) (1961-1990/1991), wurde die sog. Jugendwohlfahrt als Gegenstandsbereich der öffentlichen Jugendhilfe in Jugendfürsorge und Jugendpflege gegliedert. Jugendpflege als Sorge für die normale, gesunde Jugend trat als öffentliche Aufgabe 1911/1913 neben die ältere Kinder- und Jugendfürsorge. Mit deren Herkunft aus der Armenpflege ist das Vorliegen einer besonderen Bedürftigkeit als Ausgangspunkt verbunden. Jugendfürsorge umfasste somit die Sorge für die gefährdete oder bereits gefallene Jugend, also Schutz und Rettung vor Verwahrlosung als Sammelbegiff für Abweichung, Kriminalität, erzieherische und materielle Not. Jugendfürsorge schloss den Pflegekinderschutz, Erziehungsbeistandschaft, freiwillige Erziehungshilfe, Fürsorgeerziehung, Jugendgerichtshilfe, vorbeugende Verwahrung von Kindern und Jugendlichen, Amtspflegschaft und Amtsvormundschaft (weitgehend § 3 RJWG/§ 4 JWG) ein. Ins heutige Jugendhilferecht (SGB VIII) wurde der Begriff bewusst nicht mehr aufgenommen. Die mit dem Begriff Fürsorge verbundenen Stigmatisierungseffekte waren auch ein Grund dafür, dass der Begriff in der heutigen Jugendhilfepraxis kaum noch zu finden ist.

Literatur

Friedeberg, E./Polligkeit, W. (1930/1955): Das Reichsgesetz für Jugendwohlfahrt. Berlin.

Thomas Marthaler

Jugendgerichtshilfe

Die Jugendgerichtshilfe ist eine Aufgabe der Jugendhilfe im Bereich des Jugendstrafverfahrens. Durch sie soll sichergestellt werden, dass in Strafverfahren gegen Jugendliche (14–17 Jahre) und Heranwachsende (18–20 Jahre) die erzieherischen, sozialen und fürsorgerischen Kompetenzen der Jugendhilfe berücksichtigt werden. Die Jugendgerichtshilfe wurde im Jahr 1923 durch das Reichsjugendgerichtsgesetz eingeführt und ist heute in § 52 des Sozialgesetzbuches (SGB) VIII sowie in den §§ 38 und 50, Absatz 3 des Jugendgerichtsgesetzes (JGG) geregelt. Aus diesen Normen ergeben sich u.a. die folgenden Aufgaben, die teilweise mit Rollenkonflikten verbunden sind: Betreuung der jungen Menschen während des gesamten Verfahrens und bei Bedarf Angebot von Leistungen der Jugendhilfe; Unterstützung des Gerichts bei der Ermittlung von Persönlichkeit, Entwicklung und Umwelt der Beschuldigten. Die Erkenntnisse fließen ein in einen Bericht der Jugendgerichtshilfe und sollen in der Hauptverhandlung persönlich vorgetragen werden. Darüber hinaus gehört die Überwachung der Erfüllung von erteilten Weisungen und Auflagen zum Aufgabenspektrum der Jugendgerichtshilfe.
Die Jugendgerichtshilfe kann von den Jugendämtern auf freie Träger übertragen werden, wird aber zumeist in unterschiedlichen Organisationsformen selbst erfüllt. Häufig werden wegen der erforderlichen Kenntnisse Spezialdienste eingerichtet, teilweise wird die Jugendgerichtshilfe aber auch vom Allgemeinen Sozialen Dienst miterfüllt, um mit sog. Problemjugendlichen ganzheitlich arbeiten zu können. Vorteilhaft ist gegebenenfalls eine Mischform mit Aufgabenerfüllung durch Spezialkräfte, die in Regionalteams eingegliedert sind. Für die Zukunft wäre eine Pädagogisierung der Jugendgerichtshilfe sinnvoll, bei der nicht mehr die verfahrensbegleitende Gerichtshilfe (also die Ermittlung und Berichterstattung) im Mittelpunkt der Tätigkeit steht, sondern die sozialpädagogisch ausgerichtete Jugendhilfe mit Angeboten zu ambulanten Maßnahmen und zur Untersuchungshaftvermeidung, Netzwerkarbeit mit anderen Trägern sowie verstärkter Öffentlichkeits- und Präventionsarbeit.

Literatur

Deutsche Vereinigung für Jugendgerichte und Jugendgerichtshilfen (DVJJ) (Hg.) (2008): Fördern, Fordern, Fallenlassen. Mönchengladbach. – Trenczek, T. (2003): Die Mitwirkung der Jugendhilfe im Strafverfahren. Weinheim, München.

Brigitta Goldberg

Jugendkriminalität

Kriminalität klassifiziert abweichendes Verhalten von Menschen, das in einer bestimmten Gesellschaft als strafrechtlich relevant gilt. Im Falle von Jugendkriminalität ist seit dem 19. Jahrhundert auch die Rede von Jugenddelinquenz. Dieser Begriff verwischt die Grenze zwischen strafrechtlichen und weiter gefassten Zuschreibungen von Abweichung (z.B. antisoziales Verhalten). Jugenddelinquenz bezeichnet entwicklungsphasenspezifische Normbrüche, auch ohne strafrechtliche Relevanz, die als Ausdruck sozialisationsbedingter Gefährdungen, beispielsweise in der peer group, thematisiert und erzieherisch behandelt bzw. sanktioniert werden. Jugendkriminalität gilt öffentlich wie wissenschaftlich als prototypisch für Gestalt, Ausmaß und Genese von Kriminalität, beispielsweise wenn in verschiedenen Theorien abweichenden Verhaltens nach sich verfestigenden Karrieren, Selbstkontrolle, sozialem Ausschluss und Stigmatisierung gefragt wird. Eine zentrale Schnittstelle der widersprüchlichen Beziehung von Jugend und Kriminalität bilden Konzepte von Sozialisation: Einerseits wird abweichendes Verhalten als Element von Jugend begriffen, andererseits als Ausdruck missglückter Sozialisation, verbunden mit gescheiterter Integration problematisiert. (Be)Deutungen von Kriminalität und Jugendkriminalität sind das Resultat sozialen Wandels und unterliegen diesem zugleich. Dabei zeigt sich ein deutlicher Zusammenhang zwischen sozialer Kontrolle und abweichendem Verhalten einerseits und Kategorien wie Ethnizität, Klasse und Geschlecht andererseits. Gesellschaftliche Diskurse zur steigenden Jugendkriminalität, beispielsweise zu Gewaltdelikten, verweisen nicht unmittelbar auf empirische Tatbestände. Sie repräsentieren vielmehr gesellschaftliche Wahrnehmungsmuster von innerer Sicherheit, Jugend und gesellschaftlichem Wandel. Jugendkriminalität wird dann als Beleg für einen Verlust von Sicherheit und den Niedergang des Sozialen angeführt.

Literatur

Walter, M. (³2005): Jugendkriminalität. Stuttgart u.a. – Dollinger, B./ Schmidt-Semisch, H. (Hg.) (2010): Handbuch Jugendkriminalität. Wiesbaden.

Mechthild Bereswill

Jugendkultur

Im Jahre 1912 sprach der deutsche Pädagoge Gustav Wyneken erstmals von Jugendkultur und bezog sich damit auf Bestrebungen insbesondere der damaligen Wandervogel-Jugend, jenseits der Erwachsenenkultur eigene Lebensformen zu erproben (Prinzip Jugend führt Jugend). In den nachfolgenden Jahren erfuhr die Jugendkultur unterschiedliche Ausweitungen und Ausdifferenzierungen (Bündische Jugend, Arbeiterjugend), die sich nach dem Zweiten Weltkrieg im Gefolge von anhaltender Modernisierung, Kommerzialisierung und Mediatisierung noch pluralisierten und ausdifferenzierten. In diesem Zeitraum erfolgte zugleich der Gestaltwandel der Jugendkulturen von im weitesten Sinne gesellschaftlich-politisch grundierten Artikulations- und Protestformen (Punks, Hausbesetzer, Studenten) hin zu einer Vielfalt von konsum-, spaß-, körper-, action- und distinktionsbezogenen Szenen. Für ihre zumeist adoleszenten Protagonisten sind Jugendkulturen orientierende Landkarten der Bedeutung, die über ein Repertoire spezifischer Zeichen, Symbole, Musikstile, Frisuren und Kleidung Aussagen über deren Weltsichten, Abgrenzungen und (reale wie virtuelle) Zugehörigkeiten erlauben. Dabei speisen sich Jugendkulturen aus der Adaption und Rekombination vorgefundener Materialien, die sich in eigenen Vermarktungskreisläufen regenerieren und im wechselseitigen Kontakt mit Industrie und Werbewirtschaft entwickeln. Jugendkulturen sind heute als funktionale Faktoren weitgehend in die Gesellschaft integriert, ihre innovative, seismografische Funktion verblasst hinter einer bunten Vielfalt zusehends fluider Szenen, Trends und Milieus. Galten Jugendkulturen vormals als subtile Agenten gesellschaftlicher Entwicklung, so bieten sie ihren Mitgliedern heute eher temporär stabilisierende Rückzugsorte inmitten eines beschleunigten gesellschaftlichen Wandels.

Literatur

Roth, R./Rucht, D. (2000): Jugendkulturen, Politik und Protest. Opladen. – Wyneken, G. (1920): Der Kampf für die Jugend. Jena.

Werner Lindner

Jugendpflege

Jugendpflege bezeichnete sozialpädagogische Maßnahmen öffentlicher Erziehung, die in Deutschland ab Mitte des 19. Jahrhunderts Jugendliche mit Spiel- und Erholungsgelegenheiten vorbeugend fördern sollten. Als Teil der Jugendwohlfahrtspflege grenzte sich die Jugendpflege als freiwilliges Angebot von der mit Zwang verbundenen Jugendfürsorge ab. Rechtlich begründet wurde die Jugendpflege in den preußischen Jugendpflegeerlassen von 1901 und 1911 zunächst für die männliche, 1913 für die weibliche schulentlassene Jugend und später bis zum Ende der

Weimarer Republik im Reichsjugendwohlfahrtsgesetz (RJWG) 1922. Kritisch beurteilt wird die Jugendpflege als Ausdehnung sozialer Kontrolle in der Freizeit mit dem Ziel staatlicher Motivierung für Militär und Mutterschaft. Der Begriff Jugendpflege ist in der BRD seit 1990 mit dem Kinder- und Jugendhilfegesetz (heute Sozialgesetzbuch VIII) durch Jugendarbeit oder Jugendförderung ersetzt worden.

Literatur
Rätz-Heinisch, R./Schröer, W./Wolff, M. (2009): Lehrbuch Kinder- und Jugendhilfe. Weinheim, München.

Ulrike Graff

Jugendsozialarbeit

Jugendsozialarbeit im Sinne von § 13 des Sozialgesetzbuches (SBG) VIII bietet sozialpädagogische Hilfen zur Förderung schulischer und beruflicher Ausbildung, der Eingliederung in die Arbeitswelt und der sozialen Integration für solche jungen Menschen, die zum Ausgleich sozialer Benachteiligungen oder zur Überwindung individueller Beeinträchtigungen in erhöhtem Maße auf Unterstützung angewiesen sind. Das Kinder- und Jugendhilfegesetz (KJHG) versucht mit dieser Definition erstmals eine gesetzlich geregelte übergreifende Beschreibung dieses insgesamt sehr heterogenen, seit Jahrzehnten gewachsenen Arbeitsfeldes, das durch eigene Trägerstrukturen, durch spezifische Angebotsformen, durch sozialgeschichtlich bedingten Wandel von Tätigkeitsschwerpunkten und Ausweitungen auf zusätzliche Arbeitsfelder gekennzeichnet ist. Die Beschreibung im KJHG versucht, einer geschichtlich gewachsenen Praxis gerecht zu werden und künftige Entwicklungsmöglichkeiten offen zu halten, ohne sich dabei auf fachlich einhellige Grundverständnisse stützen zu können. Denn die gibt es bis heute nicht. Gerade die sehr verbreitete Gleichsetzung von Jugendsozialarbeit und Jugendberufshilfe unterstreicht das. Andere sehen Jugendsozialarbeit eher als Oberbegriff, die weit mehr umfasse als die Förderung beruflicher Integration junger Menschen.

Traditionen von Jugendsozialarbeit lassen sich bis in die Kaiserzeit zurück finden, prägend aber wurden vor allem die Jahre unmittelbar nach Gründung der Bundesrepublik Deutschland (BRD) Ende 1949. Kriegs- und nachkriegsbedingt entwurzelte, bindungslose und heimatlose deutsche Jugendliche, unter ihnen vor allem eine immense Zahl von Flüchtlingen aus den ehemaligen Ostgebieten und aus der Sowjetischen Besatzungszone bzw. Deutschen Demokratischen Republik (DDR), sollten mit Heimstätten, Jugendwohnheimen, Jugendgemeinschaftswerken, gemeinnützigen Lehrwerkstätten und anderen Einrichtungen auf dem Weg zu einer beruflichen Existenz gefördert werden. Weitgehend entstanden dafür neue, eigenständige Trägerstrukturen (unter ihnen ein auffallend hoher Anteil freier, vor allem konfessioneller Träger), enge Kooperationen mit Unternehmen und eigenständige betriebliche Einrichtungen.

Jugendsozialarbeit konnte in der damals beginnenden Phase des Aufschwungs davon ausgehen, dass sich gelingende Förderung der persönlichen und beruflichen Entwicklung junger Menschen auch tatsächlich typischerweise in gelingender beruflicher Integration und eigenständiger Existenzsicherung niederschlagen werde. Nach dem Ende der Vollbeschäftigungsgesellschaft gilt das aber immer offensichtlicher nicht mehr. Wirtschaftspolitik, Arbeitsmarktpolitik und Jugendberufshilfe klaffen fortan immer weiter auseinander, wenngleich finanzielle Abhängigkeiten von der Arbeitsmarktpolitik eher noch zunehmen. Gleichzeitig sieht sich die Jugendsozialarbeit inzwischen immer öfter dem Verdacht ausgesetzt, primär die soziale Sprengkraft gesellschaftlicher Ausgrenzungs- und Verarmungsprozesse abzufedern, statt tatsächlich Erfolg zu haben mit der gesellschaftlichen Integration von Heranwachsenden, die an den an sie adressierten Ansprüchen scheitern oder nicht in der Lage sind, gesellschaftliche Risiken oder subjektive Beeinträchtigungen abzufedern.

In jüngerer Zeit sind die Träger der Jugendsozialarbeit bemüht, vermehrt auch Aufgabenfelder zu erschließen, z.B. die Straßensozialarbeit, die Schulsozialarbeit, die Arbeit mit Zugewanderten oder die Arbeit mit Mädchen. Außerdem mehren sich die Stimmen, die von der Jugendsozialarbeit fordern, nicht nur berufliche Integration zu fördern, sondern viel grundsätzlicher und weitergehend die Bewältigung eines Lebens, in dem Erwerbsarbeit zwar weiter unvermindert zentral, deren tatsächliche Erreichbarkeit aber immer ungewisser und instabiler geworden ist, durch gezielte Angebote zu unterstützen.

Literatur
Fülbier, P./Münchmeier, R. (Hg.) (2001): Handbuch Jugendsozialarbeit. 2 Bde. Münster. – Galuske, M. ([2]2001): Jugendarbeit und Jugendberufshilfe. In: Otto, H.-U./Thiersch, H. (Hg.): Handbuch Sozialarbeit /Sozialpädagogik. Neuwied, 885-893. – Gögercin, S. (1999): Jugendsozialarbeit. Freiburg.

Franz Josef Krafeld

Jugendstrafvollzug

Laut Jugendgerichtsgesetz (JGG) kann ein Jugendgericht 14- bis 18-jährige Jugendliche und bis zu 21-jährige Heranwachsende zu sechs Monaten bis fünf (in Ausnahmen: zehn) Jahren Freiheitsentzug verurteilen. Seit 2008 ist sogar die nachträgliche Sicherheitsverwahrung nach Jugendstrafrecht möglich. Diese, meistens geschlossene, Unterbringung ist unter dem Vorrang der Erziehung vor Strafe anzuordnen. Dies hat sich mit der Föderalismusreform 2006 zum Teil geändert. Seitdem liegt die Gesetzgebungshoheit für den Jugendstrafvollzug bei den Bundesländern. Nach der Entscheidung des Bundesverfassungsgerichts (31.5.2006) zur Notwendigkeit eines Strafvollzugsgesetzes für Jugendliche hat jedes Bundesland ein eigenes Jugendstrafvollzugsgesetz verabschiedet. In einigen Bundesländern wird dabei der Erziehungsauftrag des Jugendstrafvollzugs dem Schutz der Allgemeinheit gleichgestellt oder sogar nachgeordnet.

Die geschlossene Unterbringung von Jugendlichen ist in vom Erwachsenenvollzug strikt getrennten Einrichtungen zu praktizieren. Umgesetzt wird dies nur für männliche Jugendliche und Heranwachsende. Als statistisch kleine Gruppe sind verurteile weibliche Jugendliche dem Frauenvollzug zugeordnet, was eine eingeschränkte Versorgung, beispielsweise im Bildungs- und Ausbildungsbereich bedeutet.

Im geschlossenen Gefängnis treffen Jugendliche und Heranwachsende auf eine widersprüchliche Dynamik: die gewaltförmige Struktur der Gefängnissubkultur soll durch erzieherische Bemühungen wie den Wohngruppenvollzug aufgelöst, kann aber aufgrund der Wirkmacht von Geschlossenheit nicht außer Kraft gesetzt werden.

Der Jugendstrafvollzug bleibt eine umstrittene Institution: Der radikale gesellschaftliche Ausschluss einer sozial besonders verwundbaren Gruppe soll zu ihrer langfristigen gesellschaftlichen Integration beitragen – eine Konstellation, die Soziale Arbeit direkt im Fadenkreuz von Hilfe und Kontrolle zeigt.

Literatur

Goerdeler, J./Walkenhorst, P. (Hg) (2008): Jugendstrafvollzug in Deutschland. Godesberg.

Mechthild Bereswill / Anke Neuber

Jugendweihe

Die Jugendweihe ist ein Passageritus zum Markieren des Übergangs von der Kindheit zum Erwachsenensein. Der von Eduard Baltzer eingeführte Begriff der Jugendweihe tauchte erstmals 1852 in den Schriften neuer freireligiöser Gemeinden auf. Die Jugendfeiern der freireligiösen Bewegung fungierten als Ersatzrituale für die Konfirmation evangelischer Kirchen. Durchgesetzt haben sich der Begriff und das Konzept der Jugendweihe erst gegen Ende des 19. Jahrhunderts unter dem Einfluss von Arbeitervereinen, Verbänden der Freidenker und der Sozialdemokratischen Partei Deutschlands (SPD). Der Aufschwung der Jugendweihe-Bewegung wurde mit Errichtung der Hitler-Diktatur unterbrochen. Erst nach dem Zweiten Weltkrieg knüpften Freidenker und freireligiöse Gemeinden wieder an die Jugendweihe-Traditionen von vor 1933 an.

In der Bundesrepublik Deutschland hatte die Jugendweihe-Bewegung bis Mitte der 1950er Jahre einen erheblichen Zulauf, konnte aber auf Dauer keinen großen Verbreitungsgrad erreichen. In der Deutschen Demokratischen Republik (DDR) wurde sie zunächst in ihrer Entwicklung behindert, dann aber auf Beschluss des Politbüros der Sozialistischen Einheitspartei Deutschlands (SED) am 14. März 1954 eingeführt. Sie erhielt dort eine marxistisch-leninistische Ausrichtung, aus der weltanschaulichen Feier wurde ein staatssozialistisches Fest, das öffentliche Jugendweihe-Gelöbnis wurde zu einem Bekenntnis zum Sozialismus und zur DDR. In den 1970er und 1980er Jahren gelang es der SED (teilweise) mit repressiven Mitteln, die Teilnahme an der Jugendweihe bis auf 97 % zu steigern. Als quasi staatliche Institution arbeiteten die Ausschüsse für Jugendweihe auf allen Verwaltungsebenen und in den Schulen der DDR.

Nach der Wende 1990 ging die Jugendweihe-Beteiligung zunächst stark zurück. Seit etwa 1992 erlebt sie – vor allem im Osten Deutschlands – eine anhaltende Renaissance. Die Jugendweihe wird heute von privaten gemeinnützigen Vereinen organisiert, die in ihrer Arbeit eine humanistische und atheistische Weltanschauung vertreten und einen Beitrag zur demokratischen und säkularisierten Bildung der Jugend leisten wollen.

Literatur

Chowanski, J./Dreier, R. (2000): Die Jugendweihe. Berlin. – Meier, A. (1998): Jugendweihe – JugendFEIER. München.

Matthias D. Witte

Jugendwohnen

Die mit Jugendwohnen bezeichnete Leistung der Kinder- und Jugendhilfe ist rechtlich verankert in § 13, Absatz 3 Sozialgesetzbuch (SGB) VIII. Hierbei geht es um Angebote zur Unterstützung junger Menschen während ihrer Teilnahme an schulischen oder beruflichen Bildungsmaßnahmen oder bei der beruflichen Eingliederung durch die Bereitstellung von Unterkunft in einer sozialpädagogisch begleiteten Wohnform. Obwohl das Angebot im Rahmen der Jugendsozialarbeit verankert ist, steht es im Sinne des Gesetzgebers allen jungen Menschen im Alter zwischen 14 und 27 Jahren entsprechend der Kriterien zur Verfügung. Etwa 558 Einrichtungen mit knapp 60.000 Plätzen boten 2007 für über 200.000 junge Menschen Jugendwohnen an. Hauptnutzergruppen sind demnach (1) Auszubildende und Berufsfachschüler, die keine Möglichkeit haben ihren (Wunsch-) Beruf im Rahmen des Tagespendlerbereiches zu finden; (2) Blockschüler, die aufgrund der Zentralisierung von Berufsfachklassen für die Zeit des berufsschulischen Unterrichtes fern der Heimat untergebracht werden müssen; (3) junge Menschen im Rahmen von Maßnahmen der beruflichen Rehabilitation und Berufsvorbereitung sowie (4) die eigentliche Zielgruppe der Jugendsozialarbeit: individuell beeinträchtigte und sozial benachteiligte junge Menschen.
An der Breite des Leistungsspektrums sowie der Vielfalt der Nutzergruppen lässt sich die seit vielen Jahren prekäre Situation des Jugendwohnens erkennen: Viele politische Handlungsebenen und Ressorts sind zuständig, Verantwortlichkeiten aber nicht eindeutig geklärt. Schnittstellen und Lücken zwischen den Sozialleistungsbereichen (SGB VIII, SGB II, SGB III, SGB XII, Bundesausbildungsförderungsgesetz, Richtlinien der Länder zur Finanzierung der Unterbringung von Blockschülern, Umsetzung des Leistungsrechtes nach §§ 78 a-g SGB VIII) sind nicht geschlossen. Fachliche Standards und die Frage nach den Zuständigkeiten sind nicht eindeutig geklärt. Angesichts steigender Mobilitätserfordernisse vor dem Hintergrund regionaler Disparitäten auf dem Arbeitsmarkt, demografischer Entwicklungen, europäischer Mobilität, notwendiger Unterstützung bei der Begleitung junger Menschen am Übergang von der Schule in den Beruf auch und gerade für junge Menschen mit Migrationshintergrund ist zukünftig eine steigende Bedeutung des Handlungsfeldes Jugendwohnen zu erwarten.

Literatur
De Paz Martínez, L./Höblich, D. (2010): Jugendwohnen in Deutschland. Mainz. – Schruth, P./Pütz, T. (2009): Jugendwohnen im Kontext der neuen Sozialgesetze. Norderstedt.

Andreas Finke

Jullien (de Paris), Marc-Antoine (1775-1848)

Jullien gilt in der scientific community als Begründer der Vergleichenden Erziehungswissenschaft, obwohl seine Programmschrift Esquisse d'un ouvrage sur l'éducation comparée (1817), in der er die Grundzüge einer wissenschaftlich vergleichenden und international ausgerichteten Pädagogik darlegte, zunächst in Vergessenheit geriet. 1885 wurde das Büchlein vom ungarischen Pädagogen Franz Kemény wieder entdeckt, allerdings erst 50 Jahre später dem Internationalen Erziehungsbüro (IBE) in Genf vermacht, wo es auf lebhaftes Interesse stieß und zu Nachforschungen zum Lebenswerk von Jullien führte. Der 1954 von Espe ins Deutsche übersetzten Version folgte 1962 der Faksimile-Nachdruck durch das IBE, der 1992 auf dem Weltkongress und dem Kongress der Europäischen Vergleichenden Erziehungswissenschaft als Reprint weit verbreitet wurde.
Julliens Leben stand im Zeichen der Französischen Revolution: Er war bekennender Gegner der Monarchie, wurde nach der Hinrichtung von Robespierre verhaftet und kam im Gefängnis zu der Überzeugung, dass Bildung der Schlüssel zu demokratischem Wandel sei. Er war am Journal d'éducation zur Verbreitung der Ideen von Pestalozzi beteiligt, mit dem er aber später brach. In seiner Schrift zur Vergleichenden Erziehungswissenschaft entwarf er Ideen für eine internationale Kooperation in der Lehrerbildung, für ein mehrsprachiges Journal und eine Sonderkommission für Erziehungsfragen, weswegen er auch als geistiger Vater des IBE tituliert wird. Zugleich konzipierte er eine auf alle Bildungsbereiche von der Grund- und Volksbildung bis hin zur Lehrer- und Hochschulbildung und Bildungsadministration ausgelegte umfangreiche empirische Erhebung und gilt deshalb manchen auch als Begründer einer empirischen Erziehungswissenschaft.

Literatur
Jullien (von Paris), M.-A. (1954): Skizzen und Vorarbeiten zu einem Werk über vergleichende Erziehung (1817). Berlin-Mariendorf. – Gautherin, J. (1993): Marc-Antoine Jullien (»Jullien de Paris«). In: Prospects XXIII, 757-773.

Christel Adick

Jungarbeiter

Der Begriff Jungarbeiter war in Deutschland seit der Zeit der Weimarer Republik, besonders im Nationalsozialismus sowie in der Nachkriegszeit bis zu Beginn der 1970er Jahre neben Begriffen wie Ungelernte, Hilfsarbeiter, Berufslose gebräuchlich. Mit der Durchsetzung der zunächst partiellen, später obligatorischen Berufsschulpflicht galt die Beschulung der Jungarbeiter, also derjenigen Jugendlichen, die an keiner Berufsausbildung teilnehmen konnten, als ein ungelöstes sozialpolitisches und berufspädagogisches Problem. In der Weimarer Zeit sollten unterschiedliche Bemühungen einzelner engagierter Sozial- und Berufspädagogen, wie die Einrichtung besonderer Berufsschulunklassen, dazu beitragen, die Jungarbeiter zumindest sozial zu integrieren. Im Nationalsozialismus hatte der Terminus mit Bezug zum jungen deutschen Arbeiter eine stark ideologische und die faktische Ausgrenzung aus der Berufsbildung verschleiernde Komponente. Angesichts der relativ günstigen Arbeitsmarkt- und Ausbildungssituation spielte die Auseinandersetzung mit der beruflichen Qualifizierung der Jungarbeiter in den 1950er und 1960er Jahren eine zunächst untergeordnete Rolle. Erst gegen Ende der 1960er Jahre wurden die Jungarbeiter als verlassene Minderheit von der Berufsbildungspolitik und –forschung entdeckt. Dabei ging es um die Frage, wie die Jugendlichen, die aus sozialen und individuellen Gründen nicht zu einer regulären Berufsausbildung zugelassen werden, in berufsbildungspolitischen Reformbemühungen berücksichtigt werden können, damit die Forderung nach Chancengleichheit auch für sie eingelöst werden kann. Ursachenanalysen, sozialisatorische Bedingungen, berufsbildungspolitische, sozial- und berufspädagogische Lösungsansätze standen im Mittelpunkt der Diskussion und Forschung. In diesem Zusammenhang ist eine Reihe an berufspädagogischen Publikationen zum Jungarbeiterproblem erschienen. In den Folgejahren wurde der Begriff der Jungarbeiter durch solche wie Jugendliche ohne Ausbildungsvertrag und Benachteiligte abgelöst.

Literatur

Wiemann, G. (1974): Ansätze zur Lösung des Jungarbeiterproblems. Hannover.

Karin Büchter

Jungfrauenvereine

Die Entstehung der Jungfrauenvereine ist auf den Beginn des 19. Jahrhunderts zu datieren. Der Name bezieht sich dabei weniger auf sittlich-moralische Aspekte als auf die Zielgruppe der unverheirateten, jungen Frauen vornehmlich aus nicht-bürgerlichen Schichten, die zum Schutz vor Gefahren sog. sittlicher Verwahrlosung in Zeiten großer gesellschaftlicher Veränderungen (Stichworte: Industrialisierung und Urbanisierung) und unter der Prämisse einer christlichen Persönlichkeitsbildung in den Vereinen zusammengeschlossen werden sollten. Die Gründung von Jungfrauenvereinen ist kontextuell in der Geschichte der Erweckungsbewegung im 19. Jahrhundert sowie der Bewegung der inneren Mission zu verorten. Jungfrauenvereine sind weiterhin als Bestandteil der Geschichte der Jugendpflege im Rahmen der Begründung einer öffentlichen Wohlfahrtspflege zu verstehen.

Literatur

Brinkmeier, P. (2003): Weibliche Jugendpflege zwischen Geselligkeit und Sittlichkeit. Potsdam.

Christine Hunner-Kreisel

Juniorfirma

Bei der Juniorfirma (zuweilen auch Juniorenfirma) handelt es sich um eine kleine Firma in einer großen Firma. Juniorfirmen entstehen zumeist dann, wenn die große Firma Produktionsteile auslagert, weil sie beispielsweise diese Teile nicht mehr selbst fertigen will oder aber deren Fertigung gezielt für Ausbildungszwecke zur Verfügung stellt. Die erste Juniorfirma solcher Art in Deutschland wurde Mitte der 1970er Jahre in der Zahnradfabrik Friedrichshafen AG entwickelt. In diesem Lehr-Lernarrangement wurden erstmals angehende Industriekaufleute am Lernort Betrieb ausgebildet. Mittlerweile wurde die Idee der Juniorfirma auch auf den Lernort Schule übertragen. Dann spricht man auch von Schülerfirmen bzw. Wirtschaft-live-Projekten.
Eine Juniorfirma umfasst nahezu alle Geschäftsbereiche einer Firma von der Produktionsplanung über die kaufmännische Verwaltung bis zur Gestaltung von Ausbildung. Organisation, Aufgaben, Arbeits- und Geschäftsprozesse entsprechen denen eines Kleinbetriebes. Allein die rechtliche Vertretung nach außen (Verträge mit Lieferanten und Kunden, gerichtliche Vertretung u.a.) wird von der großen

Firma ausgeübt, weil eine Juniorfirma in der Regel zwar ein kleiner Betrieb, aber keine eigenständige Unternehmung mit einer eigenen Rechtsform ist. Im Gegensatz zu Übungsfirmen und Lernbüros fließen in der Juniorfirma reale Geld- und Güterströme mit allen Konsequenzen wie Einkauf, Verkauf, Personalwirtschaft, Produktion und Rechnungswesen. Bei der und durch die Arbeit in der Juniorfirma sollen nicht nur der reale Geschäftsbetrieb transparent und überschaubar gemacht und fachliche Kompetenzen erworben werden, sondern auch die Auszubildenden selbstständig, entscheidungsorientiert, kommunikativ und kooperativ lernen.

Literatur

Fix, W. (1989): Juniorenfirmen. Berlin. – Kutt, K. (²2001): Juniorenfirma. In: Wittwer, W. (Hg.): Methoden der Ausbildung. Köln, 29-43.

Karin Rebmann

K

Kadettenanstalt

Zur Gewährleistung einer im Sinne des Regenten funktionierenden Ausbildung des Offiziersnachwuchses existierten seit dem 17. Jahrhundert in verschiedenen Staaten Europas Internatseinrichtungen für Adelssöhne, in denen überwiegend militärische Inhalte und Zucht vermittelt wurden. Die Bemühungen um den Offiziersnachwuchs wurden im 18. Jahrhundert auch in Deutschland verstärkt, doch zeigten die gegründeten Kadettenkorps zahlreiche Mängel und funktionierten hauptsächlich durch eine übertriebene Strafpraxis und Zwang. Zu Reformen und somit zur Gründung der eigentlichen Kadettenanstalten kam es 1818 in Preußen nach den sog. Befreiungskriegen. Dabei wurde das bestehende System aus zwei Voranstalten in Potsdam und Kulm (bis 1900 kamen sechs weitere hinzu) und einer Hauptanstalt in Berlin beibehalten, die schulische Ausbildung wurde verstärkt und der Zugang zur Kadettenanstalt auch für Offizierssöhne bürgerlicher Herkunft ermöglicht. Die Laufbahnplanung sah den Besuch der Voranstalten im Alter von zehn bis vierzehn Jahren und den anschließenden Übergang an die Hauptanstalt vor; nach Abschluss der Anstaltszeit hatte man als Offizier seine Pflicht zu tun. Mit der Reichsgründung 1871 konsolidierte sich dieses System durch den imposanten Neubau der Hauptkadettenanstalt in Berlin-Lichterfelde und erfuhr eine Erweiterung, da 1877 mit der Übernahme des Lehrplans des Realgymnasiums nun auch zivile Schulabschlüsse möglich waren.

Zwar stellten die Absolventen der Kadettenanstalten nur einen kleinen Teil des Offiziersnachwuchses, sie unterschieden sich aber von ihren Kameraden durch einen besonders ausgeprägten Korpsgeist. Hier zeigte sich die intensive Sozialisationswirkung dieser mit ausgeklügelten Straf- und Belohungssystemen arbeitenden und auf absolutem Gehorsam basierenden Institution.

Nach dem Ersten Weltkrieg wurden die Kadettenanstalten in Folge der Bestimmungen des Versailler Vertrags in Staatliche Bildungsanstalten (Internatsschulen mit realgymnasialem Charakter) umgewandelt, was keineswegs reibungslos verlief. Mit den Nationalpolitischen Erziehungsanstalten knüpften die Nationalsozialisten zumindest teilweise an die Kadettenanstalten an.

Literatur

Schmitz, K. (1997): Militärische Jugenderziehung. Köln u.a.

Rüdiger Loeffelmeier

Kambodscha → Ostasiatische Staaten

Kamerun → Sub-Saharisches Afrika

Kamphuis, Marie (1907-2004)

Kamphuis war eine wichtige Wegbereiterin der Professionalisierung der Sozialen Arbeit in den Niederlanden und der Einzelfallhilfe in Europa. Von 1932 bis 1935 absolvierte sie eine Ausbildung zur Sozialarbeiterin an der protestantischen Schule für Soziale Arbeit in Amsterdam, in der sie ab 1937 zunächst als Lehrerin und später als stellvertretende Direktorin bis 1943 arbeitete. In diesem Jahr gründete sie eine Zweigstelle, die sie bis 1970 leitete. Es folgten verschiedene Studienaufenthalte in den Vereinigten Staaten von Amerika (New York School of Social Work, Chicago School of Social Service Administration). In den Jahren 1950-70 hielt sie zahlreiche Vorträge in Deutschland und bot Fortbildungen im Bereich der Sozialen Arbeit an.

Literatur

Kamphuis, M. (1973): Die persönliche Hilfe in der Sozialarbeit unserer Zeit. Stuttgart.

Kurt Schilde

Kanada (Canada)

Kanada ist der zweitgrößte Flächenstaat der Erde. 85% der rund 32 Millionen Einwohner (Stand: 2006) leben in den städtischen Zentren Toronto, Montreal, Vancouver und Ottawa. Das bundesstaatlich verfasste Kanada versteht sich seit den 1970er

Jahren als multikulturelle Nation und betreibt eine aktive Einwanderungspolitik. Die Bevölkerung ist ethnisch und sprachlich heterogen: Als First Nations bezeichnen sich die indigenen Völker (rund 25.000 Inuit und rund drei Millionen Indianer). Erstere leben insbesondere in der Provinz Nunavut, letztere über das ganze Land verteilt, zum Teil in Reservaten. Seit 2003 verfügen sie über eine eigene Universität (First Nation University of Canada in Regina). In der französischsprachigen Provinz Québec leben überwiegend frankophone Kanadier, in den übrigen Landesteilen anglophone Kanadier und seit dem 20. Jahrhundert Zugewanderte, die sog. visible minorities, die in den Großstädten ca. 30% der Bevölkerung stellen. Die offiziellen Landessprachen Englisch und Französisch werden von 56,3% bzw. 28,7% der Bevölkerung gesprochen. 85% der Bevölkerung der Provinz Québec sprechen Französisch; 98% aller Kanadier außerhalb von Québec Englisch.

Aufgrund seiner föderalen Struktur gibt es in Kanada kein einheitliches Bildungssystem. Zuständig für die Bildungswesen sind die Bildungsministerien (Department oder Ministry of Education/Ministère de l'Education) der zehn Provinzen bzw. drei Territorien. Letztere sind gering besiedelte und mit weniger Kompetenzen als Provinzen ausgestatte Gebiete im Norden Kanadas. Nur 2% der öffentlichen Schulen sind Privatschulen, oftmals Konfessionsschulen. Der Besuch staatlicher Schulen ist kostenfrei. Für Vier- bis Fünfjährige gibt es Vorschulen (pre-elementary/pré-scolaire). Schuleintrittsalter (5. oder 6. Lebensjahr) und Dauer der Primarschulzeit unterscheiden sich in den kanadischen Provinzen und Territorien; die Pflichtschulzeit erstreckt sich vom 6. bis zum 16. Lebensjahr. Die gesamte Schulzeit umfasst in den meisten Provinzen zwölf Jahre. Die Primarschule (elementary oder primary school/école élémentaire oder primaire) erstreckt sich i.d.R. auf sechs Schuljahre (in British Columbia auf sieben, in Ontario und Manitoba auf acht). Die als eine Schule für alle konzipierte und organisierte Sekundarschule umfasst i.d.R. sechs Schuljahre. Sie gliedert sich in eine auf drei Jahre angelegte Junior Highschool und eine zwei bis vier Jahre umfassende Senior Highschool, die zwei Schulzweige anbietet: Ein Zweig führt zum Studium an einer Universität, der andere bereitet auf eine weiterführende Ausbildung an einem community college/collège communautaire, auf den Besuch einer technischen Studienrichtung (institute of technology/institut de technologie) oder auf den Arbeitsmarkt vor. Für Schüler, die die reguläre Sekundarstufe nicht mit Erfolg abschließen können, gibt es spezielle Programme. Die Vorbereitung, Durchführung und Bewertung von Prüfungen erfolgt durch die Schulen. In einigen Provinzen müssen die Schüler in ausgewählten Fächern eine Abschlussprüfung nach den Richtlinien des Bildungsministeriums ablegen, um eine weiterführende Bildungseinrichtung besuchen zu können.

In Kanada gibt es 70 Universitäten; zu den größten gehören die University of Toronto (1827) und die Université de Montréal (1978). Ihr Besuch setzt den Erwerb der Hochschulzugangsberechtigung voraus und ist kostenpflichtig.

Die Ausbildung der Lehrkräfte liegt in der Zuständigkeit der Provinzen und ist an den Hochschulen angesiedelt. Angehende Lehrkräfte erwerben nach vier oder fünf Jahren einen fachwissenschaftlich orientierten Bachelor of Arts (B.A.) oder einen professionsorientierten Bachelor of Education (B.Ed.); ferner ist es möglich, aufbauend auf einem Hochschulabschluss, ein ein oder zwei Jahre umfassendes Lehrerausbildungsprogramm zu absolvieren. Beide letztgenannten Möglichkeiten umfassen Schulpraktika.

Literatur
Arbeitsgruppe internationale Vergleichsstudie (Hg.) (2007): Schulleistungen und Steuerung des Schulsystems im Bundesstaat. Münster. – Volante, L./Jaafar, S. B. (2008): Educational Assessment in Canada. In: Assessment in Education 15, 201-210.

Sabine Hornberg

Kanon

Der Kanon umfasst jene Wissensbestände, die in einer Gesellschaft als so zentral angesehen werden, dass sie in formellen Bildungsprozessen an die nachwachsende Generation weitergegeben werden sollen. Der Kanon hat damit eine normative Funktion, soll gemeinsame kulturelle Vorstellungen sicherstellen und ist somit Ausdruck des kulturellen Gedächtnisses einer Gesellschaft. Er ist deshalb gegenüber einer dynamischen Entwicklung von Erkenntnis, Ethik und Moral tendenziell immer konservativ.

Der Kanon materialisiert sich in Lehrplänen und Curricula, aber auch in Schulbüchern und Prüfungs- und Testanforderungen.

Über den Kanon wird entschieden, welche Inhalte und damit verbundenen Wertvorstellungen in Bildungseinrichtungen gelehrt werden bzw. ausge-

schlossen bleiben. Für Schulen und Universitäten war bis in die Neuzeit hinein der alte Kanon der Gelehrtenbildung prägend, der für die hohe Kultur in Abgrenzung von der Alltagskultur stand.
In der Moderne und Postmoderne wird der Kanon zur Disposition gestellt, da er Bemühungen des Einzelnen um Individualität und Autonomie ebenso entgegenläuft wie der Pluralisierung der Lebensformen und Weltsichten. Es entsteht ein Kanon auf Zeit und Widerruf. Für die Schule bedeutet das, Inhalte nicht mehr über Tradition und Autorität legitimieren zu können, sondern über die kindliche Entwicklung und/oder gesellschaftliche Erfordernisse.
Neuere Diskussionen zum Kanon versuchen, die Orientierung auf kanonisierte Inhalte durch eine Beschreibung von Kompetenzen (Sach-, Methoden- und Sozialkompetenzen) zu überwinden oder Modi der Weltbegegnung im Sinne eines kanonischen Orientierungswissens zu beschreiben: kognitiv-instrumentelle Modellierung, ästhetisch-expressive Begegnung und Gestaltung, normativ-evaluative Auseinandersetzung mit Wirtschaft und Gesellschaft und Auseinandersetzung mit religiösen und philosophischen Fragen.
Es ist umstritten, ob Kerncurricula die Idee des Kanons in zeitgemäßer Form fassen können. Für Kritiker ist es ein Trugschluss, durch die Beschreibung von Kompetenzen auf die Aushandlung und Festlegung von Inhalten und Themen zu verzichten, da Bildung stets inhaltsbezogen sei.

Literatur
Prange, K. (2007): Kanon auf Zeit. In: Zeitschrift für Erziehungswissenschaft 10, 170-180. – Tenorth, H.-E. (2000): Kanon: Prinzipien, Selektivität und Willkür. In: Schlömerkemper, J. (Hg.): Differenzen. Weinheim, 21-32.

Ingrid Kunze

Kant, Immanuel (1724-1804)

Kant hat erkenntnistheoretische, naturwissenschaftliche, ethische, anthropologische, rechts-, geschichts- und religionsphilosophische sowie pädagogische Fragestellungen thematisiert. Vor allem mit seinen Kritiken (Kritik der reinen Vernunft, 1781/87; Kritik der praktischen Vernunft, 1788; Kritik der Urteilskraft, 1790) hat er ein erkenntnistheoretisches Paradigma der Neuzeit entworfen und die Philosophie des Deutschen Idealismus begründet.
Die Vorlesung Über Pädagogik (1803) ist editorisch und argumentativ problematisch (Kant hat sie einen damit überforderten Schüler von sich herausgeben lassen). Sie ist im Kontext der Schriften von John Locke (Some Thoughts Concerning Education, 1693), Jean-Jacques Rousseau (Emile, 1762) und Johann Bernhard Basedow (Elementarwerk, 1774) zu sehen. Die Vorlesung bietet zu Beginn anthropologisch und teleologisch eine Begründung der Notwendigkeit von Erziehung und Pädagogik. Die Erziehung, deren Ziel darin besteht, dass Kinder denken lernen, hat nicht mechanisch (zufällig), sondern judiziös, d.h. planvoll zu sein. Kant unterscheidet die physische von der praktisch-moralischen Erziehung und formuliert vier Erziehungsstufen (Disziplinierung, Kultivierung, Zivilisierung und Moralisierung). Damit stellt er eine aufklärerisch konzipierte Erziehung in den Dienst der Pädagogik, deren Aufgabe es ist, die Menschengattung zur Vervollkommnung zu führen. Kant behandelt in der Schrift manche erzieherischen Einzelfragen, z.B. die moralische, religiöse, sexuelle und die frühe Erziehung sowie das Verhältnis von Freiheit und Zwang. Er zeigt jeweils, dass eine wissenschaftliche Pädagogik ihrem Anspruch nur gerecht werden kann, wenn sie die denkerische Selbständigkeit des Menschen unterstützt bzw. bei Kindern altersgestuft deren Vernunftanlage entfalten hilft.

Literatur
Kant, I. (1982): Ausgewählte Schriften zur Pädagogik und ihrer Begründung. Paderborn. – Kauder, P./Fischer, W. (1999): Immanuel Kant über Pädagogik. Baltmannsweiler.

Peter Kauder

Kap Verde → Sub-Saharisches Afrika

Kapitalismus

Mit dem Begriff Kapitalismus wird die beherrschende Vergesellschaftungsform der industriellen Moderne bezeichnet. Im engeren ökonomischen Sinne stellt der Kapitalismus eine Wirtschaftsweise dar, die sich durch den stetigen Einsatz von Kapital als (produziertem) Produktionsmittel und den dadurch induzierten technischen Fortschritt arbeitsteilig ausdifferenziert und weiterentwickelt. Im weiteren gesellschaftlichen Sinne richtet sich der Blick auf die soziale Logik, die dem Kapitalismus immanent ist. Durch die Institutionen des Privateigentums (an Produktionsmitteln) und des liberalen Marktes musste sich – so Karl Marx – ein Grundwiderspruch zwischen Kapital und abhängiger Arbeit entwickeln, der auf die Krise und schließlich Aufhebung der kapitalistischen Wirtschafts- und Gesellschaftsform drängt. Dass sich der Kapitalismus aber im Übergang vom 19. zum 20. Jahrhundert – trotz wiederkehrender ökonomischer und sozialer Krisenerscheinungen – gefestigt hat, ist nicht nur auf die regulativen Eingriffe des Staates (Staatsinterventionismus) zurückzuführen, sondern vor allem auf ein Modernisierungsparadox, in dem sich der Kapitalismus in einer eigenartigen Dialektik weiterentwickeln konnte: Diesen Zusammenhang, in dem ökonomische Modernisierung und sozialpolitische Befriedung des Kapitalismus zusammenlaufen, hat Eduard Heimann (Soziale Theorie des Kapitalismus, 1929/1980) analysiert: Der Kapitalismus ist zum Zwecke seiner Modernisierung (im Sinne der Verbesserung der Verwertungsbedingungen des Kapitals) auf die Entwicklung und Qualifizierung der Arbeit (des Humankapitals) angewiesen. Damit aber setzt er selbst eine soziale Dynamik frei, indem die nun qualifizierten Arbeiter ihre abhängige Lebenslage erkennen und soziale und politische Ansprüche – organisiert in Gewerkschaften und Interessenverbänden – in der Perspektive der Reform des Wirtschafts- und Gesellschaftssystems stellen. Der Sozialstaat wird zum Mediator diese Entwicklung, indem er auf der einen Seite die institutionellen Bedingungen für die Verbesserung des Humankapitals (z.B. Bildung) schafft, auf der anderen Seite die steigenden Ansprüche der arbeitenden Bevölkerung aufnimmt und in Sozial- und Versorgungssystemen reguliert.

Mit den technologischen Innovationen der Fließband- und Massenproduktion, wie sie Ende des 19. Jahrhunderts sich in den USA durchsetzten und später in Europa verbreiteten, trat der Kapitalismus in eine weitere Modernisierungsphase ein. Nach dem Automobilproduzenten Henry Ford, der als erster in großem Stil nach dem Prinzip Massenproduktion ist Massenkonsum arbeitete, wurde die kapitalistische Entwicklungsphase, die das 20. Jahrhundert prägte, die fordistische Formation genannt. Die technologische Entwicklung hin zur Fließbandproduktion ermöglichte Massenfertigung von Gebrauchsgütern und erforderte gleichzeitig eine möglichst breite Käuferschicht. Die wiederum konnte nur durch entsprechende Löhne geschaffen werden, die zwar als Kosten in die Produktion eingingen, aber dort durch technologische Erhöhung der Produktivität wieder aufgefangen wurden. Das fordistische Modell beinhaltete mehr als nur ein technisch-ökonomisches Konzept. Es entwickelte eine gesellschaftliche Transformationskraft und wurde zum Kontrastmodell gegenüber dem sozialstaatlichen Kapitalismus in Europa, mit dem es sich aber dort vermischte. Die Arbeiter waren nun zu Konsumenten geworden, die ihre Ansprüche nun weniger an die Reform des kapitalistischen Systems, sondern auf die Erhaltung und Erhöhung ihres Lebens- und Konsumstandards richteten. Dies schlägt sich bis heute auch in der Tarifpolitik der Gewerkschaften nieder. Damit erweiterte sich auch die regulative Zuständigkeit des Sozialstaates, gleichzeitig war die Gefahr einer Legitimitätskrise vorprogrammiert. Denn mit der Entwicklung einer fordistischen, durch Massenproduktion und Massenkonsum strukturierten Gesellschaft steht nicht mehr der Konflikt von Arbeit und Kapital im Vordergrund, sondern die Einlösung von differenziellen Ansprüchen zur Erhaltung des Lebensniveaus, deren Garantieerwartungen auf den Wohlfahrtsstaat übertragen werden. Der Sozialstaat wird nun zum Kristallisationspunkt und Adressat nahezu aller gesellschaftlichen Ansprüche und entsprechenden Konflikte. Zur Krise kommt es, wenn die vom Sozialstaat in seiner Programmstruktur selbst gesetzten Erwartungen auf Grund politischer und fiskalischer Erosionen nicht mehr gerecht werden kann.

In der postfordistischen Wirtschaftsentwicklung insbesondere seit dem Ende des 20. Jahrhunderts gerät der Sozialstaat angesichts eines sich durchsetzenden digitalen Kapitalismus in seiner wirtschafts- und gesellschaftsregulierenden Kraft unter Druck. Der Begriff des digitalen Kapitalismus beschreibt in diesem Zusammenhang die Phänomene der sozialen Entbettung der Ökonomie, der damit einhergehenden Abstraktion der Arbeit von sozialen Bindungen und der Ortlosigkeit einer globalen Kapitalzirkulation. Die kapitalistische Wirtschaft hat zwar schon immer international agiert, die heutige Globalisierung stellt aber demgegenüber ein qualitativ neues Phänomen dar: Die sprunghafte Entwicklung der Informations- und Kommunikationstechnologien hat zur Substitution von menschlicher Arbeit und die Möglichkeiten internationaler Arbeitsverlagerung in einem ungeahnten und differenzierten Maße geführt. Gleichzeitig hat sich der Konkurrenzdruck auf die heimische Produktion in einer vorher nie gekannten Weise internationalisiert und verschärft. Auf dieser informationstechnologischen Basis hat sich auch eine Internationalisierung des investiven und spekulativen Kapitaleinsatzes mit überstaatlichen Regulativen (Börsenkapitalismus) entwickelt. Das bedeutet, dass die nationalen Sozialstaaten in den Sog internationaler Standortkonkurrenz und unter den Druck transnationaler Konzerne geraten. Gleichzeitig muss die durch die Rationalisierungsschübe und internationale Arbeitsverlagerung erzeugte Strukturkrise und Massenarbeitslosigkeit vom Sozialstaat getragen werden (regulative und fiskalische Krise des Sozialstaats). Dies hat Rückwirkungen auf das nationalgesellschaftliche politische und soziale Klima, drängt auf die Ökonomisierung des Sozial- und Bildungsbereiches. Auf die Bildungspolitik kann dies dergestalt zurückzuschlagen, dass Verfahren sozialtechnologischer Modularisierung überhand nehmen. Dabei erscheinen die gegenwärtigen Bedingungen des internationalen Bildungswettbewerbs klar. Die Nationen versuchen sich bei der Entwicklung des Humankapitals gegenseitig zu übertreffen.

Literatur
Altvater, E./Mahnkopf, B. (1996): Grenzen der Globalisierung. Münster. – Butterwegge, C. (2007): Kritik des Neoliberalismus. Köln. – Brown, P. (2004): Gibt es eine Globalisierung positionalen Wettbewerbs. In: Mackert, J. (Hg.): Die Theorie sozialer Schließung. Wiesbaden, 233-256 – Habermas, J. (1973): Legitimationsprobleme im Spätkapitalismus. Frankfurt.

Wolfgang Schröer

Karibik

Laut der hier verwendeten Klassifikation der United Nations Educational, Scientific and Cultural Organisation (UNESCO) zählen folgende Länder und Territorien zur Karibik: Anguilla, Antigua und Barbuda, Aruba, Bahamas, Barbados, Belize, Bermuda, die Britischen Jungferninseln, Dominica, Grenada, Guyana, Haiti, Jamaika, die Kaimaninseln, Montserrat, die Niederländischen Antillen, St. Kitts und Nevis, St. Lucia, St. Vincent und die Grenadinen, Suriname, Trinidad und Tobago sowie die Turks- und Caicosinseln. Überwiegend handelt es sich um größere oder kleinere Inselgebiete, bis auf Belize, Guyana und Suriname, die auf mittel- bzw. südamerikanischem Festland liegen. Die Logik der UNESCO-Regionalisierung bezieht sich darauf, dass in den genannten Gebieten Spanisch oder Portugiesisch nicht die Amts- und Schulsprachen sind, weshalb sie nicht zu Lateinamerika gehören. In der so definierten Region Karibik handelt es sich überwiegend um Mitgliedstaaten des Commonwealth of Nations bzw. um britische Überseegebiete mit unabhängigen lokalen Rechts- und Verwaltungssystemen, in denen überall Englisch die Amts- und Unterrichtssprache (geblieben) ist. In den restlichen Gebieten wird aufgrund der Kolonialvergangenheit Niederländisch (Aruba, Niederländische Antillen, Suriname) oder Französisch (Haiti) gesprochen.

Haiti (8 Millionen), Jamaika (3 Millionen) sowie Trinidad und Tobago (1,3 Millionen) sind die bevölkerungsreichsten Länder der Gruppe; viele haben weniger als 100.000 oder gar weniger als 10.000 Einwohner. Laut Development Assistance Committee (DAC) der Organisation for Economic Cooperation and Development (OECD) sind viele Länder der Karibik sog. Entwicklungsländer und -gebiete. Ihnen stehen einige ‚Steueroasen' gegenüber, die sich insbesondere auf kleinen Inselterritorien befinden. Bermuda zählt gemessen am Pro-Kopf-Einkommen zu den reichsten Ländern der Welt; Haiti ist das ärmste Land der Gruppe und zugleich aller Länder südlich von Nordamerika. Armut und Reichtum liegen in dieser Ländergruppe also geographisch teils nah zusammen, und auch innerhalb dieser Staaten und Territorien gibt es oft große Unterschiede zwischen reichen und armen Bevölkerungsteilen.

Im karibischen Alltag, im Kulturbetrieb (Musik, Literatur und Kunst), aber auch in den Sozialwissenschaften wird die Existenz einer karibischen Identität als Resultat vielfach ähnlicher Erfahrungen während einer 500jährigen Kolonialgeschichte diskutiert: Der sog. Dreieckshandel zwischen Westafrika, der Karibik und Europa führte zu einer fast gänzlichen Ausrottung der Ureinwohner. An ihre Stelle traten die in großer Zahl in die Karibik verschleppten Afrikaner, was sich in der heutigen mehrheitlich afrokaribischen Zusammensetzung der Bevölkerung spiegelt. Deren Lebenssituation zog, besonders nach der Abschaffung der Sklaverei in der ersten Hälfte des 19. Jahrhunderts, viele europäische Missionsgesellschaften in die Karibik; die Bewohner der Karibik sind daher überwiegend Christen verschiedener Konfessionen. Daneben gibt es synkretistische Gemeinschaften (Voudou, Rastafari), und in den Gebieten, die auch asiatisch-stämmige Bevölkerungsgruppen aufweisen (Trinidad und Tobago, Guyana, Suriname), die schon zu Kolonialzeiten als Kontraktarbeiter in die Karibik geholt wurden, sind der Hinduismus und der Islam vertreten. Die Dekolonisation ist vielfach unabgeschlossen geblieben: Im Unterschied zu Lateinamerika wurden die karibischen Gebiete erst spät, seit den 1960er Jahren, unabhängig (Ausnahme: Haiti: 1803), sind teils immer noch nicht (formal voll) unabhäng (Aruba, Niederländische Antillen, Britische Überseegebiete) oder wollen dies auch nicht werden. Insgesamt bestehen weiterhin starke Bindungen an die (ehemaligen) Kolonialmächte einschließlich beträchtlicher Migration dorthin, von wo aus dann finanzielle Rücküberweisungen an das Herkunftsland erfolgen, auf die die ärmeren Gebiete der Karibik dringend angewiesen sind. Bedeutsam ist aber auch der Tourismus aus den ehemaligen europäischen Kolonialländern in die betreffenden Karibikgebiete. Da der Tourismussektor fast überall zu den wichtigsten Standortfaktoren zählt, sind dort vierlorts entsprechend ausgerichtete neue berufliche und hochschulische Ausbildungsgänge entstanden. Heute ist der europäische Einfluss allerdings durch Wirtschaftsverflechtungen, Massenmedien, Auslandsstudium, Migration in die und Touristen aus den USA schon vielfach von US-amerikanischen Einflüssen überlagert oder verdrängt.

Trotz der Dominanz der jeweiligen Kolonialsprachen ist die Karibik polyglott: Im Alltagsleben sind kreolische Sprachen als Verkehrssprachen auf vielen Inseln weit verbreitet, aber im Bildungswesen meist nicht vertreten. Ferner werden je nach geographischer Lage weitere Sprachen gesprochen: Im (englischsprachigen) Belize ist Spanisch geläufig und wird daher in der Schule als Pflichtfremdsprache gelehrt. Hindi und Javanisch sind in Gebieten mit asiatischstämmigen Bevölkerungsgruppen weit verbreitet; weitere Minderheitensprachen finden sich in vielen anderen Ländern der Karibik.

Beobachtungen zu Erziehung und Bildung in der Karibik resultieren überwiegend (aber nicht nur) aus Untersuchungen zur englischsprachigen Karibik, dem Hauptanteil der hier betrachteten Ländergruppe: In den Sklavenhaltergesellschaften war die Unterrichtung der Sklaven in Lesen, Schreiben und Rechnen verboten. Dennoch waren einige Sklaven autodidaktisch oder durch geheime Unterweisung lese- und schreibkundig, aber die eigentliche Missionsschularbeit begann erst nach der Abschaffung der Sklaverei. Ferner wurde den Sklaven vielfach untersagt, Ehen zu schließen und Familien zu gründen. Dies gilt als einer der möglichen Gründe für die weite Verbreitung der ‚matrifokalen Erziehung' in der Karibik, wo der Anteil von weiblichen Haushaltsvorständen heutzutage – ob englisch-, französisch- oder niederländischsprachig – bei mindestens 20% bis über 40% liegt.

Die Bildungswesen der Karibik spiegeln die Kolonialvergangenheit bis heute in ihrem Aufbau, ihrer Unterrichtssprache, ihren Verwaltungsstrukturen und ihrer Schulkultur. Koedukation wurde in der englischsprachigen Karibik erst seit den 1970er Jahren zunächst in den Primar-, dann auch in den Sekundarschulen eingeführt. Über die Benachteiligung der Jungen und die Diskriminierung des männlichen Geschlechts, möglicherweise bedingt oder forciert durch matrifokale Erziehung, eine feminisierte Lehrerschaft und Koedukation, wurde und wird seit den Veröffentlichungen des jamaikanischen Pädagogik-Professors Errol Miller seit Ende der 1980er Jahre heftig debattiert und geforscht. Ein weiteres Merkmal sind regionale Bildungskooperationen, mit denen innovativ auf die gemeinsame geschichtliche Erfahrung und die besondere Situation von Bildungswesen auf kleinen Territorien (Problematik der small islands) geantwortet wurde. Es kam zu gemeinsamen Reformen im curricularen Bereich, z.B. zu einer eigenen Schulbuchproduktion besonders in gesellschaftskundlichen Fächern (Geschichte, social studies), die nun die karibischen Realitäten spiegeln sollen, und zur Einführung eigener Schulabschlüsse unter regionalen Prüfungsbehörden wie dem Caribbean Examinations Council CXC. Im Zuge der Unabhängigkeitsbestrebungen entstand 1962 aus dem (kolonialen) University College die eigenständige regionale University of the West Indies (UWI) mit Campus-Standorten in Jamaika (Mona), Barbados (Cave Hill) und Trinidad und Tobago (St. Augustine) sowie weiteren Dependancen in anderen Gebieten der englischsprachigen Karibik (non-campus countries). Im Laufe der Zeit wurden an der UWI Certificate und Diploma of Education sowie Bachelor und Master of Education Programme mit verschiedenen Spezialisierungen etabliert. Forschung und Lehre an der UWI haben international anerkanntes Niveau.

Die derzeitige Bildungssituation stellt sich anhand der Global Monitoring Reports der UNESCO wie folgt dar: Im karibischen Durchschnitt sind etwa drei Viertel der Erwachsenen alphabetisiert, wobei die Rate in einzelnen Ländern weit höher liegt. Die Schulpflicht beginnt im Alter von 5 oder 6 und endet meist mit 15 bis 17 Jahren (in Haiti, Jamaika und Trinidad und Tobago schon mit 11 Jahren). Die überwiegend 6jährige Primarschule wird zumeist von fast allen Kindern absolviert (Dominica, Grenada, St. Kitts und Nevis und die Turks- und Caicosinseln: unter 85%). In der überwiegend obligatorischen unteren Sekundarstufe sind die Schulbesuchsquoten ebenfalls recht hoch; sie nehmen dann aber in der oberen Sekundarstufe mit einem teils recht deutlichen Geschlechtergefälle zugunsten der Mädchen ab (so in Anguilla, Aruba, Barbados, Belize, Bermuda, den Britischen Jungferninseln, Dominica, Jamaika, St. Lucia und Trinidad und Tobago). Auch im Hochschulbereich gibt es oft mehr Frauen unter den Immatrikulierten und Absolventen. Insgesamt können in den letzten Jahrzehnten fast überall eine Bildungsexpansion und ein Ausbau des Bildungswesens bis hin zur Hochschulebene, einerseits mit Tendenzen zu regionalen Kooperationen, andererseits unter Beibehaltung der engen Beziehungen zu den (ehemaligen) Kolonialmetropolen, konstatiert werden. Ferner haben die Beziehungen zwischen der Karibik und Nordamerika auch im Bildungswesen zugenommen.

Literatur
Bacchus, M. K. (1990): Utilization, Misuse, and Development of Human Resources in the Early West Indian Colonies from 1492 to 1845. Waterloo, Ontario. – Brock, C. et al. (Hg.) (1990): Education in Central America and the Caribbean. London. – Nohlen, D./Nuscheler, F. (Hg.) ([3]1995): Handbuch der Dritten Welt. Bd. 3: Mittelamerika und Karibik. Bonn. – Kutnick, P./Jules, V./Layne, A. (1997): Gender and school achievement in the Caribbean. London. – Miller, E. ([2]1994): The Marginalization of the Black Male. Barbados u.a.

Christel Adick

Karsen, Fritz (1885-1951)

Der Reformpädagoge Karsen studierte in Breslau Deutsch, Englisch, Französisch, Philosophie und Sport und schloss sein Studium mit der Promotion (1908) und dem Staatsexamen (1910) ab. Danach arbeitete er als Oberlehrer in Liegnitz, Magdeburg und Berlin, wo er 1919 neben Paul Oestreich u.a. den Bund Entschiedener Schulreformer mitbegründete. Nach kurzer Tätigkeit im Preußischen Kultusministerium übernahm Karsen die Leitung des Kaiser-Friedrich-Realgymnasiums in Berlin-Neukölln (ab 1930 Karl-Marx-Schule), das er zu einer Versuchsschule ausbaute. Karsen setzte sich für eine Einheitsschule ein (soziale Arbeitsschule), richtete u.a. Aufbauklassen sowie Arbeiter-Abiturientenkurse ein und verband mit seiner pädagogischen Arbeit gesellschaftspolitische Ansprüche (Die Schule der werdenden Gesellschaft, 1921). Seine Schule wurde eine der ersten deutschen Gesamtschulen. 1933 von den Nationalsozialisten entlassen, emigrierte Karsen zunächst in die Schweiz und nach Frankreich, dann nach Kolumbien (1936) und schließlich in die USA (1938). Von 1942 bis 1946 lehrte er am City College of New York und gehörte von 1946 bis 1948 zur Hauptabteilung Education and Cultural Relations beim Office of Military Government der U.S. Army. Bis zu seinem Tod arbeitete er als Professor für Deutsch und Erziehungswissenschaft am Brooklyn College.

Literatur
Radde, G. ([2]1999): Fritz Karsen. Berlin.

Jörg-W. Link

Karzer

Im Rahmen der akademischen Gerichtsbarkeit, die den Universitäten im Mittelalter verliehen worden war, durften diese über Verfehlungen der Studenten zu Gericht sitzen und Strafen verhängen. Mit Karzer (vom lateinischen carcer, Gefängnis) bezeichnete man einerseits Freiheitsstrafen, die für bestimmte Vergehen verhängt wurden, andererseits den Ort des Strafvollzugs, meist ein kahler und spärlich eingerichteter Raum innerhalb der Universität. Die Veränderungen im pädagogischen Denken seit der Aufklärung veranlassten Reformen, die der Karzerstrafe ihren Schrecken nahmen. Für viele Studierende des 19. Jahrhunderts gehörte eine abgesessene Zeit im Karzer allerdings zur Universitätskarriere dazu. Die Inschriften in heute als museale Einrichtungen noch bestehenden Karzern deuten zudem an, dass die Strafe durchaus geselligen Charakter haben konnte. Mit der Aufhebung der akademischen Gerichtsbarkeit 1879 verschwand die Karzerstrafe allmählich aus dem universitären Alltag.
Dem Vorbild der Universitäten folgend gab es auch an höheren Schulen Karzer, die bis ins 20. Jahrhundert hinein zur Durchführung des Nachsitzens genutzt wurden.

Literatur
Alenfelder, K.-M. (2002): Akademische Gerichtsbarkeit. Baden-Baden.

Rüdiger Loeffelmeier

Kasachstan → Zentralasiatische Staaten

Katar → Arabische Staaten

Kategoriale Bildung

In der prominent von Wolfgang Klafki vertretenen Auffassung kategorialer Bildung sollen die Einseitigkeiten materialer Bildung, in der die objektive inhaltliche Seite stärker gewichtet ist, und formaler Bildung, die stattdessen die Fähigkeiten und Kräfte hervorhebt, vermittelnd überwunden werden. Darin äußert sich die bereits bei Wilhelm von Humboldt naheliegende Einsicht, dass die Relationen zwischen Mensch und Welt sinnvoll nur als Wechselwirkung zu verstehen seien. Bildung bedeutet dann für Klafki Erschlossensein einer dinglichen und geistigen Wirklichkeit für einen Menschen und damit zugleich Erschlossensein dieses Menschen für die Wirklichkeit; sie wird zu dem Phänomen, an dem man der Einheit eines formalen und eines materialen Moments gewahr werden kann. In der doppelten Funktion und Bedeutung des Kategorialen, sowohl das subjektive Erkennen zu leiten, als auch fundamentales und elementares Strukturmoment des objektiv zu Erkennenden zu sein, ist der Gegensatz von materialer und formaler Bildung erkenntnistheoretisch aufgehoben. Eine bildungstheoretisch weitergehende, allerdings weniger rezipierte Sicht auf kategoriale Bildung bzw. Bildungskategorien hat Franz Fischer entwickelt. Für ihn sind Bildungskategorien nicht auf das pädagogische Feld beschränkt, sondern beziehen sich auf alle empirischen Bereiche, sofern sie Inhalte reflektierender Vermittlung (der Bildung) sind. Kategoriale Bildung wird aus dieser Perspektive geichbedeutend mit jeglichen gedanklich zu durchdringenden Weltverhältnissen des Menschen.

Literatur
Klafki, W. (1963): Das pädagogische Problem des Elementaren und die Theorie der Kategorialen Bildung. Weinheim. – Fischer, F. (1975): Darstellung der Bildungskategorien im System der Wissenschaften. Ratingen.

Andreas Poenitsch

Katholische Erwachsenenbildung

Katholische Erwachsenenbildung – oder Erwachsenenbildung in katholischer Trägerschaft – bezeichnet die Bildungsarbeit für Erwachsene, die von Einrichtungen katholischer Träger durchgeführt wird. Dies sind vor allem Bildungswerke auf lokaler oder regionaler Ebene, Familienbildungsstätten, Bildungswerke der katholischen Verbände, Heimvolkshochschulen und die Akademien der Diözesen. Insgesamt gibt es in Deutschland rund 750 katholische Bildungseinrichtungen, in denen ehrenamtliche, nebenberufliche und hauptamtliche Mitarbeiter zusammenarbeiten. Diese Einrichtungen der katholischen Erwachsenenbildung sind über die bischöflichen Beauftragten für Erwachsenenbildung der 27 deutschen Diözesen/Bistümer, durch zwölf katholische Landesarbeitsgemeinschaften für Erwachsenenbildung in den verschiedenen Bundesländern sowie vier katholische Verbände mit eigenen Bildungswerken auf Bundesebene und sieben Zusammenschlüssen vertreten. Zu diesen gehören z.B. die Arbeitsgemeinschaft katholisch sozialer Bildungswerke (AKSB), die Bundesarbeitsgemeinschaft der Familienbildungsstätten, die Kolpingwerke, die katholische Arbeitnehmerbewegung (KAB) oder die katholische Bundesarbeitsgemeinschaft für berufliche Bildung. Auf Europäischer Ebene engagiert sich die katholische Erwachsenenbildung in der Féderation Européenne pour Éducation Catholique des Adultes – Europäische Föderation für katholische Erwachsenenbildung. Gegenüber Politik und Kirche wird ihre Arbeit auf Bundesebene durch die Katholische Bundesarbeitsgemeinschaft für Erwachsenenbildung (KBE) vertreten.
2007 wurden vier Millionen Menschen in 190.000 Kursen und weiteren Veranstaltungen erreicht. Damit ist die katholische Erwachsenenbildung die größte nichtkommunale Anbieterin von Erwachsenenbildung. Organ der KBE ist die Zeitschrift Erwachsenenbildung – Vierteljahresschrift für Theorie und Praxis, Sitz der Geschäftsstelle ist Bonn. Die KBE sieht die Aufgabe der Erwachsenenbildung als vierte Säule des Bildungswesens darin, den Menschen in ihren Lebenszusammenhängen Orientierungs- und Gestaltungshilfen anzubieten.
Dabei sieht die katholische Erwachsenenbildung ihr Alleinstellungsmerkmal im Zusammenwirken von Wertorientierung und Ausrichtung ihrer gesamten Arbeit auf eine ganzheitliche Bildung vor dem Hintergrund des christlichen Glaubens und Menschenbildes. Erwachsenenbildung unterscheidet sich von anderen Bildungsbereichen dadurch, dass die Mündigkeit des Teilnehmers im Bildungsvorgang vorausgesetzt und gestärkt werden soll. Neben der Teilhabe an der öffentlich verantworteten Aufgabe sieht sie Erwachsenenbildung gleichermaßen als eine Kernaufgabe kirchlichen Handelns wie auch als unverzichtbares Instrument verantwortlicher Lebensgestaltung.
Schwerpunkte ihrer inhaltlichen Arbeit sind die theologische Erwachsenenbildung als Bestandteil des

Verkündigungsdienstes der Kirche und die allgemeine Erwachsenenbildung zur Förderung der einzelnen Person und ihrer Handlungsfähigkeit in Kirche und Welt. Hier zeichnet sich die katholische Erwachsenenbildung besonders durch ihre Kompetenzen im Bereich der Familienbildung und der Bildung für das dritte und vierte Alter aus. Hinzu kommen die politische Bildung, mit der die katholische Erwachsenenbildung die Befähigung der Teilnehmenden zur verantwortlichen politischen Mitgestaltung in Staat und Gesellschaft unterstützt, und die berufliche Bildung wie Schulungen im Bereich der elektronischen Datenverarbeitung und Managerseminare sowie solche Angebote, die im Sinne der katholischen Soziallehre besonders die sozial Benachteiligten wie etwa Arbeitslose oder Migranten fördern.

Wirtschaftlich unterliegt auch die katholische Erwachsenenbildung dem stetigen Rückgang der öffentlichen institutionellen Förderung (Bundesländer, Kommunen) bei gleichzeitiger sinkender finanzieller Ausstattung durch die Bistümer zu Lasten einer stetigen Steigerung der Beiträge durch die Teilnehmenden.

Literatur

Katholische Bundesarbeitsgemeinschaft für Erwachsenenbildung (2007): Kompetenz braucht Erfahrung, Erwachsenenbildung braucht tragfähige Strukturen. Bonn. – Katholische Bundesarbeitsgemeinschaft für Erwachsenenbildung (1992): Hirschberger Erklärung. Bonn.

Michael Sommer

Katholische Pädagogik

Jede in Europa entstandene Pädagogik steht direkt oder indirekt in einer jüdisch-christlichen Tradition, deren Anfänge an antike Lehren anknüpfen. Im christlichen Glauben verankerte und von der Kirche unterhaltene Einrichtungen wie Klosterschulen oder Universitäten bildeten jahrhundertelang oftmals die einzige Gelegenheit zum Erwerb von nicht unmittelbar dem Lebensunterhalt dienenden Kenntnissen und Fähigkeiten. Dieser Tradition entsprangen Denkfiguren, Problemstellungen und Lösungsansätze sowie zahlreiche Organisationsmodelle, die auch heute noch prägenden Charakter haben, sei es, dass man ihnen folgt oder dass man sich von ihnen absetzt.

Der Fokus des christlichen Verständnisses richtet sich auf Jesus Christus. Er gab das Beispiel für ein gelingendes Leben, dem man folgen soll. Die Institutionen und Lehrmeinungen der Kirche dienen der Systematisierung und Tradierung des für die Nachfolge nötigen Wissens und die katholischen Autoren unterstützten diese Aufgabe: In Einrichtungen der Jesuiten wurde nach einem festgelegten Lehr- und Prüfungsplan unterrichtet und erzogen. Bernhard Schulz u.a. fertigten eine Sammlung der bedeutendsten pädagogischen Schriften mit katholischem Profil an. Otto Willmann legte eine Didaktik auf katholischer Grundlage vor. Johann Michael Sailer, Georg Kerschensteiner, Franz Xaver Eggersdorfer und weitere Autoren reflektierten Bildungsthemen im Horizont göttlicher Gnade als letztem Bezugspunkt der Erziehung.

Erst mit der inneren Differenzierung des Christentums im Zuge der Reformation kam es zur Abgrenzung und Profilierung eines spezifisch katholischen Verständnisses von Erziehung, Unterricht und Bildung. Weitere Abgrenzungen folgten: Im 17. und 18. Jahrhundert richtete sich der Anspruch der Aufklärung gegen eine kirchliche Bevormundung der sich selbst gebietenden Vernunft. Gemeint war in erster Linie die katholische Kirche, denn die Aufklärung wurde in der Pädagogik nahezu ausschließlich durch den Protestantismus vorangebracht. Die pädagogische Theoriebildung nimmt seitdem kaum noch von katholischen Pädagogen Notiz. Im Übergang zum 21. Jahrhundert wird der katholische Anspruch auf die Achtung der Würde des Menschen sowie die darauf basierende Förderung des einzelnen Menschen zu einem selbstbestimmten Leben in sozialer Verantwortung und christlicher Sinnorientierung konfrontiert mit der Allianz von Bildungspolitik und Ökonomie, die für eine Orientierung an Kompetenzen und Qualifikationen unter den Bedingungen des globalisierten Wettbewerbs eintritt. Der einzelne Mensch wird hier zur Ressource einer am internationalen Markt ausgerichteten Bildungspolitik erklärt.

Mit den Sozialenzykliken sowie der Erziehungsenzyklika Papst Pius XI. (Divini illius magistri, 1929), dem Konzilsdokument Gravissimum educatonis (Erklärung über die christliche Erziehung, 1965), den Veröffentlichungen der Bildungskongregation zur Katholischen Schule (1977 und 1997), zum katholischen Lehrer (1982) und zum Erziehungsauftrag von Personen des geweihten Lebens (2002) hat die katholische Kirche Stellung bezogen für eine an der individuellen Würde des Menschen ausgerichtete Pädagogik, die jede Indienstnahme des Menschen für andere Zwecksetzungen verbietet. Dies sind zentrale Referenztexte für eine Pädagogik, die nicht mehr Bekenntnispädagogik sein kann, sondern die durch eine Reflexion auf das christliche Selbst- und Weltverständnis in ihren grundlegenden Problemstellungen und Lösungsbemühungen Orientierung gewinnt.

Literatur
Menze, C. (1989): „Katholische Pädagogik“ oder „Katholische Christen als Pädagogen“. Münster. – Ratzinger, J. (1967): Das Menschenbild des Konzils in seiner Bedeutung für die Bildung. In: Kulturbeirat beim Zentralkomitee der deutschen Katholiken (Hg.): Christliche Erziehung nach dem Konzil. Köln. – Wittenbruch, W. (2005): Vertrauen in Schule. Münster.

Elmar Anhalt

Kaufmännische Berufsausbildung

Die Anfänge kaufmännischer Berufsausbildung fallen mit der Aufnahme der Buchhaltung in den Fächerkanon der Schreib- und Rechenschulen des 16. und 17. Jahrhunderts zusammen. Die historische Berufsbildungsforschung datiert die Gründerjahre der heutigen kaufmännischen Berufsausbildung auf die Kaiserzeit. Bedingt durch den Bevölkerungszuwachs, die Urbanisierung, die Ausweitung des Handelsvolumens und der Handelsbeziehungen und den Bedeutungszuwachs des kaufmännischen Sektors als Beschäftigungsfeld expandierte in dieser Zeit das kaufmännische Bildungswesen enorm. Dies wurde wiederum begünstigt durch gesetzliche Neuregelungen zur Fortbildungsschulpflicht sowie nicht zuletzt durch die Initiativen kaufmännischer Vereinigungen, Handelskammern und Verbände, insbesondere des Verbands für das kaufmännische Unterrichtswesen (später: Bildungswesen). Leitbild der kaufmännischen Berufsausbildung war zu dieser Zeit der selbstständige Kaufmann, an dessen Profession und Interessen die Gestaltung der kaufmännischen Berufsausbildung ausgerichtet war. Zunächst nur als betriebsgebundene Lehre organisiert, wurde die kaufmännische Berufsausbildung durch die teilzeitschulische Ausbildung an kaufmännischen Fortbildungsschulen ergänzt. Bestanden in Deutschland im Jahr 1870 ungefähr 50 solcher Schulen, konnten 1900 ca. 450 gezählt werden. 1927 waren es bereits 991.
Auch die kaufmännischen Vollzeitschulen haben in der Kaiserzeit quantitativ an Bedeutung gewonnen. Hiermit konnten Handelkurse, die vorrangig kaufmännische Inhalte vermittelten, Handelsrealschulen, die mit dem Einjährigen Abschluss (heute: Mittlere Reife) absolviert werden konnten, oder Höhere Handelsschulen, die das Einjährige voraussetzten und gehobenere kaufmännische Inhalte vermittelte, gemeint sein. Um 1900 existierten im Deutschen Reich ungefähr 14 Höhere Handelsschulen, 36 Handelsrealschulen und 32 Handelskurse. Mitte der 1920er Jahre kamen Wirtschaftsoberschulen hinzu, die auf gehobene Tätigkeiten in Wirtschaft und Verwaltung und auf ein Studium an der Handelshochschule vorbereiteten. In dieser Zeit kam es zu einem starken Andrang Jugendlicher auf kaufmännische Berufe. Vor allem waren die kaufmännischen Berufe unter der weiblichen Jugend stark nachgefragt. Nachdem im Nationalsozialismus die kaufmännische Berufsausbildung, wie die gesamte Berufsausbildung, der ideologischen Indoktrination, der Überwachung, Vereinheitlichung und Zentralisierung unterworfen worden war, knüpften die in der Nachkriegszeit erlassenen Berufsschullehrpläne im Hinblick auf Fächerkanon zunächst an die Erlasse der Kaiserzeit und der Weimarer Republik an. Dies wurde 1952 vom Ausschuss für Berufserziehung im Auftrag der Kultusministerkonferenz (KMK) sowie 1964 vom Deutschen Ausschuss für das Erziehungs- und Bildungswesen kritisiert, mit dem Hinweis, dass es inzwischen nicht mehr nur eine kleine Zahl an kaufmännischen Angestellten gäbe, für die ausgebildet werden müsste, sondern eine Reihe unterschiedlicher kaufmännischer Berufe. Zudem wäre die kaufmännische Berufsausbildung veraltet und ginge an der beruflichen Realität vorbei. Neben der Ausdifferenzierung kaufmännischer Berufsbilder und Ausbildungsordnungen wurden unterschiedliche Reformen in der Ausbildung selber angestrebt, wie beispielsweise die Einführung der Stufenausbildung und beruflichen Grundbildung. Besondere curriculare und didaktische Veränderungen haben sich in der kaufmännischen Berufsausbildung seit der Neuordnung der Büroberufe in den 1980er Jahren, der Einführung handlungsorientierter Didaktik und komplexer Lehr-Lernarrangements und nicht zuletzt seit der Einführung der Lernfelder seit 1996 ergeben. Die kaufmännische Berufsausbildung findet sowohl in vollzeit- als auch in teilzeitschulischer Form an der kaufmännischen Berufsfachschule und an der Berufsschule, in Kombination mit der entsprechenden betrieblichen Ausbildung, statt. Inzwischen existieren eine Reihe kaufmännischer Berufe, die im Berufeatlas des Instituts für Arbeitsmarkt- und Berufsforschung (IAB) kategorisiert sind, beispielsweise als Berufe für Groß- und Einzelhandelskaufleute, für

Bankfachleute, für Fremdenverkehrsfachleute, für Werbefachleute und für Bürokräfte.

Literatur
Bruchhäuser, H.-P. (1999): Quellen und Dokumente zur kaufmännischen Berufsbildung im 18. Jahrhundert. Köln. – Horlebein, M. (1989): Quellen und Dokumente zur Geschichte der kaufmännischen Berufsbildung 1818-1984. Köln.

Karin Büchter

Kavalierstour

Auch Grand Tour genannt, bezeichnet die Kavalierstour eine seit dem 16. Jahrhundert auftretende ca. ein bis zwei Jahre dauernde europäische und weltliche Reise männlicher, junger Adliger, mit einer Blütezeit in der zweiten Hälfte des 17. Jahrhunderts und im 18. Jahrhundert. Die Kavalierstour wurde später auch vom Bürgertum übernommen. Im adligen Lebenszyklus markierte sie die Lebensphase Jugend und fungierte als ritueller Übergang ins Erwachsenenalter. Der Kavalier stand in der Tradition eines mittelalterlichen Ritters (Chevalier) und fungierte als frühneuzeitliches, adeliges Bildungsideal. Die Kavalierstour trug wesentlich zur adeligen Habitusbildung bei. Sie gehörte zum festen Erziehungsrepertoire des Adels als eine Kombination aus Studien-, Dienst- und Ferienreise. Organisiert wurde sie von einem begleitenden Hofmeister, der Disziplin und knappes Budget zu überwachen hatte. Neben der hofmeisterlichen oder schulischen Ausbildung vertieften die Reisenden die adeligen exerzitien, wie z.B. Reiten und Fechten, die jedoch zunehmend zugunsten eines neuen Bildungskanons der scienzien (z.B. Recht und Geometrie) zurücktraten. Nach traditionellen familiären Routen, differenziert nach Vermögen, Nationalität und Konfession waren die Ziele meist Adels-Akademien und Lehreinrichtungen, zunehmend Universitäten, meist in Italien und Frankreich. Die Tour gereichte zu Ehre und Statuserhalt des Kavaliers, wofür eine Reiseöffentlichkeit erforderlich war. Diese entstand durch Briefe, die im Fokus der Forschung stehen, und besondere Reiseziele, wie z.B. berühmte Generäle. Die Kavalierstour trug zur Verbreitung klassisch-humanistischer, europäischer Kulturformen und Bildungsideale bei.

Literatur
Leibetseder, M. (2004): Die Kavalierstour. Köln, Weimar, Wien. – Stannek, A. (2001): Telemachs Brüder. Frankfurt, NewYork.

Tim Köhler

Kay, Ella (1895-1988)

Nach einer kaufmännischen Berufsausbildung und Tätigkeiten als Angestellte, Plätterin und Arbeiterin besuchte Kay das Sozialpolitische Seminar der Berliner Hochschule für Politik. 1917 trat sie der Gewerkschaft bei, 1919 der Sozialdemokratischen Partei Deutschlands und der Arbeiterwohlfahrt. Ab 1924 war sie Mitglied des Bezirksparlaments von Berlin-Prenzlauer Berg und 1929-33 der Stadtverordnetenversammlung. Ab 1927 war Kay als Fürsorgerin in dem von Walter Friedländer geleiteten Jugendamt Prenzlauer Berg tätig, wurde 1933 entlassen und war anschließend arbeitslos, bzw. als Plätterin, Putzfrau und schließlich als Stenotypistin tätig. 1945 nahm Kay ihre Tätigkeit im Jugendamt wieder auf, wurde 1946 Bürgermeisterin des Stadtbezirks, jedoch im Dezember 1947 von der sowjetischen Besatzungsmacht entlassen, woraufhin sie nach West-Berlin übersiedelte, wo sie 1949 Leiterin des Hauptjugendamtes und 1956 Senatorin für Jugend und Sport wurde. Hier schuf Kay das Jugendamt neuer Prägung, in dem Familienfürsorge, Erziehungsberatung, Jugendpflege, Jugendfürsorge und Vormundschaftspflege zusammen geführt wurden.

Literatur
Reichel-Koss, I./Beul, U. (Hg.) (1991): Ella Kay und das Jugendamt neuer Prägung. Weinheim, München.

Kurt Schilde

Keilhacker, Martin (1894-1989)

Der deutsche Erziehungswissenschaftler Keilhacker studierte Psychologie, Philosophie und Pädagogik in München, wo er 1922 promoviert wurde. Zwischen 1923 und 1927 war er als (Haus-)Lehrer und Erzieher tätig und arbeitete von 1927 bis 1934 als wissenschaftlicher Dozent und Assistent an den Universitäten Königsberg und Braunsberg/Ostpreußen, wo er sich 1931 auch habilitierte. Während des Nationalsozialismus verpflichtete sich Keilhacker 1934 als Heerespsychologe und war gleichzeitig bis 1946 Dozent an den Universitäten Braunsberg, Erlangen, München und Wien. Ab 1946 war er dann zunächst Dozent, später Professor an der Universität München.

Bereits 1949 gründete Keilhacker den Arbeitskreis Jugend und Film im Pädagogischen Seminar der Universität München, dessen Vorsitzender er lange Jahre war und aus welchem später das heutige JFF

– Institut für Medienpädagogik in Forschung und Praxis hervorging. Ab 1957 gab er die Fachzeitschrift Jugend Film Fernsehen heraus, die heute unter dem Namen merz (medien + erziehung) veröffentlicht wird. Keilhacker steht damit als die Person für die Entwicklung der Medienpädagogik der Nachkriegszeit des Zweiten Weltkrieges. Mit seiner Methode des Filmgesprächs wollte er errreichen, dass Jugendliche durch pädagogische Anleitung erlernen, einen funktionierenden Selbstschutz gegen nachteilige Filmwirkungen aufzubauen. Zugleich schätzte er das Medium Film als nutzbringendes Unterrichtsmittel. Um seine praktische Filmarbeit empirisch und wissenschaftlich zu untermauern, forschte er lange Jahre zum Thema Medienwirkungen bei Jugendlichen und Kindern (z.B. Jugend und Spielfilm, 1953; Kind und Film, 1955).

Literatur

Hüther, J. (2002): Wegbereiter der Medienpädagogik (4): Martin Keilhacker (1894-1989). In: medien + erziehung 2, 118-121.

Friederike von Gross

Kelber, Magda (1908-1987)

Kelber besuchte ein Lyzeum mit angeschlossener Frauenfachschule und studierte anschließend Nationalökonomie in Erlangen, Königsberg, Wien und München, wo sie 1932 promoviert wurde (Die abgeleiteten Einkommen). 1933 erhielt sie ein Stipendium für einen Studienaufenthalt am Zentrum für Erwachsenenbildung und Quäker-College Woodbroke in Birmingham und beschloss, in England zu bleiben und Mitglied der Religiösen Gesellschaft der Freunde (Quäker) zu werden. 1945 erfolgte die Rückkehr nach Deutschland, wo sie für das Quäkerhilfswerk in der britischen Besatzungszone arbeitete. 1949-62 war sie Leiterin der Bildungsstätte Haus Schwalbach, welches für seine gruppenpädagogische Arbeit bekannt wurde. Kelber erwarb sich nach 1945 in der gruppenpädagogischen Jugend- und Erwachsenenbildung (Meine Gruppe; 1960) sowie beim Aufbau von Nachbarschaftshäusern große Verdienste.

Literatur

Frey, K. (2003): Die Gruppe als der Mensch im Plural. Frankfurt.

Kurt Schilde

Kellner, Lorenz (1811-1892)

Kellner besuchte 1828-1831 das evangelische Lehrerseminar in Magdeburg. Nach Tätigkeiten als Lehrer und Rektor (u.a. in Erfurt) wechselte er an das von seinem Vater neugegründete katholische Schullehrerseminar in Heiligenstadt. 1848 wurde er als erster katholischer Regierungs- und Schulrat nach Marienwerder berufen, wo er sich amtlich und publizistisch für die Verbesserung der Volksbildung einsetzte (Volksschulkunde. Ein theoretisch-praktischer Wegweiser für katholische Lehrer und Lehrerinnen, Schulaufseher und Seminare, 1855, 1886[8]). 1855 wurde er Regierungs- und Schulrat in Trier. Er richtete mehrere Lehrer- und Lehrerinnenseminare ein und regte die Gründung von Lehrervereinen an. 1872-1886 war Kellner Mitglied der Kommission zur Beratung des Volksschul- und Seminarwesens unter dem Kultusminister Adalbert Falk und wirkte an den Allgemeinen Bestimmungen (1872) mit. Kellner vertrat dabei das konservativ-katholische Lager. 1849/1850 und 1867-1871 war Kellner Mitglied des preußischen Abgeordnetenhauses.

Kellner vertrat eine entschieden katholische, dabei aber tolerante Pädagogik. Er verlangte, dass die Schule zugleich Unterrichts- und Erziehungsanstalt sein solle, und forderte eine enge Zusammenarbeit von Schule und Elternhaus (Die Pädagogik der Schule und des Hauses, 1850, [13]1892). Für den Unterricht maß Kellner der Persönlichkeit des Lehrers hohe Bedeutung bei. Er engagierte sich stets für die Hebung des Lehrerstandes. Im Sprachunterricht lehnte Kellner die einseitig grammatische Methode ab und forderte eine Anbindung an das Lesebuch (Praktischer Lehrgang für den gesammten deutschen Sprachunterricht, 4 Bde., 1837-40, [10]1860-62). Er erwarb sich auch Verdienste um die Geschichte der Pädagogik.

Literatur

Kellner, L. ([3]1880): Skizzen und Bilder aus der Erziehungsgeschichte. 3 Bde. Essen.

Sylvia Schütze

Kenia → Sub-Saharisches Afrika

Kerncurriculum

Ein Kerncurriculum (engl. core curriculum) trifft Festlegungen zu zentralen, unverzichtbaren Kompetenzen (Basiskompetenzen), die in einem Bil-

dungsgang zu erwerben sind. Neben diesen Zielbestimmungen kann es Angaben zu exemplarischen Inhalten und Themen und modellhafte Angaben zur Gestaltung von Lehr-Lern-Prozessen enthalten.
International gesehen steht die Erarbeitung von Kerncurricula im Zusammenhang mit Bemühungen, die Qualität des Bildungswesens zu erhöhen, indem die Verbindlichkeit und Kontrollierbarkeit von Zielen gestärkt und das Bildungsangebot vereinheitlicht wird. Erkennbar ist die Tendenz zu einem latenten internationalen Kerncurriculum, das sich u.a. in den internationalen Schulleistungsstudien manifestiert.
In Deutschland werden Kerncurricula im Gefolge der Verabschiedung nationaler Bildungsstandards erarbeitet. Als staatliches Dokument, das in der Regel von einer Expertengruppe vorbereitet wird, konkretisiert ein Kerncurriculum die Bildungsstandards für ein Bundesland, in der Regel bezogen auf ein Unterrichtsfach, eine oder mehrere Schulstufen und eine Schulform. Es löst die bisherigen Rahmenrichtlinien oder Lehrpläne ab, von denen es sich durch eine stärkere Orientierung auf zu erreichende Kompetenzen anstelle von zu bearbeitenden Inhalten und durch die Beschränkung auf zentrale, unverzichtbare Ziele unterscheiden soll. Das Kerncurriculum wird die Basis für die Erarbeitung von Schulcurricula bilden, die vor Ort entstehen und die Gegebenheiten der Einzelschule zu berücksichtigen haben.
Die Unterscheidung basaler von weiterführenden Kompetenzen ist nicht unumstritten, da befürchtet wird, dass Kerncurricula eine Engführung auf die Ausbildung verwertbarer Kompetenzen bewirken könnten. Offen ist, ob die eingeführten Kerncurricula die erwarteten Qualitäten wirklich aufweisen, welche Auswirkungen sie auf die Gestaltung des Unterrichts haben werden und ob sie tatsächlich zur Stärkung der Autonomie der Einzelschule und zu mehr Bildungsqualität führen.

Literatur
Tenorth, H.-E. (2004): Stichwort: „Grundbildung“ und „Basiskompetenzen“. In: Zeitschrift für Erziehungswissenschaft 7, 169-182. – Klieme, E. u.a. (2003): Zur Entwicklung nationaler Bildungsstandards. Berlin.

Ingrid Kunze

Kerncurriculum Erziehungswissenschaft (KCE)

Das in den 1960er Jahren von der Deutschen Gesellschaft für Erziehungswissenschaft (DGfE) entwickelte Kernstudium der Erziehungswissenschaft sollte einen Kernbereich der Erziehungswissenschaft benennen, der für alle pädagogischen Studiengänge (Lehrämter, Diplom, Magister und Promotion) gleichermaßen verbindlich sein sollte. Für alle pädagogischen Studiengänge war darum eine Einführung in die fünf Problembereiche a) Kindheit, Jugend, Erwachsenenalter; b) Erziehen; c) Lehren, Lernen, Unterricht; d) gesellschaftliche und psychische Voraussetzungen von Erziehung und Unterricht; e) Entstehung, Wirkung und Binnenstruktur pädagogischer Institutionen vorgesehen. Gleichzeitig sollten an ausgewählten Gegenständen aus den genannten fünf Problembereichen (oder in besonderen Veranstaltungen) Einführungen in die hermeneutischen und empirischen Methoden, in die pädagogische Theoriebildung sowie in die Fragestellung der Vergleichenden Erziehungswissenschaft erfolgen. Dabei sollten vier Gesichtspunkte berücksichtigt werden: a) Ziele und Inhalte; b) Prozesse, Methoden und Medien; c) Personen und Institutionen; d) soziokulturelle Bedingungen. Psychologische und soziologische Fragestellungen wurden in das Kernstudium einbezogen und darüber hinaus eine enge Kooperation bzw. Koordination empfohlen.
Das vorgelegte Kernstudiumsmodell erlangte keine große Wirksamkeit in der Gestaltung der Studiengänge vor Ort und geriet in der Folge weitgehend aus dem Blick.
Mehr als 30 Jahre später kam innerhalb der DGfE angesichts der Vielfalt erziehungswissenschaftlicher Studiengänge erneut eine Diskussion über das nun Kerncurriculum Erziehungswissenschaft (KCE) genannte Kernstudium auf. Im Juli 2001 wurde das KCE verabschiedet, das seitdem mehrfach überarbeitet und an die veränderten Studiengänge (Bachelor, Master) angepasst wurde, in seinen Grundzügen jedoch erhalten blieb. In der aktuellen Fassung besteht das KCE aus vier Studieneinheiten (Grundlagen der Erziehungswissenschaft; Gesellschaftliche, politische und rechtliche Bedingungen von Bildung, Ausbildung und Erziehung in schulischen und nicht-schulischen Einrichtungen unter Einschluss internationaler Aspekte; Einführung in erziehungswissenschaftliche Studienrichtungen; Bildungsforschung und forschungsmethodische Grundlagen), die für alle konsekutiven erziehungswissenschaftlichen Bachelor- und Masterstudiengänge und für alle Lehramtsstudiengänge verbindlich sein sollen.
Ein Blick auf die Realisierung der neuen Bachelor- und Masterstudiengänge zeigt, dass auch das KCE die

Hoffnung auf eine Angleichung nicht erfüllt hat. Die Heterogenität der Studiengänge hat eher noch zugenommen. Die Diskussion um ein Kerncurriculum ist also nicht beendet, sondern erhält vor dem Hintergrund der Neugestaltung der konsekutiven Studiengänge und deren Akkreditierung erneute Brisanz, kann man sich doch des Eindrucks eines neuerlichen Wildwuchses der Studiengänge nicht erwehren.

Literatur

Deutsche Gesellschaft für Erziehungswissenschaft (1968): Das Kernstudium der Erziehungswissenschaft für die pädagogischen Ausbildungsgänge. Weinheim, Basel, Berlin. – Deutsche Gesellschaft für Erziehungswissenschaft (2008): Kerncurriculum Erziehungswissenschaft. Opladen, Farmington Hills.

Klaus-Peter Horn

Kerschensteiner, Georg (1854-1932)

Aufgewachsen in einer Kaufmannsfamilie besuchte Kerschensteiner zunächst eine Volksschule und qualifizierte sich anschließend zum Volksschullehrer. Von 1871 bis 1873 arbeitete er als Volksschullehrer, holte anschließend das Abitur nach und studierte von 1877 bis 1883 in München Physik und Mathematik. Das Studium schloss er 1883 mit einer mathematischen Arbeit und der Promotion ab. Danach arbeitete Kerschensteiner als Gymnasiallehrer in Nürnberg, Schweinfurt und München. Von 1895 bis 1919 war er als Stadtschulrat in München tätig und wurde in dieser Funktion bekannt als Schulreformer und einer der führenden Vertreter der Arbeitsschule. Von 1912 bis 1919 war Kerschensteiner Reichstagsabgeordneter der Fortschrittlichen Volkspartei bzw. der Deutschen Demokratischen Partei. Zudem war er führendes Mitglied des Bundes für Schulreform.
In seiner Funktion als Münchener Stadtschulrat widmete Kerschensteiner sich der Reform der durch den Herbartianismus geprägten Volksschulen. Im Sinne des Arbeitsschulgedankens und u.a. mit Referenzen auf John Dewey ging es ihm darum, passives und rein kognitives Lernen in selbsttätiges Arbeiten zu verwandeln (Begriff der Arbeitschule, 1912). Besonderen Wert legte er auf praktische, manuelle und damit berufsvorbereitende Tätigkeiten und stärkte auch die Realienfächer. Kerschensteiner ließ Schulwerkstätten, -gärten und -küchen einrichten, führte ein 8. Schuljahr ein, das den Übergang von der Volksschule in den Beruf erleichtern sollte, und reformierte die Fortbildungsschulen. Damit wurde Kerschensteiner auch zu einem Mitbegründer der modernen Berufsschulen. Die Schule sollte nach Kerschensteiner zugleich der politischen Bildung dienen (Staatsbürgerliche Erziehung, 1901).
Kerschensteiner wurde zwar international rezipiert, war aber nicht unumstritten. Auf der Reichsschulkonferenz 1920 kam es zu Auseinandersetzungen zwischen Kerschensteiner und Hugo Gaudig, der das selbsttätige Arbeitsschulprinzip nicht nur auf manuelles und praktisches Lernen bezog.

Literatur

Kerschensteiner, G. (1926): Theorie der Bildung. Leipzig, Berlin. – Krebs, M. (2004): Georg Kerschensteiner im internationalen pädagogischen Diskurs zu Beginn des 20. Jahrhunderts. Bad Heilbrunn.

Jörg-W. Link

Key, Ellen (1849-1926)

Key war als Lehrerin an Mädchenschulen sowie als Dozentin an einer Arbeiterbildungseinrichtung tätig, hat aber vor allem als Protagonistin der Frauenbewegung zuerst in ihrem Heimatland, später über ihre Publikationen in ganz Europa Wirkung erzielt. Besonders ihre Bücher Das Jahrhundert des Kindes (1902) und Über Liebe und Ehe (1906) wurden international stark beachtet.
Key vertrat eine äußerst erziehungskritische Position. Unter anderem mit dem viel zitierten Stichwort von den Seelenmorden in den Schulen traf Key um die Wende zum 20. Jahrhundert den Nerv der Zeit, so dass der Titel des Buches über das Jahrhundert des Kindes zu einem herausragenden Motto der Reformpädagogik werden konnte. Aufgrund ihres sehr weitgehenden Eintretens für die Rechte des Kindes wurde Key in Deutschland vor allem in jener Reformströmung rezipiert, die ihre Arbeit als vom Kinde aus gestaltet sah. Dass Keys Buch nicht nur für Erziehungsreformen warb, sondern auch ein Plädoyer für eugenische Lösungen zur sog. Veredelung des Menschen enthielt, hat die frühen Anhänger der Schwedin wenig interessiert. Erst die erziehungshistorische Forschung der letzten Jahre hat auch auf diesen Umstand aufmerksam gemacht und das bis dahin so glänzende Bild Keys in der pädagogischen Geschichtsschreibung relativiert.

Literatur

Andresen, S./Bader, M. S. (1998): Wege aus dem Jahrhundert des Kindes. Neuwied, Kriftel.

Franz-Michael Konrad

Kibbutzerziehung

Die ersten Kibbuzim wurden schon vor dem Ersten Weltkrieg von jüdischen Immigranten in Palästina gegründet. Auslöser waren die schwierigen Lebensbedingungen in einem kaum entwickelten Land und inmitten einer teilweise feindlich gesonnenen Bevölkerung, die in Gemeinschaft besser zu meistern waren.

Seine ideologische Fundierung erfuhr der Kibbuz (auch Kibbutz) in den 1920er Jahren unter dem Einfluss der mittel- und osteuropäischen jüdischen Jugendbewegung, deren Mitglieder zahlreich nach Palästina kamen und ebenfalls Kollektivsiedlungen gründeten. Jetzt wurde das gemeinschaftliche Zusammenleben und -arbeiten nicht mehr nur pragmatisch, sondern auch theoretisch begründet, und zwar mit Bezug auf die Lehren der russischen Volkssozialisten (Narodniki), die Sozialutopien deutsch-jüdischer Denker wie Martin Buber und Gustav Landauer sowie den Marxismus. Schon in Europa fanden sich die Jugendlichen zu kleinen Gruppen zusammen, um sich gemeinsam auf die Übersiedelung nach Palästina vorzubereiten.

Ihre streng kollektivistische Ausrichtung haben die Kibbuzim inzwischen aufgegeben. Längst haben sich unter den Mitgliedern individualistische und partikularistische Tendenzen durchgesetzt, und die ursprünglich rein landwirtschaftlich basierte Kibbuzökonomie hat den Prozess der Industrialisierung vollzogen. Für die meisten Kibbuzniks bildet heute die Familie, nicht mehr das Kollektiv, den Lebensmittelpunkt. Es bestehen – bei großen Unterschieden zwischen den aktuell etwa 270 Siedlungen – vielfach nur noch Restformen eines kollektiven Zusammenlebens in Gestalt gemeinsam betriebener Infrastruktureinrichtungen, einer basisdemokratischen Entscheidungsfindung in allen das Kollektiv betreffenden Fragen. Selbst die individuelle Entlohnung ist, früher unvorstellbar, nicht länger ein Tabu. Wie Studien belegen, ist die Zufriedenheit unter den Kibbuzniks gleichwohl deutlich höher ausgeprägt als im Rest der (israelischen) Bevölkerung. Die Kibbuzniks sehen sich also nicht als Opfer, sondern als Akteure der geschilderten Transformationsprozesse.

Von diesen Wandlungsprozessen ist auch die Kibbutzerziehung nicht unberührt geblieben, wobei ihre Anfänge weit weniger theoriegeleitet waren, als eine spätere Legendenbildung, die sich nicht zuletzt auf Siegfried Bernfeld (Das Jüdische Volk und seine Jugend, 1920) stützt, glauben machen will.

In den frühen Jahren ging es v.a. darum, auch den Müttern in der Kommune die überlebensnotwendige Gelegenheit zur landwirtschaftlichen Arbeit zu verschaffen. Erst die Jugendbewegten in ihrem Drang, den Anachronismus der bürgerlichen Kleinfamilie hinter sich zu lassen, rechtfertigten das kollektive Erziehungsarrangement psychoanalytisch: Die entscheidende Rolle bei der kindlichen Über-Ich-Bildung sollte nicht länger dem Elternpaar zukommen, sondern in Gestalt der Gleichaltrigengruppe des Kinderhauses dem Kollektiv. Hinzu kam die reformpädagogische Idee der Kinderrepublik bzw. Schulgemeinde, mit deren Hilfe man auf die demokratischen Prozeduren des Erwachsenenkollektivs vorbereiten wollte.

Ab den 1960er Jahren gewann jedoch neben der peer-group und den professionellen Erzieherinnen als dritter Faktor die Familie immer mehr an Gewicht. Der Einfluss psychoanalytischen Denkens verblasste. Die Eltern erhielten das Recht, ihre (kleinen) Kinder jederzeit im Kinderhaus zu besuchen, und mit wachsendem ökonomischem Wohlstand wurden die Mütter nach der Geburt sogar mehrere Wochen von der Arbeit freigestellt, um Zeit mit ihren Säuglingen verbringen zu können. Seit Beginn der 1990er Jahre sind auf Wunsch besonders der Mütter auch die letzten Kibbuzim zur Praxis der so genannten Familienübernachtung der Kinder (bis 14/15 Jahre) übergegangen. Obwohl keiner der gegen die Kollektiverziehung im Kibbuz vorgebrachten Einwände je empirisch bestätigt werden konnte – im Gegenteil attestieren zahllose internationale Studien der Kibbutzerziehung erfreuliche Ergebnisse –, ist das Kinderhaus seither nicht mehr der zentrale Ort des Kinderlebens. Der Familismus hat über den Kollektivismus gesiegt. Nimmt man den Lebenslauf von 0 bis 18 Jahren in den Blick, bleibt freilich immer noch ein deutlich höherer Anteil an Kollektiverziehung im Kibbuz als in der übrigen Gesellschaft.

Literatur
Dror, Y. (2001): The History of Kibbutz Education. Bern u.a. – Konrad, F.-M. (2000): Der Kibbutz als Produktions-, Lebens- und Erziehungsgemeinschaft. In: Henseler, J./ Reyer, J. (Hg.): Sozialpädagogik und Gemeinschaft. Baltmannsweiler, 190-203. – Liegle, L. (1971): Familie und Kollektiv im Kibbutz. Weinheim, Berlin, Basel.

Franz-Michael Konrad

Kiehn, Ludwig (1902-1984)

Kiehn war ab 1926 Lehrer im Hamburger Volksschuldienst, von 1929-1933 Assistent und Lehrbeauftragter am Seminar für Erziehungswissenschaft, wo er 1931 promoviert wurde (Goethes Begriff der Bildung). Von 1934-1939 war er Professor für Erziehungswissenschaft an der Hochschule für Lehrerbildung in Kiel, danach bis zur ein Jahr später erfolgten Einberufung zum Kriegsdienst an der Hamburger Hochschule für Lehrerbildung. Von 1949-1952 war Kiehn Handelsschullehrer in Hamburg, ab 1952 Leiter der Abteilung für Kaufmännisches Bildungswesen im Pädagogischen Institut der Universität Hamburg. 1956 wurde Kiehn als Professor für Berufspädagogik in der Philosophischen Fakultät an die Universität Hamburg berufen, wo er bis 1969 wirkte.
Kiehn kam relativ spät zur Berufs- und Wirtschaftspädagogik, vermochte aber der deutschen Wirtschaftspädagogik neue Impulse zu geben: Seine philosophisch-anthropologisch orientierte Berufs- und Wirtschaftspädagogik ist durchdrungen von dem Gedanken, dass pädagogisches Denken und Handeln es vordringlich mit der sittlichen Verantwortung für den einzelnen Menschen in konkreten beruflichen Situationen zu tun hätten. Wiewohl Kiehn bis in die siebziger Jahre hinein die berufs- und wirtschaftspädagogische Diskussion mit zahlreichen Beiträgen bereicherte, fehlt doch ein zentrales, systematisches berufspädagogisches Werk – indessen war seine Förderung des wissenschaftlichen Nachwuchses beachtlich: Viele seiner Schüler vertraten bis zum Ende des 20. Jahrhunderts an Universitäten die Berufs- und Wirtschaftspädagogik.

Literatur

Blättner, F./Kiehn, L. (Hg.) (1960): Handbuch für das Berufsschulwesen. Heidelberg.

Martin Kipp

Kielhorn, Heinrich (1847-1934)

Kielhorn absolvierte das Lehrerseminar in Wolfenbüttel und trat 1875 in die renommierte Braunschweiger Waisenhausschule ein. 1881 gründete er in Braunschweig eine Hilfsklasse, die als Prototyp der sich in diesen Jahren etablierenden Hilfsschule gilt. 1898 war Kielhorn Mitbegründer eines Hilfsschullehrerverbandes und erwies sich 1899 als eigentlicher Motor der neuen Lehrprofession, indem er einen Organisationsplan vorlegte, der die uneingeschränkte Eigenständigkeit des Schultypus Hilfsschule forderte. Die Hilfsschule sollte die Volksschule von den so genannten schwach befähigten Kindern entlasten, zu deren Förderung sie kaum in der Lage sei. In den schulpolitischen Diskussionen wirkte Kielhorn im Sinne einer Fürsorge für die Schwachbegabten.
Bestimmende Erklärung für eine besondere Beschulung in Hilfsschulen als Einrichtungen der Humanität war ein medizinisch individualisierendes Paradigma. Hilfsschullehrer sollten sich als Anwälte beeinträchtigter Kinder verstehen, die Schüler vor unangemessener Überforderung schützen und für den Lebenskampf ausrüsten.

Literatur

Bleidick, U. (Hg.) (1981): Heinrich Kielhorn und der Weg der Sonderschulen. Braunschweig.

Urte Schell

Kilpatrick, William Heard (1871-1965)

Kilpatrick war einer der bekanntesten Vertreter der amerikanischen Reformpädagogik (Progressive Education) und in diesem Zusammenhang eng mit John Dewey assoziiert.
Kilpatrick hatte einen baptistischen Hintergrund und absolvierte seine Studien an der heutigen Mercer University in Macon, Georgia, einem ehemaligen Baptisten College, und der Johns Hopkins University in Baltimore, um dann als Lehrer zu arbeiten. Er belegte eine Reihe pädagogischer Kurse, da er auf diesem Gebiet noch über keine Qualifikationen verfügte. Nach kurzer Tätigkeit als Lehrer und Schulleiter trat er eine Professur für Mathematik an der Mercer University an und wurde deren Präsident in den Jahren 1903-1905. Interne Auseinandersetzungen veranlassten ihn wenige Jahre später dazu, Mercer zu verlassen und an das Teachers College der Columbia University zu gehen, um dort eine Promotion anzustreben, die er 1911 erfolgreich verteidigte. Neben John Dewey zählen die Schriften Charles Darwins und Charles de Gamos zu seinen wichtigsten Einflüssen. Kilpatrick gilt als Begründer der Projektmethode, die er in seinem 1918 veröffentlichten Aufsatz mit dem gleichnamigen Titel The Project Method darlegte.
Von 1912 bis 1937 war Kilpatrick Professor für Philosophy of Education (einem Bereich, der sowohl bildungsphilosophische als auch bildungstheoretische Fragen umfasst). Neben seinen weit verbreiteten Veröffentlichungen trugen auch sein Charisma

sowie seine pädagogischen und didaktischen Fähigkeiten im Unterrichten großer Studierendenzahlen zu seiner großen Popularität bei. Auch im Ruhestand war er weiterhin in der Reformbewegung aktiv, unter anderem in der Urban League, der Progressive Education Association und als erster Vorsitzender der John Dewey Society. Mit dem Niedergang der an Demokratie, Lebenswelt und Kindzentriertheit orientierten Reformbewegung einher ging eine auf rigorose akademische Standards bezogene Gegenbewegung. Kilpatrick geriet als einer der exponiertesten Vertreter der Reformbewegung am stärksten in die Kritik.

Literatur

Beineke, J. A. (1998): And there Were Giants in the Land. New York u.a. – Pfeiffer, H. (1956): Das Menschenbild bei William Heard Kilpatrick. Mainz.

S. Karin Amos

Kind

Traditionell sind Kinder Objekte von Erziehung und ein didaktisches Problem. Ein biologisch-anthropologischer Begriff vom Kind fasst es als sog. extrauterine Frühgeburt (Adolf Portmann). Medizin und Psychologie beobachten den Körper des Kindes, seine Reifung und Pflege und das Lernen. Das heute maßgebliche Verständnis vom Kind als eines unverwechselbaren Individuums hat seinen Ursprung in der Romantik. Sie brach mit der theologischen Doktrin, dass alle Menschen Kinder Gottes seien, durch eine Vergöttlichung des Kindes und stiftete damit eine Unterscheidung zwischen Kindern und Erwachsenen. In der Erziehungskritik der 1968er Bewegung und mit der – in einer Konvention der Vereinten Nationen weltweit ratifizierten – Idee, dass Kinder Rechte haben, erhielt dieses Verständnis vom Kind eine Fassung, die uns heute als selbstverständlich erscheint.

Ein Durchgang durch pädagogische Lexika, Handbücher und Enzyklopädien zeigt, dass noch im 19. Jahrhundert Kind als Begriff gar nicht oder nur in Komposita auftaucht, die auf Erziehung verweisen. John Locke wird die Metapher vom Kind als einer tabula rasa zugeschrieben. Aber sie ist viel älter und steht für ein Verständnis von Erziehung als Gewöhnung. Locke gibt ihr eine neue Wendung, wenn er fragt, wie der Mensch zu seinen Ideen komme. Seine Antwort lautet: durch Beobachtung, Erfahrung und Denken. Das unbeschriebene Blatt wird nicht allein durch den Erzieher, sondern durch Selbsttätigkeit beschrieben. Hier konstituiert sich ein Begriff von Lernen; aber er wird vorrangig nicht auf das Kind, sondern auf den Menschen insgesamt bezogen. Jean-Jacques Rousseau wird oft der Begründer des modernen Bildes vom Kind genannt. Aber seine Bedeutung liegt primär in der Säkularisierung der Doktrinen christlicher Erziehung. Es geht um eine Erziehung zum Menschen, um eine Verwirklichung seiner nicht vorherbestimmten Möglichkeiten. Rousseau knüpft an die kindermedizinische Diätetik seiner Zeit an und generalisiert ihre Regeln der Hygiene und Ernährung zu einem Prinzip natürlicher Erziehung. Sein Naturbegriff stellt auf den Gegensatz zwischen Mensch und Bürger ab; Natur ist ein gesellschaftsreformerisches Projekt. Johann Gottfried Herder geht von der Unterscheidung zwischen Mensch und Tier (statt zwischen Mensch und Bürger) aus und öffnet damit den Blick für die von Beginn an soziale Natur des Menschen. Es ist die Sprache, die den Unterschied macht und den Mangel an Instinkten, der Hilflosigkeit und Angewiesenheit bedingt, in den Vorteil des nicht-festgelegt-Seins verwandelt. Herders Anthropologie der Sprache ist eine pädagogische Anthropologie, die ohne einen normativen Begriff der menschlichen Natur auskommt.

Aber bei Herder geht es so wenig wie bei Rousseau oder Locke um eine Unterscheidung zwischen Kindern und Erwachsenen. Das ändert sich erst mit der Romantik. In Johann Wolfgang Goethes Roman Die Leiden des jungen Werthers werden individuelle Kinder beobachtet und beschrieben. Ihr eigener Wille, ihr Eigensinn begründen ein Eigenrecht der Kindheit. In der ursprünglichen Unschuld und Identität des Kindes spiegelt sich die Selbst-Entfremdung des Erwachsenen. Die Reformpädagogik radikalisierte diese melancholische Reprise auf die Gottesebenbildlichkeit zu einem Erlösermythos: Das Kind nicht nur als Vorbild sondern – bei Maria Montessori – als Messias. Die empirische Variante der Reformpädagogik setzte auf die Untersuchung kindlichen Lernens und wurde so zu einem Vorläufer der empirischen Kinderforschung (child study, Pädologie) des 20. Jahrhunderts, für die exemplarisch Jean Piaget genannt werden kann. Mit der reformpädagogischen Wendung gewann die Pädagogik eine Vorstellung von Kindern als Individuen und von der Kindheit als Entwicklungsalter. Aber sie hatte noch keine Vorstellung von der Kindheit als einer eigenständigen soziokulturellen Tatsache. Dieser Gedanke ist erst etwa seit Mitte der 80er Jahre des 20. Jahrhunderts durch die internationale sozialwissenschaftliche Kindheitsforschung und die Kinderrechtsbewegung formuliert worden.

Die theoriegeschichtliche Vergegenwärtigung ergibt: Ein erziehungswissenschaftlicher Zugang kann sich nicht unmittelbar auf Kinder beziehen, sondern nur auf dem Weg über die diskursive Konstituierung von Kindheit. Vom Kind ist anders als aus der Perspektive von Erwachsenen nicht zu reden. Daraus ergibt sich eine erkenntnisbezogene Unterscheidung zwischen Kind und Kindheit. Auf ihr basiert die gegenstandstheoretische Unterscheidung zwischen Kindern und Erwachsenen. Kind ist, wer nicht erwachsen ist und wer Eltern hat. Die epistemologisch und die gegenstandstheoretisch relevanten Unterscheidungen sind nur analytisch voneinander unabhängig. Kinder sind immer Kinder ihrer Zeit, sie werden in einem kulturellen Kontext auf spezifische Weise als Kinder wahrgenommen und angesprochen. Die Unterscheidung von Kindern und Erwachsenen strukturiert den Lebenslauf durch alle Lebensphasen hindurch entlang der Differenzen kompetent/nicht kompetent, mündig/unmündig. Sie ist als die pädagogische Differenz Voraussetzung von Erziehung, Kind also ein pädagogisches Konstrukt und Kindheit eine Wissensform, eine soziale Epistemologie.

In diesem Sinne sind Kind und Kindheit Konstrukte generationaler Ordnungen und damit geschichtlichem Wandel unterworfen. Es ist ein Begriff des Kindes denkbar, der nicht auf der Unterscheidung kindlich vs. erwachsen basiert. Sie wurde im Kampf gegen die Kinderarbeit und mit der Schulpflicht erst durchgesetzt und wird heute partiell widerrufen, wenn Kinder als Konsumenten angesprochen werden oder das Lernen zur lebenslangen Aufgabe erklärt wird. Ein entwicklungspsychologischer und auch ein sozialisationstheoretischer Ansatz setzt dagegen als bekannt voraus, was man unter Kind und Kindheit versteht. Entsprechend haben beide nicht eigentlich einen Begriff vom Kind, sondern von Entwicklung bzw. von Individuierung durch Vergesellschaftung.

In der deutschsprachigen Erziehungswissenschaft lassen sich vor allem drei Ansätze feststellen, die Frage nach dem Kind durch empirische Forschung zu beantworten. Der erste Ansatz ist autobiographisch. Die Erwachsenen vergewissern sich ihrer selbst und stiften ihre Identität u.a. über die Vergegenwärtigung ihrer Kindheit. Der zweite Ansatz ist historisch. Er untersucht die Subjektgeschichte der Erziehung im Schnittpunkt von Biographie und Sozialgeschichte. Der dritte Ansatz ist phänomenologisch. Er beobachtet Kinder in ihrer Lebenswelt und schreibt ihrer Eigentätigkeit die Bedeutung von Bildungsprozessen zu. Die sinnkonstituierende und sinnaneignende Tätigkeit der Kinder tritt den Erwachsenen als eine fremde Eigenwelt entgegen, die eine Herausforderung und Grenze erwachsenenzentrierter Kindheitsbilder darstellt. Die internationale sozialwissenschaftliche Kindheitsforschung untersucht die Kindheit als soziale Praxis und kulturellen Kontext. Für Deutschland sind vor allem ethnographische Studien zur sozialen Welt der Kinder und zu den Ordnungen der Kindheit, Untersuchungen der sozialstaatlichen Vergesellschaftung und des Wandels von Kindheit sowie Diskursanalysen ihrer symbolischen Konstruktion zu nennen. Der Zehnte Kinder- und Jugendbericht der Bundesregierung von 1998 ist als erster Nationaler Kinderbericht ein grundlegendes Dokument der Sozialberichterstattung über die Lebensverhältnisse von Kindern in Deutschland. In der angelsächsischen Forschung ist die Studie der amerikanischen Historikerin Viviana Zelizer über den epochalen Wandel des sozialen Wertes der Kinder an der Wende vom 19. zum 20. Jahrhundert ein Meilenstein der Historischen Kindheitsforschung.

Ein erziehungswissenschaftlicher Begriff des Kindes, so lässt sich resumieren, weiß sich in generationalen Ordnungen konstituiert, die ihm die Beobachtung und Behandlung von Kindern erst erlauben. Er muß daher ein nichtpädagogischer Begriff sein. Anthropologische Begründungen der Kindheit werden daher schnell problematisch. Kommerzielle Interessen an der Kindheit ziehen sich aus dem Kindheitsprojekt der Moderne zurück und bestreiten das pädagogische Monopol auf die Thematisierung von Kind und Kindheit. Darin liegt die Chance, die pädagogische Konstruktion des Kindes zu einer empirischen Frage zu machen.

Literatur

Amberg, L. (2004): Wissenswerte Kindheit. Bern. – Behnken, I./Zinnecker, J. (Hg.) (2001): Kinder, Kindheit, Lebensgeschichte. Seelze-Velber. – Honig, M.-S. (1999): Entwurf einer Theorie der Kindheit. Frankfurt a.M. – Honig, M.-S. (2009): Ordnungen der Kindheit. Weinheim, München. – Krüger, H.-H./Grunert, K. (Hg.) ([2]2010): Handbuch Kindheits- und Jugendforschung. Wiesbaden.

Michael-Sebastian Honig

Kinder- und Jugendarbeit

Die Kinder- und Jugendarbeit hat sich als großes Handlungsfeld der Kinder- und Jugendhilfe seit dem Beginn des 20. Jahrhunderts als Reaktion auf die Herausbildung einer eigenständigen Jugendphase entwickelt, einerseits aus der an Autonomie orientierten bürgerlichen Jugendbewegung, andererseits aus der stärker erzieherisch und kontrollierend orientierten staatlich-kommunalen Jugendpflege. Aus diesen beiden Entwicklungslinien bildete sich seit den 1950er Jahren eine demokratische Jugendarbeit als eigenständiges außerschulisches Sozialisations-, Erziehungs- und Bildungsfeld. Kennzeichnend sind zwei große institutionelle Typen: die Jugendverbandsarbeit und die Offene Kinder- und Jugendarbeit, die sich seit den 1970er Jahren in verschiedenste Formen mit unterschiedlichen Zielgruppen, Inhalten und Arbeitsweisen ausdifferenzierten, aber auf der Basis gemeinsamer Theoriediskussion und Wandel von Jugenden in ihren Grundbedingungen auch ähnlicher wurden. Eher mitgliedsorientierte Jugendverbände als freie Träger und Offene Kinder- und Jugendarbeit (mit wechselnden Teilnehmenden) weisen ähnliche Einrichtungstypen und Arbeitsweisen auf: dazu gehören kleine und große Jugendhäuser und Offene Treffs, Jugendverbandsgruppen und projekthafte Formen, mobile Ansätze (z.B. Spielmobile), themenbezogene Einrichtungen wie Kinder- und Jugendkunst bzw. Kulturzentren oder Abenteuerspielplätze, zielgruppenbezogene Angebote für Mädchen und Jungen mit und ohne Migrationshintergrund, Projekte zu Inhalten wie Umwelt, Geschichte, Sexualität, Drogennutzung etc. 2002 wurden 17.372 Einrichtungen der Offenen Kinder- und Jugendarbeit gezählt. Während die Jugendverbandsarbeit weiterhin von ehrenamtlichem Engagement gekennzeichnet ist, sind alle Felder der Kinder- und Jugendarbeit auch deutlich durch pädagogische Hauptamtliche geprägt. 2002 wurden 45.514 Beschäftigte ermittelt.

§ 11 des Sozialgesetzbuches (SGB) VIII bestimmt einige wichtige Essentials der Jugendarbeit: Zielgruppe sind alle Kinder- und Jugendlichen (bis 27 Jahre); allgemeinstes Ziel ist die Befähigung zu mitverantwortlicher Selbstbestimmung und zu sozialem Engagement. Strukturcharakteristika sind: Freiwilligkeit, Interessenorientierung und Partizipation. Damit ist Kinder- und Jugendarbeit das strukturell freiheitlichste Feld der Kinder- und Jugendhilfe. Ihre Strukturcharakteristika machen sie geeignet für eine Selbst- und Demokratiebildung. Als Bildung zur Freiheit in Freiheit wird sie seit den 1960er Jahren bis zur heute vorherrschenden Subjektorientierung ähnlich konzipiert. Trotz gelungener Versuche zu einer Definition von Kinder- und Jugendarbeit bleibt eine typische Vielfalt der theoretischen Debatte, in der auf gemeinsamer Grundlage u.a. von Bildungs- bzw. Subjektorientierung einzelne Aspekte herausgearbeitet werden, z.B. in der Beziehungsorientierung, Aneignungs- und Sozialraumorientierung, Genderorientierung oder Cliquenorientierung. In der Praxis ist die seit den Anfängen der Kinder- und Jugendarbeit charakteristische Doppelfunktion zwischen jugendpflegerischer Erziehungs- und Kontrollausrichtung einerseits und einer auf Autonomie zielenden Bildung andererseits weiter konfliktreich. Staat und Kommunen versuchen die Kinder- und Jugendarbeit für ihre jugendpolitischen Zwecke in die Pflicht zu nehmen, während die Profession für die strukturell bildungsförderliche Eigenständigkeit des Feldes steht. Das zeigt sich aktuell z.B. angesichts einer krisengeschüttelten Schule mit der Forderung nach Unterstützung der Schule bzw. der Ermöglichung von Ganztagsschule auch durch Kinder- und Jugendarbeit. Damit können Chancen der Ausweitung für die Jugendarbeit verbunden sein, aber auch die Gefahr, dass der Freiraum eigensinniger Bildung eingeschränkt würde.

Literatur

Deinet, U./Sturzenhecker, B. (Hg.) (^{3}2005): Handbuch Offene Kinder- und Jugendarbeit. Wiesbaden. – Müller, C. W./Kentler, H./Mollenhauer, K./Giesecke, H. (1964): Was ist Jugendarbeit? Weinheim.

Benedikt Sturzenhecker

Kinder- und Jugendberichte

Jugendberichte bzw. Kinder- und Jugendberichte werden auf Bundesebene sowie Länder- und Kommunalebene erstellt. Die Kinder- und Jugendberichte in Ländern, Landkreisen bzw. Kommunen beziehen sich aufgrund der Bundeskompetenz der Jugendhilfe nur auf diejenigen jugendpolitischen Aufgaben, die in der Kompetenz der genannten Ebenen liegen. Sie haben daher inhaltlich und regional eine begrenzte Reichweite und es handelt sich häufig um Maßnahmenberichte. Auf Bundesebene sind bislang 13 Jugendberichte bzw. Kinder- und Jugendberichte erschienen (die Berichte finden sich auf den Servern des zuständigen Ministeriums bzw. des Deutschen Bundestages). Die erste gesetzliche Verankerung der Kinder- und Jugendberichte findet sich im Jugendwohlfahrtsgesetz (§ 25, Absatz 2, JWG) von 1961: Die Bundesregierung hat danach den Auftrag, dem Bundestag und Bundesrat alle vier Jahre einen Bericht über die Lage der Jugend und über die Bestrebungen auf dem Gebiet der Jugendhilfe vorzulegen. Damit schuf sich das politisch-administrative System auf der Jugendpolitikebene ähnlich wie in anderen Ressorts ein selbstreflexives Steuerungsinstrument. Die zwei ersten Berichte wurden vom federführenden Bundesministerium für Familie und Jugend verfasst (1965; 1968). In der JWG-Novelle von 1967 wurden die noch heute gültigen Regelungen festgelegt: Erstellung der Berichte durch eine jeweils neu einzusetzende, unabhängige, bis zu siebenköpfige Sachverständigenkommission. Die Bundesregierung, federführend das Jugendressort, fügt dem Bericht eine Stellungnahme bei. Jeder dritte Bericht ist ein sog. Gesamtbericht, der einen vollständigen Überblick über die Kinder- und Jugendhilfe geben soll. Jeder erste und zweite Bericht widmet sich Teilgebieten, deren Thema nach Beratung mit Fachorganisationen der Kinder- und Jugendhilfe vorgegeben wird. Dieses Procedere wurde im Kinder- und Jugendhilfegesetz in § 84 des Sozialgesetzbuches (SGB) VIII von 1990/91 erneut kodifiziert.

Die Kinder- und Jugendberichte sind angesiedelt zwischen Wissenschafts-, Praxis- und Politiksystem und positionieren sich mit unterschiedlichen Gewichtungen und Schwerpunkten in diesem Spannungsfeld. Sowohl Auftraggeber, Mitglieder der Berichtskommission als auch Adressaten sind mindestens in einem dieser Bereiche, meist in zweien oder auch in allen angesiedelt. Während der Deutsche Bundestag der offizielle Adressat der Berichte ist, ist die Abteilung Jugend des entsprechenden Bundesministeriums verantwortlich für die Beauftragung, Finanzierung und Abnahme des Berichts. Sie bereitet in ihren Referaten die Berichtsthematik vor und bestimmt die personelle Zusammensetzung der Berichtskommissionen nach Beratung mit Institutionen und Verbänden der Jugendhilfe. Vertreter des Jugendressorts begleiten die Arbeit der Kommissionen und erarbeiten die offizielle Stellungnahme der Bundesregierung zum Kommissionsbericht. Erst zusammen mit dieser Stellungnahme wird der Kommissionsbericht zu einem Bericht der Bundesregierung und so dem Parlament vorgelegt.

Die Kommissionsmitglieder sind in Universitäten oder anderen sozialwissenschaftlichen Institutionen und/oder Organisationen der Jugendhilfepraxis verortet und vertreten oft divergierende Positionen. Aufgrund der bewusst gewählten pluralen Orientierungen und Positionierungen der Mitglieder ist die Berichtsarbeit regelmäßig geprägt durch die Auseinandersetzung mit sozial-politischen, sozialpädagogischen und soziologisch-politischen Konzeptionen und deren Abgleichung, wobei es vor allem auf die Schwerpunktsetzung bei dem entscheidenden Kernstück des Berichts, nämlich den Empfehlungen, geht. Die Berichte verwerten unterschiedliche Materialien und Quellen, wie amtliche Statistiken, sozial-wissenschaftliche Untersuchungen qualitativer sowie quantitativer Art, verarbeiten dabei Forschungserkenntnisse ebenso wie Praxisberichte und politische Verlautbarungen und schaffen damit ein neues Genre wissenschaftlich-alltagspraktischer und alltags-politisch orientierter Analyse mit Rezeptbuch-Charakter: Die Empfehlungen der Kinder- und Jugendberichte sind von vornherein ein Konglomerat von praxis-, ressort- und fachpolitisch gefilterten und reflektierten Einsichten und Erkenntnissen. Außerdem initiieren die Kommissionen die Erstellung von Expertisen und Untersuchungen, die im Zusammenhang mit dem eigentlichen Bericht in gesonderten Materialienbänden veröffentlicht werden.

Literatur

Richter, H./Coelen, T. (Hg.) (1997): Jugendberichterstattung. Weinheim.

Jutta Müller-Stackebrandt

Kinder- und Jugendbildung

Die Kinder- und Jugendhilfe bietet neben impliziten Bildungsangeboten wie in der offenen oder verbandlichen Kinder- und Jugendarbeit auch explizite Bildungsangebote. Dazu zählen die Kindertageseinrichtungen und die vielfältigen Angebote von Trägern der außerschulischen Kinder- und Jugendbildung. Hier ist sie als Teil der Kinder- und Jugendarbeit mit einem eigenständigen und unverwechselbaren Bildungsauftrag im § 11, Absatz 3 des Kinder- und Jugendhilfegesetzes (KJHG = 8. Buch Sozialgesetzbuch, SGB VIII) geregelt. Sie steht mit ihren Maximen wie Prävention und Integration, mit ihren Ansprüchen und Leitmotiven in der subjekttheoretischen und bildungsbiografischen Tradition von kritischer Aufklärung, selbsttätiger Aneignung und der Entwicklung von Autonomie.

Eine Vielzahl von Bildungswelten/-orten und Lernformaten, die von einem breiten öffentlichen und freien Trägerspektrum in der Freizeit oder auch in Kooperation von Jugendhilfe und Schule den Kindern und Jugendlichen angeboten werden, eröffnet eigene Zugänge zu Bildung und ermöglicht biografisch bedeutsame non-formale und informelle Lern- und Bildungsgelegenheiten.

Die Kinder- und Jugendbildung basiert auf freiwilliger Teilnahme, spezifischen Bildungschancen und offenen Erfahrungsmöglichkeiten. Sie dient, im Spannungsfeld von Bildungsangeboten und eigensinnigen Selbstbildungsprozessen, der individuellen und nie abgeschlossenen Persönlichkeitsentwicklung mit der Herausbildung von Lebens- und Bewältigungskompetenz, von Selbst- und Weltverhältnissen. Kinder und Jugendliche, deren Gesellungsformen, Lernkulturen und Milieus sollen in einem dialogischen und ko-produktiven, von Pädagogen und der jungen Generation gemeinsam gestalteten Bildungsprozess, durch unterschiedliche Formen von demokratischen und sozial geteilten Partizipationserfahrungen innerhalb der politischen, (inter-) kulturellen, sozialen, gesundheitlichen, sportlichen und internationalen Bildung befähigt werden, aktiv ihre Lebenswelt mit zu gestalten und handelnd am politischen Gemeinwesen teilhaben.

Literatur
Hafeneger, B. (Hg.) (2011): Handbuch Außerschulische Jugendbildung. Schwalbach. – Sturzenhecker, B./Lindner, W (Hg.) (2004): Bildung in der Kinder- und Jugendarbeit. Weinheim, München.

Benno Hafeneger

Kinder- und Jugendfilmzentrum in Deutschland (KJF)

Das KJF (www.kjf.de) wurde im Jahr 1977 gegründet und nahm im Juni 1977 seine Arbeit auf. Da in der Bundesrepublik Deutschland Jugendhilfe, Kultur, Bildung und Medien im Wesentlichen zum Aufgabenbereich der Länder zählen, ging der Gründung des KJF ein langer Abstimmungsprozess zwischen Bund und Ländern voraus. Das KJF wird vom Bundesjugendministerium aus Mitteln des Kinder- und Jugendplanes gefördert. Die Rechtsträgerschaft des KJF wurde der Akademie Remscheid übertragen. Die Richtlinien für die Arbeit (Fachaufsicht) bestimmt ein Kuratorium, das sich aus Vertretern von Bund und Ländern, von Hochschulen und Verbänden zusammensetzt und vom Bundesjugendminister im Zusammenwirken mit den Obersten Landes- jugendbehörden berufen wird. Das Kuratorium berät und beschließt über die fachliche Arbeit des Zentrums im Rahmen der satzungsgemäßen Aufgabenstellung.

Das KJF hat seine Arbeitsschwerpunkte in den Bereichen Förderung des Kinder- und Jugendfilms, medienpädagogische Modellmaßnahmen, Förderung von praktischer Medienarbeit von und mit Kindern und Jugendlichen, Medienkritik, Medienkunde und Vermittlung von Medienkompetenz.

Im Auftrag des Bundesjugendministeriums hat das KJF seit 1985 die Organisation und Ausrichtung des Deutschen Jugendvideopreises (DJVP) übernommen. Der 1988 gestartete bundesweite Wettbewerb Jugend und Video wurde als Young Media in den DJVP integriert.

Das Internetmagazin www.top-videonews.de ist der Schwerpunkt der Empfehlungs- und Beratungsarbeit des DJVP. Der Deutsche Jugendfotopreis (DJF), 1961 vom zuständigen Bundesministerium gestiftet, wird seit 1978 vom KJF betreut und durchgeführt.

Literatur
Kinder- und Jugendfilmzentrum in der Bundesrepublik Deutschland (1995): Aufgaben und Aktivitäten. Remscheid.

Horst Schäfer

Kinder- und Jugendhilfe

Die Kinder- und Jugendhilfe umfasst dasjenige Spektrum der Sozialen Arbeit, in dem es um die Förderung der individuellen Entwicklung, Erziehung und Bildung junger Menschen geht. Im Zentrum stehen hierbei jene Sozialisationsprozesse, die es jedem Kind und jedem Jugendlichen ermöglichen, eigenverantwortlich und gemeinschaftsfähig an der Gesellschaft teilzunehmen und teilzuhaben. Die Kinder- und Jugendhilfe ist einer der größten Bereiche in der Sozialen Arbeit.

Die Praxisfelder der Kinder- und Jugendhilfe umfassen u.a. Früherziehung, Kindergarten, Kindertagesbetreuung; Kinder- und Jugendarbeit; Kulturarbeit, kulturelle Bildung; Jugendsozialarbeit, Jugendberufshilfe; Schulsozialarbeit; Jugendgerichtshilfe und Jugendhilfeplanung. Disziplinär hat sich eine Kinder- und Jugendhilfeforschung etabliert, in der es um Fragen nach den Phänomenen der Vergemeinschaftung im Kindes- und Jugendalter, um deren Organisations- und Institutionsformen als auch um individuelle Lebenslagen und Bedürftigkeiten von Kindern und Jugendlichen geht. Dennoch existiert kein systematisch aufeinander bezogener Theoriediskurs zur Kinder- und Jugendhilfe, da nach wie vor unentschieden bleibt, ob die Kinder- und Jugendhilfe überhaupt als Theoriegebäude gefasst werden kann. Nach wie vor wird der Begriff der Kinder- und

Jugendhilfe auch als Verlegenheitslösung verstanden, der lediglich durch ein Gesetz zusammengehalten werde (Klaus Mollenhauer).

Entstanden ist die Kinder- und Jugendhilfe als Reaktion auf Ausgrenzungs-, Entfremdungs- und Desintegrationsprozesse in der industriekapitalistischen Moderne. Ihre mehr als 150-jährige Geschichte war zunächst durch soziale Kontrolle, Disziplinierung und direkte Hilfen in Krisensituationen als fürsorgerische Aufgabe bestimmt. Die sozialhistorischen Wurzeln der Kinder- und Jugendhilfe liegen in der öffentlichen Kleinkindererziehung, der Jugendfürsorge und der Jugendpflege. Lange Zeit lag der begriffliche Fokus nur auf der Jugendhilfe. Zu Beginn des 20. Jahrhunderts wurde die Jugendhilfe noch verstanden als derjenige Teil der Gesellschaft, der weder Familie noch Schule umfasse (Getrud Bäumer). Die Jugendhilfe galt bis Anfang der 1980er Jahre als Eingriffs-, Bevormundungs-, Bürokratisierungs- und Reaktionsbehörde. Mitte der 1980er Jahre änderten sich die Zielbestimmungen der Jugendhilfe hin zu Leistung, Prävention, Flexibilisierung und Demokratisierung. Markiert wird dieser Wandel durch die Dienstleistungskategorie (Thomas Olk und Hans-Uwe Otto) und durch das Konzept der Lebensweltorientierung (Hans Thiersch), das dieser professionellen Neubestimmung seine theoretischen Grundlagen gab.

Inzwischen umfasst die Kinder- und Jugendhilfe ausdifferenzierte Programme, Angebote, Interventionsstrategien und Unterstützungspolitiken für Kinder, Jugendliche und ihre Familien bzw. deren Lebenszusammenhänge, die sozialpädagogisch mitgestaltet werden. Die Kinder- und Jugendhilfe versteht sich in erster Linie als Leistungserbringer, in dem Kinder und Jugendliche als Akteure mit individuellen Bedürftigkeiten und Lebenslagen im Zentrum stehen. Das sozialpädagogische Handeln innerhalb der Kinder- und Jugendhilfe ist somit nicht mehr nur auf das Wächteramt in Krisensituationen gerichtet, obwohl sie auch hier ein zentrales Aufgabenfeld hat. Die Kinder- und Jugendhilfe hat sich als fester Bestandteil im Leben von Kindern und Jugendlichen etabliert und zählt zu den zentralen Sozialisationsinstanzen im Kindes- und Jugendalter, mit denen fast jedes Kind und jeder Jugendliche durch Programme und Unterstützungsleistungen selbstverständlich Kontakt hat.

Gleichwohl hat auch die Kinder- und Jugendhilfe mit den tief greifenden Veränderungen der postindustriellen Moderne zu kämpfen: Die Erosion des Wohlfahrtsstaates, der Zusammenbruch öffentlicher Generationenverträge, schwierige Aufwachsbedingungen, neue Armut, globale Risiken und Gefährdungen sowie der strukturelle Wandel individueller Lebenslagen als neue Ungewissheit in der Lebensorganisation stellen die bisherigen Organisations- und Institutionsformen der Kinder- und Jugendhilfe grundlegend infrage. Der Weg zur Wissensgesellschaft stellt für die Kinder- und Jugendhilfe eine große Herausforderung dar, in der die Förderung der Entwicklung gerade im Hinblick auf Erziehung und Bildung junger Menschen neu formuliert werden muss.

Literatur
Bock, K./Seelmeyer, U. (2005): Kinder- und Jugendhilfe. In: Otto, H.-U./Thiersch, H. (Hg.): Handbuch Sozialarbeit/Sozialpädagogik. München, 985-1000. – Mollenhauer, K. (1968): Jugendhilfe. Heidelberg. – Schröer, W./Struck, N./Wolff, M. (Hg.) (2005): Handbuch Kinder- und Jugendhilfe. Weinheim, München.

Karin Bock

Kinder- und Jugendhilfeausschuss (JHA)

Der JHA ist die steuernde, die Verwaltung des Jugendamtes die ausführende Instanz der Kinder- und Jugendhilfe. Der JHA unterscheidet sich dadurch von anderen Ausschüssen des Kommunalparlaments, dass er Teil einer zweigliedrigen Behörde und mit Beschlussrecht ausgestattet ist. Der JHA setzt sich zusammen aus Mitgliedern des Stadtrats bzw. Kreistags, im Feld der Kinder- und Jugendhilfe erfahrenen Personen sowie Vertretern anerkannter Träger der Kinder und Jugendhilfe. Die Anzahl der Mitglieder ist in den einzelnen Landesausführungsgesetzen sowie den jeweiligen Jugendamtssatzungen geregelt (mindestens 10). Hinzu kommen beratende Mitglieder (z.B. Vertreter des Gesundheitsamts, der Schulen, der Familien- und Jugendgerichte, der Arbeitsverwaltung). Der JHA kann zur vertiefenden Behandlung einzelner Themen Unterausschüsse einsetzen, in die auch Externe berufen werden können. Die Sitzungen des JHA sind öffentlich. Das Verwaltungshandeln untersteht somit einer deutlich stärkeren öffentlichen Kontrolle als dies in anderen Bereichen üblich ist.

Wesentliche Steuerungsaufgaben des JHA sind: 1. Die Aufstellung des Jugendhilfehaushalts im Rahmen der Vorgaben des Kommunalparlaments; 2. die Übernahme der Verantwortung für den Prozess der

Kinder- und Jugendhilfeplanung inklusive der dazugehörigen politischen Grundsatzentscheidungen; 3. die Festlegung von kinder- und jugendpolitischen Zielen sowie der dafür notwendigen Angebote der Kinder- und Jugendhilfe; 4. Kinder- und jugendpolitische Lobbyarbeit.
Der JHA könnte als Modell für moderne Governancestrategien fungieren, da er ideale strukturelle Voraussetzungen bietet, engagierte Bürger und Gruppen in politische Entscheidungsfindungsprozesse einzubeziehen. Dies ist auch der Grund, weshalb in der Zusammenfassung des Berichts der Enquete-Kommission Zukunft des Bürgerschaftlichen Engagements die Regelungen des Sozialgesetzbuchs (SGB) VIII als vorbildlich erwähnt werden.

Literatur
Merchel, J./Reismann, H. (2004): Der Jugendhilfeausschuss. Weinheim, München. – Seckinger, M. (2004): Kooperation im Kinder- und Jugendhilfeausschuss. In: Forum Jugendhilfe 1, 57-64.

Mike Seckinger

Kinder- und Jugendhilfeforschung

Kinder- und Jugendhilfeforschung bezeichnet eine thematisch und methodisch vielfältig differenzierte Forschungslandschaft. Sie kann im weitesten Sinne als diejenige Forschung beschrieben werden, die von Forschern mit Bezug auf den disziplinär-sozialpädagogischen Diskurs und eine spezifische gesellschaftliche Praxis – die Jugendhilfe – mit Hilfe wissenschaftlicher Verfahren getätigt, in bestimmter Weise reflektiert und veröffentlicht wird.
Einrichtungen, Arbeitsfelder und Akteure der Jugendhilfe sind bereits seit Jahrzehnten Gegenstand einer sozialwissenschaftlich orientierten Forschung. Erste systematische und methodische Ansätze finden sich in einer explorativen Phase um 1970. Theoriedynamik sowie die Suche nach programmatischen Entwürfen bestimmen die Kinder- und Jugendhilfeforschung in einer zweiten, paradigmatischen Phase bis in die 1990er-Jahre. Veränderte Forschungsbedingungen und erhöhte Selbstreflexivität führen die Kinder- und Jugendhilfeforschung schließlich in eine dritte, postparadigmatische Phase, in der einerseits eine massive Expansion des Forschungsvolumens zur Jugendhilfe festzustellen ist und andererseits die Nicht-Sichtbarkeit der Kinder- und Jugendhilfeforschung bearbeitet wird. Seit Mitte der 1990er Jahre sind verstärkt Bemühungen zu beobachten, Forschungen als Kinder- und Jugendhilfeforschung zu thematisieren, Forschungsstände zu bilanzieren sowie die systematischen Konturen, Perspektiven sowie die Themen einer integrativen Kinder- und Jugendhilfeforschung zu bestimmen.
Auslöser dieser Dynamik und die Notwendigkeit zur Ausweitung des Forschungsprogramms von Kinder- und Jugendhilfeforschung werden dabei einerseits in Veränderungen des Praxisfeldes selbst lokalisiert, indem dieses durch Expansion, Ausdifferenzierung von Aufgaben und Trägern, Entdifferenzierung traditioneller Felder, Vielfalt der Personalstruktur, Wandel der Adressatenmilieus u.ä. gekennzeichnet ist. Die Nachfrage nach wissenschaftlich fundiertem Wissen erhöht sich zudem angesichts eines steigenden Steuerungs-, Modernisierungs- und Legitimationsdrucks im Kontext des gesellschaftlichen Wandels und der politisch-administrativen Bearbeitung von Jugendhilfefragen. Andererseits dynamisiert sich mit Blick auf die wissenschaftspolitische Steuerung und disziplinäre Entwicklung der Bedarf an systematisch-analytischer Reflexion: Ein sich nun etablierender Forschungsdiskurs zur Kinder- und Jugendhilfeforschung umfasst dabei Fragen nach dem Objektbereich selbst (Kinder- und Jugendhilfe), nach Theorie- und Forschungsstrategien, nach Verwendungszusammenhängen von und Einflüssen auf Forschung (Praxis, Politik usw.) sowie nach spezifischen methodischen Zuschnitten und methodologischen Reflexionen. Aktuelle Bilanzierungen zur Kinder- und Jugendhilfeforschung sortieren den Forschungsstand in pragmatischer Absicht entlang unterschiedlicher Strukturelemente der Kinder- und Jugendhilfe als (1) organisationsbezogen und institutionenanalytisch (in Bezug auf z.B. Jugendamt, Kindertagesstätten), (2) professionsbezogen (mit Blick auf z.B. Professionelle oder Ehrenamtliche), (3) adressatenbezogen (Kinder, Jugendliche und Familien) oder (4) arbeitsfeldbezogen (z.B. im Blick auf die Heimerziehung).
Die Kinder- und Jugendhilfeforschung ist weder durch eine Affinität zu spezifischen Forschungsmethoden noch durch eine spezielle Methodologie, sondern vielmehr durch eine methodisch-methodologische sowie thematische Vielfalt und Differenziertheit gekennzeichnet. Aus funktionaler Sicht übernimmt die Kinder- und Jugendhilfeforschung die Aufgabe, Erkenntnisse über Strukturen und Dynamiken des Beobachtungsfeldes zu generieren, zwischen disziplinären und professionellen Wissensformen zu balancieren und die reflexive Rolle einer externen Beobachterin der Jugendhilfe zu übernehmen.

Auch wenn die Notwendigkeit einer Bestimmung von Kinder- und Jugendhilfeforschung nicht abschließend geklärt ist und keine hinlänglich geteilte Begriffsbestimmung existiert, mit der eine Abgrenzung von anderen Forschungsbereichen bzw. die Zuordnung zur Kinder- und Jugendhilfeforschung erfolgen könnte, ist in jüngerer Zeit eine dezidierte Auseinandersetzung mit der Kinder- und Jugendhilfeforschung zu konstatieren. Aktuell finden sich verstärkt Ansätze, die programmatisch-analytisch für eine integrative Thematisierung von (inter-)disziplinären Forschungen als Kinder- und Jugendhilfeforschung votieren.

Literatur
Cleppien, G. (2004): Jugendhilfeforschung und Jugendhilfe. Dortmund. – Flösser, G. u.a. (1998): Jugendhilfeforschung. In: Rauschenbach, T./Thole, W. (Hg.): Sozialpädagogische Forschung. Weinheim, München, 225-261. – Rosenbauer, N./Seelmeyer, U. (2005): Was ist und was macht Jugendhilfeforschung? In: Schweppe, C./Thole, W. (Hg.): Sozialpädagogik als forschende Disziplin. Weinheim, München, 253-276.

Georg Cleppien / Nicole Rosenbauer

Kinder- und Jugendhilfegesetz (KJHG)

Die rechtlichen Grundlagen der Kinder- und Jugendhilfe in Deutschland werden im Achten Buch des Sozialgesetzbuches (SGB VIII), dem sogenannten Kinder- und Jugendhilfegesetz (KJHG), geregelt. Das KJHG wurde 1990 verabschiedet und veröffentlicht. In den östlichen Bundesländern trat es mit der Wiedervereinigung der beiden deutschen Staaten am 3.10.1990, in den westlichen Bundesländern am 1.1.1991 in Kraft.

Vorläufer des KJHG waren das 1924 teilweise in Kraft getretene Reichsjugendwohlfahrtsgesetz (RJWG) sowie das 1961 verabschiedete Jugendwohlfahrtsgesetz (JWG), das mehrere Novellierungen des RJWG enthielt. 1973 begannen die Entwürfe zu einem neuen Jugendhilferecht, die jahrzehntelang diskutiert, novelliert und teilweise wieder verworfen wurden. Am 29.9.1989 konnte dann ein Regierungsentwurf verabschiedet werden, der in das KJHG mündete, wobei der begriffliche Zusatz Kinder eine Sensibilisierung des Gegenstandbereichs, keine substantielle Ausweitung darstellte.

Das KJHG ist ein Artikelgesetz, der Artikel 1 dieses Gesetzes ist zugleich das Achte Buch Sozialgesetzbuch (SGB VIII). Obwohl juristisch zwischen dem KJHG und dem SGB VIII unterschieden wird, werden die Bezeichnungen alltagssprachlich oft synonym verwendet. Gleichwohl ergeben sich hieraus Konsequenzen: Weil das KJHG Bestandteil der Sozialgesetzgebung ist, gelten insbesondere auch das erste Buch SGB (Allgemeiner Teil der Sozialgesetzgebung mit Bedeutung für Leistungsgewährung) sowie das zehnte Buch SGB (Verwaltungsverfahren, Schutz der Sozialdaten, Zusammenarbeit der Leistungsträger und ihre Beziehungen zu Dritten) für die Kinder- und Jugendhilfe.

Das SGB VIII ist in zehn Kapitel aufgeteilt und umfasst 105 Paragraphen: Im ersten Kapitel (§§ 1-10) werden die allgemeinen Vorschriften geregelt. Hierzu gehören das Recht auf Erziehung und Förderung der Entwicklung (§ 1), die Aufgaben der Jugendhilfe (§ 2), aber auch Querschnittsaufgaben und Gleichberechtigung (§ 9) sowie die Beteiligungsrechte von Jungen und Mädchen (§ 8). Sozialleistungen werden hier also als Rechtsanspruch definiert.

Das zweite Kapitel (§§ 11-41) umfasst die gesetzlichen Regelungen zu den Leistungen der Jugendhilfe. Es wird auch als Kernstück des KJHG bezeichnet, weil es in vier Abschnitten die grundlegenden Leistungsbereiche der Kinder- und Jugendhilfe definiert und zudem die Adressaten der Kinder- und Jugendhilfe als autonome Subjekte in die Gestaltung der Hilfen einbezieht: Jugendarbeit, -schutz, erzieherischer Kinder- und Jugendschutz (§§ 11-15); Förderung der Erziehung in der Familie (§§ 16-21); Förderung von Kindern in Tageseinrichtungen und Tagespflege (§§ 22-26) sowie Hilfen zur Erziehung, Eingliederungshilfen und Hilfen für Junge Volljährige (§§ 27-41) stehen hier im Zentrum.

Das dritte Kapitel umfasst andere Aufgaben der Jugendhilfe (§§ 42-60); im vierten Kapitel wird der Schutz von Sozialdaten geregelt (§§ 61-68); im fünften Kapitel (§§ 69-81) geht es um die Zusammenarbeit der öffentlichen und freien Träger der Jugendhilfe sowie der Jugendhilfeplanung. Das sechste Kapitel (§§ 79-81) regelt die zentralen Aufgaben von Bund und Ländern. Hier ist auch die Vorlage der Jugendberichte (§ 84) geregelt, die als wichtige Leistungsberichterstattung der Kinder- und Jugendhilfe gelten. Im siebten Kapitel (§§ 85-89) sind sachliche und örtliche Zuständigkeiten sowie Kostenerstattungen festgeschrieben; im achten Kapitel (§§ 90-97) werden Kostenheranziehung von Adressaten, Überleitung von Ansprüchen sowie die Auskunftspflicht festgelegt. Das neunte Kapitel (§§ 98-103) regelt die Vorschriften zur Kinder- und Jugendhilfestatistik; im

zehnten Kapitel sind Straf- und Bußgeldvorschriften festgeschrieben.
Obwohl im KJHG in vielen Bereichen das Wohl der Kinder und Jugendlichen ins Zentrum gestellt wurde, bleibt es letztlich ein Familiengesetz, weil die oftmals vieldeutig formulierten gesetzlichen Regelungen auf die Personensorgeberechtigten als Leistungsberechtigte zugeschnitten sind. Doch hierin spiegelt sich gleichzeitig eine der grundlegenden Fragen der Kinder- und Jugendhilfe wider: Die Frage, wie das Recht auf Förderung von Erziehung und Bildung für Kinder und Jugendliche gerade in schwierigen Zeiten durch die Kinder- und Jugendhilfe realisiert werden könnte.

Literatur
Fieseler, G./Herborth, R. ([7]2010): Recht der Familie und Jugendhilfe. Köln. – Münder, J./Trenczek, Th. ([7]2011): Kinder- und Jugendhilferecht. Köln.

Karin Bock

Kinder- und Jugendhilfeplanung

Anfang der 1970er Jahre wurde die Sozialplanung als ein entscheidendes Instrument gesellschaftlicher Reformen erkannt, allerdings führte dies selten zu einer Umsetzung in der kommunalen Praxis. Seit Beginn der 1980er Jahre wurden, bedingt durch gesellschaftliche Veränderungen und ökonomische Stagnationen, die Funktionen und die verwendeten Modelle von Sozialplanung immer häufiger hinterfragt. Seit dem Inkrafttreten des neuen Kinder- und Jugendhilfegesetzes (KJHG) 1991 ist die Diskussion um den Stellenwert und die Bedeutung von Planung und Planungsformen im sozialen Bereich wieder entfacht. Durch die Planungs- und Partizipationsverpflichtung des KJHG (achtes Buch des Sozialgesetzbuchs, SGB VIII, §§ 80 und 8) sind der Gesetzgeber und die ausführenden Organe aufgefordert, entsprechende Voraussetzungen zu schaffen und Maßnahmen zu treffen.
Grundsätzlich kann zwischen zwei Planungsansätzen unterschieden werden, (1) dem technokratischen und (2) dem bedürfnisorientierten. Soweit es sich um Planungen im sozialen Bereich handelt, wird sie von bürokratisch strukturierten Verwaltungen übernommen. Für die Kinder- und Jugendhilfeplanung etwa ist das kommunale Jugendamt in Zusammenarbeit mit den freien Trägern der Kinder- und Jugendhilfe federführend zuständig. Diese Form der Planung basiert auf den Vorstellungen eines technokratischen Planungsmodells, dessen Grundlage darin besteht, dass Planung hier immer für andere geschieht und die Planungsbetroffenen tendenziell zu Objekten der Planung werden. Dem steht ein an den Bedürfnissen der Betroffenen orientiertes Planungskonzept gegenüber, das dem Ziel einer Partizipation an Planungen von gesellschaftlichen Prozessen entgegenkommt. Bedürfnisorientierte Planung und die Beteiligung von Betroffenen setzen voraus, dass die Bedürfnisse der Betroffenen bekannt sind. Besonders bei Planungen im Bereich der Kinder- und Jugendhilfe ist es entscheidend zu erkennen, dass es sich hier um zukünftige Bedürfnisse von Gesellschaftsmitgliedern und insbesondere der Planungsbetroffenen handelt. Die Bedürfnisse der Menschen, hier die der Kinder und Jugendlichen, ändern sich jedoch und sind immer abhängig von der ökonomischen und sozialen Entwicklungsstufe sowie den allgemein anerkannten Werten und Zielen einer Gesellschaft, des Weiteren sind sie abhängig von der individuellen Lebenssituation und den Veränderungen im Alltag der Kinder. Bedürfnisorientierte Planung und Beteiligung heißt also, dass die Betroffenen die Möglichkeit haben, am gesamten Planungsprozess teilzunehmen, ihre Erfahrungen Vorstellungen und die im Planungsprozess gesammelten Kenntnisse in das Planungsverfahren einzubringen.
Kinder- und Jugendhilfeplanung ist ein Prozess der öffentlichen Willensbildung und der Herbeiführung von Entscheidungen, durch den in einer Region ein quantitativ ausreichendes und fachlich erforderliches Angebot an Jugendhilfeleistungen geschaffen und fortlaufend weiterentwickelt werden soll. § 80, Absatz 1 SGB VIII benennt die Elemente, ohne die das Vorgehen eines Trägers der öffentlichen Jugendhilfe nicht als Planung im Sinne des Gesetzes gelten darf: Bedarfsfeststellung, Bedarfsermittlung und Maßnahmenplanung. In den folgenden Absätzen werden die inhaltlichen Kriterien, die Zusammenarbeit von öffentlichen und freien Trägern der Jugendhilfe sowie die grundsätzliche Vorgabe geregelt, dass den Bedürfnissen und Interessen der jungen Menschen und ihrer Familien im gesamten Planungsprozess Rechnung getragen werden muss. Kinder- und Jugendhilfeplanung ist damit ein Teilbereich der Sozialplanung und steht in einem vielfältigen Bindungs- und Spannungsgefüge der gesamten kommunalen Planung.
Die partizipatorische Grundorientierung der Kinder- und Jugendhilfe ist in der so genannten Generalnorm des KJHG im § 1 SGB VIII begründet. Der

Auftrag der Kinder- und Jugendhilfe (Erhaltung und Schaffung positiver Lebensbedingungen für junge Menschen und einer kinder- und familienfreundlichen Umwelt, Absatz 3), verpflichtet das Jugendamt dazu, sich auch und gezielt in andere Bereiche kommunaler Planungen (wie Schule, Ausbildung, Städtebau oder Wohnungspolitik) einzumischen und diese mitzugestalten.

Literatur
Jordan, E. ([3]2005): Jugendhilfeplanung. In: Otto, H.-U./Thiersch, H. (Hg.): Handbuch Sozialarbeit/Sozialpädagogik. Neuwied, 874-880. – Kreft, D. (1992): Jugendhilfeplanung. In: Sozialwissenschaftliche Literatur Rundschau 20, 35-42. – Ortmann, F. (1976): Sozialplanung für wen? Neuwied.

Thomas Swiderek

Kinder- und Jugendhilfestationen

Als Kinder- und Jugendhilfestationen werden Organisationseinheiten bezeichnet, die in einem definierten Sozialraum flexible und integrierte Erziehungshilfen (nach § 27ff. Sozialgesetzbuch, SGB, VIII) erbringen. Die ersten Kinder- und Jugendhilfestationen entstanden Anfang der 1990er Jahre im Rahmen eines Modellprojektes in Mecklenburg-Vorpommern. Analog des Organisationsmodells Hilfen aus einer Hand wurde nicht mehr ein Standardrepertoire an Hilfearten angeboten, sondern ein multiprofessionelles Team entwickelte an den Bedarf der Adressaten angepasste Hilfen. Im Laufe der Fachdiskussion hat sich zunehmend das Organisationsmodell der Hilfen unter einem Dach durchgesetzt. In diesem sind die Fachkräfte zwar in unterschiedlichen Schwerpunktfeldern (z.B. Gruppenarbeit, Beratung, Einzelfallhilfen) tätig, gleichzeitig ermöglicht die Team- und Organisationsstruktur, flexible Hilfen für einen Sozialraum verantwortlich zu organisieren. Je nach regionalem Konzept kann eine Kinder- und Jugendhilfestation von einem Schwerpunktträger (freier Träger) oder einem Trägerverbund (mehrere freie Träger) betrieben werden.

Literatur
Hamberger, M./Köngeter, S./Zeller, M. (2004): Integrierte und flexible Erziehungshilfen. In: Grunwald, K./Thiersch, H. (Hg.): Praxis Lebensweltorientierter Arbeit. Weinheim, München, 347-374.

Maren Zeller

Kinder- und Jugendhilfestatistik

Die Kinder- und Jugendhilfestatistik basiert als amtliche Statistik auf einer bundesgesetzlichen Grundlage und erfasst wesentliche Leistungen und Aufgaben der Kinder- und Jugendhilfe. Sie wird zumeist als jährliche Vollerhebung durchgeführt. Gesetzliche Grundlage sind die §§ 98-103 des Sozialgesetzbuches (SGB) VIII. Die Erhebungsergebnisse, die von den Statistischen Landesämtern und dem Statistischen Bundesamt veröffentlicht werden, dienen u.a. der Weiterentwicklung des SGB VIII, der Sozialberichterstattung auf den Ebenen des Bundes, der Länder und der Gemeinden, der Jugendhilfeplanung und der sekundäranalytischen Forschung.
Erste amtliche Erhebungen für die Bereiche der Jugendfürsorge gehen auf das Jahr 1927 zurück. Im Laufe der Jahrzehnte wurde das Erhebungskonzept immer wieder den neuen Anforderungen angepasst. Mit Einführung des SGB VIII wurde ein überarbeitetes Erhebungskonzept in das Fachgesetz integriert. Darüber hinaus wurden inhaltlich neue Schwerpunkte bei den familienunterstützenden Hilfen gesetzt. Methodisch wurde größtenteils auf Individualerhebungsbögen umgestellt, wodurch einzelfallbezogen erheblich mehr Informationen abgefragt und ausgewertet werden können. Für die fachliche Auswertung wurde inzwischen die Arbeitsstelle Kinder- und Jugendhilfestatistik an der Universität Dortmund eingerichtet, die regelmäßig Fachpublikationen veröffentlicht.
Die Erhebung der Kinder- und Jugendhilfestatistik gliedert sich in vier Teile: (1) Erzieherische Hilfen gemäß der §§ 27 bis 35a und 41 SGB VIII sowie die vorläufigen Schutzmaßnahmen gemäß § 42 SGB VIII. Diese Erhebungen werden jährlich als Vollerhebung durchgeführt. Darüber hinaus werden die abgeschlossenen Adoptionen und weitere Aufgaben des Jugendamtes (Pflegschaften, Vormundschaften etc.) zusammenfassend gezählt. (2) Die öffentlich geförderten Maßnahmen der Jugendarbeit werden als Vollerhebung alle 4 Jahre erfasst. (3) Die Erhebung der Einrichtungen und tätigen Personen in der Kinder- und Jugendhilfe wird als Stichtagserhebung zum 31.12. alle vier Jahre durchgeführt. Ab dem 15.3.2006 wird die Erhebung für Kinder und tätige Personen in Tageseinrichtungen jährlich durchgeführt. Für denselben Stichtag werden ebenfalls Angaben zu den Kindern in Tagespflege und zu den Tagespflegepersonen abgefragt. (4) Die Erhebung der Ausgaben und Einnahmen der öffentlichen Ju-

gendhilfe wird jährlich durchgeführt. Die Ergebnisse werden im Bereich Öffentliche Sozialleistungen, Jugendhilfe auf den Internetseiten des Statistischen Bundesamtes (www.destatis.de) kostenlos bereitgestellt. Zusätzlich veröffentlichen die Statistischen Landesämter unter Berücksichtigung kreisbezogener Ergebnisse ihre Daten.
Die Erhebungsinstrumente werden regelmäßig (zuletzt 2005) an die neuen Entwicklungen in der Praxis der Kinder- und Jugendhilfe angepasst. Hierdurch wird auch der Gebrauchswert der Kinder- und Jugendhilfestatistik als Instrument zur empirischen Fundierung des Feldes gesichert.
Bei der Frage nach der Nutzung der statistischen Daten hebt der Gesetzgeber die Beobachtung der Auswirkungen sowie die Weiterentwicklung der Bestimmungen des Kinder- und Jugendhilfegesetzes hervor (§ 98 SGB VIII). Zudem ist die Statistik eine der zentralen Datenquellen für die Sozialberichterstattung über die Kinder- und Jugendhilfe (vgl. 13. Kinder- und Jugendbericht) sowie notwendiges Hilfsmittel für die Jugendhilfeplanung, gerade auch für die örtliche Ebene (z.B. interkommunale Vergleiche). Etabliert hat sie sich zudem als eine Datengrundlage für die sozialpädagogische Forschung.
Mittlerweile werden die Daten zur Beantwortung von unterschiedlichsten Fragestellungen, z.B. zur Kindertagesbetreuung, zu den Hilfen zur Erziehung oder auch für die Jugendarbeit, regelmäßig verwendet. Strukturen, Prozesse sowie Ergebnisse und Wirkungen können so für eine kontinuierliche Selbst- und Fremdbeobachtung – gerade auch im politischen Raum – transparent gemacht werden.

Literatur
Rauschenbach, Th./Schilling, M. (2005): Kinder- und Jugendhilfereport 2. Weinheim, München. – Schilling, M. (2002): Die amtliche Kinder- und Jugendhilfestatistik. Dortmund.

Jens Pothmann / Matthias Schilling

Kinder- und Jugendkulturarbeit

Als sozialpädagogisches Arbeitsfeld ist die Kinder- und Jugendkulturarbeit der Kinder- und Jugendarbeit gemäß dem Sozialgesetzbuch (SGB) VIII zugeordnet und folgt somit den hier geltenden Handlungsmaximen (Freiwilligkeit, Partizipation, Autonomieförderung, außerschulische Bildung). Sie ist wesentlich Reflex auf die Erweiterung des Kulturbegriffes der 1970er Jahre (Kultur für Alle) und dessen aktive, nicht-elitäre und pädagogische Neu-Akzentuierung. Es bestehen vielfache Kongruenzen zu Begriff und Arbeitsfeld der Kulturpädagogik, so dass hier dieselben Ziele verfolgt werden: Kinder- und Jugendkulturarbeit verfolgt die Kultivierung sinnlicher, medialer und ästhetischer Erfahrungen sowie eine hierauf bezogene kreative Gestaltung, die sich als Arbeit an der Wahrnehmung versteht und Sinn über das Medium der Sinnlichkeit anregt. In der Vielfalt und in Überschreitung sparten-orientierter Handlungsfelder (Literatur, Film, Tanz, Musik) mit Schnittstellen zu Sport, Schule und Jugendkultur umfasst Kinder- und Jugendkulturarbeit komplexe intermediäre und multimediale Lernfelder, in denen u.a. Künstlerisches oder Artifizielles mit handwerklich-technischen Fertigkeiten einbezogen und aufgehoben ist. Sie bietet Raum für die Repräsentation und Ausgestaltung jugendkultureller Szenen und deren alltags-ästhetischer Praxen. Als solche ermöglicht sie Unterstützung für die Prüfung, Re-Kombination und Aneignung neuer Symbolpraktiken; sie erweitert das Archiv ästhetischer Optionen und unterstützt damit – zunächst jugendkulturell codierte – biografische Übergänge.

Literatur
Treptow, R. (2006): Kulturelle Optionen in jugendlichen Lebensphasen und Fragen nach den Möglichkeiten der Kinder- und Jugendarbeit. In: Lindner, W. (Hg.): 1964 – 2004: Vierzig Jahre Kinder- und Jugendarbeit in Deutschland. Wiesbaden, 221-232. – Zacharias, W. (2001): Kulturpädagogik. Opladen.

Werner Lindner

Kinder- und Jugendliteratur

Unter Kinder- und Jugendliteratur verstehen wir diejenigen Veröffentlichungen schriftlicher Art, die gleich ob sachorientiert oder fiktional sich speziell an junge Leser wenden. Nach ersten Anfängen im späten Mittelalter etablierte sich die Kinder- und Jugendliteratur in Deutschland verstärkt seit dem ausgehenden 18. Jahrhundert. Es waren Pädagogen wie Joachim H. Campe und Johann B. Basedow, die eine eigene Profession daraus machten. Bei beiden aber war die Lektüre prosaisch gemeint im Sinne des Lehrhaften. Phantasie und Fiktion kritisierten sie, ja lehnten sie ab. Gegen diese entsinnlichte Auffassung stellte sich mit der romantischen Bewegung und deren Entdeckung von Volks- und Märchenliteratur eine neue Generation der Schriftsteller mit den Kinder- und Hausmärchen. In den folgenden Jahrzehnten im Kontext der Neuen Sachlichkeit (Erich Kästner), dann während des Nationalsozialismus (Karl A. Schenzinger) und schließlich in der Nachkriegszeit beanspruchte die Kinder- und Jugendliteratur ihren sowohl ästhetischen, als auch pädagogischen Ort. In der Deutschen Demokratischen Republik bezog man sich auf die Tradition der proletarisch-revolutionären Romane der 1920er Jahre (etwa Erwin Strittmatter und Benno Pludra) und auf die beispielgebenden historischen und zeitgenössischen Titel aus der Sowjetunion. In der Bundesrepublik Deutschland wurde die bürgerliche ältere Kinder- und Jugendliteratur wieder Vorbild, ergänzt um englisch-amerikanische und skandinavische Vorbilder. Die Kinder- und Jugendliteratur in Deutschland nimmt alles in allem eine doppelte Aufgabe wahr: sie dient der Unterhaltung, aber sie spiegelt auch kindliche Lebenswelten und eignet sich als Seismograf kindlicher Befindlichkeiten. Kinder- und Jugendliteratur steht im Spannungsfeld von Erziehung und Ästhetik; sie erfüllt sozialisatorische Aufgaben und entwirft neue Möglichkeiten. Sie fungiert in eins als Resultat der Geschichte der Kindheit und zugleich als ihr Motor.

Literatur

Ewers, H.-H. (2000): Literatur für Kinder und Jugendliche. München. – Kaminski, W. ([4]2005): Einführung in die Kinder- und Jugendliteratur. Weinheim.

Winfred Kaminski

Kinder- und Jugendmedienschutz

Die Forderung, Kinder und Jugendliche vor potentiell schädigenden Medieneinflüssen zu schützen, existiert bereits seit dem Aufkommen von Massenmedien Mitte des 19. Jahrhunderts. Bis in die 1970er Jahre hinein stand dabei ein bewahrpädagogischer Ansatz im Vordergrund. Dieser stützt sich auf die Annahme, dass Medien einen schädigenden Einfluss auf Kinder und Jugendliche haben und sie in ihrer Entwicklung negativ beeinflussen.

Mit jedem neuen Medium traten nahezu dieselben Befürchtungen auf und riefen kulturkritische Reaktionen hervor. Ob es der Film war, die Groschenromane oder der Video-Boom der 1980er Jahre, durch alle Jahrzehnte hindurch wurden negative Auswirkungen wie Schädigungen des Sozialverhaltens, sittlicher Verfall, kulturelle Verarmung oder eine Kriminalisierung durch Medien befürchtet.

Nach dem Ersten Weltkrieg hatte sich der Film als Massenmedium etabliert. Damit wuchsen auch die Bemühungen, Kinder und Jugendliche vor eventuellen körperlichen, geistigen und sittlichen Gefahren der Filme zu bewahren. 1920 wurde ein Reichslichtspielgesetz beschlossen, mit dem Filme mit dargestellten Rohheitsszenen (wie Bedrohung mit einem Revolver, Mord aus Eifersucht oder Tobsuchtsanfall) verboten wurden und eine Altersgrenze für Kinobesuche festgelegt wurde. Zusätzlich wurde 1926 das Schund- und Schmutzgesetz erlassen, durch das die Literatur von unsittlichen Inhalten freigehalten werden sollte. 1933 wurde dieses Gesetz durch eine Verordnung zum Schutze des Deutschen Volkes abgelöst und der Jugendschutz somit in die übergreifende Zensurpolitik des nationalsozialistischen Herrschaftsapparates eingebettet.

Nach dem Zweiten Weltkrieg bildeten sich in der Bundesrepublik Deutschland mit jedem neuen Medium Institutionen der Freiwilligen Selbstkontrolle und weitere Jugendschutzeinrichtungen, die seit der Reform des Jugendmedienschutzes (1. April 2003) aufgefordert sind, zusammen zu wirken und jeweils unterschiedliche Aufgaben zu übernehmen. Durch die Neuordnung des Jugendschutzrechtes tritt das neue Jugendschutzgesetz des Bundes (JuSchG), das seit dem 1. April 2003 gilt, an die Stelle des bisherigen Gesetzes zum Schutze der Jugend in der Öffentlichkeit (JÖSchG) und des Gesetzes über die Verbreitung jugendgefährdender Schriften und Medieninhalte (GjS). Mit dem JuSchG soll vor allem jugendgefährdenden Darstellungen in Zeitschriften, Filmen, auf Video, DVD sowie im Internet oder Computerspielen begegnet werden. Gemeint sind Medieninhalte, die die Entwicklung von Kindern oder Jugendlichen oder ihre Erziehung zu einer eigenverantwortlichen und gemeinschaftsfähigen Persönlichkeit gefährden können.

Zeitgleich zum Jugendschutzgesetz trat der Jugendmedienschutz-Staatsvertrag der Länder (JMStV) in Kraft, der eine einheitliche Rechtsgrundlage für den Jugendschutz in den elektronischen Medien (Internet, Fernsehen, Rundfunk) schafft. Durch Verzahnungsregelungen in beiden Gesetzen ist ein einheitlicher Jugendschutzstandard sichergestellt, indem Bundes- und Ländereinrichtungen nach einheitlichen Schutzstandards entscheiden. Jugendgefährdende Darstellungen werden im JMStV unterschieden nach unzulässigen (§ 5) und entwicklungsbeeinträchtigenden (§ 4) Inhalten. Für die Einhaltung der Regelungen des JMStV ist die Kommission für

Jugendmedienschutz (KJM) verantwortlich. Diese fungiert als zentrale Aufsichtsstelle für den Jugendschutz im privaten Rundfunk und in den Telemedien (Internet), um zu verhindern, dass gleiche Inhalte in verschiedenen Medien unterschiedlichen Gesetzen unterliegen.
Um die Eigenverantwortung der Rundfunk- und Internetanbieter zu stärken und die Möglichkeiten der Vorabkontrolle zu verbessern, folgt der Jugendmedienschutz-Staatsvertrag dem Prinzip der regulierten Selbstregulierung. Den Einrichtungen der Freiwilligen Selbstkontrolle wird ein gesetzlich festgeschriebener Entscheidungsrahmen zugebilligt, den die Medienaufsicht nur begrenzt überprüfen darf. Die Selbstkontrolleinrichtungen müssen von der KJM anerkannt werden.
Außerdem steht die KJM in enger Zusammenarbeit mit der Bundesprüfstelle für jugendgefährdende Medien (BPjM), die bei Indizierungen von Telemedien laut JMStV die Stellungnahme der KJM einholen muss. Die BPjM überprüft, ob eine Jugendgefährdung vorliegt und ein Medium mit möglicherweise jugendgefährdendem Inhalt indiziert wird. Indizierte Medien dürfen weder beworben noch Kindern und Jugendlichen zugänglich gemacht werden. Einer Indizierung folgt nicht das generelle Verbot eines Produktes. Es soll lediglich verhindert werden, dass Kinder und Jugendliche mit jugendgefährdenden Medien konfrontiert werden.
Durch den neuen Jugendmedienschutz-Staatsvertrag ist als weitere Jugendschutzorganisation jugendschutz.net an die KJM angebunden. Sie unterstützt diese bei der Überwachung der Einhaltung der Bestimmungen des JMStV bei Telemedien. jugendschutz.net überprüft das Internet auch aufgrund von Beschwerden auf Verstöße gegen den Jugendschutz und dringt darauf, dass Anbieter die Bestimmungen des Jugendschutzes einhalten. Zudem werden die Anbieter bei der KJM gemeldet, die rechtliche Maßnahmen gegen die Anbieter ergreifen kann.
Das seit April 2003 geltende System der regulierten Selbstregulierung im Bereich Telemedien zielt beim Jugendmedienschutz auf ein Zusammenwirken von Staat und Anbietern. Das bedeutet, dass der Staat den gesetzlichen Rahmen und die entsprechenden Strukturen schafft. Anbietern ist die Ausfüllung dieses Rahmens in Eigenverantwortung überlassen. Fehlentwicklungen können von Seiten des Staates durch den ordnungspolitischen Rahmen sowie entsprechende Kontrollmöglichkeiten verhindert werden. Relevante deutsche Selbstkontrolleinrichtungen sind: (1) Freiwillige Selbstkontrolle Multimedia (FSM): Die FSM ist ein eingetragener Verein (e.V.), der 1997 von Medienverbänden und Unternehmen der Online-Wirtschaft gegründet wurde. Die Selbstkontrollorganisation bietet jedermann die Möglichkeit, sich über strafbare oder jugendgefährdende Inhalte im Netz zu beschweren oder Fragen zum Thema Jugendschutz im Internet zu stellen. Darüber hinaus berät die FSM Mitglieder und Nichtmitglieder in Fragen des Jugendschutzes. Für seine Mitglieder nimmt der Verein außerdem die Aufgaben des Jugendschutzbeauftragten wahr. (2) Freiwillige Selbstkontrolle der Filmwirtschaft (FSK): Die FSK ist für die Durchführung von Altersfreigabeprüfungen für Filme, Videokassetten, DVDs u.ä. Bildträger zuständig, deren öffentliche Vorführung oder Verbreitung geplant ist. Die von der FSK beschlossenen Altersfreigaben regeln die Anwesenheit von Kindern und Jugendlichen bei öffentlichen Vorführungen sowie die Abgabe von Bildträgern an die entsprechende Altersgruppe. (3) Freiwillige Selbstkontrolle Fernsehen (FSF): Die Freiwillige Selbstkontrolle Fernsehen ist ein eingetragener Verein, zu dessen Mitgliedern die größten Privatfernsehanbieter Deutschlands gehören. Die Anbieter legen den Prüfausschüssen der FSF ihre Programme zur Begutachtung vor. Unabhängige Prüfer entscheiden auf der Grundlage der in Deutschland geltenden Jugendmedienschutz-Bestimmungen darüber, zu welcher Sendezeit ein bestimmtes Programm ausgestrahlt werden kann und welche Angebote unzulässig sind. (4) Unterhaltungssoftware Selbstkontrolle (USK): Die USK ist gemeinsam mit den Obersten Landesjugendbehörden für die Alterskennzeichung von Computerspielen zuständig. Die Prüfung erfolgt im Hinblick auf die Freigabe für bestimmte Altersgruppen. Seit dem 1. April 2004 sind für Computerspiele Kennzeichnungen mit Altersfreigaben gesetzlich vorgeschrieben. (5) Freiwillige Selbstkontrolle Telefonmehrwertdienste (FST) e.V.: Die FST ist ein Zusammenschluss von Netzbetreibern, Diensteanbietern, Verbänden u.a. Organisationen aus dem Bereich der Telefonmehrwertdienste und engagiert sich für Transparenz und Verbraucherschutz in diesem Feld. Er widmet sich zunehmend der Prävention durch umfassende Aufklärung der Nutzer und dem Einsatz von Kontrollmechanismen.

Literatur

Bundesministerium für Familie, Senioren, Frauen und Jugend (2008): Jugendschutzgesetz und Jugendmedienschutz – Staatsvertrag der Länder. Berlin. – Bundesprüfstelle für jugendgefährdende Medien (2009): Wegweiser

Jugendmedienschutz. Bonn. – Busche, S.-M. (2005): Die Entwicklung des Jugendmedienschutzes in Deutschland. Würzburg – Liesching, M. (2002): Jugendmedienschutz in Deutschland und Europa. Regensburg. – Stumpf, R. (2009): Jugendschutz oder Geschmackszensur? Berlin.

Sandra Hein

Kinder- und Jugendplan des Bundes

Der Kinder- und Jugendplan des Bundes (KJP) ist das zentrale Förderinstrument des Bundes im Bereich der Kinder- und Jugendhilfe. Gemäß § 83, Absatz 1 Sozialgesetzbuch (SGB) VIII soll die fachlich zuständige oberste Bundesbehörde (Bundesministerium für Familie, Senioren, Frauen und Jugend, BMFSFJ) die Tätigkeit der Jugendhilfe anregen und fördern. Zentrale Aufgaben des KJP sind u.a., dazu beizutragen, dass junge Menschen ihre Persönlichkeit frei entfalten und ihre Rechte wahrnehmen sowie ihrer Verantwortung in Gesellschaft und Staat gerecht werden können und Rahmenbedingungen für eine leistungsfähige Infrastruktur der Kinder- und Jugendhilfe auf Bundesebene zu schaffen und zu sichern. Es werden Maßnahmen und Träger durch den Bund gefördert, insbesondere bundeszentrale Träger der Kinder- und Jugendhilfe, plurale Zusammenschlüsse auf dem Gebiet der Kinder- und Jugendhilfe und Einzelmaßnahmen wie z.B. politische, soziale und kulturelle Bildung, Jugendverbandsarbeit, Jugendsozialarbeit, internationale Jugendarbeit, Schutz von Kindern und Jugendlichen, Kinder- und Jugendhilfe der Freien Wohlfahrtspflege.

Peter Klausch

Kinder- und Jugendpolitik

Kinder- und Jugendpolitik geht es um die Gestaltung der Bedingungen von Kindheit und Jugend in der Gesellschaft. Sie ist dabei mehr als eine auf Schutz und Hilfe orientierte Herangehensweise. Ganz wesentlich geht es Kinder- und Jugendpolitik um die Umsetzung der Kinderrechte, wie sie in der Kinderrechtskonvention festgehalten sind. Damit sind verschiedene Politikebenen relevant. Auf Bundesebene geht es um die Weiterentwicklung wichtiger gesetzlicher Rahmenbedingungen, etwa des Kinder- und Jugendhilfegesetzes, weiterer Gestaltungsmittel wie Kinder- und Jugendplan oder etwa den Kinder- und Jugendbericht. Die Bundesländer sind für wesentliche Rahmenbedingungen der Gestaltung des Familienlebens zuständig, insbesondere aber für Bildung auf allen Ebenen.

Die Umsetzung der Kinderrechtskonvention bedeutet darüber hinaus auch eine konsequente Förderung der Mitsprache von Kindern. Entsprechende Strukturen und Maßnahmen, etwa in der Schule oder auf kommunaler Ebene sind noch immer vergleichsweise wenig entwickelt. Immerhin haben einige Bundesländer in den Gemeindeordnungen die Mitsprache von Kindern bei solchen Vorhaben verankert, die ihre Interessen berühren.

Das Feld der organisierten Vertretung von Kindern in der Gesellschaft ist noch uneinheitlich und zuweilen wenig durchschaubar für Kinder und Erwachsene. Zwar gibt es zuweilen wirklich funktionierende Kinderparlamente auf kommunaler Ebene, hier und da werden deren Ratschläge und Beschlüsse auch ernst genommen und in politische Entscheidungen aufgenommen. Wirkliche politische Bedeutung haben diese Strukturen aber noch nicht erreicht. Auch das Feld der Kinderbeauftragten, Kinderanwälte, Kinderbüros oder Kinderkommissionen ist gesellschaftlich noch zu wenig präsent. Immerhin gelang es der Kinderkommission des Deutschen Bundestags in den letzten Jahren mehr Aufmerksamkeit für die Rechte der Kinder zu erlangen, wobei die Diskussion um eine Aufnahme von Kinderrechten ins Grundgesetz breit geführt wurde.

Literatur

Liebel, M. (2007): Wozu Kinderrechte? Weinheim. – Overwien, B./Prengel, A. (Hg.) (2007): Recht auf Bildung. Leverkusen.

Bernd Overwien

Kinder- und Jugendpsychiatrie

Die Kinder- und Jugendpsychiatrie ist neben der Psychosomatik sowie Psychotherapie das medizinische Fachgebiet, in dem die Prävention, Diagnostik, Therapie psychischer, psychosomatischer und neurologischer Krankheiten bei Kindern, Jugendlichen und Heranwachsenden geleistet und erforscht wird. Der Facharzttitel existiert in der Bundesrepublik Deutschland seit 1968. In der Deutschen Demokratischen Republik wurde 1969 die Ausbildung in der Kinderneuropsychiatrie obligatorich.

Basierend auf der Annahme einer bio-psycho-sozialen Ätiologie psychischer Erkrankungen bilden folgende Störungen den Schwerpunkt: hirnfunktionelle, psychotische, affektive Störungen, Gedeih-,

Tic-, Angst-, Zwangs-, Anpassungs-, Essstörungen, traumatische Belastungsstörungen, frühkindliche Entwicklungsstörungen, Störungen der Persönlichkeitsentwicklung, tiefgreifende Entwicklungsstörungen, Autismus, Störungen des Sozialverhaltens, hyperkinetische Störungen, Entwicklungsstörungen des Sprechens und der Sprache, der Motorik, Beeinträchtigungen der Intelligenzentwicklung, Lese-, Rechtschreib- sowie Rechenstörung, Beeinträchtigung der psychosozialen Integration, Verhaltensstörungen durch Suchtmittelmissbrauch, Epilepsien und andere neurologische Erkrankungen. Ca. 20% aller Kinder und Jugendlichen zeigen psychische Störungen; ca. 6% bedürfen wegen Art und Schwere der Störung der Behandlung.

Eine medizinische, psychologische und spezifisch psychiatrische Diagnostik bildet die Basis eines multidisziplinären Behandlungsansatzes, der auf der Betonung der Individualität und Würde des Kindes gründet und Formen der Einzel- und Gruppenbehandlung in Psychotherapie, Pharmakotherapie, Familienarbeit, Heilpädagogik, Unterstützung der schulischen und beruflichen Bildung sowie Förderprogramme umfasst, die von Ärzten, Psychologen, Erziehern, Pflegekräften, Ergotherapeuten, Bewegungstherapeuten, Sprachheiltherapeuten und Sozialarbeitern/Sozialpädagogen geleistet werden.

Die Behandlung erfolgt meist ambulant durch niedergelassene Fachärzte sowie millieutherapeutisch teilstationär und vollstationär in Kliniken und Institutsambulanzen.

Psychische Störungen manifestieren sich häufig im Kindergarten- und Schulalter und sind die Ursache für Probleme beim Lernen oder bei der sozialen Integration im Kindergarten und in der Schule. Beide Einrichtungen leisten einen wichtigen Betrag zur frühen Identifikation und auch zur Prävention schwerer Komplikationen wie z.B. Suizidalität oder Fremdaggressivität.

Zur stationären Behandlung gehört die staatliche Schule für Kranke, in der Lehrkräfte mit einem qualifizierten Anforderungsprofil ein individuell angepasstes Unterrichtsprogramm realisieren. Dies dient der kontinuierlichen Beschulung, der Wiedereingliederung in die Regelschule und der spezifischen Förderung. In der Kooperation mit der Regelschule werden spezifische Trainingprogramme eingesetzt, in denen die Lehrkräfte besondere Kompetenzen für die Förderung der Kinder mit umschriebenen Problemen erwerben. In vielen Fällen werden die Lehrerinnen in die Behandlung in Absprache mit den Eltern einbezogen.

Literatur

Eggers, C./Fegert, J. M./Resch, F. (2004): Psychiatrie und Psychotherapie des Kindes- und Jugendalters. Berlin.

Ulrich Preuß

Kinder- und Jugendschutz

Kinder- und Jugendschutz umfasst in einem allgemeinen Verständnis alle gesellschaftlichen Bemühungen, Kinder und Jugendliche beim Aufwachsen vor Gefahren und Gefährdungen zu bewahren. Er soll das Recht des Kindes auf Förderung der Entwicklung zu einer eigenverantwortlichen und gemeinschaftsfähigen Persönlichkeit stützen.

Kinder- und Jugendschutz äußert sich als Idee und als Handlungspraxis. Der Begriff bleibt systematisch unscharf, da sich dahinter vielfältige Tätigkeiten (z.B. Gesundheitsschutz, Umweltschutz, Arbeitsschutz, Medienschutz) verschiedener Disziplinen (bspw. Psychologie, Soziologie, Recht, Medizin, Polizei, Soziale Arbeit) verbergen. In der Kinder- und Jugendhilfe hat sich eine doppelte Perspektive auf Kinder- und Jugendschutz durchgesetzt: Kinder und Jugendliche sollen lernen, sich selbst zu schützen und sie sollen beschützt werden.

Kinder- und Jugendschutz entstand im 19. Jahrhundert mit der Etablierung der bürgerlichen kapitalistischen Gesellschaft. Im Zuge der Durchsetzung der industriellen Produktionsweisen entstand eine Trennung von Leben und Arbeit, in der Kindheit und Jugend sich als eigenständige Lebensphasen heraus bildeten. Kinder- und Jugendschutz reagierte vor allem auf die Ausbeutung von Kindern im kapitalistischen Arbeitsprozess, da die Gefährdung des Nachwuchses zu einer Reproduktionskrise der Gesellschaft führte. Den ersten gesetzlichen Regelungen zur Einschränkung der Kinderarbeit und dem Jugendarbeitschutz lag die Sorge um die Militärdienst- und Arbeitstauglichkeit des proletarischen Nachwuchses zugrunde. Erst später ging es um die Qualifizierung der Arbeitskräfte in der Industrie sowie den Kampf der organisierten Arbeiterbewegung gegen Kinderelend und Ausbeutung. Auch wurden kindgerechte Einrichtungen zur Betreuung und Erziehung von Kindern außerhalb der Familie (bspw. in der Schule und in Fürsorgeerziehungsinstitutionen) durchgesetzt. Seit Anfang des 20. Jahrhunderts beschäftigt sich der Kinder- und Jugendschutz mit den Gefährdungen der Kinder in der modernen Gesellschaft, wie bspw. Medien, Sexualität, Drogen, Gewalt, Vernachlässi-

gung, wobei der Schutz vor dem Einfluss der Medien einen hohen Stellenwert einnimmt.
In den fachpolitischen und wissenschaftlichen, aber auch den öffentlichen Debatten um Kinder- und Jugendschutz zeigen sich große Spannungen und Ambivalenzen, beispielsweise um Autonomie versus Sicherheit der Kinder und Jugendlichen, staatliche Gewährleistung versus Eigenverantwortung der Eltern und Familien, Freiwilligkeit versus Zwang und Kontrolle von Hilfen und Unterstützung. Modernere Konzepte nehmen die gesellschaftliche Einbettung der Gefährdungen von Kindern sowie der Lebensbewältigung von Familien in den Blick, vermeiden kausale Schuldzuschreibungen, sind lebensweltorientiert, familienunterstützend, sozialräumlich und dabei entwicklungs-, nicht sanktionsorientiert.
Der gesetzliche Kinder- und Jugendschutz umfasst insb. Regelungen im Grundgesetz, Bürgerlichen Gesetzbuch, Strafgesetzbuch, in der Bundesseuchenverordnung, Straßenverkehrsordnung, im Jugendarbeitschutzgesetz (JArbSchG), das Gesetz zum Schutz der Jugend in der Öffentlichkeit (JÖSchG), das Gesetz zur Verbreitung jugendgefährdender Schriften und Medieninhalte (GJS), sowie das Jugendschutzgesetz (JugSchG). In der Kinder- und Jugendhilfe wird Kinder- und Jugendschutz als Fach- und als Querschnittsaufgabe verstanden.
Der erzieherische Kinder- und Jugendschutz ist im § 14 Sozialgesetzbuch (SGB) VIII geregelt. Wichtige Aufgabenfelder sind: Information, Aufklärung, Beratung und Fortbildung über Sucht, Suchtvorbeugung, Gewalt und Aggression, Gewaltprävention, Kindesvernachlässigung, (sexueller) Missbrauch, Kinderpornographie, Kinder- und Jugendarbeitsschutz, Medien- und Freizeitkonsum, Destruktive Kulte (Sekten). Hauptzielgruppen sind die Kinder und Jugendlichen selbst, ihre Eltern und Familien sowie Multiplikatoren. Ein weiterer Teil des Kinder- und Jugendschutzes sind Prävention, Kontrolle und Intervention (§ 8a SGB VIII: Schutzauftrag bei Kindeswohlgefährdung).

Literatur

Bienemann, G./Hasebrink, M./Nikles, B. W. (Hg.) (2001): Handbuch des Kinder- und Jugendschutzes. Münster. – Engels, G. (2002): Kinder- und Jugendschutz. In: Schröer, W./Struck, N./Wolff, M. (Hg.): Handbuch Kinder- und Jugendhilfe. Weinheim, München.

Regina Rätz

Kinder- und Jugendverbände

Kinder- und Jugendverbände stellen als Zusammenschluss von jungen Menschen einen Teilbereich des Gesamtfeldes der Kinder- und Jugendarbeit dar, in dem junge Menschen selbst organisiert und in gemeinschaftlicher Gestaltung sowie eigener Verantwortung handelnd aktiv sind. Im Mittelpunkt der Pädagogik der verbandlichen Kinder- und Jugendarbeit steht der pädagogische Bezug zwischen jungen Erwachsenen, Jugendlichen und Kindern. Unter pädagogischem Bezug wird einerseits ein langfristig angelegter, andererseits aber zeitlich begrenzter Prozess der Begleitung und Unterstützung verstanden, in welchem Kinder, Jugendliche und junge Erwachsene mit einem umfassenden Orientierungssystem konfrontiert werden, in der Absicht, Kompetenzen und Fähigkeiten zu vermitteln, die die Grundlage für eine partizipative Teilhabe an der Gesellschaft darstellen. Kinder- und Jugendverbände zielen entsprechend Sozialgesetzbuch (SGB) VIII mit ihren vielfältigen Angeboten somit auf die Förderung der individuellen und sozialen Entwicklung junger Menschen, die Vermeidung wie den Abbau von Benachteiligungen sowie auf die Schaffung und Sicherung positiver Lebensbedingungen für junge Menschen. Dabei besitzen Kinder- und Jugendverbände eine lange Tradition. Allgemein wird die Entstehung mit der Jugendbewegung (Gründung des Wandervogel im Jahr 1901 und des Vereins der Lehrlinge und jugendlichen Arbeiter Berlins im Jahr 1904) gleichgesetzt.
Grundlage der Arbeit der Kinder- und Jugendverbände ist ein ehrenamtliches und freiwilliges Engagement wie die Orientierung an Werten sowie jeweils verbandsspezifische Formen der Selbstorganisation. Unterscheiden lassen sich die Kinder- und Jugendverbände in konfessionelle, humanitär-helfende, gewerkschaftliche und politische Verbände sowie Verbände, die sich in ihrer Ausrichtung auf den ländlichen Raum orientieren, auf natur- und ökologische Themen, kulturbezogene Verbände, freizeit- und körperorientierte Verbände sowie die Pfadfinderverbände. Insgesamt kann von mehr als 75 in Deutschland existierenden Kinder- und Jugendverbänden ausgegangen werden, die über eine Struktur verfügen, die von örtlichen Gruppen bis auf Bundesebene reicht.

Literatur

Senne, V. (2009): Historische Entwicklung der deutschen Jugendverbände. München.

Martin Nörber

Kinderbeauftragte

Die Kinderrechtskonvention der Vereinten Nationen (UN) vom 20.11.1989 hat die Politik für Kinder in Deutschland auf eine neue Grundlage gestellt. Während Kinder bislang im Grundgesetz nur im Zusammenhang der Elternverantwortung genannt werden, erkennt die UN-Kinderrechtskonvention der Subjektstellung des Kindes vorrangige Bedeutung zu. Dies umzusetzen, ist eine Querschnittsaufgabe von Staat und Gesellschaft in allen Verantwortungsbereichen und auf allen Verantwortungsebenen. Originär zuständig sind sämtliche die Belange von Kindern berührenden Ämter und Stellen, insbesondere die Jugendhilfe mit ihrem Querschnittsmandat nach § 1 Sozialgesetzbuch (SGB) VIII. Die Praxis hat gezeigt, dass die Wahrnehmung dieser Aufgaben aufgrund der vorhandenen Zuständigkeiten an vielen Stellen unzureichend ist. Die Aufgabe von Kinderbeauftragten ist insbesondere, die Politik für Kinder öffentlichkeitswirksam zu profilieren, ämterübergreifende Zusammenarbeit anzuregen, die Beteiligung von Kindern und Jugendlichen herzustellen und kinderfreundliche Lebensbedingungen zu fördern.

Literatur
Sünker, H./Swiderek, Th. (1998): Partizipation, Kinderpolitik und politische Kultur. In: Hufer, K.-P./Wellie, B. (Hg.): Sozialwissenschaftliche und bildungstheoretische Reflexionen. Berlin, Cambridge.

Reinald Eichholz

Kinderfreunde

Die Kinderfreunde wurden 1923 als Reichsarbeitsgemeinschaft und Jugendpflegeorganisation der Sozialdemokratischen Partei Deutschlands (SPD) mit lokalen und regionalen Untergliederungen gegründet. Ein Markenzeichen der Kinderfreunde waren die in den 20er Jahren durchgeführten großen Ferienlager mit bis zu 2.000 teilnehmenden proletarischen Kindern und Jugendlichen, die nach den Prinzipien einer Kinderrepublik organisiert waren.

Als charismatischer Vorsitzender führte der Berlin-Neuköllner Stadtrat für das Volksbildungswesen und Reichstagsabgeordnete Kurt Löwenstein die Kinderfreunde bis zu deren Verbot 1933 an. Löwenstein prägte die Arbeit der Kinderfreunde auch in theoretisch-programmatischer Hinsicht und ist darüber zu einer der führenden sozialistischen Erzieherpersönlichkeiten der Weimarer Republik geworden (Das Kind als Träger der werdenden Gesellschaft, 1928). Die Kinderfreunde sind nach 1945 in der Sozialistischen Jugend Deutschlands – Die Falken – aufgegangen.

Als private Initiative ist bereits 1908 in Österreich eine Kinderfreundebewegung gegründet und 1921 in die Sozialdemokratische Partei Österreichs (SPÖ) eingegliedert worden. Die österreichischen Kinderfreunde haben mit einer den deutschen Kinderfreunden vergleichbaren Aufgabenstellung bis zu ihrem Verbot 1934 bestanden. Prägenden Einfluss auf die österreichischen Kinderfreunde haben u. a. Reformpädagogen wie Otto Felix Kanitz und Anton Tesarek ausgeübt. 1945 wiedergegründet, existieren die österreichischen Kinderfreunde als bedeutender Träger von Kinder- und Jugendhilfemaßnahmen bis heute.

Literatur
Gröschel, R. (Hg.) (2006): Auf dem Weg zu einer sozialistischen Erziehung. Essen.

Franz-Michael Konrad

Kindergarten

Die Idee und methodische Grundlegung des Kindergartens stammen von dem Thüringer Pädagogen Friedrich Fröbel. In der Tradition der deutschen Kindergartenpädagogik und Bildungspolitik ist der Kindergarten keine vorschulische, sondern eine familienergänzende Einrichtung. Doch hat es in der Geschichte immer auch Forderungen gegeben, den Kindergarten als unterste Stufe des allgemeinen Bildungssystems auszugestalten und den Kindergartenbesuch zu verallgemeinern. Solche Forderungen wurden z.B. von der Fröbelbewegung und der bürgerlichen Frauenbewegung in der zweiten Hälfte des 19. Jahrhunderts erhoben. Auch während der Reichsschulkonferenz von 1920 gab es Stimmen, welche die Vorarbeit für die Schule als Aufgabe des Kindergartens forderten. Doch mit dem Reichsjugendwohlfahrtsgesetz von 1922 wurden seine institutionelle und rechtliche Zuordnung zum Jugendhilfebereich und der Vorrang der freien Träger festgeschrieben.

Versuche der nationalsozialistischen Machthaber, den Kindergarten nach 1933 der nationalsozialistischen Volkswohlfahrt einzugliedern, waren nur zum Teil erfolgreich. Während die Kindergärten kleinerer Träger (Montessorikindergarten, Waldorfkindergarten) verboten wurden, blieb die große Masse der konfessionellen Kindergärten in der Hand der evangelischen und katholischen Träger.

Nach dem Zweiten Weltkrieg wurde der Kindergarten in der Deutschen Demokratischen Republik (DDR) zur untersten Stufe des Einheitsschulsystems ausgebaut und nach und nach eine nahezu hundertprozentige Versorgung sichergestellt. Der DDR-Kindergarten hatte zwei Hauptaufgaben: erstens den Kindern eine allgemeine sozialistische Grundbildung zu vermitteln und sie zur Schulreife zu führen, zweitens den Müttern die Beteiligung am Erwerbsleben und am kulturellen und politischen Leben zu ermöglichen.

In der Bundesrepulik Deutschland (BRD) knüpfte das Kindergartenwesen erstens an die alte Zuordnung zur Jugend- und Familienhilfe an, zweitens lebte die Trägerstruktur aus der Zeit der Weimarer Republik und, damit verbunden, drittens auch die konzeptionelle Vielfalt wieder auf. In den 1960er Jahren mehrten sich die Stimmen, die das deutsche Bildungssystem und auch den Kindergarten für nicht mehr zeitgemäß hielten. Gegenüber den bislang dominierenden Reifungstheorien sprachen neuere entwicklungspsychologische Erkenntnisse dem Kind ein weitaus höheres Lernpotential zu. Aus sozialisationstheoretischer Perspektive wurde kritisiert, dass schon im frühen Kindesalter aufgrund ungleicher Erziehungsbedingungen die Grundlagen für Chancenungerechtigkeit im Bildungsverlauf gelegt würden. Der reifungs- und vererbungstheoretisch belastete Begabungsbegriff wurde in Frage gestellt und durch den Begriff der Lernfähigkeit abgelöst. Aus der Sicht der antiautoritären Bewegung begann schon in der frühen Kindheit die Erziehung zum folgsamen Massenmenschen. Aus diesen Kritikpunkten folgten Forderungen nach kognitiver Frühförderung, kompensatorischer Erziehung und antiautoritärer Erziehung.

1970 legte der Deutsche Bildungsrat seinen Strukturplan für das Bildungswesen vor. Darin wurde empfohlen, den Kindergarten als Elementarbereich des Bildungssystems für alle drei- und vierjährigen Kinder auszubauen. Die Fünfjährigen sollten in eine zweijährige Eingangsstufe des Primarbereichs (Grundschule) eintreten. Die Umsetzung scheiterte an der Finanzierung und an den Egoismen des Bildungsföderalismus.

Gleichwohl wurden in den 1970er Jahren zahlreiche Modellversuche durchgeführt um 1. zu prüfen, wie und wo die Fünfjährigen am besten zu fördern wären, um 2. Wege der Zusammenarbeit zwischen Kindergarten und Grundschule auszuprobieren und um 3. herauszufinden, welche curriculare Konzeption der vorschulischen Bildung am ehesten entspräche. Zur ersten Frage stellte ein abschließender Bericht der Bund-Länder-Kommission für Bildungsplanung fest, dass keine klaren Kriterien für die einheitliche Zuordnung der Fünfjährigen zum Elementarbereich oder zum Primarbereich gefunden worden seien. Unterschiedliche Versuche und Projekte zu den Punkten 2 und 3 schufen ein Reformklima, als dessen Ergebnis der sogenannte Situationsansatz stand. Der Erfolg des Situationsansatzes ist nicht zuletzt deshalb zu würdigen, weil er sich in einer pluralistischen Konzeptions- und Trägerlandschaft durchgesetzt hat. Neben dem Situationsansatz bestehen die traditionellen Konzeptionen der Montessori-Kinderhaus-Pädagogik und des Waldorfkindergartens fort. Doch kommen immer wieder neue Ansätze hinzu, z.B. die aus Italien kommende Reggio-Pädagogik. Es hängt mit den freien Trägerschaften und der fehlenden Integration in das Bildungssystem zusammen, dass in der BRD eine sich ständig in Bewegung befindliche konzeptionelle Vielfalt entstehen konnte: Offener Kindergarten, Waldkindergarten, Kneippkindergarten, Early Excellence Center. Neben den curricularen Reformansätzen brachte das Reformjahrzehnt auch eine Verbesserung der rechtlichen Rahmenbedingungen und des Platzangebotes mit sich. Die Bundesländer erlegten sich nach und nach mit der Verabschiedung von Kindergartengesetzen bzw. Kindertagesstättengesetzen einen größeren Verbindlichkeitsgrad für ihr politisches Handeln auf. Die Versorgung mit Kindergartenplätzen in der BRD stieg von 32,9% im Jahr 1970 auf 56,1% 1975 und 67,7% 1989. Auch in der Trägerschaft machten sich Veränderungen bemerkbar. 1969 waren von den 16.413 Einrichtungen 21% in öffentlicher und 75% in freier (v.a. konfessioneller) Trägerschaft; bis 1990 wuchs der Anteil der öffentlichen Träger auf 30,9%, der konfessionelle Anteil sank auf 57,9% und der Anteil anderer freier Träger stieg auf 10,4%.

Bis heute bestehen die strukturkonservativen Barrieren zwischen Kindergarten und Bildungssystem fort. Doch seit den 1990er Jahren werden auf breiter Ebene die Einrichtungsqualität, die Ausbildung der Erzieherinnen und Erzieher und die Bildungskonzeptionen für die frühe Kindheit diskutiert und kritisiert. Viel stärker aber, als dies in den 1970er Jahren der Fall war, stehen Diskussion und Kritik im Horizont des Vergleichs mit dem europäischen Ausland. Während der Kindergarten hierzulande eine Einrichtung der Kinder- und Jugendhilfe blieb, ist die vorschulische Erziehung in der großen Mehrzahl der Länder der Europäischen Union dem Bildungssektor zugeordnet. Anders als Deutschland stimmen diese Länder die Bildungsprozesse in der frühen und mittleren Kindheit besser aufeinander ab, und die Ausbildung des pädagogischen Personals hat hochschulischen Zuschnitt.

Mit der neuen Diskussion über die frühkindliche Bildung steht auch das Verhältnis zwischen Kindergarten und Grundschule wieder auf dem Prüfstand. Ein Schlüsselbegriff heißt Anschlussfähigkeit. Auch in der Bildungspolitik setzt sich die Einsicht durch, dass die Bildungsprozesse im frühen und mittleren Kindesalter als Kontinuum zu sehen sind. Davon zeugen die neuesten Aktivitäten der Bundesländer, die im Kontext internationaler Leistungsvergleiche Erziehungs- und Bildungspläne erstellen. Die Länder verfolgen mit ihnen zwei zentrale Ziele. Ihre institutionelle und curriculare Umsetzung soll erstens dazu führen, dass Kindergärten nicht mehr nur familienergänzende Betreuungseinrichtungen sind, sondern auch vorschulische Bildungseinrichtungen werden; zweitens wollen die Länder nicht mehr nur äußerlich regulieren (Finanzierung, Sicherheitsstandards, Platzangebot usw.), sondern anschlussfähige Qualität kontrollieren.

Literatur

Denner, L./Schumacher, E. (Hg.) (2004): Übergänge im Elementar- und Primarbereich reflektieren und gestalten. Bad Heilbrunn. – Faust, G. u.a. (Hg.) (2004): Anschlussfähige Bildungsprozesse im Elementar- und Primarbereich. Bad Heilbrunn. – Fthenakis, W. E. (Hg.) ([3]2003): Elementarpädagogik nach PISA. Freiburg. – Reyer, J. (2006): Einführung in die Geschichte des Kindergartens und der Grundschule. Bad Heilbrunn.

Jürgen Reyer

Kindergartenkonzeptionen

Kindergartenkonzeptionen als Zusammenfassung der theoretischen Grundlagen, Ziele, Inhalte und Methoden der Arbeit des Kindergartens sind von gesellschaftlichen und bildungspolitischen Einflüssen abhängig. Von Anfang an gab es sowohl Überlegungen für Einrichtungen von Kindern und Familien in besonderen Notlagen, damit die Mütter einer Erwerbstätigkeit nachgehen konnten, als auch umfassende Konzeptionen für Kinder aller Schichten.

Robert Owen, Samuel Wilderspin, Johann Friedrich Oberlin, Georg Wirth, Friedrich Fliedner und Julius Fölsing waren es vor allem, die seit Beginn des 19. Jahrhunderts mit ihren didaktisch-methodischen Konzeptionen die theoretischen Grundlagen für die Bewahranstalten und Kleinkinderschulen im 19. Jahrhundert schufen.

Friedrich Fröbels Konzeption ist Teil seiner anthropologisch-metaphysisch begründeten Familien- und Menschenerziehung. Ihm ging es um eine kategoriale Bildung nicht durch Unterricht, sondern durch Bewegungsspiele und eine Spielpflege, die bei der Bildungsfähigkeit und Selbsttätigkeit des Kindes ansetzt.

Maria Montessoris psychologisch-naturwissenschaftlich und metaphysisch begründete Pädagogik ging von einem sog. inneren Bauplan, sensiblen Perioden in der Entwicklung und dem Willen des Kindes zur Selbsttätigkeit aus. Durch ein System von Sinnesmaterialien sollte in Verbindung mit Übungen des täglichen Lebens in einer vorbereiteten Umgebung durch die Polarisation der Aufmerksamkeit eine normale, seiner Natur entsprechende Entwicklung erfolgen.

Die Konzeption der 1927 gegründeten Waldorf-Kindergärten basiert auf Rudolf Steiners Anthroposophie, einer alle Lebensgebiete umfassenden theosophisch begründeten Geisteswissenschaft. Die Entwicklung des Menschen ist für R. Steiner ein sich im Sieben-Jahres-Rhythmus vollziehender Stufungsprozess.

Wera Schmidts und Siegfried Bernfelds Versuche, psychoanalytische und sozialistische Theorien mit dem Ziel einer repressionsfreien Kindergartenerziehung zu verbinden, konnten sich in den 1920er Jahren eben so wenig durchsetzen wie Nelly Wolffheims Bemühungen, nach psychoanalytischen Grundsätzen Kindergärten umzugestalten. Diese Ansätze wurden erst in den 1960er und 1970er Jahren wieder aktuell.

Die Kindergartenpädagogik im Nationalsozialismus war geprägt von Irrationalismus, Anti-Intellektualismus und einer universalen, rassistischen Biologie. Eine in sich konsistente Konzeption wurde aber nicht ausgearbeitet.

Nach dem zweiten Weltkrieg hatten die Kindergärten in den westlichen Besatzungszonen vor allem sozialfürsorgerische Aufgaben. Die Fragen nach den konzeptionellen Grundlagen standen zunächst im Hintergrund.

Ganz im Gegenteil zur Sowjetisch Besetzten Zone und der späteren Deutschen Demokratischen Republik, in der bereits direkt nach Kriegsschluss konzeptionelle Grundlagen für eine Kindergartenpädagogik geschaffen wurden. Diese gingen in ihrer theoretischen Grundlegung in Anknüpfung an Friedrich Fröbel, Karl Marx und Konzepte der sowjetischen Pädagogik von der Eigentätigkeit des Kindes aus. Die sog. allseitige Erziehung und die Bildung der sozialistischen Persönlichkeit fanden unter Führung der Erzieherin durch eine lehrplangebundene, altersdifferenzierte Vermittlung im Kollektiv statt. Die dem Kind in der Theorie zugesprochene Selbsttätigkeit wurde durch Planung, Kontrolle und Schematisierung der Arbeit immer mehr zurückgedrängt.

In der Bundesrepublik Deutschland lösten u.a. wirtschaftliche Faktoren, neuere lerntheoretische Erkenntnisse und die Einsicht in die Abhängigkeit der Kindheit von sozioökonomischen Faktoren zahlreiche Modellversuche und Projekte aus, die nach unterschiedlichen konzeptionellen Richtungen unterschieden werden können: 1. Funktionsorientierte Ansätze als Versuch, einzelne Bereiche der kindlichen Entwicklung durch Trainingsprogramme zu fördern und durch eine kompensatorische Erziehung eine Startgerechtigkeit bei Schuleintritt herzustellen. 2. Wissenschafts- oder disziplinorientierte Ansätze, in deren Mittelpunkt Lernbereiche bzw. Fächer standen. 3. Unterschiedlich begründete situationsorientierte Ansätze, die im Rückgriff auf die Lebenssituation der Kinder zum Ziel haben, diese zu einem autonomen, kompetenten und solidarischen Handeln in für sie wichtigen Lebenssituationen zu befähigen. Die Erschließung der Situationen und ihre didaktische Umsetzung soll im Diskurs der Beteiligten erfolgen.

Als Alternative zu den traditionellen Kindergartenkonzeptionen entstanden innerhalb der Studentenbewegung unterschiedlich begründete Kinderläden mit dem Ziel einer repressionsfreien, selbstverwalteten Kindererziehung. Ihre Programme resultierten aus einer Mischung psychoanalytischer Ansätze, marxistischer Thesen und kritischer Gesellschaftsanalysen bei Betonung der Selbstregulierung der Bedürfnisse des Kindes. Teile ihrer Konzeptionen sind von Elterninitiativen übernommen worden.

Ende der 1970er Jahre kamen die Bemühungen um eine konzeptionelle Weiterentwicklung zum Stillstand. In der Folgezeit wurden Einzelaspekte wie die interkulturelle Erziehung, Umwelterziehung, integrative Pädagogik und die Übernahme von einzelnen Elementen der Reggio-Pädagogik diskutiert, erprobt und z.T. in die bisherigen Konzeptionen integriert. Dies hatte eine große Heterogenität und Pluralität der Konzeptionen zur Folge, bei denen es wissenschaftlich begründet um ein System der Planung und Vermittlung bestimmter Qualifikationen geht.

In der Gegenwart entwickeln immer mehr Einrichtungen im Rahmen interner und externer Evaluationen zur Qualitätsentwicklung – unterstützt von unterschiedlichen Management-Service-Diensten und -Instituten – ihre je eigene Konzeption. Dabei ist jedoch zu hinterfragen, welche Konzeptionen den jeweiligen Indikatoren zur Qualitätserfassung zugrunde liegen. Gleichzeitig bieten die unterschiedlichen Bildungspläne der Länder unterschiedliche konzeptionelle Rahmen, bei denen allerdings weitgehend ungeklärt ist, inwieweit sie eher der Handlungsorientierung oder eher der Steuerung dienen. Die Entwicklung im Hinblick auf eine Konzeptualisierung von Qualität der Kindergärten spiegelt einen Perspektivenwechsel, der die Bildung des Kindes, die individuelle Förderung einzelner Bereiche und die Vorbereitung auf die Schule wieder verstärkt in den Mittelpunkt rückt.

Literatur

Erning, G./Neumann, K./Reyer, J (Hg.) (1987): Geschichte des Kindergartens. Bd. II. Freiburg. – Höltershinken, D./Hoffmann, H./Prüfer, G. (1997): Kindergärten und Kindergärtnerinnen in der DDR. Berlin. – Konrad, F. M. (2004): Der Kindergarten. Freiburg. – Laewen, H. J./Neumann, K./Zimmer, J. (Hg.) (1997): Der Situationsansatz – Vergangenheit und Zukunft. Seelze-Velber.

Dieter Höltershinken

Kindergartenreform

In der Geschichte des Kindergartens gibt es in bildungstheoretischer und -praktischer Hinsicht Traditionslinien und -brüche, die mit Reformen verbunden sind. So führten Einflüsse der Entwicklungspsychologie und der Reformpädagogik zu Beginn des 20. Jahrhunderts zu Versuchen einer Kindergartenreform, die sich zwar nicht durchsetzen konnte, aber Ende der 1960er Jahre in der Bundesrepublik Deutschland z.T. wieder aufgegriffen wurde. Vor dem Hintergrund gesellschaftlicher Veränderungen, neuer Forschungsergebnisse und ausgelöst durch den Sputnikschock wurden die theoretischen und konzeptionellen Grundlagen sowie die Praxis der Kindergartenerziehung als eine Schonraumpädagogik kritisch hinterfragt und bildungspolitisch diskutiert. Der Strukturplan des Deutschen Bildungsrates für das Bildungswesen (1970) empfahl die Integration des Kindergartens in das Bildungswesen mit einem eigenständigen Bildungsauftrag. Die dann folgende

Kindergartenreform bezog sich auf die Organisation, alternative Modelle sowie neue Inhalte und führte zu einem quantitativen Ausbau, zu ersten Kindergartengesetzen und einer Reform der Erzieherinnenausbildung.
Modellversuche zu Fragen der Integration des Elementar- in den Primarbereich, zur Vorverlegung des Schuleintrittsalters, zur Erleichterung des Übergangs zur Grundschule und zur Erreichung von Chancengleichheit der Kinder beim Schuleintritt wurden, ohne dass die Probleme gelöst wurden, nach 1976 nicht weitergeführt.
Unterschiedlich theoretisch begründete Formen alternativer, antiautoritärer Pädagogik und die Kinderladenbewegung führten zu heftigen Kontroversen und in den traditionellen Kindergärten zu einem Prozess des Umdenkens hinsichtlich der Selbstbestimmung des Kindes, der Sexualerziehung und der Öffnung nach außen sowie zur Gründung von Eltern-Kindgruppen.
In der ersten Phase der Kindergartenreform wurden Vorschulcurricula zur kompensatorischen Erziehung, funktionsorientierte Programme zum frühen Sprachtraining und Lesenlernen entwickelt. In einer zweiten Phase (1974-1980) stand ein vom Deutschen Bildungsrat empfohlenes, wissenschaftlich begleitetes Erprobungsprogramm mit soziologisch und sozialpädagogisch begründeten Situationsansätzen im Mittelpunkt der curricularen Erneuerung und Diskussion.

Literatur
Reyer, J. (2006): Einführung in die Geschichte des Kindergartens und der Grundschule. Bad Heilbrunn. – Roth, H. (Hg.) (1968): Begabung und Lernen. Stuttgart. – Zimmer. J. (Hg.) (1973): Curriculumentwicklung im Vorschulbereich. 2 Bde. München.

Dieter Höltershinken

Kinderläden

Kinderläden sind zunächst als Selbsthilfeprojekte im Rahmen der Studentenbewegung (seit 1967), dann als pädagogische Alternativen zur traditionellen Kindergarten- und Familienerziehung gegründet worden. Ziel war eine selbstverwaltete, antiautoritäre, repressionsfreie Erziehung, die eine Sozialisation gemäß der Triebstruktur des Kindes ohne Fixierung auf die Eltern und Erzieherinnen im Kollektiv ermöglichen sollte. Zugleich sollten die Emanzipation der Frau gefördert und die Isolation der Familien aufgehoben werden. Gemeinsames Grundprinzip der Kinderläden ist die Selbstregulierung der Bedürfnisse der Kinder ohne Unterdrückung ihrer Sexualität. Theoretisch begründet wurden die unterschiedlichen Konzeptionen der Kinderläden in einer Verbindung marxistischer, sozialistischer oder liberaler Gesellschaftstheorien mit psychoanalytischen Entwicklungstheorien. Das Anti des Begriffes antiautoritärer Erziehung kann dabei marxistisch begründet Teil eines politischen Klassenkampfes sein, ein emanzipatorisch sozialistisches Gegenmodell zur traditionellen Erziehung, oder aber es richtet sich individualisierend gegen autoritätshörige Charakterstrukturen im Anschluss an Theodor W. Adornos und Max Horkheimers Theorien zur autoritären Persönlichkeit.
Die Bewegung der Kinderläden führte im Hinblick auf die Selbstbestimmung und Freiheit der Kinder, die Berücksichtigung ihrer Sexualität und die Öffnung der pädagogischen Arbeit nach außen zu einer veränderten Praxis und konzeptionellen Weiterentwicklung der Kindergartenerziehung. Einen Anstoß gegeben haben sie zur Gründung zahlreicher Eltern-Kind-Gruppen und Eltern-Initiativen.

Literatur
Breitenreicher, H. J. u.a. (1971): Kinderläden. Reinbek. – Werder, L. v. (Hg.) (1977): Was kommt nach den Kinderläden? Berlin.

Dieter Höltershinken

Kinderlandverschickung (KLV)

In der Absicht, Kinder zumindest vorübergehend vor Hunger und Not zu bewahren, organisierten kirchliche und andere fürsorgerisch tätige Institutionen bereits in den Jahren des Ersten Weltkriegs und der Weimarer Republik Verschickungsmaßnahmen. Diese führten Kinder vor allem aus mittellosen Schichten in Gegenden des In- und Auslandes, wo sie eine Zeit lang frei von Alltagssorgen leben konnten. Der Begriff KLV wurde dabei zwar schon gelegentlich verwendet, doch erlangte er erst ab 1933 durch die von der Nationalsozialistischen Volkswohlfahrt (NSV) organisierten Erholungsreisen Popularität.
Häufig wird der Begriff jedoch lediglich mit der sog. Erweiterten KLV verbunden, die aufgrund eines Befehls Adolf Hitlers im September 1940 ihren Anfang nahm. Hierin wurde die Verschickung von Kindern und Jugendlichen aus sog. luftgefährdeten Gebieten in sichere Regionen des Deutschen Reichs auf der Basis von Freiwilligkeit angeordnet. Damit begann

eine Aktion, die zum einen auf Mütter und Kleinkinder, zum anderen auf Schülerinnen und Schüler (5. bis 8. Klasse) abzielte. Vordergründig sollte mit dieser Maßnahme die Fürsorgebereitschaft des Staates zum Ausdruck gebracht werden, doch vor allem in der Praxis der Schülerverschickung spiegelte sich die verstärkte Einflussnahme von Nationalsozialistischer Deutscher Arbeiterpartei (NSDAP) und Hitler-Jugend (HJ) auf den Erziehungssektor.
So liefen die Anmeldungen zur KLV zwar über die Schulen, die sich darum bemühten, ihre Schüler klassenweise in die von der HJ requirierten Unterkünfte – zumeist Hotels, Jugendherbergen und Gasthöfe, teilweise aber auch provisorisch hergerichtete Baracken – zu verschicken. Das für Schulen zuständige Ministerium war jedoch in keiner Weise an der Organisation und Durchführung der KLV beteiligt. Diese oblag mit dem Nationalsozialistischen Lehrerbund und der HJ zwei Instanzen, die dafür sorgten, dass es nun zu einer Verbindung von Schulunterricht und dem für die nationalsozialistische Erziehung so wichtigen Lagerleben kam. Zwar wurde der Unterricht von zumeist schuleigenen Lehrkräften durchgeführt, doch besaß das Lagerleben über den langen Zeitraum von mindestens sechs Monaten, der für eine Verschickung vorgesehen war, eine eindeutige Dominanz. Im Gegensatz zu dem reduzierten Unterrichtsbetrieb des Vormittags stand die übrige Zeit nahezu uneingeschränkt für das von der HJ in Person eines Lagermannschaftsführers organisierte und durchgeführte Lagerleben zur Verfügung. Entsprechend waren die dem gewohnten Erziehungsumfeld der Familie entrissenen Heranwachsenden der weltanschaulichen Beeinflussung durch die HJ in einem nie da gewesenen Umfang ausgesetzt.
Da viele Unterlagen zur KLV vernichtet wurden, lässt sich eine genaue Zahl der verschickten Schüler – realistische Schätzungen gehen von einer Million aus – nicht ermitteln. In den Akten der Geheimen Staatspolizei ist jedoch das Misstrauen der Eltern gegenüber dieser Maßnahme belegt. Die Hindernisse, die den Kirchen in ihrem Bemühen um die christliche Betreuung der Kinder und Jugendlichen in den Weg gelegt wurden, förderten diese Skepsis, der eine spät einsetzende Propagandamaschinerie mit Werbeaktionen und einem in der Presse gezeichneten Bild von einem fröhlichen Lagerleben in Sicherheit entgegenwirken sollte. In publizierten Erinnerungen der Beteiligten findet sich dieses Bild auch heute noch, während der ideologisierende Charakter der KLV zum größten Teil ausgeblendet bleibt.
Der Wunsch der Organisatoren, die Präsenz und den Machtanspruch des Deutschen Reiches zum Ausdruck zu bringen, führte zur Errichtung zahlreicher Lager in besetzten Gebieten, und gerade hier zeigten sich häufig große Probleme bei der Rückführung der Heranwachsenden gegen Kriegsende. Mancher Erlebnisbericht zeigt, dass die Kinder und Jugendlichen zusammen mit ihren Lehrern ihre Rückkehr in die Heimat mitunter selbst organisieren mussten. Die Sorge um das Wohl der Kinder, die ohnehin bestimmte Gruppen (Behinderte, Kranke, sog. Halbjuden) von der KLV von vornherein ausgeschlossen hatte, wurde so ad absurdum geführt.

Literatur
Hermand, J. (1993): Als Pimpf in Polen. Frankfurt. – Kock, G. (1997): „Der Führer sorgt für unsere Kinder". Paderborn.

Rüdiger Loeffelmeier

Kinderrechte

Bildungsspezifische Kinderrechte im internationalen Kontext enthält vor allem die Kinderrechtskonvention der Vereinten Nationen (UN-KRK). Sie wurde von der Generalversammlung der Vereinten Nationen (UN) am 20.11.1989 beschlossen und nach Transformation durch das deutsche Zustimmungsgesetz Bestandteil der deutschen Rechtsordnung. Die UN-KRK ist seit dem 5.4.1992 für Deutschland verbindlich. Sie wurde von nahezu allen Staaten der UN ratifiziert und ist damit das Menschenrechtsinstrument mit der höchsten Akzeptanz durch die internationale Staatengemeinschaft.
Als Kinder gelten nach der UN-KRK alle Menschen, die das 18. Lebensjahr noch nicht vollendet haben. Das Recht auf Bildung erkennen die Vertragsstaaten in Artikel 28 an. Sie verpflichten sich im Besonderen, den Grundschulunterricht allgemein zur Pflicht zu machen und kein Schulgeld zu erheben. Allen Kindern müssen die verschiedenen Arten weiterführender Schulen (wie in Deutschland die Realschule, die Gesamtschule und das Gymnasium sowie die neuen Arten der Sekundar- und Stadtteilschule) verfügbar und zugänglich sein; bedürftige Schüler sind finanziell zu unterstützen. Sodann haben die Staaten Maßnahmen zu ergreifen, die den regelmäßigen Schulbesuch fördern und den Anteil derjenigen verringern, die die Schule vorzeitig verlassen. In Artikel 29 UN-KRK wird eine Reihe von Erziehungszielen als für die Schulerziehung verbindlich erklärt: So sol-

len den Fähigkeiten der Kinder zu voller Entfaltung verholfen und ihnen Achtung vor der eigenen wie vor anderen Kulturen vermittelt werden.
Die Einhaltung der UN-KRK überwacht der UN-Ausschuss der für die Rechte des Kindes, der die ihm alle fünf Jahre vorzulegenden Umsetzungsberichte der Vertragsstaaten auswertet. In Deutschland sind ca. 90 bundesweit tätige Organisationen und Initiativen aus verschiedenen gesellschaftlichen Bereichen in der National Coalition zusammengeschlossen. Diese erstellt zu den Staatenberichten der Bundesregierung jeweils ergänzende Berichte – sog. Schattenberichte –, in denen sie sich kritisch mit den deutschen Berichten an den UN-Ausschuss auseinandersetzt.
Die Bundesregierung hatte die UN-KRK zunächst nur unter dem Vorbehalt unterschrieben, dass das deutsche Ausländerrecht Vorrang vor den Verpflichtungen der Konvention hat. Damit war es möglich, Kinder und Jugendliche aus Deutschland abzuschieben. Im Mai 2010 nahm Deutschland diese Vorbehaltserklärung zurück, die von Nichtregierungsorganisationen und dem UN-Ausschuss für die Rechte des Kindes wiederholt kritisiert worden war.
Das Recht auf Bildung als allgemeines kulturelles Menschenrecht ist im Internationalen Pakt für wirtschaftliche, soziale und kulturelle Rechte von 1966 niedergelegt. Im Weiteren verlangt das Übereinkommen gegen Diskriminierung im Unterrichtswesen von 1960, jede Diskriminierung u.a. hinsichtlich des Zugangs zum Unterricht oder Schulgebühren zu beseitigen und zu verhüten. Sowohl der genannte internationale Pakt als auch das beschriebene Übereinkommen stellen völkerrechtliche Verträge dar, die nach ihrer Transformation in das deutsche Recht für Deutschland verbindlich geworden sind. Demgegenüber handelt es sich bei der Allgemeinen Erklärung der Menschenrechte von 1948, die ebenfalls das Menschenrecht auf Bildung formuliert, um eine Resolution der UN-Generalversammlung, die für Deutschland keine rechtliche Verbindlichkeit erzeugt.

Literatur
Grein, D. (Hg.) (2009): 20 Jahre Kinderrechte. Berlin. – Maywald, J./Eichholz, R. (2007): Kindeswohl und Kinderrechte. Hannover.

Uta Stäsche

Kinderrepublik

Als Kinderrepublik wird das selbstverwaltete Zusammenleben von Kindern und Jugendlichen unter Anwendung formalisierter Prozeduren der demokratischen Entscheidungsfindung (Kinderparlament, Kindergericht) in geschlossenen Erziehungseinrichtungen, meist in Heimen, bezeichnet.
Die Anfänge der Kinderrepubliken sind im engen Zusammenhang mit der internationalen Reformpädagogik des frühen 20. Jahrhunderts zu sehen. Herausragende Protagonisten dieser Bewegung waren u.a. William R. George, Homer Lane, Alexander S. Neill, Siegfried Bernfeld, Janusz Korczak, Siegfried Lehmann. In Deutschland wurden bis in die 1930er Jahre hinein in allen Heimen der sozialpädagogischen Reformbewegung den Kinderrepubliken affine Formen praktiziert. Die Grenzen zur sog. Schulgemeinde sind fließend. Die meisten dieser Experimente sind längst Geschichte, einige der frühen Kinderrepubliken bestehen allerdings bis heute, andere sind erst später, z. T. erst in den letzten Jahrzehnten, entstanden.
Anfangs sollte mit der Einrichtung von Kinderrepubliken die Gemeinschaftsbildung unter den Kindern und Jugendlichen gefördert werden. Mit der Zeit wurden Aspekte des moralischen Lernens wichtiger. Abgesehen von einzelnen Fallstudien beschreibenden Charakters gibt es kaum kritische Forschung zu den Kinderrepubliken, vor allem keine solche, die die tatsächlichen Effekte empirisch untersucht hätte.

Literatur
Kamp, M. (1995): Kinderrepubliken. Opladen. – Liegle, L. (1989): Kinderrepubliken. In: Zeitschrift für Pädagogik 35, 399-416.

Franz-Michael Konrad

Kindertagespflege

Die Kindertagespflege ist seit 1990 nach dem Kinder -und Jugendhilfegesetz (KJHG, § 23) neben der institutionellen Betreuung in Tageseinrichtungen ein gleichwertiges Leistungsangebot der Jugendhilfe insbesondere für Kinder in den ersten Lebensjahren. Tagesmütter oder Tagesväter betreuen, vermittelt vom Jugendamt, in der Regel bis zu drei Kinder einen Teil des Tages oder ganztags im eigenen Haushalt oder dem des Personensorgeberechtigten, während dieser einer Berufstätigkeit oder Ausbildung nachgeht. Erst wenn mehr als drei Kinder betreut werden ist eine Pflegeerlaubnis erforderlich (Sozialgesetzbuch VIII, KJHG, § 44). Die Betreuungspersonen und die Eltern sollen zusammenarbeiten und haben ein Recht auf Beratung. 2008 wurden in Deutschland

rund 86.000 Kindertagespflegestellen registriert. Die Anzahl der nicht registrierten Stellen dürfte aber darüber hinaus noch erheblich höher sein.
Die Kindertagespflege wurde eingeführt, um mehr Müttern die Vereinbarkeit von Familie und Beruf zu ermöglichen und dem sogenannten grauen Pflegestellenmarkt entgegenzuwirken. Mit dem Modellprojekt Tagesmütter des Deutschen Jugendinstituts auf Bundesebene in den Jahren 1974-1979 hatte eine wissenschaftlich und politisch kontroverse, z.T. ideologisch geführte Diskussion auf dem Gebiet der Kindertagespflege begonnen, die Mütter verunsicherte. Heute geht es nicht mehr um das Ob einer Kindertagespflege, sondern um die Rahmenbedingungen, die Auswahl, Beratung, Unterstützung und Qualität. Es fehlen allerdings neuere Forschungsergebnisse über die Qualität und Auswirkungen der Kindertagespflege.

Literatur
Diller, A./Jurczyk, K./Rauschenbach T. (2005): Tagespflege zwischen Markt und Familie. Wiesbaden. – Statistische Ämter des Bundes und der Länder (Hg.) (2009): Kindertagesbetreuung regional 2008. Wiesbaden.

Dieter Höltershinken

Kindertagesstätte

Der Begriff Kindertagesstätte, abgekürzt Kita, bezeichnet verschiedene Formen von Einrichtungen, die eine ganztägige Betreuung von Kindern anbieten und sich i.d.R. hinsichtlich der zu betreuenden Altersgruppe unterscheiden. Darunter fallen Kinderkrippen (0-3 J.), Kindergärten (3-5/6 J.) und Horte (Schulkinder). In größeren Kindertagesstätten können mehrere dieser Einrichtungsformen zusammengefasst sein sowie altersgemischte Gruppen gebildet werden. Während die Kindertagesstätte für 3-6jährige Kinder zum selbstverständlichen Betreuungsort geworden ist, wird für die bis zu 3jährigen Kinder bis 2013 eine Betreuungsquote von 35% angestrebt. Besonders hinsichtlich der Ganztagsbetreuung unterscheiden sich aber die Daten. Bei den Kindern im Alter von drei Jahren bis zum Schuleintritt bewegt sie sich z.B. zwischen 12% in Baden-Württemberg und 90% in Thüringen.
Kindertagesstätten finden ihre rechtliche Grundlage in den §§ 22-26 des Sozialgesetzbuches VIII und sind Einrichtungen der Kinder- und Jugendhilfe. Die Umsetzung liegt in der Verantwortung des jeweiligen Bundeslandes und wird durch länderspezifische Gesetze geregelt. Kindertagesstätten haben neben einem Betreuungs- auch einen Erziehungs- und Bildungsauftrag, der seit 2004 von allen Bundesländern in Form von Bildungsplänen formuliert wird und als Orientierungsrahmen dienen soll.

Literatur
Stöbe-Blossey, S. (Hg.) (2010): Kindertagesbetreuung im Wandel. Wiesbaden.

Kathrin Borg

Kindesmissbrauch

Der missverständliche, aber verbreitete Begriff Kindesmissbrauch bezeichnet Akte sexueller Gewalt, die die psychophysische Integrität von Kindern und Jugendlichen beeinträchtigen. Das geltende Recht fokussiert die Problematik insbesondere durch strafrechtliche Vorschriften, die die gemeinten Verhaltensweisen, gestuft nach dem Ausmaß der Traumatisierung, kriminalisieren. Das Strafrecht stellt zwar in erster Linie Verhaltensweisen, die Erwachsene begehen, unter Strafe, strafbar ist aber auch sexuelle Gewalt unter Minderjährigen. Das Thema Kindesmissbrauch spielt auch im Kindschaftsrecht eine Rolle, wenn es z.B. um die kindeswohlwidrige Ausübung des elterlichen Erziehungsrechts geht. Damit eng verbunden sind die Regelungen des Kinder- und Jugendhilferechts, das (etwa in § 8a Sozialgesetzbuch, SGB VIII) Instrumente des (präventiven) Schutzes vor Kindesmissbrauch kennt. Dazu gehört u.a., dass die Träger der öffentlichen Jugendhilfe niemanden beschäftigen dürfen, der strafrechtlich einschlägig vorbelastet ist (§ 72a, Sätze 1 und 2 SGB VIII). Das Schlagwort vom Missbrauch des Missbrauchs, das nicht zuletzt in Scheidungsprozessen eine Rolle spielt, verdeutlicht, wie schwierig es im Einzelfall sein kann, eine taktisch gezielt erzeugte Verdächtigung von einem ernsthaften Verdacht zu unterscheiden. Träger und Einrichtungen sollten rechtzeitig Routinen entwickeln, die den Umgang mit dem Verdacht des Kindesmissbrauchs steuern (z.B. auch die Frage klären, wer wann informiert bzw. wann die Polizei eingeschaltet wird). Der hinreichend verlässliche Verdacht des Kindesmissbrauchs (nicht bloß eine theoretisch mögliche Vermutung) berechtigt im Interesse des Kindes zum Bruch der Schweigepflicht.

Literatur
Barabas, F. K. ([2]2006): Sexualität und Recht. Frankfurt a.M.

Stephan Rixen

Kindeswohl

Bei dem Begriff Kindeswohl handelt es sich um einen Begriff aus dem Recht, dem eine zentrale Stellung im Familien- sowie im Kinder- und Jugendhilferecht zukommt. Eine allgemeingültige und kompakte Definition des Kindeswohls gibt es nicht. Fest steht nur, dass es eine körperliche, geistige und seelische Komponente hat (vgl. § 1666 Bürgerliches Gesetzbuch, BGB) und nicht statisch, sondern dynamisch zu verstehen ist.

Das Kindeswohl erfährt erst durch Auslegung im Einzelfall eine Konkretisierung (sogenannter unbestimmter Rechtsbegriff). Dabei sind neben der Erfüllung materieller Grundbedürfnisse (Unterkunft, Verpflegung etc.) v.a. psychosoziale Aspekte von Bedeutung, wie Bindungen des Kindes, Kontinuität und Stabilität der Betreuungs- und Erziehungsverhältnisse, Schutz vor Gefahren, der Wille des Minderjährigen sowie sein Bedürfnis, soziale Kontakte zu wichtigen Bezugspersonen pflegen zu können (vgl. § 1626, Absatz 3 BGB).

Grundsätzlich bestimmen die Eltern im Rahmen ihrer Pflege- und Erziehungsverantwortung, was dem Wohl des Kindes entspricht. Das Kindeswohl ist aber auch Entscheidungsmaßstab und Handlungsmaxime für Jugendhilfe und Justiz. Bei Sorge- und Umgangsrechtsentscheidungen sowie anderen kindrelevanten Angelegenheiten ist dem Kindeswohl Vorrang vor den Interessen anderer Beteiligter einzuräumen (§§ 1671, 1684, 1697a BGB). Eine Kindeswohlgefährdung markiert die Schwelle für gerichtliche Eingriffe in das elterliche Erziehungsrecht (§§ 1666, 1666a BGB) und aktiviert den Schutzauftrag der Jugendhilfe (z.B. §§ 8a, 42 Sozialgesetzbuch VIII).

Aufgrund seiner Ausfüllungsbedürftigkeit wird der Begriff häufig als konturlose und biegsame Leerformel empfunden. Der Gesetzgeber hat sich jedoch bewusst gegen eine starre Definition entschieden, um den individuellen Umständen des Einzelfalls gerecht werden zu können.

Literatur
Kindler, H. u.a. (Hg.) (2006): Kindeswohlgefährdung nach § 1666 BGB und ASD. München. – Zitelmann, M. (2001): Kindeswohl und Kindeswille im Spannungsfeld von Pädagogik und Recht. Münster.

Marion Küfner

Kindeswohlgefährdung

Kindeswohlgefährdung ist ein unbestimmter Rechtsbegriff, der zunehmend im Fachdiskurs der Sozialen Arbeit verwendet wird. Dies geschieht oftmals im Sinne eines Oberbegriffs, unter dem die Auswirkungen von unterschiedlichen Formen von Gewalt gegen Kinder und Jugendliche ebenso zusammengefasst werden wie die Folgen von (elterlichen) Handlungen, die – wenn auch unintendiert – das Wohl von Kindern und Jugendlichen gefährden. Ursachen hierfür können z.B. psychische Erkrankungen von Eltern und/oder hochstrittige Elternschaften sein.

Mit der Übernahme des Rechtsbegriffs verweist die Kinder- und Jugendhilfe auf die Stärkung ihres Schutzauftrages durch den Gesetzgeber in den vergangenen Jahren und die damit einhergehende Ausweitung des Hilfeauftrages. Mit der Stärkung des gesetzlichen Schutzauftrages der Kinder- und Jugendhilfe bei Verdacht auf Kindeswohlgefährdung wurden zudem Fragen zur Einschätzung des Gefährdungsrisikos, nach adäquater Erhebung der Daten sowie nach der Dokumentation der Fallbearbeitung vermehrt Bestandteil der Fachdiskussion innerhalb der Kinder- und Jugendhilfe.

Seitens der Praxis gibt es zunehmend Kritik an der Übernahme des Rechtsbegriffs, da hierdurch fachliche Perspektiven der Sozialen Arbeit zugunsten der Rechtspraxis auch in der Arbeit mit den Adressaten in den Hintergrund treten können. Ferner verschleiert dieser Begriff die gesamtgesellschaftlichen, sozialen, familialen und/oder individuellen Hintergründe, die zum Leiden der betroffenen Kinder und Jugendlichen führen.

Literatur
Jordan, E. (2008): Kindeswohlgefährdung. Weinheim. – Kindler, H. u.a. (Hg.) (2006), Kindeswohlgefährdung nach § 1666 BGB und ASD. München.

Ulrike Loch

Kindheit in der Migration

Für etwa ein Viertel der Kinder, die in Deutschland leben, ist das Aufwachsen durch die Migration ihrer Eltern oder Großeltern beeinflusst, obwohl nur ca. 20% dieser Kinder eigene Migrationserfahrungen haben. Zwar ist unter diesen Kindern ein breites Spektrum an Lebenslagen anzutreffen, doch leben sie durchschnittlich in materiell ärmeren Verhältnissen, müssen häufiger die Folgen der Arbeitslosigkeit der Eltern tragen und wachsen deutlich seltener ohne Geschwister auf als Kinder altansässiger Eltern. Auch die rechtliche Situation der Kinder – sie variiert zwischen dem Status der deutschen Staatsbürgerschaft (Aussiedler, Eingebürgerte), verschiedenen Formen der Aufenthaltserlaubnis über die Duldung (Aussetzung der Abschiebung) bis hin zu undokumentiertem Aufenthalt oder fehlender Registrierung bei Geburt – kann ihre Sozialisation erheblich beeinflussen.

Als wesentliche Kennzeichen des Aufwachsens unter Migrationsbedingungen werden die sprachliche und kulturelle Differenz zwischen Einwandererfamilien und umgebender Mehrheitsgesellschaft betrachtet, die zugleich Norm- und Wertedifferenz zwischen den Sozialisations- und Erziehungsinstitutionen bedeuten kann. Speziell die gesellschaftliche und individuelle Mehrsprachigkeit nimmt tendenziell zu, u.a. weil die Eltern an ihren Herkunftssprachen festhalten und Globalisierungsprozesse (Medien, Reisen, Berufschancen) dies ermöglichen. Umstritten ist, ob das Aufwachsen und Leben in einer sprachlich, kulturell und sozial heterogenen Konstellation eher als Belastung anzusehen sei, oder ob darin auch Vorteile liegen könnten. Beeinflusst wird das Aufwachsen in der Migration von strukturellen Gegebenheiten z.B. Rechtstatus, Sozialschicht, ethnische Segregation im Wohngebiet, Zugang zu vorschulischer Bildung, Selektivität des Schulsystems und persönlichen Ressourcen (z.B. den Deutschkenntnissen, der Intelligenz, dem Bildungskapital des Elternhauses, Wertorientierungen, Diskriminierungserfahrungen). Forschungsergebnisse, die die Bedeutung dieser Faktoren für den Bildungserfolg von Kindern in der Migration zweifelsfrei klären, liegen nicht vor. Die erziehungswissenschaftliche Forschung zum Thema Kindheit in der Migration konzentriert sich auf die Bildungsbeteiligung und die Gestaltung von Bildungsprozessen.

Literatur
Gogolin, I./Neumann, U./Roth, H.-J. (2003): Förderung von Kindern und Jugendlichen mit Migrationshintergrund. Bonn. – Lesemann, P. P. M. u.a. (2007): Home Literacy as a Special Language Environment to Prepare Children for School. In: Zeitschrift für Erziehungswissenschaft 10, 334-355.

Ursula Neumann

Kindheitsforschung

Zu bestimmen, was ein Kind ist, heißt immer einen Begriff von Kindheit zu konstruieren, in dem sich Norm- bzw. Normalvorstellungen des Erwachsenen vom Kind konzentrieren, d. h. aber in der Konsequenz, dass wir zunächst nur historisch und biographisch untersuchen können, welches Konstrukt von Kindheit zu bestimmten historischen Zeitpunkten vorherrschte. Eine methodische, insbesondere auch eine empirische Forschung über Kinder gewinnt ihren Gegenstandsbereich erst dann, wenn vorab definiert ist, was ein Kind sein soll.

In der nach ideen-, kultur-, mentalitäts- und sozialgeschichtlichen Paradigmen zu differenzierenden, inzwischen sehr reichhaltigen historiographischen Literatur lassen sich ansatzweise die Kontinuitäten und Diskontinuitäten von Kindheitskonzepten oder -bildern systematisieren. Die inzwischen nurmehr noch schwer zu überblickende Fülle sozial- und sozialisationshistorischer und -theoretischer Schriften zur Kindheitsgeschichte, maßgeblich angestoßen durch Philippe Ariés, zeigt auf, wie sich das seit dem 16. Jahrhundert durchsetzende Ideal von der Individualität des Kindes schon in dieser Zeit verdichtete zu dem für die moderne Pädagogik konstitutiven Widerspruch von Zwang und Freiheit in der Erziehung. Der Gedanke einer kontrollierten Einwirkung auf die Kinder durch Erziehung wurde im Zeitalter der Aufklärung zum Jahrhundertprojekt, weil sich bei den Eltern das Wissen darüber entfaltete, dass das Verhalten des erwachsenen Menschen eine Konsequenz seiner Entwicklungsmöglichkeiten in der Kindheit ist. Kindheit wurde damit gleichsam entdeckt als Ressource, von deren planmäßiger und richtiger Nutzung wie in anderen Bereichen des staatlichen und ökonomischen Lebens das Wohl der (bürgerlichen) Gesellschaft entscheidend abhängig ist.

Die in Jean-Jacques Rousseaus Roman Emile (1762) konstruierte kindzentrierte Lebenswelt fixiert die Grundstrukturen des modernen Deutungsmusters von Kindheit: Nach Rousseaus kopernikanischer Wende zum Kinde (Herman Nohl) entfalten die Pädagogen als Anwälte der Autonomie der Kindheit und Erziehung die These vom Eigenrecht des Kindes, d.h. die Grundüberzeugung, dass das Kind kein kleiner, unvollkommener Erwachsener ist, sondern ein Wesen, das seine Erfüllung und Reife in sich selber trägt. Erziehung ist demgemäß angewiesen auf die im lernenden Subjekt selber angelegten (Trieb) Kräfte und seinen Gestaltungswillen.

Die bei Rousseau paradigmatisch auf den Begriff gebrachte moderne Programmatik einer individualisiert-autonomen Kindheit im Kontext einer ebenso naturgemäßen wie vernunftgeleiteten Erziehung war im Kern antiständisch. In Anpassung an die sich etablierende sozioökonomische Vorherrschaft der Schicht der Bürger orientierte sich das neue Leitbild jedoch immer stärker an der Emanzipation des Bürgertums und der normativen Ausstrahlungskraft des Idealtypus der bürgerlichen Familie. In diesem Rahmen wurde in den verschiedenen sozialen Ständen und Schichten mit institutionell und familial unterschiedlich organisierten Lebensweisen festgelegt, wie Kinder zu Bauern, Bürgern und Aristokraten wurden. Kindheit in einer Familienorganisation, dominiert vom ständigen Zwang, durch Arbeit aller das Existenzminimum zu sichern und die Familie vor dem Abgleiten in Not und Armut bewahren zu helfen, war im Sinne bürgerlicher Kinderkultur eine Kindheit ohne Kindheit, eine Straßen- oder Kinder-Kindheit, im schlimmsten Falle eine Aufzehrung der Kinderjahre. Die um ihre Kindheit betrogenen Kinder, die in den Manufakturen, in Handel und Gewerbe, in der protoindustriellen Heimindustrie, schließlich in der rasch aufstrebenden frühkapitalistischen Industrie arbeiten mussten, wurden ohne Rücksichtnahme ausgebeutet, durchaus vergleichbar mit der heute noch in vielen Ländern der sog. Dritten Welt alltäglich praktizierten Kinderarbeit.

Aus der Perspektive historischer Sozial- und Sozialisationsforschung sowie der kulturvergleichenden Kindheitsforschung lässt sich inzwischen empirisch gehaltvoll ein Bild der Lebenslagen von Kindern ebenso wie ein Bild darüber nachzeichnen, wie sich das gesellschaftliche Wissen über Sozialisation in der gesamtgesellschaftlich und institutionell ausgestalteten Rolle des Kindes und den sie begründenden Normen niedergeschlagen hat. Die Kindheitsforschung hat sich seit den 1980er Jahren, in Aufnahme des Paradigmas der historischen Sozialisationsforschung, in Richtung neuer sozialisationstheoretischer Varianten eines Sozialkonstruktivismus orientiert, unter der leitenden Prämisse, dass Kinder aktiv an der Konstruktion und Bestimmung ihres eigenen Lebens, im Kontext der Menschen in ihrem Umfeld und der Gesellschaft, in der sie leben, beteiligt sind, und zwar mit einer Kreativität und Gestaltungsfähigkeit, die sich im Grundsatz nicht von der Erwachsener unterscheidet. Kinder werden gesehen als ökonomisch und gesellschaftlich produktive Mitglieder der Gesellschaft, wobei die Lernarbeit in Erziehung und Bildungseinrichtungen als ihr selbstständiger Beitrag zur generationalen Arbeitsteilung in modernen Industrie- und Dienstleistungsgesellschaften verstanden wird.

Konsequenterweise hat sich die Kindheitsforschung in den letzten Jahrzehnten reich entfaltet als Lebenswelt-, Kinderalltags- und Kinderkulturforschung, in der, im Rahmen der generationalen Ordnung und der Partizipation an Alltagsroutinen, die eigenständigen Formen der Ko-Konstruktion zwischen Kindern und Erwachsenen in der gemeinsamen Etablierung einer Kultur des Aufwachsens thematisiert werden. Auf der Suche nach kindspezifischer Handlungsautonomie werden die eigenen Sinn- und Wirklichkeitskonstitutionen der Kinder in ihren sozialen Interaktionen und selbst ausgehandelten Regeln betrachtet, und zwar aus der Perspektive der Kinder, nicht für die Kinder. Folgerichtig muss die stellvertretende und normsetzende Deutung von Kindheit durch pädagogische und psychologische Experten ergänzt werden um eine (auto)biographisch orientierte Forschung, in der die Kinder als Träger ihres biographischen Selbst selber zu Wort kommen.

In der Methodologie der Betrachtungsweise aus der Perspektive der Kinder, in der die Kindheitsforschung sich zunehmend auf Kinder als Personen aus eigenem Recht konzentriert, nicht an zukünftigen Erwachsenen oder teleologischen Normen des Lebenslaufs, werden die Grenzen der Erziehungskindheit und ihre Selbstverständlichkeit notwendig in Frage gestellt. Forschungsmethodisch ist allerdings noch offen, ob auf diese Weise ein authentischer Einblick in die Innenwelt des Kindes gewonnen werden kann.

Die in den letzten Jahren, insbesondere mit der Vorlage der Kinderrechtskonvention der Vereinten Nationen (1989) verstärkte Debatte über die Rechte von Kindern hat die pädagogische und sozialisationstheoretisch neue Sicht auf die Autonomie der Kinder nachdrücklich untermauert, dass nämlich Kinder einen erheblichen Einfluss auf die Gestaltung des Alltags in ihren Familien haben und in vielen kulturellen, zumal medien- und konsumorientierten Lebensbereichen selbstständige Entscheider in eigenen Belangen geworden sind. Wie jede andere Lebensphase bleibt Kindheit gleichwohl jeweils in eine generationale gesellschaftliche Ordnung eingebunden. Diese sollte deswegen ein angemessenes Potential an persönlichen Gestaltungs-, Entfaltungs- und Förderungsmöglichkeiten gewährleisten, das rechtlich, sozial und finanziell in einer Generationenpolitik abgesichert wird, nicht zuletzt durch die universelle Verwirklichung des Rechtes auf Bildung.

Literatur
Behnken, I./Zinnecker, J. (Hg.) (2001): Kinder. Kindheit. Lebensgeschichte. Seelze-Velber. – Berg, C. (Hg.) (1991): Kinderwelten. Frankfurt. – Fried, L./Roux, S. (Hg.) (2006): Pädagogik der frühen Kindheit. Weinheim. – Honig, M.-S. (1999): Entwurf einer Theorie der Kindheit. Frankfurt. – Hurrelmann, K./Bründel, H. (2003): Einführung in die Kindheitsforschung. Weinheim, Basel, Berlin. – Markefka, M./Nauck, B. (Hg.) (1993): Handbuch der Kindheitsforschung. Neuwied.

Karl Neumann

Kind-Umfeld-Analyse

Mit Kind-Umfeld-Analyse wird ein diagnostischer Ansatz bezeichnet, der eine Betrachtung der Bedingungen des Kindes sowie seines sozialen, materiellen und kulturellen Umfeldes im Rahmen von förderdiagnostischen Maßnahmen und Vorgehensweisen ausdrücklich einbezieht. Die individuellen Fähigkeiten und Fertigkeiten werden unter Berücksichtigung der vorhandenen Lernvoraussetzungen systematisiert und eingeschätzt mit dem Ziel, die Zone der aktuellen Lernentwicklung, die Anforderungen und ggf. den individuellen Förderbedarf eines Kindes zu ermitteln. Grundlage hierzu bilden ökologische und systemische Ansätze der Entwicklungspsychologie.
Es geht in erster Linie darum, alle für das Kind bedeutsamen Beziehungsgefüge und Bedingungen seiner Umwelt mit in den Blick zu nehmen und zu analysieren. So können förderliche, aber auch hemmende Entwicklungsbedingungen herausgestellt und dementsprechend, im Sinne der Förderung, Anregungen für Veränderungen gegeben werden. Die Betrachtung der Systeme (Familie, Schule, Peers), in denen ein Kind lebt, ermöglicht ein besseres Verstehen seines Handelns und eine optimale Abstimmung der Fördermaßnahmen auf die individuellen Lebens- und Lernbedingungen.
Die Kind-Umfeld-Analyse bedient sich bekannter Verfahren und Methoden der psychologischen Diagnostik (z.B. Beobachtung, Gespräch) und ist prozessorientiert angelegt. Das heißt, dass neue Erkenntnisse über das Kind und sein Umfeld kontinuierlich Niederschlag im förderdiagnostischen Vorgehen der Kind-Umfeld-Analyse finden. Dabei ist es wichtig, dass ein Team von Bezugspersonen des Kindes die Kind-Umfeld-Analyse durchführt. Zu dem Team können neben dem Kind und seinen Eltern, (Sonder-)Pädagogen, Ärzte, Erzieher, Grundschullehrer, Psychologen u. a. gehören. So können verschiedene Kontexte und unterschiedliche Perspektiven besser berücksichtigt und einbezogen werden. Als Bewertungsmaßstäbe gelten beispielsweise im Kontext Schule die Klasse (soziale Norm), die Lehrpläne (kriteriale Norm) und vor allem das Individuum (individuelle Norm) selbst.
Das Konzept der Kind-Umfeld-Analyse wurde seit Mitte der 1980er Jahre maßgeblich von Alfred Sander und Anne Hildeschmidt sowie weiterführend von Wolfgang Moog, Karl Dieter Schuck und Dietrich Eggert entwickelt. Inzwischen findet sich der Begriff in zahlreichen Ausführungen zur Förderdiagnostik wieder, unter anderem auch in schulrechtlichen Bestimmungen.
Da der Begriff Kind-Umfeld-Analyse sehr häufig gebraucht wird, verschwimmt des Öfteren seine ursprüngliche komplexe Bedeutung. Bei einer sorgfältigen Durchführung ist mehr Zeit und Kooperation erforderlich als bei anderen Verfahren sonderpädagogischer Diagnostik (z.B. Testverfahren). Dies lässt das Verfahren häufig als unökonomisch gelten. Im Gegenzug ist jedoch der Erkenntnisgewinn wesentlich größer und erheblicher und die Förderplanung effizienter. Die Form und das Ausmaß des Einbezuges des Kindes selbst werden verschieden gehandhabt. Sander sowie Eggert u.a. plädieren für einen direkten Einbezug des Kindes in den Erkenntnisprozess.
Auch wenn eine Kind-Umfeld-Analyse heutzutage vielerorts verankert ist, so ist deren differenzierte Planung und Umsetzung gerade im Bereich der Erziehungswissenschaft stets neu hinsichtlich der individuell verankerten Schwerpunkte der Beteiligten zu planen und zu reflektieren, um die individuellen Bedingungen und Möglichkeiten für eine bestmögliche Entwicklungsförderung eines Kindes herauszukristallisieren. Eine Kind-Umfeld-Analyse setzt voraus, dass Pädagogen mit verschiedenen Methoden des Erkenntnisgewinns vertraut sind, deren Vor- und Nachteile kennen und einschätzen können sowie in der Lage sind, mit weiteren Bezugspersonen zu kooperieren.

Literatur
Eggert, D. unter Mitarb. v. Reichenbach, C./Lücking, C. (2007): Von den Stärken ausgehen. Dortmund. – Sander, A. (2000): Kind-Umfeld-Analyse. In: Mutzeck, W. (Hg.): Förderdiagnostik. Weinheim, 12-24.

Christina Reichenbach

Kirche und Schule

Das Verhältnis von Kirche und Schule wird im Grundgesetz für die Bundesrepublik Deutschland (GG) bestimmt. Artikel 140 GG erklärt die Artikel 136 bis 139 sowie Artikel 141 der Weimarer Reichsverfassung zum Bestandteil des GG. Danach besteht keine Staatskirche, aber auch keine strikte Trennung von Staat und Religions- sowie Weltanschauungsgemeinschaften.
Andere Staaten haben sich für eine strikte Trennung entschieden. Die politischen Auseinandersetzungen dauern bis heute an. Der Forderung nach einem Gottesbezug in der Präambel einer Europäischen Verfassung wurde widersprochen. Es wird nunmehr nur allgemein auf die kulturellen, religiösen und humanistischen Überlieferungen Europas Bezug genommen.
Das Verhältnis von Kirche und Schule wird mit den Evangelischen Kirchen und den Jüdischen Gemeinden in Kirchenverträgen und mit der Katholischen Kirche in Konkordaten geregelt. Entsprechende Vereinbarungen mit Islamischen Gemeinden sind bislang an deren rechtlicher Stellung gescheitert.
Was die Schule anbelangt, werden auch dort Meinungsverschiedenheiten deutlich. Bekennt sich das GG in Artikel 7, Absatz 3 einerseits zu einem staatlichen Religionsunterricht, so schützt es gemäß Artikel 141 abweichende landesrechtliche Regelungen. Artikel 141 GG gilt unstreitig für die Länder Berlin und Bremen, nach langer rechtlicher Auseinandersetzung und einem vor dem Bundesverfassungsgericht (BverfG) geschlossenen Vergleich nunmehr im Ergebnis auch für das Land Brandenburg.
Von herausragender Bedeutung für das Verhältnis von Kirche und Staat ist die in Artikel 4 GG garantierte Religionsfreiheit. Dieses Grundrecht verbürgt nicht nur als Abwehrrecht den Schutz vor staatlichen Eingriffen (negative Freiheit), sondern auch den Anspruch auf Sicherung des Rechts (positive Freiheit). Herausgehobene Beispiele für die Schulen sind die Auseinandersetzungen um das Kruzifix im Klassenraum und das Kopftuch als Zeichen der Zugehörigkeit zum Islam. Beim Anbringen eines Kruzifixes im Klassenzimmer muss die religiöse Neutralitätspflicht des Staates beachtet werden. Ein Verbot des Kopftuchs ist nur auf Grund einer ausdrücklichen gesetzlichen Regelung zulässig.

Literatur

Campenhausen, A. v. ([4]2006): Staatskirchenrecht. München. – Riedel, E. (Hg) (1997): Öffentliches Schulwesen im Spannungsfeld von Staat und Kirche. Graz.

Klaus Hanßen

Kirchen- und Schulordnungen

Kirchen- und Schulordnungen sind rechtliche Instrumente zur Regelung der äußeren und inneren Verhältnisse von Kirchen und Schulen. Erste Schulordnungen finden sich im deutschen Sprachraum bereits in vorreformatorischer Zeit (Wien 1446, Nürnberg 1500), im Gefolge der Reformation werden sie dann als integraler Bestandteil von Kirchenordnungen bzw. Kirchen- und Schulordnungen in den meisten evangelischen Städten und Territorien erlassen (z.B. 1559 in Württemberg, 1580 in Kursachsen). In ihnen dokumentiert sich das Bestreben der protestantischen Obrigkeiten, dem Prinzip des landesherrlichen Kirchenregiments entsprechend der Kontrolle über Kirche und Schule eine rechtliche Grundlage zu verleihen. Das Vorbild für die Kirchen- und Schulordnungen erarbeitete Philipp Melanchthon (Unterricht der Visitatoren an die Pfarhern im Kurfürstentum zu Sachsen, 1528). In den Kirchen- und Schulordnungen wurden, unterschiedlich detailliert, sowohl Fragen der Schulgründung und -unterhaltung, der Schulträgerschaft, der Schulaufsicht, der Lehreranstellung, des Schulgelds und der Unterrichtspflicht wie Fragen des Lehrplans, der Einteilung der Schülerschaft, der Prüfungen und der Schulzucht geregelt. Konzentrierten sie sich zunächst auf das Latein- und Gelehrtenschulwesen, bezogen sie sich ab der zweiten Hälfte des 16. Jahrhunderts auch auf die niederen Schulen. Im 17. und 18. Jahrhundert wuchs die Zahl der Schulordnungen – auch in katholischen Ländern und bei zunehmender Verselbstständigung von den Kirchenordnungen. Darin dokumentieren sich die Bemühungen um eine Ausdehnung des landesherrlichen Schulregiments, wobei zwischen rechtlicher Fixierung und tatsächlicher Durchsetzung der Ansprüche deutlich unterschieden werden muss. Die Regelung des Schulwesens ist ein wesentlicher Bestandteil des frühneuzeitlichen Staatsbildungsprozesses. Im Laufe des 19. Jahrhunderts traten mit der Herausbildung moderner verfassungsstaatlicher Strukturen an die Stelle der Schulordnungen zunehmend Schulgesetze. Die Schulordnungen. wandelten sich im Zuge dieser Entwicklung zur schulischen Hausordnung, deren Bestimmungen sich weitgehend auf Fragen des schulischen Zusammenlebens und der Disziplin beschränken.

Literatur
Alphei, C. (2003): Deutsche Schulordnungen im Wandel der Jahrhunderte. In: Golz, R./Keck, R. W./Mayrhofer, W. (Hg.): Humanisierung der Bildung. Frankfurt u.a., 137-142.

Gerhard Kluchert

Kircher, Wilhelm (1898-1968)

Aufgewachsen in kleinbürgerlichen Verhältnissen in Frankfurt am Main und motiviert durch eigene Bildungsaspiration absolvierte Kircher nach dem Besuch einer Mittelschule das Volksschullehrerseminar in Wetzlar und Ottweiler, bevor er Ende 1917 zum Kriegsdienst eingezogen wurde. Verwundet und durch die Kriegserlebnisse stark geprägt, unterrichtete Kircher bis 1923 an verschiedenen Frankfurter Volksschulen und kam hier in Kontakt mit reformpädagogisch orientierter Unterrichtsgestaltung. Zwischen 1923 und 1934 baute er die einklassige Dorfschule von Isert bei Altenkirchen im Westerwald zu einer international bekannten reformpädagogischen Versuchsschule aus und leitete im Weltbund für Erneuerung der Erziehung einen internationalen Arbeitskreis für Landschulreform. Mit seinen Schülern gestaltete Kircher Rundfunksendungen und wurde damit auch zu einem Pionier des Schulfunks. 1934 zum Hauptlehrer befördert und nach Winningen/Mosel versetzt, führte er dort seine praktische Reformpädagogik fort und wurde zugleich einer der wichtigen Funktionäre im Nationalsozialistischen Lehrerbund (NSLB; u.a. 1939 Reichsreferent für Landschulfragen, 1941 Reichsfachschaftsleiter der Fachschaft Volksschulen). Nach Entnazifizierung und Stellenlosigkeit knüpfte Kircher ab 1950 an der einklassigen Dorfschule von Hardert bei Neuwied an seine praktische Reformpädagogik an und engagierte sich vor dem Hintergrund seiner eigenen politischen Biographie für eine demokratisch orientierte ländliche Erwachsenenbildung. Ähnlich wie bei Peter Petersen und Adolf Reichwein kann man bei Kircher die Ambivalenzen der Reformpädagogik im Kontext der Modernisierung des Landschulwesens studieren.

Literatur
Kircher, W. (1933): Schule im Dorf. Langensalza u.a. – Link, J.-W. (1999): Reformpädagogik zwischen Weimar, Weltkrieg und Wirtschaftswunder. Hildesheim.

Jörg-W. Link

Kirgisistan → Zentralasiatische Staaten

Kiribati → Pazifikregion

KJF → Kinder- und Jugendfilmzentrum in Deutschland

KJHG → Kinder- und Jugendhilfegesetz

Klafki, Wolfgang (geb. 1927)

Klafki wurde in Angerburg/Ostpreußen, heute Węgorzewo geboren. Er studierte nach dem Zweiten Weltkrieg an der Pädagogischen Hochschule Hannover und war von 1948-52 Volksschullehrer in Schaumburg/Lippe. Von 1952-57 studierte er Pädagogik (bei Erich Weniger und Theodor Litt), Philosophie und Germanistik in Göttingen und wurde 1957 promoviert. Von 1963-1992 war Klafki Professor für Erziehungswissenschaft an der Universität Marburg. Als einer der bedeutendsten Erziehungswissenschaftler der Bundesrepublik Deutschland hat er die Modernisierung der geisteswissenschaftlichen Pädagogik hin zu einer kritischen Erziehungswissenschaft aktiv begleitet und zahlreiche Arbeiten zu didaktischen, allgemeinpädagogischen, bildungshistorischen, -theoretischen und -politischen Fragen vorgelegt. Richtungsweisend wurden insbesondere Klafkis bildungstheoretische, später kritisch-konstruktive Didaktik, der es u.a. um den Modus der Bestimmung kategorialer Bildungsgehalte geht, sowie seine Neujustierung des Bildungsbegriffs, bei der Klafki Gedanken der Aufklärung zeitgemäß weiterführt und Allgemeinbildung an epochaltypischen Schlüsselproblemen der Gegenwart orientiert (Neue Studien zur Bildungstheorie und Didaktik, zuerst 1985). Große Verbreitung fand die von Klafki in den 1970er Jahren leitend herausgegebene mehrbändige Studieneinführung, das Funkkolleg Erziehungswissenschaft.

Literatur
Meyer, A./Meyer, H. (2007): Wolfgang Klafki. Weinheim, Basel.

Joachim Scholz

Klasse – Schicht – Milieu

Klasse, Schicht und Milieu sind Begriffe, mit denen die Sozialstruktur moderner Gesellschaften, insbesondere die Formen der Ungleichheit und Diversität beschrieben werden. Sie kennzeichnen in dieser Reihenfolge den sozialen Wandel der Sozialstruktur und dessen Deutung in Wissenschaft und gesellschaftlichem Diskurs.

Die marxistische Gesellschaftstheorie sieht die Industriegesellschaft als Klassengesellschaft: Klassen werden durch die Verfügungsmöglichkeit über Produktionsmittel konstituiert. Die Klasse der Kapitaleigner bestimmt über das wirtschaftliche Geschehen hinaus tendenziell alle Bereiche – Politik, Recht, Bildung – einer Gesellschaft; die Klasse der Lohnarbeiter ist zur eigenen Reproduktion auf den Verkauf der Ware Arbeitskraft angewiesen. Bei aller Differenzierung von Lebens- und Herrschaftsverhältnissen in der Entwicklung der modernen Gesellschaft unterscheidet die Beteiligung an Kapital bzw. anderen von unmittelbarer Erwerbsarbeit unabhängigen Einkommen auch heute noch mit steigender Tendenz über Lebensverhältnisse.

In den soziologischen Diskursen des 20. Jahrhunderts hat das Schichtmodell zwar das Klassenmodell überformt, aber nicht grundsätzlich abgelöst. Schichten sind Bevölkerungsgruppen, die hinsichtlich spezifischer objektiver (Einkommen, Bildung, Qualifikation, Erwerbsverhältnis u.a.) und subjektiver Merkmale (Prestige, Kompetenzen, Lebensführung) ähnlich sind. Schichtmodelle zur Beschreibung der ganzen Gesellschaft – als Gesellschaft mit Ober-, Mittel und Unterschicht – haben inzwischen ihren Aussagewert in dem Maße verloren, als sich zunehmend differenziertere Konstellationen von Lebensbedingungen entwickelt haben. Diese werden in Konzepten wie Lebenslage, Milieu, Lebensstil oder Lebensweise gefasst, die der Vielfältigkeit ökonomischer, politischer und kultureller Formen in der Positionierung von Menschen in modernen Gesellschaften folgen. Sie beziehen den Wandel dieser Lagen im Lebensverlauf mit ein. In gleichen Statuslagen finden sich zunehmend unterschiedliche Formen der Lebensführung, Mentalitäten und Werthaltungen. Die Bevölkerung der Bundesrepublik weist weiterhin bedeutsame Ungleichheiten hinsichtlich des Einkommens und Vermögens, der Bildung, des Prestiges, der sozialen Sicherheit, der Arbeitsbedingungen, des Zugangs zu öffentlichen Einrichtungen aus. Sie nehmen in den letzten Jahren zu, wie die Armuts- und Reichtumsberichte zeigen. Bei aller Komplexität hat das Schichtgefüge eine Tiefenstruktur. Bildungschancen und Studienchancen sind nach wie vor stark von sozialer Vererbung abhängig, die PISA-Studien haben die Abhängigkeit des Bildungserfolges von diesen Faktoren bestätigt. Die Herkunft aus Familien mit Migrationshintergrund, Familienstatus, Alter, Leben in bestimmten Regionen, sozialpolitischer Status werden als eigene Faktoren bedeutsam.

Konzepte wie das der Lebenslage oder der Soziallage tragen der Differenziertheit sozialer Lebensbedingungen Rechnung. Soziale Lagen sind typische unterschiedliche Handlungskontexte von Personen, aus denen heraus Ziele zur Befriedigung allgemein anerkannter Bedürfnisse realisiert werden, sie sind durch Merkmale – Geld, Qualifikationen etc. – gekennzeichnet, die andere Merkmale beeinflussen und bei der Erreichung von Lebenszielen nicht ersetzt werden können. Die soziale Lage ergibt sich dennoch erst in der spezifischen Kombination vieler Merkmale, sie hebt den mehrdimensionalen Charakter von Lebensbedingungen hervor. Konzepte zur Lebenslage beschreiben die Summe der Lebensverhältnisse, Belastungen und Ressourcen einzelner Gruppen, sie beziehen sozialräumliche Konstellationen, ethnische Zugehörigkeit und sozialstaatlich eröffnete Handlungsmöglichkeiten und Rechte ein.

Trotz aller Diversität kumulieren verminderte Chancen in Erwerbsarbeit, Benachteiligungen im Wohnungs- und Dienstleistungsbereich, soziale Stigmatisierung und ethnisch begründete Diskriminierung in der Herausbildung und Reproduktion von Randgruppen: Neben die klassischen durch Abweichung gekennzeichneten Gruppen wie Obdachlose, Asylbewerber, Haftentlassene u.a.m. treten Randgruppen wie Alleinerziehende, Langzeitarbeitslose und kinderreiche Familien, deren Lage sich auf sozialökonomische Exklusionsprozesse, auf mangelnde sozialstaatliche Versorgung, aber auch auf biografische Kontingenzen zurückführen lässt.

Die zunehmende Bedeutung individueller Lebensführung bringt stärker die Selbsttätigkeit von Personen und Gruppen bei der Verteilung von Lebenschancen ins Spiel: als Milieus und Lebensstile. Sie differenzieren den Blick auf die Sozialstruktur, machen jenseits aller Individualisierung jedoch auch wieder alte und neue kollektive Privilegien und Benachteilungen deutlich.

Milieus sind nach Gerhard Schulze große Personengruppen, die sich durch gruppenspezifische Existenzformen und erhöhte Binnenkommunikation voneinander unterscheiden. Existenzformen werden dabei als komplexe Syndrome äußerer Situationseigenschaften (Einkommen, Beschäftigung etc.) und Subjektivität (Werte, Deutungsmuster etc.) verstanden. Sie haben eigene Ausdrucksformen, die Zuordnung, Abgrenzung, Identität erlauben. Schulze unterscheidet nach zentralen Lebenszielen Unterhaltungs-, Selbstverwirklichungs-, Harmonie-, Integrations- und Niveaumilieus. Während die Milieuforschung meist an individuellen Daten ansetzt, betont Richard Grathoff die sozialräumliche Gebundenheit von Milieus: sie sind durch rekursive Interaktion an gleichen Orten und die Ausbildung gemeinsamer Symbole geprägt. Milieus überlappen sich im Alltag, sie werden durch Handeln laufend gestaltet und verändert. Milieuzugehörigkeiten können sich im Laufe der Lebenszeit verändern.

Literatur
Grathoff, R. (1989): Milieu und Lebenswelt. Frankfurt. – Hradil, S. ([8]2001): Soziale Ungleichheit in Deutschland. Opladen. – Schulze, G. (1992): Die Erlebnisgesellschaft. Frankfurt. – Vester, M. (2001): Milieus und soziale Gerechtigkeit. In: Korte, K.-R./Weidenfeld, W. (Hg.): Deutschland – Trendbuch. Opladen, 160-171.

Werner Schefold

Klassenarbeiten

Mit Klassenarbeiten – häufig als Klausuren bezeichnet – werden einzelne Leistungen der Schülerinnen und Schüler im Verlauf eines Schuljahres bewertet. Sie sollen ihnen einerseits ihre Stärken und Schwächen aufzeigen (Lernerfolgskontrollen), andererseits die Lehrkräfte über den Leistungsstand des Einzelschülers und der Klasse insgesamt informieren. Dies ermöglicht ihnen, die Unterrichtsarbeit entsprechend zu gestalten und u.U. Fördermaßnahmen für einzelne Schüler zu ergreifen. Den Eltern gewähren Klassenarbeiten einen Einblick in den Leistungsstand ihres Kindes und in die schulische Unterrichts- und Erziehungsarbeit.
Klassenarbeiten sollen rechtzeitig angekündigt werden, damit ausreichend Zeit zur Vorbereitung bleibt. In der Regel werden Klassenarbeiten nach Abschluss einer Unterrichtseinheit geschrieben, die Phasen der Erarbeitung, Vertiefung, Übung und Anwendung des jeweiligen Themas umfasst. Zwingend notwendig ist, dass Klassenarbeiten unter Aufsicht geschrieben werden. An einem Tag soll nicht mehr als eine Arbeit geschrieben werden; über das Schuljahr sollen Klassenarbeiten gleichmäßig verteilt werden. Die Anzahl der in einem Schuljahr zu schreibenden Klassenarbeiten ist sowohl für die einzelnen Schularten als auch die einzelnen Fächer unterschiedlich. Weigert sich ein Schüler, eine Klassenarbeit zu schreiben, oder versäumt er diese unentschuldigt, wird dies mit ungenügend bewertet; bei entschuldigtem Fehlen entscheidet die Lehrkraft über ein nachträgliches Anfertigen der Arbeit.
Da mit der Benotung von Klassenarbeiten primär ein pädagogischer Zweck verfolgt wird, ist eine Regelung durch förmliches Gesetz entbehrlich; ausreichend sind Rechtsverordnungen oder Verwaltungsvorschriften. Weil die Einzelnote den Schüler regelmäßig nicht unmittelbar in seinen Rechten berührt, handelt es sich nicht um einen Verwaltungsakt, gegen den Widerspruch und Anfechtungsklage möglich sind. Vielmehr ist die allgemeine Leistungsklage statthaft.
Der Leistungsstand der Schüler kann nicht nur durch Klassenarbeiten, sondern auch durch andere schriftliche Arbeiten (z.B. schriftlich ausgearbeitete Referate oder Buchpräsentationen), durch Hausaufgaben oder mündliche und praktische Leistungsnachweise abgefragt werden. Schriftliche Wiederholungsarbeiten beziehen sich im Unterschied zu Klassenarbeiten auf unmittelbar vorangegangene Unterrichtsstunden. Sie bedürfen keiner vorherigen Ankündigung.

Literatur
Avenarius, H. ([8]2010): Schulrecht. Köln, Kronach.

Uta Stäsche

Klassenbuch

Die Dokumentation schulischer Daten wird in Deutschland heute in allen Bundesländern durch Gesetze oder Verordnungen exakt geregelt. Klassenbücher oder auch Kurshefte (z.B. in der gymnasialen Oberstufe) sind Dokumente, die dezentral durch Lehrkräfte geführt werden und Angaben zu Personen (z.B. Namen, Anwesenheit oder Fehlzeiten, Leistungsnachweise oder Noten) und zum Unterricht (z.B. Stundenverteilung, behandelter Stoff nach Wochen oder Stunden, Lehrereinsatz oder Vertretungen) enthalten können. Oft werden auch besondere Vorkommnisse oder Fehlverhalten der Schüler notiert. Klassenbücher gibt es in ähnlicher Form in allen öffentlich kontrollierten Schulsystemen, und sie können auch in elektronischer Form geführt werden.

Literatur
Verordnung über die zur Verarbeitung zugelassenen Daten von Schülerinnen, Schülern und Eltern (VO-DV I) vom 14. Juni 2007 (Sammlung aller geltenden Gesetze und Verordnungen des Landes Nordrhein-Westfalen Nr. 223).

Udo Rauin

Klassenführung

Durch die Etablierung des Prinzips der Jahrgangsklasse in der Schule stellt sich für jede Lehrkraft das Problem, in und mit einer mehr oder weniger großen Gruppe gleichaltriger und formal gleichrangiger Schüler eine soziale Ordnung zu etablieren und in den Unterrichtsstunden aufrecht zu erhalten. Diese Klassenführung (classroom management) schafft die Voraussetzung für alle weiteren erzieherischen oder didaktischen Ambitionen. Mit dem Begriff werden Handlungen der Lehrkraft bezeichnet, die z.B. die Organisation und Nutzung des Raums, die Etablierung von Verhaltensregeln, die Regulation der Aufmerksamkeit oder die aktive Beteiligung der Schüler am Unterricht betreffen. Die von der Lehrkraft nicht beeinflussbaren institutionellen Voraussetzungen der Klassenführung, von der Zeitordnung (z.B. fester oder variabler Stundenplan) über die Architektur (z.B. feste versus variable Möblierung des Raums) und die Schülerrekrutierung (z.B. private versus öffentliche Schule) bis zu den rechtlichen Bestimmungen (z.B. Schulgesetze oder Disziplinarordnungen) sind immer wieder Angriffspunkte der Schulkritik oder werden als Belege für die Eingeschränktheit des Lehrerhandelns betrachtet. Die im Unterricht etablierten impliziten Regeln und die zu ihrer Durchsetzung verwendeten Techniken fallen dem ungeschulten Beobachter dagegen nur selten auf. Die Folgen fehlender Klassenführung werden unter Begriffen wie Disziplinstörung oder schwierige Schüler subsumiert und damit auf außerunterrichtliche Faktoren attribuiert. Selbst in der Lehrerausbildung und in didaktischen Ratgebern für die Hand der Lehrkräfte wird von Klassenführung selten gesprochen. Auch in der empirischen Forschung wurde erst sehr spät die Bedeutung und Komplexität der Klassenführung erkannt. Hier lassen sich mindestens sechs Paradigmen unterscheiden – die verhaltenstheoretische Perspektive, die Prozess-Produkt Forschung, der ökologische Ansatz, der diskursanalytische Ansatz, die kritisch-soziologisch orientierte Perspektive zur Analyse von Ungleichheit und die Forschungen zu Einstellungen und Wahrnehmung der Schüler und Lehrer.

Literatur
Evertson, C. M./Weinstein, C. S. (Eds.) (2006): Handbook of classroom management. Mahwah NJ. – Glöckel, H. (2000): Klassen führen – Konflikte bewältigen. Bad Heilbrunn.

Udo Rauin

Klassengröße

Die Klassengröße als ein Organisationsmerkmal von Schule ist in mehrfacher Hinsicht immer wieder Gegenstand der Diskussion. Zum einen ist sie eng mit der Entscheidung verbunden, Schüler eines Geburtsjahrgangs gemeinsam zu unterrichten (Jahrgangsklasse). Diese historische, pädagogisch aber kaum mehr rechtzufertigende Entscheidung führt zu heterogenen Klassen insbesondere im Hinblick auf den Fachleistungs- und psychosozialen Entwicklungsstand sowie die Fähigkeit in der Unterrichtssprache und ist international bereits in der Mittelstufe selten zu beobachten. Zum anderen ist festzuhalten, dass wesentliche Ergebnisse der Klassengrößenforschung noch nicht in die öffentliche Diskussion eingedrungen sind: Für Lehrkräfte hat eine Verringerung der Klassengröße unmittelbar positive Effekte, die insbesondere die Arbeitsbelastung auf ein Normalmaß reduzieren und das Klassenmanagement vereinfachen. Arbeitsphysiologische und -psychologische Untersuchungen bestätigen dies in zunehmendem Maße. Eine Normalisierung der Klassengröße auf ca. 15-20 Schüler erbringt jedoch nur dann höhere Lernwirksamkeit, wenn die Lehrkräfte Unterrichtsmethoden wählen, die diese Verringerung auch optimal nutzen.

Im Weiteren muss festgehalten werden, dass es noch zu wenig verlässliche empirische Untersuchungen gibt. Das Hauptproblem für Untersuchungen in Deutschland ist der sog. Klassenteiler. Mit dieser administrativen Vorgabe wird bestimmt, ab welcher Anzahl von Schülern eine Klasse geteilt werden darf. Dieser Wert führt dazu, dass es in Deutschland in den mehrzügigen Schulen kaum kleine Klassen gibt. Es fehlt also (methodisch gesprochen) eine hinreichende Variabilität der Klassengröße. In Survey-Studien zeigen sich schon deshalb kaum Effekte der Klassengröße z.B. auf die Schülerleistung. Zudem stehen andere Variablen mit der Klassengröße in Zusammenhang, so z.B. die Schulform: In Hauptschulen findet man auch wegen der geringen Nachfrage weit kleinere Klassen als in Gymnasien.

Literatur
Arnhold, G. (2005): Kleine Klassen – große Klasse? Bad Heilbrunn.

Matthias von Saldern

Klassenklima

Unter dem Klima einer Klasse oder Schule versteht man das subjektive Erleben der innerschulischen Umwelt durch die Schüler und Lehrer. Als wichtigste Umweltmerkmale für die Erfassung der Klimaqualität wird in den meisten empirischen Untersuchungen die Bewertung der sozialen Beziehungen zwischen Lehrer und Schülern sowie einzelner Merkmale der Unterrichtsqualität herangezogen.
Die Klimaforschung konnte zahlreiche Zusammenhänge zwischen dem Klassenklima und dem Schülerverhalten feststellen. Schüler in einer Klasse mit positivem Klassenklima (a) zeigen bessere Leistungen, (b) äußern mehr Schulzufriedenheit, (c) zeigen weniger abweichendes Verhalten, (d) bilden ein positiveres Selbstkonzept aus, (e) entwickeln weniger Belastungen und Schulangst und (f) haben eine höhere Leistungsbereitschaft.
Langzeitstudien zeigen im Durchschnitt eine Verschlechterung des wahrgenommenen Klassenklimas von der Grundschule bis zur Sekundarstufe II. Sie verweisen darauf, dass Schüler mit steigender Schulerfahrung (a) das Verhältnis zu ihren Lehrkräften sowie (b) das methodische Können und den Erziehungsstil der Lehrkräfte zunehmend negativer beurteilen und (c) mehr Konkurrenz in der Klasse wahrnehmen sowie (d) weniger gern zur Schule gehen.
Diese Ergebnisse variieren stark zwischen einzelnen Klassen und Schulen. Als wichtigste Einflussgrößen aus Schülersicht konnten dabei die persönliche Zuwendung durch die Lehrkräfte, die fachliche Kompetenz und Hilfe, die Achtung des Schülers als Person, die Offenheit für Schülerbelange, die Aufrichtigkeit und die Qualität der Kooperation im Kollegium identifiziert werden.
Wie die Ergebnisse der Burnout-Forschung zeigen, wird auch die Berufszufriedenheit von Lehrkräften sehr stark durch das Schul- und Klassenklima beeinflusst.

Literatur
Eder, F. (1996): Schul- und Klassenklima. Innsbruck. – Grewe, N. (2003): Aktive Gestaltung des Klassenklimas. Münster.

Norbert Grewe

Klassenlehrer

In Grundschulen und Volksschulen früherer Jahre unterrichtete eine Lehrperson oft mehrere Jahrgänge in einem Raum und das nahezu in allen Lerngebieten. Sie war gleichzeitig für erzieherische Maßnahmen verantwortlich. Heute haben sich dagegen in den meisten Schultypen die Jahrgangsklasse und das Fachlehrerprinzip durchgesetzt. Damit wird es notwendig, eine Lehrperson mit der Koordinierung spezifischer pädagogischer und organisatorischer Aufgaben in einer Klasse für mehrere Schuljahre zu betrauen. In vielen Schulgesetzen wird die Funktion der Klassenlehrer ausdrücklich geregelt und dabei festgelegt, dass sie z.B. die Einhaltung der Schulpflicht kontrollieren, Elternabende oder Klassenkonferenzen leiten, Klassenfahrten oder andere Veranstaltungen organisieren oder auch für die Erstellung der Zeugnisse verantwortlich sind. Sie sind außerdem die ersten Ansprechpartner für Eltern und Schüler der betreuten Klasse in schulischen Angelegenheiten.

Literatur
Gudjons, H. (^{3}2003): Didaktik zum Anfassen. Bad Heilbrunn.

Udo Rauin

Klassenreise

Unter dem Begriff der Klassenreise werden Gemeinschaftsveranstaltungen von Schulen verstanden, die den Unterricht ergänzen und die Erziehungsarbeit der Schule bereichern sollen; dabei ist die Klassenreise durch ihre Mehrtägigkeit und Abwesenheit vom Ort der Schule ebenso gekennzeichnet wie durch ihre notwendige Eingebundenheit in den pädagogischen Kontext der Schule. Als Schulveranstaltung ist die Teilnahme der Schüler an einer Klassenreise grundsätzlich verpflichtend, jedoch kann die Nichtteilnahme aus triftigen Gründen von der Schule akzeptiert werden. Für Lehrkräfte gehört die Teilnahme an einer Klassenreise zu den dienstlichen Aufgaben, eine Klassenreise ist eine Dienstreise. Die näheren Vorgaben für die Vorbereitung und Durchführung von Klassenreisen sind in den Bundesländern durch entsprechende Richtlinien näher geregelt. Die für eine Klassenreise zusätzlich anfallenden Kosten sind grundsätzlich von den Eltern zu tragen, die in den Bundesländern garantierte Schulgeldfreiheit umfasst nicht die Übernahme der Kosten einer Klassenreise.

Allerdings kann nach den Vorschriften des Sozialgesetzbuches ein Anspruch auf Übernahme der Kosten einer mehrtägigen Klassenfahrt bestehen, so dass auch Kindern, deren Eltern die Kosten selbst nicht aufbringen können, die Teilnahme an einer Klassenreise ermöglicht wird.

Literatur
Avenarius, H. ([8]2010): Schulrecht. Köln, Kronach.

Hans-Peter Füssel

Klassiker

Als Klassiker bezeichnet man gewöhnlich Texte bzw. deren Autoren, welche als ästhetisch oder inhaltlich wegweisend oder bedeutend angesehen werden und einem relativ verbindlichen Kanon in einem kulturellen Zusammenhang angehören. Ihre Kenntnis macht aus, was man einen Gebildeten nennt. Sie markieren zudem in eher formalen Kommunikationssituationen gemeinsame Bezugspunkte, literarische Klassiker dienen daher der Distinktion des kulturell Gebildeten. Insbesondere in der angelsächsischen Sprachwelt bezieht sich der Ausdruck vor allem auf die Werke der Antike, dann selbstverständlich auf William Shakespeare, doch beispielsweise auch auf Lewis Caroll; im deutschsprachigen Raum ist die Literatur der Deutschen Klassik eng mit dem Begriff assoziiert. Inzwischen hat sich der Begriffsgebrauch sogar auf Gegenstände des Alltags erweitert, die aufgrund ihrer Formgebung oder ihrer besonderen Funktionalität mit normgebender Verbindlichkeit ausgezeichnet erscheinen. Eine Trivialisierung des Ausdrucks lässt sich kaum übersehen, wie an der alltagssprachlichen Verwendung des Adjektivs klassisch zu beobachten ist.

Weil der Begriff des Klassikers ein Werturteil ausspricht, zudem mit Verehrung einhergeht, somit Züge des Monumentalen zeigt, scheint seine Verwendung im Kontext der Wissenschaft unangebracht, weil nicht Wahrheit und Objektivität als entscheidende Geltungskriterien in Anschlag gebracht werden. Dennoch begegnet man in nahezu allen geistes- und sozialwissenschaftlichen Disziplinen wenigstens Klassikern der Theoriebildung, mithin Texten, die als charakteristisch für das Fach und seine Themen gelten, sowie zentrale Annahmen und Einsichten, Grundfiguren und Begriffe festhalten, deren Kenntnis in der Ausbildung als verbindlich und in der Forschung als paradigmatisch relevant bewertet werden.

In der Pädagogik wurde die Auseinandersetzung mit Klassikern nicht verbindlich gemacht, doch lassen einschlägige Ausgaben wenigstens eine grobe Reihe von Autoren erkennen, die nur dann übergangen werden können, wenn ein rein technisch verstandenes Studium absolviert wird: Neben einer Vielzahl philosophischer Denker wie Platon, neuzeitlich dann: John Locke, Immanuel Kant und Georg Wilhelm Friedrich Hegel, können wohl Johann Amos Comenius, Jean-Jacques Rousseau, Ernst Christian Trapp und August Hermann Niemeyer, Johann Heinrich Pestalozzi, Johann Friedrich Herbart, Friedrich Danel Ernst Schleiermacher, Wilhelm von Humboldt, Friedrich Fröbel, für das zwanzigste Jahrhundert Peter Petersen, Maria Montessori und Anton Makarenko als unverzichtbare Autoren gelten; einschlägige Untersuchungen weisen Siegfried Bernfeld als den modernen Bezugsautor der Pädagogik schlechthin aus. Insbesondere in der Sozialpädagogik werden auch jüngere Autoren als für die Disziplin und vor allem für die Profession unverzichtbar angesehen (z.B. Klaus Mollenhauer, Hans Thiersch).

Zwar sind die Erhebung zu einem Klassiker und seine Rezeption faktisch ein kontingenter bzw. durch soziale Konvention bestärkter Vorgang, doch entsteht durch die Aneignung von klassischen Texten zweifelsohne ein konstitutives Element des hermeneutischen Prozesses der Wirklichkeitserkenntnis. Diese wird erst durch das Textangebot zugänglich, in welchem Wissen geborgen ist, das freilich als solches revisionsfähig ist und sein muss. Andererseits kann durch Aneignung von klassischen Texten der professionelle Habitus konstituiert wie geschärft werden. Klassische Texte machen auf Problemstellungen, Sachverhalte wie endlich auf normative Hintergründe aufmerksam, welche in der pädagogischen Praxis das kunstgerecht professionelle Handeln erst ermöglichen. Für Disziplin wie Profession sichern Klassiker kommunikative Gemeinsamkeit und Verständigungshorizonte, die durch Fachterminologie Zugehörigkeit, aber auch Differenz (z.B. gegenüber Laienauffassungen) signalisieren.

In der wissenschaftlichen Pädagogik wurde das fachliche Wissen insbesondere im 19. Jahrhundert durch eine Vielzahl von Klassikerausgaben festgehalten und tradiert; die Geisteswissenschaftliche Pädagogik des 20. Jahrhunderts folgte dem und richtete ihr Interesse auf die Auseinandersetzung mit den Klassikern und deren Auslegung, während die kritische Beobachtung und systematische Erforschung der empirisch gegebenen Erziehungswirklichkeit häufig in den Hintergrund trat. Die seit den siebziger Jahren vollzogene realistische Wende und erst recht die empirische Bildungsforschung hat dies verändert, zumal kritische Beobachter der Pädagogik den hohen Stellenwert einer Klassiker-Auslegung als bloße Produktion von Deutungen mit uneingeholten normativen Ansprüchen kritisiert haben. Faktisch ist es jedoch nicht gelungen zu verdeutlichen, dass Klassiker als Theorien zu lesen sind, welche pädagogische Problemstrukturen und strukturelle Tatbestände modellieren und begreifen lassen, dafür aber in Gegenwartssprachen zu übersetzen sind. Ein Folgeproblem der so entstandenen Ignoranz liegt u.a. darin, dass die fachliche und sachbezogene Identität der Erziehungswissenschaft verloren gegangen ist, während zugleich normative Erwartungen heute implizit bleiben.

Literatur
Dollinger B. (Hg.) (2006): Klassiker der Pädagogik. Wiesbaden. – Graf, M (2000): Der Blick vom Diwan auf das Baugerüst. In: Zeitschrift für pädagogische Historiographie 6, 17-25. – Tenorth, H.-E. (Hg.) (2003): Klassiker der Pädagogik. 2 Bde. München. – Winkler, M. (1999): Das Problem mit den Klassikern. In: Colla, H. E. u.a.: Handbuch der Heimerziehung und des Pflegekinderwesens in Europa. Neuwied, Kriftel, 191-219.

Michael Winkler

Klassisch-idealistische Bildungsidee

Die klassisch-idealistische Bildungsidee entwickelt sich am Ende des 18., Anfang des 19. Jahrhunderts unter dem Einfluss der Weimarer Klassik und der Philosophie des deutschen Idealismus. Sich gegen das Nützlichkeitsdenken der Aufklärungspädagogik richtend, betont die klassisch-idealistische Bildungsidee die allgemeine, allseitige Bildung des Menschen, seine Selbstbestimmung und -entfaltung sowie die Entwicklung zu Humanität und Individualität. Der zentrale Gedanke der Selbstbezüglichkeit des Menschen im Bildungsprozess geht mit der Problematisierung einer Selbstverständlichkeit im Denken, Handeln und Urteilen sowie einer kritischen Sicht auf Welt einher. Hauptrepräsentanten sind Johann Gottfried Herder, Johann Gottlieb Fichte, Friedrich Schiller, Johann Wolfgang Goethe und insbesondere Wilhelm von Humboldt.

In der Folgezeit erfährt die klassisch-idealistische Bildungsidee verschiedentlich Kritik: Sie bewege sich in Idealwelten und vernachlässige die vor dem Hintergrund des anbrechenden industriellen Zeitalters bedeutsame berufliche Bildung und den Einfluss der gesellschaftlichen Position auf die Möglichkeiten individueller Selbstgestaltung.

Literatur
Ruhloff, J. (1998): Bildung heute. In: Pädagogische Korrespondenz 21, 23-31.

Simone Imhof

Klein, Helmut (1930-2004)

Klein, geboren als Sohn eines Arbeiters, legte 1947 an der Vorstudienanstalt in Berlin das Abitur ab und studierte anschließend an der Humboldt-Universität zu Berlin (HU) Mathematik, Physik und Pädagogik. Seine weitere wissenschaftliche Laufbahn blieb mit der HU verbunden. Nach der Promotion 1952, der Habilitation 1959 und der Berufung 1961 zum Professor für Systematische Pädagogik wurde er 1969 Direktor der Sektion Pädagogik und 1976 Rektor der Universität. Er hatte dieses Amt bis 1988 inne. Verfasser auch von ersten Mathematiklehrbüchern für die Grundschule, publizierte Klein zunächst vor allem zu Fragen der Didaktik, ebenso zur Polytechnischen Bildung, zuletzt trat er wissenschaftlich mit Überlegungen zur Hochbegabtenförderung hervor. Klein vertrat die Bildungspolitik und Erziehungsforschung der Deutschen Demokratischen Republik (DDR) vielfach auf internationalen Kongressen, auch in der Bundesrepublik Deutschland. Unter den Universitätsrektoren der DDR war er der einzige Pädagoge.

Literatur
Klein, H. (1962): Polytechnische Bildung in der DDR. Reinbek.

Gert Geißler

Kleinkinderziehung in der Familie

Die Familie ist das einzige soziale System, auch im Vergleich zu anderen pädagogischen Institutionen wie Kindergarten und Schule, in dem die ganze Person Bezugspunkt für Kommunikation und (Lern-) Hilfe ist. Der die gesamte Biografie nachhaltig prägende personenbezogene Charakter der Beziehungen und der Erziehung in der Familie bestimmt auch die Lernprozesse vom frühesten Alter an. Dabei handelt es sich in der Mehrzahl um informelle Lernprozesse in einem gemeinsam gelebten Alltag, der durch die von den Eltern vertretenen Verhaltensweisen und Werte bestimmt wird. Bindung und Bildung stehen dabei in enger Wechselbeziehung. Die Qualität der emotionalen Bindungserfahrungen der Kinder hat einen grundlegenden und nachhaltigen Einfluss auf ihr Explorationsverhalten und alle anderen Bildungsprozesse sowie auch auf ihr eigenes Bindungs- und Sozialverhalten. Wenn beispielsweise die PISA-Studie (Programme for International Student Assessment, 2000) u.a. belegt, dass den frühen Bindungserfahrungen der Kinder in ihren Familien eine grundlegende Bedeutung für den Kompetenzerwerb im Jugendalter zukommt, so dürften dafür die Tiefen- und Langzeitwirkungen ursächlich sein, wie sie im Beziehungssystem der Familie geprägt werden. Nach internationalen Forschungsergebnissen scheint die Wirksamkeit größer zu sein als die Wirksamkeit der Bildungsprozesse im Elementarbereich.

In den modernen Varianten der öko und familienentwicklungspsychologischen Theorien zum kindlichen Sozialisations- und Lernprozess wird besonders auf die Qualität der Eltern-Kind-Beziehung abgehoben. Sie ist begründet in der Feinfühligkeit der Eltern für die Lebensäußerungen des Kindes, für seine individuelle Eigenart und Anerkennung seiner Person, im Wechselspiel des Erfahrbarmachens von Verbundenheit und Autonomie. Diese Empathie sollte verknüpft sein mit klaren Verhaltensanforderungen, die sich beispielsweise auf altersgemäße Mithilfe im Haushalt und die Rücksichtnahme auf die Belange anderer Familienmitglieder und Mitmenschen beziehen. Ein Erziehungsstil, der emotionale Wärme, Ermutigung zu Autonomie und klare Verhaltensanforderungen umfasst, in der Forschung in Abgrenzung zum autoritären und zum laissez-faire-Stil als autoritativ bezeichnet, scheint am besten geeignet, die Entwicklung der Kinder zu selbstständigen und gemeinschaftsfähigen Persönlichkeiten zu fördern. Eine hohe Qualität von Familienerziehung verlangt darüber hinaus ein Wissen über die wichtigsten Schritte, Krisen und Transitionen in der kindlichen Entwicklung. Nur so können Eltern angesichts der Ambivalenzen der modernen Gesellschaft authentisch und glaubhaft einen positiven Sinn von Bildungsanstrengungen vermitteln.

Dieses zugleich partnerschaftlich-reflexive und fürsorgliche Erziehungsverhalten stellt Eltern vor Anforderungen, die nicht selbstverständlich zu erfüllen sind, vielmehr ein Bündel von Elternhilfs- oder -trainingsprogrammen initiiert haben, ganz zu schweigen von einer (nicht immer hilfreichen) Flut von Ratgeberliteratur. Da die Eltern aber über alle Schichten hinweg in vielleicht noch stärkerem Maße als früher zu Sachwaltern des Kultur- und Bildungserwerbs ihrer Kinder geworden sind, sollten, neben dem Familienlastenausgleich, in der Familien- und Sozialpolitik geeignete Fördermaßnahmen unbedingt institutionalisiert werden.

Literatur

Ecarius, J. (Hg.) (2007): Handbuch Familie. Wiesbaden. – Keller, H. (Hg.) (1989): Handbuch der Kleinkindforschung. Neuwied. – Petzold, M. (1999): Entwicklung und Erziehung in der Familie. Baltmannsweiler.

Karl Neumann

Klientenzentrierte Beratung

Die klientenzentrierte Gesprächsführung wurde 1942 von Carl R. Rogers zunächst als neue Form der Psychotherapie entwickelt. Später formulierte er aber den Anspruch, dass jede Form der Beratung in dieser Weise durchgeführt werden sollte.

Die konkreten Verhaltensregeln für Berater und Therapeuten basieren dabei auf einigen Grundannahmen, die die Persönlichkeitstheorie von Rogers charakterisieren: (a) Jeder Mensch strebt nach Selbstverwirklichung und Wachstum (Selbstaktualisierung); (b) jeder Mensch erwirbt durch soziales Lernen ein Ideal-Selbst, wie er gesehen werden will, um von anderen (und sich selbst) anerkannt zu werden, und ein Real-Selbst, wie er sich wirklich verhält; (c) Störungen entstehen, wenn die Diskrepanzen zwischen Ideal- und Real-Selbst so groß werden, dass die aktuellen Erfahrungen nicht mehr realitätsgerecht verarbeitet werden können.

Um das Ideal-Selbst aufrechterhalten zu können, verwendet der Organismus dann (unbewusst) viel Energie darauf, Teile der Realität nicht wahrzunehmen, zu verdrängen, umzudeuten oder gar psychosomatische Beschwerden auszubilden. Auf diese Weise wird das persönliche Wachstum blockiert, eine Kompetenzerweiterung (Selbstaktualisierung) findet nicht mehr statt.

Um Störungen dieser Art, aber auch Entscheidungsprobleme usw. bearbeiten zu können, muss der Klient nach Rogers seine Erfahrungswelt neu ordnen und selbst herausfinden, wo der Ansatzpunkt für die Lösung seines Problems liegt. Der Therapeut soll in diesem Prozess weder diagnostizieren, noch interpretieren oder Ratschläge erteilen, weil nur der Klient seine Erfahrungswelt kennt und er nur auf diese Weise lernt wieder Eigenverantwortung für die Lösung seiner Probleme zu übernehmen.

Der Therapeut ist dagegen verantwortlich für den Bearbeitungsprozess und sollte mit den folgenden Grundhaltungen den Prozess der Selbstexploration des Klienten begleiten:
(1) Bedingungsfreie Akzeptanz gegenüber dem Klienten, damit dieser im Gespräch seine Fassade aufgeben und sich auch mit negativ bewerteten Anteilen seiner Persönlichkeit auseinandersetzen kann. (2) Einfühlendes Verstehen (Empathie) zeigt der Berater, indem er versucht, die Erlebniswelt des Klienten detailliert nachzuvollziehen. Dazu fasst er mit eigenen Worten die geäußerten Gedanken und Gefühle des Ratsuchenden zusammen und zeigt ihm damit, dass er ihn versteht und an weiteren Äußerungen interessiert ist. Insbesondere die Verbalisierung der hinter den Erfahrungen verborgenen Gefühle bietet dem Klienten die Möglichkeit sich intensiv mit den bisher von ihm verdrängten Anteilen seiner Person auseinander zu setzen. (3) Wichtig ist, dass Akzeptanz und einfühlendes Verstehen nicht als Gesprächstechniken angewandt werden, sondern in der Echtheit (Kongruenz) des Beraters begründet sind.
Über die durch diese drei Therapeutenvariablen unterstützte Selbstexploration, lernt der Klient auch negative Erfahrungen in sein Realselbst zu integrieren, anstatt sie zu verleugnen oder zu verdrängen. Auf dieser Basis findet der Klient selbst Lösungen für seine Probleme und kann sich neue Ziele für sein persönliches Wachstum setzen. Voraussetzung für diese Art der Therapie ist ein Mindestmass an Reflexions- und Verbalisierungsfähigkeit des Klienten.
Therapievergleichende Studien ergaben, dass die klientenzentrierte Beratung mehr als andere zu einer Steigerung der Kontrollüberzeugung und des Selbstbewusstseins führt. Einschränkend wird allerdings auch festgestellt, das Rogers Annahme, dass jede psychische Störung und jeder Klient mit dieser Therapie erfolgreich behandelt werden kann, in dieser Pauschalität nicht beibehalten werden kann.
In der Praxis integrieren deshalb viele Geprächspsychotherapeuten auch Techniken anderer Therapieformen in ihre Behandlung, um dem jeweiligen Störungsbild gerecht zu werden.

Literatur
Rogers, C. R. (2005): Die klientenzentrierte Gesprächspsychotherapie. Frankfurt. – Sieland, B. (1996): Klinische Psychologie. Bd. II: Intervention. Stuttgart.

Norbert Grewe

Klientenzentrierte Gesprächsführung

Die Methode der klientenzentrierten Gesprächsführung gehört zu den Beratungsansätzen, die aus dem Bereich der psychotherapeutischen Methoden stammend, auch außerhalb des therapeutischen Sektors weite Verbreitung gefunden hat. Sie geht auf die Arbeiten des amerikanischen Psychologen Carl R. Rogers zurück, der ab den 1940er Jahren auf der Basis der Analyse von Therapiegesprächen unter wechselnden Begriffen (non-direktive Therapie, klientenzentrierte Gesprächstherapie, personenbezogene Psychotherapie) einen der humanistischen Psychologie zuzurechnenden Ansatz entwickelt hat. Von besonderer Bedeutung sind in diesem Zusammenhang die drei zentralen Haltungen des Therapeuten: Echtheit, positive Wertschätzung und einfühlendes Verstehen.

Literatur
Weinberger, S. ([12]2008): Klientenzentrierte Gesprächsführung. Weinheim, Basel.

Michael Galuske

Klingberg, Lothar (1926-1999)

Klingberg war ein führender Didaktiker der Deutschen Demokratischen Republik. Er wurde in Rosenberg/Oberschlesien geboren, besuchte 1940-45 mehrere Lehrerbildungsanstalten und war nach dem Krieg zuerst Neulehrer an einer Grundschule bei Leipzig (1945-48). 1948-51 studierte er Geschichte, Musik und Pädagogik an der Universität Leipzig, wo er 1956 auch promoviert wurde und sich 1962 mit einer Arbeit über pädagogische Führung und Selbsttätigkeit in der sozialistischen Schule habilitierte. Seit 1964 war Klingberg Professor für Pädagogik und Didaktik, zuerst in Leipzig, und 1965-1980 an der Pädagogischen Hochschule Potsdam.
Klingberg schuf eine dialektisch orientierte, komplexe Theorie der Didaktik, die, obwohl den Bedingungen zentralistischer Lehrplansteuerung angepasst und dem Konzept sozialistischer Allgemeinbildung verpflichtet, internationale Anerkennung erfuhr und zur Systematisierung und Präzisierung grundlegender Zusammenhänge (wie u.a. dem Lehr-Lern-Verhältnis oder der Relation von Ziel, Inhalt und Methode) beitrug.

Literatur
Klingberg, L. (1972): Einführung in die allgemeine Didaktik. Berlin.

Joachim Scholz

Klinische Sozialarbeit

Als Fachsozialarbeit ist die Klinische Sozialarbeit spezialisiert auf direct practice durch sozialtherapeutische und beratende Intervention bei Menschen mit schweren bio-psycho-sozialen Belastungen, Krisen oder Erkrankungen. Aufgaben findet sie bei sog. hard-to-reach Klienten, die durch das Netz sozialer und medizinischer Einrichtungen fallen, weil ihre Störungen und Erkrankungen im Zusammenhang mit ihrem chronisch belastenden sozialen Kontext behandelt werden müssen. Klinische Sozialarbeit ist auf die Wiederherstellung bzw. den Erhalt von Gesundheit gerichtet, zielt auf Lebensführung im Alltag sowie Krisen- und Konfliktbewältigung. Einsatzgebiete sind soziale Dienste, Beratungsstellen, Kliniken, Schulen, Gefängnisse – Einrichtungen, in denen Klinische Sozialarbeit zur sozialtherapeutisch spezialisierten Partnerin in interdisziplinären Teams wird. Der von Edith Abbott 1931 verwendete Begriff clinical social work, im Ansatz des Case-Work wurzelnd, trat in den Vereinigten Staaten von Amerika Ende der 1960er Jahre in den Sprachgebrauch ein. Mary Richmonds person-in-environment Perspektive wurde in Deutschland durch Alice Salomon bereits in den 1920er Jahren aufgegriffen, bevor er Jahrzehnte später Ende der 1990er Jahre in der aufkommenden deutschen Klinischen Sozialarbeit wieder aufkam. Nötig sind weitere sozialarbeitstheoretische Fundierung und Klärung der Funktion qualitativer und quantitativer Positionen (z.B. im Hinblick auf Wirksamkeitsforschung) sowie weitere Forschung zur sozialarbeiterischer Diagnostik und Intervention, Soziotherapie und Soziogenese von Erkrankungen.

Literatur
Geissler-Piltz, B./Mühlum, A./Pauls, H. (2005): Klinische Sozialarbeit. München, Basel. – Pauls, H. (2004): Klinische Sozialarbeit. Weinheim, München.

Helmut Pauls

Kloster-, Dom- und Stiftsschulen

Mit dem Ende der Völkerwanderung kam es seit dem 6. Jahrhundert zum allmählichen Aufbau eines Schulwesens in Europa. Dabei waren die Institutionen der christlichen Kirche federführend, denen es vor allem darum ging, den eigenen Nachwuchs auszubilden. Zunächst waren es die Klosterschulen, die z.T. sehr junge Kinder aufnahmen, sie zum klösterlichen Leben verpflichteten und im Lesen und Schreiben unterrichteten, wobei selbstverständlich religiöse Inhalte und die lateinische Sprache im Vordergrund standen. Auf dieser Basis wurden zusätzlich die Kenntnisse vermittelt, die für die Übernahme einer Pfarrstelle nötig waren. Zwar nahm man an den Klosterschulen auch Kinder reicher Eltern auf, die nicht Priester werden wollten, doch wurde dies erst an den Domschulen und Stiftsschulen, die vom 8. Jahrhundert an vermehrt in Städten an Domen und größeren Kirchen entstanden, zur gängigen Praxis, wozu der steigende Bedarf an Schreibern in dem sich entwickelnden Verwaltungswesen des Karolingerreiches maßgeblich beitrug.
Mit der wachsenden Bedeutung der Schulen erweiterten sich die dort vermittelten Bildungsinhalte. Neben den erwähnten Elementarunterricht traten auf einer ersten Stufe die Beschäftigung mit den Sieben freien Künsten (unterteilt in die Fächer des Trivium: Grammatik, Rhetorik, Dialektik sowie in die Fächer des Quadrivium: Arithmetik, Geometrie, Musik, Astronomie), auf einer zweiten Stufe dann die theologischen Studien. Obwohl die seit dem 11. Jahrhundert gegenüber den Klosterschulen dominierenden Dom- und Stiftsschulen schon durchaus einen öffentlichen Charakter besaßen, mussten sie sich seit dem 13. Jahrhundert der Konkurrenz des weltlichen Schulwesens stellen, das sich allmählich in den Städten herausbildete und nun auch Lehrinhalte anbot, die auf die Bedürfnisse in Handel und Gewerbe abgestimmt waren. Im Zuge dieser Entwicklung verlor das kirchliche Schulwesen zwar an Bedeutung, nicht wenige Gymnasien berufen sich aber in ihrer Tradition auf Ursprünge in Dom- und Stiftsschulen.

Literatur
Kintzinger, M./Lorenz, S./Walter, M. (Hg.) (1996): Schule und Schüler im Mittelalter. Köln u.a.

Rüdiger Loeffelmeier

Klumker, Christian Jasper (1868-1942)

Klumker legte 1888 das Abitur ab, studierte danach Theologie, Philosophie, Nationalökonomie, Geschichte sowie Statistik und wurde 1897 in Leipzig mit einer Arbeit über den friesischen Tuchhandel zur Zeit Karls des Großen promoviert. Danach war er Leiter der Abteilung Armenpflege und Wohltätigkeit beim Institut für Gemeinwohl in Frankfurt, gründete 1899 in Frankfurt die Centrale für private

Fürsorge, deren Vorsitzender er wurde, trat 1902 in den Deutschen Verein für Armenpflege und Wohltätigkeit (später Deutscher Verein für öffentliche und private Fürsorge) ein, in dessen Vorstand er von 1918 bis 1933 wirkte. 1920 wurde er erster ordentlicher Professor für Fürsorgewesen und Sozialpädagogik an der Universität in Frankfurt am Main. 1921 beteiligte er sich maßgeblich an der Erarbeitung des Reichsjugendwohlfahrtsgesetzes. Mit seinen Publikationen (u.a. Fürsorgewesen, 1918; Vom Werden deutscher Jugendfürsorge, 1931) war er einer der Mitbegründer der akademischen Sozialpädagogik in Deutschland.

Literatur

Scherpner, H. (1952): Christian Jasper Klumker und die Deutsche Jugendfürsorge. In: Unsere Jugend 4, 241-245.

Kurt Schilde

KLV → Kinderlandverschickung

KMK → Ständige Konferenz der Kultusminister der Länder in der Bundesrepublik Deutschland

Kodierung

Als Kodierung wird bei der Analyse qualitativen Materials ganz allgemein jenes Vorgehen bezeichnet, mit dem die empirischen Daten (Text oder Bild) durch die Benennung von Überbegriffen – so genannten Kodes oder Kategorien – entsprechend der Forschungsfrage strukturiert werden. Es können dabei deduktive und induktive Kodierungsstrategien unterschieden werden. Als deduktives Verfahren ist die Qualitative Inhaltsanalyse bekannt, die anhand von aus der Theorie gewonnenen Kategorien Detaillierungen und Spezifizierungen im empirischen Material sucht.

Bei induktivem Vorgehen zielt die Analyse qualitativer Daten auf die Exploration bislang unbekannter Kategorien zur Generierung neuer theoretischer Aspekte und Systematisierungen. Der Begriff Kodierung wird im Kontext qualitativ-induktiver Studien dezidiert für das Analyseverfahren der Grounded Theory verwendet. Ziel dieses Forschungsansatzes ist es, aus komplexen sozialen Zusammenhängen Verhaltens- bzw. Interaktionsmuster oder Prozesse zu extrahieren, die für die Beteiligten relevant sind, und diese anhand von empirisch und theoretisch gesättigten Konzepten zu erklären. Folglich ist die Generierung von Konzepten, die verschiedene Aspekte des untersuchten sozialen Phänomens differenzieren und verdeutlichen, grundlegend für das Forschungsvorgehen. Mit der Kodierung als dreistufigem Analysemodus wird diese Konzeptionalisierung empirischer Daten systematisiert und als Kunstlehre lehr- und lernbar.

Um über Beschreibungen zu abstrakteren Aussagen zu gelangen, startet die kodierende Datenanalyse mit der offenen Kodierung, das einen ersten Zugang zum Material ermöglichen soll und die Forschenden für die Gegebenheiten und Probleme des untersuchten Falls sensibilisiert. Da das Datenmaterial (Interviewtranskripte, Protokolle, Dokumente o.ä.) eine in sich geschlossene Strukturlogik besitzt, die in ihrer Komplexität weit mehr Inhalte bereit hält als erforscht werden können, bedarf es einer der Forschungsfrage entsprechenden Neustrukturierung durch das Herausgreifen und Benennen von Phänomenen. Diese vorläufigen konzeptionellen Bezeichnungen werden über Kontrastierungen zu Gruppen zusammengefasst, welche wiederum mit einem Namen versehen zu ersten – eher beschreibenden – Kategorien werden. Mit dem offenen Kodieren gehen folglich zwei analytische Verfahren einher: das stetige Vergleichen und das Stellen von analytischen Fragen.

Die zweite Kodierebene wird axiales Kodieren genannt, das zuvor isoliert betrachtete Phänomene in einen Strukturzusammenhang bringt. Hierzu werden gezielt Korrelationen zwischen den zuvor benannten offenen Kategorien in ausgewählten Textstellen gesucht. Zur Systematisierung dieser komparativen Analysen kommt ein Kodierparadigma als analytisches Werkzeug zur Anwendung, das es ermöglicht, Phänomene differenziert anhand von immer gleichen Aspekten zu beschreiben und zu vergleichen. Bei dem von Anselm L. Strauss und Juliet M. Corbin entwickelten Kodierparadigma wird aufgrund ihrer Handlungs- und Prozessperspektive empfohlen, Interaktionszusammenhänge, Handlungsstrategien und Konsequenzen als zentrale Aspekte von Phänomenen herauszuarbeiten und anhand dieser die Kategorien zu verdichten. Das stetige Vergleichen wird bei der axialen Kodierung folglich stärker durch generative Fragen gelenkt und führt über Ausarbeitung und In-Beziehung-Setzen ausgewählter Kategorien zur Dimensionalisierung der Merkmalsvariablen eines Phänomens. Die Modifikation des Kodierpara-

digmas ist in Abhängigkeit von der Forschungsperspektive angeraten.
Die selektive Kodierung stellt den Prozess des Auswählens der Schlüsselkategorie dar. In Abhängigkeit von der empirisch motivierten Neujustierung der analytischen Perspektive und Reformulierung der Fragestellung wird eines der beim axialen Kodieren als relevant eingestuften Phänomene als zentral herausgestellt. Die Eigenschaften und Dimensionen dieser Kernkategorie werden folgend differenzierter bestimmt sowie mit den übrigen Kategorien in Beziehung gesetzt. Das erneute Verbinden der Schlüsselkategorie mit den übrigen Kategorien kann ebenfalls mit Hilfe des Kodierparadigmas geschehen. Wiederum durch Fragenstellen und Vergleichen werden Beziehungen validiert, Muster herausgearbeitet und Kategorien gruppiert, bis sich erste gegenstandsbezogene Theorieaspekte in der Schlüsselkategorie festigen.
Zentral für den Kodierprozess ist das ständige Vergleichen der Daten miteinander mit dem Ziel, Kategorien sowie deren Eigenschaften zu entdecken und zu benennen und Beziehungen zwischen diesen Kodes herauszuarbeiten, bis diese sich zu Schlüsselkategorien und weiterführend zu Typen oder gegenstandsbezogenen Theorien verdichten lassen. Konzeptionalisierung bezeichnet dabei den Vorgang, wenn Forschende sich neben intensiver Textauslegung (Kodierung) auch von den Daten lösen sowie theoretische Bezüge und sensibilisierende Konzepte bei der Kategoriengenese gleichberechtigt zu den empirischen Erkenntnissen mit berücksichtigen.

Literatur
Strauss, A. (1998): Grundlagen qualitativer Sozialforschung. München. – Strauss, A./Corbin, J. (1996): Grounded Theory. Weinheim.

Sandra Tiefel

Koedukation

Unter Koedukation wird die gemeinsame Erziehung und Bildung von Mädchen und Jungen in schulischen und außerschulischen Einrichtungen verstanden. In deutschen Schulen ist das Prinzip der Koedukation mittlerweile bis auf wenige (meist private) Einrichtungen durchgängig eingeführt.
Historisch betrachtet ist das Prinzip der Koedukation lange Zeit umstritten gewesen, vor allem im Bereich der höheren Bildung, die Mädchen bis zum Anfang des 20. Jahrhunderts weitgehend verschlossen geblieben war. Vertreterinnen der bürgerlichen Frauenbildung, insbesondere Helene Lange, forderten zwar den Zugang der Mädchen zu Abitur und Studium, allerdings auf Mädchenschulen, die unter weiblicher Leitung und mit weiblichen Lehrkräften die Schülerinnen auf ihre spezielle weibliche Kulturaufgabe vorbereiten sollten. Dagegen forderten Vertreterinnen der radikalen Frauenbewegung, z.B. Hedwig Dohm, bereits zum damaligen Zeitpunkt Koedukation mit dem Ziel, alle Bildungsinhalte beiden Geschlechtern gleichermaßen zugänglich zu machen, um damit die Gleichberechtigung der Geschlechter zu fördern. Ob dies möglich oder überhaupt wünschenswert sei, war Gegenstand heftiger Auseinandersetzungen. Auch die reformpädagogische Schulkritik war sich in dieser Hinsicht nicht einig. De facto wurde mit der Reform des höheren Mädchenschulwesens aber die Geschlechtertrennung im höheren Schulwesen festgeschrieben. Im nationalsozialistischen Deutschland wurde mit der Festschreibung komplementärer Geschlechtsrollen auch die getrennte Erziehung von Mädchen und Jungen im schulischen wie im außerschulischen Bereich weitestgehend institutionalisiert.
Nach 1945 entwickelte sich die Lage in den beiden deutschen Teilstaaten unterschiedlich. Mit Gründung der Deutschen Demokratischen Republik 1949 wurde Koedukation dort an allen Schulen eingeführt. In der Bundesrepublik Deutschland wurde dagegen an die Vorkriegstradition angeknüpft, d.h. im Bereich der Grund- und Volksschulbildung herrschte in aller Regel Koedukation, in Realschulen und Gymnasien gab es bis in die 1970er Jahre überwiegend getrennte Schulen für Mädchen und Jungen, verbunden mit unterschiedlichen Schwerpunkten (sprachliche vs. naturwissenschaftliche Bildung), Curricula, Lehrbüchern etc..
Im Zuge der Bildungsexpansion der späten 1960er Jahre öffneten sich zunächst mehr und mehr Jungenschulen auch für Mädchen, etwas zögerlicher nahmen auch Mädchenschulen Jungen auf. Diese Entwicklung vollzog sich weitgehend ohne größere gesellschaftliche Diskussionen, zunächst bei den staatlichen, wenig später auch bei privaten (häufig kirchlichen) Schulen. Eine neue Phase der Diskussion und Entwicklung begann in den 1980er Jahren, als die feministische Schulkritik die Frage stellte, ob nicht unter der Decke formaler Gleichheit nach wie vor Benachteiligungen für Mädchen zu verzeichnen seien. Festgemacht wurde dies an einem Curriculum, das die gesellschaftliche Geschlechterhierarchie

widerspiegele, an geschlechtstypischen Interaktionsstrukturen, die stereotype Geschlechterrollen eher festschrieben und auf diese Weise mit verursachten, dass Mädchen schulische Bildungserfolge nicht auf dem Ausbildungs- und Arbeitsmarkt umsetzen könnten. Die sich an diesen Analysen entzündenden Debatten wurden nicht weniger kontrovers geführt als zu Zeiten der ersten Frauenbewegung. In Modellversuchen wurde erprobt, ob die Einführung (zeitweise) geschlechtergetrennten Unterrichts Mädchen mehr Selbstvertrauen vermitteln und zu einer umfassenderen Entwicklung von Interessen auch in eher männlich etikettierten Bereichen verhelfen könne. Dies wurde jedoch vielfach kritisiert als Anpassung an männliche Maßstäbe, die weibliche Nachrangigkeit letztlich reproduziere und als unbeabsichtigte Nebenwirkung Geschlechterpolarisierung und Konkurrenz eher fördere. Zu fordern sei daher nicht die Trennung der Geschlechter, sondern eine reflexive Koedukation, d.h. die bewusste Hinwendung zu der Frage, auf welche Weise (auch) in Institutionen wie Schule und Einrichtungen der Jugendhilfe in konkreten Interaktionen die Kategorie Geschlecht eine Rolle spielt. Erst wenn keine polarisierende Zuschreibung von Geschlechtscharakteren stattfinde, sondern dieser Mechanismus dekonstruiert werde, könne auch beiden Geschlechtern eine individuelle Entfaltung ohne frühzeitige typisierende Festlegung ermöglicht werden.

Literatur
Faulstich-Wieland, H. (1990): Koedukation – Enttäuschte Hoffnungen? Darmstadt. – Kraul, M./Horstkemper, M. (1999): Reflexive Koedukation in der Schule. Mainz. – Stürzer, M. (2003): Zur Debatte um Koedukation, Monoedukation und reflexive Koedukation. In: Stürzer, M. u.a.: Geschlechterverhältnisse in der Schule. Opladen, 171-186.

Marianne Horstkemper

König, Helmut (1920-2008)

König, Sohn eines Schlossers und Heizers, war nach dem Abitur kurzzeitig Werkstudent, dann Wehrmachtsangehöriger. Als Student der Universität Jena seit 1945 verfasste er eine preisgekrönte Schrift zur deutschen Schulgesetzgeschichte, die 1948 als Dissertation anerkannt wurde. Danach zunächst Lehrer in Wickersdorf, wechselte er 1950 an die Humboldt-Universität zu Berlin, wo er sich 1954 habilitierte (Zur Geschichte der Nationalerziehung in Deutschland im letzten Drittel des 18. Jahrhunderts) und 1956 Professor für Geschichte der Erziehung wurde. Mit der Gründung der Akademie der Pädagogischen Wissenschaften der Deutschen Demokratischen Republik (DDR) 1970 wurde er deren Mitglied und übernahm zugleich die Leitung der Arbeitsstelle für Geschichte der Erziehung. Im Jahre 1981 wurde er wegen Invalidität vorzeitig emeritiert. König war zudem in den 1960er Jahren als Mitglied zahlreicher staatlicher und wissenschaftlicher Gremien der DDR bildungs- und kulturpolitisch wirksam.
Neben Publikationen zur Schulpolitik der deutschen Arbeiterbewegung und zur staatlichen Erziehung im Kaiserreich und in der Weimarer Republik hat König auch als Herausgeber wesentlich die Konturen pädagogischer Traditionspflege und die Arbeitsfelder bildungs- und erziehungsgeschichtlicher Forschung in der DDR mitbestimmt. Im Zentrum seines Werkes stehen Veröffentlichungen zur deutschen Pädagogik des 19. Jahrhunderts, zuletzt Beiträge zur Fröbel-Forschung.

Literatur
König, H. (1962): Imperialistische und militaristische Erziehung in den Hörsälen und Schulstuben Deutschlands 1870-1960. Berlin.

Gert Geißler

Körperbehinderung

In der traditionellen, an medizinischen Modellvorstellungen orientierten Begriffsauslegung, werden Personen, die angeborene oder erworbene Beeinträchtigungen ihrer Bewegungsfähigkeit verbunden mit sichtbaren Abweichungen ihres äußeren Erscheinungsbildes aufweisen, als körperbehindert bezeichnet. Im Lichte dieser Definition erscheint die Körperbehinderung als eine Ansammlung von symptomatologischen Abweichungen, die am Individuum festgeschrieben werden. Diese defektorientierte Begriffsauslegung fußt in der sog. Krüppelpädagogik, die zu Ende des neunzehnten Jahrhunderts krüppelhafte Kinder und Jugendliche zum ersten Mal einer Erziehung zur geraden Haltung (Jean-André Venel) unterzog. Der institutionelle Ausdruck dieser Variante der klassischen Heilpädagogik war das so genannte Vollkrüppelheim, das als eine organisatorische Einheit von medizinisch-orthopädischer Versorgung, pädagogischer Förderung und nachschulischer Betreuung ausgelegt war. Neben Konrad Bisalski gelten Hans Würtz und Peter Josef Briefs als Protagonisten dieser frühen Konzeptbildung, deren Grundformen und Grundanliegen nach Gründung der Bundesrepublik Deutschland von der sich nun etablierenden Körperbehindertenpädagogik wieder aufgenommen wurden. Ausgangspunkt ihrer Konzeptbildung waren die eher restaurativen und affirmativen Theorieansätze, die bis in die siebziger Jahre hinein den Auf- und Ausbau des Sonderschulsystems begleitet haben. In dieser Zeit wurden vornehmlich differenzielle Förderansätze entwickelt, in deren Mittelpunkt die Kompensation der körperlichen Abweichungen und deren Auswirkungen auf die Persönlichkeitsentwicklung standen. Die Praxis stand ganz unter der Dominanz von Fachexperten, deren Fördermaßnahmen auf die Spezifität der körperlichen und psychischen Abweichungen zentriert waren. Erziehung, Bildung und Therapie waren am Medizinischen Modell orientiert und primär durch lerntheoretische Konzepte und Maßnahmen der Verhaltensmodifikation abgesichert. Diese defektologisch-instruktionistische Periode der Körperbehindertenpädagogik wurde durch eine verstärkte Hinwendung zu gesellschaftstheoretischen und sozialwissenschaftlichen Modellvorstellungen abgelöst. Sie erbrachte eine Differenzierung der fachinternen Begriffsbildung und eine Unterscheidung der organismischen, der psychischen und der gesellschaftlichen Dimension der körperlichen Behinderung. Diese wurde nun im Lichte von Etikettierungs- und Stigmatisierungsansätzen neu rekonstruiert und zu einer erziehungswissenschaftlichen Kategorie erweitert, die jene Menschen erfassen sollte, die aufgrund einer Schädigung der Organsysteme in ihrer Persönlichkeitsentwicklung so beeinträchtigt sind, dass sie zu einer eigenständigen Interpretation gesellschaftlicher Werte und Normen finden müssen, um mit anderen Menschen in einer befriedigenden und sozial integrierten Weise zusammen leben und arbeiten zu können. Diese sozialwissenschaftliche Neuorientierung war vom Normalisierungsprinzip beeinflusst und erbrachte eine lebensweltlich ausgerichtete Konzeptbildung, die das pädagogische und das therapeutische Handeln vermehrt unter das Leitziel der Integration stellte. Die zunehmende gesellschaftliche Akzeptanz von Menschen mit körperlichen und motorischen Beeinträchtigungen unterstützte diese integrative Ausrichtung, die in den meisten Bundesländern nun auch schulgesetzlich festgeschrieben wurde. Das Fördergeschehen erlangte im Rahmen der sich ausweitenden interdisziplinären Kooperation eine übergreifende Verbindlichkeit, die nun auch in den Modellen der gemeinsamen Unterrichtung von körperbehinderten und nicht behinderten Kindern erprobt werden konnte. Die ausschließliche Anbindung der Förderpraxis an die speziellen Institutionen für Körperbehinderte wurde zunehmend relativiert, was auch eine Ausweitung der erziehungswissenschaftlichen Fragestellungen erbrachte und zu einer verstärkten Hinwendung zu systemischen, konstruktivistischen und handlungstheoretischen Modellvorstellungen führte. Die Körperbehindertenpädagogik weitete ihr pädagogisches Anliegen auf die vorschulischen und nachschulischen Arbeitsfelder aus, was einen von Harry Bergeest 2004 als Paradigmenwechsel bezeichneten disziplinären Wandel bewirkte, der in Theorie und Praxis von einer großen Normenunsicherheit begleitet war. In ihrer Folge entstand eine breite Fachdiskussion, die über die bisherigen Strukturen des Handlungsfeldes und über die Spezifität des Förderanliegens hinausging und dazu führte, dass an der Ausformulierung einer basalen und zugleich umfassenden Pädagogik gearbeitet werden konnte, die ausnahmslos alle Kinder einbezieht und die auf dem Gedanken der Entwicklung einer Schule für alle Kinder aufbaut.

Literatur
Bergeest, H./Boenisch, J./Daut, V. ([4]2011): Körperbehindertenpädagogik. Bad Heilbrunn. – Leyendecker, C. (2005): Motorische Behinderungen – Grundlagen, Zusammenhänge und Förderungsmöglichkeiten. Stuttgart. – Stadler, H./ Wilken, U. (2004): Pädagogik bei Körperbehinderung. Bd. 4. Weinheim.

Wolfgang Praschak

Körperliche Züchtigung

Keine legale Erziehungs- und Ordnungsmaßnahme der Schule ist die körperliche Züchtigung, auch bekannt als Prügelstrafe. Waren in deutschen Schulen Ohrfeigen, Kopfnüsse, Schläge mit dem Rohrstock oder Lineal auf Handflächen oder Gesäß lange verbreitet, wurden sie 1949 in der Deutschen Demokratischen Republik und 1973 in der Bundesrepublik Deutschland (in Bayern 1980) abgeschafft. In allen Bundesländern ist die körperliche Züchtigung an Schulen durch Rechts-, zumindest aber durch Verwaltungsvorschrift ausdrücklich untersagt. Lehrkräften stehen stattdessen geeignete Erziehungs- und Ordnungsmaßnahmen zur Verfügung wie der Verweis oder die Strafarbeit.
Strafrechtlich kann sich ein Lehrer an einer öffentlichen Schule, der Gewalt zur Erziehung der Schüler einsetzt, der Körperverletzung im Amt gemäß § 340

Strafgesetzbuch (StGB) strafbar machen. Im Einzelfall ist die Körperverletzung aber dann gerechtfertigt, wenn eine Notwehr- oder Nothilfesituation (§ 32 StGB) besteht. Notwehr liegt vor, wenn ein Lehrer selbst von einem Schüler angegriffen wird; Nothilfe dann, wenn Schülerinnen und Schüler Opfer eines Angriffes sind und ein Lehrer ihnen zu Hilfe eilt.
Pädagogisch ist zunächst eine Aussprache zwischen den beteiligten Parteien sinnvoll, an der bei jungen Schülern auch ein Elternteil teilnehmen sollte. Daneben ist die Vermittlung durch den Klassenlehrer, das Schulamt oder einen Mediator zu erwägen.
Im Eltern-Kind-Verhältnis gab es seit Ende des neunzehnten Jahrhunderts ein gesetzlich verankertes Züchtigungsrecht des Vaters, das Mitte des zwanzigsten Jahrhunderts durch das Gleichberechtigungsgesetz aufgehoben wurde. Beiden Elternteilen wurde indessen gewohnheitsrechtlich ein Züchtigungsrecht eingeräumt, was zwar ihre Erziehungsbefugnisse vereinheitlichte, nicht aber die Rechtsstellung des Kindes verbesserte. In der weiteren Entwicklung fand eine zunehmende Sensibilisierung der Öffentlichkeit für die Rechte von Kindern statt. Ende der 1970er, Anfang der 1980er Jahre wurden entwürdigende Erziehungsmaßnahmen für unzulässig erklärt. Im Jahr 1992 ratifizierte Deutschland die Kinderrechtskonvention der Vereinten Nationen, die die Unterzeichnerstaaten zur gewaltfreien Erziehung verpflichtet, womit auch international der Druck zu einer Änderung anstieg. Nachdem das elterliche Züchtigungsrecht schließlich im Zuge der Reform des Kindschaftsrechts 1997/98 abgeschwächt wurde, wurde es im November 2000 mit dem Gesetz zur Ächtung der Gewalt in der Erziehung aufgehoben. Seitdem haben Kinder nach § 1631, Absatz 2 des Bürgerlichen Gesetzbuches das Recht auf eine gewaltfreie Erziehung durch ihre Eltern. Verboten sind körperliche Bestrafungen, seelische Verletzungen und andere entwürdigende Maßnahmen.

Literatur
Peschel-Gutzeit, L. M. (30.3.2001): Das Kind als Träger eigener Rechte – Der lange Weg zur gewaltfreien Erziehung. In: frühe kindheit 4, 2, 4-7. – Maiorino, M. J. L. (2003): Elterliches Züchtigungsrecht und Strafrecht in rechtsvergleichender Sicht. Köln.

Uta Stäsche

Kognitive Fähigkeiten

Der Begriff kognitive Fähigkeiten wird als Sammelbegriff für individuell unterschiedlich ausgeprägte Kompetenzen verwendet, die notwendig sind für das Ausführen komplexer Handlungen wie z.B. für das Verstehen eines Textes, das Lösen einer Mathematikaufgabe, das Reproduzieren einer Telefonnummer, das Wiedererkennen eines Gesichtes, die Verhaltenssteuerung in einer sozialen Situation. Als kognitive Fähigkeiten gelten sowohl basale Kompetenzen wie z.B. die Geschwindigkeit der Informationsverarbeitung bei einfachen Aufgaben als auch hochkomplexe Kompetenzen, deren Ausbildung schulisch kognitiven Lernzielen entspricht, wie beispielsweise das Lesen. Kognitive Fähigkeiten werden als in der Person liegende Lern-, Entwicklungs- und Leistungspotentiale aufgefasst, die relativ zeitstabil sind und deren interindividuelle Unterschiede als Ergebnis der Interaktion von genetischen Faktoren und Lernprozessen angesehen werden. In Abgrenzung zum Begriff Begabung betont der Fähigkeitsbegriff allerdings den erfahrungsbedingten Erwerb und die Veränderbarkeit durch Lernen (Trainingsprogramme für kognitive Fähigkeiten).
Der differentialpsychologische Ansatz in der Erforschung von kognitiven Fähigkeiten zielt darauf ab, interindividuelle Unterschiede in Struktur und Höhe der kognitiven Fähigkeiten durch Intelligenztests zu erfassen. Diese Strukturforschung geht vornehmlich von der Anzahl richtiger Lösungen in Intelligenztests aus. Sie versucht, verschiedene Dimensionen (Faktoren) kognitiver Fähigkeiten voneinander abzugrenzen. Beispielsweise sind nach Charles Spearman Fähigkeitsunterschiede zwischen Personen größtenteils auf die Ausprägung eines Generalfaktors (g-Faktor) zurückführbar, der grundlegend für alle kognitiven Leistungen ist. Demgegenüber unterscheidet Louis Leon Thurstone sieben voneinander unabhängige Primärfaktoren der Intelligenz, die jeweils spezifische Aspekte kognitiver Fähigkeiten bündeln (z.B. Wortflüssigkeit, räumliches Vorstellungsvermögen, schlussfolgerndes Denken). Wie viele und welche Intelligenzfaktoren sinnvoller Weise zur Beschreibung kognitiver Fähigkeiten verwendet werden sollen, ist strittig. Dennoch wird die Relevanz der durch Intelligenztests erfassten Fähigkeiten für die Vorhersage von Leistungen in Schule, Ausbildung und Beruf durch zahlreiche empirische Studien belegt.
Der kognitionspsychologische Ansatz fragt demgegenüber nach den grundlegenden kognitiven Prozessen, die beim Bearbeiten komplexer Handlungen ablaufen. Die sich seit Mitte der 1970er Jahre entwickelnde differentielle Kognitionspsychologie verbindet den traditionellen psychometrischen An-

satz mit den Theorien und Methoden der Kognitionspsychologie. Innerhalb dieses Zugangs lassen sich zwei Richtungen unterscheiden: Der Kognitive-Korrelate-Ansatz und der Kognitive-Komponenten-Ansatz. Beide Ansätze zielen letzten Endes darauf ab, jene Teilprozesse der Informationsverarbeitung zu identifizieren, die beim Lösen der Testaufgaben den Unterschied zwischen Personen mit hohen und geringen Leistungen ausmachen.
Inwieweit sich Intelligenztests, wie sie traditionell in der Psychologie verwendet werden, von kompetenzorientierten Schulleistungstests trennen lassen, wird diskutiert. Kompetenzorientierte Schulleistungstests (z.B. die Leseverständnistests des Programme for International Student Assessment, PISA) zielen eindeutig auf Fähigkeiten ab, die sowohl schulisch als auch außerschulisch langfristig erworben sind und situationsübergreifend die Voraussetzung für vielfältige Lern- und Leistungsanforderungen bilden. Inhalte und Aufgaben der beiden Testgruppen weisen erhebliche Überschneidungen auf, ihre Bearbeitung erfordert weitgehend die gleichen grundlegenden kognitiven Kompetenzen (z.B. Abstraktion, Schlussfolgern, Wissensabruf). Schließlich ergeben sich in empirischen Studien relativ enge korrelative Zusammenhänge zwischen Intelligenz- und kompetenzorientierten Schulleistungstests.

Literatur
Amelang, M./Bartussek, D. ([5]2001): Differentielle Psychologie und Persönlichkeitsforschung. Stuttgart.

Godehard Henze

Kognitive Förderung im Kindergarten

Zentrale Aufgaben des Kindergartens sind Betreuung, Erziehung und Bildung. Letztere wird – wie bereits in den 1960/70er Jahren – erneut intensiv diskutiert. Ausgehend von einem weiten Bildungsbegriff ist kognitive Förderung im Kindergarten nicht zwangsläufig eine Vorverlegung schulischer Wissensvermittlung, sondern kann ebenso spielerisch und individuell am Kind orientiert sein. Es gibt inzwischen Hinweise aus der psychologischen Forschung zur Bedeutsamkeit bereichsspezifischer Kompetenzen im Kindergartenalter. Diese Bedeutsamkeit spiegelt sich in den Bildungsplänen der Bundesländer wider und soll zunehmende Anschlussfähigkeit vorschulischer und schulischer Bildungsprozesse ermöglichen. Ziel kognitiver Förderung im Kindergarten ist es, eine Grundlage für Wissensaufbau und Interessensentwicklung zu schaffen, wobei vor allem eine fragende Grundhaltung und Freude am eigenen Lernen bedeutsam sind. Das Vorgehen sollte sich deshalb an Alltagssituationen orientieren, entwicklungsangemessen und auf Neigungen und Vorlieben der Kinder abgestimmt sein. Dabei ist zwischen der Förderung einzelner Kinder, kleinerer Gruppen oder der Gesamtgruppe zu differenzieren. Im Kindergarten können auch Trainingsmaßnahmen und spezifische Angebote durchgeführt werden; als grundlegend für eine angemessene (auch kognitive) Entwicklungsförderung ist aber das Spiel zu betrachten. Dieses kann von der Gestaltung der Umwelt bis hin zur aktiven Beteiligung durch die Erzieherin gefördert werden. Die Auswirkungen unterschiedlicher Fördermaßnahmen im Alltag, aber auch gezielter Angebote stellen nach wie vor ein Forschungsdesiderat dar, welches Grundlage der Entwicklung und Begründung pädagogischer Strategien sein könnte.

Literatur
Kammermeyer, G. (2006): Kognitive Förderung. In: Fried, L./Roux, S. (Hg.): Pädagogik der frühen Kindheit. Weinheim, Basel, 178-184. – Roßbach, H.-G. (2004): Kognitiv anregende Lernumwelten im Kindergarten. In: Zeitschrift für Erziehungswissenschaft, Beiheft 3, 9-24.

Angela Frank / Jutta Sechtig

Kognitive Prozesse

Unter kognitiven Prozessen versteht man die psychischen Vorgänge, durch die das Individuum bewusste Kenntnis von seiner Umwelt und von sich selbst erhält. Diese Vorgänge können sich in den unterschiedlichsten Funktionsbereichen des kognitiven Systems abspielen. Dazu gehören z.B. Wahrnehmung, Aufmerksamkeit, Denken, Sprache, Erkennen, Vorstellen, Urteilen, Lernen und Gedächtnis. Kognitive Prozesse sind demnach innere Vorgänge, die die Gedanken, die Wahrnehmung, das Erinnern oder allgemein das Verstehen betreffen. Zu ihnen gehören alle internen, nicht direkt beobachtbaren Prozesse der Verarbeitung interner und externer Informationen (Reize), die bei der Planung, Ausführung und Steuerung individuellen Erlebens und Verhaltens ablaufen.
In der Pädagogischen Psychologie werden kognitive Prozesse im engeren Sinne mit Bezug auf ihre Bedeutung für den Erfolg von Lernprozessen thematisiert. Dazu wird häufig zurückgegriffen auf Ergebnisse der psychologischen Grundlagenforschung, insbesonde-

re zu den Funktionsbereichen der Aufmerksamkeit und des Gedächtnisses. Mit Hilfe der dabei identifizierten kognitiven Prozesse werden Phänomene des Wissens- oder Fähigkeitserwerbs erklärt bzw. vorhergesagt.

Wissenschaftshistorisch stellt die Betrachtung kognitiver Prozesse vor allem im Rahmen von Modellen der menschlichen Informationsverarbeitung die nach dem Behaviorismus zweite weltweit verbreitete Zugangsweise zur Beschreibung von Lernprozessen dar, die seit Mitte der 1960er Jahre die pädagogisch-psychologische Forschung bis Mitte der 1990er Jahre dominiert hat und die bis heute in weiten Bereichen der Lehr-Lernforschung verbreitet ist. Im Informationsverarbeitungsansatz wurden erstmals diejenigen kognitiven Prozesse expliziert, die an der Aufnahme und Verarbeitung von Informationen beteiligt sind und schließlich zum Wissenserwerb führen. Noch weiter reichen die historischen Wurzeln einer in jüngerer Zeit zunehmend verbreiteten dritten Zugangsweise zurück. Es handelt sich dabei um die konstruktivistischen Lerntheorien. Sie betrachten die kognitiven Prozesse bei der Informationsverarbeitung aus der Perspektive der Eigenaktivitäten des Individuums und betonen den konstruktiven Charakter des Wissensaufbaus. Statt von Wissenserwerb wird daher in der Regel von Wissenskonstruktion gesprochen, da man von der Grundannahme ausgeht, dass Informationsverarbeitung insofern ein subjektiver Prozess ist, als es sich dabei stets um eine Interpretation und Bedeutungszuschreibung auf der Basis bereits bestehenden Wissens handelt.

Wissenschaftssystematisch ist die Beschäftigung mit kognitiven Prozessen traditionell in erster Linie Aufgabe der Allgemeinen Psychologie und ihrer Teildisziplinen (Kognitive Psychologie, Gedächtnispsychologie etc.). In den letzten Jahren ist jedoch, bedingt durch die zunehmende Fokussierung der allgemeinpsychologischen Forschung auf bio- bzw. neuropsychologische Fragestellungen eine Verlagerung der Erforschung kognitiver Prozesse in den Bereich der Pädagogischen Psychologie zu beobachten. Typische Beispiele hierfür sind die einschlägigen Arbeiten zu kognitiver Belastung, Kohärenz, Metakognition oder selbstreguliertem Lernen, in denen spezifische kognitive Prozesse in ihrer Bedeutung für den Erwerb und die Konstruktion von Wissen analysiert werden.

In methodischer Hinsicht besteht die Schwierigkeit bei der Beschreibung kognitiver Prozesse darin, dass diese als interne Prozesse einer direkten Beobachtung nicht zugänglich sind. In der Regel basiert die psychologische Analyse kognitiver Prozesse daher auf der Beobachtung von Ergebnissen oder Produkten kognitiver Prozesse, beispielsweise der Behaltens- und Lernleistungen, aber auch auf der Registrierung von Reaktionszeiten oder Blickbewegungen. In jüngerer Zeit findet man auch zunehmend Analysen statistischer Zusammenhänge zwischen kognitiven Prozessen und den potentiell daran beteiligten physiologischen Strukturen. Dabei wird auf direkt abbildbare Hirnvorgänge zurückgegriffen wie beispielsweise neuronale Erregung oder Energieverbrauch in spezifischen Cortexregionen. Das in der Lehr-Lernforschung bevorzugte Untersuchungsdesign für kognitive Prozesse ist nach wie vor das Experiment. Dabei werden Unterschiede in der Ausprägung der jeweils interessierenden abhängigen Variablen – bspw. Lernergebnisse – in Abhängigkeit von experimentell kontrolliert variierten Bedingungsfaktoren – bspw. verschiedenen Modalitäten der Informationspräsentation – analysiert.

Zu den zentralen kognitiven Prozessen, die im Rahmen experimenteller (meist psychologischer) Studien untersucht und beschrieben werden und die in pädagogischen bzw. pädagogisch-psychologischen Kontexten von Bedeutung sind, gehören Prozesse der Aufmerksamkeit, der Informationsverarbeitung im Arbeitsgedächtnis, der Wissensrepräsentation etwa in Form von Schemata oder Scripten sowie des Problemlösens. So konnte u.a. Allan Paivio in einer Vielzahl von Untersuchungen zeigen, dass sich die Verarbeitung von Information und die darauf basierende mentale Repräsentation in Abhängigkeit von der Kodierungsform der extern präsentierten Information unterscheiden, d.h., je nachdem ob eine zu lernende Information in Form eines Textes oder eines Bildes präsentiert wird, initialisiert dies unterschiedliche kognitive Prozesse auf Seiten des Lernenden, die wiederum in unterschiedlichen mentalen Repräsentationen mit unterschiedlichen Nutzungseigenschaften resultieren. Ähnliche Unterschiede konnten auf der Basis gedächtnispsychologischer Untersuchungen beispielsweise auch in Abhängigkeit von der Modalität der Informationsdarbietung nachgewiesen werden. Eine weitere prominente Kategorie sind die metakognitiven Prozesse, die bei der Planung, Vorbereitung, Überwachung und Kontrolle eigener Lernaktivitäten von großer Bedeutung sind.

Eine Vielzahl empirischer Befunde zeigt, dass der Erfolg von Lern- und Verstehensaktivitäten entscheidend von der Qualität der damit verbundenen kognitiven Prozesse abhängt und von deren angemessener

Unterstützung durch instruktionale Methoden und Kontexte. Auf diesen Optimierungsansatz verweisen Konzepte wie good information processing (Michael Pressley) bzw. erfolgreiches Lernen als gute Informationsverarbeitung. Lernen wird dabei als aktiver Aufbau einer kohärenten mentalen Wissensstruktur betrachtet. Dieser ist auf vielfältige Weise von unterschiedlichen kognitiven Prozessen des Lernens abhängig. Dazu gehören Funktionsprozesse der selektiven Aufmerksamkeit und des Arbeitsgedächtnisses ebenso wie die Aktivierung des Vorwissens und die Nutzung von Lernstrategien und deren metakognitive Regulation. Im Sinne von Karl-Josef Klauer kann man vor diesem Hintergrund Lehren als Unterstützung guter Informationsverarbeitung verstehen, wobei dem Lehrer die Rolle zukommt, die einzelnen beim Lernen ablaufenden kognitiven Prozesse zu initialisieren, zu fördern und aufrechtzuerhalten.

Literatur
Anderson, J. R. ([5]2000): Cognitive psychology and its implications. New York. – Hasselhorn, M./Gold, A. (2006): Pädagogische Psychologie. Stuttgart.

Roland Brünken / Marcus Hasselhorn

Kognitive Stile

Ein kognitiver Stil ist die charakteristische Art und Weise, in der ein Individuum mit Informationen umgeht, um kognitiven Anforderungen zu entsprechen. Kognitive Stile beeinflussen sowohl die Wahrnehmung als auch die Verarbeitung von Informationen. Kognitive Stile sind typische Vorgehensweisen, Gewohnheiten oder Präferenzen, die kognitive Prozesse gestalten und kontrollieren. Sie sind damit abzugrenzen von kognitiven Fähigkeiten, die im Sinne von Kompetenzen kognitive Prozesse ermöglichen.

Kognitive Stile werden seit mehr als einem halben Jahrhundert in unterschiedlichen psychologischen Teilgebieten untersucht – darunter Differentielle Psychologie, Allgemeine und Pädagogische Psychologie, Neuropsychologie oder Psychoanalyse. In jüngerer Zeit gewinnen kognitive Stile aber auch in nicht-akademischen Bereichen größere Beachtung.

In der Pädagogischen Psychologie werden kognitive Stile mit dem Fokus auf Lernpräferenzen betrachtet. Lernpräferenzen drücken sich in der Bevorzugung eines bestimmten Modus (z.B. verbal vs. visuell) aus, in dem Informationen einer Lernaufgabe präsentiert werden. Die Grundannahme dabei ist, dass eine Passung zwischen Lernpräferenz und Präsentationsmodus das Lernen erleichtert und den Lernerfolg erhöht.

Die Forschung zu kognitiven Stilen ist gekennzeichnet durch beachtliche Heterogenität. Diese rührt aus der großen Anzahl verschiedener Forschungstraditionen, die unterschiedlich theoriegeleitet eine Vielzahl verschiedener kognitiver Stile definieren und diese mit unterschiedlichen Verfahren zu erfassen versuchen. Die Mehrzahl dieser Modelle beschreibt kognitive Stile mit Hilfe bipolarer Dimensionen, so z.B. der feldunabhängige/feldabhängige, der innovative/adaptive, der impulsive/reflektierende, der analytische/holistische, der verbale/visuelle und der nivellierende/akzentuierende Stil. Neben der Beschreibung weiterer kognitiver Stile häufen sich mittlerweile Ansätze, das Forschungsfeld zu systematisieren, Gemeinsamkeiten der verschiedenen kognitiven Stile zu identifizieren und kognitive Stile von verwandten Konstrukten abzugrenzen. Als Gemeinsamkeiten kristallisieren sich dabei die Sichtweise auf kognitive Stile als stabile und situationsübergreifende Personenmerkmale heraus sowie die Ansicht, dass die Ausprägung in die eine oder die andere Richtung der jeweiligen bipolaren Dimension nicht als besser oder schlechter, sondern als gleichwertig für die Erreichung von Lernerfolg ist.

Ein Großteil der Verfahren zur Bestimmung kognitiver Stile basiert auf Selbstangaben; nur wenige erfassen beobachtbares Verhalten. Dies entspricht dem Verständnis von kognitiven Stilen als typischen Vorgehensweisen oder Präferenzen (und nicht als Kompetenz); die Validität und Reliabilität dieser Messverfahren ist jedoch sehr stark eingeschränkt oder unbekannt.

Eine stärkere Systematisierung des Forschungsgebietes und die Entwicklung geeigneter Verfahren wird vorgeschlagen; zugleich geraten Kontroversen über die Gleichwertigkeit in Bezug auf Lernerfolg und über die Situationsunabhängigkeit verschiedener kognitiver Stile immer stärker in den Vordergrund. Die Forschung zu Lernstilen beschäftigt sich zunehmend mit der Frage, ob Lerner denselben Lernstil bei Lernaufgaben aus unterschiedlichen Inhaltsgebieten zeigen oder ob sie aus verschiedenen Stilen den für die Lernaufgabe optimalen Stil wählen. Eine noch offene und wenig beachtete Frage richtet sich zudem auf die individuelle Entstehung und Entwicklung kognitiver Stile.

Literatur
Desmedt, E./Valcke, M. (2004): Mapping the learning style „jungle". In: Educational Psychology 24, 445-464. – Jonassen, D. H./Grabowski, B. (1993): Handbook of individual differences, learning and instruction. New York.

Joachim Wirth

Kognitives Training

Unter kognitivem Training versteht man Präventions- und Interventions- bzw. Fördermaßnahmen zur Verbesserung kognitiver Fertigkeiten, Fähigkeiten bzw. Leistungen (z.B. Aufmerksamkeitstrainings) und/oder zur förderlichen Veränderung kognitiver Prozesse (z.B. Leistungsmotivationstrainings). Die Intensität der Wirkungen des kognitiven Trainings hängt davon ab, wie bereichsspezifisch die Trainingsinhalte sind. Bei allgemeinen Trainingsinhalten (z.B. Denke immer erst nach, bevor du etwas machst!) kommt es zwar zu breiten Wirkungen, allerdings von nur geringer Intensität.
Für erfolgreiches kognitives Training sind folgende Prinzipien charakteristisch: (a) Es werden bereichsspezifische Strategien eingeübt; (b) es werden explizite Informationen über den Nutzen und die Anwendungsmöglichkeiten der Strategien vermittelt; (c) generelle Techniken der Selbstkontrolle und -regulation werden eingeübt; (d) durch Variation der Aufgabenstellungen wird der Transfer der Strategien direkt eingeübt; (e) die Inhalte werden mit der persönlichen Zielmotivation der Teilnehmer verknüpft.
Bei der Entwicklung wissenschaftlich fundierten kognitiven Trainings sollten folgende Kriterien als Gütemaßstab herangezogen werden: (a) Das Training sollte theoretisch verankert und dabei so konstruiert sein, dass es an unterschiedliche Fähigkeits- und Vorkenntnisniveaus der zu Trainierenden angepasst werden kann; (b) in kontrollierten Evaluationsstudien sollte nachgewiesen sein, dass das Training auch bewirkt, was es zu bewirken beabsichtigt; (c) negative oder schädliche Nebenwirkungen sollten weitgehend ausgeschlossen sein; (d) die Wirksamkeit sollte sich als weitgehend verlässlich bzw. robust erwiesen haben; (e) das jeweilige kognitive Training sollte nicht weniger wirksam sein als vorliegende alternative Programme.

Literatur
Klauer, K. J. (Hg.) (2001): Handbuch kognitives Training. Göttingen.

Marcus Hasselhorn / Willi Hager

Kohärenz

In der Wissensforschung bezeichnet Kohärenz das Ausmaß des Zusammenhangs von konstituierenden, aufeinander bezogenen Elementen eines Sachverhalts. Die Sachverhalte können sowohl extern repräsentiert sein, z.B. in Form eines Textes, oder auch intern, d.h. als mentale Repräsentation innerhalb des kognitiven Systems.
Die Kohärenz externer Repräsentationen stellt ein zentrales pädagogisch-psychologisches Kriterium zur Beurteilung von Lehr-Lernmaterialien dar. Einen besonderen Schwerpunkt bildet dabei die Analyse instruktionaler Texte. Textkohärenz nutzt Merkmale der Struktur und Gliederung eines Textes, um die instruktionale Qualität des Inhalts und der Tiefenstruktur zu bestimmen. So können einzelne Textabschnitte einander untergeordnet oder nebengeordnet sein, eine Elaboration, eine Abstraktion oder ein Beispiel darstellen oder in anderer Weise logisch aufeinander bezogen sein. Im Gegensatz dazu charakterisiert der Begriff Textkohäsion den sprachlich syntaktischen Zusammenhang des Textes auf der Ebene der Oberflächenstruktur, erkennbar z.B. an sprachlichen Merkmalen wie Konjunktionen, Rekurrenzen oder Pronomina.
Das Merkmal der Kohärenz kann auch auf nichttexthafte Elemente von Instruktionsmaterialien, insbesondere auf Abbildungen bezogen werden. Das Ausmaß der Kohärenz ist zunächst daran festzumachen, wie zusammenhängend jede einzelne Repräsentation ist (lokale Kohärenz). Darüber hinaus ist der Zusammenhang zwischen den einzelnen Darstellungen von Bedeutung (globale Kohärenz). Wird beispielsweise im Text auf das Bild Bezug genommen oder illustriert das Bild diejenigen Begriffe oder Sachverhalte, die im Text genannt sind? Eine Schwierigkeit beim Lernen mit multiplen Repräsentationen kann jedoch darin bestehen, dass diese in suboptimaler Reihenfolge perzipiert werden. Dies ist besonders dann problematisch, wenn multiple Repräsentationen in hypertextueller Form angeordnet sind, d.h. der Lernende selbst zwischen vielfältigen Zugriffswegen wählt.
Die Kohärenz interner, d.h. mentaler Repräsentationen kann gleichfalls mit den Kriterien für den inneren Zusammenhang konstituierender Elemente analysiert werden. Konstruiert ein Lernender eine zusammenhängende Wissensstruktur über einen isolierten Sachverhalt, dann spricht man auch hier von lokaler Kohärenzbildung. Werden hingegen multiple

Informationen sinnvoll verknüpft und/oder in bereits vorhandene Wissensstrukturen integriert, kann man dies als globale Kohärenzbildung bezeichnen. Insgesamt stell sich aus pädagogisch-psychologischer Perspektive die Frage, wie die Kohärenzbildung unterstützt werden kann. Reicht es bspw. aus, hoch kohärente Lernmaterialien anzubieten? Studien zum Kohärenzeffekt belegen einerseits, dass es lernförderlich ist, Texte und Bilder aufeinander abzustimmen und keine sog. dekorativen Bilder zu verwenden. Andererseits konnte gezeigt werden, dass gezielte Inkohärenz einen Anreiz dazu geben kann, über bestehende Zusammenhänge intensiver nachzudenken, anstatt hoch strukturiertem Lernmaterial passiv zu folgen. Dies gilt jedoch nur für Lernende die zu einer selbständigen Kohärenzbildung z.B. aufgrund ausreichender Expertise in der Lage sind. Bei Novizen hingegen, die oftmals bereits beim Verstehen lokaler Zusammenhänge Schwierigkeiten haben, kann die globale Kohärenzbildung zu kognitiver Überlastung führen. Hier haben sich verschiedene Formen globaler Kohärenzbildungshilfen wie z.B. das Hervorheben korrespondierender Elemente oder auch explizites Erläutern von Zusammenhängen als lernförderlich erwiesen.

Literatur
Schnotz, W. (1994): Aufbau von Wissensstrukturen. Weinheim. – Seufert, T. (2003): Wissenserwerb mit multiplen Repräsentationen. Berlin.

Tina Seufert

Kollektiverziehung

In der Regel wird Erziehung als Verhältnis zwischen Erzieher und Zögling gedacht und praktiziert; der Begriff des pädagogischen Bezugs hebt auf diese Form ab, die in der Hofmeisterpädagogik ihr Vorbild hat und in Rousseaus Emile idealtypisch dargestellt wird. Dem steht ein Erziehungsgeschehen gegenüber, bei dem Erzieher sich nicht nur auf Gruppen beziehen, sondern vornehmlich durch das Arrangement der Lebensumstände und durch Initiierung wie Organisation von Sozialprozessen größere Kollektive dazu veranlassen, sich selbst zu verändern. Im Kern geht es um eine Selbsterziehung, weshalb Idee und Praxis der Kollektiverziehung vor allem unter Bedingungen eines gesellschaftlich-kulturellen Bruchs relevant werden.

Der klassische Vorläufer von Kollektiverziehung findet sich in Sparta, das dort leitende militärische Muster überlagert die Wahrnehmung der Kollektiverziehung. Aufgenommen wird sie gedanklich wieder bei Johann Gottlieb Fichte, doch theoretisch und praktisch beispielhaft ausgeführt in den Kolonien für Verwahrloste des sowjetischen Pädagogen Anton S. Makarenko. Makarenko entwickelt eine differenzierte Methodik der sog. parallelen Einwirkung von Erzieher und Zöglingen, zugleich will er mechanischen Drill vermeiden, indem eine interne Differenzierung im Kollektiv vielfältige soziale Beziehungen erlaubt, die der nötigen Arbeit dienen. Kollektiverziehung lässt gleichsam eine kleine Gesellschaft entstehen, die sozialisatorisch wirkt. Für ihn bietet die Kollektiverziehung sogar die Möglichkeit, dass der Charakter des einzelnen deutlicher sichtbar und bestimmend wird als in individueller Erziehung. Gleichwohl gilt Makarenkos Kollektiverziehung als autoritär; sie dürfe nicht mit der Selbststeuerung von Gruppen im Rahmen einer Kinderrepublik verwechselt werden.

Literatur
Makarenko, A. S. (1982): Ein pädagogisches Poem. In: Ders.: Gesammelte Werke. (Marburger Ausgabe) Bde. 3-5. Stuttgart. – Kamp, J.-M. (1995): Kinderrepubliken. Opladen.

Michael Winkler

Kolonialpädagogik

Kolonialpädagogik steht für Erziehungs- und Bildungspraxen sowie bildungspolitische und administrative Maßnahmen in Gebieten, die von einer Kolonialmacht beherrscht werden und entsprechend in ihren Bildungsentwicklungen fremdbestimmt sind. Diese Definition trifft insbesondere auf die europäischen Kolonialreiche in Übersee zu, analog jedoch auch auf weniger breit diskutierte Kolonialepochen etwa von Japan in Korea oder Russlands gegenüber anderen Gebieten in der Sowjetunion. Häufig wird die Missionspädagogik, d.h. die zum Zwecke der Bekehrung in Übersee etablierten Erziehungseinrichtungen, ebenfalls als Teil der Kolonialpädagogik gewertet, da es insbesondere in der Hochphase des Imperialismus zu vielfältigen Überschneidungen der Interessen beider kam. Oft operierten sog. nationale Missionsgesellschaften in den entsprechenden Kolonien. Eine Gleichsetzung ist dennoch nicht gerechtfertigt, da vielerorts Missionsschulen bereits vor der Etablierung von Kolonialgebieten existierten und nach deren politischer Unabhängigkeit fortgeführt wurden. Ferner gab es neben Kooperationen

durchaus auch Konflikte zwischen kolonialen und missionarischen Akteuren. Letztendlich kontrollierte aber die kolonialstaatliche Bildungspolitik die Missionsgesellschaften und nicht umgekehrt. Z.B. erhielten in englischen und in deutschen Kolonien die Missionsschulen zwar gewisse staatliche Beihilfen, die aber an bestimmte Bedingungen geknüpft waren; in französischen Kolonien wurden den Missionen Anfang des 20. Jahrhunderts Schultätigkeiten sogar untersagt.
Obzwar die Kolonialpädagogik verschiedener Kolonialmächte große Unterschiede aufweist, gibt es doch bedeutsame Gemeinsamkeiten: Alle kolonialen Bildungswesen ähneln denen der jeweiligen Mutterländer, wobei jedoch gleiche Bildungsstandards für die Kolonialuntertanen insbesondere hinsichtlich flächendeckender Versorgung mit Schulen und höheren Bildungsanstalten immer auch verhindert oder hinausgezögert wurden. Die vorhandenen Bildungspraxen, z.B. Altersklassensysteme, Handwerkerausbildungen oder Koranschulen, wurden bestenfalls ignoriert, oft versuchsweise aktiv zurück gedrängt oder unterdrückt, auf jeden Fall aber den Kolonialinteressen unterstellt. Entscheidungskompetenzen im Bildungswesen hatten die Kolonialuntertanen nicht. Bis auf wenige Ausnahmen, wie etwa Kisuaheli in Deutsch-Ostafrika, wurde die Sprache der Kolonialherren im Bildungswesen und in der Administration etabliert, teils jedoch – oft auf Fürsprache der Missionen – neben der Berücksichtigung einheimischer Sprachen insbesondere im Anfangsunterricht. Auf diese Weise erklärt sich die bis heute vorfindliche weite Verbreitung europäischer Sprachen als Amts- und oft auch Schulsprachen in vielen außereuropäischen Ländern. Ziel der Kolonialpädagogik blieb in jedem Falle die Ausrichtung von Bildung an den ökonomischen und politischen Interessen der Kolonialregime, was vordergründig als Kulturtransfer zum Wohle der Kolonialuntertanen deklariert wurde. Die Effekte dieses Kulturimperialismus zeigen sich heute z.B. an weiterhin engen politischen oder Wirtschaftsbeziehungen, an der Attraktivität einstmaliger Kolonialmetropolen für ein Studium oder als Migrationsziel von Seiten der ehemaligen Kolonialuntertanen.
In der deutschen Erziehungswissenschaft wird dem Thema Kolonialpädagogik wenig Aufmerksamkeit geschenkt, obwohl dieses geschichtliche Erbe nicht nur als Teil der Bildungsgeschichte der ehemaligen Kolonialländer, sondern auch der eigenen behandelt werden könnte. In den ehemaligen Kolonien, die heute überwiegend (noch) zur sog. Dritten Welt gehören, aber auch im englischen oder französischen Sprachraum wird dem Thema hingegen weit größere Bedeutung beigemessen.

Literatur
Adick, C./Mehnert, W. (2001): Deutsche Missions- und Kolonialpädagogik in Dokumenten. Frankfurt. – Altbach, P. G./Kelly, G. P. (Hg.) (1984): Education and the Colonial Experience. New Brunswick. – Keita, M. (1983): Erziehung und Entwicklung in der Dritten Welt. Heidelberg.

Christel Adick

Kolumbien → Lateinamerika

Kommunikation

Kommunikation ist ein Prozess, der stattfindet, wenn eine Person mit einer anderen kommuniziert oder wenn mehrere Personen miteinander kommunizieren, also kommunikative Handlungen stattfinden. Kommunikative Handlungen zeichnen sich nach Herbert Paul Grice dadurch aus, dass eine Person einer anderen etwas zu verstehen gibt und genau dadurch erreicht, dass diese zweite Person das tut, von dem die erste Person möchte, dass sie es tut. Kommunikative Handlungen sind rationale Handlungen, insofern sie sich geeigneter Mittel bedienen, ihr Ziel auf kommunikative Weise zu erreichen.
Sprachen und ihre Regelsysteme lassen sich als konventionalisierte Mittel der Gestaltung und Interpretation kommunikativer Handlungen verstehen. So haben sich auf der Satzebene unterschiedliche formale Gestaltungsprinzipien für Äußerungen zum Zweck des Austauschs von Wissen (Aussagesätze, Fragen), der Koordination von Handlungen (Aufforderungen, Versprechen) oder der Darstellung innerer Zustände (Wünsche) herausgebildet. Dieses Faktum ist die Grundlage der Sprechakttheorie (John Rogers Searle), die eine kommunikative Handlung als Komplex dreier Teilhandlungen betrachtet: eines propositionalen Akts (Sachverhaltsbeschreibung), einer Illokution (Ausdruck des Handlungszwecks) und einer Perlokution (Bewirken eines Effekts beim Hörer). In Aussagen, wie: Ich wünsche, dass Peter das Fenster schließt, werden diese drei Aspekte explizit zum Ausdruck gebracht.
Eine Alternative zur Sprechakttheorie ist das Organon-Modell Karl Bühlers, nach dem ein sprachliches Zeichen einen Sachverhalt symbolisiert (Darstel-

lungsfunktion), innere Zustände symptomatisch anzeigt (Ausdrucksfunktion) und als Signalzeichen das Verhalten des Hörers steuert (Appellfunktion). Weitere Funktionen lassen sich ergänzen: die Herstellung sozialer Beziehungen (Beziehungsfunktion), die Einflussnahme auf das Ansehen der Kommunikationspartner (Imagefunktion) oder das Hervorbringen ästhetischer Effekte (ästhetische Funktion).
Neben dem handlungstheoretischen gibt es auch einen informationstechnischen Kommunikationsbegriff (Claude Elwood Shannon und Warren Weaver). Kommunikation wird hier als Informationsübertragung verstanden: Ein Sender enkodiert eine aus einer anderen Quelle stammende Information in ein Signal, das über einen Nachrichtenkanal (Medium) an den Empfänger übermittelt wird, der es anschließend dekodieren muss, um die Information zu erhalten. Störgeräusche beeinträchtigen diesen linearen Prozess und machen Mechanismen der Rückkoppelung notwendig. Unberücksichtigt bleibt in diesem Modell der kommunikative Sinn der Informationsübermittlung, den Sender und Empfänger als Akteure mit ihrem Tun verbinden.
Bei Jürgen Habermas, der die Sprechakttheorie von Searles aufgreift, ist kommunikatives Handeln primär verständigungsorientiert und dient gerade nicht als Instrument, um nicht-kommunikative Ziele zu erreichen. Bei Niklas Luhmann ist Kommunikation die spezifische Operation sozialer Systeme. Kommunikation liegt vor, wenn eine Person (Alter) eine Äußerung einer anderen Person (Ego) als eine Mitteilung versteht und nicht bloß als Information wahrnimmt.
In der praktischen Pädagogik ist Kommunikation gelegentlich Gegenstand therapeutischer Bemühungen mit dem Ziel der Verbesserung des kommunikativen Verhaltens der Kommunikationspartner, z.B. bei der Bearbeitung von Störungen der Kommunikation (Friedemann Schulz-vonThun), des Beziehungsaspekts (Paul Watzlawik) oder der Herstellung einer Balance zwischen verschiedenen Kommunikationsaspekten (Ruth Cohn). Pädagogische Kommunikation selbst ist Gegenstand von Untersuchungen, die ihre institutionelle Deformation, die ihr innewohnende Asymmetrie oder ihren instrumentellen Charakter thematisieren. Zudem ist man an den sprachlichen Besonderheiten pädagogischer Kommunikation als eines Sprachspiels eigener Art interessiert (Manfred Lüders). In Klaus Schallers Pädagogik der Kommunikation rückt der Kommunikationsbegriff in das Zentrum einer metaphysischen Bildungstheorie.

Literatur
Levinson, S. C. (1994): Pragmatik. Tübingen. – Lüders, M. (2003): Unterricht als Sprachspiel. Bad Heilbrunn. – Retter, H. (2002): Studienbuch pädagogische Kommunikation. Bad Heilbrunn.

Robert Kreitz

Kommunikative Pädagogik

Kommunikative Pädagogik steht zunächst für eine Vielzahl unterschiedlicher Strömungen, welche im Kontext der Gesellschafts- und Erziehungskritik der sogenannten 68er auf eine Veränderung nicht zuletzt der Kommunikationsverhältnisse in modernen Gesellschaften hofften. Die Kommunikative Pädagogik oder die Pädagogik der Kommunikation im strengen Sinne wurde von Karl-Hermann Schäfer und vor allem von Klaus Schaller als eine eigene Linie der kritisch-emanzipatorischen Pädagogik zu Beginn der siebziger Jahre des 20. Jahrhunderts ausgearbeitet. Sie verfolgt deshalb das Anliegen einer Demokratisierung und Rationalisierung der sozialen und kulturellen Diskurse. Klaus Schaller sieht Anfänge einer Kommunikativen Pädagogik allerdings schon bei Theodor Ballauff, angeregt ist er jedoch v.a. durch Johann Amos Comenius, dessen Werk Schaller intensiv bearbeitet hat. Insbesondere der von Comenius entwickelte Gedanke einer allgemeinen Beratung als Voraussetzung zur Reform von Gesellschaft markiert für ihn den Anfangspunkt der Kommunikativen Pädagogik. Diese wird dann in intensiver Auseinandersetzung mit Einsichten der geisteswissenschaftlichen Pädagogik entfaltet. Die jüngeren Arbeiten von Karl-Hermann Schäfer akzentuieren den Zusammenhang der Kommunikativen Pädagogik mit Semiotik und Sprechakttheorie sowie mit dem Pragmatismus John Deweys, wobei insbesondere dessen Erfahrungsbegriff in das Zentrum der Überlegungen rückt.
Die Theorie der Kommunikativen Pädagogik verweist auf einen engen, jedoch wechselseitig wirksamen Zusammenhang von Gesellschaft und Erziehung. Interaktion und Kommunikation lassen sich weder vermeiden noch hintergehen, wohl aber so gestalten, dass ein Lebens möglich wird, welches den Maßstäben der Humanität genügt. Kommunikative Pädagogik versteht sich insofern als eine Theorie der Bildung, in der die Subjektivität der Einzelnen schon immer vorgegeben und vorausgesetzt ist, für diese aber als Aufgabe besteht, eine Disposition zum humanen Handeln zu entwickeln. Erziehung ist gefordert, dem Subjekt dies zu ermöglichen. Strukturell

bedeutet dies, dass sich im pädagogischen Verhältnis zwischen Erzieher und jungen Menschen, insbesondere auch unter diesen selbst zwar Differenzen beobachten lassen. Doch wirken sich diese als Hierarchien und Asymmetrien nur aus, wenn das Geschehen als Herrschaft angelegt ist oder die Verhältnisse unaufgeklärt bleiben. Inhaltlich gilt daher: Information und radikale Aufklärung im Horizont der Rationalität, Kenntnis der Kulturgüter und wissenschaftlich fundiertes Wissen stellen sich gegen manipulatorische Tendenzen in der Erziehung; sie zielen auf eine Veränderung von Gesellschaft, die aber mehr bei den Subjekten selbst und ihren konkreten Gesprächszusammenhängen ansetzt, weniger hingegen eine abstrakte, strukturelle Veränderung von Gesellschaft postuliert: Kommunikative Pädagogik zielt insofern auf eine sachliche Intensivierung und insofern kluge Verbesserung des Dialogs zwischen Menschen, um in diesem Prinzipien eines allgemeinen Humanismus zu entdecken und zu entfalten.
Schon früh wurde der Kommunikativen Pädagogik deshalb vorgehalten, nicht nachdrücklich genüg auf gesellschaftliche Veränderung zu zielen. So ist sie auch fast in Vergessenheit geraten; sie hat, wie viele der anspruchsvolleren Konzepte in der Pädagogik einen Bedeutungsverlust erlitten, wird neuerdings aber in der interkulturellen Pädagogik und der Arbeit mit Migranten wieder aufgegriffen.

Literatur
Schäfer, K.-H. (2005): Kommunikation und Interaktion. Wiesbaden. – Schäfer, K.-H./Schaller, K. (1973): Kritische Erziehungswissenschaft und kommunikative Didaktik. Heidelberg.

Michael Winkler

Komoren → Sub-Saharisches Afrika

Kompensatorische Erziehung

Unter dem Eindruck des sogenannten Sputnik-Schocks von 1957, mithin angesichts eines möglichen technologischen Rückstands gegenüber der Sowjetunion entstand in den Vereinigten Staaten von Amerika (USA) eine breite Debatte darüber, ob und wie bislang unbeachtete Bildungsressourcen in der Bevölkerung entdeckt und gefördert werden könnten; programmatisch wurden diese letztlich ökonomisch und auf Sicherung der Positionen auf dem Weltmarkt motivierten Initiativen als Bemühen um Chancengleichheit ausgegeben. Die Aufmerksamkeit galt insbesondere der farbigen Bevölkerung, die unter massiver, rassenpolitischer Segregation litt, dann aber allen, die von Bildung und sozialem Status ausgeschlossen waren. Die USA wollten einen sog. Krieg gegen die Armut führen, der im Bildungssystem und in einer Vielzahl von sowohl staatlich wie privatwirtschaftlich getragenen Programmen der kompensatorischen Erziehung zur Förderung von Kindern ausgetragen werden sollte. Als maßgeblich für den Ausschluss weiter Bevölkerungskreise wurde dabei eine in den Schulen wirksame Sprachbarriere ausgemacht, die als Defizit an sprachlichen und kulturellen Kompetenzen angesehen wurde und durch Lehr- und Lernaktivitäten ausgeglichen und überwunden, also kompensiert werden sollte. Gestützt auf die sozialisationstheoretisch bestimmten Forschungsarbeiten von Martin Deutsch wurden dazu umfassende, im weiteren Sinne erzieherische Vorstellungen entwickelt, die auf Motivationssteigerung und Verhaltensmodifikation zielten.
Berühmt wurde vor allem das Programm Head Start, das durch Entwicklung der sprachlichen Ausdrucksmöglichkeiten den als depriviert angesehenen jungen Menschen einen Zugang zu weiterführenden Schulen bahnen sollte. Bis heute unternimmt z.B. die Sendung Sesame Street den Versuch, unterhaltsam Kindern eine erweiterte Weltsicht und differenziertere Ausdrucksmöglichkeiten zugänglich zu machen; allerdings ist die Verbindung mit der kompensatorischen Erziehung kaum mehr zu erkennen.
Die Programmatik der kompensatorischen Erziehung wurde auch in anderen Ländern aufgenommen, in der Bundesrepublik Deutschland wirkte sie sich insbesondere im Elementarbereich aus, für den Curricula und Lernspiele entwickelt wurden. Von der kompensatorischen Erziehung erhofften viele einen Einstieg in eine längst überfällige, grundlegende Reform des Erziehungs- und Bildungswesens.
Kritische Beobachter machten gegenüber der kompensatorischen Erziehung geltend, dass das Bildungswesen selbst selektiv wirke und durch Klassenunterschiede bedingte Differenzen eher verstärke, dass zudem der Versuch gemacht werde, individuelle Mobilität zu erzeugen, ohne strukturelle Ungerechtigkeit abzubauen. Zudem lautete der Vorwurf, dass die eigenen Erfahrungen der Kinder aus den unteren sozialen Schichten oder der Arbeiterklasse ignoriert würden, so dass der Erfolg einzelner mit einem Pygmalion-Effekt einhergehe. Es fällt allerdings auf, dass jüngere Programme in Reaktion auf die Entde-

ckung sogenannter Risikogruppen durch die empirische Bildungsforschung strukturell den Ansätzen der kompensatorischen Erziehung ähneln, gesellschaftliche Ungleichheit durch Bildungsmaßnahmen aufheben zu wollen.

Literatur

Du Bois-Reymond, M. (1971): Strategien kompensatorischer Erziehung. Frankfurt.

Michael Winkler

Kompensatorische Vorschulerziehung

Anliegen der kompensatorischen Vorschulerziehung ist es, Bildungsdefizite benachteiligter Kinder schon im Vorschulalter auszugleichen. Hiermit soll Chancengleichheit beim Schuleintritt und aus wirtschaftlichen Interessen eine Ausschöpfung aller Begabungsreserven und frühzeitige Qualifizierung der Kinder erreicht werden.

In der ersten Phase der Reformen der Vorschulerziehung (1966-75) wurden in der Bundesrepublik Deutschland, angeregt durch Programme aus den Vereinigten Staaten von Amerika, stark strukturierte, funktionsorientierte Förderprogramme (Materialien zur Sprach-, Wahrnehmungs- und Denkförderung, Übernahme der Fernsehserie Sesamstraße) entwickelt. Grundlage waren Theorien, die schichtspezifische Unterschiede im Sprachgebrauch und Handeln und damit verbundene Defizite (Defizithypothese) beschrieben.

Die aufkommende Kritik an der kompensatorischen Vorschulerziehung bezog sich auf die Abgehobenheit der Maßnahmen vom Lebenszusammenhang der Kinder, die Nichtbeachtung der Ursachen, die Orientierung am soziologischen Modell schichtspezifischer Defizite und die Anpassung der Kinder an Sprache und Normen der Mittelschicht. Der Defizithypothese wurde im Gegenzug die Differenzhypothese gegenübergestellt, die von nicht auszugleichenden Unterschieden ausging, mit der Folge, dass die Programme nicht weitergeführt wurden.

Die Programme erwiesen sich auch längerfristig als unwirksam, wenn sie allein für sich standen. Untersuchungen in den USA ergaben, dass sie nur Erfolg hatten, wenn zugleich umfassende familienunterstützende Maßnahmen bereits bei der Geburt des Kindes einsetzten. Für die im Anschluss an die jüngsten internationalen Schulleistungsstudien geforderten Programme der Spracherziehung und der Förderung benachteiligter Kinder erscheinen diese Erkenntnisse aus den 1970er Jahren berücksichtigenswert.

Literatur

Bronfenbrenner, U. (1974): Wie wirksam ist kompensatorische Erziehung? Stuttgart. – Iben, G. (1971): Kompensatorische Erziehung. München.

Dieter Höltershinken

Kompetenz

Mit Kompetenz wird im alltäglichen Sprachgebrauch eine mit Wertschätzung verbundene Fähigkeit insbesondere in einem beruflichen Handlungsfeld bezeichnet. Kompetenz verweist damit auf das Können von Experten. Aus psychologischer Sicht ist eine Abgrenzung der Begriffe Kompetenz, Fähigkeit, Fertigkeit, Wissen, Können und Expertise schwierig; Franz E. Weinert hat dazu einen viel zitierten Versuch vorgelegt. In der Linguistik bspw. hat Noam Chomsky die umstrittene Unterscheidung von genetisch bedingter Sprachfähigkeit (Kompetenz) und lebenspraktisch entwickelter Fähigkeit, Äußerungen in der erworbenen Primärsprache hervorzubringen, vorgeschlagen. In der bildungstheoretischen Didaktik wird materiale und formale Bildung im Konzept der kategorialen Bildung integriert, die Kompetenz als generelle Handlungsfähigkeit beschreibt.

Die breite Rezeption der internationalen Schulleistungsstudien TIMSS (Third International Mathematics and Science Study) und PISA (Programme for International Student Assessment) führte zu einer fast inflationären Verwendung des Kompetenzbegriffs, der (a) als psychologisch-psychometrisches Modell den Leistungsskalen zugrunde liegt und (b) in PISA zur Begründung der Validität der Leistungsskalen verwendet wird.

Mit dem psychologischen Begriff der Kompetenz wird ein Merkmal von Personen bezeichnet, das aus einer Vielzahl von Lernerfahrungen resultiert und – ähnlich der kognitiven Grundfähigkeit (Intelligenz) – erhebliche zeitliche Stabilität aufweist. Im Rahmen der Entwicklung von Bildungsstandards sollen die inhaltlichen Dimensionen und Niveaustufen von Kompetenz über Kompetenzmodelle beschreibbar und über entsprechende Aufgaben empirisch zugänglich gemacht werden.

Kompetenz wird von Weinert definiert als verfügbare oder erlernbare kognitive Fähigkeiten und Fertigkeiten, um bestimmte Probleme zu lösen, sowie die damit verbundenen motivationalen, volitionalen und sozialen Bereitschaften und Fähigkeiten, um die Problemlösungen in variablen Situationen erfolgreich und verantwortungsvoll nutzen zu können. Somit werden psychologische Merkmale einbezogen, die in der Pädagogischen Psychologie üblicherweise eigenständig modelliert werden. Motivation, Volition und soziale Fähigkeiten gelten entweder als das Lernen beeinflussende Merkmale (z.B. Motivation als Moderatorvariable) oder als Erziehungswirkungen (z.B. moralisches Urteilsvermögen).

Die Definition von schulischen Fachleistungen als Kompetenz erfolgt in der PISA-Studie vor dem Hintergrund, dass die in der TIMS-Studie versuchte Definition eines internationalen Kerncurriculums und einer darauf aufbauenden Testentwicklung problematisch war. Der in der PISA-Studie genutzte Kompetenzbegriff intendiert eine weniger schulnahe und damit von den zentralen Lerngelegenheiten abgekoppelte Definition von Kompetenz. Für den Begriff der Lesefähigkeit gelingt dies, weil Informationsaufnahme aus Texten in der Sekundarstufe an kein Schulfach gebunden ist. Die sog. Lesekompetenz ist allerdings sehr eng korreliert mit der kognitiven Grundfähigkeit, was die Trennung der beiden Merkmale nicht einfach macht.

Die schulfachorientierten Kompetenzen (mathematische und naturwissenschaftliche Kompetenzen) in der PISA-Studie können mehr oder minder konsensuell an übergreifenden fachwissenschaftlichen Ideen (Big Ideas) und an Vermutungen über typische alltagsnahe Nutzungssituationen des fachlichen Wissens orientiert werden.

Die psychometrischen Modelle der Kompetenztests gehen von der Voraussetzung aus, dass Kompetenz eine nicht-beobachtbare Eigenschaft von Personen ist. Damit fungieren die Testaufgaben lediglich als Indikatoren für Kompetenz und können hinsichtlich ihrer Passung (model fit) unterschieden werden. Diese statistisch elegante Vorgehensweise lässt das Theorieproblem beträchtlich werden: Was Kompetenztests mit passenden Aufgaben messen, muss über die Vorhersagefähigkeit der gemessenen Kompetenz für andere, inhaltliche bekannte Kompetenzen oder Merkmale nachweisbar sein (z.B. Vorhersage von Berufserfolg) oder in einem didaktischen Prozessmodell als systematischer Erwerb der Kompetenz beschreibbar sein. Eine weitere Validierung von messbaren Kompetenzen besteht darin, das systematische Zusammenwirken der kognitiven Teilprozesse experimentell nachzuweisen. Hier besteht noch erheblicher Forschungsbedarf.

Trotz der bestehenden Theorieprobleme wird das kompetenzorientierte Lehren und Lernen als ein neues und effizientes Konzept im Bildungswesen angesehen. Der Begriff der Kompetenz ist jedoch auch in der Erziehungswissenschaft keineswegs neu. Bereits Heinrich Roth unterscheidet in seiner Pädagogischen Anthropologie Sach-, Sozial- und Selbstkompetenz und verknüpft diese mit dem Konzept der Mündigkeit, wobei als Grundlage dieser Kompetenz und Haltungen hinreichende Einsichten gegeben sein sollen. Die Entwicklung in den drei Kompetenzbereichen wird zuweilen auch zur übergreifenden Beschreibung des schulischen Bildungsauftrags verwandt.

Im Bereich der fremdsprachlichen Fähigkeitsbeschreibung sind mit den Niveaustufen des Europäischen Referenzrahmens sehr differenzierte Kompetenzoperationalisierungen vorgenommen worden. Für den durch schulfachliches Lernen wenig bzw. eher indirekt beeinflussten Bereich der primärsprachlichen Fähigkeit scheint die Kompetenzstufendefinition und deren diagnostische Umsetzung weniger zu gelingen.

Derzeit besteht die Tendenz, möglichst viele, mit systematischen Lernprozessen verknüpfte Fähigkeitsbereiche als Kompetenz zu bezeichnen. Angesichts der bestehenden Schwierigkeiten der pädagogisch-psychologischen Lernforschung, theoretisch begründete und empirisch prüfbare Kompetenzmodelle zu entwickeln, ist dies erstaunlich. Die von der Kultusministerkonferenz verabschiedeten Bildungsstandards nutzen den Kompetenzbegriff bereits und unterstellen, dass jene Teilkompetenzen, für die Beschreibungen vorgelegt und Aufgabenbeispiele genannt werden, als Konstrukte hinreichend nachweisbar sind. Gleiches gilt für viele Lehrpläne der Bundesländer, in denen der Kompetenzbegriff zu einer neuen, zentralen Beschreibungskategorie geworden ist.

Ähnliche Entwicklungen hat es in der Didaktik bereits mehrfach gegeben. Das Konzept der lehrzielbasierten Unterrichtsplanung und die damit verbundene Konzeption des lernzielorientierten Erfassens von Unterrichtswirkungen führte in den 1970er Jahren zu einer im Nachhinein als wenig fruchtbar einzuschätzenden Gegenüberstellung von bildungstheoretischer Begründung der Unterrichtsplanung und lernzielbasierten Curriculummodellen. Die Publikation von Robert Mager, deren zweite Titelkomponente zumeist ignoriert wurde (Lernziele und programmierter Unterricht, 1965), führte zu einer neuen Rhetorik von Unterrichtsplanungsbeschreibungen, die sich nicht selten in mehr oder weniger konsistenten Lernzielkatalogen zeigte. Insbesondere der Aufwand für die Entwicklung unterrichtsvalider, lernzielorientierter Tests erwies sich auf der Ebene des individuell geplanten Unterrichts als nicht leistbar. Teacher proof curricula mit gleichfalls zentral vorgegebenen Lernstandstests hingegen hätten dieses Problem lösbar gemacht. Da Lehrer im Unterricht jedoch mehr leisten sollen, als programmierte Instruktion durchzuführen, konnte sich dieser Ansatz nicht behaupten. Das im gleichen Zeitraum stark beachtete Curriculummodell von Robinsohn hat sich gleichfalls nicht durchsetzen können, weil die Identifikation von bedeutsamen Lebenssituationen, deren Klassifikation und die eindeutige Zuordnung von unterrichtlichen Qualifizierungen für deren Bewältigung allenfalls in Teilbereichen, nicht jedoch als Systematik gelang.

Die Nutzung des Kompetenzbegriffs kann aus historischer Perspektive als ein weiterer Versuch verstanden werden, die Gewissheit über das Erreichen dauerhafter schulischer Lernwirkungen zu erhöhen, ohne die grundlegende Frage nach den Wissens- und Könnenswerten und dessen immenser gesellschaftlicher Vergrößerung beantworten zu müssen.

Literatur

Klieme, E. u.a. (Hg.) (2003): Zur Entwicklung nationaler Bildungsstandards. Berlin.

Karl-Heinz Arnold / Carola Lindner-Müller

Kompetenzzentren

Im Zuge der berufsbildungspolitischen Diskussion um die Krise des dualen Systems der Berufsausbildung in den 1990er Jahren sind die Berufsschulen stark in die Kritik geraten. Vorgeworfen wurden ihnen eine überkommene Schulstruktur, Inflexibilität und Unmodernität der Lehrpläne. Diese Merkmale wurden als Ursachen dafür gesehen, dass die Anpassungsfähigkeit der berufsschulischen Bildung nicht den Erfordernissen des Beschäftigungssystems entspricht, daher die Attraktivität dieses Lernortes und damit die Qualität der beruflichen Ausbildung im dualen System insgesamt nicht mehr gegeben sind. Vor diesem Hintergrund regten Kultusministerien, Lehrerverbände, Gewerkschaften und Berufsbildungsforscher an, berufliche Schulen zu Kompetenzzentren zu entwickeln. Wesentliche Ziele dabei waren die Vergrößerung der schulischen Autonomie, die Erweiterung des Aufgabenspektrums und die Verbesserung der regionalen Kooperation mit Betrieben und anderen Bildungseinrichtungen. Schulgesetznovellierungen, landesspezifische Schulentwicklungsprogramme und schulinterne Restrukturierungsmaßnahmen sollten dazu beitragen, diese Ziele zu erreichen. Seither haben berufliche Schulen mehr Eigenständigkeit insbesondere in den Bereichen der Personalbewirtschaftung, im Gebäudemanagement, der Gebäudesanierung und der Akquisition von Bildungsangeboten in der Aus- und Weiterbildung bekommen. Zudem haben sich in unterschiedlichen Bundesländern berufliche Schulen dazu verpflichtet, festgelegte Qualitätsstandards einzuhalten. Die berufspädagogischen Interessen, die sich an die Entwicklung der beruflichen Schulen zu Kompetenzzentren und damit an die Vergrößerung der Gestaltungsspielräume beruflicher Schulen richten, konzentrieren sich in erster Linie auf die Verbesserung der Akzeptanz beruflicher Schulen bei den Arbeitgebern, auf die Schaffung von zusätzlichen Ausbildungsplätzen, die Verbesserung der Durchlässigkeit und Kompatibilität zwischen Erstaus- und Weiterbildung, die Verbesserung der Ausbildungs- und Berufschancen auch benachteiligter Jugendlicher durch die Intensivierung regionaler Kooperation sowie auf die Weiterentwicklung der beruflichen Ausbildung als wichtiges Instrument der Wirtschaftsförderung und der Arbeitsmarktentwicklung.

Literatur

Dobischat, R. u.a. (2002): Berufsschulen auf dem Weg zu regionalen Kompetenzzentren? Duisburg.

Karin Büchter

Konditionierung

Konditionierung als elementare Form des Lernens bezeichnet die Art und Weise, wie Ereignisse, Stimuli und Verhalten miteinander verknüpft sind. Es werden zwei Formen der Konditionierung unterschieden: die klassische (respondente) und die operante Konditionierung.

Bei der klassischen Konditionierung wird laut Iwan Petrowitsch Pawlow eine konditionierte Reaktion durch einen konditionierten Reiz hervorgerufen. So löst beispielsweise Futter (unkonditionierter Stimulus) Speichelfluss (unkonditionierte Reaktion) aus. Der Ton einer Glocke (neutraler Reiz), der selbst keine unkonditionierte Reaktion auslöst, wird nun mit dem Futter gepaart. Durch Assoziation mit dem unkonditionierten Stimulus (Futter) wird der neutrale Stimulus (Glocke) im Folgenden zu einem konditionierten Stimulus, der eine der unkonditionierten Reaktion ähnliche konditionierte Reaktion

auslöst. Wird nun der konditionierte Reiz über längere Zeit ohne den unkonditionierten Reiz dargeboten, erfolgt eine Löschung (Extinktion) der konditionierten Reaktion. Wird nach einer Pause wiederum der konditionierte Stimulus dargeboten, kommt es zu einer Spontanerholung, d.h., die konditionierte Reaktion tritt erneut auf.
Nach Pawlow erfolgt die Konditionierung aufgrund der Kontiguität (raum-zeitliche Nähe) der Stimuli. Neuinterpretationen des klassischen Konditionierens gehen allerdings davon aus, dass nicht die Kontiguität, sondern der Informationswert des konditionierten Reizes zur Vorhersage des unkonditionierten Reizes entscheidend für die Konditionierung ist. So führt der Informationswert, den beispielsweise ein Ton im Hinblick auf einen zu erwartenden Stromstoß hat (weil er vor dem Stromstoß erklingt), bei Ratten dazu, dass im Folgenden der Ton bei den Ratten das Fluchtverhalten auslöst. Erklingt der Ton dagegen sowohl während des Stromstoßes (Kontiguität) als auch in den Pausen, so löst er kein Fluchtverhalten aus, da er keinen Informationswert für die Tiere besitzt.
Im Unterschied zur klassischen Konditionierung erklärt die operante Konditionierung die Entstehung und Veränderung von Verhalten aufgrund von Reaktionen (Verstärkungen und Bestrafungen), die dem Verhalten folgen. Die Bezeichnung operant leitet sich daraus ab, dass das Verhalten willkürlicher Natur ist. Zur Erhöhung der Auftretenswahrscheinlichkeit von Verhalten dienen zwei Arten von Verstärkungen: Positive Verstärkungen sind auf das Verhalten folgende positive Reize (z.B. Lob), negative Verstärkungen fördern gewünschtes Verhalten durch das Ausbleiben aversiver Ereignisse (z.B. Drohungen werden nicht wahrgemacht, Angst bleibt aus). Zur Minderung unerwünschten Verhaltens dienen zwei Formen der Bestrafung: Die positive Bestrafung durch Gabe von aversiven Reizen (z.B. Tadel, Strafarbeit) und die negative Bestrafung, bei der ein positiver Reiz entzogen wird (z.B. Fernsehen). Die Löschung von Verhalten durch Nichtbeachtung kann in diesem Fall als eine besondere Form der negativen Bestrafung durch Entzug von Aufmerksamkeit betrachtet werden.
Diskriminative Reize dienen dazu, dem Lerner Signale zu geben, welche Verhaltensweisen im Folgenden verstärkt werden. So kann ein Lehrer mit einem Schüler vereinbaren, in welcher Situation welches Verhalten erwartet und belohnt wird und dies in der entsprechenden Situation signalisieren (z.B. durch ein Zunicken).
Unterschiedliche Verstärkungspläne führen zu unterschiedlichen Effekten: So bewirkt eine kontinuierliche Verstärkung eine rasche Zunahme des gewünschten Verhaltens. Intermittierende Verstärkungen in Form von festen Intervall- und Quotenplänen führen zu einem Anstieg des gewünschten Verhaltens zu bestimmten Zeitpunkten (z.B. Lernen für eine Prüfung), variable Quoten- und Intervallpläne zeigen eine hohe Löschungsresistenz (z.B. gelegentliches Nachgeben auf Wutanfälle an der Supermarktkasse).

Literatur

Rescorla, R. A. (1988): Pavlovian conditioning. In: American Psychologist 43, 151-160. – Steiner, G. (2001): Lernen. Bern.

Anne Levin

Konferenzen

Institutionalisierte Mitbestimmung auf Einzelschulebene vollzieht sich neben den Schüler- und Elternvertretungen durch die Lehrerkonferenz und die Schulkonferenz.
Die Lehrerkonferenz ist maßgebliches Kollegium schulischer Willensbildung und zuständig, soweit nicht die Schulleitung oder die Schulkonferenz verantwortlich zeichnen. Sie berät und entscheidet vorrangig über wesentliche Fragen der Unterrichts- und Erziehungsarbeit der Schule und ist auf ein kohärentes Handeln der Lehrkräfte ausgerichtet. Trägt die einzelne Lehrkraft einen pädagogischen Grundsatzbeschluss der Lehrerkonferenz nicht, ist sie gleichwohl daran gebunden; ihre pädagogische Freiheit tritt insoweit zurück. Bei der konkreten Umsetzung des Beschlusses im Unterricht muss ihr jedoch weitgehende Freiheit verbleiben. Formen der Lehrerkonferenz sind die Gesamtkonferenz und die Teilkonferenzen. Der Gesamtkonferenz obliegen die grundlegenden Fragen der Schule wie die fachliche und pädagogische Entwicklung. In ihr sind sämtliche Lehrkräfte versammelt; ihr sitzt die Schulleiterin/der Schulleiter vor. Für besondere Aufgabengebiete sind Teilkonferenzen eingerichtet: Der Fachkonferenz gehören der Fach(bereichs)leiter als Vorsitz sowie die Lehrkräfte bestimmter Fächer oder Fachrichtungen an. Sie befindet über fachspezifische Angelegenheiten wie die Umsetzung der Rahmenlehrpläne und die Auswahl der Lehr- und Lernmittel. Die Klassenkonferenz, deren Vorsitz der Klassenleiter innehat, setzt sich aus den Lehrkräften zusammen, die regelmäßig in der Klasse unterrichten. Im Mittelpunkt ihrer Arbeit

stehen klassenspezifische Fragen des Unterrichts und der Erziehung wie die Versetzung und Erziehungs- und Ordnungsmaßnahmen. Belange von Jahrgängen, von einzelnen oder mehreren Jahrgangsstufen oder von Abteilungen nehmen Jahrgangs-, Stufen- bzw. Abteilungskonferenzen wahr. Die Mitwirkung anderer Gruppen in der Lehrerkonferenz – so der pädagogischen Mitarbeiter, der Referendare und der Schüler- und Elternvertreter – ist in den Bundesländern unterschiedlich geregelt, sie reicht von der Anwesenheit über eine Beratungsfunktion bis hin zum Stimmrecht. Vertretern der Schulaufsichtsbehörden ist durchgängig das Recht eingeräumt, an der Lehrerkonferenz teilzunehmen.

Das gemischte Gremium der Schulkonferenz (Schulforum, Schulvorstand, Schulausschuss) bildet das oberste Beratungs- und Beschlussgremium der Schule. Die Gewichtung der einzelnen Gruppen – der Lehrkräfte einschließlich der Schulleitung, der Schüler sowie ihrer Eltern – ist in den deutschen Bundesländern unterschiedlich ausgestaltet; zehn Länder wählten eine Drittelparität. An beruflichen Schulen nehmen häufig Vertreter der Arbeitnehmer und Arbeitgeber an der Schulkonferenz teil. Die Schulkonferenz wirkt auf die Zusammenarbeit der verschiedenen Gruppen hin und berät und entscheidet im Gesamtinteresse der Schule über alle bedeutsamen pädagogischen und das gesamte schulische Leben betreffende Fragen wie üblicherweise über das Schulprogramm. Sie nimmt regelmäßig über einen Vermittlungsausschuss Schlichtungsaufgaben wahr und trägt so zum Schulfrieden bei.

Für die Durchführung der Konferenzbeschlüsse ist die Schulleitung verantwortlich. Ist sie der Auffassung, ein Beschluss verletze eine Rechtsvorschrift, oder sieht sie sich aus anderen Gründen an seinem Vollzug gehindert, muss sie den Beschluss beanstanden, seine erneute Beratung veranlassen und unter Umständen die Entscheidung der Schulaufsichtsbehörde einholen.

In vielen Bundesländern beraten Landesschulbeiräte die jeweiligen Kultusministerien; auf kommunaler Ebene wirken häufig Gremien, die den Schulkonferenzen oder den Landesschulbeiräten entsprechen.

Literatur

Avenarius, H. ([8]2010): Schulrecht. Köln, Kronach.

Uta Stäsche

Konfessionelle Hochschulen

Konfessionelle Hochschulen sind staatlich anerkannte Hochschulen in kirchlicher Trägerschaft. Sie unterteilen sich in Universitäten, Theologische Fakultäten und Fachhochschulen. In Deutschland gibt es derzeit sieben katholische, vier evangelische, eine jüdische und zwei freikirchliche Universitäten bzw. Hochschulen; hinzu kommen drei katholische Theologische Fakultäten. Daneben existieren elf evangelische und fünf katholische sowie fünf freikirchliche Fachhochschulen. Die katholischen und evangelischen Hochschulen in ihrer heutigen Form stehen in der Nachfolge der kirchlichen Ausbildungsstätten für den geistlichen Nachwuchs und sind im Wesentlichen in der ersten Hälfte des 20. Jahrhunderts eingerichtet worden. Die Hochschule für Jüdische Studien wurde 1979 gegründet, um die Erforschung und das Studium der jüdischen Kultur, Geschichte und Religion in Deutschland zu erneuern. Der Rechtsstatus der Hochschulen bestimmt sich nicht nur nach dem Privathochschulrecht, sondern auch nach dem Staatskirchenrecht, das den Kirchen die Einrichtung eigener Bildungseinrichtungen garantiert. Lehrende sind daher an den kirchlichen Auftrag gebunden.

Den Schwerpunkt der christlichen Hochschulen stellt nach wie vor die Ausbildung des eigenen Nachwuchses dar, sowohl hauptamtlich als auch zur Unterstützung in der Gemeindearbeit und der Erwachsenenbildung. Zusätzlich bilden die Universitäten jedoch auch zukünftige Religionslehrer aus. Die Fachhochschulen stellen heute mehr als ein Drittel aller Fachhochschulstudiengänge im Sozialwesen. Die Hochschule für Jüdische Studien bietet einen Lehramtsstudiengang für jüdische Religionslehre an Gymnasien sowie Bachelor- und Masterstudiengänge an. Im Rahmen eines Masterstudiengangs kann auch eine Rabbinerausbildung erfolgen.

Literatur

Hochschulen der Religionsgemeinschaften. (1983) In: Wissenschaftsrecht, Wissenschaftsverwaltung, Wissenschaftsförderung, Sonderheft 8. – Solte, E. L. (2003): Kirchliche Fachhochschulen im staatlichen Recht. In: Wall, H. de/ German, M. (Hg.): Bürgerliche Freiheit und christliche Verantwortung. Tübingen, 465-481.

Margarete Menz

Konflikt

Mit dem Begriff des Konflikts wird eine Form sozialer Wechselbeziehung beschrieben, in der gegensätzliche Interessen aufeinander treffen und auf einen integrativen Kontext hin strukturiert werden. In diesem Sinne wird dem Konflikt eine positive Funktion sowohl auf interpersonaler wie auf gesellschaftlicher Ebene zugeschrieben. Letztere steht im Mittelpunkt der Konfliktsoziologie, wie sie vor allem von Lewis A. Coser und Ralf Dahrendorf entwickelt wurde. Sie verweisen auf Georg Simmel, der Kampf und Konflikt als Formen der Vergesellschaftung aufgeschlossen hat. Coser hat die Vorgabe Simmels aufgegriffen und in seiner Theorie sozialer Konflikte (1972) dahingehend systematisiert, dass er Bedingungsfaktoren dafür herausgearbeitet hat, dass Konflikte sozialintegrative Wirkungen haben können. So müssen Konflikte als soziale Interaktionen strukturiert, an Zielen und Interessen ausgerichtet sein und die Konfliktgegner müssen grundlegende Werte des Zusammenlebens und der menschlichen Integrität auch im Konfliktfall weiter teilen. Soziale Konflikte sind struktureller Bestandteil moderner arbeitsteiliger Gesellschaftssysteme. Sie müssen also nicht erst künstlich erzeugt oder heraufbeschworen werden. Dahrendorf (Gesellschaft und Freiheit, 1963) unterstreicht die Ubiquität des Konflikts und geht davon aus, dass er als sozialanthropologische Basisstruktur der Menschheitsentwicklung angesehen werden kann. Gesellschaften, Organisationen und Gruppen kann man danach unterscheiden und bewerten, ob und inwieweit sie Konflikte zur Austragung zulassen oder unterdrücken bzw. abdrängen.
Der integrative Horizont des Konflikts unterscheidet ihn von der Gewalt. Gewalt, wenn sie sich gegen andere Menschen richtet, ist zwar auch eine Form sozialer Beziehungen, die sich aber vom sozialen Konflikt dadurch unterscheidet, dass sie nicht auf den Widerstreit der Interessen zielt, keine Anerkennung gemeinsamer Grundwerte ausweist und die persönliche Integrität des anderen negiert. Vor diesem Argumentationshintergrund wird deutlich, dass in modernen arbeitsteiligen Gesellschaften der Konflikt Bestandteil der Sozialstruktur ist und damit ein Medium gesellschaftlicher Ordnung darstellt.
Grundlegend für die Entwicklung der industriellen Moderne ist in diesem Zusammenhang der strukturelle Konflikt zwischen Arbeit und Kapital. Nicht die Spaltung von Arbeit und Kapital und die Aufhebung der kapitalistischen Produktionsverfassung, wie von Karl Marx erwartet, sondern die spannungsreiche Integration ihrer gegensätzlichen Grundprinzipien vor dem Horizont des Aufeinanderangewiesenseins war das Resultat der Geschichte. Nur so war die Modernisierung des Kapitalismus möglich. Hier tritt die Funktion des sozialen Konflikts nicht nur als Faktor der Integration, sondern genauso des sozialen Wandels in den Vordergrund.

Literatur

Böhnisch, L. (2006): Politische Soziologie. Opladen. – Messmer, H. (2003): Der soziale Konflikt. Stuttgart.

Lothar Böhnisch

Kongo → Sub-Saharisches Afrika

Konopka, Gisela (1910-2003)

Nach dem Abitur nahm Konopka 1929 an der Universität Hamburg ein Studium der Pädagogik, Geschichte, Psychologie und Philosophie auf. In dieser Zeit war sie Mitglied in dem von Leonard Nelson gegründeten Internationalen Sozialistischen Kampfbund. Als Gegnerin des Nationalsozialismus wurde sie 1936 durch die Geheime Staatspolizei verhaftet, konnte aber kurz darauf über die Tschechoslowakei, Österreich und Frankreich in die Vereinigten Staaten von Amerika emigrieren. Dort studierte Konopka ab 1941 Social Work und insbesondere Social Group Work an der University of Pittsburgh und lehrte das Fach anschließend an der University of Minnesota in Minneapolis, wo sie von 1956 bis zu ihrer Emeritierung 1978 als Professorin für Sozialpädagogik tätig war. 1950 reiste sie nach Deutschland, um in der Bundesrepublik beim Aufbau der neuen Kinder- und Jugendhilfe mitzuwirken. Sie prägte die professionelle Soziale Arbeit in Deutschland nach 1945 durch zahlreiche Fortbildungsveranstaltungen und ihre Publikationen (Soziale Gruppenarbeit, 1968, zuletzt im Reprint 2000; Heime – Lückenbüßer oder Lebens-Chance, 1971).

Literatur

Berger, M. (2006): Frauen in sozialer Verantwortung: Gisela Konopka. In: Unsere Jugend 8, 507-509.

Kurt Schilde

Konrad-Adenauer-Stiftung (KAS)

Die KAS (www.kas.de) ist neben der Friedrich-Ebert-Stiftung die zweite der großen, den im Deut-

schen Bundestag vertretenen Parteien, hier der Christlich-Demokratischen Union (CDU) nahestehenden politischen Stiftungen. Sie trägt seit 1964 den Namen des ersten Bundeskanzlers der Bundesrepublik Deutschland; ihre Vorläuferorganisation war die 1955 gegründete Gesellschaft für christlich-demokratische Bildungsarbeit. Die KAS hat sich zum Ziel gesetzt, zur Stärkung der demokratischen Ordnung beizutragen, die europäische Einigung zu fördern, die transatlantischen Beziehungen zu intensivieren und die entwicklungspolitische Zusammenarbeit zu unterstützen. Dies soll vor allem durch politische Bildungsarbeit erreicht werden. Darüber hinaus betreibt die KAS Begabtenförderung (ideell und materiell, national und international) und unterstützt die Förderung des künstlerischen und journalistischen Nachwuchses. Im Rahmen des Archivs für Christlich-Demokratische Politik wird die Geschichte der christlichen Demokratie in Deutschland erforscht; hierzu steht u.a. eine Bibliothek mit mehr als 175.000 Titeln zu Politik und Zeitgeschichte zur Verfügung. Überdies versteht sich die KAS als Think Tank und Beratungsagentur und erarbeitet politik- und gesellschaftswissenschaftliche Analysen.
Die KAS unterhält bundesweit zwei Bildungszentren und 16 Bildungswerke. Hauptsitz der Stiftung ist Sankt Augustin bei Bonn. Eine zweite große Niederlassung besteht in Berlin. Die Stiftung beschäftigt (Stand: 2008) 460 Mitarbeiter in Deutschland sowie 83 in ihren 77 Auslandsbüros. Die Arbeit der KAS wird vorwiegend aus Mitteln des Bundes finanziert; geleitet wird sie durch einen Vorstand, der sich aus dem Vorstandsvorsitzenden, dem Generalsekretär und seinem Stellvertreter zusammensetzt. Wie bei den anderen politischen Stiftungen auch dominieren in den Leitungsgremien aktive oder ehemalige Politiker oder Funktionäre der der Stiftung nahestehenden Partei.

Literatur
Konrad-Adenauer-Stiftung (Hg.) (2008): Auftrag: Demokratie! St. Augustin, Berlin. – Lepszy, N. (2003): Politische Stiftungen. In: Andersen, U./Woyke, W. (Hg.): Handwörterbuch des politischen Systems. Bonn, 524-528.

Hans-Werner Fuchs

Konstruktivismus

Konstruktivismus ist die Bezeichnung für eine Kognitions- und Erkenntnistheorie, die sich auf empirische und theoretische Aussagen aus verschiedenen Wissenschaftsdisziplinen bezieht. Wichtige Impulse für die Entstehung des Konstruktivismus gingen insbesondere von der Kybernetik aus, von der auch zentrale Begrifflichkeiten übernommen wurden (z.B. Selbstreferenz und Selbstorganisation). Darüber hinaus integriert der Konstruktivismus Begriffe und Modelle aus dem Bereich der Biologie, der Evolutionspsychologie und der Evolutionstheorie. Konstruktivismus wird in vielen Wissenschaftsdisziplinen rezipiert und stellt keine geschlossene Theorie dar.
Im Unterschied zu Erkenntnistheorien, die sich mit den Inhalten und Gegenständen der Erkenntnis befassen, geht es dem Konstruktivismus primär um die Frage, wie Wahrnehmung und Erkenntnis zustande kommen. Ein objektives Erkennen der Welt ist aus konstruktivistischer Perspektive nicht möglich: Unter Rückgriff auf neurophysiologische Modelle der Reizverarbeitung wird Wahrnehmung als ein selbstreferentieller Prozess beschrieben, bei dem jedes Gehirn eine individuelle Konstruktion der Wirklichkeit leistet.
Das menschliche Gehirn, einschließlich der Sinnesorgane, ist ein operational geschlossenes System in dem Sinne, dass es keinen unmittelbaren Kontakt mit der Umwelt hat. Die Sinnesorgane werden zwar physikalisch gereizt (z.B. das Innenohr durch Schalldruckwellen), aber eine Wahrnehmung entsteht daraus erst durch die Verarbeitung der Reize in sensorischen Zentren des Gehirns. Diese Verarbeitung und die damit verbundene Bedeutungszuweisung vollziehen sich selbstreferentiell, d.h. dass während des Verarbeitungsprozesses auf bereits vorhandene kognitive Strukturen zurückgegriffen wird. Beispielsweise kann man eine fremde Sprache zwar akustisch wahrnehmen, aber die Bedeutung des Gehörten bleibt verborgen, weil dem Gehirn das nötige Vorwissen fehlt. Bedeutungszuweisung vollzieht sich immer im Rahmen der vorausgegangenen Erfahrungen und ist daher biographisch geprägt.
Ebenso wenig, wie es universell geteilte Bedeutung gibt – sondern immer nur subjektive, durch die individuelle Lerngeschichte bestimmte –, gibt es eine objektive Erkenntnis der Welt. Erkenntnis kommt nicht durch eine Repräsentation der Wirklichkeit im Gehirn zustande, ist nichts, das man vorfindet und sich aneignet; der Konstruktionsprozess wird deshalb mit einem Weg verglichen, der als solcher noch nicht existiert, sondern erst während des Gehens entsteht.
Eine weitere Grundannahme des Konstruktivismus bezieht sich auf die emotionale Komponente der Wirklichkeitskonstruktion, denn auf hirnphysiolo-

gischer Ebene spielen emotionsvermittelnde Zentren eine wichtige Rolle bei der Bedeutungszuweisung.
Die Attraktivität des Konstruktivismus besteht in seinem interdisziplinären Zugang zu menschlichen Erkenntnisprozessen und seinem Erklärungspotenzial für die Probleme gegenseitigen Verstehens. Kritiker sehen aber gerade darin eines der zentralen Probleme des Konstruktivismus, denn streng genommen können sich Menschen gar nicht gegenseitig verstehen, sondern lediglich Als-ob-Fiktionen unterliegen. Das würde dann aber auch den Konstruktivismus als Erkenntnistheorie selbst betreffen.
In der Erziehungswissenschaft wird der Konstruktivismus seit Mitte der 1980er-Jahre vor allem in seiner gemäßigten Variante rezipiert: Konstitutiv ist hier, dass Wissen (ebenso wie Bedeutung) nicht von einem Gehirn in ein anderes übertragen, sondern nur individuell erzeugt werden kann. Die radikalkonstruktivistische Annahme einer operationalen Geschlossenheit des Gehirns wird zwar aufgenommen, tritt jedoch gegenüber der Annahme einer strukturellen Kopplung zwischen Ich und Umwelt in den Hintergrund. Intersubjektives Verstehen ist demnach aufgrund sozial bedingter, geteilter Deutungsmuster möglich.
Konstruktivistisches Denken hat vor allem in die didaktische Diskussion Eingang gefunden und dort zur Entwicklung einer sog. Konstruktivistischen Didaktik geführt. Analog zum Erkenntnisprozess wird dort Lernen als individuelle Konstruktion betrachtet, bei dem die Bedeutungszuweisung durch den Lernenden selbst geschieht.
Die konstruktivistische Didaktik wendet sich gegen ein Sender-Empfänger-Modell des Unterrichts, bei dem Informationen durch Lehrende dargeboten und von Schülern passiv aufgenommen werden. Wissen kann nicht von einem Gehirn in ein anderes übertragen werden, und Lehre löst nicht zwangsläufig Lernen aus. Konstruktivistisches Denken in der Didaktik hat mithin auch eine Entlastungsfunktion, da die Wirkung von Lehre nicht mehr ausschließlich in den Verantwortungsbereich des Lehrers fällt.
Aufgrund der Selbstbezüglichkeit (Rekursivität) des Lernens betont die konstruktivistische Didaktik die Bedeutung von aufeinander aufbauenden Inhalten; neue Informationen werden besser verstanden, wenn sie an bereits vorhandenes Wissen anknüpfen können. In diesem Kontext wird auch von vernetztem Lernen gesprochen. Ferner sollen Lerninhalte einen Bezug zur Lebenswelt von Schülern herstellen und dadurch zu einer emotional positiven Einstellung gegenüber dem Lerngegenstand beitragen.
Der praktische Mehrwert konstruktivistischen Denkens wird kontrovers diskutiert: Während einige Erziehungswissenschaftler konstruktivistische Prinzipien der Unterrichtsgestaltung für innovativ und im Hinblick auf die Leistungsentwicklung von Schülern für förderlich halten, wenden andere ein, dass viele der Prinzipien bereits in reformpädagogischen Ansätzen zu finden seien. Zudem zeige die Unterrichtsforschung, dass konstruktivistische Lernumgebungen primär für leistungsstarke Schüler von Vorteil seien, während hingegen leistungsschwächere Schüler stärker von instruktiven Unterrichtsmethoden profitierten.

Literatur
Schmidt, S. J. (Hg.) (⁹2003): Der Diskurs des radikalen Konstruktivismus. Frankfurt. – Siebert, H. (2003): Vernetztes Lernen. München, Unterschleißheim. – Terhart, E. (1999): Konstruktivismus und Unterricht. In: Zeitschrift für Pädagogik 45, 629-648.

Nicole Becker

Konstruktivistische Lerntheorien

Konstruktivistische Lerntheorien sind Theorien, die sich mit der Frage befassen, auf welche Weise Wissen erworben bzw. verändert wird. Kern konstruktivistischer Lerntheorien ist die Annahme, dass Wissen kein Abbild der Realität ist, sondern Ergebnis eines aktiven und individuellen Konstruktionsprozesses der Lernenden. Dieser Prozess ist vor allem vom Vorwissen und von den Erfahrungen sowie von der Motivation der Lernenden abhängig.
Mit dieser Kernannahme wenden sich konstruktivistische Lerntheorien gegen kognitive Ansätze, die Lernen theoretisch als Informationsverarbeitung konzipieren. In konstruktivistischen Lerntheorien wird Lernen dagegen als subjektiver und erfahrungsabhängiger Prozess der Bedeutungszuschreibung und Interpretation konzeptualisiert. Damit geht einher, dass der Prozess des Lernens gemäß konstruktivistischen Positionen nicht direkt von außen beeinflusst werden kann. Dementsprechend kann Lernen nicht rational geplant und gesteuert werden, wie es sowohl behavioristische als auch kognitivistische Ansätze der Unterrichtsgestaltung postulieren.
Eine weitere zentrale Grundaussage konstruktivistischer Lerntheorien ist die Bedeutung des Handlungskontextes für den Erwerb von Wissen. Lernen wie Wissen werden als situativ und an einen bestimmten Kontext gebunden betrachtet. Hinsichtlich dieser Annahme besteht eine hohe Übereinstimmung kon-

struktivistischer Ansätze mit Ansätzen des situierten Lernens. Zum Handlungs- oder Lernkontext gehören neben den Aufgaben bzw. den Lernproblemen die räumliche Umwelt sowie die soziale Gemeinschaft der Lernenden und Lehrenden.
Konstruktivistische Lerntheorien haben zu Beginn der 1990er Jahre die Diskussion um Lernen und Unterricht stark beeinflusst. Zu dieser Zeit wurden in empirischen Studien die Nachteile kognitivistischer Lern- und Instruktionstheorien gezeigt. Verschiedene Studien zeigten das Phänomen des trägen Wissens: In traditionellen Lehrsettings erworbenes Wissen kann häufig nicht zur Lösung von Problemen außerhalb des Unterrichtskontextes angewendet werden. Die traditionelle Wissensvermittlung wurde zudem als eine Ursache für den Rückgang des Interesses und der Lernmotivation über die Dauer des Schulbesuchs gesehen. Diese Nachteile sowie ein Unbehagen an der mangelnden Eigenaktivität und Selbststeuerung der Lernenden in kognitivistischen Konzeptionen führten zur Ausformulierung konstruktivistischer Lerntheorien.
Dabei konnte man an historische Ansätze anknüpfen, die den Wissenserwerb als Konstruktionsleistung formulierten. Insbesondere die Arbeiten von John Dewey und Lew Vygotskij haben die Theorieentwicklung maßgeblich beeinflusst, letzterer vor allem in Hinblick auf die Bedeutung der Kultur und der Lerngemeinschaft. Daneben können Jerome Bruner und Jean Piaget als frühe Vertreter des Konstruktivismus gelten.
In der empirischen Unterrichtsforschung wurden in der Folge des Erstarkens des Konstruktivismus Lernumgebungen entwickelt und empirisch überprüft, die sich stark an angloamerikanischen Ansätzen orientierten, z.B. am Cognitive Apprenticeship oder an Formen problembasierten Lernens. In der Allgemeinen Didaktik wurden ab den 1980er Jahren klassische reformpädagogische Unterrichtskonzepte wie offener Unterricht und die Projektmethode wieder stärker thematisiert.
Die Fragestellung, ob ein kognitivistisch oder ein konstruktivistisch begründeter Unterricht zu besseren Lernergebnissen führt, ist zu allgemein und daher weder theoretisch noch empirisch fruchtbar. Es muss differenziert werden, welche Lernenden sich mit welchen Voraussetzungen mit welchen Inhalten unter welcher Zielstellung auseinandersetzen. Eine der Leistungen konstruktivistischer Lerntheorien kann darin gesehen werden, diese differenzierte Sichtweise angeregt bzw. unterstützt zu haben.

Literatur
Duffy, T. M./Lowyck, J./Jonassen, D. H. (Hg.) (1993): Designing learning environments for constructive learning. Berlin. – Terhart, E. (1999): Konstruktivismus und Unterricht. In: Zeitschrift für Pädagogik 45, 629-647.

Cornelia Gräsel

Kontraktmanagement

Das Kontraktmanagement ist ein Merkmal des Neuen Steuerungsmodells, das von der Kommunalpolitik entwickelt wurde. Es wird eingesetzt zur Steuerung des Handelns dezentraler Einheiten, insbesondere des Ressourceneinsatzes im Rahmen einer Budgetierung. Die Bedeutung des Kontraktmanagements reicht jedoch weiter. Über-Unterordnungs-Verhältnisse sollen durch gleichberechtigtes Handeln ersetzt werden. An die Stelle starrer Gesetze und Weisungsverhältnisse soll eine Verständigung über gemeinsames Handeln treten. Max Weber spricht in diesem Zusammenhang von der Kontraktgesellschaft.
Im Schulbereich spielt das Kontraktmanagement eine wichtige Rolle bei der Stärkung der Selbstständigkeit von Schulen (Schulautonomie). Dieses gilt für Zielvereinbarungen über die Einräumung personalrechtlicher Befugnisse ebenso wie bei Budgetierung von Sachmitteln und Personalmittel oder der Eröffnung von Einnahmemöglichkeiten durch Sponsoring oder eigenwirtschaftliche Tätigkeiten. Zielvereinbarungen können ferner einseitige Regelungen zur Organisation und Aufgabenwahrnehmung durch die Schulbehörden und die Schulen ersetzen und Grundlage für ein gemeinsames Handeln sein.
Vom Kontraktmanagement zu unterscheiden sind Vereinbarungen, die in der Schule mit Schülerinnen und Schülern und ihren Eltern geschlossen werden. Schulverträge können Hausordnungen ersetzen, Klassenverträge konkrete Verhaltenserwartungen festschreiben und Erziehungsverträge durch Gesetz festgelegte Rechte und Pflichten der Beteiligten verdeutlichen oder bekräftigen. Vereinbarungen dieser Art haben in der Regel lediglich appellativen Charakter und sind gerichtlich nicht durchsetzbar.

Literatur
Füssel, H.-P./Kretschmann, R. (2005): Verträge im Bildungsbereich. In: Recht der Jugend und des Bildungswesens 53, 56-70. – Kommunale Gemeinschaftsstelle für Verwaltungsmanagement (1998): Bericht Kontraktmanagement. Köln.

Klaus Hanßen

Kontrollüberzeugungen

Kontrollüberzeugungen sind persönliche Annahmen darüber, in welchem Ausmaß innere und äußere Bedingungen in einem bestimmten Handlungsfeld für die Ergebnisse von Handlungen verantwortlich sind. Kontrollüberzeugungen sind kognitive Interpretationsmuster, mit denen einerseits Ereignisse, eigene Handlungen und deren Folgen subjektiv erklärt werden, die andererseits die Planung und Ausführung von Handlungen beeinflussen und somit motivierende und handlungsleitende Funktionen entwickeln.
Während Menschen Handlungen planen, ausführen und den Erfolg überprüfen, beschäftigen sie sich vielfach mit der Frage, inwieweit sie ihr Handeln, ihre Handlungsresultate und deren Folgen selbst beeinflussen können. Mit anderen Worten: Sie fragen sich, inwieweit sie personale (oder auch interne) Kontrolle ausüben und inwieweit Handlungsergebnisse und Ereignisse von äußeren Bedingungen abhängig sind, also externer Kontrolle unterliegen. Im Prozess zielorientierten Handelns machen Menschen Erfahrungen mit erfolgreichen und erfolglosen Versuchen, ihr eigenes Handeln und Ereignisse in ihrer Umgebung zu kontrollieren. Als Folge solcher Erfahrungen entwickeln sich handlungsbezogene Kognitionen wie Ursachenzuschreibungen (Attributionen), Kontrollüberzeugungen, Erfolgserwartungen, Kompetenz- und Selbstwirksamkeitsüberzeugungen. Kontrollkognitionen beziehen sich auf aktuelle Handlungen, aber auch reflektierend auf vergangene Erfahrungen und planerisch auf zukünftige Ereignisse.
Das Konzept der Kontrollüberzeugungen geht auf die soziale Lerntheorie von Julian B. Rotter zurück. Die Tendenz, eine bestimmte Handlung auszuführen, ist nach dieser Theorie unter anderem von Annahmen über innere und äußere Erfolgsbedingungen abhängig. Für vertraute Situationen entwickeln sich dabei spezifische, erfahrungsabhängige Erwartungen; in unbekannten Situationen werden dagegen unspezifische allgemeine Vermutungen oder Überzeugungen aktiviert; diese stellen Verallgemeinerungen bisheriger Erfahrungen dar und werden mit Kontrollüberzeugungen oder auch mit locus of control bezeichnet.
Die ursprüngliche Gegenüberstellung von internalen versus externalen Kontrollüberzeugungen lässt sich weiter ausdifferenzieren, beispielsweise nach den Einflussgrößen Fähigkeiten, Ziele, Persönlichkeit, Anstrengung (internal) und Zufall, andere Personen, gesellschaftliche Rahmenbedingungen (external). Je nach kulturellem Kontext können weitere Faktoren wie Schicksal, Geister oder Gott als bedeutsam erlebt werden. Die Einflussfaktoren müssen nicht additiv aufgefasst werden, sondern können in komplexer und flexibler Weise miteinander interagieren. Im Allgemeinen begünstigen internale Kontrollüberzeugungen engagiertes und motiviertes Handeln.
Neben persönlichen Kontrollüberzeugungen gibt es Kontrollideologien, d.h. Auffassungen darüber, wie viel Einfluss die Mitglieder einer Gesellschaft insgesamt ausüben können und welche sonstigen Faktoren gesellschaftliche Vorgänge beeinflussen. Unter bestimmten Bedingungen (z.B. bei unterprivilegierten Gruppen) steht politisches Engagement mit externalen Kontrollideologien in Beziehung, vermutlich weil man sich durch solidarisches politisches Handeln zum aktiven Bestandteil der als bedeutsam angesehenen gesellschaftlichen Einflussfaktoren entwickeln kann.

Literatur
Krampen, G. (Hg.) (1989): Diagnostik von Attributionen und Kontrollüberzeugungen. Göttingen. – Preiser, S. (1988): Kontrolle und engagiertes Handeln. Göttingen.

Siegfried Preiser

Konvergenztheorie

Sozialwissenschaftliche Konvergenztheorien entstanden in den 1960er Jahren, mit Vorläufern und Anleihen bei älteren Konzeptionen von Modernisierung, Entwicklung und sozialem Wandel. Sie gingen davon aus, dass sich gesellschaftliche Entwicklungen in kapitalistischen und in sozialistischen Ländern strukturell annähern; ebenso folge der Entwicklungsweg der sich zu jener Zeit herausbildenden sog. Entwicklungsländer jenem der Industrieländer. Ihre Grundannahme besagt, dass vergleichbare Herausforderungen und Situationen, denen sich Industriegesellschaften gegenübersehen, Nationen und Individuen zu in Grundzügen ähnlichen Lösungen führen. Dies gelte für Formen von Produktion und Nutzung von Ressourcen (z.B. steigende Abhängigkeit von Wissenschaft und Technologie), politische Organisation (z.B. Zunahme staatlicher Kontrolle, rationale Formen von Bürokratie), Muster der Sozialbeziehungen (z.B. Familienstrukturen), Einstellungen und Verhaltensweisen (z.B. zu Arbeit und Freizeit). Die Logik der Modernisierung bzw. des Industrialismus (modern man/industrial man) wurde der marxistischen Logik der kapitalistischen

Produktionsweise entgegen gehalten. Beide Logiken folgen jedoch einer evolutionistischen Perspektive, die Konvergenztheorie durch ihre paradigmatische Entgegensetzung von vormodern und modern. Seit den 1990er Jahren gibt es angesichts des Zusammenwachsens von Europa, der Entwicklungswege in den postsozialistischen Ländern und der ubiquitären Globalisierung ein gewisses neues Interesse an den Prognosen der Konvergenztheorien, die sich zu bewahrheiten scheinen. Neben die strukturfunktionalistisch zu erklärenden Konvergenzen sind inzwischen jedoch explizit politisch gewollte getreten.
Alex Inkeles, einer der Hauptvertreter der Konvergenztheorie, hat sich u.a. auch mehrfach mit Bildungsentwicklungen beschäftigt. Von ihm stammen präzise, empirisch handhabbare Definitionen von verschiedenen Varianten von Konvergenz in Abgrenzung zu Divergenz und zu parallelen Entwicklungen. Seine vergleichenden Untersuchungen zu Merkmalen und Entwicklungen nationaler Bildungssysteme konstatieren daher neben Konvergenzen auch Divergenzen und Variationen.

Literatur

Coughlin, R. M.: Convergence Theories. In: Borgatta, E. F./Borgatta, M. L. (²2001): Encyclopedia of Sociology. New York, 422-431. – Inkeles, A. (1998): One World Emerging? Oxford.

Christel Adick

Konversationsanalyse

Die Konversationsanalyse beschäftigt sich mit den kommunikativen Prinzipien der (Re-)Produktion von sozialer Ordnung in der situierten sprachlichen und nichtsprachlichen Interaktion. Ihr Erkenntnisinteresse zielt also auf die generativen Prinzipien und Verfahren, mittels derer die Teilnehmer an einem Gespräch in und mit ihren Äußerungen und Handlungen die charakteristischen Strukturmerkmale des interaktiven Geschehens, in das sie verwickelt sind, hervorbringen. Dieser Forschungsansatz wurde in den 1960er Jahren von Harvey Sacks entwickelt und von Emanuel Schegloff, Gail Jefferson u.a. weiter ausgebaut. Theoriegeschichtlich ist die Konversationsanalyse vor allem durch die phänomenologisch orientierte Soziologie von Alfred Schütz sowie die Ethnomethodologie Harold Garfinkels beeinflusst worden. Ein besonderes Merkmal ist ihr radikaler empirischer Anspruch: Es werden ausschließlich technische Originalaufzeichnungen wie Tonband- oder Videomitschnitte von Interaktionsereignissen verwendet, die in keiner Weise vom Forscher initiiert oder angeregt worden sind (natürliche Daten). Im Anschluss daran erfolgt die Verschriftung dieser Ereignisse mit dem Ziel, die Vollzugsdynamik eines Interaktionsgeschehens zu bewahren. Zur Transkription können verschiedene Konventionen herangezogen werden, und je nach Fragestellung kann die Transkription unterschiedlich detailliert ausfallen. Die Identifizierung der generativen Prinzipien und kommunikativen Praktiken der Interaktanten wird erreicht durch eine systematisch-vergleichende Datenanalyse. Die in der Kleingruppe praktizierten und zeitintensiven Datensitzungen folgen zwar methodischen Prinzipien, die Analyse selbst ist jedoch nicht kanonisierbar. Die Konversationsanalyse geht strikt daten-geleitet vor und lehnt es ab, schon vorab das Datenmaterial mittels theoretischer Konzepte zu ordnen bzw. Hypothesen zu überprüfen. Begründet ist dieses methodische Prinzip in Garfinkels These, wonach die Mitglieder selbst soziale Ordnung im Vollzug erzeugen und wechselseitig anzeigen. Demnach folgt man der analytischen Maxime order at all points –, d.h. kein Element eines Interaktionsverlaufs, sei es ein Lächeln, Sprechpausen oder die Dehnung eines Lautes etc. wird als zufällig oder gar irrelevant abgetan. Da beobachtbare Geordnetheiten in der Konversationsanalyse als methodisch produzierte Lösungen von strukturellen Problemen der Interaktionsorganisation betrachtet werden, gilt es am Ende das Problem zu rekonstruieren, dessen methodische Bearbeitung zu der beobachtbaren Geordnetheit geführt hat. Aus erziehungswissenschaftlicher Sicht sind vor allem die Arbeiten von Carolyn D. Baker von Bedeutung – wie z.B. die Studie über ein School-Staff-Meeting. Weitere Untersuchungsfelder sind neben Alltagsgesprächen u.a. die Analyse institutioneller Interaktionen sowie Arbeiten zu medial vermittelter Kommunikation. Neuere Entwicklungen u.a. im Bereich der Human-Computer-Interaction bzw. der Computer-Mediated-Communication werden zeigen, wie die wechselseitige Annäherung zwischen Ethnografie und Konversationsanalyse methodologisch bewerkstelligt wird und ob deren praktische Relevanz aus den Forschungsergebnissen auch hervorgeht.

Literatur

Ayaß, R. (1997): Das Wort zum Sonntag. Stuttgart. – Bergmann, J. R. (1994): Ethnomethodologische Konversationsanalyse. In Fritz, G./Hundsnurscher, F. (Hg.): Handbuch der Dialoganalyse. Tübingen, 1-22. – Drew, P./Heritage, J. (1992): Talk at work. Cambridge.

Frank Oberzaucher

Konzentration

Konzentration gilt als die Fähigkeit, unter Bedingungen, die das Erbringen einer kognitiven Leistung erschweren, zügig und exakt zu arbeiten. Der Begriff Konzentration wird umgangssprachlich häufig gleichgesetzt mit Aufmerksamkeit. In der englischsprachigen Literatur verwendet man interessanterweise concentration kaum und spricht ausschließlich von attention. Die Einführung des kinder- und jugendpsychiatrischen Konzeptes ADS (Aufmerksamkeits-Defizit-Störung) als Übersetzung von Attention-Deficit-Disorder machte vor allem die gesellschaftliche Relevanz dieses Phänomens deutlich. Hier interpretiert man eine Störung der Aufmerksamkeit als Krankheit und hält u.a. ihre Behandlung durch Psychopharmaka für möglich. In der pädagogischen und psychologischen Fachliteratur versteht, beschreibt und behandelt man häufig den gesamten Komplex als eine Konzentrationsstörung ohne entsprechende terminologische Differenzierungen vorzunehmen.

Die aktuelle Forschung aber hebt besonders die Unterscheidung zwischen den beiden sicher nah verwandten Konstrukten Konzentration und Aufmerksamkeit hervor. Während Aufmerksamkeit als ein Phänomen zur gezielten Selektion von Reizen im Bereich der Wahrnehmung angesehen wird, lässt sich Konzentration als ein Aspekt der qualitativen, kognitiven Verarbeitung interpretieren. Konzentration setzt dementsprechend an einer höheren kognitiven Verarbeitungsstufe an. Unter Konzentration werden auch die absichtsvolle, nicht automatisierte Koordination von Handlungsteilen und deren kontrollierte Ausführung verstanden. Dazu zählen beispielsweise das konzentrierte Arbeiten in der Schule, das Lesen schwieriger Texte oder das Autofahren. Das Ausmaß, in dem sich ein Individuum nur mit relevanten Reizen beschäftigt, beeinflusst maßgeblich das Verhaltensergebnis. Konzentrationsfähigkeit besitzt somit eine hohe praktische Relevanz im Alltag.

Interindividuell unterscheiden sich Menschen in ihrer Konzentrationsfähigkeit stark. Auch die intraindividuelle Konzentrationsfähigkeit eines Individuums schwankt. Sie ist in unterschiedlichen Situationen abhängig von psychologischen Variablen wie z.B. Leistungsmotivation oder Ängstlichkeit. Konzentration unter solchen Bedingungen aufrecht zu erhalten, ist mit Anspannung verbunden. Aus diesem Grunde kann Konzentration nur über einen bestimmten Zeitraum aufrechterhalten werden.

In der praktischen Arbeit ist insbesondere der Mangel an Konzentration von Bedeutung. Konzentrationsschwierigkeiten werden aus der Schule und von den Eltern am häufigsten berichtetet. Epidemiologische Studien legen nahe, dass etwa 5 bis 8% der Schüler unter einer Konzentrationsstörung leiden. Als gelegentlich unkonzentriert gelten 30% der Schüler.

Seit Anfang der 1970er Jahre gehen Wissenschaftler der Frage nach einer effektiven Verbesserung der Konzentrationsleistung nach. Erfolgreiche Methoden setzen dabei wie auch bei der Aufmerksamkeitsstörung bei der Entwicklung metakognitiver Strategien zur Aufrechterhaltung von konzentriertem Verhalten an. Sie basieren fast alle auf der Methode der verbalen Selbstinstruktion.

Literatur

Schmidt-Atzert, L./Büttner, G./Bühner, M. (2004): Theoretische Aspekte von Aufmerksamkeits-/Konzentrationsdiagnostik. In: Büttner, G./Schmidt-Atzert, L. (Hg.): Diagnostik von Konzentration und Aufmerksamkeit. Göttingen, 3-22.

Dieter Krowatschek

Kooperation in pädagogischen Institutionen

Im Kontext professioneller Handlungspraxis stellt die Kooperation in pädagogischen Institutionen einen der wichtigsten und zugleich vielleicht am meisten unterschätzen Aufgabenbereiche dar. Dabei lässt sich ihre Bedeutung sehr einfach begründen: Wenn die Bereitstellung optimaler Rahmenbedingungen für die Erziehung, Bildung, Entwicklung und das Wohlergehen des Kindes im Zentrum allen Bemühens professioneller Pädagogik steht, dann ist eine umfassende Kooperation unumgänglich.

Aus dem jeweiligen Kontext pädagogischer Einrichtungen stellen sich eine Vielzahl an Kooperationsaufgaben: Es geht um die Kooperation zwischen Institutionen (organisatorische Vernetzung und externe Kooperation), zwischen verschiedenen Berufsgruppen (interdisziplinäre Kooperation), innerhalb der Einrichtung (interne Kooperation), innerhalb einer Berufsgruppe (kollegiale Kooperation) und – z.B. in der Schule – um die Kooperation mit den Kindern und Eltern.

Im Kontext von Schule stellt die kollegiale Kooperation von Lehrern einen wichtigen Gradmesser für das Schulklima (Kooperationskultur) dar. Hinsichtlich ihrer pädagogischen Aufgabe gibt es darüber hinaus zahlreiche Anlässe einer externen Kooperation mit anderen Einrichtungen (etwa der Jugendhilfe) sowie Berufsgruppen (z.B. Psychologen oder Ärzten) oder spezifischen Angebotsformen der Sonderpädagogik oder Schulsozialarbeit. Mit der Funktion des Beratungslehrers ist im deutschen Schulsystem zudem eine Position geschaffen worden, der eine wichtige interne Koordinations-, Kooperations- und Beratungsfunktion zukommt. Darüber hinaus gibt es externe Beratungsangebote der schulpsychologischen Dienste und die – im internationalen Vergleich bisher nur wenig ausgebauten – sonderpädagogischen Beratungs- und Kooperationsangebote zur Integration von Schülern mit Beeinträchtigungen.

Die Zusammenarbeit zwischen Sonderpädagogen und Lehrern an den allgemeinen Schulen (integrative Kooperation) zielt auf eine Integration bzw. auf die Vermeidung einer Separierung von Schülern mit sonderpädagogischem Förderbedarf. Sie wird als ein wesentlicher Faktor für die erfolgreiche schulische Integration betrachtet. Zu den wichtigsten Formen der integrativen Kooperation zählen der Ko-Unterricht (Teamteaching), Teamarbeit und Beratung/Konsultation.

In der internationalen Diskussion hat sich der Begriff der Collaboration etabliert, mit dem die Bedeutung der interdisziplinären Zusammenarbeit zwischen den verschiedenen Berufsgruppen – trotz unterschiedlicher Spezialisierungen – betont wird. Hiermit wird die Perspektive einer kooperativen Pädagogik entwickelt, die sich auf einem umfassenden Netzwerk der Kooperation zwischen allen Beteiligten gründet: Schule/Lehrer, andere Einrichtungen und professionelle Helfer, Familie/Elternhaus und die Schüler arbeiten zusammen in educational partnerships.

Literatur
Kreie, G. (1985): Integrative Kooperation. Weinheim. – Thementeil Kooperation im Lehrerberuf (2006). In: Zeitschrift für Pädagogik 52, H. 2. – Welch, M./Sheridan, S. M. (1995): Educational partnerships. Orlando.

Marc Willmann

Kooperatives Lernen

Die Bezeichnung kooperatives Lernen wird üblicherweise für klasseninterne Organisationsformen mit vier bis sechs Mitgliedern pro Gruppe verwendet, viele Autoren zählen aber auch Partnermodelle zu den kooperativen Lernformen. Kooperatives Lernen bedeutet, dass Schüler in kleineren Gruppen arbeiten und sich beim Lernen des Stoffs gegenseitig helfen. Zu diesem Zweck werden kooperative Zielstrukturen geschaffen, so dass jedes Gruppenmitglied einzeln für seinen Beitrag verantwortlich gemacht werden kann und andererseits jedes Gruppenmitglied für die Erreichung des gemeinsamen Lernziels von der Kooperation mit den anderen abhängig ist. Es lässt sich zeigen, dass der Erfolg des kooperativen Lernens abhängt von seiner Strukturierung, die sich in folgenden Punkten zeigt: eine gemeinsame Gruppenaufgabe, die keiner der Schüler alleine lösen kann, daher helfen die Schüler einander, gehen aufeinander ein und akzeptieren ihre persönliche Verantwortlichkeit für das Bewältigen der Gruppenaufgabe. Die Betonung der gemeinsamen Zielstruktur und der stärkeren Strukturierung der Lernsituation grenzt kooperatives Lernen auch von traditionellen Gruppenarbeitsformen ab. Aufgabenspezialisierung wird von verschiedenen kooperativen Lernformen genutzt, um die beschriebenen Ziele zu erreichen. Die Gruppenmitglieder verfügen dabei nur über einen Teil der Ressourcen (Informationen, Materialien) und erwerben einen Expertenstatus. Im zweiten Schritt müssen sie ihr Wissen an andere Schüler weitergeben. Zu diesen Techniken wechselseitigen Lernens und Lehrens zählen zum Beispiel das Partner- und Gruppenpuzzle und die strukturierte Kontroverse. Andere Formen kooperativen Lernens verzichten auf die aufgabenbezogene Interdependenz der Gruppenmitglieder und verbessern die Kooperation durch teambezogene Belohnungen. Dazu gehören das Teams-Games-Tournament und die Student-Teams-Achievement Divisions (deutsch auch Gruppenrallye). Gelernt wird hierbei in der Gruppe mit gegenseitiger Unterstützung, anschließend wird der Lernerfolg einzeln überprüft. Entscheidend für eine Bewertung oder Belohnung ist aber der durchschnittliche Lernerfolg der Gruppe. Group investigation (Kleingruppenprojekte) ist eine vergleichsweise unstrukturierte Form und längerfristige Form kooperativen Lernens, bei der die projektartige Gruppenarbeit in verschiedene Phasen eingeteilt wird, es jedoch weder aufgabenbezogene Interdependenz noch Gruppenbelohnungen gibt.

Die Effektivität kooperativer Lernformen beim fachlichen Lernen ist nachgewiesen und hängt von verschiedenen Randbedingungen (Lernziele, Grup-

pengröße und -zusammensetzung, Schülervoraussetzungen, Unterrichtsform, schulisches Umfeld) ab; nicht fachliche Effekte sind belegt für Verbesserungen der Selbstwertschätzung und Selbstwirksamkeit, des akademischen Selbstkonzepts, der intrinsischen Motivation sowie der sozialen Beziehungen und des sozialen Klimas in einer Lerngruppe.
Trotz nachgewiesener Effektivität kooperativer Lernformen werden sie im Schulunterricht vergleichsweise wenig eingesetzt.

Literatur
Huber, A. (2004): Kooperatives Lernen – kein Problem. Leipzig. – Johnson, D. W./Johnson, R. T. ([4]1994): Learning together and alone. Boston.

Martin Hänze

Koranschulen in Deutschland

Mit der muslimischen Einwanderung in Deutschland und der Familienzusammenführung insbesondere bei türkischen Gastarbeitern seit den 1970er Jahren entstand eine wachsende Zahl von Gebets- und Moscheeräumen. Ebenso wuchs bei den muslimischen Familien der Bedarf am religiösen Elementarunterricht für die Kinder. Dieser knüpfte meist an die religiöse Unterrichtsform an, die in den Herkunftsregionen verbreitet war. Dies war in den meisten Fällen ein Koranunterricht. Hierfür wurden Koranlehrer eingestellt, die über die entsprechenden Kenntnisse im Koran verfügten. Gegenstand dieses Unterrichts, der in den Gebetsräumen und Moscheen abgehalten wurde, bildete die Rezitation des arabischen Korantextes, das Auswendiglernen einiger für das Gebet zu verwendender Koransuren, sowie die Einführung in die islamischen Glaubenslehren und in die Rituale von Waschung und Gebet. Z.T. wurde dabei auch das klassische türkisch-islamischen Liedgut der sog. Gotteslieder (türkisch ilâhi) vermittelt. Besondere Bedeutung auf dem Gebiet des Koranunterrichtes erlangte in Deutschland seit den siebziger Jahren der Verband der Islamischen Kulturzentren, einer konservativen religiösen Bewegung, die aus der mystischen Bruderschaft der Naqschbandiyya hervorgegangen war. Sie erwarb sich Ansehen durch ihre streng an der türkisch-islamischen Tradition ausgerichtete Form des Unterrichts, den sie in eigenen Korankursen in ihren Kulturzentren anbot. Auch andere islamische Organisationen und Moscheegemeinden zogen bald nach.

Die privaten, weit außerhalb des deutschen Bildungsbetriebes und seiner Pädagogik stehenden Korankurse erweckten schon seit den 1980er Jahren das Interesse der deutschen Pädagogik als eine neue Form elementarer religiöser Pädagogik in Deutschland. Sie stießen aber auch auf Kritik und wurden vielfach als Herausforderung für das deutsche Bildungswesen und als Instrument zum Aufbau einer muslimischen Parallelgesellschaft angesehen. Mittlerweile hat sich der religiöse Unterricht in den islamischen Organisationen stark aufgefächert, und es sind verschiedene Formen staatlichen Islam-Unterrichtes daneben etabliert worden. Mit zunehmender Konsolidierung islamischer Gemeinden und Verbände kann man sicherlich auch bei religiös konservativen muslimischen Gemeinschaften in Deutschland von einer Verschiebung religionspädagogischer Vorstellungen hin zum deutschen Bildungswesen sprechen. Auch die pädagogische Entwicklung in der Türkei selbst, in der sich die religionspädagogischen Maßstäbe und Ansätze seit den 1980er Jahren stark verändert haben, blieb nicht ohne Einfluss auf die Entwicklung der privaten religiösen Bildung bei türkischen Muslimen in Deutschland.

Literatur
Alacacioglu, H. (1999): Außerschulischer Religionsunterricht für muslimische Kinder und Jugendliche türkischer Nationalität in Nordrhein-Westfalen. Münster. – Bülent U./Sarikaya, Y (Hg.) (2009): Entwicklung der modernen Islamischen Religionspädagogik in der Türkei im 20. Jahrhundert. Hamburg.

Stefan Reichmuth

Korczak, Janusz (1878–1942)

Korczak (eigentlich Henryk Goldszmit) kam aus einem großbürgerlichen jüdischen Warschauer Elternhaus. Er studierte Medizin, sammelte pädagogische Erfahrung als Erzieher und durch Pestalozzi-Studien (1899 in der Schweiz). Nach der Promotion (1904) arbeitete er als Kinderarzt, visitierte medizinische und pädagogische Einrichtungen in Berlin, Paris und London und entwickelte eine eigene Pädagogik auf der Basis von Achtung und Liebe, wie er sie 1921 in seiner kinder- und jugendpolitischen Grundsatzerklärung darlegte. Seit 1899 war er unermüdlich schriftstellerisch tätig, insbesondere als Kinderbuchautor. Ab 1912 leitete Korczak ein jüdisches Waisenhaus (Dom Sierot) in Warschau, 1919 dazu ein Waisenhaus für Arbeiterkinder (Nasz Dom). 1940 wurde er mit dem Dom Sierot ins Ghetto gezwungen, 1942 mit etwa 200 Insassen zur Ermordung nach Treblinka deportiert. Korczak hätte dem entgehen können, blieb aber bei seinen Kindern. Korczak war ein reformpädagogischer Pionier in humanistischer Mission. 1972 wurde ihm posthum der Friedenspreis des Deutschen Buchhandels verliehen.

Literatur

Korczak, J. (1996-2004): Sämtliche Werke. 16 Bde. Gütersloh.

Gisela Miller-Kipp

Korea (Republik Korea; Republic of Korea)

Obgleich Korea auf eine lange konfuzianisch geprägte Tradition von Lernen und Bildung zurückblicken kann – neben Einrichtungen zur Vorbereitung auf die Aufnahmeprüfungen für den Staatsdienst breiteten sich seit dem frühen 15. Jahrhundert allmählich auch Schulen für breitere Bevölkerungsschichten aus – hatten 1945, als die 35-jährige japanische Kolonialherrschaft endete, weniger als 5% der erwachsenen Koreaner eine über die Grundschule hinausgehende Schulbildung. Es gab eine Universität, die mehrheitlich von japanischen Staatsangehörigen besucht wurde. Heute gibt es in Korea, umgangssprachlich als Südkorea bezeichnet, mehr als 180 Colleges und Universitäten, und etwa 90% der Schülerinnen und Schüler schließen ihre Schulzeit nach der oberen Sekundarstufe ab. Diese international beispiellose Bildungsexpansion konnte an eine in der Kolonialzeit unterdrückte traditionelle Wertschätzung von Bildung anknüpfen, die durch das Versprechen sozialen Aufstiegs im Zuge des rasanten Umbaus einer weitgehend agrarisch strukturierten Gesellschaft in einen hochproduktiven Industriestaat noch verstärkt wurde.

Beim Aufbau des Bildungswesens nach Krieg und Bürgerkrieg und der damit verbundenen Teilung des Landes (1950-1953) konzentrierte sich die staatliche Politik – auch finanziell – eindeutig auf die Grundbildung. 1949 wurde eine sechsjährige allgemeine Schulpflicht in einer einheitlichen Grundschule proklamiert, die in Südkorea bis Ende der 1950er Jahre flächendeckend durchgesetzt war – bei allerdings sehr großen Klassen, die in mäßigerer Form bis heute vorherrschen. Weiterführende Bildung wurde in größerem Maße z.T. kostspieligen privaten Anbietern überlassen. Sie erfassen gegenwärtig etwa 20% aller Mittel- und 55% aller Oberschüler. Gleichwohl überschritt die Einschulungsquote für die einheitliche dreijährige Mittelschule 1979 die 90%-Marke eines Jahrgangs. In der ebenfalls dreijährigen Oberschule wurde die Marke 1994 erreicht, so dass heute ein Abschluss nach zwölf Jahren Schule praktisch die Regel ist.

Mehr als 80% der Oberschulabsolventen schreiben sich an Hochschulen ein, davon wiederum fast 80% an privaten. Fachliche, nicht immer akademische, Qualifizierung findet dort oder – mehr noch – in den Betrieben statt; berufsbildende Angebote im deutschen Sinn haben eher subsidären Charakter. Auch Weiterbildung ist eher Angelegenheit der Betriebe oder bleibt größtenteils privaten Anbietern und privater Initiative überlassen.

Da die verschiedenen Hochschulen sich in ihrer Reputation unterscheiden und diese Reputation die künftige Erwerbsbiographie maßgeblich bestimmt, stellt der Hochschulzugang mittels Aufnahmeprüfungen die wohl entscheidende Weichenstellung in jeder individuellen Biographie dar. Der sich daraus ergebende Wettbewerb um die optimale Prüfungsvorbereitung hat – wie in anderen ostasiatischen Staaten auch – teilweise geradezu groteske Formen angenommen und wird allgemein beklagt. U.a. hat er nicht nur ein florierendes privates Ergänzungsschulwesen entstehen lassen; auch die Dominanz vergleichsweise traditionell erscheinender Lehr- und Lernmethoden wird wesentlich auf den Druck durch die Zugangsprüfungen zurückgeführt. Dass die 15-Jährigen allein durch sozialen Druck, Drill, Pauken und Auswendiglernen die – ihnen in internationalen Vergleichsuntersuchungen bescheinigten – sehr guten Ergebnisse erzielen und dabei auch eine ihnen ebenfalls bescheinigte hervorragende allgemeine Problemlösungskompetenz entwickeln, ist allerdings unwahrscheinlich.

Literatur

Schoenfeldt, E. (1996): Dem Lernen widmet sich der edle Mensch. Kassel. – Seth, M. J. (2002): Education Fever. Honolulu.

Volker Schubert

Korporatismus

Korporatismus bezeichnet innerhalb sozialwissenschaftlicher Debatten seit den 1970er Jahren gemeinhin die Einbindung von Interessensgruppen in politische Entscheidungsprozesse. Die Inkorporierung großer gesellschaftlicher Akteure wie der

Tarifparteien in die staatliche Entscheidungsbildung wird in Absetzung zu diesen frühen Korporatismus-Konzepten auch als liberaler oder Neo-Korporatismus bezeichnet. Die Rede ist von der Organisation staatlich anerkannter oder lizensierter Einheiten in einem System der Interessenvermittlung. Damit verschiebt sich die Perspektive von der Fokussierung des Einflusses von Interessensgruppen auf staatliche Entscheidungen hin zur Inblicknahme des Verhältnisses zwischen dem aktiv eingreifenden Staat und der korporativen Einbindung von gesellschaftlichen Großorganisationen.
In der deutschsprachigen Erziehungswissenschaft sind korporationsanalytische Überlegungen bisher nur selten vorzufinden, obwohl sie vor allem in Bezug auf einzelne pädagogische Arbeitsfelder erkenntnisreich wären. Beispielsweise zeigt sich mit Blick auf die wachsende Implementierung von Aktivierungspolitiken, wie sie seit dem Ende der 1990er Jahre in der Erziehungshilfe und den Bereichen der Berufsberatung und Berufsbildung implementiert werden, der veränderte Einfluss bundesdeutscher Verbändestrukturen für die Soziale Arbeit.
Konzentrierten sich Korporatismusstudien in den 1970er Jahren vor allem auf die Inkorporation der Verbände in verschiedene Politikfelder, so zeigt sich bereits für Ende der 1980er Jahre eine Verdrängung der subsidiären Selbstverwaltung durch korporatistische Verbundsysteme. In jüngster Zeit wird diese Entwicklung unter der Überschrift tripartistischer Korporatismus diskutiert. Mit Blick auf die sozialen Dienste kann von einer Entwicklung vom Korporatismus zur strategischen Allianz gesprochen werden. Akteure finden sich inzwischen zur Kooperation vor allem deshalb zusammen, weil sie davon ausgehen, dass sie damit ihre Eigeninteressen auf dem entstandenen (Quasi)Markt sozialer Dienste am besten verfolgen, ihre Kräfte also bündeln können, um Positionen im Wettbewerb zu verbessern. Mit Blick auf diese Entwicklungen lässt sich also von einer Entwicklung vom sozialen hin zu einem Wettbewerbskorporatismus sprechen. Grundsätzliche Kritik an korporatistischen Überlegungen wird vor allem aus politisch-ökonomischer Perspektive geäußert. Die Differenzierung von Korporatismus einerseits und marktförmiger Organisierung andererseits suggeriere eine falsche Gegenüberstellung, da damit übersehen werde, dass es in der aktuellen Verbände-Staat-Konstellation nicht um die Frage einer Ökonomisierung an sich gehe, sondern um die Frage deren spezifischen Formierung.

Literatur

Dahme, H.-J./Wohlfahrt, N. (2007): Vom Korporatismus zur Strategischen Allianz von Sozialstaat und Sozialwirtschaft. In: Dahme, H.-J./Trube, A./Wohlfahrt, N. (Hg.): Arbeit in Sozialen Diensten. Baltmannsweiler, 22-34. – Olk, T (1995): Zwischen Korporatismus und Pluralismus. In: Rauschenbach, T./Sachße, C./Olk, T. (Hg.): Von der Wertgemeinschaft zum Dienstleistungsunternehmen. Frankfurt, 98-122.

Fabian Kessl

Korrelation

Die Korrelation bezeichnet einen Zusammenhang zwischen zwei in der Regel metrisch skalierten Variablen. Im Falle von nominalskalierten Variablen spricht man von einer Assoziation. Die Stärke der Korrelation wird durch statistische Maßzahlen ausgedrückt, die zwischen 0 und 1 im Falle eines Assoziationsmaßes oder zwischen -1 und +1 bei negativer oder positiver Korrelation streuen. Am häufigsten verwendet wird der Pearsons-Korrelationskoeffizient. Ein starker Zusammenhang kann durch die Einwirkung von X auf Y aber auch durch den Einfluss einer Drittvariablen oder eine wechselseitige Beeinflussung bedingt sein. Deshalb sollten Korrelationen zurückhaltend interpretiert werden.

Literatur

Benninghaus, H. ([11]2007): Deskriptive Statistik. Wiesbaden.

Radoslaw Huth

Kosten-Wirksamkeitsanalyse

Für die politische Bewertung von Veränderungen in der Gesellschaft ist von großer Bedeutung, welche zusätzlichen Mittel erforderlich sind, um als sinnvoll angesehene Veränderungen zu erreichen. Gibt es mehrere Handlungsalternativen, so stellt sich die Frage nach dem effizienten Vorgehen, bei dem bei gleichem Ressourceneinsatz das optimale Ergebnis erzielt wird. Bei der Evaluation in pädagogischen Handlungsfeldern hat dieser Gedanke bisher aber nur eine untergeordnete Bedeutung, obwohl auch hier Mittel knapp sind und – im Hinblick auf pädagogische Erträge – möglichst optimal eingesetzt werden sollten. Für eine ökonomische Bewertung pädagogischer Programme bietet sich die Kosten-Wirksamkeitsanalyse besonders an, die für die zu vergleichenden Alternativen den monetär bewerteten Ressourceneinsatz (Kosten) den gemessenen zielbezogenen Wirkungen (Wirksamkeiten) gegenüberstellt. Die Kosten-Wirksamkeitsanalyse kann ex-ante zur Alternativenbewertung und ex-post zur Erfolgskontrolle eingesetzt werden. Dabei bezieht die Kosten-Wirksamkeitsanalyse in nichtmonetären Einheiten gemessene Wirkungen in die Bewertung ein. Dies ist deshalb von Bedeutung, weil sich pädagogische Wirkungen einer monetären Bewertung weitgehend entziehen oder sich aus ethischen Gründen eine monetäre Bewertung verbietet. Damit unterscheidet sich die Kosten-Wirksamkeitsanalyse z.B. wesentlich von der Kosten-Nutzenanalyse, da sie nicht auf ein allgemeines Wohlfahrtsziel ausgerichtet ist, sondern die Vorteilhaftigkeit von Alternativen anhand situationsspezifisch auszuwählender Bewertungskriterien aufzeigt. Die Ergebnisse werden zwar zu einer Gesamtbewertung zusammengefasst, die politische Bewertung der Alternativen wird aber den Entscheidungsträgern überlassen.

Literatur

Weiß, M. (1995): Bildungsökonomische Wirkungsforschung: Konzepte, Methoden, empirische Befunde. In: Trier, U. P. (Hg.): Wirksamkeitsanalyse von Bildungssystemen. Bern, Aarau, 107-128.

Horst Weishaupt

Kraus, Hertha (1897-1968)

Kraus studierte ab 1916 in Frankfurt am Main am Universitätsseminar für Armenwesen und soziale Fürsorge Wirtschafts- und Sozialwissenschaften, wo sie 1919 promoviert wurde (Über Aufgaben und Wege einer Jugendfürsorgestatistik). Anschließend war sie tätig als Mitarbeiterin der Sozialen Arbeitsgemeinschaft Berlin-Ost von Friedrich Siegmund-Schulze, bevor sie 1923 Leiterin des städtischen Wohlfahrtsamtes der Stadt Köln wurde. 1933 erhielt sie einen Forschungsauftrag in den Vereinigten Staaten von Amerika, wo sie blieb und von 1936 bis 1963 als Professorin für Social Work and Social Research am Bryn Mawr College in Philadelphia wirkte. Nach 1945 folgten verschiedene Besuche in Deutschland und die Unterstützung der Aktivitäten des American Friends Service Committee (Quäker), dem sie bereits in Deutschland beigetreten war. Durch ihre Vortragsreisen hat sie zur Entwicklung der Sozialen Arbeit in der Bundesrepublik Deutschland beigetragen, wobei insbesondere die Einzelfallhilfe im Fokus ihrer Vorträge und Schriften stand (Von Mensch zu Mensch, 1949; Casework in USA, 1950).

Literatur

Schirrmacher, G. (2002): Hertha Kraus – Zwischen den Welten. Frankfurt.

Kurt Schilde

Krause, Erwin (1908-1978)

Krause wurde nach einem 1932 an der Technischen Hochschule Berlin abgeschlossenen Maschinenbaustudium dort 1934 mit einer arbeitswissenschaftlichen Dissertation promoviert. Danach war er bis 1936 in der Chemisch-Technischen Reichsanstalt und in der Eignungspsychologischen Untersuchungsstelle der Berufsberatung Berlin und von 1936-1945 als Fliegerstabs-Ingenieur im Reichsluftfahrtministerium verantwortlich für das Ausbildungswesen der gesamten Luftfahrtindustrie und der Flieger-Technischen Vorschulen der Luftwaffe.

Nach Rückkehr aus der Kriegsgefangenschaft wurde Krause 1948 die Leitung der Arbeitsstelle für betriebliche Berufsbildung in Bonn übertragen, die für die Erstellung und Überarbeitung der Ordnungsmittel (Berufsbilder und Berufsbildungspläne) zuständig war; bis 1970 sind von dieser Arbeitsstelle rund 400 Ausbildungsberufe in Industrie und Handel neu geordnet worden. Parallel dazu war Krause von 1951-1960 Geschäftsführer der Zentralstelle zur Erforschung und Förderung der Berufserziehung. Von 1970-1973 war er Geschäftsführer im Kuratorium der Deutschen Wirtschaft für Berufserziehung. Zunächst von 1955-1957 Lehrbeauftragter für Berufspädagogik an der Universität Bonn wurde er danach Lehrbeauftragter und 1969 Honorarprofessor für Industriepädagogik an der Technischen Hochschule Aachen (bis 1973).

Krause vertrat eine Industriepädagogik funktionaler Observanz – Bildung und Erziehung reduzieren sich bei Krause auf Anpassung an industrielle Erfordernisse; sein wissenschaftliches Werk besteht im Wesentlichen aus systematischen Anleitungen zur Gestaltung und Optimierung der industriebetrieblichen Ausbildungspraxis.

Literatur

Krause, E. (1963): Wesen und Aufgaben der Industriepädagogik. Ratingen.

Martin Kipp

Kreativität

Problemlöseprozesse, schöpferisches Denken und Originalität waren schon zu Beginn des 20. Jahrhunderts zentrale Themen der Psychologie, insbesondere der deutschen Gestaltpsychologie.

Eine Idee gilt als kreativ, wenn sie neu ist oder neuartige Elemente enthält und wenn sie sinnvoll erscheint, d.h. wenn ein angemessener Beitrag zur Lösung eines Problems oder eines inneren Spannungszustandes erkennbar wird. Die Bewertung der Angemessenheit ist jedoch abhängig vom jeweiligen sozialen Umfeld und vom Zeitgeist. Deshalb muss die gesellschaftliche Akzeptanz neben Neuartigkeit und Sinnhaftigkeit als drittes Kriterium für kreative Denk-, Fantasie- oder Gestaltungsprodukte postuliert werden.

Der Begriff Kreativität wird nicht nur auf Ideen angewandt, sondern auch auf Prozesse, Personen und das Problemumfeld. Kreative Ideen werden in einem Problemlösungsprozess hervorgebracht, bei dem sich mehrere Phasen unterscheiden lassen: Problemwahrnehmung, Zielklärung, Informationssammlung, bewusste oder unbewusste Informationsverarbeitung, Einfall und Überprüfung. Dabei kommt es u.a. auf das Zusammenspiel von Motivation, Wissen, anschaulich-intuitivem und sprachlich-logischem Denken an.

Kreativität ist nicht beschränkt auf Künstler, Erfinder und Wissenschaftler; bei jedem Menschen lassen sich kreative Potenziale entwickeln. Kreativität begünstigende Bedingungen in der Person sind geistige Fähigkeiten wie Problemsensibilität, Flexibilität und Originalität, Persönlichkeitsmerkmale wie Neugier, Konflikttoleranz und Unabhängigkeit sowie Problemlösestile und -strategien. Ein Kreativität förderndes Problemumfeld ist gekennzeichnet durch eine Lern- und Arbeitsatmosphäre, die dazu beiträgt, Menschen geistig anzuregen und zu aktivieren, zielgerichtet und intrinsisch zu motivieren, Vertrauen aufzubauen, Hemmungen abzubauen und Unabhängigkeit des Denkens zu fördern. Systematische Kreativitätsförderung besteht u.a. im Training einzelner Fähigkeiten oder im Einüben von Techniken. Kreativitätstechniken fördern über ihre Spielregeln u.a. eine aufgeschlossene Haltung, flexible Denkprozesse, eine lockere und vertrauensvolle Gruppenatmosphäre – so z.B. die Techniken Brainstorming, Brainwriting und Brainwalking. Neuartige Ideen werden in den verschiedenen Techniken stimuliert durch systematische Variation und Kombination von Elementen, freie Assoziationen, bildhafte Dar- und Vorstellungen (Visualisierungen), Analogien und Metaphern, Verfremdungen und Zufallsanregungen. Auch außerhalb von speziellen Kreativitätsförderungsprogrammen lassen sich grundlegende Kreativität fördernde Haltungen und Merkmale wie Neugier, Spontaneität, Unabhängigkeit, Komplexität im pädagogischen Alltag fördern.

Von besonderer Bedeutung ist die soziale Kreativität; darunter versteht man sowohl die Kompetenz zur unkonventionellen und fantasievollen Bewältigung alltäglicher sozialer Konflikte als auch die Fähigkeit zur originellen Lösung politischer, gesellschaftlicher und pädagogischer Probleme. Für die innovative Bearbeitung komplexer gesellschaftlicher Probleme wurden spezielle Arbeitsformen entwickelt: Szenariotechniken, Open Space, Zukunftswerkstätten und Zukunftskonferenzen.

Literatur
Preiser, S. (2006): Kreativität. In: Schweizer, K. (Hg.): Leistung und Leistungsdiagnostik. Heidelberg, 51-67. – Preiser, S. (2006): Creativity research in German-speaking countries. In: Kaufman, J. C./Sternberg, R. J. (Hg.): The international handbook of creativity. Cambridge, 167-201.

Siegfried Preiser

Krieck, Ernst (1882-1947)

Der aus kleinbäuerlichen Verhältnissen stammende Krieck besuchte nach dem Abschluss der Realschule das Lehrerseminar in Karlruhe und arbeitete mit Unterbrechungen bis 1928 im Volksschuldienst. Im selben Jahr erfolgte seine Berufung als Hochschullehrer an die Pädagogische Akademie nach Frankfurt am Main, wo er bis 1931 dozierte. Ihren Höhepunkt fand die akademische Karriere Kriecks in der Zeit des Nationalsozialismus. 1933 wurde er Rektor an der Johann Wolfgang Goethe-Universität Frankfurt am Main, an der Krieck auch eine Professur für Pädagogik und Philosophie erhielt. 1934 folgte er einem Ruf an die Universität nach Heidelberg auf den Lehrstuhl für Philosophie und Pädagogik und wurde dort 1937 Rektor. Krieck, der seit 1932 Mitglied der Nationalsozialistischen Deutschen Arbeiterpartei und des Nationalsozialistischen Lehrerbundes war und seit 1934 der Schutz-Staffel (SS) und deren Sicherheitsdienst angehörte, gewann über diverse Schriften (Nationalpolitische Erziehung, 1932; Völkisch-politische Anthropologie, 1936-38) sowie als Zeitschriftenherausgeber (Volk im Werden, 1934-

43) maßgeblich an Einfluss und galt bald als einer der führenden Erziehungswissenschaftler. Im Zuge parteiinterner Weltanschauungsdiskussionen trat er 1938 von seinen Partei- und akademischen Ämtern zurück, 1944 wurde er in den Führungskreis des Nationalsozialistischen Deutschen Dozentenbundes berufen, der jedoch aufgrund der Kriegssituation weitgehend bedeutungslos blieb. 1945 aus dem Hochschuldienst entlassen, verstarb Krieck 1947 in einem US-Internierungslager.
Kriecks programmatische Abhandlungen aus der Zeit des Nationalsozialismus zeugen von einer hohen Anpassungsbereitschaft an das politische System. Dabei lässt sich schon an seinen frühen Schriften eine von einem nationalpolitischen Interesse ausgehende Erziehungsintention ablesen. In seinem Hauptwerk aus der Zeit der Weimarer Republik, für das er 1923 die Ehrendoktorwürde der Universität Heidelberg erhielt, legte er allerdings einen modernen sozialwissenschaftlichen Ansatz für die Erziehungswissenschaft zugrunde, der zwischen funktionaler und intentionaler Erziehung unterschied und damit neben den unmittelbaren personalen auch die Bedeutung von sozial- und materialräumlichen Strukturen für den Erziehungsprozess thematisierte (Philosophie der Erziehung, 1922). Mit seinem ins Extrem gesteigerten Erziehungsverständnis, demzufolge jeder jederzeit jeden erziehe, negierte er jedoch die Besonderheit traditioneller pädagogischer Bezugsgrößen (Lehrer, Unterricht) und proklamierte eine Einordnung der Individuen in ein organologisch gedachtes völkisches Gemeinschafts-Konstrukt, das später dann unter nationalsozialistischen Vorzeichen in die Volksgemeinschaftsideologie münden konnte (Nationalsozialistische Erziehung begründet aus der Philosophie der Erziehung, 1933).

Literatur
Müller, G. (1978): Ernst Krieck und die nationalsozialistische Wissenschaftsreform. Weinheim. – Giesecke, W. ([2]1999): Hitlers Pädagogen, Weinheim.

Alexandra Schotte

Krippe

Als eigenständige und altersspezifische institutionelle Betreuungsform für Kinder im Alter bis drei Jahren entstand die Krippe im Europa der 1840er Jahre. Seit ihrem Entstehen ist sie durch ein sozialpädagogisches Doppelmotiv gekennzeichnet. Dieses umfasst das Ermöglichen mütterlicher Erwerbstätigkeit einerseits und die Beaufsichtigung, Pflege, Erziehung – heute auch Bildung – von Säuglingen und Kleinkindern andererseits. Kennzeichnend für die Entwicklung der Krippe sind drei Phasen: eine auf die Reduktion von Betreuungslücken orientierte, eine sozialhygienisch-bevölkerungspolitische und eine zunehmend psychologisch-pädagogische.
Säuglinge und Kleinkinder werden heute nicht mehr nur in reinen Krippen betreut, sondern auch in altersgemischten Gruppen oder Krippengruppen in Kindergärten. Ohne allgemeingültigen Rechtsanspruch ist die Betreuung von Kindern im Krippenalter in Deutschland mit einer Quote von 12,1% (Stand 2006) gering verbreitet, wobei neben Stadt-Land- vor allem extreme Ost-West-Unterschiede existieren. Diese Unterschiede lassen sich vor allem durch den Krippenausbau in der Deutschen Demokratischen Republik erklären, wo auch für die 0-3jährigen Kinder flächendeckende Versorgung bestand. Allerdings sind hier nach der Wende vor allem im Krippenbereich Plätze abgebaut worden.
Die Krippe hat zwar offiziell ihren Nothilfecharakter verloren, aber gesellschaftliche Diskussionen reichen von absoluter Ablehnung bis zu bedenkenloser Befürwortung. Forschungsergebnisse weisen mehrheitlich darauf hin, dass eine qualitativ gute Krippenbetreuung positive Auswirkungen auf die Entwicklung der Kinder hat. Allerdings bleiben noch viele Fragen offen. Diese beziehen sich auf die Effekte von Krippenbetreuung, die Ausdifferenzierung und Überprüfung spezifischer pädagogischer Programme und Qualitätsanforderungen sowie eine adäquate Qualifizierung der Fachkräfte. Aktuelle (familien-)politische Maßnahmen, z.B. mit dem Tagesbetreuungsausbaugesetz den quantitativen und qualitativen Ausbau zu forcieren, sind erste Schritte, um sich einigen der offenen Fragen zu stellen und dem Betreuungs-, Erziehungs- und vor allem auch dem Bildungsanspruch von Krippenbetreuung gerecht zu werden.

Literatur
Ahnert, L./Schnurrer, H. (2006): Krippen. In: Fried, L./Roux, S. (Hg.): Pädagogik der frühen Kindheit. Weinheim, Basel, 302-312. – Roßbach, H.-G. (2005). Effekte qualitativ guter Betreuung, Bildung und Erziehung im frühen Kindesalter auf Kinder und ihre Familien. In: Sachverständigenkommission Zwölfter Kinder- und Jugendbericht (Hg.): Bildung, Betreuung und Erziehung von Kindern unter sechs Jahren. München, 55-176.

Jutta Sechtig

Krise

Krise lässt sich als Zustand eines abgegrenzten Wirklichkeitsbereichs bezeichnen, dessen Struktur bzw. Ordnung durch interne oder externe Prozesse oder Ereignisse so erschüttert wird, dass der Fortbestand der Struktur bzw. Ordnung als gefährdet angesehen wird und zugleich das normale Repertoire an Bestand sichernden Aktivitäten nicht mehr hinreicht, um die Zukunft der Struktur bzw. Ordnung zu sichern, so dass Hilfen von außen erforderlich werden. Krisen werden auch als Wendepunkte konzipiert, beinhalten die Möglichkeit einer Rekonstruktion des Systems mit ggf. erweiterten Möglichkeiten und Optionen. Krisen sind Situationen der faktischen oder bewussten Entscheidung (dies weist auf die semantische Herkunft des Wortes Krisis), sie haben eine eigene Produktivität, die sich auf das Überleben oder Verschwinden von Systemen bezieht.

Der Begriff der Krise findet sich in vielen wissenschaftlichen Disziplinen (Medizin, Ökonomie, Soziologie, Erziehungswissenschaft, Psychologie u.a.) und lässt sich auf viele Wirklichkeitsbereiche beziehen: auf biologische, psychische, soziale, ökonomische und kulturelle Systeme, konkret: auf Personen, soziale Beziehungen, Organisationen, Märkte, Gesellschaften. Dem Krisenbegriff kommt v.a. in der Gegenwartsdiagnose eine wichtige und partiell wachsende Bedeutung zu (Krisenintervention, Krisenbewältigung, Krisenmanagement).

Die Thematisierung von Krisen steht meist in spezifischen Theoriezusammenhängen: Identitätskrisen stehen im Kontext von Theorien der Ich-Entwicklung, Interaktionskrisen im Kontext von Interaktions- und Kommunikationstheorien, Gesellschaftskrisen in makrosoziologischen Zusammenhängen. Krisen stehen dabei Theorien nahe, die einen geregelten Ablauf von Prozessen behaupten, teleologische Elemente enthalten, wie die Vorstellung einer zielgerichteten Entwicklung.

Der Begriff der Krise hat starke Signalwirkung, führt in Auseinandersetzungen sozialer Akteure um soziale Wirklichkeit. Die Definition einer Situation als Krise bringt zudem Handlungszwänge mit sich, impliziert eigene Prioritäten und Zeitmuster und setzt oft dramatische Situationsentwicklungen frei. Externe Hilfe mag die Autonomie eines in die Krise geratenen Systems stützen oder gefährden, sie bringt die Gefahr nachhaltiger Heteronomie mit sich.

Krisen sind wohl selten selbst-evident, sie werden kommuniziert: behauptet, beschrieben, analysiert, zugeschrieben und zurückgewiesen. Akteure in Krisen entwickeln ihre Krisensemantiken, normative Krisenskripte, mit denen Situationen definiert, Aufgaben zugewiesen werden. Die Rekonstruktion des praktischen und diskursiven Gebrauchs des Begriffs Krise und dessen Folgen ist damit erziehungs- und sozialwissenschaftlich ebenso wichtig wie die an einzelnen Fällen zu erbringende Analyse einer Krise selbst. Die Rekonstruktion der Krisendefinitionen im Handeln von Akteuren ist Teil der Krisenforschung, sie erfordert genaue Explikationen der Konstrukte, die dabei für die Stabilität und Ordnung von Personen, Institutionen und kulturellen Systemen in Anschlag gebracht werden. Dies gilt vor allem bei sozialen und kulturellen Systemen, in denen der Krisendiskurs Teil des Systems ist.

Krisen betreffen meist mehrere Systemebenen. Insbesondere die Krisen sozialer Systeme sind dabei höchst unterschiedlich anzusetzen, Gefährdungen sozialer Ordnungen können unterschiedliche Erscheinungsformen haben. So kann eine Krise die Kernidee einer Institution in Frage stellen, die Formen der rationalen Herrschaft einer Organisation durcheinander bringen, die arbeitsteilig organisierten Positionen eines sozialen Systems erschüttern und zu Brüchen in den erwarteten Handlungsabläufen führen, die Sinn geleiteten, auf Sinngebungen der anderen bezogenen Handlungen der interagierenden Personen erschüttern, die Erfüllung von Normen unmöglich machen und gar deren Geltung aussetzen oder in die Selbstverständlichkeiten und Routinen des Alltags einbrechen u.a.

Krisen, insbesondere psychosoziale, werden immer stärker Thema eigener Praxisformen und Dienstleistungen, die als Krisenintervention, Krisenbewältigung, Krisenmanagement verstanden werden. Die professionelle Hilfe bei der Bewältigung von großen akzidentiellen Krisen – Katastrophen, Großschadensereignissen – umfasst neben den klassischen Interventionen von Polizei und Rettungsdiensten immer stärker auch psychosoziale Dienste, die sich um die Bewältigung der Krisen auf der psychischen, aber auch sozialen und kulturellen Ebenen kümmern. Sie werden von den starken Erfahrungen mit Unsicherheit und, damit korrespondierend den Sicherheitsbedürfnissen in der Gesellschaft bestimmt. Serielle Krisen in Lebensläufen und Biografien, wie sie die Freisetzung von Personen aus Erwerbsarbeit, aus vertrauten sozialen Milieus und Beziehungen vielfältig mit sich bringen, stehen dabei deutlich im Schatten medial aufbereiteter Großschadensereignisse, obwohl sie ungleich häufiger sind.

Krisenintervention im Rahmen der psychosozialen Praxis haben eigene Handlungsprobleme: Anders als dies für moderne Soziale Arbeit gilt, handeln professionelle Fachkräfte (zunächst) stellvertretend in der Bewältigung krisenhafter Situationen und konstituieren damit eine starke Abhängigkeit von Adressaten, die es im Verlauf der Interventionen zu reflektieren und zu transformieren gilt.

Literatur

Dollinger, B. (2004): Krisenintervention als Aufgabe der Sozialen Arbeit. In: Zeitschrift für Sozialpädagogik 2, 377-396. – Schefold,W./Giernalczyk, T./Glinka, H.-J. (Hg.) (2007): Krisenerleben und Krisenbewältigung. Tübingen. – Treptow, R. (Hg.) (2007): Katastrophenhilfe und Humanitäre Hilfe. München.

Werner Schefold

Kritische Erziehungswissenschaft

Kritische Erziehungswissenschaft steht für einen in seiner Herkunft, seinen Merkmalen und Begriffen wie in seiner Methodik keineswegs klar umrissenen und nur bedingt paradigmatisch ausgebildeten Zugang in der pädagogischen Forschung, Reflexion und Theoriebildung. Man kann sie als eine dem modernen Vernunfts- und Freiheitsanspruch verpflichtete Grundhaltung bezeichnen, die ihren normativen Kern im Konzept der Emanzipation findet: Pädagogische Theorie wie pädagogische Praxis haben demnach die Bedingungen der Möglichkeit aufzusuchen und zu verwirklichen, in welchen (potenzielle) Subjekte in Entwicklungsprozessen sich von ungerechtfertigten Autoritätsansprüchen befreien und lernen sich gegenüber determinierenden Mächten wie Strukturen zu verhalten, um verantwortlich eine autonome, moralisch anspruchsvolle Lebenspraxis führen zu können.

Kritische Erziehungswissenschaft lässt sich kaum durch einen Kanon an Werken identifizieren. Eine gleichsam klassische Referenz bieten die Schriften von Siegfried Bernfeld, Alexander S. Neill oder Paulo Freire. Unbestritten werden als zentrale Vertreter Klaus Mollenhauer und Micha Brumlik, dann Wolfgang Keckeisen, sowie Wolfgang Klafki genannt. Im Kontext der für die 1960er Jahre maßgebenden Rezeption der Kritischen Theorie sowie einer undogmatischen Lesart des Marxismus und der Psychoanalyse entsteht die Kritische Erziehungswissenschaft zunächst in der Auseinandersetzung mit der geisteswissenschaftlichen Pädagogik. Gegenüber deren ungeprüften, anthropologisierend normativen Vorstellungen sowie gegen den vorrangigen Bezug auf die Auslegung von Texten zeichnet sich Kritische Erziehungswissenschaft als eine Wendung zur Empirie aus, wobei zugleich eine Öffnung zu den Sozialwissenschaften insbesondere angelsächsischer Herkunft erfolgt. Obwohl Motive der Ideologiekritik Forschung und Theorie der kritischen Erziehungswissenschaft bestimmen, wirkt sie auf eine paradoxe Art als Modernisierung eines Nachdenkens über Erziehung und Bildung, das zunehmend hingeführt wird zu einer Praxis, welche begründet und professionalisiert erfolgt. Während die als fundamental geltenden Probleme und Strukturen der Pädagogik wie der sog. pädagogische Bezug aufgegeben und durch die Analyse von Interaktionen ersetzt werden, rücken vor allem die gesellschaftliche und politische Bestimmung pädagogischer Prozesse ins Zentrum der Aufmerksamkeit. Gesellschaft wird in ihrer inneren Widersprüchlichkeit Thema einer pädagogischen Kritik: Dabei stehen die ökonomischen Determinanten des Bildungssystems sowie klassen- und schichtbedingte Abhängigkeiten, welche sich auf Sozialisation und Schulerfolg auswirken, im Mittelpunkt.

Trotz einiger Versuche, Kritische Erziehungswissenschaft angesichts dramatisch veränderter gesellschaftlicher Verhältnisse neu zu intensivieren, dominieren in Deutschland gegenwärtig eher pragmatische Vorstellungen von empirischer Forschung, Reform und Evaluation. Zunehmend Aufmerksamkeit findet die critical pedagogy allerdings in den internationalen Debatten sowohl im angelsächsischen Sprachraum wie in den asiatischen Ländern.

Literatur

Bernhard, A./Rothermel L. (Hg.) (²2001): Handbuch Kritische Pädagogik. Weinheim. – Bernhard, A./Kremer, A./ Rieß, F. (Hg.) (2002): Kritische Erziehungswissenschaft und Bildungsreform. 2 Bde. Baltmannsweiler. – Krüger, H.-H./Sünker, H. (Hg.) (1999): Kritische Erziehungswissenschaft am Neubeginn?! Frankfurt.

Michael Winkler

Kritische Theorie

Das historisch-dialektische Grundmotiv der von Theodor W. Adorno, Max Horkheimer u.a. begründeten kritischen Theorie ist die Widersprüchlichkeit der aufklärerischen Moderne, das Nebeneinander von Forschritt und Krise (Dialektik der Aufklärung, 1947). Grundprinzipien sind die der Totalität, der Dialektik und der Ideologie.

Totalität meint, dass man soziale Phänomene nicht für sich, sondern vor dem jeweiligen historischen Gesamtzusammenhang deuten und auf diesen beziehen muss. Dieser allgemeine und umfassende historische Hintergrund ist nicht einförmig und eindeutig strukturiert, sondern in sich ambivalent. Geschichte bewegt sich danach nicht linear, sondern in sich widersprüchlich und darin dialektisch. Es ist deshalb auch Praxis einer der kritischen Theorie verpflichteten Sozialwissenschaft, vorfindbare Erscheinungsformen des Sozialen nicht einfach als solche hinzunehmen, sondern sie in der dialektischen Annahme der Widersprüchlichkeit von Verhalten und Verhältnissen kritisch auf die Hintergrundstruktur der Gesellschaft zu beziehen. Vor allem muss die Gesellschaft mit den Befindlichkeiten und Verhaltensmustern der Subjekte konfrontiert werden, die aus der Sicht der herrschenden Normalität als abweichend oder pathologisch etikettiert werden. Denn das empirisch Vorfindbare ist für sich relativ und erhält erst in dieser historisch-gesellschaftlichen Rückbindung seine objektive Wirklichkeit.

Dialektisches Denken wird in der kritischen Theorie nicht einfach auf die Gesellschaft angewandt, sondern es wird davon ausgegangen, dass die historisch-dialektische Grundstruktur der Gesellschaft ein entsprechendes Denken herausfordert, notwendig macht. Die Widersprüche stecken allemal in den gesellschaftlichen Prozessen und Institutionen. So muss auch die Erziehung in der Moderne, nach deren Prinzipien sie vergesellschaftet ist, in sich widersprüchlich sein. Deswegen sind auch alle Konzepte von Erziehung – selbst wenn sie sich als Alternative reformierend ausweisen – in dieser Widersprüchlichkeit gefangen.

In Erweiterung wie Revision der Geschichtsphilosophie von Karl Marx, welche die Bewegung nur in der Gesellschaft selbst sieht und die Subjekte in einen determinierenden Identitätszwang stellt, ist für die kritische Theorie eine eigene Thematisierung des Subjekts notwendig, wenn es nicht der sog. Nicht-identität im Banne der Gesetze anheim fallen soll. In dem Subjektivitätskonzept der negierten Subjektivität der kritischen Theorie (negative Dialektik) wird ein Weg gesucht, sowohl über die historisch-ökonomische Determiniertheit des Subjekts als auch über seine Autonomieillusion hinaus zu kommen. Die mit der Aufklärung in die Welt gesetzte und durch die arbeitsteilige Moderne vielfach verbrämte Illusion des Individuums muss genauso durchschaut werden, wie die deterministische Täuschung, die Gesellschaft allein werde die Subjekte zu Menschen machen. Dabei wird aber das Subjekt in der kritischen Theorie als handelndes nicht greifbar. Es wird nur kritische Subjektivität abstrakt angemahnt. In diesem allerdings historisch zwingenden Gebot zur Selbstreflexivität in der Spannung zu sich und zur Gesellschaft ist die kritische Theorie auch Ideologiekritik. In dem sie die geistigen Manifestationen der kapitalistischen Gesellschaft – ihre sozialen Ideen, normativen Ordnungen und Legitimationen – mit den ihnen gegenläufigen aber verdeckten sozialen Entwicklungen konfrontiert, zeigt sie nicht nur auf, wie sich die geistigen Gebilde von der sozialen Wirklichkeit entfernt haben, sondern auch, wie sie entsprechend definiert und legitimiert sind, um diese Wirklichkeit zu verschleiern. In diesem Sinne sieht die kritische Theorie von der kapitalistischen Kulturindustrie entwickelte Techniken, die bei den Individuen falsche Bedürfnisse erzeugen, so dass sie sich in der entfremdeten gesellschaftlichen Situation dennoch einrichten und wohl fühlen können.

Die kritische Theorie wurde seit den 1960er Jahren im Rahmen der kritischen Erziehungswissenschaft rezipiert und führte zu einer Abkehr von der bis dahin dominierenden geisteswissenschaftlichen Pädagogik.

Literatur

Dubiel, H. (2001): Kritische Theorie der Gesellschaft. Weinheim, München. – Horkheimer, M. (1968): Traditionelle und kritische Theorie. Frankfurt. – Wiggershaus, R. (1986): Die Frankfurter Schule. München, Wien.

Lothar Böhnisch

Kritischer Rationalismus

Der Kritische Rationalismus als eine der einflussreichsten Positionen der empirischen Wissenschaftsphilosophie des 20. Jahrhunderts wurde vom österreichischen Wissenschaftstheoretiker Sir Karl Raimund Popper entwickelt. In der kritischen Analyse von Problemen der analytischen Wissenschaftsphilosophie (Empirismus, Positivismus) im Umkreis des Wiener Kreises (Rudolf Carnap, Otto Neurath, Hans Reichenbach, Ludwig Wittgenstein) und vor dem Hintergrund von Erfahrungen mit totalitären politischen Regimen entwickelte Popper im Zeitraum von 1934 (erste deutsche Auflage des Buches Logik der Forschung) und 1945 (erste englische Auflage des Werkes Die Offene Gesellschaft und ihre Feinde) die Ursprungsversion des Kritischen Rationalismus mit den Schwerpunkten Erkenntnis- und

Wissenschaftstheorie einerseits und Geschichts- und Gesellschaftstheorie andererseits.

Im Fokus von Poppers Erkenntnis- und Wissenschaftstheorie steht die Kritik des induktiven Verifikationsprinzips des klassischen Empirismus bzw. Positivismus (David Hume, Auguste Comte, John Stuart Mill) und die aus der Kritik abgeleitete Konzeption des falsifikationistischen Deduktivismus mit den Kernelementen Falsifizierbarkeit, Teilentscheidbarkeit von Aussagen, Korrespondenztheorie der Wahrheit und Theorienvergleich unter dem Kriterium der Wahrheitsnähe. Im Fokus von Poppers Geschichts- und Gesellschaftstheorie steht die Kritik an holistisch-geschlossenen Geschichtstheorien und utopisch-totalitären Gesellschaftstheorien in der Tradition von Platon, Georg Wilhelm Friedrich Hegel und Karl Marx und die aus dieser Kritik entwickelte Theorie der Offenen Gesellschaft mit dem Kernelement einer in allen menschlichen Lebenspraxen zu sichernden Konzeption kritischer Rationalität.

In weiteren Werken (Objektive Erkenntnis. Ein evolutionärer Entwurf, 1973; Das Ich und sein Gehirn, gemeinsam mit dem Hirnforscher Sir John Eccles, 1982) hat Popper den Kritischen Rationalismus zu seiner evolutionär-ganzheitlichen 3-Welten-Theorie (Welt 1 = physikalische Welt; Welt 2 = die psychische Welt des menschlichen Bewusstseins; Welt 3 = geistige Welt der sprachlichen und symbolischen Produktionen) weiterentwickelt.

Poppers von Einseitigkeiten und Verengungen nicht freies Konzept hat Weiterentwicklungen (Hans Albert, Imre Lakatos, Wolfgang Stegmüller) wie unterschiedlich begründete Kritiken (Theodor W. Adorno, Jürgen Habermas, Paul K. Feyerabend, Thomas S. Kuhn, Helmut Spinner) gefunden. In der deutschen Erziehungswissenschaft wurde der Kritische Rationalismus unter anderem von Wolfgang Brezinka, Helmut Heid und Volker Krumm zu einer kritisch-rationalen Erziehungswissenschaft ausgearbeitet.

Literatur

Popper, K. R. (⁶1976): Logik der Forschung. Tübingen. – Schilpp, P. A. (Hg.) (1974): The Philosophy of Karl Popper. 2 Bd. La Salle. – Zecha, G. (Hg.) (1999): Critical Rationalism and Educational Discourse. Amsterdam.

Guido Pollak

Kritisch-konstruktive Didaktik

Wolfgang Klafki hat seine bildungstheoretische Didaktik nach 1970 aktualisiert und weiterentwickelt zu einer kritisch-konstruktiven Didaktik, die die Kritik der emanzipatorischen Pädagogik aufnimmt und Elemente anderer Didaktiken, z.B. der lerntheoretischen, integriert. In seinem revidierten Modell zur Unterrichtsplanung, dem Perspektivenschema zur Unterrichtsvorbereitung, werden u.a. eine explizite Bedingungsanalyse, die Wechselwirkung von Ziel, Thema und Methode des Unterrichts sowie die Frage nach der Überprüfbarkeit aufgenommen. Seine frühere These vom Primat der Didaktik i.e.S. hat er transformiert in die These vom Primat der Zielentscheidungen im Verhältnis zu allen anderen, den Unterricht mitkonstituierenden Faktoren.

Grundlegend für die kritisch-konstruktive Didaktik sind die kritisch weitergedachten zentralen Gedanken der klassischen Bildungstheorie: der Anspruch jedes Menschen auf Selbstbestimmung, die pädagogische Ermöglichung von Selbstbestimmungs-, Mitbestimmungs- und Solidaritätsfähigkeit sowie die Perspektive einer fortschreitenden Humanisierung und einer vernünftigen Gestaltung der gemeinsamen Lebensbedingungen und gesellschaftlich-politischen Verhältnisse. Die Frage nach einer zeitgemäßen Allgemeinbildung (als Bildung für alle, als allseitige Bildung und als Bildung im Medium des Allgemeinen) als orientierendes Ziel des Unterrichts beantwortet die kritisch-konstruktive Didaktik mit einem offenen, revidierbaren und im Konsens festzulegenden Katalog von grundlegenden epochaltypischen Schlüsselproblemen des menschlichen Zusammenlebens (z.B. Frieden, Umwelt, soziale Ungleichheit).

Literatur

Klafki, W. (⁵1996): Neue Studien zur Bildungstheorie und Didaktik. Weinheim. – Koch-Priewe, B./Stübig, F./Arnold, K.-H. (Hg.) (2007): Das Potenzial der Allgemeinen Didaktik. Weinheim, Basel.

Lothar Wigger

Kroatien (Republik Kroatien; Croatia)

Das 1991 aus der Sozialistischen Föderativen Republik Jugoslawien hervor gegangene Land Kroatien hat ca. 4,5 Millionen Einwohner.

Amts- und Unterrichtssprache ist Kroatisch, daneben werden aber auch zahlreiche Dialekte und andere slawische Sprachen gesprochen.

Der Besuch des Kindergartens und der Vorschule steht jedem Kind zu, allerdings gibt es derzeit nicht genügend Plätze. Die Schulpflicht umfasst acht Jahre, sie beginnt mit dem sechsten Lebensjahr und en-

det mit dem 14. Heranwachsende mit besonderem Förderbedarf besuchen während der Pflichtschulzeit eine der landesweit vorhandenen 21 Sonderschulen. Daneben gibt es Privatschulen mit besonderen pädagogischen Schwerpunkten (z.B. Montessori- oder Waldorfschulen). Ethnische Minderheiten besuchen staatliche Regelschulen, haben darüber hinaus aber auch Unterricht in ihren Herkunftssprachen. Die Schüler sind verpflichtet im Anschluss an die acht Schuljahre dauernde Grundschule die mindestens drei Jahre umfassende Sekundarschule oder alternativ das duale Berufsausbildungssystem zu absolvieren. Im Sekundarbereich kann zwischen Gymnasium (vier Jahre), Fachmittelschule, unterschieden in Technische Schule (vier Jahre) und Industrie- und Handwerksschule (drei Jahre), sowie Kunstschulen (vier Jahre) mit den Fachrichtungen Musik, Tanz, bildende Kunst und Design gewählt werden. Ab dem Schuljahr 2009/10 müssen Gymnasialabsolventen landesweit einheitliche staatliche Hochschulzugangsprüfungen ablegen.
Die tertiäre Bildung erfolgt an fünf Universitäten; die Studiengänge werden aktuell dem internationalen System von Bachelor- und Master-Studiengängen angepasst.
Die Lehrerausbildung ist an Pädagogischen Hochschulen angesiedelt und umfasst für Grundschullehrer vier, für Sekundarschullehrer fünf Jahre und schließt Praxisanteile ein.

Literatur
Doolan, K./Domazet, M. (2007). Political Education in Croatian Secondary Schools. In: Research in Comparative and International Education 2, 210-221. – Palekcic, M./ Zekanovic, N. (2002). Kroatien. In: Döbert, H. u.a. (Hg.): Die Schulsysteme Europas. Baltmannsweiler, 235-249.

Nina Wyzujak

Kroh, Oswald (1887-1955)

Nach der Ausbildung zum Volksschullehrer und anschließender Lehrertätigkeit studierte Kroh in München und Marburg Mathematik, Naturwissenschaften, Philosophie und Pädagogik, um sich für das höhere Lehramt zu qualifizieren. 1919 wurde er bei Erich Rudolf Jaensch in Marburg mit einer wahrnehmungspsychologischen Arbeit promoviert und nahm anschließend eine Assistentenstelle am Psychologischen Institut der Universität Göttingen wahr. Dort habilitierte sich Kroh 1921 für Psychologie (Subjektive Anschauungsbilder bei Jugendlichen). Von 1921 bis 1923 war er Professor für Pädagogik, Psychologie und Philosophie an der Technischen Hochschule Braunschweig, von 1923 bis 1938 Professor für Pädagogik und Psychologie an der Universität Tübingen, von 1938 bis 1942 dasselbe an der Universität München. Ab 1942 wirkte Kroh als Professor für Psychologie an der Friedrich-Wilhelms-Universität in Berlin, wo er 1945 suspendiert wurde. 1949 wurde er an die neu gegründete Freie Universität (FU) Berlin berufen.
In der Pädagogik stand Kroh für eine psychologische Orientierung. Er führte u.a. entwicklungspsychologische Beobachtungsstudien in Schulen durch (Psychologie des Grundschulkindes, 1928, $^{13\text{-}19}$1944; Psychologie der Oberstufe, 1932, $^{5\text{-}6}$1940) und beschrieb die psychische Entwicklung des Kindes im Sinne einer Stufentheorie als Abfolge von sich bedingenden Phasen. Seit Beginn der dreißiger Jahre arbeitete Kroh vermehrt zu Themen der sog. völkischen Anthropologie (Völkische Anthropologie als Grundlage deutscher Erziehung, 1934). In der Nachkriegszeit wurde sein Buch Revision der Erziehung (1952, ^{7}1966) viel gelesen.
Kroh war von 1940 bis 1945 Vorsitzender der Deutschen Gesellschaft für Psychologie und in diesem Rahmen auch maßgeblich an der Konzeption der Diplomprüfungsordnung für Psychologie beteiligt, die 1941 in Kraft trat.

Literatur
Retter, H. (1969): Die Pädagogik Oswald Krohs. Oberursel. – Retter, H. (2001): Oswald Kroh und der Nationalsozialismus. Weinheim.

Klaus Herkert / Friederike Hoffmann

Krupskaja, Nadeshda Konstantinowna (1869-1939)

Als Kind unbegüterter antizaristisch eingestellter Eltern in St. Petersburg geboren, bildete sich Krupskaja nach dem Besuch des Gymnasiums autodidaktisch zur Lehrerin aus, arbeitete in marxistischen Studentenzirkeln mit und unterrichtete von 1891 bis 1896 an der Arbeiter-Abend- und Sonntagsschule in St. Petersburg. Nach der Begegnung mit Wladimir Iljitsch Lenin (1893) beteiligte sie sich an dessen politischem Kampf und folgte ihm 1898 bis 1901 in die Verbannung. Im Schweizer Exil zwischen 1908 und 1917 entstanden als Beiträge zu einer sozialistischen Programmatik zahlreiche pädagogische und bildungspolitische Arbeiten (z.B. Volksbildung und Demokratie, 1915). Seit 1917 war Krupskaja in zentralen Funktionen des sowjetrussischen Bildungswesens tätig. Durch das reformpädagogische Gedankengut beeinflusst, versuchte sie bis Mitte der 1920er Jahre vergeblich, deren Elemente in das Konzept der kommunistischen Erziehung und Bildung einzubringen. Nach 1927 widmete sie sich fast ausschließlich Fragen der polytechnischen und der außerunterrichtlichen Bildung. Ihre erst seit den 1960er Jahren umfassender zugänglichen Schriften galten nunmehr als grundlegende Beiträge zu einer sozialistischen Pädagogik.

Literatur
Krupskaja, N. K. (1966f.): Sozialistische Pädagogik. 4 Bde. Berlin.

Christine Lost

Kuba → Lateinamerika

Kultivierung

Kultivierung ist nach Immanuel Kant (Vorlesung über Pädagogik, zuerst veröffentlicht 1803) das zweite Glied im vierstufigen Prozess der Erziehung, der mit Disziplinierung beginnt und über Kultivierung, Zivilisierung und Moralisierung zur Moralität führen soll. Kultivierung ist Entwicklung der Kräfte des Menschen, ohne dass damit schon entschieden wäre, wofür der erzogene Mensch seine Kräfte verwendet. Die Kräfte sollen proportionierlich entwickelt werden, sodass die Geschicklichkeiten, die erworben werden (etwa Gedächtnis, Urteilskraft), nicht jede für sich alleine stehen, sondern anderen Kräften dienlich sind.
Kultivierung geschieht durch das Spiel und den Unterricht. Das Spiel hat keinen Zweck außerhalb seiner selbst und ist deshalb Freiheit. Der Unterricht dient anderem als sich selbst und ist Arbeit. Das Spiel entspricht einem Bedürfnis des Kindes; durch die Erziehung soll es lernen, sich auch mithilfe von Unterricht und eigener Anstrengung zu kultivieren.

Literatur
Kant, I. (1991): Über Pädagogik. In: Ders.: Werkausgabe. Bd. XII. Frankfurt, 693-761.

Thomas Fuhr

Kultur

Der Begriff Kultur spielt in allen geistes- und sozialwissenschaftlichen Disziplinen eine wichtige Rolle, so auch in der Erziehungswissenschaft. In einem allgemeinen, disziplinübergreifenden Verständnis kann Kultur in Anlehnung als das Potential des Menschen gefasst werden, in die äußere und innere Natur einzugreifen, mit dem Ziel, sich als Einzelwesen und als Gattung zu erhalten, seine Lebensbedingungen zu gestalten und sich einen Orientierungsrahmen zu schaffen, um handlungsfähig zu sein. Die individuell wie kollektiv geschaffenen Werke und Werte werden sowohl durch Institutionalisierung und Tradierung zwar als verbindlich vorgegeben, sind aber zugleich stets – nicht zuletzt angesichts veränderter Umweltbedingungen – einem Prozess der Veränderung unterworfen. Mit Blick auf diesen Prozess der Veränderung kann Kultur auch als ein Diskursfeld angesehen werden, in dem die Beteiligten aufgrund gegebener Differenzen die Bedeutung von Normen, Werten, Einstellungen usw. ständig neu aushandeln.
Die Klärung des Verhältnisses zwischen Kultur und Erziehung bzw. Bildung reicht weit in die Geschichte der Pädagogik zurück. Eine bedeutende Rolle spielte die Auseinandersetzung in Zusammenhang mit der Herausbildung und Entwicklung des europäischen bürgerlichen Nationalstaats. Hier wurde einerseits eine enge Bindung zwischen Kultur und Nation (Nationalkultur) behauptet und andererseits unter Berufung auf ein gemeinsames Erbe (die Antike und die abendländische Tradition oder spezieller die christliche Tradition) ein nationenübergreifendes Verständnis von Kultur entwickelt. Erziehung im Sinne dieser Auffassung sollte die nachwachsende Generation in die jeweilige (nationale) Kultur einführen, sie befähigen, diese weiterzuentwickeln und sich – sofern nötig – mit anderen Kulturen auseinanderzusetzen, allerdings ohne sich in diesen zu verlieren.
Dieses Verständnis von Kultur dominiert in der pädagogischen Literatur bis in die 1960er Jahre, nicht zuletzt erlaubte es, ohne allzu tiefgreifende Beschäftigung mit der unmittelbaren Vergangenheit – also mit der Rolle der Pädagogik im Nationalsozialismus – ein neues, unbeschädigtes Selbstverständnis für das eigene Fach und Gegenstandsfeld entstehen zu lassen, unter anderem verbunden mit dem Versuch, sich am Konstrukt einer europäischen Kultur als Referenzrahmen für pädagogische Theorie und Praxis zu orientieren. Kultur, imaginiert als das einigende Band für ein friedliches Europa – so die program-

matische Hoffnung – sollte helfen, die zerstörte Gemeinschaft der europäischen Völker wiedererstehen zu lassen. Doch abgesehen von vereinzelten geisteswissenschaftlichen, an der Reflexion ethischer Grundfragen interessierten kulturpädagogischen Arbeiten ist der Begriff Kultur gegen Ende der 1950er Jahre erst einmal weitgehend aus den Beiträgen zur pädagogischen Theoriebildung verschwunden.

In den 1970er Jahren setzte im Kontext der pädagogischen Reaktion auf die Arbeitsmigration die Diskussion über Kultur erneut ein, diesmal war der Ausgangspunkt die Kultur der Anderen. Das Interesse galt zunächst nicht der Klärung des Kulturbegriffs, sondern seine Verwendung geschah eher unreflektiert in einem alltagssprachlichen Verständnis unter Berufung auf äußerliche Merkmale (Kleidung, Gestaltung der Wohnungen, Feste usw.), aber auch weniger sichtbare Merkmale, wie die Auffassungen vom Verhältnis der Geschlechter oder der Generationen zueinander und von Außenrepräsentationen solcher Verhältnisse. Diese Beschreibungen waren vielfach mit der Vorstellung verbunden, dass die Kultur der Anderen nicht nur fremd, sondern auch weniger entwickelt sei; zum Beleg wurden mehrheitlich und vielfach stereotypisierend Beispiele aus der türkischen Kultur angeführt mit der problematischen Tendenz, fremd und türkisch quasi synonym zu setzen.

Mit diesem Verständnis, das – trotz aller Kritik – bis in die Gegenwart anzutreffen ist, sind über die schon angesprochene Gefahr der unzulässigen Verallgemeinerung zwei weitere Probleme verbunden: Zum einen wird der einzelne Mensch als Produkt und Vertreter seines Herkunftsstaates gesehen und in diesem Sinne als Kulturträger, der sozusagen auf ewig seiner Kultur verhaftet bleibt und dessen Verhalten, Einstellungen usw. stets aus seiner Kultur heraus erklärt wird. Dies ist unter dem Begriff der Kulturalisierung ab den späten 1980er Jahren kritisiert worden. Zum anderen wird in der Beschreibung der fremden Kultur und in ihrer Bewertung die eigene (deutsche) Kultur als Vergleichsfolie und Maßstab genutzt, ohne dass dies explizit gemacht wird. Kritisch dagegen wird kulturelle Selbstreflexion als notwendiger Bestandteil interkultureller Kompetenz gefordert.

In der erziehungswissenschaftlichen, kritischen Forschung zu Themen interkultureller Bildung lassen sich verschiedene Ansätze identifizieren, die sich entsprechend dem jeweils zugrundegelegten Kulturverständnis grob in zwei Gruppen zusammenfassen lassen: zum einen Ansätze, die die Gemeinsamkeiten von Kulturen betonen, und zum anderen Ansätze, die danach fragen, ob das, was unter Kultur gefasst wird, überhaupt kulturbedingt ist und zu ermitteln suchen, von wem, aus welchen Anlässen und zu welchen Zwecken vom Kulturbegriff oder ihm verwandten Begriffen Gebrauch gemacht wird.

Erstere gehen von der Gleichwertigkeit aller Kulturen aus und versuchen anthropologische Universalien zu identifizieren, aus denen sich kulturtranszendierend ein Maßstab und damit normative Sätze bzw. Imperative gewinnen lassen, die für die Zielsetzungen pädagogischen Denkens und Handelns richtungsweisend sein und durch Begegnung und Dialog als Mittel des Verstehens und der Erkenntnis vermittelt werden können. Ziel ist die Anerkennung des Anderen und das Akzeptieren von Anderssein. Diesem Ziel ist eine Interkulturelle Pädagogik als Pädagogik der Anerkennung verpflichtet. Problematisch ist, dass nicht systematisch die Tatsache mitbedacht wird, dass Begegnung und Dialog stets in machtförmigen Strukturen und nicht nur als Begegnung zwischen gleichberechtigten Individuen stattfinden. Ebenso kann dieser Ansatz nicht das selbsterzeugte Dilemma lösen, dass es keine Möglichkeit gibt, sich auf einen Grundbestand an akzeptierten bzw. nicht zu akzeptierenden Ausrucksformen zu einigen, wenn alle Formen per se gleichberechtigt sind. Der an dieser Stelle anzutreffende Verweis auf die Menschenrechte ist wichtig, aber letztlich nur eine Zwischenlösung.

Die andere Gruppe umfasst gesellschaftstheoretisch orientierte Ansätze; hier wird der Kulturbegriff konstruktivistisch aufgegriffen. Leitend ist nicht die Frage, was Kultur ist, sondern es geht um die Prüfung der Folgen einer Bewertung von Phänomenen als kulturbedingt. Des Weiteren geht es darum zu ermitteln, von wem, aus welchen Anlässen und zu welchen Zwecken vom Kulturbegriff oder ihm verwandten Begriffen Gebrauch gemacht wird. Pädagogisch-konstruktive Ansätze, die sich auf diesen Zugang zur Interkulturellen Pädagogik stützen, liegen z.B. im Bereich der Schul(qualitäts)entwicklung, also im Feld der Gestaltung von Lernumgebungen, in denen – soweit dies pädagogischem Handeln möglich ist – Hürden beseitigt werden, die Bildungschancen behindern. Ziel ist es, Mechanismen und Strukturen zu identifizieren, die soziale Ungleichheit, die scheinbar kulturellen Differenzen entspringt, in ihren tatsächlichen Ursprüngen und Ursachen nachzuspüren und Möglichkeiten pädagogischen Handelns zu identifizieren, die zur Beseitigung von gesellschaftlicher Ungleichheit beitragen. In diese Gruppe gehören Ansätze und Konzepte wie z.B. Antirassistische Erziehung oder Anti-Bias-Learning bzw. struktur- und systemtheoretische Forschungsansätze (z.B. institutionelle Diskriminierung), kultursoziologisch fundierte Ansätze (z.B. Pierre Bourdieus Habituskonzept) oder Ansätze aus den mit der Postkolonialen Theorie verbundenen Cultural Studies, die die unablässig in Veränderung befindlichen kulturellen Praktiken mit dem Begriff der hybrid cultures zu fassen versuchen. Gemeinsam ist diesen Ansätzen, dass Kultur als Konstrukt begriffen und nach seiner Funktion im pädagogischen Kontext mit Blick auf ungleiche Bildungschancen unter Einbezug der historisch herausgebildeten, strukturellen Gegebenheiten von Bildung und Erziehung und den sie stützenden gesellschaftlichen Machtverhältnissen gefragt wird.

Literatur
Gogolin, I./Krüger-Potratz, M. ([2]2010): Einführung in die Interkulturelle Pädagogik. Opladen. – Greverus, I.-M. (1987): Kultur und Alltagswelt. München. – Liegle, L. ([5]1998): Kulturvergleichende Ansätze in der Sozialisationsforschung. In: Hurrelmann, K./Ulich, D. (Hg.): Handbuch der Sozialisationsforschung. Weinheim, Basel, 215-230. – Schiffauer, W. (1999): Fremde in der Stadt. Frankfurt.

Marianne Krüger-Potratz

Kultur- und Freizeitzentren

In einem modernen Verständnis kann man die Existenz von Kultur- und Freizeitzentren etwa ab den 1970 Jahren verorten. Ihre überdauernden Intentionen beruhen jedoch auf der ab dem 18. Jahrhundert einsetzenden Tradition gegenkultureller Treffpunkte von Bürgern, Handwerkern und Arbeitern in Nachbarschaftsheimen, Zunft-, Bürger-, Volks- und Genossenschaftshäusern als öffentlich-kollektiven Geselligkeitsräumen. Die maßgebliche Weiterentwicklung erfolgte in Westdeutschland ab den 1960er Jahren durch die politischen und kulturellen Impulse der Studentenbewegung und, in deren Gefolge, durch die Jugendzentrumsbewegung, aber auch ab den 1970er Jahren durch die vornehmlich sozialdemokratisch betriebene Öffnung der Kulturpolitik unter dem Motto Kultur für alle und von allen. Im Zentrum stand die politisierte Partizipation und Selbstverwaltung mit dem Anspruch der Demokratisierung der Gesellschaft, der Integration unterschiedlicher Milieus und Kulturen, der Verbindung zur Stadterneuerung und städtischen Kulturlandschaft, als kreative Potentiale gegen Herrschaft und Bürokratie sowie schließlich in der Verbindung zwischen sozialer Kulturarbeit und kulturell orientierter Sozialer Arbeit.

Literatur
Hübner, I. (1981): Kulturzentren. Weinheim, Basel.

Werner Lindner

Kulturanthropologie

Während die philosophische Kulturanthropologie zu Beginn des 20. Jahrhunderts das Wesen des Menschen auch in seinen kulturellen Errungenschaften methodisch zu erhellen suchte, stammt die sich schon seit dem 19. Jahrhundert entwickelnde empirische Forschungsperspektive der Kulturanthropologie (cultural anthropology) aus dem englischsprachigen Raum; diese wird in Deutschland oftmals mit Ethnologie gleichgesetzt.
Die Kulturanthropologie versteht unter Kultur – im Sinne eines erweiterten Kulturbegriffs, der nicht mehr auf die Differenz von sog. niederer und höherer Kultur abhebt – die Gesamtheit von Lebensformen und mentalen Grundlagen einer Gruppe. In den Blick genommen werden die technischen und materiellen Grundlagen, die hohe (ästhetische) Kultur, aber auch (institutionalisierte) Denk-, Sprach- und Interaktionsmuster. Mit einem differenzierten Kulturbegriff, der die Kombination, Vermischung und Assimilation von regionalen, nationalen und globalen Kulturmustern rekonstruiert, reagiert sie in jüngster Zeit auf Prozesse der Internationalisierung und Globalisierung.
Die Kulturanthropologie zielt auf die Rekonstruktion des Verhältnisses von Mensch und Kultur, auf die spezifischen kulturellen Reliefs, auf Strukturen und Gesetzmäßigkeiten von Kulturen sowie auf Phänomene der Kulturübertragung. Dabei wird oftmals vom Verhalten gewöhnlicher Menschen oder auch von Dingen des alltäglichen Lebens ausgegangen, auf deren Basis Verhaltensmuster und Regeln des Alltagslebens, aber auch Bedeutungen von kulturellen Objektivationen herausgearbeitet werden. Die Kulturanthropologie grenzt sich insofern sowohl von einer naturwissenschaftlichen, die biologische Ausstattung des Menschen in den Mittelpunkt rückenden, als auch von einer (normativen) philosophischen Anthropologie ab, die auf der Suche nach dem Wesen des Menschen ist. Das, was den Mensch ausmacht, findet man nicht hinter, sondern in spezifischen historischen und kulturellen Ausprägungen; das Eigentliche des Menschen besteht in seinen kul-

turell sichtbaren Variabilitäten und Potentialitäten. Die Kulturanthropologie hat das ethnografische und sozialwissenschaftliche Methodenrepertoire durch wichtige Beiträge zur Quellensituation, Beobachtung, Teilnahme und zum ethnografischen Schreiben wie durch methodologische Debatten zu Fragen der fremdkulturellen Repräsentation, zur Selbstartikulation der Beforschten und zur Generalisierung des Partikularen entscheidend weiterentwickelt. Sie dient dabei nicht nur zur Sensibilisierung gegenüber fremden Kulturen, sondern auch zu einer Befremdung der eigenen Kultur.

Literatur
Barnard, A./Spencer, J. (Eds.) (2002): Encyclopaedia of social and cultural anthropology. London, New York. – Reinhard, W. (2004): Lebensformen Europas. München.

Jörg Zirfas

Kulturbegegnung

Kulturbegegnungen finden mit kulturellen Darstellungs- und Ausdrucksformen anderer Kulturen statt. Zur Kultur im engeren Sinne gehören Bauwerke, Werke der bildenden und darstellenden Kunst, Literatur, Musik usw. Teil der Kultur im weiteren Sinne sind alle Formen immateriellen kulturellen Erbes wie Rituale, Tänze, Praktiken der Arbeit und des Lebens. Darüber hinaus finden Kulturbegegnungen zwischen Menschen verschiedener kultureller Herkunft statt. Immer mehr Menschen gehören heute gleichzeitig mehreren Kulturen an. Einsicht in die Unhintergehbarkeit kultureller Vielfalt und die Erkenntnis der Unaufhebbarkeit von Alteritäts-Erfahrungen sind die Folge. In Kulturbegegnungen entscheidet es sich jedes Mal neu, was als Fremdes bzw. als Eigenes erfahren wird. Für das Gelingen gewaltfreier Kulturbegegnungen sind Prozesse mimetischer Anähnlichung an das Fremde, ein Denken vom Anderen her, ein heterologisches Denken und ein interkultureller Dialog erforderlich. Da die Grenzen zwischen Eigenem und Fremdem porös geworden sind, findet sich das Eigene im Fremden und das Fremde im Eigenen. Prozesse kultureller Transgression und der Bildung hybrider Phänomene sind die Folge.

Literatur
Bronfen, E./Marius, B./Steffen, T. (1997) (Hg.): Hybride Kulturen. Tübingen. – Wulf, C. (2006): Anthropologie kultureller Vielfalt. Bielefeld.

Christoph Wulf

Kulturelle Bildung

Kulturelle Bildung lässt sich in einem weiteren Sinne mit Bildung als der Vermittlung und Aneignung einer kulturellen Lebensform gleichsetzen. Im engeren Sinne meint kulturelle Bildung die Überlieferung spezifischer Kulturtechniken oder Kulturtraditionen.

Im Selbstverständnis des Bürgertums im 19. Jahrhundert folgte kulturelle Bildung den Idealen des Wahren, Guten und Schönen im Sinne menschlicher Vervollkommnung, die im Kontrast (und in einem kompensatorischen Verhältnis) zur Realität der sich entwickelnden Industrie- und Klassengesellschaft stand. Daneben wurde die bildende Bedeutung der Volkskultur (Wilhelm Heinrich Riehl) hervorgehoben, die auf das tradierte Kulturgut der Vormoderne zurückgriff und über das Konstrukt einer über Generationen hinweg tradierten Volksseele (Nationalcharakter) den Boden auch für nationalistische (Volks-) Bildungskonzepte bis ins 20. Jahrhundert (Julius Langbehn) bereitete. Gegen den elitären Charakter der bürgerlichen Kultur wie auch die nationalistische Vereinnahmung der traditionellen Volkskultur entstand gegen Ende des 19. Jahrhunderts ein drittes Projekt kultureller Bildung, das die bildende Wirkung der Alltagskultur (von der Musik bis zum Möbeldesign) mit den ästhetischen Programmen und den industriellen Produktionsformen der Moderne zu verbinden suchte (Bauhaus; Lebensreformbewegung).

Kulturelle Bildung wird heute zunehmend im Kontext der Mediengesellschaft thematisiert, wobei die kulturkritische Warnung vor einem Verfall der kulturellen Bildung durch die Marktförmigkeit und die Unkontrolliertheit der Medienangebote (Kulturindustrie) sich mit der Perspektive einer Erweiterung kultureller Bildung durch die technischen Möglichkeiten der neuen Medien die Waage hält.

Literatur
Bollenbeck, G. (1994): Bildung und Kultur. Frankfurt. – Mollenhauer, K. ([7]2008): Vergessene Zusammenhänge. Weinheim, München.

Hans-Rüdiger Müller

Kulturelle Heterogenität

Der Begriff Kultur beschreibt (in Anlehnung an das Konzept von Max Weber) die Gesamtheit menschlicher Lebens- und Ausdrucksformen, sofern sie nicht individuell sind. Kulturelle Heterogenität ist insofern eine Grundverfasstheit jeder Gesellschaft, als immer unterschiedliche Lebens- und Ausdrucksformen existieren, die bestimmte Gruppen von Menschen teilen – z.B. in Abhängigkeit vom Wohnort (regionale Unterschiede, Stadt vs. Land), vom Alter, vom sozioökonomischen Status, vom Bildungsstand, vom Beruf, von der Gesundheit, von politischen Positionen, vom Familienstand, von privaten Interessen. In Folge der verstärkten Zuwanderung nach Deutschland beschäftigt sich die Erziehungswissenschaft seit den 1970er Jahren verstärkt mit migrationsbedingter kultureller Heterogenität als Bedingung für Erziehungs- und Bildungsprozesse.

Bei der Analyse der Situation von Kindern und Jugendlichen aus zugewanderten Familien war die Kategorie Kultur lange Zeit leitend. Insbesondere soziale Probleme und schulische Misserfolge wurden mit vermeintlichen Unvereinbarkeiten zwischen den Kulturen der Herkunfts- und Ankunftsregionen der Migranten erklärt (Kulturkonflikthypothese). Studien weisen darauf hin, dass diese Perspektive in der pädagogischen Praxis bis heute wirksam ist. In der Wissenschaft gilt sie aber seit langem als überholt, was sich an drei zentralen Kritikpunkten festmachen lässt: (1) Bei der Betrachtung kultureller Unterschiede wurden soziale Machtverhältnisse weitgehend außer Acht gelassen. Die Lebens- und Ausdrucksformen der Zugewanderten wurden angesichts der Normalitätskonstrukte der Mehrheitsgesellschaft oft unreflektiert als rückständig beschrieben, während die Arbeitsweisen und das kulturelle Selbstverständnis der Erziehungs- und Bildungsinstitutionen trotz kultureller Pluralisierung nicht in Frage gestellt wurden. Der Fokus auf Kulturdifferenz hat vielfach dazu geführt, dass strukturelle Rahmenbedingungen der Einwanderungsgesellschaft als Ursachen für die Problemlagen von Kindern und Jugendlichen aus zugewanderten Familien verschleiert blieben. (2) Aus heutiger Sicht wird die einseitige Defizitperspektive kritisiert, die Kindern und Jugendlichen zwischen den Kulturen spezifische Krisen und Problemlagen unterstellt. Die jüngere Forschung enthält demgegenüber Hinweise auf das Bildungs- und Innovationspotenzial der Differenzerfahrungen von Kindern und Jugendlichen im Kontext kultureller Pluralität. (3) Schließlich gelten die unhinterfragte Annahme von Kulturdifferenz und der darin implizierte statische Kulturbegriff als unhaltbar. Die Dramatisierung kultureller Unterschiede hat zu kulturalisierenden und ethnisierenden Zuschreibungen geführt, die den Lebenswelten von Migranten nicht gerecht werden, sondern zur Konstruktion von Eigenem und Fremdem, von Wir und Nicht-Wir in der Einwanderungsgesellschaft beitragen.

Inzwischen besteht in der Erziehungswissenschaft Einigkeit darüber, dass ein dynamischer, nicht-essentialistischer Kulturbegriff zur Erfassung der Erziehungs- und Bildungsvoraussetzungen und -prozesse im Kontext kultureller Heterogenität angemessen ist. Kultur wird nicht mehr auf Nationalkultur reduziert und als in sich homogen betrachtet. Ausgehend von dem Konzept der Hybridität wird stattdessen die Durchmischung unterschiedlicher kultureller Einflüsse in der Einwanderungsgesellschaft beschrieben. Der Begriff kulturelle Heterogenität bezeichnet aus dieser Perspektive nicht ein Nebeneinander unterschiedlicher Traditionen und Lebensformen (wie es z.B. die Vorstellung von der multikulturellen Gesellschaft impliziert), sondern die Pluralisierung der Lebensformen, zu deren Komplexität unter anderem die unterschiedlichen Formen der Zuwanderung beitragen. Kulturelle Identifikationen sind demnach situationsabhängig und veränderlich. Kulturelle Unterschiede sind als Konstruktionen zu betrachten, die von den Unterscheidungskriterien des Betrachters abhängen. Hinzu kommt, dass diese Kriterien wandelbar sind. Der Einzelne kann, je nach situativen Bedingungen, einzelnen Kriterien einmal mehr, einmal weniger Bedeutung beimessen.

Im Kontext kultureller Heterogenität sind aus erziehungswissenschaftlicher Perspektive vor allem Unterschiede zwischen den Normalitätserwartungen der Erziehungs- und Bildungsinstitutionen und den kulturellen Erfahrungen der Kinder und Jugendlichen relevant. Diese Betrachtungsweise ist insbesondere weiterführend, wenn es um die Bildungs- und sozialen Partizipationschancen von Kindern aus zugewanderten Familien oder aus so genannten bildungsfernen Familien geht. Unterschiede zwischen Dominanz- und Minderheitenkulturen werden zur Erklärung ungleicher Chancen herangezogen, und es wird nach der Legitimität kultureller Äußerungen im Bildungssystem gefragt.

Als pädagogische Qualifikation für den Umgang mit kultureller Heterogenität gilt in der interkulturellen Erziehungswissenschaft weniger das Wissen über vermeintlich andere Kulturen, als vielmehr die Fähigkeit, eine reflexive Haltung einzunehmen, die es erlaubt, kulturelle Ausdrucksformen und Sichtweisen in ihren Unterschieden und Überschneidungen als dynamisch und gleichzeitig nicht immer vereinbar wahrzunehmen.

Zu einer solchen reflexiven Haltung gehört es, dass Pädagogen sich ihre eigenen kulturellen Prägungen und Normalitätserwartungen bewusst machen, dass sie die Lebens- und Ausdrucksformen der Menschen, mit denen sie arbeiten, differenziert wahrnehmen, Defizitorientierungen überwinden und pauschale kulturelle Zuschreibungen vermeiden. Grundlegend für diese Haltung ist ein Bewusstsein über die unauflösbare Ambivalenz der Anerkennung der Anderen: Die Unterscheidung gesellschaftlicher Gruppen anhand der Kategorie Kultur wird durch die pädagogische Berücksichtigung kultureller Heterogenität immer auch bestätigt, wodurch gesellschaftliche Machtverhältnisse reproduziert werden können.
Eine kontroverse Debatte dreht sich um die Frage, ob es angesichts des Konstruktcharakters von Kultur überhaupt noch sinnvoll ist, pädagogische Prozesse mit dieser Kategorie zu beschreiben und zu verstehen. Die Beobachtung, dass Kultur trotz Hybridisierung für soziale Prozesse der Vergemeinschaftung, der Selbstverortungen und Orientierungen, der Ein- und Ausgrenzungen weiterhin aktuell ist, spricht dafür, die Kategorie zur Erfassung von Heterogenität beizubehalten. Dabei besteht jedoch Einigkeit darüber, dass Kultur als alleiniges Unterscheidungskriterium unangemessen ist, dass also immer die Vielfalt sozialer Differenzlinien (z.B. Geschlechterdifferenz, sozioökonomische Differenz) zu berücksichtigen ist. An zukünftige Studien über Heterogenität in sozialen und pädagogischen Kontexten besteht der Anspruch, das Zusammenwirken der unterschiedlichen Differenzlinien zu beachten und bei der Beschreibung kultureller Unterschiede soziale Machtverhältnisse und -unterschiede zu berücksichtigen.

Literatur
Krüger-Potratz, M. (1999): Stichwort: Erziehungswissenschaft und kulturelle Differenz. In: Zeitschrift für Erziehungswissenschaft 2, 149-165. – Gogolin, I./Krüger-Potratz, M. (2006): Einführung in die Interkulturelle Pädagogik. Opladen.

Sara Fürstenau

Kulturhoheit der Länder

Der Begriff der Kulturhoheit der Länder bezeichnet in der Bundesrepublik Deutschland die primäre gesetzgeberische und verwaltungsmäßige Zuständigkeit der Länder für Kultur und Bildung. Er findet sich nicht im Grundgesetz für die Bundesrepublik Deutschland (GG), weil nach Artikel 30 die Ausübung staatlicher Befugnisse grundsätzlich den Ländern zugewiesen ist und der Bund nur in den Bereichen Recht setzen darf, die ihm das GG ausdrücklich überträgt. Der Terminus Kulturhoheit der Länder wurde vom Bundesverfassungsgericht (BverfG) 1957 in seinem Urteil zum Reichskonkordat aufgegriffen. Dort heißt es, die Kulturhoheit der Länder, besonders aber die Hoheit auf dem Gebiete des Schulwesens, sei das Kernstück der Eigenstaatlichkeit der Länder. Neben den Schulen gehören zu Kultur und Bildung die Vorschulerziehung, die Erwachsenenbildung und die Hochschulen, Museen und Bibliotheken, Wissenschaft und Kunst, Rundfunk und Fernsehen und die politische Bildung. Der Bund ist angehalten zur Teilnahme an der Kulturpflege sowie zur Forschungs- und Ausbildungsförderung (Artikel 74 GG) und kann die Rahmengesetzgebung für das Pressewesen, für den Bestand von Kulturgütern und Landschaftspflege vornehmen (Artikel 75 GG).
Mit der Grundgesetzänderung von 1969, die dem Bund (bis 2008) die Rahmengesetzgebungskompetenz für das Hochschulwesen einräumte (Artikel 75, Absatz 1, 1.) und die Möglichkeit der gemeinsamen Bildungsplanung (Artikel 91b) sowie der Hochschulbaufinanzierung (Artikel 91a) von Bund und Ländern schuf, wurde die Kulturhoheit der Länder geschwächt. Dennoch blieb das föderalistische Prinzip in Kultur und Bildung wesentlich. In jüngster Zeit wurde der Vorrang der Kulturhoheit der Länder durch mehrere Urteile des BVerfG bestätigt. 2006 folgte im Zuge der Föderalismusreform die Streichung der Artikel 74a, 75 sowie 91a, Absatz 1, 1. Mit dem modifizierten Artikel 91b wurden die gemeinsame Bildungsplanung abgeschafft und die Aufgaben des Bundes in der Forschungsförderung präzisiert. Bund und Länder können im Zusammenhang mit internationalen Bildungsstudien zusammenwirken; Modellversuche können nun aber durch den Bund nicht mehr durchgeführt werden. Die Bund-Länder-Kommission für Bildungsplanung wurde Ende 2007 aufgelöst und durch die Gemeinsame Wissenschaftskonferenz ersetzt.

Literatur
Glotz, P./Faber, K. (1994): Richtlinien und Grenzen des Grundgesetzes für das Bildungswesen. In: Benda, E./Maihofer, W./Vogel, H.-J. (Hg.) Handbuch des Verfassungsrechts. Berlin, 1363-1424.

Isabelle Sieh

Kulturkritik

Kulturkritik bezeichnet die Analyse und kritische Bewertung einzelner sozialer, gesellschaftlicher und kultureller Phänomene. Kulturkritik versucht eine Synthese von Kulturphilosophie und Gesellschaftskritik und stellt als philosophische Haltung – im Gegensatz zum Kulturpessimismus – eine Analyse und fundierte Kritik an den Folgeerscheinungen der zeitgenössischen Kultur dar. Kulturkritik artikuliert einen Zustand allgemeiner sozialer und kultureller Entfremdung, sie wird vornehmlich in Umbruchphasen geübt.

Der Begriff Kulturkritik entwickelte sich im Rahmen kulturphilosophischer Modelle im 19. Jahrhundert besonders im Bereich der Lebens- und Kulturphilosophie sowie der Gesellschaftskritik und fand im 20. Jahrhundert Eingang in die Lexika.

Für das vorrevolutionäre 18. Jahrhundert war Jean Jacques Rousseaus Kulturkritik maßgeblich. Er kritisierte die Zerstörung der sittlichen Ordnung durch kulturell vermittelte Bedürfnisse und Sozialverhältnisse und forderte die Rückkehr zu einer vernünftigen, d.h. natürlichen Ordnung. Im 19. und 20. Jahrhundert stellen die Kulturkritiker als Reaktion auf die durch fortschreitende Industrialisierung und verstärkten Rationalismus hervorgerufenen gesellschaftlichen Veränderungen und bedingt durch die dadurch verursachten politischen und sozialen Wandlungsprozesse Natur und Kultur normativ gegenüber. Kulturkritik formuliert nun eine teils konservative, teils progressive Überschreitung des jeweils entwickelten historischen Standes moderner Gesellschaften. Als Hauptvertreter der Kulturkritik gelten Friedrich Nietzsche, Paul de Lagarde und Julius Langbehn, die den Verfall von Bildung, Kunst, Kultur und Moral sowie eine zunehmende Selbstentfremdung des modernen Menschen konstatieren. Der Frage nach den Ursachen des Unbehagens an der Kultur gehen Georg Simmel, Ernst Cassirer, aus der Geschichtsphilosophie kommend Oswald Spengler und aus der Soziologie kommend Max Weber nach. Die kulturkritischen Positionen Georg Wilhelm Friedrich Hegels und Wilhelm Diltheys wurden vor allem von Eduard Spranger und Theodor Litt aufgenommen. Hannah Arendt, Theodor W. Adorno sowie Alexander und Margarete Mitscherlich initiierten mit ihren kulturkritischen Arbeiten die Auseinandersetzung mit dem Holocaust. Im ausgehenden 20. Jahrhundert ist eine verstärkte Diskussion über die Relevanz der Kultur für den Zusammenhalt einer Gesellschaft, die von der Erfahrung ethnischer, religiöser, sozialer, wirtschaftlicher und kultureller Unterschiede geprägt ist, zu verzeichnen.

Literatur

Adorno, Th. W. (1975): Gesellschaftstheorie und Kulturkritik. Frankfurt. – Oelkers, J. (2007): „Neue Erziehung", Zerfall der Kultur und das Kind. In: Becker, P. u.a. (Hg.): Abenteuer, Erlebnis und die Pädagogik. Opladen, 55-82.

Bettina Irina Reimers

Kulturpädagogik

Unter Kulturpädagogik wurde im ersten Drittel des 20. Jahrhunderts eine Ausrichtung der wissenschaftlichen Pädagogik (Geisteswissenschaftliche Pädagogik) verstanden, die sich gegen die Inanspruchnahme der Erziehung für gesellschaftlich partiale oder parteipolitische Zwecke wandte und stattdessen auf die subjektive Aneignung übergreifend werthafter, objektiver Kulturgüter abhob (Theodor Litt, Eduard Spranger u.a.).

Heute wird mit dem Begriff Kulturpädagogik – von dem früheren Sprachgebrauch weitgehend unabhängig – ein Fachgebiet innerhalb der Pädagogik bezeichnet, das sich mit der pädagogisch-professionellen Vermittlung spezifischer kultureller Produkte und Praktiken befasst und inzwischen auch mit der Einrichtung entsprechender Hochschul-Studiengänge institutionell etabliert ist. Zu den Hauptgebieten der Kulturpädagogik gehört die didaktisch-methodische Aufbereitung und Präsentation von Museumsbeständen (Museumspädagogik), die Initiierung und Durchführung von kommunalen oder frei organisierten Theaterprojekten (Theaterpädagogik), die außerschulische Förderung von ästhetisch-produktiven und ästhetisch-rezeptiven Tätigkeiten von Laien in den Bereichen der bildenden Kunst, der Musik, des Tanzes (ästhetische Erziehung) und der Literatur (Lesezirkel, Schreibwerkstätten, Biografiearbeit). Kulturpädagogische Arbeit findet zumeist in kommunaler Trägerschaft, zunehmend aber auch in kommerzieller Trägerschaft und in Form selbständiger Dienstleistungsangebote statt. Die Arbeitsformen reichen von traditionellem Gruppen- und Einzelunterricht und regelmäßigen Kursangeboten über unterschiedliche Formen der zeitlich und räumlich begrenzten Projektarbeit bis zur Organisation von kommunalen und regionalen kulturellen Großereignissen (Festivals, Stadtteilaktionen).

Historisch gesehen hat die heutige Kulturpädagogik ihre Wurzeln in den Arbeitsfeldern der Erwachsenenbildung, der Jugendarbeit und Jugendkulturarbeit, der (reformpädagogisch inspirierten) Kunsterziehungsbewegung, der politischen Bildungsarbeit und den sozialpädagogischen Ansätzen der Gemeinwesenarbeit. Als eigenständiger Bereich innerhalb der Pädagogik hat sich die Kulturpädagogik vor allem gegen Ende der 1970er Jahre des vergangenen Jahrhunderts herausgebildet. Ausschlaggebend war dafür nicht zuletzt die hochschul- und arbeitsmarktpolitische Neuausrichtung von Forschungs- und Lehrressourcen der Pädagogik als akademischer Disziplin. In der Ausrichtung auf außerschulische kulturelle Bildungsangebote sollten neue Arbeitsfelder und Beschäftigungsmöglichkeiten für pädagogisch qualifizierte Absolventen kulturwissenschaftlicher Fächer erschlossen werden. Dem entgegen kam ein in dieser Zeit ebenfalls wachsendes Interesse der Bevölkerung am Kulturbereich, das in Zusammenhang mit gestiegenen Freizeitbedürfnissen und darauf reagierenden Freizeitangeboten zu sehen ist. Hier ist gegenwärtig eine intensive Diskussion um die Legitimität und die Folgen einer zunehmenden Kommerzialisierung bzw. Ökonomisierung des Kulturbereichs wie auch der kulturpädagogischen Angebote zu beobachten.

Von den Zielen der Kulturpädagogik her lassen sich zurzeit zwei Richtungen grob voneinander unterscheiden, eine eher an Kulturvermittlung und eine eher an kultureller Bildung orientierte fachliche Ausrichtung. Während bei der ersten Zielausrichtung ein Verständnis von Kultur im Sinne objektiver Bestände vorherrscht, die in alters- und zielgruppenspezifischer Form zu vermitteln seien, wird in der zweiten Perspektive Kultur eher als ein Medium der Bildung verstanden, dessen Potenzial zur Erweiterung der menschlichen Erkenntnis- und Ausdrucksmöglichkeiten für die Adressaten kulturpädagogischer Angebote erschlossen werden soll.

Literatur

Spranger, E. ([2]1923): Kultur und Erziehung. Leipzig. – Zacharias, W. (2001): Kulturpädagogik, kulturelle Jugendbildung. Opladen.

Hans-Rüdiger Müller

Kulturpolitik

Kulturpolitik umfasst Maßnahmen der vornehmlich im Inland wirkenden Förderung von Kunst und Kultur durch staatliche und private Einrichtungen. Als Kulturstaat kommt Deutschland hinsichtlich der Wahrung seiner kulturellen Vielfalt nicht nur eine ermöglichende, sondern auch eine fördernde Rolle zu. Dies wird unter anderem durch Artikel 35 des Einigungsvertrages von 1990 unterstrichen, der die Bedeutung der kulturellen Substanz für den Einigungsprozess und die Stellung Gesamtdeutschlands in der Welt hervorhebt.

Kulturpolitik ist in Deutschland kooperativ-föderal organisiert. Grundsätzlich gilt die Kulturhoheit der Länder, denen nach Artikel 30 des Grundgesetzes für die Bundesrepublik Deutschland (GG) die staatlichen Aufgaben und Befugnisse obliegen. Dies führt zu eingeschränkten Zuständigkeiten des Bundes in den Bereichen Kunst und Kultur. Dem Bund kommen vor allem rechts- und ordnungspolitische Aufgaben zu. Auch die Kommunen können gemäß Artikel 28, Absatz 2 GG kulturpolitisch aktiv werden, so auf dem Gebiet der lokalen Kulturförderung. Kulturpolitische Fragen erlangen zunehmend auch für den europäischen Integrationsprozess Bedeutung. Durch Artikel 151 des Maastrichter Vertrages der Europäischen Gemeinschaft wird das kulturpolitische Kompetenzgeflecht um eine vierte Ebene erweitert, wobei die Europäische Union hierdurch keine eigenständige Kulturkompetenz, sondern lediglich den Auftrag zur kulturellen Förderung unter Wahrung der nationalstaatlichen Autonomien erhält.

Die Aufgaben- und Kompetenzverteilung zwischen Bund, Ländern und Kommunen ist vor allem aufgrund unterschiedlicher Standpunkte hinsichtlich der kompetenzrechtlichen Spielräume kulturpolitischen Handelns des Bundes ein häufiger Streitpunkt. Gerade im Zuge des gesamtdeutschen Integrationsprozesses wurde vor dem Hintergrund veränderter politischer Rahmenbedingungen verschiedentlich eine Entflechtung der kulturpolitischen Verantwortlichkeiten von Bund und Ländern gefordert. In diesem Zusammenhang wurde eine eindeutigere Kompetenzzuweisung hinsichtlich des kulturpolitischen Handelns des Bundes diskutiert. Die nach dem Regierungswechsel von 1998 erfolge Einrichtung des Beauftragten der Bundesregierung für Kultur und Medien als einer obersten Bundesbehörde unter Leitung eines Kulturstaatsministers kann als ein Ergebnis dieser Diskurse gewertet werden.

Kulturpolitische Kernaufgaben des Bundes sind die Schaffung kulturfördernder Rahmenbedingungen, die Förderung nationaler Kultureinrichtungen sowie die Bewahrung und der Schutz national bedeutsamer Kulturgüter, letztere auch in Hinblick auf Artikel 75, Absatz 1, Satz 6 GG. Weiterhin obliegt dem Bund die kulturelle Repräsentation Deutschlands als

Gesamtstaat. Diese Aufgaben finden zum Beispiel in der kulturellen Förderung der Bundeshauptstadt Berlin oder der Stiftung Preußischer Kulturbesitz ihren Ausdruck. Weitere zentrale Aufgabe des Bundes ist die Medienpolitik. So ist die Deutsche Welle dem Verantwortungsbereich des Kulturstaatsministers zugeordnet. Hier ergeben sich Verflechtungen von national wirkender und auswärtiger Kulturpolitik. 1987 wurde durch die Länder die Kulturstiftung der Länder gegründet, der sich 1990 auch alle neuen Bundesländer anschlossen. 2002 wurde schließlich die Kulturstiftung des Bundes gegründet. Programme und Projekte in den Bereichen Kunst und Kultur sollen im Rahmen der Zuständigkeit des Bundes gefördert werden. Dies kann als weiterer Schritt der Bündelung kultur- und medienpolitischer Institutionen des Bundes gewertet werden. Zwischen der Kulturstiftung des Bundes und jener der Länder ist eine verstärkte Kooperation geplant, gleichwohl bleibt die Abstimmung in diesem Politikfeld ein Streitpunkt der föderativen Ebenen.

Literatur
Mahrenholz, E. G. (2002): Die Kultur und der Bund. In: Deutsches Verwaltungsblatt 117, 857-867. – Müller, L./ Singer, O. (2003): Rechtliche und institutionelle Rahmenbedingungen der Kultur in Deutschland. Berlin.

Dennis L. Kampschulte

Kulturrelativismus – Universalismus

Fragen der Relativität (statt Invarianz) von Kultur(en) tauchten im sozialwissenschaftlichen Bereich insbesondere im Zeitalter des Imperialismus durch die Konfrontation mit außereuropäischen Kulturen und Gesellschaften auf. In der neu entstehenden Kulturanthropologie (oder Sozialanthropologie oder Ethnologie) beschäftigte man sich mit nicht-literaten (sog. primitiven) Kulturen und teils auch mit deren (zwangs-)migrierten Repräsentanten in westlichen Gesellschaften (z.B. Schwarzen in den Vereinigten Staaten von Amerika). Der Aufweis kultureller Unterschiede statt biologisch bedingter sog. Rassemerkmale war zunächst das Aushängeschild und kennzeichnete die besondere Leistung des Kulturrelativismus etwa von Franz Boas, Ruth Benedict und Margaret Mead. Doch geriet die Argumentation mit distinkten Kulturmerkmalen, die bestimmten Gruppen von Menschen kollektiv zukämen, im Laufe der Zeit auch zu einer Stereotypisierung (z.B. von Nationalcharakteren) und damit in die Gefahr eines Kulturrelativismus, der ähnlich wie der kritisierte Rassismus Menschen auf ihre angestammten Kulturen festschreibt. Ein ähnlicher Verdacht ergibt sich in Bezug auf die Verwendung des Kulturbegriffs in der Migrationsdebatte und der auf sie bezogenen Interkulturellen Pädagogik, wo ebenfalls kulturrelativistische Positionen als Korrektiv von Ethnozentrismus (und seiner Variante Eurozentrismus) angeboten werden, womit zugleich aber wiederum die Gefahr einer ethnisch konnotierten Vorstellung von Kultur und der Kulturalisierung sozialer Gegebenheiten besteht. Die Ambivalenzen kulturrelativistischer Prämissen gleich welcher Prägung finden ihren prägnanten Ausdruck in der Rede von der Gleichwertigkeit, aber nicht Gleichartigkeit von Kulturen.

Als Gegenpol geht der kulturelle Universalismus von der Annahme grundlegender Invarianten des Menschen als Gattungswesen aus. An Erklärung interessierte (nomothetische) sozialwissenschaftliche Forschungen unterstellen diese Denkfigur meist unhinterfragt, indem auf allgemeingültige Gesetzmäßigkeiten – bis zum Beweis des Gegenteils – rekurriert wird, hingegen kaum jemals geprüft oder auch nur hinterfragt wird, ob entsprechend resultierende Theorien universal oder kulturrelativ sind. Gegen angeblich universale, aber als de facto westlich voreingenommen kritisierte Sichtweisen positionieren sich Ansätze einer Indigenisierung von Wissenschaft (z.B. indigenous psychology), die jedoch wiederum den Aporien kulturrelativistischen Denkens nicht entgehen können, wenn sie in letzter Konsequenz nicht nur auf Kontextualisierung, sondern auf kulturbedingt unterschiedliche Rationalitätsstandards hinauslaufen.

Als Vermittlungsversuch zwischen kulturrelativen und universalen Positionen erscheint die in der Debatte um die entwicklungspsychologische Stufentheorie von Jean Piaget vorgeschlagene Unterscheidung von universalen Kompetenzen und kulturrelativen Performanzen wegweisend. Sie eröffnet Raum für eine Kontextualisierung sozialer Phänomene auch mit Blick auf nicht-essentialistisch gedachte kulturelle Besonderheiten, ohne die Annahme anthropologischer Gemeinsamkeiten Preis zu geben.

Die Problematik von Kulturrelativismus vs. Universalismus stellt sich derzeit vor allem auch in normativ-programmtischer Hinsicht, wie dies deutlich in der Menschenrechtsdebatte zu Tage tritt. Argumente, die proklamierten Menschenrechte spiegelten de facto ein westliches, d.h. wiederum partikulares (und damit kulturrelatives) Menschenbild, paaren

sich mit dem Vorwurf, sie seien faktisch nicht universal und ihre Verwirklichung sei auch gar nicht intendiert, weil nicht im Sinne der Herrschenden. Als Konsequenz wurden den individuellen, als westlich verkürzt angesehenen Menschenrechten soziale und kulturelle an die Seite gestellt. Als unvereinbar geltende kulturelle Spezifika mögen aber bei Hintertreibung des Universalitätsanspruchs der Menschenrechte zu dem von Samuel P. Huntington prognostizierten Clash of Civilizations führen.
Bei der weiteren Diskussion ist anzuraten, deutlich zwischen wissenschaftlich-analytischen und normativ-programmatischen Argumentationen zu unterscheiden. Ferner ist eine ahistorische Diskussion zu vermeiden; denn Globalisierung und internationale Migration führen zu neuen, als transnational oder transkulturell bezeichneten Lebensverhältnissen, die manche als kulturtypisch geglaubten Einstellungen, Wertvorstellungen und Verhaltensweisen in Richtung auf kulturelle Hybridisierung oder Neuschöpfungen verändern und so zu sowohl neuen kulturellen Universalien als auch zu neuen Kulturrelativitäten führen.

Literatur
Hauck, G. (2006): Kultur. Münster. – Schöfthaler, T./ Goldschmidt, D. (Hg.) (1984): Soziale Struktur und Vernunft. Frankfurt.

Christel Adick

Kultursensibler Mathematikunterricht

Die bis in die 80er Jahre des 20. Jahrhunderts in der Mathematikdidaktik unangefochten vertretene platonische epistemologische Auffassung von Mathematik und dem Lernen von Mathematik als die Entdeckung zeitloser, kulturunabhängiger Wahrheiten und im wesentlichen eine Sache logischen Denkens wurde Anfang der achtziger Jahre des 20. Jahrhunderts von Ansätzen in Frage gestellt, die Mathematik als ein kulturelles Phänomen auffassten, das keineswegs wertfrei sei. Dies ist der Ausgangspunkt der theoretischen Konzeptionen zu einem kultursensiblen Mathematikunterricht. Auf der Basis mathematikhistorischer, anthropologischer und kulturübergreifender Studien wurde der Ansatz einer Ethnomathematik entwickelt, dessen zentrale These lautet: dass Mathematik als kulturell geprägt verstanden werden müsse, die aber je nach Kultur anders aussehe. Wie jede kulturelle Gruppe eine eigene Sprache, Religiosität, Rituale, Nahrungsproduktion usw. produziere, so scheine es sich auch mit der Mathematik zu verhalten.
Zugrunde liegt dabei kein nationalstaatliches Verständnis von Kultur, sondern Kultur wird als die Gesamtheit tradierter Ausdrucksweisen, Rezeptionsweisen, Einstellungen einer Gruppe, also auch deren Auffassungen zur Mathematik und der Art ihres Betreibens aufgefasst. Demnach ist Mathematik ein kulturelles Produkt, das zwar universale Aspekte besitzt, aber in unterschiedlichen Kulturen verschiedene Ausprägungen erfährt. Auf der Basis allgemein akzeptierter fundamentaler Ideen hat sich demnach eine international akzeptierte Mathematik westlichen Stils entwickelt, die durch den besonderen Stellenwert symbolisch geprägter begrifflicher Strukturen charakterisiert ist, die für westliche Kulturen typisch ist.
Unter einer anthropologische Perspektive, die mathematische Erziehung als Teil des Prozesses der Einführung der Nachwachsenden in eine mathematische Kultur begreift (sog. mathematical enculturation), hat dies massive Konsequenzen. Während Kinder aus westlich geprägten Kulturen eher in eine heimische Kultur eingeführt werden, vollzieht sich Mathematiklernen für Kinder aus nichtwestlich geprägten Kulturen wie die Einführung in eine fremde Kultur. Dies kann negative Konsequenzen haben (Erfahrung der Bedeutungslosigkeit, Auswendiglernsyndrom). Daher wird für die Konstruktion eines kulturell fairen Mathematikcurriculums plädiert, das u.a. praxisbezogen und entdeckend sein sowie sozio-kulturelle Bezüge aufweisen sollte.
Diese Ansätze wurden durch aktuelle internationale Vergleichsstudien zum Mathematikunterricht in ihrer Bedeutung untermauert, in denen die Kulturabhängigkeit der Auffassungen vom Lehren und Lernen von Mathematik deutlich gemacht wurde. Studien wie die im Rahmen der Third International Mathematics and Science Study (TIMSS) durchgeführte Videostudie zum Mathematikunterricht in Japan, Deutschland und den Vereinigten Staaten von Amerika haben gezeigt, dass nicht nur die Prozesse des Lehrens und Lernens kulturell beeinflusste Aktivitäten sind, sondern dass auch das, was gelehrt und gelernt wird, kulturell geprägt ist.
Diese Ansätze haben für den Mathematikunterricht in Deutschland, der unter den Bedingungen einer pluralen Schülerschaft stattfindet, massive Konsequenzen. So weisen empirische Untersuchungen darauf hin, dass es bedeutsame Unterschiede im Verständnis von Mathematik und mathematischen Ler-

nen zwischen monolingual deutsch aufgewachsenen Kindern/Jugendlichen und zwei- oder mehrsprachig aufgewachsenen Kindern/Jugendlichen gibt. Neuere Theorieansätze, die im Rahmen des kritischen Multikulturalismus vertreten werden, weisen auf die Gefahr der Fortschreibung kultureller Stereotype hin und betonen die Beziehungshaltigkeit und Mehrstimmigkeit als zentrale Aspekte für den Unterricht. Auf der Basis soziologischer und soziokultureller Ansätze wird daher für den Mathematikunterricht die Forderung nach Berücksichtigung von Diskursformen als zentrales Element des Unterrichts gesehen. Konkret sollen solche Unterrichtsdiskurse gefördert werden, die dominante Denk- und Argumentationsweisen stören und gleichzeitig Lernende durch Vermittlung entsprechender Werkzeuge befähigen an einem mathematischen Diskurs teilzunehmen.

Literatur
D'Ambrosio, U. (1985): Ethnomathematics and its Place in the History and Pedagogy of Mathematics. In: For the Learning of Mathematics 5, 44-48. – Bishop, A. (1991): Mathematics Education in its Cultural Context. In: Harris, M. (Ed.), Schools, Mathematics and Work. London, 29-41. – Mahalingam, R. / McCarthy, C. (Eds), 2000. Multicultural curriculum. New directions for social theory, practice, and policy. New York.

Gabriele Kaiser

Kuwait → Arabische Staaten

Kybernetische Pädagogik

Die kybernetische Pädagogik leitet sich aus der allgemeinen und transdisziplinär ausgerichteten Kybernetik ab (aus dem Griechischen kybernetikë [technë], Steuermannskunst), die Norbert Wiener als Regelungs- und Nachrichtenübertragungstheorie definierte (Mensch und Menschmaschine, 1952). In der kybernetischen Pädagogik werden kybernetische Begriffe und Modelle auf pädagogisches Denken und Handeln übertragen. Dies betrifft vor allem die Bereiche Unterricht und Didaktik sowie die Theorien der Erziehung und des Lernens, besonders im Zusammenspiel mit der kybernetischen Informationstheorie und -psychologie (programmiertes Lernen, programmierter und computergestützter Unterricht).

Zentral ist die Übertragung des Regelkreis-Modells zur Kontrolle und Steuerung (Feedback) auf den Prozess der Erziehung: Vorgegebene Erziehungsziele (Soll-Werte des Systems) veranlassen den Erzieher bzw. Pädagogen (Regler) auf den Edukanden (Regelgröße) in einer bestimmten Art und Weise (Stellglied) einzuwirken, wobei sowohl die Kenntnisse über den Edukanden (Ist-Wert des Systems) als auch die von außen auf das System einwirkenden Störgrößen zu berücksichtigen und einer beständigen Kontrolle über Rückkopplung/Rückmeldungen (Messfühler) zu unterziehen sind. Im Bereich des Lernens als Aufnahme, Verarbeitung und Speicherung von Information geht es grundsätzlich um die Automatisierung des Lernprozesses, wobei die richtigen Lernstrategien helfen sollen, den Informationswert in Abhängigkeit vom Lernenden zu optimieren.

Die kybernetische Pädagogik entwickelte sich in den 1960er und 70er Jahren und fand dort ihre größte Resonanz. Ihre wichtigsten Vertreter sind Felix von Cube, Helmar Frank und Klaus Weltner. In der aktuellen Diskussion stellt die kybernetische Pädagogik allenfalls einen historischen Referenzrahmen dar. Die Kritik der Kybernetik durch die Kybernetik zweiter Ordnung (Heinz von Foerster), die theoretische Orientierung an Selbstreferenzialität (z.B. triviale vs. nicht-triviale Maschinen) sowie die Weiterentwicklung der Kontrolltheorie sind von aktueller Relevanz in systemtheoretischen und konstruktivistischen Theorien.

Einwände richteten sich gegen die Fokussierung der kybernetischen Pädagogik auf Technologie und Methodik und einen reduktionistischen Impuls des kybernetisch-technologischen Denkens und Handelns, der den interpersonalen Bezug des Pädagogischen, seine Sinnansprüche sowie seine ethischen und anthropologischen Dimensionen vernachlässigt und die Mündigkeit des Edukanden in Frage stellt.

Literatur
Cube, F. v. (1982[4]): Kybernetische Grundlagen des Lernens und Lehrens. Stuttgart. – Frank, H. (1962[2]): Kybernetische Grundlagen der Pädagogik. 2 Bde. Baden-Baden. – Pongratz, L. A. (1978): Zur Kritik kybernetischer Methodologie in der Pädagogik. Frankfurt.

Markus Rassiller

L

L – E – R → Lebensgestaltung – Ethik – Religionskunde

Labeling approach

Unter Labeling approach werden verschiedene theoretische Ansätze zur Erklärung von Kriminalität und abweichendem Verhalten (Devianz) gefasst. Allgemein richtet der Labeling approach das Augenmerk auf Fragen der Normsetzung und Normanwendung. Er gründet sich wesentlich im interpretativen Paradigma der Soziologie und hier vor allem im symbolischen Interaktionismus (George Herbert Mead). Soziale Interaktionen sind demnach symbolisch vermittelt. Normen werden in der Interaktion ebenso als symbolisch verallgemeinerte Verhaltensregeln erzeugt bzw. verändert, wie sie auf konkrete Verhaltensweisen angewandt werden. In der Perspektive des Labeling approach wird dementsprechend ein abweichendes bzw. konformes Verhalten erst durch soziale Reaktionen konstituiert, in denen der Bedeutungsgehalt einer Norm dem beobachteten Verhalten zugeschrieben wird. Für die pädagogische Praxis ist vor allem der Hinweis auf den Zusammenhang moralisch-normativer Beurteilungen und sozialer Ausgrenzung relevant. Insbesondere für die Soziale Arbeit hat der Labeling approach den Weg zur Reflexion auf die eigenen Verstrickungen in die Prozesse sozialer Differenzierung geöffnet. Die Praxis richtet sich in der Folge darauf aus, Stigmatisierungen (Erving Goffman) des eigenen Klientels zu vermeiden, die sich aus einer defizitorientierten, individualisierenden Zuschreibung von Ursachen abweichenden Verhaltens ergeben.

Literatur

Lamnek, S. ([8]2007): Theorien abweichenden Verhaltens. München.

Franz Bettmer

Länderverfassungen

Neben dem Grundgesetz für die Bundesrepublik Deutschland (GG) sieht die Mehrzahl der Verfassungen der deutschen Bundesländer Bestimmungen über Bildung und Erziehung (einschließlich Schulwesen) sowie Wissenschaft vor. Diese umfassen regelmäßig das Recht auf Bildung, die allgemeine Schulpflicht und die staatliche Schulaufsicht. Die Bestimmungen der Länderverfassungen orientieren sich stark an der Weimarer Reichsverfassung und sind untereinander ähnlich gefasst. Akzentuierungen werden unter anderem in ihrer religiösen und weltanschaulichen Ausrichtung deutlich. Da die Bestimmungen der Länderverfassungen inhaltlich mit denen des GG übereinstimmen, gelten sie in Ausnahme vom Vorrang des Bundesrechts gegenüber Landesrecht weiter (Artikel 142 GG). Hier kommt ebenfalls der im Bundesstaat gebotene Respekt vor einer insoweit inhaltsgleichen Landesverfassung zum Tragen. Im Weiteren sieht die Mehrzahl der Länderverfassungen bestimmte Bildungs- und Erziehungsziele vor wie die Ehrfurcht vor Gott, die Achtung vor der Würde des Menschen, die Verantwortung für die Gemeinschaft mit anderen Menschen, Völkern und gegenüber künftigen Generationen sowie das Verantwortungsbewusstsein für Natur und Umwelt.

Anders als die Mehrzahl der Bundesländer verfügt die Verfassung der Freien und Hansestadt Hamburg nicht über einen Grundrechtekatalog und damit auch nicht über bildungsspezifische Regelungen. Die Berliner Verfassung formuliert zwar in Artikel 20 ein Grundrecht auf Bildung, ohne aber im Besonderen auf das Schulwesen einzugehen; ihr Artikel 21 verbürgt die Freiheit von Wissenschaft und Forschung. Die schleswig-holsteinische Verfassung umfasst in Artikel 8 einzelne schulspezifische Regelungen, und Artikel 9 enthält Bestimmungen zur Kultur einschließlich Wissenschaft.

Literatur

Badura, P. (2007): Der Stellenwert von Länderverfassungen und Verfassungskonflikten am bayerischen Beispiel. In: Einsichten und Perspektiven 9, ohne Paginierung. – Reutter, W. (2008): Verfassunggebung und Verfassungsänderungen in den Ländern. In: Jahrbuch des Föderalismus, 239-253.

Uta Stäsche

Längsschnitt

Unter einem Längsschnitt versteht man ein Erhebungsdesign (longitudinales Design), mit dem die Frage des Ausmaßes an Stabilität und Veränderung von Eigenschaften untersucht werden kann. Es setzt voraus, ein und dieselbe Stichprobe von Untersuchungseinheiten (Personen) zu mindestens zwei (oder mehreren) Messzeitpunkten untersucht zu haben. Im Falle wiederholter Surveys (d.h. auf statistische Repräsentativität angelegter Stichprobenerhebungen) wird ein Längsschnittdesign auch als Paneldesign bezeichnet. Verglichen mit einem Querschnittdesign, das durch eine einmalige Erhebung von Eigenschaften bei den Untersuchungseinheiten gekennzeichnet und auf einen Zeitpunkt bzw. eine kurze Zeitspanne bezogen ist, berücksichtigt das Längsschnittdesign ausdrücklich den Faktor Erhebungszeit. Auch das Trenddesign trägt der Erhebungszeit Rechnung, indem jeweils repräsentative Stichproben aus der gleichen Population (Querschnitte) in regelmäßigen Zeitabständen untersucht werden. Das Trenddesign kann Veränderungen auf der Aggregatebene erfassen, die Analyse individueller Veränderungsprozesse ist nur im Längsschnittdesign möglich.

Grundsätzlich ist die Erfassung zeitbezogener Informationen keineswegs an ein Panel- oder ein Trenddesign gebunden. So werden in Querschnittstudien häufig retrospektive Fragen gestellt, um zeitbezogene Informationen zu erhalten. Beispiele hierfür sind die klassische Recall-Frage zur Stimmabgabe bei der letztmaligen Wahl, die retrospektive Erhebung von Berufsverläufen (Verlaufs- oder Ereignisdaten) oder die retrospektive Erhebung von Zeugnisnoten. Im Vergleich zum Längsschnittdesign ist die Qualität dieser Daten in der Regel geringer, die Erinnerungen nicht so zuverlässig.

Die besondere Bedeutung des Längsschnittdesigns ergibt sich daraus, dass die Konzepte Stabilität und Veränderung zum Erkenntnis- bzw. Erklärungsgegenstand verschiedenster wissenschaftlicher Disziplinen zu rechnen sind. Die Sozialwissenschaften, die Entwicklungspsychologie und zunehmend auch die Erziehungswissenschaft wären heutzutage ohne Längsschnittstudien nicht denkbar. So wie die Gesellschaft und deren Teilsysteme einem Wandel unterworfen sind, so unterliegen auch Biografien der Menschen Veränderungen und Entwicklungen. Beispiele hierfür sind (a) Veränderungen der psychosozialen Lage beim Übergang vom Kindes- ins Jugendalter, (b) die Entwicklung von Schulleistungen, die inneren (kognitive Grundfähigkeit) wie äußeren Einflüssen (Schulform) unterworfen ist, oder (c) Veränderungen bei Übergängen an Statuspassagen (z.B. der Übergang von der Schule in die betriebliche Ausbildung).

Zu den wichtigen Längsschnittstudien in der erziehungswissenschaftlichen Bildungsforschung gehören die Studien Lernausgangslage und Kompetenzentwicklung (LAU). Bildungsprozesse und psychosoziale Entwicklung im Jugend- und jungen Erwachsenenalter (BIJU) und das Nationale Bildungspanel (NEPS). Für die Kindheits- und Jugendforschung sind das Kinderpanel des Deutschen Jugendinstituts und die LIFE-Studie (Lebensverläufe von der späten Kindheit ins frühe Erwachsenenalter) zu nennen.

Bei allen Vorteilen, die Längsschnittuntersuchungen besitzen, gibt es einige Nachteile, die man in Querschnitt- bzw. Trenddesigns nicht kennt: (1) Wenn sich die Zusammensetzung der Population im Untersuchungszeitraum verändert, dann gewährleistet nur das Trenddesign repräsentative Stichproben. (2) In Längsschnittstudien besteht zudem das Problem, dass Personen im Untersuchungszeitraum – meist nicht zufällig – ausfallen und nicht wieder befragt werden können (Panelmortalität). Strategien zur Verringerung von Ausfällen sind die Adressen- und Kontaktpflege. Erhebungs- und datentechnische Lösungen bestehen im Auffüllen des Panels, der Verwendung den Ausfällen entsprechender Gewichtungsfaktoren sowie der Schätzung fehlender Daten.

Literatur
Bortz, J./Döring, J ([4]2006): Forschungsmethoden und Evaluation. Berlin. – Dieckmann, R. ([13]2007): Empirische Sozialforschung. Reinbek. – Reinecke, J./Engel, U. (1994): Techniken der Panelanalyse. Berlin, New York.

Rainer Watermann

Lagarde, Paul Anton de (1827-1891)

Lagarde (eigentlich Bötticher) kam aus bürgerlicher Familie. Er studierte evangelische Theologie und Orientalistik in Berlin (Promotion 1849), habilitierte sich in Halle (1851), absolvierte Studienaufenthalte in London und Paris und war 1858-1866 Gymnasiallehrer in Berlin. Nach einem vom preußischen König Wilhelm I. bezahlten Forschungsurlaub übernahm Lagarde 1869 den Lehrstuhl für orientalische Sprachen der Universität Göttingen (bis 1891). Dort initiierte er das bis heute laufende Editionswerk der Septuaginta.

Als Orientalist weitgehend anerkannt, trat Lagarde auch als Kulturphilosoph mit heftig umstrittenen nationalpolitischen und zivilisationskritischen Abhandlungen hervor. Darin focht er gegen den modernen industriellen Staat für eine völkische Nation sowie eine national-völkische Ethik und Religion; beides war massiv antisemitisch konnotiert (Deutsche Schriften, 1944). Zu den begeisterten Lesern dieser Schriften zählten u.a. Houston Stewart Chamberlain, Adolf Hitler, Julius Langbehn, Alfred Rosenberg und Richard Wagner. Insofern gilt Lagarde als gedanklicher Zulieferer des rassischen Antisemitismus in Deutschland.

Literatur

Sieg, U. (2007): Deutschlands Prophet. München.

Gisela Miller-Kipp

Lampel, Peter Martin (1894-1965)

Lampel, im und unmittelbar nach dem Ersten Weltkrieg Kriegsfreiwilliger, Fliegeroffizier und Freikorpskämpfer, wurde danach Schutzpolizist in Thüringen. Ab 1920 studierte er Philosophie, Staatswissenschaften und Jura in Breslau, Berlin und München und absolvierte eine künstlerische Ausbildung an der Akademie. Anschließend war er als Sportlehrer, Buchhändler, Jugendhelfer und Journalist tätig. Bereits 1922 wurde Lampel Mitglied der Nationalsozialistischen Deutschen Arbeiterpartei (NSDAP) und der Sturmabteilung (SA). Dennoch wurden seine Werke 1933 verboten. 1936 emigrierte er in die Vereinigten Staaten von Amerika und kehrte 1949 nach Deutschland zurück, wo er bis zu seinem Tod als freier Schriftsteller in Hamburg tätig war. In die Geschichte der Sozialpädagogik ist Lampel v.a. als Autor von kritischen Berichten und Theaterstücken zur Fürsorgeerziehung eingegangen (Jungen in Not, 1928; Revolte im Erziehungshaus, Uraufführung 1928).

Literatur

Rinke, G. (2000): Sozialer Radikalismus und bündische Utopie. Frankfurt.

Kurt Schilde

Lancaster, Joseph (1778-1838)

Lancaster war ein Laienpädagoge und gilt als einer der Erfinder des sog. Bell-Lancaster-Systems. Aufgewachsen in einfachen Verhältnissen, konvertierte Lancaster zur puritanischen Sekte der Quäker. Mit missionarischem Impetus gründete er 1798 eine freie Elementarschule für Arbeiterkinder in London. Angesichts der großen Schülerzahl erfand er ein System des wechselseitigen Unterrichts unter Kindern. Seine Helfer (monitors) standen einer kleinen Klasse vor. Die Veröffentlichung seines Erfahrungberichts (Improvements in Education, 1803, Neuauflage 2001), machte ihn über Nacht berühmt. Er war ein geschickter Propagandist seiner Erfindung, wehrte sich gegen Vorwürfe, sein System sei nur eine Kopie des ähnlichen Ansatzes von Andrew Bell, und bereiste England und Irland als Redner und Schulgründer. Die Begeisterung über dieses System der Elementarschulerziehung und das schwierige Verhältnis von Lancaster zu Verwaltung und Geld bewog seine liberalen Unterstützer zur Gründung der British and Foreign School Society (BFSS, 1811), die im Wettbewerb mit einer anglikanischen Schulgesellschaft um die Kontrolle der Schulbildung stand.

1814 in die Vereinigten Staaten ausgewandert, gründete Lancaster dort mehrere Schulen ohne finanziellen Erfolg. Verarmt wandte er sich an den Präsidenten Großkolumbiens, Simón Bolívar, der ihn nach Caracas einlud. Nach erfolglosen Erprobungen zwischen 1825 und 1827 ebendort kehrte er nach Nordamerika zurück und war auch aktiv in Kanada. Sein Unterrichtssystem wurde dank der Arbeit der BFSS weltweit bekannt, auch außerhalb des englischen Empire. Es wurde erst im Laufe des 19. Jahrhunderts aufgegeben. Lancaster verfeinerte sein System (The British System of Education, 1810) und versuchte vergebens, sein Prinzip des wechselseitigen Unterrichts auf die Sekundarschulen auszudehnen.

Literatur

Dickson, M. (1986): Teacher Extraordinary. Lewes.

Marcelo Caruso

Landerziehungsheime

Landerziehungsheime (LEH) sind reformpädagogisch orientierte private Internatsschulen auf dem Land, die um die Wende zum 20. Jahrhundert als Ausdruck radikaler Kritik an den sich ausschließlich als Unterrichtsanstalten verstehenden öffentlichen Schulen entstanden sind. Zwischen den Landerziehungsheimen und der Jugendbewegung bestanden enge programmatische wie persönliche Verbindungen. Die Landerziehungsheime waren ein neuer Schultyp, der sich auch von traditionellen kirchlichen oder staatlichen Internatsschulen und Alumnaten abgrenzte.

In dem Kompositum Land-Erziehungs-Heim verbirgt sich gleichsam ein dreifaches pädagogisches Programm: In bewusster Abkehr von den Problemen der Industriestädte wurden diese Schulen in ländlicher Umgebung gegründet und sollten ein natürliches und gesundes Aufwachsen der Schüler ermöglichen. Anders als die staatlichen Regelschulen bemühten sie sich um eine ganzheitliche Erziehung ihrer Schüler und nicht bloß um kognitiv orientierten Unterricht. Das alles fand in einer kameradschaftlichen und vertrauensvollen Lebensgemeinschaft von Schülern und Lehrern statt. Denn die Lehrer, die gleichzeitig Erzieher waren, lebten mit ihren Schülern gemeinsam in einem Heim (Internat), das die natürliche Familie während der Schulzeit ersetzte. Mit der Kombination von intellektueller, kreativer, handwerklicher und künstlerischer Erziehung und Bildung stießen die Landerziehungsheime zu Beginn vor allem in großbürgerlichen und intellektuellen Kreisen auf großes Interesse. Programmatisch wurden die Landerziehungsheime nicht nur von den englischen Public Schools und der Jugendbewegung beeinflusst. Pädagogische Parallelen finden sich auch zu den Philanthropinen des 18. Jahrhunderts oder zu Jean-Jacques Rousseau.
Das erste Landerziehungsheim wurde 1898 durch Hermann Lietz als Deutsches Land-Erziehungs-Heim in Ilsenburg (Harz) gegründet. Weitere Schulgründungen durch Lietz folgten 1901 in Haubinda (Thüringen) und 1904 in Bieberstein (Hessen). Von einer Landerziehungsheimbewegung kann man sprechen, weil ehemalige Mitarbeiter nach pädagogischen Differenzen mit Lietz eigene Landerziehungsheime gründeten und die Landerziehungsheim-Pädagogik damit weiter entwickelten: so zum Beispiel Paul Geheeb und Gustav Wyneken 1906 die Freie Schulgemeinde Wickersdorf (Thüringen) und nach einer erneuten Sezession Paul Geheeb 1910 die Odenwaldschule in Oberhambach an der Bergstraße (Hessen). Weitere Pioniere der Landerziehungsheime sind u.a. Kurt Hahn, Bernhard Uffrecht, Gertrud und Max Bondy, Martin Luserke, Ernst Reisingen. Lietz' Konzept wurde durch Neugründungen auch im Ausland weiter entwickelt. Durch diese Sezessionen lässt sich gleichsam ein Stammbaum der Landerziehungsheime entwickeln. Heute sind 21 Schulen in der Vereinigung der deutschen Landerziehungsheime zusammen geschlossen, die als anerkannte Ersatzschulen u.a. versuchen, belastete Lebens- und Lernsituationen ihrer Schüler durch alternative pädagogische Arrangements zu kompensieren und zu einer allseitigen Persönlichkeitsentwicklung beizutragen.
Während das dreifache pädagogische Grundsatzprogramm die Schnittmenge aller Landerziehungsheime bildet, unterscheiden sich die Schulen in ihren pädagogischen Schwerpunktsetzungen zum Teil erheblich. Wyneken und Geheeb kritisierten zum Beispiel Lietz' konservativ-nationale Grundeinstellung, seine Ablehnung der Koedukation sowie seine recht traditionelle Unterrichtsgestaltung. In der Freien Schulgemeinde Wickersdorf führten sie daher mit der Schulgemeinde ein demokratisches Element ein, und in der Odenwaldschule realisierte Geheeb eine Pädagogik, die neben der Gemeinschaft vor allem auch das Individuum berücksichtigte und mit dem Kurssystem auch die Unterrichtsorganisation und die Didaktik erneuerte und individualisierte. Hahn dagegen setzte vor allem auf soziale Dienste und eine Erlebnispädagogik; Luserke auf musische Bildung.
In dieser zentralen Bedeutung der Gründerfiguren für die Landerziehungsheime zeigt sich ein strukturelles Problem, das die pädagogische Weiterentwicklung der Schulen in manchen Fällen erheblich erschwerte, da die Verbindung von Gründer und Pädagogik nicht systematisch in einem pädagogischen Programm gelöst wurde.
Die Bedeutung der frühen Landerziehungsheime liegt vor allem in ihrer Ausstrahlung auf die Reformpädagogik und das Schulsystem insgesamt. Das Verhältnis der Landerziehungsheime zum Nationalsozialismus war ambivalent zwischen Mitmachen, Widersetzen und Emigration und lässt sich nur auf der Ebene der Einzelschule analysieren. Nach 1945 haben einige Landerziehungsheime (u.a. die Odenwaldschule und der Birklehof) die Bildungsreformen der 1960er Jahre vorweggenommen, praktisch erprobt, evaluiert und damit den öffentlichen Schulen wiederholt erhebliche Impulse gegeben.

Literatur

Dietrich, T. (1967): Die Landerziehungsheimbewegung. Bad Heilbrunn. – Hansen-Schaberg, I./Schonig, B. (Hg.) (2002): Landerziehungsheim-Pädagogik. Baltmannsweiler. – Schwarz, K. (1970): Bibliographie der deutschen Landerziehungsheime. Stuttgart.

Jörg-W. Link

Lane, Homer (1875-1925)

Als gebürtiger Amerikaner arbeitete Lane zunächst in Massachusetts als Leiter verschiedener Erziehungseinrichtungen und später in Michigan als Handwerkslehrer. 1912 ging er ins englische Dorset, wo er durch die Gründung seiner zwischen 1913 und

1918 bestehenden Besserungsanstalt Little Commonwealth schnell bekannt wurde. Vernachlässigte, straffällige oder verwaiste Kinder lebten hier nach dem Prinzip der Selbstregierung auf einer Farm und regelten ihr Zusammenleben in wöchentlich stattfindenden Zusammenkünften weitestgehend selbst. Damit inspirierte er Alexander S. Neill, den Gründer von Summerhill.

Literatur
Kamp, J.-M. (1995): Kinderrepubliken. Opladen.

Sarina Ahmed

Langbehn, August Julius (1851-1907)

Langbehn kam aus bürgerlicher Familie. 1870 zog er freiwillig in den Krieg, studierte danach Archäologie und Kunstgeschichte in Kiel (dort wurde er aus seiner Burschenschaft dimittiert) und München (1880 Promotion in Kunstgeschichte). Danach führte er ein unstetes Leben mit wechselnden Wohnorten und Arbeitsstellen. Mit einem einzigen Buch wurde Langbehn berühmt und wirkmächtig: Rembrandt als Erzieher (Leipzig 1890; ^{39}1892; ^{85}1936); der Titel spielt auf ein Buch von Friedrich Nietzsche an (Schopenhauer als Erzieher). In diesem Buch beschwor Langbehn kulturkritisch die deutsch-völkische Wiedergeburt durch ein Zeitalter der Kunst, in dem das Individuelle, Heldische und Geniale, bäuerliche Bodenständigkeit, frommer Glaube und altdeutsches Volkstum gegen Entwurzelung, Vermassung und Rationalität der technischen Moderne aufmarschierten. Jugendbewegung, Lebensreform und Nationalsozialismus bedienten sich aus diesem Gedankengebäude.

Literatur
Langbehn, J. (1928): Dürer als Führer. Freiburg. – Stern, F. (2005): Kulturpessimismus als politische Gefahr (zuerst 1953). Bern.

Gisela Miller-Kipp

Lange, Helene (1848-1930)

Lange stammte aus einer Oldenburger Kaufmannsfamilie. Sie arbeitete als Erzieherin und begann, sich autodidaktisch auf das Lehrerinnenexamen vorzubereiten. Nach 1872 war sie zunächst als Hauslehrerin, dann an höheren Mädchenschulen in Berlin tätig. Mit ihrer Petition an das Abgeordnetenhaus 1887 (Gelbe Broschüre) wurde sie in Preußen bekannt. Lange forderte einen höheren Anteil an Lehrerinnen in den öffentlichen höheren Mädchenschulen und eine wissenschaftliche Lehrerinnenausbildung. Ab 1889 bot sie in Berlin Realkurse für Mädchen an, aus denen 1893 die ersten Gymnasialkurse entstanden. Sie hat in der preußischen Mädchenschulreform von 1908 entscheidend dazu beigetragen, das Universitätsstudium auch für Frauen zu öffnen.

Als Frauenrechtlerin engagierte sie sich in diversen Gremien: 1890 gründete und leitete sie den Allgemeinen Deutschen Lehrerinnenverein (ADLV). Ab 1894 war sie im Vorstand des Allgemeinen Deutschen Frauenvereins (ADF) und im Dachverband, dem Bund deutscher Frauenvereine (BDF), tätig. Lange gilt als Pionierin und Repräsentantin des gemäßigten Flügels der bürgerlichen Frauenbewegung. Seit 1893 publizierte sie die Zeitschrift Die Frau, die sich zum wichtigsten Organ dieser Fraktion entwickelte. Zusammen mit Gertrud Bäumer gab sie das fünfbändige Handbuch der Frauenbewegung, ein Standardwerk der ersten Frauenbewegung, heraus. Geprägt durch das Konzept der geistigen Mütterlichkeit entwickelte Lange die geschlechtsspezifische Vorstellung zweier unterschiedlicher kultureller Sphären und verfolgte das Ziel, die männlich geprägte Welt durch den weiblichen Kultureinfluss zu verbessern.

Literatur
Lange, H. (1921): Lebenserinnerungen. Berlin.

Karin Manz

Lange, Max Gustav (1899-1963)

Lange, Sohn eines Bäckermeisters, besuchte das Lehrerseminar und arbeitete als Mittelschullehrer, bevor er von 1921 bis 1927 in Berlin u.a. Geschichte, Pädagogik und Nationalökonomie studierte. Politisch war er als Sozialdemokrat aktiv, lehrte an Partei- und Gewerkschaftsschulen und publizierte in sozialistischen Periodika. Von 1927 an arbeitete Lange als Lehrer an Volksschulen in Berlin. 1940 wurde er zur Wehrmacht einberufen, 1943 leitete er ein Kinderlandverschickungslager, 1944 wurde er Dozent an einer Lehrerbildungsanstalt.

Nach dem Krieg engagierte sich Lange in der Sowjetischen Besatzungszone (SBZ) als Ausbilder für Schulhelfer, wurde im August 1945 Oberschulrat in Brandenburg und trat in die Kommunistische Partei Deutschlands (KPD) ein. Von März 1946 an war er als verantwortlicher Redakteur der Zeitschrift Pädagogik tätig und trat mit Texten zur marxistischen Grundlegung der Erziehungswissenschaft hervor. Seit 1947 Professor in Halle, gab Lange 1950 unvermittelt alle Ämter auf und übersiedelte nach Westberlin, wo sich sein früheres politisches Engagement in KPD und Sozialistischer Einheitspartei Deutschlands sowie sein historisch-materialistisches Wissenschaftsverständnis als hinderlich für einen beruflichen Neuanfang erwiesen.

Literatur

Eichler, W./Sladek, H. (Hg.) (2007): Max Gustav Lange – Zur Grundlegung der Erziehungswissenschaft. Frankfurt u.a.

Ulrich Wiegmann

Langeveld, Jan Martinus (1909-1989)

Langeveld studierte von 1925 bis 1931 an der Universität Amsterdam und war danach bis 1939 als Lehrer tätig. 1934 wurde er mit einer Arbeit über Sprache und Denken bei zwölf- bis 14jährigen Schulkindern promoviert. 1937 bekam er eine Privat-Dozentur an der Universität Amsterdam. 1939 wurde Langeveld Professor für Erziehungswissenschaft an der Universität Utrecht, wo er bis zu seiner Emeritierung lehrte.

Die Schwerpunkte seiner pädagogischen Arbeit lagen im Bereich der Entwicklungspsychologie und der Anthropologie (Studien zur Anthropologie des Kindes, 1956, [3]1968; Kind und Jugendlicher in anthropologischer Sicht, 1959, [2]1965; Die Schule als Weg des Kindes, 1960, [3]1966). Sein methodischer Ansatzpunkt war dabei ein phänomenologischer (Einführung in die Pädagogik, 1951; 9. Auflage unter dem Titel Einführung in die theoretische Pädagogik, 1973).

Literatur

Ode, E. (2008): Sich änderndes Kinderleben. In: Vierteljahrsschrift für wissenschaftliche Pädagogik 84, 336-351.

Klaus-Peter Horn

Laos → Ostasiatische Staaten

Lasswell-Formel

Die 1948 von dem Politik- und Kommunikationswissenschaftler Harold D. Lasswell geprägte Formel Who says what in which channel to whom with what effect? relativierte die bis dato in der Massenkommunikationsforschung prominente Allmachtsthese der Medienwirkung, die dem behavioristischen Reiz-Reaktions-Modell folgend linear und direkt vom Medieninhalt auf die Medienwirkung beim Rezipienten schloss. Zwar wurde Kommunikation auch in Lasswells Wirkungsmodell noch als Einwegfluss vom Sender zum Empfänger beschrieben, doch letzterem wurde erstmals eine gewisse Freiheit der Wahl zwischen verschiedenen Medien und innerhalb eines Mediums zwischen verschiedenen Aussagen eingeräumt. Außerdem antizipierte Lasswell vier Stufen (attention, interest, decision, action), auf denen die Medienwirkung vom Empfänger individuell modifiziert wird. Damit berücksichtigt die Lasswell-Formel, dass gleiche Medieninhalte unterschiedliche Wirkungen verursachen können. Mit ihr wurde eine Ausdifferenzierung von Wirkungsannahmen in der Medienwirkungsforschung eingeleitet. Die Lasswell-Formel bildet damit einen grundlegenden Bezugspunkt der Medienpädagogik.

Literatur

Lasswell, H. (1948): The Structure and Function of Communication in Society. In Bryson, L. (Hg.): The Communication of Ideas. New York, 37-52.

Kerstin Volland

Lateinamerika

Laut der Klassifikation der United Nations Educational, Scientific and Cultural Organisation (UNESCO) werden folgende 19 spanisch- und portugiesischsprachige Länder Nord-, Zentral- und Südamerikas zur Region Lateinamerika zusammengefasst: Argentinien, Bolivien, Brasilien, Chile, Costa Rica, Dominikanische Republik, Ecuador, El Salvador, Guatemala, Honduras, Kolumbien, Kuba, Mexiko, Nicaragua, Panama, Paraguay, Peru, Uruguay und Venezuela. Brasilien ist das einzige portugiesischsprachige sowie das größte und bevölkerungsreichste Land der Region. Ursprünglich war die Region von Hochkulturen wie der der Azteken, Mayas und Inkas bewohnt, die von der Landwirtschaft und dem verarbeitenden Gewerbe lebten, aber auch von Handel und Tributwesen. Durch die europäische Eroberung Amerikas starben über 60 Millionen Indíginas; ein Großteil der Überlebenden wurde entweder versklavt oder zur Arbeit in Gold- und Silberminen bzw. auf den Haciendas und Plantagen gezwungen.

In der Folge emigrierten zunächst Spanier und Portugiesen nach Mittel- und Südamerika; Engländer,

Franzosen und Holländer ließen sich stattdessen bevorzugt im Norden der Region und in der Karibik nieder. Im Zuge der Ausbreitung der Plantagenwirtschaft und des erhöhten Arbeitskräftebedarfs wurden im 18. Jahrhundert außerdem etwa 9 Millionen Afrikaner als Sklaven nach Lateinamerika verschleppt. In der zweiten Hälfte des 19. Jahrhunderts setzte aufgrund der wirtschaftlichen Entwicklung dann eine Masseneinwanderung von Europäern ein, aber auch eine nennenswerte Anzahl an Asiaten und Arabern fand aus ökonomischen Erwägungen Aufnahme. All diese Entwicklungen führten dazu, dass neben der europäischstämmigen und der indigenen Bevölkerung heute eine große ethnische Vielfalt in Lateinamerika anzutreffen ist.

Bedingt durch sinkende Mortalitäts- und hohe Geburtenraten erlebte Lateinamerika seit 1930 ein starkes Bevölkerungswachstum von bis zu 4% jährlich; dadurch verachtfachte sich die Einwohnerzahl im vergangenen Jahrhundert von 60 auf ca. 500 Millionen Menschen.

Wenngleich die Zugehörigkeit zum romanischen Sprachraum, die koloniale Vergangenheit, der starke europäische Einfluss oder die Dominanz der katholischen Kirche, vor allem im Bildungswesen, kulturell verbindend wirken, hat sich Lateinamerika in den vergangenen Jahrzehnten politisch und wirtschaftlich doch stark differenziert, mit der Folge, dass die sozialen Unterschiede zwischen den einzelnen Ländern größer geworden sind. Während Brasilien und Mexiko heute zu den fünf wichtigsten Schwellenländern zählen, gehört z.B. Honduras zu den ärmsten Ländern weltweit; mehr als 60% der honduranischen Bevölkerung leben in Armut. Auch wenn im globalen Vergleich die meisten Länder zur Gruppe mit einem mittleren Entwicklungsniveau zählen, ist dennoch ein Hauptproblem in Lateinamerika die überaus ungleiche Verteilung des gesellschaftlichen Reichtums zwischen einer reichen, meist weißen oder mestizischen Oberschicht in urbanen Regionen und der armen, ländlichen (meist indigenen) Bevölkerung. Lateinamerika war historisch schon immer die Weltregion mit der schärfsten Einkommenskonzentration der Welt.

Die Ursprünge des lateinamerikanischen Bildungswesens sind eng mit der Kolonialpolitik Spaniens und Portugals verbunden. Im Gegensatz zur portugiesischen Kolonisation, die auf Sklavenarbeit und Plantagengesellschaft gründete, bestand das Ziel der spanischen Kolonialherrschaft eher darin, die indigene Bevölkerung zum christlichen Glauben zu bekehren und sie umfassend zu europäisieren, um spanische Verhältnisse in Amerika zu schaffen und eine koloniale Elite heranzuziehen. Dabei kam der Erziehungspolitik, die vorrangig in den Händen des Klerus lag, eine bedeutende Rolle zu. Erste Schulen und Universitäten wurden im 15./16. Jahrhundert gegründet. Allerdings verliefen die Entwicklungen in den verschiedenen Regionen und den jeweiligen Kolonien recht unterschiedlich, je nachdem ob es sich um koloniale Zentren oder nachgeordnete Regionen handelte. Ähnlich wie in anderen Ländern unterteilt sich das heutige Bildungssystem in Lateinamerika in folgende vier Bereiche: vorschulische Erziehung (Educación Inicial), die u.a. in Argentinien, Kolumbien, Ecuador oder Venezuela mittlerweile obligatorisch ist; Grundschulbildung (Educación Básica), die sich in Brasilien, Costa Rica und Paraguay aus der Primarstufe und der Sekundarstufe I zusammensetzt; mittlere Schulbildung (Educación Secundaria), die den Zugang zu den Universitäten ermöglicht; und Hochschulbildung (Educación Superior). Die Schulpflicht beginnt meist im Alter von fünf bis sieben und endet mit 13 oder 14, in Nicaragua schon mit 11 Jahren; in Peru und Chile dauert sie bis zum 18. bzw. 21. Lebensjahr. Charakteristisch für das lateinamerikanische Bildungssystem ist die Zweiteilung in einen öffentlichen und einen privaten Sektor. Aufgrund der steigenden Nachfrage nach Studienplätzen wurde in den vergangenen Jahren eine Vielzahl an privaten Universitäten mit unterschiedlicher Ausrichtung, Größe und Qualität gegründet.

Seit den 1950er Jahren wurden mit Hilfe der UNESCO und anderen internationalen Organisationen in vielen Ländern der Region enorme Anstrengungen unternommen, um das defizitäre Bildungssystem zu reformieren, welches durch die Unabhängigkeitskriege und die internen Auseinandersetzungen um die Staatenbildung und die liberalen Reformen in der zweiten Hälfte des 19. Jahrhunderts zusammengebrochen war. Ziel war es, die Anzahl von Schulen und Schülern zu steigern, die Analphabetenrate zu senken und eine kostenfreie und obligatorische universelle Grundschulbildung zu gewährleisten, die zwar seit dem 19. Jahrhundert in einigen Ländern wie Argentinien (1884) oder Costa Rica (1869) bereits verfassungsrechtlich verankert war, aber in den 1950er und 1960er Jahren noch nicht überall realisiert werden konnte.

Mittlerweile ist die Mehrzahl der erwachsenen Bevölkerung über 15 Jahre alphabetisiert. Im Jahr 2007 lag die Alphabetisierungsrate im Durchschnitt bei

91% mit regionalen Unterschieden: Kuba: 100%; Argentinien, Uruguay: 98%, Chile 97%; Guatemala 73%; Nicaragua 78%; Honduras 84%.; Die Alphabetisierungsraten zwischen städtischer und ländlicher Bevölkerung klaffen oftmals weit auseinander. Geschlechtsspezifische Unterschiede treten in den meisten Ländern nicht (mehr) auf, mit Ausnahme von Bolivien (m: 93%; w: 81%), Guatemala (m: 75%; w: 63%) und Peru (93%; w: 82%; Stand: 2004).
Die in der Regel sechsjährige Primarschule wird heute ebenfalls von den meisten Kindern besucht; die durchschnittliche Nettoeinschulungsrate lag 2007 bei 94%; in wohlhabenden Ländern wie Argentinien, Mexiko und Panama bei 98%. Allerdings besuchen nach wie vor rund 2,4 Millionen Kinder und Jugendliche keine Schule (allein in Brasilien 901.000 und in Kolumbien 413.000) oder verlassen sie frühzeitig. Lediglich 84% der Mädchen und Jungen beendeten im Jahr 2006 die Primarschule (in Nicaragua sogar nur 44% und in der Dominikanischen Republik 61%). In der überwiegend obligatorischen unteren Sekundarstufe liegen die Einschreiberaten (2007) um die 100%, nehmen aber in der oberen Sekundarstufe (75%) und im Hochschulbereich (65%) deutlich ab. Diese Bruttoeinschulungsraten berücksichtigen alle Einschreibungen der Sekundarstufe I und II bzw. alle Studierenden, unabhängig davon, ob sie der relevanten Altersgruppe für diese Stufe angehören oder nicht; die Nettoeinschreiberaten sind weit niedriger. Hinter dem Auseinanderklaffen verbergen sich hohe Abbrecher- und Wiederholungsraten und schlechte Schülerleistungen, die gleichzeitig auch die gravierenden gesellschaftlichen Unterschiede vieler lateinamerikanischer Länder verdeutlichen und anzeigen, dass das aktuelle Bildungsangebot die verschiedenen Eingangsvoraussetzungen der Kinder armer bzw. reicher Familien nicht ausgleichen kann: Die PISA-Studie (Programme for International Student Assessment, 2003) ergab beispielsweise, dass die Mathematikleistungen der ärmsten Kinder in Brasilien, Mexiko und Uruguay fast zwei Niveaustufen unter denen der reichsten Kinder lagen. Außerdem wiederholen sie häufiger eine oder mehrere Klassenstufen bzw. verlassen frühzeitiger die Schule. In Bolivien gehen Kinder armer Familien durchschnittlich 5,2 Jahre, Kinder reicher Familien dagegen 12,6 Jahre zur Schule. Die hohen Wiederholungsraten stellen eine enorme Belastung für die soziale und die wirtschaftliche Entwicklung dar: In Honduras wurden z.B. 1998 schätzungsweise 63 Millionen Dollar zusätzlich für Sitzenbleiber ausgegeben. Die Ursachen sind vielschichtig: Fehleinschätzungen seitens der Lehrer, Armut, hohe Opportunitätskosten für Familien mit schlechten sozioökonomischen Hintergrund, mangelnde Unterrichtsqualität etc. Sie erhöhen teils die Klassenstärken, wobei dies jedoch in Lateinamerika kein ernsthaftes Problem zu sein scheint, da im Durchschnitt auf einen Lehrer 24 Schüler kommen, mit Ausnahme von El Salvador (40:1), Guatemala (30:1) und Nicaragua (31:1).
Die öffentlichen Gesamtausgaben für Bildung sind seit den 1950er Jahren im Verhältnis zum Bruttoinlandsprodukt kontinuierlich gestiegen (2003: 4,3%; 2007: 4,1%). Würde man zusätzlich die Ausgaben privater Haushalte und anderer nicht öffentlicher Einheiten berücksichtigen, so wären die Bildungsinvestitionen noch weitaus höher und lägen z.B. in Brasilien bei 10%. Ungeachtet dessen sind viele Bildungssysteme in Lateinamerika im internationalen Vergleich dennoch unterfinanziert (Ausgaben pro Primarschüler in Dollar: Durchschnitt der Länder der Organisation für wirtschaftliche Zusammenarbeit und Entwicklung 4.800, Nicaragua 1990, Chile 1.400).
Die Qualifikation der Lehrer kann als ungenügend angesehen werden, da ein Großteil über keine ausreichende fachliche Ausbildung verfügt; laut PREAL (Programa de Promoción de la Reforma Educativa de América Latina y el Caribe) trifft dies auf jeden vierten Primarschullehrer zu. In den letzten Jahrzehnten versuchten deshalb viele Länder, die Lehrerbildung zu reformieren. Dabei wurde z.B. in Honduras, in Guatemala und in Nicaragua die Lehrerbildung von der Sekundarschulebene auf die universitäre Ebene angehoben.

Literatur

Martinez Usarralde, M.J. (2006): Erziehung und Ausbildung in Lateinamerika. Leipzig. – Nohlen, D./Nuscheler, F. (Hg.) (1995): Handbuch der Dritten Welt. Bd. 2: Südamerika. Berlin. – Pfeiffer, D. K. (1999): Gesellschaft und Bildung in Lateinamerika. Münster u.a. – Richter, C. (2010): Schulqualität in Lateinamerika am Beispiel von „Education for All (EFA)“ in Honduras. Münster. – UNESCO (2010): Education for All – Global Monitoring Report 2010. Paris.

Claudia Richter

Lattke, Herbert (1909-1990)

Lattke studierte von 1929 bis 1935 Pädagogik, Psychologie, Philosophie und Geschichte an der Pädagogischen Akademie in Bonn und den Universitäten

Berlin und Bonn und wurde 1936 mit einer Arbeit über das Verhältnis von Kindern zum Eigentum promoviert. Anschließend war er als Wehrmachtspsychologe (1938-42) und stellvertretender Leiter des Arbeitsamtes Liegnitz (1942-44) tätig. Nach dem zweiten Weltkrieg zunächst psychologischer Gutachter, wurde Lattke 1949 Dozent für Psychologie an einer Schule für Jugendpfleger, dann von 1950 bis 1962 Direktor des Seminars für Wohlfahrts- und Jugendpfleger der Caritas in Köln, bevor er 1962 Professor für Psychologie an der Pädagogischen Hochschule Rheinland, Abteilung Bonn wurde. Lattke vertrat eine pädagogisch ausgerichtete Sozialarbeitswissenschaft, rezipierte die amerikanische Methodendebatte und brachte sie in die deutsche Sozialpädagogik ein (Soziale Arbeit und Erziehung, 1955; Das helfende Gespräch, [2]1973; Sozialpädagogische Gruppenarbeit, 1962).

Literatur

Lattke, H. (1998): Sozialarbeit als Wissenschaft. In: Thole, W./Galuske, M./Gängler, H. (Hg.): KlassikerInnen der Sozialen Arbeit. Neuwied, Kriftel, 249-261.

Kurt Schilde

Lay, Wilhelm August (1862-1926)

Lay war Volksschullehrer. Er wurde 1902 an der Universität Halle promoviert und wirkte anschließend als Dozent am Lehrerseminar in Karlsruhe. Lay gilt zusammen mit und in Konkurrenz zu Ernst Meumann als einer der wichtigsten Vertreter der sog. Experimentellen Pädagogik, die sich in Deutschland zu Beginn des 20. Jahrhunderts entwickelte und einen regen Aufschwung erlebte und für die er wichtige Beiträge lieferte (Experimentelle Didaktik, 1903, [3]1910; Experimentelle Pädagogik mit besonderer Rücksicht auf die Pädagogik der Tat, 1908, [2]1912). 1905 gründete Lay gemeinsam mit Meumann die Zeitschrift Experimentelle Pädagogik, die später mit der Zeitschrift für Pädagogische Psychologie vereinigt wurde (bis 1943 unter dem Titel Zeitschrift für Pädagogische Psychologie und Jugendkunde erschienen). Lay hatte großen Einfluss auf die Lehrerbildung. Insbesondere seine Arbeiten zur Unterrichtspraxis in der Volksschule fanden bei Praktikern im In- und Ausland großen Anklang.

Literatur

Hopf, C. (2004): Die experimentelle Pädagogik. Bad Heilbrunn.

Andreas Krapp

Lazarsfeld, Paul Felix (1901-1976)

Lazarsfeld wurde nach einem Mathematikstudium 1924 in Wien promoviert, studierte danach in Frankreich weiter, bevor er von 1929-1933 als wissenschaftlicher Assistent von Karl und Charlotte Bühler am Psychologischen Institut der Universität Wien tätig war. Mit einem Stipendium der Rockefeller-Stiftung seit 1933 in den Vereinigten Staaten von Amerika entschloss sich Lazarsfeld 1935, Österreich aufgrund der politischen Verhältnisse endgültig zu verlassen. 1937 wurde er mit einem an der Princeton University angesiedelten Forschungsprojekt der Rockefeller Foundation betraut, das die Auswirkungen des Rundfunks auf die Gesellschaft untersuchen sollte. Aus diesem Projekt ging das Office of Radio Research (1944 umbenannt in Bureau of Applied Social Research) hervor. 1971 wurde Lazarsfeld an der Columbia University New York emeritiert und Distinguished Professor of Social Sciences an der University of Pittsburgh.
Lazarsfelds Werk enthält vorbildhafte Beispiele empirischer Sozialforschung. Die methodisch vielfältige Studie über die Arbeitslosen von Marienthal, 1933 mit Hans Zeisel und Marie Jahoda veröffentlicht, ist wohl die im deutschen Sprachraum bekannteste Studie Lazarsfelds. Mit einer 1944 erschienenen und gemeinsam mit Bernard Berelson und Hazel Gaudet verfassten Studie zum Präsidentschaftswahlkampf 1940 (The People's Choice) wurde Lazarsfeld zum Begründer der empirischen Wahlforschung in den USA. Die Methode des Panel wurde hier zum ersten Mal eingesetzt, und auch die Begriffe Opinion Leadership (Meinungsführerschaft) und Two-Step-Flow-Modell (Zwei-Stufen-Fluss der Kommunkation) sind auf diese Studie zurückzuführen.

Literatur

Langenbucher, W. (Hg.) (2008): Paul Felix Lazarsfeld – Leben und Werk. Wien.

Sonja Ganguin

Lean Management

Eine Studie des Massachusetts Institute of Technology über die höhere Produktivität der japanischen Automobilindustrie entfachte zu Beginn der 1990er Jahre eine seitdem andauernde Diskussion über die Generierung von Effizienzeffekten durch die Implementierung schlanker Management- und Produktionsmethoden, die mittlerweile weit über den Fertigungsbereich hinausgeht und auch die Öffentliche

Verwaltung und soziale Einrichtungen erreicht hat. Mittels der Konzepte des Lean Management sollen Unternehmen und Verwaltungen, aber auch deren Zulieferstrukturen, wettbewerbsfähig gemacht werden. Es wird davon ausgegangen, dass tayloristische Strukturen in Unternehmen und Verwaltungen effizienzhemmend wirken und deshalb im Sinne des Lean Management rationalisiert werden müssen. Organisationen, die diesem one best way nicht folgen, seien langfristig nicht markttauglich. Lean Management besteht aus Elementen (und ist dadurch dem Total Quality Management verwandt) wie: Abflachung der Hierarchien, Dezentralisierung des Organisationsaufbaus, Selbstverantwortung und Teamorientierung, der Förderung, dem Aufbau sozialer Führungsqualitäten, Projektorientierung bei der Lösung (organisations-)übergreifender Fragestellungen, Kundenorientierung, Konzentration auf das Kerngeschäft und die Eliminierung überflüssiger Prozesse, der Mitarbeiter als Teilunternehmer sowie outsourcing von Teilaufgaben wie der Steuerung der Zulieferstrukturen.

Literatur
Gehrmann, G./Müller, K. D. ([4]2005): Management in sozialen Organisationen. Regensburg.

Heinz-Jürgen Dahme / Norbert Wohlfahrt

Lebensbewältigung

Das sozialpädagogische Paradigma der Lebensbewältigung bezog sich in den achtziger Jahren des 20. Jahrhunderts zwar auch auf die Coping-Forschung und die Perspektive der Bewältigung von kritischen Lebensereignissen sowie die Untersuchungen zum Schulstress, hatte seinen Ursprung aber in der sozialpolitischen Forschung zum Strukturwandel des Sozialstaats. Entsprechend ging das Paradigma der Lebensbewältigung von einer Diagnose spätkapitalistischer Gesellschaften aus, in der die Formel von Sozialisation und Sozialintegration als Orientierungsfokus für den sozialstaatlichen und bildungspolitischen Umgang mit Kindern und Jugendlichen an Bedeutung verloren hatte. Die Anforderungen an die Subjekte sind demnach jenseits des institutionalisierten Lebenslaufes freigesetzt, hängen tendenziell stärker von den Suchbewegungen der Subjekte ab, die nur bedingt den Charakter von Lebensentwürfen und -plänen gewinnen können. In neueren Veröffentlichungen wird auch von einer Veralltäglichung der oder einer entgrenzten Lebensbewältigung gesprochen, durch die die permanenten Anforderungen und Zumutungen an die Subjekte in ihrer Selbstgestaltung im neuen Kapitalismus thematisiert werden sollen. Wenn daran Öffentlichkeit und Politik mehr als das Faktum des über die Runden kommen der Subjekte interessiert, dann erscheint in der Perspektive der Lebensbewältigung relevant, welche alltäglichen Konfliktkonstellationen in den Lebenszeiten erlebt werden, welche Bedeutung Institutionen für die Personen haben, und welche Bewältigungsprozesse die Handlungsfähigkeit der Menschen verändern.
Das Paradigma der Lebensbewältigung stellt sich als ein Zwei-Kreise-Modell dar, das aus einem inneren Kreis des personalen Bewältigungsverhaltens und einen äußeren Kreis seiner sozial strukturellen Kontextualisierung der Zugänge und Erreichbarkeiten besteht. Der innere Kreis ist als das Feld des psychosozialen Strebens nach Handlungsfähigkeit in kritischen Lebenskonstellationen beschreibbar, in dem drei Bewältigungsimpulse aufeinander zulaufen: Das Verlangen nach einem stabilen Selbstwert, entsprechender sozialer Anerkennung und nach Erfahrung von Selbstwirksamkeit (aus dem Gefühl, etwas zu bewirken und seine Handlungen kontrollieren zu können). Insofern umgreift die bewältigungstheoretische Perspektive der Handlungsfähigkeit – pädagogisch gesehen – die gesamte Person-Umwelt-Beziehung.
Der äußere Kreis der Bewältigung, ihre sozialstrukturelle Einbettung, kann im Konzept der Lebenslage gefasst werden, in dem die gesellschaftlich vermittelten Belastungen wie Spielräume der Bewältigung aufeinander bezogen sind. Dieser zweite Kreis verweist auch auf die Perspektive der sozialen Nachhaltigkeit: Denn es bedarf biographisch übergreifender, sozial abgesicherter und damit überdauernder Bewältigungsumwelten, in denen sich multiple Gelegenheits- und Anregungsstrukturen zur Selbstwertschöpfung, Erlangung von Anerkennung und Entwicklung sozial gerichteter Selbstwirksamkeit als Voraussetzung sozial produktiver Handlungsfähigkeit herausbilden können.

Literatur
Böhnisch, L. ([3]2010); Lebensbewältigung. In: Thole, W. (Hg.): Grundriss Soziale Arbeit. Wiesbaden, 219-233. – Böhnisch, L./Schefold, W. (1985): Lebensbewältigung. München. – Lenz, K./Schefold, W./Schröer, W. (2004): Entgrenzte Lebensbewältigung. Weinheim, München.

Wolfgang Schröer

Lebensformen

Lebensformen ist ein Begriff der geisteswissenschaftlich-kulturphilosophischen Pädagogik. Aus der Rezeption Wilhelm Diltheys fand er Verwendung bei Eduard Spranger und Wilhelm Flitner.
Spranger entwickelte eine idealtypologische Charakterologie menschlicher Lebensformen Er unterschied machtorientierte, ökonomische, soziale, religiöse, ästhetische sowie theoretische Charaktertypen. Diesen Typen entsprechen Phasen der Kulturentwicklung. Daraus ergab sich für Spranger eine kulturtheoretisch normative Bildungstheorie, nach der bestimmte Kulturbereiche und bestimmte Charaktereigenschaften einander entsprechen. Erziehung dient der Verbindung des Subjekts mit den objektiven Werten der Kulturtradition; gelingende Lebensformen ist der subjektiv ausgefüllte objektive Kultursinn.
Flitner deutete Lebensformen stärker kulturhistorisch. Die europäische Kulturgeschichte habe demnach die Lebensformen des Geistlichen, des Regenten, des Mönchstums, des Rittertums, der christlichen Werkleute, des Humanisten, des Hofmanns und schließlich des Staatsbürgers hervorgebracht. Lebensformen werden als Habitus verstanden. Kultur tradiert demnach Deutungs- und Handlungsmuster, die der in je konkreter historischer Zeit geborene und in je biografischer Zeit begrenzte Mensch jeweils neu verlebendigt und tradiert. Bildung vollzieht sich primär als Aufbau von Habitus in der Praxis von Lebensformen. Tradierte Sitte verlebendigt sich zu individueller Gesittung, Gesittung tradiert Sitten. Erziehungsziele werden nach Flitner erst dann pädagogisch wirksam, wenn sie gesellschaftliche Lebensformen ergeben, in welchen die geistigen Traditionen zusammenlaufen und sich verlebendigen. Unterrichtung und Erziehung haben gegenüber dieser mitlebenden Enkulturation zunächst nur nachgeordnete Bedeutung. Durch die Enttraditionalisierung der Moderne und die gegenüber Lebensformen indifferente Verwissenschaftlichung wird die erzieherisch bindende Kraft gelebter Lebensformen aber immer unwirksamer. Dementsprechend spricht sich Flitner gegen die Verwissenschaftlichung der Laienbildung (Erwachsenenbildung) und für eine solche Reform der gymnasialen Oberstufe aus, die nicht allein wissenschaftspropädeutisch ausgerichtet ist, sondern die Initiation in die Begegnung mit den in Wissenschaft aufgehobenen Traditionsbeständen von Kulturkreisen als Lebensformen in den Mittelpunkt stellt.

Literatur

Spranger, E. (1914, [9]1966): Lebensformen. Tübingen. – Flitner, W. (1965): Geschichte der abendländischen Lebensformen. München.

Detlef Gaus

Lebensgestaltung – Ethik – Religionskunde (L-E-R)

L-E-R ist ein staatliches Unterrichtsfach in Brandenburg, das der Vermittlung von Grundlagen für eine wertorientierte Lebensgestaltung, von Wissen über Traditionen philosophischer Ethik und Grundsätzen ethischer Urteilsbildung sowie über Religionen und Weltanschauungen dient. Es wird bekenntnisfrei, religiös und weltanschaulich neutral unterrichtet.
L-E-R unterscheidet sich vom Religionsunterricht (RU) und vom Weltanschauungsunterricht. RU ist konfessioneller Unterricht und wird in Übereinstimmung mit den Grundsätzen der Religionsgemeinschaften erteilt (Artikel 7, Absatz 3, Satz 2 des Grundgesetzes für die Bundesrepublik Deutschland). Weltanschauungsunterricht kann aufgrund gesonderter gesetzlicher Regelung in der Schule erteilt werden, er ist weltanschaulich geprägt.
L-E-R entspricht dem in Berlin für alle Schülerinnen und Schüler in den Jahrgangsstufen 7 bis 10 eingeführten Pflichtfach Ethik. Beide unterscheiden sich jedoch in ihrem rechtlichen Status vom Ethikunterricht, der in Ländern mit staatlichem Religionsunterricht als Ersatzfach oder als Wahlpflichtfach unterrichtet wird.
Neben L-E-R kann in den Schulen des Landes Brandenburg RU und Weltanschauungsunterricht angeboten werden. Darüber sind Vereinbarungen zwischen dem für Schule zuständigen Ministerium und der Evangelischen und der Katholischen Kirche geschlossen worden.

Literatur

Hanßen, K. (2003): Unterrichtsfach Lebensgestaltung – Ethik – Religionskunde und Religionsunterricht im Land Brandenburg. In: Landes- und Kommunalrecht 13, 153-159. – Schlink, B./Poscher, R. (2000): Der Verfassungskompromiß zum Religionsunterricht. Baden-Baden.

Klaus Hanßen

Bundesvereinigung Lebenshilfe für Menschen mit geistiger Behinderung

Die Bundesvereinigung Lebenshilfe für Menschen mit geistiger Behinderung, meist kurz Lebenshilfe genannt, ist ein gemeinnütziger Verein, der 1958 von Eltern geistig behinderter Kinder und engagierten Fachleuten in Marburg gegründet wurde mit dem Ziel, zu den bestehenden Vollzeiteinrichtungen ein alternatives Angebot von Tageseinrichtungen vor Ort zu entwickeln. Diese privaten Tagesbildungsstätten betonten schon mit ihrem Namen das Recht auf Bildung auch des geistig behinderten Kindes bzw. des Kindes mit geistiger Behinderung. (Die Begriffe werden alternativ diskutiert.)

Mit Einführung der Schulpflicht für geistig behinderte Schüler sollte in allen Bundesländern eine Veränderung dieser Ersatzschulen vollzogen werden, damit geistig behinderte Schüler das Recht erhalten, von ausgebildeten Lehrern unterrichtet zu werden.

Die Lebenshilfe ist heute Elternvereinigung, Fachverband und Trägerin von Einrichtungen für Menschen mit geistiger Behinderung. Sie unterhält zahlreiche Einrichtungen und ambulante bzw. mobile Dienste zur Förderung geistig behinderter Menschen und zur Unterstützung ihrer Angehörigen (Frühförderstellen, Familienunterstützende Dienste, Kindergärten, Tagesbildungsstätten bzw. Schulen, Werkstätten, Wohnstätten und Freizeitangebote).

Es ist davon auszugehen, dass in Deutschland etwa 420.000 Menschen mit geistiger Behinderung leben (ca. sechs von 1.000 Kindern sind von einer geistigen Behinderung betroffen). Im gesamten Bundesgebiet hat die Lebenshilfe zur Zeit etwa 125.000 Mitglieder. Sie setzt sich aus 542 Orts- und Kreisvereinigungen und 16 Landesverbänden zusammen, die alle der Bundesvereinigung Lebenshilfe in Marburg angehören. Neben dem Bundesvorstand und dem Bundeselternrat gibt es den Rat behinderter Menschen. Seine Mitwirkung in den verschiedenen Gremien hat eine zunehmende Bedeutung erlangt. Dem Empowerment- und Selbsthilfegedanken kommt in der Lebenshilfe eine wesentliche Bedeutung zu. Ein wichtiges Ziel ist deshalb, die Integration/Inklusion zu fördern, Selbstbestimmung zu unterstützen und durch Normalisierung der Lebensbedingungen soziale Eingliederung und Teilhabe in allen Lebensbereichen zu ermöglichen.

Die Lebenshilfe bietet Fort- und Weiterbildungen für geistig behinderte Menschen, ihre Angehörigen und für Mitarbeiter in Einrichtungen. Sie gibt die wissenschaftliche Zeitschrift Geistige Behinderung und die Lebenshilfe-Zeitung sowie einen Rechtsdienst der Lebenshilfe und einen Fachdienst heraus und besitzt einen eigenen Verlag, in dem Info-Broschüren und Bücher zum Themenbereich geistige Behinderung publiziert werden. Eine wichtige Aufgabe ist die Lobbyarbeit für Menschen mit geistiger Behinderung. Deshalb engagiert sich die Lebenshilfe national und international in zahlreichen Gremien.

Literatur

Bundesvereinigung Lebenshilfe für Menschen mit geistiger Behinderung (Hg.) (2005): Gemeinsam kommen wir weiter! Marburg. – Wagner-Stop, W. (2003): Elternselbsthilfe und Lebenshilfe – eine Beziehung, die in Spannung hält. In: Wilken, U./Jeltsch-Schudel, B. (Hg): Eltern behinderter Kinder. Stuttgart, 204-229.

Etta Wilken

Lebenslage

Lebenslage als heuristisches Konzept fokussiert sowohl soziale Differenzierung (horizontale Faktoren) als auch soziale Ungleichheit (vertikale Faktoren). Gemeinsam ist den unterschiedlichen Bestimmungen von Lebenslage die Annahme, dass unterschiedliche materielle und immaterielle Faktoren den Rahmen bestimmen, in dem Individuen handeln können. Obschon Lebenslage als Konzept bereits in der marxistischen und in der bürgerlichen Theorie markiert ist (Soziale Lage), wird in aktuellen Diskursen vor allem auf die sozialpolitischen Arbeiten von Otto Neurath, Gerhard Weisser und Ingeborg Nahnsen zurückgegriffen. In einschlägigen Diskursen der Sozialen Arbeit wurde das Lebenslagenkonzept insb. von Lothar Böhnisch eingeführt, wobei vor allem die sozialstaatliche Vermittlung unterschiedlicher Handlungsbedingungen betont wird.

Heute wird Lebenslage v.a. in der Soziologie und dort im Kontext der Ungleichheitsforschung verwendet. Als vorteilhaft gegenüber der traditionellen Sozialstrukturanalyse gilt das Konzept, weil es neben den klassischen Dimensionen wie Berufsposition oder Einkommen des Haushaltsvorstands noch weitere Dimensionen (z.B. Aspekte des Wohnens, der Gesundheit) zur Analyse sozialer Ungleichheit in den Blick nimmt und hierbei sowohl objektive, strukturelle Lebensbedingungen als auch subjektive Wahrnehmungen berücksichtigt. Im Vergleich zu Lebensstil- und Milieumodellen wird die Frage nach der konkreten Handlungspraxis jedoch nur in geringem Maße berücksichtigt.

Literatur
Böhnisch, L. (1982): Der Sozialstaat und seine Pädagogik. Neuwied, Darmstadt. – Voges, W. u.a. (2003): Methoden und Grundlagen des Lebenslagenansatzes. Bremen.

Sarina Ahmed

Lebenslanges Lernen

Lebenslanges Lernen ist ein hybrides Konstrukt. Es bezieht sich auf Vorgänge der sozialen Evolution und spricht zugleich eine bildungspolitische Programmatik an. So ist auf der einen Seite begrifflich kennzeichnend, dass lebenslanges Lernen eine empirisch vorfindliche alltägliche Tatsache darstellt und zur vertrauten Wirklichkeit der Gesellschafts- und Lernkultur einer reflexiv gewordenen Moderne gehört. Entsprechend dokumentiert die erziehungswissenschaftliche Biografieforschung verstärkt seit den 1980er Jahren, dass es quantitativ beachtliche Bevölkerungsgruppen unterschiedlichen Alters gibt, bei denen die facettenreichen Tätigkeiten der Wissensaneignung und des Lernens in die alltägliche Lebensführung integriert sind und prägend wirken. In soweit haben die Leitideen von Bildung und lebenslangem Lernen, welche die Chance eines gewissen Neubeginns selbst noch im fortgeschrittenen Alter verheißen, längst Eingang in die Normalitätskonstruktionen heutiger Erwachsener gefunden.

Auf der anderen Seite stellt lebenslanges Lernen ein noch unvollendetes Projekt dar und harrt als bildungspolitisches und pädagogisches Programm der Umsetzung. Insbesondere im Zusammenhang mit der These einer aufkommenden Wissensgesellschaft – der zunehmenden Wissensbasierung von sozialen und technischen Vorgängen bei einer gleichzeitigen Beschleunigung des Wissensverfalls – avanciert lebenslanges Lernen zu einer normativ besetzten Schlüsselgröße für die Bewältigung der Innovationsdynamik in Wirtschaft, Erwerbsarbeit und Privatleben. Dieser problemspezifischen Vielschichtigkeit entspricht, dass der Ausdruck lebenslanges Lernen verstärkt im letzten Jahrzehnt Eingang in die Sprachpraxen ganz unterschiedlicher Politikfelder, sozialer Systeme und Wissenschaften fand. Auch in den Medien bildet lebenslanges Lernen ein präsentes Thema, welches im Sinne einer popularisierenden Zeitdiagnose Einfluss auf die alltagsweltlichen Deutungsmuster des pädagogisch aufgeschlossenen Publikums ausübt. Das insgesamt breite Spektrum an potenziellen Anschlüssen, Interessensbezügen, Erwartungen und Konnotationen, in welches lebenslanges Lernen als ein häufig unbestimmt bleibender Slogan eingebunden ist oder mit dem dieser vernetzt werden kann, impliziert zugleich die Gefahr einer Erwartungsüberfrachtung.

Im nationalen wie internationalen Diskurs der Erwachsenenbildung gilt lebenslanges Lernen als ein seit den 1960er Jahren bekannter Terminus. Ausgangspunkt ist ein bildungspolitisches Konzept, dessen Grundprogrammatik auf der supranationalen Ebene (Organisation for Economic Co-operation and Development, OECD; United Nations Educational, Scientific and Cultural Organisation, UNESCO; Europäische Union, EU) formuliert und im Zuge gesellschaftlichen Wandels modifiziert wurde und welches vor allem der länderspezifischen Umsetzung bedarf. Leitend ist die Annahme, dass die Aneignung von Wissen und Fähigkeiten nicht mehr auf das erste Lebenszeitdrittel begrenzt werden könne und daher das Verhältnis von schulischer Erziehung, Erstausbildung und Weiterbildung neu strukturiert werden müsse. Entsprechend bedürfe das gesamte Bildungswesen einer Reformierung durch eine größere Variabilität mit vielfältigen Übergängen und einem insgesamt höheren Wirkungsgrad gegenüber dem gerade in Deutschland ungelösten Problem sozialer Chancenungleichheit. Stand in der anfänglichen Konzeption einer recurrent education noch die Gestaltung der Berufsbiografie durch die wiederholte Aufnahme von organisierten Weiterbildungsprozessen im Vordergrund, so dehnt sich lebenslanges Lernen in Anbetracht von rückläufiger demografischer Entwicklung, verlängerter Lebenszeit und einer insgesamt gestiegenen Bildungsvertrautheit zu einem Leitprinzip auch für die Gestaltung der Altersphase aus. Eine weitere Öffnung erfährt lebenslanges Lernen in der europäischen und der deutschen Konzeptionsdebatte insbesondere während der 1990er Jahre durch die ausdrückliche Einbeziehung des informellen Lernens. Damit wird beim lebenslangen Lernen ein schulförmig verengtes Weiterbildungsverständnis durch ein weites, prozessoffenes Lernverständnis verdrängt, welches auf ein konstruktives Verarbeiten von Informationen und Erfahrungen zu Kenntnissen, Einsichten und Kompetenzen abhebt und zugleich an der selbstinitiierten Entwicklung von Persönlichkeit und sozialer Integration interessiert ist.

Obwohl beim lebenslangen Lernen das Erwachsenenalter unter dem Aspekt einer lernbezogenen Lebensführung im Vordergrund steht, kommt gerade der kindlichen Bildung die Bedeutung einer habituellen Disposition zu. Nach heutiger Auffassung werden bereits in den frühen Phasen des Lebenslaufs Grundkompetenzen im Hinblick auf die Selbstregulation des Wissenserwerbs und das Lernen des Lernens aufgebaut. Sowohl in der Diskussion um die PISA-Studie (Programme for International Students Assessment) als auch von der neurobiologischen Forschung ist unterstrichen worden, dass die Befähigung zum lebenslangen Lernen vor dem Hintergrund eines erfahrungsabhängigen Entwicklungsprozesses verstanden werden muss und dass diesbezüglich mit Abschluss der Pubertät später nicht mehr nachholbare Strukturierungen im Bereich der Hirnarchitektur bereitet sind. Deshalb gilt die Förderung von Selbst-Lernkompetenzen im Kindes- und Schulalter auch für das Lernen in späteren Lebensphasen als basal – eine Einsicht, die in zeitgemäßen Konzepten der Eltern- und Familienbildung und im Rahmen von Lernberatung aufgegriffen wird. Insofern liegt aus dem Blickwinkel einer Theorie lebenslangen Lernens der Zweck der Schule immer auch in der nachhaltigen Kultivierung der Lernfähigkeit für eine noch ungewiss erscheinende Zukunft.

Starke Aufmerksamkeit erfahren im jüngeren bildungsprogrammatischen Diskurs zum lebenslangen Lernen der demografische Wandel und der säkulare Trend steigender Lebenserwartung. Indem die Anteile erwerbsarbeitsfreier Zeit im Lebenslauf zunehmen, entsteht seit der zweiten Hälfte des 20. Jahrhunderts eine in sich wiederum differenzierungsbedürftige Lebensphase eigenen Typs. Vor diesem Entwicklungshintergrund zielt der Topos vom lebenslangen Lernen auf Diskrepanzen zwischen den sich rascher vollziehenden technisch-kulturellen Wandlungsprozessen einerseits und den immer anspruchsvolleren kognitiv-emotionalen Verarbeitungsprozessen der älter werdenden Bevölkerung andererseits. Insbesondere die bildungsbiografisch erfolgreichen Älteren nutzen lebenslanges Lernen als eine Option für die selbstbestimmte Lebensgestaltung. Allerdings suggeriert die Semantik lebenslangen Lernens eine bruchlose Fortsetzung der Bildungsbiografie und des Kompetenztransfers nach Berufsende, was für viele jedoch nicht erreichbar ist. Vielmehr taucht mit dem Renteneintritt eine Vergesellschaftungslücke auf, die durch das Erschließen neuer Handlungsfelder und Anwendungsbereiche für Wissensentwicklung kompensiert werden muss.

Der Programmatik des lebenslangen Lernens ist die Hypothese immanent, dass der Transfer von Handlungsfähigkeit im Lebensverlauf durch informelle, nicht-formale und formale Lernprozesse zu stärken sei. Daher interessiert auch noch das höhere Erwachsenenalter als ein Möglichkeitsraum für Lernen. Zum einen kann die Prävention gegen Abhängigkeit eines der wichtigsten Ziele von Lernaktivitäten darstellen. Hierzu tragen sowohl Bildungsangebote als auch die von Älteren selbst geschaffenen Initiativen und Formen selbstbestimmten Lernens bei. Zum anderen muss sich auch mit der biologischen Begrenztheit der Biografie und der Endlichkeit des Daseins auseinander gesetzt werden. Auch diese Herausforderung wird als eine existenzielle Aufgabe im Rahmen lebenslangen Lernens begriffen.

Literatur

Brödel, R. (Hg.): Lebenslanges Lernen – lebensbegleitende Bildung. Neuwied. – Brödel, R./Yendell, A. (2008): Weiterbildungsverhalten und Eigenressourcen. Bielefeld. – Künzel, K. (Hg.) (2007): Bildung durch das ganze Leben – Europäische Beiträge zur Pädagogik der Lebensspanne. Köln.

Rainer Brödel

Lebenslauf

Lebenslauf ist ein sozialwissenschaftliches Konzept, das die gesellschaftliche Ordnung der Lebenszeit im Rahmen der Institutionen und der Sozialstruktur moderner Gesellschaften beschreibt und analysiert; Lebenslauf umfasst das Programm, das Gesellschaften für den Ablauf des einzelnen Lebens bereithalten; es strukturiert Möglichkeiten und Spielräume und eröffnet so Biographizität als Chance und Verpflichtung, das eigene Leben zu gestalten.

Das moderne Lebenslaufregime beruht auf der relativen Sicherheit einer langen Lebensspanne und führt die Bereiche der Erwerbsarbeit und der Familie als Formen der ökonomischen und sozialen Reproduktion des Lebens zusammen. Der Sozialstaat als Taktgeber des Lebenslaufs mit den drei Säulen von Bildung, Alterssicherung und soziale Risikobearbeitung differenziert die Lebenszeit um das Zentrum der Erwerbsarbeit herum in die großen Phasen von Bildung, Erwerbsarbeit und Ruhestand.

Die Institutionalisierung des Lebenslaufs zeigt sich in Gesetzen wie z B. der Regelung der Schulpflicht, des Arbeitslebens und des Ruhestandes. Sie drückt sich aus in Regulativen von Institutionen und Organisationen, welche Karrieren, wie z.B. die Bildungskarriere, beeinflussen. Sie zeigt sich in der Faktizität von Lebensverläufen – als Abfolge standardisierter Lebensereignisse

– und rahmt Biografien als subjektiv erfahrene Lebensgeschichte. Ökonomie, Politik, Bildungswesen u. a. wirken an Institutionalisierungs- und Deinstitutionalisierungsprozessen mit und betreiben so Lebenslaufpolitik.

Lebensläufe sind geschlechtsspezifisch, als Kern geschlechtsspezifischer Lebensläufe gilt die innerfamiliale Arbeitsteilung der Geschlechter. Frauen stehen – gegenüber dem überkommenen Modell der männlichen Normalarbeitsbiografie – immer schon einer entzweiten Institutionalisierung des Lebenslaufs über Familie und Erwerbsarbeit gegenüber; Erwerbsverläufe sind vielfach durch Familienarbeit unterbrochen, beides wird im Rahmen sozialstaatlicher Regelungen (Erziehungsgeld, soziale Infrastruktur wie z.B. Kinderbetreuung) vielfältig kombiniert und ist nach wie vor mit Chancenminderung auf den Arbeitsmärkten und Beeinträchtigung sozialer Sicherung verbunden. Die Verfasstheit der Erwerbstätigkeiten, betriebliche Personalpolitiken, Vorstellungen geschlechtsspezifischer Kompetenzen und mangelnde öffentliche Infrastruktur schaffen soziale Ungleichheit im Lebenslauf von Frauen und Männern.

Lebensläufe sind ständig Prozessen der Deinstitutionalisierung und Destandardisierung unterworfen, die von dem rapiden ökonomischen und sozialen Wandel im Zeichen der Globalisierung der Wirtschaft, von den nationalen und transnationalen politischen Bewältigungsversuchen und dem demografischen Wandel in Gang gehalten werden. Dabei sind freilich die Grundstrukturen des modernen Lebenslaufregimes nicht infrage gestellt.

Erwerbsarbeit befindet sich seit Beginn der 1990er Jahre in einem Prozess der Entbettung von überkommenen nationalen ökonomischen wie betriebsbezogenen Sicherheiten und einer Entgrenzung von staatlicher Regulierung. Die Erwartbarkeit und Planbarkeit einer sicheren Erwerbsarbeitskarriere nimmt ab. Damit verringert sich ökonomische Sicherheit als Voraussetzung der individuellen Gestaltbarkeit des Lebens. Die Diskontinuität von Beschäftigungsverhältnissen wird normal, ohne dass Erwerbsarbeit insgesamt im Lebenslauf an Bedeutung verlöre.

Allerdings wird die zeitliche Ordnung des Lebens stärker in die Regie einzelner Personen verlagert, die ihre Investitionen in Bildung, Erwerbsarbeit, Familie und soziale Sicherung zu gestalten und ihre Erträge mit allen Risiken, die unbeeinflussbare ökonomische und politische Entwicklungen bringen, zu sichern haben.

Literatur
Allmendinger, J. (1994): Lebensverlauf und Sozialpolitik. Frankfurt. – Born, C./Krüger, H. (Hg.) (2001): Individualisierung und Verflechtung. Weinheim. – Kohli, M. (2003): Der institutionalisierte Lebenslauf. In: Allmendinger, J. (Hg.): Entstaatlichung und soziale Sicherheit. Opladen, 525-545.

Werner Schefold

Lebensphilosophie

Die Epoche der Lebensphilosophie fällt zwischen 1880 und 1930. Dieser Denkrichtung, die sich in Deutschland und Frankreich besonders ausprägte, galt Leben als Grundkategorie und beherrschendes Thema der Philosophie. Erste Ansätze lassen sich schon bei Autoren im frühen 19. Jahrhundert ausmachen, wo Lebensphilosophie eine Ergänzung zum Rationalismus darstellt. Die Ursachen des Siegeszuges der Lebensphilosophie sind nur in Ansätzen erforscht. Politische Ernüchterung nach 1848, Abflauen der Fortschrittseuphorie der Industrialisierung, Reaktionen auf eine sich als streng positivistisch verstehende Psychologie wie bei Gustav Theodor Fechner, Wilhelm Wundt oder in der Assoziationspsychologie lassen sich ausmachen. In ihrem Selbstverständnis reagiert die Lebensphilosophie auf die angeblich neuen Entfremdungserscheinungen, die mit der modernen Gesellschaft entstanden seien. Hier vermischt sich jedoch die unmittelbare Wahrnehmung mit einer als historisch verbrieft verstandenen Tatsache. Hierin zeigt sich die Nähe der Lebensphilosophie zur Lebensreform.

Als Reaktion auf die empfundene Zergliederung lässt sich Lebensphilosophie als Summe der Epoche verstehen. In der Lebensphilosophie wurde das Leben zum Prinzip gemacht und als kultureller Kampfbegriff verstanden, den sowohl politisch-kulturelle Bewegungen wie die Jugendbewegung als auch philosophische Strömungen verwendeten.

Vorbereitet durch Artur Schopenhauer, bei dem Wirklichkeits-Erfahrung und Ich-Erfahrung unsicher werden, und die Kulturkritik Friedrich Nietzsches gilt Wilhelm Dilthey als Begründer lebensphilosophischen Denkens. Seine zentralen Begriffe sind Erlebnis und Ausdruck. Ludwig Klages versteht den Geist als Widersacher der Seele, der die Einheit von Leib und Seele spalte. Im Zentrum des Denkens stehen bei aller Unterschiedlichkeit der Positionen das Einbeziehen der Selbstreflexion, des Erfahrungsbegriffs, der Subjektivität und der unhintergehbare

Vorrang der Lebenswelt. Bei Henri Bergson findet sich dies als élan vitale wieder, bei dem Zeitlichkeit wie bei Dilthey und später bei Martin Heidegger die Grundkategorie des Lebens wird. Geschichtsphilosophische Lebensphilosophie war vor allem bei Oswald Spengler (Der Untergang des Abendlandes, 1918-22) von einschlagender Bedeutung.
Zwar war lebensphilosophisches Gedankengut in den Geistes- und Sozialwissenschaften über Jahrzehnte dominant, wurde aber auch schon zeitgenössisch kritisiert: Der Irrationalismusvorwurf wurde von späten Zeitgenossen wie von Heinrich Rickert vor allem wegen des inhärenten normativen Wertverständnisses in Teilen der Lebensphilosophie vertreten. Umstritten blieb sie, weil sie in ihrem ganzheitlichen Anspruch die Grenzen des Wissenschaftlichen immer zu überschreiten versuchte und damit auch völkischen Gemeinschaftsvorstellungen Vorschub leistete, so zumindest der Vorwurf schon unmittelbar nach 1945, nicht nur von deutscher Seite.
Bei Martin Heidegger löst der Begriff Existenz den des Lebens ab. Auch die Phänomenologie lässt sich in der Nachfolge der Lebensphilosophie verstehen.
Für die Erziehungswissenschaft ist diese philosophische Richtung von Bedeutung, da sie im Zentrum ihres Denkens ein lebensweltliches Subjekt hat und die Verbindung einer Theorie der Erfahrung mit einer Theorie des Lebens sucht. Reformpädagogische Ideen und geisteswissenschaftliche Theorien weisen zum Teil eine unmittelbare Nähe zur Lebensphilosophie auf (Martha Muchow, Eduard Spranger, Herman Nohl). Deren ganzheitliche Grundgedanken finden sich auch in den ganzheitlichen Vorstellungen der sich als sozialistisch verstehenden Reformpädagogik wie bei Paul Oestreich.
Zentraler Autor für die späte an der Lebensphilosophie orientierte Pädagogik ist Otto Friedrich Bollnow, der herausarbeitete, welche Erweiterung die Pädagogik durch die Lebensphilosophie hinsichtlich menschlicher Kräfte neben der Vernunft erhalten hat, andererseits aber auch die Gefahren des Irrationalismus benannte (Lebensphilosophie, 1958). Seine philosophisch-phänomenologische Anthropologie lässt sich als Fortführung der Lebensphilosophie erkennen.

Literatur

Bollnow, O. F. (1958): Die Lebensphilosophie. Berlin, Göttingen, Heidelberg. – Fellmann, F. (1993): Lebensphilosophie. Hamburg. – Schnädelbach, H. (1983): Philosophie in Deutschland. Frankfurt.

Ulrike Mietzner

Lebensreform

Der Begriff Lebensreform fasst verschiedene Strömungen um 1900 zusammen, in deren Zentrum eine Reform steht, die auf eine Umwälzung der gesamten Lebensgestaltung des Einzelnen und der Gemeinschaft zielt. Als Leitmotive gelten die Begriffe Leben und Natur, die Ganzheit und Urtümlichkeit ausdrücken.
Als Ursache gelten Modernisierungsprozesse des 19. Jahrhunderts, die in der Lebens- und Arbeitswelt zu Entfremdung geführt hätten. Allerdings war die Bewegung selbst auf Modernisierung angewiesen, da sie nur in einer Gesellschaft entstehen konnte, in der nicht mehr vorherrschende Normen das Leben – privat wie öffentlich – regulierten und die auf moderne Medien setzte. Auch naturwissenschaftliche Erkenntnisse, in ihrer Rationalität abgelehnt, stellten Kernaspekte der Lebensreform dar: insbesondere die Rolle der Gesundheit.
Ein ambivalentes Verhältnis ist in Bezug auf Kunst und Kultur zu beobachten: Künstlerkolonien gehören zu den alternativen Lebens- und Arbeitsprojekten, die neue Lebensformen und ein anderes Verhältnis von Mann und Frau umfassten, abstrakte Kunst wurde z.T. vehement abgelehnt. Trotzdem gilt Ästhetik als zentrale eigenständige Macht. Aufschwung nehmen Kunsthandwerk und Kunstgewerbe. Geschmacksbildung wird durch moderne Medien insbesondere Drucke, Zeitschriften und Ausstellungen gefördert. Lebensreform bezieht sich auch auf alle praktischen Aspekte des Lebens von der Wohnsiedlung, der schlichten handwerklichen Einrichtung, natürlicher Kleidung bis hin zur teilweise Fleisch, Nikotin und Alkohol meidenden Ernährung.
Lebensreform bringt neue Glaubensformen hervor – eklektisch aus Religionen zusammengesetzt wie die Christengemeinschaft (Rudolf Steiner) oder fernöstliche und naturreligiöse Glaubenspraxen. Lebensreform lässt sich schließlich auch als Angriff auf den Liberalismus verstehen, bsp. in der deutschen Kulturreligion bei Paul de Lagarde.

Literatur

Barlösius, E. (1987): Naturgemäße Lebensführung. Frankfurt, New York. – Buchholz, K. u.a. (Hg.) (2001): Die Lebensreform. 2 Bde. Darmstadt.

Ulrike Mietzner

Lebensreformbewegung

Unter Lebensreformbewegung werden sehr unterschiedliche Gruppierungen und Einzelpersonen verstanden, die alternative Lebensmodelle zum Zwecke der Reform des Lebens entwarfen oder auch erprobten. Die Hochzeit liegt zwischen dem letzten Jahrzehnt des 19. Jahrhunderts bis in die 30er Jahre des 20. Jahrhunderts. Die Lebensreformbewegung gilt als kulturorientiert und sozial, da es ihr weniger um eine politische als um eine gesamtgesellschaftliche Umstrukturierung geht.

Sie umfasst Personen, die sich zum Zwecke einer Reform ihres Lebens enger oder lockerer in sehr kleinen, aber auch sehr großen Gruppierungen zusammenfanden. Diese häufig um charismatische Initiatoren formierten Gruppen konnten auf Lebenszeit hin angelegt sein wie viele Siedlungsgemeinschaften, sich aber auch eher spontan zusammenfinden wie zur Truppe von Muck Lamberty oder zu einzelnen Ereignissen wie dem Fest auf dem Hohen Meissner.

Zu dieser Bewegung lassen sich neben Gruppierungen auch Institutionen rechnen wie die Reformgaststätten und Reformhäuser, Kureinrichtungen, Vereine zu allgemeinnützigen oder spezifischen Aspekten wie die Freikörperkultur oder die Abstinenzler. Hierzu zählen auch Lebens- und Weltanschauungsgemeinschaften, Genossenschaften, Schulen, Siedlungen, Gartenstadtbewegung und Verlage.

Inwieweit zwischen diesen Bewegungen eine innere Einheit bestand, ist nur begrenzt erforscht. Jedoch fungieren der Bezug zur Natur als heilender Kraft und die Idee der sog. Selbsterziehung als gemeinsame Prinzipen. Insofern wirkt die Lebensreformbewegung auch über die einzelnen Bewegungen hinaus, insbesondere über die Multiplikatoren – Personen und Publikationen oder über Vereine wie den Dürerbund und sein Schrifttum (Kunstwart).

Als Bewegung können die Gruppierungen gelten, weil sie nicht parteiförmig organisiert sind, sondern sich über eigene Rituale mit eigener Sprache – wie dies insbesondere bei den Jugendbünden der Fall war – entwickelt haben. Auch die Titel der jugendbewegten und lebensreformerischen Zeitschriften (z.B. Sturm, Aktion) verdeutlichen die Idee der Bewegung. Bewegung heißt auch, in permanentem Wandel begriffen, durch Sezessionen sich in Untergruppen und Nachfolgegruppen spaltend und häufig auch vermehrend, ebenso häufig auch von einem viel versprechenden Zukunftsprojekt nach wenigen Jahren nur noch als Name, nicht mehr aber als lebendige Bewegung existierend (Darmstädter Künstlerkolonie, Monte Verità), deshalb schwer als Form zu fassen.

Die Zeit vor 1914 kann als die Zeit der großen Utopien und die Zeit nach 1918 als die der Heilslehren beschrieben werden. Vertreten wurden die Gruppen vor allem durch einzelne Führer, die sich manchmal sogar als Propheten gerierten.

Die Lebensreformbewegung war einerseits ein nationales Phänomen mit nationalistisch-völkischen und teilweise auch rassistischen Bezügen, z.B. in Gruppen der Nacktkultur u.v.a., aber auch sozialistisch und international ausgerichtet, z.B. in Teilen der Frauen- oder Friedensbewegung, der Reformpädagogik und der Künstlerinitiativen, und spiegelte so alle Richtungen der Zeit wider. Die Grenzen sind insbesondere vor dem 1. Weltkrieg nicht immer klar auszumachen.

Folgt man der Selbstbeschreibung, so ist die Lebensreformbewegung die Reaktion auf eine als zerrissen empfundene Zeit, die Antwort war dann antimodern. Dies lässt sich aber nur zum Teil bestätigen, so hat die moderne Hygienebewegung durchaus Wirkungen in die Lebensreformbewegung hinein. Antimodern war die Lebensreformbewegung insofern, als sie eine modern arbeitsteilig produzierende Wirtschaft ablehnte und Selbstversorgertum anstrebte und weg von einem differenzierten gesellschaftlich-pluralen System zur homogenen Gemeinschaft strebte.

Literatur
Buchholz, K. u.a. (Hg.) (2001): Die Lebensreform. 2 Bde. Darmstadt. – Hepp, C. (1987): Avantgarde. München. – Linse, U. (Hg.) (1983): Zurück, oh Mensch, zur Mutter Erde. München.

Ulrike Mietzner

Lebensweltorientierte Soziale Arbeit

Lebensweltorientierung ist ein Konzept der Sozialen Arbeit, das die für eine Theorie der Sozialen Arbeit konstitutiven Grundfragen – Wissenschaftscharakter, gesellschaftliche Funktion, Adressaten, Organisations- und Handlungsgefüge – verhandelt, indem es eine spezifische Sicht der Adressaten mit Kritik und Gestaltungsprinzipien der Sozialen Arbeit verbindet.

Die Perspektive auf die Adressaten ist fundiert in phänomenologisch-interaktionistischen, alltagstheoretischen und gesellschaftstheoretischen Ansätzen und ist ebenso analytisch-beschreibend wie auch normativ. Das Konzept betont, dass Menschen sich in Gegebenheiten, Erfahrungen, Deutungs- und Handlungsmustern ihrer je eigenen, subjektiven Lebenswelt vorfinden; sie agieren in ihren Dimensionen – in Raum, Zeit, sozialen Beziehungen, kulturellen Traditionen und Identität – in komplexen Bewältigungsaufgaben, im Spiel von Typisierungen, entlastender Routine und Pragmatik. Dieser Modus lebensweltlicher Bewältigungsmuster präsentiert sich in Lebensfeldern. Sie sind historisch-gesellschaftlich geprägt; sie sind gleichsam die Bühne, auf der Lebenslagen in Lebensweisen bewältigt werden. Lebenswelt und Bewältigungshandeln werden als ambivalent verstanden, sie stehen im Unterschied von Gegebenem und Aufgegebenem, von borniert einengenden, machtbesetzten Verhältnissen und den Erfahrungen von Unterdrückung, Resignation, Leid und Hoffnung, die auf einen gelingenderen Alltag zielen, auf Praxis als individuelle und gesellschaftliche Gestaltungskraft, auf die Erfahrung, Subjekt der Verhältnisse zu sein. Heutige Lebenswelt ist bestimmt durch alte und neue In- und Exklusionen und durch Prozesse der Erosion von Eindeutigkeiten, also der Entgrenzung. Lebensweltorientierte Soziale Arbeit agiert in der Spannung von Respekt vor Bewältigungsleistungen und Ressourcen – gerade auch da, wo sie individuell und gesellschaftlich problematisch erscheinen – und von Destruktion und Konfrontation im Zeichen von Optionen. Sie schafft Gelegenheiten, Räume und Beziehungen, um Bewältigungsmuster in Lern- und Bildungsprozessen in der Perspektive eines gelingenderen Alltags zu arrangieren. Sie ist bestimmt durch Struktur- und Handlungsmaximen der Prävention, Regionalisierung und Alltagsnähe, der Integration und Partizipation, der Vernetzung und Einmischung und schließlich des Prinzips der strukturierten Offenheit. Diese Maximen und Prinzipien konkretisiert sie in unterschiedlichen Arbeitsfeldern und vor allem in der Gestaltung einer sozialräumlich tragfähigen sozialen Infrastruktur.

Das Konzept der lebensweltorientierten Sozialen Arbeit konnte sich in der Kritik einer traditionell disziplinierenden und ordnungspolitisch bestimmten Sozialen Arbeit und in der Linie der vielfältigen Reformansätze in den 1960er/70er Jahren durchsetzen. Es etablierte sich im Kontext des sich entfaltenden Sozialstaates und der realistischen Wendung in den Sozial- und Erziehungswissenschaften – flankiert z.B. auch von den Diskussionen um das Sozialgesetzbuch (SGB) VIII. Im ökonomischen und politischen Umbruch der jüngsten Zeit, in dem sich Entgrenzung mit neokapitalistischen, neoliberalen und neokonservativen Tendenzen verbindet, muss das Konzept Lebensweltorientierung neu verortet werden. Gegen die Ausnutzung und Enteignung seiner Intentionen im Sog der Dethematisierung des Sozialen und der Reprivatisierung der Bewältigungsaufgaben, gegen rigide technologische Verkürzungen, aber auch gegen interne Verhärtungen und institutionelle Selbstreferentialitäten muss es begründet werden in Prinzipien, die für die moderne Gesellschaft konstitutiv sind. Der Ansatz in der Lebenswelt, verstanden als Rohstoff Wirklichkeit, ist verankert im Prinzip der Sozialen Gerechtigkeit – ausgelegt als Zugangsgerechtigkeit – und bezogen auf die Bürgergesellschaft mit ihren Rechten und Gestaltungsaufgaben. Das Konzept Lebensweltorientierung erweist sich so als ein Moment in einer Politik des Sozialen.

Literatur

Bundesministerium für Familie, Senioren, Frauen und Jugend (Hg.) (1990): Achter Jugendbericht der Bundesregierung. Bonn. – Grunwald, K./Thiersch, H. (2005) (Hg.): Praxis der lebensweltorientierten Sozialen Arbeit. Weinheim, München. – Thiersch, H. ([6]2005): Lebensweltorientierte Soziale Arbeit. Weinheim, München.

Hans Thiersch

Legasthenie

Der Terminus Legasthenie (lateinisch-griechisch: Leseschwäche) wird erstmals 1916 von dem Mediziner Pál Ranschburg erwähnt. Traditionelle Legasthenie-Ansätze gehen von einem medizinischen Modell aus und betonen den Krankheitscharakter dieser Teilleistungsstörung. Ursachen der Legasthenie können psychoorganische Defekte in Form einer frühkindlichen Hirnschädigung, einer Wahrnehmungsgliederungsschwäche, fehlender Hemisphärendominanz oder einer Augenkoordinationsstörung sein.

Eine entscheidende Rolle spielt nach wie vor die von Maria Linder 1951 postulierte Diskrepanzhypothese. Diese besagt, dass unter Legasthenie eine unerwartete überdauernde Schwäche im Erlernen des Lesens und Schreibens bei sonst relativ guter Intelligenz – vielfach ergänzt durch das Bestimmungsmerkmal bei sonst normaler Schulleistung – zu verstehen sei. Charlotte Schenk-Danzinger brachte 1956 typische Fehler der Legasthenie wie Inversionen, Reversionen und serielle Fehler mit in die Diskussion.

Inzwischen wird Legasthenie in Anlehnung an die internationale Krankheitsklassifikation ICD-10 der

Weltgesundheitsorganisation (WHO) als umschriebene Entwicklungsstörung im Lesen und Schreiben definiert. Neben primären Ursachen wie genetischen, neuroanatomischen, physiologischen und psychologischen Risikofaktoren werden sekundäre wie fehlende Unterstützung durch Elternhaus und Schule in Betracht gezogen.

Während die direkte Folge traditioneller psychoorganischer Erklärungsansätze das Training der auditiven und visuellen Wahrnehmungsleistungen darstellte, konzentrieren sich neuere medizinisch orientierte Förderansätze auf multifaktorielle Interventionen mit Betonung der phonematischen Differenzierungsfähigkeit.

Insbesondere in den 1960/70er Jahren entstanden in den einzelnen Bundesländern unterschiedliche Erlasse, Empfehlungen, Förderkonzeptionen und Möglichkeiten des Nachteilsausgleichs wie z.B. Befreiung von der Benotung oder zusätzlicher Förderunterricht. In Folge erschüttern jedoch empirische Forschungen das klassische Legasthenie-Konzept in seiner Abgrenzung zu einer allgemeinen Lese-Rechtschreibschwäche. Es finden sich keine Hinweise auf eine spezifische Ätiologie der Lese- und Rechtschreibprobleme von Legasthenikern. Es wurde somit seit den 1970er Jahren dem medizinischen ein pädagogisches Konzept gegenüber gestellt. Im Zuge dieser entwicklungsökologischen systemischen Wende wird Legasthenie verstärkt als Sammelbezeichnung für sämtliche Schwierigkeiten beim Erwerb des Lesens, Schreibens oder Rechtschreibens verstanden und auf eine Unterscheidung zwischen Legasthenie und Lese-Rechtschreibschwäche verzichtet.

Literatur
Klicpera, C./Schabmann, A./Gasteiger-Klicpera, B. (2003): Legasthenie. Weinheim.

Sandra Deneke

Lehr- und Lernmittelfreiheit

Zu den Lehrmitteln zählen Gegenstände und Einrichtungen, die zur Ausstattung der Schule gehören, insbesondere Laborgerätschaften und -materialien sowie Bibliotheken. Sie verbleiben in der Regel in der Schule. Lernmittel sind für die Hand der Schüler bestimmt, insbesondere Schulbücher und sonstige Druckwerke wie Wörterbücher und Lexika sowie Gegenstände, die Schulbücher ergänzen oder ersetzen. Arbeitsmittel wie Computer oder Laptops können als Lehrmittel zur Grundausstattung von Schulen gehören, aber auch als Lernmittel Schulheft, Schulbuch oder Materialsammlung ersetzen.

Nicht zu den Lernmitteln gezählt werden in der Regel Gegenstände, die von den Schülern als Gebrauchs- oder Übungsmaterial verwendet werden und zur persönlichen Ausstattung gehören, wie Schreib-, Zeichen- und Rechengeräte oder Sportkleidung.

Die Lehr- und Lernmittelfreiheit ist in den Ländern der Bundesrepublik Deutschland ausgesprochen unterschiedlich geregelt. Das betrifft nicht nur den Kreis der Berechtigten, sondern auch die Zuständigkeit für die Finanzierung, die Einbeziehung als Lernmittel, den Umfang der öffentlicher Leistungen und der Eigenbeteiligung von Schülerinnen und Schüler sowie ihrer Eltern und das Verfahren.

Nicht alle Schüler nehmen an der Lehr- und Lernmittelfreiheit teil. Einige Bundesländer beschränken den Anspruch auf einkommensschwache Familien, andere nehmen Gruppen von Schülern aus, insbesondere im Bereich der beruflichen Bildung. Nicht in allen Bundesländern werden Schüler an Ersatzschulen denen an Schulen in öffentlicher Trägerschaft gleichgestellt. Berücksichtigt werden Kosten gegebenenfalls im Rahmen der den privaten Schulträgern gewährten Zuschüsse.

Die Finanzierung der Lehr- und Lernmittelfreiheit liegt überwiegend in der Hand der Schulträger oder, so in Bayern, beim Träger des sächlichen Schulbedarfs. In einigen Bundesländern übernimmt das Land die Kosten oder beteiligt sich daran. Eine Eigenbeteiligung der Schüler oder ihrer Eltern kann unterschiedlich hoch sein. In einigen Bundesländern wird bei Anspruch auf Arbeitslosengeld II oder Sozialhilfe sowie bei einer Asylberechtigung von einer Eigenbeteiligung abgesehen.

Von der Lehr- und Lernmittelfreiheit ausgenommen sind in der Regel Lernmittel, die nur einmal verwendbar sind, insbesondere Arbeitshefte, Arbeitsblätter und Aufgabensammlungen. Auch insoweit unterscheiden sich jedoch die Regelungen in den Bundesländern erheblich.

In einigen Bundesländern werden die Lernmittel übereignet und gehen in das Eigentum der Berechtigten über, in anderen werden die Lernmittel leihweise ausgehändigt. In diesem Fall stellt sich das Problem der Sorgfaltspflichten und der Haftung bei Verlust oder Beschädigung. Insoweit finden entweder die Vorschriften des Bürgerlichen Gesetzbuches über die Leihe Anwendung oder es werden auf Grund gesetzlicher Regelung Ersatzansprüche auch durch Leistungsbescheid einseitig festgesetzt werden.

Literatur
Avenarius, H. ([8]2010): Schulrecht. Köln, Kronach. – Berger, D. J./Ehmann, C. (2000): Gebühren für Bildung – ein Anschlag auf die Chancengleichheit? In: Recht der Jugend und des Bildungswesens 48, 356-376.

Klaus Hanßen

Lehren

In Anlehnung an die etymologische Herleitung von Lehren aus dem gotischen laisjan (Wissen machen), kann Lehren als bewusste und absichtsvolle Tätigkeit definiert werden, die das Ziel verfolgt, Wissen und Fähigkeiten zu vermitteln und damit einen Lernprozess bei einer oder mehreren Personen anzustoßen. Lehren ist also in erster Linie ein organisiertes und strukturiertes Angebot von Lerngelegenheiten, indem jemandem etwas gezeigt und zugleich dieses als Zeigen markiert wird. Lehren ist somit immer auf Lernen bezogen, auch wenn Lehren nicht automatisch zum Lernerfolg führen muss und Lernen auch unabhängig von Lehren stattfinden kann. In manchen Theoriekontexten wird der Begriff des Lehrens ersetzt durch andere Begriffe, so etwa in der Systemtheorie durch den Begriff der Vermittlung. Lehren findet in unterschiedlichen pädagogisch organisierten und institutionalisierten Settings statt, wie bspw. Belehrungssituationen oder Unterricht und ist abzugrenzen von Prozessen der Konditionierung und Indoktrination. Lehrprozesse sollen durch Motivation, Aktivierung sowie Anleitung, Unterstützung und Gestaltung der Lernumgebung Lernprozesse initiieren und stabilisieren, indem durch didaktische Aufbereitung und Planung zwischen Lernendem und zu lernender Sache vermittelt wird. Lehren kann in expliziter Form, in der Interaktion zwischen Personen (z.B. Lehrer-Schüler-Interaktion) aber auch in impliziter Form in der Interaktion zwischen Artefakten (Medien, Material) und Lernenden verortet werden. Die Allgemeine Didaktik, die Fachdidaktiken, die empirische Unterrichts- und Bildungsforschung, die psychologisch ausgerichtete Lehr-Lern-Forschung sowie die Instruktionspsychologie sind diejenigen Disziplinen, die sich mit der Beschreibung und Erklärung von Lehren und Lehr-Lern-Prozessen, deren Entwicklung und deren Praxis auseinandersetzen.

Entgegen der Annahme, dass sich generell gültige Prinzipien und Konzepte für optimal gelingende Lehrprozesse formulieren lassen, wird in aktuellen Debatten davon ausgegangen, dass der Grad der Professionalisierung des Lehrenden als Qualitätsmerkmal zentral ist. Dabei spielen theoretisches und methodisches Wissen zu fachlichen, fachdidaktischen, organisationalen und pädagogischen Aspekten des Lehrens ebenso eine Rolle, wie Routinen und das auf seiner Erfahrung beruhende, situativ begründete Handeln des Lehrenden.

Literatur
Prange, K. (2005): Die Zeigestruktur der Erziehung. Paderborn. – Schröder, H. (2002): Lernen – Lehren – Unterricht. München u.a.

Anna Schütz

Lehrer

Als Lehrer werden im weiten Sinne Personen bezeichnet, die Wissen, Kenntnisse und Fähigkeiten mehr oder minder systematisch vermittelnd lehren. Dies bedarf keiner institutionell-organisatorischen Rahmung (z.B. Sokrates als Lehrer), wird aber meist mit institutionalisierten Lehr-Lern-Prozessen verbunden (von der Vorschule bis zur Hochschule, von der Fahrschule bis zur Tanzschule). In manchen Bereichen werden in Abgrenzung andere Begriffe verwendet (Dozent, Professor, Trainer). In modernen Gesellschaften schließlich wird insbesondere diejenige Berufsgruppe als Lehrer bezeichnet, die in Schulen im Medium von Unterricht die Begegnung der nachwachsenden Generation mit Wissensbeständen, kulturellen Gütern und normativen Orientierungen der etablierten Generation organisiert, bearbeitet und fortentwickelt.

Die Spezialisierung der Lehrkräfte ist heute soweit vorangeschritten, dass universell über Zertifizierung einer i.d.R. hochschulischen, wissenschaftlichen Lehrerausbildung Expertenschaft für das Lehren und Lernen in Schulen in Anspruch genommen wird. Die Ausbildung ist meist schularten- bzw. schulstufenspezifisch ausgebaut und die Lehrbefähigung wird fachgebunden vergeben. In Deutschland ist der Lehrerberuf heute eher ein Frauenberuf. Von den in der Statistik des Jahres 2006 verzeichneten 672.000 Lehrkräften sind 67,2% weiblich. Dabei gilt, dass der Frauenanteil in den Schulen besonders hoch liegt, in denen die Schüler besonders jung sind (ca. 90% im Primarbereich).

Strukturell weist die Geschichte des Lehrerberufes in Deutschland eine dreistufige Entwicklungslogik auf: Um von einer nebentätigen Arbeit z.B. von Handwerkern, die nur an wenigen Tagen, zu bestimmten

Jahreszeiten oder an unterschiedlichen Orten ausgeübt wird, über einen vollzeitlichen Beruf zu einer akademisierten Profession zu gelangen, brauchte es nach ersten Normierungen für die Ausübung der Lehrertätigkeit im Schulwesen (ab dem ersten Drittel des 19. Jahrhunderts) je nach Lehrerstand im höheren bzw. niederen Schulwesen 70 bis 100 Jahre. Die sogenannten Oberlehrer des Gymnasiums wurden von Beginn der systematischen Institutionalisierung dieses Schultyps an in Universitäten ausgebildet, wohingegen die Akademisierung der Ausbildung von Lehrern für das niedere Schulwesen partiell erst zu Beginn der Weimarer Republik mit der Etablierung Pädagogischer Akademien (Hochschulen) ihren Anfang nahm, die in der Zeit des Nationalsozialismus wieder zurückgenommen wurde. Nach dem Zweiten Weltkrieg wurden in Deutschland Ost und West unterschiedliche Lehrerbildungssysteme etabliert. Die Integration der vormaligen Volksschullehrerausbildung in die bundesdeutschen Universitäten wurde erst in den 1980er Jahren abgeschlossen, in einem Bundesland aber bis heute nicht angegangen (in Baden-Württemberg werden nur die Lehrer für Gymnasien an Universitäten ausgebildet, die Lehrer für die Grund-, Haupt- und Realschulen sowie Sonderschulen hingegen an Pädagogischen Hochschulen). Die Ausbildung der Lehrer für Sonderschulen ist heute in Deutschland ansonsten ebenfalls an Universitäten angesiedelt. Dies gilt auch für die Ausbildung der Lehrer an beruflichen und Wirtschaftsschulen, deren Akademisierung der der Volksschullehrer ähnelt. Im Zuge der Verwissenschaftlichung der Lehrerausbildung hat sich die Beantwortung der systematischen Frage, wie sich Praxis und Theorie bestimmen und ins rechte Verhältnis setzen lassen, sowohl im Reformdiskurs als auch in der Forschung als dasjenige Problem herauskristallisiert, das die größte Herausforderung darstellt.

Die historische Bildungsforschung führte im Anschluss an die berufssoziologische Forschung zur Differenzierung zwischen Beruf und Profession Kriterien für die Beschreibung der Entwicklung des Lehrerberufes ein und konnte so der in den Beruf eingewurzelten Klage über mangelnde Ausbildung und Anerkennung der Berufstätigkeit eine Erfolgsgeschichte entgegenhalten, die auf die Akzeptanz und den Rückhalt der Lehrertätigkeit in der Gesellschaft aufmerksam machte. Im Vergleich mit den klassischen Professionen (Juristen, Theologen, Mediziner) wurden die Begriffe Profession und Professionalisierung auch für die pädagogische Arbeit als durchaus angemessen bezeichnet, weil der Beruf nach Status und Prozess über Konstruktionsleistungen der Berufsinhaber und über das in dieser Konstruktion erzeugte Wissen – von der Berufsaufgabe, vom Berufsvollzug und seinen Kriterien – her bestimmt ist. Insofern gilt der Lehrerberuf inzwischen als Profession.

Gegenwärtig sind Dauer und Qualität der Lehrerausbildung, Spezialisierung und Hierarchisierung der Lehrertätigkeit sowie das Wissen und Können der Lehrer verstärkt öffentlich in die Kritik geraten – in Deutschland sowohl vor dem Hintergrund begrenzter öffentlicher Kassen bei hohen Lehrergehältern und nur durchschnittlichen Leistungen der Schüler im internationalen Vergleich. Die sich abzeichnende Krise des Expertenstatus von Lehrern begründet bei bildungspolitischen Akteuren, standespolitischen Verbänden und innerhalb der Erziehungswissenschaft den Ruf nach Standardisierung und Evaluation der Lehrertätigkeit.

Im Gegensatz zu den öffentlichen Diskussionen um den Zustand des Schulwesens und seiner Beschäftigten ist der wissenschaftlich fundierte Kenntnisstand um die größte Berufsgruppe im öffentlichen Dienst eher niedrig. Eine systematisch ausgebaute Lehrerforschung, die etwa quer- und längsschnittlich Auskunft über berufliche Orientierungen oder Kompetenzen von Lehrern geben könnte, liegt bis heute nicht vor, obgleich ein Trend absehbar scheint, der darauf verweist, die Trias aus Lehrer werden, Lehrer sein und Lehrer bleiben stärker in den Fokus der Forschung zu nehmen, denn alle Erhebungen weisen darauf hin, in persönlichen und einzelschulischen Lagen den zentralen Grund für Zufriedenheit und Belastung im Lehrerberuf zu sehen. Dieses Ergebnis prägt die Diskussion um die Lehrerarbeit in den letzten Jahren, denn mehr und mehr wird offensichtlich, dass sich weder durch den objektiven Zuwachs an Erfahrung (Alter) noch durch veränderte Situationen (z.B. Berufsübergänge) habituelle Orientierungen nachdrücklich verändern.

Thematisch geblieben ist hingegen, eingestanden oder uneingestanden, das Nachzeichnen von Lehrertypen als Ausdeutung des beruflichen Selbstverständnisses von Lehrern oder als Sicht der Schüler auf dieselben. Dabei ist die von Christian Caselmann 1949 auf der Grundlage empirischer Forschung entwickelte Typologie die prominenteste geblieben. Sie dichotomisierte den paidotropen (vornehmlich am Kind orientierten) und den logotropen (vornehmlich am Lehrstoff orientierten) Lehrer.

Charakteristisch für die pädagogische Arbeit mit Kindern und Jugendlichen sind Schwierigkeiten der Lehrer, sich Erfolge persönlich zuzurechnen. Ein linearer Ausbrennensprozess (Burnout) als Folge der Tätigkeit ist allerdings bisher nicht nachgewiesen, wiewohl der Lehrerberuf wie andere helfende Berufe auch (u.a. Sozialpädagogen, Pfleger, Ärzte, Theologen) besonders von emotionaler Erschöpfung tangiert scheint. Offensichtlich gelingt die dauerhafte Lehrtätigkeit denjenigen Personen besonders gut, die realistische Ansprüche an sich selbst schon im Studium generieren, Möglichkeiten und Grenzen pädagogischer Arbeit mit Kindern und Jugendlichen nüchtern einschätzen, berufliche Spielräume ihrer selbst bestimmten Unterrichtstätigkeit würdigen, kollegiale Kontakte nutzen und die arbeitsspezifischen Anforderungen an Vor- und Nachbereitung zu moderieren verstehen. Vor diesem Hintergrund schmelzen nicht zuletzt in allen Befragungen geschlechts- und schulartenspezifische Unterschiede und Konnotationen der Berufsauslegung zusammen, obwohl Lehrerinnen stärker in Kollegien kooperieren und Primarschullehrkräfte immer zufriedener zeichnen als solche an den Sekundarschulen.

Offensichtlich ist, dass zu Beginn des 21. Jahrhunderts über Standardisierung und Verkürzung von Schul- und Hochschulausbildungszeiten finanzielle Spielräume für die quantitative Erhöhung der Bildungsabschlüsse zu gewinnen versucht werden. Für den einzelnen Lehrer verbindet sich damit möglicherweise zukünftig eine deutlich höhere Arbeitsbelastung im Hinblick auf das eigentliche Unterrichtsdeputat selbst und eine Art Verdichtung seiner Unterrichtstätigkeit. Einher geht dieser schleichende Prozess mit der Abwertung der Besoldung und der Verlängerung seiner Lebensarbeitszeit. Unklar ist, ob die Berufsgruppe in diesem Prozess ihre historisch gewachsene berufliche Autonomie erhalten kann oder ob die schon immer in der Tätigkeit eingelagerten heteronomen Momente so deutlich zunehmen (z.B. durch internationale Schulleistungsstudien, nationale Rückmeldeverfahren und schulinterne Evaluationen), dass der Lehrerberuf zunehmend seinen Reiz für diejenigen verliert, die ihn ausüben wollen, weil sie sich für die individuelle Förderung und Entwicklung der nachwachsenden Generation interessieren und engagieren wollen und sich mit einer zunehmenden Fremdbestimmung ihrer Berufsaufgabe schwer tun.

Literatur
Apel, H. J. u.a. (Hg.) (1999): Professionalisierung pädagogischer Berufe im historischen Prozess. Bad Heilbrunn. – Baumert, J./Kunter, M. (2006). Stichwort: Professionelle Kompetenz von Lehrkräften. In: Zeitschrift für Erziehungswissenschaft 9, 469-520. – Gehrmann, A. (2003): Der professionelle Lehrer. Leverkusen. – Lüders, M./Wissinger, J. (Hg.) (2007): Forschung zur Lehrerbildung. Münster. – Schaarschmidt, U./Fischer, W. (2001): Bewältigungsmuster im Beruf. Göttingen. – Terhart, E./Bennewitz, H./Rothland, M. (Hg.) (2011): Handbuch der Forschung zum Lehrerberuf. Münster u.a.

Axel Gehrmann

Lehrerarbeitszeit

Auch für die Lehrkräfte gelten die allgemeinen Festlegungen über die Arbeitszeiten im öffentlichen Dienst. Allerdings wird als Maßstab für die nähere Bestimmung der Lehrerarbeitszeit nicht ein Wochenstundenmaß der Arbeitsleistung, sondern die Zahl der Unterrichtsstunden, die eine Lehrkraft zu erteilen hat, zugrunde gelegt. Diese Anzahl liegt – mit Unterschieden zwischen den einzelnen Bundesländern – unterhalb des Maßes der allgemeinen Arbeitszeitfestlegung, denn über die Zahl der Unterrichtsstunden hinaus sind auch Vor- und Nachbereitung des Unterrichts, Korrekturen sowie die für eine Unterrichts- und Erziehungsarbeit in der Schule notwendigen Besprechungen und Konferenzen in die Berechnung der Lehrerarbeitszeit einzubeziehen. Bei der Festlegung der Pflichtstundenzahl wird im Regelfall nach einzelnen Lehrämtern unterschieden, eine Unterscheidung nach Unterrichtsfächern ist nur in Ansätzen verwirklicht; dabei gilt, dass die Lehrerarbeitszeit der höheren Schulstufen grundsätzlich geringer ist als diejenige der niedrigeren. Abmilderungen der individuellen Lehrerarbeitszeit aufgrund von spezifischen Funktionen und Aufgaben in der Schule sind möglich; ihr Umfang wird, sofern nicht entsprechende zentrale Vorgaben für einzelne Lehrergruppen bestehen, von der Schule selbst festgelegt. Die sich insgesamt ergebende Gesamtbelastung der Lehrerarbeitszeit soll dabei – unter Einschluss der Ferienzeiten – derjenigen Belastung entsprechen, die auch sonst als Maßstab für Arbeitszeiten im öffentlichen Dienst gilt. Versuche, andere Arbeitszeitmodelle als an Pflichtstunden orientierte zu entwickeln, finden gegenwärtig nur ausnahmsweise Anwendung; ein entsprechendes Modell in Hamburg ist umstritten. Auf Antrag können auch Lehrkräfte ihre Arbeitszeit unter Inkaufnahme einer entsprechenden Einkommensminderung reduzieren.

Literatur
Füssel, H.-P. (2011): Rechtsstellung, Laufbahnen und Besoldung der Lehrkräfte. In: Terhart, E./Bennewitz, H./Rothland, M. (Hg.): Handbuch der Forschung zum Lehrerberuf. Münster u.a., 79-97. – Avenarius, H. ([8]2010): Schulrecht. Köln, Kronach.

Hans-Peter Füssel

Lehrerbildung

Für das Erlernen des Lehrerberufs gibt es keine einheitliche Bezeichnung. Während der Begriff Lehrerbildung auf den Gesamtprozess der professionellen Entwicklung verweist, betont der Begriff der Lehrerausbildung, dass es sich um einen erlernbaren Beruf handelt. Dieser ist dann auch meist auf die Erstausbildung begrenzt.

Mit der Herausbildung der Institution Schule entstand die Aufgabe, Gruppen von Schülern systematisch zu unterweisen. Entsprechend der in Deutschland seit dem Beginn des 19. Jahrhunderts vorhandenen Unterscheidung von niederem und höherem Schulwesen entwickelten sich zwei Berufsgruppen: Gymnasiallehrer und Volksschullehrer. Erstere wurden an Universitäten ausgebildet, seit 1890 mussten sie auch eine praktische Phase absolvieren. Volksschullehrer wurden in Preußen seit ca. 1840 zunächst an Lehrerseminaren bzw. in Bayern und Österreich an Normalschulen im Anschluss an die Volksschule ausgebildet. Diese Ausbildungseinrichtungen waren in der Regel mit Übungsschulen verbunden, in denen die angehenden Lehrer ihr Handwerk einübten. Seit der Weimarer Republik setzen sich langsam und in einzelnen deutschen Ländern unterschiedlich Versuche durch, auch die Ausbildung für nicht-gymnasiale Lehrämter an Universitäten bzw. an Pädagogische Akademien zu überführen. Im Nationalsozialismus wurden im ganzen Deutschen Reich zunächst aber nicht-universitäre Hochschulen für Lehrerbildung eingerichtet, um schließlich die Ausbildung vollständig zu entakademisieren. Nach 1945 wurde in der sowjetischen Besatzungszone bzw. Deutschen Demokratischen Republik (DDR) die Lehrerausbildung zunächst an Universitäten und Pädagogischen Hochschulen angesiedelt, die Lehrer unterer Klassen wurden jedoch ab den 1950er Jahren wieder an Fachschulen (Instituten für Lehrerbildung) ausgebildet. In Westdeutschland wurde nach 1945 im Wesentlichen an Lehrerbildungstraditionen der Weimarer Republik angeknüpft.

Seit den 1960er Jahren durchlaufen in der Bundesrepublik Deutschland alle diejenigen, die Lehrer werden wollen, zunächst eine wissenschaftliche Ausbildung an Universitäten bzw. Pädagogischen Hochschulen, dann eine praktische Ausbildung an Studienseminaren und in Ausbildungsschulen, die als zweite Phase, Vorbereitungsdienst oder Referendariat bezeichnet wird. Diese Struktur wurde nach 1990 auch in den neuen Bundesländern eingeführt, wo zuvor eine einphasige Ausbildung ohne Referendariat üblich war.

Aufgrund der Kulturhoheit der deutschen Bundesländer unterscheiden sich deren Ausbildungsgänge für Lehrer. Die Ständige Konferenz der Kultusminister der Länder (KMK) hat sich allerdings auf grundlegende Merkmale geeinigt, sodass Anerkennungen der Abschlüsse weitgehend gesichert sind.

Unterschieden werden kann zwischen der Lehrerausbildung für verschiedene Schularten (Grundschule, Haupt- und Realschule, Gymnasium, berufliche Schule, Sonderschule) sowie der Lehrerausbildung nach Schulstufen (Primar- und Sekundarstufe I). Alle Ausbildungsgänge umfassen in ihrer ersten Phase eine fachwissenschaftliche Ausbildung in mindestens zwei Unterrichtsfächern, eine fachdidaktische Ausbildung in diesen Fächern, eine erziehungswissenschaftliche Ausbildung und schulpraktische Studien. Den Kern der Ausbildung der zweiten Phase bilden – ausgehend von den praktischen Erfahrungen in der Schule – theoretische Reflexionen im Studienseminar.

Untersuchungen zur Lehrerausbildung zeigen folgende Probleme: Die fachwissenschaftliche und die erziehungswissenschaftliche Ausbildung besitzen in der Wahrnehmung von Studierenden einen unzureichenden inhaltlichen Bezug zu den Anforderungen unterrichtlicher Praxis. Der fachdidaktischen Ausbildung kommt eine wichtige Integrationsfunktion zu, die sie aufgrund ihres geringen Studienanteils aber kaum wahrnehmen kann. Die zweite Phase ist in der Wahrnehmung der angehenden Lehrkräfte durch eine große Regelungsdichte, ein Abhängigkeitsverhältnis der Auszubildenden gegenüber den Ausbildern, denen gleichzeitig spezielle Ausbilderqualifikationen fehlen, und unterschiedliche Interessen von Studienseminaren und Schulen gekennzeichnet. Insgesamt seien theoretische und praktische Ausbildungselemente zu wenig miteinander verzahnt.

Die aktuelle Situation ist gekennzeichnet durch Diskussionen um die Einbeziehung der Lehrerausbildung in den Bologna-Prozess, d.h. die Entwicklung gestufter Studiengänge (Bachelor/Master), die Modularisierung und die Einführung von Kerncurricula. Damit verbunden ist eine Kontroverse über die Forderungen nach Polyvalenz und Professionalität als Ausbildungsprinzipien. Polyvalenz soll die Beschäftigungschancen von Absolventen der Lehramtsstudiengänge außerhalb des Schuldienstes verbessern, steht aber einer frühen Professionalisierung angehender Lehrkräfte entgegen.

Lange Zeit war ein Defizit an empirischer Forschung zur Lehrerausbildung zu verzeichnen. Weder lagen hinreichend Daten zur längsschnittlichen Entwicklung von Studierenden und Referendaren in der Lehrerausbildung noch größere Absolventenstudien vor. Studien, die auf objektive Daten in Form von Leistungstests und Beobachtungen setzen, fehlten ebenfalls. Hier stellt sich eine wichtige Forschungsaufgabe, gerade auch im internationalen Vergleich. Erste Studien wie die Teacher Education and Develpement Study in Mathematics (TEDS-M 2008) der International Association for the Evaluation of Educational Achievement (IEA) setzen hier an.

Literatur

Blömeke, S. u.a. (Hg.) (2004): Handbuch Lehrerbildung. Bad Heilbrunn, Braunschweig. – Cochran-Smith, M./Zeichner, K. M. (Eds.) (2005). Studying Teacher Education. Mahwah, N.J. – Terhart, E. (Hg.) (2000): Perspektiven der Lehrerbildung in Deutschland. Weinheim, Basel. – Blömeke, S./Kaiser, G./Lehmann, R. (Hg.) (2010): TEDS-M 2008. Münster.

Sigrid Blömeke

Lehrerfortbildung

Lehrerfortbildung ist der Begriff für Maßnahmen zur Qualifizierung und Professionalisierung von Lehrern. Sie begründet sich u.a. in zunehmend komplexer werdenden Lehr-Lern-Situationen, weshalb Lehrerfortbildung eine immer größere Bedeutung erhält. In Deutschland wird Lehrerfortbildung als dritte Phase der Lehrerbildung bezeichnet. Damit wird zum Ausdruck gebracht, dass die Ausbildung der Lehrer in den zwei vorhergehenden Phasen (Studium und Vorbereitungsdienst) für die langfristige professionelle Berufsausübung nicht ausreicht. Gleichwohl ist Lehrerfortbildung in Deutschland bislang freiwillig, und nur wenige Bundesländer haben sie bereits zur Pflicht erhoben. Die Begriffe Fortbildung und Weiterbildung werden im Übrigen je nach Kontext und Bundesland unterschiedlich bzw. synonym verwendet.

Lehrerfortbildung ist auf die Unterstützung, Beratung und professionelle Stärkung von Lehrerinnen und Lehrern gerichtet. Maßnahmen der Lehrerfortbildung beziehen sich auf den Erwerb zusätzlicher Kompetenzen (Lehrbefähigung in zusätzlichen Unterrichtsfächern, Schulstufen oder Schularten) oder auf besondere Qualifikationen in der Institution Schule (Schulleitung, Qualitätsmanagement, Schulentwicklung).

Angebote der Lehrerfortbildung werden einerseits im Rahmen institutionalisierter Lehrerfortbildung (Landesinstitute, Bezirksregierungen) von den einzelnen Bundesländern organisiert, andererseits werden die staatlichen Angebote zurzeit zum Teil durch regionale, nicht-staatliche und von den Schulen eigenständig ausgewählte Angebote ersetzt. Staatliche Institutionen konkurrieren dabei ebenso um den wachsenden Markt der Lehrerfortbildung wie Firmen oder freiberufliche Trainer und Berater. Der Schlüssel zur Verbesserung der Lehrerarbeit wird heute in einer auf die Verbesserung der lokalen Situation einer Schule bezogenen Lehrerfortbildung (schulinterne Lehrerfortbildung) gesehen.

Literatur

Daschner, P. (2004): Dritte Phase an Einrichtungen der Lehrerfortbildung. In: Blömeke, S. u.a. (Hg.): Handbuch Lehrerbildung. Bad Heilbrunn, Braunschweig, 290-301. – EURYDICE (1995): Die Lehrerfortbildung in der Europäischen Union und in den EFTA/EWR-Staaten. Brüssel.

Josef Keuffer

Lehrerhandeln

Unter Lehrerhandeln ist jedes Handeln der professionellen Lehrperson in Ausübung ihrer pädagogischen Praxis zu verstehen. Von besonderer Bedeutung ist allerdings dasjenige Lehrerhandeln, das in der Interaktion zwischen Lehrer und Schüler und vorrangig im Unterricht zu beobachten ist.

Lehrerhandeln kann zunächst hinsichtlich seiner Intentionalität und seiner Wirkung untersucht werden. Es zeigt sich dann, dass pädagogisches Handeln nicht nur als absichtsvoll wirkendes Handeln aufgefasst werden kann. Zu deutlich treten Differenzen von Handlungsintention und Handlungsergebnis einschließlich nicht-intendierter Nebenfolgen zu Tage. Deutlich wird, dass es kaum möglich ist, pädagogisch handelnd anvisierte Ziele sicher erreichen und ein bestimmtes Lernen verlässlich initiieren zu können.

Aus struktur-funktionalistischer Perspektive muss Lehrerhandeln hinsichtlich der grundlegenden Handlungs- und Wertorientierung betrachtet werden. Lehrerhandeln ist in diesem Sinne dann erfolgreich, wenn es zur Erfüllung der gesellschaftlichen Funktion der Institution beiträgt.

Um die Erklärung individueller Unterschiede auf Seiten der Lehrenden bemüht sich ein symbolisch-interaktionistisches Konzept, in dem darauf aufmerksam gemacht wird, das jeder Einzelne dauernd vor der Aufgabe steht, die unklaren und widersprüchlichen Ansprüche anderer zu interpretieren und zu beeinflussen. Unterricht wird als Kommunikationsgeschehen verstanden, in dem Lehrerhandeln als symbolisch vermitteltes Handeln stark von Anforderungen des situativen Sinnverstehens geprägt ist. Unterricht stellt in diesem Sinne eine Aushandlung von Bedeutung dar, in der Lehrer an der Aushandlung von Sinn und Geltung von Äußerungen teilnehmen, ohne dass die Beteiligten von gleichem Vorwissen und Annahmen ausgehen. Die Kommunikation steht unter einer Spannung, Deutungen aneinander annähern zu müssen.

Darauf bezogen hat die strukturtheoretische Lehrerforschung ein hohes Maß an Unsteuerbarkeit und Ungewissheit des Lehrerhandelns herausgearbeitet. Unterricht als wichtigste Situation des Lehrerhandelns kommt als kommunikativ vermittelter, kollektiver Interaktionsprozess in den Blick, in dem sachbezogene Bedeutungen gemeinsam hervorgebracht werden. Unterricht wird als kollektives und nicht technisch planbares Kommunikationsgeschehen erkennbar, in dem Bedeutungen situativ ausgehandelt werden – als Moment des Lernens Einzelner. Unterrichtende können diesen Prozess nicht determinieren, nur beeinflussen und eingrenzen. Lehrpersonen müssen aber auch widersprüchlichen Anforderungen gerecht werden, soll das Arbeitsbündnis mit Schülern erhalten bleiben und Unterricht gelingen.

Grundsätzlich zu bewältigen sind etwa die Anforderungen an professionelles Lehrerhandeln, gleichzeitig Nähe zu den Lernenden zuzulassen und Distanz zu wahren. Zudem ist das Lehrerhandeln gekennzeichnet durch die Anforderung, sich einerseits an der Bildungsgeschichte Einzelner zu orientieren und andererseits gleichzeitig auf verallgemeinerte Erklärungsmuster und Handlungsroutinen zurück zu greifen. Vergleichbar antinomisch stehen sich die Forderung nach Einheitlichkeit im Sinne von Reproduzierbarkeit pädagogischen Handelns und dem je spezifischen Eingehen auf differente Dispositionen Lernender gegenüber. Auch müssen Lehrer jeweils zugleich Autonomieerwartungen an Lernende addressieren, obwohl sie ihnen zugleich Heteronomieerfahrungen zumuten müssen. Es lassen sich also widersprüchliche Anforderungen dort erkennen, wo Lehrer in der Logik der Organisation zu handeln verpflichtet sind, obwohl sie für einen Lernerfolg ein davon abweichendes Verhalten bevorzugen würden. All dies führt in der Summe zu einer erheblichen Riskanz des Lehrerhandelns, die nur durch einen reflexiven Umgang mit den Anforderungen zu bewältigen ist.

Die Lehrerwissensforschung hat gezeigt, dass sich deshalb ein besonderes Erfahrungswissen bildet, das inhaltsspezifische Erfahrungsmuster des Unterrichtshandelns, kollektive Aktivitätsmuster und Interpretation der Sache und der Interaktionssituationen verbindet. Ein reflexiv durchgearbeitetes Erfahrungswissen solcher Muster erlaubt den erfolgreichen Umgang mit den komplexen, kollektiven Interaktionsprozessen, indem Unterrichtende nicht nur Material und größere Aktivitätsmuster einbringen und einführen, sondern auch den Interaktionsprozess situativ reagierend beeinflussen und eingrenzen.

Unsicherheiten des Lehrerhandelns werden von der Lehrerbelastungsforschung, von Studien zur Ermöglichung von Arbeitsbündnissen zwischen Lehrern und Schülern im Zuge veränderter Generationsbeziehungen und in berufsbiographischen Untersuchungen aufgezeigt. Beschreibt man die Krisenhaftigkeit des Lehrerhandelns näher, so kommen die Bedingungen in den Blick, den Lehrerberuf professionell auszuüben.

Lehrerhandeln ist somit auch zu verstehen als ein professioneller Umgang mit den oben genannten widersprüchlichen Handlungsanforderungen und unterschiedlichen Gelingensbedingungen schulischer Praxis.

Literatur

Combe, A./Kolbe, F.-U. (2004): Lehrerprofessionalität. In: Böhme, J./Helsper, W. (Hg.): Handbuch der Schulforschung. Wiesbaden, 833-851.

Fritz-Ulrich Kolbe / Tilman Drope

Lehrer-Schüler-Interaktion

Von Lehrer-Schüler-Interaktion spricht man, wenn sich Lehrer und Schüler in ihrem Handeln aufeinander beziehen. Eine Interaktionsepisode lässt sich als Kette von Verhaltensweisen eines Lehrers und Schü-

lers begreifen. Interaktionsmuster sind wiederholte Interaktionsepisoden, die aus relativen Häufigkeiten der einzelnen Verhaltensweisen pro Partner sowie den Übergangswahrscheinlichkeiten bestehen.
Interaktionsmuster sind durch Kognitionen als innere Vorstellungen über die Beziehung zur anderen Person subjektiv repräsentiert. Sie steuern das Handeln, indem sie helfen, das Verhalten der anderen Person vorherzusagen, zu attribuieren sowie das eigene Verhalten zu planen. Lehrer scheinen dazu zu neigen, sich selbst als Verursacher von Erfolgen von Schülern zu sehen, während Misserfolge und Unterrichtsstörungen auf außerhalb ihrer Person liegende Faktoren attribuiert werden. Divergierende Ursachenerklärungen von Verhaltensweisen des jeweils anderen können zu Missverständnissen und nicht intendierten Effekten führen.
Die Beziehung zwischen den Beteiligten besteht aus den Interaktionen sowie entsprechenden Kognitionen. Für die Beschreibung der Beziehungsqualität zwischen Lehrern und Schülern kann man drei Dimensionen heranziehen: das Ausmaß des Vertrauens des Schülers in die Lehrkraft, den Grad an Zuneigung der Lehrkraft dem Schüler gegenüber und das Ausmaß an Konflikten in der Lehrer-Schüler-Beziehung.
Erwartungen sind subjektive Annahmen über die Auftretenswahrscheinlichkeit eines zukünftigen Ereignisses. Mit Pygmalion-Effekt wird ein Befund bezeichnet, nach dem einige zufällig ausgewählte Kinder, von denen die Lehrer größere intellektuelle Forschritte erwarteten, diese tatsächlich zeigten. Insgesamt spielen Erwartungseffekte jedoch eine vergleichsweise eher geringe Rolle und treten nur unter bestimmten Umständen auf, insbesondere dann, wenn erwartungshohen Schülern vom Lehrer mehr und schwierigerer Lehrstoff vermittelt wird, sie genauere und günstigere Rückmeldungen über ihre Leistung erfahren, mehr Antwort- und Fragegelegenheiten und stärkere sozio-emotionale Unterstützung von der Lehrkraft erhalten. Dieses differentielle Lehrerverhalten führt im nächsten Schritt zu entsprechenden Unterschieden in den kognitiven Leistungen der Schüler. In einem alternativen Erklärungsansatz werden als primäre Ursache von unterschiedlichen Schülerleistungen die Kognitionen des Schülers über die eigene Fähigkeit gesehen, die durch das unterschiedliche Lehrerverhalten erzeugt werden.
Auch Schülererwartungen an Lehrer können für das Ergebnis der Lehrer-Schüler-Interaktion bedeutsam sein. Bei positiver Information über die Kompetenz der Lehrkraft ergeben sich bessere Schülerleistungen als bei negativer oder fehlender Kompetenzinformation.
Pädagogisches Wissen im engeren Sinne ist das Insgesamt an Vorstellungen darüber, mit welchen Handlungen, in welchen Situationen und bei welchen Schülern welche Effekte erreicht werden können. Die Vorstellungen lassen sich danach ordnen, ob die Lehrer eher lehrer- (traditionelle) oder eher schülerzentrierte (konstruktivistische) Aktivitäten für lernwirksam halten.

Literatur
Clark, C. M./Peterson, P. L. ([3]1986): Teachers-thought processes. In: Wittrock, M. C. (Hg): Handbook of Research on Teaching. New York, 255-296. – Hofer, M. (1996): Lehrer-Schüler-Interaktion. In: Weinert, F. E. (Hg.): Psychologie des Unterrichts und der Schule. Göttingen, 231-252.

Manfred Hofer

Lehrerverbände

Lehrerverbände sind Organisationen, die professionelle Interessen von Lehrkräften in Hinsicht auf bildungspolitische Programmatik, wissenschaftliche Fundierung und standespolitische Vertretung bündeln und sich für angemessene Aus-, Fort- und Weiterbildung sowie Besoldung ihrer Mitglieder einsetzen.
Zu unterscheiden sind zwei Grundtypen, die Fachverbände und die Interessenverbände. Fachverbände sind Vereinigungen von Lehrkräften eines oder mehrerer Unterrichtsfächer und dienen dem fachwissenschaftlichen respektive fachdidaktischen Austausch von Meinungen und Informationen. Zu den wichtigsten Verbänden in Deutschland zählen: Deutscher Altphilologenverband, Deutscher Germanistenverband, Verband der Geschichtslehrer Deutschlands, Fachverband moderne Sprachen, Deutscher Verein zur Förderung des mathematischen und naturwissenschaftlichen Unterricht e.V., Verband Deutscher Schulgeografen.
Interessenverbänden inhärent ist das Bestreben, die professionelle, ökonomische und soziale Anerkennung von Lehrern zu verbessern. Darüber hinaus bieten Interessenverbände ihren Mitgliedern Hilfe bei rechtlichen Fragen und ermöglichen Fortbildungen durch Lehrgänge oder Tagungen. Jeder Interessenverband gibt Zeitschriften heraus, die zur wissenschaftlichen Fundierung und Orientierung beitragen

sollen. Interessenverbände können gewerkschaftlich oder berufsständisch organisiert sein und bestehen in der jetzigen Form erst etwa seit der 2. Hälfte des 19. Jahrhunderts.
Vorläufer waren die im ausgehenden 18. Jahrhundert primär auf lokaler Ebene entstandenen Lehrerkonferenzgesellschaften, die u.a. nach einer allgemeinen und beruflichen Bildung sowie einer wirtschaftlichen Absicherung im Krankheitsfall strebten. Die historische Entwicklung der Lehrerverbände in Deutschland ist mit politischen Zäsuren und sowohl kultur- als auch bildungspolitisch markanten Epochen verknüpft (z.B. 1848er Revolution mit konservativ-reaktionären Folgen im Bereich der Volksschullehrerbildung, Gründung des Deutschen Reichs 1871 und konfessionelle Differenzierung in Folge des Kulturkampfes, Neuordnungen von Schule und Lehrerbildung zu Beginn des 20. Jahrhunderts, Machtübernahme der Nationalsozialisten 1933).
Die bewusste Abgrenzung der an Universitäten ausgebildeten Gymnasiallehrkräfte von den übrigen vornehmlich an Seminaren ausgebildeten Lehrkräften für die Schularten des sogenannten niederen Schulwesens verdeutlicht die in Ausbildung, Besoldung und sozialem Status historisch begründeten und dauerhaft bestehenden Unterschiede auch der Lehrerverbände (Vereinsverband akademisch gebildeter Lehrer Deutschlands 1903, seit 1921 Philologenverband vs. Deutscher Lehrerverein 1871). Der zeitlich frühere Zusammenschluss der Volksschullehrer zu Verbänden (seit den 1830er Jahren, und dann v.a. im Deutschen Lehrerverein, DLV, 1871) ist vor diesem Hintergrund gleichzeitig als Ausdruck ihrer Professionalisierung und vorweg gewünschten wissenschaftlichen Ausbildung zu verstehen. Dabei sollten über gleiche Ausbildungen gleiche Besoldungen erreicht werden.
Bei den Lehrerinnen spielte die Schulformzugehörigkeit bei der Verbandsbildung eine weit geringere Rolle als bei ihren männlichen Kollegen, was einerseits mit der Frauenbewegung und andererseits mit der Herkunft (höhere Töchter) begründet wird. Frauen drangen erst in der 2. Hälfte des 19. Jahrhunderts sukzessive in den Lehrerberuf vor und konnten bis weit in die erste Hälfte des 20. Jahrhunderts im höheren Schulwesen nur unter starkem Protest ihrer männlichen Kollegen unterrichten. Da aber auch hier zusätzlich unterschiedliche konfessionelle Ansichten bestanden, kam es zur Gründung verschiedener Lehrerinnenverbände, von denen der größte der 1890 gegründete Allgemeine Deutsche Lehrerinnenverein (ADLV) war.
Zu Zeiten der Weimarer Republik gründeten sich weitere Lehrerverbände, die sich auch zu ersten Dachorganisationen zusammen fanden. Ursächlich hierfür war u.a. der aus materiellen Interessen vollzogene Anschluss an Spitzenorganisationen der Beamtenschaft. Den wichtigsten Dachverband der Beamten bildete dabei der Deutsche Beamtenbund, dessen Vorsitz häufig auch Vertreter des DLV innehatten. Während des Dritten Reiches wurden viele Lehrervereinigungen trotz Loyalitätsbekundung ihrer Vorstände zur Auflösung gezwungen und im Nationalsozialistischen Lehrerbund gleichgeschaltet. Nach 1945 kam es zur Wiederbelebung bzw. Neugründung diverser Verbände.
Zu den heute wichtigsten Interessenverbänden gehören der aus dem Verband Katholischer Lehrer hervorgegangene und vor allem aus Grund- und Hauptschullehrern bestehende Verband Bildung und Erziehung (VBE), der Deutsche Philologenverband (Gymnasiallehrer), der Verband Deutscher Realschullehrer, der Bundesverband der Lehrer an beruflichen Schulen sowie die Gewerkschaft Erziehung und Wissenschaft (GEW). Die GEW ist eine schulartübergreifende Organisation, zahlenmäßig der größte Verband (ca. 250.000 Mitglieder) und Mitglied im Deutschen Gewerkschaftsbund (DGB). Neben Lehrern kommen die Mitglieder auch aus anderen Bereichen von Bildung und Erziehung, z.B. aus Kindergärten oder Universitäten und thematisieren damit auch weiterhin den Wunsch, den pädagogischen Professionellen jenseits von unterschiedlichen Institutionen, Aufgaben und Akteuren zu verorten.

Literatur
Bölling, R. (1983): Sozialgeschichte der deutschen Lehrer. Göttingen. – Heinemann, M. (Hg.) (1977): Der Lehrer und seine Organisation. Stuttgart.

Axel Gehrmann

Lehrerverhalten

Der Begriff Lehrerverhalten bezeichnet alle inneren und äußeren Elemente der Handlungsakte von Lehrern und bezieht sich sowohl auf sinnlich wahrnehmbare Dimensionen wie Sprechakte, Mimik und Gestik sowie die Bewegung im Raum als auch auf innere Prozesse der kognitiven Orientierung und affektiv-motivationalen Haltung. Der Terminus Lehrerverhalten wurde in den 1970er und 1980er Jahren in den wissenschaftlichen Diskurs eingeführt und markiert vor allem einen Kontrapunkt zu den vorher diskutierten normativen Konzepten der Lehrerpersönlichkeit. Diese versuchten spezifische Charaktereigenschaften zu identifizieren, die einerseits als entwicklungsfähig konzeptualisiert wurden, andererseits aber dennoch grundsätzlich schon in der Konstitution des geborenen Lehrers angelegt zu sein schienen. Demgegenüber stellte der Begriff des Lehrerverhaltens die These ins Zentrum, dass erstens bestimmte angemessene Verhaltensmuster erfahrungswissenschaftlich erforscht werden könnten und dass sie zweitens erlern- und so auch optimierbar seien. In einer empirisch fundierten Theorie des Lehrerverhaltens wurde eine Möglichkeit der Verwissenschaftlichung und in der Vermittlung angemessener Verhaltensstile und -muster in der Lehrerausbildung eine Möglichkeit der Professionalisierung des Lehrerhandelns gesehen. Dies trug dem Ansatz den Vorwurf ein, das Lehrerhandeln zu technologisieren. Im Prozess-Produkt-Paradigma der Unterrichtsforschung in den 1980er und 1990er Jahren wurde versucht, in der Analyse spezifizierte Lehrerverhaltensweisen im Sinne von Fertigkeiten auf der Prozessseite kausal mit Effekten, d.h. dem Produkt auf der Schülerseite in Verbindung zu bringen. In den letzten zehn Jahren wird diese einseitige Orientierung auf die Wirkmächtigkeit des Faktors Lehrerverhalten relativiert zugunsten einer Sicht auf Unterricht als kokonstruktiven Prozess, an dem auch maßgeblich die Schüler beteiligt sind.

Literatur
Bromme, R./Haag, L. (2008): Forschung zur Lehrerpersönlichkeit. In: Helsper, W./Böhme, J. (Hg.): Handbuch der Schulforschung. Wiesbaden, 803-819. – Döring, K. W. (1989): Lehrerverhalten. Weinheim. – Grell, J. ([12]1989): Techniken des Lehrerverhaltens. Weinheim u.a.

Till-Sebastian Idel

Lehrerzentrierter Unterricht

Lehrerzentrierter Unterricht bezeichnet einen Unterricht, in dem das Geschehen durch die Lehrperson stark strukturiert und gesteuert wird. Die Aufmerksamkeit der Schüler gilt oder sollte der Lehrperson gelten, die den Unterrichtsgegenstand präsentiert und weitgehend entscheidet, was als Nächstes geschieht. In einem allgemeinen Sinne ist im Unterrichtsverlauf jeder Unterricht (mindestens teilweise) lehrerzentriert. In einem engeren Sinne schließt lehrerzentrierter Unterricht allerdings schülerorientierte Lernformen, in denen die Schüler über verschiedene Fragen ihr eigenes Arbeiten und Lernen betreffend selbst entscheiden dürfen, aus.
Lehrerzentrierter Unterricht ist als Normalform des Unterrichts historisch betrachtet von der Idee getragen, mit einer lehrenden Person möglichst viele Schüler zu erreichen. Eine exponierte Stellung der Lehrperson findet heute am ehesten in der so genannten Lehrkunstdidaktik ihren Niederschlag. Als problematisch wird betrachtet, dass die Schüler im lehrerzentrierten Unterricht in den Hintergrund geraten. Vor allem interpretative Studien zeigen allerdings, dass Unterricht trotz des Bemühens Schüler einzubeziehen, häufig um die Lehrperson zentriert bleibt.

Literatur
Wu, H./Huang, Y. (2007): Ninth-grade student engagement in teacher-centered and student-centered technology-enhanced learning environments. In: Science education 91, 727-749.

Carla Schelle

Lehrgangsunterricht

Lehrgangsunterricht ist neben dem Training und dem Projekt eine methodische Großform. Lehrgangsunterricht ist über seine Funktion der schrittweisen Vermittlung eines klar definierten Wissens- oder Kompetenzbereiches genauer bestimmt; konstitutiv ist die Annahme eines deutlichen Kompetenzgefälles zwischen Lehrern und Schülern. Lehrgangsunterricht ist für die Schule als Institution charakteristisch und hängt eng mit der bis heute dominierenden Sozialform des Frontalunterrichts zusammen. Der Lehrgangsunterricht soll ein systematisch gestaltetes, d.h. nicht zufälliges, langfristig angelegtes und kumulatives, dafür auf stellvertretenden Erfahrungen beruhendes Lernen ermöglichen. Bei der Planung und Durchführung des Lehrgangsunterrichts besteht die Gefahr, die Lernenden einseitig als zu Belehrende zu konzeptualisieren, deren Sinnkonstruktionen für den Fortgang des Unterrichts von untergeordneter Bedeutung sind. In der Folge wird Lehrgangsunterricht häufig einseitig von der Sachstruktur des Faches, nicht aber von den Lernvoraussetzungen, Interessen und Bedürfnissen der Lernenden her entworfen.

Literatur
Glöckel, H. ([4]2003): Vom Unterricht. Bad Heilbrunn.

Uwe Hericks

Lehr-Lernforschung

Gegenstand der Lehr-Lernforschung ist die theoriegeleitete Beschreibung, Erklärung und Optimierung von Lehr-Lern-Prozessen. In der Bezugnahme auf die Mikro-Ebene von Unterrichts- und Lernsituationen unterscheidet sich Lehr-Lernforschung von empirischer Schul- und Bildungsforschung. Gegenstandsbereich der empirischen Lehr-Lernforschung sind alle Lehr-Lernsituationen innerhalb und außerhalb institutioneller Kontexte. Dazu gehören neben Schule und Hochschule auch betriebliches und privates Lernen sowie Lernen in Fort- und Weiterbildung. Lehr-Lernforschung hat den Status einer grundlegenden Wissenschaft der unter Lehrintentionen geplanten Wissens- und Könnensvermittlung.

Auch wenn der Terminus Lehr-Lernforschung zumeist in der Pädagogischen Psychologie angesiedelt wird, so impliziert seine Verwendung eine interdisziplinäre Herangehensweise. Dadurch findet eine Abgrenzung zur Instruktionspsychologie als thematisch eng verwandtem, aber fachlich in der Psychologie angesiedeltem Gebiet statt. Anders ist es mit der Abgrenzung zur Allgemeinen Didaktik als Teilbereich der Schulpädagogik: Auch diese thematisiert das Lehren und Lernen in unterschiedlichen Kontexten. Doch während die Lehr-Lernforschung ein Forschungsbereich ist, bezieht sich die Allgemeine Didaktik stärker auf Planungprozesse von Lehr-Lern-Situationen und ist damit ein Element des Ausbildungsprozesses von angehenden Lehrkräften. Als interdisziplinäres Forschungsgebiet sind an der Lehr-Lernforschung die Pädagogische und Allgemeine Psychologie, die Schulpädagogik und die verschiedenen Fachdidaktiken beteiligt.

Die Geschichte der Lehr-Lernforschung wird mit den beiden Ansätzen des Effektivitäts-Paradigmas und des Prozess-Produkt-Paradigmas beschrieben. Im Effektivitäts-Paradigma (criterion-of-effectiveness paradigm) während der Anfänge der empirischen Erforschung des Unterrichts war Lehr-Lernforschung gleichbedeutend mit der Suche nach Merkmalen einer erfolgreichen Lehrerpersönlichkeit. Folgende Lehrervariablen korrelieren hoch mit Effektivitätskriterien: Klarheit und Strukturiertheit des dargebotenen Lernstoffs für den Lerner, Variabilität und Flexibilität beim Einsatz der Unterrichtsmethoden, Enthusiasmus des Lehrers und hohe Aufgabenorientierung.

Das Prozess-Produkt-Paradigma setzt vier Gruppen von Variablen miteinander in Beziehung: (1) Lehrervariablen, (2) Kontextvariablen (Lernervariablen, Schul- und Lernumgebungsvariablen), (3) Prozessvariablen (also die eigentlichen Lehr- und Lernaktivitäten) und (4) Produktvariablen. Man unterscheidet drei Forschungsdesigns: (1) Korrelationsstudien auf der Basis der Beobachtung von Lehrern in natürlichen Unterrichtssituationen. (2) Längsschnittstudien über einen Zeitraum von mehreren Jahren; effektive Lehrer werden über gute Lernfortschritte ihrer Schüler identifiziert; das Verhalten dieser Lehrer wird anschließend beobachtet (best practice-Studien). (3) Feldexperimente und Trainingsstudien: Dabei durchläuft ein Teil der Lehrer ein Training, der Effekt dieses Trainings auf das Lernverhalten der Schüler wird anschließend im Vergleich zu einer Kontrollgruppe erfasst.

Das Angebots-Nutzungs-Modell der Wirkungsweise des Unterrichts ist eine Weiterführung des Prozess-Produkt-Paradigmas. Es werden die folgenden Erklärungsblöcke vorgesehen: (1) Lehrperson: Ausgewählte Merkmale der Lehrperson, wie unterrichtsrelevante Expertise und weitere Personmerkmale. (2) Unterricht: Hierzu zählen Variablen der Klassenführung, Qualität des Unterrichts (Klarheit, Adaptivität, Lehrmaterial) und Unterrichtsquantität. (3) Klassenkontext und fachlicher Kontext: Unterrichtsgestaltung hängt vom Kontext, der Schulklasse und ihrer organisatorischen Einbettung ab, darüber hinaus sind Alters- und Fachspezifität zu beachten. (4) Individuelle Eingangsvoraussetzungen: Kognitive, motivationale und volitionale Lernvoraussetzungen des einzelnen Schülers (5) Mediationsprozesse: Das Modell berücksichtigt explizit, dass das Unterrichtsangebot von jedem Schüler vor dem Hintergrund seiner Person und seiner Erfahrungen individuell wahrgenommen und interpretiert wird. (6) Lernaktivitäten des Schülers. (7) Wirkungen des Unterrichts im Hinblick auf fachliche Effekte (Fachwissen und Fertigkeiten) und überfachliche Effekte (Schlüsselkompetenzen und Sozialisationseffekte). Zu beachten ist, dass nicht ein einziger methodischer oder didaktischer Weg zum gewünschten Ziel führt. Empirische Untersuchungen haben gezeigt, dass erfolgreiche Schulklassen durch sehr unterschiedliche Profile des Unterrichts, der Lehrer-Schüler-Interaktion und der Klassenführung gekennzeichnet sein können. Ein Versuch der Komplexität des Unterrichtsgeschehens gerecht zu werden, besteht in der Unterscheidung von zwölf Basismodellen für das Unterrichten. Diese Basismodelle umfassen z.B. Lernen durch persönliche Erfahrung, Problemlösen,

Ausbildung von Routinen und Fertigkeiten oder Hypertextlernen. Sie stellen jeweils professionelle Lehr-Skripte dar, die die spezifische Lernaktivität des Schülers durch eine bestimmte Abfolge von Schritten sichern sollen.

In der Lehr-Lernforschung wird das ganze Spektrum sowohl quantitativer als auch qualitativer empirischer Forschungsmethoden eingesetzt. Bei den Datenerhebungsmethoden sind Beobachtung einschließlich Auswertung der Lernprodukte, Schüler- und Lehrerbefragung sowie Leistungstests häufig gewählte Verfahren. In den letzen Jahren hat die medial vermittelte Beobachtung mittels Videoaufzeichnung in Verbindung mit entsprechenden Auswertungsprogrammen an Bedeutung gewonnen. Bei der Auswertung können unterschiedlich auflösende Beurteilungskategorien zum Einsatz kommen. Von niedrig-inferenten Beurteilungen spricht man dann, wenn der Beurteilungs- und Ermessensspielraum des Beurteilers gering ist, während in hoch-inferente Einschätzungen mehr Ermessen und Subjektivität eingeht. Experimentelle und quasi-experimentelle Versuchsdesigns sind in der Lehr-Lernforschung von besonderer Bedeutung, weil nur diese generalisierbare und kausale Schlussfolgerungen zulassen.

In theoretischer Hinsicht können zwei Betrachtungsweisen des Lehr-Lerngeschehens unterschieden werden. Ansätze der direkten Instruktion legen das Primat auf die Steuerung des Schülers durch den Lehrer und damit auf die dezidierte Planung des Unterrichts. Diese Ansätze nehmen Bezug auf behaviorale oder kognitionspsychologische Theorien des Lernens. Konstruktivistisch orientierte Ansätze stellen den aktiven Wissenskonstruktionsprozess des Schülers in den Mittelpunkt. Unterricht wird hier als die Gestaltung einer Lernumgebung verstanden, in der der Schüler die Möglichkeit und Anregung zum möglichst selbstgesteuerten Lernen erhält. Auch wenn die Differenzierung dieser beiden Positionen in der Literatur relativ unumstritten ist, scheint es fast genau so große Übereinstimmung darüber zu geben, dass Unterricht auf beide Aspekte (geplante und kognitionspsychologisch fundierte Instruktion auf der einen Seite und selbsttätiges, entdeckendes Lernen in relativ offenen Lernumgebungen auf der anderen Seite) rekurriert und sich beide Aspekte gegenseitig ergänzen sollten.

Literatur

Brophy, J./Good, T. L. (³1986): Teacher behavior and student achievement. In: Wittrock, M. C. (Ed.), Handbook of research on teaching. New York, 328-377. – Helmke, A. (2003): Unterrichtsqualität erfassen, bewerten, verbessern. Seelze. – Weinert, F. E. (Hg.) (1996): Psychologie des Lernens und der Instruktion. Göttingen. – Shuell, T. J. (1996): Teaching and learning in a classroom context. In: Berliner, D. C./Calfee, R. C. (Hg.): The handbook of educational psychology. New York, 726-764.

Martin Hänze

Lehrling

Der Begriff Lehrling ist seit der spätmittelalterlichen Handwerkslehre bis weit ins 20. Jahrhundert hinein für Berufsanfänger im Handwerk, aber auch für industrielle, kaufmännische sowie land- und hauswirtschaftliche Berufsanfänger gebraucht worden und wurde in der Bundesrepublik Deutschland mit Inkrafttreten des Berufsbildungsgesetzes im Jahre 1969 durch den darin verwendeten Begriff Auszubildender abgelöst – in der DDR erst 1989. In der Handwerksordnung wurde der Begriff Lehrling weiter beibehalten, wird aber auch im handwerklichen Sprachgebrauch inzwischen zunehmend durch Auszubildender ersetzt. Der Spruch: Lehrjahre sind keine Herrenjahre kennzeichnet das spezifische Abhängigkeitsverhältnis, in dem der Lehrling zu seinem Lehrherren stand, zumal wenn er im Haus des Meisters ganz seiner Obhut und Weisungsbefugnis unterstellt war und erst mit der Freisprechung, die das Ausbildungsverhältnis beendete, aus der Objektstellung als Lernender entlassen wurde.

Im historischen Sprachgebrauch verweist der Begriff Lehrling auf die im Handwerk gebräuchlichen drei Qualifikationsstufen, die dem Lehrling die Rolle des Novizen zuordnen, der sich – unter der fachkundigen Anleitung durch Meister und Gesellen – im Laufe seiner Lehrjahre vom Laien zum Experten entwickelt.

Die subalterne soziale Rolle und die dem Lehrling zugeschriebene Erziehungsbedürftigkeit wird auch in dem alternativ verwendeten Begriff Lehrjunge deutlich – weibliche Lehrlinge wurden entsprechend Lehrmädchen oder Lehrtöchter genannt.

Im Begriff Lehrlingszüchterei drückt sich eine von vielen Missbrauchsformen aus, die viele Lehrverhältnisse im 19. und 20. Jahrhundert charakterisieren: Die Zahl der Lehrlinge steht im Missverhältnis zur Betriebsgröße, was zur zahlenmäßigen Überbesetzung einzelner Berufe führt (z.B. Bäcker und Friseurinnen). Anstatt ihm eine qualifizierte Berufsausbildung angedeihen zu lassen, wurde der Lehrling sehr oft als billige Arbeitskraft genutzt, mit ausbildungsfremden Tätigkeiten beschäftigt, kurzum ausgebeutet statt ausgebildet. Bildungspolitisch waren Lehrlinge bis Ende der 1960er Jahre die vergessene Majorität, die erst durch öffentlichen Protest – unter der Parole: Du gehörst Dir und nicht den Bossen! – als Lehrlingsbewegung Berufsbildungsreformen anstoßen konnten.

Literatur
Deutscher Bildungsrat, Empfehlungen der Bildungskommission (1969): Zur Verbesserung der Lehrlingsausbildung. Stuttgart.

Martin Kipp

Lehrplan

Im weiten Sinne wird unter einem Lehrplan ein Kanon von Lehrinhalten verstanden, die in eine Abfolge gebracht und zumeist nach Fächern strukturiert sind. Dies impliziert immer normative Vorstellungen von Zielen institutionalisierten Lehrens und Lernens. In einem engeren Sinne werden als Lehrplan Verwaltungsvorschriften bezeichnet, die in der Regel von den zuständigen Ministerien (bei Schulen in freier Trägerschaft von den Schulträgern) erlassen werden und Festlegungen über anzustrebende Bildungsziele, verbindliche Inhalte und Themen sowie Orientierungen zur Gestaltung der schulischen Lehr-Lern-Prozesse enthalten. Diese auch als Richtlinie, Rahmenrichtlinie, Bildungsplan oder Kerncurriculum bezeichneten Dokumente sind auf bestimmte Schulstufen und -formen, Unterrichtsfächer oder Lernbereiche bezogen.

Schließlich werden als Lehrplan auch Festlegungen über Lehrinhalte und -ziele bezeichnet, die an den einzelnen Bildungsinstitutionen selbst getroffen werden (Schullehrplan).

Die Geschichte des Lehrplans beginnt mit der Entstehung der institutionalisierten Bildung in den frühen Hochkulturen. Die europäische Lehrplantradition, deren Wurzeln in der griechischen und römischen Antike liegen, ist maßgeblich beeinflusst durch die Entwicklung der Wissenschaften und die Interessen gesellschaftlicher Mächte. Mit den neuhumanistischen Bildungstheorien und den reformpädagogischen Ansätzen zu Beginn des 20. Jahrhunderts wendet sich die Diskussion um den Lehrplan verstärkt dem Subjekt des Lernens zu. Mit einem Lehrplan wird die Frage bearbeitet, welches Wissen in der Institution Schule vermittelt und welches aus dem Kanon des Schulwissens ausgeschlossen werden soll, welche Kompetenzen in den Bildungsinstitutionen angeeignet werden sollen und welche in den Bereich informellen Lernens zu verweisen sind. Im Lehrplan materialisiert sich die Balance zwischen der kulturbewahrenden, der subjektorientierten und der zukunftsbezogenen Aufgabe von Schule.

Als Begründer einer systematischen Lehrplanforschung in Deutschland gilt Erich Weniger, für den Lehrpläne das Ergebnis der Auseinandersetzung von Bildungsmächten (Staat, Kirche, Wirtschaft, Gesellschaft, Kunst, Wissenschaft sowie Recht und Sitte) sind, wobei der Staat zugleich als regulierende Kraft aufzutreten habe. Demgegenüber forderte Saul B. Robinsohn, Lehrpläne allein nach den Maßstäben der Wissenschaft zu konstruieren, ihre Entstehung somit transparent und einer kritischen Überprüfung zugänglich zu machen. Der Begriff des Lehrplans wurde seit dem Ende der 1960er Jahre zunehmend durch den des Curriculums abgelöst, was eine Operationalisierung der Lernziele, auch als Basis der Evaluation des Lernerfolgs, und Beschreibungen zu Unterrichtsmethoden, Lernsituationen und Lehrstrategien bedeutete. In der vom Curriculumansatz angestoßenen Diskussion wurden Einsichten zur sozialen Konstruktion und zur Struktur von Lehrplänen, zu ihrer Legitimation und zum Prozess ihrer Implementierung gewonnen. Jedoch scheiterte das Vorhaben, durch Curriculumforschung zu einer inhaltlichen Reform des Bildungswesens zu gelangen. Ab den 1980er Jahren wandte sich die Forschung eher der Mikroebene des Unterrichts und der Analyse der praktischen Lehrplanarbeit zu.

In der Bundesrepublik Deutschland wurde die Konstruktion der Lehrpläne weitgehend von Instituten der Kultusbehörden übernommen. Die seit den 1970er Jahren entstandenen Lehrpläne sind durch eine prinzipielle Orientierung auf Lernziele, nur noch grobe Vorgaben zu Auswahl und Reihenfolge der Inhalte (deshalb die Bezeichnung Richtlinie) und durch ihren Schulform-, Schulstufen-, Jahrgangs- und Fachbezug gekennzeichnet. Sie werden durch Stundentafeln und staatliche Zulassungsverfahren für Schulbücher flankiert. Die immer wieder vorgetragene Kritik konzentriert sich auf Stofffülle und Regelungsdichte, auf Fachorientierung und unzeitgemäße Inhalte sowie auf die mangelnde Vergleichbarkeit zwischen den Bundesländern.

Lehrplänen wird von den Konstrukteuren und den Nutzern Multifunktionalität zugesprochen. Sie erfüllen eine Legitimationsfunktion, indem der Staat durch sie seine Schulpolitik konkretisiert, begründet und durchsetzt. Der Einzelschule und den Lehrerinnen und Lehrern hilft der Lehrplan, schulorganisatorische und didaktische Entscheidungen zu legitimieren, z.B. gegenüber Schülern und Eltern. Für das didaktische Handeln der Lehrkräfte kommt dem Lehrplan eine Orientierungs- und Steuerungsfunktion zu, die jedoch oft über quasicurriculare Instanzen wie Schulbücher und Tests vermittelt ist. Die von Lehrplänen erwartete Innovationsfunktion zeigt sich seltener in Form direkt initiierter Veränderungen des Unterrichts, sondern eher indirekt über die Sanktionierung bereits bestehender innovativer Praxis.

Dementsprechend bleibt die Wirksamkeit staatlicher Lehrpläne zumeist hinter den damit verbundenen Hoffnungen zurück. Aufgrund der diffusen Erwartungen von Lehrkräften, Orientierung zu erhalten, ohne in der eigenen didaktischen Freiheit eingeschränkt zu werden, ist die Skepsis gegenüber neuen Lehrplänen eher groß und werden vor allem jene Neuerungen aufgegriffen, die die eigenen curricularen Auffassungen und die kollegialen Normen bestätigen. Den kollegial ausgehandelten Schullehrplänen, die staatliche Lehrpläne konkretisieren und an die Gegebenheiten der Einzelschule anpassen, kommt für Unterrichtsplanung und -gestaltung zumeist größere Verbindlichkeit als den staatlichen Lehrplänen zu.

International lassen sich differente Lehrplantraditionen erkennen. In Deutschland wie in den meisten mittel-, nord- und osteuropäischen Staaten geben staatliche Lehrpläne Bildungsziele und -inhalte grob vor und lassen den Lehrkräften Spielraum bei der Umsetzung im Unterricht. Diesem auch als Input-Steuerung bezeichneten Modell stehen z.B. die amerikanischen, britischen und französischen Systeme gegenüber, die lange Zeit curriculare Entscheidungen auf die Ebene der Region bzw. Einzelschule verlagerten und staatlichen Einfluss vor allem über die Kontrolle des sog. Outputs, also die Überprüfung von Schülerleistungen, oder über Zugangskontrollen gewährleisteten. Gegenwärtig lässt sich eine Annäherung durch Übernahme von Elementen der jeweils anderen Tradition verzeichnen, ohne dass damit zwingend eine Rücknahme der eigenen Steuerungslogik verbunden wäre. Inwiefern damit eine höhere Wirksamkeit der Bildungssysteme, ein Zugewinn an Lehrerprofessionalität und eine sinnvollere Strategie zur laufenden Anpassung der Lehrpläne an veränderte Bedingungen gewährleistet werden kann, ist noch offen.

Im deutschen allgemein bildenden Schulwesen ist im Rahmen der beschriebenen Logik derzeit eine Umsteuerung auf Kerncurricula zu verzeichnen, die nationale Bildungsstandards in Orientierungen für den Unterricht in den einzelnen Bundesländern umsetzen und die bisherigen Lehrpläne ablösen sollen. Sie sollen detaillierte inhaltliche Vorgaben durch die Beschreibung von Kompetenzen, die am Ende eines Bildungsabschnittes zu erreichen sind, sowie durch grobe inhaltliche Vorgaben ersetzen. Intendiert ist damit eine Verlagerung curricularer Entscheidungen auf die Einzelschule bei gleichzeitiger Verschärfung der Erfolgskontrolle.

Ein internationaler Vergleich der Lehrplaninhalte und -ziele zeigt, zumindest für den Primarbereich, eine weltweite Annäherung, die einerseits auf die Übernahme der Muster der westlichen Schul- und Bildungssysteme und andererseits auf ähnliche Anforderungen aufgrund von Globalisierungsprozessen zurückzuführen ist. Ob und auf welche Weise es zu einer Entwicklung eines Weltcurriculums kommen wird, ist umstritten.

Literatur
Adick, C. (2003): Bedeutung von Lehr- und Lernzielen in international vergleichender Perspektive. In: Zeitschrift für Pädagogik, 47. Beiheft, 86-104. – Dolch, J. (²1965): Lehrplan des Abendlandes. Ratingen. – Keck, R. W./Ritzi, Ch. (Hg.) (2000): Geschichte und Gegenwart des Lehrplans. Baltmannsweiler. – Künzli, R. u.a. (1999): Lehrplanarbeit. Chur/Zürich. – Robinsohn, S. B. (1967): Bildungsreform als Revision des Curriculums. Neuwied, Berlin. – Vollstädt, W. u.a. (1999): Lehrpläne im Schulalltag. Opladen.

Ingrid Kunze

Lehrwerkstatt

Eine Lehrwerkstatt ist ein betrieblicher, aber vom Produktions- und Arbeitsprozess getrennter Lernort, an dem Lernen systematisch nach curricularen und pädagogischen Prinzipien vollzogen wird. Es lassen sich vier Organisationsformen der Lehrwerkstatt unterscheiden: die betriebliche Lehrwerkstatt, die in der Regel als Lernort in der industriellen Facharbeiterausbildung gewerblich-technischer Berufe zu finden ist, die außer- bzw. überbetriebliche Lehrwerkstatt, die in wirtschaftlich strukturschwachen Regionen für von Arbeitslosigkeit betroffene oder bedrohte Jugendliche eine betriebliche Ausbildungsstätte darstellt, die Berufsschul-Lehrwerkstatt, in der im Rahmen der Berufsvorbereitung oder vollzeitschulischen Ausbildung fachpraktische Ausbildungsanteile durchgeführt werden. Die berufspädagogische Diskussion hat sich bislang allenfalls auf die Lehrwerkstatt im industriellen Kontext konzentriert. Die ersten industriellen Lehrwerkstätten lassen sich im 19. Jahrhundert nachweisen. Der Beginn der Expansionsphase kann auf die Zeit der Gründung des Deutschen Ausschusses für Technisches Schulwesen (DATSCH) datiert werden. Im Zuge der Etablierung industrieller Facharbeiterausbildung nahm die Zahl der Lehrwerkstätten in der Weimarer Republik kontinuierlich zu und erreichte im Nationalsozialismus im Kontext der Betriebszentrierung und Perfektionierung der beruflichen Bildung als Stätte rationalisierter Qualifizierung, Disziplinierung, der ideologischen Indoktrination und militärischen Imprägnierung ihren Höhepunkt. In den Jahren von 1938 bis 1944 gab das Amt für Berufserziehung und Betriebsführung der Deutschen Arbeitsfront (DAF) die Monatsschrift Die Lehrwerkstatt – Zeitschrift für Betriebliche Berufserziehung in Industrie und Handwerk heraus. Nach dem Zweiten Weltkrieg nahm die Bedeutung der Lehrwerkstätten aufgrund von Ideologieverdacht ab. Vor dem Hintergrund der Ausbildungskrise haben heute vor allem die außer- und überbetrieblichen sowie die berufsschulischen Lehrwerkstätten ein starkes Gewicht.

Literatur
Kipp, M. (2007): Die Lehrwerkstatt. In: Büchter, K./Kipp, M. (Hg.): Berufspädagogisch-historische Medienanalyse. Oldenburg, 57-104.

Karin Büchter

Lehrziel

Mit dem Begriff Lehrziel werden die in pädagogisch-didaktischer Absicht vom Lehrenden intendierten Ergebnisse seines Unterrichts in Form von Kenntnissen, Kompetenzen und Einstellungen, die die Lernenden erwerben sollen, bezeichnet. Der Begriff des Lehrziels wurde in den 1970er Jahren ähnlich wie die Begriffe Unterrichtsziel und Bildungsziel zugunsten des Begriffs Lernziel zurückgedrängt, da letzterem eine stärkere Aussagekraft über die tatsächlichen Lernleistungen der Schüler und Schülerinnen zugeschrieben wurde. Heute wird der Begriff häufig mit den anderen synonym verwendet.

Ein Lehrziel gilt als erreicht, wenn eine bestimmte Tätigkeit, die mit einem Lehrinhalt verknüpft wird, durch pädagogische Diagnostik oder Leistungskontrollen beobachtet bzw. gemessen werden kann. Lehrziele lassen sich hinsichtlich ihrer Komplexität unterscheiden (z.B. Fakten-Wissen, Konzept-Wissen und Anwendungs-Wissen). Zur Überführung in die konkrete Unterrichtspraxis bedarf es jedoch der Formulierung von Lernzielen.

Literatur
Astleitner, H. (2008): Lehrziele als Instrument zur Entwicklung von Unterrichtsqualität. In: Erziehung & Unterricht 158, 685-693.

Anne Breuer

Leib

Seit den siebziger Jahren nehmen Leib und Körper prominente Stellen in den Theorien der Sozial- und Humanwissenschaften ein. Hierbei ist gelegentlich die Differenz vom Körper als dinglichem Phänomen einer begreifenden Außenwahrnehmung und vom Leib als Phänomen einer spürenden Innenerfahrung bedeutsam: Den Körper hat man, leiblich ist man.

Ausgehend von der Phänomenologie, der Psychologie, der Soziologie, der Philosophie und der Geschichtswissenschaft bemüht sich seit dieser Zeit auch die pädagogische und historische Anthropologie verstärkt um eine theoretische Aufarbeitung des pädagogischen Körpers. Denn dieser ist nicht nur Voraussetzung jeder Form von Erziehung, sondern auch sein prinzipielles Medium: Erziehungsprozesse verlaufen zentral über die Körperlichkeit des Educanden wie des Erziehers. So ist in den genannten Disziplinen immer wieder hingewiesen worden auf die mit dem Prozess der Zivilisation verbundene Trennung von Körper, Geist und Seele, auf die Folgen von Disziplinierung, Normierung und Geometrisierung des Körpers, auf die Rationalisierung, Inszenierung und Produktion von Körperlichkeit, auf die Fragen eines ein- oder transgeschlechtlichen Körpers oder auf die Möglichkeiten und Fähigkeiten des Körpers mit Bezug auf die Wahrnehmung, die Erfahrung, die Gefühle, die Imagination und die Wünsche. Darüber hinaus liegen auch Ansätze vor, die die Entmaterialisierung durch die Bildmedien, die Technologisierung durch die life sciences und die Fragmentarisierung als Reaktion auf ein holistisches Körperbild bedenken.

Die Grundthese dieser Überlegungen lautet, dass es einen sog. natürlichen Körper nicht gibt, und dass wir daher nur von Körperkonstruktionen unterschiedlichster Provenienz sprechen können, die wiederum in der Pädagogik zu unterschiedlichen Bildungs- und Erziehungskonzeptionen Anlass gaben und insofern auch unterschiedlichste Effekte gezeitigt haben. So lassen sich z.B. unterscheiden: der abzuhärtende kriegerische oder sportliche Körper, der diätetisch zu umsorgende gesunde Körper, der religiös zu reinigende vergängliche Körper, der zu zivilisierende und zu disziplinierende bürgerliche Körper, der zu objektivierende, zu segmentierende und zu manipulierende wissenschaftliche Körper, der wegen seiner konstitutiven Mängel zu kompensierende behinderte Körper, der performativ-darzustellende und sinnlich zu entfaltende ästhetische Körper sowie der zu sozialisierende kollektive und symbolische Körper.

Literatur
Elias, N. (1976): Über den Prozess der Zivilisation. 2 Bde. Frankfurt. – Meyer-Drawe, K. (1984): Leiblichkeit und Sozialität. München.

Jörg Zirfas

Leibniz, Gottfried Wilhelm (1646-1716)

Leibniz studierte 1661-1666 in Leipzig und Jena Philosophie, Mathematik, Naturwissenschaften und Recht, u.a. bei Erhard Weigel. Im Dienste des Kurmainzischen Bischofs führten ihn diplomatische Reisen nach Paris und London, wo er Gelehrten zahlreicher Fakultäten begegnete. 1676 wurde er Hofrat und Hofbibliothekar in Hannover, 1691 außerdem Bibliothekar der Herzog-August-Bibliothek in Wolfenbüttel.
Leibniz betrieb Forschungen auf unterschiedlichen Gebieten, insbesondere aber im Bereich der Mathematik und der Philosophie. Kernstück seiner Philosophie ist die Monadenlehre. Das Universum besteht demnach aus einfachen und daher unteilbaren Substanzen (Monaden), die zugleich Kraftzentren darstellen. Jede von ihnen spiegelt auf einzigartige Weise das All wider. Damit wurde Leibniz zu einem Vordenker der individuellen Einmaligkeit des Menschen. Das Zusammenwirken der Monaden in einer prästabilierten Harmonie ist vom Schöpfergott vorgegeben. Dieser allwissende und gütige Gott habe zudem die gegebene Welt als beste aller (von ihm miteinander verglichenen) möglichen Welten geschaffen.
Leibniz regte die Einrichtung von Ritterakademien und Bürgerschulen an. Die Förderung der Wissenschaften sollte gezielt in Akademien erfolgen; auf seinen Rat hin wurde 1700 die Preußische Akademie der Wissenschaften gegründet.

Literatur
Leibniz, G. W. (1923ff.): Sämtliche Schriften und Briefe. Darmstadt bzw. Berlin.

Sylvia Schütze

Leibniz-Gemeinschaft → Wissenschaftsgemeinschaft Gottfried Wilhelm Leibniz

Leistungstests

Im Rahmen von Tests werden Merkmale gemessen, d.h. diesen Merkmalen werden systematisch und eindeutig numerische Werte zugeordnet. Bei Leistungstests werden Personen Aufgaben gestellt, die sie objektiv richtig oder falsch beantworten bzw. lösen können. Einige Leistungstests lassen bei komplexeren Aufgaben auch zum Teil richtige Antworten zu (partial credit). Zu Leistungstests zählen u.a. Intelligenztests, Entwicklungstests, Schultests sowie spezifische Funktions- und Eignungstests. Eine Vielzahl existierender Leistungstests ist in einschlägigen Übersichten zusammengestellt.
Die Verfahren der Testauswertung lassen sich nach Ansätzen der klassischen und probabilistischen Testtheorie unterscheiden. Die Entscheidung für eines dieser Verfahren ist inhaltlich oder nach der Verfügbarkeit von Referenzgruppen vorzunehmen. Leistungstests werden häufig per Papier und Bleistift oder computergestützt durchgeführt, sind aber auch in mündlicher (Interview) oder in praktischer Ausführung (performance assessment) realisierbar.
Je nach Testdurchführung können verschiedene Leistungsaspekte bei den Probanden abgeprüft werden. Hierbei kann zwischen Tests unter Zeitdruck (speed) und Tests die das Leistungsniveau (power) in den Blick nehmen unterschieden werden. Beim Speed-Test werden viele, tendenziell leichtere Aufgaben unter restriktiven Zeitvorgaben vorgelegt. Beim Power-Test hingegen können den Probanden zunehmend anspruchsvollere Aufgaben ohne besonderen Zeitdruck zur Bearbeitung vorgelegt werden.
Leistungstests werden in der Regel zu diagnostischen Zwecken eingesetzt. Je nach Konzeption eines Leistungstests und in Abhängigkeit von Personen- und/ oder Aufgabenstichproben haben die Befunde unterschiedliche Reichweiten: Es lassen sich Leistungen auf Individual-, Gruppen- und auch Populationsebene diagnostizieren und für spätere Interventionen nutzen. So reicht die Spannweite von Intelligenz-

tests (z.B. Kognitiver Fähigkeitstest, KFT), die der Individualdiagnostik dienen, bis z.B. dem Leseverständnistest im Rahmen von PISA (Programme for International Student Assessment) zur Populationsdiagnostik.
Eine besondere Rolle kommt Leistungstests zu, wenn sie nicht zur Diagnostik mit anschließender Intervention genutzt werden, sondern als Auswahlkriterium z.B. beim Schulformübergang oder als Funktions- und Eignungstests beim Berufseinstieg herangezogen werden. Wenn von der Bearbeitung dieser Leistungstests wichtige Entscheidungen zum Beispiel für den zukünftigen Karriereweg abhängen (high stakes assessment), kommt der (empirisch überprüfbaren) Messgenauigkeit der Tests besondere Aufmerksamkeit zu. Kritisch für den Schulalltag wird auch die Vorbereitungsphase vor diesen Tests diskutiert (teaching to the test), wenn die Unterrichtszeit nur zur Vorbereitung auf diese Tests genutzt wird und andere, nicht abgeprüfte Lehrinhalte, in den Hintergrund gedrängt werden.
Konstruktion und Durchführung von Leistungstests orientieren sich an den Testgütekriterien Objektivität, Reliabilität und Validität. In diesem Zusammenhang kommt bei der Konstruktion von Leistungstests der Testfairness eine besondere Aufmerksamkeit zu: Es ist zu gewährleisten, dass zu ermittelnde Leistungen nur von dem getesteten Fähigkeitsaspekt und nicht von anderen Personenmerkmalen abhängen. So werden zum Beispiel beim Test von kognitiven Fähigkeiten kulturgebundene und kulturfreie Tests unterschieden. Problematisch werden Leistungstests in der Anwendung, wenn sie in verschiedenen Populationen (z.B. Jungen und Mädchen) unterschiedlich zusammengesetzte Leistungsaspekte (Dimensionen) abprüfen. Eine Möglichkeit der Überprüfung solcher Effekte besteht zum Beispiel im Rahmen der probabilistischen Testtheorie durch die statistische Untersuchung der Eigenschaften einzelner Items oder Itemgruppen (Differential Item Functioning, DIF, bzw. Differential Item Bundeling, DIB).

Literatur

Bortz, J. (⁶2005): Statistik für Sozialwissenschaftler. Berlin. – Brähler, E. u.a. (Hg.) (³2002): Brickenkamp Handbuch psychologischer und pädagogischer Tests. 2 Bde. Göttingen. – Rost, J. (²2004): Lehrbuch Testtheorie – Testkonstruktion. Bern.

Knut Schwippert / Karin Zimmer

Leitfadeninterview

Das Leitfadeninterview ist eine der am häufigsten eingesetzten Methoden qualitativer Forschung. Theoretischer Hintergrund ist meist der Symbolische Interaktionismus. Ziel ist die Ermittlung der subjektiven Sichtweise des Interviewpartners, dem zu deren Entfaltung möglichst großer Raum hinsichtlich thematischer Schwerpunktsetzungen, Art der Darstellung und Formulierung im Interview gegeben werden soll. Antworten sollten in den Ausführungen des Interviewten kontextualisiert betrachtet werden. Leitfadeninterviews sind vor dem Hintergrund des interpretativen Paradigmas konzipiert, wonach erst die Bedeutung eines Gegenstands für ein Individuum seine Relevanz bestimmt.
Kennzeichen des Leitfadeninterviews ist die Zusammenstellung von mehr oder minder offenen Fragen zu einem Leitfaden, der im Interview flexibel und variabel eingesetzt wird, wobei dennoch alle Fragen gestellt werden sollten. Leitfadeninterviews können durch formale Vorgaben (bestimmte Typen von Fragen), Zielgruppen (Experteninterview), Verwendungskontexte (eher informell: ethnographische Interviews) und durch die Verwendung kommunikativer Validierung im Anschluss gekennzeichnet sein. Zentrales Merkmal des Leitfadeninterviews ist eine flexible Anpassung an den Verlauf des einzelnen Interviews und den Interviewpartner bei gleichzeitiger Beachtung der Vergleichbarkeit der erhobenen Daten.
Prominente Varianten sind das fokussierte Interview (Merton/Kendall) zur Analyse von Medienwirkung, das halbstandardisierte Interview zur Rekonstruktion subjektiver Theorien (Scheele/Groeben) oder das problemzentrierte Interview (Witzel). Leitfadengestaltung und Interviewdurchführung sollen dabei vier Kriterien der Interviewdurchführung genügen: Nichtbeeinflussung der Interviewpartner; Spezifität der Sichtweise und Situationsdefinition aus deren Sicht; Erfassung eines breiten Spektrums der Bedeutungen des Stimulus sowie Tiefgründigkeit und personaler Bezugsrahmen aufseiten des Interviewten. Dazu werden etwa im fokussierten Interview offene Fragen vor stärker strukturierten Fragen gestellt. Diese Kriterien sind an z.T. einander widersprechenden Zielen orientiert, zwischen denen in der Interviewsituation abgewogen werden muss, insbesondere im Blick darauf, wann und wie weitgehend nachgefragt wird. Im halbstandardisierten Interview werden offene, hypothesengeleitete und konfrontative Fragen gestellt.

Bei der Gestaltung des Leitfadens sollte geprüft werden, warum die einzelne Frage gestellt wird, worin danach genau gefragt wird, ob sie verständlich und eindeutig formuliert ist, warum sie an dieser Stelle im Leitfaden platziert ist und welche Beziehungen zwischen den Fragen bestehen. Bei der Gestaltung der Interviewsituation sollte ein klarer Rahmen für den Interviewten (Erwartungen, Anonymität) geschaffen werden, Fragen in Bezug auf seine Lebenswelt und Sichtweise hin formuliert werden. Leitfadeninterviews können auch per Telefon, über das Internet oder in Gruppen durchgeführt werden, typisch ist jedoch die direkte Face-to-Face-Kommunikation mit dem Interviewpartner. Es können auch visuelle Materialien (z.B. Fotos) zur Unterstützung eingesetzt werden.
Leitfadeninterviews werden per Tonband oder Video aufgezeichnet, transkribiert und durch Kategorisierung und Kodierung oder hermeneutisch analysiert. Ziel ist es, über eine vergleichende Analyse etwa eine Typologie von Erfahrungen oder Sichtweisen zu erstellen. Interviewfehler resultieren oft auf der starren Anwendung des Leitfadens (Leitfadenbürokratie) aus Unsicherheit, Zeitdruck oder falsch verstandener Loyalität. Die Qualität von Leitfadeninterviews wird danach bestimmt, ob sie der Sichtweise der Befragten Raum lassen und gerecht werden.

Literatur
Flick, U. (2007): Qualitative Sozialforschung. Reinbek. – Kvale, S. (2007): Doing Interviews. London. – Ullrich, C. G. (1999): Deutungsmusteranalyse und diskursives Interview. In: Zeitschrift für Soziologie 28, 429–447.

Uwe Flick

Leittext

Die Leittextmethode wurde in Deutschland seit Mitte der 1970er Jahre vor allem zunächst im gewerblich-technischen Ausbildungsbereich eingesetzt. Ursprünglich war sie integrativer Bestandteil der aufkommenden Projektausbildung in Großunternehmen der Industrie. Mittlerweile werden Leittexte auch im kaufmännisch-verwaltenden Ausbildungsbereich in Betrieben angewendet. Die Leittextmethode umfasst in idealtypischer Form die sechs Schritte einer vollständigen Handlung: Informieren, Planen, Entscheiden, Ausführen, Kontrollieren und Bewerten. Um Auszubildende zu vollständigen Handlungen zu befähigen, werden Leittexte eingesetzt. Leittexte sind meist schriftliche Materialien, die den Lernprozess der einzelnen Lernenden so weit strukturieren, dass der einzelne weitgehend selbstständig im eigenen Lerntempo die ihm gestellte Arbeitsaufgabe lösen kann. Anstelle von schriftlichen Unterlagen oder als Kombination mit diesen können beispielsweise auch Bilder, Kassetten, Filme und Computer(lern)programme als Leittexte herangezogen werden. Leittexte haben neben der gestellten Arbeitsaufgabe noch folgende Bestandteile: Leitfragen, Arbeitspläne, Kontrollbögen und Leitsätze. Sie sollen den vollständigen Handlungsablauf befördern. Leitfragen sollen die Lernenden anleiten, sich ziel- und zweckgerichtet Informationen zu beschaffen. Auf der Basis der beschafften Informationen und der vorliegenden Unterlagen sollen die Lernenden dann einen Arbeitsplan entwickeln, den der Ausbilder oder die Ausbilderin begutachten. Kontrollbögen dienen der Beurteilung der Arbeitsergebnisse anhand zuvor festgelegter Qualitätskriterien. Leitsätze schließlich enthalten alle zur Aufgabenbewältigung notwendigen Sachinformationen. In Abhängigkeit von Umfang und Zeitbedarf eines Leittextes lassen sich Leittexte und so genannte minimale Leittexte differenzieren.

Literatur
Koch, J./Selka, R. (1991): Leittexte – ein Weg zu selbständigem Lernen. Berlin.

Karin Rebmann

Lernbeeinträchtigung

Das Versagen im Lern- und Leistungsbereich ist bei weitem der häufigste Grund, warum Schüler einen sonderpädagogischen Förderbedarf zugewiesen bekommen. Die überwiegende Zahl dieser Kinder und Jugendlichen wird bis heute in Sonderschulen unterrichtet. Die verwendeten Begriffe zur Beschreibung des Schulversagens verändern sich und sind in den einzelnen Bundesländern nicht einheitlich. Der in den 1960er Jahren geprägte Begriff der Lernbehinderung war vorrangig rechtlich-administrativ gefasst, um eine Gruppe von Schülern beschreiben zu können, die in der Grund- oder der Hauptschule versagten und an die Sonderschule für Lernbehinderte überwiesen werden sollten. Durch die integrationspädagogische Entwicklung und die Loslösung der sonderpädagogischen Förderung von den Sonderschulen wird heute offiziell der von der Kultusministerkonferenz 1999 eingeführte Begriff Förderschwerpunkt Lernen verwendet.
Lernbeeinträchtigung oder früher Lernbehinderung ist keine Beschreibung eines klar umrissenen

Symptoms oder Syndroms und keine spezifische Eigenschaft einer Person. Es handelt sich vielmehr um eine Beobachterkategorie, die auf eine Gruppe von Menschen angewendet wird, die sich – besonders in der Schule – im Leistungs- und häufig auch im Verhaltensbereich (aufgrund unterschiedlichster Faktorenkombinationen) erwartungswidrig verhält. Besonders in den Lernbereichen Schriftsprache und Mathematik können sie häufig die vorgegebenen Standards nicht einhalten bzw. nicht erreichen. Gustav O. Kanter wies 1980 darauf hin, dass es aber keine globale Lernfähigkeit des Menschen und damit auch keinen globalen Mangel an Lernfähigkeit im Sinne einer generellen Lernbehinderung gibt. Bei Lernschwierigkeiten ist vielmehr von aufgabenspezifischen Problemen auszugehen, deren Häufung in bestimmten Bereichen zu schulischem Lernversagen führen kann. Lernschwierigkeiten sind Phänomene, die sich durch Äquifinalität und Zirkularität in der Weise auszeichnen, dass das gleiche Ergebnis (Schulversagen) durch unterschiedliche Ausgangspositionen und Randbedingungen erzeugt werden kann. Hierbei interagieren die unterschiedlichen Faktoren miteinander, können sich gegenseitig verstärken aber auch abmildern. Lineare und kausale Erklärungsmuster greifen somit zu kurz. Für eine individuelle Förderplanung und Lernbegleitung ist somit die Beobachtung der Lernentwicklung des Kindes/Jugendlichen in seinen lebensweltlichen Kontexten notwendig.

Lernen ist kein trivialer Input-Verarbeitungs-Output-Prozess; Lernen durchzieht als anthropologische Grundkategorie die Beziehungsgestaltung zwischen Individuum, sozialer und materieller Umwelt. Schulische Lernprozesse werden besonders dann erschwert, wenn die schulischen und außerschulischen Lebensweltbedingungen durch sehr unterschiedliche Orientierungen und Anforderungen gekennzeichnet sind. Das Lernen der Schüler mit Lernschwierigkeiten ist dabei häufig durch strategische Orientierungen gekennzeichnet, die im schulischen Kontext wenig effektiv sind. Sie planen, strukturieren und kontrollieren ihre Lernhandlungen hinsichtlich der schulischen Erwartungen weniger effektiv als dies erfolgreiche Schüler tun. Aufgrund vielfältiger Misserfolgserlebnisse bringen sie schulischem Lernen eher negative Gefühle und Misserfolgserwartungen entgegen. Ein zentrales Merkmal der überwiegenden Zahl der Schüler mit dem Förderschwerpunkt Lernen ist ihre soziale Benachteiligung. An Schulen für Lernbehinderte/Förderschulen sind Kinder aus sozial benachteiligten Milieus – hierzu gehören auch sehr viele Schüler mit Migrationshintergrund – überrepräsentiert. Lernschwierigkeiten, die zu Schulversagen führen, sind damit immer auch soziale Phänomene und mit der Fähigkeit der allgemeinbildenden Schulen verknüpft, die spezifischen Kompetenzen und Bedürfnisse von Kindern und Jugendlichen mit erschwerten Lern- und Entwicklungsbedingungen zu erkennen und bei der pädagogischen Förderung angemessen zu berücksichtigen.

Literatur

Werning, R./Lütje-Klose, B. (2003): Einführung in die Lernbehindertenpädagogik. München.

Rolf Werning

Lernbüros

Lernbüros sind Einrichtungen der Bürosimulation eines Unternehmens an kaufmännischen Schulen (insbesondere Berufsfachschulen bzw. Handelsschulen). Die meisten Lernbüros werden in der Regel nach einem real existierenden Firmenvorbild konstruiert, stellen allerdings reduzierte Abbilder dieser Originalmodelle dar. So können betriebliche Abläufe und Geschäftsvorfälle transparenter und überschaubarer nachgebildet werden. Mit Lernbüros sollen typische Arbeiten aus dem kaufmännisch-verwaltenden Bereich handlungs- und praxisorientiert gestaltet werden. Die notwendige Realitätsnähe wird u.a. dadurch erreicht, dass diese Büros eine der Realität entsprechende Büro- und Geschäftsausstattung haben und dass authentische Arbeitsaufträge bearbeitet werden. Die Außenbeziehungen der Lernbüros, beispielsweise zu Kunden, Lieferanten, Banken und Post, werden meist von den Lehrpersonen simuliert. In manchen Modellunternehmen werden diese Funktionen jedoch auch von den Schülern übernommen. Lernbüros lassen sowohl ein Lernen in der simulierten Praxis (Lernen im Modell) als auch ein Lernen an der simulierten Praxis (Lernen am Modell) zu. Im ersten Fall geschieht Lernen durch konkrete Arbeitshandlungen in den simulierten Arbeits- und Geschäftsprozessen, im zweiten Fall durch die systematische Betrachtung und Reflexion der simulierten Arbeits- und Geschäftsprozesse. Die Arbeit in Lernbüros kann arbeitsgleich und arbeitsteilig erfolgen. Die Einführung in die Lernbüroarbeit wird in aller Regel im Rahmen einer arbeitsgleichen oder gebundenen Phase durchgeführt: Alle Schüler bearbeiten die Geschäftsvorfälle und Belege zur selben Zeit. In der arbeitsteiligen oder freien Phase bearbeiten die Lernenden in Gruppen ihren jeweils spezifischen Anteil an einem oder mehreren Geschäftsvorfällen.

Literatur
Achtenhagen, F./Schneider, D. (1993): Stand und Entwicklungsmöglichkeiten der Lernbüroarbeit unter Berücksichtigung der Nutzung Neuer Technologien. Göttingen.

Karin Rebmann

Lernen

Man kann drei Arten des Lernens unterscheiden: zufälliges (natürliches), methodisches (wissenschaftliches) und von Lehrern vermitteltes (didaktisches) Lernen. Der Prozess des Lernens schreitet von der Anschauung über das Verstehen zur Vernunfteinsicht fort. Zweck ist die Expansion des Wissens oder die Verbesserung des bereits Gelernten.
Die Geschichte des Begriffs beginnt in der griechischen Antike mit der sophistischen Aporie, dass man weder lernen kann, was bereits gewusst wird, noch, was unbekannt ist. Die Auflösung dieser Aporie wurde von Platon und von Aristoteles in unterschiedlicher Weise vorgenommen.
Platon differenzierte in dem Dialog Menon den Wissensbegriff. Unter Voraussetzung einer unsterblichen, wandernden Seele lerne man durch Wiedererinnerung an geschaute Ideen, von denen man latent Vorstellungen habe und die in einer anderen Welt bereits aktual gewusst würden. Didaktisches Mittel dieser Anamnesis sei die hinführende Rede. Sie belehre nicht im Sinne einer Übernahme fremden Wissens, sondern leiste in Frageform geplante Hilfe zur reflexiven Selbsterinnerung.
Aristoteles, der abgetrennt existierende Ideen verneinte, begegnete diesem Grundproblem ebenfalls mit einem syllogistisch oder induktiv konstituierten a priori-Wissen. Der für den Menschen aufgrund seiner Sinnesausstattung praktikable Weg zu den Prinzipien sei die Epagoge. Das früher Erscheinende, empirisch fassbare Einzelne müsse gelernt werden, um von dort aus zum von Natur aus früheren und erkennbareren Allgemeinen fortzuschreiten. Unterdessen steige auch der Abstraktionsgrad, z.B. von unbestimmten Wörtern, die man irgendwie wisse, zu Begriffen. Der intelligible Seelenteil gleiche dabei anfangs einer Schreibtafel, auf der noch nichts notiert sei. Instruiert wird der Lernende rezeptiv. Didaskalische Begründungen, welche aus den Prinzipien der Wissenschaften deduzieren, müsse der Lernende glauben. Aristoteles wies so die platonische Theorie zurück, jedes Wissen entstehe ausschließlich anamnetisch.
Diese beiden konträren Ansätze zur Lösung des Problems der grundsätzlichen Möglichkeit des Lernens bestimmen die weiteren Theoreme zum Lernen bis heute. In wechselnder Weise schlossen und schließen sich Autoren an die platonischen (Augustinus, Thomas von Aquin) oder die aristotelischen (John Locke, Jean-Jacques Rousseau) Überlegungen an.
In jüngerer Zeit wird Lernen aus pädagogischer Perspektive in Abgrenzung zu psychologischen Lerntheorien intensiv diskutiert. Als konstitutiver Begriff für Erziehung und Unterricht berücksichtigt es den Zusammenhang mit spezifisch pädagogischen Handlungsformen, sozialen Wirklichkeiten und subjektiven Zugängen. Damit tritt der materialistisch verkürzenden Methode der Neurowissenschaften, Lernprozesse zu objektivieren, ohne deren kulturellen Kontext zu reflektieren, eine Sichtweise entgegen, die gerade die Bedeutung und die Gestaltungsmöglichkeiten menschlichen Lernens in den Mittelpunkt ihres Interesses rückt. Was innerhalb der Pädagogik bisher jedoch kaum erfolgte und so den Rückgriff auf Erkenntnisse aus anderen Disziplinen immer wieder notwendig macht, ist den zentralen Begriff des Lernens systematisch zu bestimmen und eine erziehungswissenschaftliche Theorie des Lernens zu entwickeln, auf die sich pädagogische Praxis berufen kann. Einen ersten dahin gehenden, heuristischen Ansatz liefert die Analyse des Lernens als erfahrungsbezogener, dialogischer, sinnvoller und ganzheitlicher Prozess, in dem sich die Aspekte des Wissen-Lernens, Können-Lernens, Leben-Lernens und Lernen-Lernens verbinden.

Literatur
Göhlich, M./Zirfas, J. (2007): Lernen. Stuttgart. – Strobel-Eisele, G./Wacker, A. (Hg.) (2009): Konzepte des Lernens in der Erziehungswissenschaft. Bad Heilbrunn.

Andreas Ledl

Lernen aus Abbildungen und Diagrammen

Abbildungen zeigen, wie Gegenstände aussehen, haben also eine mehr oder weniger starke Ähnlichkeit mit dem Referenzobjekt (z.B. Fotografien, Zeichnungen), wobei die Gegenstände tatsächlich existieren oder auch nur ein Vorstellungsprodukt sein können.

Abbildungen können einen Gegenstand oder einen Teil von ihm zeigen (Zeigefunktion), individuelle Vorstellungen von einer Situation im Betrachter hervorrufen (Situierungsfunktion) oder dem Betrachter helfen ein angemessenes mentales Modell vom Sachverhalt zu entwickeln (Konstruktionsfunktion).
Realistische Abbildungen bewirken nicht unbedingt eine bessere Lernleistung. Oft ist es sinnvoller Abbildungen didaktisiert zu präsentieren, d.h. Wesentliches hervorzuheben (z.B. durch Schraffur) und auf Details zu verzichten. Außerdem vermögen skizzenhafte Abbildungen eher einen kreativen Prozess oder eine Diskussion anzuregen als perfekt gestaltete Abbildungen.
Werden in einer Abbildung Teile eines Ganzen gezeigt, so sollte ein Kontextbezug hergestellt werden (z.B. mit Lupe oder Zoom). Beschriftungen sollten möglichst nahe an den entsprechenden Bilddetails platziert werden, zudem können Betrachtungshinweise und Erklärungen helfen, die Abbildungen besser zu verstehen. Wenn die Abbildungen der Konstruktion eines mentalen Modells dienen soll, ist es hilfreich, das Gezeigte auch in sprachlicher Form darzubieten, weil durch Sprache Beziehungen zwischen Bildelementen genauer beschrieben werden können.
Diagramme gehören zu den logischen bzw. analytischen Bildern. Anhand von grafischen Elementen werden mit Diagrammen quantitative und/oder qualitative Zusammenhänge veranschaulicht. Konventionalisierte Darstellungsformen sind u.a. Kreis- und Balken-Diagramme, aber auch Struktur- und Ablauf-Diagramme. Für die kognitive Verarbeitung von Diagrammen benötigen Lernende Grafik-Schemata, die ihnen die zuverlässige Informationsentnahme aus Diagrammen ermöglichen. Diese Grafik-Schemata müssen im Sinne einer Kulturtechnik erworben werden und können durch die explizite Vermittlung von grafischen Repräsentationsprinzipien, eigenständiges Erstellen von Diagrammen oder die Vermittlung von spezifischen Verarbeitungsstrategien aufgebaut werden.
Diagramme sollten syntaktisch und semantisch klar gestaltet sein. Beispielsweise sollte die Beschriftung den entsprechenden grafischen Komponenten leicht zuzuordnen und begrifflich eindeutig sein. Zudem sollten die im Diagramm verwendeten visuellen Merkmale bedeutungsvoll sein. Durch eine implizite Ordnung der Diagrammkomponenten (z.B. der Balken nach Größe) werden die Komponenten mental eher zu einer kohärenten Einheit integriert und somit leichter erinnert. Eine inhaltlich sparsame Gestaltung kann durch eine Beschränkung auf wesentliche Zusammenhänge erreicht werden. Formale Sparsamkeit meint den Verzicht auf visuelle Merkmale, die keine zusätzliche Information vermitteln (z.B. Tiefendimension bei Säulen) oder zu Wahrnehmungsverzerrungen führen (z.B. Größenunterschiede durch Höhe und Breite darstellen). Des Weiteren können explizite Hinweise zur Bildverarbeitung (in Legende, unter dem Diagramm oder im Text) die Verständnistiefe und -güte beeinflussen.

Literatur
Schnotz, W. (1997): Wissenserwerb mit Diagrammen und Texten. In: Issing, L. J./Klimsa, P. (Hg.): Information und Lernen mit Multimedia. Weinheim, 84-105. – Weidenmann, B. (1997): Abbilder in Multimedia-Anwendungen. In: Issing, L. J./Klimsa, P. (Hg.): Information und Lernen mit Multimedia. Weinheim, 106-121.

Inge Jänen

Lernen für Europa

Unter Lernen für Europa können verschiedene bildungspolitische Maßnahmen und pädagogische Konzepte zusammengefasst werden, die der Idee eines Vereinten Europas verpflichtet sind und dazu beitragen sollen, den Bildungsraum Europa zu schaffen. Ziel ist es, in Anerkennung der Vielfalt der Kulturen und Sprachen Europas die Verständigung zwischen den in Europa lebenden Menschen zu fördern, die Mobilität zwischen den Mitgliedstaaten in Europa zu erleichtern und dahingehend identitätsstiftend zu wirken, dass sich die Bürger der Mitgliedstaaten zugleich als europäische Bürger begreifen. Hierzu werden beispielsweise vielfältige Austauschprogramme für alle Bildungsbereiche angeboten, profilieren sich Schulen als Europaschulen, werden europabezogene Lehr- und Lernmaterialien entwickelt, Aktionsprogramme aufgelegt wie das Europäische Jahr der Sprachen oder Instrumente für die Anerkennung von Qualifikationen und für Qualitätssicherung entwickelt, unter anderem der gemeinsame Europäische Referenzrahmen für Sprachen mit dem Sprachportfolio.
Konzepte europäischer Bildung sind auch schon weit vor Gründung der Europäischen Union bzw. der Europäischen (Wirtschafts-)Gemeinschaft entwickelt und propagiert worden, aber erst seit die europäische Integration politisch Gestalt angenommen hat und vor allem seit dem Maastrichter Vertrag (1993), in

den erstmals ein Artikel zur allgemeinen Bildung aufgenommen wurde, kann man von einer gezielten Förderung des Lernens für Europa bzw. zur Einführung einer europäischen Dimension im Bildungswesen sprechen.

Literatur
Gogolin, I./Krüger-Potratz, M./Neumann, U. (1991): Kultur- und Sprachenvielfalt in Europa – Bilder von gestern, Visionen von morgen? In: Gogolin, I. u.a. (Hg.): Kultur- und Sprachenvielfalt in Europa. Münster, New York, 1-19. – Schneider, F. (1959): Europäische Erziehung. Freiburg u.a.

Marianne Krüger-Potratz

Lernen lernen

Lernleistungen sind veränderbar und unter günstigen Bedingungen ist es prinzipiell möglich, das Lernpotential bis ins höchste Lebensalter aufrecht zu erhalten und zu erweitern. Lernleistung wird in drei Dimensionen unterschieden: Lernfähigkeiten, Wissen und Lerntätigkeiten. Als lernbare Dimensionen gelten Wissen und Lerntätigkeit. Lerntätigkeit wiederum umfasst Lernstrategien und Lernmotivation.
Die Forschungsfrage nach den Möglichkeiten Lernen zu lernen ist bildungspolitischen und bildungstheoretischen Konjunkturen unterworfen. Im Kontext der bildungspolitischen Rede von einer Wissens- oder Lerngesellschaft ist die Erwartung an (selbstorganisiertes) Lernen der gesellschaftlichen Akteure besonders hoch.
Die empirischen Forschungsergebnisse verweisen darauf, dass die Entwicklung inhaltsunabhängiger Lernkompetenzen sehr begrenzt ist. Die Entwicklung von Lernstrategien – insbesondere für komplexe Problemstellungen – ist vielmehr in umfassender Weise domänenspezifisch und vom Vorwissen abhängig. Experten verfügen über flexibles fallspezifisches Wissen, mit dem sie effektiv Problemsituationen bewältigen können. Die Bedeutung des Vorwissens für die Lernleistung erklärt, warum Erwachsene mit viel Vorwissen auch in hohem Alter sehr lernfähig sind. Förderkonzepte zur Entwicklung effektiver Lernstrategien sollten deshalb eng an domänenspezifisches Wissen gekoppelt werden.
Die Verbindung von Wissensaneignung und gleichzeitiger Reflexion/Entwicklung der eingesetzten Lernstrategien wird insbesondere im Kontext reflexiver Bildungsbegriffe zum Thema gemacht. Aus dieser Perspektive geht es nicht mehr um die Lösung von Lernaufgaben unter Laborbedingungen, sondern um die Einordnung des Zu-Lernenden in den Wissens- und Erfahrungshintergrund der Lernenden. Der sozialen Einbettung kommt eine große Bedeutung für die Verbesserung der Lernstrategien zu. Lerninteressen/Motive und Lernstrategien im sozialen Kontext werden in handlungstheoretischen Lerntheorien aus verschiedenen Perspektiven (subjekttheoretisch, tätigkeitspsychologisch, interessenspsychologisch) als Lerntätigkeit bzw. Lernhandlung reflektiert. Der Lernende wird als gesellschaftlich handelndes Subjekt verstanden, das im Kontext gesellschaftlicher Interessen durch Lernen seine Teilhabemöglichkeiten erweitert. Lernen wird durch Reflexion der eigenen Lernstrategien befördert. Dazu werden die Lernhandlungen auf eigene und fremde Interessen hinterfragt, biographische Lernwiderstände und gesellschaftliche Lernbehinderungen reflektiert. Indem gelernt und dieses Lernen reflektiert wird, entwickeln sich Lernstrategien weiter.
Lernstrategien gelten in diesem Kontext nicht mehr als nur individuelles Problem, sondern als Ergebnis eines komplexen Prozesses individueller Aneignung gesellschaftlichen Wissens im sozialen Kontext. Pädagogische Lernforschung ist deshalb nicht inhaltsneutral. Sie macht Lernen in Verbindung mit gesellschaftlichen Wissensanforderungen zum Forschungsgegenstand.

Literatur
Faulstich, P./Ludwig, J. (Hg.) (2004): Expansives Lernen. Baltmannsweiler. – Giest, H./Lompscher, J. (2006): Lerntätigkeit – Lernen aus kultur-historischer Perspektive. Berlin. – Weinert, F. E. (1983): Ist Lernen endlich lehrbar? In: Unterrichtswissenschaft 4, 325-334.

Joachim Ludwig

Lernen mit Multimedien

Unter Lernen mit Multimedien wird die Kombination verschiedener Medien zum Zwecke des Lernens angesprochen. Dabei ist der Begriff Medium nicht einheitlich definiert, im Allgemeinen hat ein Medium jedoch die Aufgabe Informationen zu transportieren. Es lassen sich drei Merkmalsebenen eines Mediums unterscheiden. Die technische Ebene bezieht sich auf die Systeme, die als Zeichenträger dienen (z.B. Hardware, Software). Die semiotische Ebene beschreibt die unterschiedlichen Zeichenarten, Codes (Kodalität; z.B. Text, Bild). Mit sensorischer Ebene ist die vom Medium angesprochene Sinnesmodalität gemeint (i.d.R. visuell und/oder auditiv).

Die Multimediaforschung beruft sich im Wesentlichen auf zwei Theorien. Die cognitive theory of multimedia learning (CTML) nimmt an, dass die kognitive Verarbeitung von Informationen über zwei Kanäle verläuft (verbaler und visueller Kanal) und im Aufbau mentaler Repräsentationen resultiert. Des Weiteren wird eine begrenzte Arbeitsgedächtniskapazität angenommen. Die cognitive load theory (CLT) geht dementsprechend davon aus, dass es beim Lernen komplexer Lerninhalte zu kognitiven Überlastungen kommen kann, die dem Lernerfolg abträglich sind. Hohe kognitive Anforderungen können einerseits aus der Struktur und Komplexität des Lerninhalts (intrinsic cognitive load) und andererseits aus der Art der Informationspräsentation (extraneous cognitive load) erwachsen. Eine wünschenswerte kognitive Belastung wird als germane cognitive load (GCL) bezeichnet, sie dient der Schemakonstruktion und -integration, d.h. dem Wissensaufbau. Um eine kognitive Überforderung zu vermeiden, wird häufig versucht, ECL zugunsten von GCL zu minimieren.
Die instruktionspsychologische Forschung konnte eine Vielzahl von Faktoren aufdecken, die das erfolgreiche Lernen mit Multimedien beeinflussen: Mit einem bebilderten Text (multikodale Informationspräsentation) wird oft besser gelernt als mit einer rein textuellen Präsentation (Multimediaeffekt). Derjenige Textteil, der inhaltlich dem Bild zuzuordnen ist, sollte dabei in der Nähe des Bildes platziert werden (räumliche Kontiguität). Dadurch können visuelle Suchprozesse und eine Aufmerksamkeitsteilung vermieden werden. Zusätzlich können z.B. Pfeile, Linien oder sprachliche Annotationen zusammengehörige Elemente in Text und Bild hervorheben und so die Integration der beiden Präsentationen zu einem kohärenten Ganzen erleichtern.
Wird der zu einem Bild oder einer Animation gehörige Text auditiv vergeben, führt dies zu besseren Lernleistungen, als wenn ein geschriebener Text vorgegeben wird (Modalitätseffekt). Durch die multimodale Informationspräsentation können die Ressourcen des Arbeitsgedächtnisses bestmöglich genutzt werden, ohne dass größere Verarbeitungsengpässe entstehen. Zudem empfiehlt es sich, die beiden Präsentationen gleichzeitig darzubieten (zeitliche Kontiguität), damit keine Zwischenspeicherung und spätere Integration der Informationen nötig wird. Sprachliche Inhalte sollten nicht gleichzeitig textuell und auditiv vorgegeben werden (Redundanzeffekt).
Grundsätzlich ist zu bedenken, dass die Komplexität von multimedialen Lerninhalten in Abhängigkeit z.B. vom Vorwissen und räumlichen Vorstellungsvermögen unterschiedlich wahrgenommen wird. Lernumgebungen, die für Novizen lernförderlich sind, können unter Umständen den Lernerfolg von Experten beeinträchtigen (expertise-reversal-effect).

Literatur
Chandler, P./Sweller, J. (1991): Cognitive load theory and the format of instruction. In: Cognition and Instruction 8, 293-332. – Issing, L. J./Klimsa, P. (Hg.) (1997): Information und Lernen mit Multimedia. Weinheim. – Mayer, R. E. (2005): The Cambridge handbook of multimedia learning. Cambridge.

Inge Jänen

Lernfelder

Seit 1996 werden in Deutschland die Rahmenlehrpläne für den berufsbezogenen Unterricht in der Berufsschule nach dem Lernfeldkonzept entwickelt, das als curriculares Reformkonzept zu verstehen ist. Lernfelder sind laut Kultusministerkonferenz durch Zielformulierungen, Inhalte und Zeitrichtwerte beschriebene thematische Einheiten, die an beruflichen Aufgabenstellungen und Handlungsabläufen orientiert sind. Als Lernfelder gelten beispielsweise: Konten führen oder Absatzprozesse planen, durchführen und kontrollieren. Nicht mehr die Fachsystematik, sondern die Systematik des Handelns in beruflichen Situationen und die Ausrichtung auf die Vermittlung beruflicher Handlungskompetenz sind nunmehr das zentrale Kriterium für Planung und Gestaltung von Berufsschulunterricht.
Der Lernfeldansatz geht zunächst davon aus, dass Unterricht in der Berufsschule unmittelbar mit konkreten betrieblichen Handlungsfeldern zu verknüpfen ist. Lernfelder sollen dementsprechend didaktisch aufbereitete Handlungsfelder sein. Handlungsfelder sind zusammenhängende Aufgabenkomplexe mit beruflichen sowie lebens- und gesellschaftsbedeutsamen Handlungssituationen. Sie beschreiben und konkretisieren die zukünftige Berufspraxis von Auszubildenden. Sie können ermittelt werden durch Analyse von Stellenbeschreibungen und Arbeitsplätzen, durch Expertenbefragungen u. a. Empirisch gehaltvolle Beschreibungen solcher Handlungsfelder liegen jedoch kaum vor.
Nach der Identifizierung beruflicher Handlungsfelder sind die zu befördernden Kompetenzen zu ermitteln. Dieses Zuordnungsproblem von Kompe-

tenzen zu Handlungsfeldern ist keineswegs gelöst. Zumeist behelfen sich Lehrende mit ihren eigenen Betriebs- und Berufserfahrungen sowie mit Plausibilitätsüberlegungen bei der Lernzielgewinnung und -begründung. Die Umsetzung von Lernfeldern in unterrichtliche Lernsituationen setzt auch Überlegungen hinsichtlich Methoden und Medien voraus. Im Bereich der Lernmethoden und Unterrichtsmedien wird diesem Prinzip bereits seit langem – weitgehend unabhängig von der Lernfelddiskussion – durch die Entwicklung handlungsorientierter Lehr-Lernarrangements zu entsprechen versucht. Die Bezüge handlungsorientierter Methoden und Medien auf das Lernfeldkonzept sind deshalb den Lehrenden schon vertraut. Dies könnte die Umsetzung des Lernfeldkonzepts stützen.
Die Hauptprobleme des Lernfeldansatzes liegen in der Problematik einer wissenschaftlich begründeten Gewinnung und Legitimation von Lernzielen, in der curricular-inhaltlichen Dimension von Unterrichtsplanung und Unterrichtsgestaltung sowie in personalen und den Umweltbedingungen.

Literatur
Rebmann, K./Tenfelde, W./Uhe, E. ([3]2005): Berufs- und Wirtschaftspädagogik. Wiesbaden.

Karin Rebmann

Lerninsel

Lerninseln werden mitten im Produktionsprozess eingerichtet. Sie sind in der Arbeitsumgebung mit der besonderen Zielrichtung eingebettet, die Fähigkeiten des selbstständigen Planens, Organisierens, Durchführens, Kontrollierens und Bewertens zu befördern. Zudem findet hier ein lernbegleitendes Arbeiten zumeist im Team statt. Hierfür werden gleichsam neben den betrieblichen Arbeitsplätzen zusätzliche Lernplätze eingerichtet, an denen sich die Lernenden informieren und beraten (lassen), Teambesprechungen durchführen, Arbeitsprozesse analysieren und koordinieren sowie Lernprozesse reflektieren. Die Lerninsel verknüpft also situatives mit systematischem Lernen. Auslöser von Lernprozessen ist in der Regel ein komplexer Arbeitsauftrag, der aus dem betrieblichen Produktionsprozess ausgegliedert und den Lernenden auf der Lerninsel zur Bearbeitung übergeben wird. Je nach Freiheitsgraden in der Arbeitsorganisation auf der Lerninsel können die Lernenden auch unterschiedliche Produktionsweisen erproben und versuchen, Produktinnovationen zu bewirken, indem sie Alternativen zum Produktions-, Arbeits- und Organisationskonzept des betrieblichen Produktionsprozesses entdecken und erproben. Auf Lerninseln werden von den Mitarbeiterteams Kommunikation und Kooperation, aber auch Konfliktbearbeitung verlangt. Die Gruppen übernehmen Mitverantwortung für die Qualität ihrer Arbeit und damit auch für Fehler, die sie machen. Hierfür werden ihnen, anders als den anderen Mitarbeitern, begrenzte Entscheidungs-, Gestaltungs- und Handlungsfreiräume zugestanden. Auszubildende und Mitarbeiter auf den Lerninseln müssen darüber hinaus ihr eigenes Qualifizierungskonzept entwerfen und entwickeln. Lerninseln eignen sich deshalb nicht nur für die berufliche Erstausbildung, sondern auch für die betriebliche Weiterbildung von Mitarbeitern in den Bereichen von neuen Produktions-, Arbeits- und Organisationskonzepten.

Literatur
Rebmann, K./Tenfelde, W. (2008): Betriebliches Lernen. Mering.

Karin Rebmann

Lernkompetenz

Die Kultusministerkonferenz (KMK) versteht unter Lernkompetenz die Bereitschaft und Befähigung, Informationen über die Sachverhalte und Zusammenhänge selbständig und gemeinsam mit Anderen zu verstehen, auszuwerten und gedankliche Strukturen einzuordnen. Zur Lernkompetenz wird besonders die Fähigkeit gezählt, in Schule, Beruf und über den Berufsbereich hinaus Lerntechniken und Lernstrategien zu entwickeln und diese für lebenslanges Lernen zu nutzen. Die Problematik des Begriffs liegt in seiner Dialektik: Aus der Sicht der pädagogischen Anthropologie ist grundsätzlich jeder Mensch fähig zu lernen; gesellschaftlich bedingte Anforderungen an Lernleistungen und -ergebnisse setzen jedoch voraus, dass Lernkompetenz selber erst erworben werden muss.

Literatur
Kultusministerkonferenz (KMK) (Hg.) (2007): Handreichung für die Erarbeitung von Rahmenlehrplänen der Kultusministerkonferenz für den berufsbezogenen Unterricht in der Berufsschule und ihre Abstimmungen mit Ausbildungsordnungen des Bundes für anerkannte Ausbildungsberufe. Bonn.

Karin Büchter

Lernkultur

Lernkultur steht als Sammelbegriff für alle Verhaltensformen, Symbole, Ideen und Werte im Bereich Lehren und Lernen. Eine Lernkultur umfasst die Gesamtheit der Lern- und Entwicklungspotenziale, die über das Zusammenwirken der Mitglieder in Interaktions- und Kommunikationsprozessen auf unterrichtlicher, kollegialer und organisationaler Ebene arrangiert werden. Lernkulturen sind ihren Mitgliedern meist nicht bewusst zugänglich, da sie auf lerntheoretischen Grundannahmen und biographisch erworbenen bzw. organisationshistorisch entwickelten Lernroutinen basieren.

Die aktuelle Lernkulturdebatte bezieht sich je nach Argumentation auf veränderte gesellschaftliche Entwicklungen (z.B. das Phänomen der reflexiven Modernisierung) auf arbeitsstrukturelle Veränderungen (z.B. die zunehmend geforderte Selbstorganisation) oder auf Erkenntnisse der systemisch-konstruktivistischen Lehr-Lernforschung. Daraus resultierend werden neue bzw. innovative Lernkulturen gefordert, die diesen Entwicklungen Rechnung tragen. Verändern soll sich dabei nicht nur der Unterricht durch eine stärkere Hinwendung zum Teilnehmer und dessen Lernbedarfen sowie durch eine stärkere Flexibilisierung des Lernprozesses, sondern auch die Organisation als Ganzes, wenn es z.B. um die Lernhaltigkeit von Arbeitsaufgaben geht. Notwendig wird dabei auch eine Erweiterung der pädagogischen Kompetenz des Lehrenden als Lernberater, -begleiter und -arrangeur. Obwohl es eine Reihe von Forschungsbemühungen zu lernkulturellen Fragen gibt, fehlt eine systematische und längsschnittliche Betrachtung zur Wirkung von Lernkulturen auf das Lernverhalten der Lernenden oder auf organisationale Strukturen.

Literatur

Heuer, U./Botzat, T./Meisel, K. (Hg.) (2001): Neue Lehr- und Lernkulturen in der Weiterbildung. Bielefeld. – Schüßler, I./Thurnes C. M. (2005): Lernkulturen in der Weiterbildung. Bielefeld.

Ingeborg Schüßler

Lernmotivation

Lernmotivation bezieht sich auf die Bereitschaft des Lerners Aufgaben zu lösen, sich Wissen anzueignen oder spezifische Fähigkeiten resp. Fertigkeiten zu erwerben. Die Forschung zur Lernmotivation beschäftigt sich mit Phänomenen der Anregung, Ausrichtung und Aufrechterhaltung von Lernaktivitäten.

Häufig wird in der Literatur zur Lernmotivation zwischen intrinsischer und extrinsischer Motivation unterschieden. Während intrinsische Motivation als Wunsch definiert wird, eine Handlung deshalb auszuführen, weil sie an sich interessant erscheint bzw. die Handlungsausführung selbst als befriedigend erlebt wird, kennzeichnet die extrinsische Motivation der Wunsch, mit der Handlungsausführung positive Folgen herbeizuführen bzw. negative Folgen zu vermeiden.

Auf der Ebene der intrinsischen Motivation werden weiterhin die tätigkeitszentrierte und die gegenstandszentrierte Motivation unterschieden. So kann ein Schüler eine Lernhandlung ausführen, weil er am Gegenstand (z.B. Physik) interessiert ist oder aber weil er eine spezifische Tätigkeit gerne ausführt (z.B. lesen).

Die extrinsische Motivation wiederum lässt sich anhand der sie beeinflussenden Folgen differenzieren: Leistungsmotivation (Erfolg erzielen, Misserfolg vermeiden), Wettbewerbsmotivation (z.B. besser als die Mitschüler zu sein), soziale Motivation (Anerkennung durch andere) und Berufsmotivation (z.B. ungeliebte Lernhandlungen ausführen, weil man damit dem Berufsziel näher kommt).

Handlungen können sowohl extrinsisch als auch intrinsisch motiviert sein. So kann beispielsweise die Beteiligung an einer Exkursion den Schülern an sich Spaß machen, obwohl sie die Absicht verfolgen durch ihre eifrige Beteiligung eine gute Benotung zu erzielen.

Die Anregung der Lernmotivation durch Trainingsprogramme im Unterricht ist verschiedentlich Gegenstand der Forschung gewesen. Klassische Konzepte der Motivationspsychologie unterscheiden zwischen Motiven einer Person, welche relativ überdauernd sind (z.B. das Motiv Macht zu erlangen) und den Merkmalen der jeweiligen Situation, auf welche die Motivlage der Person trifft. Aus diesem Zusammentreffen ergibt sich die aktuelle Lernmotivation. Um die Lernmotivation anzuregen, müssten dementsprechend die angebotenen Anreize möglichst gut zur Motivstruktur des Lernenden passen. Davon ausgehend, dass innerhalb einer Schulklasse viele unterschiedliche Motive vorzufinden sind, kann eine spezifische, als anregend gedachte Gestaltung des Unterrichts folglich nur teilweise erfolgreich sein, da sie immer nur eine begrenzte Zahl der Lernenden erreicht.

Neuere Theorien wie die Theorie der Selbstbestimmung nehmen dagegen an, dass allen Menschen ein Grundbedürfnis nach Selbstbestimmung und Kompetenz zu eigen ist. Dementsprechend sollte ein die Lernmotivation anregender Unterricht so gestaltet sein, dass er den Lernern Freiräume für selbstbestimmtes Handeln gewährleistet und diese sich als Urheber des eigenen Handelns wahrnehmen können. Die Nutzung der individuellen Bezugsnorm an Stelle der sozialen Bezugsnorm bei der Bewertung von Lernerfolgen stellt eine weitere Möglichkeit dar, die Lernmotivation anzuregen. Ausgehend vom Selbstbewertungsmodell nach Heinz Heckhausen wählen erfolgszuversichtliche Lerner eher realistische Zielsetzungen und attribuieren erreichte Erfolge auf die eigene Anstrengung, Misserfolge dagegen auf mangelnde Anstrengung bzw. Pech. Misserfolgsmeidende Lerner dagegen neigen zu unrealistischen Zielsetzungen und attribuieren Erfolge auf den niedrigen Schwierigkeitsgrad der Aufgabe bzw. darauf, Glück gehabt zu haben, während sie Misserfolge auf ihre mangelnden Fähigkeiten zurückführen.
Der Vergleich der eigenen aktuellen Leistung eines Lerners mit seinen früheren Leistungen soll realistische Zielsetzungen und günstige Attributionen fördern, den Lerner erfolgszuversichtlicher machen und dadurch wiederum auch dessen Lernbereitschaft erhöhen.

Literatur
Deci, E. L./Ryan, R. M. (1985): Intrinsic motivation and self-determination in human behavior. New York. – Rheinberg, F. ([4]2002): Motivation. Stuttgart.

Anne Levin

Lernorte

Als Lernorte werden zusammenhängende örtlich und räumlich bestimmte Einheiten bezeichnet, in denen formelle, non-formale oder informelle Lernprozesse stattfinden. Zu unterscheiden sind Lernorte nach ihren örtlichen und organisatorischen Gegebenheiten sowie nach ihren pädagogischen Funktionen. Diese weit gefasste Definition bezieht sowohl herkömmliche Schul- und Seminarräume als auch Organisationsformen in der Arbeits- und Lebenswelt wie Qualitätszirkel und Räume der privaten Dienstleistung ein. Unter dem in der Berufsbildungspraxis unmittelbar mit Lernorten verbundenen Begriff der Lernortkooperation wird die pädagogische, didaktisch-methodische, organisatorische und institutionelle Zusammenarbeit des Bildungspersonals an verschiedenen Lernorten verstanden. Das Spektrum der möglichen Kooperationsaktivitäten erstreckt sich vom gegenseitigen Informieren über die organisatorische und didaktisch-methodische Abstimmung bis hin zum gemeinsamen Erarbeiten von Materialien und Konzepten zur Qualifizierung und Kompetenzentwicklung.
In der beruflichen Bildung werden seit den 1970er Jahren der Begriff Lernort und verwandte Begriffe wie Lernortkombination, Lernortkooperation und Lernortgestaltung unter konzeptionellen Gesichtspunkten diskutiert. Es gibt Ansätze zu einer Theorie der Lernorte bzw. zu einem wissenschaftlich begründeten Lernortkonzept. Die Bildungskommission des Deutschen Bildungsrats hat zu Beginn der 1970er Jahre den Begriff Lernort und das Konzept Pluralität der Lernorte in die damalige Bildungsreformdiskussion mit einer Begriffbestimmung eingeführt, die den Lernort als eine Einrichtung im öffentlichen Bildungswesen verstand. Das traf von Beginn an auf heftige Kritik aus vornehmlich geisteswissenschaftlich-hermeneutisch orientierten Positionen.
Auf der anderen Seite wurde das Lernortkonzept insbesondere durch die Arbeiten von Joachim Münch und Fritz M. Kath fundiert und die Lernortforschung zu einem wichtigen Bestandteil der Berufsbildungsforschung. Es kann jedoch nicht von einer der Lernortbedeutung angemessenen Theorieentwicklung gesprochen werden. Für die Berufsbildungsforschung besteht hier ein zentraler Forschungsgegenstand, der nicht zuletzt in Abgrenzung zu anderen Disziplinen als wissenschaftstheoretisch eigenständiger Bestandteil berufspädagogischer Forschung zu gelten hat. Eine Schwäche in der Lernortdiskussion und der Lernortforschung besteht darin, dass die bildungstheoretischen und pädagogischen Zielsetzungen der Berufsbildung und Berufspädagogik nicht hinreichend beachtet werden. Zudem sind Kriterien und Analysen zur Kombination, Qualität, Lernergiebigkeit und Güte von Lernorten zu wenig entwickelt. Dies trifft besonders auf die Untersuchung und Identifizierung lernförderlicher und lernhemmender Bedingungen sowie lernhaltiger und persönlichkeitsfördernder Arbeits- und Aufgabenpotenziale zu. Daran schließen sich Fragen der optimalen Kombination von Lernorten, der Lernorterschließung, der Lernortgestaltung und der Einbeziehung virtueller Lernorte an. Eine übergeordnete Forschungsaufgabe besteht in der Untersuchung der seit Jahrzehnten zu beobachtenden Ausdifferenzierung, Pluralisierung und Entgren-

zung von Lernorten und des Zusammenhangs mit dem gleichlaufenden Prozess der Reorganisation von Kooperationsbeziehungen zwischen den Lernorten. Berufsbildungsverbünde und -netzwerke sind augenfällige Beispiele solcher Reorganisationen. Sie stellen systematische Lernortkooperationen dar, die in ihrer Genese, ihren Abgrenzungen und Überschneidungen untereinander und zu anderen systematischen Lernortkooperationen bisher kaum erfasst worden sind.

Literatur

Dehnbostel, P. (2009): Lernorte. In: Mertens, G. u.a. (Hg.): Handbuch der Erziehungswissenschaft, Band II. Paderborn u. a., 793-803. – Euler, D. (Hg.) (2004): Handbuch der Lernortkooperation. 2 Bde. Bielefeld.

Peter Dehnbostel

Lernschwierigkeiten – Lernstörungen

Mit beiden Konzepten werden Probleme beim Erwerb schulrelevanter Fähigkeiten und Fertigkeiten bezeichnet. Trotz vorhandener Angebote wird Wissen nicht in der gegebenen Zeit und im erwarteten Umfang erworben. Diese Abweichungen sind im Vergleich zum zu erreichenden Standard, zur sozialen Vergleichsgruppe und zur individuellen Entwicklung zu beurteilen. Unterscheidungen orientieren sich an den inhaltlichen Bereichen, graduellen Ausprägungen der Abweichungen und zeitlichen Verläufen. Klassifikationsversuche waren bisher wenig trennscharf. Somit ist eine dimensionale Ordnung zu bevorzugen, die eine Sicht auf Übergänge zwischen verschiedenen Abweichungsvarianten ermöglicht. Ebenso lassen sich Gemeinsamkeiten in der Ätiologie und Struktur von Lernschwierigkeiten betonen.

Lernstörungen werden in dieser Struktur als relativ isolierte, erwartungswidrige Abweichungen in einzelnen Fertigkeitsbereichen (z.B. Rechenstörungen) verstanden. Nach der International Classification of Diseases (ICD-10) oder dem Diagnostic and Statistical Manual of Mental Disorders (DSM-IV) ist dabei der Grad der Abweichung bei durchschnittlicher Intelligenz entscheidend. An anderer Stelle werden Schulleistungen als Kriterien genutzt. Ohne gezielte Intervention entwickeln sich aus isolierten Störungen weitergehende Probleme, die bis ins Erwachsenenalter nachweisbar bleiben.

Ursachen von Lernstörungen sind in den spezifischen kognitiven, emotionalen und motivationalen Voraussetzungen und Handlungsbedingungen des Kindes zu sehen, die sich in sozialen Kontexten (Schule, Familie, Freunde) entwickeln. So verfügen Kinder mit Rechenstörungen z.B. nur über ein geringes Zahlen- und Mengenwissen. Aus entwicklungs- und handlungsorientierter Perspektive stellt sich einerseits die Frage, wie die Voraussetzungen in den Fertigkeitsbereichen weiter zu differenzieren sind, um daraus Förderkonzepte zu entwickeln. Andererseits ist der Einfluss sozialer und didaktischer Bedingungen über die globale Annahme hinausgehend empirisch gestützt zu erhellen. Um dieser sozialen Seite mehr Gewicht zu geben bzw. die Relativität der Definitionskriterien zu betonen, wird der weichere Begriff Lernschwierigkeiten bevorzugt.

Kinder mit Lernstörungen und Lernschwierigkeiten werden in Deutschland i.d.R. nicht in spezifischen Schulformen platziert. Erwartet wird, dass Grundschullehrer diese Kinder angemessen fördern. Durch Erlasse wurde auf der Ebene der Bundesländer der Rahmen der Förderung z.B. für Kinder mit Lese- und Rechtschreibschwierigkeiten geregelt.

Die Zunahme von Förderangeboten in lerntherapeutischen Instituten deutet an, dass der Bedarf schulisch nicht ausreichend gedeckt werden kann. Allerdings erfordert die Finanzierung dieser Maßnahmen z.B. über das Kinder- und Jugendhilfegesetz (ambulante Hilfe zur Erziehung nach § 27) Diagnosen nach ICD-10 oder DSM-IV, die die Problematik zu stark auf das Kind einengen und Kinder mit nicht ausreichend großer Diskrepanz aus der Förderung ausschließen.

Die Förderung der Kinder mit Lernschwierigkeiten muss zu allererst in der Schule erfolgen, dort wo sich die Kompetenzen entwickeln. Erforderlich ist dafür ein theoriebasiertes Wissen über die spezifische Entwicklung schulischer Fertigkeiten und deren Förderung.

Literatur

Fritz, A./Ricken, G./Schuck, K. D. (2000): Teilleistungsstörungen. In Kallenbach, K. (Hg.): Körperbehinderungen. Bad Heilbrunn, 153-172. – Klauer, K. J./Lauth, G. W. (1997): Lernbehinderungen und Leistungsschwierigkeiten bei Schülern. In: Weinert, F. E. (Hg.): Psychologie des Unterrichts und der Schule. Göttingen, 701-738.

Gabi Ricken

Lernsoftware

Der Begriff Lernsoftware bezeichnet eine Vielzahl von Computerprogrammen, deren Zweck in der Unterstützung von Lernprozessen und dem Aufbau

domänenspezifischen Wissens besteht. Historisch stehen sie in der Tradition des Programmierten Unterrichts. Neben ihrem didaktischen Ziel ist die technologische Basis die einzige Gemeinsamkeit einer ansonsten sehr heterogenen Klasse von Software.
Zur Systematisierung der Lernsoftwarevarianten lassen sich (1) ihr Organisationsprinzip und (2) die implementierten didaktischen Funktionen heranziehen. In Bezug auf (1) werden auf einer kontinuierlichen Dimension abnehmender Strukturierung in der Regel lineare, verzweigte und hypertextuelle Systeme unterschieden. Während bei linearen Systemen die einzelnen Informationseinheiten in einer festgelegten Präsentationsabfolge organisiert sind, lassen sich bei verzweigten Systemen von einer Information aus mehrere vorgegebene Wege einschlagen. Diesen Systemen liegt oft eine hierarchische Organisationsstruktur zugrunde. Bei hypertextuellen Systemen schließlich stellen die Informationseinheiten Knoten in einem Informationsraum dar, die multipel miteinander verknüpft sind. Dies ermöglicht es dem Lerner, vielfältige Wege durch den Informationsraum einzuschlagen und sich die Informationen in unterschiedlichsten Präsentationsreihenfolgen anzusehen. Dies wird als spezifischer Vorzug computerbasierter Lernprogramme gesehen, stellt jedoch erhebliche Anforderungen an den Benutzer, die häufig in Orientierungsproblemen resultieren (lost-in-hyperspace).
In Hinblick auf (2) lassen sich zunächst Informations- und Lehrsysteme unterscheiden. Erstere beinhalten ausschließlich die zu lernende Information, während Letztere darüber hinaus auch einzelne Lernprozessunterstützungen (Lehrfunktionen) realisieren. Beispiele für Informationssysteme sind Enzyklopädien und Wörterbücher. Je nach Art der implementierten Lehrfunktionen lassen sich Lehrsysteme weiter ausdifferenzieren: Übungsprogramme (englisch drill and practice) dienen der Festigung bereits erworbenen Wissens und realisieren insbesondere die Lehrfunktionen des Speicherns und Abrufens. Zu ihnen gehören Vokabeltrainer ebenso wie Programmierte Unterrichtssysteme, Simulationen und Mikrowelten. (Intelligente) Tutorielle Systeme beinhalten neben dem Lehrstoff auch Elemente zur Diagnose des Lernervorwissens sowie Regelmodule. Ziel ist es, in Abhängigkeit vom jeweiligen Lernstand genau die Information anzubieten, die gerade benötigt wird. Technisch weniger anspruchsvoll sind adaptive oder adaptierbare Systeme. Sie begnügen sich in der Regel mit der Implementierung weniger, empirisch gut validierter didaktischer Regeln und entsprechend einfacher Lernstandsdiagnostik. Das Informationsangebot wird dabei eher grob an Klassen von Lernern angepasst (z.B. auf Basis von Aufgabenschwierigkeiten).
Insgesamt haben sich in der Praxis eher solche Systeme durchgesetzt, die einfache didaktische Regeln und wenig diagnostische Prozeduren beinhalten. Anwendungen findet man dabei in den unterschiedlichsten Inhaltsbereichen und für verschiedenste Altersgruppen, Beliebt sind Übungsprogramme im Grundschulbereich sowie in mathematisch-naturwissenschaftlichen und fremdsprachlichen Domänen. In der Hochschulausbildung, insbesondere der Medizin, sind häufiger auch didaktisch anspruchsvollere Systeme zu finden.

Literatur
Mayer, R. (Hg.) (2005): The Cambridge handbook of multimedia learning. Cambridge. – Weidenmann, B. (1993): Psychologie des Lernens mit Medien. In: Krapp, A./Weidenmann, B. (Hg.): Pädagogische Psychologie. Weinheim, 493-554.

Roland Brünken

Lernstörungen – Entwicklungsstörungen

Beide Begriffe stehen als Oberbegriffe für individuell unterschiedliche Beeinträchtigungen in Lebensbereichen, die enger (Lernstörungen) oder weiter (Entwicklungsstörungen) zu fassen sind.
Vor dem Hintergrund der vorhandenen Bezeichnungsvielfalt für Einzelsymptome bzw. Symptomgruppen (u.a Lernbeeinträchtigungen, -schwächen, -behinderungen, -schwierigkeiten) sind dimensionale Unterscheidungen gegenüber klassifizierenden Typologien zu bevorzugen. Dafür eignen sich die Dimensionen des zeitlichen Verlaufs mit den Polen vorübergehend und überdauernd sowie des Umfangs mit den Polen partiell oder generell. So beschreibt man mit der Bezeichnung Lernbehinderung überdauernde und generelle Schwierigkeiten beim Lernen, während vorübergehende und partielle Schwierigkeiten z.B. beim Rechnen dann bestehen, wenn ein Kind spezifische Rechenoperationen nicht oder noch nicht verstanden hat.
Entwicklungsstörungen können gleichfalls in das zweidimensionale System eingeordnet werden. Zu den überdauernden, generellen und tiefgreifenden Störungen gehören z.B. Entwicklungsstörungen aus dem Formenkreis des frühkindlichen Autismus. Entwicklungsstörungen der Sprache und des Sprechens

sind hingegen als vorübergehend und partiell zu beschreiben, was gleichfalls für die umschriebenen Entwicklungsstörungen schulischer Fertigkeiten (Lesen, Schreiben, Rechnen) gilt, die den vorübergehenden partiellen Lernstörungen entsprechen und ebenfalls in Kombinationen (Lesen/Schreiben und Rechnen) auftreten können.

Lernstörungen und Entwicklungsstörungen unterscheiden sich auch in dem Ausmaß, in dem Interaktions- und Kommunikationprozesse, Prozesse der Bewältigung der Umweltanforderungen beeinträchtigt sind. Diese Problematik kann störungsimmanent sein (tiefgreifende Entwicklungsstörungen) oder im Verlauf der Entwicklung der Problematik in unterschiedlicher Schwere hinzukommen.

Hinweise auf Entwicklungsstörungen (einschließlich der umschriebenen Entwicklungsstörungen schulischer Fertigkeiten) sind bereits in der frühen Kindheit zu diagnostizieren. Lernstörungen werden meist erst durch die Konfrontation mit strukturierten Lernsituationen bemerkt, obwohl aufgrund aktueller Befunde von einer gewissen Vorhersagbarkeit durch fehlende Vorkenntnisse im Vorschulalter ausgegangen werden kann.

Die Entstehung und Entwicklung von Lernstörungen und Entwicklungsstörungen wird in der aktuellen Literatur als multifaktoriell bedingt beschrieben. Dabei unterscheiden sich die Gewichte der möglichen Verursachungsbedingungen. So gelten Entwicklungsstörungen vor allem als durch (1) neurologische Dysfunktionen, die eng an biologische Reifungsprozesse gebunden sind, verursacht. Auch bei Lernstörungen wurde – ähnlich der Hypothese von der Minimalen Cerebralen Dysfunktion (MCD) für Teilleistungsstörungen – eine zugrunde liegende Hirnfunktionsstörung unterstellt. Fehlende Belege für diese Annahme ließen zunehmend mehr psychosoziale Bedingungen als Verursachung annehmen. (2) Risiko- und Schutzfaktoren sind in beträchtlichem Maße durch Bedingungen wie Unterstützungen im Elternhaus sowie Frühförderung gegeben. Im Falle der Lernstörungen werden zunehmend Milieubedingungen wie die Armut der Familien oder die kulturelle Nichtteilhabe an gesellschaftlichen Prozessen oder auch Peergroups in ihrer Bedeutung erkannt. Des Weiteren wirken hier schulische Bedingungen, insbesondere didaktisch-methodische oder das Schulklima. Anzunehmen ist, dass soziale Bedingungen durch die fehlende Anregung von Lernaktivitäten und in der Folge fehlende Lernvoraussetzungen wirken. (3) Persönlichkeitsmerkmale sowie grundlegende kognitive Fähigkeiten und Fertigkeiten bilden eine dritte Gruppe von Entstehungs- und Beeinflussungsbedingungen, zu der eine besonders umfangreiche und differenzierte Befundlage verfügbar ist. Zunächst wurde untersucht, ob sich Lernstörungen im Lesen, Schreiben und Rechnen in Abhängigkeit von der Intelligenzleistung unterschiedlich entwickeln bzw. ob bestimmte Diagnosegruppenunterschiede bestehen (Lernbehinderung vs. Teilleistungsstörung). Hinweise liegen vor, dass Lernstörungen als Störungen in fertigkeitsspezifischen Entwicklungsprozessen verstanden werden können.

Die Untersuchungen hinsichtlich der Intelligenz wurden durch Befunde zu Auffälligkeiten im strategischen Lernverhalten, im metakognitiven Wissen und in metakognitiven Regulationsprozessen sowie in motivational bedeutsamen Komponenten (z.B. Selbstkonzept) ergänzt.

Aus kognitionspsychologischer Perspektive werden mangelnde Informationsverarbeitungsprozesse als Ursache für einen ungenügenden Wissensaufbau betrachtet. Wurden früher Schwierigkeiten in der Reizselektion und -verarbeitung untersucht, so belegen aktuelle Befunde, dass Lernstörungen mit Beeinträchtigungen des Arbeitsgedächtnisses einhergehen. Dabei ist gegenwärtig eine entscheidende Forschungsfrage, wie der Zusammenhang zwischen grundlegenden Funktionssystemen und Lernstörungen zu verstehen ist. Während bei umfassenden Beeinträchtigungen eher grundsätzliche Störungen in den Arbeitsgedächtnissystemen angenommen werden, scheinen partielle Lernstörungen eher mit partiellen Ausfällen verbunden zu sein.

Interventionen bei partiellen wie generellen Lernstörungen zielen auf die Verbesserung der fertigkeitsspezifischen Leistungen ab. Aussagekräftige Untersuchungen zur Wirksamkeit unterschiedlicher Instruktionsmethoden (direkt vs. entdeckend) in Abhängigkeit von der Schwere der Störung liegen bislang nicht vor. Fertigkeitsunspezifische Fördermaßnahmen wie die Förderung basaler Fähigkeiten (z.B. Wahrnehmungsprozesse) können das Lernen des Lesens, Schreibens oder Rechnens nur dann positiv beeinflussen, wenn diese Kompetenzen mit der Förderung der Fähigkeit direkt verknüpft werden. Die Hinzunahme metakognitiver Kompetenzen der Handlungssteuerung und -kontrolle erwies sich in der Regel als leistungssteigernd. Für tiefgreifende Entwicklungsstörungen sowie in Zusammenhang mit nachhaltigen Misserfolgserfahrungen bei Lernproblemen sind verhaltenstherapeutische Interventionen in Betracht zu ziehen. Eine Verhaltensregulierung kann hier über verhaltenstherapeutische Prinzipien wie Shaping oder individuelle Verstärkerpläne angezielt werden. Inwieweit der Verlauf einer Problematik tatsächlich durch pädagogische und therapeutische Interventionen nachhaltig beeinflusst werden kann, hängt dabei von der weiteren Wirkung hemmender oder unterstützender Faktoren ab.

Literatur
Klauer, K. J./Lauth, G. W. (1997): Lernbehinderungen und Leistungsschwierigkeiten bei Schülern. In: Weinert, F. E. (Hg.): Psychologie des Unterrichts und der Schule. Göttingen, 701-738. – Lauth, G. W./Brunstein, J. C./Grünke, M. (2004): Lernstörungen im Überblick. In: Lauth, G. W./Grünke, M./Brunstein, J. C. (Hg.): Interventionen bei Lernstörungen. Göttingen, 13-23. – Swanson, H. L., Harris, K. R./Graham, S. (Hg.) (2003): Handbook of learning disabilities. New York.

Annemarie Fritz-Stratmann / Gabi Ricken

Lernstrategien

Lernstrategien sind jene Verhaltensweisen und Kognitionen, die von Lernern aktiv eingesetzt werden, um Wissen zu erwerben. Lernstrategien beinhalten sowohl kognitive als auch motivationale und affektive Komponenten. Forschungsarbeiten beschäftigen sich sowohl mit der Entwicklung von Lernstrategien und deren Wirksamkeit als auch mit den Präferenzen der Lerner bei der Auswahl von Lernstrategien Zahlreiche Untersuchungen wurden zum Textlernen durchgeführt.

Es kann zwischen surface-level approach und deep-level approach unterschieden werden. Während beim surface-level approach primär Fakten und Einzelinformationen mit Hilfe von Oberflächenstrategien (z.B. Wiederholungsstrategien) gelernt werden, um diese später (z.B. in Prüfungssituationen) erfolgreich abzurufen, zielt der deep-level approach darauf ab, Informationen mit dem Vorwissen zu verknüpfen und in Schemata zu integrieren, um Lerninhalte tiefgreifend zu verstehen. Der Lernende bedient sich dazu vorzugsweise der Tiefenstrategien (Elaborations- und Organisationsstrategien).

Der Wissenserwerb lässt sich nach kognitionspsychologischen Konzepten in Teilprozesse (Selektion von Reizen, Informationsspeicherung, Wissenskonstruktion und -integration) zerlegen. Eine Unterscheidung von Lernstrategien kann dementsprechend in Abhängigkeit der jeweils durch ihre Verwendung unterstützten Prozesse getroffen werden. Im Wesentlichen werden drei Strategieformen unterschieden: Wiederholungsstrategien, Elaborationsstrategien und Organisationsstrategien. Wiederholungsstrategien (z.B. Unterstreichen, lautes oder stilles Wiederholen, Abschreiben) dienen vor allem der Einprägung von Informationen (z.B. Vokabeln) und trainieren deren späteren Abruf. Elaborationsstrategien dienen primär dazu, unter Zuhilfenahme von Beispielen, Visualisierungen, Analogien, aber auch dem Zusammenfassen von Textabschnitten in eigenen Worten, Verknüpfungen zum Vorwissen (Wissensintegration) herzustellen. Im Mittelpunkt von Elaborationsstrategien steht das Verständnis von Zusammenhängen einzelner Wisseneinheiten und deren Veranschaulichung. Die Aufgabe von Organisationsstrategien ist es, die Informationsmenge zu reduzieren (z.B. durch Gebrauch von Tabellen und Diagrammen). Organisationsstrukturen sind dazu geeignet, Zusammenhänge schematisch darzustellen und die wesentlichen Aspekte herauszuarbeiten. Sie fördern primär die Konstruktion von Wissen.

Ein wesentliches Element des erfolgreichen Einsatzes von Lernstrategien ist die Steuerung des Lernverhaltens und der Lernprozesse selbst. Dazu dienen dem Lerner metakognitive Strategien. Der Lerner benötigt metakognitives Wissen sowohl über die eigene Informationsverarbeitung, über Aufgaben und deren Erfordernisse und Ziele als auch über kognitive Strategien (Lernstrategien), um den jeweiligen Anforderungen der Aufgaben unter spezifischen Bedingungen gerecht werden zu können. Er muss während der Aufgabenbearbeitung sein Verhalten und seine Lernerfahrungen reflektieren, um Fortschritte zu überprüfen und sicherzustellen und gegebenenfalls seine Strategie zu modifizieren.

Neben der Steuerung der kognitiven Prozesse setzt erfolgreiches Lernen auch die Reflexion und Steuerung der affektiven und motivationalen Zustände voraus, dazu zählen sowohl die Initiierung von Lernaktivitäten als auch deren Aufrechterhaltung. Bewertungen (affektive Komponenten) der Lernergebnisse und Überzeugungen zur Wirksamkeit des eigenen Lernens beeinflussen langfristig sowohl den Einsatz von Lernstrategien als auch den Lernerfolg.

Literatur
Marton, F./Saljö, R. (1984): Approaches to learning. In: Marton, F. u.a. (Hg.): The experience of learning. Edinburgh, 36-55. – Schmeck, R. R. (Hg.) (1988): Learning strategies and learning styles. New York.

Anne Levin

Lerntheoretische Didaktik

Die lerntheoretische Didaktik von Paul Heimann, Gunter Otto und Wolfgang Schulz beansprucht eine Unterrichtsanalyse und -planung auf wissenschaftlicher Grundlage. Aufgrund der anfänglichen Orientierung an dem Ideal wertfreier Wissenschaft wurde der Bildungsbegriff durch den des Lernens ersetzt, deshalb auch der Name. Heimanns Konzept einer Strukturanalyse des Unterrichts aus den 1960er Jahren (Berliner Modell) – ursprünglich zur Unterrichtsbeobachtung und Beurteilung von Lehrerleistungen in der Ausbildung gedacht – ist grundlegend auch für die Planung von Unterricht durch die Lehrenden und wurde später zu einem weitverbreiteten Konzept der Unterrichtsvorbereitung. Unterricht wird verstanden als zweckrationale und erfolgskontrollierte Organisation von Lehr-Lern-Prozessen. Jeder Unterricht ist durch sechs Strukturmomente bestimmt: durch zwei Bedingungsfelder (die anthropologischen und soziokulturellen Bedingungen) und vier Entscheidungsfelder (Intentionen, Inhalte, Methoden, Medien). Für alle Strukturmomente gelten die Prinzipien der Interdependenz, Variabilität und Kontrollierbarkeit, und zwar sowohl für die Analyse und Planung als auch für die Durchführung von Unterricht. Durch die Betonung der Interdependenz wurden Methoden und Medien aufgewertet und das bildungstheoretische Primat der Didaktik zurückgewiesen. Schulz hat diesen Ansatz als lehrtheoretische Didaktik unter dem Einfluss der Kritischen Theorie weiterentwickelt. Intentionen, Themen, Methoden und Medien werden nun auch daraufhin befragt, ob und inwieweit sie Emanzipation und Solidarität fördern und unter diesen Zielen zusammen stimmen. Unterrichtsplanung nach diesem Hamburger Modell soll nun auf allen Ebenen als Verständigung und Interaktion der am Unterricht Beteiligten erfolgen. Das Strukturschema der Berliner Schule findet heute in den pädagogisch-psychologischen Modellannahmen der empirischen Lehr-Lern-Forschung und Unterrichtswissenschaft zu den Bedingungen schulischen Lernens und seiner Förderung durch Lehren seine modernisierte und ausdifferenzierte Fortsetzung.

Literatur
Heimann, P./Otto, G./Schulz, W. (1965/[10]1979): Unterricht – Analyse und Planung. Hannover. – Schulz, W. (1980/[3]1981): Unterrichtsplanung. München.

Lothar Wigger

Lerntheorien

Zwei große Gruppen von Lerntheorien werden unterschieden: mechanistische Lerntheorien (Stimulus-Response-Theorien) und kognitive Lerntheorien (z.B. Zeichen-Gestalt-Theorie). Lernen selbst wird als ein auf Erfahrung basierender Prozess definiert, der zu einer überdauernden Veränderung des Verhaltens oder des Verhaltenspotentials führt. In Abgrenzung dazu werden Verhaltensveränderungen, die auf Reifung, Ermüdung oder mechanische Eingriffe (z.B. Medikamentengabe) zurückzuführen sind, nicht als Lernen betrachtet.
Iwan P. Pawlows zu Beginn des 20. Jahrhunderts durchgeführte Lernexperimente zum Klassischen Konditionieren sind wegweisend für die weitere Lernforschung. Beim Klassischen Konditionieren wird das Verhalten (konditionierte Reaktion) durch einen konditionierten Stimulus ausgelöst, der zuvor mit einem unkonditionierten Stimulus assoziiert wurde. Wesentliche Forschungsgegenstände des Klassischen Konditionierens sind der Erwerb von konditionierten Reaktionen, deren Löschung (Extinktion) und Spontanremission sowie die Reizgeneralisierung und -diskrimination.
Zeitgleich zu Pawlow erforschte Edward L. Thorndike das Lernverhalten von Katzen, die sich aus einer mit einem Schließmechanismus versehenen Box befreien mussten. Das von ihm entdeckte Effektgesetz besagt, dass Lernen dann auftritt, wenn dem zu erlernenden Verhalten ein positiver Effekt folgt. Pawlow hingegen ging von der Annahme aus, dass lediglich Kontiguität, d.h. das raumzeitliche Aufeinanderfolgen von konditioniertem und unkonditioniertem Reiz, eine Bedingung für erfolgreiches Konditionieren darstellt.
Sowohl Thorndike als auch Pawlow können als Vorläufer des von John B. Watson begründeten Behaviorismus gesehen werden. Als Gegenbewegung zur introspektiven Psychologie beansprucht der Behaviorismus, Verhalten ausschließlich durch beobachtbare Vorgänge beschreiben und erklären zu können.
Der Organismus selbst wird bei Watson als Black Box betrachtet, die der psychologischen Forschung nicht zugänglich ist. Der Forscher ist daher darauf angewiesen, die Reaktionen (response) des Organismus auf einen Reiz (Stimulus) zu beobachten, um auf die Funktionsweise des Lernens schließen zu können.
Theorien des Klassischen Konditionierens sind kaum dazu geeignet, das Erlernen neuer Verhaltensweisen bzw. die Veränderung von Reaktionen auf vorgege-

bene Stimuli zu erklären. Die von Burrhus Frederic Skinner entwickelte Theorie des Operanten Konditionierens dagegen führt Verhaltensveränderungen auf die Wirkung spezifischer Verhaltenskonsequenzen zurück. Grundprinzip des Operanten Konditionierens ist die Verstärkung (Belohnung) bzw. Bestrafung von Verhalten. Während Verstärkungen die Verhaltenshäufigkeit steigern sollen, dient die Bestrafung zur Verhaltensminderung. Es werden je zwei Arten von Verstärkungen und Bestrafungen unterschieden. Eine weitere Möglichkeit, unerwünschte Verhaltensweisen zu verringern, ist die Löschung (Extinktion) des Verhaltens durch Ignorieren.

Auch beim operanten Konditionieren spielen diskriminative Reize eine Rolle. Spezifische Reize können anzeigen, ob es in einer bestimmten Situation zu einer Verstärkung oder Bestrafung eines spezifischen Verhaltens kommen wird. Wesentlich für die Wirksamkeit des operanten Konditionierens ist die Kontingenz (zeitliche Nähe) von Reaktion (Verhalten) und nachfolgender Konsequenz.

Skinner unterscheidet verschiedene Arten von Verstärkungsplänen, die zu unterschiedlichen Verhaltensmustern führen. Konsequente Verstärkung von erwünschtem Verhalten führt zu raschem Lernen. Zur Stabilisierung des erworbenen Verhaltens reicht partielle Verstärkung aus. Wird unerwünschtes Verhalten dagegen nur partiell ignoriert, kann dies zu einer Verstärkung des Verhaltens führen (Löschungsresistenz). Komplexere Verhaltensweisen können durch schrittweise Annäherung (Verstärkung von Teilzielen) erreicht werden (Programmierter Unterricht).

Behavioristische Theorien sind der Kritik ausgesetzt, dass sie sich auf das Reiz-Reaktionslernen beschränken und damit einhergehend die dem Lernen zugrunde liegenden kognitiven Prozesse ausblenden. Kognitive Lerntheorien berücksichtigen daher unter anderem Erkenntnisprozesse des Lernenden, den Aufbau mentaler Repräsentationen als Bindeglied zwischen Reiz und Reaktion, die Bewertung und Verarbeitung von Reizen, die geistige Entwicklung des Lernenden und dessen Motivationslage.

Die Zeichen-Gestalt-Theorie von Edward C. Tolman gehört zu den ersten Modellen kognitiver Lerntheorien Tolmans zentrale Annahme ist, dass das Erlernen von Verhalten nicht über die einfache Verknüpfung von Reiz und Reaktion erfolgt, sondern zielgerichtet und mit bestimmten Erwartungen verknüpft ist. Zusammenhänge zwischen Weg und Ziel ermöglichen bedeutungsvolles Lernen. Die so erworbenen Bedeutungsrelationen werden in kognitiven Landkarten strukturiert. Nach Tolman wirkt die Verstärkung von Verhalten primär auf dessen Auftretenswahrscheinlichkeit, nicht aber auf den Erwerb des Verhaltens (latentes Lernen). Die Forschung hat die Fähigkeit zur Nutzung räumlicher kognitiver Landkarten sowohl bei Tieren als auch bei Menschen nachweisen können. Ein weiteres Merkmal der kognitiven Lerntheorien ist deren Annahme, dass der Informationsgehalt eines Stimulus oder eines Verstärkers für das Lernen wesentlich ist.

Ein anderes für den pädagogischen Bereich bedeutungsvolles Konzept ist das Beobachtungs- oder Modelllernen von Albert Bandura. Verhaltensweisen werden über die Beobachtung anderer Individuen erworben, wobei der Lernanreiz, situative Merkmale sowie Merkmale des Modells und des Beobachters den Lernverlauf bestimmen.

Im pädagogischen Bereich haben sich sowohl das Operante Konditionieren als auch das Modelllernen (z.B. im Unterricht) als besonders bedeutsam erwiesen. Operantes Konditionieren wird sowohl in verhaltenstherapeutischen als auch pädagogischen Zusammenhängen angewendet. Kognitionen (z.B. im Sinne begleitender Gedanken und Bewertungen) werden in verhaltenstherapeutische Interventionen einbezogen, die keineswegs auf behavioristische Konzepte beschränkt werden.

Beispiele für die Anwendung der Prinzipien des Operanten Konditionierens sind Tokensysteme, bei denen erwünschtes Verhalten durch Gabe von Token (z.B. Wertmarken, Sticker), welche später für gewünschte Ereignisse eingetauscht werden können, intermittierend verstärkt wird. Auch können Verträge z.B. zwischen Lehrer und Schüler, die dem Lernenden eine Belohnung für ein bestimmtes Verhalten und dessen Häufigkeit zusichern, geschlossen werden.

Während Belohnung von erwünschtem Verhalten ein allgemein anerkanntes Erziehungsmittel ist, ist die Bestrafung von unerwünschtem Verhalten problematisch. Vor allem das Zufügen von Strafe im Sinne der Gabe aversiver Reize ist umstritten, zumal seine Wirksamkeit von der zuverlässigen Gabe (Strafe ist unausweichlich) abhängt und der Person unter Umständen Schaden zugefügt wird. Wird Bestrafung eingesetzt, sollte diese unmittelbar auf das unerwünschte Verhalten folgen, in Intensität und Dauer begrenzt sein und eine Bewertung des Verhaltens und nicht der Person ausdrücken. Außerdem müssen erwünschte und für die Person umsetzbare

Verhaltensalternativen vorliegen und bei Ausführung verstärkt werden.

Literatur
Ausubel, D. P. (1974): Psychologie des Unterrichts. Weinheim. – Bower, G. H./Hilgard, E. R. (1983/84): Theorien des Lernens. 2 Bde. Stuttgart. – Gage, N. L./Berliner, D. C. (51996): Pädagogische Psychologie. Weinheim. – Seel, N. (22003): Psychologie des Lernens. München.

Anne Levin

Lerntherapie

Lerntherapie ist eine außerschulische pädagogisch-psychologische Förderung für Kinder, Jugendliche und zum Teil auch für Erwachsene mit Lern- und Leistungsstörungen. In Theorie und Praxis finden sich die unterschiedlichsten Konzeptionen, Qualitätsstandards, Ausbildungsvorgaben für angehende Lerntherapeuten und Bedingungen für die Kostenübernahme.
Abhängig von den theoretischen Bezugssystemen und der Ausbildung der Therapeuten werden unterschiedliche Ursachen wie z.B. anlagebedingte auditive bzw. visuelle Wahrnehmungsstörungen, psychosozial entstandene Lernblockaden oder umschriebene Entwicklungsstörungen angenommen.
Im Rahmen von Einzel- oder Kleingruppenarbeit geht es um Begleitung sowie Unterstützung individueller Lernprozesse im schriftsprachlichen oder mathematischen Lernbereich und der Persönlichkeitsentwicklung. Die Fördermaßnahmen setzen eine umfassende individuelle Diagnostik, Stärkung des Selbstwertgefühls und Motivationssteigerung voraus. Ziel ist die Wiederherstellung einer positiven Lernstruktur. Als Grundlage dienen Erkenntnisse aus den Bezugswissenschaften Linguistik, Mathematik, Medizin, Neurobiologie, Pädagogik und Psychologie.
Finanziert werden kann eine Lerntherapie bei drohender bzw. bereits bestehender seelischer Behinderung eines jungen Menschen und zu erwartender Beeinträchtigung der Teilhabe am Leben in der Gesellschaft über das Jugendamt in Anlehnung an den Paragraphen § 35a Sozialgesetzbuch (SGB) IX. Notwendig für die Bewilligung einer Eingliederungshilfe sind in der Regel erstens ein unabhängiges ärztliches oder schulpsychologisches Gutachten, welches eine Teilleistungsstörung wie Legasthenie, Dyskalkulie oder Aufmerksamkeitsdefizit- und Hyperaktivitätsstörung (ADHS) im Sinne der internationalen Klassifikation der Erkrankungen der Weltgesundheitsorganisation (WHO) attestiert und zweitens ein Schulbericht, der bestätigt, dass bereits zusätzliche Fördermaßnahmen im schulischen Kontext erfolglos waren.

Literatur
Metzger, A. (2001): Lerntherapie. Stuttgart. – Sutter, R. (Hg.) (2003): Lerntherapie in der Praxis. Stuttgart

Sandra Deneke

Lernumgebung

Lernumgebung ist eine Übersetzung des im angloamerikanischen Raum weit verbreiteten Begriffs learning environment. Lernumgebung bezeichnet die gesamte Lehr-Lernsituation, also die Ziele, Medien, Materialien, Methoden, die beteiligten lehrenden wie lernenden Personen und schließlich Lernprozesse und -ergebnisse. In einem weiteren Sinn wird mit Lernumgebung zusätzlich die räumliche Umgebung des Lernens bezeichnet, d.h. die Anordnung und Ausstattung des Arbeitsplatzes sowie die umgebende Architektur.
Man kann Lernumgebungen dahingehend unterscheiden, auf welchen pädagogischen Grundpositionen sie beruhen bzw. an welchen wissenschaftlichen Theorien vom Lehren und Lernen sie sich orientieren. Diese Positionen führen zu Akzentsetzungen, welche Lernziele im Vordergrund stehen und welche Gestaltungsmerkmale die Lernumgebungen aufweisen.
(1) Der theoretische Hintergrund gegenstandszentrierter Lernumgebungen sind der Behaviorismus und kognitive Theorien des Wissenserwerbs. Diese Lernumgebungen basieren auf einer technologischen Vorstellung vom Lehren und Lernen: Angenommen wird, dass der Prozess des Wissenserwerbs regelhaft abläuft und von außen gesteuert werden kann. Dementsprechend konzentriert sich diese Position auf die Gestaltung der Instruktion, beispielsweise auf die Optimierung von Lernmaterialien nach bestimmten theoretischen Gesichtspunkten. (2) Situierte Lernumgebungen greifen konstruktivistische Ansätze des Lernens auf. Vertreter dieser Position kritisieren an behavioristischen und kognitivistischen Ansätzen das dahinter liegende Maschinenmodell und betonen die Konstruktionsleistung der Lernenden. Es wird betont, dass Wissen keine Kopie der Wirklichkeit ist, sondern Ergebnis eines Konstruktionsprozesses in bestimmten Handlungskontexten.

Literatur
Mandl, H./Reinmann-Rothmeier, G. (2001): Unterrichten und Lernumgebungen gestalten. In: Krapp, A./Weidenmann, B. (Hg.): Pädagogische Psychologie. Weinheim, 601-646.

Cornelia Gräsel

Lernzeit

Unter Lernzeit versteht man die für Lernaktivitäten aufgewendete Zeit. Im Unterschied zur Qualität des Lernens, die durch den Einsatz von kognitiven und metakognitiven Strategien und entsprechende Selbstregulationsvorgänge gekennzeichnet ist, liegt hier eine quantitative Sicht des Lernprozesses zugrunde. Lernzeiten können sowohl beim selbstständigen Lernen als auch im Zusammenhang mit bestimmten Lernumgebungen betrachtet werden. Häufiger untersucht wurden in jüngster Zeit insbesondere Hausaufgabenzeiten. Lernzeitparameter sind Bestandteil von Bedingungsmodellen des Schulerfolges und von Modellen schulischen Lernens. So hängt im Angebots-Nutzungs-Modell der Lernerfolg davon ab, in welchem Umfang Unterricht angeboten und in welcher Weise das Unterrichtsangebot von den Lernenden genutzt wird.
Die Expertiseforschung hat gezeigt, dass der Erwerb von Expertise, also der Aufbau einer umfassenden und gut organisierten Wissensbasis, eine intensive und zeitaufwändige Beschäftigung mit dem jeweiligen Sachgebiet erfordert.
Als Ausgangspunkt für eine detaillierte und gehaltvolle Betrachtung von Lernzeiten bietet sich das von John Carroll entwickelte klassische Modell an. Er unterscheidet zwischen benötigter, aufgewendeter und zugestandener Lernzeit. Der Lernerfolg hängt davon ab, ob Schülern die von ihnen benötigte Lernzeit zugestanden wird und ob sie diese für ihr Lernen aufwenden und effektiv nutzen. Die benötigte Lernzeit hängt Carroll zufolge von allgemeinen und spezifischen kognitiven Fähigkeiten (etwa Instruktionsverständnis, aufgabenspezifisches Vorwissen) ab, die tatsächlich aufgewendete Lernzeit von Faktoren wie Ausdauer und Anstrengung. In der Fachliteratur findet man zur aufgewendeten Lernzeit verwandte Konzepte wie aktive Lernzeit oder time-on-task. Sie ist durch die Auseinandersetzung mit Lernaufgaben und hohe Aufmerksamkeitsraten gekennzeichnet. Ein spezielleres Konzept ist das als akademische Lernzeit bezeichnete zeitliche Ausmaß der Auseinandersetzung mit Aufgaben, die mit hohen Erfolgsraten ausgeführt werden können.
Das Modell von Carroll stellt gleichzeitig eine Verbindung zum Lehren und Unterrichten her. Die dabei verwendeten Zeitmaße umfassen die nominale Unterrichtszeit, d.h. den im Curriculum für einzelne Fächer und Lerngegenstände vorgesehenen Zeitumfang, den davon tatsächlich realisierten Anteil (tatsächliche Unterrichtszeit), und die nutzbare Unterrichtszeit, also die im Unterricht für die Vermittlung der fachlichen Lernziele genutzte Zeit. Zeitnutzung, also der effiziente Umgang mit der verfügbaren Zeit, ist ein wichtiger Indikator der Unterrichtsqualität. Dazu gehören vor allem Pünktlichkeit und Minimierung fachfremder Zeiten (prozedurale Aktivitäten, Störungen). Aus den internationalen Leistungsvergleichsstudien ist deutlich geworden, dass es zwischen verschiedenen Ländern erhebliche Unterschiede in der für bestimmte Fächer vorgesehenen, aber auch der genutzten Lernzeit gibt.
Für Lernzeiten gibt es unterschiedliche Erfassungsmöglichkeiten, die von globalen Selbsteinschätzungen über differenzierte Tagebucheintragungen bis hin zu aufwändigen Fremdbeobachtungen, etwa zur Erfassung der Aufmerksamkeit, reichen. Individuelle Lernzeitangaben sind schwer interpretierbar, weil die ihnen zugrunde liegenden Bedingungsfaktoren oft gegenläufig wirken: Je motivierter der Lernende ist, umso mehr Zeit wendet er auf. Je höher seine kognitiven Fähigkeiten sind, umso weniger Zeit benötigt er. Klassenweise aggregierte Lernzeitangaben sind dagegen ein Maß für die Anforderungen, die der Unterricht stellt.

Literatur
Fisher, C. W. (21995): Academic learning time. In: Andersen, L. W. (Hg.): International encyclopedia of teaching and teacher education. New York, 930-933. – Treiber, B. (1982): Lehr- und Lernzeiten im Unterricht. In: Treiber, B./Weinert, F. E. (Hg.): Lehr-Lern-Forschung. München, 12-36.

Friedrich-Wilhelm Schrader

Lernziel

Mit dem Begriff Lernziel wird der angestrebte Zuwachs an Wissen und Fähigkeiten, den Lernende am Ende des Lernprozesses erworben haben sollen bezeichnet. Lernziele strukturieren Themen, zeigen Akzentuierungen und bieten Kriterien zur Überprüfung unterrichtlicher Handlungen und sind damit zunächst in konkrete Unterrichtsplanungen überführte Lehrziele. Z.T. werden beide Begriffe syno-

nym verwendet oder unter dem Begriff Unterrichtsziel zusammengefasst.
Lernziele lassen sich in der Tradition lernzielorientierten Unterrichts bezüglich ihrer Reichweite in Richtziele, Grobziele und Feinziele unterteilen. Gleichzeitig unterscheiden sie sich hinsichtlich ihrer Anforderungsbereiche (kognitive, affektive, psychomotorische, methodische, soziale Lernziele) sowie dem Grad an Komplexität (Wissen, Verstehen, Anwenden, Analyse, Synthese, Evaluation bzw. Reproduktion, Reorganisation, Transfer). Das Festlegen von Lernzielen zählt zu den Kernkompetenzen des Lehrerberufs.

Literatur
Lehner, M. (2009): Allgemeine Didaktik. Bern u.a.

Anne Breuer

Lernzielorientierter Unterricht

Lernzielorientierter Unterricht ist ein aus den 1970er Jahren stammendes, in Anlehnung an den Behaviorismus entwickeltes didaktisches Konzept, das die Ziele des Unterrichts ins Zentrum der Unterrichtsplanung rückt. Lernzielorientierter Unterricht entstand vor dem Hintergrund der Erfahrung, dass die in Schulen vorgenommenen Kontrollen (Klausuren, Arbeitsaufgaben, mündliche Prüfungen) nur partiell auf die Zielangaben des Lehrplans zurückbezogen und mit den Leistungen anderer Klassen verglichen werden konnten. Den Grundannahmen des Behaviorismus entsprechend stellt ein Lernziel die sprachliche Fassung einer durch den Unterricht zu bewirkenden Verhaltensdisposition dar. Lernziele sind zu operationalisieren, d.h. in Form beobachtbarer Elemente der gewünschten Verhaltensdisposition anzugeben. Basis ist die von Benjamin Bloom entwickelte Lernzieltaxonomie (taxonomy of educational objectives), die Lernziele nach ihrer Zugehörigkeit zum kognitiven, affektiven und psychomotorischen Bereich gliedert (Dimensionierung) und innerhalb der Bereiche nach dem Grad ihrer Komplexität ordnet (Hierarchisierung). Dabei stellt sich die Verknüpfung der abstrakten Lernzieltaxonomie mit den je konkreten Inhalten regelmäßig als problematisch dar. Lernzielorientierter Unterricht fällt insofern hinter die sog. Interdependenzthese, der zufolge Ziele, Inhalte und Methoden eines geplanten Unterrichts nicht unabhängig voneinander zu betrachten seien, zurück. Zudem können sich Reichweite und Komplexität der Ziele je nach individueller Leistungsfähigkeit unterschiedlich darstellen und die Lernenden darüber hinaus auch ganz andere Ziele als die Lehrkraft verfolgen. Nicht zuletzt wegen der genannten Gründe ist das Konzept des lernzielorientierten Unterrichts in seiner rigiden, behavioristisch verwurzelten Spielart in den 1990er Jahren obsolet geworden. Das Wissen um die Bedeutung von Zielen in der Unterrichtsplanung und -durchführung bleibt davon unberührt und wird in anderer Form in der Debatte um Standards und Kompetenzen wieder aufgenommen.

Literatur
Möller, C. ([4]1973): Technik der Lernplanung. Weinheim, Basel. – Peterßen, W. (1974): Grundlagen und Praxis lernzielorientierten Unterrichts. Ravensburg.

Uwe Hericks

Lesegesellschaften

Lesegesellschaften ist der Sammelbegriff für in der zweiten Hälfte des 18. Jahrhunderts populäre vereinsförmige Formen des Lernens als organisierte Gruppenprozesse. Lesegesellschaften verbanden die Möglichkeit der Selbstbildung durch erschwingliche Lektüre mit dem geselligen Austausch über das Gelesene. Gezählt werden dazu auch Lesezirkel, Leseinstitute und Lesekabinette. Oftmals firmierten Lesegesellschaften unter den Namen: Museumsverein, Ressource, Societät, Klub, Casino- oder Harmoniegesellschaft und Patriotische Gesellschaften. Die Lesegesellschaften boten ihren Mitgliedern aus den Beiträgen finanzierte aktuelle Zeitschriften und Zeitungen, Buchbestände oft in eigenen Bibliotheken, Leseräume und wechselnde Veranstaltungsprogramme.
Die Lesegesellschaften waren Bestandteil und Motor tiefgreifender und dynamischer gesamtgesellschaftlicher Transformationsprozesse insbesondere zwischen 1780 und 1810. Sie verbreiteten die Gedanken der Aufklärung und veränderten die Lesegewohnheiten grundlegend. Im Rahmen geselliger Bildung übten sie in den diskursiven Vernunftgebrauch ein und lösten für ihre Mitglieder – in der überwiegenden Mehrzahl der gebildete männliche Mittelstand – egalitäre Verkehrsformen und Regeln ein. Diese Selbstbildungsinitiativen des sich formierenden Bürgertums gelten als Plattform der entstehenden bürgerlichen Öffentlichkeit.
Als Vorläufer gelten die gelehrten und literarischen Gesellschaften des 17. Jahrhunderts, während die

Aufklärungsgesellschaften einen anderen Zuschnitt hatten. Wenige Lesegesellschaften, wenn auch meist mit dem Geselligkeitsaspekt im Zentrum, sind bis heute aktiv: z.B. in Freiburg, Bonn und Basel.

Literatur
Dräger, H. (1979): Volksbildung im 19. Jahrhundert. Bd. 1. Braunschweig. – Seitter, W. (2007): Geschichte der Erwachsenenbildung. Bielefeld.

Klaus Heuer

Lesekompetenz

Es können fünf Dimensionen von Lesekompetenz unterschieden werden: phonologische Bewusstheit, Wortschatz, Leseflüssigkeit, Textverständnis und Strategiewissen.
Bei phonologischer Bewusstheit geht es um das Wissen um Relationen von Geschriebenem und Gesprochenem auf der Ebene unterhalb von Wörtern, z.B. um die Fähigkeit, Graphemen Phoneme zuzuordnen oder Wörter in Silben zu segmentieren.
Die Dimension Wortschatz bezieht sich auf die Dekodierfähigkeit, d.h. darauf, wie sicher, schnell und kontextunabhängig ein Zugriff auf Wortbedeutungen gelingt, ohne dass ein Umweg über phonologisches Rekodieren nötig ist. Leseflüssigkeit bezieht sich zum Teil ebenfalls auf Dekodierfähigkeit, auf genaue und schnelle leise und laute Lektüre von einzelnen Wörtern. Es sind aber auch größere Einheiten wie Satzglieder, Sätze und Abschnitte im Spiel. Sie werden verständig, d.h. u.a. phrasierend, so gelesen, dass die Bedeutung eines Textabschnitts konstruiert werden kann.
Was das Textverständnis angeht, so müssen Beziehungen zwischen den Sätzen (oder auch Propositionen) hergestellt werden, soll es zu einer kohärenten Textrepräsentation kommen. Dazu ist nicht nur das Verstehen expliziter Information nötig, und man braucht oft nicht nur Sprach-, sondern auch Weltwissen. Weltwissen hat auch mit spezifischen Merkmalen von Kulturen zu tun, mit Erwartungen im Hinblick auf das, was jeweils als normal, als Erfüllung eines (kulturellen) Schemas gilt. Inferenzen sind Schlussfolgerungen unterschiedlicher Weite. Man unterscheidet intendierte von elaborativen Inferenzen. Intendierte Inferenzen sind Schlüsse, von denen man annimmt, dass sie der Autor des Textes der Leserin als selbstverständlich nahe legt. Elaborative Inferenzen hingegen sind nicht primär text-, sondern vorwissens- und interessengesteuert. Daraus, dass man z.B. Informationen in narrativen Texten mit Episoden aus dem eigenen Leben verknüpft oder einen Text im Vergleich mit anderen bewertet, die man bereits gelesen hat, lässt sich ersehen, dass Lesen nicht als Informationsentnahme, sondern als Konstruktionsleistung zu verstehen ist, wobei die Anteile dessen, was text- und was leserseitig bedingt ist, nicht immer eindeutig zu trennen sind. Mentale Modelle bzw. Situationsmodelle, die im Prozess des Lesens entstehen und modifiziert werden, werden jedenfalls nicht nur auf der Grundlage des vorgegebenen Textes aktiviert, sondern immer auch unter Beteiligung von Inferenzen, die auf Vorwissen, Interessen und Zielen des Lesers basieren.
Lesestrategiewissen ist nach der kognitiven Grundfähigkeit und vor der Dekodierfähigkeit der stärkste Prädiktor der Lesekompetenz. Man unterscheidet u.a. Wiederholungsstrategien wie Auswendiglernen; reduktive und Organisationsstrategien wie Unterstreichen von Wesentlichem und Zusammenfassen von verstreuten Informationen; Elaborationsstrategien wie das Herstellen von Analogien und die Konstruktion kritischer Fragen; metakognitive Strategien wie die Überprüfung des Verstehens im Leseprozess und seine Regulation. Kompetente Leser kennen und nutzen insbesondere elaborative und metakognitive Strategien.
Vergleicht man diverse Modelle der Niveaus von Lesekompetenz, dann lässt sich festhalten, dass die Lokalisierung einer einzelnen Information als besonders einfach gilt. Ein Verstehen dagegen, das auf das Textganze zielt und komplexe elaborative Schlüsse voraussetzt, erscheint als besonders schwierig.

Literatur
Artelt, C. u.a. (2001): Lesekompetenz. In: Baumert, J. u.a. (Hg): PISA 2000. Opladen, 69-137. – Grzesik, J. (2005): Texte verstehen lernen. Münster.

Albert Bremerich-Vos

Lese-Rechtschreibschwierigkeiten

Während die Kultusministerkonferenz 1972 noch die Diskrepanzhypothese aufgriff, ersetzte sie den Begriff Legasthenie 1978 explizit durch Lese-Rechtschreibschwierigkeiten, begreift das Phänomen somit als ein pädagogisch-didaktisches Problem und betont die Notwendigkeit der Förderung aller Schüler mit besonderen Schwierigkeiten beim Erlernen des Lesens und Rechtschreibens unabhängig von ihrer Intelligenz. Innerhalb der Schriftspracherwerbsforschung

hat seit den 1980er Jahren ein Perspektivenwechsel stattgefunden. Er beinhaltet ein neues Verständnis des Lernens, der Ursachen, der Diagnostik und Förderung.
Laut Ergebnissen der PISA-Studie (Programme for International Student Assessment) haben knapp 10% der 15-jährigen Schüler Schwierigkeiten beim Lesen- und Schreibenlernen und erreichen in der Untersuchung zum Textverständnis nicht die unterste Kompetenzstufe, d.h. Erfassen des Kerngedankens eines einfachen Lesetextes.
Die Diskussion um die Unterscheidung zwischen Lernstörung (Legasthenie), Lese-Rechtschreibschwäche (LRS) und sonderpädagogischem Förderbedarf ist durch den Bayerischen Lese-Rechtschreibschwierigkeiten-Erlass 1999 erneut aufgeflammt. Die Kritik an dieser Differenzierung, die auf medizinisch orientierte neurologische Erklärungsansätze zurückgeht, ist vielfältig. Die Deutsche Gesellschaft für Lesen und Schreiben (DGLS) betrachtet z.B. das Konstrukt Legasthenie als theoretisch, methodisch, diagnostisch nicht sinnvoll, wissenschaftlich und therapeutisch nicht brauchbar und als sozial unverträglich.
Weitaus verlässlicher als durch psychische Funktionstests wird der Leseerfolg durch die vorschulischen Erfahrungen eines Kindes und Milieuvariablen vorhergesagt, wie z.B. die Internationale Grundschul-Lese-Untersuchung (IGLU) 2003 belegt.
Lerngegenstandsspezifische Förderangebote sind den so genannten Funktionstrainings eindeutig überlegen. Das Konstrukt der phonologischen Bewusstheit als Kernproblem des Schriftspracherwerbs und eine lernprozess- und entwicklungsorientierte Perspektive werden als Gegenpositionen zur Diskrepanzdefinition formuliert.
Im Rahmen der konstruktivistischen Wende wird der Schriftspracherwerb als ein langer Entwicklungsprozess dargestellt. Die Schriftsprachlerner müssen durch aktive Auseinandersetzung mit Schriftsprache zu einer kognitiven Klarheit über den Aufbau und die Funktion des Lerngegenstandes gelangen. Förderung bedeutet, die Schülerinnen und Schüler anzuregen, ihre Hypothesen über Schriftsprache zu verändern, zu erweitern und zunehmend an die Norm anzupassen. Aus dieser Perspektive werden Fehler als notwendige Schritte im Lernprozess angesehen.

Literatur

Hofmann, B./Sasse, A. (Hg.) (2006): Legasthenie. Berlin. – Naegele, I./Valtin, R. (Hg.) (1989): LRS in den Klassen 1-10. 2 Bde. Weinheim. – Thomé, G. (2004): Lese-Rechtschreib-Schwierigkeiten (LRS) und Legasthenie. Weinheim.

Sandra Deneke

Lesotho → Sub-Saharisches Afrika

Lessing, Gotthold Ephraim (1729-1781)

Lessing studierte von 1746 bis 1750 Theologie, Philologie und Philosophie in Leipzig und Wittenberg. Anschließend lebte er als freier Schriftsteller in Berlin und wirkte 1767-1769 als Dramaturg am neugegründeten Hamburger Nationaltheater. 1770 wurde er Herzoglicher Bibliothekar in Wolfenbüttel. Lessing gilt als führender Vertreter der deutschen Aufklärung sowie als Vordenker des neuen selbstbewussten Bürgertums.
Mit der Herausgabe von Fragmenten aus der bibelkritischen, rationalistischen Apologie von Hermann Samuel Reimarus (1777) löste er einen längeren literarischen Streit aus. Auf den Entzug der Zensurfreiheit durch den Herzog reagierte er 1779 mit dem für Toleranz unter den Religionen werbenden Drama Nathan der Weise (Uraufführung 1783). Komplementär dazu erschien 1780 die Schrift Erziehung des Menschengeschlechts, in der Lessing ein geschichtsphilosophisches Fortschrittsmodell entwarf, in dem die Dichotomie von Vernunft und Offenbarung durch einen Prozess der Vervollkommnung aufgehoben wird. Ziel der Erziehung ist die Bewusst- und Verbindlichmachung der höchsten Stufen der Aufklärung des Verstandes und der Reinheit des Herzens.

Literatur

Lessing, G. E. (1985-2003): Werke und Briefe in 12 Bänden. Frankfurt.

Sylvia Schütze

Lettland (Republik Lettland; Latvia)

Lettland, im Zentrum des Baltikums gelegen, unterlag in seiner Geschichte dem Einfluss verschiedener Mächte. Am 1. Mai 1990 erklärte Lettland seine Unabhängigkeit, die jedoch erst am 23. August 1991 mit dem Zerfall der Sowjetunion wirksam wurde. Seit dem 1. Mai 2004 ist Lettland Mitglied der Europäischen Union. Neben der lettischen Mehrheitsbevölkerung (ca. 60%) leben in Lettland eine starke russische Minderheit (ca. 28%) sowie weitere

kleinere Gruppen wie Weißrussen, Ukrainer, Polen und Litauer.
Während der sowjetischen Zeit war das Bildungswesen Lettlands Teil des Bildungssystems der Sowjetunion und wurde entsprechend den sowjetischen Gesetzen verwaltet. Nach der Unabhängigkeit erfolgte ein grundlegender Umbau des Bildungssystems. Die Pflichtschulzeit beginnt im Alter von sieben Jahren und endet mit der Klasse 9. Zur Vorschulbildung gehört seit 2002 ein obligatorisches Schulvorbereitungsprogramm für fünf- und sechsjährige Kinder. In Lettland gibt es drei Arten von Schulen: staatliche, kommunale und private Schulen; der Privatschulsektor macht jedoch nur ca. 4% aus. Die allgemeine Grundbildung umfasst mit der Primarstufe und der sich anschließenden unteren Sekundarstufe den neunjährigen Pflichtschulbereich. Die Ausbildung in der Primarstufe erfolgt bis zur 4. Klasse in sog. Eingangsschulen (sākumskola) und in Grundschulen (pamatskola), an die sich die Mittelschulen (vidusskola) anschließen. Die Grundbildung endet nach der 9. Klasse mit einer zentralen Abschlussprüfung und einem Zertifikat. Über den Pflichtschulbereich hinaus haben die Schüler die Wahl zwischen dem Besuch der Mittelschule, dem Wechsel auf ein Gymnasium (ģimnāzija) oder dem Absolvieren einer Berufsausbildung. Die Ausbildung wird mit zentralen Abschlussprüfungen nach der 12. Klasse beendet. Die Schulstruktur Ls. wird dadurch kompliziert, dass das offizielle Stufenmodell durch sich ausdifferenzierende Schulformen überlagert wird. So gibt es sowohl eigenständige Elementarschulen als auch neunjährige Basisschulen sowie vollständige Einheitsschulen mit eingeschlossener Abiturstufe.
Die Berufsausbildung erfolgt in einfachen Berufsschulen (arodskola) und weiterführenden Berufsschulen (arodvidusskola, arodģimnāzija oder tehnikums). Seit 1990 ist eine deutliche Abnahme von Berufsschülern zu verzeichnen. Als problematisch für die Schaffung eines einheitlichen beruflichen Bildungswesens erweist sich die Verantwortung verschiedener Ministerien für die Ausarbeitung von Rahmenlehrplänen und Abschlussprüfungen. Die Arbeitgeber haben nur einen geringfügigen Einfluss auf die Inhalte der Berufsausbildung.
Die höhere Bildung umfasst akademische Studiengänge an Universitäten (universitāte) und Hochschulen (augstskola) sowie berufsorientierte Studiengänge an Colleges (koledža).

Literatur
Döbert, Hans (Hg.) (²2004): Die Schulsysteme Europas. Baltmannsweiler. – Peck, B. T./Mays, A. (Eds.) (2000): Challenge and Change in Education. New York.

Carolin Rotter

Lewin, Kurt (1890-1947)

Nach einem medizinischen und psychologischen Studium wurde Lewin in Berlin promoviert und 1927 außerordentlicher Professor. Aufgrund der Bedrohung durch das nationalsozialistische Regime emigrierte er 1933 in die Vereinigten Staaten von Amerika. Dort lehrte er an verschiedenen Universitäten.
In seinem Grundlagenwerk Principles of Topological Psychology (1936, deutsch 1969) wird Verhalten als eine Funktion von Person- und Umgebungsmerkmalen bestimmt. Eine pädagogische Nutzbarmachung der von ihm so genannten Feldtheorie publizierte er bereits in seiner Berliner Zeit (Die psychologische Situation bei Lohn und Strafe, 1931). In die Berliner Zeit fallen auch die Studien seiner Schüler zur Psychologie des Ärgers, zum Behalten unerledigter Handlungen und zur Wirkung von Erfolg und Misserfolg auf das Anspruchsniveau. Mit seinen Filmaufnahmen von Kindern in Konfliktsituationen (Das Kind und die Welt, 1931) trug Lewin schon früh zu einer Betrachtung von Lernprozessen bei, die im Gegensatz zum Behaviorismus stand.
In der Pädagogik ist Lewin besonders durch seine mit Ronald O. Lippitt und Ralph K. White unternommenen Studien zur Führung von Jugendfreizeitgruppen (1939) bekannt geworden, die im Kontext der amerikanischen Forschung zur Erziehung zur Demokratie (John Dewey) stehen und in denen die Wirkungen unterschiedlicher Arten der Gruppenführung (autokratisch, demokratisch laissez-faire) untersucht wurden.
Das methodologische Konzept der Aktionsforschung (action research) wurde von ihm ausgearbeitet und in feldverändernden Studien insbesondere im sozialpädagogischen Bereich erprobt (Resolving Social Conflicts, 1945, deutsch 1953). Diese Arbeiten bildeten die Grundlage für die Angewandte Gruppendynamik.

Literatur
Lück, H. E. (2001): Kurt Lewin. Weinheim.

Karl-Heinz Arnold / Helmut E. Lück

Libanon → Arabische Staaten

Liberal Education

Ein moderner Begriff Allgemeiner Bildung, der im Kontext der angelsächsischen Aufklärung sich herausbildete, wird von Erziehungsphilosophen unter dem Begriff Liberal Education diskutiert. Damit ist durchaus ein konzeptionelles Äquivalent zur Allgemeinen Bildung im deutschsprachigen Raum gemeint, allerdings mit unterschiedlichen Konnotationen und verschiedenen historischen und gesellschaftspolitischen Bezügen.

Die Schwierigkeit, den Begriff Liberal Education konzis zu fassen und die Theorie kohärent zu formulieren, lässt sich auf systematische Hindernisse als auch auf weitgehend fehlende historische Aufarbeitung ihrer bildungstheoretischen Tradition zurückführen.

Der Begriff Liberal Education geht zurück auf die antiken artes liberales, die bis ins lateinische Mittelalter aus dem Trivium (Grammatik, Rhetorik, Dialektik) und dem Quadrivium (Arithmetik, Geometrie, Astronomie, Musik) bestand. Das Gegenstück zu dieser enkyklios paideia bildeten die artes mechanicae, die weniger klar festgelegt waren, zu deren Kerngebieten aber Architektur und Medizin gehörten.

Mit dem Aufkommen empirischer Wissenschaften im 17. Jahrhundert und der Entstehung einer öffentlichen Meinung wurden wissenschaftliche und gesellschaftliche Prozesse angestoßen, die sich auf die Konzeption moderner Bildung auswirkten. Die sensualistische Theorie des Lernens und die empirischen Formen der Wissensgenerierung führten zu rationalen Bildungskonzepten, die sich von kirchlicher und staatlicher Herrschaft entfernten.

Liberal Education wird während der historischen Aufklärung zunehmend in ein modernes, d.h. andere Wissensformen aufnehmendes und verstärkt politisch verstandenes Konzept transformiert. Erst in der zweiten Hälfte des 18. Jahrhunderts wird Liberal Education ein politisches und im frühen 19. Jahrhundert ein politisch-liberales, demokratisches Bildungskonzept moderner Gesellschaften.

Literatur

Kimball, B. (1986): Orators & Philosophers. New York, London. – Rhyn, H. (1997): Allgemeinbildung und liberale Gesellschaft. Bern u.a.

Heinz Rhyn

Liberia → Sub-Saharisches Afrika

Libyen → Arabische Staaten

Lichtenstein-Rother, Ilse (1917-1991)

Lichtenstein-Rother, als Ilse Rother in Wilsdruff geboren, war Volksschullehrerin, studierte 1941-43 Psychologie, Pädagogik und Philosophie in Dresden und erhielt nach sozialpädagogischer Arbeit 1948 eine Dozentur für Praktische Pädagogik an der Pädagogischen Hochschule (PH) Celle, später Osnabrück, wo sie von 1950-58 auch ein Institut für Arbeitsmittel leitete. Ab 1957 war sie Professorin für Schulpädagogik an der PH Bielefeld, von 1964-73 an der PH Westfalen-Lippe in Münster (hier auch Didaktik) und schließlich 1973-86 Inhaberin eines Pädagogiklehrstuhls mit dem Schwerpunkt Grundschuldidaktik an der Universität Augsburg. Kern ihrer wissenschaftlichen Arbeit war eine praxisdienliche Konzeption des Anfangsunterrichts, die sie auf der Grundlage reformpädagogischer Ideen, unter besonderer Betonung des Prinzips der Kindorientierung, erarbeitete. Lichtenstein-Rother hatte maßgeblichen Anteil an der Entwicklung des Sachunterrichts aus dem Heimatkundeunterricht.

Literatur

Lichtenstein-Rother, I. ([7]1969): Schulanfang. Frankfurt u.a.

Joachim Scholz

Lichtwark, Alfred (1852-1914)

Geboren als Sohn eines verarmten Müllers besuchte Lichtwark nach dem Umzug der Familie eine Hamburger Bürgerschule, arbeitete danach als Hilfslehrer bzw. Lehrer und versuchte vergeblich, das Abitur nachzuholen. Anschließend studierte er mit kleiner Matrikel in Leipzig Kunstgeschichte und Philosophie. Während des Studiums bereits zum Assistenten und später zum Bibliothekar (1884) am Kunstgewerbemuseum in Berlin berufen, schloss er das Studium 1885 mit der Promotion ab. Im Jahr 1886 wurde Lichtwark zum ersten Direktor der Hamburger Kunsthalle ernannt, die er zu einer überregional bedeutenden Kunstsammlung ausbaute. Lichtwark gehörte zu den Initiatoren der Kunsterziehungsbewegung und den Begründern der Museumspädagogik. Vor dem Hintergrund seiner Lehrertätigkeit ging es ihm vor allem darum, Schüler an Kunstbetrachtungen heranzuführen und auch den Kunstunterricht zu reformieren. Er nutzte das Museum als außerschulischen Lernort, übte methodisch geleitet auch mit Volksschülern Bildinterpretationen und leistete damit einen nachhaltigen Beitrag zur populären Kunsterziehung.

Literatur

Großkopff, R. (2002): Alfred Lichtwark. Hamburg.

Jörg-W. Link

Liechtenstein (Fürstentum Liechtenstein)

Liechtenstein hat rund 35.000 Einwohner (2010) und ist seit der Auflösung des Deutschen Bundes im Jahre 1866 unabhängig. Landessprache der konstitutionellen Erbmonarchie ist Deutsch, Staatsoberhaupt ist der Fürst von und zu Liechtenstein.

Das Bildungssystem untersteht dem Staat. Das erste Bildungsgesetz wurde 1927 verabschiedet, das heute gültige 1971. Der Besuch öffentlicher Bildungseinrichtungen ist kostenlos. Die Schulpflicht erstreckt sich auf neun Jahre (Sieben- bis 15-Jährige). Für Kinder und Jugendliche mit besonderem Förderbedarf gibt es von der ersten bis zur neunten Klasse Sonderschulen. Der Kindergartenbesuch steht Vier- bis Sechsjährigen frei, die Primarstufe umfasst fünf Schuljahre. Bereits dort wird Englisch als erste Fremdsprache ab der zweiten Klasse unterrichtet. Die Sekundarstufe I umfasst drei Schultypen: die je vier Schuljahre dauernde Ober- und Realschule sowie die Unterstufe des Gymnasiums. Die Sekundarstufe II umfasst die drei Jahre dauernde Oberstufe des Gymnasiums mit fünf Profilen, ein Freiwilliges 10. Schuljahr, zehn Fachschulen und Berufsschulen (ab Klasse 11) mit Angeboten von unterschiedlicher Dauer sowie Beschützende Werkstätten. Die Berufsmittelschule kann mit einer Berufsmatura abgeschlossen werden, die zur Aufnahme eines Universitätsstudiums in Liechtenstein und Österreich berechtigt. Die Berufsschulausbildung erfolgt primär in der Schweiz.

Der tertiäre Bildungsbereich in Liechtenstein umfasst die Hochschule Liechtenstein, die Internationale Akademie für Philosophie, die Universität für Humanwissenschaften sowie das Liechtenstein-Institut. Das Gros der Liechtensteiner studiert in Österreich oder der Schweiz. Die Lehrerausbildung erfolgt vor allem in der Schweiz.

Literatur

Kopp, B. v. (2007): Liechtenstein. In: Hörner, W. et al.: The Education Systems of Europe. Dordrecht, 438-451.

Sabine Hornberg

Lietz, Hermann (1868-1919)

Aufgewachsen in ländlichen Verhältnissen auf Rügen, denen Lietz zeitlebens pädagogische Bedeutung unterstellte, erlebte er seine Schulzeit in Greifswald und Stralsund dagegen als pädagogische Katastrophe. 1888-1893 studierte er Theologie, Philosophie und Pädagogik in Halle und Jena, legte das Oberlehrerexamen ab und arbeitete bis 1895 u.a. an Wilhelm Reins Jenaer Übungsschule. Seinen Aufenthalt in den Jahren 1896-1897 an Cecil Reddies (1858-1932) New School Abbotsholme in England verarbeitete Lietz literarisch (Emlohstobba, 1897) und legte damit gleichsam ein pädagogisches Programm vor, das sich 1898 in der Gründung des ersten Deutschen Landerziehungsheim in Ilsenburg (Harz) manifestierte. 1901 gründete Lietz sein zweites Landerziehungsheim in Haubinda (Thüringen), 1904 das dritte in Bieberstein (Hessen). Da seine Schulen nahezu ausschließlich von Kindern aus großbürgerlichen Elternhäusern besucht wurden, eröffnete Lietz im Jahr 1914 zusätzlich das Landwaisenheim Veckenstedt (Harz). 1914-1917 nahm Lietz als Freiwilliger am Ersten Weltkrieg teil. Rastlos zwischen seinen Schulen pendelnd, Konflikte mit seinen Mitarbeitern austragend und sich für diese Schulen aufreibend, starb Lietz 1919 in Haubinda.

Lietz gilt als Pionier der Landerziehungsheime und hatte durch seine Schriften, vor allem aber durch seine Schulgründungen als streitbarer Pädagoge großen Einfluss auf zeitgenössische Reformpädagogen. Differenzen mit seinen Mitarbeitern entstanden v.a. wegen seiner nationalistischen, teils antisemitischen Ansichten, seines autoritären Führungsstils sowie seines z.T. doch recht traditionellen Unterrichts in den insgesamt reformpädagogisch orientierten Landerziehungsheimen.

Literatur

Lietz, H. (1970): Schulreform durch Neugründung. Paderborn. – Koerrenz, R. (1989): Hermann Lietz. Frankfurt u.a.

Jörg-W. Link

Lindner, Gustav Adolf (1828-1887)

Lindner studierte bis 1850 an der damals noch vereinigten deutsch-tschechischen Universität Prag Philosophie, Mathematik und Physik mit dem Ziel des Gymnasiallehramts, lehrte an verschiedenen Gymnasien und übte zehn Jahre das Amt des Direktors der Lehrerbildungsanstalt in Kuttenberg (Böhmen) aus. 1882 berief ihn die neue tschechische Universität in Prag zum ordentlichen Professor für Philosophie und Pädagogik, wo er bis zu seinem Tod wirkte.

Er veröffentlichte Lehrbücher für das gymnasiale Schulfach Philosophische Propädeutik und zur Nutzung an Lehrerbildungsanstalten Leitfäden über die Allgemeine Erziehungslehre sowie über die Allgemeine Unterrichtslehre (beide 1877, jeweils viele Folgeauflagen). Zudem trat er für eine pädagogische Hochschule ein (Die Pädagogische Hochschule, 1874). Von großer Bedeutung für die Pädagogik der Habsburger Monarchie war sein Encyklopädisches Handbuch der Erziehungskunde mit besonderer Berücksichtigung des Volksschulwesens (1882), in dem er in lexikalischer Form die damals schulpädagogisch relevanten Themen behandelte. Lindner gehörte in Österreich wegen seiner auflagenstarken Kompendien zu den wirkungsvollsten Multiplikatoren der Pädagogik und Psychologie Johann Friedrich Herbarts.

Literatur
Brezinka, W. (2003): Pädagogik in Österreich. Bd. 2. Wien, 51-67.

Rotraud Coriand

Litauen (Republik Litauen; Lithuania)

Litauen ist der südlichste der drei baltischen Staaten. Am 11. März 1990 erlangte Litauen wieder seine Unabhängigkeit. Im Zuge der Erweiterung der Europäischen Union (EU) am 1. Mai 2004 wurde es Mitglied der EU. Die überwiegende Mehrheit der Bevölkerung sind Litauer (85%); daneben gibt es verschiedene nationale Minderheiten wie Russen, Polen und Ukrainer.

Die erste Schule des litauischen Königreichs bestand im 14. Jahrhundert an der Kathedrale von Vilnius. Im 16. und 17. Jahrhundert wurden mehr als 100 Schulen an Klöstern eröffnet, deren Zahl in den folgenden Jahrhunderten weiter stieg. Im 20. Jahrhundert wurde das litauische Schulwesen dreimal umgestaltet: 1919-1940 zur Zeit der Unabhängigkeit, 1940-1985 zur Sowjetzeit und schließlich im Jahr 1988, als mit der Vorstellung des Nationalen Schulkonzepts der Reformprozess des litauischen Bildungssystems begann. Das Bildungsgesetz wurde 1991 verabschiedet. Der Besuch einer vorschulischen Einrichtung ist freiwillig. Die Schulpflicht beginnt mit dem 7. und endet mit dem 16. Lebensjahr. Im Anschluss an eine vierjährige Grundschule (pradinė mokylka) wechseln die Kinder auf eine sechsjährige Hauptschule (pagrindinė mokylka). Dieser Schultyp der Sekundarstufe I wurde erst nach der Unabhängigkeit Ls. eingeführt und ersetzt die sieben- bis neunjährigen Schulen aus der sowjetischen Zeit. Nach der Hauptschule können die Schüler ihre schulische Ausbildung an einer Mittelschule (Klasse 11 und 12) oder an einem Gymnasium fortsetzen. Ein Wechsel auf ein Gymnasium ist bereits nach der 8. Klasse möglich. In den Städten bildet die Mittelschule meist eine organisatorische Einheit mit der Hauptschule. Die einzelnen Schultypen haben faktisch sehr unterschiedliche Organisationsformen (z.B. Klasse 1-10: Grundschule und Hauptschule). Großen Zuspruch erhalten die nach der Unabhängigkeit entstanden Privatschulen, deren Zahl in den letzten Jahren deutlich gestiegen ist.

Die berufliche Erstausbildung findet derzeit unter der leitenden Zuständigkeit des Ministeriums für Bildung und Wissenschaft ausschließlich in Vollzeitschulen statt. Eine duale Ausbildung gibt es in. Litauen noch nicht. Die Berufsschulen bieten in unterschiedlich langen und nach Eingangsvoraussetzungen und Anspruchsniveau differenzierten Bildungsgängen Qualifikationen an.

Das Studium in Litauen ist in der Regel dreistufig. Die erste Stufe ist ein berufsqualifizierendes Studium, dauert 4 Jahre und schließt mit dem Bachelor ab. Als zweite Stufe kann ein spezialisierendes Fachstudium von 2 Jahren absolviert werden. Im Anschluss daran kann die Promotion erfolgen. Daneben gibt es Studienprogramme mit einem gemeinsamen Haupt- und Fachstudium z.B. in technischen Fächern sowie besondere Fachausbildungen (z.B. Medizin).

Literatur
Peck, B. T. (Ed.) (1998): Teaching and Learning in Lithuania Since "Rebirth". New York. – Peck, B. T./Mays, A. (Eds.) (2000): Challenge and Change in Education. New York.

Carolin Rotter

Literacy

Literacy bezeichnet zunächst die Fähigkeit zu lesen und zu schreiben (lat. littera: der Buchstabe). Seit den 1980er Jahren ist ausgehend von Debatten im anglo-amerikanischen Raum mit Literacy allerdings mehr als die elementare Alphabetisierung gemeint. Einhergehend mit den steigenden Qualifikationsanforderungen an die Mitglieder moderner Gesellschaften bezeichnet Literacy das notwendige Minimum an Kenntnissen und Kompetenzen zur Teilhabe an einer schriftförmig organisierten Kultur und demokratischen Gesellschaft. Literalität – so die häufig anzutreffende, allerdings als ungenau zu bezeichende Übersetzung des ursprünglich aus dem angelsächsischen Raum stammenden Begriffs bzw. Konzepts – meint somit nicht allein Schreib- und Lesefähigkeit in einem technischen Sinne, sondern die Beherrschung verschiedener domänenspezifischer Sprachen und Denkformen als Voraussetzung für die Teilhabe und aktive Mitgliedschaft an der Kultur.

Die Basis dafür bildet freilich die Lesekompetenz, die darum oft als Schlüsselkompetenz bezeichnet wird; Lesen stellt demzufolge ein Werkzeug dar, das der Aneignung, Organisation und Anwendung von Wissen dient. Lesekompetenz im Sinne von Reading Literacy bezieht sich auf die Fähigkeit, einzelne Wörter, Sätze und ganze Texte flüssig lesen und im Textzusammenhang verstehen zu können. Weitergehend kann Lesekompetenz als Fähigkeit definiert werden, geschriebene Texte zu verstehen, zu nutzen und über sie zu reflektieren, um eigene Ziele zu erreichen und das eigene Wissen und Potenzial weiter zu entwickeln. Betont wird gegenüber dem Verständnis einer passiven Informationsentnahme aus Texten die aktive Konstruktionsleistung des Individuums, bei der die Textinhalte mit dem eigenen Vor- und Weltwissen in Verbindung gesetzt werden.

Die Entwicklung der Lesekompetenz ist abhängig von individuellen Lesermerkmalen, beispielsweise der kognitiven Grundfähigkeit, der Dekodierfähigkeit und dem Lernstrategiewissen sowie der Lesemotivation. Eine besondere Bedeutung für den Erwerb der Lesekompetenz kommt der Familie als frühester und wirksamster Instanz der Lesesozialisation zu, aber auch gesamtgesellschaftliche Entwicklungen (z. B. die Nutzung elektronischer Medien) beeinflussen das Leseverhalten Jugendlicher.

Die Diskussion um Literacy ist eng verbunden mit der Debatte um (Allgemein-)Bildung. Literacy wird in diesem Kontext häufig als funktionale Variante des Allgemeinbildungskonzepts bezeichnet und oftmals äquivalent zum Begriff der Grundbildung verwendet. Diesem funktionalen Verständnis folgend definiert Literacy die für die Heranwachsenden notwendigen und über Standards definierten Basiskompetenzen. Literacy gilt damit als Grundlage für die selbständige Teilhabe an allen (anschließenden) Bildungs- und Lernprozessen. Im Unterschied zum Begriff der Allgemeinbildung ist Literacy damit auf eine propädeutische Funktion im Rahmen des Lebenslaufes begrenzt.

Das Literacy-Konzept wurde in Deutschland durch das Programme for International Student Assessment (PISA) bekannt. Das hier vertretene, auf Lesen, Mathematik und Naturwissenschaften konzentrierte, funktionalistisch orientierte Grundbildungsverständnis zeigt sich zum einen an den Aufgabenformaten, die der Bewährung von Kompetenzen in Anwendungssituationen eine besondere Bedeutung beimessen – wobei umstritten ist, inwieweit die PISA-Aufgaben überhaupt realitätsgerechte Situationen erfassen können. Zum anderen stützt PISA die Idee von gesellschaftlich nützlichen Kompetenzen, die Schüler zu brauchbaren Mitgliedern der Gesellschaft machen sollen. Das brachte der Studie den Vorwurf ein, Leistung vor allem an einem gesellschaftlich-ökonomischen Maßstab zu messen und weniger an persönlichen Bildungsentwicklungen zu orientieren. Gleichwohl hat PISA die Aufmerksamkeit für Literacy, und in Deutschland insbesondere für die Lesekompetenz geschärft, denn die Studie attestierte deutschen Schülern schlechte Leseleistungen: 23% der im Rahmen von PISA getesteten Jugendlichen wurden als schwache Leser bzw. Risikokandidaten eingestuft. 42% der deutschen Jugendlichen sagten außerdem von sich selbst, sie würden überhaupt nicht zum Vergnügen lesen. Diese Befunde wurden in Deutschland als alarmierend bezeichnet und führten zu verschiedenen Initiativen der Leseförderung vom frühen Kindheitsalter an.

Literatur
Lankshear, C. (1998): Meanings of literacy in contemporary educational reform proposals. In: Educational Theory 48, 351-372. – Organisation for Economic Cooperation and Development OECD (1999): Measuring Student Knowledge and Skills. Paris. – Schiefele, U. u.a. (Hg.) (2004): Struktur, Entwicklung und Förderung von Lesekompetenz. Wiesbaden.

Petra Herzmann

Literacy-Erziehung

Die Ausbildung von Literacy beginnt in der frühen Kindheit und wird vor allem durch die jeweilige Familie und Kindertageseinrichtung geprägt. Die Entwicklung der Kleinkinder verläuft unterschiedlich je nach Ausmaß der Anregung (durch Erzählen, Vorlesen, dialogorientierte Bilderbuchbetrachtung, Rollenspiele mit Schreibszenen, Beschäftigung mit Symbolen und Schriftzeichen etc.) und der Literalität der Erwachsenen (Bildungsnähe, Stellenwert von Sprache, Schrift und Literatur im Alltag). Kleinkinder mit vielfältigen Literacy-Erfahrungen zeigen später in der Schule eine höhere Sprach-, Lese- und Schreibkompetenz. Zudem bedingt die frühe literarische Sozialisation weitgehend, inwieweit Literatur zum Wegbegleiter durch das Leben wird. Deshalb gibt es vereinzelt Family Literacy-Programme. Vor allem aber wird in den Bildungsplänen der Bundesländer gefordert, dass Kindertageseinrichtungen die Literacy-Erziehung intensivieren sollen. So sollen Fachkräfte den Kindern häufig Märchen, Sagen oder Mythen erzählen, Gedichte vortragen oder aus Kinder- und Bilderbüchern vorlesen. Aber auch Auszüge aus Büchern für andere Altersgruppen, informative Texte oder Lexikonartikel sind geeignet, wenn sie für Kleinkinder interessant und verständlich sind bzw. entsprechend elementarisiert werden. Durch das Vorlesen lernen Kinder nicht nur Bücher kennen, sondern auch die de-kontextualisierte (Schrift-)Sprache. Zugleich werden die Kinder in die Buch- und Schriftkultur eingeführt: Sie lernen die Bestandteile von Büchern (Einband, Titelseite, Inhaltsverzeichnis, Kapitel, Abschnitte, Sätze, Wörter usw.) und den Umgang mit ihnen kennen (z.B. richtiges Halten von Büchern, Umblättern). Die Kinder erkennen den Zusammenhang zwischen Buchstaben und dem gesprochenen Wort, fragen nach dem Alphabet, malen eventuell einzelne Buchstaben nach oder erfinden ihre eigene Schrift. Wichtig ist, dass sie eine generell positive Einstellung zu Büchern und Interesse an der Schrift entwickeln, da dies später zu Lesemotivation und Freude am Schreiben führen wird.

Literatur
Näger, S. ([3]2007): Literacy. Freiburg. – Rau, M. L. (2007): Literacy. Bern.

Martin R. Textor

Literalität

Literalität bezeichnet eine historisch entstandene, mit der gesellschaftlichen Entwicklung und Ausbreitung der Schriftkultur in abendländischen Gesellschaften einhergehende Form der gesellschaftlichen Kommunikation, der Generierung von Wissen und Erkenntnissen und der Tradierung von und Auseinandersetzung mit kulturellen Errungenschaften.

Die Durchsetzung und Verallgemeinerung des Schriftgebrauchs hat eine zunehmende Verschriftlichung aller Lebensbereiche mit sich gebracht, die von den Mitgliedern in literalen Gesellschaften spezifische Lese- und Schreibfähigkeiten erfordert. Vor diesem Hintergrund hat sich in empirischen Bildungsstudien ein Verständnis von Literalität in Anlehnung an den angloamerikanischen literacy-Begriff etabliert, das Literalität in einem pragmatischen und funktionalen Sinn als ein Bündel von basalen Kompetenzen zum zweckgerichteten Umgang mit Geschriebenem, zur Nutzung schriftlicher Materialien zur Informationsgewinnung und zur Teilhabe an schriftgestützten gesellschaftlichen Vorgängen begreift. Im Zuge der Globalisierung der abendländischen Schrifttradition wird den literalen Kompetenzen eine Kulturunabhängigkeit und Wertneutralität zugesprochen, die sie zum Schlüsselindikator für die humane und ökonomische Entwicklung erhebt.

Untersuchungen zum Verhältnis von Oralität bzw. Mündlichkeit und Literalität bzw. Schriftlichkeit aus der zweiten Hälfte des 20. Jahrhunderts haben gezeigt, dass die Einführung von Literalität mit einer ganzen Reihe von kulturellen und gesellschaftlichen Entwicklungen verbunden war, die unsere heutige Denk- und Lebensweise wesentlich bestimmen. Dazu gehören z.B. historisches Bewusstsein, logisches Denken und Kritikfähigkeit, Demokratisierung und Entlastung des kulturellen Gedächtnisses zugunsten kultureller Innovationen. Inzwischen ist deutlich geworden, dass Literalität mit einer Pluralität sozialer und kultureller Praktiken verknüpft ist und je nach Kontext unterschiedliche Ausprägungen in Abhängigkeit von den kulturellen Hervorbringungen und den sozialen Organisationsformen des Umfelds annimmt. Literalität lässt sich demnach weniger als einheitliche kulturelle Errungenschaft verstehen, der ein universelles Bündel an Kompetenzen und kognitiven Haltungen entspricht, sondern vielmehr als je spezifische Formation von Schriftlichkeit, die jeweils angemessene subjektive Handlungsmöglichkeiten und Formen des literalen Bewusstseins als Teilhabe-

möglichkeiten an einer literalen Tradition und dem damit verbundenen (schrift-)kulturellen Wissen hervorbringt.
Schriftlichkeit schließt im Unterschied zu Literalität den Bezug auf kulturelle Inhalte, Werte und Normen sowie auf Routinen und Institutionen der jeweiligen Gesellschaft ein. Sie ist damit nicht allgemein beschreibbar, sondern muss in ihrer besonderen kulturellen, sozialen und pädagogischen Bedeutung für die jeweilige Schriftkultur erschlossen werden. Als Herstellung von Lesbarkeiten und Beschreibungen ist Schriftlichkeit zu einer verallgemeinerten sozialen Praxis geworden – zu einer Art und Weise, sich zu sich selbst und zur umgebenden sozialen Welt zu verhalten. Indem wir Welt und Selbst lesbar machen, erscheinen sie uns trotz zahlreicher unverfügbarer Aspekte in einer fassbaren Modalität.

Literatur

Brockmeier, J. (1998): Literales Bewusstsein. München. – Ong, W. J. (1987): Oralität und Literalität. Opladen. – Ecarius, J./Friebertshäuser, B. (Hg.) (2005): Literalität, Bildung und Biographie. Opladen.

Stephan Sting

Litt, Theodor (1880-1962)

Litt war einer der Hauptvertreter der geisteswissenschaftlichen Pädagogik. 1890-1899 besuchte er das Humanistische Gymnasium in Düsseldorf und studierte im Anschluss alte Sprachen, Geschichte und Philosophie in Bonn. 1904 wurde er mit einer altphilologischen Arbeit promoviert. Bis 1919 wirkte er als Oberlehrer an einem Gymnasium in Köln. In diesem Jahr erhielt er den Ruf auf eine Pädagogikprofessur an der Universität Bonn, 1920 übernahm er als Nachfolger Eduard Sprangers den Lehrstuhl für Philosophie und Pädagogik an der Universität Leipzig.
Er entfaltete eine rege Publikationstätigkeit; zur Reformpädagogik blieb er in kritischer Distanz; seine pädagogische Grundsatzposition machte er in seinem dialektisch aufgebauten pädagogischen Hauptwerk deutlich, in dem er die Grenzen der beiden pädagogischen Oppositionsbegriffe Führen und Wachsenlassen aufzeigte (Führen oder Wachsenlassen, 1927, [13]1967). Im Anhang zu dieser Schrift findet sich die Abhandlung über das Wesen des pädagogischen Denkens, in der er erläutert, dass die pädagogische Wissenschaft von der pädagogischen Praxis ausgehe und somit nicht wertfrei sein könne.
1931/32 war er Rektor der Leipziger Universität. Der nationalsozialistischen Machtübernahme stand er ablehnend gegenüber; nach mehreren Konflikten wurde er auf eigenen Wunsch hin 1937 emeritiert. Nach Kriegsende nahm er seine Lehrtätigkeit an der Universität Leipzig wieder auf; vor dem Hintergrund seines weltanschaulichen und bildungspolitischen Dissenses mit den Entwicklungen in der Sowjetischen Besatzungszone folgte er 1947 einem Ruf an die Universität Bonn auf einen Lehrstuhl für Philosophie und Pädagogik. Er entwickelte seine pädagogische Theorie weiter und entfaltete erneut eine breite Publikations- und Vortragstätigkeit, die er auch über seine Emeritierung 1952 hinaus bis zu seinem Tod 1962 fortsetzte.
Drei Aspekte seiner Pädagogik sind von zentraler Bedeutung: zum einen seine Begründung des pädagogischen Handelns als Einführung in die Kultur (Pädagogik, 1921), zum zweiten seine – nach 1945 modernisierte – Bildungstheorie, die sowohl die Differenzerfahrungen der modernen Gesellschaft als auch die für sie konstitutiven Naturwissenschaften und technologischen Entwicklungen zu integrieren versucht (Technisches Denken und menschliche Bildung, 1957), und zum dritten seine in den 50er Jahren ausgearbeitete Konzeption einer Theorie politischer Erziehung für die Demokratie (Die politische Selbsterziehung des deutschen Volkes, 1954).

Literatur

Litt, T. (1995): Pädagogische Schriften. Bad Heilbrunn. – Klafki, W. (1982): Die Pädagogik Theodor Litts. Königstein.

Eva Matthes

Loch, Werner (1928-2010)

Loch durchlief zunächst eine Ausbildung zum Volksschullehrer und war ab 1950 als Lehrer tätig. Von 1955 an studierte er an der Universität Tübingen, wo er 1957 Assistent wurde. 1959 wurde er bei Otto Friedrich Bollnow promoviert (Pädagogische Untersuchungen zum Begriff der Begegnung). 1961 erhielt Loch eine Professur für Pädagogik an der Pädagogischen Hochschule Oldenburg, wechselte 1964 an die Universität Erlangen und schließlich 1970 an die Universität Kiel, wo er bis zu seiner Emeritierung 1993 lehrte.
Lochs Werk steht in enger Verbindung zur pädagogisch-anthropologischen Theorie seines Lehrers Bollnow und ist methodisch der Phänomenologie

zuzurechnen. Die anthropologische Dimension der Pädagogik (so auch der Titel einer Veröffentlichung aus dem Jahr 1963) wurde von Loch im Blick auf den Lebenslauf insgesamt (Lebenslauf und Erziehung, 1979) entfaltet und so zur Grundlegung seiner biografischen Erziehungstheorie (1995). In ihr werden Lebenslauf und Lebenswelt insofern auf besondere Weise verbunden, als der lernende Mensch (homo discens) im Mittelpunkt steht, der durch die Verbindung von curricularen Kompetenzen und pädagogischen Paradigmen all das zu lernen vermag, was zu seiner Selbstverwirklichung notwendig ist.

Literatur

Brozio, P. (Hg.) (1993): Pädagogische Anthropologie, biographische Erziehungsforschung, pädagogischer Bezug. Hamburg.

Klaus-Peter Horn

Lochner, Rudolf (1895-1978)

Als früher und unbeachteter Vertreter einer empirischen Erziehungswissenschaft setzte sich Lochner, nach Studium und Promotion (1922) an der deutschen Karls-Universität Prag, für eine Deskriptive Pädagogik (Habilitationsschrift 1927, Nachdruck 1967) ein, die das soziale Moment in der Erziehung berücksichtigt. In dieser von Aloys Fischer und Ernst Krieck beeinflussten Schrift und weiteren befürwortete Lochner die Grundlegung der Erziehungswissenschaft (1931) in Abgrenzung zu einer normativen Erziehungslehre.

In einer zweiten Habilitation behandelte Lochner Grundlagen und Ziele der Volksbildung (Zur Entfaltung der Gemeinschaft 1935). Während des Krieges hatte Lochner Professuren an der Hochschule für Lehrerbildung und an der Lehrerinnenbildungsanstalt in Hirschberg im Riesengebirge inne. Danach erhielt er 1949 eine Professur an der Pädagogischen Hochschule Celle, von 1951-1963 eine Professur an der Pädagogischen Hochschule Lüneburg.

Zuletzt trat die anthropologische Betrachtung der Phänomene der Erziehung (1975) in den Vordergrund seines Interesses.

Literatur

Lehmann, T. (1985): Erziehungswissenschaft, Erziehungstheorie und Weltanschauung. Frankfurt.

Anne Hild

Locke, John (1632-1704)

Locke war in erster Linie empiristischer Philosoph, politischer Theoretiker und Staatsmann. Er hat die Philosophie und Pädagogik des 18. Jahrhunderts wesentlich mitgeprägt. Als einer der Begründer des Liberalismus ist er auch Wegbereiter der englischen bürgerlichen Revolution im 17. Jahrhundert. Locke war einer der ersten kritischen Philosophen, der vor dem Philosophieren die Mittel und Möglichkeiten des menschlichen Denkens einer kritischen Prüfung unterzogen hat. Seine erkenntnistheoretischen Überlegungen weisen ihn als direkten Vorläufer von George Berkeley und David Hume aus. Locke geht davon aus, dass physischer Einfluss auf die Sinnesorgane zu Wahrnehmung, Erkenntnis und Denken führt. Dies hat pädagogische weitreichende Folgen, weil Ideen erst mittels Erfahrung entstehen und nicht angeboren sind.

Locke geht davon aus, dass der Mensch von Geburt an ein vernunftbegabtes Wesen ist, die Vernunft aber erst ausgebildet werden muss, um sie angemessen anwenden zu können (Some thoughts concerning education, 1693). Seine Theorie der Erziehung unterscheidet sich aber dadurch von den Werken anderer zeitgenössischer Pädagogen, dass er den Prozess der Charakterbildung, vor allem die Entwicklung zur vernunftgeleiteten Person hervorhebt. Hauptziele der Erziehung sind für Locke Tugend, gute Manieren, Lebensklugheit und Bildung.

In der Rezeption von Lockes Schriften ist eine Radikalisierung seiner Konzepte auszumachen, die weitreichende pädagogische Konsequenzen hatte. In Frankreich erfolgte sie prominent und pädagogisch gewendet durch Etienne Bonnot de Condillac, in England durch Anthony Collins und David Hartley. In der deutschen Aufklärung konnte das Denken Lockes kaum eine Wirkung entfalten, weil der Einfluss der Monadenlehre von Gottfried Wilhelm Leibniz dominant war. Allerdings führte ein Rezeptionsweg über Christian Wolff, der mit seinem Konzept vom schöpferischen Individuum die Grundlage für eine neue Erkenntnislehre und Ästhetik vorbereitete, die sich von Locke'schen Gedanken inspirieren ließ. In der Erörterung des menschlichen Fortschritts durch die Ausbildung der Einzelseele war bereits der Weg vorgegeben, den die Bildungsphilosophie des deutschen Idealismus beschreiten sollte. Ausgeblendet blieb dabei die Reflexion einer öffentlich-rechtlichen Dimension der Pädagogik, die von Locke nachhaltig angeregt und teilweise weiterentwickelt wurde.

Literatur
Anstey, P. R. (Hrsg.) (2003): The philosophy of John Locke. London. – The Clarendon Edition of the Works of John Locke (1975ff.). Oxford. – Rhyn, H. (2003): Rezeptionswege Lockes. In: Oelkers, J./Osterwalder, F./Tenorth, H.-E. (Hg.): Das verdrängte Erbe. Weinheim, 87-108.

Heinz Rhyn

Löbner, Walther (1902-1982)

Nach seiner Ausbildung zum Volksschullehrer (1918-1922) und Lehrertätigkeit (1922-1925) widmete sich Löbner von 1926-1931 dem Studium der Handelsschulpädagogik an der Handelshochschule Leipzig und wurde 1930 promoviert. 1934 erfolgte die Habilitation für Pädagogik und Psychologie (Wirtschaft und Erziehung). Löbner war von 1937-1949 Professor für Wirtschaftspädagogik an der Handelshochschule Leipzig, von 1949-1958 Direktor der kaufmännischen Schulen der Industrie- und Handelskammer Bochum und schließlich von 1958-1969 Professor für Pädagogik, insbesondere Wirtschaftspädagogik an der Hochschule für Wirtschafts- und Sozialwissenschaften Nürnberg, später Universität Erlangen-Nürnberg.
Löbner warb unverhohlen für eine Erziehung für die Wirtschaft sowohl in seinen Schriften als auch seit 1934 als Vortragsredner für das Amt für Berufserziehung und Betriebsführung in der Deutschen Arbeitsfront. Seit 1938 betätigte Löbner sich als Gaukassenverwalter im Gau Sachsen des Nationalsozialistischen Deutschen Dozentenbundes und seit 1939 als Mitglied des Ausschusses für die Entziehung akademischer Grade – sein Engagement für das NS-Regime gipfelte schließlich im Ruf nach totaler Politisierung der Wirtschaftspädagogik. Neben und nach seiner Hochschullehrertätigkeit nach 1945 betätigte sich Löbner vor allem als Berater der Wirtschaftspraxis.

Literatur
Löbner, W. (1943): Ausbilder- und Prüferfibel. Wien, Berlin, Leipzig.

Martin Kipp

Löwenstein, Kurt (1885-1939)

Nach dem Besuch eines Rabbiner-Seminars studierte Löwenstein in Berlin und Erlangen Philosophie und Pädagogik. Als Kriegsgegner arbeitete er während des Ersten Weltkriegs für das Rote Kreuz. 1918 trat er der Unabhängigen Sozialdemokratischen Partei Deutschlands (USPD) bei und beteiligte sich maßgeblich an der Ausarbeitung ihres Schul- und Bildungsprogramms. Von 1920-1933 Reichstagsabgeordneter (zunächst für die USPD, ab 1922 für die Sozialdemokratische Partei Deutschlands), galt sein bildungspolitisches Streben vor allem der Verbesserung der Bildungschancen und der sozialen Lage der Arbeiterkinder.
Praktische Reformarbeit leistete er als Stadtverordneter in Berlin, als Stadtrat für Volksbildung in Berlin-Neukölln (1921-1933) und besonders als Vorsitzender der sozialdemokratischen Kinderfreunde Deutschlands (1924-1933). Vor allem aus dieser Arbeit bezog er nachhaltige pädagogische Erkenntnisse über kindgemäße politische Erziehung und Möglichkeiten selbstbestimmter, lebendiger Demokratie, die er in den von ihm geleiteten Kinderrepubliken umzusetzen suchte. 1933 musste Löwenstein aus Deutschland emigrieren. Im französischen Exil setzte er seine Arbeit für die Kinderfreundebewegung fort und war zudem in der Sozialistischen Erziehungsinternationale und im Verband Deutscher Lehrer-Emigranten tätig.

Literatur
Löwenstein, K. (1976): Sozialismus und Erziehung. Bonn.

Christa Uhlig

Logopädie

Die Logopädie beschäftigt sich in Theorie und Praxis mit der Prävention, Diagnostik, Evaluation, Beratung, Bildung, Therapie und Rehabilitation von Menschen, die durch eine Sprach-, Sprech-, Schluck-, Stimm- oder Hörstörung in ihrer Kommunikationsfähigkeit beeinträchtigt sind. Das Ziel ist die Verbesserung der Kommunikationsfähigkeit und die Vorbeugung oder der Abbau einer Behinderung in den personalen, sozialen, schulischen und beruflichen Lebensbereichen.
In der Therapie von Kommunikationsstörungen werden Menschen aller Altersgruppen unterstützt, d.h. Kleinkinder und Säuglinge, Vorschulkinder, Schulkinder, Jugendliche, Erwachsene, sowie deren Angehörige.
Der Begriff Logopädie wurde 1924 auf dem 1. Internationalen Kongress für Logopädie und Phoniatrie in Wien durch den Mediziner Emil Fröschels für die bis dahin übliche Bezeichnung medizinische Sprachheilkunde in Abgrenzung zur Phoniatrie der

medizinischen Stimmheilkunde eingeführt. Die Bedeutung des Logopädie-Begriffs änderte sich im Laufe der Zeit. Heute wird Logopädie üblicherweise als Bezeichnung für ein interdisziplinäres Fach verstanden, in das verschiedene Bezugswissenschaften, insbesondere (Sonder-)Pädagogik, Linguistik (auch Psycho- und Neurolinguistik), Psychologie, Medizin, und Soziologie eingehen.
Der Logopädie entspricht im angloamerikanischen Raum die speech-language-pathology bzw. speech therapy. Im Gegensatz zum europäischen und außereuropäischen Ausland, in denen die Logopädie überwiegend eine eigenständige wissenschaftliche Disziplin darstellt und ein Hochschulstudium erfordert, verlangt die Logopädie in der Bundesrepublik Deutschland bislang noch eine Ausbildung an einer Fachschule. In den deutschsprachigen Ländern (außer in der Schweiz oder auch der ehemaligen Deutschen Demokratischen Republik) wurde daher zwischen Logopädie und akademischer Sprachtherapie (Sprachheilpädagogik/ Sprachbehindertenpädagogik, klinische Linguistik, klinische Sprechwissenschaft, Patholinguistik) unterschieden. Aufgrund von internationalen Anpassungstendenzen werden aktuell zunehmend Gemeinsamkeiten von Logopädie und Sprachheilpädagogik herausgearbeitet. Weltweit gibt es Bemühungen um eine Vereinheitlichung der Fachdisziplin und des Berufsbildes auf der Basis modularisierter Studiengänge (Bachelor-/Masterabschlüsse), die in der Regel den Rehabilitationswissenschaften zugeordnet werden.

Literatur
Grohnfeldt, M. (Hg.) ([2]2005): Lehrbuch der Sprachheilpädagogik und Logopädie. Bd. 1. Stuttgart.

Christiane Miosga

LRS → Lese-Rechtschreibschwierigkeiten

Luchtenberg, Paul (1890-1973)

Luchtenberg studierte Philosophie, Pädagogik, Religionswissenschaften, Germanistik und neuere Sprachen an den Universitäten Bonn, München und Münster, wurde 1915 promoviert und war von 1916-1923 Studienrat in Remscheid. 1920 habilitierte er sich für Philosophie, 1922 für Pädagogik in Köln. Als Mitbegründer des ersten Berufspädagogischen Instituts in Köln strebte Luchtenberg dessen Eingliederung in die Universität Köln an. Auf seine Anregung und unter seiner Mitwirkung wurden die Kölner Blätter für Berufserziehung herausgegeben. 1925-1930 war Luchtenberg Professor für Philosophie, Pädagogik und Psychologie an der Technischen Hochschule (TH) Darmstadt, 1931-1936 Professor für Philosophie und Pädagogik an der TH Dresden. Der Berufung Luchtenbergs nach Dresden folgte seine Wahl zum Mitglied der Erfurter Akademie der gemeinnützigen Wissenschaften und seine Berufung in den Beirat des Zentralinstituts für Erziehung und Unterricht in Berlin.
1936 wurde Luchtenberg aus allen Ämtern entfernt, woraufhin er bis 1945 seinen eigenen Gutshof bewirtschaftete. Nach 1945 beschäftigte sich Luchtenberg mit kulturpolitischen Problemen, war Mitbegründer der Freien Demokratischen Partei, Mitglied des Landtages in Nordrhein-Westfalen (NRW), Mitglied im ersten und zweiten Deutschen Bundestag und 1956-1958 Kultusminister des Landes NRW. Auf Luchtenbergs Initiative wurde der Deutsche Ausschuss für das Erziehungs- und Bildungswesen gegründet. Luchtenberg nahm viele hochrangige Leitungsfunktionen wahr, u.a. als Leiter der Zentralstelle zur Erforschung und Förderung der Berufserziehung und als Vorsitzender des Arbeitsausschusses für Berufsausbildung. Luchtenbergs wissenschaftliches Werk besteht u.a. aus kritischen bildungspolitischen Reflexionen und programmatischen Entwürfen zur Kulturpolitik; er strebte eine einheitliche Neuordnung des Bildungswesens an und plädierte für die Einrichtung eines Bundeskultusministeriums.

Literatur
Luchtenberg, P. (1923): Antinomien der Pädagogik. Langensalza. – Luchtenberg, P. (1952): Die Berufsschule im geistigen Ringen der Gegenwart. In: Die berufsbildende Schule 4, 311-325.

Martin Kipp

Luhmann, Niklas (1927-2000)

Luhmann war seit 1968 Professor für Soziologie an der Universität Bielefeld und gilt – über den deutschen Wissenschaftsdiskurs hinaus – als Begründer und Gestalter einer modernen sozialwissenschaftlichen Systemtheorie. Sein Ansatz integrierte drei große Bezugstheorien: Kommunikationstheorie, Evolutionstheorie (als Theorie der soziokulturellen Evolution) und schließlich Systemtheorie in der Perspektive einer Theorie sozialer Differenzierung. Seine Ausgangsfrage lautet: Was sind und wie funktionie-

ren soziale Systeme? (Soziale Systeme, 1984) Soziale Systeme bestehen dabei aus Kommunikationen, die einer bestimmten Logik folgen. Systeme moderner Gesellschaft und ihre Ausdifferenzierung verlaufen über Kommunikationsmedien und orientieren sich an entsprechenden Kommunikationsformen.
Luhmann hat sich, oft gemeinsam mit Karl-Eberhard Schorr, sehr früh und immer wieder mit Fragen der Erziehung beschäftigt, die Luhmannsche Sichtweise auf die Pädagogik wurde intensiv und kontrovers rezipiert. Was ihn gereizt hat, ist die Paradoxie, die pädagogische Prozesse aus systemtheoretischer Sicht kennzeichnet. Denn die Idee, dass man psychische Systeme (Bewusstsein) durch soziale Systeme (z.B. Unterricht, Beratung, Therapie) beeinflussen kann, widerspricht der systemtheoretischen Grundannahme der geschlossenen und sich selbst reproduzierenden Systeme. Deshalb spricht er von einem Technologiedefizit der Erziehung: Aus seiner Theorieperspektive ist es nicht möglich, in einer Art Kausalprogramm von einem System ausgehend auf das andere gezielt einzuwirken. In diesem Sinne unterscheidet er auch zwischen Sozialisation und Erziehung. Sozialisation kann demnach – eben wegen der Geschlossenheit des psychischen Systems – nur als Selbstsozialisation stattfinden. Deshalb kann man in der Pädagogik nicht einfach davon ausgehen, dass direkt eingewirkt werden kann. Was auch immer an Umwelt existiert oder pädagogisch arrangiert wird – die Verarbeitung dieser Umwelteinflüsse im System ist weder komplett planbar noch steuerbar und erst recht nicht prognostizierbar.

Literatur

Luhmann, N. (2002): Das Erziehungssystem der Gesellschaft. Frankfurt. – Kneer, G./Nassehi, A. (1997): Niklas Luhmanns Theorie sozialer Systeme. München.

Hans Gängler

Luserke, Martin (1880-1968)

Nach dem Besuch der Knabenschule und des Pädagogiums der Herrnhuter Brüdergemeine in Berlin und Niesky arbeitete Luserke 1900-1905 als Volksschullehrer, bildete sich 1905/06 durch mathematische und philosophische Studien an der Universität Jena fort und arbeitete ab Frühjahr 1906 als Lehrer am Landerziehungsheim Haubinda bei Hermann Lietz. Zusammen mit Paul Geheeb, Gustav Wyneken u.a. gründete er 1906 die Freie Schulgemeinde Wickersdorf, die er bis 1925 mit kurzen Unterbrechungen faktisch leitete. Im Jahr 1925 gründete er sein eigenes Landerziehungsheim auf der Nordseeinsel Juist (Schule am Meer, 1925-1934). Nach der Schließung der Schule lebte Luserke als freier Schriftsteller bis zu seinem Tod in Meldorf (Holstein). Als Reformpädagoge und Schriftsteller widmete sich Luserke bereits in Wickersdorf dem Laienspiel und wurde v.a. als Theaterpädagoge bekannt. In Luserkes praktischer Pädagogik wie auch in seinen theoretischen, kulturkritischen und z.T. völkischen Grundlegungen zeigen sich die Ambivalenzen der Reformpädagogik.

Literatur

Schwerdt, U. (1993): Martin Luserke (1880-1968). Frankfurt u.a.

Jörg-W. Link

Luxemburg (Großherzogtum Luxemburg; Luxembourg)

Luxemburg ist aus dem Heiligen Römischen Reich Deutscher Nation hervorgegangen und das einzige noch bestehende Großherzogtum der Welt. Es grenzt an Belgien, Frankreich und Deutschland und hat ca. 500.000 Einwohner (2008); Amtssprachen sind Französisch, Deutsch und Lëtzebuergesch, eine aus dem Moselfränkischen entstandene Sprache.
In Luxemburg ist die Teilnahme an Angeboten im Rahmen der Früherziehung für Dreijährige freiwillig, der Besuch von Kindergärten für Vier- und Fünfjährige hingegen obligatorisch. Kinder und Jugendliche mit besonderem Förderbedarf sind in Regelschulen integriert. Die Schulpflicht beginnt mit dem sechsten Lebensjahr und endet im Alter von 15 Jahren; sie erstreckt sich auf den Besuch der sechs Jahre umfassenden Primarschule (Klassen 1-6) und der drei Jahre dauernden Sekundarschule I (Klassen 7–9). Unterrichtssprache ist zunächst Deutsch, ab der zweiten Hälfte des zweiten Schuljahrs kommt Französisch als Unterrichtssprache hinzu. In Luxemburg wird aufgrund von steigenden Anteilen von weder Deutsch noch Lëtzebuergesch sprechenden Schülern seit einigen Jahren regulär Unterricht in Deutsch als Fremdsprache erteilt. Am Ende der Primarschule entscheiden das Bildungsministerium, ein Grundschullehrer, je eine Lehrkraft der im Sekundarbereich I vertretenen Schultypen sowie ein Psychologe gemeinsam über den von einem Kind künftig zu besuchenden Bildungsgang. Das Technische Lyzeum besuchen 67% der Sekundarstufenschüler, das Klassische Lyzeum 33% (2008). Das Technische Lyzeum umfasst

auf der Sekundarstufe I die Klassen 7-9 und auf der Sekundarstufe II die Klassen 10-13; differenziert wird ab der 10. Klasse zwischen einem Zweig, der zum Erwerb eines technischen Baccalaureats führt, und einem Zweig für Techniker, der auf Positionen im mittleren Management in privaten Unternehmen vorbereitet; in beiden Zweigen erworbene Abschlüsse erlauben häufig die Aufnahme eines Studiums im tertiären Bildungsbereich. Darüber hinaus umfasst die Sekundarstufe II einen Zweig, der eine Berufausbildung ermöglicht, sowie das Klassische Lyzeum, das mit der Allgemeinen Hochschulreife (diplôme de fin d'études secondaires) abgeschlossen wird.
In Luxemburg gibt es seit 2003 eine Universität mit fünf Fakultäten sowie eine ihr angegliederte Fachhochschule. Die Lehrerausbildung absolvieren Luxemburger überwiegend in den deutsch- und französischsprachigen Grenzregionen.

Literatur
Berg, C. u.a. (Hrsg.) (2007): Lesekompetenzen Luxemburger Schülerinnen und Schüler auf dem Prüfstand. Münster.

Sabine Hornberg

Lyzeum

Im Zuge der 1908 in Preußen erfolgten Neuordnung des höheren Mädchenschulwesens kam es zur Gründung des Lyzeums als höhere Schule für Mädchen, wodurch die frappante Benachteiligung der Mädchen im öffentlichen Schulwesen ihrem Ende zuging, denn bis zu diesem Zeitpunkt gab es in Deutschland kein staatliches, über die Volksschulbildung hinausgehendes und die Berechtigung zum Hochschulbesuch verleihendes höheres Mädchenschulwesen.
Zunächst bezeichnete der Begriff Lyzeum die neu gegründeten berufsvorbereitenden Schultypen der Frauenschule (Ausbildung mit hauswirtschaftlichem Schwerpunkt für soziale Tätigkeiten und Ausbildung zur technischen Lehrerin) und des Höheren Lehrerinnenseminars (Ausbildung für das Lehramt an Mittelschulen), die sich an die lateinlose zehnjährige Höhere Mädchenschule, an die sie organisatorisch und lokal angegliedert waren, anschlossen, und zu deren Besuch der Abschluss dieser Schule berechtigte. 1911 wurde in Angleichung an die Praxis in anderen deutschen Ländern die erwähnte Höhere Mädchenschule insgesamt Lyzeum genannt, der Aufbau hieß seitdem Oberlyzeum.
Auch der Erwerb der allgemeinen Hochschulzugangsberechtigung erforderte den Besuch des Lyzeums bis zum 8. oder 9. Schuljahr, wonach dann jeweils der Wechsel zu einer Studienanstalt nötig war. Die Weimarer Schulreform verkürzte durch die Einführung der vierjährigen Grundschule den Lehrgang des Lyzeums auf die Schuljahre 5-10, es blieb aber Grundlage für den Besuch der Einrichtungen der Frauenbildung und der Studienanstalt. Mit der Schulreform der Nationalsozialisten 1937 gab es nur noch Oberschulen für Mädchen mit hauswirtschaftlichem und sprachlichem Zweig, der Begriff Lyzeum fand keine Verwendung mehr.

Literatur
Kleinau, E./Opitz, C. (Hg.) (1996): Geschichte der Mädchen- und Frauenbildung. 2 Bde. Frankfurt, New York.

Rüdiger Loeffelmeier

M

Macao → Ostasiatische Staaten

Madagaskar → Sub-Saharisches Afrika

Mädchen- und Frauenbildung

Die Begriffe Mädchenbildung und Frauenbildung bezeichnen Bildungsentwürfe, die spezifisch auf das weibliche Geschlecht ausgerichtet sind. Die Notwendigkeit separater Bildungskonzeptionen wird häufig anthropologisch legitimiert, mit dem Verweis auf die Frau als das andere Geschlecht. Aufgrund der Hervorhebung eines essentiellen Unterschiedes tritt die Mädchen- und Frauenbildung als Sonderfall von Bildung auf. Mit der Einführung der Koedukation im Laufe der 1960er-Jahre verliert die Diskussion um geschlechtsspezifisch unterschiedliche Bildungskonzeptionen an Bedeutung. Faktisch zeigen sich dennoch markante Unterschiede in der Realisierung von weiblichen und männlichen Bildungsentwürfen.

Historisch steht die Entwicklung der Mädchen- und Frauenbildung im Zusammenhang mit ständisch segregierten Erziehungsentwürfen für die Lebensphasen vor, in und nach der Ehe und mit der Frage nach der Partizipation von Mädchen an elementarer, höherer und beruflicher Bildung.

Für Adel und Oberschicht galten im Mittelalter die Frauenklöster als Orte weiblicher Bildung. Hier wurden Grundlagen im Lesen und Schreiben gelegt, das Beten von liturgischen Gesängen gelehrt sowie die religiöse und persönliche Erziehung gepflegt. Eine Weiterführung dieser Tradition zeigt sich in den auf Unterricht spezialisierten Ordensgemeinschaften oder christlichen Mädcheninstituten des 17./18. Jahrhunderts und in den angelsächsischen Boarding Schools und Colleges als Beispiele früher Frauenuniversitäten des 19. Jahrhunderts. Diese Bildung zielte auf eine Tätigkeit in den Bereichen der Diakonie und Krankenpflege sowie des Unterrichtens an Elementar- oder Mädchenschulen.

Der öffentliche Diskurs über weibliche Gelehrsamkeit und die Ordnung der Geschlechter zwischen dem 15. und 17. Jahrhundert wurde als Querelle des femmes oder Preziösenbewegung bezeichnet. Im Mittelpunkt dieser Auseinandersetzung standen die Natur von Frau und Mann und die Spannungen zwischen weiblicher und männlicher Welt, die aufgrund veränderter ökonomischer, kultureller, religiöser und politischer Bedingungen in der Frühen Neuzeit den Status der Frau neu bestimmten.

Das Handwerker- und Handelsmilieu, das das Haus als ökonomische Einheit verstand, kannte eine klare Arbeitsteilung zwischen Frau (Hausmutter) und Mann (Hausvater). Obwohl von der professionellen Ausbildung ausgeschlossen, waren Frauen mitunter mit der Geschäftsführung betraut, was ihnen offizielle und inoffizielle Macht verlieh. Das Recht zur Teilhabe an Öffentlichkeit und den eigenständigen Zugang zum Geschäft erhielten sie jedoch meist erst als Witwen. Aus den deutschen und holländischen Hafenstädten ist bekannt, dass Frauen in Kaufmannsfamilien während der Abwesenheit ihrer Männer dem Kontor vorstanden und an der bürgerlichen Öffentlichkeit teilnahmen. Dieser Sachverhalt hatte nicht zuletzt Auswirkungen auf Bildungsforderungen für Mädchen.

Für die Frauenbildung zentral war die Vorstellung dichotomer, komplementär verstandener Geschlechtscharaktere im Sinne psychosozialer Konstrukte von Männlichkeit und Weiblichkeit, aufgrund derer der natürliche Beruf der Frau als Hausfrau, Mutter und Gattin definiert wurde. Durch Fortschreibung des im 18. Jahrhundert entstandenen Bildes von den getrennten Sphären von Mann und Frau wurde Frauenbildung als intermediäres Konzept einer Einheit von Beruf und Bildung thematisiert – im Unterschied zum Dual von allgemeiner Bildung und beruflicher Ausbildung für Männer.

Mit der in der Mitte 19. Jahrhundert entstandenen ersten Frauenbewegung, die als Frauenbildungsbewegung verstanden werden kann, wurde der Diskurs über die Geschlechtszugehörigkeit pädagogisiert und damit politisiert. Das Konzept der geistigen Mütterlichkeit im Sinne einer Erziehung zur Mütterlichkeit unabhängig von biologischer Mutterschaft entwickelte sich v.a. im letzten Drittel des 19. Jahrhunderts zum Leitbegriff der emanzipatorischen Bewegung. In der Betonung genuin weiblicher Qualitäten

wurden damit nicht zuletzt die neu entstehenden sozialen und pädagogischen Frauenberufe legitimiert, die eine standesgemäße Existenzsicherung lediger Frauen und damit die Lösung der Frauenfrage versprachen.
Vertreterinnen der ersten Frauenbewegung haben durch die Gründung von Gymnasialkursen für Mädchen und die Vorbereitung von Mädchen auf das Abitur wesentlich dazu beigetragen, dass Frauen in Deutschland im ersten Jahrzehnt des 20. Jahrhunderts schließlich der Zugang zur Universität gewährt wurde.
In Berlin wurden 1889 die Realkurse für Frauen gegründet, die 1893 in Gymnasialkurse umgewandelt wurden, mit dem Ziel einer wissenschaftlichen Bildung und Vorbereitung auf ein Studium. Die preußische Mädchenschulreform von 1908 führte das zehnjährige Mädchenlyzeum ein, auf dem das Oberlyzeum oder Studienanstalten aufbauten, die das Abitur und damit in Preußen das Frauenstudium ermöglichten. 1893 wurde in Karlsruhe das erste sechsjährige Mädchengymnasium analog dem humanistischen Gymnasium für Knaben eröffnet. Als erster deutscher Staat erlaubte Baden um 1900 die Zulassung von Frauen zum Studium. Bis 1916 war auch in Bremen und Bayern der Standard der preußischen Reform von 1908 erreicht.
Im Verlauf des 20. Jahrhunderts wurde die Mädchenbildung in Deutschland stark geprägt durch die Ideologien der unterschiedlichen politischen Systeme. Für die Zeit des Nationalsozialismus wurde neben der Schule der außerschulischen Mädchenorganisation – Bund Deutscher Mädel (BDM), gegliedert in den Jungmädelbund für die 10-14-Jährigen und den eigentlichen BDM für die 14-18-Jährigen – große Bedeutung beigemessen. Zentrale Themen der auf eine funktionale Feminisierung zugeschnittenen BDM-Schulung waren Sport, haus- und landwirtschaftliche Kenntnisse, Krankenpflege, weltanschauliche Schulung und Musik.
In den beiden im Gefolge des Zweiten Weltkriegs entstandenen deutschen Staaten – Deutsche Demokratische Republik (DDR) und Bundesrepublik Deutschland (BRD) 1949-1990 – kamen unterschiedliche gesellschaftliche Entwürfe und Rollenbilder zum Tragen. Das Schulsystem der DDR zeichnete sich aus durch eine für Jungen und Mädchen gleiche Einheitsschule. Das koedukative Prinzip auf allen Stufen war radikal und übertraf alle Entwicklungen seit der Mädchenschulreform zu Beginn des 20. Jahrhunderts. In den 1950er-Jahren kamen mit Polytechnik- und praktischem Arbeitsunterricht neuartige Elemente hinzu, die bedeutende Veränderungen hinsichtlich weiblicher Auffassungen von Arbeit und Beruf auslösten. Die geschlechtsspezifische Qualifikationspyramide an den Hochschulen, wie sie für die BRD typisch war, existierte auch in der DDR, die Unterschiede waren lediglich gradueller Art. In den alten Bundesländern blieb die Koedukation bis in die 1960er-Jahre umstritten, entwickelte sich danach aber zum Normalfall und ab Mitte der 1980er Jahre zu einem zentralen Forschungsbereich der feministischen Bewegung.
Auseinandersetzungen mit Bildungsentwürfen und -chancen von Frauen weisen in der Erziehungswissenschaft einen starken Bezug zur historischen Biographieforschung bzw. der Sozialisationsforschung auf. Weibliche Bildungsräume werden v.a. mit sozialgeschichtlichen Ansätzen erforscht. Thematisch erstrecken sich die Forschungsgebiete von der weiblichen Identität und Sozialisation, der Frauenbildungsbewegung, der Differenz von Erwerbsarbeit vs. Familienarbeit über Schulbuchkritik, Curriculumforschung und Koedukation bis hin zur außerschulischen Bildung, zu Berufschancen und weiblichen Karriereverläufen.
Die Kategorie Geschlecht als soziale Kategorie und die Diskussion der gesellschaftlich bestimmten Geschlechterdifferenz stellen die wichtigsten Konstanten in der Forschung zu Mädchen- und Frauenbildung dar. Die Bestimmung der Gleichheit oder Ungleichheit der Geschlechter hat eine hohe Bedeutung für den Diskurs über die Möglichkeit und Notwendigkeit gleicher Erziehung und Bildung von Männern und Frauen. Frauenbildungsgeschichte muss im Zusammenhang mit zentralen Themen der Geschichtswissenschaft (Macht, Sozialstruktur, Eigentum, Symbole und Periodisierung) gesehen und diskutiert werden. Vor allen Dingen sind internationale Vergleichsstudien qualitativer und quantitativer Art notwendig, um das Wissen über Frauen und die Geschlechterverhältnisse in Erziehung und Bildung zu erweitern.

Literatur

Albisetti, J. C. (2007): Mädchen- und Frauenbildung im 19. Jahrhundert. Bad Heilbrunn. – Duby, G./Perrot, M. (1993-95): Geschichte der Frauen. 5 Bde. Frankfurt a.M. – Jacobi, J.: Geschlecht. In: Benner, D./Oelkers, J. (Hg.) (2004): Historisches Wörterbuch der Pädagogik. Weinheim, 422-442. – Kleinau, E./Opitz. C. (1996): Geschichte der Mädchen- und Frauenbildung, 2 Bde. Frankfurt a.M., New York. – Rendtorff, B./Moser, V. (1999): Geschlecht und Geschlechterverhältnisse in der Erziehungswissenschaft. Opladen.

Karin Manz

Mädchenschule

Im niederen Schulwesen steht der Begriff Mädchenschule (als Gegenüber zur Knabenschule) für die meist pragmatisch begründete räumliche Trennung von Knaben und Mädchen in der Schule. Im Schulbau größerer Städte wurde dieser Trennung bis ins 20. Jahrhundert durch getrennte Schulen (in großen Schulgebäuden durch getrennte Eingänge und Schulhöfe und die Unterbringung von Mädchenschule und Knabenschule in getrennten Gebäudeflügeln) Rechnung getragen. In ländlichen Gegenden, wo dies zumeist nicht möglich bzw. zu kostspielig war, wurden hingegen meist gemischte Schulen angeboten.

Die höhere Mädchenschule steht im 19. Jahrhundert für ein überwiegend privates höheres Mädchenschulwesen, das während des gesamten Jahrhunderts ein ungeordnetes Konglomerat sehr verschiedener Mädchenschulen darstellte: Es gab ein- oder mehrklassige Schulen, grundständige Einrichtungen, die die Elementarbildung einschlossen und ihre Schülerinnen im 15. oder 16. Lebensjahr entließen, und solche, die für Mädchen vom 9. bis zum 16. Lebensjahr konzipiert waren. Die im 19. Jahrhundert geläufige Bezeichnung Höhere Töchterschule verweist darauf, dass die Inititativen zur Einrichtung höherer Mädchenschulen von Eltern aus dem gehobenen Mittelstand ausgingen, die für ihre Töchter eine höhere, durchaus geschlechtsspezifische Allgemeinbildung wünschten, nicht zuletzt als Vorbereitung der Mädchen auf Ehe, Haushalt und Mutterschaft. In einigen Städten (z.B. Berlin, Barmen, Mühlheim an der Ruhr) existierten höhere Töchterschulen in Verbindung mit Gymnasien, deren Lehrer auch Stunden an der Töchterschule gaben. Inhaltlich variierten die Lehrpläne erheblich, kennzeichnend für die höhere Mädchenschule war aber das Angebot von ein bis zwei Fremdsprachen. In den höheren Mädchenschulen arbeiteten überwiegend Lehrerinnen, ab der Mitte des 19. Jahrhunderts zunehmend auch Philologen und Volksschullehrer. Die Absolvierung einer höheren Mädchenschule entschied nicht über den Eintritt in bestimmte Berufsbereiche und war insofern (anders als die höhere Knabenschule, insb. das Gymnasium) im 19. Jahrhundert eine Schule ohne Berechtigungen. Insofern war die höhere Mädchenschule – obwohl sozial und von ihrem höheren Bildungsangebot her klar von der Volksschule abgehoben – verwaltungstechnisch dem niederen Schulwesen zugeordnet.

Nach mehrfachen Debatten über die Neuordnung der höheren Mädchenschule im letzten Drittel des 19. Jahrhunderts kam es im ersten Jahrzehnt des 20. Jahrhunderts zu einer Reform des höheren Mädchenschulwesens, die zur sukzessiven Anpassung der höheren Mädchenschule an das höhere Knabenschulwesen führte. In diesem Prozess nahm Preußen eine herausragende Position ein und diente anderen Bundesstaaten als Orientierung. Mit Unterschieden der Angebotsstruktur in Details setzte sich die höhere Mädchenschule nach 1908 aus dem Lyzeum (eigentliche höhere Mädchenschule) und im oberen Segment aus der wahlweise zur Verfügung stehenden wissenschaftlichen, auf zwei Jahre angelegten Studienanstalt und dem Lehrerinnenseminar sowie der (ein- bis dreijährigen) Frauenschule (später Frauenoberschule) zusammen. Der Besuch der Studienanstalt ermöglichte das Abitur und den Zugang zur Universität, das Lehrerinnenseminar eine spätere Tätigkeit als Lehrerin und die Frauenschule eine Tätigkeit im erzieherischen und sozialen Bereich (als Sprachlehrerin, Handarbeits-, Hauswirtschafts- oder Turnlehrerin, Kindergärtnerin oder Helferin in der sozialen Arbeit).

Dieses Konzept kam verschiedenen Ansprüchen und Schichten entgegen. Während die Studienanstalt in erster Linie auf Töchter großbürgerlicher und akademisch gebildeter Kreise zugeschnitten war, wurde die Frauenschule, die in ihrer Verkoppelung von höherer Allgemeinbildung mit fachlicher Ausbildung ein gänzlich neues Element im Bereich des höheren Schulsystems darstellte, als Angebot für kleinbürgerliche Milieus (niedere und mittlere Beamte, Angestellte, Handwerker, Gewerbetreibende), die für ihre Töchter ebenfalls eine höhere Mädchenbildung anstrebten, konzipiert. Die Frauenschule mit ihrem als spezifisch weiblich geltenden, auch im Falle einer Verheiratung für nützlich befundenen Angebot (darunter Haushaltskunde, Kindergartenunterweisung, Gesundheitslehre, Kinderpflege, Bürgerkunde und Volkswirtschaftslehre sowie praktische Arbeit wie Kochen oder Hausarbeit in Kindergärten oder Horten) hatte damit einerseits ein gewisses Prestige gegenüber bereits bestehenden Fachschuleinrichtungen, die außerhalb der höheren Mädchenschule für soziale Berufe ausbildeten, und führte zudem weitaus früher zu einem möglichen Beruf als die Studienanstalten.

Die Daten für Preußen zeigen, dass die höhere Mädchenschule in dieser gegabelten Gestalt bis in die 1940er Jahre, auch in der im Nationalsozialismus modifizierten und reduzierten Form (ab 1938 als Oberschule für Mädchen mit sprachlichem oder hauswirtschaftlichem Zweig unter Wegfall der gymnasialen Form) recht ausgewogen verteilt angenommen wurde (1922 mit 48% der Schülerinnen in der Frauenschule gegenüber 25,4% in der Studienanstalt und 26,6% im Lehrerinnenseminar, nach Rückgang im Besuch der Frauenschule 1931 auf 33,9% ab 1934 schließlich mit relativ stabilem Anteil von 49-45% in Frauenschule bzw. hauswirtschaftlicher Form gegenüber 51-55% in den anderen eher wissenschaftlich orientierten Formen.
In der Bundesrepublik Deutschland fanden curriculare Elemente der vormaligen Frauenoberschule Aufnahme zunächst in Schulversuchen mit dem wirtschaftswissenschaftlichen, dem musischen und dem erziehungswissenschaftlichen Gymnasium in Nordrhein-Westfalen und wurden 1966 dann in ein Gymnasium für Frauenbildung zur Erlangung einer fachgebundenen Hochschulreife integriert. Im Zuge der 1972 erfolgten Reform der gymnasialen Oberstufe wurden aus der Frauenschultradition heraus lediglich optional erziehungswissenschaftliche Inhalte, denen in den größtenteils längst koedukativen Gymnasien kein spezifisch weiblicher Charakter mehr zugeschrieben wurde, in das Unterrichtsfach Pädagogik übernommen.
Eigenständige höhere Mädchenschulen gibt es in Deutschland heute nur noch in recht überschaubarer Zahl im Bereich privater Schulen.

Literatur
Ehrich, K. (1996): Stationen der Mädchenschulreform. In: Kleinau, E./Opitz, C. (Hg.): Geschichte der Mädchen- und Frauenbildung. Bd. 2. Frankfurt, New York, 129-148. – Müller, D. K./Zymek, B. (1987): Datenhandbuch zur deutschen Bildungsgeschichte. Bd. II, 1. Göttingen. – Neghabian, G. (1993): Frauenschule und Frauenberufe. Köln, Weimar, Wien.

Heidemarie Kemnitz

Mager, Karl Wilhelm Eduard (1810-1858)

Mager studierte von 1828 bis 1834 in Bonn, Paris und Berlin Naturwissenschaften, Philosophie, Philologie und Geschichte. Außerdem besuchte er Vorlesungen des populären Sprachmethodikers Jean Joseph Jacotot in Leuven (Belgien), der ihn zur Beschäftigung mit Unterrichtsfragen anregte. Bis 1837 war Mager Lehrer am Friedrich-Wilhelms Gymnasium in Berlin unter Gottlieb August Spilleke. Nach einer einjährigen Tätigkeit als Professor für Deutsche Sprache am Collège in Genf zog Mager 1839 nach Bad Cannstatt (bei Stuttgart) und widmete sich zeitweilig ganz der pädagogischen Schriftstellerei. Von 1840 bis 1849 veröffentlichte er in der von ihm herausgegebenen Pädagogischen Revue zahlreiche Artikel zu Pädagogik, Unterrichtslehre und Schulorganisation. 1841/1842-1844 lehrte Mager an der Kantonalschule in Aarau. 1848-1852 war er Direktor des Realgymnasiums in Eisenach, außerdem Inspektor des Lehrerseminars in Weimar und Berater des Schulministeriums.
Mager trat für ein gegliedertes Schulsystem nach gemeinsamer Primarschulzeit ein und zählt zu den Verfechtern einer Bürgerschule als mittlerer Schulart mit allgemeinbildender Funktion. Er forderte die Unabhängigkeit aller pädagogischen Institutionen vom Staat und eine Öffnung gegenüber den Bedürfnissen der bürgerlichen und kirchlichen Gesellschaft. In seiner didaktischen Schrift über die genetische Methode des Unterrichts (1846) setzte Mager objektive Erkenntnis und den Erkenntnisprozess des lernenden Subjekts miteinander in Beziehung. Auf Mager geht u.a. der Begriff Social-Pädagogik als einer Verbindung von Individual- und Staatspädagogik zurück.

Literatur
Mager, K. W. E. (1984-1991): Gesammelte Werke. 10 Bde. Baltmannsweiler.

Sylvia Schütze

Mahrenholtz-Bülow, Bertha von (1810-1893)

Mahrenholtz-Bülow, die als Tochter eines Freiherrn und einer Gräfin Privatunterricht erhalten hat, hat sich früh mit der Erziehung ihrer jüngeren Geschwister sowie der Stiefkinder befasst. Nachdem sie Friedrich Fröbel kennen gelernt hatte, hat sie ebenso wie Henriette Schrader-Breymann, zur Weiterentwicklung der Fröbelpädagogik und ihrer Verbreitung im Ausland beigetragen. Die Beiden entwickelten unterschiedliche Konzeptionen eines Volkskindergartens. Die Konzeption von Mahrenholtz-Bülow zielte auf eine Trennung von Volkskindergärten für die arme Bevölkerung und den übrigen Kindergärten. Ausgleich körperlicher und seelischer Defizite und Arbeitsfähigkeit des zukünftigen Arbeiters waren Ziele ihres Volkskindergartens. Die aus der Fröbelpädagogik herausgelösten Spielgaben und Beschäftigungsmittel wurden mechanisch nach vorgegebenen Mustern ohne Berücksichtigung der Selbsttätigkeit der Kinder angewandt. In der Praxis führte das zur Fortführung der Bewahrschulen mit dem Einsatz von Fröbelmaterialien. Die mit den Volkskindergärten verbundene Spaltung der Kindergartenbewegung wurde erst Anfang des 20. Jahrhunderts im Zusammenhang der pädagogischen Reformbewegung überwunden.

Literatur

Mahrenholtz, B. v. (1866): Die Arbeit und die neue Erziehung nach Fröbels Methode. Berlin.

Dieter Höltershinken

Makarenko, Anton Semjonowitsch (1888-1939)

Makarenko ist durch seine Versuche der Kollektiverziehung in sowjetischen Jugendarbeitskolonien (Gorki-Kolonie 1920-1926 in Poltawa, 1926-1928 in Kurjash, Dzerzinski-Kommune 1927-1935 in Charkow) bekannt geworden und gilt als einer der folgenreichsten Theoretiker der Heimerziehung von Kindern und Jugendlichen mit abweichendem Verhalten.

Makarenko war Sohn eines Eisenbahners, wurde nach Schulzeit und Ausbildung im Alter von 17 Jahren Elementarlehrer an sog. Eisenbahnschulen (für Kinder von Eisenbahnern) und erwarb nach dreijährigem Studium die Lehrberechtigung für höhere Schulen. Er war reformpädagogischem Gedankengut, wie es im zaristischen Russland u.a. von Stanislaw Schazki im Sinne der Settlement-Bewegung vertreten wurde, zugetan und wurde zum scharfen Kritiker reformpädagogischer Pädologie. Zeit seines Lebens hat er sich mit der Frage einer pädagogischen Technik beschäftigt. Als Schulleiter experimentierte er mit dem Entwurf einer kollektiven Schulordnung, einem Abteilungs- und Brigadesystem, nach dem die Schüler z.B. Gartenarbeiten verrichteten, gründete ein Schulorchester und einen Theaterzirkel und führte Schulwanderungen ein. Bei der Übernahme seines Auftrags zur Errichtung einer Kolonie für jugendliche Rechtsverletzer 1920 (später Gorki-Kolonie genannt) war er mit dem Problem zunehmender Verwahrlosung von Kindern und Jugendlichen in Folge des russischen Bürgerkriegs konfrontiert. In Auseinandersetzung mit der Pädologie setzte er schließlich auf eine Erziehung in und durch Arbeit sowie auf Gemeinschaft, Rituale, starke Erzieher, bewusste Disziplin und die Vermittlung von Perspektiven. In Symbolik und Sprache adaptierte er militärische Formen, die den Jugendlichen in den Kolonien äußeren Halt gaben und schuf mit seiner Kommandeurspädagogik ein System der Kollektiverziehung, in dem die Übernahme von Verantwortung und Rechenschaftslegung von zentraler Bedeutung waren.

Zu den international rezipierten Schriften Makarenkos gehört v.a. sein Roman Ein pädagogisches Poem – Der Weg ins Leben (1936), in dem er seine Arbeit in der Gorki-Kolonie beschrieben und stilisiert hat. Die kritische Rezeption seiner erziehungstheoretischen Arbeit ist aufgrund seiner politischen Nähe zum Stalinismus und auch aufgrund problematischer Übersetzungs- und Editionspraktiken bis heute erschwert.

Literatur

Makarenko, A. (1976ff.): Gesammelte Werke. (Marburger Ausgabe). Ravensburg, ab 1982 Stuttgart.

Heidemarie Kemnitz

Malaguzzi, Loris (1920-1994)

Malaguzzi war Teil eines basisdemokratischen Erzieherkollektivs und gilt als Mitbegründer und Visionär der Reggio-Pädagogik. Ursprünglich Grundschullehrer, arbeitete Malaguzzi nach dem Zweiten Weltkrieg mit arbeitslosen Ex-Partisanen und Kriegsheimkehrern, bevor er ab den 1960er Jahren beratend an der Entfaltung der italienischen Kleinkindpädagogik mitwirkte. Als pädagogischer Leiter der kommunalen Kindertagesstätten und Krippeneinrichtungen in Reggio Emilia propagierte er ein neues Bild des Kindes und betonte das kindliche Recht auf Erziehung und Bildung. Seine zahlreichen Ausstellungen und Vortragsreisen trugen zum weltweiten Bekanntheitsgrad der Reggio-Pädagogik bei. Neben Selbstbildungspotentialen der Kinder, ihren sog. hundert Sprachen, maß Malaguzzi besonders der ästhetischen Bildung Bedeutung zu. Auch über seinen Tod hinaus prägen seine Arbeiten reggianische Ausstellungen und Veröffentlichungen.

Literatur

Göhlich, M. ([10]2009): Reggiopädagogik – innovative Pädagogik heute. Frankfurt.

Melanie Kubandt

Malawi → Sub-Saharisches Afrika

Malaysia → Ostasiatische Staaten

Malediven → Süd- und Westasien

Mali → Sub-Saharisches Afrika

Malta (Republik Malta)

Malta hat ca. 400.000 Einwohner (2008) und ist eine Inselgruppe im Mittelmeer, die die Inseln Malta, Comino und Gozo umfasst. Staats- und Unterrichtssprache ist Maltesisch, das Bildungssystem mit seinen Schulen in staatlicher und kirchlicher Trägerschaft ist britisch geprägt. Die Schulpflicht erstreckt sich auf Fünf- bis 16-Jährige. Den Kindergarten besuchen Zwei- bis Fünfjährige, die Primarschule umfasst sechs Schuljahre für Fünf- bis Elfjährige. Am Ende der Primarschulzeit absolvierte Prüfungen entscheiden über die auf der fünf Jahre dauernden unteren Sekundarstufe besuchte Schulform (Elf- bis 16-Jährige). Gewählt werden kann zwischen dem Junior-Lyzeum und Bezirkssekundarschulen. Im Anschluss an die Sekundarstufe I können 16- bis 19-Jährige berufsbildende Schulen, Fachhochschulen oder ein zwei Jahre dauerndes Junior College besuchen, das auf den Besuch der Universität vorbereitet. Die gesamte Lehrerbildung ist an der Fakultät für Erziehungswissenschaft der University of Malta, der einzigen Universität in Malta, angesiedelt.

Literatur
Bezzina, Ch./Grima, G. (2007): Malta. In: Hörner, W. et al.: The Education Systems of Europe. Dordrecht, 487-502.

Sabine Hornberg

Mannheim, Karl (1893-1947)

Mannheim war nach den Jahren als Privatdozent in Heidelberg und als Professor für Soziologie und Nationalökonomie in Frankfurt (1930-1933) im englischen Exil am Institute of Education der London University tätig (ab 1941) und wurde dort 1945 zum Professor für Pädagogik berufen. Er gilt als Klassiker der Wissenssoziologie (Wissenssoziologie, 1964), war aber auch ein ausgewiesener Erziehungssoziologe (An Introduction to the Sociology of Eduation, gemeinsam mit William Alexander Campbell Stewart, 1962, deutsch 1973).
Ist für sein wissenssoziologisches Paradigma kennzeichnend, dass er die historisch-soziale Bedingtheit (Standortgebundenheit) des Denkens unterstreicht, so spiegelt sich dies in seinem erziehungswissenschaftlichen Zugang in der Weise, dass er die Pädagogik an die jeweiligen historisch-gesellschaftlichen Integrationskonstellationen rückgebunden sieht. Der strukturellen Dynamik des Wechselverhältnisses von Erziehung und Gesellschaft galt sein besonderes Interesse: In einer sich wandelnden Gesellschaft ist Erziehung ein Medium gesellschaftlicher Transformation, Schule mithin ein gesellschaftlicher Ort. Es ist die Gesellschaft, die letztlich erzieht, und so ist es für Mannheim auch wichtig, dass die Lehrer einzuschätzen lernen, für welche Gesellschaft sie ihre Schüler erziehen.
Für die (Jugend-)Soziologie und die Erziehungswissenschaft ist außerdem sein Konzept der Generation als eines gemeinsamen Erfahrungshorizonts von Altersgruppen von großer Bedeutung. Betont wird hierbei neben der Altersähnlichkeit v.a. das gemeinsame Zeiterleben und die Erfahrung einer gemeinsamen lebensaltertypischen Stellung (Generationenlagerung und Generationserleben).

Literatur
Brinkmann, W. (1986): Zur Geschichte der pädagogischen Soziologie in Deutschland. Würzburg. – Mannheim, K. (1964): Wissenssoziologie. Neuwied, Berlin.

Lothar Böhnisch

Mapping

Mit dem Begriff Mapping werden Lernprozesse beschrieben, bei denen korrespondierende Informationen aufeinander abgebildet bzw. in Zusammenhang gebracht werden. In der Pädagogischen Psychologie spielt Mapping als Lernprozess in zwei bekannten Konzepten eine Rolle: zum einen in der Structure Mapping Theory und zum anderen im Concept Mapping.
Die Structure Mapping Theory spezifiziert die notwendigen kognitiven Operationen beim Lernen mit Analogien. Analogien werden häufig eingesetzt, um mithilfe eines analogen Sachverhalts, der dem Lernenden bereits vertraut ist, die Zusammenhänge in einer anderen, neuen Domäne, zu erläutern. Beispielsweise kann man den Aufbau eines Wasser-

stoffatoms anhand des Aufbaus des Sonnensystems erklären. Beim Lernen mit Analogien gibt es demnach jeweils ein Ausgangssystem, das dem Lernenden bekannt ist, und ein Zielsystem, das der Lernende erwerben soll. Beide Systeme sollen aufeinander abgebildet, d.h. die Strukturen sollen aufeinander gemappt werden. Dabei sind folgende Schritte notwendig: Erstens müssen in beiden Domänen die relevanten Objekte, deren Eigenschaften und Interrelationen identifiziert werden. Zweitens werden die sich entsprechenden Objekte gemappt, wobei die spezifischen Attribute vernachlässigt werden. So ist die Sonne z.B. zwar gelb und heiß, diese Eigenschaften treffen jedoch nicht auf den Atomkern zu und sind zum Verstehen des Systems auch nicht von Bedeutung. Drittens werden die relevanten Relationen aufeinander abgebildet. Diese drei Mappingschritte finden neben dem Analogielernen beispielsweise auch dann Anwendung, wenn Informationen aus multiplen Repräsentationen, z.B. aus Text und Bild aufeinander bezogen werden müssen. Auch hier muss der Lernende die relevanten Elemente und Relationen in beiden Darstellungen identifizieren, um sie anschließend aufeinander zu mappen. Dieser Prozess des Mapping ist notwendig, um multiple Repräsentationen zu integrieren und eine kohärente Wissensstruktur aufzubauen, die den insgesamt dargestellten Sachverhalt mental repräsentiert.

Beim Concept Mapping handelt es sich um eine grafische Darstellungstechnik zur Organisation und Repräsentation von Sachverhalten. Die Aufgabe des Lernenden ist es, zentrale Begriffe zu identifizieren und im nächsten Schritt deren Beziehungen untereinander zu beschreiben. Das entstehende Netzwerk aus Begriffen und Relationen soll grafisch in Form von Knotenpunkten und Verbindungslinien oder Pfeilen zwischen diesen Knoten dargestellt werden, auf denen die Art der Relation (z.B. ist Teil von; ist ein Beispiel für) notiert werden. Concept Maps können dabei im Lehr-Lern-Kontext vielfältige Funktionen erfüllen: Sie dienen dazu (1) Lernen zu unterstützen, indem neues Wissen mit bereits vorhandenem Wissen verknüpft wird, (2) strukturiertes Wissen zu generieren, z.B. beim Brainstorming, (3) einen komplexen Sachverhalt zu strukturieren, z.B. um ihn in Form eines Hypertexts zu vermitteln, (4) komplexe Ideen zu kommunizieren oder (5) Wissensstrukturen zu analysieren und/oder Fehlkonzepte zu identifizieren. Die Lernwirksamkeit von Concept Maps wird zumeist mit der erstgenannten Funktion, der Verknüpfung neuen und vorhandenen Wissens, begründet. Diese geht auf Ausubels Konzept des meaningful learning zurück, nach dem Vorwissen eine zentrale Bedeutung beim Erwerb neuer Konzepte zukommt.

Beide genannten Mapping-Konzepte sind demnach dazu geeignet, den Lernenden beim Aufbau einer kohärenten Wissensstruktur zu unterstützen, indem Relationen zwischen einzelnen Elementen komplexer Sachverhalte verdeutlicht werden.

Literatur
Gentner, D. (1983): Structure-mapping. In: Cognitive Science 7, 155-170. – Seufert, T. (2003): Wissenserwerb mit multiplen Repräsentationen. Berlin.

Tina Seufert

Marginalisierung

Die Begriffe Marginalisierung und Ausgrenzung werden alltagssprachlich synonym verwendet, beschreiben aber tatsächlich Unterschiedliches. Etablierte sich das Begriffspaar Marginalisierung/Marginalität im sozialwissenschaftlichen Diskurs ursprünglich zur Bezeichnung der Lebenslage von Individuen – zumeist der sog. Fremden –, die nicht vollständig in die Gesellschaft integriert waren, veränderte sich der Bezugspunkt für die Definition von Marginalisierung insbesondere seit Ende der 1960er Jahre im Rahmen der sog. Randgruppendiskussion allgemeiner auf Personen und Gruppen am Rande der Gesellschaft, die gesellschaftlichen Normalitätserwartungen bezogen auf Verhaltensweisen und Lebensführung nicht entsprachen, was in der Folge wiederum Hilfe und Kontrolle auch durch Institutionen der Sozialarbeit legitimierte. Im institutionellen Blick waren und sind somit die Randgruppen, die Nicht-Integrierten, die Defizitären, die es in die Gesellschaft zu integrieren gilt, nachdem ihre Integrationsfähigkeit sozialpädagogisch hergestellt wurde. Ausgrenzung (oder Ausschluss/Exklusion) hingegen bietet als Kategorie kritischer Gesellschaftsanalyse die Möglichkeit, grundlegende gesellschaftliche Ungleichheitsverhältnisse und die ausgrenzenden Konsequenzen für Individuen und Gruppen zu reflektieren sowie den Dualismus von Ausgrenzung und Zugehörigkeit zugunsten einer Perspektive auf die abgestuften, mehr oder weniger realisierten bzw. eingeschränkten Teilhabemöglichkeiten an zentralen Bereichen und Ressourcen der Gesellschaft aufzulösen. In dieser kritischen Lesart wird Ausgrenzung nicht als Resultat oder Zustand betrachtet, der eine defizitorientierte, individualisierende sozialpädagogische Intervention mit dem Ziel der Integration der Ausgegrenzten in die Gesellschaft rechtfertigt, sondern als Prozess und gesellschaftliches Ungleichheitsverhältnis, die sozialpädagogische Strategien zur Thematisierung, Skandalisierung und letztlich Beseitigung ausgrenzender sozialer Verhältnisse provozieren.

Literatur

Anhorn, R./Bettinger, F. (2005): Sozialer Ausschluss und Soziale Arbeit. Wiesbaden. – Kronauer, M. (2002): Exklusion. Frankfurt.

Frank Bettinger

Marketing

Marketing kommt aus dem Englischen und bedeutet soviel wie absetzen, vermarkten. Die Marketingziele leiten sich aus dem Unternehmens- beziehungsweise Einrichtungsziel ab. Sie müssen mit anderen Teilzielen des Unternehmens (Auftrag, Finanzen etc.) abgeglichen werden. Man unterscheidet marktökonomische Ziele (Umsatz) und marktpsychologische Ziele (Image, Bekanntheitsgrad). Die Marketinginstrumente zur Erreichung der oben genannten Ziele gliedern sich auf in Informationsinstrumente (Adressaten- und Marktforschung) und Aktionsinstrumentarien (Produkt-, Preis-, Distributions- und Kommunikationspolitik). Die Adressaten des Marketing finden sich auf den Absatzmärkten und auf den Beschaffungsmärkten (Auftraggeber, Sponsoren etc.).

Marketing wird immer noch mit Öffentlichkeitsarbeit verwechselt und daher unterkomplex gehandhabt. Die institutionellen Einwirkungsmöglichkeiten auf die verschiedenen Parameter (angebotene Produkte, Preiselastizität, Werbeumfang etc.) sind in hohem Maße von den Flexibilitäten der Rechtsform einer Weiterbildungseinrichtung abhängig.

Literatur

Schöll, I. (2005): Marketing in der öffentlichen Weiterbildung. Bielefeld.

Ingrid Schöll

Marokko → Arabische Staaten

Marshall-Inseln → Pazifikregion

Marzahn, Christian (1941-1994)

Marzahn studierte Germanistik, Kunstgeschichte, Altphilologie und Pädagogik in Kiel, Frankfurt am Main und Freiburg und wurde 1972 in Bremen promoviert (Gesellschaftliche Bedingungen sozialpädagogischer Theorie und Praxis). Seit 1970 engagierte er sich beim Aufbau der Universität Bremen, wo er ab 1973 als Professor für Sozialpädagogik wirkte. Im Mittelpunkt seiner Arbeiten standen Theoriefragen der Sozialpädagogik und historische Studien zur Entwicklung von Sozialpolitik und Sozialpädagogik (Zähmen und Bewahren, mit Hans-Günther Ritz 1984) sowie Fragen der Aus- und Fortbildung von Sozialpädagogen (Konflikt im Jugendhaus, mit Christel Schütte und Hans Kamp 1975). In den letzten Arbeitsjahren wandte er sich den Kulturwissenschaften zu und beschäftigte sich v.a. mit der Drogenkultur sowie mit der Kultur- und Sozialgeschichte der Stadt Bremen.

Kurt Schilde

Massenmedien

Die bekannteste und gleichermaßen klassische Definition von Massenmedien orientiert sich am eng verwandten Begriff der Massenkommunikation und wurde von Gerhard Maletzke (1963) formuliert: Massenkommunikation bezeichnet eine öffentliche (ohne begrenzte und personell definierte Empfängerschaft), indirekte (räumliche/zeitliche/raumzeitliche Distanz zwischen den Kommunikationspartnern) und einseitige (ohne Rollenwechsel zwischen Kommunikator und Rezipientem) Kommunikation, die sich technischer Verbreitungsmittel bedient und sich an eine Vielzahl von Menschen, d.h. an ein disperses Publikum (heterogen. anonym, nicht überschaubar) richtet. Eine bekannte Erläuterung von Massenkommunikation lieferte der Kommunikationswissenschaftler Harold D. Lasswell mit der so genannten Lasswell-Formel: Who says what in which channel, to whom, with what effect? Lasswell geht davon aus, dass der Sender eine Botschaft über einen Kanal (bzw. ein Medium) abschickt, das beim Empfänger ankommt und eine spezifische Reaktion hervorruft.

Der Sender medialer Massenkommunikation bedenkt bei der Konzeption und Produktion seiner Inhalte die Bedürfnisse der anvisierten Zielgruppe, ob diese jedoch tatsächlich angesprochen wird, kann erst durch Reichweitenmessungen und Rezipienten-

forschung festgestellt werden, die Rezipientengruppen, -häufigkeit und -qualität ermitteln.
Zu Massenmedien zählen z.B. Tageszeitungen, Zeitschriften, Bücher, Flugblätter, Plakate, Hörfunk, (Offline-)Computerspiele, Compact Discs (CDs), Fernsehen, Digital Versatile Discs (DVDs) und Blu-Ray-Discs sowie Kino. Im Laufe der Zeit kann sich die Form, aber nicht zwangsläufig auch die Funktion von einzelnen Massenmedien ändern: Waren in der Vergangenheit z.B. Schallplatten populäre Massenmedien, so wurden diese von CDs abgelöst.
Obwohl, wie aktuelle Nutzerzahlen belegen, das Internet ein Medium für die Masse ist, wird in der aktuellen mediensoziologischen und medienpädagogischen Diskussion die Verwendung des Begriffs des Massenmediums zur Kennzeichnung des Internet kritisch hinterfragt: So lässt sich das Internet in einzelne Funktionsbereiche aufteilen, welche die Kriterien eines Massenmediums nach Maletzke (nicht) erfüllen: Während bspw. die publizierten Inhalte des Online-Angebots einer Tageszeitung öffentlich sind, die Kommunikation mittels Medien indirekt, einseitig und an ein disperses Publikum gerichtet ist und somit ein massenmedial generalisiertes Angebot erstellt wird, verhält es sich im Social Web vollkommen anders: Per (Micro-)Blog, Social Network Sites, Chats etc. sind Personen miteinander vernetzt, gestalten soziale Beziehungen, reagieren aufeinander und erstellen gemeinsamen Content. Das Erstellen von Content geschieht z.B. per kollaborativem Arbeiten auf Online-Nachschlagewerken. Anzumerken hierbei ist jedoch, dass laut empirischen Studien die massenmedialen Inhalte auf Online-Plattformen (Wikipedia; YouTube), die prinzipiell von vielen genutzt werden können, nur von wenigen Nutzern erstellt werden. Generell ist aber festzustellen, dass sich das Internet im Gegensatz zu klassischen Medien durch gesteigerte Rückkopplungs-, Eingriffs- und Gestaltungsmöglichkeiten der Nutzer auszeichnet. Folglich ist die Kommunikation im Internet oftmals nicht einseitig (z.B. auf Social Network Sites) und zum Teil auch nicht öffentlich (z.B. eine E-Mail, die sich an eine spezifische Empfängerschaft richtet). Schlussfolgern lässt sich, dass das Internet zum Teil (in den Bereichen Information und Unterhaltung) massenmedial nutzbar ist, in anderen Bereichen die Kriterien nach Maletzke nicht erfüllt. Es zeigt sich zudem eine Konvergenz von Internet mit herkömmlichen Massenmedien (Zeitung, Fernsehen).
Massenmedien erfüllen u.a. folgende Funktionen: Sie liefern über räumliche und zeitliche Distanzen hinweg Informationen und stellen Öffentlichkeit her. Nach Niklas Luhmann sorgen Massenmedien für ein Dirigieren der Selbstbeobachtung des Gesellschaftssystems und eine ständige Erzeugung von Irritation. In ihrem Zugang zur Wirklichkeit sind die Mitglieder der modernen Gesellschaft sowie verschiedene gesellschaftliche Bereiche (Politik, Wirtschaft, Wissenschaft etc.) auf Medien angewiesen, Medien(inhalte) konstruieren dabei Wirklichkeiten. Massenmedien erfüllen eine Gedächtnis- und Thematisierungsfunktion (z.B. durch Nachrichtensendungen, Dokumentationen) und haben eine Sozialisationsfunktion, indem sie Handlungsmuster, Werte und Normen bereitstellen (z.B. durch Spielfilme, Soap Operas, Schönheitssendungen etc.). Zudem haben Massenmedien eine Orientierungsfunktion (Zurechtfinden in Umwelt), indem sie aktuelle Handlungssituationen kommentieren (z.B. gesellschaftlich-politische Ereignisse; Privatleben von Prominenten), weiter eine Integrationsfunktion (Zugehörigkeit zu Gemeinschaften, Erzeugung von Loyalität gegenüber sozialen, politischen und rechtlichen Normen) und eine ökonomische Funktion (als Werbeträger). Massenmedien, vor allem das Fernsehen, stehen in direktem Zusammenhang zum gesellschaftlichen Leben, z.B. indem die Kriminalpolizei durch Massenmedien die Bevölkerung um Unterstützung bei der Aufklärung eines Verbrechens bittet, die Qualität von Waren (z.B. Hotels, Restaurants) überprüft wird und Rechts- und Gesundheitsfragen besprochen werden, so dass sie in der Literatur auch als politische Akteure bezeichnet werden.
Für den Einzelnen bieten Massenmedien im Sinne des Nutzen- und Belohnungs-Ansatzes (Uses-and-Gratification-Approach) weitere Funktionen: Beispielsweise liefern Massenmedien Unterhaltung, Überblickswissen, Gesprächsstoff und strukturieren den Tagesablauf.
Massenmedien stehen fortlaufend unter Kritik: Ihnen wird ein Manipulationsverdacht entgegengebracht (z.B. Wahlversprechen; Werbung u. Konsum; Propagandamittel bei kriegerischen Auseinandersetzungen); bekanntestes Beispiel in Deutschland ist wohl die Propagandamaschinerie des Nationalsozialismus. Massenmedien wird, z.B. durch Hartmut von Hentig, vorgeworfen, Erfahrungen aus zweiter Hand statt Primärerfahrungen bereitzustellen, so dass der Sinn für Realitäten verloren gehe. Weit verbreitet ist auch die Annahme des Anstiegs von Gewalt durch den Konsum gewalthaltiger Medieninhalte (v.a. Computerspiele/Egoshooter; Filme). Empirisch

lässt sich jedoch allenfalls ein geringer Zusammenhang feststellen. Massenmedien stehen unter dem Verdacht, Kulturtechniken wie Lesen/Schreiben zu behindern, empirisch lässt sich dies kaum belegen.
Für Jugendkulturen bzw. -szenen sowie Jugendliche im Allgemeinen bieten Massenmedien Inhalte, mit denen sich der Einzelne identifizieren oder die er für sich ablehnen kann. Hierzu zählen bspw. die Darstellung von Habitus, Kleidung, Sprache und in der jeweiligen Jugendkultur und -szene angesagten Themen.
Betrachtet man den Zusammenhang zwischen Massenmedien und den Aufgaben der Medienpädagogik, so zeichnet sich folgendes Bild: Die Medienpädagogik reagiert auf die angenommenen Einflüsse und Wirkungen bzw. Gefährdungspotenziale der Massenmedien für (vor allem) Kinder und Jugendliche. Hierzu zählen bspw. Konsumbotschaften von Massenmedien (z.B. Werbung für kommunikationsorientierte Elektronikartikel wie Smartphones/Netbooks) und die Darstellung von Scripted Reality-Formaten (professionell produzierte angebliche Real Life-Dokumentationen), bei denen Fiktion und Realwelt verschmelzen. Medienpädagogik kommt hier die Aufgabe zu, Medienkompetenz zu fördern, indem eine kritische Reflexion von Medieninhalten angeregt wird, Wissen über Medien und deren Inhalte angereichert wird, die technische Handhabe von Medien gesteigert wird (obwohl hier oftmals Jugendliche eine höhere Expertise aufweisen als erwachsene Nutzer) und Medieninhalte selbst gestaltet werden. Der Königsweg der Medienpädagogik ist dabei die Bereitstellung von handlungsorientierten Angeboten, welche die Rezipienten möglichst befähigen, die Inhalte bewusst auszuwählen und zu nutzen sowie Chancen und Gefahren massenmedialer Kommunikation zu erfassen und ihr Handeln darauf abzustimmen.

Literatur
Luhmann, N. (1995): Die Realität der Massenmedien. Wiesbaden. – Maletzke, G. (1963): Psychologie der Massenkommunikation. Hamburg. – Reichertz, J. (2009): Die Macht der Worte und der Medien. Wiesbaden. – Ronneberger, F. (1974): Die politischen Funktionen der Massenkommunikation. In: Langenbucher, W. (Hg.): Zur Theorie der politischen Kommunikation. München, 193-205. – Sutter, T. (2010): Medienanalyse und Medienkritik. Wiesbaden.

Henrike Friedrichs

Mastery Learning

Mastery Learning stellt ein Konzept dar, das auch unter dem Titel zielerreichendes Lernen in den 1960er und 1970er Jahren weltweit heftig diskutiert wurde. Die Grundidee ist, dass (fast) alle Schüler einer Klasse sich über gezielte individuelle Unterstützungsmaßnahmen die durch das Curriculum vorgegebenen Ziele und Inhalte aneignen können.
Bereits in der reformpädagogischen Literatur finden sich ausgearbeitete Konzepte, die maßgeblichen Einfluss auf die Ausgestaltungen des Mastery Learning-Konzepts hatten (z.B. Jena-Plan von Peter Petersen, Dalton-Plan von Helen Parkhurst). Dieses Konzept wurde in systematisierter Form mit dem Modell des schulischen Lernens von John B. Carroll in die neuere pädagogische Diskussion eingebracht. Diesem Modell liegt die Annahme zugrunde, dass sich das Curriculum in eine Anzahl von Lernaufgaben zerlegen lässt, und unterstellt, dass der Lernende eine gegebene Aufgabe in dem Maße bewältigt, in dem er die für ihn nötige Lernzeit darauf verwendet. Carrolls Auslegung von Begabung impliziert, dass nahezu jeder Schüler eine Aufgabe erfolgreich bewältigen kann, wenn ihm ausreichend Zeit zur Verfügung gestellt wird. Neben der Begabung bestimmen die Unterrichtsqualität und das Instruktionsverständnis die benötigte Lernzeit.
Benjamin S. Bloom griff Carrolls Idee auf und entwickelte eine Methode des zielerreichenden Lernens. Bloom vertritt die Auffassung, dass nur 5 bis 10% der Schüler einer gewöhnlichen Klasse nicht eine gute oder sehr gute Note erzielen können, wenn ihnen genügend Zeit gegeben wird. Ein erster Kerngedanke ist also, dass die zugestandene Lernzeit für den einzelnen Lerner variabel gehalten werden muss. Schüler können sich zu irgendeinem Zeitpunkt, den sie selbst wählen, einem Test unterziehen und so die Beherrschung eines Lernbereichs demonstrieren. Zweiter Kerngedanke ist, dass auf jede Lerneinheit eine Lerndiagnose erfolgt, mit der die noch bestehenden Lernlücken erfasst werden. Die Schüler erhalten schnell Rückmeldung. Wenn der Lernende ein Zwischenziel nicht erreicht hat, erhält er sofort stützende Maßnahmen. Es wird ihm so viel Zeit und Beachtung gewidmet, wie notwendig ist, um das Lernziel zu erreichen. Dritter Kerngedanke ist, dass auf eine Lerndiagnose individualisierte Anleitungen und Hilfestellungen für die Zielerreichung folgen.
Die vielfältigen Befunde mit ihrer großen Bandbreite an Untersuchungsbedingungen hat zu heftigen kon-

troversen Diskussionen um das Mastery Learning geführt. Doch insgesamt besteht heute Einigkeit darüber, dass sich das Konzept als erfolgreich erwiesen hat. Und dennoch hat es sich nicht generell durchgesetzt. Zwei entscheidende Unterschiede zur üblichen Form schulischen Lernens haben letztlich dazu geführt, dass das von Bloom für die Schule entwickelte Modell im allgemein bildenden Schulwesen nur eine untergeordnete Rolle spielt. Zum einen geht es von individuell variierenden Lerngeschwindigkeiten aus, was schulorganisatorisch kaum durchzuhalten ist. Zum anderen führt es zu einer starken Individualisierung der Schüler, was dem Gesichtspunkt des sozialen Lernens in der Schule zuwiderläuft.

Durch den Einsatz komplexer Lehr-Lern-Arrangements mit Hilfe computergestützter tutorieller Lernsysteme versucht man heute wieder die Idee des zielerreichenden Lernens erfolgreich umzusetzen, und zwar insbesondere in der kaufmännischen Erstausbildung, da hier die Heterogenität der Schüler im Hinblick auf das Alter und die schulische Sozialisation besonders groß ist. Offen bleibt, ob von hier aus Impulse auf das allgemeinbildende Schulwesen ausgehen können.

Literatur

Bloom, B. S. (1976): Human characteristics and school learning. New York. – Carroll, J. B. (1973): Ein Modell schulischen Lernens. In: Edelstein, W./Hopf, D. (Hg.): Bedingungen des Bildungsprozesses. Stuttgart, 234-250.

Ludwig Haag

Materiale Bildung

Das Thema materiale Bildung, oder auch materielle, stoffliche oder inhaltliche Bildung, lässt sich kaum angemessen behandeln, ohne zugleich den Gedanken der formalen Bildung sowie den Überwindungsversuch der Spannung zwischen beiden im Konzept der kategorialen Bildung zu thematisieren. In die Korrelation von materialer Bildung und formaler Bildung, die zwei Perspektiven auf das selbe Phänomen, nicht aber verschiedene Arten von Bildung unterscheiden, fließt die nicht endende philosophische Diskussion über das Verhältnis von Materie, Stoff und Inhalt zur Form mit ein.

In der materialen Bildung liegt der Schwerpunkt auf dem erworbenen Wissen bzw. Kenntnissen und Fertigkeiten, deren Bedeutung traditionell und konventionell festgelegt ist. Hierzu zählen die als objektiv vorgestellten und kanonisierten Errungenschaften und Güter aus Kultur und Wissenschaft. Beispiele solcher Kanonisierung sind etwa die sieben freien Künste (septem artes liberales) in der Antike, der klassische Bildungskanon des Neuhumanismus, in dessen Zentrum die alten Sprachen stehen, oder die gegenwärtigen Curricula.

Festschreibungen in einem Kanon vereinseitigen und verabsolutieren die Inhalte allerdings, indem sie deren historische Bedingtheit ebenso ausblenden wie deren gesellschaftliche Funktionalität. Damit zusammen hängt das Problem, dass nicht jedem Stoff oder Inhalt die gleiche bildende Bedeutung zukommt, dass also Bildungsinhalte und Bildungehalte nicht identisch sein müssen. Georg Wilhelm Friedrich Hegel ist diesbezüglich in seiner Gymnasialrede von 1809 skeptisch, ob jeder beliebige Stoff zur Übung der Geistestätigkeit gleich geeignet sei, und betont, dass nur der Inhalt die Seele stärke, der Wert und Interesse in und für sich selbst hat. Nur vor dem Hintergrund eines solchen Denkens lässt sich heute etwa argumentieren, dass Latein oder Mathematik einen eminenten Bildungsgehalt hätten.

Auch wenn die Problematik einer einseitigen materialen Bildung heute weitgehend durchschaut sein dürfte, werden Kanonisierungen, etwa in der Schule, weiter tradiert; auch in der beharrlichen Auseinandersetzung über Begründung und Benennung sogenannter Bildungsstandards setzt sich die Problematik materialer Bildung fort.

Literatur

Dolch, J. (1965): Lehrplan des Abendlandes. Ratingen. – Hegel, G. W. F. (2006): Nürnberger Gymnasialkurse und Gymnasialreden (1808-1816). (Gesammelte Werke, Bd. 10) Hamburg.

Andreas Poenitsch

Materialien

Unter Materialien werden alle Gegenstände verstanden, die zur Gestaltung der Räume (innen und außen) und für die pädagogische Arbeit benutzt werden. Dabei waren und sind sie abhängig von der finanziellen Situation, den pädagogischen Zielsetzungen, politischen Einflüssen, gesetzlichen Vorgaben und spiegeln die jeweils pädagogischen Konzeptionen. Beispiele für Materialien aus der Geschichte des Kindergartens sind Friedrich Fröbels System der Spielgaben und Beschäftigungsmaterialien, Maria Montessoris vorbereitete Umgebung, die Gegenstände für Übungen des täglichen Lebens und ihre Sin-

nesmaterialien und die naturbelassenen Materialien in den Waldorfkindergärten.
Die im Pestalozzi-Fröbel-Haus in Berlin eingeführten Prinzipien zur Arbeit in Kleingruppen nach Monatsgegenständen unter Einbeziehung hauswirtschaftlicher Beschäftigungen, naturkundlicher Anschauungen, der Blumen-, Tierpflege und Gartenarbeiten führte Anfang des 20. Jahrhunderts zur aufgelockerten Raumgestaltung mit Tischgruppen. Der Raum wurde zur Gruppenstube als Wohnraum. Nach dem Vorbild des Pestalozzi-Fröbel-Hauses wurden in den 1920er Jahren die Gruppenräume mit Freiflächen und Funktionsecken (Puppen-, Bau-, Bilderbuchecke) und Materialien zum kreativen Gestalten ausgestattet. Das Außengelände bot neben den Spielgeräten Möglichkeiten zur Gartenarbeit und Tierpflege.
1918 veröffentlichte der Deutsche Fröbelverband Mindestanforderungen für den Bau, die Einrichtung und Ausgestaltung von Kindergärten, für Räume, Möbel und Spielmaterialien, die dann in Preußen 1930 übernommen wurden und auch nach dem 2. Weltkrieg maßgebend blieben.
In der Folge der Bildungsreform in den 1970er Jahren kam es zu Veränderungen in der Architektur (Neben- und Mehrzweckräume) und der Raumgestaltung (gegliederte Räume durch Raumteiler). Die Inneneinrichtungen und – nur bedingt – die Außenflächen wurden entsprechend den unterschiedlichen Konzeptionen und dem Angebot der Industrie (Kindergärten nach Katalog) z.B. nach den Zielsetzungen einer kompensatorischen Erziehung, lernbereichs- oder funktionsorientiert oder im Sinne des Situationsansatzes mit Spiel- und Lernmaterialien ausgestattet. Einfluss auf die Materialien und eine offene Raumgestaltung hatte ab den 1980er Jahre der aus Italien stammende Reformansatz der Reggiopädagogik, der u.a. von der Theorie des entdeckenden Lernens dem Kind seine Sinne ansprechende und herausfordernde Umgebung zur Verfügung stellt. Nur zögerlich und eingeschränkt haben bis heute technische Medien und Materialien für den naturkundlich-technischen Bereich Eingang in den Kindergarten gefunden.
Unterschiedliche, pädagogisch, psychologisch, ästhetisch und ethisch begründete Kriterienkataloge zur Auswahl von Materialien wurden entwickelt. Bei der Auswahl der Materialien sind danach nicht nur Kriterien der Sicherheit, Hygiene, Stabilität, der möglichen Veränderbarkeit der Raumgestaltung, der Sachgemäßheit und Vielseitigkeit zu berücksichtigen, sondern auch die Selbständigkeit der Kinder, ihr Entwicklungsstand, ihre Kreativität und Phantasie, die Auseinandersetzungen mit Lebenssituationen und die Ermöglichung individuellen und sozialen Lernens.
Seit den 1990er Jahren wurde der Kindergartenraum in seiner dritten Dimension entdeckt und durch den Einbau von Galerien, Emporen und Rückzugsmöglichkeiten erweitert.
Bei den Methoden zur empirischen Qualitätsbestimmung von Tageseinrichtungen gehören die Materialien zur Strukturqualität, zu den zeitlich relativ stabilen Rahmenbedingungen, innerhalb derer sich erzieherische Prozesse vollziehen. Dabei zeigen einige, noch zu vertiefende Untersuchungen, dass die Raumgestaltung und anregende Materialien mit verschiedenen Verhaltens- und Entwicklungsaspekten der Kinder (Einzelspiele, soziale Aktivitäten, Problemlösungsverhalten) korrelieren.

Literatur
Deutsches Jugendinstitut, Arbeitsgruppe Vorschulerziehung (Hg.) (1973): Anregungen II. München. – Erning, G. (1987): Bilder aus dem Kindergarten. Freiburg. – Fthenakis, W. E./Textor M. R. (1998): Qualität von Kinderbetreuung. Weinheim, Basel.

Dieter Höltershinken

Matrifokale Erziehung

Der Begriff matrifokale Erziehung bezeichnet eine Erziehungspraxis, in der die Mutter und meist weitere weibliche Familienangehörige (Großmütter, Schwestern der Mutter) das familäre Zentrum bilden und die Erziehung der Kinder bestimmen, wobei der (leibliche) Vater oder die (verschiedenen) Väter der im Haushalt wohnenden Kinder sozial und meist auch ökonomisch eine marginale Rolle spielen und physisch häufig auch nicht anwesend sind. Teilweise wird der Begriff matrifokal in der schon recht lange andauernden überwiegend anglophonen Diskussion zu diesem Phänomen auch synonym zu mother-/female-/women-centred oder matriarchal gebraucht oder mit women-headed households gleichgesetzt. Insbesondere ist aber eine Abgrenzung zu matrilinearen/matriarchalen Familienstrukturen notwendig, da matrifokale Erziehung durchaus in ansonsten patriarchalen Gesellschaftsstrukturen vorkommt.
In der Karibik und in Mittelamerika haben Formen matrifokaler Erziehung eine recht große Verbreitung. So ergaben z.B. Zensusdaten in ausgewählten

karibischen Staaten zwischen 22% (Belize) und fast 44% (Barbados und St. Kitts und Nevis) Anteile von female-headed households, und in einer Umfrage unter Frauen in Barbados bezeichneten sich über ein Drittel selbst als Haushaltsvorstand und allein für die Kindererziehung zuständig, wobei zwei Drittel ferner weitere weibliche Mithilfe aus dem Familienkreis (oft ihre eigenen Mütter) in Anspruch nahmen. Ähnliche Tendenzen wurden auch für afrikanisch-amerikanische Familien vor allem in den Südstaaten der USA festgestellt.

Die Entstehungszusammenhänge dieser Art Familienerziehung werden auf unterschiedliche Faktoren zurück geführt: (1) Eine Erklärung besagt, dass es sich bei den auf die Mutter zentrierten Haushalten um Relikte aus dem afrikanischen Erbe der Polygamie handelt. (2) Eine weitere führt die generationenlangen Erfahrungen der Sklaven an, denen es verboten war zu heiraten, was dazu führte, dass (nur) Mutter-Kind-Beziehungen entstanden und als Vorbilder weitergegeben wurden. (3) Aufgrund von Armut, Saisonarbeit und Arbeitslosigkeit können Väter ihre Rolle als Ernährer der Familie nicht wahrnehmen, gehen daher keine Ehebindungen ein und bleiben in Familienangelegenheiten außen vor, sagt eine andere Theorie. (4) Migration der Männer zum Gelderwerb ins Ausland, die dadurch bedingte Abwesenheit und als Folge davon vielleicht neue Partnerinnen der auswandernden Männer sowie neue Partner der zurück gebliebenen Frauen werden als weitere Ursache diskutiert.

Möglicherweise ist es ein Zusammenwirken all dieser und weiterer Faktoren, die die hohe Verbreitung matrifokaler Erziehung in manchen Ländern oder Bevölkerungsgruppen erklärt. Forschungsstand ist jedenfalls, die matrifokale Familienform nicht als pathologisch oder deviant zu etikettieren, da sie eine gesellschaftlich akzeptierte Familienform neben anderen ist, und da sich durch die Pluralisierung der Lebensverhältnisse die Kernfamilie als klassisches Familienmodell ohnehin relativiert.

Ob die matrifokale Erziehung aufgrund der Zentralität der Mutter und weiterer weiblicher Bezugspersonen bei einer (weitgehenden) Abwesenheit des Vaters negative Auswirkungen auf die Kinder hat, ist wissenschaftlich wenig erforscht. Diskutiert werden vor allem negative Effekte auf die Leistungsbereitschaft der Jungen, die in den Schulleistungen und Bildungsabschlüssen in vielen Karibik-Staaten seit langem (und in anderen Ländern auch häufiger) schlechter abschneiden als die Mädchen. Dies soll angeblich noch verstärkt werden durch die Feminisierung der Lehrerschaft und die Vorteile der Mädchen in einem koedukativen Regelschulwesen. Hieraus ergaben sich in der Karibik (und anderswo) teils bildungspolitische Forderungen, wieder nach Geschlechtern getrennte Sekundarschulen und Förderprogramme für Jungen einzurichten.

Obwohl nicht unter dem Etikett matrifokale Erziehung bekannt, ähneln viele der genannten gesellschaftlichen Phänomene, z.B. Mutter-Kind-Familien oder die Feminisierung der Lehrerschaft, durchaus denen, die in neuerer Zeit im deutschen Sprachraum angesichts der Tatsache diskutiert werden, dass die Mädchen inzwischen bessere Schulnoten und höhere Schulabschlüsse aufweisen als die Jungen. Da dieser Trend in vielen Bildungssystemen aufkommt, könnten kulturvergleichende Forschungen zu matrifokaler Erziehung auch in westlichen Ländern neue Erkenntnisse liefern.

Literatur

Barrow, C. (1996): Family in the Caribbean. Kingston/Jamaica, Oxford. – Götz, N. (1986): Familie und Matrifokalität in der Karibik. Saarbrücken. – Mondesire, A./Dunn, L. (Hg.) (1996): Towards Equity in Development. Georgetown/Guyana.

Christel Adick

Mauretanien → Arabische Staaten

Mauritius → Sub-Saharisches Afrika

Maximale und minimale Kontrastierung

Die maximale und minimale Kontrastierung ist ein Verfahren des Theoretischen Samplings, das Barney G. Glaser und Anselm L. Strauss im Kontext der Grounded Theory vorgeschlagen haben. Hierbei werden nacheinander Untersuchungseinheiten miteinander verglichen, die eine oder mehrere theoretisch relevante Merkmale bzw. Kategorien gemeinsam haben und hinsichtlich dieser Merkmale entweder bedeutsame Unterschiede oder große Ähnlichkeiten aufweisen. Die maximale und minimale Kontrastierung soll zu jedem Zeitpunkt des Forschungsprozesses von der entstehenden Theorie angeleitet werden. Die Kriterien für die maximale und minimale Kontrastierung werden deshalb nicht zu einem Zeitpunkt der Untersuchung festgelegt, sondern können jederzeit modifiziert werden, wenn neue Kategorien oder Subkategorien gefunden werden. Die Minimierung von Unterschieden kann dabei z.B. die theoretische Relevanz bereits entwickelter Kategorien bestätigen, während durch maximale Kontrastierung Unterschiede entdeckt werden können, die zur Entwicklung von Subkategorien bereits gefundener Kategorien führen.

Literatur
Glaser, B./Strauss, A. (2005): Grounded Theory. Bern.

Udo Kelle

Max-Planck-Gesellschaft zur Förderung der Wissenschaften (MPG)

Die MPG (www.mpg.de) wurde 1948 in Nachfolge der Kaiser-Wilhelm-Gesellschaft (1911-1945) gegründet und wird zu gleichen Teilen von Bund und Ländern finanziert (2006: ca. 1 Milliarde Euro); 5% der Mittel stammen aus Mitgliedsbeiträgen, Einnahmen und Spenden. Die 80 Institute und Forschungsstellen der MPG sowie ihre Arbeitsgruppen und Research Schools betreiben unabhängige Grundlagenforschung in den drei Sektionen – Biologisch-Medizinische, Chemisch-Physikalisch-Technische, Geistes-, Sozial- und Humanwissenschaftliche – zugeordneten Forschungsgebieten.

Im deutschen Forschungssystem nimmt die MPG eine Schwerpunkt-, Ergänzungs-, Dienstleistungs- und Qualifikationsfunktion wahr: Ihre Forschungsprojekte sind – jeweils auf Zeit – einem oder mehreren interdisziplinären Forschungsschwerpunkten gewidmet; sie greift neue und besondere Innovationen versprechende Forschungsrichtungen – wiederum auf Zeit – auf, bis sich diese an den Universitäten etablieren können; sie betreibt Forschung in Bereichen, die wegen ihres hohen materiellen und personellen Aufwandes von den Universitäten nicht wahrgenommen werden kann; sie stellt aufwändige Einrichtungen, Geräte und Spezialbibliotheken einem erweiterten Wissenschaftlerkreis insbesondere zur Unterstützung der Hochschulforschung zur Verfügung; sie ist schließlich bestrebt, hochqualifizierte und international wettbewerbsfähige Nachwuchswissenschaftler hervorzubringen.

Direktoren der Institute und Mitglieder der Forschungsgruppen sind i.d.R. mit Universitäten durch Lehraufgaben, Projekte und Qualifikationsverfahren verbunden. Die MPG unterhält Tochtergesellschaften wie die Max-Planck-Innovation als Technologietransferstelle für ihre Institute und die Minerva-Stiftung, über die Kooperationsprogramme mit Israel organisiert werden. Das hohe Ansehen der MPG und die Qualität ihrer Forschungsleistungen schlagen sich in ihrer internationalen Vernetzung, in den Nobel- und Leibnizpreisen, die ihre Mitglieder erhalten haben, und in unzähligen Patenten nieder.

Literatur
Leendertz, A. (2010): Die pragmatische Wende. Göttingen. – Rürup, R./Gruss, P. (Hg.) (2010): Denkorte. Dresden.

Lutz R. Reuter

Max-Planck-Institut für Bildungsforschung (MPIB)

Das MPIB (www.mpib-berlin.mpg.de) wurde 1963 gegründet; es ist eines von heute weltweit 80 Forschungsinstituten der 1948 als Nachfolgegesellschaft der Kaiser-Willhelm-Gesellschaft gegründeten Max-Planck-Gesellschaft. Das in Berlin eingerichtete MPIB ist neben dem Deutschen Institut für Internationale Pädagogische Forschung (Frankfurt am Main und Berlin) das einzige nationale Bildungsforschungsinstitut. Es ist der sozialwissenschaftlichen Grundlagenforschung gewidmet und dient der wissenschaftlichen Analyse der menschlichen Entwicklung und Bildung.

Das MPIB gliedert sich in vier Forschungsbereiche, die interdisziplinär Bildungsforschung betreiben: (1) Der Bereich Adaption und Kognition untersucht die menschliche Rationalität, insb. das Risiko- und Entscheidungsverhalten. (2) Der Bereich Erziehungswissenschaft und Bildungssysteme befasst sich mit individuellen Entwicklungs- und Lernprozessen unter institutioneller Perspektive; er führt hierzu internationale Leistungsvergleiche, Längsschnittanalysen von Bildungsverläufen, Studien zum Übergang von Schule in den Beruf und Studien zu kognitiven Lernwerkzeugen durch. (3) Im Bereich Entwicklungspsychologie werden menschliche Entwicklungsverläufe über die gesamte Lebensspanne und im Hinblick auf Optimierungsverläufe untersucht. (4) Der Geschichte der Gefühle ist der vierte Forschungsbereich gewidmet, in dem die Gefühlsordnungen der Vergangenheit unter der Prämisse, dass Gefühle kulturell geformt und sozial erlernt werden, in ihrer Genese erforscht. Jedem Forschungsbereich steht ein Direktor vor, der die jeweils betriebene Forschung maßgeblich steuert. Innerhalb der Erziehungswissenschaft haben insbesondere die nationalen Befunde der internationalen Schulleistungsuntersuchungen große Aufmerksamkeit erregt, an denen Wissenschaftler des MPIB beteiligt waren.

Literatur
Edelstein, W. (Hg.) (1989): Das Max-Planck-Institut für Bildungsforschung 1963-1988. Berlin. – Leschinsky, A. (1996): Das Max-Planck-Institut für Bildungsforschung in Berlin. In: Geißler, G./Wiegmann, U. (Hg.): Außeruniversitäre Erziehungswissenschaft in Deutschland. Köln u.a., 171-190.

Knut Schwippert

Mazedonien → Frühere jugoslawische Republik Mazedonien

McLuhan, Marshall (1911-1980)

McLuhan ist eine schillernde Figur unter den Medientheoretikern. Geboren in Edmonton, Kanada, studierte er in Manitoba und Cambridge Literaturwissenschaften und nahm 1946 an der Universität Toronto eine Professur für Englische Literatur an. Bereits in den 1950er Jahren wandte McLuhan seine Aufmerksamkeit der Kommunikation und den Medien zu. Beeinflusst von seinem Lehrer Harold Innis ist McLuhan nicht an den Inhalten interessiert, die von Medien transportiert werden, sondern an dem Einfluss, den Medien in ihrer Materialität auf das gesellschaftliche, politische und ökonomische Leben nehmen. Im Zentrum seiner wissenschaftlichen Arbeit steht die Bedeutung medialer Artefakte für die kulturelle Entwicklung. McLuhan markierte vier Stufen der kulturellen Entwicklung: die orale Stammeskultur, die lineare Manuskriptkultur, die durch den Buchdruck charakterisierte Gutenberg-Galaxis (1962) und das elektronische Zeitalter (1964) mit seiner Kultur des Global Village (1967). Verantwortlich für die kulturellen Entwicklungsstufen sind jeweils neue Medien, die sich als Leitmedien in der Gesellschaft durchsetzen. Ihre gesellschaftsverändernde Kraft gewinnen die Medien aus ihrer Materialität, aus der Art und Weise, wie sie auf psychologischer und physiologischer Ebene auf die Menschen einwirken. Jedes Medium erzeugt eine spezifische Form der Weltwahrnehmung, das Auftreten neuer Medien setzt die alten Formen sukzessive außer Kraft. Das – so McLuhan – ist die eigentliche Botschaft eines jeden Mediums, die allerdings durch eine auf Inhalte fixierte Medienanalyse nicht wahrgenommen wird. Das Medium ist also die Botschaft – ihre Wirkung liegt in der Transformation von Weltwahrnehmung und in der Transformation unseres Denkens.

Literatur
McLuhan, M. (1968): Die magischen Kanäle. Düsseldorf.

Renate Möller

Mead, George Herbert (1863-1931)

Mead wurde nach Studien an der Harvard-University und in Leipzig und Berlin 1894 an die Universität von Chicago berufen, wo er bis zu seinem Tode lehrte. Sein Hauptwerk Mind, Self and Society wurde 1934 auf der Basis von Mitschriften seiner Vorlesungen über Sozialpsychologie herausgegeben (Geist, Identität und Gesellschaft, 1968).
Der philosophische Hintergrund von Mead ist der amerikanische Pragmatismus. Die Nähe zum Pragmatismus zeigt sich darin, dass er die Konstitution des Selbst auf den Vollzug des Handelns bezieht. Auch der Behaviorismus, der sich von der Introspektion abgewandt und nur das beobachtbare Verhalten als Gegenstand der Wissenschaft akzeptiert, ist aus dem Pragmatismus hervorgegangen. Mead akzeptiert diese Hinwendung zu den beobachtbaren Aktivitäten, erweitert diese Position jedoch, in dem er auch die innere Erfahrung des Individuums einbezieht. Um diese Erweiterung sichtbar zu machen, bezeichnet Mead seinen Ansatz als Sozialbehaviorismus.
Mead vertritt entschieden die These einer sozialen Konstitution von Bewusstsein, Identität und Kompetenzen. Die Frage nach der Genese des handlungsfähigen Subjekts wird unmittelbar mit der Untersuchung gesellschaftlicher Organisation und Praxis verbunden.
Während Mead in der Hochzeit der Chicagoer Schule der Soziologie keine maßgebliche Rolle spielte, wurde er über die Vermittlung von Herbert Blumer für den symbolischen Interaktionismus, der sich vor allem in den 1950er Jahren in Chicago herausbildete, zu einem maßgeblichen Autor. Im Zusammenhang mit der Rezeption des symbolischen Interaktionismus in der deutschen Erziehungswissenschaft und Sozialisationsforschung seit den 1960er Jahren wurde auch Mead verstärkt zur Kenntnis genommen.

Literatur
Joas, H. (Hg.): Das Problem der Intersubjektivität. Frankfurt. – Wenzel, H. (1990): George Herbert Mead zur Einführung. Hamburg.

Karl Lenz

Mead, Margaret (1901-1978)

Mead wurde 1929 nach Feldforschungen zum Aufwachsen in Samoa im Fach Ethnologie bzw. Anthropologie promoviert. Danach folgten Studienreisen nach Neuguinea, Bali, Grönland, Ost- und Südafrika, auf die Philippinen und an weitere Orte. Mead war Professorin am American Museum of Natural History in New York und Präsidentin der American Anthropological Association. Sie erhielt unzählige Ehrendoktortitel, und ihre Werke wurden in viele Sprachen übersetzt. Mead gilt als wichtige Repräsentantin des Kulturrelativismus.

Da sich ein bedeutender Teil ihres Werkes auf den kulturell unterschiedlichen Umgang mit Kindern und Jugendlichen erstreckte, wurden ihre Schriften in den 1968er Jahren besonders in (anti-autoritär gesonnenen) pädagogischen Kreisen in Deutschland rezipiert, zeigten sie doch repressionsfrei erscheinende Erziehungsmethoden und einen entspannt anmutenden Umgang mit Pubertät, Sexualität und Generationskonflikten in der Südsee. In ihrem Lehrfilm Vier Familien (seit 1969 auch in deutscher Fassung im öffentlichen Verleih) wird die Erziehung in vier bäuerlichen Familien in Kanada, Frankreich, Indien und Japan verglichen; die sich formenden kindlichen Persönlichkeiten erscheinen als Produkte ihrer Kultur (Erziehung als Enkulturation).

Nach ihrem Tod legte ihr ehemaliger Schüler Derek Freeman (1983) einen Verriss ihres Werkes Coming of Age in Samoa (1928) vor, in dem er anhand eigener Feldforschungen ihre Beobachtungen als methodisch fragwürdig und ihre Interpretationen als voreingenommen zu beweisen suchte. An Stelle kultureller Determinanten geht er jedoch in mindestens ebenso fragwürdiger Weise von einem biologischen Determinismus (Natur des Menschen) aus, so dass seine Kritik in der scientific community keinesfalls einhellig geteilt wird. Als Konsequenz sollte in jedem Fall davon ausgegangen werden, dass durch ethnologische Studien aufgewiesene (angeblich) kulturspezifische Erziehungsweisen nicht ahistorisch und essentialistisch betrachtet werden dürfen, sondern als historische Momentaufnahmen sich wandelnder Kulturen.

Literatur

Mead, M. (1970): Jugend und Sexualität in primitiven Gesellschaften. 3 Bde. München. – Mead, M. (1973): Der Konflikt der Generationen. Olten. – Freeman, D. (1983): Margaret Mead and Samoa. New York.

Christel Adick

Mecklenburg-Vorpommern (MV)

Die Artikel 15 bis 17 der Landesverfassung von Mecklenburg-Vorpommern (www.mecklenburg-vorpommern.eu) bestimmen die Grundlagen des vor- und außerschulischen Bildungssystems, des Schulwesens, des Hochschulbereichs und des Weiterbildungswesens. Die gesetzlichen Grundlagen des Bildungssystems sind das Kindertagesstättengesetz, das Schulgesetz und das Hochschulgesetz. Das Schulgesetz garantiert allen Kindern und Heranwachsenden das Recht auf schulische Bildung und setzt dieses in einzelne Leistungs- und Teilhaberansprüche um. Der Erziehungs- und Bildungsauftrag der Schule wird in einem ausführlichen Katalog allgemeiner Lernziele differenziert beschrieben, zu deren Umsetzung eine Reihe von Grundsätzen bestimmt werden (u.a. Toleranz, Chancengleichheit, Kooperation von Schule, Berufsbildung und Arbeitswelt, Schulselbstverwaltung, Qualitätssicherung). Das Schulgesetz definiert die Gegenstandsbereiche und das Fächerspektrum des allgemeinbildenden Schulwesens einschließlich der fachübergreifenden Aufgabengebiete wie z.B. Wirtschaftskunde, interkulturelle Erziehung oder Gesundheitserziehung.

Die Schulpolitik des Landes hat auf den massiven Rückgang der Schülerzahlen mit der Zusammenfassung der Haupt- und Realschule in der Regionalen Schule reagiert, hält aber noch neben dem Gymnasium an weiteren Schulformen fest. Auf das flächendeckende Angebot von Vorschuleinrichtungen baut die vierjährige Grundschule auf, an der Vorklassen und Diagnoseförderklassen zur Aufnahme schulpflichtiger Kinder mit Entwicklungsverzögerungen gebildet werden können. Soweit der grundsätzlich angestrebte wohnortnahe gemeinsame Unterricht behinderter und nichtbehinderter Schüler in allgemeinen und beruflichen Schulen (Integrationsklassen) nicht möglich ist, stehen regionale Förderschulen mit unterschiedlichen Förderschwerpunkten für lernbeeinträchtigte, erziehungsschwierige und körperlich behinderte Schüler zur Verfügung.

Die Sekundarstufe I ist grundsätzlich zweistufig gegliedert; doch gibt es neben der flächendeckend angebotenen Regionalen Schule und dem Gymnasium weiterhin die Kooperative und die Integrierte Gesamtschule. Die Sekundarschulen verfügen mit Ausnahme des Gymnasiums über eine schulartunabhängige Orientierungsstufe und umfassen die Jahrgangsstufen 5 bis 10; an Gesamtschulen kann eine gymnasiale Oberstufe eingerichtet werden. Die Re-

gionale Schule bereitet einerseits auf eine Berufsausbildung vor und führt am Ende der Jahrgangstufe 9 zur Berufsreife (Hauptschulabschluss) bzw. am Ende der Jahrgangstufe 10 zum mittleren Abschluss. Sie ermöglicht andererseits nach Abschluss der Orientierungsstufe den Zugang zum Gymnasium, denn das Gymnasium beginnt erst mit der Jahrgangsstufe 7. Zugangsvoraussetzung zum Gymnasium ist, dass die Schüler in den Fächern Deutsch, Mathematik und Fremdsprachen sehr gute Noten (Notendurchschnitt besser als 2,0) erreichen. Bei entsprechenden Leistungen ist auch der Wechsel von den beiden Gesamtschulformen zum Gymnasium möglich. Gymnasien können als anerkannte Sport- oder Musikgymnasien ausgestaltet sein, die über eine schulartunabhängige Orientierungsstufe (Jahrgänge 5 und 6) und ab Jahrgangstufe 7 über Klassen verfügen können, die auch zur Berufsreife bzw. zum mittleren Abschluss führen. Die Oberstufe umfasst seit dem Jahr 2002 an Gymnasien und Gesamtschulen die Jahrgänge 10 bis 12, d.h. der Bildungsgang zum Abitur dauert zwölf Jahre.
Zum beruflichen Schulwesen gehören neben den vier Grundtypen Berufsschule, Berufsfachschule, Höhere Berufsfachschule und Fachschule das Fachgymnasium und die Fachoberschule. Das Fachgymnasium ermöglicht auf der Grundlage des mittleren Abschlusses in drei Jahren eine vertiefte Allgemeinbildung (Abitur) und eine berufliche Teilqualifikation sowie in einem weiteren Jahr den Abschluss in einem anerkannten Ausbildungsberuf. Die Fachoberschule dient dem Erwerb der Fachhochschulreife. Angesichts des demographischen Wandels werden die beruflichen Schulen in Regionalen Beruflichen Bildungszentren zusammengefasst.

Literatur

Cortina, K. S. u.a. (Hg.) (2008): Das Bildungswesen in der Bundesrepublik Deutschland. Reinbek.

Lutz R. Reuter

Mediation

Mediation (lateinisch Vermittlung) ist ein strukturiertes Verfahren der Konfliktregelung, bei der die Konfliktparteien freiwillig unter Leitung und Hilfe eines neutralen Dritten, der von beiden Seiten akzeptiert wird, ihre Konflikte im Einvernehmen und konstruktiv zu lösen versuchen. Es kann überall dort erfolgreich eingesetzt werden, wo zwei Menschen oder auch Gruppen Konflikte miteinander austragen. Die Lösung eines Konfliktes wird dabei nicht von den Streitschlichtern oder Mediatoren vorgegeben, sondern von den Kontrahenten erarbeitet. Die Streitschlichter helfen den Betroffenen, sich über ihre Gefühle und Interessen klar zu werden und diese zum Ausdruck zu bringen. Das gemeinsame Ziel ist, eine Lösung ohne Verlierer zu finden.
Mediation wird u.a. eingesetzt in Schulen, in der Jugendarbeit, in Beruf, Familie, Unternehmen, Organisationen, Verwaltungen, in der Politik, bei Umweltkonflikten, bei Mietstreitigkeiten und im Täter-Opferausgleich. Sie ist ein Aushandlungsprozess der u.U. ein Gerichtsverfahren ersparen kann, da am Ende einer erfolgreichen Mediation ein für alle tragfähiger Kompromiss steht.
Mediation verläuft zumeist in fünf Schritten: Einleitung, Sichtweise der Betroffenen, Konflikterhellung, Lösungsmöglichkeiten sammeln und entwickeln, Übereinkunft. Dabei unterliegt Mediation ganz bestimmten Regeln. Unverzichtbare Grundregeln sind u.a., sich gegenseitig ausreden lassen, nicht beleidigend oder gar handgreiflich werden; verantwortlich für das Gespräch sind die Mediatoren, die sich vor allem durch Neutralität und Allparteilichkeit auszeichnen. Mediation setzt moderne Kommunikationsmethoden wie Aktives Zuhören, Ich-Botschaften, Einzelgespräche, Brainstorming und alle Formen der Moderation zur Konfliktbearbeitung ein.

Literatur

Köstler, A. (2010): Mediation. Stuttgart.

Stefan Wink

Medien

Der Begriff Medium leitet sich aus dem lateinischen Wort medius ab: Mitte, Vermittlung. Unterschiedliche wissenschaftliche Disziplinen zeichnen sich durch ein je eigenes Verständnis des Medienbegriffs aus, da Medien jeweils aus unterschiedlichen Perspektiven und verbunden mit verschiedenen Zielsetzungen betrachtet werden. Die Medienbegriffe verschiedener Disziplinen sind nicht trennscharf, da sich die Disziplinen teilweise ihres gegenseitigen Vokabulars bedienen. Dennoch wird, um die Vielschichtigkeit des Begriffs aufzuzeigen, im Folgenden eine theoretische, an Disziplinen orientierte Abgrenzung dargestellt.
Folgende Medienbegriffe lassen sich unterscheiden:
a) Ein kulturphänomenologischer Medienbegriff: Medien werden als materieller Zeichenträger aufge-

fasst. Zum Einen sind Medien materielle Träger/Kanäle (z.B. Internet, Buch etc.), zum Anderen werden auch die Zeichen (symbolische u. ikonische Zeichen) bzw. das Zeichensystem (Code) als Medien verstanden. Somit werden verschiedenste Zeichen, denen jeweils unterschiedliche Bedeutungen zugeschrieben werden, als Medien bezeichnet, z.B. Sprache, Mimik, Gestik, eine Grafik, eine Ampel oder auch technische Medien wie ein Computer. Theoretisch verortet ist der Ansatz in Semiotik und Zeichen- und Symboltheorien. b) Ein kommunikations-wissenschaftlicher Medienbegriff (enger/pragmatischer Medienbegriff): Unter Medien werden Massenmedien (Presse, Fernsehen etc.), das Hybridmedium Computer/Internet und Telekommunikationsmedien (z.B. Handy) gefasst, welche der Unterstützung, Verbreitung sowie Speicherung menschlicher Kommunikation und Sachverhalten der Welt dienen. Per Medien werden Informationen somit weiter getragen und Wissen generiert. Bezüglich Medienkommunikation wird zwischen einem Sender (z.B. Fernsehanstalt) und einem Empfänger (Rezipient) unterschieden und das Medium als technischer Kanal aufgefasst. c) Ein pädagogisch-didaktischer Medienbegriff: Medien werden aufgefasst als Lehr-/Lernmittel, hierzu zählen z.B. Lehrbuch, Tafel, Whiteboard, Bleistift und der Lehrer selbst. Medien werden in Relation zu pädagogischen Zielen selektiert u. eingesetzt (z.B. E-Learning als Unterstützung der universitären Lehre). d) Ein kultur-/sozialpädagogischer Medienbegriff: Medien werden als kreative Ausdrucksformen (z.B. Musik, Tanz, Spiel) verstanden mit dem Ziel, kommunikative Kompetenzen und Kreativität zu fördern. e) Ein soziologischer Medienbegriff: Der soziologische Medienbegriff wird oftmals aus der Systemtheorie Niklas Luhmanns abgeleitet, die auch in anderen Disziplinen wie etwa der (Medien)Pädagogik Verwendung findet. Hier wird davon ausgegangen, dass sich soziale Systeme durch Kommunikation bilden und selbst erhalten. Kommunikation wiederum benötigt Medien, Sprache wird dabei als basales Medium betrachtet. Hierbei wird in Anlehnung an Fritz Heider zwischen Medium und Form unterschieden. Medium meint einen losen Zusammenhang zwischen Elementen, welche in gekoppelter Weise die Form ergeben (z.B. Medium: Sprache, die aus einer Menge von Worten und einer Grammatik besteht; Form: die gebildeten Sätze).

Enge und Weite des Medienbegriffs unterscheiden sich je nach Theorie, Disziplin und Autor deutlich: So kann der Leib des Menschen, auf den sich alle anderen Medien beziehen, als Urmedium oder primäres Medium betrachtet werden; Medien können alle Arten von Instrumenten/Mitteln sein, die Kommunikationsinhalte darstellen, festhalten und vermitteln (bspw. Texte, Bilder, aber auch ein Motorrad, dessen Knattern auditiv wahrgenommen wird), so dass ohne Medien Denken, Wahrnehmung und Handeln nicht möglich sind (weiter Medienbegriff) oder aber Medien als technische Gegenstände zur Verbreitung von Information und Kommunikation verstanden werden (enger Medienbegriff). Marshall McLuhan, der eine der einflussreichsten Medientheorien verfasst hat, geht davon aus, dass Medien die gesellschaftliche Entwicklung und die Weltwahrnehmung des Einzelnen beeinflussen. Medien versteht er als Organ-Ergänzung, als Erweiterung der Möglichkeiten des eigenen Leibs. Hierbei differenziert er zwischen heißen und kalten Medien: Kalte Medien (z.B. Telefon), benötigten ein hohes Maß an Eigenaktivität des Empfängers, um Details wahrzunehmen, heiße Medien (z.B. Radio) erforderten hingegen nur eine geringe Beteiligung des Empfängers, da viele Details gegeben werden. In der aktuellen pädagogischen Theoriedebatte erfolgt eine kritische Auseinandersetzung mit McLuhan, so z.B. durch Klaus Sachs-Hombach, der McLuhans Unterscheidung in heiße und kalte Medien auf Bildmedien bezieht. Wie schon von McLuhan berücksichtigt, werden Medien in der Literatur im Zusammenhang mit den fünf Sinnen des Menschen (auditiv, visuell, haptisch, olfaktorisch, gustatorisch), die beim Gebrauch des Mediums angesprochen oder benötigt werden, gedacht (z.B. gustatorisch beim Gebrauch der Sprache; taktil beim Bedienen der Computertastatur, während andere Sinne z.T. ausgeblendet werden). Medien sind nach Norbert Meder, der den Medienbegriff in eine Theorie der Medienbildung integriert, sinnliche Räume: Medien hätten einen physikalischen Träger, der die Sensibilität der Sinnlichkeit filtere (Intensitätsfilter: z.B. Hammer, der beim Einschlagen eines Nagels in die Wand einen geringeren Schmerz verursacht als bei Ausführung mit der bloßen Hand); Medien reflektierten in dieser Filterfunktion auf die Sinnlichkeit (Reflexionsfunktion: z.B. Verknüpfung zum auditiven Sinn beim Lesen eines Buches); aus Medien würden Zeichen geschnitten (Zeichenfunktion) und damit Sprache konstituiert (z.B. Alphabet); diese Zeichen werden konstruiert und dekonstruiert (Soziabilität).

Gerhard Tulodziecki beschreibt Medien als Form, in der sich ein Inhalt oder Sachverhalt einem Menschen

darstellt bzw. in der dieser präsentiert wird. Somit geht jede Interaktion und Kommunikation, also auch Unterricht und Erziehung automatisch mit Medien einher. Er unterscheidet Medien in eine modellhafte (z.B. Umgang mit Modellen; Rollenspiel), bildhafte (z.B. realgetreue oder schematische Darstellungen) und eine symbolische Form (schriftliche oder mündliche verbale Darstellungen). Medien seien somit ein Substitut für realweltliche Erfahrungen, was jedoch zu einer Reduktion der Wirklichkeit und zu möglicherweise inadäquaten Vorstellungen über die Wirklichkeit führe (z.B. Lehrer, der Schülern ein Kraftwerk erklärt, aber dies nicht mit den Schülern besucht). Obwohl Tuldoziecki aus erziehungs- und unterrichtlicher Sicht für einen solch weiten Medienbegriff plädiert, bezieht er sich in seinen Ausführungen zur Medienerziehung hauptsächlich auf einen eher technischen Medienbegriff. Allgemein lässt sich sagen, dass in der medienpädagogischen Praxis und Forschung überwiegend ein pragmatischer, technisch-orientierter Medienbegriff angewandt wird, der neben traditionellen Medien vor allem auch Neue Medien wie Computer/Internet einbezieht (z.B. Medienerziehung/-forschung bzgl. Kinder und Computer).
Dieter Spanhel, der sich an die Systemtheorie anlehnt, sieht den Medienbegriff eng mit dem Kommunikationsbegriff verknüpft. Er weist Medien drei Funktionen zu: Sie generierten a) ein Verständnis über die Außenwelt, dienten b) der Herstellung einer Beziehung zwischen Sender und Empfänger und hätten c) Einfluss auf das persönliche Erleben der Kommunizierenden (Anregung von Gefühlen, Erwartungen etc.).
Die aktuelle theoretische Diskussion des Medienbegriffs fokussiert u.a. das Verhältnis von Medien(theorie) und Bildung(stheorie): So versteht Torsten Meyer ein Medium als Milieu, in dem man sich aufhält, und somit als Träger psychischer und sozialer Vorgänge. Seiner Ansicht nach erfordern die Neuen Medien wie das Web 2.0 veränderte Formen von Bildung.
Nach Harry Pross lassen sich Medien in folgende drei Komponenten aufteilen: a) Primärmedien: Medien, die keinen Einsatz von Technik benötigen (z.B. Sprache); b) Sekundärmedien: Medien, zu deren Herstellung technische Geräte verwendet werden müssen (z.B. Zeitung); c) Tertiärmedien: Medien, bei denen Sender und Empfänger technische Geräte benötigen (z.B. Fernsehen). Manfred Faßler erweitert diese Definition um d) Quartiärmedien: Es gelten dieselben Kriterien wie bei c), allerdings bezüglich computerbasierter, vernetzer Medien (z.B. Internet). Technische Medien teilen sich in Printmedien (Bücher, Zeitschriften etc.), visuelle Medien (alle Arten von fixierten Bildern), auditive Medien (Radio, MP3, Compact Disc etc.) sowie audiovisuelle Medien auf, die Ton u. Bild verbinden (Kinofilme, Fernsehen, Computer-/Videospiele, Videotelefonie usw.). Unter dem Begriff Neue Medien werden digitale Multimedia-Systeme subsumiert, die computertechnisch basiert sind und durch Begriffe wie Digitalität, Interaktivität, Vernetzung, Globalität, Mobilität und Konvergenz von Medienformen und im Gegensatz zu klassischen, linearen Medien (z.B. Printmedien) durch Non-Linearität gekennzeichnet sind (z.B. Hyper-Text-Struktur des Internet). Da Medien immer stärker mit den Bereichen Freizeit, Beruf und Aus-/Weiterbildung gekoppelt sind, spricht man von einer Mediatisierung des Alltags. (Massen-)Medien gelten neben Familie, Peer-Group und pädagogischen Institutionen als tertiäre Sozialisationsinstanzen, die als heimliche Erzieher Werte, Normvorstellungen und das Bild der Wirklichkeit des Einzelnen beeinflussen können. In Bildungs- und Erziehungsprozessen werden Medien als Lernmittel (Mediendidaktik) oder als Lerngegenstand verstanden (Medienerziehung). Im Hinblick auf die Bedeutung von Medien im Lebensalltag von Kindern und Jugendlichen wird von Seiten der Medienpädagogik seit den 1970er Jahren die Förderung von Medienkompetenz fokussiert.

Literatur

Fromme, J./Sesink, W. (2008) (Hg.): Pädagogische Medientheorie. Wiesbaden. – Hoffmann, B. (2003): Medienpädagogik. Paderborn. – Meder, N. (2007): Theorie der Medienbildung. In: Sesink, W./Kerres, M./Moser, H. (Hg.): Jahrbuch Medienpädagogik 6. Wiesbaden, 55-73. – Sander, U./Gross, F. v./Hugger, K. (2008) (Hg.): Handbuch Medienpädagogik. Wiesbaden. – Spanhel, D. (2006): Medienerziehung. Stuttgart. – Tulodziecki, G. (1992): Medienerziehung in Schule und Unterricht. Bad Heilbrunn.

Henrike Friedrichs

Medienbildung

Der Begriff der Medienbildung ist der jüngste in einer Reihe medienbezogener pädagogischer Kernkategorien wie Medienerziehung, Medienkompetenz und Mediensozialisation. Er ist entsprechend gegenwärtig Gegenstand einer nicht geringen diskursiven Dynamik. Während die Diskussion um Medienbildung in der Erziehungswissenschaft – vor allem in der Kunstpädagogik, der Medienpädagogik und der Allgemeinen Pädagogik verortet – derzeit eher noch am Anfang steht, lassen sich bereits verschiedene perspektivische Grundverständnisse und entsprechende Verwendungsweisen dieses Terminus voneinander unterscheiden, die im Folgenden in ansteigender Komplexität dargestellt werden:

1) Aus bildungspolitischer und -administrativer Perspektive verweist der Begriff der Medienbildung auf ein (grundsätzlich als Output definier- und evaluierbares) Ziel medienbezogener formaler Bildung. Typischer Weise ist dabei nicht abstrakt von Medienbildung, sondern reifiziert von der Medienbildung die Rede. Gemeint sind damit auf dem derzeitigen Diskussionsstand nicht mehr nur technisch-medienbezogene Fähigkeiten und Fertigkeiten; gefordert wird vielmehr ein Bündel unterschiedlicher Kompetenzen im Interesse von Persönlichkeitsentwicklung, gesellschaftlicher Partizipation und arbeitsweltbezogener Qualifikation. So werden beispielsweise in der 2010 vorgelegten Studie Kompetenzen in einer digital geprägten Kultur des Bundesministeriums für Bildung und Forschung (BMBF) als Kompetenzbereiche der Medienbildung medienbezogene a) Informations- und Wissenskompetenzen, b) soziale Kompetenzen, c) Selbstkompetenzen sowie d) Produktionskompetenzen im Umgang mit digitalen Medien aufgeführt. Diese Perspektive auf Medienbildung dokumentiert sich auch in der Suche nach verbindlichen Standards der Medienbildung. In diesem Zusammenhang ist auch in spezifizierter Verwendung des Begriffs von Mediengrundbildung in institutionellen Kontexten (Schule, Kindergarten etc.) die Rede.

2) Aus Perspektive der pädagogischen Praxis und Praxistheorie verweist Medienbildung auf das Ergebnis medienbezogener pädagogischer Aktivitäten, die primär auf formales Lernen und Vermittlung von Medienkompetenz abzielen, dabei (idealiter) jedoch auch nonformales Lernen, informelles Lernen und Mediensozialisation berücksichtigen und einbeziehen. Motivation für den Rekurs auf Bildung ist hierbei die erziehungswissenschaftliche Diskussion um den Status des Kompetenzbegriffs, der vielfach als zu eng gefasst oder als pädagogisch zu wenig anschlussfähig wahrgenommen wurde, so dass einige Autoren wie Dieter Baacke, Stefan Aufenanger oder Manuela Pietraß den Begriff der Medienbildung als konzeptionelle Weiterentwicklung von Medienkompetenz vorschlugen. Im fachinternen Diskurs, insbesondere auch im medienpädagogischen Praxisdiskurs hat dies jedoch teilweise zur Begriffsverwirrung bzw. zu einem bloßen Austausch der Bezeichnungen geführt (bei Fortführung der kompetenztheoretischen Grundausrichtung). Dies provozierte seitens der Vertreter des Medienkompetenz-Paradigmas eine entsprechende Kritik, die schließlich in eine Diskussion um medienpädagogische Kernkategorien mündete.

3) Im Anschluss an Perspektiven der erziehungswissenschaftlichen Bildungstheorie schließlich verweist der Terminus Medienbildung weder auf standardisierbare Bildungsziele noch auf Ergebnisse pädagogischer Handlungspraxen (im Sinne für sich genommener statischer Resultate), sondern vielmehr auf Prozesse der Transformation von Selbst- und Weltverhältnissen im Kontext von Medialität. Medienbildungstheorie und -forschung in diesem Sinne fragt im Rahmen einer kulturtheoretisch, mediumtheoretisch, anthropologisch und zeitdiagnostisch fundierten Ausrichtung nach den Potenzialen komplexer medialer Architekturen im Hinblick auf Bildungs- und Subjektwerdungsprozesse. Dabei wird ein konstitutiver (oder zumindest co-konstitutiver) Zusammenhang von Medialität und Bildung konstatiert: Medien werden nicht etwa in alltagsweltlich-naiver Einstellung als gegenständlich-dinghafte Objekte betrachtet, die einem vorgängig vorhandenen Subjekt sowie grundsätzlich medienunabhängig gedachten Lern- und Bildungsmodellen klar getrennt gegenüberstünden; vielmehr wird Medialität als kulturell tiefenstrukturelles Phänomen betrachtet, das sowohl die Form des Subjekts (etwa: die Art der Selbstverhältnisse, in die Individuen eintreten) als auch Lernen und Bildung selbst grundlegend tangiert. Veränderte Medienlandschaften und Medienkulturen sind aus dieser Perspektive auf ihre Implikationen hinsichtlich neuer oder veränderter Formen von Sozialisation, Lernen und Bildung zu befragen.

Gemeinsam ist den bildungstheoretisch motivierten Konzepten von Medienbildung daher vor allem das Bestreben, a) ein theoretisch anspruchsvolles Verständnis von Medialität in seinen bildungstheoretischen Bezügen zu erarbeiten (grundlagentheoretischer Aspekt), b) erziehungswissenschaftliche Medienforschung als ein methodologisch stringent begründetes Feld der qualitativen Bildungsforschung zu begründen und weiterzuentwickeln (methodisch-methodologischer Aspekt) sowie c) im Rahmen der damit begründeten theoretischen und empirischen Forschungsdesigns die Bildungspotenziale unterschiedlicher medialer Architekturen herauszuarbeiten und sie somit pädagogisch einschätzbar und gestaltbar zu machen (pädagogisch-praktischer Aspekt).

Perspektivenunterschiede der verschiedenen vorliegenden Ansätze ergeben sich folglich vor allem anhand der unterschiedlichen in Anschlag gebrachten Medium-, Subjekt- und Bildungstheorien (und ihres Verhältnisses zueinander). Unterschieden werden können dabei beispielsweise mediologische, aisthetisch-semiologische, kritisch-techniktheoretische, struktural-wissenstheoretische, kulturästhetische, systemtheoretische und interaktionistische Zugänge.

Literatur
Baacke, D. (1996): Medienkompetenz – Begrifflichkeit und sozialer Wandel. In: Rein, A. v. (Hg.): Medienkompetenz als Schlüsselbegriff. Bad Heilbrunn, 112-124. – Bundesministerium für Bildung und Forschung (BMBF) (2010): Kompetenzen in einer digital geprägten Kultur. Bonn. – Fromme, J./Jörissen, B. (2010): Medienbildung und Medienkompetenz. In: merz 54, 5, 46-54. – Jörissen, B./Marotzki, W. (2009): Medienbildung – Eine Einführung. Bad Heilbrunn. – Meder, N. (2007): Theorie der Medienbildung. In: Sesink, W./Kerres, M./Moser, H. (Hg.): Jahrbuch Medienpädagogik 6. Wiesbaden, 55-73.

Benjamin Jörissen

Medienbiografischer Ansatz

Der medienbiografische Ansatz thematisiert die Bedeutung und Rolle von Medien für die Biografiekonstruktion und -rekonstruktion von Kindern, Jugendlichen und Erwachsenen. Hierbei können unterschiedliche Schwerpunktsetzungen im Mittelpunkt des Interesses stehen.

Erstens kann der Fokus auf Medienbiografien gelegt werden, die Lebenslaufstrukturen offenbaren. Aufgrund der Omnipräsenz der Medien, der medialen Durchdringung von Freizeit und Beruf, fragt der medienbiografische Ansatz nach der Bedeutung der Medien für diese Verläufe und deren Verarbeitung auf einer mikro-sozialen Ebene. Dabei werden die ersten medienbiografischen Erfahrungen im Sinne einer medienökologischen Betrachtung im Nahraum, meist in der Familie gesammelt. Im Laufe der Lebensgeschichte differenzieren sich mediale Erfahrungen immer stärker aus, zum Beispiel durch den Kontakt mit Gleichaltrigen oder durch das Kennenlernen neuer medialer Umgebungen, wobei besonders prägenden medienbiografischen Erinnerungen Aufmerksamkeit bei der Rekonstruktion geschenkt wird. Eine Medienbiografiekonstruktion führt in diesem Kontext zu einer Medienereignisgeschichte.

Zweitens kann der medienbiografische Ansatz herangezogen werden, um Auswirkungen der Medien auf die Alltagsstrukturierung zu untersuchen. Hierbei spielen motivationale und emotionale Aspekte der Mediennutzung eine wesentliche Rolle, um ein holistisches Bild des Umgangs mit Medien und deren Bedeutung für den Alltag zu erhalten. Medienbiografische Leitthemen kristallisieren sich häufig über Fragen nach dem Lieblingsmedium oder den medialen Lieblingsstars heraus, da sie über die Bedürfnisstruktur der Befragten und ihre lebensweltliche Einbettung Auskunft geben. Als Beispiel kann das Fernsehprogramm herangezogen werden: Soaps und deren mediale Figuren werden zu treuen Alltagsbegleitern, mit denen sich der Rezipient täglich um eine bestimmte Zeit verabredet, oder das abendliche Familienleben strukturiert sich nach der Tagesschau sowie dem anschließenden Spielfilm.

Ein dritter Untersuchungsfokus des medienbiografischen Ansatzes bezieht sich auf die Untersuchung von gemeinsam geteilten medialen Präferenzen, Erinnerungen, Erfahrungen von Personen, die sich auf bestimmte historische Kontexte der Medienentwicklung beziehen lassen. Diese Betrachtungsweise könnte mit dem heuristisch verstandenen Begriff der Mediengenerationen benannt werden. Aufgrund der Ausdifferenzierungen im Medienbereich bilden nicht nur einzelne Medien ein Generationenbild, Typisierungsmöglichkeiten (Radio-Generation, Game-Generation), sondern auch einzelne Formate, Genres und konkrete Programmsendungen (Generation@, Lindenstraßen-Generation). Hier richtet sich der medienbiografische Ansatz folglich auf die Ableitung von gesellschaftlichen Aussagen, die ein bestimmtes Bild einer spezifischen Mediengeneration wiedergeben, wodurch ein Generationendiskurs eröffnet wird.

Ingesamt sind die drei beschriebenen Betrachtungsweisen des medienbiografischen Ansatzes zu alltags- und lebensweltlichen Ansätzen zu rechnen und nicht als voneinander abgrenzbare Bereiche in der empirischen Sozialforschung zu verstehen. Alltags- und biografische Ansätze eröffnen unterschiedliche Schwerpunktsetzungen und Fragestellungen, die miteinander kombiniert werden können und werden. Da Medien ein immer stärkerer Anteil bei der Konstruktion von Biografien aufgrund ihrer zunehmenden Präsenz attribuiert wird, häufen sich in jüngster Zeit medienbiografische Studien. Für die Untersuchung medienbiografischer Fragestellungen eignen sich in diesem Zusammenhang vor allem qualitative Methoden, wie etwa das biografisch-narrative Interview, da es eine zeitlich und thematisch offene Erzählaufforderung beinhaltet, Raum zur Gestaltentwicklung bietet, Erzählketten eröffnet und Erinnerungsprozesse fördert.

Literatur
Baacke, D./Kübler, H.-D. (Hg.) (1989): Qualitative Medienforschung. Tübingen. – Sander, E./Lange, A. (2006): Der medienbiographische Ansatz. In Mikos, L./Wegener, C. (Hg.): Qualitative Medienforschung. Konstanz, 115-129.

Sonja Ganguin

Mediendidaktik

Der Begriff der Mediendidaktik umfasst alle Überlegungen zu der Frage, wie Medien im Zusammenhang von Lehr- und Lernprozessen gestaltet und verwendet werden können bzw. sollen – einschließlich der damit verbundenen medientechnischen und medientheoretischen bzw. empirischen und normativen Grundlagen. Bei dieser Fragestellung erweist sich die Mediendidaktik zum einen als ein Teilgebiet der Didaktik, die sich als Wissenschaft und Lehre von Lehren und Lernen versteht, und zum anderen als ein Teilgebiet der Medienpädagogik, in der alle medienbezogenen Überlegungen im Bereich von Erziehung und Bildung zusammengefasst sind.
Die Bedeutung von Medien für Lehren und Lernen beruht auf der Annahme, dass zwischen Medien, Erfahrung und Lernen bedeutsame Zusammenhänge bestehen. So sind die Erfahrungsformen mitentscheidend für die inhaltlichen Vorstellungen, die Kinder und Jugendliche von der Wirklichkeit entwickeln. Beispielsweise ist es ein Unterschied, ob ein Kind den Begriff Schiff durch eine eigene Fahrt mit einem Schiff, durch die Betrachtung oder den Bau eines Schiffsmodells, durch ein Foto oder durch verbale Erläuterungen kennen lernt.
Generell lassen sich vier Formen der Erfahrung unterscheiden: (1) die reale Form, diese ist z.B. bei der personalen Begegnung mit Menschen oder beim realen Umgang mit Sachen gegeben, (2) die modellhafte Form, diese liegt z.B. beim Umgang mit Modellen oder beim simulierten Handeln im Rollenspiel vor, (3) die abbildhafte Form, diese entspricht z.B. der Information mit Hilfe realgetreuer oder schematischer Darstellungen, (4) die symbolische Form, diese besteht z.B. in der Information durch schriftliche oder mündliche verbale Darstellungen.
Manchmal werden die Erfahrungsformen selbst – weil sie einen vermittelnden Charakter haben – als Medien bezeichnet. Aus wissenschaftlicher Sicht ist es allerdings zweckmäßiger, den Medienbegriff auf technisch vermittelte Erfahrungsformen einzugrenzen. Dies eröffnet in besonderer Weise die Möglichkeit, die Merkmale technisch vermittelter Erfahrungen in Abgrenzung und im Vergleich zu anderen Erfahrungsformen zu untersuchen und wissenschaftliche Aussagen zu formulieren. Demgemäß werden Medien in der Mediendidaktik in der Regel als Mittler verstanden, durch die in kommunikativen Zusammenhängen potenzielle Zeichen mit technischer Unterstützung übertragen, gespeichert, wiedergegeben oder verarbeitet und in abbildhafter oder symbolischer Form präsentiert werden.
In der Didaktik haben Gedanken zu der Frage, welche Mittler für das Lehren und Lernen geeignet sind, eine lange Tradition. Entsprechende Überlegungen waren in Deutschland bis in die 1960er Jahre hinein der Unterrichtsmethodik zugeordnet. Erst als Paul Heimann unter dem Eindruck der Verbreitung des Fernsehens die Medienwahl als eigenes Entscheidungsfeld von Unterricht – neben Intention, Thematik und Methodik – auswies, entwickelte sich in der Bundesrepublik Deutschland eine eigenständige Mediendidaktik. In der Deutschen Demokratischen Republik wurde der Begriff Medien allerdings als westlich geprägter Begriff vermieden. Dennoch gab es auch dort in der Didaktikdiskussion ein intensives Nachdenken über Lehr-, Lern-, Arbeits- oder Unterrichtsmittel.
Im Rückblick lassen sich zunächst vier Konzepte der Medienverwendung ausmachen, die bis heute in Theorie und Praxis einen gewissen Stellenwert haben: (1) das Lehrmittelkonzept, in dem Medien, z.B. Landkarten, als Hilfsmittel des Lehrers gelten, die dieser flexibel in den Unterricht einbeziehen kann, (2) das Arbeitsmittelkonzept, das in der Reformpädagogik der 1910er und 1920er Jahre besondere Bedeutung erlangte und bei dem Medien, z.B. Montessori-Materialien, als Lern- oder Arbeitsmittel in der Hand der Lernenden begriffen werden, (3) das Bausteinkonzept, das in Deutschland vor allem in den 1960er und 1970er Jahren mit der vorherigen Entwicklung des Unterrichtsfilms und dann mit der Entwicklung des Schulfernsehens dominierte und bei dem Medien als Bestandteile des Unterrichts mit einer eigenen didaktischen Struktur gelten, (4) das Systemkonzept, das sich seit den 1960er Jahren – zum Teil parallel zum Bausteinkonzept – mit der Übernahme angloamerikanischer Ansätze zur programmierten Unterweisung entwickelte und bei dem

der Unterricht mehr oder weniger vollständig durch Medienverbünde abgedeckt werden soll.
In der Auseinandersetzung mit diesen Konzepten hat sich seit den 1980er Jahren in Deutschland das Lernumgebungskonzept entwickelt. Grundlegend für dieses Konzept ist die Forderung, dass Lernen nicht als Prozess der Vermittlung von Kenntnissen, Fähigkeiten und Fertigkeiten von einem Lehrenden oder einem Lehrsystem an Lernende zu betrachten ist. Lernen soll vielmehr als aktive Auseinandersetzung von Lernenden mit ihrer Lernumgebung gestaltet werden. Elemente einer solchen Lernumgebung können u.a. verschiedene mediale Angebote sein – von Printmedien bis zum Internet.
Bezogen auf die theoretische Grundlegung des Lernumgebungskonzepts gibt es unterschiedliche Diskussionsstränge und Positionen. Aus der didaktischen Diskussion sind für das Lernumgebungskonzept vor allem handlungs- und projektorientierte Ansätze bedeutsam, aus der lerntheoretischen Diskussion sind es kognitionstheoretische und konstruktivistische Ansätze sowie deren Verbindung im Konzept des situierten Lernens. In beiden Diskussionssträngen ist unbestritten, dass Medien für Lehren und Lernen wichtige Funktionen zukommen: als Mittel der Einführung komplexer Aufgaben, als Informationsquelle oder Lernhilfe, als Werkzeug für eigene Aufgabenlösungen, als Möglichkeit der Bereitstellung von Materialien für eigene Analysen oder Bearbeitungen, als Instrument der Speicherung und Präsentation eigener Arbeitsergebnisse sowie als Hilfsmittel für Kommunikation und Kooperation.
Hinsichtlich einer empirischen Prüfung von Einflüssen der Medien auf Lernprozess und Lernergebnis war die mediendidaktische Forschung zunächst durch den Versuch gekennzeichnet, Medienunterricht mit konventionellem Lehrerunterricht zu vergleichen. Zusammenfassende Metastudien zeigen allerdings, dass ein großer Teil solcher Untersuchungen keine signifikanten Unterschiede aufweist. Dennoch haben die Vergleichsuntersuchungen gezeigt, dass Lernen nicht nur durch personale Vermittlung angeregt und unterstützt werden kann, sondern auch durch Medien. Im weiteren Verlauf kam es zu vielfältigen empirischen Untersuchungen, in denen einzelne Medienmerkmale im Hinblick auf ihre Lerneffekte überprüft wurden. Dabei zeigt sich z.B. die besondere Wirksamkeit der Verbindung von Bild und Text, der Kombination verschiedener Sinnesmodalitäten (z.B. von visuellen und darauf abgestimmten auditiven Darbietungen) sowie der Aktivierung durch geeignete Darstellungen und Aufgaben mit förderlichen Rückmeldungen.
Neben experimentellen Studien liegen verschiedene Evaluationsstudien vor, z.B. zum computergestützten Lernen in Schulen. Auf der Basis solcher Studien lässt sich u.a. feststellen, dass mit Hilfe von computerbasierten Medien ein selbsttätiges Lernen der Schüler gefördert werden kann und dass Verbesserungen fachlicher Lernleistungen und Verkürzungen von Lernzeiten unter bestimmten Bedingungen erreicht werden – wenn sich die zum Teil (zu) hohen Erwartungen insgesamt auch nicht erfüllt haben. Generell ergibt sich die Schlussfolgerung, dass das Potenzial von Medien nicht automatisch, sondern erst im Rahmen geeigneter Unterrichtskonzepte zur Geltung kommt.
Damit ist zugleich ein wichtiges Desiderat mediendidaktischer Forschung angesprochen: In der Zukunft sind vor allem Studien wünschenswert, in denen didaktisch und lerntheoretisch fundierte Konzepte zur Medienverwendung und Mediengestaltung in theoriebasierter Form entwickelt, praktisch umgesetzt und empirisch evaluiert werden.

Literatur
Herzig, B. (Hg.) (2001): Medien machen Schule. Bad Heilbrunn. – Issing, L. J./Klimsa, P. (Hg.) (2002): Information und Lernen mit Multimedia und Internet. Weinheim. – Meister, D. M./Sander, U. (1999): Multimedia. Neuwied. – Strittmatter, P./Niegemann, H. (2000): Lehren und Lernen mit Medien. Darmstadt. – Tulodziecki, G./Herzig, B. (2004): Mediendidaktik. Stuttgart.

Gerhard Tulodziecki

Medienerziehung

Unter dem Begriff der Medienerziehung werden alle Aktivitäten in Erziehung und Bildung zusammengefasst, die das Ziel haben, ein sachgerechtes, selbstbestimmtes, kreatives und sozialverantwortliches Handeln im Zusammenhang mit Fragen der Mediennutzung und Mediengestaltung zu entwickeln. Die Medienerziehung ist somit – zusammen mit der Verwendung von Medien für Lehr- und Lernprozesse – ein wichtiger Gegenstandsbereich der Medienpädagogik. Dabei wird der Begriff Medienerziehung häufig sowohl für praktische medienerzieherische Aktivitäten als auch für ihre wissenschaftliche Reflexion bzw. theoretische Grundlegung verwendet. Aus Gründen der begrifflichen Klarheit ist es jedoch zweckmäßiger, zwischen der Medienerziehung (als Praxisfeld) und einer Medienerziehungstheorie (als

Wissenschaftsgebiet) zu unterscheiden. Bei einer solchen Unterscheidung kann man die Medienerziehungstheorie als den Bereich aller Überlegungen zu dem Problemkreis bezeichnen, welche erziehungs- und bildungsrelevante Ziele im Zusammenhang mit Medienfragen angestrebt werden sollen und wie diese in pädagogisch angemessener Form erreicht werden können.

Die begriffliche Klarheit wird allerdings zusätzlich dadurch erschwert, dass der Begriffsbestandteil Erziehung zum Teil in Frage gestellt wird – sei es, weil er zu sehr im Sinne einer normativen Einwirkung verstanden werden kann, sei es, weil er für die Zielgruppe der Erwachsenen als unangemessen erscheint. Deshalb ist in der Literatur manchmal auch der Begriff Medienbildung zu finden, wobei damit sowohl der entsprechende Bildungsvorgang als auch das angestrebte Ergebnis gemeint sein kann.

Historisch betrachtet werden für die Entwicklung medienerzieherischen Denkens in der Regel kunsterzieherische Überlegungen zum Ende des 19. und zum Beginn des 20. Jahrhunderts als bedeutsam angesehen. Bei diesen Überlegungen ging es zunächst darum, die so genannte Schundliteratur von Kindern und Jugendlichen fern zu halten und sie stattdessen an sogenannte echte Dichterwerke heranzuführen. In der Folgezeit entwickelten sich – in der Auseinandersetzung mit Film, Print- und Hörmedien, Fernsehen und Video sowie Computer und Internet – verschiedene Zielvorstellungen für die Medienerziehung. Diese basierten bis in die 1970er Jahre im Wesentlichen auf der Annahme, dass Medien unmittelbare oder mittelbare Wirkungen auf Individuum und Gesellschaft ausüben. Je nachdem, ob die Einflüsse eher negativ oder eher positiv gewertet wurden, dominierten entweder die Forderungen nach einer Bewahrung vor schädlichen Einflüssen und nach Ideologiekritik oder die Forderungen nach einer Pflege des Wertvollen und nach einer zielgerichteten Nutzung der Medien zur Förderung von Kunst, Kultur und Bildung sowie zur Artikulation eigener Interessen. Der in Medientheorie und -forschung entwickelte Nutzenansatz hatte eine Umkehrung der medienorientierten zu einer rezipientenorientierten Sichtweise zur Folge. Auf dieser Grundlage kam für die Medienerziehung ins Bewusstsein, dass Mediennutzung als bedürfnisgesteuerte soziale Handlung aufzufassen ist. Kinder, Jugendliche und Erwachsene wenden sich mit ihren Bedürfnissen den Medienangeboten zu und interpretieren die medialen Aussagen vor dem Hintergrund ihrer Kenntnisse, Einstellungen und sozialen Bedingungen. In gleicher Weise gilt für die Produktion eigener Medien, dass sie auf der Basis individueller und sozialer Voraussetzungen zu deuten sind. Medienrezeption und Medienproduktion im Sinne sozialen Handelns und kommunikativer Kompetenz gelten demgemäß heute als zentrale Leitideen der Medienerziehung.

Insgesamt hat sich die medienerzieherische Diskussion in Deutschland damit von behütend-pflegenden Ansätzen über ästhetisch-kultur-orientierte, funktional-systemorientierte und kritisch-materialistische Konzepte zu handlungs- und interaktionsorientieren Ansätzen entwickelt.

Parallel zu den medienerzieherischen Überlegungen wurde seit den 1980er Jahren unter dem Einfluss der zunehmenden Bedeutung der Computertechnologie die Notwendigkeit einer eigenständigen informationstechnischen Grundbildung betont. Mittlerweile gelten allerdings die medialen Aspekte des Computers einer alle Medien umfassenden Medienerziehung bzw. Medienbildung zugehörig.

Im Zusammenhang mit den heute relevanten Ansätzen zur Medienerziehung bzw. Medienbildung gibt es vielfältige Diskussionen und unterschiedliche Positionen. Beispielsweise lassen sich wahrnehmungs-, gestaltungs- und entwicklungsorientierte Ausprägungen einer handlungs- und interaktionsorientierten Medienerziehung bzw. Medienbildung unterscheiden. In solchen Kontexten wird auch der Begriff der Medienkompetenz – als das Vermögen des Menschen im Umgang mit Medien – unterschiedlich ausdifferenziert. So nennt Baacke z.B. vier Kompetenzbereiche: Medien-Kritik, Medien-Kunde, Medien-Nutzung und Medien-Gestaltung. Aufenanger spricht von einer kognitiven, einer moralischen, einer sozialen, einer affektiven und einer ästhetischen Dimension sowie von einer Handlungsdimension der Medienkompetenz. Tulodziecki unterscheidet fünf Aufgabenbereiche für die Entwicklung von Medienkompetenz: reflektierte Auswahl und Nutzung von Medienangeboten, verantwortungsbewusste Gestaltung und Verbreitung von Medienangeboten, Verstehen und Bewerten von Mediengestaltungen, Erkennen und Aufarbeiten von Medieneinflüssen, Durchschauen und Beurteilen von Bedingungen der Medienproduktion und Medienverbreitung.

Die empirische Forschung, die für die Medienerziehung relevant ist, hat – auch vor dem Hintergrund unterschiedlicher medientheoretischer Ansätze – verschiedene Entwicklungen vollzogen, insbesondere die Entwicklung von der medienorientierten Wirkungsforschung zu einer an individuellen und sozialen Bedingungen orientierten Rezeptionsforschung.

Besonders bedeutsam für die Forschung sind dabei die Ansätze, die sich aus dem Uses-and-Gratifications-Approach in der Form des Nutzenansatzes und seiner Weiterentwicklungen ergeben haben: der rezipienten-orientierte Ansatz, der dynamisch-transaktionale Ansatz, der medienbiographische und der medienökologische Ansatz sowie die strukturanalytische Rezeptionsforschung. Beeinflusst waren und sind diese und ähnliche Ansätze zum Teil auch durch die ethnografische Forschung und den Ansatz der Cultural Studies. Damit ist zugleich eine Wendung von einer eher quantitativ orientierten zu einer eher qualitativ orientierten Forschung verbunden, wobei beide Forschungsrichtungen nebeneinander bestehen oder auch miteinander kombiniert werden.
Insgesamt liegen zu Medienfragen vielfältige Forschungsergebnisse vor, die u.a. Auskunft über Medieneinflüsse im Bereich von Emotionen, Kognitionen und Verhalten und über soziale Zusammenhänge sowie über verschiedene Wechselbeziehungen geben.
Andere Forschungsansätze widmen sich stärker der Frage nach der Umsetzung von Medienerziehung und Medienbildung in der Praxis. Insgesamt zeigt sich dabei zwar, dass diese durchgängig als wichtige pädagogische Aufgaben anerkannt sind, die Verankerung in der Praxis jedoch (noch) unzureichend ist.
Ein deutliches Desiderat besteht bei Studien, die im Sinne einer theoriegeleiteten Entwicklung und empirischen Evaluation Zusammenhänge zwischen medienerzieherischen Aktivitäten, ausgelösten Prozessen und Kompetenzerwerb prüfen. Eine solche Forschung könnte helfen, sowohl die medienerzieherische Theoriebildung als auch die Umsetzung in der Medienpraxis weiterzuentwickeln.

Literatur
Aufenanger, S./Schulz-Zander, R./Spanhel, D. (Hg.): Jahrbuch Medienpädagogik 1. Opladen. – Baacke, D. (1997): Medienpädagogik. Tübingen. – Sander, U./Vollbrecht, R. (1987): Kinder und Jugendliche im Medienzeitalter. Opladen. – Tulodziecki, G./Herzig, B./Grafe, S. (2010): Medienbildung in Schule und Unterricht. Bad Heilbrunn. – Tulodziecki, G./Six, U. u.a. (2000): Medienerziehung in der Grundschule. Opladen.

Gerhard Tulodziecki

Medienerziehung im Kindergarten

Medienerziehung im Kindergarten als Teilbereich der Medienpädagogik befasst sich mit individuellen und institutionellen Voraussetzungen des Einsatzes konventioneller und neuer Medien, ihrer Wirkung und didaktisch-methodischen Aspekten im Kindergarten. Seit ihren Anfängen sind Kindergärten entsprechend ihrer jeweiligen Konzeption durch Medien aller Art geprägt. Der Einsatz jeweils neuer Medien war mit kontroversen Diskussionen verbunden. So vertritt der Situationsansatz des Deutschen Jugendinstitutes eine Erziehung mit und zu den Medien im Unterschied zum Sozialpädagogischen Institut in Köln, das die Medienkompetenz der Kinder in einem Audio-Visuell-medienfreien Raum erreichen will.
Didaktisch-methodisch lassen sich unterscheiden: eine reproduktionsorientierte Medienerziehung im Kindergarten als Verarbeitungshilfe in Freispielsituationen, eine rezeptionsorientierte im selbstständigen Einsatz von Medien zu unterschiedlichen Themen und eine produktionsorientierte, die Medien in spielerisch produktiven Produktionsprozessen erfahrbar und durchschaubar machen soll.
Empirische Untersuchungen ergaben Ende der 1980er Jahre eine ablehnende Haltung der Mehrheit der Erzieherinnen gegenüber neuen Medien und deren Einsatz im Kindergarten. Es bleibt abzuwarten, ob, und wenn, welche Veränderungen durch eine Akademisierung und Fortbildung des Personals eintreten.

Literatur
Deutsches Jugendinstitut (Hg.) (1994/95): Handbuch Medienerziehung im Kindergarten. 2 Bde. Opladen.

Dieter Höltershinken

Medienformen

Die Geschichte der Medien ist zugleich die Geschichte einer zunehmenden Technisierung der menschlichen Kommunikation. Medien können somit hinsichtlich des Grades ihrer Technisierung unterschieden werden, die gleichzeitig auch die historische Dimension der Medienentwicklung von primären über sekundäre zu tertiären und quartären Medien widerspiegelt.
Unter den Begriff der sekundären Medien werden Medien wie z.B. Buchdruck und Fotografie gefasst, die technisch erzeugt werden, zur Nutzung jedoch keine technischen Geräte erforderlich machen.
Die Erfindung des Buchdrucks mit beweglichen Lettern aus Metall im Jahre 1448 durch Johannes Gutenberg ist ein Meilenstein der europäischen Mediengeschichte. Bibeln und andere Bücher konnten nun weitaus schneller und günstiger hergestellt werden. Das mühsame, zeitaufwändige und fehlerbehaftete Abschreiben von Büchern als einzige Form der

Vervielfältigung war somit überholt. Damit war eine entscheidende Grundlage für die Entstehung und Verbreitung einer Lesekultur geschaffen.
Die Erfindung und Verbreitung des Verfahrens der Fotografie geht auf Joseph N. Niépce und Jacques L. Daguerre im Jahre 1839 zurück (Daguerreotypie). Aber erst die Erfindung des Negativ-Positiv-Verfahrens durch Henry W. F. Talbot (Kalotypie, 1841) ermöglichte die technische Vervielfältigung von Fotografien (Abzüge). Die Entwicklung des Rollfilms, der Kleinbildkamera und des Farbfilms stellen die Grundlage für eine rasche Verbreitung und Popularisierung der Fotografie dar. Seit Beginn des 21. Jahrhunderts wird die analoge zunehmend von der digitalen Fotografie abgelöst.
Tertiäre Medien werden technisch hergestellt und benötigen zur Nutzung spezifische elektrische bzw. elektronische Geräte (z.B. Telegrafie, Telefon, Grammophon, Film, Rundfunk und Fernsehen).
Als Erfinder des Telefons gilt Alexander Graham Bell. Er konstruierte ein Gerät zur Übertragung von Tönen und meldete es 1872 zum Patent an. Damit wird erstmals eine natürlichsprachige technisch-mediale Kommunikation ermöglicht. In den Anfangsjahren wurde das Telefon zusätzlich auch zur Übertragung von Konzerten etc. genutzt – eine Funktion, die später das Radio übernommen hat. Bis 1973 besaßen in der Bundesrepublik weniger als 50% aller Haushalte einen privaten Telefonanschluß. Mit der breiten Einführung der Mobiltelefonie ist die räumliche Bindung des Telefonanschlusses aufgehoben, es beginnt eine weitreichende Durchdringung des Alltags.
Der Kinetograph, eine Kamera mit perforiertem Rollfilm zur Aufnahme bewegter Bilder, wird von William Dickson und Johann Krüsi in den USA entwickelt und 1894 patentiert. Der 1895 zum Patent angemeldete Cinématographe der Gebrüder Lumière integrierte Projektor und Kamera. Die erste öffentliche Filmvorführung ihres Films L'arroseur arrosé im Dezember des gleichen Jahres gilt als Beginn des Filmzeitalters. Der erste Tonfilm wurde 1927 aufgeführt, 1935 wurde der erste Spielfilm mit Dreifarb-Technik gedreht. Gegenwärtig lösen digitale Filmprojektoren die herkömmlichen mechanischen Projektoren ab.
Der Rundfunk (wie auch die drahtlose Telegrafie) basiert auf der Entdeckung elektromagnetischer Wellen durch Heinrich Hertz im Jahre 1886. Nach ersten militärischen Experimenten startete der Hörfunkbetrieb in den USA und Europa zu Beginn der 1920er Jahre, die erste Hörfunksendung in Deutschland ist die am 29.10.1923 in Berlin ausgestrahlte Funkstunde. 1928 gab es in Deutschland bereits ca. 2,5 Millionen Radioempfänger.
Bereits 1884 erfand Paul Nipkow einen mechanischen Bildfeldzerleger, die rotierende Nipkow-Lochscheibe. 1906 war erstmals die Wiedergabe 20-zeiliger Schwarz-Weiß-Bilder möglich. 1930 präsentierte Manfred von Ardenne die vollelektronische Übertragung bewegter Bilder mittels der Braunschen Röhre. Ein erster Meilenstein der Filmgeschichte war die Übertragung der Olympischen Spiele im Jahr 1936. 1960 verfügten erst knapp 20% der Haushalte über ein Fernsehgerät; bereits 1970 näherte sich dann aber die Zahl der Haushalte mit Fernsehgeräten der 95%-Marke.
Quartäre Medien werden wie tertiäre Medien technisch hergestellt und benötigen zur Nutzung spezifische Geräte, beruhen aber im Gegensatz zu tertiären Medien auf der Technologie der Digitalisierung. Zu den quartären Medien sind neben dem Computer vor allem auf Computertechnologie beruhende Medien zu zählen (z.B. Internet, Digitalfernsehen, etc.) sowie die Digitalisierung bestehener Übertragungsverfahren und -wege, z.B. in Form digitalen Satellitenempfangs, der das analog übertragene terrestrische Fernsehen abgelöst hat. Daneben etablieren sich mit Internet-Fernsehen und IPTV-Angeboten (International Protocol Television) neue Verbreitungswege.
Vor allem im Kontext des Internet sind gegenwärtig die Entstehung und Entwicklung einer Vielzahl medialer Formate zu beobachten (Web 2.0 bzw. Social Web).
Aktuell ermöglichen Medien die Überbrückung großer Distanzen nahezu in Echtzeit und erlauben dabei als Massen- und Individualmedien die Distribution audiovisueller Inhalte sowie neuartige Formen der Kommunikation und Kooperation. Spätestens mit dem Satellitenempfang verlieren Ländergrenzen an Bedeutung. So spricht Marshall McLuhan bereits 1962 von einem Global Village, in dieser Perspektive ist gegenwärtig die Entstehung virtueller Jugendkulturen sowie globaler Onlinegemeinschaften beobachtbar.

Literatur

Havelock, E. A. (1990): Schriftlichkeit. Weinheim. – Hörisch, J. (2004): Eine Geschichte der Medien. Frankfurt. – Kerlen, D. (2003): Einführung in die Medienkunde. Stuttgart. – Hiebel, H. H. u.a. (Hg.): Die Medien. München. – Kümmel, A./Scholz, L./Schumacher, E. (Hg.) (2004): Einführung in die Geschichte der Medien. Paderborn.

Sven Kommer / Friederike von Gross

Medienforschung

Folgt man modernen Gesellschaftstheorien, dann können Medien weder theoretisch noch empirisch als separate Entitäten interpretiert werden. Medien sind demnach eine notwendige Infrastruktur zur Aufrechterhaltung und Steuerung moderner Gesellschaften. Diese aktuelle Sicht auf die Medien und ihre Umsetzung in der Medienforschung weicht stark ab von den Sender-Empfänger-Modellen, die die Anfänge der Medienforschung zu Beginn des letzten Jahrhunderts dominierten. So knüpft das Gros der klassischen Medienforschung implizit oder explizit an ein Modell der unidirektionalen Informationsübertragung zwischen einem aktiven Sender und einem passiven Empfänger mit Hilfe von Medien an. Diese Segmentierung impliziert eine Trennung des Kommunikationsprozesses von seinem sozialen und kulturellen Kontext, wie sie in der modernen Medienforschung nicht mehr zu finden ist.

Dass Medien mehr sind als Instrumente der Informationsübertragung, drückt sich auch in einer gewachsenen Medienforschung aus, die in den unterschiedlichsten Feldern von Interesse ist: So wird in der Pädagogik und der Bildungspolitik der Frage nachgegangen, ob die Verbreitung der Medien in alle Lebensbereiche eine neue schulische Aufgabe schafft, ob nicht alle Heranwachsenden in der Schule mit einer grundlegenden Medienkompetenz ausgestattet werden müssten. Dem gegenüber prüfen soziologische und sozialpsychologische Untersuchungen die Bedeutung der neuen Medien für die Informations- und Kommunikationsstrukturen und ihre – möglichen – Konsequenzen für ein demokratisches Gemeinwesen. Einen anderen Schwerpunkt setzen Untersuchungen in wirtschaftlichen Zusammenhängen, in denen Kosten-Nutzen-Analysen erstellt, die Konzentrationsprozesse der Konzerne untersucht oder wirtschaftliche und politische Folgen der global player für regionale und nationale Märkte diskutiert werden.

Ihren Ausgangspunkt nahm die Medienforschung mit der Analyse der Massenkommunikation in den 30er Jahren des letzten Jahrhunderts. Dabei standen (und stehen auch heute noch) drei Aspekte im Fokus: Die Erforschung des Auditoriums/Publikums; die Analyse der Medieninhalte und die Frage nach Effekten der Medien.

Theoretischer Anknüpfungspunkt der empirischen Arbeiten ist das Werk Walter Lippmanns Public Opinion (1922), in dem die Beeinflussung der öffentlichen Meinung als zentrales Thema behandelt wird. Exemplarisch für diese erste Phase der Medienforschung sind groß angelegte Surveys wie die Erie Studie von Paul Lazarsfeld und anderen im Jahr 1944.

Mit den beiden Weltkriegen und insbesondere der Machtergreifung durch die Nationalsozialisten erfuhr die Medienforschung eine Politisierung. Neues Thema war die Propagandaforschung. Während dieser ersten Phase der Medienforschung dominierte das Modell der allmächtigen Medien und des passiven Rezipienten.

In den 1950er Jahren zeichnete sich – nicht zuletzt dadurch, dass sich die postulierte Medienmacht zwar in Laboruntersuchungen, nicht jedoch in Feldstudien nachweisen ließ – ein Paradigmenwechsel ab. Mit dem Agenda-Setting-Ansatz wird die Allmacht der Medien relativiert. Medien geben zwar die Themen der aktuellen Debatten vor, können jedoch nur beeinflussen worüber und nicht was der Rezipient denkt. Mit dem Nutzen- und Belohnungsansatz wandelt sich der Rezipient endgültig zum aktiven Mediennutzer.

Ein Wiedererstarken der Medien-Macht-Theorien zeichnete sich in den 1960er Jahren ab, als das Fernsehen als damals neues Medium flächendeckend Einzug hielt und Überwältigungsängste wachrief, die auch zu Beginn der Medienforschung formuliert wurden. Noch immer nimmt das Fernsehen eine dominierende Stellung im Themenspektrum der Medienforschung ein, was nicht zuletzt dadurch erklärbar ist, dass die Ausbreitung des Mediums Fernsehen parallel zur Institutionalisierung der Medienforschung verlief.

In der zweiten Hälfte des 20. Jahrhunderts kam es zu einem Perspektivenwechsel in der Medienforschung, der mit einem verstärkten Einsatz qualitativer Forschungsmethoden einherging. Fragen nach dem Kontext der Mediennutzung, nach der Integration von Medien in den Alltag und der Verwendung medialer Inhalte in verschiedensten sozialen Feldern einerseits sowie Decodierung und Interpretation von Medieninhalten rückten ins Zentrum der Medienforschung und konnten auf Basis der klassischen, quantitativen Surveystudien nicht beantwortet werden. Darüber hinaus interessierte man sich nicht mehr ausschließlich für die Wirkung eines spezifischen Mediums auf ein bestimmtes Publikum, sondern analysierte Medienwirkung als Produkt permanenter Beeinflussung einer allgegenwärtigen medialen Präsenz.

Insbesondere in den Cultural Studies wurde dieser Zugang umgesetzt und schlug sich in Forschungsprojekten nieder, die Medien in ihrer Bedeutung

als kulturelle und ideologische Macht analysierten. Begriffe wie: Medienwelten, Medien als Sozialisationsinstanzen und Medien als Realitätskonstrukteure charakterisierten diesen Paradigmenwechsel.
Zu den neuesten Ansätzen der Medienforschung zählen Studien, die Medienwirkungsforschung und Lebensstilforschung verbinden. Ziel ist es, unterschiedliche Formen der Mediennutzung und auch der subjektiven Interpretation von Medien im sozialen Raum zu verorten, der aufgespannt wird durch sozioökonomische Faktoren, Werteorientierungen sowie Handlungsvorlieben. Methodisch finden sowohl qualitative als auch quantitative Verfahren der empirisch fundierten Typenbildung Anwendung. Dieses neue Feld der empirischen Medienforschung ist ein Treffpunkt von kritischen Sozialforschern und Marketingstrategen. Gemeinsam ist beiden Fraktionen, dass kulturelle Praktiken, Werte und Stile als Manifestation sozialer Strukturen und nicht bloß als individuelle Ausdrucksformen betrachtet werden.
Parallel zu der theorieüberprüfenden Medienforschung entwickelte sich die Mediaforschung, deren Ziel die Gewinnung und Aufbereitung von Informationen über das Publikum der Massenmedien, insbesondere sein Kauf- und Konsumverhalten ist. Methodisch arbeitet diese Forschungsrichtung mit groß angelegten Surveys zur Mediennutzung in die neuerdings auch Items zur Messung von Lebensstilen und Lebenslagen einfließen. Alternativ werden elektronische Formen der Datenerfassung eingesetzt, wie beispielsweise bei der Gesellschaft für Konsum-, Markt- und Absatzforschung (GfK). Die Ergebnisse der Mediaforschung werden in verschiedenen Markt-Media-Analysen angeboten, wie z.B. die Media-Analyse der Arbeitsgemeinschaft Media-Analyse, die VerbraucherAnalyse (VA), die Allensbacher Markt- und Werbeträger-Analyse (AWA) und die GfK-Fernsehforschung.
Die Markt-Media-Analysen sind Grundlage für die Mediaplanung, d.h. für die Optimierung der Verteilung des verfügbaren Werbebudgets. Von Interesse sind die Reichweiten der einzelnen Medien sowie die Zusammensetzung der Nutzerschaft eines Mediums nach soziodemographischen und lebensstilorientierten Merkmalen.
Mit Ende des letzten Jahrhunderts setzte sich in der Medienforschung ein Verständnis von Mediennutzung als spezifische, reflexive Form sozialer Handlung durch. Diese Sicht macht das Problem der Konzeptualisierung von Medien als permanente Herausforderung an die Medienforschung deutlich: Medien sind Medium, sie sind Inhalt und sie sind Umwelt. Ihr dualer Status als Kanal und als Text, als technisches Artefakt und als Medienbotschaft wird auch weiterhin neue Themen und Fragestellungen für die Medienforschung aufwerfen und eine Eingrenzung des Feldes immer weniger möglich machen. Waren die Medien zu Beginn des letzten Jahrhunderts noch der Kanal, durch den eine Botschaft vom Sender zum Empfänger fließt, so werden sie zum Ende des Jahrhunderts nicht nur als Konstrukteure sozialer Praxen gesehen, sondern ihnen wird Definitionsmacht über Realitäten und soziale Umwelten zugeschrieben.

Literatur
Dichanz, H. (Hg.) (1998): Handbuch Medien. Bonn. – Jensen, K. B. (1995): The Social Semiotics of Mass Communication. London. – Jensen, K. B. (2002): A Handbook of Media and Communication Research. London. – Lazarsfeld, P. F./Berelson, B./Gaudet, H. (1944): The Peoples's Choice. New York. – Lippman, W. (1922): Public Opinion. New York.

Renate Möller / Klaus Treumann

Mediengewalt

Seit Medien existieren, werden die potenziellen Gefahren von Gewaltdarstellungen diskutiert. Trotz umfangreicher Forschung finden wissenschaftliche Befunde noch immer wenig Berücksichtigung in der öffentlichen Diskussion, in der oft monokausale Wirkungsannahmen dominieren und entsprechend simple Gegenmaßnahmen gefordert werden (z.B. Verbote von Videospielen). Auch wenn die Mediengewaltforschung noch Defizite aufweist, sprechen die Ergebnisse für komplexere Zusammenhänge und eine differenziertere Betrachtung der Problematik.
Folgende Thesen versuchen die Wirkung von Mediengewalt zu erklären: Die nicht bestätigte Katharsisthese nimmt an, dass das Mitvollziehen von Mediengewalt die unschädliche Abfuhr des angeborenen Aggressionstriebs ermöglicht und so zur Aggressionsreduktion führt. Die Annahme der Suggestionsthese, dass Mediengewalt und die Darstellung von Selbstmorden unmittelbare Nachahmungstaten hervorrufen kann (Werther-Effekt), trifft in dieser einfachen Form ebenfalls nicht zu. Es müssen weitere Einflussfaktoren berücksichtigt werden. Der Habitualisierungsthese zufolge wirkt Mediengewalt langfristig abstumpfend, reduziert die Empathiefähigkeit, steigert die Toleranz für Gewalt und senkt die Hemmschwelle zur Gewaltausübung. Nach der

Erregungstransfer-Theorie können Medieninhalte (Gewalt, aber auch Erotik, Humor usw.) unspezifische Erregungszustände auslösen. Diese erhöhen die Intensität nachfolgenden Verhaltens. Ob es sich dabei um aggressives oder z.B. prosoziales Verhalten handelt, hängt von der situationsspezifischen Motivation ab. Der Stimulationsthese zufolge fördern bestimmte Gewaltdarstellungen (vor allem als gerechtfertig dargestellte Gewalt) violentes Verhalten, sofern der Rezipient emotional erregt ist (vor allem durch Frustration) und auf Schlüsselreize trifft, die mit der gegenwärtigen Verärgerung oder vergangenen Erlebnissen assoziiert werden oder grundsätzlich aggressionsauslösend wirken (v.a. Waffen). Dem Priming-Ansatz zufolge können Stimuli (z.B. Mediengewalt) über neuronale Netze im Gedächtnis abgelegte violente Kognitionen, Gefühle und Verhaltenstendenzen aktivieren. Dieser automatisch ablaufende Prozess beeinflusst die Interpretation der Stimuli und erhöht kurzfristig (bei häufiger Anregung durch chronische Aktivierung evtl. auch langfristig) die Wahrscheinlichkeit violenten Verhaltens. Nach der hieran anknüpfenden Skript-Theorie kann Mediengewalt zur Entwicklung neuer bzw. Aktivierung bereits bestehender violenter Skripts (d.h. mentaler Routinen bzw. Verhaltensprogramme) beitragen. Der zur Einordnung bisheriger Forschungsbefunde am besten geeigneten Lerntheorie zufolge können Menschen durch Beobachtung Verhaltensmuster abstrahieren. Ob dieses Verhalten allerdings auch ausgeführt wird, hängt von der Person des Rezipienten, seinem sozialen Umfeld und der Art der Gewaltdarstellungen ab. Entscheidend ist vor allem, ob Modell und/oder Rezipient für das entsprechende Verhalten belohnt bzw. nicht bestraft werden. Das jüngst entwickelte General Aggression Model kombiniert Lerntheorie, Priming-, Skript-, Erregungstransfer- und Habitualisierungsansatz und versucht sowohl kurz- als auch langfristige Effekte von Mediengewalt zu erklären.

Insgesamt haben empirische Studien ergeben, dass Mediengewalt Auswirkungen auf Meinungen, Gefühle und das Verhalten der Rezipienten haben kann. Diese Effekte sind allerdings sehr klein, was dafür spricht, dass Mediengewalt nur ein Faktor zur Erklärung von Gewaltverhalten ist. Zudem können sich hinter einem niedrigen Durchschnittswert starke Effekte für bestimmte Personen und bestimmte Arten von Mediengewalt verbergen. Negative Folgen sind nach den bisherigen Befunden am ehesten zu erwarten bei jüngeren, männlichen, sozial benachteiligten Vielsehern, die bereits eine violente Persönlichkeit besitzen, in violenten Familien mit hohem Mediengewaltkonsum aufwachsen, dort auch viel reale Gewalt erfahren und violenten/delinquenten Peer-Groups angehören. Dies gilt vor allem dann, wenn sie Medieninhalte konsumieren, in denen Gewalt in einem realistischen und/oder humorvollen Kontext präsentiert wird, gerechtfertigt erscheint, von attraktiven, erfolgreichen, dem Rezipienten ähnlichen Protagonisten mit einem hohen Identifikationspotenzial ausgeht, nicht bestraft wird und dem Opfer keinen erkennbaren Schaden zufügt.

Die Forschung zu elterlichen und schulischen Präventionsmöglichkeiten negativer Folgen von Mediengewalt steht erst am Anfang. Als sinnvoll hat sich die gemeinsame Auseinandersetzung mit Mediengewalt (aktive Interventionsstrategie) erwiesen, wobei Kinder insbesondere für die Opferperspektive sensibilisiert werden sollten.

Literatur

Kirsh, S. (2006): Children, adolescents and media violence. Thousand Oaks. – Kunczik, M./Zipfel, A (2006): Gewalt und Medien. Köln.

Michael Kunczik / Astrid Zipfel

Medienkompetenz

Die Medienkompetenz eines Menschen beschränkt sich nicht nur auf seine Wissensbestände über (Neue) Medien, sondern beinhaltet auch die Fähigkeit, sie souverän bedienen, kritisch beurteilen und kreativ gestalten zu können. Sie kann eigenständig im Rahmen von Selbstsozialisationsprozessen erworben werden, sie wird aber auch durch medienpädagogisches Handeln in formalen wie non-formalen Bildungssettings vermittelt. Abzugrenzen ist Medienbildung, die die reflexive Entfaltung des Subjekts und seine Orientierungsfähigkeiten im Medienkontext betont. Als leitender Begriff und zentrales theoretisches Konzept der Medienpädagogik wird Medienkompetenz seit Anfang der 1990er Jahre diskutiert, als im Zuge der Einführung von Internet und Multimedia ein verstärkter medienpädagogischer Nachholbedarf in nahezu allen Feldern von Bildung und Erziehung – insbesondere aber in Schulen (Schulen ans Netz) – durch Bildungspolitiker, Wirtschaftsvertreter und Pädagogen attestiert wurde. Obwohl die Diskussion um Medienkompetenz die neuen Informations- und Kommunikationstechnologien in den Mittelpunkt stellt, weil diese heute die Entwicklungs- und Partizipationschancen von Kindern, Jugendlichen und Erwachsenen entscheidend mitgestalten, orientiert sich der Begriff an einem weit verstandenen Medienbegriff, der sowohl die individuelle Mediennutzung – von den klassischen Massenmedien über Computer und Internet bis hin zum Handy – als auch ihre Bezüge zu Gruppen, gesellschaftlichen Systemen und Kulturen mit einbezieht.

Die Anstöße zur Entwicklung des Medienkompetenzbegriffs stammen aus der sozial- und sprachwissenschaftlichen Diskussion um Kompetenz in den 1970er Jahren. In der Sprachtheorie von Noam Chomsky bezieht sich Kompetenz vor allem auf syntaktische Aspekte der Sprache. Er sieht Kompetenz als strukturerzeugendes Regelsystem, das in der Sprachverwendung (Performanz) wirksam wird. Jürgen Habermas übernimmt den Kompetenzbegriff in gesellschaftstheoretische Überlegungen: Kommunikative Kompetenz als allgemeine subjektive Basisqualifikation meint für ihn die Fähigkeit des Menschen, sich kommunikativ zu verhalten, d.h. aufgrund fester Regeln des Sprechens sprachliche Äußerungen zu machen und damit Geltungsansprüche zu erheben, die vom Adressaten akzeptiert oder zurückgewiesen werden können. In der pädagogischen Debatte ist der Kompetenzbegriff vor allem deshalb auf große Resonanz gestoßen, weil er die Fähigkeit des Menschen zu sprechen, zu interagieren und zu kommunizieren nicht (mehr) an die Reize von Situationen gebunden sieht – dies legt eine behavioristische Interpretation menschlicher Kommunikation nahe, die zu überwinden versucht wurde –, sondern vor allem durch bestimmte Grundgesetzlichkeiten menschlichen Verhaltens strukturiert begreift. Wenn diese Fähigkeit durch situative, persönliche, soziale und kulturelle Faktoren nicht im vollen Maße entwickelt ist – so die pädagogisch relevante Schlussfolgerung –, muss dem Menschen durch Bildungsmaßnahmen dazu verholfen werden, seine Kommunikationskompetenz auszuarbeiten. Der Impuls für die medienpädagogische Debatte um Medienkompetenz stammt von Dieter Baacke, der Medienkompetenz als eine Spezialform der kommunikativen Kompetenz versteht, weil es in verstärkter Weise die Veränderungen der Kommunikationsstrukturen durch technisch-industrielle Vorkehrungen und Erweiterungen betont. Medienkompetenz differenziert sich für Baacke in vier Dimensionen: Medienkritik, Medienkunde, Mediennutzung und Mediengestaltung.

Die gegenwärtig zu beobachtende Diskussion um Medienkompetenz entzündet sich insbesondere an der Frage, wie das Konzept – teils in Abgrenzung, teils in Ergänzung zu Baackes Vorschlag – präzisiert werden kann. Die einzelnen Positionen unterscheiden sich dabei weniger in der grundsätzlichen Anerkennung, dass Medienkompetenz einen zentralen Zielwert der Medienpädagogik darstellt, sondern eher in der Art, wie ihre unterschiedlichen Teil-Dimensionen zu fassen sind. Darüber hinaus spielt die Frage eine Rolle, wie sich in pädagogischen Teildisziplinen Medienkompetenz herleiten lässt. So führen Bernd Dewe und Uwe Sander den Begriff in die Kompetenzdebatte der Erwachsenenbildung ein. Zunehmend wird auf die Entwicklungsdimension aufmerksam gemacht, die zur Forderung einer altersdifferenzierten Konzeption von Medienkompetenz führt. Eine weitere Diskussionsfacette fragt nach dem Stellenwert des Konzepts für medienpädagogisches Handeln: Welche personellen, organisatorischen und räumlichen Bedingungen müssen beachtet werden, damit Medienkompetenz an Kinder, Jugendliche und Erwachsene adäquat vermittelt werden kann?

Während sich die theoretisch-konzeptionelle Debatte um Medienkompetenz bereits in einem fortgeschritteneren Stadium befindet, gibt es erst wenige empirische Analysen zum Gegenstand. Medienkompetenz als Begriff und Konzept lässt eine Reihe von Fragen offen. Dazu gehört ihre – bereits von Baacke benannte – pädagogische Unspezifität: Sie leitet sich in theoretisch präziser Form nicht aus der pädagogischen Begriffstradition (vor allem: Bildung und Erziehung) her. Für eine Reihe von Fachvertretern ist Medienkompetenz daher zu wenig in der Lage, auch den pädagogischen Grundgedankengang einzubeziehen. Aus diesem Grund gibt es in der jüngsten Diskussion zunehmend Versuche Medienbildung als Leit- und Zielwert der Medienpädagogik stark zu machen. Eine offene Frage betrifft auch den Zusammenhang von (Medien-)Kompetenz und (Medien-)Performanz: Wenn es so ist, dass Medienkompetenz nur anhand ihrer Äußerungsform, also anhand von Phänomenen der Medienperformanz (z.B. die Fähigkeit, einen Computer zu nutzen) erfasst werden kann, dann ist zu klären, wie die methodisch schwierige Passung zwischen dem gesetzten Ideal und der beobachteten Wirklichkeit (überhaupt) hergestellt werden kann. Damit ist auch das Problem der empirischen Operationalisierung und Validierung verbunden, denn bevor nicht genaue Informationen darüber vorliegen, in welcher Form sich medienbezogene Fähigkeiten und Wissensbestände in bestimmten Dimensionen der Medienkompetenz bündeln, bleibt es spekulativ, daraus konkrete medienpädagogische Handlungsempfehlungen abzuleiten.

Literatur
Baacke, D. (1973): Kommunikation und Kompetenz. München. – Baacke, D. (1996): Medienkompetenz als Netzwerk. In: medien praktisch 2, 4-10. – Chomsky, N. (1972): Aspekte der Syntax-Theorie. Frankfurt. – Groeben, N./Hurrelmann, B. (Hg.): Medienkompetenz. Weinheim. – Habermas, J. (1971): Vorbereitende Bemerkungen zu einer Theorie der kommunikativen Kompetenz. In: Habermas, J./Luhmann, N.: Theorie der Gesellschaft oder Sozialtechnologie. Frankfurt, 101-141.

Kai-Uwe Hugger

Mediennutzungsforschung

Die Mediennutzungsforschung befasst sich mit der Erhebung von Daten über die Nutzung unterschiedlicher Medien. Untersucht wird sowohl die Nutzung der klassischen Massenmedien (Print, Hörfunk und Fernsehen) als auch des Internets. Die Mediennutzungsforschung betrachtet den Kommunikationsprozess aus dem Blickwinkel des Nutzenden und fragt nach Absichten und Motiven sowie nach Folgen für das Kommunikationsverhalten. Zu unterscheiden ist Wirkungsforschung, die – ausgehend von einer definierten Absicht des Kommunikators – den erzielten Einfluss auf den Rezipienten untersucht. Die Mediennutzungsforschung analysiert den einzelnen Nutzer sowie das Publikum bzw. verschiedene Publika. Der Begriff des dispersen Publikums nach Maletzke verweist – im Unterschied zum Präsenzpublikum, z.B. im Theater – darauf, dass sich Massenmedien an ein in der Regel instabiles Gebilde von Rezipienten richten, in dem die Mitglieder keine direkten Beziehungen untereinander haben. Sie wissen lediglich, dass noch viele andere Menschen das gleiche Medienangebot – anonym – rezipieren. In den letzten Jahren hat die Mediennutzungsforschung Abschied vom homogenen Publikumsbegriff genommen. Aufgrund der Zunahme ausdifferenzierter Medienangebote und damit verbunden gesteigerter Wahlmöglichkeiten der Rezipienten wird vermehrt von Publika gesprochen. Hinzu kommt eine verstärkte Berücksichtigung des einzelnen (aktiven) Nutzers bzw. der Verschränkung von Individual- und Massenkommunikation im Kontext von Online-Kommunikationsmedien.

Es kann zwischen kommerzieller Mediaforschung (auch: kommerzieller Publikumsforschung) einerseits und akademischer Mediennutzungsforschung andererseits unterschieden werden. Die kommerzielle Mediaforschung untersucht die Nutzung redaktioneller und werblicher Inhalte in den Medien. Als redaktionelle Publikumsforschung (auch: redaktionelle Leser-, Hörer-, Zuschauer- und Internetforschung) ist sie an der Resonanz von Medieninhalten interessiert, um das jeweilige Programmangebot auf dieser Grundlage besser mit dem Publikum in Passung zu bringen. Als Werbeträgerforschung untersucht sie die Aufmerksamkeit der Mediennutzer gegenüber Werbebotschaften. Die Ergebnisse der Werbeträgerforschung dienen als Grundlage für die Mediaplanung der Unternehmen, d.h. mit ihrer Hilfe wird entschieden, in welchem Medium geworben wird. Dazu wird vor allem die Reichweite eines Mediums gemessen, die darüber Auskunft gibt, wie viele Menschen von einem Medium in einem bestimmten Zeitraum erreicht werden. Solche Daten werden in Deutschland regelmäßig von der Gesellschaft für Konsum-, Markt- und Absatzforschung (GfK) – sie konzentriert sich vor allem auf die Zuschauerforschung – oder der Arbeitsgemeinschaft Media Analyse (AG MA) – sie liefert Daten für die Hörer- und Leserforschung – erhoben. Repräsentative Daten über die Onlinenutzung bieten in den letzen Jahren z.B. die Befragungen im Rahmen der Online-Studien der Arbeitsgemeinschaft der öffentlich-rechtlichen Rundfunkanstalten der Bundesrepublik Deutschland (ARD) und des Zweiten Deutschen Fernsehens (ZDF).

Die akademische Mediennutzungsforschung ist insbesondere durch sozial- und kulturwissenschaftliche Studien geprägt. Die zentralen Forschungsaktivitäten haben sich entlang des Nutzen- und Belohnungsansatzes entwickelt.

Als Desiderate der Mediennutzungsforschung können drei Aspekte formuliert werden: Erstens wird Mediennutzung bisher kaum im Zusammenhang mit sozialem Wandel untersucht. Aus diesem Grund sollten in verstärktem Maße Langzeituntersuchungen durchgeführt werden. Zweitens vernachlässigt die Fokussierung der bisherigen Mediennutzungsforschung auf quantitative Methoden die Analyse des sozialen Kontextes von Mediennutzern. Deshalb ist eine Verschränkung quantitativer mit qualitativer Forschungsverfahren einzufordern. Drittens ist eine Kluft zwischen Reichweitenforschung der Unternehmen und der akademischen Mediennutzungsforschung auszumachen. So gelingt es bisher zu wenig, beispielsweise die theoretisch-konzeptionellen Weiterentwicklungen in den Sozial- und Kulturwissenschaften auch im Bereich der Reichweitenforschung fruchtbar zu machen. Hier ist eine verbesserte Kooperation wünschenswert.

Literatur
Berg, K./Ridder, C.-M. (2002): Massenkommunikation VI. Baden-Baden. – Bonfadelli, H. u.a. (1986): Jugend und Medien. Frankfurt. – Maletzke, G. (1963): Psychologie der Massenkommunikation. Hamburg. – Rössler, P. (Hg.) (1998): Online-Kommunikation. Opladen.

Kai-Uwe Hugger

Medienökologie

Medienökologie wird als Wissenschaft und Theorie des medienverbundenen sozialen Wandels verstanden. Die Anfänge der Medienökologie folgen allerdings einem vornehmlich normativen Impetus, der vor allem durch den amerikanischen Medienwissenschaftler und -kritiker Neil Postman geprägt wurde. Dieser ging von der Annahme einer Vorherrschaft Neuer Medien aus, der das öffentliche Leben unterworfen ist. In diesem Sinn wurden Medien als sozialökologische Störfaktoren interpretiert, basierend auf der Vermutung eines sozialen Ungleichgewichts, das durch Medien hervorgerufen wird, wobei vor allem an dem Massenmedium Fernsehen starke Kritik geübt wurde. Die heutige Medienökologie besitzt dagegen einen deskriptiven Charakter als empirische, methodisch-wissenschaftliche Suche nach den Interdependenzen zwischen Medienentwicklungen und sozialen Wandlungsprozessen.
Diese so verstandene Medienökologie nimmt ihren Ausgangspunkt in dem sozialökologischen Ansatz von Dieter Baacke mit seinen vier expandierenden sozialökologischen Zonen (ökologisches Zentrum, Nahraum, Ausschnitte, Peripherie). Diese dienen zur Gliederung der kindlichen Umwelt und beschreiben die menschliche Lebensordnung. Der menschliche Lebenszyklus erweitert und differenziert sich immer weiter aus. Wenn man das Ordnungsschema der vier sozialökologischen Zonen auf die Allgegenwart von Medien bezieht, so kann man die Medienausstattung wie auch die damit verbundene Mediennutzung den Zonen zuordnen. Folglich rückt der Ausdruck Medienwelt, als spezifischer Teil der Lebenswelt in den Mittelpunkt, so dass der medienökologische Ansatz zu den alltags- und lebensweltlichen Ansätzen gehört. Er fokussiert den alltäglichen Umgang mit Medien im sozialen und räumlichen Kontext. Das Zentrum bildet häufig die Familie und ist bei der Betrachtung von Medien in der Alltagswelt für Kinder in ihrer Entwicklung am relevantesten, weil dort erste Medienerfahrungen stattfinden. Denn das Kind macht im ökologischen Zentrum nicht nur erste soziale Kontakte, sondern erlernt auch den Umgang mit Medien: Kinder wachsen heutzutage in einer häuslichen Umgebung auf, die eine zunehmend breite Medienausstattung aufweist. Im sozialökologischen Nahraum (zum Beispiel in der Nachbarschaft und in der Wohngegend) knüpfen Kinder und Jugendliche erste Bekanntschaften und erfahren diesbezüglich etwa, dass der Mediengebrauch in anderen Familien unterschiedlich strukturiert ist. Die sozialökologischen Ausschnitte (Orte, in denen funktionsspezifische Aufgaben und Beziehungen definiert werden) stellen die Zone dar, in der spezifische Medienumgebungen angeboten werden (Kino, Bücherei, Diskothek usw.). Und auch die ökologische Peripherie, der Bereich der ungeplanten Begegnungen jenseits der Routinisierung (z.B. der Urlaub) ist ohne Medien kaum denkbar. So wird im Sinne einer Pluralisierung von Medienwelten ein patchworkartiger Teppich aus Medienerfahrungen geknüpft. Das soziale Handeln wird in diesem Zusammenhang als aktiver und interaktiver Prozess der Auseinandersetzung mit der Umwelt verstanden, so dass die Mediennutzung im Kontext von Kultur, Situationen und Emotionen betrachtet wird. Die Medienökologie als Methode besitzt den Anspruch, diese Kontexte als Objektbereiche immer mit zu rekonstruieren, um überhaupt Aussagen über die Mediatisierung von Kindern, Jugendlichen und Erwachsenen machen zu können.
Insgesamt untersucht die Medienökologie mit ihrer theoretischen Einschätzung von Medien als integraler Bestandteil sozialen Wandels Veränderungen in unserer Gesellschaft, die durch Medien hervorgerufen werden. Medienökologieforschung betrachtet also Medien und Mediennutzung als originäre Elemente des gesellschaftlichen Lebens und folgt der Prämisse, diese im Kontext ihrer gesellschaftlichen und lebensweltlichen Positionierung zu erforschen.

Literatur
Baacke, D./Sander, U./Vollbrecht, R. (1991): Medienwelten Jugendlicher. Opladen. – Ganguin, S./Sander, U. (2006): Medienökologie. In: Mikos, L./Wegener, C. (Hg.): Qualitative Medienforschung. Konstanz, 130-140. – Postman, N. (1987): Das Verschwinden der Kindheit. Frankfurt.

Sonja Ganguin

Medienpädagoge

Die berufliche Aufgabe von Medienpädagogen umfasst alle pädagogischen, politischen und sozialkulturellen Überlegungen und Maßnahmen, die die Förderung von Medienkompetenz bzw. den Erwerb von Medienbildung betreffen, sowohl mit Blick auf die formalen (z.B. Schule, Ausbildung) und non-formalen Bildungsinstitutionen (z.B. Kinder- und Jugendhilfe) als auch auf den informellen Bildungsbereich des Alltags und der Freizeit. Adressaten können Individuen, Gruppen und Institutionen sein.
Der Verberuflichungsprozess der Medienpädagogik wird seit Beginn der 1990er Jahre durch vier Entwicklungslinien untermauert, die freilich nicht linear zu denken sind, sondern teils auch Gegenbewegungen umfassen.
Die erste Entwicklungslinie kann in der gestiegenen gesellschaftlichen Anerkennung der Medienpädagogik gesehen werden. Einerseits ist die gesellschaftliche Anerkennung medienpädagogischer Berufspraktiker gewachsen. Medienpädagogisches Handeln wird in der Öffentlichkeit zunehmend als nützlich und unverzichtbar angesehen. Als berufliche Aufgabe muss Medienpädagogik nicht mehr eigens begründet werden; vielmehr muss legitimiert werden, warum sie als solche nicht umgesetzt wird. Bei der Formulierung bildungspolitischer Leitgedanken zur Zukunft von Bildung und Erziehung sind die (medienpädagogischen Leitbegriffe) Medienkompetenz und Medienbildung zur Selbstverständlichkeit geworden. Andererseits scheint der medienpädagogische Beruf von der gewachsenen gesellschaftlichen Anerkennung seiner Inhalte nicht im gleichen Maße zu profitieren. So führt die öffentlich behauptete Notwendigkeit und Dringlichkeit medienpädagogischer Berufstätigkeit noch nicht automatisch zur gesicherten Berufspositionen.
Die zweite Entwicklungslinie zeigt sich in einem diversifizierten und zunehmend ausdifferenzierten Berufsfeld für medienpädagogische Dienstleistungen. Für nahezu jede Adressatengruppe medienpädagogischer Berufstätigkeit steht mittlerweile ein Spezialangebot bereit. Bei Beobachtungen der einschlägigen Stellenangebote, die speziell an Medienpädagogen gerichtet sind, fällt gegenwärtig der Schwerpunkt im Bereich von Internet und Multimedia auf. Die Tendenz zur Ausdifferenzierung zeigt sich in den verschiedenen medienpädaogischen Arbeitsfeldern. Ein Beispiel sind Jugendfilm und -videoarbeit, durch die in den letzten Jahren zahlreiche Filmwettbewerbe und -festivals sowie Fernseh- und Videoprojekte speziell für Kinder und Jugendliche bzw. Schüler entstanden sind.
Eine dritte Entwicklungslinie betrifft die Ausdifferenzierung der Ausbildung in der Medienpädagogik. Medienpädagogen werden in Hochschulstudiengängen ausgebildet, bisher vor allem im Rahmen des Diplomstudiengangs Erziehungswissenschaft, zunehmend aber auch in Bachelor-/Master- sowie Aufbau- und Erweiterungsstudiengängen. Über Art, Form und Abschluss des wissenschaftlich-medienpädagogischen Studiums gibt es noch keine verbindlichen Vorgaben. Bis zum gegenwärtigen Zeitpunkt kann immer noch jeder Medienpädagoge werden, der dies anstrebt, unabhängig davon, welches Studium oder welche Ausbildung er absolviert hat.
Die vierte Entwicklungslinie bezieht sich auf die verstärkte Suche nach einem gemeinsamen Selbstverständnis der Medienpädagogik, mit dem sich sowohl Theorie als auch berufliche Praxis identifizieren können. Erst in den letzten Jahren fokussiert sich die Selbstverständnisdebatte in den Begriffen Medienkompetenz und Medienbildung.
Da das Aufgabenfeld der Medienpädagogik eine pädagogische Querschnittsaufgabe darstellt – es findet sich in nahezu allen pädagogischen Feldern wieder, von der Schule über die Sozialpädagogik bis hin zur beruflichen Bildung –, konkurrieren Medienpädagogen teils mit anderen (pädagogischen) Berufen um die ausgeschriebenen Stellen. Wie sie sich auf dem Arbeitsmarkt durchsetzen, ist gegenwärtig unklar, weil noch keine speziellen Arbeitsmarktstatistiken und systematischen Berufsfelduntersuchungen vorliegen. Freilich sind solche Ergebnisse notwendig, um den quantitativen wie qualitativen Entwicklungsprozess des medienpädagogischen Berufsfeldes genau beurteilen zu können.

Literatur
Hugger, K.-U. (2001): Medienpädagogik als Profession. München. – Hugger, K.-U. (2006): Medienpädagogen im Beruf. In: Wiedemann, D./Volkmer, I. (Hg.): Visionen zur Zukunft der Medienpädagogik. Bielefeld, 136-147. – Neuß, N. (Hg.) (2003): Beruf Medienpädagoge. München.

Kai-Uwe Hugger

Medienpädagogik

Medienpädagogik bezieht sich auf diejenigen pädagogischen Handlungs- und Reflexionsfelder, in welchen technische Medien, Medieninhalte und die psychischen und sozialen Auswirkungen von Medien eine Rolle spielen. Immer dann, wenn Medien für Erziehung, Bildung bzw. Sozialisation Bedeutung erlangen, sind sie auch für die Medienpädagogik von Interesse. Die Theorien, Ausbildungswege und Berufsprofile der Medienpädagogik sind nicht immer klar abgegrenzt von anderen Richtungen der Erziehungswissenschaft. Sie kann vielmehr als eine interdisziplinär aufgebaute pädagogische Richtung mit einem reflexiven und theoretisch-analytischen Anspruch bezeichnet werden, die Verbindungen zu den Sozial- und Humanwissenschaften, zur Kommunikationswissenschaft und Publizistik, zur Philosophie, zur Politikwissenschaft und speziell natürlich zur Erziehungswissenschaft aufweist. Sie ist präsent im theoretischen pädagogischen Diskurs, im universitären Lehrkanon der Erziehungswissenschaft und der Lehrerausbildung, in der empirischen pädagogischen Forschung sowie in den Praxisfeldern pädagogischen Handelns im schulischen und außerschulischen Bereich.

Den Gegenstand der Medienpädagogik auf didaktisch genutzte Medien in pädagogischen Organisationen zu begrenzen, wäre nicht angemessen. Zwar meint Medienpädagogik auch die Lehre von den Medien als Dokumentations- und Unterrichtsmittel; die Allgegenwart und gesellschaftlich-kulturelle Bedeutung der Medien lassen jedoch mittlerweile den Bezug der Medienpädagogik weit über Bildungsmedien im engeren Sinne hinausgehen. Sie verlangen einen integrativen Ansatz, der sowohl den medienökologischen Kontext alltäglicher Mediennutzung als auch die gesellschaftsstrukturellen Einbettungen der Medien in ökonomische, politische, konsumptive und nicht zuletzt bildungspolitische Kalküle berücksichtigen muss. So bezieht sich Medienpädagogik heute nicht nur auf Bildungsmedien in der Schule oder auf spezielle Bildungs- und Erziehungsprozesse durch Medien, sondern auch und vor allem auf die im Vorhinein weder beabsichtigten noch abschätzbaren sozialen, sozialisatorischen und kulturellen Folgen einer rasanten Medienentwicklung.

Die Bedeutung der Medienpädagogik gewinnt und verliert zyklisch, abhängig von den technischen Innovationen des Medienbereichs sowie davon, ob und inwieweit in der Wissenschaft, in der Politik, in den Medien selbst oder ganz allgemein im Bereich des öffentlichen Diskurses Medienphänomene die Agenda der aktuellen Themen bestimmen. Wenn sich immer mehr wissenschaftliche Publikationen dem Thema Medien widmen und wenn medienpädagogischen Fragestellungen in vielen Teildisziplinen der Erziehungswissenschaft immer mehr Gewicht zukommt, entspricht dies der tatsächlichen Bedeutung, die die (Massen-)Medien als Sozialisationsinstanzen mit ihren Konsequenzen für die Freizeitgestaltung, für Realitätskonstruktionen, für die Identitätsbildung und nicht zuletzt auch für das gesamte soziale Leben gewonnen haben.

Die Motive zu medienpädagogischen Reflexionen und medienpädagogischem Handeln gingen und gehen zumeist von medientechnischen Innovationen aus; die Medienpädagogik kann daher als eine reaktive Variante von Pädagogik angesehen werden, die von den jeweiligen Tendenzen des Mediensektors mitbestimmt wurde und noch immer wird. So haben, historisch betrachtet, Medienentwicklungen wie die Massenproduktion von Literatur, der Telegraf, das Radio, Kino und Fernsehen, Video, Computer und Internet in ihren Entstehungs- und Expansionsphasen immer auch zu medienpädagogischen Fragen über mögliche gravierende Folgen angeregt. Was heute im Kontext einer breit aufgefächerten Debatte diskutiert wird – z.B. die Wirkung von Mediengewalt, der Bildungswert von Medien oder die Gefahr von Persönlichkeitsdarstellungen im Internet (z.B. auf Social Network Sites wie Facebook) –, ist also lediglich die jüngste Variante einer längeren Tradition.

Die Medienpädagogik zeichnet sich durch unterschiedliche Strömungen aus, die jedoch zeitlich parallel existierten und zum Teil immer noch Bestand haben. 1. Die bewahrpädagogische Strömung entstand um die Wende zum 20. Jahrhundert. Sie ist charakterisiert durch ein Menschenbild der Unmündigkeit und eine negative Medienauffassung. Medieninhalte stehen dabei unter dem Verdacht, Menschen und vor allem Heranwachsende zu beeinflussen, zu manipulieren und sittlich zu gefährden. Zwar verlor die bewahrpädagogische Haltung in der zweiten Hälfte des 20. Jahrhunderts an Gefolgschaft, ihre Grundidee, vor Medien zu schützen, kann jedoch – bspw. ausgelöst durch spektakuläre Gewaltphänomene, die auf Mediengewalt zurückgeführt werden – leicht wieder mobilisiert werden. 2. Im Gefolge der kritischen Theorie ergab sich in den 1960er und 1970er Jahren die kritische Medienpädagogik. Medien galten ihr als substantielle Bestandteile einer repressiven Politik und einer kapitalistischen Ökonomie. Medienpädagogik kam nun die Aufgabe zu, Unterdrückungs- und Entfremdungsverhältnisse des Mediensystems offen zu legen. 3. Die handlungsorientierte Medienpädagogik will Kinder und Jugendliche zum aktiven Medienhandeln motivieren und befähigen. Intention ist die Ausbildung eines autonomen und selbstverantwortlichen Umgangs mit Medien. Kompetenzentwicklung ist seit den 1990er Jahren eine feste Forderung, gleichwohl aktuell auch die Begrifflichkeit der Medienbildung diskutiert wird. Medienpädagogik als Kompetenzbildung meint, dass Heranwachsende Fähigkeiten (Kompetenzen) erwerben müssen, um adäquat mit Medien umgehen und sich dort selbst behaupten zu können, wo Pädagogen und Eltern ihnen keinen Schutz bieten können.

Aktuelle politische Maßnahmen, z.B. zur Bildungsförderung für Kinder in Kindertageseinrichtungen und Schulen im Primarbereich, verdeutlichen, dass aufgrund der Pluralität und Omnipräsenz von Medien eine Notwendigkeit gesehen wird, dass bereits sehr junge Kinder einen gezielten und angemessenen Medienumgang erlernen. Die prognostizierten pädagogischen Erwartungen an die jeweils neuen Medien gingen in der Vergangenheit häufig von zerstörerischen Wirkungen aus, die in manchen Visionen bis ins Katastrophale gesteigert wurden. Lediglich die pädagogisch gezähmten Medien erschienen nutzbar, und eher selten wurden positive pädagogische Medienvisionen entworfen. So entstand im Kristallisationskern der jeweiligen pädagogischen Mediendiskurse eine ambivalente Haltung, die sich einerseits skeptisch zeigt bezüglich der Folgen der jeweils neuen Medien für Bildung, Sittlichkeit und Sozialisation, Kultur und Gesellschaft und auf der anderen Seite versucht, Medien pädagogisch-didaktisch als Bildungs-, Erziehungs- oder Lernmittel einzusetzen und den wertvollen Kern unterschiedlicher Medieninhalte zu bestimmen und zu sichern. Gegen Ende des 20. Jahrhunderts ist allerdings diese ehemals stabile Ambivalenz aufgebrochen worden, wodurch sich auch ein neues Selbstverständnis der Medienpädagogik ergeben hat. Zu beobachten ist ein Bedeutungsverlust bevormundender Medienerziehung. Das ehemals klare und geteilte pädagogische Ziel, vor Medien zu bewahren, zum richtigen Umgang mit den Medien zu erziehen, Medien nur unter didaktischem Aspekt zu bewerten und normative Standards der guten Medien(-inhalte) zu entwickeln und durchzusetzen, wird von vielen Medienpädagogen in Theorie und Praxis nicht mehr verfolgt und durch einen sachlicheren, unvoreingenommeneren und unaufgeregteren Zugang zum Themen- und Praxisfeld abgelöst. Eine normative Bestimmung der Wertigkeit von Medien(-inhalten) durch die Pädagogik scheitert zunehmend an der kulturellen Pluralität des alltäglichen Medienhandelns. Kinder, Jugendliche und Erwachsene lassen sich heute kaum noch in ihrem Medienhandeln pädagogisch gängeln. Sowohl in der Theorie wie auch in der medienpädagogischen Praxis hat sich ein Selbstverständnis entwickelt, demzufolge der pädagogischen Klientel weitgehende Autonomie und Entscheidungsmächtigkeit auch im Bereich des Medienhandelns zugestanden wird. Das neue Selbstverständnis wird zudem durch Bestrebungen bestimmt, medienpädagogische Aussagen durch empirische Medienforschung abzusichern. An die Stelle von Spekulationen oder Bewertungen der Medien und ihrer Wirkung treten zunehmend quantitative und qualitative Medienuntersuchungen. Ein eher sozialwissenschaftlich und psychologisch ausgerichteter Blick auf die gesellschaftlichen Folgen und individuellen Wirkungen, der Einbezug von Kontexten der Medienrezeption und eine Entideologisierung der Medien flankieren diese empirische Wende innerhalb der Medienpädagogik.

Literatur
Baacke, D./Sander, U./Vollbrecht, R. (1991): Medienwelten Jugendlicher. Opladen – Hüther, J./Günther, A. (Hg.) (1997): Grundbegriffe Medienpädagogik. München. – Mikos, L./Wegener, C. (Hg.) (2005): Qualitative Medienforschung. Konstanz. – Sander, U./Gross, F. v./Hugger, K. (Hg.) (2008): Handbuch Medienpädagogik. Wiesbaden. – Süss, D./Lampert, C./Wijnen, C. W. (2010): Medienpädagogik. Wiesbaden.

Henrike Friedrichs / Uwe Sander

Medienpädagogische Ansätze

Pädagogische Ansätze zum Umgang mit Medien gibt es, seit die Erfindung neuer Drucktechniken am Ende des 19. Jahrhunderts die massenhafte Verbreitung von Trivialliteratur, Kriminal- und Frauenromanen ermöglichte. Diese wurden als für Kinder und Jugendliche ungeeignete Literatur betrachtet und führten bei den Pädagogen zu einer Diskussion über die jugendgefährdende Wirkung dieses sogenannten Schunds und Schmutzes. Der Wunsch nach einer Kontrolle der Medienprodukte für Jugendliche kam auf, und man bemühte sich um objektive Maßstäbe für die Unterscheidung von guten und schlechten Medien. Auch jedem weiteren neu hinzukommenden Medium (Film, Fernsehen, Computer) wurde stets mit Ablehnung begegnet, und Forderungen nach schützenden Maßnahmen vor schädlichen Einflüssen wurden laut. Allerdings gab es neben dieser abwehrenden Haltung schon früh die Erkenntnis, dass sich Medien positiv für Bildungsprozesse nutzen lassen. Wurde das Medium Film beispielsweise anfangs als schlecht und schädlich eingestuft, diskutierte man schon bald darauf die Möglichkeit, dieses neue Medium für die Volksbildung einzusetzen.

Als wichtigste medienpädagogische Ansätze seit Beginn des 20. Jahrhunderts werden unterschieden die Bewahrpädagogik, reformpädagogische Medienpädagogik und Kinoreformbewegung, die kritisch-emanzipatorische Medienpädagogik, die bildungstechnologische Medienpädagogik und die handlungsorientierte Medienpädagogik.

Das Konzept des bewahrpädagogischen Ansatzes entsteht bereits im 19. Jahrhundert, als Printmedien zu Massenmedien werden, und setzt sich mit dem Aufkommen des Mediums Films fort. Als zu Beginn des 20. Jahrhunderts die ersten Kinematographen auf Jahrmärkten eingesetzt werden, um den Besuchern Filme zu präsentieren, lehnen sich Kirche und Pädagogen gegen jeglichen Schund und Schmutz der Medien auf, die die Rezipienten negativ beeinflussen könnten. Kinder, Jugendliche und auch Erwachsene sollen vor moralischen und sittlichen Gefährdungen geschützt werden. Die Nutzung des als schlecht und schädlich eingestuften Literatur- und Filmangebots soll pädagogisch kontrolliert werden. Ziel ist es, vermuteten Gefährdungen Kinder und Jugendlicher mit gesetzlichen Bestimmungen zu begegnen. Durch den Missbrauch der öffentlichen Medien im Nationalsozialismus werden in der Filmerziehung nach 1945 bewahrpädagogische Bemühungen zum Schutz vor schädlichen Medieneinflüssen wieder aufgegriffen. Erneut sind Pädagogen darum bemüht, zwischen guten und schlechten Medien zu unterscheiden. Nach Ergebnissen der Filmwirkungsforschung wird davon ausgegangen, dass Medieninhalte eine unmittelbare Wirkung auf den Rezipienten haben und ein gefährliches Verführungs- und Manipulationspotenzial besitzen. Gerade Kindern und Jugendlichen werden nötige kognitive, moralische und sozialen Fähigkeiten abgesprochen, um zwischen medialer Scheinwelt und realer Welt zu unterscheiden sowie Reizüberflutung und schlechte Massenunterhaltung verarbeiten zu können. Die Folge (ab 1953 auch für das Medium Fernsehen) sind Jugendmedienschutzbestimmungen durch den Staat und die Filmwirtschaft selbst (Kinder- und Jugendmedienschutz).

Neben der allein auf Abwehr beruhenden Bewahrpädagogik entwickelt sich eine Gegenbewegung, die auf positive Möglichkeiten von Medien für Bildungsprozesse setzt. Der Kinoreformbewegung geht es nicht allein um Verbot und Schutz, sondern auch um die Bereitstellung und Vorführung wertvoller Kinder- und Jugendfilme. In Anlehnung an die Reformpädagogik soll der künstlerisch-ästhetische Film gefördert und die Jugend für den guten Film sensibilisiert werden. Bemühungen um geeignete Unterrichtsfilme führen in der Folge zu einer Schulfilmbewegung. Diese bewirkt, dass 1919 eine Bildstelle als Beratungs- und Prüfstelle für Lehrfilme am Zentralinstitut für Erziehung und Bildung in Berlin eingerichtet wird. Zur Zeit des Nationalsozialismus führen die Bestrebungen nach Zentralisierung des Schulfilms von 1934 an zum Aufbau der Reichsanstalt für Film und Bild in Wissenschaft und Unterricht (RWU) und zum Ausbau des Bildstellenwesens. Die staatliche Medienarbeit wird vor allem in den Dienst der nationalsozialistischen Ziele gestellt: Gleichschaltung der Medien, Medienkontrolle und Zensur, Förderung des Medienkonsums und Medienüberwachung.

Als Anfang der 1960er Jahre das Fernsehen immer populärer wird, hat dies zur Folge, dass sich die Filmerziehung zu einer Fernseherziehung wandelt. Ab Mitte der 1960er Jahre werden Konzepte entwickelt, die auf den kritischen Rezipienten zielen. Eine ideologiekritische Medienpädagogik versteht Medien als verankert in einer kapitalistischen Gesellschaft. Die Emanzipation des Individuums aus Fremdbestimmungen steht im Vordergrund sowie die Förderung seiner Selbstbestimmung. Orientiert an der Gesellschaftsanalyse der Kritischen Theorie der Frankfurter Schule (vor allem Theodor W. Adorno und Max Horkheimer) werden Medien als Manipulationsinstrumente im Dienste des herrschenden Kapitals betrachtet. Es wird davon ausgegangen, dass Rezipienten manipulierbare Opfer sind. Insbesondere Kinder und Jugendliche werden als passive Rezipienten betrachtet. Ziel der kritisch-emanzipatorischen Medienpädagogik ist die Emanzipation des Subjekts durch Entwicklung eines kritischen Bewusstseins gegenüber Massenmedien.

Parallel zur kritisch-emanzipatorischen Medienpädagogik entwickelt sich eine pädagogische Richtung, die sich mit Medien in didaktischer Perspektive und ihrem Einsatz im Unterricht beschäftigen. Auslöser sind die düstere Prognose der Bildungskatastrophe in den 1960er Jahren sowie ökonomische und bildungspolitische Notwendigkeiten. Objektivierung der Lernprozesse, Erfolgsmessung, Flexibiltät des Unterrichts und Anpassung an den gesellschaftlichen

Bedarf stehen im Vordergrund dieser bildungstechnologischen Medienpädagogik. Durch den Medieneinsatz in Form von Sprachlaboren oder programmiertem Unterricht erhofft man sich die Entlastung des schulischen Lehrpersonals sowie die Individualisierung des Unterrichts. In Anlehnung an Burrhus Frederic Skinners Lerntheorie soll Wissen an die Lernenden mit Lernprogrammen, Lehrfilmen und interaktiven Systemen vermittelt werden. Bis in die 1970er Jahre hinein wächst die apparative Ausstattung an Schulen.

Die handlungsorientierte Medienpädagogik umfasst die wesentlichen Aspekte der kritisch-emanzipatorischen Medienpädagogik. Über die kritische Rezeption hinaus will sie vor allem Medienkompetenz vermitteln. Ausgangspunkt ist die Lebenswelt und der Medienalltag des Mediennutzers. Dieser ist in der Lage, selbst seine Umwelt zu gestalten und aktiv zu verändern. So wird davon ausgegangen, dass auch Kinder und Jugendliche nicht allein Rezipienten von Medieninhalten sind, sondern handlungskompetent mit Medien umgehen können, um sie als Mittel zur Artikulation von Vorstellungen, Meinungen oder Erfahrungen einzusetzen. Zielwert ist der medienkompetente Nutzer, der fähig ist, sich durch Medienhandeln an Gesellschaft zu beteiligen.

Literatur
Hickethier, K. (1974): Zur Tradition schulischer Beschäftigung mit Massenmedien. In: Schwarz, R. (Hg.): Didaktik der Massenkommunikation 1, Stuttgart, 21-51. – Hug, T. (2002): Medienpädagogik – Begriffe, Konzeptionen, Perspektiven. In: Rusch, G. (Hg.): Einführung in die Medienwissenschaft. Opladen, 189-207. – Schorb, B. (1995): Medienalltag und Handeln. Opladen.

Sandra Hein

Medienpädagogischer Forschungsverbund Südwest (mpfs)

Der mpfs (www.mpfs.de) wurde 1996 vom damaligen Südwestfunk und den Landesmedienanstalten aus Rheinland-Pfalz und Baden-Württemberg gegründet, um mit der Bündelung der gemeinsamen Aktivitäten eine kontinuierliche Medienforschung vor allem im Bereich der Kinder- und Jugendmedienforschung zu ermöglichen. Seit 2004 wird der mpfs von der Landesanstalt für Kommunikation Baden-Württemberg (LFK) und der Landeszentrale für Medien und Kommunikation Rheinland-Pfalz (LMK) getragen. Der mpfs erhebt, dokumentiert und verbreitet Daten und Informationen zur Nutzung, Funktion, Wirkung und den Inhalten von Medien. Mit der Bereitstellung von Basisdaten in dem ständigen Veränderungen unterliegenden Medienbereich soll die Entwicklung medienpädagogischer Konzepte und von Medienkompetenzprojekten unterstützt werden.

Die Studienreihe JIM (Jugend, Information, (Multi-)Media), die seit 1998 jährlich durchgeführt wird, befasst sich mit dem Medienumgang der Zwölf- bis 19-jährigen in Deutschland. Hierzu werden etwa 1.200 Jugendliche telefonisch befragt. Durch das langfristig angelegte Studiendesign mit einem festen Fragenrepertoire, ergänzt um aktuelle Fragestellungen, konnten die bedeutenden Veränderungen in der Medienwelt der Jugendlichen nachgezeichnet werden – so dokumentierte die JIM-Studie z.B. die schnelle Verbreitung des Computers und neuer technischer Entwicklungen wie Handy und mp3-Player unter Jugendlichen. Neben dem allgemeinen Medienverhalten werden Einstellungen, Nutzungsmotive und das Freizeitverhalten erfragt. Einzelthemen waren beispielsweise Computer und Schule, Computerspiele oder das Familienklima.

Das Medienverhalten von Kindern erörtert die Studienreihe KIM (Kinder und Medien), die erstmals 1999 aufgelegt wurde und etwa alle zwei Jahre durchgeführt wird. Bei der KIM-Studie werden zum einen die Sechs- bis 13-jährigen in einer persönlich mündlichen Befragung und zum anderen deren Haupterzieher mit einer schriftlichen Befragung parallel untersucht. Die Stichprobe umfasst jeweils ca. 1.200 Befragte. Die Konzeption der KIM-Studie sieht ebenfalls einen festen Fragenbestandteil vor, der in jeder Ausgabe um ergänzende Fragestellungen erweitert wird. Hauptthemen sind Medienbesitz und Mediennutzung, Kompetenzen im Umgang mit verschiedenen Medien und der Stellenwert des Computers in der Kindheit. Neben Fragen des technischen Zugangs werden auch Einstellungen zum Umgang von Kindern mit Computern unter den Erziehungsberechtigten abgefragt. Ein wiederkehrendes Thema ist der Jugendschutz.

Ergänzend zu den Langzeitstudien des mpfs werden Ad-Hoc-Studien zu unterschiedlichen Themenbereichen erstellt. Die Studie Lehrer/-innen und Medien befasst sich mit dem Medienverständnis von Lehrern. Auch zum Thema Jugendschutz, dem Musikverhalten der Jugend und soziokulturellen Unterschieden der Medienpädagogik wurden Studien erstellt.

Als Konsequenz aus den Forschungsergebnissen hat der mpfs zum einen zahlreiche Materialien zum Beispiel für den Einsatz in Schulen erstellt, zum anderen beteiligt er sich an konkreten Projekten, um aktuellen Problemlagen mit neuen Konzepten entgegenzutreten. Zur Unterstützung der Eltern und Pädagogen stellt der mpfs ein Infoset zur Verfügung, das zu den relevanten Fragen der Medienerziehung kurz und prägnant verständliche Antworten bietet und so einen Beitrag zur Medienpädagogik leistet.

Literatur
Medienpädagogischer Forschungsverbund Südwest (1998ff.) (Hg.): JIM-Studie, Jugend Information, (Multi-) Media. Baden-Baden. – Medienpädagogischer Forschungsverbund Südwest (1999ff.) (Hg.): KIM-Studie, Kinder und Medien. Baden-Baden.

Thomas Rathgeb

Medienschutzgesetzgebung

Unter Medienschutzgesetzgebung ist der Verbund aller Gesetzestexte und die dadurch beauftragten und ermächtigten Körperschaften des Bundes, der Länder und der Kommunen zu verstehen, die mit dem Ziel eingerichtet worden sind, Kinder und Jugendliche vor nicht altersgemäßen, ihre Entwicklung auf negative Art und Weise beeinflussenden Medieninhalten zu schützen.

Am 1.4.2003 sind das neue Jugendschutzgesetz (JuSchG) des Bundes sowie der Jugendmedienschutz-Staatsvertrag (JMStV) der Länder zeitgleich in Kraft getreten. Sie bilden seitdem gemeinsam die maßgebliche gesetzliche Basis zum Medienschutz von Kindern und Jugendlichen in der Bundesrepublik Deutschland. Frühere gesetzliche Regelungen, wie das Gesetz zum Schutz der Jugend in der Öffentlichkeit (JÖSchG) und das Gesetz über die Verbreitung jugendgefährdender Schriften und Medieninhalte (GjS), aber auch jugendschutzrelevante Bestimmungen, die zuvor im Rundfunkstaatsvertrag (RStV) und Mediendienstestaatsvertrag (MDStV) enthalten waren, werden damit abgelöst.

Während das JuSchG den Medienschutz im Zusammenhang mit Trägermedien, d.h. Medien, die auf gegenständlichen Trägern vorliegen – wie z.B. Compact Discs (CD), Digital Versatile Discs (DVD), Videokassetten, Plakate etc. –, reguliert, steuert der JMStV den einheitlichen Schutz von Kindern und Jugendlichen vor Angeboten elektronischer Informations- und Kommunikationsmedien (d.h. Rundfunk und Telemedien). Ursache für diese zweiteilige Differenzierung des Medienschutzes sind die unterschiedlichen Gesetzgebungsbefugnisse des Bundes und der Länder.

An der Kontrolle und Einhaltung des Jugendmedienschutzes in Deutschland sind mehrere Institutionen beteiligt. Instanzen der Selbstkontrolle, wie die Freiwillige Selbstkontrolle der Filmwirtschaft (FSK), die Freiwillige Selbstkontrolle Fernsehen (FSF), die Freiwillige Selbstkontrolle Multimedia-Diensteanbieter (FSM) und die Unterhaltungssoftware Selbstkontrolle (USK), steuern die Altersfreigabe für Medienangebote der Filmindustrie, der privaten Rundfunkanstalten, des Internets und der Softwarehersteller.

Für die Zulassung freiwilliger Selbstkontrolleinrichtungen, die zentrale Aufsicht über den privaten Rundfunk und den Bereich der Telemedien (z.B. Internet) sowie für die Umsetzung des JMStV ist die Kommission für Jugendmedienschutz (KJM) verantwortlich. Organisatorisch mit der KJM verbunden ist die von den Landesjugendbehörden eingerichtete gemeinsame Stelle Jugendschutz aller Länder (jugendschutz.net), deren Aufgabe darin besteht, die durch Telemedien angebotenen Programme zu überprüfen und somit die Arbeit der KJM zu unterstützen.

Auf der Bundesebene komplettiert die Bundesprüfstelle für jugendgefährdende Medien (BPjM) als selbstständige Behörde das Netzwerk der am Jugendmedienschutz beteiligten Organe. Die BPjM wird in der Regel auf Antrag tätig und hat die Aufgabe, Entscheidungen darüber zu treffen, ob bestimmte mediale Angebote in die Liste jugendgefährdender Medien aufgenommen (bzw. aus dieser Liste entfernt) werden. Im Rahmen solcher Indizierungsverfahren ist die BPjM ferner dazu angehalten, auf Stellungnahmen der KJM zu den relevanten Medienangeboten zurück zu greifen und diese in ihrer Urteilsfindung einzubeziehen.

In der Liste jugendgefährdender Medien werden alle indizierten Träger- und Telemedien zusammen gefasst, die eine Gefahr für die Entwicklung von Kindern und Jugendlichen oder für ihre Erziehung zu gemeinschaftsfähigen und eigenverantwortlichen Persönlichkeiten darstellen. Im Kontext der Indizierungsverfahren der BPjM werden seit den 90er Jahren verstärkt rassistische und pornographische Internetangebote sowie gewaltverherrlichende bzw. -verharmlosende Computerspiele überprüft.

Die gesetzliche Neuordnung des Medienschutzes seit dem 1.4.2003 ist einerseits den technischen Entwicklungen und den damit verbundenen veränderten gegenwärtigen Lebenslagen der Kinder und Jugendlichen geschuldet. Andererseits sollen die gesetzlichen Novellen zu einer einheitlicheren Rechtslage von Trägermedien und Telemedien beitragen.

Literatur
Bundesministerium für Familie, Senioren, Frauen und Jugend (2008): Jugendschutzgesetz und Jugendmedienschutz – Staatsvertrag der Länder. Berlin. – Deisenhofer, A. (Hg.) (2004): Jugendrecht. München. – Liesching, M. (2002): Jugendmedienschutz in Deutschland und Europa. Regensburg.

Markus Arens

Mediensozialisation

Mediensozialisation wird in zweierlei Hinsicht verstanden: zum einen als sozialisatorischer Einfluss der Medien auf die Persönlichkeitsentwicklung des Menschen über die Lebensspanne hinweg, zum anderen als jener Prozess, in dem Menschen die Fähigkeit zum Umgang mit Medien in ihrer Sozialisation erwerben. Beide Prozesse müssen als wechselseitig angesehen werden. Während die erste Perspektive als medienzentriert gekennzeichnet werden kann, zielt die zweite Perspektive eher auf das Subjekt. Hauptthemen der ersten Perspektive, die den Medien einen Einfluss auf den Menschen und insbesondere auf Kinder und Jugendliche unterstellt sind Gewaltdarstellungen, Werbung, Pornografie sowie Weltbilder. Dagegen wird aus der zweiten Perspektive gefragt, wie Menschen im Laufe ihrer Sozialisation Medienkompetenz bzw. Medienbildung erwerben und damit für einen kompetenten, selbstbestimmten und sozial-verantwortlichen Umgang mit Medien sozialisiert werden.

Ansätze zur Mediensozialisation lassen sich schon recht früh finden, ohne dass diese jedoch theoretisch fundiert waren. So gehen etwa bewahrpädagogische Annahmen von einem negativen Einfluss der Medien auf besondere Aspekte der Persönlichkeit der sich entwickelnden Kindern und Jugendlichen aus. Besonders der Aspekt der Wirkung von pornografischen und Gewaltdarstellungen wurde in diesem Zusammenhang thematisiert und bildet auch heute noch einen großen Teil der öffentlichen Debatten um die Wirkung von Medien. Diese Sichtweisen, die zwar sehr publikumswirksam präsentiert wurden, sind in den Medienwissenschaften, Medienpsychologie sowie der Medienpädagogik empirisch nicht bestätigt worden. Vielmehr haben sich zu Beginn der 1980er Jahre Ansätze durchgesetzt, die von einer Wechselwirkung zwischen rezipierendem Subjekt und Medien ausgegangen sind. Die dahinter stehende Grundannahme ist, dass Medien Bedeutung und Funktion für das Leben von Menschen haben und dass der Rezeptionsprozess als para-soziale Handlung gesehen wird, in dem Medienthemen zu den eigenen persönlichkeitsbezogenen Themen in Beziehung gesetzt werden.

Ergänzt wurde dieser Ansatz durch konstruktivistische, sozial- bzw. medienökologische und identitätstheoretische Konzepte. Gemeinsam ist diesen, dass die soziale Umwelt, die Biografie sowie formelle und informelle Sozialisationsprozesse den Rezeptionsprozess und damit den Einfluss der Medien mitbestimmen. Vor allem der Familie und der Peer-Group wird hierbei eine große Rolle eingeräumt. Auch ist man insgesamt von dem Wirkungsbegriff abgerückt, da er zu sehr ein kausales Modell unterstellt. Dagegen werden vielmehr die aktiven Handlungen und Verarbeitungsprozesse der Menschen in den Vordergrund gestellt.

Die empirische Forschung zur Mediensozialisation ist unterschiedlich ausgerichtet: Neben der Erhebung von Nutzungsdaten haben sich quantitative sowie experimentelle sowie qualitativ-interpretierende Ansätze etabliert. Während experimentelle Studien kurzfristige Effekte der Mediennutzung messen und häufig zu positiven Ergebnissen zur Wirkung von etwa Gewaltdarstellungen oder Werbung kommen, zentrieren die qualitativen Ansätze sich auf die Funktionen und Bedeutungen, die Medien im Alltag von Menschen haben können. Sie zeigen dagegen differenziert zum Teil auch einen kompetenten Umgang mit Medien auf.

Vor allem die so genannten neuen Medien wie etwa Computerspiele und Internet verlangen eine verstärkte empirische Forschung unter dem Aspekt der Mediensozialisation. Auch ist der Anschluss an neuere und aktuelle Modelle der Sozialisationsforschung notwendig.

Literatur
Charlton, M./Neumann-Braun, K. (1992): Medienkindheit – Medienjugend. München. – Fritz, K./Sting, S./Vollbrecht, R. (Hg.) (2003): Mediensozialisation. Opladen. – Hoffmann, D./Mikos, L. (2007): Mediensozialisationstheorien. Wiesbaden.

Stefan Aufenanger

Medienwirkungsforschung

Die Frage nach der Wirkung von Medien ist in unterschiedlichen Fächern zu verorten. Medienpädagogik, Soziologie, Publizistik und Kommunikationswissenschaft sind im Wesentlichen die Disziplinen, die sich mit den Auswirkungen der Medien beschäftigen. Dabei geht es ebenso um traditionelle Medien wie Zeitungen und Zeitschriften, Hörfunk und Fernsehen, wie vor allem seit Ende des 20. Jahrhunderts insbesondere auch um das Wirkungspotential der Neuen Medien Computer und Internet.

Die Perspektive der Medienwirkungsforschung ist vor allem auch durch ihren je spezifischen Kontext geleitet. Wirtschaftliche Interessen fokussieren Fernsehsendungen oder Werbestrategien und beabsichtigen, deren Wirkung – hier definiert als Einschaltquote oder Konsumverhalten – zu optimieren. Staatliche Interessen können Propagandaabsichten ebenso verfolgen wie das Interesse an politischer Aufklärung und Bildung. Grundlagenforschung versucht, komplexe Prozesse der Wirkung sowie die spezifischen Strategien der Medienaneignung zu verstehen. Medienpädagogische Forschung schließlich stellt oftmals soziale Probleme in den Mittelpunkt des Untersuchungsinteresses. Sie fragt beispielsweise nach den Auswirkungen von Gewaltdarstellungen auf Kinder und Jugendliche oder beschäftigt sich mit den Herausforderungen einer wachsenden Wissenskluft durch differenten Mediengebrauch und medienbezogenen Aspekten sozialer Ungleichheit.

Während die Wirkungsforschung in ihren Anfängen der 40er Jahre des 20. Jahrhunderts noch von der Allmacht der Medien ausging, fand später ein Paradigmenwechsel statt, der mit einem Bild des Rezipienten als aktiver Gestalter seiner Medienwelt verbunden war. Die tatsächlichen Wirkungen der Medien allerdings sind bis heute nur schwer erfassbar und häufig in ein komplexes Wirkungsgefüge eingebunden. Ihre öffentliche Darstellung konzentriert sich oftmals auf als problematisch eingeschätzte Aspekte des Medienkonsums im Kontext von Gewaltdarstellungen, Propaganda und Pornografie. Daneben müssen aber auch als positiv beurteilte Effekte zur Kenntnis genommen werden, wenn Medien zur Information, Entspannung oder Vergemeinschaftung im Rahmen jugendkultureller Szenen beitragen.

Theorien der Medienwirkung lassen sich in sozialpsychologische, kognitive und soziologische Ansätze aufteilen und nehmen unterschiedliche Bereiche des Themas in den Blickpunkt. Methodologisch bediente sich die Medienwirkungsforschung lange Zeit primär quantitativer Verfahren der Analyse; in jüngster Zeit aber gewinnen qualitative Rezeptionsstudien eine immer größere Bedeutung. Dieses ist auch der zunehmenden Fokussierung des Forschungsinteresses auf die subjektive Deutung von Medientexten durch den Rezipienten geschuldet.

Literatur
Bonfadelli, H. (2004): Medienwirkungsforschung. Konstanz. – Charlton, M./Neumann, K. (1990): Medienrezeption und Identitätsbildung. Tübingen. – Kunczik, M./Zipfel, A. (2006): Gewalt und Medien. Konstanz. – Mikos, L./Wegener, C. (2005): Qualitative Medienforschung. Konstanz.

Claudia Wegener

Medienwirkungstheorien

Eine Annäherung an Medienwirkungstheorien kann auf unterschiedlichen Ebenen erfolgen: Erstens über einen historischen Zugang, der Phasen von Medienwirkungstheorien und Entwicklungslinien aufzeigt, die oftmals zeithistorischen und wissenschaftstheoretischen Rahmenbedingungen geschuldet sind; zweitens über zentrale Themen der Kommunikationsforschung wie politische Öffentlichkeit, Werbung oder Gewalt, die jeweils Theoriekonzepte und Anwendungsfelder verbinden; drittens über eine Differenzierung der verschiedenen theoretischen Ansätze nach systematischen Gesichtspunkten.

In historischer Perspektive sind mindestens vier Phasen erkennbar: a) Eine erste Phase die vom Diktum einer Medienallmacht bzw. von starken Wirkungen geprägt war und den Beginn der Medienwirkungsforschung Anfang des 20. Jahrhunderts dominierte. Die Annahmen einer einseitigen, linearen und monokausalen Kommunikation beruhen auf dem klassischen Stimulus-Response-Modell. Drei Grundannahmen sind für das S-R-Modell bedeutend: (1) Transitivität: Kommunikation wird als Austausch gezielter Informationen wahrgenommen; (2) Proportionalität: Je intensiver, anhaltender und direkter der Stimulus, desto größer ist die Wirkung und (3) Kausalität: Zwischen Ursache und Wirkung besteht ein kausaler Zusammenhang. Gestützt wurde dieses Modell durch instinktpsychologische Annahmen aus der Sozialpsychologie und durch soziologische Theorien zur Massengesellschaft. b) Die zweite Phase der Medienwirkungstheorien ist geprägt von der Annahme schwacher Wirkungen bzw. von der Ausarbeitung mediatisierender Faktoren. Die von der soziologischen Kleingruppenforschung geprägten Studien Paul Lazarsfelds zur Wirkung der Massenmedien auf den amerikanischen Wahlkampf gelangten zu dem empirisch begründeten Ansatz, dass die Massenmedien keinen direkten Einfluss auf die Meinung der Rezipienten ausüben, sondern über Meinungsführer (two-step-flow of communication) ihr Publikum erreichen. Studien ermittelten weitere Drittvariablen, die im Rahmen von Persönlichkeitsfaktoren oder sozialen Einflüssen in den Kommunikationsprozess eingreifen und so die These der mediatisierenden Faktoren bzw. begrenzten Effekte von Medien stützten. c) In der dritten Phase fand ein Paradigmenwechsel zum aktiven Rezipienten statt. Seit etwa Mitte der 1970er Jahre entwickelten Jay G. Blumler und Elihu Katz in Umkehrung der klassischen Wirkungsrichtung den Nutzen- und Belohnungsansatz (uses-and-gratifications approach), der Mediennutzung als eine Form des sozialen Handelns versteht, die aktiv, zielgerichtet und sinnhaft ist. Das Medienangebot wird nun in Beziehung gesetzt zu den Bedürfnissen der Rezipienten. Zeitgleich fand insbesondere bei der Fernsehforschung eine neue Hinwendung zu starken Effekten statt (kultivierende Effekte der Fernsehbotschaften, Kultivierungsthese). d) In der vierten Phase versuchen Ansätze seit Mitte der 1980er Jahre verstärkt der Komplexität des Kommunikationsprozesses in ihren Modellen gerecht zu werden. Beim dynamisch-transaktionalen Ansatz von Werner Früh und Klaus Schönbach sind sowohl Kommunikator als auch Rezipient aktiv und passiv, Medieneffekte resultieren hier aus der Wechselwirkung von Intra- und Inter-Transaktion. Den Einfluss des Kontextes berücksichtigen auch medienökologische und lebensweltliche Ansätze, während medienbiographische Ansätze den Fokus auf die Lebensgeschichte in ihrem zeithistorischen Gewordensein fokussieren. Inspiriert durch kognitivistische und konstruktivistische Theorieströmungen vertreten neuere Ansätze die Position, dass die Massenmedien einen hohen Einfluss auf die Wirklichkeitskonstruktion der Rezipienten nehmen, indes erwartbare starke Medieneffekte durch die Interaktion zwischen der Decodierung von Medieninhalten und der Interpretation durch die Rezipienten begrenzt bleiben. Traditionelle Stimuli verlieren in dieser Sichtweise notwendigerweise an Bedeutung.

Die Vielschichtigkeit, Widersprüchlichkeit und Veränderlichkeit von Medienwirkungstheorien lässt sich anhand typischer Themen der Kommunikationsforschung darstellen, wie etwa Mediengewalt. Zu den klassischen Erklärungsansätzen für die Gewaltbereitschaft von Menschen zählen Triebtheorien, die von einer angeborenen Disposition zur Gewalt ausgehen (Dampfkesselmodell). In Bezug auf Mediengewalt schreibt die Katharsisthese im Sinne der Dramentheorie von Aristoteles dem Anblick von violenten Bildern in den Medien reinigende Wirkung zu. Durch das Nachvollziehen von Gewaltakten nehme die Bereitschaft des Zuschauers ab, selbst gewalttätig zu handeln. Die Stimulierungsthese hingegen vermutet emotionale Erregung und eine Neigung zu aggressivem Verhalten aufgrund von Frustrationen. Ähnlich betont die Imitations- bzw. die Suggestionsthese, dass das Anschauen von violenten Medieninhalten zu einer direkten Nachahmungstat des Rezipienten führe. Als Beleg gilt der sogenannte Werther-Effekt, nach dem die mediale Thematisierung von Selbstmorden zu einer Steigerung der Selbstmordrate führe. Die Inhibitionsthese wiederum betont, dass durch das Beobachten aggressiver Verhaltensweisen von Medieninhalten beim Rezipienten Angst vor der eigenen Aggression auftritt (hemmender Effekt der Medien). Dadurch wird die Bereitschaft gemindert, selbst aggressives Verhalten zu zeigen bzw. anzuwenden. Während die meisten dieser Thesen empirisch nur schwer nachweisbar sind, gab es zahlreiche Versuche, die Habitualisierungsthese (Abstumpfungseffekt) empirisch zu stützen, bspw. über physiologische Messwerte (Puls, Hautwiderstand). Behauptet wird, dass einzelne Gewaltfilme nicht zu einer dauerhaften Veränderung des Verhaltens führen, sondern durch den ständigen Konsum von fiktiver Fernsehgewalt ein längerer Gewöhnungsprozess stattfindet, so dass Aggression schließlich als normales Alltagsverhalten betrachtet wird. Die sozial-kognitive Lerntheorie von Albert Bandura vertritt jedoch, dass Menschen ihre Verhaltensweisen durch Beobachtung eines Modells erwerben. Aggressionssteigernde Wirkungen sind insofern eine Folge von Lernprozessen. Ob Personen, die häufig mediale Gewalt sehen, das erlernte Verhalten auch tatsächlich umsetzen, hängt aber von verschiedenen Variablen ab, wie Ähnlichkeit zwischen Modell und Beobachter, einer emotionalen Beziehung zwischen Beobachter und Modell oder den vermuteten Konsequenzen des Verhaltens. In der neueren Diskussion um Medien und Gewalt bei Kindern deuten die Ergebnisse darauf hin, dass Fernsehgewalt zwar einen Beitrag zur Herausbildung einer violenten Persönlichkeit liefern kann, allerdings stellt der Fernsehkonsum nur einen Aspekt bei der Persönlichkeitsbildung dar. Bedeutsamer scheint etwa das Verhalten der Eltern zu sein, da sie den Aufbau aggressionsbegünstigender kognitiver Repräsentationen beeinflussen können. Welch starke Interdependenzen zwischen den Beteiligten bestehen stützen Feedbacktheorien, wobei in der Theorie der Pseudo-Ereignisse davon ausgegangen wird, dass in Erwartung von öffentlicher Wahrnehmung in den

Medien Ereignisse wie Gewaltanwendungen extra inszeniert werden.
Durch die Heterogenität der Ansätze und Geltungsbereiche können Zweifel an der Gültigkeit der Aussagen entstehen, die erst mit Hilfe einer Systematik eine verbindende Struktur erhält. Aus konstruktivistischer Sicht differenziert Merten nach klassischen Stimulus-Response-Ansätzen und solchen, die der Bedeutung des sozialen Bezugsrahmens Aufmerksamkeit schenken und nach Selektivität (Aufmerksamkeit, Wahrnehmung, Interpretation, Bewertung) oder Reflexivität (Meinung anderer, Orientierung in der Gesellschaft) unterscheiden. Dem klassischen Modell werden neben dem Stimulus-Response-Modell auch die Agenda-Setting-Hypothese zugeordnet, die aus Sicht der Medien versucht zu klären, welche Faktoren bestimmend sind, um die Aufmerksamkeit des Publikums zu erlangen. Selektivität leitet hingegen etwa den Nutzenansatz, der nach Bedürfnissen fragt, die die Aufmerksamkeit des Rezipienten lenkt. Reflexivität hingegen spielt beim Zwei-Stufen-Fluss der Kommunikation eine wichtige Rolle, da hier interessiert, wie die Meinungsbildung des Rezipienten entweder durch glaubwürdige Personen oder durch den Austausch mit anderen Personen entsteht. Auch die von Elisabeth Noelle-Neumann entwickelte Schweigespirale, die Meinungsäußerungen stark von der Reflexion der geäußerten Meinung in den Medien abhängig macht, kann hier verortet werden, genauso wie die Wissenskluftthese (Knowledge-Gap), die den Wissenszuwachs weniger den Medien, sondern Bildungsvoraussetzungen oder Zugangsmöglichkeiten zu Medien zuschreibt.

Literatur
Bonfadelli, H. (2004): Medienwirkungsforschung. Konstanz. – Jäckel, M. (2005): Medienwirkungen. Wiesbaden. – Merten, K./Schmidt, S. J./Weischenberg, S. (Hg.) (1994): Die Wirklichkeit der Medien. Opladen. – Schenk, M. (2002): Medienwirkungsforschung. Tübingen.

Dorothee M. Meister

Medizinisches Modell

Im traditionellen medizinischen Modell wurde davon ausgegangen, dass a) das Individuum als Träger von gestörtem Verhalten krank ist, b) die Symptome sich analog zu jenen einer körperlichen Krankheit beobachten und kategorisieren lassen und c) die Krankheit eine klinisch-(hirn)organische Ursache hat und im Individuum liegt. Entsprechend wurde das medizinische Modell der Psychiatrie oder Psychopathologie an das der allgemeinen Pathologie angelehnt. Demnach sind Umwelteinflüsse mit Krankheitserregern, auffällige Verhaltensweisen mit körperlichen Symptomen bzw. Organkrankheiten gleichzusetzen.
Dieser Analogieschluss hat zum leichtfertigen Umgang mit Diagnosen wie z.B. dem Hyperkinetischen Syndrom (HKS) oder der Minimalen Cerebralen Dysfunktion (MCD) geführt. Als Folge einer traditionell medizinisch orientierten Denkweise kann die häufige Verschreibung von Psychopharmka für Kinder und Jugendliche ohne zusätzliche pädagogische Förderung oder Psychotherapie gesehen werden. In der Sonderpädagogik wurde das traditionelle medizinische Modell kritisch gesehen und zugunsten einer Perspektive abgelehnt, die kindliche Verhaltensweisen und Auffälligkeiten als soziales Produkt von Zuschreibungsprozessen betrachtete.
Heute geht man in den interdisziplinär orientierten Entwicklungswissenschaften, zu denen auch die Sonderpädagogik gehört, von einem biopsychosozialen Modell aus, in dem neben psychologischen und sozialen auch (neuro-)biologische und medizinische Einflüsse Berücksichtigung finden.

Literatur
Kauffman, J. M. (2004): Der äußere Schein: Begriffe und Stigmata. In: Sonderpädagogik 34, 41-46. - Petermann, F./ Niebank, K./Scheithauer, K. (2004): Entwicklungswissenschaft. München.

Tanja Jungmann

Mehrebenenanalyse

Mehrebenenanalyse (Multi Level Analysis, Hierarchical linear Modelling, Gemischte Modelle) ist ein statistisches Verfahren, um Objekte mit unterschiedlichem Aggregierungsgrad (z.B. Schüler, Schulklassen, Schulen) gleichzeitig zu analysieren. Ein Vorteil gegenüber klassischen Regressionsmethoden ist die genaue Schätzung der Parameterwerte. Die traditionellen statistischen Verfahren zur Kontextanalyse wie Varianzanalyse mit Interaktionseffekten zwischen individuellen und kontextuellen Effekten haben den Nachteil, dass sie durch inadäquate Berücksichtigung der hierarchischen Datenstruktur falsche Schätzwerte ergeben. Im Rahmen der Mehrebenenanalyse lässt sich die Varianz auf die einzelnen Ebenen zerlegen und separat berechnen. Auch können Wechselwirkungen zwischen den Variablen der verschiedenen Ebenen berücksichtigt werden (cross-level-effect), was mit traditionellen Verfahren nicht möglich ist. Angewandt wird die Mehrebenenanalyse immer dann, wenn – bedingt durch die Struktur des Datensatzes – unterschiedliche Effekte auf verschiedenen Ebenen vermutet werden. Beispielsweise lässt sich die Lernmotivation der Schüler genauso in einer Mehrebenen-Regressionsgleichung berücksichtigen wie der Anteil von Schülern in der Klasse mit einem bestimmten Merkmal und die finanzielle Ausstattung der Schule. Der vermutete Einfluss von individuellen Merkmalen (Lernmotivation), Gruppenmerkmalen (auf der Ebene der Klasse aggregierte Merkmale der Schüler) und Merkmalen einer Organisation (Finanzen der Schule) auf Leistungen der Schüler können auf effiziente und unverzerrte Weise simultan geschätzt werden.

Literatur

Langer, W. (2004): Mehrebenenanalyse. Wiesbaden. – Ditton, H. (1998): Mehrebenenanalyse. Weinheim, München.

Radoslaw Huth

Mehringer, Andreas (1911-2004)

Mehringer wuchs nach dem frühem Tod der Mutter im Erzbischöflichen Knabenseminar in Scheyern, dann in Freising und Rosenheim auf. Nach dem Studium der Pädagogik und Psychologie an der Universität München und der Promotion (Pestalozzi als Fürsorgepädagoge, 1936) und Tätigkeit für die Nationalsozialistische Volkswohlfahrt wurde er 1940 zum Militärdienst, zunächst als Luftwaffenpsychologe und später als Soldat, einberufen. Nach dem Zweiten Weltkrieg war Mehringer bis 1967 Leiter des Münchener Waisenhauses, in dem familienähnliche Gruppen mit Jungen und Mädchen verschiedenen Alters in abgeschlossenen Wohnungen lebten. Mehringer hat damit an der Reform der Heimerziehung in der Bundesrepublik Deutschland mitgewirkt. Auch publizistisch war er rege tätig, u.a. als Redakteur der Zeitschrift Unsere Jugend (1949 bis 1987) und durch Buchpublikationen (Eine kleine Heilpädagogik, 1979; Verlassene Kinder, 1986).

Literatur

Berger, M. (2006): Andreas Mehringer – Reformator der Heimerziehung nach 1945. In: Zeitschrift für Erlebnispädagogik 26, 62-67.

Kurt Schilde

Meinungsforschung

Mit dem Begriff Meinungsforschung werden in der Regel zusammenfassend die Methode der Repräsentativumfrage und die auf diese Methode spezialisierten Institutionen, besonders die privatwirtschaftlich finanzierten Umfrageinstitute bezeichnet. Der Begriff ist eine deutsche Übersetzung des amerikanischen Public Opinion Research. In Deutschland hat sich in der Sozialwissenschaft der präzisere Begriff Umfrageforschung durchgesetzt, in öffentlichen politischen Diskussionen spricht man, geprägt vom Institut für Demoskopie Allensbach, dem 1947 gegründeten ersten deutschen Umfrageinstitut, auch von Demoskopie (griechisch Volksbeobachtung). Innerhalb der Sozialwissenschaften ist die Umfrageforschung das wichtigste Instrument der empirischen Sozialforschung, also der nicht allein auf Theorie, sondern auf Beobachtungen gegründeten Sozialwissenschaft. Andere wichtige Methoden der empirischen Sozialforschung sind die teilnehmende Beobachtung, die Medieninhaltsanalyse und das Laboratoriumsexperiment. Außer in den Sozialwissenschaften spielt die Meinungsforschung heute auch eine wesentliche Rolle in der Markt- und Mediaforschung sowie als Informationsquelle für die Politik.

Die Methoden der modernen Meinungsforschung wurden im Wesentlichen in den ersten Jahrzehnten des 20. Jahrhunderts entwickelt. Ihren Durchbruch erlebte die moderne Umfrageforschung, als die amerikanischen Sozialwissenschaftler George Gallup, Elmo Roper und Archibald Crossley 1936 das Prinzip der standardisierten Befragung, bei dem jeder Befragte Fragen im exakt gleichen Wortlaut gestellt bekommt, mit dem Verfahren der nach dem Zufallsprinzip gesteuerten Auswahl der Befragten verknüpften. Gleichzeitig gingen sie dazu über, die Befragten durch Interviewer von Angesicht zu Angesicht mündlich befragen zu lassen. Bis dahin war es üblich gewesen, die Fragebogen per Post zu verschicken. Auf diese Art und Weise wurde sicher gestellt, dass jede Person der Zielgruppe im Prinzip die gleiche Chance hatte, ausgewählt zu werden. Gleichzeitig sorgte die persönliche Kontaktaufnahme durch Interviewer dafür, dass ein erheblicher Teil der durch den Zufall bestimmten Personen auch tatsächlich befragt werden konnte.

Wenn diese Bedingungen erfüllt sind, lassen sich die in den Umfragen ermittelten Daten mit großer, statistisch begründeter Sicherheit auf die Gesamtheit einer Population verallgemeinern. Dabei ist es nicht entscheidend, dass ein bestimmter Anteil der

Bevölkerung befragt wird, sondern die absolute Zahl der Befragten entscheidet über die Genauigkeit der in der Umfrage ermittelten Aussagen. Befragt man etwa 2.000 Personen, dann kann man zu 95 Prozent sicher sein, dass die in der Umfrage ermittelten Prozentwerte um nicht mehr als etwa 2 Prozentpunkte von der tatsächlichen Meinungsverteilung in der Bevölkerung (oder der Gruppe, aus der die Befragten ausgewählt wurden) abweichen. Entscheidend ist nur, dass die Auswahl der Befragten nach dem Zufallsprinzip erfolgt ist. Die Genauigkeit der Umfrage ist dabei unabhängig von der Größe der Gruppe, über die etwas ausgesagt werden soll. Eine Repräsentativumfrage mit 2.000 Befragten hat in der Schweiz mit rund sieben Millionen Einwohnern die gleiche Genauigkeit wie in Deutschland mit 82 Millionen oder in China mit 1,3 Milliarden Einwohnern.
Der Gedanke, dass es mit Repräsentativumfragen möglich ist, relativ wenige Menschen zu befragen und auf dieser Grundlage verlässliche Angaben über Millionen von Menschen zu machen, löst bis heute oftmals Unbehagen aus. Dieses Unbehagen beruht auf einem Missverständnis der sozialwissenschaftlichen Logik, ist aber nachvollziehbar, denn es hat kulturgeschichtliche Wurzeln. Es rührt daher, dass man in der westlichen Welt traditionell gewohnt ist, Menschen in ihrer Ganzheit mit allen ihren individuell sehr verschiedenen Eigenschaften zu betrachten. Bei Repräsentativumfragen muss man sich von dieser auf das Individuum konzentrierten Betrachtungsweise lösen und sich bewusst machen, dass alle Menschen über eine Vielzahl von Merkmalen verfügen – dazu zählen auch ihre Meinungen –, die sich klassifizieren, messen und damit zählen lassen, ohne dass man damit ihre Individualität in Frage stellt. Man betrachtet nicht bei einzelnen Menschen alle Eigenschaften, sondern bei allen Menschen einzelne Eigenschaften. Der Verlust der Ganzheitlichkeit der Betrachtung ist die Voraussetzung dafür, dass man verlässliche Informationen über die Gesellschaft als Ganzes erhält.

Literatur

Friedrichs, J. (1985): Methoden empirischer Sozialforschung. Opladen. – Noelle-Neumann, E./Petersen, T. (2005): Alle, nicht jeder. Berlin, Heidelberg. – Petersen, T. (2002): Das Feldexperiment in der Umfrageforschung. Frankfurt.

Thomas Petersen

Meinungsfreiheit

Die in Artikel 5, Absatz 1, Satz 1 des Grundgesetzes für die Bundesrepublik Deutschland (GG) garantierte Meinungsfreiheit ist nach der Rechtsprechung des Bundesverfassungsgerichts unmittelbarer Ausdruck der menschlichen Persönlichkeit, Grundlage jeder Freiheit überhaupt und für ein freiheitlich demokratisches Gemeinwesen schlechthin konstituierend.
Sie schützt die Freiheit, eine Meinung zu bilden, sie zu äußern und zu verbreiten. Dem Begriff der Meinung wird grundsätzlich eine weite Deutung beigelegt. Er umfasst sowohl Werturteile als auch Tatsachenbehauptungen.
1. Werturteile sind subjektiven Charakters und zeichnen sich durch das Element der Stellungnahme aus. Unerheblich ist, ob mit der Meinung öffentliche oder private Zwecke verfolgt werden, welchen Inhalt sie haben, ob sie vernünftig oder unvernünftig, wertvoll oder abwegig, emotional oder rational begründet sind. Der Schutz der Meinungsfreiheit erstreckt sich auf die Meinungskundgabe in Wort, Bild, Schrift und jede andere Kundgabemodalität wie das Tragen von Buttons, Plaketten und Anstecknadeln. Auch die Wahl des Ortes und der Zeitpunkt der Äußerung kann der Einzelne bestimmen.
Die Meinungsbildung ist Teil des Bildungsauftrags der Schule. Der Schüler soll lernen, seinen eigenen Standpunkt zu bilden und ihn argumentativ zu vertreten. Dabei ist er berechtigt, innerhalb und außerhalb des Unterrichts jede, auch die unbequemste und unsinnigste Meinung zu äußern. Dies ist auch im Hinblick auf einen nach Auseinandersetzung mit den entsprechenden Äußerungen erwarteten Erkenntnisgewinn angezeigt und Ausdruck des individuellen Reifungsprozesses.
2. Eine Tatsachenbehauptung liegt vor, wenn sie dem (objektiven) Beweis zugänglich ist. Sie unterfällt allein dann dem Schutz der Meinungsfreiheit, wenn sie Voraussetzung für eine bestimmte Meinung ist. Nicht den Schutz der Meinungsfreiheit genießen somit Tatsachenbehauptungen, die nicht mit Werturteilen verbunden oder vermischt sind wie Angaben statistischer Art. Da die Meinungsfreiheit weder die unrichtige Information noch das unrichtige Zitat und die Lüge schützt, ist bei der Tatsachenbehauptung anders als bei der Meinungsäußerung die Richtigkeit der Mitteilung essentiell.
Die Meinungsfreiheit gewährleistet als grundlegendes Kommunikationsgrundrecht zuvörderst die geistige Auseinandersetzung. Infolgedessen ist von

ihrem Schutz der Einsatz von Druck und Gewalt zur Durchsetzung einer Meinung ausgenommen. Nicht-argumentative direkte Aktionen gegen die Schule wie Unterrichtsstörung und Aufforderung zum Unterrichtsboykott verbürgt Artikel 5, Absatz 1, Satz 1 GG folglich nicht.

Die Meinungsfreiheit findet ihre Grenzen nach Artikel 5, Absatz 2 GG in den Vorschriften der allgemeinen Gesetze, den gesetzlichen Bestimmungen zum Schutz der Jugend und dem Recht der persönlichen Ehre sowie in kollidierendem Verfassungsrecht. Die allgemeinen Gesetze, die die bedeutendste Schranke bilden, sind ohne Rücksicht auf bestimmte Meinungen formuliert und ihrerseits im Lichte der Meinungsfreiheit auszulegen. Diese Wechselwirkung verlangt, dass die Einschränkung der Meinungsfreiheit verhältnismäßig, mithin geeignet, erforderlich und angemessen, ist.

Dementsprechend können die Beamtengesetze aufgrund der beamtenrechtlichen Mäßigungs- und Zurückhaltungspflicht dem Lehrer das Tragen von Plaketten mit politisch umstrittenem Inhalt innerhalb (nicht aber außerhalb) der Schule untersagen. Die in den Schulgesetzen enthaltenen und den Bildungs- und Erziehungsauftrag der Schule konkretisierenden Vorschriften ermächtigen wiederum den Lehrer, vom Schüler zu verlangen, seine Äußerung auf einen geeigneten Zeitpunkt zurückzustellen sowie Dauerreden von Schülern zu Lasten anderer Schüler und unterrichtsfremde Äußerungen zu unterbinden.

Literatur

Avenarius, H. (⁸2010): Schulrecht. Köln, Kronach. – Lerche, P. (2003): Die Meinungsfreiheit in der Rechtsprechung des Bundesverwaltungsgerichts. In: Schmidt-Aßmann, E. u.a. (Hg.): Festgabe 50 Jahre Bundesverwaltungsgericht. Köln, 979-990.

Uta Stäsche

Meinungsführer-Modell

Die Hypothese des Meinungsführer-Modells (auch Zwei-Stufen-Fluss der Kommunikation bzw. Two-step-flow of comunication) wurde von Paul F. Lazarsfeld, Bernard Berelson und Hazel Gaudet in ihrer Untersuchung The People's Choice zum amerikanischen Präsidentschaftswahlkampf 1940 (Roosevelt gegen Willkie in Erie-County) formuliert. Dabei entdeckten sie, dass die Wirkungen der Medien weit schwächer als angenommen sind. Als besonders bedeutsam für die Wirkung von Medienbotschaften hat sich die Rolle der zwischenmenschlichen Beziehungen erwiesen. Informationen werden nicht direkt aus den Medien übernommen, sondern treffen auf Individuen, die eingebunden sind in ein Netz von Sozial- und Kommunikationsbeziehungen, wodurch Wirkungen der Medien begrenzt und abgeschwächt werden. Innerhalb solcher Netze oder Gruppen gibt es Meinungsführer, die Personen in unmittelbarer Umgebung beeinflussen und deren Meinungen übernommen werden. So wurden die Wahlentscheidungen von weniger interessierten und lang unentschlossenen Wählern mehr durch persönliche Gespräche mit besser informierten Personen als durch die Wahlpropaganda der Medien beeinflusst. Der Informationsfluss der Medien erfolgt also in zwei Stufen. Zunächst erreichen Medieninhalte die so genannten Meinungsführer (englisch: opinion leader), die dann ihre durch die Medien beeinflussten Meinungen und Informationen durch persönliche Kommunikation an das unmittelbare Umfeld weitergeben.

Meinungsführer sind in der Theorie des Zwei-Stufen-Flusses der Kommunikation Personen, die sich in einem bestimmten Thema (wie z.B. Politik oder Mode) besonders gut auskennen, eine intensive Mediennutzung zur Informationsbeschaffung aufweisen und diese Informationen direkt durch persönliche Gespräche an andere weitergeben und somit als Multiplikatoren der Medieninhalte fungieren. Wegen ihrer fachspezifischen Kompetenz werden sie oft von weniger informierten Personen um Rat gefragt.

An die Originalstudie des Forscherteams um Lazarsfeld schlossen sich in der Folge weitere Untersuchungen des Bureau of Applied Social Research der Columbia Universität an. Gegenstand dieser Columbia Studien zum persönlichen Einfluss (hierzu zählen u.a. die Elmira Studie, Decatur Studie und Rovere Studie) waren die charakteristischen Merkmale der Meinungsführer. Neben einer höheren Mediennutzung, durch die sie besser informiert sind als andere, verfügen die Meinungsführer über eine höhere Aufmerksamkeit für die Gruppe, d.h. über gute Kommunikations- und Kontaktfähigkeiten in ihrem sozialen Umfeld. Meinungsführer besitzen nicht generell eine herausragende Position oder höheren sozialen Status, sondern sind in jeder sozialen Schicht vertreten. Sie gelten als sachkundig und glaubwürdig und sind in der Regel in nur einem bestimmten Bereich besonders einflussreich.

Kritisiert wurde die Theorie des Zwei-Stufen-Flusses der Kommunikation unter anderem hinsichtlich der Methode der Erhebung. In The People's Choice wurden die Meinungsführer nur über ein Selbsteinschätzungsverfahren ermittelt. Die Befragten sollten darüber Auskunft geben, ob sie versucht haben, andere Personen in ihrer politischen Meinung zu beeinflussen. Als Meinungsführer galt also, wer sich selbst als solchen bezeichnete. Zudem muss eine Beeinflussung nicht allein über direkte persönliche Kommunikation stattfinden, sondern kann auch auf indirekten medial vermittelten Kontakt über Prominente oder Journalisten beruhen. Zu beachten ist außerdem, dass ein Kommunikationsprozess in mehr als nur zwei Stufen stattfinden kann.

Literatur
Berelson, B./Lazarsfeld, P. F./McPhee, W. (1954): Voting. Chicago. – Lazarsfeld, P. F./Berelson, B./Gaudet, H. (1948): The People's Choice. New York. – Lazarsfeld, P. F./Berelson, B./Gaudet, H. (1969): Wahlen und Wähler. Berlin.

Sandra Hein

Melanchthon, Philipp (1497-1560)

Nach Studien in Heidelberg und Tübingen wurde Melanchthon 1518 als Professor für Griechisch an die Universität Wittenberg berufen und wirkte damit im Zentrum der deutschen Reformation. Der Humanist Melanchthon war insbesondere für die sich herausbildende reformatorische Schulorganisation und die Durchsetzung einer landesherrlichen Schulaufsicht von Bedeutung. Er führte u.a. Visitationen in Schulen und Pfarreien durch und gab mit seinen Schriften (Unterricht der Visitatoren an die Pfarhern im Kurfürstentum zu Sachsen, 1528) den Rahmen für die entstehenden evangelischen Kirchen- und Schulordnungen vor.

Literatur
Greschat, M. (2010): Philipp Melanchthon. Gütersloh.

Klaus-Peter Horn

Melanesien → Pazifikregion

Memos

Memos sind Aufzeichnungen, die qualitative Forschungsprozesse strukturieren helfen, indem Ideen ebenso wie Ergebnisse kontinuierlich und systematisch schriftlich ausgearbeitet werden. Dabei wird unterschieden zwischen Theorie-Memos, die Entscheidungsprozesse im Forschungsverlauf dokumentieren, und Kategorie-Memos, die einzelne Kodierungsschritte und Analyseergebnisse nachvollziehbar machen. Im Verlauf des stetigen Vergleichens werden Memos im Forschungsprozess zunehmend komplexer, können zu Memosequenzen zusammengefasst werden und zielen auf die Generierung der Schlüsselkategorie(n).
Die frühe Verschriftlichung von Diskussionsständen und Zwischenergebnissen der Kodierung dient vor allem der mit der Kodierung angestrebten Integration von alltagsweltlichem und wissenschaftlichem Wissen, übt zudem aber im Abfassen wissenschaftlicher Texte und macht Perspektiven der Forschenden öffentlich und Forschungsverläufe kontrollierbar. Das Schreiben von Memos ist folglich ein zentraler Bestandteil im Forschungsverständnis und -vorgehen der empirisch begründeten Theoriebildung und unterstützt maßgeblich die Offenlegung, Entwicklung und Formulierung einer Grounded Theory.

Literatur
Strauss, A. (1998): Grundlagen qualitativer Sozialforschung. München.

Sandra Tiefel

Mennicke, Carl (1887-1959)

Mennicke absolvierte zunächst eine kaufmännische Lehre, bevor er 1909 das Abitur ablegte und anschließend bis 1914 Theologie und Philosophie in Bonn, Berlin, Halle und Utrecht studierte. Während des Ersten Weltkriegs Vikar und Sanitäter im Kriegsdienst, wurde er 1918 Mitarbeiter der Sozialen Arbeitsgemeinschaft Ost in Berlin. Von 1920 bis 1930 war er hauptamtlicher Dozent an der Hochschule für Politik in Berlin. 1925 gründete er den Bund deutscher Sozialbeamter. 1930-33 lehrte er als Honorarprofessor für Pädagogik und Philosophie am Pädagogischen Seminar der Universität Frankfurt am Main, 1931 wurde er zugleich Professor für Pädagogik am Berufspädagogischen Institut in Frankfurt. Als religiöser Sozialist ging Mennicke 1933 in das Exil in den Niederlanden, wo er an der Internationalen Schule für Philosophie in Amersfoort und an der Universität Amsterdam lehrte. Nach der deutschen Okkupation der Niederlande 1941 wurde er verhaftet und in das Konzentrationslager Sachsenhausen deportiert aus dem er 1943 entlassen wurde, um in der Folgezeit unter polizeilicher Aufsicht in Berlin als Metallarbeiter zu leben. Im August 1945

kehrte er in die Niederlande zurück und wurde 1946 niederländischer Staatsbürger. 1952/53 erging an ihn der Ruf als Honorarprofessor an die Universität und als ordentlicher Professor für Soziologie an das Berufspädagogische Institut Frankfurt, wo er bis zur Emeritierung 1956 lehrte.
Bedeutsam ist Mennickes Beitrag zur Entwicklung der Sozialpädagogik als interdisziplinär angelegter sozialwissenschaftlicher Disziplin (Sociale paedagogie: grondslagen, vormen en middelen der gemeenschapsopvoeding, Utrecht 1937; die deutsche Fassung erschien erst 2001 unter dem Titel: Sozialpädagogik: Grundlagen, Formen und Mittel der Gemeinschaftserziehung).

Literatur
Dollinger, B. (2006): Die Pädagogik der Sozialen Frage. Wiesbaden. – Mennicke, C. (1995): Zeitgeschehen im Spiegel persönlichen Schicksals. Weinheim.

Kurt Schilde

Menschenrechtspädagogik

Die Allgemeine Erklärung der Menschenrechte durch die Vereinten Nationen (UN, 1948) und daran anschließende Konventionen, bes. die über die Rechte des Kindes (1989, 1992 von Deutschland ratifiziert), bilden die Basis der Menschenrechtspädagogik. Hauptthemen sind: (1) Menschenrechte als Gegenstand der Bildungsarbeit; (2) das Menschenrecht auf Bildung und Menschenrechte in der Bildung; (3) die Kinderrechte; (4) die Aus- und Fortbildung von Personen in menschenrechtsrelevanten Berufsfeldern. Wichtige Akteure sind die United Nations Educational, Scientific and Cultural Organisation (UNESCO) auf der internationalen, der Europarat auf der europäischen und das Deutsche Institut für Menschenrechte auf deutscher Ebene. Die UNESCO legte bereits 1974 eine Empfehlung vor, in der Menschenrechtserziehung als integraler Bestandteil der Erziehung zu Frieden und Völkerverständigung verankert wurde, koordinierte die UN-Dekade der Menschenrechtserziehung (1995-2004, seit 2005 als Weltaktionsprogramm fortgeführt) u.a. durch eine auf Menschenrechte bezogene Curriculumentwicklung und steuert seit 1990 das globale Programm zur Verwirklichung des Menschenrechts auf Bildung (Education for All). Der Europarat legte 2002 mit Kompass ein Handbuch zur Menschenrechtsbildung in der schulischen und außerschulischen Bildungsarbeit vor, gefolgt von Compasito, dem Handbuch zur Menschenrechtsbildung mit Kindern (2009); beide sind in verschiedenen europäischen Amtssprachen verfügbar. An den deutschen Ausgaben beider Handbücher und an entsprechenden Fortbildungen für Pädagogen ist das Deutsche Institut für Menschenrechte maßgeblich beteiligt, wo auch eine Servicestelle Menschenrechtsbildung angesiedelt ist. Die Ständige Konferenz der Kultusminister der Länder in der Bundesrepublik Deutschland hat für das deutsche Schulwesen eine Empfehlung zur Menschenrechtserziehung (1980/2000) verabschiedet und 2008 einen Bericht zum Stand der hiesigen Menschenrechtsbildung vorgelegt.
Die Umsetzung der Kinderrechtskonvention wird auch in Deutschland von einer 1995 gegründeten sog. National Coalition mit Repräsentanten aus etwa hundert nicht-staatlichen Vereinen und Verbänden kritisch begleitet; ihre Koordination erfolgt durch die Arbeitsgemeinschaft für Kinder- und Jugendhilfe. In der Erziehungswissenschaft steht die Menschenrechtspädagogik vor allem im Blickfeld der Vergleichenden Erziehungswissenschaft, wobei jedoch speziell die Kinderrechtskonvention wegen dort formulierter besonderer Schutzrechte (z.B. von unbegleiteten minderjährigen Flüchtlingen oder Kindern mit Behinderung) auch die Schulpädagogik und die Sozialpädagogik tangiert.

Literatur
Lenhart, V. ([2]2006): Pädagogik der Menschenrechte. Opladen. – Lohrenscheit, C. (2004): Das Recht auf Menschenrechtsbildung. Frankfurt.

Christel Adick

Menze, Clemens (1928-2003)

Menze studierte ab 1949 Germanistik, Klassische Philologie und Philosophie an der Universität Köln und wurde 1953 mit Studien zur spätbarocken Kapuzinerdichtung promoviert. Bis zur Abordnung als Assistent von Julius Drechsler an das Pädagogische Seminar war Menze 1954-1957 Studienassessor an einem Kölner Gymnasium. Seine Habilitationsschrift zu Wilhelm von Humboldts Lehre und Bild vom Menschen erschien 1963. Als Nachfolger Drechslers erhielt er 1967 den Lehrstuhl für Pädagogik, den er bis zu seiner Emeritierung 1993 innehatte. Zudem war er ab 1977 Honorarprofessor der Sporthochschule Köln, wo er bereits 1957-1968 einen Lehrauftrag innehatte.
Menze hat das Lebenswerk Humboldts umfangreich erforscht. Viele kleinere Schriften behandeln Aspek-

te der Bildungstheorie von Humboldts, eine Monografie thematisiert die Bildungsreform Wilhelm von Humboldts (1975). Dabei blieb die Frage nach der Möglichkeit von Bildung und der Individualität des Menschen stets zentral.

Literatur
Schurr, J./Broecken, K./Broecken, R. (Hg.) (1988): Humanität und Bildung. Hildesheim.

Anne Hild

Messniveaus

Ein Messvorgang besteht allgemein gesprochen in der Zuordnung von Zahlen zu empirischen Objekten, so dass bestimmte Beziehungen (Relationen) zwischen den Zahlen analoge Relationen zwischen empirischen Objekten eindeutig abbilden. Je nach Art der Relationen zwischen den empirischen Objekten können bestimmte mathematische Transformationen an dem numerischen relationalen System (Messwerte) vorgenommen werden, ohne dass die Eindeutigkeit der Abbildung verloren geht. Durch die zulässigen mathematischen Transformationen wird das Niveau der Messung bestimmt.
Als einfachste Form der Messung ist die Nominalskala anzusehen. Sie beinhaltet als Abbildungsvorschrift eine Äquivalenzrelation, d.h. dass empirische Objekte mit gleicher Merkmalsausprägung denselben Messwert zugeordnet bekommen. Eine klassische Anwendung der Nominalskala wäre die Unterscheidung der Teilnehmer einer Studie nach ihrem Geschlecht: Alle Frauen der Studie würden die Zahl 1 zugewiesen bekommen und alle Männer die Zahl 2. Die Beziehungen zwischen den Ziffern einer Nominalskala dürfen dabei nur im Sinne von Gleichheit/Ungleichheit empirisch interpretiert werden. Streng genommen ist bei einem nominalen Skalenniveau eine Abbildung der Objektmenge in Form einer Zahlenmenge nicht erforderlich – die Eigenschaftsausprägungen können auch durch entsprechend etablierte Begriffe der natürlichen Sprache repräsentiert werden (z.B. weiblich vs. männlich). Bei einer Nominalskala sind alle Transformationen gestattet, die gewährleisten, dass unterschiedlichen Merkmalsausprägungen von Objekten auch nach der Transformation unterschiedliche Ziffern oder Begriffe zugeordnet werden können.
Eine Ordinalskala, auch Rangskala genannt, ist dann gegeben, wenn neben der Äquivalenzrelation auch eine Ordnungsrelation empirisch gesichert ist. Dies bedeutet, dass Objekte mit einer gleichen Merkmalsausprägung auch gleiche Zahlen erhalten, geringere Merkmalsausprägungen niedrigere und höhere Merkmalsausprägungen höhere Zahlenwerte zugeordnet bekommen (z.B. 1 – niedriges Einkommen, 2 – mittleres Einkommen, 3 – hohes Einkommen). Die gemessenen Objekte sind auf einer Ordinalskala sowohl hinsichtlich der Gleichheit/Ungleichheit als auch hinsichtlich ihrer Rangordnung zueinander einschätzbar. Führen Messoperationen zu einer Ordinalskala, dann können nur mathematische Transformationen durchgeführt werden, die die Rangfolge der Ausprägungen erhalten. Dazu zählen alle streng monotonen Transformationen (Addition, Multiplikation, Quadrieren, Logarithmieren und Wurzelziehen).
Bei einer Intervallskala sind neben der Äquivalenz- und Ordnungsrelation auch Aussagen zur Differenz der Merkmalsausprägungen zwischen Objektpaaren empirisch sinnvoll. So kann nicht nur angegeben werden, ob ein Merkmal bei einem Objekt a in höherem Maße vorhanden ist, als bei einem Objekt b, sondern auch, um wie viel höher das Merkmal (in Einheiten einer Vergleichsgröße) ausgeprägt ist. So ist es in Madrid bei 35° Celsius 15 Grad wärmer als in Berlin bei 20° C. Im Unterschied zu höherrangigen Messniveaus haben Intervallskalen keinen empirisch eindeutigen Nullpunkt; so ist mit den Bezugspunkten von 0 und 100 der Celsius-Skala ein relativ willkürlicher Ausschnitt aus dem gesamten, empirisch möglichen Temperaturbereich gewählt worden (an den Gefrier- und Siedepunkt von Wasser angelehnt – diese sind jedoch ortsabhängig). Beim Intervallskalenniveau sind lineare Transformationen (Addition und Multiplikation mit jeweils einer Konstanten) möglich.
Die Ratioskala (Verhältnisskala) erfüllt alle Abbildungsrelationen der bisherigen Skalenniveaus. Allerdings hat auf diesem Niveau der Nullpunkt der Messskala eine empirische Bedeutung und man kann dementsprechend die Größenverhältnisse zwischen den Messwerten als Verhältnisse zwischen den Merkmalsausprägungen interpretieren. So ist bspw. eine Reaktionszeit von 2 Sekunden doppelt so lang wie die von einer Sekunde. Eine Reaktionszeit von 0 Sekunden würde bedeuten, dass eine messbare Ausprägung dieses Merkmales nicht vorhanden wäre. Auf Ratioskalenniveau dürfen nur noch Ähnlichkeitstransformationen (lineare Transformationen durch Multiplikation mit einer Konstanten) durchgeführt werden, die keine Nullpunkttransformationen beinhalten.

Literatur
Kromrey, H. ([5]1991): Empirische Sozialforschung. Opladen. – Sixtl, F. (1967): Meßmethoden der Psychologie. Weinheim.

Oliver Böhm-Kasper

Messung

Eine Messung in den Sozialwissenschaften ist eine auf empirischen Beobachtungen beruhende regelbasierte Zuweisung von Zahlen (Messwerten) zu Objekten oder Ereignissen. Diese Zuweisung hat das Ziel, Objekte (z.B. Personen) hinsichtlich bestimmter Merkmale (z.B. Einstellungen oder Fähigkeiten) in zumeist quantitativer Form zu beschreiben. Die sozialwissenschaftliche Definition von Messung als eine regelbasierte Zuweisung von Zahlen zu Objekten unterscheidet sich von der für die Naturwissenschaften geläufigen Definition, nach der Messen als das Ermitteln eines Wertes durch quantitativen Vergleich der Messgröße mit einer Einheit verstanden wird. Dies liegt vor allem daran, dass die zu messenden Merkmale in den Sozialwissenschaften in der Regel keine physikalisch existierenden Größen sind, sondern Konstrukte darstellen, deren inhaltliche Definition aus einer spezifischen Anwendung begründet werden oder aus einer Theorie abgeleitet werden muss. Hierin besteht ein wesentlicher Unterschied zu Messungen physikalischer Größen wie Gewicht oder Temperatur.

Für eine Messung muss (1) definiert werden, welche spezifischen empirischen Beobachtungen für das zu messende Merkmal relevant sind (Operationalisierung). Zudem muss (2) festgelegt werden, nach welchen Regeln den gemachten Beobachtungen Zahlen zugeordnet werden. Die Kombination aus (1) und (2) konstituiert ein Messverfahren für ein spezifisches Merkmal.

Wenn zum Beispiel als Merkmal einer Unterrichtsstunde das Ausmaß der kognitiven Aktivierung eingeschätzt werden soll, können als (1) relevante Beobachtungen bestimmte Interaktionen zwischen Lehrer und Schülern definiert werden, die in einer Videoaufzeichnung beobachtet werden können. Um (2) eine Zuweisung von Zahlen vorzunehmen, kann eine mehrstufige Ratingskala (z.B. 1-4) konzipiert werden. Die Regeln zur Zuweisung von Zahlen können in diesem Beispiel unter anderem eine Beschreibung enthalten, bei welchen Arten und welcher Frequenz von spezifischen Interaktionen eine Unterrichtsstunde als sehr hoch aktivierend einzuschätzen ist und ihr auf Basis der Beobachtungen der Wert 4 zugewiesen wird – entsprechende Beschreibungen müssen auch für die anderen Einstufungen formuliert werden. Ein anderes Beispiel ist das Messen des Merkmals Wortschatz im Englischen durch einen Vokabeltest. Die (1) relevanten Beobachtungen sind hier die schriftlichen Antworten auf Fragen, in denen Schüler englische Wörter ins deutsche übersetzten müssen. Zur (2) Zuordnung von Zahlen sind hier zwei Regeln notwendig, nämlich zum ersten, welche Antworten bei welchen Fragen als korrekt bewertet werden. Zweitens muss eine Regel formuliert werden, wie aus den als falsch und korrekt eingeschätzten Antworten ein Messwert gebildet wird. Im Falle des Vokabeltest kann dies zum Beispiel als Summe (Punktzahl) oder Anteil (Prozent korrekt) der korrekt beantworteten Fragen geschehen. Je nach Methode Messwertbildung werden Messwerte auf unterschiedlichem Messniveau gebildet. Die regelbasierte Messwertbildung wird auch als Skalierung des zu messenden Merkmals bezeichnet.

Wenn die Definition eines Merkmals und die Methode seiner Messung aus einer Theorie abgeleitet werden kann, handelt es sich um die Messung eines theoretischen Konstruktes. So können die Kriterien zur Einschätzung der kognitiven Aktivierung einer Unterrichtsstunde zum Beispiel aus einem theoretischen Modell über kognitiv aktivierenden Unterricht abgeleitet werden. Die auf einer Ratingskala vorgenommenen Einstufungen können dann als Messung der kognitiven Aktivierung des gefilmten Unterrichts verwendet werden. Was unter kognitiv aktivierendem Unterricht verstanden wird und welche Kriterien als beobachtbare Hinweise darauf verstanden werden, muss hierbei in der zugrunde liegenden Theorie hinreichend definiert sein. Wenn sich die Definition eines zu messenden Merkmals lediglich auf die Inhalte der der Messung zugrunde liegenden Beobachtungen bezieht, spricht man von einer operationalen Merkmalsdefinition. So kann zum Beispiel die Anzahl gelöster Aufgaben im Vokabeltest ohne zusätzliche Referenz auf eine Theorie als ein Maß für den Wortschatz eines Schülers interpretiert werden.

Die Güte einer Messung wird hinsichtlich mehrerer Kriterien beurteilt, die wichtigsten Gütekriterien hierzu sind Objektivität, Reliabilität (Genauigkeit) und Validität (Gültigkeit). Unter Objektivität wird verstanden, dass das Ergebnis einer Messung unabhängig von den die Messung durchführenden Personen ist. Dies bedeutet, dass unterschiedliche Beurteiler einem Messobjekt aufgrund derselben, für die Messung relevanten empirischen Beobachtung denselben Messwert zuweisen sollten. Objektivität ist nicht gegeben, wenn die Ergebnisse einer Messung davon abhängen, welche Person die Beobachtungen vornimmt und interpretiert. Um eine hohe Objektivität zu erreichen, werden die für eine Messung herangezogenen Beobachtungen häufig unter standardisierten Bedingungen gemacht (etwa in einem standardisierten Test), und/oder die Kriterien für die Interpretation der Beobachtungen werden in ausführlicher, standardisierter Form und unter Zuhilfenahme von Beispielen dokumentiert. Bei der Beurteilung des Ausmaßes der kognitiven Aktivierung einer Unterrichtsstunde würde Objektivität zum Beispiel bedeuten, dass unterschiedliche Beurteiler derselben Videoaufnahme einer Unterrichtsstunde zu übereinstimmenden Urteilen kommen. Um dies zu erreichen, müssen die Kriterien für die Beurteilungen ausführlich dokumentiert sein und die beurteilenden Personen in der Verwendung dieser Kriterien unterwiesen werden.

Mit der Objektivität konzeptuell eng verwandt, jedoch breiter gefasst, ist das Gütekriterium der Reliabilität (Messgenauigkeit). Unter Reliabilität wird generell verstanden, dass eine Messung durch möglichst wenige Störgrößen beeinflusst wird. Variation in den Messwerten, die nicht durch das zu messende Merkmal verursacht wird, wird bei der Bestimmung der Reliabilität als Messfehler betrachtet. Eine hohe Reliabilität ist dann gegeben, wenn der Messfehler-Anteil an der beobachteten Variation der Messwerte für ein Merkmal möglichst gering ist. Zur Bestimmung der Reliabilität gibt es verschiedene Methoden, die im Wesentlichen darauf basieren, die Übereinstimmung mehrerer quantitativer Messungen desselben Merkmals zu prüfen. So wird die Testwiederholungs-Reliabilität (Retest-Reliabilität) einer Messung durch den Zusammenhang zweier Messungen desselben Merkmals zu verschiedenen Zeitpunkten ermittelt. Die Beurteilung der Reliabilität anhand der so genannten internen Konsistenz einer Messung erfolgt über die Prüfung der Zusammenhänge zwischen den einzelnen Beobachtungen, die zu einem Messwert zusammengefasst werden (z.B. verschiedene Aufgaben in einem Leistungstest). Auch die Übereinstimmung mehrerer Beurteiler, d.h. die o.g. Objektivität, kann als ein Aspekt der Reliabilität betrachtet werden; die Übereinstimmung zwischen Beurteilern wird auch als Interrater-Reliabilität bezeichnet.

Das wichtigste Gütekriterium einer Messung ist ihre Validität (Gültigkeit). Unter Validität wird verstanden, dass die Interpretationen, die auf Basis der Messwerte erfolgen, legitim sind. Dies bedeutet zum einen, dass die zur Messung herangezogenen Beobachtungen und die daraus gebildeten Messwerte tatsächlich Unterschiede in dem zu messenden Merkmal wiedergeben. Darüber hinaus wird unter der Validität einer Messung auch verstanden, dass aus den Messwerten abgeleitete weitergehende Interpretationen – z.B. ein spezifischer Förderbedarf bei einem schlechten Abschneiden im Vokabeltest – gerechtfertigt sind. Die Feststellung der Validiät ist kein Routineverfahren und hängt vom zu erfassenden Merkmal, dem theoretischen Bezugsrahmen und der intendierten Verwendung der Messwerte ab. Um die wichtigsten Validitätsaspekte eines Messverfahrens zu prüfen, muss zunächst festgelegt werden, welche Interpretationen der Messwerte besonders wichtig sind, und anschließend, wie diese Interpretationen argumentativ und empirisch untermauert werden können.

Literatur

Hartig, J./Frey, A./Jude, N. (2007): Validität. In Moosbrugger, H./Kelava, A. (Hg.): Test- und Fragebogenkonstruktion. Frankfurt, 135-163. – Rost, R. (2004): Testtheorie und Testkonstruktion. Bern. – Steyer, R./Eid, M. (2001): Messen und Testen. Berlin.

Johannes Hartig

Metaanalyse

Der von Gene V. Glass 1976 eingeführte Begriff der Metaanalyse hat sich als Bezeichnung für eine besondere Form der Forschungsübersicht durchgesetzt: Metaanalyse ist keine Methode, sondern ein streng an Kriterien empirischer Forschung orientierter Ansatz zur quantitativen Integration und Analyse der Ergebnisse von quantitativen Einzelstudien (Primärstudien) zu einem Forschungsthema. Dabei werden verschiedene Techniken und statistische Verfahren eingesetzt mit dem Ziel, Gemeinsamkeiten und Unterschiede in der Befundlage quantitativ festzustellen. Die Notwendigkeit, quantitative Techniken zur Integration von Ergebnissen heranzuziehen, ergibt sich aus der zumeist großen Zahl empirischer Studien mit oft widersprüchlichen Ergebnissen.

Der Prozess der Forschungsintegration ist in Analogie zur empirischen Primärforschung konzipiert: Alle Phasen von der Problemstellung und theoretischen Einbettung, der Hypothesenselektion, der Stichprobenerhebung (Suche und Auswahl von Primärstudien), der Datenerhebung (Kodierung der Studienmerkmale, Berechnung der Effektstärke als vergleichbare, standardisierte Maßeinheit mittels diverser Formeln) bis hin zur Datenanalyse (durchschnittliche Effektstärken, Analyse ihrer Variabilität in Abhängigkeit von Studienmerkmalen mit zum Teil eigens dafür entwickelten statistischen Verfahren) und Dateninterpretation werden dabei systematisch durchlaufen. Wie in der Primärforschung ist jeder dieser Schritte mit Entscheidungen verbunden, die explizit formulierten Regeln folgen sowie wissenschaftlichen Qualitätsstandards genügen sollten (Nachprüfbarkeit, Replizierbarkeit, Repräsentativität, Objektivität, Reliabilität, Validität). Nur so ist eine von Metaanalytikern selbst geforderte kritische Evaluation der Forschungsintegration gewährleistet.

Literatur

Rustenbach, S. J. (2003). Metaanalyse. Bern. – Schulze, R./Holling, H./Böhning, D. (eds.) (2003). Meta-analysis. Göttingen.

Ingrid Plath

Metakognition

Metakognition wird als Sammelbegriff für eine Reihe von Phänomenen, Aktivitäten und Erfahrungen verwendet, die mit dem Wissen und der Kontrolle über eigene kognitive Funktionen (z.B. Wahrnehmung, Lernen, Gedächtnis, Verstehen, Denken) zu tun haben. Von den übrigen Kognitionen heben sich Metakognitionen dadurch ab, dass kognitive Zustände oder Funktionen die Objekte sind, über die reflektiert wird. Bewusstheit ist ein wesentliches Bestimmungsstück von Metakognition.

Schon die frühen Definitionen des Begriffs in den 1970er Jahren enthalten die bis heute verbreitete Zwei-Komponenten-Sichtweise der Metakognition, der zufolge zwischen einerseits dem Wissen über eigene kognitive Funktionen, Produkte und Ziele und andererseits der Kontrolle der eigenen kognitiven Aktivitäten unterschieden wird. So sinnvoll die Unterscheidung zwischen metakognitivem Wissen und metakognitiver Kontrolle für die Begriffsbildung ist, so unzureichend ist sie für die Beschreibung des Gegenstandsbereichs der Metakognitionsforschung. Hierfür bedarf es der Unterscheidung zwischen mindestens fünf verschiedenen Subkategorien der Metakognition.

(a) Systemisches Wissen: Die systemische Wissenskomponente der Metakognition bezieht sich auf das Wissen über die Gesetzmäßigkeiten, Einflussfaktoren sowie Stärken und Schwächen der eigenen kognitiven Möglichkeiten. Gutes systemisches Wissen macht sich z.B. daran bemerkbar, dass man weiß, unter welchen Bedingungen welche Inhalte besonders gut gelernt werden können.

(b) Epistemisches Wissen: Wenn sich das metakognitive Wissen nicht auf Funktionsmerkmale des kognitiven Systems bezieht, sondern auf den eigenen Wissensbestand und dessen Lücken, spricht man von epistemischem Wissen. Hierzu zählt auch das Wissen über die Verwendungsmöglichkeiten des eigenen Wissens sowie das Wissen über die eigene kognitive Verfassung und Lernbereitschaft.

(c) Exekutive Kontrollprozesse: Die dritte Subkategorie der Metakognition bilden die exekutiven Kontrollprozesse. Hierzu gehören vor allem Strategien und Heuristiken der Planung, Überwachung, Bewertung und Steuerung eigener kognitiver Prozesse.

(d) Sensitivität: Die metakognitive Komponente der Sensitivität bezieht sich auf das Gespür für die aktuell verfügbaren Möglichkeiten eigener kognitiver Aktivitäten. Dieses muss keineswegs bewusst sein, sondern kann durchaus die Erlebensqualität von Intuitionen haben. Vermutlich ist dieses Gespür die Folge vielfältiger Erfahrungen, die selbst wiederum die Optimierung der Nutzung exekutiver Kontrollprozesse zur Folge hat.

(e) Metakognitive Erfahrungen: Unter metakognitiven Erfahrungen versteht man schließlich bewusste kognitive Empfindungen (z.B. das Irritiertsein über scheinbar widersprüchliche Informationen) oder affektive Zustände bezüglich der eigenen kognitiven Aktivität (euphorisch sein über die gelungene Lösung einer Aufgabe).

Während aktueller Lernprozesse kommt es zu einer vielschichtigen Vernetzung aller fünf Komponenten der Metakognition, die sich – bei hinreichender Qualität – als leistungsdienlich für kognitive Aktivitäten erwiesen haben.

Literatur

Hasselhorn, M. ([4]2010): Metakognition. In: Rost, D. H. (Hg.): Handwörterbuch Pädagogische Psychologie. Weinheim, 541-547. – Schneider, W./Lockl, K. (2006): Entwicklung metakognitiver Kompetenzen im Kindes- und Jugendalter. In: Schneider, W./Sodian, B. (Hg.): Kognitive Entwicklung. Göttingen, 721-767.

Marcus Hasselhorn

Metall- und Elektroberufe

Bei den Metallberufen handelt es sich um inhaltlich und funktional verwandte Berufe, die sich mit der Bearbeitung metallischer Werkstoffe (heute zusätzlich auch Kunststoffe) befassen. Hier stehen insbesondere Fertigungsverfahren wie das manuelle und maschinelle Trennen, das Umformen sowie das Fügen im Vordergrund. Hinzu kommen weiterhin die Installation, die Inbetriebnahme, die Instandhaltung und die Außerbetriebnahme von Maschinen und Anlagen. In diesen breit angelegten Tätigkeitsfeldern zeigt sich die enorme Bandbreite metalltechnischer Berufe.

Viele metalltechnische Berufe weisen eine lange Tradition auf, die zum Teil bis in die Anfänge der Herausbildung der Handwerksberufe zurückreicht. Durch den technologischen und arbeitsorganisatorischen Wandel in den letzten Jahren hat es sich aber als zunehmend schwierig erwiesen, die Metallberufe von anderen Berufsfeldern eindeutig abzugrenzen, da einige Berufe, wie beispielsweise der Mechatroniker, immer stärker berufsfeldübergreifend angelegt sind.

In enger Verwandtschaft zu den Metallberufen stehen die Elektroberufe, die ursprünglich aus diesen hervorgegangen sind. Deutlich wird das auch daran, dass in der Grundbildung der Elektroberufe häufig noch metalltechnische Inhalte zu finden sind.

Die Genese der Elektroberufe lässt sich auf die Herausbildung der berufsförmig organisierten Elektrofacharbeit in der Elektroindustrie und der Entstehung der Elektroinnungen zu Beginn des 20. Jahrhunderts datieren. Mit der Anerkennung des Elektrohandwerks in den 1930er Jahren etablierte sich dann auch ein System relativ stabiler und einheitlich anerkannter Elektroberufe.

Die fachlichen Schwerpunkte der Elektroberufe bildeten ursprünglich die Energie- und Nachrichtentechnik, zu denen sich in den letzten Jahren aber auch die Informations- und Medientechnik hinzugesellten, was Ausdruck der rasanten technologischen Entwicklungen gerade in diesem Berufsfeld ist.

Literatur

Krug, R. (2008): Berufliche Handlungsfähigkeit. In: Brossardt, B. u.a. (Hg.): Berufsausbildung im Umbruch. Bielefeld, 195-201.

Martin Lang

Metaphernanalyse

Metaphernanalyse ist ein Verfahren zur Rekonstruktion des semantischen Gehalts bildhafter Rede, die vor allem bei der Auswertung von Alltagstexten im Rahmen qualitativer Forschung eingesetzt wird.

Metaphernanalyse als sozialwissenschaftliche Methode geht zurück auf die 1980 erstmals erschienene Metapherntheorie von George Lakoff und Mark Johnson und hat im deutschsprachigen Raum vor allem in der Psychotherapieforschung, aber auch im Bereich der psychosozialen Arbeit Beachtung gefunden.

Ausgangspunkt der Metaphernanalyse ist die These, dass Metaphern nicht nur der rhetorischen Ausschmückung sprachlicher Äußerungen dienen, sondern auf kognitive Modelle verweisen, die Erfahrungen, Denken und Handeln von Menschen strukturieren. Die Funktion metaphorischer Konzepte besteht Lakoff/Johnson zufolge darin, komplexe und abstrakte Gegenstände durch Rückgriff auf sinnlich-konkrete Erfahrungsbereiche zugänglich zu machen, indem Bedeutungen aus dem konkreteren (Quell-) Bereich auf den abstrakteren (Ziel-)Bereich übertragen werden. Ziel der Metaphernanalyse ist es, die in bildhafter Rede enthaltenen metaphorischen Konzepte zu rekonstruieren, um daraus Rückschlüsse auf explizit oft nicht verfügbare Bedeutungen zu ziehen, die Individuen und/oder (Sub-)Kulturen einem Phänomen zuschreiben. Einem Vorschlag von Rudolf Schmitt zufolge beginnt Metaphernanalyse mit der Festlegung des Zielbereichs, zu dem Metaphern gesucht werden sollen. Anschließend wird anhand von Wörterbüchern und Umgangssprache ein Lexikon möglicher Metaphernfelder zu diesem Thema angelegt, das im dritten Schritt mit den in der untersuchten (Sub-)Kultur tatsächlich verwendeten Metaphern konfrontiert wird. Vor diesem Hintergrund können in einem vierten Schritt individuelle Metaphoriken rekonstruiert werden. Schließlich sollen die Ergebnisse einer solchen Metaphernanalyse durch Triangulation mit anderen Auswertungsmethoden ergänzt bzw. erweitert werden.

Neben dem Einsatz als eigenständiger Methode erscheint die Verwendung von Konzepten und Verfahren der Metaphernanalyse auch im Rahmen anderer qualitativer Auswertungsmethoden (wie z.B. Narrationsanalyse oder Dokumentarischer Methode) als aussichtsreich.

Literatur
Lakoff, G./Johnson, M. (42004): Leben in Metaphern. Heidelberg. – Schmitt, R. (1997): Metaphernanalyse als sozialwissenschaftliche Methode. In: Psychologie & Gesellschaftskritik 21, 57-86.

Hans-Christoph Koller

Metatheorie der Erziehung

Mit Metatheorie der Erziehung werden deskriptive und normative erkenntnis- und wissenschaftstheoretische Aussagen über die Form, Gewinnung, Begründung und Geltung von Theorien der Erziehung bezeichnet, die auch deskriptive und normative Aussagen darüber enthalten, in welcher Weise erziehungswissenschaftliche Forschung methodisch gesichertes Wissen über den Wirklichkeitsbereich Erziehung gewinnen kann, welches Wissen wiederum Grundlage von Theorien der Erziehung ist. Hauptsächliche Aufgaben metatheoretischer Aussagen sind 1. die (Begründung der) Abgrenzung wissenschaftlicher Aussagen über einen ausgewählten Forschungsgegenstand von nichtwissenschaftlichen Aussagen, damit zusammenhängend 2. die (Begründung der) Abgrenzung geeigneter und zulässiger wissenschaftlicher Methoden der Gewinnung wissenschaftlicher Aussagen über diesen Forschungsgegenstand und 3. die Bestimmung des Verhältnisses von Entdeckungs-, Begründungs- und Verwendungszusammenhang von erziehungswissenschaftlichen Theorien im Kontext des Theorie-Praxis-Bezugs. Gegenstand der Metatheorie der Erziehung sind also Theorien über Erziehung und nicht Erziehung als Wirklichkeitsbereich selbst. Dieser Unterscheidung liegt eine allgemein (sprach-)analytische Unterscheidung zu Grunde, die von Aussagen über (beobachtbare) Tatbestände in der Wirklichkeit metasprachliche Aussagen über Aussagen unterscheidet.
Hinsichtlich der genannten dreifachen Aufgabenbestimmung lassen sich zwei grundsätzliche Positionen einer Metatheorie der Erziehung unterscheiden: Positionen, die sich einem einheitswissenschaftlichen Programm von Wissenschaft verpflichtet fühlen. Hier wird nur eine – vom jeweiligen Gegenstand wissenschaftlicher Forschung in Begründung, Festlegung und Ausführung (weitgehend) unabhängige – wissenschaftliche Erkenntnis- und Forschungsmethode anerkannt. Diese wird in der Tradition positivistischer und empiristischer Wissenschaftslogiken seit dem Wiener Kreis und besonders seit Karl Raimund Popper (Logik der Forschung, zuerst 1934) in der empirisch-analytischen Forschungsmethode der Naturwissenschaften gesehen. Auf der anderen Seite stehen Positionen der Metatheorie der Erziehung, die unter Verweis auf eine ausgewiesene ontologische Besonderheit unterschiedlicher Forschungsgegenstände (und korrespondierender Wirklichkeitsbereiche) besondere, weil nur so gegenstandsadäquate Erkenntnis- und Forschungsmethoden postulieren. Hierfür steht Wilhelm Diltheys Unterscheidung der erklärenden Naturwissenschaften von den verstehenden Geisteswissenschaften Pate. Auch Jürgen Habermas' Unterscheidung dreier die wissenschaftliche Erkenntnis leitender Interessen ist hier zu nennen. Seit dem Positivismusstreit in der deutschen Erziehungswissenschaft, spätestens aber seit der Rezeption von postmodernen und konstruktivistischen Methodologien gilt die Pluralität erziehungswissenschaftlicher Forschungszugriffe als unstrittig.

Literatur
Brezinka, W. (1978): Metatheorie der Erziehung. München, Basel. – König, E./Zedler, P. (1983): Einführung in die Wissenschaftstheorie der Erziehungswissenschaft. Düsseldorf. - Krüger, H.-H. (1997): Einführung in Theorien und Methoden der Erziehungswissenschaft. Opladen.

Guido Pollak

Methode

Methode (griech. méthodos, aus meta hodos: Weg zu etwas hin) meint allgemein die Art und Weise eines zielgerichteten Vorgehens. Genauer gefasst versteht man unter Methode ein auf ein Regelsystem aufbauendes und prinzipiell wiederholbares Verfahren, das zum Erreichen von vorher angegebenen Zielen führen soll.
Von Methoden spricht man sowohl im Bereich der Erkenntnisgewinnung und der erziehungswissenschaftlichen Forschung als auch im Bereich der Erziehungstheorie und -praxis.
Im weitesten Verständnis spricht man von Erkenntnismethoden. Bereits Aristoteles hat die Methoden der Induktion (vom einzelnen Fall zum Allgemeinen) und der Deduktion (Begriffsbestimmung durch Ableitung von Speziellem aus Übergeordnetem) unterschieden und neben die Lehre vom Urteil sowie die Lehre vom Schließen (Syllogistik) gestellt. Charles Sanders Peirce hat zusätzlich die Methode der Abduktion bestimmt als die Formulierung einer Regel bei unbekannten Ursachen für Vorgänge.

Forschungsmethoden umfassen die Entwicklung von Frage- und Problemstellungen, das Aufstellen und Prüfen von Hypothesen und die Zusammenfassung der Ergebnisse in Theorien bzw. die Entwicklung von Theorien. Unterschieden wird zwischen geisteswissenschaftlich-hermeneutischen Methoden auf der einen Seite und naturwissenschaftlich-empirischen Methoden auf der anderen Seite. Diese Unterscheidung geht auf Wilhelm Dilthey, Wilhelm Windelband und Heinrich Rickert zurück, die den geisteswissenschaftlichen Anspruch auf Verstehen als normativ aufgeladen bestimmten und von einem naturwissenschaftlichen Vorgehen abhoben, das deskriptiv verfährt. Die zeitgenössische sozialwissenschaftliche Forschung bietet einen vielfältigen Mix aus quantitativen und qualitativen Methoden an.
Im Forschungsprozess werden Methoden von Forschungsinstrumenten (z.B. Geräte, Fragebogen) und -techniken (Anwendungswissen) unterschieden. Methoden sind nicht unabhängig vom jeweiligen Erkenntnisinteresse einsetzbar, sondern korrelieren mit diesem. In der Wissenschaft des 20. und 21. Jahrhunderts wird, wie bereits in der Antike avant la lettre, von einem Methodenpluralismus ausgegangen, mithilfe dessen den unterschiedlichen und konfligierenden Frage- und Problemstellungen sowie Erkenntnisinteressen Rechnung getragen werden kann.
In der Erziehungstheorie und -praxis wird seit der Frühen Neuzeit von Methoden gesprochen (Desiderius Erasmus, Wolfgang Ratke, Jesuiten-Schulordnungen, Johann Amos Comenius). Dies weist auf ein reflexives Bewusstsein der eigenen, spezifischen Verfahren hin. Bis zum Ende des 19. Jahrhunderts verstärkte sich dieser Prozess insbes. bei Johann Heinrich Pestalozzi und in der sog. Herbartianischen Pädagogik, aber auch in der Reformpädagogik, z.B. bei Maria Montessori. In Bezug auf die Erziehungspraxis wird das Wort Methode in verschiedenen Bedeutungen gebraucht. Meistens wird es in einem engen Verständnis als ein Aspekt der Didaktik gegenüber dem Inhalt, den es zu vermitteln gilt, verwendet (Wolfgang Klafki). In diesem Kontext ist häufig von Unterrichtsmethode die Rede. Unter Methode wird dann eine spezifische Handlungstechnik des Lehrens verstanden, wobei vor einer Methodengläubigkeit gewarnt wird. Methodendiskussionen finden sich aber auch in den anderen Teildisziplinen (Methoden der Sozialpädagogik, der Erwachsenenbildung usw.).

Literatur
Roth, Leo (Hg.) (1978): Methoden erziehungswissenschaftlicher Forschung. Stuttgart. – Terhart, Ewald ([4]2005): Lehr-Lern-Methoden. Weinheim u.a.

Markus Rassiller

Methoden der Erwachsenenbildung

Im 18. und 19. Jahrhundert bediente sich die Erwachsenenbildung in methodischer Hinsicht vor allem des Vortrags, zum Ende des 19. Jahrhunderts hin zunehmend in Verbindung mit Medien wie Skioptikon und Lichtbild. Seit Beginn des 20. Jahrhunderts differenziert sich das Methodenspektrum aus. Musisch-künstlerische Formen halten Einzug in die Volksbildungsarbeit. Seit den 1960er Jahren werden Medien wie Rundfunk, Film und Fernsehen methodisch nutzbar gemacht, ab den 1980er Jahren treten Computer und ab Mitte der 1990er das Internet hinzu.
Aufgrund der Vielfalt institutioneller Kontexte von Erwachsenenbildung und individuell-biographischer Dispositionen der Teilnehmenden hat sich ein großes Spektrum von Methoden der Erwachsenenbildung entwickelt. Ein am Phasenaufbau von Lehr-/Lernsituationen orientiertes Klassifikationsschema unterscheidet Anfangs-, Durchführungs-, Auswertungs- und Abschlussmethoden. Ein alternatives Schema segmentiert die Methoden in Verfahren zur Themendarbietung, Themenerarbeitung, Organisation des Lernprozesses und zum spielerischen bzw. gestalterischen Umgang mit dem Lerngegenstand.
Verschiedene Konzepte der Erwachsenenbildung wie beispielsweise Anschlusslernen, biographisches Lernen oder erfahrungsbezogenes Lernen bringen jeweils neue Methoden hervor bzw. kombinieren vorhandene. Einige Ansätze unterscheiden die emotionale, kognitive und körperliche Wirkungsebene des Methodeneinsatzes, andere favorisieren eine Unterscheidung nach Prozess- und Ergebnisorientierung bei der Erarbeitung eines Methodenkonzepts für eine Lehr-/Lernsituation. Durchgängig wird betont, durch den erwachsenengerechten Einsatz von Methoden dem Prinzip der Teilnehmerorientierung zu entsprechen und die Teilnehmenden in hohem Maße in das Kursgeschehen einzubeziehen, sie zu beteiligen und zu aktivieren. Neuerdings macht sich vor allem die konstruktivistisch geprägte Erwachsenenbildung dieses Verständnis zu eigen, indem sie alle am Kursgeschehen Beteiligten zu Mitkonstruk-

teuren des Lernprozesses erklärt und Teilnehmenden konsequenterweise ein Höchstmaß an Selbststeuerung bei Methodenauswahl und -durchführung zugesteht. Andere zielen in ihrer Methodenkritik und -auswahl auf die Entwicklung möglichst zielgruppenspezifischer Methodenkonzeptionen ab.

Konsens besteht darüber, Methoden als Angebote für neue Erfahrungsmöglichkeiten auf Seiten der Teilnehmenden zu verstehen. Sie machen die Auseinandersetzung mit einem Inhalt angesichts eines vorgegebenen bzw. gemeinsam erarbeiteten Lernziels und angesichts individueller Interessen und Kompetenzen aller Beteiligten möglich.

Unter erziehungswissenschaftlichen Gesichtspunkten werden Methoden in der Lehr-/Lernforschung und in der didaktischen Entwicklungsforschung untersucht. Die methodische und didaktische Literatur hat in der Regel Handreichungscharakter. Es fehlt ein über die schuldidaktische Perspektive hinausgehender eigenständiger Forschungsbezug, in dem beispielsweise die wechselseitigen Zusammenhänge von Inhalt, Methoden und Medien untersucht werden.

Literatur
Knoll, J. (1991): Kurs- und Seminarmethoden. Weinheim. – Siebert, H. (2006): Didaktisches Handeln in der Erwachsenenbildung. – Tietgens, H. (1992): Reflexionen zur Erwachsenendidaktik. Bad Heilbrunn.

Reinhard Völzke

Methoden der Sozialen Arbeit

Methoden der Sozialen Arbeit thematisieren die planvollen, strukturierten und auf Erfahrungen basierenden Aspekte professionellen Handelns in den Arbeitsfeldern der Sozialpädagogik und Sozialarbeit. Im Gegensatz zu einem engen, eher technologischen Verständnis von Methoden hat sich im Gefolge der Theoriediskussion ein weiteres Methodenverständnis durchgesetzt, das die Offenheit für den biografischen Eigensinn der Klienten ebenso einfordert wie die notwendige Einbindung in konzeptionelle Zusammenhänge. Methoden werden in diesem Sinne als Teilaspekte von umfassenden Begründungszusammenhängen (Konzepten) verstanden, in denen Ziele, Inhalte und Wege in einen sinnhaften und argumentativ nachvollziehbaren Zusammenhang gebracht werden. Nach diesem Verständnis thematisieren sozialpädagogische Methoden jene konzeptionellen Teilaspekte, die auf eine planvolle, nachvollziehbare und damit kontrollierbare Gestaltung von Hilfeprozessen abzielen und die dahingehend zu reflektieren und zu überprüfen sind, inwieweit sie dem Problem, den gesellschaftlichen Rahmenbedingungen, den Interventionszielen, den Strukturen des Arbeitsfeldes, der Institution, der Situation und vor allem den beteiligten Personen gerecht werden.

Methodisches Handeln in der Sozialen Arbeit vollzieht sich in Abgrenzung zu anderen helfenden Berufen unter spezifischen Bedingungen: (1) Zum einen verfügt die Soziale Arbeit über schwach ausgeprägte Problemfilter, da prinzipiell jedes Alltagsproblem zum Gegenstand sozialpädagogischer Unterstützung werden kann, insofern die gewachsenen Ressourcen des sozialen Bedarfsausgleichs nicht ausreichen und zugleich das Problem öffentlich wahrgenommen und anerkannt wird. (2) Zum anderen ist sozialpädagogische Hilfe immer durch ihre Abhängigkeit von staatlicher Steuerung und die direkte Einbindung in bürokratische Organisationen gekennzeichnet. Ihre systemisch induzierte Aufgabe ist die Wiederherstellung oder Aufrechterhaltung von Normalzuständen und die kurative Gewährleistung durchschnittlich erwartbarer Identitätsstrukturen. Für sozialpädagogische Interventionen bedeutet dies, dass sie sich immer im Spannungsfeld von Hilfe und Kontrolle vollzieht. (3) Ihren sog. Normalisierungsauftrag kann die Soziale Arbeit aber schon deshalb nicht durch eine immer weitergehende Technologisierung einlösen, weil personenbezogene Interventionen Klienten bedürfen, die mitarbeiten. Die Klienten als Co-Produzenten setzen den sozialtechnologischen Phantasien effektiver Verhaltenssteuerung Grenzen, die systemtheoretisch auch als Technologiedefizit erzieherischen Handelns gefasst werden (Niklas Luhmann). Angesichts dieser Strukturbedingungen müssen sozialpädagogische Methoden (a) einem breiten Spektrum an Problemen, Situationen und Handlungskontexten genügen, (b) der Komplexität der Alltags- und Lebenswelten, ihrer Sprache und dem Eigensinn der Subjekte durch strukturierte Offenheit (Hans Thiersch) in ihren methodischen Settings begegnen und (c) die sog. strukturelle Last des doppelten Mandats reflektieren helfen.

Die Entwicklung und Anwendung von methodischem Handwerkszeug erfüllt eine doppelte Funktion: Zum einen geht es um die Reduktion der Komplexität von Handlungserfordernissen unter Ungewissheitsbedingungen durch ein Instrumentarium an erprobten und bewährten Handlungsmöglichkeiten. Zum anderen ist die Entwicklung und Profilierung eines methodischen Handlungsrepertoires die Voraussetzung für die Verberuflichung und Professionalisierung eines spezifischen Handlungszuschnitts. In diesem Sinne stand die Entwicklung einer eigenständigen Handlungsmethodik an der Pforte der Verberuflichung und Professionalisierung der Sozialen Arbeit. Die erste, klassische Phase der Methodendiskussion ist anfänglich durch die soziale Einzel(fall)hilfe dominiert, die zunächst von Mary Richmond in den USA entwickelt und von Alice Salomon in den 1920er Jahren importiert wurde und ihre Blüte in der Nachkriegszeit erlebte. In den späten 1950er und 1960er Jahren wurde das Methodenarsenal der Sozialen Arbeit ergänzt durch die soziale Gruppenarbeit und die Gemeinwesenarbeit. Die zweite Phase der Methodendiskussion wurde mit der Akademisierung und Politisierung der sozialpädagogischen Fachdiskussion ab Ende der 1960er Jahre eingeläutet und ist durch ihre methodenkritische Ausrichtung gekennzeichnet. Die klassischen Handlungsmethoden wurden aufgrund ihrer fehlenden (gesellschafts-)theoretischen Fundierung, ihrer Tendenz zur Individualisierung sozialer Problemlagen und eine damit einhergehende Pathologisierung der Klientel kritisiert. So fruchtbringend die neuen, gesellschaftstheoretischen Perspektiven für die Ausbildung eines reflexiven, theoriebasierten Selbstverständnisses der Sozialen Arbeit waren, so verunsichernd wirkten sie auf die Entwicklung eines originären Handlungsrepertoires, das über lange Zeit ein Randthema der disziplinären Fachdiskussion blieb. Der entsprechende Bedarf der Praxis wurde z.T. durch den Import von Handlungsmodellen aus anderen Professionen und Disziplinen (z.B. der Psychologie und Psychotherapie) bzw. aus anderen Ländern (hier insbesondere dem angloamerikanischen Bereich) gestillt. Spätestens seit Mitte der 1980er Jahre hat sich die Methodendiskussion in der Sozialen Arbeit wieder deutlich intensiviert und zu einer ausdifferenzierten Palette an Handlungskonzepten und -methoden geführt, von den direkt interventionsbezogenen einzelfall-, gruppen- und sozialraumbezogenen Handlungsansätzen (z.B. Beratungsansätze, Case Management, Mediation, Erlebnispädagogik, Streetwork), über die indirekt interventionsbezogenen (z.B. Supervision, Selbstevaluation) bis hin zu den struktur- und organisationsbezogenen Methoden (z.B. Qualitätsmanagement, Personalentwicklung, Sozialplanung). Für diese dritte Phase sind zwei – durchaus widersprüchliche – Entwicklungen ursächlich: Zum einen führten die theoretischen und konzeptionellen Selbstverständigungsprozesse, z.B. unter den Stichworten Dienstleistung und Lebensweltorientierung zur Entwicklung lebenswelt- und biografiesensibler Denk- und Handlungsformen und zu einer Konjunktur niedrigschwelliger, alltags- und lebensweltnaher methodischer Ansätze, etwa aufsuchender, akzeptierender Ansätze der Sozialarbeit und sozialraumorientierter Erziehungshilfen. Zum anderen wurde und wird die Soziale Arbeit herausgefordert durch die neuen sozialstaatlichen Imperative effizienter, marktförmiger, arbeitsmarktfixierter und wettbewerbsorientierter Erbringung organisierter sozialer Hilfen. Die verordnete betriebswirtschaftliche Reorganisation der Institutionen sozialer Arbeit hat zu einer flächendeckenden Einführung einschlägiger Instrumente und Methoden vom Kontrakt- und Qualitätsmanagement bis hin zur (Sozialraum-)budgetierung geführt. Trotz des zweifelsohne zu konstatierenden Zugewinns an Reflexivität, an empirischem Wissen und theoretischer Vergewisserung über die Handlungsbedingungen und -vollzüge der Sozialen Arbeit und der Breite und Differenziertheit der Handlungsmodelle heben Kritiker die Gefahr hervor, dass die hinzugewonnene subjekt- und lebensweltorientierte Qualität der Sozialen Arbeit durch das Effizienzdiktat der sich entwickelnden Sozialmärkte zunehmend bedroht wird. In den Zielkoordinaten von Qualitätsvereinbarungen und Handbüchern ist nicht der biografische Eigensinn der Klienten gefragt, als letztlich Sozialtechnologie, mittels derer erwünschtes Verhalten überprüfbar, kostengenau und -günstig erzeugt werden soll. Es besteht mithin die Gefahr, den konstatierten Zugewinn an fachlicher Reflexivität in Theorie und Praxis auf dem Altar vermeintlicher ökonomischer Sachzwänge zu opfern.

Literatur

Galuske, M. ([6]2005): Methoden der Sozialen Arbeit. Weinheim, München. – Spielge, H. v. ([4]2011): Methodisches Handeln in der Sozialen Arbeit. München. – Thiersch, H. (1993): Strukturierte Offenheit. In: Rauschenbach, T./ Ortmann, F./Karsten, M.-E. (Hg.): Der Sozialpädagogische Blick. Weinheim, 11-28.

Michael Galuske

Methodenlehre

Die Methodenlehre problematisiert die Strategien, mit denen auf kontrollierte Weise ein Ziel verfolgt werden kann, die Begründung der Auswahl einer methodischen Strategie (im Sinne der Angemessen-

heit in Bezug auf den vorgestellten Zweck) sowie die Grenzen des methodischen Vorgehens und mögliche Alternativen zu ihm.
Die Differenzierung der Methodenlehre ist abhängig vom Ausdifferenzierungsgrad der Methoden, der in der Wissenschaft zu einem gegebenen Zeitpunkt erreicht wurde. Gemäß der Unterscheidung in Unterrichts-, Forschungs- und Erkenntnismethoden kann auch die Methodenlehre bestimmt werden.
In einem sehr engen Verständnis bezieht sich die Methodenlehre auf die in der Didaktik thematisierte Handlungstechnik des Unterrichts. Die entsprechende Methodenlehre ist die Lehre von den Verfahren des Unterrichtens, davon, wie welche Verfahren zur Darbietung und Vermittlung von ausgewählten Stoffen im Unterricht eingesetzt werden können, sowie von der Begründung eines Einsatzes dieser Verfahren. Wegen des in der Erziehungswissenschaft problematisierten Technologieverdikts ist die Methodenlehre in Verruf geraten, ohne dass dies allerdings zu einer Abschwächung der Methodenorientierung in der Didaktik geführt hätte.
In einem weiteren Verständnis bezieht sich die Methodenlehre auf die Unterscheidung zwischen verschiedenen Forschungsmethoden. Die Methodenlehre behandelt hierzu die Gemeinsamkeiten und Unterschiede zwischen geisteswissenschaftlich-hermeneutischen und naturwissenschaftlich-empirischen Methoden und bestimmt die Angemessenheit einer Methode nach dem jeweiligen Forschungszweck. Die Unterschiede, die in der Nachfolge Wilhelm Diltheys besonders stark betont wurden, werden mittlerweile nicht mehr in den Vordergrund gestellt. Eine Unterscheidung nach wissenschaftlichen Fächern wird als nicht sinnvoll angesehen zur Bestimmung der Methoden, da die gleiche Methode in verschiedenen Fächern angewandt werden kann. Die zeitgenössische sozialwissenschaftliche Forschung bietet einen vielfältigen Mix aus quantitativen und qualitativen Methoden an, so dass die Methodenlehre vor der Aufgabe steht, die Reichweite und Eignung der jeweiligen Methode sowie das Verhältnis der Methoden zu bestimmen.
Im weitesten Verständnis bezieht sich die Methodenlehre auf die Erkenntnismethoden. Sie ist in diesem Fall die Lehre von den Strategien, mit denen wir zur Erkenntnis kommen, sowie deren Begründung. Die Methodenlehre unterscheidet hierzu zwischen Induktion, Deduktion und Abduktion sowie zwischen Urteils- und Schlusslehren.

Literatur
Pöppel, K.G. (1992): Unterrichten. Hildesheim. – Strauss, A./Corbin, J. (1996): Grounded Theory. Weinheim.

Elmar Anhalt

Methodik

In einzelnen Teildisziplinen der Erziehungswissenschaft ist Methodik die Bezeichnung für das Insgesamt an Verfahren, Techniken und Prinzipien des Handelns im betreffenden Praxisfeld (z.B. Methodik des Unterrichts in der Schule, der Berufsbildung, der Erwachsenenbildung, der Interkulturellen Pädagogik, der Sozialpädagogik) bzw. für die Theorie von den spezifischen Methoden dieses Praxisfeldes.
Methodik wird von Didaktik unterschieden, wobei Didaktik die Aufgabe zugeschrieben bekommt, sich mit den Zielen und Inhalten (mit dem Wozu und Was) zu beschäftigen, während die Methodik für die Methoden (das Wie) zuständig ist. Diese Abgrenzung birgt freilich die Gefahr, den Zusammenhang von Zielen, Inhalten und Methoden zu verkennen und einem technologischen Verständnis von pädagogischem Handeln Vorschub zu leisten. Der Begriff Methodik tritt häufig im Zusammenhang mit Praxis-Handreichungen auf.

Literatur
Gudjons, H. ([2]2006): Methodik zum Anfassen. Bad Heilbrunn. – Meyer, H. ([13]2009): Unterrichtsmethoden. 2 Bde. Berlin.

Ingrid Kunze

Meumann, Ernst (1862-1915)

Meumann, Sohn eines protestantischen Pfarrers, studierte evangelische Theologie und später Philosophie und Psychologie. Wilhelm Wundt holte ihn 1891 als Assistenten an die Universität Leipzig, wo er sich 1894 habilitierte. Danach war Meumann Professor für Philosophie und Pädagogik an den Universitäten Zürich (1897), Königsberg (1905), Münster (1907) und Halle (1909) und übernahm schließlich am Kolonialinstitut in Hamburg, einer Vorläufereinrichtung der Universität, einen Lehrstuhl für Philosophie, insbesondere Psychologie.
Meumann war überzeugt, durch eine systematische Anwendung empirisch-experimenteller Forschung pädagogisches Handeln nachhaltig verbessern zu können. 1905 gründetet er gemeinsam Wilhelm Au-

gust Lay die Zeitschrift Experimentelle Pädagogik, die sechs Jahre später mit der Zeitschrift für Pädagogische Psychologie vereinigt wurde (bis 1943 erschienen als Zeitschrift für pädagogische Psychologie und Jugendkunde). 1907 erschien die erste Auflage seines Buches Vorlesungen zur Einführung in die Experimentelle Pädagogik und ihre psychologischen Grundlagen, das in der Lehrerbildung großen Einfluss hatte. Meumann beteiligte sich aktiv an der pädagogischen Reformbewegung und setzte sich erfolgreich für eine Verbesserung der Ausbildung der Volkschullehrer ein.

Literatur
Hopf, C. (2004): Die experimentelle Pädagogik. Bad Heilbrunn.

Andreas Krapp

Meuten

Unter dem Begriff Meuten werden informelle Jugendgruppen in Leipzig, die während des Nationalsozialismus in Opposition zur Hitler-Jugend (HJ) entstanden und dabei an Traditionen der Freien Cliquen aus der Weimarer Republik und der Bündischen Jugend anschlossen, zusammengefasst. Nach Schätzungen der Leipziger Staatspolizeistelle umfassten die Meuten im Jahr 1938 insgesamt ca. 1.500 Jungen und Mädchen zwischen 16 und 21 Jahren, die an bestimmten Plätzen in Leipzig regelmäßig zusammenkamen, sich einheitlich kleideten und am Wochenende selbstorganisierte Fahrten unternahmen. Wiederholt kam es zu körperlichen Auseinandersetzungen mit der HJ. Innerhalb der Meuten bildeten sich kleine Gruppierungen, die unter Ausschluss von Mädchen einen politisch motivierten Widerstand diskutierten. Gegen diese Gruppierungen fanden zwischen 1938 und 1940 Prozesse wegen Vorbereitung zum Hochverrat statt, die zum Teil mit mehrjährigen Haftstrafen endeten. Die Meuten gelten insgesamt als großstädtische jugendliche Gegenkultur, die sich dem totalitären Zugriff des Staates verweigerte.

Literatur
Gruchmann, L.: Jugendopposition und Justiz im Dritten Reich. In: Benz, W. (Hg.): Miscellanea. München, 103-130.

Susann Fegter

Mexiko → Lateinamerika

Mexiko (Vereinigte Mexikanische Staaten; Mexico)

Die Bevölkerung in Mexiko (109,6 Millionen Einwohner; Stand: 2009), dem fünftgrößten Land in Amerika, setzt sich zusammen aus 75% Mestizen, 14% Indiginas, 10% Weißen und über 150.000 Ausländern. Ähnlich wie in anderen lateinamerikanischen Ländern ist der Anteil der jungen Bevölkerung außerordentlich hoch. Im Jahr 2005 waren 30,6% der Bevölkerung unter 15 Jahre alt, d.h. dass sich fast ein Drittel der Gesamtbevölkerung in Mexiko im schulpflichtigen Alter befindet.

Offiziellen Zahlen zufolge gibt es 56 indigene Bevölkerungsgruppen mit über 85 Sprachen und Dialekten. Aus diesem Grund wurde in den vergangenen Jahren zum einen ein zweisprachiges und interkulturelles Lernangebot fest im Lehrplan verankert, zum anderen hat sich ein außerschulisches indigenes Ausbildungsangebot herausgebildet, das sich in erster Linie an Angehörige indigener Bevölkerungsgruppen richtet, die aus verschiedenen Gründen die Regelschule nicht besuchen konnten. Denn obwohl die Einschulungsrate im Primarschulbereich derzeit bei 97,9% liegt (Stand: 2007), beendet ein Großteil der Kinder und Jugendlichen nicht die neunjährige obligatorische Schulbildung. Dies gilt vor allem für Mädchen und Jungen aus ländlichen armen und indigenen Familien. Diese Umstände führen u.a. auch dazu, dass 7,4% der Mexikaner die spanische Sprache weder lesen noch schreiben können (Stand: 2005). Unter der indigenen Bevölkerung steigt der Anteil der Analphabeten sogar auf 40%.

Das mexikanische Bildungssystem gliedert sich in sechs Hauptstufen und beginnt mit der Kleinkinderziehung (Educación Inicial). Diese richtet sich an Kinder, die noch nicht das Vorschulalter erreicht haben (eineinhalb Monate bis fünfeinhalb Jahre). Mädchen und Jungen ab vier Jahren können vor Beginn der Grundschule eine Vorschule (Preescolar) besuchen. Sie ist unterteilt in drei Klassenstufen und ist nicht obligatorisch. Die Primarschule (Primaria) umfasst sechs Jahrgangsstufen und ist für Kinder zwischen sechs und 14 Jahre gedacht. Der Besuch der Grundschule ist Voraussetzung für die Zulassung zur dreijährigen Sekundarstufe (Secundaria). Dieser Bildungsabschnitt beginnt gewöhnlich mit zwölf Jahren. Nach Beendigung der Secundaria haben die Jugendlichen die Möglichkeit, entweder das Bachillerato, die Hochschulzugangsberechtigung, zu erwerben, oder sie können eine technische Berufsaus-

bildung (Educación Técnica) z.B. in den Bereichen Kfz-Mechaniker, Krankenpfleger, Informatiker etc. beginnen. Die zweijährige Oberstufe (Preparatoria), deren Abschluss zu einem Hochschulstudium berechtigt, ist meistens in die Universitäten integriert. Dadurch können die Jugendlichen in der Regel automatisch nach erfolgreichem Abschluss ein Studium an der jeweiligen Universität aufnehmen.
Verschiedene Studienwege sind dabei möglich: Zum einen kann ein gewöhnliches Hochschulstudium begonnen werden, das mit dem ersten berufsqualifizierenden Abschluss (Licenciatura) im Allgemeinen nach vier bis fünf Jahren, endet. Die Lehrerausbildung fällt ebenfalls in diesen Bereich. Zum anderen kann eine zwei- bis dreijährige höhere Techniker-Ausbildung (Técnico Superior) an speziellen Technischen Universitäten absolviert werden. Dieses Studium ist stark praxisorientiert und umfasst Fachrichtungen wie Elektromechanik, Informationstechnik, Tourismus, Umwelttechnik, Chemie etc. Im postgraduierten Bereich werden u.a. Spezialisierungen (Especialidad) angeboten, bei denen gewählte Studienschwerpunkte vertieft werden können, aber auch Masterstudiengänge (Maestría). Der höchste in Mexiko zu erlangende akademische Grad ist der Doktortitel (Doctorado).
In Mexiko ist das Bildungssystem, ähnlich wie in vielen anderen lateinamerikanischen Ländern, zweigeteilt zwischen einem öffentlichen und einem privaten Sektor. Aufgrund der steigenden Nachfrage nach Studienplätzen wurde in den letzten Jahren eine Vielzahl an privaten Universitäten mit unterschiedlicher Ausrichtung, Größe und Qualität gegründet.
Neben dem regulären Bildungsangebot gibt es weitere Bildungsmöglichkeiten im non-formalen Bereich, die sich an Personen richten, die sich aus verschiedenen Gründen außerhalb des öffentlichen Bildungssystems befinden. Dazu zählen z.B. die Spezialschulen (Educación Especial) für Kinder und Jugendliche mit geistigen oder körperlichen Einschränkungen. Darüber hinaus gibt es so genannte Behindertenwerkstätten (Centros de Capacitación para el Trabajo de Educación Especial) für geistig behinderte Jugendliche im Alter von 14 bis 20 Jahren. Ihnen soll vornehmlich bei der Vorbereitung auf den Arbeitsmarkt geholfen werden. Aber auch für Schüler mit Lern-, Verhaltens- oder Sprachschwierigkeiten gibt es Schulen, die ein spezielles Lernprogramm anbieten. Ferner haben Jugendliche ab 15 Jahren und Erwachsene, die entweder ihre Grundschulbildung nicht beenden konnten, keine Berufsvorbereitung absolviert haben oder nicht lesen und schreiben können, die Möglichkeit im Rahmen der Erwachsenenbildung ihren Schulabschluss nachzuholen. Darüber hinaus können im Bereich der mittleren und höheren Bildung Fortbildungsprogramme besucht werden.
In der Lehrerausbildung bieten z.B. die Pädagogische Nationale Universität (UPN) und das Bildungsministerium zahlreiche Fortbildungslehrgänge an. Erwachsene, die nicht regelmäßig ortsgebundene Kurse besuchen können, haben die Möglichkeit, ein Fernstudium (Servicios Abiertos a distancia) in verschiedenen Fachrichtungen zu beginnen. Jugendlichen, die nur einen sechsjährigen Primarschulabschluss vorweisen können, wird in einer ein bis vierjährigen Berufsvorbereitung (Capacitación para el Trabajo) Spezialwissen vermittelt, das ihnen die Eingliederung in die Arbeitswelt erleichtern soll. Diese Ausbildung ist nicht gleichzusetzen mit der Sekundarstufe. Daher können diese Jugendlichen im Anschluss daran auch nicht die Hochschulreife erlangen.

Literatur
Comisión Económica para América Latina (CEPAL) (2010): Anuario estadístico de América Latina y el Caribe 2009. Santiago de Chile. – Internationales Büro des Bundesministeriums für Bildung und Forschung (Hg.) (2007): Mexiko. Bonn. – Secretaría de Educación Pública & Organización de Estados Iberoamericanos (IEO) (1994): Sistema Educativo de México. México.

Claudia Richter

MfV → Ministerium für Volksbildung

MGP → Monumenta Germaniae Paedagogica

Migrantenfamilie

Eine klare Definition des Begriffs Migrantenfamilie existiert nicht. Lange wurden darunter Haushalte gefasst, in denen Erwachsene und Kinder zusammenleben, die nicht die deutsche Staatsangehörigkeit besitzen. Inzwischen fasst man dies weiter. Es werden auch Familien dazugezählt, in denen in der Elterngeneration mindestens ein Mitglied nicht in Deutschland geboren ist und/oder eine andere oder weitere Sprache als Deutsch gesprochen wird. Binationale Ehen, deren Zahl auf Grund von Eheschließungen mit Partnern aus anderen Ländern stetig wächst, sowie eingebürgerte Familien auf Grund des Staatsangehörigkeitsgesetzes von 2000 und Spätaussiedler (nach Artikel 116, Absatz 1 des Grundgesetzes für die Bundesrepublik Deutschland und § 7, Absatz 2 des Gesetzes über die Angelegenheiten der Vertriebenen und Flüchtlinge, BVFG) werden zu den Migrantenfamilien gerechnet. Da diese Definition nicht an einen rechtlichen Status gebunden ist, ist die statistische Erfassung der Zahl von Migrantenfamilien in Deutschland uneinheitlich. Während traditionell in offiziellen Statistiken nur Staatsangehörigkeit erfasst wurde, geht man zunehmend dazu über, auch das Geburtsland zu erfassen.

Während bei der Anwerbung von Arbeitsmigranten seit 1955 (erster Anwerbevertrag mit Italien) zunächst junge Männer und Frauen allein nach Deutschland einwanderten, forcierte die rechtliche Situation nach dem Anwerbestopp (1973) den Familiennachzug von Ehepartnern und Kindern. Heute wird davon ausgegangen, dass Migration in der Regel ein Projekt darstellt, das über mehrere Generationen verläuft. Bis in die Gegenwart ist der Ehegatten- und Familiennachzug eine der wichtigsten Zuwanderungsformen nach Deutschland; ein Viertel der Zuwanderer sind Kinder unter 18 Jahren.

Die erziehungswissenschaftliche Migrationsforschung setzte sich mit dem Thema Migrantenfamilie seit den 1970er Jahren auseinander, als verstärkt Migrantenkinder in (west-)deutsche Schulen kamen. Mit wenigen Ausnahmen, beziehen sich die Untersuchungen auf einzelne ethnische Gruppen (Schwerpunkt türkische Familien) und Migrationstypen (Arbeitsmigration, Aussiedlung, Flucht). Nachgewiesen wurde in den Studien unter anderem, dass Migration auf den Familienzusammenhalt wirkt, und zwar verstärkt durch die diskriminierende rechtliche und soziale Situation. Die Kohäsion der Familien, verbunden mit hoher emotionaler Bindung zwischen den Generationen und hohen Bildungserwartungen an die Kinder, sei umso höher, je stärker die Familien mit der Weitergabe der eigenen Kultur und Tradition auf sich gestellt sind, ohne dass andere Erziehungsinstitutionen, z.B. die Schule, dies unterstützen. Trotz der Orientierung der Kinder an den Standards der deutschen Gesellschaft kommt es offenbar nicht zu verstärkten Konflikten zwischen Eltern und Kindern. Forschung zum Sprachgebrauch und zur Spracherziehung in Migrantenfamilien belegen die Vitalität der Herkunftssprachen, die neben dem Deutschen in der familialen Kommunikation von hoher Bedeutung sind.

Forschungsdesiderate bestehen insbesondere im Hinblick auf die Fragen des Wandels von Familienformen und Beziehungen zwischen den Generationen in der Migrationssituation. In der pädagogischen Praxis sind etliche Ansätze zustande gekommen, Familien mit Migrationshintergrund stärker in Bildungsprozesse und die Aktivitäten der Bildungsinstitutionen einzubeziehen, insbesondere in Prozesse der Entwicklung von Literalität.

Literatur

Boos-Nünning, U./Karaka o lu, Y. (2005): Viele Welten leben. Münster. – Herwartz-Emden, L. (2000): Einwandererfamilien. Osnabrück. – Neumann, U. (1980): Erziehung ausländischer Kinder. Düsseldorf.

Ursula Neumann

Migration

Migration ist so alt wie die Menschheit. Nur in einem Bruchteil der bisherigen Geschichte des homo sapiens lebten Menschen dauerhaft über mehrere Generationen an einem Wohnort – und auch dies galt nur für kleine Minderheiten der jeweiligen Bevölkerungsgruppen. Während Binnenmigration Wanderungsprozesse innerhalb von Staaten bezeichnet, versteht man unter internationaler Migration klassischerweise den dauerhaften Wechsel des Wohnortes von einem in ein anderes Land. Grundsätzlich wird zwischen Arbeits- und Flüchtlingsmigration, zwischen Nah- und Fernwanderung, zwischen einmaliger Auswanderung und mehrfacher/saisonaler Pendelwanderung sowie zwischen individueller und Familien- bzw. Gruppenwanderung unterschieden. Klassische Theorien internationaler Migration konzentrieren sich auf die Untersuchung der sozialen, kulturellen, ökonomischen und politischen Voraussetzungen, Formen und Folgewirkungen von Wanderungsprozessen für jeweils spezifische Bevölkerungsgruppen sowie Herkunfts- und Ankunftsregionen.

Klassische Migrationstheorien behandeln die internationalen Wanderungsprozesse vorwiegend als einmalige oder zweimalige Ortsveränderungen (Auswanderung im ersten, Rückkehrwanderung im zweiten Fall). Dabei konzentriert sich die Forschung häufig auf die Begleitumstände und Integrationsmechanismen in den Ankunftsregionen. Als gesichert können folgende Erkenntnisse gelten: Migranten stammen in der Regel nicht mehrheitlich aus den ärmsten Bevölkerungsgruppen und Regionen, sondern es sind häufig Mittelklassen und relativ gut Qualifizierte, die Wanderungsprozesse initiieren. Diese erfolgen in Netzwerkstrukturen und entlang historisch (z.B.

durch Warenhandel, koloniale Eroberung und postkoloniale Beherrschung, Kirchenorden, kriegerische oder Natur-Ereignisse) gewachsener Beziehungen zwischen verschiedenen Regionen. Einmal initiierte Migration verursacht neue Migration (z.B. durch veränderte Erwartungen in den Herkunftsregionen und neue, migrationsbedingte Nachfragestrukturen in den Ankunftsregionen). Abzug und Rückkehr von qualifizierten Menschen, Geldrücküberweisungen, veränderte ökonomische Erwartungen, neue politische und auf Geschlechterrollen bezogene Beteiligungsansprüche, Lohnkonkurrenz und Arbeitsmarktverdrängung verändern in komplexen Wechselwirkungen die Herkunfts- und die Ankunftsregionen. Internationale Migration lässt sich nur sehr begrenzt staatlich-politisch kontrollieren und steuern.

Zu Beginn des 21. Jahrhunderts müssen die klassischen Erklärungsmodelle internationaler Migration erweitert werden. Zwar hat sich das – vergleichsweise geringe (etwa drei Prozent der Weltbevölkerung) – Volumen internationaler Migration (noch) nicht radikal verändert. Gleichwohl führen die Globalisierung von Waren-, Kapital- und Informationsströmen, die Ausweitung der Tätigkeit internationaler Unternehmen sowie verbesserte und preiswerte Transport- und Kommunikationstechnologien zu tiefgreifenden Veränderungen internationaler Migration. Neben den klassischen Typen der Auswanderer und der Rückkehrwanderer gewinnt der Typ transnationaler Migranten an Bedeutung.

Im Falle der Aus- bzw. Einwanderung richten sich die Migranten auf Dauer in dem Ankunftsland ein. Sie unterhalten zwar noch Kontakte zur ihrem Herkunftsland, integrieren und assimilieren sich aber schrittweise als Eingewanderte – zum Teil auch erst über mehrere Generationen – in die dortige Gesellschaft. Ein Großteil der europäischen Auswanderungen um die Wende vom 19. zum 20. Jahrhundert in Richtung des amerikanischen Kontinents (von Kanada bis Chile) entsprach diesem Typ von Migration. Auch Deutschland ist seit Jahrhunderten sowohl Auswanderungsland als auch Ankunftsland für Menschen aus anderen Ländern und Regionen. Im 17. und 18. Jahrhundert wanderten Hugenotten aus Frankreich und Flüchtlinge aus der Schweiz und aus Österreich nach Deutschland ein. Seit Mitte des 19. Jahrhunderts fand eine Arbeitsmigration – etwa aus Polen – nach Deutschland statt. Gleichzeitig wanderte bis zum ersten Viertel des 20. Jahrhunderts eine bedeutende Anzahl von Menschen aus Deutschland in die USA aus. Die Bevölkerung Deutschlands besteht zu einem ganz erheblichen Teil aus Immigranten. Mitte der 1960er Jahre repräsentierten die nach dem Zweiten Weltkrieg – vor allem aus Osteuropa – in das Nachrkiegsdeutschland Zugewanderten etwa ein Viertel der Gesamtbevölkerung der beiden damaligen deutschen Staaten, immerhin 14,5 Mio. Menschen, und seit den 1950er Jahren sind kontinuierlich Menschen aus Italien, Spanien, Griechenland, der Türkei und anderen Ländern als Arbeitsmigranten eingewandert. Trotzdem brauchte Deutschland nach dem Zweiten Weltkrieg mehr als fünfzig Jahre (bis zum Inkrafttreten des neuen Staatsangehörigkeitsrechts zum 1.1.2000, das die Einbürgerung von Ausländern erleichtert und Kindern von Ausländern unter bestimmten Bedingungen bei der Geburt die deutsche Staatsbürgerschaft gewährt), um sich selbst als Einwanderungsland wahrzunehmen.

Die Rückkehrwanderung ist ein zweiter Typus internationaler Migration. Von den erwähnten europäischen Auswanderern um die Wende vom 19. zum 20. Jahrhundert kehrte immerhin etwa ein Drittel wieder in ihre Herkunftsländer zurück – keineswegs muss also das, was als Auswanderung vielleicht geplant war, auch tatsächlich für alle zu einem dauerhaften Verbleib in der Ankunftsregion führen. In Deutschland war das gesamte sogenannte Gastarbeiter-Programm seit den 1950er Jahren auf Rückkehrwanderung orientiert. Die vor allem in den 1960er und 1970er Jahren aus Süd- und Südosteuropa angeworbenen Arbeitsmigranten sollten nach zwei bis drei Jahren in ihre Herkunftsländer zurückkehren, um eine allzu feste Verwurzelung in der Bundesrepublik Deutschland gar nicht erst wahrscheinlich zu machen. Sehr viele dieser Arbeitswanderer kehrten auch tatsächlich in ihre Herkunftsländer zurück. Ein großer Teil der Gastarbeiter aber holte die Familie nach – aus Gastarbeitern wurden Einwanderer.

Aus einer geplanten Auswanderung kann eine Rückkehrwanderung werden und umgekehrt – Migrationsprozesse sind vielschichtig und dynamisch. Die ursprünglichen Absichten und Pläne der Migrierenden selbst und der sozialen Gruppen in den Herkunfts- und Ankunftsregionen verändern sich im Laufe der Zeit. Gerade vor dem Hintergrund relativ preiswerter Kommunikations- und Transporttechnologien und einer Pluralisierung der sozial-kulturellen Lebensmilieus in vielen Gesellschaften wird seit den 1990er Jahren intensiver die transnationale Migration als ein dritter Typus der Migration erforscht. Für transnationale Migranten ist der Wechsel zwischen verschiedenen Lebensorten in unterschiedlichen Ländern kein singulärer Vorgang, sondern Teil einer transnationalen Lebenswelt, die sich pluri-lokal über Ländergrenzen hinweg aufspannt. Transnationale Sozialräume bilden sich z.B. durch alltägliche Kommunikationsbeziehungen (per Telefon oder Internet), durch die regelmäßige Orientierung an und Aufmerksamkeit für Ereignisse in der Herkunfts- und Ankunftsgesellschaft (Lesen transnational ausgerichteter Zeitungen, Hören transnationaler Fernseh- und Radiosender), durch den Austausch von Geld, Lebensmitteln oder Kulturprodukten zwischen Teilen der Familie in der Herkunfts- und Ankunftsregion oder durch das enge Abstimmen relevanter Haushalts- und Familienentscheidungen über Ländergrenzen hinweg. Transnationale Migration lässt sich für sehr unterschiedliche Qualifikationsgruppen (von ungelernten Beschäftigten bis zu hochqualifizierten Spezialisten) und für sehr unterschiedlich weit voneinander entfernte Länder (China-Kanada und Indien-England oder Mexiko-USA und Polen-Deutschland) nachweisen. Transnationale Familien leben über mehrere Generationen zwischen verschiedenen Orten und Gesellschaften mit komplexen transnational organisierten Rollen, Funktionen und Erwartungen (des Gelderwerbs, der Kindererziehung, der Qualifizierung, der Altersversorgung etc.).

Zwischen den drei Idealtypen internationaler Migration – der Auswanderung/Einwanderung, der Rückkehrwanderung und der transnationalen Wanderung – bestehen enge Wechselbeziehungen. So wie eine ursprünglich als Auswanderung angelegte Migration in einer Rückkehrwanderung enden kann, so kann aus einer Auswanderungsabsicht auch ein dauerhaftes transnationales Wandern entstehen. Künftig muss daher internationale Migration stärker untersucht und erklärt werden (1) als zukunfts- und ergebnisoffener Prozess, der über mehrere Generationen hinweg fragil, veränderbar oder gar revidierbar bleiben kann, (2) als vielschichtiger und dialektischer Prozess der Selbst- und Fremdwahrnehmung zwischen Migrantinnen und Migranten einerseits und den bereits in der Ankunftsregion Lebenden andererseits sowie der Dynamik unterschiedlicher Politiken der Selbst- und Fremdzuordnung (politics of belonging), als (3) multidimensionaler Prozess ökonomischer, politischer, sozialer und kultureller Einbindung, ohne dass ein klares und spezifisches zeitlich-sequentielles oder funktionales Wirkungsverhältnis eindeutig nachweisbar ist, und (4) als auf verschiedene sozialräumliche und geographischräumliche Ebenen gleichzeitig bezogener Prozess (mit mehreren lokalen, einer nationalen sowie einer transnationalen Ebene). Speziell für die Erziehungswissenschaft und das pädagogische Handeln ergibt sich aus diesen Perspektiven, die Folgen der komplexen Migrationsereignisse zu beobachten und abzuschätzen, und zwar im Sinne einer möglichst weitgehenden Nutzung der Chancen und Abmilderung der Nachteile, denen sich Kinder, Jugendliche und Familien durch die Migrationsprozesse gegenübersehen.

Literatur

Bade, K. J. (Hg.) (2004): Sozialhistorische Migrationsforschung. Göttingen. – Bommes, M./Schiffauer, W. (Hg.) (2006): Migrationsreport 2006. Frankfurt. – Pries, L. (2001): Soziologie Internationaler Migration. Bielefeld – Pries, L. (2007): Die Transnationalisierung der sozialen Welt. Frankfurt.

Ludger Pries

Migrationshintergrund

Die Migration in die Bundesrepublik Deutschland ist kein neues Phänomen. Sie setzt direkt nach dem Zweiten Weltkrieg ein. Zwar entwickelt sich Migration unterschiedlich in der Deutschen Demokratischen Republik und der Bundesrepublik Deutschland. Ungeachtet dessen besitzen beide deutsche Staaten eine Geschichte der Zu- und Abwanderung, die seit der Vereinigung in den 1990er Jahren eine besondere Dynamik erfährt.

Bis in die 1990er Jahre war es üblich, zwischen altansässigen und zugewanderten Bevölkerungsgruppen allein auf der Grundlage des Kriteriums der Staatsangehörigkeit zu unterscheiden. Amtliche und andere öffentliche Statistiken differenzierten die Bevölkerung in Deutschland nach diesem Kriterium, unterteilten also in Inländer – Personen mit deutschem Pass – und Ausländer, also Personen mit dem Pass eines anderen Staates. Es kristallisierte sich jedoch zunehmend heraus, dass diese Differenzierung in verschiedenen Bereichen der kulturellen, sozialen und Bildungsentwicklung zwar handhabbare, aber keine relevanten Kriterien für die Beschreibung und Analyse gesellschaftlicher Verhältnisse oder für soziales oder pädagogisches Handeln ergibt.

Im Versuch, solchen Kriterien näherzukommen, wurde das Konzept Migrationshintergrund entwickelt, das darauf verweist, dass Migration in der Biographie eines Menschen eine bedeutende Rolle gespielt hat. Der Migrationshintergrund fungiert

als Indikator für mögliche Besonderheiten in sozialen, sprachlichen oder kulturellen Merkmalen der Lebenslage eines Menschen. Empirisch gefasst wird dieser Indikator durch den Ort der Geburt: Einen Migrationshintergrund besitzt ein Mensch, der nicht in der Region oder dem Staat lebt, in der er geboren wurde.
Im Bereich der öffentlichen oder amtlichen Statistik ist dieser Aspekt in Deutschland nicht in der amtlichen Bevölkerungsstatistik berücksichtigt, in der die Menschen erfasst sind, die in Deutschland leben. Er wird jedoch im Mikrozensus berücksichtigt – also der amtlichen Repräsentativstatistik über die Bevölkerung und den Arbeitsmarkt in Deutschland. Seit 2005 werden in dieser Statistik unter Migration und Integration die Themenkreise gezählt, die sich mit dem Teil der Bevölkerung befassen, der selbst oder dessen Eltern bzw. Großeltern aus einem anderen Staat nach Deutschland zugewandert ist. Hierzu zählen die ausländische Bevölkerung, eingebürgerte Personen sowie die Personen, die zwar einen deutschen Pass besitzen, aber unter ihren Eltern oder Großeltern Menschen haben, die nach Deutschland zugewandert sind. Die Bezeichnung mit Migrationshintergrund wird in diesem Verständnis auch in erziehungswissenschaftlicher Forschung verwendet, zum Beispiel in Untersuchungen über Bildungsbenachteiligung und ihre Ursachen.

Literatur
Autorengruppe Bildungsberichterstattung (2010): Bildung in Deutschland 2010. Bielefeld.

Ingrid Gogolin

Mikro- und Makrosoziologie

In der deutschsprachigen Soziologie sind die Begriffe Makro- und Mikrosoziologie ungleich weniger verbreitet als in der englischsprachigen (macrosociology and microsociology). Eine gewisse Aufwertung haben sie durch die Empfehlungen des Wissenschaftsrates für die neuen Bundsländer erfahren, wonach in der Mindestausstattung eines Instituts eine Professur für Makrosoziologie und eine andere für Mikrosoziologie vorgesehen werden sollte. Seit langem gängig ist die Makro-Mikro-Trennung dagegen im benachbarten Gebiet der Ökonomie; Makroökonomie und Mikroökonomie umschreiben dort zentrale Lehrgebiete.
Unter Verwendung der auf Ferdinand Tönnies zurückgehenden und von Georg Simmel und Max Weber prozessualisierten Begriffe von Vergesellschaftung und Vergemeinschaftung lassen sich die Aufgabenfelder der Makro- und Mikrosoziologie spezifizieren. Die Makrosoziologie ist mit Formen der Vergesellschaftung und die Mikrosoziologie mit Formen der Vergemeinschaftung befasst. Formen der Vergesellschaftung zeichnen sich dadurch aus, dass die daran beteiligten Individuen ganz überwiegend nur in indirekten Beziehungen zueinander stehen. Organisationen, national verfasste Gesellschaften oder gar die Weltgesellschaft stellen unterschiedlich komplexe Vergesellschaftungsformen dar. Formen der Vergemeinschaftung sind durch die Unmittelbarkeit der Kontakte gekennzeichnet. Dies trifft für Interaktionen zu, deren Dauer an die Anwesenheit der Akteure in einer Situation gebunden ist, und auch für kontinuierliche Sozialbeziehungen in Gestalt von Dyaden oder Gruppen. Zur Mikrosoziologie werden zudem auch Forschungsfelder gerechnet, die sich mit der Subjektgenese beschäftigen, wie die Sozialisations- und Biographieforschung.
Nicht möglich ist eine eindeutige Zuordnung der Speziellen Soziologien zur Makrosoziologie oder Mikrosoziologie. Die Gegenstandsbereiche der Speziellen Soziologien zeichnen sich vielmehr dadurch aus, dass sie sowohl makro- wie auch mikrosoziologische Fragestellungen umfassen. Stellvertretend sei hier nur die Familiensoziologie angeführt, die dann in das Arbeitsgebiet der Mikrosoziologie fällt, wenn die Familie als Gruppe bzw. die eingebetteten Sozialbeziehungen (z.B. Eltern-Kind-Beziehung) betrachtet werden. Richtet sich der Blick dagegen auf die Familie als soziales Subsystem, das in seiner Funktionalität für das Gesamtsystem oder im Austausch mit anderen Subsystemen thematisiert wird, dann handelt es sich um eine makrosoziologische Fragestellung.
Nach wie vor hat die Vorrangstellung der Makrosoziologie im Fach eine hohe Verbreitung, während die Mikrosoziologie nicht selten eher der Sozialpsychologie zugeschlagen wird. Zutreffend ist daran, dass die Grenzziehung zwischen Mikrosoziologie und Sozialpsychologie an einigen Stellen durchaus fließend ist. Dass die Dominanz der Makrosoziologie jedoch eine Verengung des Gegenstandsbereiches der Soziologie ist, darauf hat schon sehr nachdrücklich Georg Simmel hingewiesen.
Die Frage stellt sich, ob der Gegenstandsbereich des Faches mit dieser Unterscheidung hinreichend umschrieben ist oder ob nicht eine Dreiteilung – mit der Hinzufügung einer Mesosoziologie – angemessener wäre. Diese Dreiteilung würde den Systemebenen

von Niklas Luhmann entsprechen, der neben Interaktion und Gesellschaft – als Gegenstandsfeldern der Mikrosoziologie und Makrosoziologie – mit Organisation eine dritte Systemebene unterscheidet. Eine verwandte Unterscheidung findet sich auch bei James S. Coleman, der zwischen der Mikroebene der individuellen Akteure, der Mesoebene der Kleingruppen und Organisationen und der Makroebene der verfassten Institutionen differenziert.
Neben den Gegenstandsbereichen wird die Unterscheidung von Makro- und Mikrosoziologie in Verbindung mit Theoriemodellen verwendet. Makrosoziologische Theorieansätze gehen von überindividuellen Einheiten aus und haben Gesellschaft, System, Struktur oder Institution als Grundbegriffe; mikrosoziologische Ansätze gehen dagegen vom Individuum als Grundeinheit aus und verwenden Handeln bzw. Verhalten als Grundkonzept. Diese zwei Soziologien werden vielfach als kollektivistische versus individualistische Soziologie bzw. als Gesellschafts- oder Systemtheorie versus Handlungs- oder Verhaltenstheorie bezeichnet. In der jüngeren Theoriediskussion wird der hohe Bedarf eines Mikro-Makro-Links, einer Verknüpfung beider Theoriemodelle herausgestellt. Verworfen werden damit einfache Determinationsannahmen, die von einer Dominanz der Makro- über die Mikroebene oder umgekehrt ausgehen. Stattdessen wird eine Eigenständigkeit der beiden Ebenen betont und versucht, deren Zusammenwirken theoretisch zu fassen. Neuere Theorieentwürfe (z.B. von Anthony Giddens, Jürgen Habermas, Coleman) lassen sich als Versuche lesen, diesen Mikro-Makro-Link herzustellen.

Literatur
Alexander, J. (Hg.) (1987): The Micro-Macro-Link. Berkely. – Helle, H.-J./Eisenstadt, S. (1985): Micro-sociological Theory. London. – Knorr-Cetina, K./Cicourel, A. V. (Hg.) (1981): Advances in Social Theory and Methodology. Boston. – Simmel, G. (1908/1958): Soziologie. Berlin.

Karl Lenz

Mikronesien → Pazifikregion

Milde, Vincenz Eduard (1777-1853)

Milde studierte in Wien und Olmütz, trat 1794 in das Priesterseminar in Wien ein und wurde 1800 zum Priester geweiht. In der Folge wurde er Katechet an Wiener Schulen, bevor er von 1806 bis 1810 die erste Lehrkanzel für Pädagogik in Österreich an der Universität Wien innehatte. Aus gesundheitlichen Gründen wechselte er 1810 auf eine Pfarre und wurde 1814 zugleich mit der Übernahme des Pfarr- und Dechantenamts in Krems (Donau) Schuldistriktaufseher und Leiter der philosophischen Lehranstalt. Seit 1823 Bischof von Leitmeritz, wurde Milde 1831 zum Erzbischof von Wien ernannt.
Obwohl nur fünf Jahre an der Universität tätig, verfasste Milde ein Lehrbuch der allgemeinen Erziehungskunde zum Gebrauch öffentlicher Vorlesungen (2 Bde., 1811/1813, Nachdruck 1965), das zum staatlich vorgeschriebenen Leitfaden für öffentliche Pädagogikvorlesungen an den österreichischen Universitäten wurde. In seiner Pädagogik befasste sich Milde u.a. auch mit heilpädagogischen und sozialpädagogisch-kriminalpädagogischen Fragen.

Literatur
Breinbauer, I. M./Grimm, G./Jäggle, M. (Hg.) (2006): Milde revisited. Wien.

Sylvia Schütze

Mimesis

Vom griechischen mimos, einem Vortrag oder einer dramatischen Aufführung abstammend, umfasst Mimesis die Bedeutungen von Darstellung, Ausdruck, Nach- und Vorahmung. In seinen verschiedenen Facetten ist dieser Begriff in der gesamten europäischen Geistesgeschichte seit den Zeiten von Platon und Aristoteles prominent vertreten.
Mimesis ist einerseits ein ästhetischer Begriff, der den normativen künstlerischen Programmatiken der Antike und des Mittelalters entlehnt ist. Kunst soll weder die Wirklichkeit verwandeln, noch am (ästhetischen) Vollzug des Lebens selbst teilhaben, sondern das Leben so stabilisieren, dass dieses sich auf das Wahre, Gute und Schöne hin ausrichtet. Kunst ist (technisch geregelte) Mimesis, d.h. Imitation der wahren (kosmologischen oder religiösen) Wirklichkeit.
Im Kontext der neueren Historischen Anthropologie, die Körperlichkeit und Sinnlichkeit mit Nachdruck in die wissenschaftliche Diskussion brachte, ist Mimesis ein anthropologisches Konzept. Ausgehend von Aristoteles' Verständnis von Mimesis wird diese nicht mit dem Nachschaffen von Vorgängigem, sondern mit einer kreativen, verbessernden und individuellen Bezugnahme verknüpft. Mimetische Prozesse sind sinnlich-körperliche Prozesse der kreativen

Anverwandlung, die als Bewegungen auf andere Bewegungen Bezug nehmen, dabei einen darstellenden und zeigenden Aufführungscharakter haben und sowohl eigenständige als auch als Bezugnahmen auf andere Akte oder Welten ermöglichen.
Vor diesem Hintergrund lässt sich Mimesis auch unter sozialen Aspekten fassen. Hierbei kommen Phänomene wie Gesten, Spiele und Rituale in den Blick. Mit Hilfe mimetischer Prozesse entsteht ein praktisches Handlungsgedächtnis, ein performatives, implizites, körperliches Wissen, ein knowing how, das sich von den klassischen Theorien des knowing that signifikant unterscheidet. Die feinen Unterschiede in den sozialen Welten verdanken sich mimetischen Bildungsprozessen, in denen nicht nur (Vor-)Bilder, sondern vor allem körperliche Praxen individuell anverwandelt werden.
Die Tragfähigkeit dieses Modells für die Phänomenologie und Reflexion sozialer Praxen, für die pädagogische Anthropologie und für die empirische Sozialforschung ist mittlerweile hinreichend dokumentiert.

Literatur
Gebauer, G./Wulf, Ch. (1992): Mimesis. Reinbek. – Gebauer, G./Wulf, Ch. (1998): Spiel – Ritual – Geste. Reinbek.

Jörg Zirfas

Minderheit

Minderheit wie Mehrheit sind politische Begriffe. Auch wenn vielfach die Minderheit der Zahl nach kleiner ist als die Mehrheit, ist dies nicht das entscheidende Merkmal, sondern das jeweils existierende Machtverhältnis. Darauf verweisen die Termini dominant group (Mehrheit) und non dominant group (Minderheit). Minderheiten entstehen dadurch, dass es in einem bestimmten historisch-politischen Kontext einer Gruppe gelingt, sich unter Hervorhebung eines oder mehrerer differenzerzeugender Merkmale – z.B. Sprache oder Religion – als Mehrheit zu etablieren.
Bei den non dominant groups gilt es politisch-rechtlich zwischen autochthonen und allochthonen Minderheiten zu differenzieren. Die Angehörigen der autochthonen (einheimisch, bodenständig, aus dem griechischen autos = selbst, eigen, und chthon = Erde) Minderheiten besitzen die Staatsangehörigkeit des Landes, in dem sie leben. Sie unterscheiden sich von den anderen Staatsangehörigen, die sich als Mehrheit verstehen, dadurch, dass sie mit einer anderen, in dem jeweiligen Siedlungsgebiet gesprochenen Sprache aufwachsen und sich auch ethnisch und kulturell als anders definieren bzw. definiert werden. Religion oder Konfession können als weiteres Unterscheidungsmerkmal eine Rolle spielen. In der Literatur werden autochthone Minderheiten auch als Volksgruppen, als nationale bzw. innerstaatliche Minderheiten, als ethnische, sprachliche oder kulturelle oder als religiöse Minderheiten bezeichnet. Wenn ihnen das Recht auf Pflege ihrer (Minderheits-)Sprache und Kultur zugestanden wird, so ausschließlich auf dem Territorium, das als ihr angestammtes Gebiet anerkannt ist. Außerhalb dieses Gebietes gelten sie nicht mehr als Minderheit, mag ihre Zahl noch so bedeutend sein. Ausnahmen bilden die verstreut lebende jüdische Minderheit und die Minderheit der Sinti und Roma, deren Sprachen von einigen Unterzeichnerländern der Europäischen Charta der Regional- und Minderheitensprachen als schützenswert anerkannt sind.
Die Entstehung von autochthonen Minderheiten ist die Folge konfliktreicher historischer Prozesse im Zuge der Nationalstaatsbildung und der damit einhergehenden ethnischen und sprachlich-kulturellen Homogenisierungspolitik. In Deutschland ging es um die Schaffung eines einigen Staates, dessen Bürger sich mit diesem Gebilde identifizieren sollten. Dabei spielte die Idee von der allen gemeinsamen Muttersprache Deutsch und der alle einbeziehenden Geschichte und Kultur als identitätsstiftendes Moment eine wichtige Rolle: nach Innen mit der Folge der Besonderung oder Ausgrenzung der autochthonen Minderheiten, nach Außen mittels der, auch rechtlich fixierten, Unterscheidung von Inländern und Ausländern.
Bei den allochthonen Minderheiten handelt es sich um Personengruppen, die auf Zeit oder Dauer in einem Staat leben, dessen Staatsangehörigkeit sie nicht besitzen (fremd, fremdstämmig, ausländisch, aus dem griechischen allos = anders, fremd, und chthon = Erde). Das entscheidende Fremdheits- und damit Minderheitsmerkmal ist nicht die fremde sprachlich-kulturelle oder ethnische Herkunft, sondern die fremde Staatsangehörigkeit bzw. die Tatsache, aus einem anderen Staat zugewandert zu sein. Als Bürger eines fremden Staates (Ausländer) hatten und haben allochthone Minderheitsangehörige nicht die gleichen Rechte und Pflichten wie Staatsangehörige.
Seit Ende der 1960er Jahre hat sich der Status der allochthonen Minderheiten in Deutschland geändert.

Sie haben zwar nicht den Status einer anerkannten Minderheit (analog zu den autochthonen Minderheiten) zuerkannt bekommen, aber ihre Angehörigen sind als Individuen den Angehörigen der Mehrheitsgruppe in einer Reihe von rechtlichen Bereichen gleichgestellt worden.

Literatur
Schmalz-Jacobsen, C./Hansen, G. (Hg.) (1995): Ethnische Minderheiten in der Bundesrepublik Deutschland. München.

Marianne Krüger-Potratz

Minderheiten im deutschen Schulwesen

Die Frage nach dem Umgang mit Angehörigen autochthoner oder allochthoner Minderheiten im deutschen Schulwesen war zunächst v.a. in Preußen beheimatet, wo autochthone Minderheiten meist in Gebieten nahe der Grenzen lebten. Aufgrund mehrfacher Grenzveränderungen haben sich die Zahl und die Größe der Minderheitengruppen immer wieder geändert. Zur Zeit der Reichsgründung 1871 z.B. lebten auf preußischem Territorium neun autochthone Minderheitsgruppen: Dänen, Friesen, Polen, Kaschuben, Sorben, Litauer, Kuren, Tschechen und Wallonen, und nach der Volkszählung von 1910 sprachen etwas mehr als 10% der einheimischen Bevölkerung eine andere Sprache als Deutsch und weitere 2% hatten angegeben, dass sie zweisprachig seien.
Die öffentliche staatliche Schule wurde zum zentralen Ort der Vermittlung eines den Bürgern gemeinsamen deutschen Selbstverständnisses. Der Staat sprach sich die Rolle des öffentlichen Erziehers zu, zuständig für die Erziehung und Bildung aller Landeskinder, unabhängig davon, ob sie der Mehrheit oder einer der autochthonen Minderheiten angehörten. Mit dem Ziel der Schaffung eines sprachlich, ethnisch und kulturell einheitlichen Staates war es demnach nicht in seinem Interesse, ein Minderheitenschulwesen zu unterstützen. Dies spiegelt sich in den zahlreichen Erlassen, mit denen die Bildungsadministration in Preußen, in dem Staat, in dem die meisten autochthonen Minderheiten lebten, bemüht war, auch in den Minderheitsgebieten die einsprachig deutsche Schule durchzusetzen.
Die Geschichte der Zurückdrängung und Unterdrückung der Minderheitssprachen in der Schule beginnt somit Anfang des 19. Jahrhunderts, aber bis zur Gründung des Kaiserreichs 1871 war die Erteilung des Lese-, Schreib- und Religionsunterrichts in der Minderheitssprache – je nach Region in Dänisch, Polnisch, Kaschubisch, Litauisch, Sorbisch, Böhmisch und Mährisch – noch erlaubt, wenn auch von den Behörden misstrauisch betrachtet. Mit dem Kaiserreich ändert sich die Minderheitenschulpolitik: In der Minderheitssprache erteilter Lese-, Schreib- und Religionsunterricht wurde eingeschränkt und teilweise ganz verboten. Desgleichen wurden verschiedene Maßnahmen ergriffen, um die deutsche Sprache als alleinige Unterrichtssprache auch in diesen Schulen zu verankern. Ein historisch bekannter Fall dieser Art sind die sog. Ruhrpolen, die im Zuge der Industrialisierung ins Ruhrgebiet migriert sind. Für ihre Kinder konnten sie keinen Unterricht in polnischer Sprache einfordern, selbst dann nicht, wenn zeitweise, wie in einigen Volksschulklassen in Gelsenkirchen und anderen Ruhrgebietsstädten, mehr polnisch- als deutschsprachige Kinder in den Klassen saßen.
Unter internationalem Druck musste das Deutsche Reich seine Politik nach 1918 ändern und den auf dem deutschen Territorium verbliebenen Minderheiten wieder die Möglichkeit des Unterrichts in der Minderheitssprache einräumen. Zwischen 1933 und 1945 ist die Minderheitenschulpolitik zwar nicht formal, wohl aber faktisch geändert worden: Das Minderheitsschulwesen wurde aufgelöst. Mit Gründung der beiden deutschen Staaten nach dem Ende des Zweiten Weltkriegs bekamen die beiden noch existierenden Minderheiten – die Dänen in Schleswig-Holstein, also in der Bundesrepublik Deutschland (BRD) und die Sorben in der Deutschen Demokratischen Republik (DDR) – das Recht auf Unterricht in ihrer Sprache und Kultur wieder zugesprochen, wenn auch in unterschiedlicher Weise.
Kinder aus allochthonen Minderheiten waren in vielen der Staaten, die im Deutschen Reich zusammengeschlossen waren, darunter auch in Preußen, nicht schulpflichtig, denn der nationalstaatlichen Logik zufolge war der Aufenthaltsstaat nicht für die Bildung und Erziehung von Kindern fremder Staaten zuständig, es sei denn, dass durch zwischenstaatliche Verträge andere Vereinbarungen getroffen wurden (was vielfach der Fall war, so auch in Preußen) oder auf der Basis internationaler Vereinbarungen andere Regelungen ins Spiel kamen. Bis in die 1960er Jahre hinein konnte zwar die öffentliche Schule besucht werden, allerdings ohne einen rechtlich fixierten Anspruch auf spezielle Eingliederungshilfen. In der Zeit nach dem Zweiten Weltkrieg hat die BRD eine Reihe von internationalen und europäischen Vereinbarungen unterschrieben und ratifiziert, die die bis-

herige Ausgrenzungspolitik gegenüber ausländischen Kindern und Jugendlichen im schulpflichtigen Alter nicht mehr zuließen. Somit sind seit Ende der 1960er Jahre ausländische Kinder, sofern sie einen gesicherten Aufenthaltsstatus haben, schulpflichtig. Damit wurde ihnen ein Recht zuteil, das bis dahin den Kindern der Mehrheit und denen der autochthonen Minderheiten vorbehalten war. Das bedeutet auch, dass nun Maßnahmen ergriffen werden mussten, um ihnen die (erfolgreiche) Teilnahme am Unterricht in der deutschen Schule zu ermöglichen. In dieser Logik wurden Vorbereitungsklassen, Deutschförderkurse oder auch Hausaufgabenhilfen eingerichtet. Anders als bei den autochthonen Minderheiten wurde ihnen jedoch kein Recht auf Pflege ihrer Herkunftssprache(n) zugestanden, sondern – in Absprache mit den Herkunftsländern – die Möglichkeit der Teilnahme am sog. Muttersprachlichen Ergänzungsunterricht, der zunächst unter der Perspektive der baldigen Rückkehr in das Herkunftsland etabliert wurde und bis heute ein umstrittenes Angebot darstellt.

In der Regel besuchen die Kinder aus allochthonen Minderheiten die Mehrheitsschule. Bestimmte Migrantengruppen haben jedoch die Möglichkeit genutzt, Minderheitsschulen (teilweise auch Auslandsschulen genannt) zu gründen: private Schulen, die als Ersatzschulen anerkannt sind (z.B. griechische Schulen oder türkische Gymnasien). Diese Entwicklung ist umstritten, aber sie zeigt an, dass sich die Schullandschaft verändert. Zu den Minderheitsschulen für die autochthonen Minderheiten (Dänen und Sorben) sind andere Modelle hinzugekommen: sog. bilinguale Schulen mit einer der Migrantensprachen als Partnersprache sowie Minderheitsschulen (als Ersatzschulen), die von allochthonen Minderheiten gegründet wurden, aber allen Schülern offenstehen. Mehrheitlich werden die zugewanderten Minderheitsschüler jedoch im Mehrheitsschulwesen unterrichtet, zu dessen Hauptaufgaben es gehört, alle Kinder in Anerkennung sprachlich-kultureller Vielfalt als individueller und gesellschaftlicher Ressource zum Bildungserfolg zu führen.

Literatur

Hansen, G./Wenning, N. (2003): Schulpolitik für andere Ethnien in Deutschland zwischen Autonomie und Unterdrückung. Münster. – Krüger-Potratz, M./Jasper. D./Knabe, F. (1998): Fremdsprachige Volksteile und deutsche Schule. Münster. – Krugmann, M. (2004): Das Recht der Minderheiten. Berlin.

Marianne Krüger-Potratz

Ministerium für Volksbildung (MfV)

Das MfV ging nach der Gründung der Deutschen Demokratischen Republik (DDR) 1949 aus der von Paul Wandel geleiteten Deutschen Verwaltung für Volksbildung (bis 1946 Deutsche Zentralverwaltung für Volksbildung) hervor, die bereits Kompetenzen für die Länder der Sowjetischen Besatzungszone besessen und damit deren Kulturhoheit eingeschränkt hatte. Mit Gründung des MfV gingen die Bereiche Fach- und Hochschulen sowie Kultur und Verlage, ab 1950 auch die Berufsbildung in andere Ressorts über. Seit der Verwaltungsreform 1952 bis zum Ende der DDR war das MfV zuständig für die allgemein bildenden Schulen, die außerschulische Erziehung, die Kindergärten und Heime sowie die nichtuniversitäre Lehrerausbildung.

Die pädagogische Forschung wurde ebenfalls zentral durch das MfV gelenkt und rigoros in den Dienst der Bildungspolitik gestellt. Ansätzen zu einer empirischen Bildungsforschung misstraute man wie der Forschung an Universitäten überhaupt, die als Ort der bürgerlichen Pädagogik galten. Auf Befehl der Sowjetischen Militäradministration wurde 1949 eigens das Deutsche Pädagogische Zentralinstitut gegründet (ab 1970 Akademie der Pädagogischen Wissenschaften), über dessen Forschungspläne im MfV entschieden wurde.

Unter politischem Führungsanspruch der Sozialistischen Einheitspartei Deutschlands (SED) wurde das MfV nach den Prinzipien der Gewalteneinheit, des demokratischen Zentralismus und der Einheit von Bildungs- und Wirtschaftsplanung seit 1963 von Margot Honecker geleitet. Nachgeordnete Einrichtungen waren die Abteilungen für Volksbildung bei den Räten der Bezirke und Kreise mit Bezirks- und Kreisschulinspektionen.

Literatur

Anweiler, O. u.a. (1990): Vergleich von Bildung und Erziehung in der Bundesrepublik Deutschland und in der Deutschen Demokratischen Republik. Köln. – Geißler, G. (2000): Geschichte des Schulwesens in der Sowjetischen Besatzungszone und in der Deutschen Demokratischen Republik 1945 bis 1962. Frankfurt.

Petra Gruner

Mitbestimmung

Innerschulische Demokratie, eine demokratische Lern- und Schulkultur, soll vor allem über die institutionalisierte Mitbestimmung der am Schulleben

Beteiligten gestaltet werden. Während die Interessen der Schüler durch Klassensprecher bzw. Jahrgangsstufensprecher (gymnasiale Oberstufe) wahrgenommen werden, sind die Eltern über Elternsprecher bzw. Jahrgangselternsprecher (gymnasiale Oberstufe) im Elternbeirat vertreten. Die Lehrerkonferenz bildet das Organ der Lehrkräfte. Im gemischten Gremium der Schulkonferenz sind Schüler, Eltern und Lehrkräfte vertreten. Die Mitbestimmung umfasst sämtliche Formen der Beteiligung, angefangen von der einfachen Information und Anhörung bis hin zur echten Mitentscheidung.
Schüler- und Elternvertretungen sollen über die Vertretung der Interessen ihrer jeweiligen Gruppen hinaus die Unterrichts- und Erziehungsarbeit der Schule fördern, an der Verwirklichung der Schulziele mitwirken und bei Konflikten vermitteln. Unbenommen bleibt ihnen die Wahrnehmung neuer Aufgaben. Elternvertretungen wirken vor allem mit Blick auf die gemeinsame Erziehungsaufgabe von Eltern und Schule. Grenzen sind der Mitbestimmung der Schüler und Eltern durch den Kernbereich des schulischen Bildungs- und Erziehungsauftrages und bei Entscheidungen von erheblicher Grundrechtsrelevanz (z.B. Nichtversetzung und Schulentlassung) gezogen.
Die Lehrerkonferenz berät und entscheidet vorrangig über wesentliche Fragen der Unterrichts- und Erziehungsarbeit der Schule und wirkt auf ein kohärentes Handeln der Lehrkräfte hin. Die Schulkonferenz berät und entscheidet im Gesamtinteresse der Schule über alle bedeutsamen pädagogischen und das gesamte schulische Leben betreffende Fragen. Bei Meinungsverschiedenheiten vermittelt sie regelmäßig über einen Vermittlungsausschuss und leistet so einen Beitrag zum Schulfrieden.

Literatur
Avenarius, H. ([8]2010): Schulrecht. Köln, Kronach. – Niehues, H./Rux, J. ([4]2006): Schulrecht. München.

Uta Stäsche

Mitter, Wolfgang (geb. 1927)

Nach dem Staatsexamen (1953) wurde Mitter 1954 an der Freien Universität Berlin promoviert und war von 1954-1964 Gymnasiallehrer und Fachleiter in Kassel. Von 1964-1972 war er Professor für Allgemeine Pädagogik an der Pädagogischen Hochschule Lüneburg. Ab 1972 wirkte er am Deutschen Institut für Internationale Pädagogische Forschung in Frankfurt am Main als Leiter der dortigen Abteilung für Allgemeine und Vergleichende Erziehungswissenschaft und von 1978-1981 sowie 1987-1995 als dessen Direktor, von 1974-2007 auch mit Lehrtätigkeit an der Johann Wolfgang Goethe-Universität (Emeritierung 1995). Seit 1971 ist er Mitherausgeber der Zeitschrift Bildung und Erziehung. Mitter wurde durch seine verantwortlichen Positionen in internationalen akademischen Vereinigungen weit über Deutschland hinaus bekannt, als Präsident der Comparative Education Society in Europe (1981-1985), des World Council of Comparative Education Societies (1991-1995) und der World Association of Educational Research (1997-2000). Seine Forschungsschwerpunkte liegen in der international vergleichenden und interkulturellen Pädagogik, wo er sich mit zahlreichen Arbeiten zur Bildungsgeschichte, zur Sprachen- und Bildungspolitik (z.B. Education and the Diversity of Culture, 1985) sowie zu europäischen Bildungssystemen u.a. im Ost-West-Vergleich (z.B. Wege der Hochschulbildung in Europa, 1996) einen Namen machte. Mitter gilt als prominenter Vertreter der Vergleichenden Erziehungswissenschaft.

Literatur
Kodron, C. u.a. (Hg.) (1997): Vergleichende Erziehungswissenschaft. Köln.

Sonja Steier

Mittlerer Schulabschluss

Im Laufe des 19. Jahrhunderts bildete sich in Deutschland das mittlere Schulwesen mit einem mittleren Bildungsniveau zwischen Elementarschule und Gymnasium heraus, allerdings in unterschiedlichen Formen und in einem bis heute um Eigenständigkeit und Abgrenzung bemühten Profil. 1927 wurde in Preußen die mittlere Reife für Absolventen der Mittelschule eingeführt. 1931 folgten die anderen deutschen Länder. In der Nachkriegszeit entwickelte sich in der Bundesrepublik Deutschland eine Vielfalt des Mittelschul- bzw. Realschulwesens hinsichtlich Name, Dauer des Bildungsganges, Zielsetzung, Fächerkanon und Abschlussverfahren. In der Deutschen Demokratischen Republik existierte mit der Polytechnischen Oberschule eine Einheitsschule, deren Abschluss nach der 10. Klasse u.a. zur qualifizierten Berufsausbildung zum Facharbeiter, aber auch zum Studium an Instituten für Lehrerbildung berechtigte. In der Bundesrepublik Deutschland wird der mittlere Schulabschluss nicht nur als Mittlere Reife an der Realschule vergeben, sondern, wie der Deutsche Bildungsrat 1975 empfahl, u.a. durch einen qualifizierten Hauptschulabschluss nach Klasse 10, einen Abschluss der 10. Klasse am Gymnasium oder der Gesamtschule oder an spezifischen Sonderschulen sowie nach einer mindestens zweijährigen Berufsfachschule oder nach Abschluss der Berufsaufbauschule. Die Anzahl der Schüler mit mittlerem Bildungsabschluss nahm laut statistischem Bundesamt bis 2005 mit 398.811 Schülern zu, anschließend gingen die Zahlen bis 2008 mit 371.628 Schülern wieder zurück.

Der Abschluss eröffnet den Zugang zu unterschiedlichen weiterführenden Schulen und Berufsfeldern, also zu einer weiterführenden Schule des Sekundarbereichs II (z.B. Berufsfachschule, Fachoberschule, Fachgymnasium, Gymnasium), zu Fachschulen oder zu einer betrieblichen Berufsausbildung im dualen System, einer Laufbahn des mittleren und zum Teil gehobenen Dienstes im Rahmen einer Beamtenlaufbahn. 2003 vereinbarte die Kultusministerkonferenz (KMK) Standards für den mittleren Schulabschluss in Deutschland.

Literatur

Wollenweber, H. (1985): Mittlere Schulabschlüsse in geschichtlicher Entwicklung und schulpolitischen Konzeptionen. In: Twellmann, W. (Hg.): Handbuch Schule und Unterricht. Bd. 7.2. Düsseldorf, 777-793. – Ständige Konferenz der Kultusminister der Länder (KMK) (2003): Vereinbarungen über Bildungsstandards für den Mittleren Schulabschluss (Jahrgangsstufe 10). o.O. (www.kmk.org/bildung-schule/qualitaetssicherung-in-schulen/bildungsstandards/dokumente.html)

Thorsten Bohl

Modelllernen

Modelllernen (auch Beobachtungslernen oder soziales Lernen) bezeichnet einen Prozess, bei dem durch die Beobachtung des Verhaltens anderer gelernt wird. Die Beobachtung des Verhaltens am Modell und dessen stellvertretend erfahrene Verstärkung bzw. Bestrafung führen beim Lerner zum Aufbau neuer Verhaltensweisen bzw. zu Verhaltensänderungen.

Die Theorie des Modelllernens geht auf Forschungsarbeiten von Albert Bandura zurück. Vor allem die Aneignung von Verhaltensweisen im sozialen und sprachlichen Kontext stehen bei Bandura im Vordergrund. Beim Beobachtungslernen können einerseits neue Verhaltensweisen vom Modell erlernt werden, andererseits kann es auch zu enthemmenden oder hemmenden Effekten kommen: So kann z.B. das im Verhaltensrepertoire eines Jugendlichen bereits vorhandene Anrempeln aktiviert werden, indem Mitglieder der Peergruppe anfangen vorbeigehende Passanten anzurempeln.

Nach Bandura müssen bestimmte Bedingungen gegeben sein, damit Modelllernen erfolgreich ist: (a) Das Modell selbst wird vom Beobachter als positiv wahrgenommen (Ähnlichkeit, emotionale Beziehung zum Modell, höherer Status des Modells). (b) Das Verhalten als solches ist für den Beobachter gut erkennbar und wird häufig genug ausgeführt. (c) Das Verhalten des Modells wird belohnt (verstärkende Konsequenzen). (d) Dem Lerner ist es möglich, das Verhalten selbst auszuführen (Kompetenz, Selbsteinschätzung).

Zwei Phasen des Lernens lassen sich beim Modelllernen unterscheiden: Die Aneignungsphase (Akquisition) und die Ausführungsphase (Performanz). In der Aneignungsphase muss dem Modell zunächst die Aufmerksamkeit zugewandt werden, um das Verhalten zu beobachten. Je komplexer das zu erlernende Verhalten ist, desto stärker ist eine Aufmerksamkeitslenkung notwendig (z.B. bei einer komplizierten Problemlösestrategie zur Bearbeitung von physikalischen Problemen). In der Behaltensphase wird das Verhalten kodiert und in ein später abrufbares Schema übersetzt. Die interne Repräsentation des Verhaltens kann sowohl bildhaft als auch symbolisch oder sprachlich vorhanden sein. In der Ausführungsphase lassen sich einerseits motorische Reproduktionsprozesse zur konkreten Ausführung des Verhaltens und Verstärkungs- und andererseits Motivationsprozesse unterscheiden. Die Ausführung des Verhaltens muss für den Lerner lohnend sein. Indem er sich vorstellt, die Handlung selbst auszuführen, nimmt er stellvertretend an der Verstärkung teil, die das Modell zuvor erfahren hat. Die spätere Handlungsausführung seitens des Beobachters ist dementsprechend an die antizipierte Erwartung gebunden, dass das entsprechende Verhalten auch belohnt wird. Wenn ein Schüler beobachtet, wie ein anderer Schüler für hilfsbereites Verhalten vom Lehrer gelobt wird, dann erfährt er bei der Vorstellung, dieses Verhalten selbst auszuführen, stellvertretende Verstärkung, da er das beobachtete Lob des Lehrers antizipiert.

Die umfangreichen Forschungsarbeiten zum Modelllernen haben sich vielfach mit der Wahrnehmung und dem Erwerb von aggressivem Verhalten vor allem bei Kindern und Jugendlichen befasst. Studien zeigen, dass die häufige Betrachtung von Gewaltsze-

nen im Fernsehen besonders im frühen Kindesalter zu einem Anstieg des aggressiven Verhaltens führt. Weiter kann eine Desensibilisierung gegenüber gewalttätigem Verhalten eintreten. Bei ängstlichen Personen dagegen kann ein erhöhter Konsum von Gewaltdarstellungen zu einer Überschätzung der Auftretenswahrscheinlichkeit von Gewalt im realen Leben führen und damit Ängste, selbst Opfer von Gewalt zu werden, auslösen.
Anders als von Bandura zunächst angenommen, führt eine Bestrafung des aggressiven Verhaltens beim Modell nur dann zu einer Verminderung aggressiven Verhaltens seitens der beobachtenden Kinder, wenn die Bestrafung als angemessen empfunden wird, ansonsten erhöht sich die Auftretenswahrscheinlichkeit für aggressives Verhalten tendenziell. Bandura erklärt diesen Effekt damit, dass nicht nur das Verhalten, sondern auch Werte, Kognitionen und Gefühle der Modelle von den Beobachtern übernommen werden.

Literatur
Bandura, A. (1994): Lernen am Modell. Stuttgart. – Eron, L. D.(1994): Theories of aggression. In: Huesmann, L. R. (Hg.): Aggressive behaviour. New York, 3-11.

Anne Levin

Modellversuch

Unter Modellversuch kann die räumlich und/oder zeitlich begrenzte Anwendung oder Einführung neuer oder anderer als der bereits bestehenden oder gängigen Strukturen, Verfahren, Methoden oder Technologien verstanden werden. Ziel eines Modellversuchs im Bildungswesen ist es, zu überprüfen, inwieweit sich z.B. neue Verfahren der Schulorganisation, neue Medien oder veränderte Wege der Unterrichtsdurchführung in der Praxis bewähren, ob sich mit ihnen bessere Ergebnisse (Lerneffekte, Einsparungen etc.) als mit den bestehenden Methoden und Verfahren erreichen und ob sie sich in das Bildungssystem insgesamt oder auf Teile von diesem übertragen lassen. Damit dienen sie der Bildungspolitik auch zur Steuerung von Innovationen im Bildungswesen.
Aufgrund der bildungspolitischen Zuständigkeitsverteilung fallen Modellversuche zunächst in die Kompetenz der Länder. Zugleich war die Initiierung und Förderung von Modellversuchen eine der relevanten, von der Bund-Länder-Kommission für Bildungsplanung und Forschungsförderung (BLK) wahrgenommenen Aufgaben. Sie erfolgte auf der Basis der zwischen Bund und Ländern geschlossenen Rahmenvereinbarung Modellversuche vom Mai 1971, dergemäß der BLK die Koordination der Vorbereitung, Durchführung und wissenschaftliche Begleitung von Modellversuchen im Bildungswesen oblag, welche dem Bereich Bildungsplanung zugerechnet wurde. Koordiniert und finanziert wurden Modellversuche im gesamten Spektrum des Bildungswesens von der Vorschulerziehung bis zur Weiterbildung. Seit 1998 war eine Schwerpunktsetzung bei der Förderung von BLK-Projekten im allgemein bildenden Schulwesen – dort u.a. in Programmen zur Verbesserung der Qualität schulischen Unterrichts – und in der beruflichen Bildung erkennbar.
Seit der Föderalismusreform vom August 2006 zählte die Modellversuchsförderung nicht mehr zu den Aufgaben der BLK, die 2007 aufgelöst wurde. Die noch laufenden, zwischen Bund und Ländern vereinbarten Modellversuche wurden zum Jahr 2007 in die alleinige Zuständigkeit der Länder übertragen.

Literatur
Bähr, W. H./Holz, H. (Hg.) (1995): Was leisten Modellversuche? Bonn. – Bund-Länder-Kommission für Bildungsplanung und Forschungsförderung (1995): Modellversuche in der Bewährung. Bonn. – Weishaupt, H. (1998): Schulversuche – Modellversuche. In: Führ, C./Furck, C.-L. (Hg.): Handbuch der deutschen Bildungsgeschichte. Band 6, 1: 1945 bis zur Gegenwart. München, 378-390.

Hans-Werner Fuchs

Moderation

In der Erwachsenenbildung wird unter Moderation die partizipative Leitung von Gruppen verstanden. Der Moderator begleitet die Kommunikationsprozesse in der Gruppe mit dem Ziel, die für die Teilnehmenden relevanten Themen unter Nutzung der Potenziale der Gruppe bearbeitbar zu machen. Der Moderationsprozess wird methodisch durch Visualisierungs- und Planungstechniken gestaltet, die auf ein Höchstmaß an Beteiligung und inhaltlicher Selbststeuerung durch die Teilnehmenden ausgerichtet sind.
Im Prozess werden die Teilnehmerbeiträge unter inhaltlichen Gesichtspunkten strukturiert. Der Moderator nimmt eine inhaltlich neutrale Position ein und ist an den Klärungs- und Entscheidungsprozessen in der Gruppe nur insofern beteiligt, als dass er durch methodische Vorschläge und eine konsequente Fragehaltung den Prozess mitgestaltet und voranbringt.

Die zunehmende Anwendung der Moderationsmethode ist Teil einer neuen Lernkultur in der Erwachsenenbildung, mit der Prinzipien wie Selbstorganisation und Subjektorientierung sich mehr und mehr durchsetzen.

Literatur

Klebert, K./Schrader, E./Straub, W. G. (2002): Die Moderationsmethode. Geiselbullach.

Reinhard Völzke

Moderne

Im Sinne einer epochalen Zeit- und Entwicklungsperspektive gilt die gesellschaftliche Durchsetzung der Aufklärung im 18. Jahrhundert als Beginn der Moderne Der Begriff der Modernisierung wiederum, der in den Sozialwissenschaften gebräuchlich ist, bezieht sich enger auf die technologischen, ökonomischen und sozialen Prozesse der Industrialisierung (industrielle Modernisierung) des 19. und 20. Jahrhunderts. Dieser bis heute anhaltende dominante Typ sozialen Wandels zeichnet sich durch seine besondere Entwicklungslogik der Linearität und Progression aus: Das jeweils Neue ist das Richtungsweisende, der Begriff der Innovation ist deshalb ein Schlüsselbegriff der Modernisierung. Insofern unterliegt die Modernisierungsdynamik einem ständigen Beschleunigungs- und Machbarkeitsdruck.

Diese Perspektive der permanenten Steigerung von Handlungsmöglichkeiten im Sinn der Erweiterung von Freiheit und gesellschaftlicher Teilhabe ist durch die zentralen Medien der Rationalisierung und Individualisierung vorangetrieben worden. Der moderne Mensch versucht sich gegenüber seiner Abhängigkeit von der Natur zu lösen (Rationalisierung), die mit dieser Abhängigkeit verbundenen Mythen zu entzaubern und die daraus abgeleiteten traditionellen Bindungen aufzulösen (Individualisierung). Die Moderne versteht sich dementsprechend gleichsam als Entwicklung aus sich selbst heraus in einer darin begründeten Logik und Rationalität.

In dieser Rationalität ist der moderne Vergesellschaftungsprozess auf Eindeutigkeit, auf eine Entweder-oder-Struktur angelegt. Entwicklung und Struktur der Moderne sind sowohl linear wie dual programmiert und institutionalisiert. Herrschafts-, Arbeits- und Lebensverhältnisse sind entsprechend normiert. Im Reproduktionsbereich dominiert die Kernfamilie, in der Organisation der biografischen Lebensführung der institutionalisierte Lebenslauf, in dem die Lebensalter nach einem der Entwicklungslogik der Moderne entsprechendem Lebenslaufregime eingeteilt und gesellschaftlich bewertet sind.

Der endogene Prozesscharakter der industriellen Moderne resultiert – so der Konsens in den verschiedensten Modernisierungstheorien – aus dem fortschreitenden wie prekären Zusammenspiel von funktionaler ökonomischer und sozialer Differenzierung und sozialer Integration, wie dies Emile Durkheim schon zu Ende des 19. Jahrhunderts in der Begrifflichkeit der Arbeitsteilung gefasst hat. Insofern stellt die Moderne einen unabgeschlossenen, offenen Prozess dar, der von Konflikten und Brüchen gekennzeichnet ist. Von daher ist es nur plausibel, dass Probleme der Abweichung immer wieder zu zentralen Fragestellungen des Modernisierungsdiskurses geworden sind. Widersprüchlichkeiten und Paradoxien, die die Moderne mit ihrem eigenen Fortschrittsimperativ der Linearität hervorbringt, werden zwar sichtbar, gleichzeitig aber oft politisch und nicht zuletzt auch wissenschaftlich unter dem Zwang des Linearitätsdenkens marginalisiert. So setzt die ständige Erweiterung des Wissens auch immer neue Probleme des Nichtwissens frei, gewonnene Freiheiten und neue Abhängigkeiten liegen eng beieinander und die intensivierte Beherrschung der Natur schafft immer wieder das Risiko ihrer existentiellen Gefährdung. Diese Kritik steht heute – als Argumentationsfigur der reflexiven Moderne – im Mittelpunkt des Modernisierungsdiskurses der Postmoderne.

Der Begriff Postmoderne umschreibt ein gesellschaftstheoretisches wie gesellschaftshistorisches Konstrukt, das nicht nur diese Kritik der Moderne umreißt, sondern auch deren zentrale soziale Prinzipien – humanistisch begründeter emanzipatorischer Lebensentwurf, Grundannahme des sozialen Konsenses und der gesellschaftlichen Integration – nahezu verwirft. In der handlungstheoretischen Programmatik der postmodernen Soziologie werden die sozialen Akteure als tendenziell frei in der Zusammenstellung ihrer personalen Identitäten und sozialen Handlungsoptionen gesehen. Das Soziale ist durch das je Individuelle ohne gesellschaftlichen Ganzheitsbezug geformt. Angenommen wird eine Vielfalt von Möglichkeiten, Gesellschaft zu konstruieren und das mit Jean-François Lyotard so bezeichnete Ende der großen Erzählungen, wie sie als Integrations- und Konflikterzählungen für die industrielle Moderne typisch waren. Inzwischen hat sich in der Soziologie ein gewisser Konsens darüber gebildet, dass man mit dem Begriff der Postmoderne nicht das Ende der Moderne im Visier hat, sondern eine andere Moderne sich entwickeln sieht. Damit wird der Blick frei für die Perspektive reflexiver Modernisierung mit der die bisher dominanten und ausschließenden Entwicklungs- und Rationalitätspostulate der Moderne einer Kritik unterzogen werden können und aufgezeigt werden kann, wie die Moderne ihre eigenen ökonomischen, sozialen und ökologischen Krisen hervorbringt. Im Mittelpunkt postmoderner Reflexion steht daher die Erkenntnis, dass Gesellschaftsentwicklungen nicht mehr im linearen Denken der Moderne begriffen, sondern in ihrer Ambivalenz (Sowohl-als-auch-Struktur) analysiert werden müssen.

Literatur

Beck, U. (1986): Risikogesellschaft. Frankfurt. – Habermas, J. (1985): Zur Philosophie der Moderne. Frankfurt. – Schimank, U. (1996): Theorien gesellschaftlicher Differenzierung. Opladen. – Welsch, W. (1988): Unsere postmoderne Moderne. Weinheim.

Lothar Böhnisch

Modularisierung der Berufsbildung

Die Modularisierung der Berufsbildung wird neben der didaktisch begründeten Zerlegung von Lerneinheiten vor dem Hintergrund der Zerlegung bestehender Berufsbilder in Teilqualifikationen als neues Ordnungsprinzip der Berufsbildung kontrovers diskutiert. Bereits Anfang der 1970er Jahre befand der Deutsche Bildungsrat die berufliche Bildung als zu statisch. Im Strukturplan für das Bildungswesen (1970) wurde auf ein mögliches Baukastensystem für die berufliche Bildung hingewiesen. In der Folge wurde u.a. über die Entspezialisierung der Berufsbildung durch Modularisierung bei gleichzeitiger Ausweitung von Weiterbildungsangeboten nachgedacht, um flexiblere Übergänge vom Bildungs- ins Beschäftigungssystem und eine bedarfsgerechte Anpassung von Qualifikationen an Arbeitsmarkterfordernisse gewährleisten zu können. In den 1990er Jahren wurde die Debatte um die Flexibilisierung und Modularisierung insbesondere im Kontext der beruflichen Bildung Benachteiligter intensiviert. 1997 beschloss die damalige Bundesregierung das Reformprojekt Berufliche Bildung. Es hatte ein insgesamt offeneres Berufsbildungssystem zum Ziel. Eine vollständige Modularisierung als Ersatz für die herkömmliche duale Berufsausbildung wurde abgelehnt. Das im Innovationskreis Berufliche Bildung (2006) vorgelegte Konzept zur Flexibilisierung von Ausbildungswegen in der Berufsbildung hat unterschiedliche Reaktionen ausgelöst. Weitere Vorschläge wurden von an der Berufsbildung Beteiligten entwickelt. Eine Einigung konnte bisher nicht erzielt werden. Allen Vorstößen einer Modularisierung gemeinsam sind unterschiedliche Positionen hinsichtlich des möglichen Verlusts der Beruflichkeit und des Berufsprinzips sowie der Aufweichung des Dualen Systems.

Literatur

Beck, U./Brater, M./Daheim, H. (1980): Soziologie der Arbeit und der Berufe. Reinbek. – Euler, D./Severing, E. (2007): Flexible Ausbildungswege in der Berufsbildung. Bielefeld.

Carmen Hahn

Moldawien → Republik Moldau

Mollenhauer, Klaus (1928-1998)

Nach zweijähriger Arbeit als Grundschullehrer in Bremen studierte Mollenhauer bei Wilhelm Flitner, Curt Bondy und Helmut Schelsky in Hamburg sowie in Göttingen, wo er 1958 bei Erich Weniger eine Stelle als Assistent antrat und promoviert wurde (Die Ursprünge der Sozialpädagogik in der industriellen Gesellschaft, 1959). Von 1962 bis 1965 an der Freien Universität Berlin tätig, folgte 1965 ein Ruf an die Pädagogische Hochschule Berlin, die er aber bereits 1966 infolge der Berufung auf eine Professur an der Universität Kiel wieder verließ. Von 1969 bis 1972 hatte Mollenhauer eine Professur in Frankfurt am Main inne, bevor er an die Universität Göttingen wechselte, wo er 1996 emeritiert wurde.

Mollenhauer ist in mindestens dreierlei Hinsicht für die Entwicklung der Erziehungswissenschaft in der Bundesrepublik Deutschland von hoher Bedeutung. 1. Hatte er bereits in Hamburg in verschiedenen Feldern der sozialpädagogischen Praxis gearbeitet, entwickelte er in der Folgezeit ein modernes Verständnis von Sozialpädagogik als Wissenschaft. Er verfolgte für diese eine pragmatisch orientierte Entwicklung zwischen Emanzipation und Professionalisierung. 2. Mollenhauer gehörte in Auseinandersetzung mit der Geisteswissenschaftlichen Pädagogik, deren Ende er mit anderen in einer Gedenkschrift für Erich Weniger proklamierte, zu den Begründern der Kritischen Erziehungswissenschaft (Erziehung und Emanzipation, 1968). Mit Bezug auf die Kritische Theorie der Frankfurter Schule forderte Mollenhauer eine neue

Pädagogik und rezipierte zudem Erkenntnisse der neueren Soziologie (symbolischer Interaktionismus, Rollentheorie). 3. Seit Ende der 1970er Jahre wandte er sich mit teilweisem Rückgriff auf die Geisteswissenschaftliche Pädagogik zunehmend der Erziehung aus Sicht Allgemeiner Pädagogik, ästhetischer Bildung und pädagogischer Anthropologie zu (Vergessene Zusammenhänge, 1983; Umwege, 1986), wobei v.a. Begriffe wie Präsentation, Repräsentation, Bildsamkeit und Selbsttätigkeit im Mittelpunkt standen und Erziehung in den Kontext menschlicher Kultur gestellt wurde.

Literatur

Niemeyer, C./Rautenberg, M. (2008): Klaus Mollenhauer. In: Dollinger, B. (Hg.): Klassiker der Pädagogik. Wiesbaden, 331-352. – Winkler, M. (2002): Klaus Mollenhauer. Weinheim, Basel.

Ulf Sauerbrey

Monaco (Fürstentum Monaco)

Der Stadtstaat Monaco liegt zwischen dem französischen Nizza und der italienisch-französischen Grenze. Monaco ist eine konstitutionelle Erbmonarchie und in einer Wirtschafts- und Währungsunion mit Frankreich verbunden. Amts- und Unterrichtssprache ist Französisch.

2008 gab es rund 6.000 Schüler und 450 Lehrkräfte. Schulpflicht besteht für Sechs- bis 16-Jährige. Das Schulsystem und die von ihm vergebenen Abschlüsse gleichen stark dem französischen Vorbild; 76% der Schüler besuchen öffentliche, 24% katholische Schulen. Die école préscolaire et primaire umfasst den Vorschulbereich für Drei- bis Fünfjährige; der Primarschulbereich dauert fünf Schuljahre und beinhaltet eine Einführung in die monegassische Sprache. Die untere Sekundarstufe (collège) umfasst vier Schuljahre, die obere Sekundarstufe (lycée) drei Schuljahre. An ihnen können folgende Abschlüsse erworben werden: das baccalauréat, das rund 90% der Schüler erwerben, oder nach bereits zwei Schuljahren das certificat d'aptitude professionelle oder brevet d'etudes professionelles (für den Industrie- und Dienstleistungssektor).

Im tertiären Bildungsbereich gibt es eine Kunstschule, eine Pflegeschule, eine Musikakademie und eine Tanzschule. Schwerpunkt der unabhängigen internationalen Universität von Monaco ist Ökonomie; viele Monegassen besuchen Universitäten in Frankreich.

Literatur

Sroka, W. (2007): Monaco. In: Hörner, W. et al.: The Education Systems of Europe. Dordrecht, 541-543.

Sabine Hornberg

Mongolei → Zentralasiatische Staaten

Monroe, Paul (1869-1947)

Monroe war ein vor allem auch im Ausland einflussreicher amerikanischer Pädagoge, der mit seinen Lehrwerken die Entwicklung der Disziplin beförderte. Er studierte am Franklin College in Franklin, Indiana, und an der Universität von Chicago, wo er 1897 promoviert wurde. Wenige Jahre später wurde er Professor an der Columbia University in New York, wo er bis zu seiner Emeritierung 1938 blieb. Dort leitete er die School of Education (1915-1923) und nach 1923 das International Institute. Er unternahm Bildungsserveys u.a. in Puerto Rico und im Irak. In den Jahren 1932 bis 1935 war er Präsident des Robert Colleges und des American Colleges for Girls, beide in Istanbul. Er fungierte als Hauptherausgeber der fünfbändigen Cyclopedia of Education (1910-1913); weitere wichtige Publikationen umfassen: China, A Nation in Evolution (1928); A Text Book in the History of Education (1905) sowie Founding of the American Public School System (1840). Von 1931 bis 1937 war er Mitherausgeber der in Deutschland erschienenen Internationalen Zeitschrift für Erziehungswissenschaft bzw. für Erziehung.

Literatur

Ment, D. M. (2005). Education, Nation-Building and Modernization after World War I. In: Paedagogica Historica 41, 159-177.

S. Karin Amos

Monsheimer, Otto (1897-1985)

Monsheimer absolvierte vor seiner Ausbildung zum Gewerbelehrer eine Tischlerlehre und war als Volks- und Hilfsschullehrer tätig. Zwischen 1923 und 1930 arbeitete er als Gewerbelehrer und studierte nebenher an der Universität in Frankfurt am Main, wo er 1930 promoviert wurde. 1931-1939 war er als Direktor der Gewerblichen Berufsschule für Knaben in Magdeburg, 1939-1945 im Berufsschuldienst in Berlin

tätig. Nach 1945 zunächst Berufsschuldirektor in Mölln, danach 1946-1951 Volkshochschuldirektor in Lübeck, 1951-1955 Magistrats-Oberschulrat für Berufs- und Fachschulwesen in Frankfurt am Main, wurde er schließlich 1955 Referent für das berufliche Schulwesen im Hessischen Ministerium für Erziehung und Volksbildung (bis 1958) und zugleich bis 1967 Professor am Berufspädagogischen Institut und an der Universität Frankfurt am Main.
Das wissenschaftliche Werk von Monsheimer verknüpft Berufspädagogik, Politische Bildung und Erwachsenenbildung, liefert historisch-systematische Beschreibungen und Reflexionen in der Tradition geisteswissenschaftlicher Pädagogik mit existenzphilosophischer Begrifflichkeit.

Literatur
Monsheimer, O. (1956): Drei Generationen Berufsschularbeit. Weinheim.

Martin Kipp

Montenegro (Republik Montenegro)

Montenegro ist seit 2006 ein von Serbien weitgehend unabhängiger und inzwischen von den Vereinten Nationen anerkannter Staat mit ca. 620.000 Einwohnern (2003). Staats- und Unterrichtssprache ist seit 2007 Montenegrinisch, eine südslawische Sprachvarietät Montenegros. In einigen Gebieten, wie den Städten Ulcinj und Tuzi, können die Schüler ferner Albanisch als Unterrichtssprache wählen. 2003/04 wurde eine Bildungsreform eingeleitet; in den Jahren von 2010-2014 soll die berufliche Bildung modernisiert werden. Die Schulpflicht gilt für Sechs- bis 15-Jährige; die Integration von Kindern mit besonderem Förderbedarf in Regelschulen wird derzeit angestrebt und erprobt. Die Grundschule umfasst die Klassen 1 bis 9, im Anschluss hieran können ein Gymnasium, die Fachschule für Kunst, Musik oder Ballett (Klassen 10-13) oder die Berufsschule (Klassen 10-12) absolviert werden. Die staatliche Universität von Montenegro hat Niederlassungen in mehreren Städten, ferner gibt es Privatuniversitäten.

Literatur
Zindovic-Vukadinovic, G. (2004): Serbia and Montenegro. In: Higher Education in Europe 29, 329-343.

Sabine Hornberg

Montessori, Maria (1870-1952)

Montessori wurde in Ascona geboren. 1890 begann sie mit ihren Studien der Naturwissenschaften und Medizin und wurde 1896 die erste Ärztin Italiens. Von 1896 bis 1900 forschte sie an der Psychiatrischen Universitätsklinik in Rom und unternahm Reisen durch ganz Europa, um Einrichtungen für geistig behinderte Kinder kennenzulernen. Ab 1900 lehrte sie an einer Schule zur Ausbildung von Lehrern für Behinderte und vertiefte in einem weiteren Studium ihre Kenntnisse in Anthropologie und Pädagogik. 1904 habilitierte sie sich in Rom im Fach Pädagogische Anthropologie.
Im Anschluss an die heilpädagogisch-medizinischen Schriften von Jean Itard und Edouard Séguin entwickelte sie didaktische Materialien und eine Umgebung, die den Bedürfnissen und Kräfteverhältnissen dieser Kinder gerecht wurden. Angeregt durch ihren großen Erfolg übertrug sie den Ansatz in ihrem ersten Kinderhaus, der Casa dei Bambini im Armenviertel von San Lorenzo in Rom (gegründet 1907), auf normalbegabte Kinder. Montessori ging es nicht um eine bloße Methode oder Lerntheorie, sondern um eine neue Sichtweise des Kindes, die Anerkennung der Gleichwertigkeit der Kindes- und Erwachsenentätigkeit.
In den 1920er Jahren bemühte sich Montessori aktiv um die Unterstützung durch das faschistische Regime in Italien, was zunächst zu einer Protektion der Montessorieinrichtungen führte, bevor in den 1930er Jahren eine zunehmende Distanz zwischen dem Faschismus und der Montessoripädagogik auftrat, die sogar zur Schließung von Montessorieinrichtungen führte.
Die rasche internationale Ausbreitung der Praxis ihrer Pädagogik förderte sie durch weltweite Reisen, zahlreiche Vorträge, Ausbildungskurse, Gründung von Kinderhäusern, Schulen und internationale Kongresse.
Montessori, die seit 1916 ihren Wohnsitz in Barcelona hatte, verließ 1939 Europa, lebte in Indien und kehrte erst 1946 nach Europa in die Niederlande zurück, wo sie 1952 in Noordwijk aan Zee starb.

Literatur
Böhm W. (Hg.) (1999): Maria-Montessori-Bibliographie 1896-1996. Bad Heilbrunn. – Fuchs, B. (2003): Maria Montessori – ein pädagogisches Porträt. Weinheim, Basel.

Dieter Höltershinken

Montessoripädagogik

Maria Montessori begründete ihre Pädagogik sowohl auf der Grundlage erfahrungswissenschaftlicher anthropologischer Erkenntnisse ihrer Zeit als auch religiös-metaphysisch. Sie geht von einem sog. inneren Bauplan im Menschen und damit verbundenen Entwicklungsgesetzen aus. Dieser Bauplan ist für Montessori göttlichen Ursprungs, Teil einer der Natur immanenten, kosmischen Ordnung.

Der Bildungsprozess ist für Montessori ein Selbstwerk des Kindes, der auf einer im Kind auf Aktualisierung angelegten Antriebskraft beruht, angewiesen auf eine vorbereitete Umgebung, die an die Sensibilitäten des Kindes für Ordnungen, Beziehungen und seine spontanen Bewegungen anknüpft. Durch eine Polarisation der Aufmerksamkeit beim Kind soll es zur Freisetzung der wahren Natur und damit zur Normalisation des Kindes kommen. Dies erfordert eine Haltungsänderung der Erzieherin, derart, dass das Kind nicht zum Objekt der Erziehung gemacht wird, sondern von seiner Selbsttätigkeit (Hilf mir es selbst zu tun) und Andersartigkeit ausgehend die sensiblen Phasen in seiner Entwicklung beobachtet und bei ihren Anregungen berücksichtigt werden.

Die Montessori-Materialien – angeregt durch die Arbeiten der Ärzte Jean Itard und Edouard Séguin – sind Entwicklungsmaterialien und die praktische Konsequenz ihres Ansatzes. Sie gliedern sich in fünf Gruppen, wobei die erste, die Übungen des täglichen Lebens, und die zweite, die Sinnesübungen, fast ausschließlich im Kinderhaus eingesetzt werden, während das Sprach-, das Mathematikmaterial und die Materialien zur kosmischen Erziehung – mit dem Ziel eines friedvollen Zusammenlebens der Menschen und der Erhaltung des Gleichgewichtes der Natur – in der Schule eingesetzt werden. Durch eine freie Wahlmöglichkeit, den Aufforderungscharakter der Materialien, die Isolierung und Abstufung von Schwierigkeiten und Eigenschaften und eine immanente Fehlerkontrolle zielen sie auf die Selbständigkeit und Selbsttätigkeit des Kindes. Sie ermöglichen ihm, sich in einem individuellen Lerntempo auf eine Arbeit zu konzentrieren. Mit den Einrichtungsgegenständen, die den kindlichen Proportionen entsprechen müssen, bilden sie eine vorbereitete Umgebung, in der die Erzieherin eine anregende und beobachtende Funktion einnimmt.

Die Stellungnahmen zur Montessori-Pädagogik waren von Anfang an gegensätzlich und schwanken zwischen breiter internationaler Anerkennung der Praxis und einer Kritik an den theoretischen Grundlagen und der unklaren Terminologie, verbunden mit dem Vorwurf des biologischen Naturalismus, Rationalismus, Positivismus und Individualismus. Umstritten ist die metaphysische Begründung ihrer Pädagogik, ob sie religiös-katholisch, theosophisch, Religionen übergreifend oder als theologischer Naturalismus zu interpretieren ist. Die Interpretationen wurden jeweils auch von den Schwerpunkten der Diskussion im Bereich der Kindergartenerziehung bestimmt: so in den 1920er Jahren im Montessori-Fröbel Streit der Vorwurf der Vernachlässigung der Kreativität und Phantasie, im Rahmen einer personalen Pädagogik in den 1950er Jahren der Vorwurf der Vernachlässigung des pädagogischen Bezuges und Dialoges, im Zusammenhang der Diskussionen um situationsorientierte Ansätze in den 1970er Jahren der Vorwurf eines instrumentellen, von der sozialen Umgebung isolierten Lernens ohne Rückbezug auf die Alltagssituation. Demgegenüber werden in der gegenwärtigen Diskussion um ein neues Bildungsverständnis die Verbindung biologisch angelegter Dispositionen mit dem je individuellen Selbstwerk des Kindes in einer anregenden personalen und sächlichen Umgebung, bei gleichzeitiger Kritik an den metaphysischen Grundlagen ihrer Pädagogik, positiv hervorgehoben. Eine kritische Gesamtausgabe ihrer Werke und empirische Untersuchungen über tatsächliche Wirkungen der Montessoripädagogik auf Kinder und Schüler fehlen jedoch bislang.

Literatur

Böhm, W. (Hg.) ([5]1996): Maria Montessori – Texte und Diskussion. Bad Heilbrunn. – Böhm, W./Fuchs, B. (2004): Erziehung nach Montessori. Bad Heilbrunn. – Montessori, M. (1934): Grundlagen meiner Pädagogik. In: Eggersdorfer, F. X. (Hg.) Handbuch der Erziehungswissenschaft. Teil III, Bd. 1, 265-286.

Dieter Höltershinken

Montessori-Schulen

Montessori-Schulen stellen – ein Jahrhundert nach der Gründung der ersten Casa dei bambini durch Maria Montessori in Rom – weltweit eines der am meisten verbreiteten reformpädagogischen Modelle insbesondere für den Primarbereich dar. Die Montessori-Methode wurde zuerst in schweizerischen, italienischen, englischen und argentinischen Volksschulen praktiziert; 1911 kam es zur Gründung der ersten Montessori-Modellschulen in Paris, New York und Boston. In Deutschland belief sich im Jahre

2006 die Zahl der Montessori-Schulen auf ca. 400 (mehr als 300 Grund- und Förderschulen und ca. 90 Haupt-, Real-, Gesamtschulen und Gymnasien). Als die zentralen Merkmale der sowohl von freien Initiativen als auch von staatlichen und kirchlichen Organen getragenen Montessori-Schulen dürfen dem eigenen Verständnis bzw. der Programmatik folgend gelten: 1. die Verwandlung des Klassenraums in einen anregungsreichen und wohnlichen Lern- und Lebensraum (vorbereitete Umgebung); 2. die Zugehörigkeit des Schülers sowohl zu einer integrativen altersgemischten Stammgruppe als auch zu einer leistungshomogenen Jahrgangsklasse; 3. der Vorrang der von jedem Schüler selbst bestimmten Freiarbeit an reichhaltigem didaktischen Material vor dem fachlichen Lernen im Gleichschritt; 4. der individualisierende Lernbericht und/oder das regelmäßige Beurteilungsgespräch statt des standardisierten Zensurenzeugnisses.
Die empirischen Forschungen zur Lernkultur der Montessori-Schulen konzentrieren sich bisher größtenteils auf die Analyse der Wirkungen des unterrichtlichen Handlungsmusters oder der Methode der Freiarbeit. Im Ergebnis der Untersuchungen wurden die mit dieser individualisierenden Arbeitsform häufig verbundenen kognitiven und sozialen Lernchancen der Schüler, die starke Lernmotivation, das ausgeprägte Arbeits- und Sozialverhalten sowie das hohe Ausmaß der Aufmerksamkeit und Konzentration herausgestellt. Qualitative Studien haben in erster Linie auf die vielfältigen produktiven, teilweise aber auch schwierigen Aneignungsprozesse der Schüler bei dieser Art des Arbeitens und Lernens, die überwiegend positiven bildungsbiographischen Erfahrungen von Montessori-Hauptschülern, die unterschiedlichen Passungsverhältnisse der Schulkinder zur Lernkultur sowie die den Lernalltag kennzeichnenden Kontinuitäten und Brüche zwischen Freiarbeit und Fachunterricht hingewiesen.

Literatur

Allmann, S. (2007): Lernalltag in einer Montessori-Schule. Münster u. a.

Heiner Ullrich

Monumenta Germaniae Paedagogica (MGP)

Die Buchreihe MGP wurde von 1886 bis 1938 von der Gesellschaft für deutsche Erziehungs- und Schulgeschichte herausgegeben. Sie war in Anlehnung an die Monumenta Germaniae Historica, die Sammlung wichtiger Dokumente der deutschen Geschichte geschaffen worden, um die Arbeit der Gesellschaft im Bereich der Erziehungs- und Schulgeschichte zu dokumentieren. Die insgesamt 62 Bände wurden in drei Abteilungen eingeteilt: 1. Schulordnungen und Schulgeschichten (39 Bände), 2. Schulbücher und Geschichten einzelner Unterrichtsfächer (9 Bände), 3. Pädagogische Miscellaneen (14 Bände; u.a. Darstellungen zur Erziehungsgeschichte deutscher Fürstenhäuser, aber auch zu einzelnen Pädagogen, z.B. Johann Amos Comenius).

Literatur

Fritzsch, Th. (Bearb.) (o.J., ca. 1940): Monumenta Germaniae Paedagogica – Antiquariats-Verzeichnis. Leipzig.

Klaus-Peter Horn

Monumenta Paedagogica

Unter dem Titel Monumenta Paedagogica wurde 1960 in der Deutschen Demokratischen Republik (DDR) durch die 1955 wiederbelebte Kommission für deutsche Erziehungs- und Schulgeschichte eine bildungsgeschichtliche Buchreihe in der Tradition der zwischen 1886 und 1938 erschienen Reihe Monumenta Germaniae Paedagogica begründet.
Die Monumenta Paedagogica blieben gemäß dem in der DDR herrschenden Traditionsverständnis auf die Pädagogikgeschichtsschreibung seit der Moderne konzentriert und wurden ab Bd. 3 in Reihen gegliedert. Reihe A war Darstellungen und Quellen so bezeichneter fortschrittlicher bürgerlicher Pädagogik vorbehalten (sieben Bände; Herausgeber zunächst Robert Alt und Gerda Mundorf, sodann Hans Ahrbeck, später Paul Mitzenheim und Helmut König), Reihe B der Geschichte der Bildungspolitik und Pädagogik der Arbeiterbewegung (neun Bände; Herausgeber Gerd Hohendorf und Helmut König) und Reihe C der Bildungspolitik und Pädagogik in der DDR (neun Bände; Herausgeber Karl-Heinz Günther und Gottfried Uhlig).

Literatur

Abteilung Geschichte der Erziehung der Akademie der pädagogischen Wissenschaften (Hg.) (1990): Jahrbuch für Erziehungs- und Schulgeschichte. Gesamtinhaltsverzeichnis Jahrgang 1-30 1961-1990 nebst einem Titelverzeichnis der Reihe Monumenta Paedagogica Bd. I–XXV und der Reihe Monumenta Germaniae Paedagogica, Bd. I-LXII und Beihefte 1-3. Berlin.

Ulrich Wiegmann

Moor, Paul (1899-1977)

Nach Studium und Promotion an der Universität Basel sowie mehrjähriger Lehrertätigkeit absolvierte Moor 1929/30 eine Ausbildung am Heilpädagogischen Seminar in Zürich bei Heinrich Hanselmann. 1930/31 leitete er gemeinsam mit seiner Frau ein Kinderheim für psychopathische Kinder, anschließend eine Beobachtungsstation im Landerziehungsheim Albisbrunn. 1933 wurde Moor Assistent von Hanselmann und schließlich dessen Nachfolger, 1940 als Leiter des Heilpädagogischen Seminars und 1951 auf dem Lehrstuhl für Heilpädagogik an der Universität Zürich.

Das pädagogische Konzept des Schweizer Pädagogen war durch das Ziel bestimmt, jedem Menschen bei der Suche nach der Erfüllung seines Lebens unterstützenden äußeren Halt zu geben, damit er zu einem inneren Halt findet. Diese Entwicklung zum inneren Halt, deren Kern die Entwicklung von Verstand und Gefühl als untrennbare Einheit des Menschseins darstellt, sei das allen Menschen – ob behindert oder nicht behindert – Gemeinsame; die Heilpädagogik habe es mit Menschen zu tun, bei denen die gewöhnlichen Mittel nicht ausreichten, um das oben genannte Ziel zu erreichen. Moor löste damit die vor seiner Zeit verbreitete Theorie der sog. Kinderfehler ab durch eine Sicht auf das dem Kind zur Erfüllung seines Lebens Fehlende. Grundlage hierfür ist ein tiefgreifendes liebendes Verstehen der Persönlichkeit des Kindes.

Literatur

Moor, P. (1965): Heilpädagogik. Bern, Stuttgart.

Rainer Mangels

Moral

In einem weiten Sinn verstehen wir unter Moral alle Sitten und Normen einer menschlichen Gruppe oder einer Person; im engeren Sinn bezieht sich der Begriff der Moral auf Normen, die sich durch die Einbeziehung der berechtigen Ansprüche der Mitmenschen in das eigene Denken ergeben, sowie auf Normen, die Menschen sich selbst gegenüber schulden. Die Moralphilosophie oder Ethik beschäftigt sich mit der Frage, wie Moral begründet werden kann und sucht als normative Ethik Moral zu begründen.

Der Subjektivismus vertritt die These, dass moralische Urteile nur die Einstellungen eines Menschen zum Ausdruck bringen und nicht als wahr ausgewiesen werden können. Der Relativismus und der Historismus behaupten gleiches für menschliche Gesellschaften. Aus der Tatsache, dass Menschen sich in moralischen Fragen oft uneins sind bzw. unterschiedliche Gesellschaften unterschiedliche Moralen haben, wird gefolgert, dass über die Wahrheit der Moral nicht geurteilt werden kann. Subjektivismus und Relativismus führen zur Toleranz gegenüber anderen Moralen, was als Vorteil angesehen werden kann, weil damit Konflikte zwischen konkurrierenden Morallehren vermieden werden können, und als Nachteil, weil der Subjektivismus und der Relativismus keine Handhabe gegen Ungerechtigkeit und Despotie bieten.

Ein grundlegender Anspruch jeder Moral ist ihre Universalisierung; sie soll allgemein gelten. Moraltheorien können als Güterlehren, Wertlehren, Tugendlehren, Prinzipienlehren oder als Kombinationen dieser ausgebildet sein. Güter wie Gesundheit oder Schutz der Privatsphäre gelten als erstrebenswert und als Elemente eines insgesamt guten Lebens. Wertlehren gehen davon aus, dass die Moral durch Werte, die unabhängig von Wertungen vorhanden sind, oder durch Wertungen, die Personen vornehmen, begründet wird. Etwas wird danach erst dadurch zu einem Gut bzw. Sollen, dass ihm ein Wert zukommt bzw. zugeschrieben wird. Tugendlehren beschreiben Moral als System von guten und schlechten Eigenschaften von Menschen (Tugenden und Laster). Ehrlichkeit und Aufrichtigkeit als Tugenden sind Dispositionen, ehrlich und aufrichtig zu handeln. Prinzipienethiken formulieren Normen, die es unbedingt zu beachten gilt.

Zu den bekanntesten Familien von Moraltheorien gehören die deontologischen Theorien in der Nachfolge Immanuel Kants sowie die utilitaristischen Theorien; beides sind Prinzipienethiken. Nach Kant soll der Mensch sich nur universalisierbare Prinzipien geben; universalisierbar heißt dabei, dass sie nicht bestimmte Interessen und Wünsche des Handelnden voraussetzen, sondern kategorisch gelten. Im Gegensatz zu kategorischen Imperativen gelten hypothetische nur unter der Voraussetzung bestimmter Interessen. Nimm Rücksicht auf Kinder! ist ein hypothetischer Imperativ wenn er voraussetzt, dass Kinder an der Rücksicht ein berechtigtes Interesse haben und dieses Interesse den Imperativ begründet. Sag immer die Wahrheit! ist nach Kant ein kategorischer Imperativ, weil er ohne Rücksicht auf Interessen, sondern nur mit der Notwendigkeit seiner Universalisierbarkeit begründet wird. Das Lügen ist kategorisch verboten,

weil sonst Wahrheit von Lüge nicht unterscheidbar wäre; die Universalisierbarkeit der Wahrheitsforderung ist unabdingbar, auch wenn eine Notlüge im Interesse aller Betroffenen sein kann.
Der Utilitarismus verlangt, stets das Wohl aller von einer Handlung und ihrer Unterlassung betroffenen Lebewesen zu bedenken. Moral soll das Wohl aller befördern. Diese Maxime ist selbst nicht begründbar, schließt aber an die Intuition an, dass die Moral den Menschen dienen soll, was sie in Kants Ethik nicht unbedingt tut. Problematisch ist am Utilitarismus, dass Konsequenzen nicht genau vorhersehbar sind und die von Handlungskonsequenzen unabhängige Geltung von Menschenrechten nicht begründet werden kann. Der Utilitarismus tut sich bspw. schwer, das Folterverbot zu begründen.
Der an Prinzipien orientierten Moral wird Rigorismus und mangelnde Kontextsensibilität vorgeworfen. Wenn es stimmt, dass jede Moral vom Mitgefühl für andere abhängig ist, weil jemand, der ein solches Mitgefühl nicht besitzt, sich moralischen Argumenten gegenüber verschließen kann, geht es in der Moraltheorie vielleicht weniger darum, Moral zu begründen als vielmehr darum, die schon vorhandene Moral des Mitgefühls zu explizieren.

Literatur
Baier, K. (1974): Der Standpunkt der Moral. Düsseldorf (engl. The moral point of view, 1958). – Frankena, W. K. (1994): Analytische Ethik. Münchnen (engl. Ethics, 1963). – Williams, B. (1978): Der Begriff der Moral. Stuttgart (engl. Morality, 1972).

Thomas Fuhr

Moralentwicklung

Moral bezeichnet Regeln, die als verpflichtend für das Verhalten des einzelnen gelten. Moralentwicklung bezieht sich auf die ontogenetischen Veränderungen, die bei der Einbindung nachfolgender Generationen in das soziale Gefüge einer Gesellschaft zu beobachten sind. Um die Erklärung solcher allgemeinen und differenziellen Entwicklungsverläufe konkurrieren Ansätze mit unterschiedlichen Menschenbildern: Der Mensch (1) als asoziales Triebbündel, das gesellschaftliche Normen als Zwangskorsett erfährt (Sigmund Freud), (2) als soziales Wesen, das nur durch die Übernahme sozialer Erwartungen Moral entwickelt (George Herbert Mead), (3) als passives Objekt externer Erziehungsbemühungen (Behaviorismus) oder (4) als aktiver Konstrukteur eigener Realitätsverarbeitung (Jean Piaget). Als Motive werden Strafvermeidung und Nutzenmaximierung oder die Angst vor Liebesverlust und Gewissensbissen, bisweilen auch ein intrinsisches Streben nach Erkenntnis und Wertverwirklichung unterstellt.
Sehr verbreitet ist Lawrence Kohlbergs Beschreibung der Moralentwicklung als Stufenabfolge, bei der die Geltungsgründe von Normen und die Motive ihrer Befolgung strukturgleich sind (kognitiv-affektiver Parallelismus) und auf der Gerechtigkeitsmoral fußen. Auf präkonventionellem Niveau glauben Kinder (bis etwa 8/9 Jahre), dass Normen von Autoritäten gesetzt sind (Stufe 1) oder dem Ausgleich konkreter Interessen dienen (Stufe 2). Auf konventionellem Niveau glauben Menschen an die Gültigkeit von Normen, die in ihrer Gruppe (Stufe 3) oder Gesellschaft (Stufe 4) vorherrschen. Auf dem (nur selten erreichten) postkonventionellen Niveau gelten Normen, weil sie den das soziale Zusammenleben begründenden Vereinbarungen (Stufe 5) oder universellen ethischen Prinzipien (Stufe 6) entsprechen, die aus Vertragstreue (Stufe 5) oder Einsicht (Stufe 6) befolgt werden.

Literatur
Nunner-Winkler, G. (2007): Moralentwicklung. In Hasselhorn, M./Schneider, W. (Hg.): Handbuch Entwicklungspsychologie. Göttingen.

Manfred Holodynski / Gertrud Nunner-Winkler

Moralerziehung

Johann Heinrich Pestalozzi hat im sog. Stanser Brief (1799) ein Modell der Moralerziehung entwickelt, das wir sozialpädagogisch nennen können. Danach ist erstens eine liebevolle Beziehung zu dem Kind zu stiften, in der das Kind dem Erzieher gegenüber eine Anhänglichkeit entwickelt, die sich auf Dankbarkeit gründet. In einer zweiten Stufe werden Kinder an moralische Handlungen wie etwa das Teilen von Gütern mit anderen gewöhnt. Erst in einer dritten Stufe werden die moralischen Handlungen begründet und die Grundsätze der Moral erörtert. Der Grund für diese Stufung ist das Prinzip der Anschauung. Bevor zu den moralischen Begriffen emotionale und handelnde Anschauung gebildet wurde, sind Begriffe leer und ist die moralische Kommunikation nichts als unseriöse Wortklauberei. Gerade weil das Kind begründete moralische Urteile ausbilden soll, muss es erst in die Moral handelnd eingeführt werden, bevor es zu räsonieren beginnt.

Johann Friedrich Herbart (Über die ästhetische Darstellung der Welt als das Hauptgeschäft der Erziehung, 1804) hat in Auseinandersetzung mit Pestalozzi ein kognitives Modell der Moralerziehung entwickelt. Die Lernenden sollen ein vielseitiges Wissen über die Welt erwerben, auf dessen Grundlage sie klare, ausgewogene, nicht durch Vorurteile getrübte Moralurteile fällen. Moralische Urteile sind nach Herbart ästhetische Urteile, das heißt Urteile, die sich dem Urteilenden bei entsprechend vielseitiger Bildung aufdrängen, ohne im strengen Sinn bewiesen werden zu können. Moralerziehung ist deshalb auf einen umfassenden Unterricht angewiesen, der durch Maßnahmen der Erziehung ergänzt wird, zu denen etwa die Gewöhnung an moralisches Handeln oder die Erinnerung an einmal gefasste Urteile gehören. Der Unterricht entwickelt die Vielseitigkeit des Interesses, die Erziehung (Zucht) die Charakterstärke der Sittlichkeit.

An beiden Theorien zeigt sich, dass Theorien der Moralerziehung die emotional-motivationale, die handelnd-einübende und die kognitive Dimension des moralischen Lernens miteinander verbinden müssen. Dennoch vertrat die bekannteste moderne Theorie der Moralerziehung, entwickelt von Lawrence Kohlberg im Anschluss an Jean Piaget, zuerst ein rein kognitives Modell. Im Gegensatz zu Herbart ist nach Kohlberg aber nicht eine vielseitige Bildung die Voraussetzung für moralische Urteile, sondern eine formale Kompetenz zur Begründung moralischer Urteile. Diese Urteilskompetenz entwickelt sich in drei Niveaus, von denen jedes in zwei Stufen unterteilt ist. Auf dem prä-konventionellen Niveau gelten Normen für das Kind zuerst deshalb, weil sie von Autoritäten gesetzt und sanktioniert werden, und dann, weil sie den Beteiligten Nutzen bringen. Auf dem konventionellen Niveau orientiert sich das Kind an den Normen der Umgebung. Zuerst sind das die konkreten Menschen, mit denen es zu tun hat; die Perspektive wird dann auf die Perspektive der Gesamtgesellschaft erweitert. Das post-konventionelle Niveau erreichen nicht alle Personen. Auf diesem Niveau gelten Normen, weil sie rational begründet werden und man sich freiwillig an sie bindet, wobei zuerst ein eher utilitaristisches, dann ein kantianisch-deontologisches Moralverständnis vertreten werde.

Die Erziehung soll nach Kohlberg nicht zu einer bestimmten Moral erziehen, sondern die formale Urteilskompetenz fördern. Dazu werden mit den Lernenden moralische Dilemmata diskutiert und ihnen Argumente angeboten, die eine Stufe über ihrer eigenen Kompetenzstufe liegen. Die Lernenden werden dadurch dazu angeregt, eine autonome, auf Vernunft gegründete, post-konventionelle Urteilskraft zu entwickeln.

Die Forschung zu diesem Modell hat zweierlei gezeigt. Erstens kann das moralische Handeln durch die Diskussion theoretischer Dilemmata nur begrenzt beeinflusst werden. Kohlberg hat deshalb das just community-Modell entwickelt. In den Schulen, die diesem Modell folgen, werden die Schüler an der schulinternen Gesetzgebung und Rechtsprechung in hohem Maß beteiligt. Die Moralerziehung nach diesem Modell fördert die moralische Urteilsfähigkeit an konkreten Situationen und übt das moralische Handeln ein.

Zweitens zeigt sich, dass jede Theorie der Moralerziehung auf eine Theorie der Moral verwiesen ist. Ob eine post-konventionelle Moral der konventionellen vorzuziehen ist, sie also eine höhere Stufe der Moralentwicklung darstellt als die der konventionellen Moral, und aus welchen moralischen Prinzipien sie besteht, ist theoretisch zu begründen. Die Moral ist ein offenes, nie abgeschlossenes Projekt. Insofern ist es nicht angebracht, Kinder zu der Moral zu erziehen, welche die Erzieher – wenn auch aus guten Gründen – für richtig halten, und zwar auch dann nicht, wenn es sich um vermeintlich rationale Prinzipien handelt, die von jedem vernunftbegabtem Wesen erkannt werden können. Moralerziehung ist mit Jürgen Oelkers vielmehr Kommunikation über Moral, in der Erzieher Geltungsansprüche vertreten, zugleich aber wissen, dass die nachwachsende Generation andere Fragen stellen und andere Antworten geben wird als die jetzige.

Literatur

Klafki, W. (1971): Pestalozzi über seine Anstalt in Stans. Weinheim, Basel. – Oelkers, J. (1992): Pädagogische Ethik. Weinheim, München. – Uhl, Siegfried (1996): Die Mittel der Moralerziehung und ihre Wirksamkeit. Bad Heilbrunn.

Thomas Fuhr

Moralisierung

Moralisierung ist nach Immanuel Kant (Vorlesung über Pädagogik, zuerst veröffentlicht 1803) das vierte Glied im vierstufigen Prozess der Erziehung, der mit Disziplinierung beginnt und über Kultivierung, Zivilisierung und Moralisierung zur Moralität führen soll.

Das Individuum soll lernen, sich in Freiheit Maximen zu geben und zu befolgen, und zwar solche, die jedermanns Maximen sein können. Kinder sollen deshalb nicht nur so erzogen werden, dass sie sich in der bestehenden Gesellschaft zurechtfinden, sondern so, dass sie zu deren Entwicklung beitragen. Erziehung dient der Vervollkommung der Menschheit über Generationen hinweg und soll zu einem freien Gebrauch der Vernunft führen.
Kant unterscheidet streng zwischen dem Reich des Intelligiblen, dem der freie Wille angehört, und dem des Phänomenalen, das die körperlichen Antriebe, die bloß subjektiven Motive und die gesellschaftlichen Institutionen umfasst. Das Schema von Disziplinierung, Kultivierung, Zivilisierung und Moralisierung ist Kants Antwort auf die Frage, wie in der phänomenalen Welt auf die Freiheit eingewirkt werden kann. In Kants Worten stellt sich das Problem, wie man trotz nötiger Zwangsausübung die Freiheit kultivieren könne. Seine Antwort lautet: Die subjektiven Neigungen müssen so diszipliniert, das Wissen so ausgebildet und das Handeln in der Gesellschaft so geübt werden, dass dem Individuum der Entschluss zur Moral leicht fällt.

Literatur

Kant, I. (1991): Über Pädagogik. In: Ders.: Werkausgabe. Bd. XII. Frankfurt, 693-761.

Thomas Fuhr

Morgenkreis

Der Morgenkreis ist ein in der Grundschule inzwischen weit verbreitetes Interaktionssetting. Die Kinder versammeln sich im Kreis, in einer gleichrangigen Sitzordnung, in der sich alle Beteiligten sehen können. Das geschieht in den Lerngruppen unterschiedlich häufig, z.T. jeden Morgen zu Beginn des Unterrichts, z.T. nur am Wochenbeginn als Montagskreis.
Der Morgenkreis wird häufig als Instrument der Öffnung des Unterrichts diskutiert, durch den demokratische und soziale Lernprozesse sowie kommunikative Kompetenzen gefördert werden sollen. Als Übergangsritual kann der Morgenkreis den Schülern helfen, die Trennung und Ablösung von der außerschulischen Lebenswelt zu bewältigen, den Übergang in den Schulalltag zu bewerkstelligen und die Eingliederung in die Schülerrolle zu vollziehen. Mit der Unterrichtssituation des Morgenkreises wird ein Zwischenraum zwischen Schulkindheit und außerschulischem Kinderleben sowie zwischen individuellem Erleben und sozialer Resonanz in der Gruppe gestaltet.
Der typische Ablauf eines Morgenkreises umfasst fünf Phasen: 1. Begrüßung/Eröffnung (durch ein Kind, die Lehrperson oder ein Eröffnungsritual), 2. Aktuelles (z.B. Besprechung von Problemen in der Gruppe, Planung schulischer Ereignisse, Würdigung eines Geburtstags), 3. Erzählphase (Erlebnisse der Kinder oder themenzentrierte Erzählungen), 4. Arbeitsbesprechung/Arbeitsphase (z.B. Unterrichtsgespräch, Vorstellung von Material, Präsentation von Arbeitsergebnissen) und 5. Abschluss (durch ein Kind, die Lehrperson oder ein Schlussritual).
Der Ablauf des Morgenkreises ist häufig durch Regeln zu seiner Bildung (z.B. tischweise), zur Leitung (z.B. durch ein Morgenkreiskind) oder durch Gesprächsregeln (z.B. kein Kind muss sprechen) bestimmt. In der Erzählphase lassen sich typische Themen der Kinder ausmachen: Erlebnisse und Beziehungen in den Handlungsbereichen Familie, Freundschaften, Tiere, Körper, Spiel, Freizeit und Medien.
Empirische Forschungen haben gezeigt, dass der Morgenkreis sehr unterschiedlich verstanden und genutzt wird. Beobachtungen in Morgenkreisen und Befragungen ergaben, dass lehrerzentrierte und kindzentrierte Gestaltungsvarianten unterschieden werden können. Wenn der Morgenkreis zu einem Handlungsmuster wird, das Gespräche mit wechselseitigem Austausch ermöglicht, wird die Heterogenität der Schulklasse zur Chance. Als erstarrtes Ritual werden die Beiträge und Erzählungen der Kinder hingegen routinisiert. Bisweilen wird die Grenze zur Privatheit im Morgenkreis überschritten und es kommt vor, dass Lehrpersonen ihre Macht im Morgenkreis ausspielen und Kinder bloßstellen oder deren Erfahrungen entwerten.

Literatur

Heinzel, F. (2001): Lernen im Kreisgespräch. In: Roßbach, H.-G./Nölle, K./Czerwenka, K. (Hg.): Forschungen zu Lehr- und Lernkonzepten für die Grundschule. Jahrbuch Grundschulforschung 4, 189-196.

Friederike Heinzel

Moritz, Carl Philipp (1756-1793)

Nach unsteten Jugendjahren und einem Theologiestudium in Erfurt und Wittenberg wurde der empfindsame und von den Werken der Aufklärung beeindruckte Moritz 1778 Konrektor des Gymnasiums zum Grauen Kloster in Berlin. Er war auf verschiedenen Wissensgebieten schriftstellerisch tätig. In den wenigen Jahren bis zu seinem Tod veröffentlichte er pädagogisch-moralische, psychologische, sprach- und kunsttheoretische Schriften, die von Zeitgenossen wie Johann Wolfgang Goethe, Friedrich Schiller oder Alexander v. Humboldt starke Beachtung erfuhren. Er war erfolgreicher Romanautor, u.a. mit dem psychologischen Entwicklungsroman Anton Reiser (1785-1790), und vorübergehend Herausgeber der Vossischen Zeitung. 1784 quittierte Moritz den Schuldienst, begab sich auf mehrere Bildungsreisen (schon 1782 nach England, nun Italien und Deutschland) und verstärkte seine schriftstellerische Tätigkeit, v.a. auf den Gebieten der Psychologie (Gnothi sauton oder Magazin zur Erfahrungsseelenkunde als ein Lesebuch für Gelehrte und Ungelehrte, 10 Bde., 1783-93) und der Ästhetik (Über die bildende Nachahmung des Schönen, 1788). 1789 wurde er zum Professor der Theorie der schönen Künste in Berlin ernannt und 1791 Mitglied der Akademie der Wissenschaften.

Literatur

Moritz, K. P. (2005 ff.): Sämtliche Werke. Kritische und kommentierte Ausgabe. Bisher 3 Bde. Tübingen.

Joachim Scholz

Mosambik → Sub-Saharisches Afrika

Motivation

Gegenstand der Motivationsforschung sind die Prozesse, die der Initiierung, Steuerung und Aufrechterhaltung sowohl physischer als auch psychischer Aktivitäten zugrunde liegen. Motivation ist somit ein nichtbeobachtbares Konstrukt, dessen zentrale Funktion in der Handlungssteuerung liegt: Selektion spezifischer Handlungstendenzen, Aktivierung und Intensitätsregulation von Verhalten, dessen Aufrechterhaltung (Persistenz) und die damit verbundenen Zielorientierungen. Während das Motiv eine Verhaltensdisposition (z.B. Leistungsmotiv, Affiliationsmotiv, Machtmotiv) ausdrückt, beschreibt Motivation einen situationsabhängigen und damit kurzfristigeren Prozess.

In den Anfängen der Motivationsforschung stehen Konzepte des Willens, der Triebe und Instinkte im Mittelpunkt der Verhaltenserklärung. Die eher biologischen Instinktkonzepte gehen davon aus, dass menschliches Handeln nicht allein auf einer rationalen Entscheidungsbasis gründet, sondern auch von evolutionär geformten Handlungstendenzen (z.B. Fluchtverhalten) und emotionalen Bewertungen von Zielzuständen bestimmt wird.

Die Triebkonzeption Sigmund Freuds beruht auf der Annahme, dass Verhalten in beträchtlichem Maße auch durch innere Prozesse bedingt wird, die dem Bewusstsein nicht oder kaum zugänglich sind. Zwei Urtriebe (Eros und Todestrieb) werden unterschieden, aus denen sich wiederum eine Vielzahl anderer Partialtriebe (z.B. Schaulust) ableiten lassen. Ziel des Triebes ist es, eine vorhandene Spannung abzubauen. Diese Spannungsreduktion wird als lustvoll erlebt. Auf der Vorstellung Freuds aufbauend, dass unbewusste Wünsche ins Bewusstsein dringen und dort zu einer Umdeutung der Realität führen, um befriedigt zu werden, wurde später der Thematische Apperzeptionstest (TAT) entwickelt, der auch zur Diagnostik der Leistungsmotivation nutzbar gemacht wurde.

Clark L. Hulls behavioristische Theorie führt die Intensität einer spezifischen Verhaltenstendenz einerseits auf die erlernte Gewohnheit (Habit) zurück, mit einer bestimmten Reaktion auf einen spezifischen Reiz zu reagieren, und andererseits auf den Antrieb zur Handlungsausführung (Drive), indem Habit und Drive multiplikativ verknüpft werden. Die unterschiedlichen Bedürfnisse speisen einen einheitlichen Trieb, der wiederum die Reaktionsweisen energetisiert. Das Ausmaß der Energetisierung wird durch die Gewohnheitsstärken bestimmt. In einer späteren Modifikation des Modells integriert Hull den Anreiz im Sinne eines Belohnungswertes des jeweiligen Zielzustands.

Die in diesem Zusammenhang von Freud und Hull geteilte Annahme, dass primär befriedigend sei, was die Triebstärke verringert, hat sich im Zuge der weiteren Motivationsforschung als falsch erwiesen (z.B. Neugier, Risikoverhalten).

In der aktuellen Motivationspsychologie wird Verhalten als Wechselwirkung zwischen Personen- und Umweltmerkmalen gesehen. Zu Beginn dieser Entwicklung stehen Konzepte wie das von Lewin entwickelte feldtheoretische Modell, welches einen dynamischen Ansatz zur Verhaltenserklärung bietet: Verhalten wird durch Valenzen und Barrieren in einem spezifischen zeit- und kontextabhängigen Feld determiniert. Das konkrete Verhalten ist eine Funktion der äußeren (Umgebung) und der inneren Situation (Person). Unerledigte bzw. nicht zu Ende

geführte Aufgaben erzeugen Spannungen (Quasibedürfnisse), die durch die Vollendung der Aufgabe gelöst werden können. Kurt Lewin unterteilt den Lebensraum einer Person in unterschiedliche Bereiche, die wiederum positiv oder negativ bewertete Handlungsmöglichkeiten eröffnen. Mit dem Begriff der Valenz wird der attraktive bzw. repulsive Aufforderungscharakter beschrieben, den das jeweilige Zielfeld für die Person hat und aus der Qualität des Zielobjekts sowie aus der Spannung der korrespondierenden Bedürfnisse erklärt werden kann.
Henry Murray berücksichtigt ebenso wie Lewin Person und Situation, fokussiert aber stärker die zugrunde liegenden Person-Umweltbezüge, indem er primäre (z.B. Hunger) und sekundäre (z.B. Leistung, Anschluss, Macht) Bedürfnisse unterscheidet. David C. McClelland und John William Atkinson entwickeln im Anschluss an Murray und Lewin das Konzept der Leistungsmotivation. Als Leistungsmotiv wird das Bestreben einer Person bezeichnet, Erfolg zu erlangen und erreichte Zielzustände anhand eines Gütemaßstabs zu bewerten sowie Misserfolg zu vermeiden. Atkinson unterscheidet in seinem Risikowahl-Modell zwischen erfolgsorientierten und misserfolgsorientierten Personen. Erfolgsorientierte Personen werden primär durch die Hoffnung auf Erfolg angetrieben und wählen bevorzugt Aufgaben mittleren Schwierigkeitsgrades, bei denen das Verhältnis von Anreiz und Erfolgswahrscheinlichkeit am günstigsten ist. Misserfolgsorientierte Personen dagegen präferieren leichte oder extrem schwierige Aufgaben aus Angst vor Misserfolgen. Während die Modellannahmen für Erfolgsorientierte in nachfolgenden Studien belegt werden können, treffen die Vorhersagen für Misserfolgsorientierte weniger gut zu, da sich keine klaren Aufgabenpräferenzen nachweisen lassen.
Die kognitive Wende in der Psychologie führt dazu, dass über affektive Prozesse hinaus die die Motivation begleitenden kognitiven Prozesse (z.B. Ursachenerklärungen) in den Mittelpunkt der Forschung rücken, um die Handlungsweisen von Personen in spezifischen Situationen zu erklären. Besondere Bedeutung haben die Attributionstheorie von Fritz Heider, die Leistungsattributionstheorie von Bernard Weiner sowie das Selbstbewertungsmodell von Heinz Heckhausen erlangt. Heckhausens Modell geht insofern über die Theorien Heiders und Weiners hinaus, als es sowohl die Zielsetzung einer Person, als auch deren Ursachenzuschreibung und die nachfolgenden Selbstbewertungsaffekte integriert. Die Vorstellung Heckhausens, dass das Leistungsmotiv ein sich selbst aus diesen drei Teilprozessen stabilisierendes System ist, hat sich vor allem im Anwendungsbereich als fruchtbar erwiesen. Gerade im schulischen Bereich konnten erfolgreiche Motivationstrainingsprogramme für Schüler entwickelt werden, die günstige Attributionsmuster und Selbstbewertungen fördern sowie eine realistische Zielsetzung trainieren. Zunehmend werden motivationale mit kognitiven Trainings verknüpft, um effektiveres Problemlöseverhalten zu erzielen. Eine unterrichtspraktische Anwendung der Erkenntnisse der jüngeren Motivationsforschung ergibt sich durch die Berücksichtigung der individuellen Bezugsnorm, um Schüler erfolgszuversichtlicher zu machen.
Nach wie vor gilt es, übergreifende Handlungs- und Motivationstheorien zu entwickeln, die Motivation, Emotion, Kognition und Volition integrieren: Der Willensbegriff (Volition) wurde in der Motivationsforschung zunächst durch den Motivationsbegriff ersetzt bzw. unter dem Begriff der Entscheidung subsumiert. Attributionstheorien reduzieren motivationale Aspekte primär auf kognitive Prozesse. Emotionen (Stress, Leistungsangst) werden zunehmend unter dem Aspekt der die Motivation begleitenden Prozesse analysiert. Neuere Ansätze unterscheiden zwischen motivationalen Prozessen (mit kognitiven und affektiven Anteilen), die primär zur Verhaltensselektion dienen, während volitionale Prozesse Durchführung, Persistenz und Auflösung einer Handlung steuern.

Literatur

Heckhausen, J. (Hg.) (2000): Motivational psychology of human development. Amsterdam. – Kuhl, J./Heckhausen, H. (Hg.) (1996): Motivation, Volition und Handlung. Göttingen. – Rheinberg, F. (⁴2002): Motivation. Stuttgart. – Weiner, B. (1994): Motivationspsychologie. Weinheim.

Anne Levin

Motopädagogik

Motopädagogik bezeichnet ein Förderkonzept der gezielten Persönlichkeitsbildung über motorische und perzeptive Lernprozesse. Motopädagogik betont dabei den engen Zusammenhang von Wahrnehmen, Erleben und Handeln und ist darauf gerichtet, das Kind durch das Lernen von Wahrnehmungs- und Bewegungsmustern dazu zu führen, dass es sich selbst und seine Umwelt beherrscht. Die Motopädagogik spricht drei Kompetenzbereiche an, die in ei-

nem engen Zusammenhang stehen: Ich-Kompetenz, Sachkompetenz und Sozialkompetenz. Dabei ist das primäre Ziel einer solchen Erziehung durch Bewegung eine Verbesserung der Handlungsfähigkeit im sozialen Kontext, was in Handlungskompetenz mündet. Das Konzept der Motopädagogik spielt v.a. im Rahmen von Prävention und pädagogischen Institutionen (z.B. Kindergarten, Grundschule) eine Rolle.
Der Begriff Motopädagogik ist Anfang der 1980er Jahre im Zuge einer Verwissenschaftlichung von psychomotorischer Praxis entstanden und sollte einer Präzisierung des großen Bereiches der Psychomotorik dienen. Seit Anfang des 21. Jahrhunderts wird wieder verstärkt der Begriff Psychomotorik anstelle Motopädagogik genutzt, welcher in Europa und im englischen Sprachgebrauch der anerkannte und gebräuchliche Begriff ist.
Der Begriff Motopädagogik findet sich auch als Bezeichnung für Zusatzqualifikationen (z.B. beim Aktionskreis Psychomotorik) oder in Ausbildungsgängen wieder. Eine einheitliche Terminologie ist aufgrund verschiedener Richtungen der Psychomotorik, aber auch aufgrund der inhaltlich vielseitigen Verwendung in Theorie und Praxis schwer möglich.

Literatur

Eggert, D./Reichenbach, C. (2007): Psychomotorische Förderung. In: Walter, J./Wember, F. B. (Hg.): Sonderpädagogik des Lernens. Göttingen, 315-327.

Christina Reichenbach

Motorisches Lernen

Prozesse des motorischen Lernens setzen im Laufe der frühkindlichen Entwicklung ein, da das Neugeborene zunächst nur über wenige angeborene und reflektorisch ausgelöste motorische Fertigkeiten verfügt wie z.B. den Saug- und den Greifreflex. Die spätere enorme Bewegungsvielfalt lässt sich über einige Merkmale systematisieren: diskrete, d.h., kurz nach Beginn wieder abgeschlossene Bewegungen werden von kontinuierlichen Bewegungen unterschieden. Sensorische Feedbackprozesse können die Ausführung korrigieren (Closed-Loop-Bewegungen) oder eine Korrektur ist nicht möglich (Open-Loop-Bewegungen). Bewegungen können annährend immer gleichartig oder situationsabhängig angepasst ausgeführt werden.
Die Erforschung des Erlernens motorischer Fertigkeiten erfolgt aus behavioristischer, physiologischer sowie kognitiver Perspektive. Schon Edward L. Thorndike zeigte, dass neben der Übung auch die verbale Verstärkung der Ausführung (Gesetz des Effekts) den motorischen Lernprozess fördert. Dabei wirken besonders die mit der Verstärkung verbundenen quantitativen Informationen über den Korrektheitsgrad des Bewegungsergebnisses (Ergebniswissen) leistungsfördernd, wobei kontinuierliches vs. intermittierendes Feedback zu unterscheiden ist. Bei komplexen Bewegungsabläufen können erhebliche Leistungssteigerungen auf der Grundlage von Performanzwissen erreicht werden. Performanzwissen ergibt sich z.B. über einen Vergleich der per Video aufgenommenen Bewegungen der ausführenden Person mit einer computersimulierten optimalen Bewegungsausführung. Dabei kann die Person zusätzlich Anweisungen zur Bewegungsoptimierung bei einzelnen Teilschritten des Bewegungsablaufs erhalten.
Bereits in der frühen Forschung zum motorischen Lernen hat die Untersuchung von Effekten einer verteilten Übung besondere Aufmerksamkeit erfahren. Ein Wechsel von Übungs- und Ruhephasen zeigt zwar kurzfristig betrachtet die bessere Performanz, langfristig gesehen aber nur wenig günstigere Wirkungen als massierte Übung. Darüber hinaus gibt es etliche Hinweise auf die Förderlichkeit des Beobachtungslernens beim Erwerb motorischer Fertigkeiten, die sich z.B. beim abwechselnden Üben mit einem Partner zeigen. Auch richtet sich die Forschung auf mögliche positive und negative Transfereffekte sowie paradoxe Bewegungsfehler.
Auf theoretischer Ebene haben sich neben neuronalen und komputationalen Ansätzen die in den 1970er Jahren entwickelten psychologischen Erklärungsansätze zum Bewegungslernen von James A. Adams und Richard A. Schmidt als einflussreich erwiesen: Nach der Regelungstheorie von Adams wird zunächst eine Wahrnehmungsspur bestehend aus allen propriozeptiven, taktilen, visuellen und auditiven Rückmeldungen während der wiederholten Bewegungsausführungen (verbal-motorische Phase) angelegt. Zur Ausbildung einer Wahrnehmungsspur über die letztlich korrekte Bewegung ist Ergebniswissen (z.B. durch lehrerseitiges Feedback) wichtig. Später kann der Lerner die Güte einer aktuellen Ausführung allein anhand der entsprechenden eigenen Wahrnehmungsspur beurteilen (motorische Phase). Eine Gedächtnisspur im Sinne eines abstrakten Bewegungsprogramms sorgt für die Initiierung einer gelernten Bewegung, die unter Fehler entdeckender Überwachung durch die Wahrnehmungsspur ablaufen kann. Während Adams' Theorie eher auf

spezifische Einzelbewegungen anwendbar ist, erklärt die Schematheorie von Schmidt den Erwerb situationsabhängig flexibel einsetzbarer motorischer Fertigkeiten. Das über Lernprozesse veränderbare Schema umfasst zueinander funktional in Beziehung stehende Informationen zu Ausgangsbedingungen, spezifischen Reaktionsparametern, sensorischen Konsequenzen und Ausführungsergebnissen und ermöglicht so Eingangsbedingungen und geeignete motorische Ausführungen zu verbinden.

Literatur

Ivry, R. (1994): Repräsentationen beim motorischen Lernen. In: Heuer, H./Keele, S. W. (Hg.): Psychomotorik. Göttingen, 321-410. – Mazur, J. E. (2004): Lernen und Gedächtnis. München.

Carola Lindner-Müller

mpfs → Medienpädagogischer Forschungsverbund Südwest

MPG → Max-Planck-Gesellschaft

MPI für Bildungsforschung → Max-Planck-Institut für Bildungsforschung

Muchow, Hans Heinrich (1900-?)

Nach einem Lehramts- und Psychologiestudium in Hamburg (u. a. bei William Stern) war Muchow im Hamburger Schuldienst tätig. Daneben engagierte er sich in der Jugendbewegung und der Hamburger Volksheimbewegung. In den 1950er und 1960er Jahren war Muchow Autor erfolgreicher psychologischer und historischer Studien zum Jugendalter (Sexualreife und Sozialstruktur, 1959; Jugend und Zeitgeist, 1962). Muchow verstand sein Wirken, u.a. durch die (Wieder-)Herausgabe ihrer Publikationen, als Fortsetzung des Lebenswerkes seiner 1933 aus dem Leben geschiedenen Schwester Martha Muchow.

Literatur

„Ich habe versucht, das Erbe meiner Schwester zu verwirklichen." In: Muchow, M./Muchow, H. H. (1998): Der Lebensraum des Großstadtkindes. Weinheim, München, 28-44.

Franz-Michael Konrad

Muchow, Martha (1892-1933)

Seit 1920 war Muchow als wissenschaftliche Mitarbeiterin William Sterns an der Universität Hamburg tätig. Als ehemalige Volksschullehrerin interessierte sie sich zunächst für die damals aktuellen Probleme der Schulleistungsdiagnostik und der Begabtenauslese, wechselte mit der Zeit aber immer mehr ins kinder(entwicklungs)psychologische Fach hinüber, wo sie Methoden anwandte, z.B. die teilnehmende Beobachtung und die Befragung der Kinder, wie sie erst Jahrzehnte später zum Allgemeingut der einschlägigen Forschung werden sollten. Ihrer Zeit voraus waren Muchow und ihr Bruder Hans Heinrich Muchow auch dadurch, dass sie die Geschlechterdifferenzen in der Raumaneignung der Kinder, im Spielverhalten usw. ausführlich thematisiert haben (Der Lebensraum des Großstadtkindes, 1935 posthum herausgegeben von Hans Heinrich Muchow).
Seit 1926 wirkte Muchow als ständige Mitarbeiterin an der Zeitschrift des Fröbelverbandes (Kindergarten) mit und sorgte für eine enge Verzahnung von Kinderforschung und Frühpädagogik. Im sog. Fröbel-Montessori-Streit versuchte Muchow, überzeugte Anhängerin der Fröbel-Pädagogik, zwischen den Fronten zu vermitteln. Zwar folgte sie ihrem Lehrer William Stern in der Kritik an der Montessori-Pädagogik. Sie leugnete aber nicht, dass Montessori viel zur Erkenntnis des Kindes beigetragen habe und ihre Sinnesmaterialen eine wertvolle Ergänzung der Fröbelschen Spielgaben darstellten. Zusammen mit der Montessori-Anhängerin Hilde Hecker hat Muchow ein Buch publiziert, das Ausdruck dieses Vermittlungsgedankens gewesen ist (Friedrich Fröbel und Maria Montessori, 1927).
Nachdem zuerst Stern und schließlich auch sie selbst von den Nationalsozialisten ihrer Funktionen enthoben worden waren, starb Muchow am 29. September 1933 an den Folgen eines Suizidversuchs.

Literatur

Miller, R. (^{2}2006): Martha Muchow. In: Lück, H. E./ Miller, R. (Hg.): Illustrierte Geschichte der Psychologie. Weinheim, Basel, 191-193. – Muchow, M./Muchow, H. H. (1998): Der Lebensraum des Großstadtkindes. Weinheim, München.

Franz-Michael Konrad

Mündigkeit

Mündigkeit ist ein deutscher Rechtsbegriff, der zurückgeht auf die latinisierte Form (mundium) des althochdeutschen Munt. Im Mittelalter bezeichnete dies die Schutzgewalt, welche der Hausherr über den Personenkreis ausübte, der seinem Haus angehörte. Der (Rechts-)Zustand Mündigkeit kennzeichnet hingegen gerade das Heraustreten aus dieser Sphäre des Schutzes: zu einem Subjekt wird man erst durch das Verlassen der Munt des Vaters und dadurch, dass man die ökonomische Selbständigkeit erringt sowie die Verantwortung für die eigenen Handlungen übernimmt. Die Ausdifferenzierung der Gesellschaft und die Entstehung neuer sozialer Rollen führt zur Entwicklung von bereichsspezifischen Formen wie etwa der politischen, ökonomischen und religiösen Mündigkeit Zu diesem Zweck werden Anleihen bei Stufenmodellen gemacht, die bereits das römische Recht kannte und auch noch die moderne Rechtssprechung prägen.

Während der Aufklärung kommt es zu einer folgenreichen Ausweitung der Bedeutung: Mündigkeit wird nun zu einem jener Zukunftsbegriffe, die künftige gesellschaftliche Ziele beschreiben und ihnen semantisch den Weg bahnen. Der ehemalige Rechtsbegriff wird dergestalt zu einer zentralen Kategorie bei dem Versuch, Geschichte als Prozess der Aufklärung zu begreifen. Das entscheidende Manöver, das die emanzipatorischen Kräfte freizusetzen scheint, besteht in einem Austausch der handelnden Akteure: Mündigkeit bezeichnet nun nicht länger allein die Bemühungen von Individuen, sondern immer häufiger das Streben der Menschheit, sich aus entwürdigenden Abhängigkeitsverhältnissen zu befreien und gegenüber den Mächten der Tradition der Stimme der Vernunft zum Durchbruch zu verhelfen. Am deutlichsten wird dies bei dem Philosophen Immanuel Kant. Dieser knüpft in seiner Aufklärungsschrift die Würde des Menschen an den Mut, das Stadium der selbstverschuldeten Unmündigkeit zu überschreiten und sich dabei des eigenen Verstandes ohne Leitung eines anderen zu bedienen.

Innerhalb der Erziehungswissenschaft wird Mündigkeit – trotz gelegentlicher früherer Bezugnahmen – erst nach 1945 zu einem Schlüsselbegriff, als die Bemühungen um einen theoretischen Neubeginn intensiviert werden. Nachdem Theodor W. Adorno in den 1960er Jahren nachdrücklich dafür plädiert hatte, Mündigkeit zum zentralen Element einer Erziehung nach Auschwitz zu machen, greifen insbesondere Vertreter einer gesellschaftskritischen Erziehungswissenschaft gezielt auf den Begriff Mündigkeit zurück und weisen ihn als zentrales Erziehungsziel demokratischer Gesellschaften aus. Herwig Blankertz etwa sucht in zahlreichen Studien zu zeigen, dass der Erziehungsprozess über das Moment der Freisetzung immer schon auf Mündigkeit verweise. Heinz-Joachim Heydorn wiederum entwickelt eine dezidiert machtkritische Bildungstheorie, die darauf insistiert, dass Mündigkeit überzeugend nur als Mündigkeit aller gedacht werden könne; erst wenn das Menschengeschlecht im Medium der Bildung seiner selbst habhaft geworden sei, könne in einer gehaltvollen Weise von Mündigkeit gesprochen werden.

Nachdem Wolfgang Brezinka in den 1970er Jahren den Terminus Mündigkeit kritisierte, weil er keine wertneutrale Beschreibung pädagogischer Sachverhalte darstelle, haben neuere Studien, welche die Effekte der pädagogischen Semantik beobachten, das Dual Mündigkeit/Unmündigkeit erneut grundlegend problematisiert: Es scheint, dass es die beiden Pole in problematischer Weise überzeichnet und eine wenig förderliche Engführung der Theoriebildung betreibt. In der Folge verleitet es zu unterkomplexen Beschreibungen pädagogischen Handelns: Nicht nur das Kind wird in seiner eigenen Rationalität verkannt und der Erwachsene auf unkritische Weise heroisiert, sondern auch der Blick auf Übergänge und Verflechtungen verstellt.

Literatur

Ebersold, G. (1980): Mündigkeit. Frankfurt u.a. – Jahrbuch für Pädagogik (1997): Mündigkeit. Frankfurt u.a. – Rieger-Ladich, M. (2002): Mündigkeit als Pathosformel. Konstanz.

Markus Rieger-Ladich

Münsterberg, Hugo (1863-1916)

Münsterberg ist ein akademischer Schüler von Wilhelm Wundt. Er wurde 1885 an der Universität Leipzig in Philosophie und zwei Jahre später in Medizin an der Universität Heidelberg promoviert. Nach der Habilitation an der Universität Freiburg wurde er von William James 1892-94 zu einer Gastprofessur an der Harvard University eingeladen. Es folgte ein kurzer Zwischenaufenthalt als außerordentlicher Professor für Philosophie an der Universität Freiburg. 1897 kehrte er an die Harvard University als ordentlicher Professor für Experimentelle Psychologie zurück. 1910/11 gründete er während einer Austauschprofessur in Berlin ein Amerika-Institut.

Großen Einfluss hatten seine Schriften zur Angewandten Psychologie, die damals unter dem Begriff

Psychotechnik auch in der Öffentlichkeit starke Beachtung fanden (Grundzüge der Psychotechnik, 1914). Münsterberg gilt neben Ernst Meumann als einer der Gründungsväter der Pädagogischen Psychologie.

Literatur
Ewert, O. (1998): „Die Pädagogik muß ihr eigenes Brot backen“. In: Jahnke, J. (Hg.): Psychologiegeschichte. München u.a., 285-292.

Andreas Krapp

Mütterlichkeit

Mütterlichkeit als normatives Konzept, als ein spezifischer weiblicher Habitus und als bestimmter Modus weiblichen Handelns entstand mit der modernen bürgerlichen Familie und der darin angelegten klaren Trennung von Innen und Außen, Privat und Öffentlich, von Funktions- und Arbeitsteilung sowie einer hierarchischen Ordnung zwischen Männern und Frauen, Vätern und Müttern. Historisch kommt es in Preußen zu Beginn des 19. Jahrhunderts zu zwei entscheidenden kulturellen Revolutionen: Zum einen wird in literarisch und akademisch gebildeten Kreisen eine Vorstellung von Gattenliebe und partnerschaftlicher Ehe entwickelt, die einhergeht mit einer romantischen Idealisierung alles Weiblichen – damit auch der Mutterschaft –, zum anderen entsteht im deutschen Bildungsbürgertum aber auch ein Berufsbegriff, der Bildung und Arbeit untrennbar miteinander verbindet und so als Vorgänger des modernen Professionsverständnisses gilt. Als Teil des öffentlichen Raums ist Beruf selbstverständlich Männern vorbehalten. Den Frauen wurde dagegen der Beruf der Mutter angeboten, ein Begriff, der an den emphatischen Berufsbegriff des Bildungsbürgertums an- und eine Vorstellung von Bildung und weiblicher Arbeit einschloss. Der weibliche Beruf allerdings verzichtete auf anerkannte Zertifikate und damit auf gesellschaftliche Positionierungs- und Partizipationschancen. Der Beruf der Mutter und Mütterlichkeit als berufliche Kompetenz sind vielmehr ein Ergebnis des Ausschlusses von Frauen aus der Öffentlichkeit und ihres Einschlusses im privaten Raum der Familie.

Diese Vorstellung von den Aufgaben der Mutter entwickelte sich im Bildungsbürgertum, wo sich bereits die Zwei-Generationen-Familie durchgesetzt hatte und die Frau nicht über Dienstboten und Gouvernanten, mit denen sie die Haus- und Mutterarbeit hätte teilen können, verfügte. So entstand hier das für Deutschland bis heute bestimmende Bild der für alles allein zuständigen Mutter.

Diese Entwicklung in Deutschland unterscheidet sich von der in Frankreich, wo sich das Mutterbild stärker an dem großbürgerlichen Familienmodell orientierte, oder in Skandinavien, wo bis weit ins 20. Jahrhundert hinein eine agrarisch eher gleichberechtigte Arbeitsteilung im Geschlechterverhältnis bestimmend war, aber auch von der in den Vereinigten Staaten von Amerika (USA), wo sich die klare Zuweisung von Geschlechtscharakteren erst um die Wende ins 20. Jahrhundert ausdifferenzierte. Solche historisch begründeten kulturellen Unterschiede haben ihre Auswirkungen bis heute und können in ihrer Nachhaltigkeit gar nicht überschätzt werden.

Das deutsche Verständnis der Generationenbeziehung basiert somit auf einer verantwortungsethisch bestimmten Mutterschaft, nach der der Mutter in erster Linie eine die gesellschaftliche Kälte kompensierende emotionale und auf Mutterliebe basierende Funktion zugeordnet wird. Dieses Mutterbild hat sich bis in die kleinbürgerlichen und proletarischen Schichten und Klassen durchsetzen können.

Die einseitige Zuordnung von Mütterlichkeit zum weiblichen Geschlecht – als normative Erwartung an, aber auch als Fähigkeit und Bereitschaft zu emotionaler Nähe und Bindung sowie Geduld und Zurückhaltung – sichert nicht nur hierarchische Genderstrukturen, sondern begrenzt auch die Entwicklung entsprechender männlicher Kompetenzen. Mütterlichkeit wird immer noch ohne die Frage nach der Eigentümlichkeit der Väterlichkeit diskutiert. Die vor allem in den USA und Skandinavien virulenten Auseinandersetzungen über die Aufgaben der Männer im Generationsverhältnis sind in Deutschland kaum rezipiert.

Die Beziehung einer Mutter zu ihrem Kind hat sehr viele Ähnlichkeiten zur Beziehung eines Professionellen zu seinem Klienten – und sehr viele Unterschiede. Professionelles Handeln greift in die materielle und soziale, die physische und psychische Existenz eines Menschen ein, es wird durch Freiwilligkeit des Klienten und durch ein Arbeitsbündnis zwischen Professionellem und Klienten legitimiert, das auf gegenseitigem Vertrauen und Respekt sowie auf einem hohen Maß von Verantwortlichkeit basiert. Es ist nicht nur der Unterschied zwischen privat und öffentlich, persönlich und beruflich, exklusiv und universell, emotional-expressiv und gefühlskontrolliert. Mütterlichkeit und Profession unterscheiden sich vor allem in Bezug auf das spezifische Wissen. Dieses ist notwendig, um das eigene Handeln und das des Klienten in der professionellen Beziehung ständig neu zu reflektieren, zu begründen, zu kritisieren – mit anderen Worten zu kontrollieren. Die Paradoxie von Nähe und Distanz, von Wissen und Ungewissheit, die hier auftritt, ist eben nicht durch mütterliche Herzlichkeit zu überwinden, sondern nur professionell auszuhalten, zu balancieren und zu gestalten.

Literatur

Mayer, C. (1996): Zur Kategorie „Beruf" in der Bildungsgeschichte von Frauen im 18. und 19. Jahrhundert. In: Glumpler, E./Kleinau, E. (Hg.): Frauen in pädagogischen Berufen. Bd. 1. Bad Heilbrunn, 14-38. – Schütze, Y. (1991): Die gute Mutter. Bielefeld. – Wunder, H./Vanja, C. (1991): Wandel der Geschlechterbeziehungen zu Beginn der Neuzeit. Frankfurt.

Ursula Rabe-Kleberg

Multikulturelle Gesellschaft

Mit dem Beiwort multikulturell verbinden sich sehr unterschiedliche Konnotationen im öffentlichen, im politischen und im wissenschaftlichen Sprachgebrauch. In der Öffentlichkeit, insbesondere in politischen Debatten wird multikulturell in einem präskriptiven, programmatischen Sinne gebraucht – also mit dem Verständnis, dass das Wort eine normative Vorstellung darüber enthalte, wie die Gesellschaft gestaltet sein sollte und wie Menschen am besten miteinander umgehen. In diesem Sinne wird der Begriff in politischen Debatten und der Medienberichterstattung zyklisch wiederkehrend verwendet, und zwar meist im Kontext der Skandalisierung von Ereignissen, die in einer vom Alltagsverstand geprägten Sicht auf kulturelle Ursachen zurückzuführen sind. Ein Beispiel hierfür ist die in regelmäßigen Abständen, etwa vor Wahlen öffentlich hochgespielte Berufung auf den Islam. Mit diesem werden Wertvorstellungen verbunden, die ihn im einen Extrem der deutschen Gesellschaft selbstverständlich zugehörig sehen, im anderen Extrem als nicht integrierbar.

Im Gegensatz zu dieser stark normativ und ideologisch geprägten Art und Weise der Verwendung wird in der interkulturellen Erziehungswissenschaft ein deskriptiver Gebrauch vom Begriff der multikulturellen Gesellschaft gemacht. Hier wird lediglich darauf verwiesen, dass Menschen verschiedener kultureller Traditionen in einer Nation zusammenleben. Dieser Zustand ist historisch nicht neu, sondern ein immer schon dagewesenes Grundmerkmal von Nation als gesellschaftlicher Ordnungsform. Kenntlich wird dies am Begriff der Minderheiten, in dem angezeigt ist, dass eine nationale Gesellschaft stets aus Gruppen verschiedener kultureller Traditionen komponiert ist. Im Kontext der Migrationen seit der Mitte des 20. Jahrhunderts jedoch erfährt die kulturelle Komposition von Gesellschaften eine zunehmende Komplexität. Zu den geläufigsten Indikatoren für unterschiedliche kulturelle Traditionen gehören die sprachliche Praxis, religiöse Überzeugungen oder Affiliationen sowie der sozial bedingte Zugang zu kulturellem Kapital.

Literatur

Gogolin, I./Krüger-Potratz, M. ([2]2010): Einführung in die interkulturelle Pädagogik. Opladen.

Ingrid Gogolin

Multivariate Verfahren

Statistische Verfahren, in denen mehrere Variablen (mindestens drei) gleichzeitig untersucht werden, bezeichnet man als multivariat. Als Weiterführung von bivariaten Verfahren können sie die Zusammenhänge zwischen den Variablen und die Einflüsse von Drittvariablen effizienter überprüfen. Es werden grundsätzlich explorative und hypothesenprüfende Verfahren unterschieden. Die Aufgabe der explorativen multivariaten Methoden ist die Entdeckung von Strukturen, die sich in einer Gruppe von Variablen befinden. Im Gegensatz dazu haben die hypothesenprüfenden Verfahren zum Ziel, die aufgestellten Hypothesen bzw. Annahmen zu überprüfen. Zu den am meisten verwendeten Verfahren gehören: (1) die multivariate Regressionsanalyse: Sie ist hypothesenprüfend; die abhängige Variable ist metrisch skaliert, die unabhängige Variable ist ebenfalls metrisch- oder nominalskaliert (Dummy); das Ziel ist eine quantitative Beschreibung des Zusammenhangs zwischen unabhängigen und abhängiger Variable; (2) die Varianzanalyse: sie ist hypothesenprüfend; die abhängige Variable ist metrischskaliert, bei MANOVA (multivariate analysis of variance) gibt es mehr als zwei metrische Variablen; unabhängige Variablen sind nominalskaliert, bei ANCOVA (analysis of co-variance) gibt es zusätzlich metrisch skalierte unabhängige Variablen; Ziel ist die Überprüfung der Mittelwertunterschiede zwischen Faktoren; (3) die explorative Faktoren- und Hauptkomponenten- analyse: Sie ist

explorativ angelegt; alle Variablen sind metrischskaliert, Ziel ist die Dimensions- bzw. Variablenreduktion; (4) Strukturgleichungsmodelle (LISREL, linear structural relationships): Sie sind hypothesenprüfend angelegt; es gibt mehrere unabhängige und abhängige metrisch skalierte Variablen; Varianten sind die Pfadanalyse und die konfirmatorische Faktorenanalyse; Ziel ist die Untersuchung der Zusammenhänge zwischen latenten Variablen; (5) die Kontingenztabellenanalyse: Sie dient ebenfalls der Hypothesenprüfung auf der Basis unabhängiger und abhängiger nominalskalierter Variablen; Ziel ist die Überprüfung des Zusammenhangs zwischen Spalten- und Zeilenobjekten.
Über die Wahl eines geeigneten Verfahrens entscheidet neben der Fragestellung und der Art der Daten die Frage, ob im Zentrum des Interesses die Merkmale selbst oder die Merkmalsträger bzw. die Objekte stehen. Zur multivariaten Typisierung von Objekten dienen unterschiedliche Verfahren der Clusteranalyse.

Literatur

Backhaus, K. u.a. (2003): Multivariate Analysemethoden. Berlin.

Radoslaw Huth

Museumspädagogik

Museen haben neben dem Sammeln, Bewahren und Forschen auch die Aufgabe der Ausstellung und Vermittlung. Hier hat die Museumspädagogik ihren Ansatzpunkt. War für die Kunstmuseen lange Zeit die Aura des Kunstwerks von besonderer Bedeutung, und waren Museen eher Musentempel, hat sich zu Beginn des 20. Jahrhunderts die Idee des Museums als Bildungsstätte durchgesetzt. Prominent sind in diesem Bereich im ersten Drittel des 20. Jahrhunderts insbesondere Alfred Lichtwark, Georg Kerschensteiner und Adolf Reichwein hervorgetreten. In den 1970er Jahren wurde in Absetzung von der Vorstellung von Museen als Musentempeln der Bildungsaspekt erneut stark betont. Museen sollten Lernorte werden, die der Aufklärung dadurch dienen sollten, dass die Objekte in Bezug zur gegenwärtigen Wirklichkeit gesetzt werden, wobei die Objekte, wie die Betrachter auch, als Produkte der historischen Entwicklungen zu betrachten seien.
Die jüngeren Entwicklungen sind einerseits gekennzeichnet von einer Zunahme der Museen und der Besucherzahlen, andererseits von der Erkenntnis, dass soziale Unterschiede, aber auch Geschlechts- und Altersunterschiede der Besucher sowie das Besucherverhalten und die Veränderung der Wahrnehmung bei der Vermittlung zu berücksichtigen sind. Jugendliche, Unterschichtenangehörige und Männer gehen eher in Natur- und Technikmuseen, Angehörige der Bildungselite und Frauen besuchen häufiger Kunstmuseen. Außerdem wird mit steigender Zahl der Kinder in Familien der Museumsbesuch seltener. Besucher eines Museums verweilen im Durchschnitt acht Sekunden vor einem Objekt. Hinzu kommt eine zunehmende Erlebnis- und Eventorientierung (z.B. Lange Nacht der Museen), die auch zu einer anderen Besucherstruktur führt: Der Museumsbesuch wird zu einer Selbstdarstellung von Lebensstilen, das Museum vom Lernort zu einer Unterhaltungsstätte.
Museumspädagogik ist zuständig für die Fragen der Besucherorientierung und der museumsspezifischen Vermittlungsarbeit. Sie ist darum bereits bei der Konzeption und Realisierung von Ausstellungen in Museen einbezogen. Zu ihren Aufgaben gehören die Analyse der Zusammensetzung und Bedürfnisse des Publikums, die darauf basierende Entwicklung angemessener Programme, die Ermöglichung des Zugangs für unterschiedliche Besuchergruppen durch differenzierte Angebote, die Entwicklung und Umsetzung personaler und medialer Vermittlungskonzepte, die Etablierung von Schnittstellen zwischen Museen und anderen Bildungs- und Kultureinrichtungen sowie die regelmäßige Evaluation der Vermittlungsangebote im Hinblick auf ihre Wirksamkeit und Qualität. Dabei setzt sich seit einiger Zeit eine handlungsorientierte Museumspädagogik durch, die weggeht von der bloßen Rezeption. Das Spektrum der museumspädagogischen Tätigkeiten ist also breit und reicht von Fragen der Gestaltung der Ausstellung (z.B. Objektbeschriftungen, Sitzgelegenheiten, Wegführungen) und personalen Vermittlungsformen (z.B. Gruppenführung, Vorträge, Gesprächskreise) bis hin zu mediengestützten individualisierten Führungen mit sog. Audioguides, von der bloßen Betrachtung und Rezeption bis hin zu die Eigenaktivitäten der Besucher herausfordernden Arbeitsformen (z.B. Mitmachaktionen, historisches Spiel oder Reenactment, musikalische, künstlerische oder literarische Zugangsweisen, Experimente, Hands-on-Elemente), und sie schließen die Evaluation der Vermittlungsformen ein (z.B. durch Befragungen oder Besucherbücher).
Zielgruppen der Museen und der Museumspädagogik sind dabei nicht allein Kinder oder Jugendliche,

wie man aufgrund der Bezeichnung als Museumspädagogik vermuten könnte, sondern auch Erwachsene, wobei weitere Differenzierungen zu berücksichtigen sind (Intensität und Motivation des Museumsbesuches, Alter, Bildungshintergrund und Herkunft der Besucher). Die Umsetzung der verschiedenen Aspekte der Museumspädagogik setzt außerdem entsprechende räumliche Bedingungen und technische Ausstattungen voraus.
Die museumspädagogische Arbeit ist in den Museen unterschiedlich verankert, von gesonderten Abteilungen mit einschlägig qualifiziertem Personal bis hin zu neben- oder ehrenamtlich tätigen Einzelpersonen. In größeren Städten sind darüber hinaus auch sog. Museumspädagogische Dienste zu finden, die für die Museen Dienstleistungen erbringen. Einen spezifischen Ausbildungsgang zum Museumspädagogen gibt es in der Bundesrepublik Deutschland nicht. Museumspädagogen bringen in der Regel unterschiedliche Voraussetzungen fachwissenschaftlicher, pädagogischer und museologischer Art mit, die im Rahmen der Tätigkeit und in Weiterbildungsmaßnahmen weiter entwickelt werden. Die Interessen der Museumspädagogen in Deutschland vertritt der Bundesverband Museumspädagogik (museumspaedagogik.org).

Literatur
Deutscher Museumsbund e.V./Bundesverband Museumspädagogik e.V. (Hg.) (2008): Qualitätskriterien für Museen. Berlin. – Vieregg, H. (1991): Vorgeschichte der Museumspädagogik. Münster u.a. – Weschenfelder, K./ Zacharias, W. ([3]1992): Handbuch der Museumspädagogik. Düsseldorf.

Klaus-Peter Horn

Muthesius, Hans (1885-1977)

Muthesius studierte Jura in Grenoble, Berlin und Jena, wo er 1909 mit einer Arbeit über die Reichsgewerbeordnung promoviert wurde. Ab 1914 war er Magistratsassessor in Berlin-Schöneberg, ab 1917 als Stadtrat zuständig für die Armendirektion und die Jugendfürsorge. 1925 wurde er Mitglied des Vorstandes der Deutschen Akademie für soziale und pädagogische Frauenarbeit, aus dem er 1933 entlassen wurde. Bis 1935 war er Referent in der Geschäftsstelle des Deutschen Vereins für öffentliche und private Fürsorge. In der Zeit von 1935 bis 1939 war Muthesius beim Rechnungshof des Deutschen Reiches tätig, danach arbeitete er bis 1945 als Referent für Fürsorgewesen im Reichsinnenministerium. 1946 nahm er seine Tätigkeit beim Deutschen Verein für öffentliche und private Fürsorge wieder auf und stieg zum Fürsorgepolitiker auf. 1950 wurde er Vorsitzender der Arbeitsgemeinschaft für Jugendpflege und Jugendfürsorge und des Deutschen Vereins. 1953 ging er in den Ruhestand. 1956 erhielt er eine Honorarprofessur an der Universität in Frankfurt am Main, wo er noch mehrere Jahre lehrte.
Muthesius war vielfältig im Bereich der Sozialen Arbeit tätig. Mit Blick auf die Tätigkeit von Muthesius in der Zeit des Nationalsozialismus – er vertrat sozialrassistische Auffassungen und setzte sie in seinem Wirken vor allem im besetzten Polen im Zweiten Weltkrieg um – hat der Deutsche Verein sich von dem lange Jahre als Galionsfigur wahrgenommenen Muthesius distanziert.

Literatur
Schrapper, C. (1993): Hans Muthesius (1885-1977). Münster.

Kurt Schilde

Mutismus

Mutismus (lateinisch: mutus = stumm) ist das markante Symptom einer kommunikativen Störung im Kindesalter: Ein Kind spricht nicht mehr zu Personen, obwohl es die Fähigkeit dazu hatte; dazu kann es sich bewegungslos und ausdruckslos verhalten und nicht auf Anweisungen oder Angebote reagieren. Die Häufigkeit dieser Störung beträgt ca. eins pro Tausend, mehr Mädchen als Jungen sind betroffen (ca. 3:1); in der Regel entsteht sie in der Vorschulzeit. Der Kommunikationsabbruch kann unterschiedlich weit sozial ausgreifen und unterschiedlich intensiv sein. In der Regel ist Sprechen in der Kernfamilie erhalten, allerdings nicht vor anderen Mithörern; das Sprechen zu Verwandten wird eingestellt, kann aber bei befreundeten Kindern erhalten bleiben. Das Kind verständigt sich eventuell durch Hinweiszeichen, während jede lautliche Äußerung ausbleibt (Lachen, Weinen, Ausdruck von Schmerzempfinden). Im Unterschied zu einer Sprechscheu sind Aufforderungen zum Sprechen wirkungslos, und auch in einer Notsituation bleibt Sprechen weitgehend unterdrückt. Der schweizer Kinder- und Jugendpsychiater Moritz Tramer unterscheidet 1934 zwischen elektivem Mutismus (lateinisch: electus = ausgesucht, gewählt) und totalem Mutimus. Die noch seltenere Form des totalen Mutismus bedeutet ein gänzliches Verstum-

men des Kindes gegenüber allen Personen, dabei ist von einer schweren psychologischen Belastung auszugehen (massive innerfamiliäre Konflikte, traumatisierende Erfahrungen). Elektiver Mutismus ist keine willkürliche Trotzreaktion. Die neuere Bezeichnung selektiver Mutismus respektiert mehr die psychologische Hemmung, sprachlich zu reagieren.
Schon wegen der geringen Inzidenz ist Mutismus in Ursachen und Therapie schwer zu erforschen. Bisherige Veröffentlichungen erlauben ein vorläufiges funktionales Modell zur Entstehung, Entwicklung und Intervention. (a) In seiner biologischen Prädisposition ist das betroffene Kind scheu, sensibel, ängstlich, mit langer Anwärmzeit bei Fremden und es besteht eventuell eine sprachlich-diskursive Schwäche. Verstärkend wirken familiäre Muster wie Stress-Bewältigung durch Abkapselung, eine intensive und überbeschützende Mutter-Kind-Bindung, geringe Außenkontakte der Familie oder Ablehnung einer fremden Sprache und Kultur im Fall von Immigration. (b) Mutismus wird evident beim Eintritt in den Kindergarten oder die Schule. Durch die Trennungssituation und kommunikative Belastung (z.B. Sprechkritik am Kind wegen Nichtverstehbarkeit) kann es als Regression zur Kommunikationsverweigerung kommen (primäre Abwehr). (c) Bei jahrelangem Weiterbestehen wird das Kind in seiner sozial-phobischen Rolle sozialisiert. Die subjektiv existentielle Gefährdung des Kleinkindes transformiert sich in eine intensive irreale Fiktion der Bedrohlichkeit und des Sprechunvermögens, die im Widerspruch zum Entwicklungsstand der realen Kompetenzen des Kindes steht. Das Symptom ist für Eltern extrem beeindruckend und belastend. Als Sekundärgewinn erlebt das Kind so Macht in der Kontrolle seiner Eltern, ihrer Resonanz des Mitleidens, der Aufmerksamkeit und der Unterstützung seines bequemen Lebensweges. Das Kind entwickelt eine intensive Selbstüberwachung (sekundäre Abwehr), sich nicht bei der Sprechfähigkeit ertappen zu lassen. So entwickelt es starke Resistenzen gegenüber Sprechanforderungen mit dem Register der Leidensdarstellung.
Eine möglichst frühe Therapie ist notwendig, denn Schul- und Sozialentwicklung sind durch selektiven Mutismus gefährdet. Selbst wenn sich Mutismus mit zunehmendem Alter verliert, bleibt häufig eine soziale Gehemmtheit zurück. Therapeutisch effektiv ist eine Kombination aus Verfahren zum Selbstausdruck, zur sozialen Aktivierung und der Beziehungsherstellung sowie dosierten Sprechanforderungen, die mit Hilfe der Eltern durchzusetzen sind. Nach der psychologischen und sprechorientierten Arbeit folgt die Übertragung auf das Sprechen mit der Lehrerin und der Schulklasse. Im Alltag wird Sprechen eher gegenüber völlig fremden Personen möglich. Selektiver Mutismus ist zu unterscheiden von Mutismus bei den organisch bedingten Formen der Kinderaphasie und Autismus oder der Stress-Reaktion nach einem psychologischen Trauma.

Literatur
Hartmann, B. (2006): Gesichter des Schweigens. Idstein. – Katz-Bernstein, N. (2005): Selektiver Mutismus bei Kindern. München.

Rolf-Walter Bindel

Myanmar → Ostasiatische Staaten

N

Nachhaltigkeit

Die Nachhaltigkeitsdebatte hat ihren Ursprung im Umweltschutz: Danach sollen regenerierbare Ressourcen nur in dem Umfang genutzt werden, in dem die Bestände natürlich nachwachsen können. Ende der 1980er Jahre entstand das Ziel der nachhaltigen Entwicklung als langfristige politische Strategie. Der Brundtland-Bericht über Nachhaltige Entwicklung der Weltkommission für Umwelt und Entwicklung, aus dem Jahre 1987 orientiert sich an drei normativen Prinzipien: Bewahrung der Umwelt, soziale Gerechtigkeit und politische Partizipation. In der Agenda 21 (Rio de Janeiro, 1992) wurde dieses Leitbild in ein globales Aktionsprogramm mit drei Schwerpunkten übertragen: (1) soziale und ökonomische Nachhaltigkeit (z.B. Armutsbekämpfung, neue Produktions- und Konsumweisen, Gesundheitsförderung); (2) ökologische Nachhaltigkeit (z.B. Klima, Boden, Wasser, Ökosysteme); (3) Partizipation wichtiger Akteursgruppen (vor allem Frauen, Kinder/Jugendliche, Indigene/Einheimische, Kommunen, bürgerschaftliche Initiativen, Professionelle/Wirtschaftsakteure Wissenschaft/Technik, Bauern). In der Istanbul-Erklärung über menschliche Siedlungen (UN-Habitat-Konferenz 1996) wurden diese Handlungsansätze auch in die lokale Stadt- und Siedlungsentwicklung übernommen. Auf dieser Grundlage kommen Nachhaltigkeitssstrategien in der Stadtentwicklung zur Anwendung; in Deutschland ist besonders das Bund-Länder-Programm Soziale Stadt zu nennen. Im Dialog zwischen kommunaler Verwaltung, Wohnbevölkerung und wichtigen lokalen Akteuren werden integrierte Handlungskonzepte der sozialen Stadtentwicklung erarbeitet. Gebündelt und unter Nachhaltigkeitssgesichtspunkten aufeinander abgestimmt werden Maßnahmen der Arbeitsmarkt- und Strukturpolitik, der Wirtschaftsförderung und lokalen Ökonomie, der Stadterneuerung und des Wohnungsbaus, des Umweltschutzes und der Ökologie, der Gesundheitsförderung, der Kriminalprävention, der sozialen und kulturellen Infrastrukturplanung sowie Vernetzung von Einrichtungen unterschiedlicher Ressorts (z.B. Schulen, Jugendhilfe und Gesundheitswesen), der Integration von Einheimischen und Migranten sowie des Netzwerkaufbaus.

Literatur

Grunwald, A./Kopfmüller, J. (2006): Nachhaltigkeit. Frankfurt, New York.

Herbert Schubert

Nachhilfeunterricht

Unter Nachhilfeunterricht (englisch tutoring) versteht man einen außerhalb des regulären Schulunterrichts und zusätzlich zu ihm stattfindenden, mehr oder weniger regelmäßigen und häufig vorübergehenden Einzel- oder Gruppenunterricht durch Lehrer, Studenten, Schüler und Laien zum Zwecke einer dem Schulunterricht nachfolgenden Erfolgssicherung in bestimmten Unterrichtsfächern. Unter den Begriff fallen also nicht innerschulische Formen, wie z.B. besondere Stütz- und Förderkurse oder die Einrichtung von Silentien, Schülertutorien oder ähnliches. Weiterhin ist ein Nachhilfeunterricht, der durch Familienmitglieder oder Freunde unentgeltlich geleistet wird, von einem außer Haus stattfindenden und bezahlten Nachhilfeunterricht zu unterscheiden.

Die Verbreitung von Nachhilfeunterricht ist vergleichsweise gut dokumentiert. Aufgrund unterschiedlicher Studien darf man davon ausgehen, dass in Deutschland jedes dritte Schulkind Erfahrungen mit Nachhilfeunterricht hat. Die mitgeteilten Zahlenangaben schwanken je nach Schulart erheblich. Genaueste Angaben lassen sich über das Gymnasium machen, das auch Spitzenreiter ist. Der Anteil der Gymnasiasten mit Nachhilfeerfahrung wird zwischen einem Drittel und etwas über 50% angegeben. In den letzten 40 Jahren ist der prozentuale Anteil an Nachhilfeunterricht nehmenden Gymnasiasten konstant geblieben. Dass Nachhilfe nicht allein ein Phänomen der Halbtagsschule ist, zeigen die Ergebnisse in anderen Ländern und Schulsystemen. Da weltweit die Schule als Institution für die Zuweisung von Berufs- und Lebenschancen begriffen wird und damit viele Eltern versuchen, ihren Kindern einen erfolgreichen Schulabschluss zu ermöglichen,

scheint Nachhilfeunterricht ein weltweit verbreitetes und gängiges Phänomen zu sein.
Als die beiden klassischen Nachhilfemotive gelten die Verbesserung der Schulleistung und der Ausgleich von Leistungsschwächen, wie z.B. Lese-Rechtschreib-Schwäche oder Rechenschwäche. Die in Deutschland am häufigsten nachgefragten Fächer sind Mathematik, Englisch und Deutsch; Nachfragemaxima liegen an sensiblen Schnittstellen (Wechsel zu weiterführenden Schulen oder Schulabschlüsse). Neuere wissenschaftliche Untersuchungen weisen darauf hin, dass mit der Kommerzialisierung von Nachhilfeunterricht die Chancenungleichheit (Bildungskauf als Privileg) steigt.
Die Frage der Effektivität ist in der Forschungsliteratur ein weitgehend vernachlässigtes Thema. Deshalb können die vorliegenden Studien nur einige Trends anzeigen. Insgesamt überwiegen positive Bewertungen. Nachhilfeunterricht wird von den Beteiligten mehrheitlich als effektiv angesehen. Als positive Folgen werden vor allem Motivationssteigerung, verstärkte Lernfreude und erhöhter Arbeitseinsatz für schulische Belange genannt.
Als Wirkfaktoren gelten kognitive Faktoren wie Vorwissen und Lernstrategien, motivationale Faktoren wie individuelle Bezugsnormorientierung, Instruktionsquantität (time on task) und selbstkontrolliertes Lernen.
Aufgrund der bestehenden Bedingungen von Schule und Gesellschaft scheint die Nachfrage nach Nachhilfeunterricht gesichert zu sein. Einerseits wird vorhandener Nachhilfebedarf durch das Schulsystem täglich produziert. Solange man in der Schule von der Zensurenskala und der Gaußschen Kurve ausgeht, ist die Produktion von sog. Versagern ein notwendiges Ergebnis. In Folge dessen werden immer einige Schüler der Gruppe der schlechten Schüler zugeordnet, die dann eben wiederum Nachhilfeunterricht brauchen. Andererseits wird Familien eine Alternative für die nachmittägliche Hausaufgabenbetreuung geboten, ein Markt, den seit einigen Jahren kommerzielle Nachhilfeinstitutionen flächendeckend bedienen, indem sie in Kleingruppen Hauaufgabenbetreuung mit individueller Hilfe gemeinsam anbieten.
Die Zukunft wird zeigen, inwieweit neben dem traditionellen Einzelunterricht durch einen Nachhilfelehrer und dem Gruppenunterricht in einem Nachhilfeinstitut heute mit der Verbreitung des world wide web als dritte Variante ein computergesteuertes Nachhilfewesen hinzukommt.

Literatur
Behr, M. (1990): Nachhilfeunterricht. Darmstadt. – Dohmen, D. u.a. (2008): Was wissen wir über Nachhilfe? Berlin. – Haag, L. (⁴2010): Nachhilfeunterricht. In: Rost, D. H. (Hg.): Handwörterbuch Pädagogische Psychologie. Weinheim, 591-599. – Rudolph, M. (2002): Zur Kritik der außerschulischen Lernbegleitung. Bad Heilbrunn.

Ludwig Haag

Nähe und Distanz

Mit den Begriffen Nähe und Distanz werden meist Interaktionsprozesse zwischen Professionellen und Adressaten analytisch in den Blick genommen. Nähe und Distanz sind keine objektiv beschreibbaren Kategorien, sondern nur relational zu deuten. In diesem Sinne geht es um das angemessene Verhältnis von Nähe in der Beziehungsstrukturierung auf der einen Seite und Distanzierungsmomenten zwischen Professionellen und Adressaten Sozialer Arbeit auf der anderen Seite. Eine zu nahe Beziehung zu Adressaten kann dabei ebenso als misslungen interpretiert werden wie eine zu distanzierte Beziehung. Das Begriffspaar von Nähe und Distanz hat vor allem im Zuge der Professionalisierungsdiskussion in der Pädagogik Einzug in die Fachdebatte erhalten. Nähe und Distanz werden dabei als dichotome Pole gefasst, die in einem Spannungsfeld zueinander stehen. Je nach theoretischer Grundlage wird dieses Spannungsverhältnis entweder als paradoxe, antinomische oder widersprüchliche Struktur gefasst. In jedem Fall beschreibt aber die reflexive Vermittlung dieser unauflösbaren Einheit von Nähe und Distanz einen Kern professionellen Handelns. Professionelle Pädagogen müssen einerseits formale Berufsrollen kompetent ausfüllen, andererseits jedoch auch zugleich vertrauensvolle, affektiv aufgeladene und nur begrenzt steuerbare Beziehungen zu den Adressaten Sozialer Arbeit zulassen. Mit diesem schwierigen Unterfangen des Ausbalancierens von spezifischen Berufsrollen und diffusen Beziehungsanteilen wird die Professionalisierungsbedürftigkeit pädagogischen Handelns u.a. begründet. Nähe und Distanz werden jedoch nicht ausschließlich auf einer interpersonellen Ebene verortet, sondern beschreiben auch gruppenspezifische und organisationskulturelle Rahmenbedingungen jenseits des pädagogischen Arbeitsbündnisses im engeren Sinne.

Literatur
Oevermann, U. (2002): Professionalisierungsbedürftigkeit

und Professionalisiertheit pädagogischen Handelns. In: Kraul, M./Marotzki, W./Schweppe, C. (Hg.): Biographie und Profession. Bad Heilbrunn, 19-63.

Gunther Graßhoff

Namibia → Sub-Saharisches Afrika

Napola → Nationalpolitische Erziehungsanstalten

Narrationsanalyse

Die Narrationsanalyse ist ein im Rahmen qualitativer Sozialforschung etabliertes sequenzanalytisches Verfahren zur Auswertung narrativer Interviews, das aus Stegreiferzählungen selbsterlebter Geschichten Erkenntnisse über Prozessstrukturen individueller biografischer Verläufe und sozialer Handlungszusammenhänge zu gewinnen sucht.

Die Narrationsanalyse ist wie das narrative Interview selbst in den 1970er Jahren von Fritz Schütze und seinen Mitarbeitern im Zuge einer Interaktionsfeldstudie entwickelt worden, die am Beispiel der Gemeindereform kommunale Machstrukturen erforschte und zu diesem Zweck Kommunalpolitiker nicht nur befragte, sondern auch erzählen ließ. Das erkenntnistheoretische Interesse Schützes zielte darauf, die Auswertung solcher Darstellungen, in denen sich biografische Erfahrungen mit Expertenwissen und zeitgeschichtlichen Besonderheiten mischten und die deshalb unterschiedliche Kommunikationsformen wie Erzählung, Argumentation und Beschreibung enthielten, in ein methodisch kontrolliertes Analyseverfahren zu überführen. Als theoretischer Hintergrund dienten ihm der symbolische Interaktionismus und die ethnomethodologische Konversationsanalyse. Die Analyse bezog sich dabei weniger auf das Was, also die Inhalte, sondern vielmehr auf das Wie, die formale Gestaltung der Erzählung, über deren Untersuchung Schütze zu Aussagen über den Forschungsgegenstand zu gelangen versuchte. Daraus entwickelte er ein Analyseverfahren, das sich explizieren ließ und intersubjektiv kontrollierbar wurde.

Die Narrationsanalyse orientiert sich an der theoretischen Annahme, dass gesellschaftliche und individuell konstituierte Sinnstrukturen in einem Wechselverhältnis stehen und dass beide Ebenen in Erzählungen interpretierbar sind. Davon ausgehend zielt die Narrationsanalyse darauf ab, biografische Sinnkonstitutionsprozesse zu erfassen, d.h. zu erforschen, wie Menschen Sinn in Bezug auf sich selbst produzieren und wie sie ihre Lebensgeschichte in Auseinandersetzung mit generalisierten Anderen ausbilden.

Mit der Narrationsanalyse lassen sich in besonderer Weise soziale Phänomene in ihrem Verlauf und ihrer Prozesshaftigkeit erforschen. Autobiografische Erzählungen eröffnen einen Einblick in die subjektiven Erfahrungen und Verarbeitungsformen von sozialer Wirklichkeit. Hierbei liegt der Fokus meist auf der biografischen Identitätsentwicklung. Soziale Ereignisse, gesellschaftliche Wandlungsprozesse, Wechsel der Berufstätigkeit oder Veränderungen in der Familie werden aus der Perspektive der Identitätskonstruktion analysiert. Das erzählende Subjekt, das in diese Ereignisse verstrickt ist, erzählt, beschreibt und argumentiert aus einer ganz persönlichen Erfahrung heraus. Die Prozesshaftigkeit der Identitätskonstruktion, die im Erzählen der gesammelten Erfahrungen zum Ausdruck kommt, eröffnet einen methodisch kontrollierten Zugang zu Veränderungen von Gefühlszuständen, Identitätsentwürfen und ihrer Umsetzung sowie den damit verbundenen institutionellen, familialen und gesellschaftlichen Rahmenbedingungen.

Damit geht die Analyse zugleich über das individuell Erfahrene hinaus und rekonstruiert kollektiv-historische (z.B. Generations-) Erfahrungen. Eine Erzählung biografischer Erfahrung enthält somit nicht nur subjektive Sichtweisen; darin eingelagert sind vielmehr auch soziale und gesellschaftliche Sinnmuster, die die Verwobenheit von Individualbiografie und gesellschaftlicher Wirklichkeit offen legen.

Für Schütze gibt das Erzählen selbsterlebter Geschichten das wieder, als was der Erzähler sich versteht und was er durch die Geschehnisse und die signifikanten Anderen geworden ist. Autobiografische Stegreiferzählungen enthalten narrative Rekonstruktionen der Innenwelt des Subjekts aus dessen damaliger Erlebnisperspektive. Analysiert werden insbesondere Ereignisverstrickungen, Höhe- und Wendepunkte sowie Erlebniszustände. Zum begrifflichen Instrumentarium der Narrationsanalyse gehören die beim Erzählen verwendeten Ordnungsprinzipien bzw. kognitiven Figuren wie Lebensmilieus, Situationen und soziale Welten, die sich darin abspielende Ereignis- und Erfahrungsverkettung sowie die sich darin bewegende eigene Figur, der Ereignisträger.

Die Auswertung von Erzählungen im Rahmen der Narrationsanalyse beginnt mit der Unterteilung des Materials in Erzählsegmente, Subsegmente und suprasegmentale Darstellungszusammenhänge. Im nächsten Schritt wird zwischen den Textsorten Erzählung, Beschreibung und Argumentation unterschieden, wobei den erzählenden Passagen besondere Bedeutung für die Rekonstruktion der Erfahrungsaufschichtung zugemessen wird. Den Hauptteil der Auswertungsarbeit stellt die sog. strukturelle Beschreibung dar, d.h. die sequentiell verfahrende Analyse der einzelnen Segmente, die sich darauf konzentriert, Prozessstrukturen des Lebenslaufs wie biografische Handlungsschemata, institutionelle Ablaufmuster, Wandlungsprozesse und Verlaufskurven herauszuarbeiten. Im anschließenden Auswertungsschritt der analytischen Abstraktion geht es um die Erfassung der biografischen Gesamtformung durch Bestimmung segmentübergreifender Prozessstrukturen, der Verbindungen zwischen biografischen Erfahrungen und sozialen Bedingungen sowie der eigentheoretischen Ausführungen des erzählenden Subjekts. In der Interpretation werden Veränderungen des Selbst, des Erzählers als Biografieträger, herausgearbeitet, um über zentrale Lebensereignisse, Handlungs- und Orientierungsmuster zu Aussagen über die biografische Gesamtformung zu gelangen. Diese wird dann mit anderen biografischen Gesamtformungen verglichen, die im kontrastiven Vergleich zu einer Typologie zusammengeführt werden. Ziel einer solchen vergleichenden Interpretation mehrerer narrativer Interviews, die nach dem Prinzip des Theoretischen Samplings ausgewählt werden, ist eine gegenstandsverankerte Theorie im Sinne der Grounded Theory.

Für die Erziehungswissenschaft ist die Narrationsanalyse von besonderem Interesse, da die Analyse von narrativen Interviews Erkenntnisse über Lern- und Bildungsprozesse der Subjekte erlaubt. Erzählungen eröffnen einen Blick in die Innenseite subjektiver Erfahrung. Insofern sind Lebensgeschichten auch als Lerngeschichten zu begreifen. Die Prozesse der Identitätsbildung und -veränderung, die subjektiven Sinnkonstruktionen können als Lern- oder Bildungsprozesse interpretiert werden. Da pädagogisches Handeln immer einen biografischen Bezug hat und Erziehung eine Form von biografischer Begleitung ist, sind für die Erziehungswissenschaft die biografischen Erfahrungen, die subjektiven Sinnkonstruktionen von großer Bedeutsamkeit. Lebensgeschichtliche Erzählungen enthalten zum Beispiel Erfahrungen mit konkreten Erziehungssituationen, mit Eltern und professionellen Pädagogen, mit denen Lern- und Bildungsprozesse verbunden sind. Auf diese Weise erhält die Erziehungswissenschaft auch einen Einblick in das Handeln von Erziehungspersonen, in das Erleben von Interaktionen in pädagogischen Kontexten und in die Wahrnehmung von Paradoxien, wie beispielsweise in der Schule, die Wissen vermittelt und sozialintegrativ arbeitet, gleichzeitig aber auch an der Reproduktion sozialer Ungleichheit beteiligt ist. Die Teildisziplinen Schulforschung, Erwachsenen- und Weiterbildung, Kindheitsforschung, Jugendpädagogik u.a. nutzen die Narrationsanalyse in vielfältiger Weise, um ihren jeweiligen professionellen Bereich in Bezug auf subjektive Lern- und Bildungsprozesse zu analysieren.

Literatur
Krüger, H.-H./Marotzki, W. (Hg.) (1999): Handbuch erziehungswissenschaftliche Biographieforschung. Opladen. – Schütze, F. (1984): Kognitive Figuren des autobiographischen Stehgreiferzählens. In: Kohli, M./Robert, G. (Hg.): Biographie und soziale Wirklichkeit. Stuttgart, 78-117. – Schütze, F. (1995): Verlaufskurven des Erleidens als Forschungsgegenstand der interpretativen Soziologie. In: Krüger, H.-H./Marotzki, W. (Hg.): Erziehungswissenschaftliche Biographieforschung. Opladen, 116-157.

Jutta Ecarius

Narratives Interview

Das narrative Interview ist ein sozialwissenschaftliches Erhebungsverfahren in der Tradition des interpretativen Paradigmas, das sich besonders für die Rekonstruktion sozialer und biografischer Prozesse eignet. Als prozessanalytisches Verfahren zielt es auf die Geschichte eines Gegenstandsbereiches, die ein Interviewpartner ausgehend von eigenen Relevanzsetzungen gestaltet. Ergebnis ist eine autobiografische Erzählung selbsterlebter Ereignisse, anhand derer soziale Abläufe und lebensgeschichtliche Prozessstrukturen rekonstruiert werden.

Das narrative Interview ist eng mit dem Namen von Fritz Schütze verbunden, der das Verfahren in den 1970er und 1980er Jahren auf der Grundlage erzähl- und kommunikationstheoretischer Arbeiten entwickelt hat. Im Verlauf seiner Geschichte hat sich das narrative Interview vor allem als biografieanalytisches Verfahren etabliert, das für die Analyse von (Ausschnitten aus) Lebensgeschichten herangezogen wird. Um die Geschichte sozialer Beziehungen und

pädagogischer Prozesse zu untersuchen, wird neben autobiografischen Interviews auch mit interaktionsgeschichtlich-narrativen Interviews gearbeitet.
Das Hauptanliegen eines narrativen Interviews besteht darin, den Interviewpartner zum Erzählen zu motivieren und eine Stegreiferzählung eigenerlebter Erfahrungen hervorzubringen. Dem liegt die erzähltheoretische Annahme einer Nähe von Erzählung und früherem Ereignis- und Erfahrungsablauf zugrunde. Die Ordnungsprinzipien des vergangenen Erlebens strukturieren demnach auch die Erfahrungsrekapitulation im narrativen Interview. Eine Stegreiferzählung gibt folglich nicht nur Auskunft über die derzeitige biografische Konstruktion, sondern ermöglicht auch die Analyse der Aufschichtung vergangener Erfahrungen.
Im narrativen Interview kommen auch im Alltag wirksame Gestaltungsprinzipien kommunikativen Handelns zur Geltung, die u.a. sicher stellen, dass eine zusammenhängende Geschichte erzählt wird, die ausreichend Hintergrundinformationen enthält und für den Zuhörer nachvollziehbar ist.
In einem narrativen Interview lassen sich verschiedene Phasen unterscheiden: Der Interviewanfang ist ein Aushandlungsprozess, in dem Aufgaben und Rollen von Interviewer und Erzähler geklärt werden. Die anschließende Erzählaufforderung kann gänzlich offen formuliert sein oder einen thematischen Fokus vorgeben. Wenn die Erzählaufforderung ratifiziert worden ist, folgt die Haupterzählung, in der die Geschichte eines Gegenstandsbereiches entfaltet wird, an dem der Erzähler beteiligt war. Erst wenn diese autobiografische Darstellung mit einer Erzählkoda abgeschlossen ist, können Nachfragen formuliert werden, die sich zunächst an der Chronologie der Erzählung orientieren (immanente Nachfragen) und anschließend auf Bilanzierungen und Bewertungen abzielen (exmanente Nachfragen).
Die Debatte um Reichweite und Grenzen des Verfahrens kreist insbesondere um die Bedeutung des Erzählens als Darstellungsmodus. So verweisen Studien mit Klienten psychiatrischer und sozialtherapeutischer Einrichtungen sowie traumatisierten Personen darauf, dass bei diesen Bevölkerungsgruppen die Fähigkeit biografischen Erzählens eingeschränkt und von institutionellen Deutungsmustern überformt ist. Darüber hinaus wird von Kritikern die Grundannahme einer engen Verbindung zwischen Erzählung und Ereignisablauf in Frage gestellt. Aus ihrer Sicht ist die biografische Selbstdarstellung stark von der Gegenwartsperspektive geprägt und gibt insofern auch nur Auskunft über die derzeitige biografische Konstruktion. Befürworter des Verfahrens halten dem entgegen, dass lebensgeschichtliche Erzählungen durch das Erleben in der Vergangenheit mitkonstituiert seien und sich anhand eines narrativen Interviews der Zusammenhang zwischen der Erfahrung und der Erzählung vergangener Ereignisse rekonstruieren lasse.

Literatur

Jakob, G. ([3]2010): Biographische Forschung mit dem narrativen Interview. In: Friebertshäuser, B./Langer, A./ Prengel, A. (Hg.): Handbuch Qualitative Methoden in der Erziehungswissenschaft. Weinheim, 219-233. – Riemann, G. (2000): Die Arbeit in der sozialpädagogischen Familienberatung. Weinheim. – Schütze, F. (1983): Biographieforschung und narratives Interview. In: neue praxis 13, 283–293.

Gisela Jakob

Nationalerziehung

Nationalerziehung bezeichnet den Prozess der Vermittlung nationalkultureller Werte, Normen, Traditionen, Einstellungs- und Verhaltensmuster durch staatliche oder gesellschaftliche Institutionen. Im Vordergrund steht die Erzeugung eines kollektiven Bewusstseins loyaler Staatsbürger, die sich einer als ethnisch homogen konzipierten Nation zugehörig fühlen sollen. Die Betonung gemeinsamer Merkmale in Sprache, Geschichte und Kultur dient der Konstruktion einer Volksgemeinschaft, die anderen Nationen gegenüber abgrenzbar ist und aus der als nicht zugehörig eingestufte Bevölkerungsteile ausgegrenzt werden können. Ziele und Methoden der Nationalerziehung entspringen zeitbedingten Gesellschaftsutopien und Staatsideologien und sind somit historisch wandelbar. Erste Konzepte entstanden in Deutschland unter dem Einfluss des Philanthropismus Ende des 18. Jahrhunderts. Sie bezweckten die Heranbildung leistungsbereiter, patriotisch gesinnter Untertanen und dienten der feudalistischen Herrschaftssicherung. Im Zuge der Französischen Revolution und der Befreiungskriege kreisten die Diskurse zur Nationalerziehung vor allem um Fragen nach der kulturellen Identität als Voraussetzung einer politischen Einigung der Nation sowie um Möglichkeiten bürgerlicher Partizipation. Der Nationalismus des 19. Jahrhunderts radikalisierte die Debatten um Nationalerziehung, gesteigert bis zur Xenophobie im wilhelminischen Gesinnungsmilitarismus. Die Praxis der Nationalerziehung lässt sich bspw. an Versuchen ihrer Umsetzung im zunehmend verstaatlichten Bildungswesen aufzeigen, am Aktionismus männerbündischer Gesellungsformen sowie an der Inszenierung öffentlich-nationaler Gedenk-, Fest- und Feiertagskultur. Schwierig ist die genaue Abgrenzung von Nationalerziehung gegenüber ähnlichen Begriffen und Konzepten wie Nationalbildung oder Staatserziehung, zumal die inhaltlichen Schnittmengen größer erscheinen als ihre Differenzen. Umstritten ist die Frage, ob nationalerzieherische Elemente dem modernen Erziehungs- und Bildungswesen nicht zwangsläufig inhärent sind.

Literatur

König, H. (1972/73): Zur Geschichte der bürgerlichen Nationalerziehung in Deutschland zwischen 1807 und 1815. 2 Tle. Berlin. – Stübig, H. (2006): Nationalerziehung. Schwalbach.

Wolfgang Gippert

Nationalpolitische Erziehungsanstalten (NPEA)

Die NPEA (umgangssprachlich Napola) waren staatliche Internatsschulen im nationalsozialistischen Deutschland und institutionelle Nachfolger der deutschen Kadettenanstalten, die durch den Versailler Vertrag verboten, jedoch als Staatspolitische Bildungsanstalten (Stabila) weiter geführt worden waren. Die Stabila Plön, Potsdam und Köslin wurden 1933 in NPEA umgewandelt und dem Reichsminister für Wissenschaft, Erziehung und Volksbildung Bernhard Rust direkt unterstellt. Er baute die Schulen aus: 1943 gab es 39 NPEA. Die erste von drei Schulen für Mädchen eröffnete 1939.
Der erste Leiter der Verwaltungsbehörde als Inspekteur der NPEA war Joachim Haupt (1933-1935), der zweite der Obergruppenführer der Schutzstaffel (SS) der Nationalsozialistischen Deutschen Arbeiterpartei (NSDAP) August Heißmeyer (1936-1945). Durch sie standen die NPEA anfangs unter dem Einfluss der Sturmabteilung (SA) der NSDAP, später unter SS-Einfluss.
Konzipiert war die NPEA als achtjährige Oberschule. Abgeschlossen wurde sie mit der Hochschulreife. Ihr Lehrplan richtete sich nach den staatlichen Vorgaben für Gymnasien. Die Schüler wurden von Volksschullehrern vorgeschlagen oder von den Eltern angemeldet. Sie mussten eine einwöchige Aufnahmeprüfung absolvieren. Alle Schüler lebten im Internat. Kosten für den Schulbesuch waren vom Einkommen der Eltern abhängig gestaffelt.
Pädagogisches Programm waren Charakterformung, körperliche Ertüchtigung und Allgemeinbildung. Kennzeichnend waren Gemeinschaftserziehung sowie mehrwöchige Arbeitseinsätze bei Bauern und in Fabriken. Jungen erhielten eine vormilitärische Ausbildung, Mädchen wurden in Hauswirtschaft geschult. Schultracht der Schüler war die HJ-Uniform mit NPEA-Emblem, die Schülerinnen trugen Dirndl.
Ziel der NPEA war es, Einsatzbereitschaft und Gemeinschaftssinn im nationalsozialistischen Sinne zu fördern; in der Elitebildung zur NS-Herrschaftssicherung lag ihre Funktion.

Literatur

Leeb, J. (Hg.) ([7]2005): „Wir waren Hitlers Eliteschüler". München. – Scholtz, H. (1973): NS-Ausleseschulen. Göttingen.

Stefanie Jodda-Flintrop

Nationalsozialistische Frauenschaft (NSF)

Die NSF wurde 1931 als Zusammenschluss der Frauen in der Nationalsozialistischen Deutschen Arbeiterpartei (NSDAP) gegründet, da die Partei selbst nur noch Männern offen stand. Ab 1933 konnten alle sog. arischen deutschen Frauen in die NSF eintreten (Jüdinnen waren ausgeschlossen); insbesondere sollten dies alle NS-Führerinnen tun, was aber keineswegs geschah. Die NSF war eine Gliederung der NSDAP, damit ohne Budgetrecht. Sie arbeitete eng mit dem Deutschen Frauenwerk (DFW), dem Dachverband der 1933 gleichgeschalteten deutschen Frauenvereine, zusammen. Das DFW war ein der NSDAP angeschlossener Verband, daher mit eigenem Budget. Beide Verbände wurden von 1934 bis 1945 in Personalunion von Gertrud Scholtz-Klink (Reichsfrauenführerin) geführt, figurierten formal unter NSF/DFW und konnten praktisch nicht mehr auseinandergehalten werden. 1936 gründete die NSF eigene Jugendgruppen für 18- bis 30jährige.
Ihren Anspruch auf weltanschauliche, kulturelle und volkswirtschaftliche Führung der deutschen Frauen konnte die NSF nicht gegen die anderen zuständigen Parteiorganisationen (Deutsche Arbeitsfront, Bund Deutscher Mädel, Reichsarbeitsdienst für die weibliche Jugend) durchsetzen. Sie arbeitete randständig in den Sektoren Hauswirtschaft und Wohlfahrt, bot Schulungen insbesondere im Bereich der staatlich propagierten Mütterschulung und Hilfen an.

Die NSF propagierte und bediente ein ideologiekonformes Frauenbild wie sonst nur noch die Reichsbauernschaft: die deutsche, d.h. arische Frau, dem heimischen Herd, dem Mann und der Mutterschaft verpflichtet, von straffem Auftreten und altbackenem germanisierenden Erscheinungsbild (geflochtenes blondes Haar, schlichte lange Kleidung, keinerlei Make-up). Ihre Lebenswelt war handwerklich und bäuerlich; Haus-, Pflege- und Sozialarbeit sowie Landwirtschaft waren das ihr zugestandene Berufsfeld.
Mit diesem Frauenbild wirkte die NSF in die deutsche Gesellschaft hinein. Sie war ansonsten politisch unbedeutend.

Literatur
Semmelroth, E./Stieda, R. v. (Hg.) (1934): NS-Frauenbuch. München. – Stephenson, J. (1981): The Nazi Organisation of Women. London.

Gisela Miller-Kipp

Nation-building

Der Begriff nation-building bezieht sich auf ein modernes Verständnis von Nation, das seine Ursprünge im Europa des 19. Jahrhunderts hat. Der Begriff wurde insbesondere von dem amerikanischen Historiker Benedict Anderson geprägt, der die Nation gleichsetzt mit der Staatsnation, die alle Staatsbürger eines territorial verfassten politischen Systems umfasst und eine zentrale Staatsmacht und Verwaltung aufweist. Die legitimatorische Basis der Staatsnation ist die sog. imagined community, die von vielen Menschen geteilte Vorstellung, einer Gemeinschaft anzugehören, auch wenn sich die Mitglieder dieser Gemeinschaft nicht persönlich kennen. Die moderne Schule leistet einen zentralen Beitrag zur Realisierung und Reproduktion dieser imagined community, indem sie die Bildung einer nationalen Identität unter den Bürgern eines Nationalstaates fördert, zum Beispiel über den primären Gebrauch der Nationalsprache als Unterrichtssprache.

Literatur
Anderson, B. (1988): Die Erfindung der Nation. Frankfurt.

Sabine Hornberg

Natorp, Paul (1854-1924)

Natorp studierte Philologie und Geschichte in Bonn, Berlin und Straßburg. Nach einigen Jahren als Lehrer und Hilfsbibliothekar habilitierte er sich 1881 bei Hermann Cohen in Marburg für Philosophie. Dort wurde er 1885 außerordentlicher, 1893 ordentlicher Professor für Philosophie und Pädagogik.
Natorp hat Logik, Ethik und Politik miteinander verbunden und damit ein größeres Spektrum als andere Neukantianer abgedeckt. Neben Grundlagenwerken (Philosophie, 1911) hat er u.a. eine eigenwillige Studie zu Platon (Platons Ideenlehre, 1902, 1922) vorgelegt und wichtige Arbeiten zur Pädagogik geschrieben (Philosophie und Pädagogik, 1909; Allgemeine Pädagogik in Leitsätzen, 1912; Pestalozzi, 1909).
Natorps Denken kulminiert in einer kritischen Sozialphilosophie, die sich in seinem pädagogischen Hauptwerk (Sozialpädagogik, 1899) zeigt und die Ausdruck seines Bekenntnisses zum Sozialismus ist, das die Rezeption seines Werks lange beeinträchtigt hat.

Literatur
Jegelka, N. (1992): Paul Natorp. Würzburg.

Peter Kauder

Natur

Natur, aus dem lateinischen natura (von nasci: geboren werden, entstehen) bezeichnet alles, was nicht menschlicher Tätigkeit entstammt, im Gegensatz etwa zu Kultur oder Zivilisation. Natur erscheint als fundamentale innere wie äußere Bedingung von Bildung und Erziehung, als individuelle Anlage, spontane Handlung oder als Umwelt. Natur ist stets Ausgangspunkt und Determinante, Ziel oder zu überwindender Status Quo, zuweilen Mittel von Pädagogik oder Gegenstand von Bildung.
Grad und Legitimität pädagogischen Einflusses auf die menschliche Natur sind seit jeher umstritten. Schon in altägyptischen Erziehungskonzepten gilt Triebhaftigkeit als in maßvolles Tun überführbar, während Anlagen pädagogischen Einfluss ebenso ermöglichen wie determinieren. Die Sophistik unterstellt eine naturgegebene Gleichheit der Menschen; Unterschiede entstünden kulturell. Andere hingegen, wie Pindar, sehen die Rolle des Einzelnen im Staat natürlich prädestiniert. Die Stoa sieht Natur als All-Natur, unwandelbar und identisch mit göttlicher Weltvernunft (logos), als Maßstab richtigen Handelns. Verfügbar erscheinen allein Triebe, Bedürfnisse und Vorstellungen, die es zu beherrschen gilt. Ziel ist ein sittliches Leben im Einklang mit der Natur Die leibfeindliche, weltabgewandte Erbsündenlehre im christlichen Mittelalter macht diese Harmonisierung

von Mensch und Natur unmöglich. Im Zeichen der Aufklärung setzt Jean-Jacques Rousseau der Erbsünde einen Naturalismus der Selbsterhaltung entgegen. Er radikalisiert Natur zur Norm guten Lebens und zum Mittel negativer Pädagogik gegen eine zivilisatorisch verdorbene, vergeistigte Erziehung. Zielt Rousseau auf Authentizität im Handeln, ist im Idealismus die Autonomie des Subjekts gegenüber sozialer Konvention und eigener Natur der Zweck von Erziehung. Die verlorene Einheit von Leib und Geist soll wieder hergestellt, Kinder ihrer bildsamen und unbestimmten Natur gemäß erzogen und Selbstbildung ermöglicht werden. Dabei wird die Entfaltung der äußeren Natur oft zum Vorbild des Bildungsprozesses ästhetisiert, als Gegenstand von Bildung aber marginalisiert (Wilhelm von Humboldt). Erst der Aufstieg der Naturwissenschaften im 19. Jahrhundert etabliert Natur als Inhalt schulischer Bildung, auch wenn ihre Vermittlung bis heute oft als problematisch und im Ergebnis als defizitär angesehen wird.

Gleichzeitig gerät der Mensch immer mehr in den Fokus der Naturforschung. Darauf basiert auch der reformpädagogische Naturalismus. Erziehung vom Kinde aus will formende Interventionen zugunsten einer natürlichen Entwicklung des Kindes vermeiden bzw. eine naturgemäße Umwelt hierfür bereitstellen. Instrumentalisiert der Nationalsozialismus den Naturbegriff u.a. für Rassismus, Antisemitismus und Antiintellektualismus, so sieht nach 1945 Theodor W. Adorno die zivilisatorische Unterdrückung der menschlichen Natur als Ermöglichungsgrund des Holocaust. Um dessen Wiederholung zu verhindern, müsse Erziehung jene Unterdrückung reflektierbar machen. Scharfe Kontroversen um die Frage nach Anlage oder Umwelt entstehen um 1970 und 1994, als US-Forscher, unter Verweis auf Zwillingsforschung, Ethologie und Soziobiologie, Intelligenz und Verhalten für primär genetisch determiniert erklären.

Moderne Anthropologie sieht den Menschen in die Regelkreise der Natur eingebunden. Im Medium sozio-kultureller Sinngestaltung modifiziert er zudem die bio-ökologische Umwelt, seine Sozialwelt und, zunehmend, seine eigene Natur.

In den 1970er Jahren wächst das Krisenbewusstsein gegenüber den Folgen der anthropogenen Nutzbarmachung der Natur. Daraus entstehen die konkurrierenden Ansätze der problem- und handlungsorientierten Umwelterziehung sowie der gesellschaftskritischen Ökopädagogik. Im Anschluss an die Konferenz der United Nations Educational, Scientific and Cultural Organisation (UNESCO) in Rio de Janeiro 1992 nimmt der pädagogische Diskurs Nachhaltige Entwicklung (Sustainable Development) als Norm in den Fokus. Die ökologische wird um eine soziale und ökonomische Dimension erweitert. Ziel ist Retinität, die Rückvernetzung der sozio-kulturellen Entwicklung in die Natur. Die Achtung der Regenerationspotentiale der Natur, eine entsprechende Handlungskompetenz und damit die Sicherung der Überlebensgrundlage heutiger und künftiger Generationen werden zu Zielen von Bildung und Erziehung.

Literatur

Kutschmann, W. (1999): Naturwissenschaft und Bildung. Stuttgart. – Michelsen, G. (2006): Von der Umweltbildung zur Bildung für nachhaltige Entwicklung. In: Hiller, B./ Lange, M. (Hg.): Bildung für nachhaltige Entwicklung. Münster, 13-27. – Treml, Alfred K. (2005): Pädagogische Ideengeschichte. Stuttgart.

Florian Bernstorff / Renate Anton

Natürliche Erziehung

Sofern mit natürlicher Erziehung nicht beschreibend das Erziehungsgeschehen auf frühen Stufen der menschlichen Entwicklung oder bei sog. Naturvölkern gemeint ist, gehört natürliche Erziehung zu den eher paradox angelegten Grundbegriffen der Pädagogik. Wenngleich es Vorläufer im theologischen Denken gibt, wird er in seinem Kern durch die Aufklärung entfaltet, vermutlich zuerst bei Johann Gottfried Zeidler. Zu Prominenz gelangt er durch Jean Jacques Rousseau, der allerdings auf John Locke zurückweist sowie durch die zeitgenössischen medizinischen, hygienischen und diätetischen Debatten beeinflusst ist, hinter deren Erkenntnisstand er übrigens zurückfällt. Neben der Frage nach einer Erziehung, welche durch Abhärtung der Gesundheit und insofern der Natur des Körpers dient, spielt dabei die Frage nach der Ammenerziehung eine Rolle und bereitet der Vorstellung einer natürlichen Erziehung durch die Mutter den Weg.

Rousseau fordert eine natürliche Erziehung, die zunächst als negative Erziehung angelegt sein soll, mithin die Kräfte und Bedürfnisse sich entfalten lässt, welche sich von Natur aus im Menschen selbst entwickeln (Emile oder über die Erziehung, 1762). Diese bewertet Rousseau als gut, weil nicht gesellschaftlich, durch Menschen, verdorben. Erziehung wird also in einer Spannung zur Vorstellung von Einwirkung gedacht, eigentlich als ein Unterlassen von Handeln, um die als gut unterstellten Anlagen zur Entfaltung zu bringen. Im Verweis auf Natur zeigt sich somit das Gegenbild zu einer gegebenen Gesellschaft und ihrer Kultur, wobei zugleich Erziehung als ein Setting von Dingen arrangiert wird, in welchen als förderlich behauptete Erfahrungen möglich werden. Insofern spricht Rousseau zwar von einem Handeln, das der Natur folgt, operiert aber mit einer uneingestanden normativ überhöhten Vorstellung von Natur, die dann als Maßstab des Handelns gelten soll. Im Grunde meint Natur bei ihm wie bei den ihm folgenden Pädagogen eine andere Gesellschaft – so begründet sich die Idee einer Reform von Erziehung, welche zu den dann doch nur vermeintlichen Grundlagen von Erziehung zurückkehrt.

Erkannt hat dies schon Pestalozzi, der eine hochdifferenzierte, Prozesse und Modi menschlichen Lebens verknüpfende Untersuchung vorlegte, die deutlich macht, wie Menschen als gesellschaftlich-geschichtliche und zugleich doch natürliche Wesen ihre eigene Menschennatur gestalten und hervorbringen (Meine Nachforschungen über den Gang der Natur in der Entwicklung des Menschengeschlechts, 1797). Pestalozzi denkt hier sehr modern, weil ihm bewusst ist, dass Menschen einerseits eine evolutionär entstandene, insofern stabile und genetisch verankerte Ausstattung aufweisen, die andererseits durch soziale und kulturelle Aktivitäten und Erfahrungen so überformt wird, dass die für das menschliche Leben wesentlichen Eigenschaften sich in einer kulturellen Evolution ausbilden.

In jüngerer Zeit lässt sich – insbesondere unter dem Einfluss der Neurowissenschaften – eine gespaltene Diskussionslage beobachten: Einerseits wird genetischen Prädispositionen und – im Rahmen konstruktivistischer Zugänge – den natürlichen Entwicklungsvorgängen im neuronalen System hohes Gewicht eingeräumt; künstliche Befruchtung soll dann eine gute Naturgrundlage der Kinder herstellen. Man kann dies als die moderne, technische Variante einer natürlichen Erziehung interpretieren, die gewissermaßen mit der Erzeugung des guten Naturstoffes einsetzt. Andererseits sollen die als natürlich behaupteten Lernvorgänge geschützt und gefördert werden, endlich wird vielfältig versucht, die Natur des Menschen durch Lernangebote massiv zu beeinflussen und zu optimieren.

Eine kluge pädagogische Reflexion stellt sich den – sachlichen wie normativen – Fallen des Begriffs der natürlichen Erziehung: Als kritischer Gegenentwurf zu einer bestehenden Gesellschaft hilft er Gefahren der Determination zu erkennen und Möglichkeiten des Gewinns subjektiver Autonomie zu entfalten – und behält im Blick, dass der Naturbegriff selbst Ideologemen Vorschub leistet (wie dies im Nationalsozialismus der Fall war). Die Theorie der Erziehung nimmt den komplexen Zusammenhang von Natur und Kultur auf und folgt in aller Vorsicht den – für die Pädagogik – hilfswissenschaftlich gewonnen Einsichten anderer Disziplinen. Endlich bleibt aufgegeben, sowohl die physiologischen Bedingungen menschlichen Lebens (und somit mögliche Gesundheitsbeeinträchtigungen etwa durch Umweltgifte) nicht aus dem Blick zu verlieren, noch zu übersehen, dass und wie Menschen aufgrund unterschiedlichster Umstände in ihrem Leben eingeschränkt sein können und insofern einer Heilpädagogik bedürfen, die ihrer Natur gilt, um ihre sozialen und kulturellen Aktivitäten zu gewährleisten.

Literatur

Lechner, E. (2007): Pädagogik und Kulturkritik in der deutschen Frühaufklärung. Frankfurt. – Tomasello, M. (2002): Die kulturelle Entwicklung des menschlichen Denkens. Frankfurt.

Michael Winkler

Nauru → Pazifikregion

NC → Numerus Clausus

Negative Erziehung

In der negativen Erziehung wirkt der Erzieher nur indirekt auf das Erziehungsgeschehen ein, indem er nachteilige bzw. entwicklungshemmende Einflüsse vom Zögling fernhält. Erziehung erfährt demnach nicht eine Umwandlung zur Nicht-Erziehung, vielmehr geht es ihr darum, autoritative Einwirkungen durch erzieherische Distanz zu vermeiden, scheinbar sachliche Autorität dagegen zu präferieren.

Der Begriff negative Erziehung geht zurück auf Jean-Jacques Rousseau, der in seinem Erziehungsroman Emile (1762) Erziehung beschrieb als beherrschen, ohne Vorschriften zu geben, und durch Nichtstun alles zu tun. Rousseau unterscheidet drei Erzieher: Natur, Mensch und Dinge, wobei in der negativen Erziehung besonders den Dingen Bedeutung zukommt. Der Erzieher soll durch sie eine für die Erziehung hilfreiche Umwelt schaffen. Er provoziert Erfahrungen,

die unter Berücksichtigung des Entwicklungsstandes des Kindes geplant werden. Das Lernen des zu Erziehenden richtet sich dabei an den vom Erzieher arrangierten Dingen und den von ihnen ausgehenden Widerständen aus. Hinter den für den Zögling als sachliche Autorität erscheinenden Dingen verbirgt sich demnach die Macht des Erziehers.
In der Reformpädagogik erfährt die rousseausche Idee der negativen Erziehung eine Umdeutung. Insbesondere bei Ellen Key geschieht dies im Sinne einer natürlichen Erziehung des Wachsenlassens, die von dem Glauben an die guten Kräfte im Kind getragen wird. Maria Montessori stellt die Bedeutung einer vorbereitenden, mit entsprechendem Entwicklungsmaterial ausgestalteten Umgebung in den Vordergrund, die dem Erziehenden eine neben Natur und Umgebung nur noch tertiäre, helfende Tätigkeit zuschreibt. Der Kulturpädagoge Theodor Litt kritisiert die Idee der negativen Erziehung und plädiert stattdessen für ein Zusammenspiel von Führen und Wachsenlassen im Erziehungsprozess.

Literatur
Rousseau, J.-J. (1872/1963): Emile oder Über die Erziehung. Stuttgart.

Simone Imhof

Neill, Alexander Sutherland (1883-1973)

Neill, Kind eines Lehrerehepaars, wurde nach mehreren Versuchen, anderweitig zu reüssieren, 1899 Hilfslehrer bei seinem Vater, bevor er ab 1903 an verschiedenen Schulen als Lehrer tätig wurde. Nach dem Studium an der Universität Edinburgh (1906-1908) war Neill als Autor und, nach aus Gesundheitsgründen kurzem Kriegsdienst, ab 1918 wieder als Lehrer tätig. In dieser Zeit bekam Neill Kontakt mit der Reformpädagogik: 1916 hatte er Homer Lane und seinen Little Commonwealth besucht, 1920/21 besuchte er verschiedene Schulen in Europa und nahm 1921 an der Gründungskonferenz der New Education Fellowship teil. In Deutschland besuchte er u.a. die Reformeinrichtungen in Dresden-Hellerau, wo er Ende 1921 die Internationale Schule gründete; 1923 zog die Schule nach Österreich, 1924 nach England, wo sie den Namen Summerhill erhielt und seit 1927 (mit kriegsbedingter Verlagerung) in Leiston/Suffolk beheimatet ist.
Neill war in die internationale Reformpädagogik eingebunden, befasste sich mit tiefenpsychologischen Fragen (orientiert an Wilhelm Reich) und entwickelte auf dieser Basis seine Pädagogik mit Freiheit und Selbstbestimmung als zentralen Prinzipien. 1960 erschien in den Vereinigten Staaten von Amerika eine Kompilation aus verschiedenen Texten Neills (Summerhill: A Radical Approach to Child Rearing), die einige Jahre später in Deutschland unter einem zeitgeistaffinen und Neills Denken durchaus nicht ganz adäquaten Titel (Theorie und Praxis der antiautoritären Erziehung) erschien und bis heute eines der meistverkauften pädagogischen Werke ist.

Literatur
Kühn, A. D. (1995): Alexander S. Neill. Reinbek.

Klaus-Peter Horn

Nelson, Leonard (1882-1927)

Nach Studien in Heidelberg, Berlin und Göttingen wurde Nelson 1904 promoviert und konnte sich gegen Widerstände 1909 in Göttingen für Philosophie habilitieren. 1919 erhielt er dort eine außerordentliche Professur für Philosophie. Der Neukantianer und ethische Sozialist Nelson gründete 1917 den Internationalen Jugendbund (IJB) und 1926 den Internationalen Sozialistischen Kampfbund (ISK), entwickelte Programme für Erwachsenenkurse und war Mitbegründer des Landerziehungsheims Walkemühle bei Melsungen, in dem als Unterrichtsmethode die sokratische Methode im Vordergrund stand.

Literatur
Nelson, L. (1970-77): Gesammelte Schriften in 9 Bänden. Hamburg.

Klaus-Peter Horn

Neo-Institutionalismus

Die seit etwa dreißig Jahren vor allem durch amerikanische Autoren entstandenen Theorierichtungen des Neo-Institutionalismus knüpfen (teils nur lose) an klassische bürokratie- und rationalisierungstheoretische Positionen an, in denen gesellschaftliche Institutionen und ihre Veränderungen für die Analyse und Erklärung sozialen Wandels herangezogen werden (z.B. Emile Durkheim, Max Weber). Für die Erziehungswissenschaft haben sich organisationssoziologische und makrotheoretische Varianten des Neo-Institutionalismus als anschlussfähig erwiesen. Im Zentrum der Aufmerksamkeit steht dabei die Einbettung von Organisationen in ihre institutionellen Umwelten.

In Abgrenzung zu strukturfunktionalistischen Sichtweisen, nach denen Organisationen institutionelle Vorgaben zweckgerichtet umsetzen, werden auch Bildungsorganisationen als (nur) lose gekoppelte Systeme identifiziert. Rationalitätsannahmen (rational actor/choice) werden mit Bezug auf phänomenologische (ethnomethodologische) Positionen als gesellschaftliche Konstruktionen (Mythen) und (zeremonielle) Aushandlungsprozesse konzipiert. Die institutionelle Einbettung organisationalen Handelns impliziert normativen Anpassungsdruck, der einerseits zu Strukturähnlichkeiten (Isomorphie) führt, aber auch für Entkopplungserscheinungen zwischen normativen Erwartungen und realen Umsetzungen verantwortlich ist.
In der makroperspektivischen Variante des Neo-Intitutionalismus wird die institutionelle Umwelt der wichtigsten Akteursformen der Moderne – Individuen, Organisationen und Staaten – als world polity gefasst, im Deutschen inzwischen zumeist als Weltkultur übersetzt. Der Kulturbegriff dieser Theorie bezeichnet weder ein Bündel von Normen und Werten, noch bezieht er sich auf expressive Kulturelemente; stattdessen sind damit globale kognitive Modelle gemeint, die im Sinne von institutionellen Vorgaben oder Rahmungen funktionieren und weltweit das Handeln in Organisationen und Nationalstaaten anleiten. Angesichts des Fehlens einer globalen Regulierung (Weltregierung) wird diese world polity insbesondere durch internationale Regierungs- und Nichtregierungsorganisationen sowie wissenschaftliche und professionelle Berater verkörpert, die globale Standards von Rationalität, Menschenrechten, Wissenschaftlichkeit proklamieren und zugleich an ihrer weltweiten zumindest formalen Durchsetzung (Diffusion) arbeiten. Nationalstaatliche Bildungssysteme inszenieren dieser Sichtweise zufolge globale Drehbücher, die sich in weltweit ähnlichen Faktoren wie Schulpflicht, Bildungsexpansion, staatliche Bildungsverwaltung, professionalisierte Lehrerschaft niederschlagen. Damit wird allen auf einzelgesellschaftliche Entwicklungen fokussierten funktionalistischen und kulturalistischen Annahmen über endogen erzeugte idiosynkratische Merkmalsausprägungen von Bildungsentwicklungen (Bildung spiegele die Traditionen, kulturellen Eigentümlichkeiten, Erfordernisse oder Machtverhältnisse eines jeweiligen Landes) eine Absage erteilt. Desgleichen wird eine Makroperspektive, die nationale Bildungsentwicklungen auf reale globale Dominanz- und Dependenzverältnisse zurückführt, als realistisch (funktionalistisch) verworfen. Im Unterschied zu anderen weltgesellschaftlichen Theorien sind in der world polity Richtung des Neo-Institutionalismus jedoch die genannten Isomorphie- und Diffusionsannahmen in einer Vielzahl von häufig historisch-vergleichend angelegten Längsschnittstudien empirisch erforscht worden.

Literatur
Hasse, E./Krücken, G. ([2]2005): Neo-Institutionalismus. Bielefeld – Koch, S./Schemmann, M. (Hg.) (2009): Neo-Institutionalismus in der Erziehungswissenschaft. Wiesbaden. – Meyer, J. W. (2005): Weltkultur. Frankfurt.

Christel Adick

Nepal → Süd- und Westasien

Netzwerk

Aus soziologisch-sozialwissenschaftlicher Perspektive sind Netzwerke vor allem als Konzept interessant, mit dem sich soziale Beziehungen zwischen Individuen, Gruppen oder Organisationen untersuchen lassen. Die Analyse sozialer Netzwerke zielt darauf, die Muster sozialer Ordnung in einem bestimmten Gegenstandsbereich zu beschreiben und theoretisch zu klären. Das Konzept soziales Netzwerk bietet damit einen relationalen Zugang zur Erforschung sozialer Wirklichkeit. Netzwerk wird dabei als Konzept verstanden, mit dem sich Mikro- und Makroansätze verbinden lassen.
Soziale Netzwerkanalytiker verfolgen das Anliegen, Sozialstrukturen formal zu beschreiben, indem sie Interaktions- und Beziehungsmuster von Menschen sichtbar machen. Mit Sozialstruktur ist dabei ein übergreifendes Ordnungsmuster gemeint, das in einem sozialen System vorhanden ist. Dahinter verbirgt sich die Annahme, dass Menschen einander nicht zufällig begegnen, sondern sich diese Bewegungen als ein bestimmtes Muster sozialer Beziehungen abbilden lassen. Wie ein Mensch sein Leben lebt, welche Interaktionen er vollzieht und welche Handlungsmöglichkeiten er hierfür vorfindet, hängt demnach davon ab, in welches Netz sozialer Beziehungen er eingebunden ist. Solche Strukturen haben demzufolge wesentliche Eigenschaften, welche die Individuen nicht aufweisen – d.h. sie sind emergent. Die Netzwerkanalyse zieht diese Eigenschaften heran, um z.B. das Handeln von Individuen oder Gruppen zu erklären. Gleichzeitig fragt sie danach,

wie und inwieweit Strukturen durch (kontingentes) Handeln entstehen oder verändert werden.
Im interdisziplinären sozialwissenschaftlichen Forschungsfeld der sozialen Netzwerkanalyse definiert der Begriff Netzwerk formal ein begrenztes Set von Elementen bzw. Akteuren (Knoten) und Verbindungen (Kanten) zwischen ihnen. Je nachdem, auf welche Art sozialer Beziehung sich das Untersuchungsinteresse richtet, können bei gleicher Akteurskonstellation unterschiedliche Netze sichtbar werden. Welche Beziehungen abgebildet werden, hängt davon ab, wie der Begrenzungsrahmen für eine bestimmte Akteursmenge festgelegt wird (z.B. alle Mitglieder einer Schulklasse). Gesamtnetzwerke lasse sich nur schwer erheben. Neben formalen Aspekten wird bei der Netzwerkanalyse häufig auch die funktionale bzw. inhaltliche Bedeutung von Netzwerken ermittelt. Gängigerweise unterscheidet man nach den Intensitäten der Beziehung. Hierunter fallen z.B. die Häufigkeit von Kontakten, die Wichtigkeit der Beziehung für die Akteure oder das Maß des Austausches von Ressourcen. Weiterhin kann nach der Gerichtetheit der Beziehung gefragt werden. Man stellt hierzu fest, ob eine Beziehung einseitig oder wechselseitig gerichtet ist.
Eine besondere Betrachtung stellt die egozentrierte Netzwerkanalyse dar. Hierbei wird das persönliche Netzwerk eines bestimmten Individuums (Ego) erhoben. Man fragt dabei, zu welchen Anderen (Alteri) das Ego soziale Beziehungen unterhält und wie diese ausgestaltet sind. Oft werden zusätzlich persönliche Eigenschaften aller Beteiligten ermittelt. Die egozentrierte Netzwerkanalyse wird unter anderem im Bereich der soziologischen, psychologischen und pädagogischen Gesundheits-, Migrations-, Arbeits- und Familienforschung angewendet. Beispielsweise werden damit Fragen nach fehlender oder vorhandener sozialer Unterstützung adressiert.
In der praktischen (pädagogischen) Arbeit wird die Netzwerkperspektive zur Analyse und Gestaltung von Netzwerken gleichermaßen genutzt, z.B. in verschiedenen Handlungsfeldern psychosozialer Praxis oder Sozialer Arbeit. Der Begriff Netzwerkarbeit dient dabei als ein Sammelbegriff für verschiedene Ebenen der netzwerkbezogenen Intervention. In diesen Kontext gehört auch die intermediäre Netzwerkarbeit, die an informelle, lebensweltliche Hilfesysteme anknüpft. Sie umfasst u.a. die Förderung von Selbsthilfegruppen und die Vernetzung mit formellen Unterstützungs- und Hilfesystemen. Hierbei werden professionelle und nicht-professionelle Ressourcen verbunden. Beispiele hierfür sind die Unterstützung junger Menschen bei der Gestaltung ihrer Übergänge in Beschäftigung oder die Gemeinwesen- und Stadtteilarbeit.
In der Erforschung und praktischen Gestaltung von Erziehungs-, Hilfe- und Bildungsprozessen finden sich in jüngerer Zeit häufig Verwendungen des Begriffs Netzwerk, die von politikwissenschaftlichen Diskussionen beeinflusst sind. Hier werden Netzwerke vor allem im Zusammenhang mit Koordination, Kooperation und Steuerung verhandelt. Seit den 1970er Jahren wird festgestellt, dass zunehmend eine große Zahl privater und öffentlicher Akteure bei der Entwicklung und Gestaltung von Politikinhalten mitwirkt. Dieser Wandel geht mit einer Veränderung von hierarchischen, interventionistischen Formen des (staatlichen) Regierens zu eher prozessbezogenen, kooperativen Modellen einher. Dies wird als eine Bewegung vom Government zu Governance diskutiert. Dahinter verbirgt sich die Vorstellung, dass die Festlegung und Erfüllung öffentlicher Aufgaben nicht (mehr) allein von staatlichen Stellen geleistet werden kann. Vielmehr müssten in die Problembearbeitung unterschiedlichste individuelle und korporative Akteure eingebunden werden. Des Weiteren wird davon ausgegangen, dass staatliche Steuerungsdefizite nicht allein mit Strategien der Privatisierung und Deregulierung beantwortet werden können.
Als Policy-Network wird in diesem Zusammenhang eine Form der Kooperation bezeichnet, mit der der gestiegenen Steuerungskomplexität begegnet werden soll. Policy-Networks sind gemischte Netzwerke öffentlicher und privater Akteure an der Grenze zwischen Staat und Gesellschaft. Das Regieren in und durch Netzwerke wird daher auch als Network-Governance bezeichnet.
Netzwerke werden vor allem in jenen gesellschaftlichen Problembereichen favorisiert, in denen keine einfachen Lösungen verfügbar sind, wie z.B. im Bereich der öffentlichen Wohlfahrt bzw. im Sozial- und Gesundheitssektor. Mit dem Begriff Netzwerk wird dabei einerseits ein Gegenstand beschrieben. Andererseits stellen Netzwerke diesem Verständnis nach auch einen qualitativ eigenständigen Typ der Sozialstruktur dar. In ihnen verbinden sich die beiden Koordinationsformen Markt (bzw. Wettbewerb) und Hierarchie (bzw. Organisation). Als Handlungslogik von Netzwerken werden je nach theoretischer Ausrichtung Tausch oder Verhandlung genannt. Von hier aus bieten sich konzeptionelle Verbindungen zur sozialen Netzwerkanalyse, zu Tausch- oder Interakti-

onstheorien sowie zur wirtschaftswissenschaftlichen und soziologischen Organisationsforschung.

Die Erziehungswissenschaft weist in ihren wissenschaftlichen und berufspraktischen Feldern eine Vielzahl von Schnittstellen zu den oben ausgeführten Verwendungsweisen des Begriffs Netzwerk auf. So wird das Konzept Netzwerk z.B. verwendet, um eine bestimme Typik sozialer Beziehungen und Koordinationsformen innerhalb und zwischen Organisationen auf institutioneller, personaler und regionaler Ebene zu bezeichnen, in denen Lern- und Kompetenzentwicklungsprozesse untersucht oder angestoßen werden sollen. Im Bereich der Erwachsenenbildung und der Berufspädagogik werden institutionalisierte Vernetzungsformen von Bildungseinrichtungen sowie das Lernen in Netzwerkstrukturen diskutiert. Gleichermaßen wird das Konzept Netzwerk verwendet, um Prozesse der Entstrukturierung, Entgrenzung und Entstaatlichung im Bildungs- und Sozialsektor zu benennen. So werden Netzwerke z.B. als eine Struktur aufgefasst, welche die Anpassungs- und Gestaltungspotenziale von Regionen und ihren Lernorten im Rahmen von Entwicklungsprozessen maßgeblich beeinflussen können. Beiträge, die sich gesellschaftskritisch mit den politischen Konzepten des Aktivierenden Staates oder der Neuen Steuerung auseinandersetzen, diskutieren die Inszenierung von Kooperation und Vernetzung hingegen als eine weitere Modernisierungsstrategie, die darauf zielt, eine neue Ordnungsstruktur des Wohlfahrtsstaates zu etablieren.

Literatur

Hollstein, B./Straus, F. (Hg.) (2006): Qualitative Netzwerkanalyse. Wiesbaden. – Hudson, J./Lowe, S. (2004): Understanding the policy process. Bristol. – Jansen, D. (2003): Einführung in die Netzwerkanalyse. Opladen. – Otto, U./Bauer, P. (Hg.) (2005): Mit Netzwerken professionell zusammenarbeiten. Tübingen. – Röhrle, B./Sommer, G./Nestmann, F. (Hg.): Netzwerkintervention. Tübingen.

Eberhard Raithelhuber

Neue Medien

Der Begriff Neue Medien wird bereits seit den 1970er Jahren verwendet, vor allem im Zusammenhang mit technischen Innovationen, dem Kabel- und Satellitenfernsehen, dem Siegeszug des Computers und des Internets und der damit einhergehenden Digitalisierung von Kommunikationsabläufen. Ein durchaus problematischer Aspekt des Begriffs ist, dass jedes Medium einmal neu war und Begriffsdefinitionen deshalb im Laufe der Zeit und im Rahmen der Einführung immer neuer Technologien stets variierten. Je nach Quelle gehörten folgende Medien dazu: Videorecorder und -kassette, Satelliten- und Kabelfernsehen, Videotext, Bildschirmtext (BTX), elektronische Schreibmaschine, Kamera, Mikrofilm, Kopierer, Autotelefon, Telefon, Bildschirm, Radio, Verfahren der elektronischen Datenspeicherung, optische Speichermedien, Compact Discs, High Definition Television (HDTV), Videoclips, Fax, Scannerkasse, Handy, Computerspiele, Internet usw. Hier zeigt sich, wie variantenreich und mitunter auch beliebig der Begriff Neue Medien gefasst sein kann.

Um den Begriff präziser eingrenzen zu können, bieten sich bestimmte Merkmale zur Einordnung der zur Diskussion stehenden Medien an:

(1) Multimedialität: Multimedia kann als Konkurrenz- oder Alternativbegriff zum Terminus Neue Medien verstanden werden und steht für ein Verschmelzen von audio- und visuellen Kanälen (Mehrkanaligkeit) in digitalen Medien (Computer), für Interaktivität und für Online-Medien.

(2) Interaktivität: Dieser Begriff bezeichnet die Wechselseitigkeit in Kommunikations- und Handlungsabläufen und betont, dass diese nicht unidirektional sind. Der Nutzer kann sowohl Sender als auch Empfänger sein, die Rückmeldungen können synchron (z.B. im Chat) oder asynchron (z.B. bei der Kommunikation per E-Mail) erfolgen. Die interaktive Kommunikation kann auch zwischen einer Person und einer Software stattfinden, z.B. bei interaktiven Programmen im Bereich des E-Learning.

(3) Virtualität: Die Manipulierbarkeit von Zeichen ermöglicht die Darstellung und Nutzung von erdachten und physisch nicht existenten Objekten. Virtuelle Welten bieten Chancen und könnten Kreativität fördern. Gleichzeitig bringt Virtualität einen Kontrollverlust mit sich.

(4) Digitalität: Diese ermöglicht in der Kommunikation mit Neuen Medien eine höhere Übertragungsqualität, einen geringeren Frequenzbedarf und Energieverbrauch, eine schnellere Übermittlung, eine einfachere Speicherung und eine schnellere Übertragung, als es bei analogen Medien der Fall ist.

(5) Vernetzung: Ein zentraler Aspekt des Internets ist die weltweite, dezentrale Vernetzung von Computern. Sie ermöglicht eine synchrone Kommunikation und Datenübertragung sowie das gemeinsame und zeitgleiche Zugreifen auf Informationen.

(6) Nicht-Linearität: Texte müssen mittels und in Neuen Medien nicht mehr linear gelesen werden.

Die Hypertext-Struktur ermöglicht es, individuellen Bedürfnissen entsprechend, zwischen Textteilen hin- und her zu springen, die per Link (Verweis) miteinander verbunden sind.
Im Bereich der Erziehungswissenschaften finden Neue Medien in vielen Bereichen ihren Einsatz, so z.B. in der Schule und in der Jugend-, Erwachsenen- und Weiterbildung.

Literatur
Ederleh, J. (2002): Neue Medien im Hochschulbereich. Hannover. – Knauder, H. (2002): Bildungsmanagement im Klassenzimmer. Innsbruck. – Voß, G. G./Holly, W./Boehnke, K. (Hg.) (2000): Neue Medien im Alltag. Opladen.

Friederike von Gross / Uwe Sander

Neue Richtung

Die Neue Richtung gilt als maßgebliche bürgerliche Bildungsströmung im Kontext der Reformbewegung zu Beginn des 20. Jahrhunderts mit prägendem Einfluss auf die Erwachsenen- bzw. Volksbildung in der Weimarer Zeit. Sie grenzte sich in konzeptioneller wie didaktisch-methodischer Hinsicht von der sog. Alten Richtung ab. Während dieser eine am Vortragswesen orientierte extensive, auf Breitenwirkung ausgelegte und lebensferne, eher enzyklopädisch ausgerichtete Wissensvermittlung zugeschrieben wurde, setzte die Neue Richtung auf eine intensive, individualisierende und zugleich gemeinschaftsbezogene Bildungsarbeit, die in langzeit- statt kurzzeitpädagogischer Intention vor allem im Rahmen von Arbeitsgemeinschaften auf eine ganzheitliche, vom Menschen ausgehende allgemeine Bildung abzielte.
Die Neue Richtung trug mit ihrer Rezeption der Grundtvigschen Volkshochschule wesentlich zur Konzeptualisierung und Institutionalisierung der Volkshochschulen bei, die vor dem Hintergrund tiefgreifender Krisenerfahrungen der Gesellschaft demokratisierende wie integrierende Aufgaben übernehmen sollten. Ihren bildungspolitischen Niederschlag fand die Programmatik der Neuen Richtung in den Leitsätzen der Reichschulkonferenz über Volkshochschule und freies Volksbildungswesen von 1920.
Der als Forum der Begegnung und Diskussion etablierte Hohenrodter Bund setzte mit seinen Jahrestagungen wegweisende Impulse für die beginnende Theorieentwicklung in der Erwachsenenbildung. Der Deutschen Schule für Volksforschung und Erwachsenenbildung sind wichtige Beiträge zur Praxisforschung, aber auch zur Weiterbildung von Volksbildnern zu verdanken.
Einer kritischen Einschätzung bedürfen gemeinschaftsüberhöhende Tendenzen, die nicht nur mit einer Überschätzung der Möglichkeiten von Bildung einhergingen, sondern auch folgenschwere semantische Anschlussmöglichkeiten für nationalistische bzw. nationalsozialistische Tendenzen schufen.

Literatur
Reimers, B. (2003): Die neue Richtung der Erwachsenenbildung in Thüringen 1919-1933. Essen.

Norbert Vogel

Neugier

Als Neugier wird die Motivation bezeichnet, sich neuen, ungewohnten Situationen auszusetzen bzw. diese aufzusuchen (Explorationsverhalten). Neugier beinhaltet die Suche nach (optimaler) Stimulation und ist gekennzeichnet durch Reizsuche. Ausdruck dieser Reizsuche kann z.B. der Forschungsdrang eines Schülers sein oder die Unternehmung einer Reise, um neue Erfahrungen zu sammeln.
Verhaltensmodelle gehen davon aus, dass die Neugier eine erlernte Verhaltensweise ist, welche aufgrund der unangenehmen Erfahrung der Nicht-Orientiertheit erworben wird.
Triebmodelle erklären Neugierverhalten mit dem Verlangen, durch Explorationsverhalten interne Spannungen des Organismus abzubauen.
Am bekanntesten ist die Aktivierungshypothese, die davon ausgeht, dass der Organismus eine optimale Stimulation anstrebt. Neugier erzeugende Reize verfügen im Vergleich zu anderen bekannten Stimuli über unbekannte (neue) Aspekte. Das Neugierverhalten kann in diesem Zusammenhang durch Belohnungssuche oder Aversionsvermeidung motiviert sein. Im ersten Fall führt das Explorationsverhalten zu Veränderung im Sinne von Vielfalt und Bereicherung und wird als belohnend erlebt. Die zweite stärker gerichtete Form des Explorationsverhaltens dient dagegen der Verminderung von Unsicherheit.
Ein weiterer Beitrag zur Untersuchung von Anreizen ist das Konstrukt der Eindruckssuche (sensation-seeking) von Marvin Zuckermann. Vier Komponenten der Eindruckssuche werden unterschieden: Risikosuche, Erfahrungssuche, Enthemmung und Vermeidung von Langeweile. Zuckermann geht von einer grundlegenden Verhaltensdisposition aus, die bei Personen entsprechend zu einer unterschiedlich starken Ausprägung des Bedürfnisses nach Abwechslung, Komplexität und Risikobereitschaft führen.

Literatur
Rheinberg, F. ([4]2002): Motivation. Stuttgart

Anne Levin

Neuhumanismus

Der Begriff Neuhumanismus bezeichnet seit Friedrich Paulsen (Geschichte des gelehrten Unterrichts, 1885) eine humanistische Strömung in Deutschland im späten 18. und 19. Jahrhundert. Sie wendet sich gegen rationalistische Modelle vom Menschen, seiner Gemeinschaft und seiner Erziehung, wie sie im Laufe der Neuzeit populär werden. Der Neuhumanismus hält eine deutlich vielseitigere, geselligere, freizügigere Praxis für möglich und führt dazu Beispiele aus der antiken (griechischen) Überlieferung an. In seiner Griechenbegeisterung folgt er dem alten Humanismus und dessen Abkehr von der spätmittelalterlichen Scholastik. Neu am Neuhumanismus ist die Kritik an Wissenschaft und Technik seiner Zeit, die er als perspektivlos versteht; für ihn gefährden sie den guten Sinn der Aufklärung.

Dichterischen Ausdruck findet der Neuhumanismus in den Werken u.a. Johann Wolfgang von Goethes, Friedrich Hölderlins und Friedrich Schlegels. Als wichtigste pädagogische Vertreter gelten Johann Gottfried Herder, Friedrich Niethammer und Wilhelm von Humboldt. Schon Herders Gedanke der (Selbst-)Bildung betont die Offenheit menschlicher Entwicklung und Gemeinschaft, die Niethammer teils polemisch gegen Machbarkeits- und Brauchbarkeitserwartungen zeitgenössischer (philanthropischer) Erziehungsideen richtet. Prägend für die bis heute geläufige Rede von Bildung (vgl. Bildungswesen, Bildungsplan, Bildungserfolg, Bildungsferne usw.) wird aber Humboldt. In seinem Bildungsfragment (um 1794) begreift er die geistreiche, gelingende Auseinandersetzung des Menschen mit seiner Welt – jenseits der Grenzen von Konfession oder Stand und vor der Festlegung auf einzelne berufliche oder Lebenspläne – als den eigentlichen Antrieb für die persönliche Lebensführung. Mit ihr entsteht zugleich ein sozialer Umgang, in welchem die Wissenschaften ihre besondere Leistung breitenwirksam ausspielen können.

Diesen allgemeinen, regen und freienVerkehr (zu einer harmonischen Bildung aller Kräfte) setzt Humboldt während seiner kurzen Amtszeit als preußischer Sektionschef 1810 in Schulpläne um. Öffentliche Menschheitsschulen, d.h Elementarschulen, Gymnasien und Universitäten sollen frei zugänglich werden; in ihnen erhält die humanistische Sprach-Bildung allergrößtes Gewicht. Johann Wilhelm Süvern formt daraus schließlich das humanistische Gymnasium, an welchem der altsprachliche Lateinunterricht das Altgriechische aber alsbald wieder verdrängt. Zu einer Schule für alle Kinder wird das Gymnasium nicht.

Der Neuhumanismus nimmt weltweit günstigen Einfluss auf die Neuordnung des Schul- u. Hochschulwesens und der (höheren) Lehrerbildung; ebenso leistet er der Begründung der Erziehungswissenschaft Vorschub (Friedrich Daniel Ernst Schleiermacher, Wilhelm Dilthey). Dennoch überwiegen schon im 19. Jahrhundert kritische Stimmen gegen seinen Individualismus und seine Versenkung in eine ferne, tote Sprache und Kultur, die man nun als unzeitgemäße, als weltfremde oder als elitäre Veranstaltung betrachtet (und praktiziert). Den Herausforderungen und Katastrophen des 20. Jahrhunderts gilt der Neuhumanismus als nicht gewachsen. Auch wenn sein Bemühen um die Allgemeinheit der Bildung inzwischen Gemeingut und keineswegs eingelöst ist, spielt er in den aktuellen Bildungsreformen keine Rolle. Ähnliches gilt für andere, jüngere Versuche, das humanistische Erbe neu zu beleben (Werner Jäger, Manfred Fuhrmann).

Die Bedeutung des Neuhumanismus liegt heute wohl im Entwurf eines Wissens, das die Sinnlichkeit und die Einbildungskraft des Menschen ebenso in Anspruch nimmt wie seinen Verstand (Humboldt). Dieser Wissensbegriff wird im Neuhumanismus zunächst anthropologisch gefasst. Er führt die Pädagogen regelmäßig auf das Problem des Elementaren in Erziehung und Unterricht (Johann Heinrich Pestalozzi, Johann Friedrich Herbart, Friedrich Fröbel; später Wilhelm Flitner, Wolfgang Klafki, Martin Wagenschein; neuerdings Hartmut von Hentig). Humboldts Wendung zur Sprachbildung lässt die Anthropologie aber zugunsten einer neuen Zeichentheorie hinter sich. Diese findet derzeit starkes wissenschaftstheoretisches Interesse (Tilman Borsche, Jürgen Trabant) und kann auch der Erziehungswissenschaft und Bildungstheorie zu neuen Ansätzen verhelfen.

Literatur
Herrmann, U. (1983): Erziehung und Bildung in der Tradition geisteswissenschaftlicher Pädagogik. In: Lenzen, D./Mollenhauer, K. (Hg.): Theorien und Grundbegriffe der Erziehung und Bildung. Stuttgart, 25-41. – Trabant, J. (2006): Eine Philosophie der Sprache zur Bildung der Menschheit. München.

Udo Grün

Neukaledonien → Pazifikregion

Neukantianismus

Der Neukantianismus ist eine philosophische Richtung in Deutschland, die Mitte des 19. Jahrhunderts aus der Kritik zum einen an der spekulativen Philosophie des Deutschen Idealismus (u.a. Otto Liebmann: Kant und Epigonen, 1865), zum zweiten am Materialismus des 19. Jahrhunderts (u.a. Friedrich August Lange: Geschichte des Materialismus, 1866) und zum dritten an defizienten Begründungsversuchen der Einzelwissenschaften (u.a. Ernst Cassirer, Jonas Cohn, Richard Hönigswald) entstanden ist, nach 1933 durch den Nationalsozialismus nachhaltig bekämpft wurde und seinen Einfluss nicht zurückerlangen konnte. Die Blütezeit des Neukantianismus ist auf die Jahre zwischen 1870 und 1910 zu datieren.

Die bei vielen philosophischen Richtungen anzutreffenden Disparitäten und Differenzen sind im Neukantianismus besonders stark ausgeprägt: Es sind mehrere Phasen (früh, klassisch, neo), zwei unterschiedliche Denkschulen (Marburger und Südwestdeutsche Schule) und viele oft akzentuierte Rivalitäten und Kontroversen zwischen den Vertretern voneinander zu unterscheiden. Dennoch gibt es zwischen den Strömungen des Neukantianismus folgende Gemeinsamkeit: Man war bestrebt, die kritisch-apriorische Philosophie Kants für alle Wissenschaften und Kulturbereiche fruchtbar zu machen. Kants Leistung, die Mathematik, die Naturwissenschaft und die Metaphysik seiner Zeit transzendentalphilosophisch in ihren Prämissen begründet und in ihrer Erkenntnisleistung bestimmt zu haben, wird als der entscheidende Impuls des Grundanliegens aller Neukantianer angesehen. Daraus folgt im Sinne eines Arbeitsprogramms die Aufgabe, diejenigen Begriffe erkenntniskritisch zu untersuchen, die den Objektivationen des Bewusstseins und seinen Denkoperationen zugrunde liegen, d.h. die Legitimationsbereiche und die Geltungsansprüche von Wissenschaft und Kultur sowohl in ihren Differenzen als auch in ihren Gemeinsamkeiten herauszuarbeiten.

Mit dieser Programmatik hat der Neukantianismus (neben der Kulturtheorie) auch die Pädagogik ins Blickfeld genommen und sich angesichts der ab ca. 1850 aufkommenden Bedeutung von Unterricht und Erziehung intensiv mit der Frage nach einer wissenschaftlichen Grundlegung der Pädagogik auseinandergesetzt. Wenn die Pädagogik legitim als Wissenschaft gelten solle, dann könne das nur auf einer allgemeingültigen Basis geschehen, also durch den Nachweis apriorischer Prinzipien. Damit scheiden Empirie oder Erziehungswirklichkeit oder erzieherische Zielvorstellungen als Begründungsinstanzen aus, weil hier immer bereits ein Begriff der Pädagogik vorausgesetzt wird, ohne dass die daraus genommene Berechtigung, pädagogisch relevant und legitimiert zu sein, offengelegt oder gar überhaupt berechtigt wäre. Demgegenüber bemüht sich Paul Natorp um eine Untersuchung der philosophischen Grundlagen der Pädagogik und den spezifischen Sinn einer genuinen pädagogisch-wissenschaftlichen Fragestellung, kommt aber nicht über eine allgemeine Programmatik einer pädagogischen Grundlegung hinaus (Philosophie und Pädagogik, 1909). Hönigswald konkretisiert diese Programmatik: Im Unterschied zu Natorp isoliert er die Grundlegungsfrage nicht von der pädagogischen Praxis und von pädagogischen Tatsachen (z.B. des Unterrichtens oder Erziehens), sondern ermittelt die diesen Tatsachen erst Sinn und denklogische Berechtigung gebenden Prinzipien und weist damit ihre pädagogische Legitimität nach (Über die Grundlagen der Pädagogik, 1918, 1927). Dieser Ansatz wird von Alfred Petzelt zu einer umfassenden systematischen Bildungs-, Erziehungs- und Unterrichtstheorie mitsamt der Begründung von mehr als einem Dutzend pädagogischer Begriffe (Unterricht, Erziehung, Wissen, Haltung, Lernen, Frage, Antwort, Lehrgut, Methode, Konzentration, Anschauung u.a.) fortgeführt (Grundzüge systematischer Pädagogik, 1946). Daran haben nach seinem Tod einige seiner Schüler (Wolfgang Fischer, Marian Heitger, Jörg Ruhloff) angeknüpft.

Literatur

Köhnke, C. (1986): Entstehung und Aufstieg des Neukantianismus. Frankfurt. – Oelkers, J./Schulz, W. K./Tenorth, H.-E. (Hg.) (1989): Neukantianismus. Weinheim. – Meder, N. (Hg.) (2003): Zwischen Gleichgültigkeit und Gewißheit. Würzburg.

Peter Kauder

Neulehrer

Die Rekrutierung von Neulehrern war Teil der politischen Umwälzung und der Entnazifizierung in der Sowjetischen Besatzungszone (SBZ). Ende 1945 erließ die Sowjetische Militäradministration (SMAD) den Befehl Nr. 162 zur Säuberung der Lehrerschaft und zur Einrichtung von Neulehrerkursen.

Bereits 1945 wurden aufgrund des Lehrermangels Schulhelfer eingestellt oder in Kurzkursen auf den Schuldienst vorbereitet. Ab 1946 wurden systematisch Kurse eingerichtet und bis 1953 ca. 50.000 Neulehrer ausgebildet, bei einer Fluktuation bis zu 50%. Forderungen von Schulfachleuten und Lehrergewerkschaft nach einer einheitlichen universitären Lehrerausbildung scheiterten an Argumenten wie Überfrachtung der Volksschule und zu hohe Kosten. Ab 1954 war für den Verbleib im Schuldienst die zweite Lehrerprüfung erforderlich. Charakteristisch für die Neulehrer war die Qualifizierung on the job in einem speziellen Weiterbildungssystem (u.a. an Pädagogischen Hochschulen).
Die Neulehrergewinnung war auch eine Aufstiegsschleuse in Führungspositionen von Wissenschaft und Kultur der Deutschen Demokratischen Republik. Die Sozialstruktur der Lehrerschaft blieb durch die Neulehrergewinnung entgegen den Postulaten allerdings eher unangetastet.
Der Begriff Neulehrer ist heute noch in Österreich für Berufsanfänger/Referendare gebräuchlich.

Literatur

Gruner, P. (2000): Die Neulehrer – ein Schlüsselsymbol der DDR-Gesellschaft. Weinheim. – Hohlfeld, B. (1992): Die Neulehrer in der SBZ/DDR 1945-1953. Weinheim.

Petra Gruner

Neuner, Gerhart (1929-2008)

Neuner, geboren in der Familie eines sudentendeutschen Zimmermanns, besuchte ab 1943 eine Lehrerbildungsanstalt, um Volksschullehrer zu werden. Nach der Aussiedlung der Familie absolvierte er 1946/47 in der Sowjetischen Besatzungszone einen Neulehrerkurs. Bis 1949 war er als Grundschullehrer tätig. Im Oktober 1949 nahm er an der Pädagogischen Fakultät der Universität Halle-Wittenberg ein Studium der Chemie und Biologie auf.
Neuner gehörte zu den ersten Auslandsstudenten der Deutschen Demokratischen Republik (DDR) auf dem Gebiet der Pädagogik. Nach dreijähriger Doktorandenausbildung, der Aspirantur, wurde er 1956 in Leningrad promoviert. Nach seiner Rückkehr wurde er zunächst Mitarbeiter, 1961 dann Direktor des Deutschen Pädagogischen Zentralinstituts und 1970 – im gleichen Jahr in Leningrad habilitiert – Präsident der Akademie der Pädagogischen Wissenschaften. Sein wissenschaftlicher Werdegang war mit einer herausgehobenen politischen Karriere verbunden. Er wurde 1963 Kandidat, 1976 Mitglied des Zentralkomitees der Sozialistischen Einheitspartei Deutschlands.
Von seiner Partei und der zuständigen Ministerin in erster Linie zur politischen Führung der pädagogischen Forschung berufen, blieb Neuner über die zwei Jahrzehnte seiner Amtszeit als Akademiepräsident hinweg ein produktiver, vor allem mit Fragen der Bildungstheorie (Allgemeinbildung, 1989) befasster Wissenschaftler. Nach dem Ende der DDR hat er sich in einer Anzahl von Veröffentlichungen mehrfach rückblickend geäußert.

Literatur

Neuner, G. (1996): Zwischen Wissenschaft und Politik. Köln u.a.

Gert Geißler

Neurowissenschaften

Die Bezeichnung Neurowissenschaften wird als Überbegriff für den Zusammenschluss verschiedener Disziplinen verwendet, die sich der Erforschung des zentralen Nervensystems widmen. Dazu zählen u.a. Neuroanatomie, Neurophysiologie, Molekularbiologie, Zellbiologie, Verhaltensforschung, Evolutionsbiologie, Entwicklungsbiologie, Biologische Psychologie, Neuropharmakologie und Neuropathologie. Gelegentlich wurde die Bezeichnung Neurowissenschaften in der Fachliteratur bereits seit den späten 1950er Jahren verwendet. Erst seit Ende der 1970er Jahre hat die Verwendung des Begriffes jedoch eine rasche Ausweitung erfahren.
Aufgabe der Neurowissenschaften ist es, Verhaltensweisen anhand von Gehirnaktivitäten zu erklären mit dem Ziel, zu verstehen, wie Millionen einzelner Nervenzellen im Gehirn zusammenarbeiten, um Verhalten zu erzeugen, und wie diese Zellen ihrerseits durch die Umwelt, einschließlich des Verhaltens anderer Menschen, beeinflusst werden. Die Untersuchung neurophysiologischer Grundlagen von Emotionen und Lernen gehört ebenso zu den Forschungsgebieten der Neurowissenschaften wie die Untersuchung von psychischen Störungen und neurodegenerativen Erkrankungen.
Die Neurowissenschaften haben seit den 1990er-Jahren eine Vielzahl neuer Einsichten in die Funktionsweise des Gehirns gewinnen können. Der Erkenntniszuwachs der Neurowissenschaften ist zum einen darauf zurückzuführen, dass mit der Integration vieler verschiedener Disziplinen das Repertoire

der Forschungsmethoden und die inhaltlichen Vernetzungsmöglichkeiten der Forschungsgebiete untereinander wachsen. Zum anderen hat insbesondere die Weiterentwicklung der sog. bildgebenden Verfahren (z.B. die funktionelle Magnetresonanztomographie), die leistungsabhängige Schwankungen des Sauerstoffgehaltes innerhalb bestimmter Hirnareale messen und mittels Computerverfahren in Bilder umsetzen können, neue Einblicke in Funktionszusammenhänge ermöglicht.

Auf wissenschaftlicher Ebene schlägt sich das Innovationspotenzial der Neurowissenschaften in einer wachsenden Anzahl von Publikationen, Fachzeitschriften, Instituten und steigenden finanziellen Forschungsressourcen nieder.

Mit dieser institutionellen Expansion geht eine Erweiterung der Deutungsansprüche einher: Zunehmend werden neurowissenschaftliche Erkenntnisse zur Erklärung von Phänomenen herangezogen, die traditionell insbesondere im Zuständigkeitsbereich von Geistes- und Sozialwissenschaften liegen. Auch innerhalb der Erziehungswissenschaft werden, insbesondere in Bezug auf Lernvorgänge, zunehmend Wissensbestände aus den Neurowissenschaften rezipiert. In diesem Kontext hat der Begriff Neurodidaktik rasche Verbreitung erfahren. Der ursprünglich fachdidaktische Ansatz versucht, Lehren und Lernen nach grundlegenden Funktionsprinzipien des Gehirns auszurichten. Die Zusammenhänge zwischen den rezipierten hirnphysiologischen Grundlagen und den ausgesprochenen neurodidaktischen Empfehlungen sind allerdings äußerst vage und die Unterrichtsprinzipien (z.B. Anschaulichkeit und Lebensweltbezug) in der Didaktik hinlänglich bekannt.

Literatur
Becker, N. (2006): Die neurowissenschaftliche Herausforderung der Pädagogik. Bad Heilbrunn. – Kandel, E./ Schwartz, J. H./Jessell, T. M. (Hg.) (1996): Neurowissenschaften. Heidelberg.

Nicole Becker

Neuseeland (New Zealand)

Neuseeland wurde Ende des 13., Anfang des 14. Jahrhunderts von den Maori besiedelt und 1840 vom Britischen Weltreich annektiert. In der Folge wanderten insbesondere britische, aber auch Bürger anderer europäischer Länder ein. Seit 1947 ist Neuseeland als souveräner Staat Mitglied im Commonwealth of Nations. Staatsoberhaupt der parlamentarischen Monarchie ist die Königin von Großbritannien und Nordirland. In Neuseeland leben ca. 4,1 Millionen Einwohner, etwa 80% sind europäischer Herkunft, 14% einheimische Polynesier (Maori), 6% Pazifik-Insulaner (zugewanderte Polynesier), 8,5% Asiaten, 0,7% andere (Volkszählung 2006, Mehrfachzuordnungen möglich). Amtssprachen sind Englisch, Maori und die Neuseeländische Gebärdensprache.

Die Bildungsbeteiligung liegt im Pflichtschulbereich bei fast 100%. Der vorschulische Bereich für Kinder bis fünf Jahren, dessen Besuch fakultativ ist, umfasst Spielgruppen (playcentres), in die sich Eltern aktiv einbringen, kostenpflichtige Kinderhorte und kostenlose Kindergärten, die i.d.R. von Vier- und Fünfjährigen besucht werden und einem Curriculum, dem Te Wh riki, folgen. Eine Besonderheit im Bereich der Früherziehung ist ferner das K hanga Reo, ein Immersionsprogramm, das Kinder von der Geburt bis zum Schuleintritt mit der Sprache, der Kultur und den Werten der Maori und Pazifik-Insulaner vertraut machen soll. Die Schulpflicht beginnt in Neuseeland mit dem sechsten und endet mit dem 15. Lebensjahr, das Recht auf Bildung erstreckt sich bis zum 19. Lebensjahr, für Heranwachsende mit einer Behinderung bis zum 21. Lebensjahr. Der Schulbesuch ist kostenfrei, dennoch werden an den meisten Schulen freiwillig zu entrichtende Beiträge erhoben. An die sechs oder acht Schuljahre umfassende, von allen Heranwachsenden gemeinsam besuchte Elementarschule schließt sich eine zwei Jahre dauernde, ebenfalls integrative Mittelschule an. Einige Privatschulen umfassen die Klassen 1 bis 13; sie werden teilstaatlich finanziert. Weiterführende Schulen im Sekundarbereich (Secondary Schools) erstrecken sich auf die Klassenstufen 9 bis 13 (für 13- bis 18-Jährige). Ein erster Abschluss (National Certificate of Educational Achievement Level 1) kann am Ende der Klasse 11 erworben werden, am Ende von Klasse 12 das National Certificate of Educational Achievement Level 2, am Ende von Klasse 13 die New Zealand Scholarship Qualification, eine Hochschulzugangsberechtigung.

Der tertiäre Bildungsbereich umfasst acht Universitäten (inkl. Polytechnics und Institutes of Technology). Daneben gibt es auch Hochschulen (Wananga) mit dem Schwerpunkt Kultur der Maori. Die Lehrerausbildung für den Vorschul- (Kindergarten) bis Sekundarschulbereich kann an Universitäten, im Rahmen eines Fernstudiums, in Teil- oder Vollzeit absolviert werden und umfasst auch einen zwölfmonatigen schulpraktischen Vorbereitungsdienst.

Literatur
Chamberlain, M. (2007): New Zealand. In: Kennedy, M. et al.: PIRLS 2006 Encyclopedia. Boston, 279-292. – Huber, C. u.a. (2006): Neuseeland. In: Dies.: Bildungsstandards in Deutschland, Österreich, England, Australien, Neuseeland und Südostasien. Aarau, 87-106.

Sabine Hornberg

Neutralitätsgebot

Die Glaubensfreiheit legt dem Staat in Zusammenhang mit den speziellen Gleichheitsgeboten (Artikel 3, Absatz 3, Satz 1 und Artikel 33, Absatz 3 des Grundgesetzes für die Bundesrepublik Deutschland, GG) und den Vorgaben der Weimarer Reichsverfassung (Artikel 140 GG in Verbindung mit Artikel 136, Absatz 1 und 4 sowie Artikel 137, Absatz 1) religiös-weltanschauliche Neutralität auf, die in verschiedene Bereiche ausstrahlt.
So untersagt sie dem Staat die Einführung staatskirchenrechtlicher Rechtsformen und gebietet ihm, auf eine am Gleichheitssatz orientierte Behandlung der verschiedenen Religions- und Weltanschauungsgemeinschaften zu achten und sich nicht mit einer bestimmten Religionsgemeinschaft zu identifizieren. Allerdings ist die religiös-weltanschauliche Neutralität nicht als strikte Trennung von Staat und Kirche zu deuten. Sie ist vielmehr als eine gegenüber der Vielfalt weltanschaulich-religiöser Überzeugungen offene Haltung zu begreifen, die einem Menschenbild entspringt, das von der Würde des Menschen und der freien Entfaltung der Persönlichkeit in Selbstbestimmung und Eigenverantwortung (Artikel 1, Absatz 1 sowie Artikel 2, Absatz 1 GG) geprägt ist. Trotz grundsätzlicher institutioneller Trennung zwischen Staat und Kirche besteht eine weitreichende Kooperation zwischen dem Staat und den Religions- und Weltanschauungsgemeinschaften.
Für den Bereich der staatlichen Pflichtschule wirkt die religiös-weltanschauliche Neutralität des Staates dahingehend, dass christliche Bezüge bei der Gestaltung der Schule nicht schlechthin verboten sind, die Schule aber auch für andere religiöse und weltanschauliche Inhalte und Werte offen sein muss. Weiterhin dürfen Lehrer wegen der Religionsfreiheit der ihnen anvertrauten und in ihrer Persönlichkeit noch ungefestigten Kinder ihr Amt nicht dafür missbrauchen, für ihre Position offensiv zu werben oder missionarisch zu wirken.
Die Grenzen der freundlichen Kooperation zwischen Staat und Kirche werden beim Umgang mit dem Kreuz oder Kruzifix sichtbar, das auf staatliche Anordnung hin in Klassenzimmern einiger staatlicher Schulen angebracht ist. Zwar hat der Einzelne in einer Gesellschaft, die unterschiedlichen Glaubensüberzeugungen Raum gibt, kein Recht darauf, von fremden Glaubensbekundungen, kultischen Handlungen und religiösen Symbolen verschont zu bleiben. Der Unterschied zum Schulgebet und zu anderen religiösen Symbolen, auf die der Einzelne im Alltagsleben trifft, besteht nach der Rechtsprechung des Bundesverfassungsgerichts aber darin, dass nicht-christliche Schüler von Staats wegen mit dem Kreuz als Symbol des Christentums schlechthin konfrontiert werden und sich ihm nicht entziehen können. Dies aber stellt einen erheblichen Eingriff in ihre negative Glaubensfreiheit dar, welche die positive Glaubensfreiheit der Eltern und Schüler christlichen Glaubens überwiegt.
Keinen verfassungsrechtlichen Bedenken begegnet hingegen die Regelung, dass andersdenkende Schüler und Eltern dem Kreuz aus ernsthaften und einsehbaren Gründen widersprechen können und sich bei fehlender Einigung und Ausweichmöglichkeit letztlich damit durchsetzen können. Nicht zu beanstanden ist auch die Anbringung von Kreuzen in Unterrichtsräumen, wenn sämtliche Schüler und Eltern damit einverstanden sind.

Literatur
Huster, S. (2002): Die ethische Neutralität des Staates. Tübingen.

Uta Stäsche

NGO → Nichtregierungsorganisationen

Nicaragua → Lateinamerika

Nichtreaktive Verfahren

Im Gegensatz zu reaktiven Verfahren wissen die Untersuchungspersonen bei nichtreaktiven Verfahren nicht, dass ihr Verhalten der Gegenstand einer Untersuchung ist. Dieses Nichtinformiertsein verhindert die Erzeugung von Reaktionen, die möglicherweise die Untersuchungsergebnisse verzerren bzw. verfälschen könnten. Typisches Phänomen einer durch die Teilnahme an einer Untersuchung verursachten Reaktion ist die soziale Erwünschtheit. Zu nichtreaktiven Verfahren gehören sowohl durch

Forscher konzipierte Untersuchungsdesigns wie Beobachtung als auch die Verwendung von Material, das primär nicht zum Zwecke der Forschung erstellt wurde. Mit nichtreaktiven Methoden werden jegliche Spuren menschlichen Verhaltens oder Daten untersucht, die für andere als für sozialwissenschaftliche Zwecke produziert wurden. Die Verhaltensspuren können rein physikalischer Natur sein wie bspw. Abnutzungserscheinungen von Büchern in einer Bibliothek als Indiz für die Häufigkeit der Nutzung eines Buches oder Schriftstücke wie Gerichts-, oder Krankenhausakten. Jegliche Akten, die in Institutionen verschiedener Art anfallen und die menschliche Handlungen dokumentieren, stellen eine potenzielle Informationsquelle für die Sozialforschung dar. Befasst sich ein Forscher mit Jugendkriminalität und möchte in seiner Untersuchung auf nichtreaktive Methoden zugreifen, so kann er – unter der Voraussetzung der Einhaltung datenschutzrechtliche Regelungen – auf Dokumente verschiedener Behörden zugreifen. So dokumentieren z.B. polizeiliche Akten einerseits die Arbeitsabläufe innerhalb der polizeilichen Behörden und andererseits liefern sie Informationen über durch die Polizei untersuchte Vorfälle. Ebenso lässt sich aus den Akten der Justiz und der Jugendämter einiges über Lebensverhältnisse und abweichendes Verhalten von Jugendlichen erfahren. Die Untersuchung der Spuren von Vandalismus, aber auch die Auswertung der Kriminalstatistik können in dieser Perspektive als nichtreaktive Methoden aufgefasst werden.

Literatur

Schnell, R./Hill, P. B./Esser, E. ([8]2008): Methoden der empirischen Sozialforschung. München.

Radoslaw Huth

Nichtregierungsorganisation (Non-Governmental Organization, NGO)

Im Kontrast zu den neuen sozialen Bewegungen, aber in den unterschiedlichsten Beziehungen zu diesen, haben sich global agierende NGOs entwickelt und verbreitet, die einen relativ hohen Institutionalisierungsgrad aufweisen und gleichzeitig auch in Verbindung zu nationalen Regierungen und transnationalen Institutionen stehen. In den letzten 50 Jahren hat es einen geradezu explosionsartigen Anstieg von Menschenrechts-NGOs gegeben. Im Rahmen globaler Entgrenzungstendenzen werden immer wieder vier Entstehungskontexte für NGOs genannt: a) die Globalisierung von Problemlagen, b) die Schwächung der Nationalstaaten, c) übernationale Abkommen und ökonomische Konsensbildungen und d) die neue Mischung staatlicher, gesellschaftlicher und internationaler Akteure. Im Verlauf der 1970er Jahre bis ins neue Jahrhundert hinein ist dabei eine neue Generation von NGOs entstanden, die vor allem zivilgesellschaftlich begründete Perspektiven sozialer Unterstützung in der Form von community organisation und community development etabliert hat.

In der aktuellen Diskussion beziehen sich NGOs insbesondere auf Armutsprozesse, wachsende soziale und in ihrer Folge gesundheitliche Ungleichheit, ethnische Konflikte und Migration sowie Menschenrechtsverletzungen. Angesichts der Globalisierung wird dabei herausgestellt, dass die in immer kürzeren Zeitabständen auftretenden sozialen Krisen und Konflikte, die internationalen wie transnationalen Institutionen und Gremien überforderten ebenso wie die Institutionen der Nationalstaaten. NGOs ordnen sich zwar dem sog. dritten Sektor neben Markt und Staat zu, organisieren in diesem Kontext soziale Unterstützung, stehen dabei aber letztlich auch unter Ökonomisierungs- und Anpassungsdruck seitens nationalen wie internationalen Entscheidungen, vor allem von transnationalen Organisationen (z.B. Welthandelsorganisation, Internationaler Währungsfonds oder World Bank), aber auch kontinentaler Blöcke wie der North American Free Trade Association (NAFTA), der Europäischen Union (EU) oder der Association of South-East Asian Nations (ASEAN). Angesichts dieser Entwicklungen reduzieren nicht wenige NGOs ihre Bemühungen gegenwärtig vor allem auf die professionelle Organisation von öffentlichkeitswirksamen Kampagnen. Dabei berufen sich die Organisationen vor allem auf die Voice-Funktion zivilgesellschaftlicher Akteure. Ihre Plattform ist entsprechend in erster Linie die Öffentlichkeit. In diesem Zusammenhang spielen die Netzwerkbildungen von NGOs eine bedeutsame Rolle, denn die themenspezifischen Zusammenschlüsse von NGOs schaffen erste Ansatzpunkte für eine transnationale Öffentlichkeit. Während die staatlichen Akteure auf dem internationalen Parkett üblicherweise einzig mit Blick auf ihr nationales Publikum agieren, ist es den NGOs gelungen, Ansätze zu einer globalen Öffentlichkeit für drängende Weltprobleme zu schaffen. Damit sind sie Teil eines globalen Netzwerkes politischer Öffentlichkeit, das sich über Lebensthemen und weniger über die konventionellen Partizipations- und Integrationsfragen aktiviert.

Literatur
Brunnengräber, A./Klein A./Walk, H. (Hg.) (2001): NGOs als Legitimationsressourcen. Opladen. – Campfens, H. (1997): Community development around the World. Toronto. – Fritzsche, K. P. (2004): Menschenrechte. Paderborn u.a.

Wolfgang Schröer

Nichtschülerprüfung

Mit dem erfolgreichen Bestehen einer Nichtschülerprüfung – die auch als Externen- oder Fremdenprüfung bezeichnet wird – kann ein allgemeinbildender Schulabschluss, ein beruflicher Abschluss oder eine Sprachqualifikation (Latinum, Graecum) erworben werden, ohne dass der vorherige Besuch einer entsprechenden Schule nötig ist. Sog. Schulfremde können sich selbstständig oder mit Hilfe (häufig) privater Bildungseinrichtungen (z.B. Fernlehrinstituten) auf die Prüfung vorbereiten. Zur Prüfung melden sie sich bei den staatlichen Schulämtern an; für die Prüfung selbst können Gebühren entstehen.

Über die Zulassung zur Prüfung entscheidet das jeweilige staatliche Schulamt des Bundeslandes, in dem sie abgelegt werden soll. Je nach Bundesland und Art des erstrebten Abschlusses müssen unterschiedliche Voraussetzungen erfüllt sein. Für eine Abiturprüfung beispielsweise müssen die Bewerberinnen und Bewerber regelmäßig 19 Jahre alt sein und dürfen vorher nur einmal das Abitur nicht bestanden haben. Für andere Abschlüsse ist gemeinhin die Vollendung des 16. Lebensjahres ausreichend. Der Erwerb eines beruflichen Abschlusses ist regelmäßig an einen bestimmten Schulabschluss und nachgewiesene Berufspraxis gekoppelt.

Nichtschülerprüfungen finden entweder an Schulen oder an Einrichtungen des sog. zweiten Bildungswegs (wie Abendgymnasien oder Kollegs) statt. Die Prüfungsinhalte und die Durchführung der Prüfung für allgemeinbildende Abschlüsse entsprechen im Wesentlichen denen des sog. ersten Bildungswegs, mithin der üblichen Schullaufbahn. Nach den Empfehlungen der Ständigen Konferenz der Kultusminister der Länder der Bundesrepublik Deutschland sollen beispielsweise im Abitur Deutsch, Geschichte oder ein anderes gesellschaftswissenschaftliches Fach (Politische Bildung, Geografie), Mathematik, eine Naturwissenschaft (Biologie, Physik, Chemie) und zwei Fremdsprachen geprüft werden.

Als Schulfremde gelten auch Schüler von Waldorfschulen. Sie können sich im 13. Schuljahr auf das Abitur oder die Fachhochschulreife vorbereiten. Für die unter staatlicher Aufsicht verlaufende Abiturprüfung kommen spezielle Bestimmungen zur Anwendung, die die Besonderheiten der Waldorfschulpädagogik berücksichtigen. Das so erlangte Reifezeugnis ist in den Bundesländern als gleichwertig anerkannt.

Literatur
Ständige Konferenz der Kultusminister der Länder in der Bundesrepublik Deutschland (1997): Empfehlungen zur Gestaltung von Nichtschülerprüfungen zum Nachholen schulischer Abschlüsse. In: Erwachsenenbildung 43, 103.

Uta Stäsche

Nichtstaatliche Hochschulen

Nichtstaatliche Hochschulen sind Universitäten (oder gleichgestellte Hochschulen), Fachhochschulen und z.T. Berufsakademien in freier Trägerschaft. Zur Eröffnung des Lehrbetriebs benötigen nichtstaatliche Hochschulen eine staatliche Anerkennung gemäß Landeshochschulrecht; hierzu müssen sie die grundlegenden, für staatliche Hochschulen geltenden Bedingungen beispielsweise für die Studienaufnahme von Studierenden und Einstellung des wissenschaftlichen Personals erfüllen. Von den insg. 343 Hochschulen in Deutschland befinden sich 42 in kirchlicher und 68 in privater Trägerschaft, darunter 28 Universitäten und 71 Fachhochschulen. Einige nichtstaatliche Hochschulen sind Ausgründungen staatlicher deutscher Universitäten, andere befinden sich in ausländischer Trägerschaft. Nicht berücksichtigt sind – da nicht Hochschulen im Sinne des deutschen Hochschulrechts – die Ableger ausländischer Hochschulen in Deutschland, die nur für deren Studierende zugänglich sind. Kirchliche Hochschulen sind i.d.R. Körperschaften oder Stiftungen des öffentlichen Rechts; private Hochschulen können in unterschiedlicher Rechtsform gemeinnützig oder gewinnorientiert errichtet werden. Anders als kirchliche Hochschulen erhalten private Hochschulen i.d.R. keine staatlichen Zuschüsse. Die staatliche Genehmigung privater Hochschulen setzt die institutionelle Akkreditierung durch den Wissenschaftsrat voraus; unabhängig davon ist die Akkreditierung der Studiengänge erforderlich. Obwohl nichtstaatliche Hochschulen i.d.R. fachlich spezialisiert sind, reicht das Fächerspektrum insgesamt von Theologie, Philosophie, Kunst und Musik über Medizin, Pflege- und Naturwissenschaften bis zu Wirtschafts-, Rechts-, Sozial-, Erziehungs- und Ingenieurwissenschaften. Gemessen an Personal und Studierenden sind die nichtstaatlichen Hochschulen bislang kleine Hochschulen; die Gesamtzahl der Studierenden liegt unter 3%.

Literatur

Brauns, H.-J. (2003): Private Hochschulen in Deutschland. Berlin.

Lutz R. Reuter

Niederer, Johannes (1779–1843)

Niederer studierte in Basel Theologie und arbeitete in der Ostschweiz als Pfarrer, bevor er ab 1803 am Pestalozzischen Institut in Burgdorf als Religionslehrer arbeitete und für viele Jahre zum engsten Vertrauten Johann Heinrich Pestalozzis wurde. Niederer verstand seine Aufgabe primär als Propagandist von Pestalozzis Methode, die er mit den Konzepten des deutschen Idealismus in Verbindung bringen wollte. 1814 heiratete er Rosette Kasthofer, die Leiterin der Pestalozzischen Töchteranstalt in Yverdon. 1817 trennte er sich im Streit von Pestalozzi, aber erst 20 Jahre später, 1837, verlegten die Niederers ihre Anstalt von Yverdon nach Genf. Auch nach der Trennung von Pestalozzi beschäftigte sich Niederer weiterhin mit Fragen der Erziehung, viele Texte blieben aber fragmentarisch und wurden nicht veröffentlicht.

Literatur

Niederer, R. (Hg.) (1845): Doctor Johannes Niederer's Briefe von 1797 bis 1803 an seinen Freund Tobler. Genf.

Rebekka Horlacher

Niederlande (Königreich der Niederlande; Netherlands)

Das Königreich der Niederlande ist eine parlamentarische Monarchie mit ca. 16,5 Millionen Einwohnern (2008); Amtssprache ist Niederländisch, in den wenigen Friesisch sprechenden Gemeinden auch Friesisch.
Rund 67% der Schulen im Primarschulbereich und rund 59% der Schulen im Sekundarschulbereich sind Privatschulen (2009), die oftmals in kirchlicher Trägerschaft stehen. Sie werden teilstaatlich finanziert und haben meistens eine Stiftung als Träger. Die Unterrichtsinhalte legen die nationalen Bildungsbehörden verbindlich für alle Schulen fest, über die Unterrichtsmethoden können die Schulen individuell entscheiden.
Die Schulpflicht beginnt mit dem fünften und endet mit dem siebzehnten Lebensjahr; eine Einschulung bereits mit vier Jahren kann auf Antrag erfolgen. Der von allen Heranwachsenden gemeinsam absolvierte Primarschulunterricht (basisonderwijs) umfasst die Klassenstufen 1-8 (Fünf- bis Elfjährige). Im letzten Jahr der Primarschule findet eine zentrale Abschlussprüfung statt. Auf der Basis des so ermittelten Testergebnisses und eines Gutachtergesprächs entscheiden die Schülereltern, welche weiterführende Schulform ihr Kind auf der Sekundarstufe für Zwölf- bis 16 oder 17-Jährige besuchen soll. Folgende, in verschiedenen Einrichtungen angesiedelte (Aus-) Bildungsgänge, können absolviert werden: die vier Jahre dauernde VMBO (voorbereidend middelbaar beroepsonderwijs), an deren Ende berufsbildende Bildungsgänge der höheren Sekundarstufe (MBO, middelbaar beroepsonderwijs) oder der HBO (hoger beroepsonderwijs) besucht werden können, die fünf Jahre umfassende HAVO (hoger algemeen voorbereidend onderwijs), die primär auf die höhere Berufsausbildung vorbereitet, und die sechs Jahre dauernde VWO (voorbereidend wetenschappelijk onderwijs), die vorbereitende wissenschaftliche Unterweisung, die auf die Aufnahme eines Studiums an einer Universität zielt. 88% aller 15- bis 19-Jährigen absolvieren einen Bildungsgang der Sekundarstufe.
Der tertiäre Bildungsbereich gliedert sich in Fachhochschulen (HBO) und Universitäten (WO, wetenschappelijk onderwijs). Es gibt 14 staatliche und sieben private Universitäten sowie zahlreiche private und staatliche Fachhochschulen.
Die Lehrerausbildung ist in Form von speziellen, i.d.R. vier Jahre umfassenden Studiengängen an Universitäten (für Sekundarschulen) und Fachhochschulen (für Primarstufe und untere Sekundarstufe) angesiedelt.

Literatur

Scheerens, J./Witziers, B. (2004): The Netherlands. In: Döbert, H. u.a. (Hg.): Conditions of School Performance in Seven Countries. Münster, 386-429. – Schildkamp, K./Teddlie, C. (2008): School Performance Feedback Systems in the USA and in the Netherlands. In: Educational Research and Evaluation 14, 255-82.

Nina Wyzujak

Niedersachsen (NI)

Wie in den anderen Bundesländern auch enthalten die Landesverfassung und das Schulgesetz von Niedersachsen (www.niedersachsen.de) zentrale

Vorgaben zur Gestaltung des Bildungswesens. Nach Artikel 4 der niedersächsischen Verfassung hat jeder Mensch ein Recht auf Bildung, das im Schulgesetz konkretisiert wird. Überdies besteht eine allgemeine Schulpflicht. Analog zu Artikel 7, Absasatz 1 des Grundgesetzes für die Bundesrepublik Deutschland (GG) bestimmt die Landesverfassung zudem die staatliche Aufsicht über das gesamte Schulwesen, das Recht zur Errichtung von Schulen in nichtstaatlicher Trägerschaft im Sinne von Artikel 7, Absatz 4 GG und deren Anspruch auf staatliche Förderung. Gemäß Schulgesetz (§ 2) soll die Schule im Anschluss an die vorschulische Bildung die Persönlichkeit der Schülerinnen und Schüler auf der Grundlage des Christentums, des europäischen Humanismus und der Ideen der liberalen, demokratischen und sozialen Freiheitsbewegungen weiterentwickeln. Im Sinne dieser Gesamtaufgabe wird eine Vielzahl von Bildungs- und Erziehungszielen formuliert. Hierzu zählt u.a. auch, dass die Lernenden dazu angehalten werden sollen, für sich allein wie auch gemeinsam mit anderen zu lernen und Leistungen zu erzielen.
Das niedersächsische Schulwesen ist nach Schulbereichen (Primarbereich, Sekundarbereich I und II) und Schulformen gegliedert. Als allgemein bildende Schulen werden die Grundschule, die Hauptschule, die Realschule, das Gymnasium, die Gesamtschule sowie das Abendgymnasium, das Kolleg und die Förderschule genannt. Daneben besteht eine Vielzahl berufsbildender Schulformen. Die Grundschule umfasst die Jahrgangsstufen 1 bis 4. In der Hauptschule werden Schülerinnen und Schüler der Jahrgangsstufen 5 bis 9 unterrichtet; eine 10. Klassenstufe kann eingerichtet werden, deren Besuch freiwillig ist. Je nach den erreichten Leistungen verleihen die Abschlüsse der Hauptschule unterschiedliche Berechtigungen. Die Realschule umfasst die Klassenstufen 5 bis 10. Je nach Niveau des Abschlusses kann der Bildungsweg berufsbezogen oder in einem zur Hochschulreife führenden Bildungsgang fortgesetzt werden. Achtjährige gymnasiale Bildungsgänge wurden zum Schuljahr 2004/05 eingeführt; die neunjährigen Abiturbildungsgänge laufen aus. Gymnasien führen damit nunmehr die Jahrgangsstufen 5 bis 12; sie können ohne die Jahrgangsstufen 11 und 12, d.h. ohne eine gymnasiale Oberstufe geführt werden. Die dreijährigen Fachgymnasien (Klassenstufen 11-13) zählen zum berufsbildenden Schulwesen; dessen ungeachtet kann dort eine allgemeine Hochschulzugangsberechtigung erworben werden. Gymnasialteile kooperativer Gesamtschulen führen die Jahrgangsstufen 5-12, während die Integrierten Gesamtschulen mit gymnasialer Oberstufe nach Abschluss der Jahrgangsstufe 13 die Hochschulreife vergeben. Des Weiteren können Gesamtschulen auch ohne gymnasiale Oberstufe geführt werden. Schülerinnen und Schüler mit sonderpädagogischem Förderbedarf werden entweder zentral in Förderschulen unterrichtet oder, soweit sinnvoll und angemessen, gemeinsam mit anderen Schülerinnen und Schülern dezentral gefördert. Dazu übernehmen die Förderschulen zugleich die Rolle sonderpädagogischer Förderzentren.
Zum Ende des Grundschulbesuchs können die Erziehungsberechtigten die im Anschluss zu besuchende Schulart der Sekundarstufe I frei bestimmen. Die Lehrkräfte der abgebenden Grundschule geben hierzu eine Empfehlung über die geeignet erscheinende Schulart ab. Der Besuch eines zur allgemeinen Hochschulreife führenden Bildungsganges setzt den erweiterten Sekundarabschluss I voraus, der am Ende der Klassenstufe 10 erworben werden kann.
Mit Wirkung vom 1. Mai 2005 wurde eine Schulinspektion nach niederländischem Vorbild eingerichtet; sie ist Teil der staatlichen Schulaufsicht und untersteht dem Kultusministerium. Im Zentrum der Visitationen steht die Unterrichtsqualität. Weiterführende Formen externer Evaluation gibt es z.B. in Form der Teilnahme an vergleichenden Lernleistungsuntersuchungen. Das Schulgesetz enthält den Hinweis, dass die Schulleitung für Qualitätssicherung und Qualitätsentwicklung an der Schule zu sorgen habe, ohne allerdings die Verfahren hierzu näher zu bestimmen.

Literatur
Cortina, K. S. u.a. (Hg.) (2008): Das Bildungswesen in der Bundesrepublik Deutschland. Reinbek.

Hans-Werner Fuchs

Niemeyer, August Hermann (1754-1828)

Der Urenkel des Gründers der Franckeschen Stiftungen in Halle (Saale) studierte in Halle Theologie und klassische Philologie und erhielt dort 1779 eine außerordentliche, 1784 eine ordentliche Professur für Theologie. Er war zugleich Inspektor des Pädagogiums der Franckeschen Stiftungen. 1785 wurde er Mitdirektor und 1799 Direktor dieses Werkes, das u.a. Waisen- und Schulhäuser, ein Lehrerseminar und einen Verlag umfasste, und verhalf ihm zu neuem Ansehen.

1804 wurde Niemeyer in Halle zum Oberkonsistorialrat ernannt. Bei der Wiedereröffnung der Universität, die Napoleon I. nach dem Sieg über Preußen hatte schließen lassen, wurde Niemeyer 1808 durch König Jérôme als Kanzler und Rektor auf Lebenszeit eingesetzt. In diesen Funktionen wirkte er an der Vereinigung der Universitäten Halle und Wittenberg mit.
Niemeyer verband einen aufgeklärten Rationalismus mit einem ausgesprochen gefühlsbetonten Christentum und lehnte irrationale Tendenzen des Pietismus ebenso ab wie philologisierende des Neuhumanismus. Als Verbreiter und Fortführer der Pädagogik Johann Heinrich Pestalozzis forderte er als Erziehungsziel das bewusste Arbeiten des Menschen an seiner Selbstvervollkommnung, basierend auf einer christlich fundierten Sittlichkeit (Ueber Pestalozzi's Grundsätze und Methoden, 1810).
Niemeyer übte auf die Pädagogik der ersten Hälfte des 19. Jahrhunderts großen Einfluss aus, insbesondere durch sein Lehrbuch Grundsätze der Erziehung und des Unterrichts, für Eltern, Hauslehrer und Erzieher (3 Teile, 1796, [5]1806), das auch die erste Darstellung einer Geschichte der Pädagogik in Deutschland enthielt, und seinen Leitfaden der Pädagogik und Didaktik (1802).

Literatur
Soboth, Chr. (Hg.) (2007): „Seyd nicht träge in dem, was ihr thun sollt." Halle, Tübingen.

Sylvia Schütze

Niethammer, Friedrich Immanuel (1766-1848)

Niethammer studierte 1784-1792 Philosophie und Theologie in Tübingen und Jena. In Jena wurde er 1794 außerordentlicher Professor an der philosophischen Fakultät. 1797 übernahm Niethammer eine außerordentliche Professur für Dogmatik und Kirchengeschichte und folgte 1803 einem Ruf als Professor der Theologie an die gemischt-konfessionelle theologische Sektion der Universität Würzburg. 1806 wechselte er als Konsistorial- und Schulrat nach Bamberg, 1808 als protestantischer Zentralschulrat nach München. Dort wurde er mit der Ausarbeitung eines neuen Lehrplans für die Gymnasien beauftragt.
In seiner Schrift über den Streit des Philanthropinismus und Humanismus in der Theorie des Erziehungs-Unterrichts unsrer Zeit (1808) betonte Niethammer die Widersprüchlichkeit der menschlichen Natur (animalisches und Vernunftwesen) und seine Erziehungsbedürftigkeit. Schulpolitisch setzte er sich für zwei gleichberechtigte Bildungswege zur Universität mit Schwerpunkten in den Humaniora (an den Gymnasien) und in den Realien (an Realschulen und Realinstituten) ein. Seine Prinzipien wurden im sog. Allgemeinen Normativ für Bayern (1808) umgesetzt, doch die Bemühungen der altbayerischen katholischen Opposition führten 1816 zur Ablösung seines Lehrplans durch einen neuen Studienplan für Mittelschulen.

Literatur
Niethammer, F. I. (1968): Philanthropinismus, Humanismus. Weinheim, Berlin, Basel.

Sylvia Schütze

Nietzsche, Friedrich (1844-1900)

Nietzsche, einer der wirkungsmächtigsten Philosophen des 20. Jahrhunderts, wurde 1869, unmittelbar nach dem Studium der Philologie in Bonn und Leipzig und noch ohne Dissertation auf Empfehlung seines akademischen Lehrers Friedrich W. Ritschl nach Basel berufen, wo er bis zu seinem krankheitsbedingten Ausscheiden zehn Jahre lehrte, zunächst noch unter dem (eher unheilvollen) Einfluss Richard Wagners stehend. Dem Bruch mit diesem sowie dem Abschied von Basel folgten zehn Jahre der Unrast und Einsamkeit (1879-1888), in denen Nietzsche, meist in Pensionen in Italien und der Schweiz lebend und um Gesundung ringend, seine wichtigsten Werke verfasste: Die fröhliche Wissenschaft (1882), Also sprach Zarathustra (1883-85), Jenseits von Gut und Böse (1886), Zur Genealogie der Moral (1887). Ende 1888 setzte der Niedergang ein, dem im Januar 1889 der endgültige geistige Zusammenbruch folgte, wohl infolge von Syphilis. Was noch blieb, waren elf Jahre des Siechtums in Obhut der Mutter sowie (ab 1897) der Schwester in Naumburg bzw. Weimar. Den in diesen Jahren anhebenden Weltruhm vermochte Nietzsche nicht mehr zu registrieren.
Nietzsche war von einigem Einfluss auf die Reformpädagogik (etwa Ellen Key) sowie auf linke Kreise der Jugendbewegung, wurde aber vom pädagogischen Mainstream vor dem Ersten Weltkrieg (etwa Friedrich Paulsen oder Wilhelm Rein) eher mit Skepsis bedacht und, auch wegen seiner antichristlichen Position, als Jugendverführer wahrgenommen. Auf eine gewisse positive Resonanz traf allein (und eigentlich

durchgehend im 20. Jahrhundert) seine frühe, eher elitäre Bildungsphilosophie, etwa in den – von Nietzsche allerdings nicht in Druck gegebenen – Vorträgen Über die Zukunft unserer Bildungsanstalten (1872). Dem Nationalsozialismus ist ein weiteres, gleichfalls nicht den Kern von Nietzsches Ambitionen entsprechendes Nietzsche-Bild zu danken, gruppiert um die Figur des heroischen Erziehers. Derlei Lesarten sowie das durch sie bewirkte Desinteresse an Nietzsche insbesondere in der Nachkriegspädagogik ist wohl zuzuschreiben, dass Nietzsches Bedeutung für die Pädagogik als unausgeschöpft gelten muss.

Literatur
Nietzsche, F. (1967ff.): Sämtliche Werke. München, Berlin, New York. – Niemeyer, C. (2002): Nietzsche, die Jugend und die Pädagogik. Weinheim, München.

Christian Niemeyer

Niger → Sub-Saharisches Afrika

Nigeria → Sub-Saharisches Afrika

Niue → Pazifikregion

Nördliche Marianen → Pazifikregion

Nohl, Herman (1879-1960)

Der Pädagoge und Philosoph Nohl war ein Hauptvertreter der Geisteswissenschaftlichen Pädagogik. Er studierte in Berlin Geschichte und Philologie und wurde 1904 mit einer Arbeit über Sokrates und die Ethik promoviert. Sein Doktorvater Wilhelm Dilthey beeinflusste merklich sein Denken und seine Laufbahn. Auf Empfehlung Diltheys wechselte Nohl nach Jena, wo er sich 1908 mit einer Arbeit über die Weltanschauung in der Malerei habilitierte. Nach dem Ende des Ersten Weltkrieges wandte sich Nohl der Pädagogik zu und engagierte sich in der thüringischen Volkshochschulbewegung. 1919 folgte er einem Ruf an die Universität Göttingen. 1937 von den Nationalsozialisten aus dem Amt entlassen, wurde er nach dem Ende des Zweiten Weltkrieges als Professor eingesetzt und war vielfältig beteiligt am Wiederaufbau des deutschen Bildungssystems und der wissenschaftlichen Pädagogik.

Nohl ist der Gründervater der Göttinger Schule der Geisteswissenschaftlichen Pädagogik und lieferte maßgebliche Beiträge zur Konstituierung der Pädagogik als eigenständige wissenschaftliche Disziplin, als deren Aufgabe er die Hermeneutik der Erziehungswirklichkeit bestimmte (Die pädagogische Bewegung in Deutschland und ihre Theorie, 1933). In diesem Kontext sind v.a. seine Ausführungen zum Pädagogischen Bezug sowie zur Epochenkonstruktion der Reformpädagogik als Teil der deutschen Bewegung, die er im praktisch-pädagogischen Engagement für eine neue Erziehungspraxis sah, prominent geworden. Er arbeitete daneben auch zu Fragen der pädagogischen Jugendwohlfahrtsarbeit, der pädagogischen Anthropologie und der Ästhetik.

Als Mitherausgeber pädagogische Zeitschriften (Die Erziehung, 1925-1937; Die Sammlung, 1945-1960) übte er einen wichtigen Einfluss auf die deutsche erziehungswissenschaftliche Diskussion aus. Zentral war zudem die Herausgabe des fünfbändigen Handbuches der Pädagogik gemeinsam mit Ludwig Pallat (1928-33).

Seine Stellung zum Nationalsozialismus ist in der Literatur umstritten und wurde insbesondere in den letzten Jahren intensiv diskutiert.

Literatur
Klika, D. (2000): Herman Nohl. Köln. – Nohl, H. (1949): Pädagogik aus dreißig Jahren. Frankfurt.

Elmar Drieschner

Nordirland → Vereinigtes Königreich (Vereinigtes Königreich Großbritannien und Nordirland)

Nordkorea → Ostasiatische Staaten

Nordrhein-Westfalen (NW)

Die Landesverfassung des Bundeslandes Nordrhein-Westfalen (www.nrw.de) enthält umfangreiche Vorgaben zum Bildungssystem. Hierzu gehören die Erziehungsgrundsätze und Aussagen zum Elternrecht, zur Schulpflicht, Schulgeld- und Lernmittelfreiheit, Schulträgerschaft und Schulaufsicht sowie zur Privatschulfreiheit. Weitere Bestimmungen betreffen die Schulverfassung und das Mitwirkungsrecht der Eltern, den obligatorischen staatsbürgerkundlichen Unterricht, die Schularten, die Lehrerbildung, das

Hochschulwesen und die Erwachsenenbildung. Das Landesschulgesetz setzt den Erziehungs- und Bildungsauftrag der Schule in allgemeine Lernziele um und verpflichtet die Schule zur gezielten Förderung besonders begabter Schüler. Die gesetzlichen Regeln über Fördermaßnahmen für Schüler mit Migrationshintergrund zielen auf den Erwerb deutscher Sprachkenntnisse und die Sicherung der kulturellen und sprachlichen Identität dieser Schüler.

Trotz früherer schulpolitischer Versuche, das Schulwesen zu entkonfessionalisieren, besteht die religiös-weltanschauliche Prägung der Volksschule (verbundene Grund- und Hauptschule) bis heute fort. Die vierjährige Grundschule ist christliche Gemeinschafts- oder Bekenntnisschule. In der letzteren werden Schüler auf Antrag nach ihrem jeweiligen religiösen Bekenntnis unterrichtet, während bekenntnisfremde Schüler nur dann einen Anspruch auf Aufnahme haben, wenn eine Gemeinschaftsschule in zumutbarer Entfernung nicht erreichbar ist. Sprachstandsfeststellungen erfolgen erstmals für alle Vierjährigen und erneut für alle Kinder bei der Einschulung. In der zweijährigen Eingangsphase der Grundschule, welche den Schulkindergarten einschließt, wird i.d.R. jahrgangsübergreifend unterrichtet. Zahlreiche Grundschulen sind offene Ganztagsschulen. Der Übergang von der Grundschule in eine weiterführende Schule erfolgt aufgrund einer Grundschulempfehlung; für Schüler, deren Eltern hiervon abweichen wollen, ist ein dreitägiger Prognoseunterricht vorgeschrieben.

Die Sekundarstufe I umfasst die Hauptschule, die auf Antrag der Eltern als Bekenntnisschule eingerichtet wird, die Realschule, die Gesamtschule und das Gymnasium. In der Hauptschule wird der Unterricht ab Klassenstufe 7 in einigen Fächern leistungsniveaudifferenziert erteilt. Viele Hauptschulen werden als Ganztagsschulen geführt. Im zehnten Jahrgang können in zwei unterschiedlichen Profilen einerseits der Hauptschulabschluss und andererseits der mittleren Abschluss mit Übergangsmöglichkeiten zur Integrierten Gesamtschule und zum Gymnasium sowie zum Berufskolleg und zur Fachoberschule erworben werden. Realschule und Gesamtschule ermöglichen dieselben Abschlüsse und Übergangsmöglichkeiten. Das Gymnasium führt in einem achtjährigen Bildungsgang zur Hochschulreife, während die gymnasiale Oberstufe an der Gesamtschule und am Beruflichen Gymnasium die Jahrgangsstufen 11 bis 13 umfasst. Eine Verkürzung auf zwölf Jahrgangsstufen ist in der bildungspolitischen Diskussion.

Das Berufskolleg ist die organisatorische Einheit aller beruflichen Schulen wie Berufsschule, Berufsfachschule, Fachoberschule und Fachschule sowie der gymnasialen Oberstufe der Gesamtschule. Ab 2009/10 können die Schularten der Sekundarstufe I (außer dem Gymnasium) Verbundschulen bilden, deren Unterricht ab Jahrgangsstufe 7 allerdings schulartgetrennt durchzuführen ist. Das Berufskolleg ermöglicht alle allgemeinen und beruflichen Bildungsabschlüsse einschließlich der Doppelqualifikation.

Mit Genehmigung des Kultusministeriums sind im Rahmen von Schulversuchen weitreichende Abweichungen vom Aufbau des Schulwesens und von den Vorgaben für Unterrichtsinhalte und -organisation sowie Schulleitung und Schulverfassung möglich. Von der Ermächtigung, neue Modelle erweiterter schulischer Selbstverwaltung z.B. bei der Stellen- und Sachmittelbewirtschaftung, Personalverwaltung und Unterrichtsorganisation zu erproben, wird im Rahmen des Projekts Selbständige Schule rege Gebrauch gemacht. Das Schulgesetz hält an der traditionellen Dienst- und Fachaufsicht fest und führt zugleich neue Steuerungs- und Qualitätssicherungsinstrumente wie Bildungsstandards, landeseinheitliche Prüfungsaufgaben, Evaluationen und Vergleichsstudien ein.

Literatur

Cortina, K. S. u.a. (Hg.) (2008): Das Bildungswesen in der Bundesrepublik Deutschland. Reinbek. – Ministerium für Schule und Weiterbildung des Landes Nordrhein-Westfalen (Hg.) (2009): Schule in Nordrhein-Westfalen. Düsseldorf.

Lutz R. Reuter

Normative Pädagogik

Eine Pädagogik ist dann als normativ zu bezeichnen, wenn sie implizit oder explizit von Wertunterscheidungen oder Normsetzungen ausgeht, diese als Grundlage für die von ihr reflektierte Praxisdeutung oder für ihre Theoriebildung setzt und aus obersten Normen Handlungsanweisungen ableitet, die dann generell als verbindlich angesehen werden. Dabei kommen religiöse, politische, weltanschauliche oder gesellschaftliche Ziele und Normen als Orientierung in Frage. Normative Pädagogiken werden oft von bestimmten Welt- oder Menschenbildern getragen oder entwerfen solche. Beispiele für normative Pädagogiken sind marxistische Konzeptionen oder religiös/konfessionell gebundene Beschreibungen des pädagogischen Denkens und Handelns.

Normativität ist eine irreduzible Gegebenheit aller Erziehungs- und Bildungsprozesse, weil diese immer schon auf Wertungen basieren und auf Normen verweisen. In einer kritischen Auseinandersetzung mit der Normativität von Pädagogik ist deshalb die Funktionsweise von Werten und Nomen in Bildungs- und Erziehungskontexten zu reflektieren. Wenn die Legitimität von Wertungen und Normen begründet und eine pädagogische Praxis aus ihnen abgeleitet werden soll, tritt das sog. Normativitätsproblem hervor: Normative Pädagogiken und deren Universalanspruch sind nicht nur dysfunktional und konfligieren mit den empirischen Rahmenbedingungen der Durchsetzung von Normen; sie können darüber hinaus wissenschaftlich nicht begründet werden.

Literatur

Brezinka, W.(³1993): Erziehung in einer wertunsicheren Gesellschaft. München u.a. – Ruhloff, J. (1979): Das ungelöste Normproblem der Pädagogik. Heidelberg.

Markus Rassiller

Normativität

Normativ sind solche Aussagensysteme, die nicht (nur) nur empirische Sätze enthalten, sondern auch Vorschriften (Normen) für Educanden oder Erzieher. In einem weiteren Sinn gelten auch wertende Aussagen als normativ, insofern sie Präferenzen der Wertenden ausdrücken, die letztlich Handlungsempfehlungen darstellen.

Max Weber hat die These vertreten, dass Werturteile nicht als wahr oder falsch erwiesen werden können und die Wissenschaft sich der Werturteile deshalb enthalten sollte. Ähnlich ist Wolfgang Brezinka der Ansicht, dass streng zwischen einer kausalanalytischen Erziehungswissenschaft und einer nicht normativen Philosophie der Erziehung, die vor allem die Sprache der Erziehungswissenschaft und die wissenschaftstheoretischen Grundlagen untersucht, einerseits, sowie einer praktischen Pädagogik andererseits unterschieden werden muss, in die auch Wertungen eingehen dürfen.

Dem gegenüber steht die Position, dass die Pädagogik Normfragen behandeln kann, wie dies in vielen sog. Bereichsethiken geschieht. Auch die kritische, diskursanalytische Erziehungswissenschaft, nach der die Normen aufgedeckt werden sollen, die herrschende Diskurse zur Erziehung bestimmen, kann der normativen Pädagogik zugerechnet werden, weil sie an einer Emanzipation des Menschen von ungerechtfertigter Herrschaft interessiert ist.

Literatur

Prange, K. (2010): Die Ethik der Pädagogik. Paderborn.

Thomas Fuhr

Normen

Mit dem Begriff der Normen werden soziale oder etwa auch sprachliche Regeln, technische Standards, rechtliche Vorschriften oder diejenigen Ausprägung einer Variablen bezeichnet, die nicht als problematisch (unnormal, pathologisch, abweichend) angesehen werden. Lebensaltersnormen bezeichnen das Alter, in dem eine bestimmte Entwicklung, z.B. der sprachlichen Kompetenz, erwartet wird. Leistungsnormen legen fest, welche Leistungen erbracht werden müssen, damit eine definierte Gratifikation, z.B. in Form von Schulnoten oder Zeugnissen, erteilt wird. Mindestnormen, die von allen Mitgliedern einer bestimmten Gruppe, bspw. allen Abiturienten, erreicht werden müssen, werden neuerdings auch als Standards bezeichnet. Bezugsnormen sind Maßstäbe, mit denen individuelle Schülerleistungen bei Klassenarbeiten oder Evaluationsergebnisse bei Schulevaluationen verglichen werden; es können dies kriteriale Bezugsnormen sein wie vorher festgelegte Kompetenzniveaus, individuelle (ipsative) Bezugsnormen (Ergebnisse der Testpersonen aus früheren Erhebungen), soziale Bezugsnormen (z.B. der Vergleich mit anderen Klassen) oder Erwartungswerte für eine Klasse.

Wolfgang Brezinka unterscheidet zwischen Erziehungszielen, technischen Handlungsnormen und moralischen Handlungsnormen der Erziehung. Erziehungsziele schreiben vor, wozu erzogen werden soll, technische Normen, wie jemand handeln soll, um ein gesetztes Ziel zu erreichen; moralische Normen drücken aus, was nach moralischen Maßstäben erzieherisch getan oder unterlassen werden soll.

Immer wird bei diesen Begriffsverwendungen eine Sache an einem Maßstab gemessen und beurteilt. Normen beschreiben, was in einem bestimmten Kontext als normal angesehen wird. Sie sind Regeln, deren Einhaltung überwacht wird. Auf Nichteinhaltung wird mit pädagogischen Maßnahmen, in rechtlicher Hinsicht mit Strafen, in moralischer Hinsicht mit Achtungsentzug reagiert. Normabweichungen sind vor allem für die Sozialpädagogik relevant; sie reagiert darauf, dass die Gesellschaft Menschen als abweichend konstruiert, bzw. sie produziert selbst durch die Schemata ihrer Fallbearbeitung Andere und sucht sie an soziale Normen anzupassen.

Literatur

Brezinka, W. (1978): Metatheorie der Erziehung. München, Basel. – Müller, A. (2009): Bezugsnormen in klassenbezogenen Ergebnisrückmeldungen. In: Empirische Pädagogik 23, 50-74.

Thomas Fuhr

Norwegen (Königreich Norwegen; Norway)

Die moderne Geschichte Norwegens ist geprägt von Wachstum und Reichtum durch das Erdöl. Norwegens Staatsform entspricht einer konstitutionellen Monarchie mit einem parlamentarischen Regierungssystem. Ein Beitritt zur Europäischen Union wurde in Volksabstimmungen zweimal abgelehnt (1972, 1994).

Im Jahr 1889 wurde die Schulpflicht (ab dem Alter von sechs Jahren) zunächst auf sieben, 1969 auf neun Jahre festgelegt und 1997 auf zehn Jahre erweitert. Die Betreuung im Vorschulalter (bis zum Alter von sechs Jahren) findet in Kindergärten statt, deren Besuch freiwillig und für die ein Entgelt zu entrichten ist. In Norwegen betrugen die Bildungsausgaben im 2004 7,7% des Bruttoinlandsprodukts.

Das Schulsystem Norwegens besteht auf der ersten Stufe aus der Pflichtschule (grunnskole) für alle Kinder; ausgenommen ist die in Nordnorwegen lebende samische Minderheit (ca. 40.000), die über eigene Schulen verfügt. Die Pflichtschule umfasst drei Stufen: barnetrinn (Kinderstufe), mellomtrinn (Zwischenstufe) und ungdomstrinn (Jugendstufe). Die zweite Ausbildungsstufe beinhaltet die videregående skole. Der Besuch im Anschluss an die grunnskole ist fakultativ; seit 1994 hat jeder Schüler zwischen 16 und 19 Jahren jedoch den gesetzlichen Anspruch auf den Besuch dieser dreijährigen weiterführenden Schulbildung. Eines der wichtigsten Ziele der Reformen der zweiten Ausbildungsstufe in den 1980er Jahren war die Zusammenführung der weiterführenden Schulen mit der betrieblichen Berufsausbildung. Theoretische und praktische Bildung sollten damit den gleichen Status erhalten. Die Schüler können in den z.T. doppeltqualifizierenden Kursen (13 Kurssysteme, vormals über 100 berufliche Bildungswege) zwischen dem Erwerb von Berufs- und/oder Studienkompetenz wählen.

Im tertiären Bildungssektor finden sich neben den vier staatlichen Universitäten und 26 staatlichen Hochschulen (Länge der Studiengänge: vier bis sechs Jahre) verschiedene private Bildungseinrichtungen. Die Lehrerausbildung erfolgt an Pädagogischen Hochschulen und Universitäten; die Studiendauer variiert je nach Schulstufe.

Das gut ausgebaute System der öffentlich organisierten Erwachsenenbildung ist von den Ideen von Nikolaj Grundtvig beeinflusst und zielt auf die Anhebung des Kompetenzniveaus der Bevölkerung, um so mit Blick auf den Wohlfahrtsstaat gleiche Chancen zu sichern.

Literatur

Bjoerndal, I. (1992): The norwegian educational system. Oslo. – Ratzki, A. (2009): Norwegen. In: Höhmann, K. u.a. (Hg.): Lernen über Grenzen. Opladen 2009, 109-118.

Carolin Rotter

NPEA → Nationalpolitische Erziehungsanstalten

NRO → Nichtregierungsorganisationen

NSF → Nationalsozialistische Frauenschaft

Numerus Clausus (NC)

In Deutschland sind viele Studienrichtungen mit einem NC belegt. Eine derartige Hochschulzulassungsbeschränkung wird festgelegt, wenn es für bestimmte Studienrichtungen mehr Bewerber als Studienplätze gibt. Für die Hochschulzulassung ist nach Artikel 74, Absatz 1, Nr. 33 des Grundgesetzes für die Bundesrepublik Deutschland (GG) der Bund zuständig.

Artikel 12, Absatz 1 GG gewährt ein Teilhaberecht auf freie Wahl des Berufs und der Ausbildungsstätte (in Verbindung mit dem allgemeinen Gleichheitssatz aus Artikel 3, Absatz 1 GG und dem Sozialstaatsprinzip). Dieses Teilhaberecht umfasst das Recht, zu einem Hochschulstudium freier Wahl zugelassen zu werden, sofern der Bewerber auch die subjektiven

Zulassungsvoraussetzungen (z.B. persönliche Eignung und Zuverlässigkeit) erfüllt. Allerdings muss es sich im Rahmen des Möglichen halten, also dessen, was der Einzelne von der Gesellschaft vernünftigerweise verlangen darf. Sind Ausbildungskapazitäten in bestimmten Studienrichtungen infolge Bewerberüberhangs erschöpft und ist deswegen der ordnungsgemäße Studienbetrieb von Hochschulen gefährdet, darf das Recht auf Hochschulzulassung gesetzlich eingeschränkt werden.

Da mit Zulassungsbeschränkungen Lebenschancen verteilt werden und wegen der besonderen Natur des Rechts auf Hochschulzulassung, müssen Zulassungsbeschränkungen strengen Anforderungen genügen: Für sie gilt in besonderem Maße der Grundsatz der Verhältnismäßigkeit; insbesondere müssen sie sich in den Grenzen des unbedingt Erforderlichen bewegen. Schonender als Zulassungsbeschränkungen sind z.B. kapazitätserweiternde Studienreformen. Darüber hinaus müssen die vorhandenen, mit öffentlichen Mitteln finanzierten Ausbildungskapazitäten erschöpfend berücksichtigt werden. Weiterhin verlangt der Gerechtigkeitsgedanke, dass Auswahl und Verteilung der Bewerberinnen und Bewerber sachgerechten Kriterien folgen, damit jeder die gleiche Chance erhält; nach Möglichkeit ist hier die individuelle Wahl des Ausbildungsortes zu berücksichtigen. Zulässig ist eine Auswahl der Bewerberinnen und Bewerber nach Leistung, Wartezeit und Gesichtspunkten sozialer Härte, unzulässig hingegen der sog. Landeskinderbonus für Bewerber, die in einem Bundesland sowohl Hochschulzugangsberechtigung erworben als auch Wohnsitz haben.

Die bundesweite Studienplatzvergabe erfolgt zentral über die Stiftung für Hochschulzulassung in Dortmund über hochschulstart.de. Die Stiftung, die im Mai 2010 ihre Arbeit aufnahm, ist Nachfolgerin der Zentralstelle für die Vergabe von Studienplätzen (ZVS). Welche Studiengänge bundesweit mit einem NC belegt sind, wird jedes Semester neu aus dem Verhältnis der zu vergebenden Studienplätze und der Anzahl der Bewerberinnen und Bewerber um einen bestimmten Studienplatz ermittelt. Für das Wintersemester 2010/11 gibt es einen NC für Medizin, Pharmazie sowie Tier- und Zahnmedizin. Bewerber im bundesweiten Verfahren dürfen sich nur für einen Studiengang bewerben, für den sie bis zu sechs Studienorte in einer Rangfolge benennen können. Die Studienplatzvergabe läuft so ab, dass zunächst von den verfügbaren Studienplätzen eine Vorabquote für besondere Bewerbergruppen (u.a. Härtefälle) abgezogen wird. Sodann werden drei Hauptquoten gebildet: 20% der Plätze erhalten die Abiturbesten auf Bundesebene, 20% werden nach Wartezeit vergeben, und 60% vergeben die Hochschulen selbst nach eigenen, profilbezogenen Auswahlkriterien.

Für die örtlich zulassungsbeschränkten Studienangebote beauftragen die Hochschulen regelmäßig die Stiftung für Hochschulzulassung mit der Durchführung der Auswahlverfahren. Damit sollen Bewerbungs- und Zulassungsverfahren vereinfacht und beschleunigt werden. Im sog. Service-Verfahren können sich Bewerber auch für mehrere Studiengänge bewerben. Die Auswahlkriterien bestimmen die Hochschulen selbst. Sie wählen hier regelmäßig den Abiturnotendurchschnitt und die Wartezeit; daneben können sie zusätzliche Voraussetzungen wie einen Eignungstest verlangen. Auch die Entscheidung über die Studienplatzvergabe obliegt den Hochschulen.

Literatur
Deidesheimer Kreis (1997): Hochschulzulassung und Studieneignungstests. Göttingen. – Korte, E. (1983): Der Numerus Clausus als Element gesellschaftlicher Prozesse. Frankfurt. – Steinberg, R./Müller, H. (2006): Art. 12 GG, Numerus Clausus und die neue Hochschule. In: Neue Zeitschrift für Verwaltungsrecht 25, 1113-1119.

Uta Stäsche

Nutzen- und Belohnungsansatz

Der Nutzen- und Belohnungsansatz (im Englischen Uses and Gratification Approach) ist Mitte der 1970er Jahre als Gegenmodell zur klassischen Medienwirkungsforschung entstanden. Während letztere fragt, was die Medien mit den Menschen machen, fragt der Nutzen- und Belohnungsansatz danach, was die Menschen mit den Medien machen. Der Nutzen- und Belohnungsansatz kritisiert die am behavioristischen Denken orientierte Annahme eines medienzentriert und linear verlaufenden Prozesses von Massenkommunikation. Stattdessen wird gefordert, dass der Rezipient zentral in den Blick genommen werden muss, um Medienwirkung adäquat verstehen zu können. Drei Kernelemente zeichnen den Ansatz in der gegenwärtigen Diskussion aus: 1) Der Rezipient ist aktiv. Er wird nicht (mehr) als passiver Empfänger von Medienbotschaften verstanden, sondern als Subjekt, das aus dem vorhandenen Medienangebot selegiert. 2) Die Selektion erfolgt, weil sich der Mediennutzer eine Befriedigung von Bedürfnissen verspricht. Medienzuwendung findet also nur dann statt, wenn sie für den Rezipienten sinnvoll bzw. lohnend erscheint. Umgekehrt bedeutet dies aber auch: Mediennutzung muss nicht zwangsläufig erfolgen. Vielmehr steht sie in Konkurrenz zu anderen Arten der Bedürfnisbefriedigung. So kann etwa das Bedürfnis nach Unterhaltung ebenfalls durch soziales Miteinander z.B. mit Freunden gestillt werden. 3) Mediennutzung ist als soziales Handeln zu verstehen. Damit greift der Nutzen- und Belohnungsansatz das handlungstheoretische Konzept des Symbolischen Interaktionismus auf und wendet es auf den Kommunikationsbereich an. Demnach sind Medienaussagen nicht als vom Kommunikator vorgefertigte Reize, sondern als interpretationsbedürftige Wirklichkeitsangebote anzusehen, die erst vom Rezipienten definiert werden müssen.

Die Denkrichtung des Nutzen- und Belohnungsansatzes ist bereits in der Kommunikationsforschung Anfang der 1940er Jahre entstanden, als erste Studien zur Bedürfnisbefriedigung durch Massenmedien durchgeführt wurden. Als Meilenstein gilt Herta Herzogs 1942 entstandene Untersuchung zu soap operas im amerikanischen Radioprogramm, in der als Gratifikationsleistungen für Hausfrauen emotionale Entspannung, Realisation von Wunschvorstellungen und Vermittlung von Ratschlägen ermittelt wurden. Erst mit der verstärkten Kritik am Stimulus-Response-Modell der Massenkommunikation seit den 1970er Jahren ist diese Forschungsperspektive zum breit rezipierten Nutzen- und Belohnungsansatz entwickelt worden.

Zu den wichtigsten Kritikpunkten gegen den Nutzen- und Belohnungsansatz zählt der Vorwurf der Theorielosigkeit. Während sich seine ursprünglichen Lesarten lediglich auf die Vorstellung vom aktiven Publikum beschränken, stellen deshalb spätere Formulierungen deutlichere Verknüpfungen mit theoretischen Basisannahmen her. Dies wird bei der deutschen Adaption des Uses and Gratification Approach deutlich, z.B. durch Karsten Renckstorf, der besonders konsequent auf den Symbolischen Interaktionismus rekurriert. Ein weiterer Einwand betrifft die einseitige Orientierung am aktiven Rezipientenverhalten. Vernachlässigt wird, dass Medien und Rezipienten im Kommunikationsprozess aktiv wie passiv zugleich sein können. Hinzu kommt, dass der Ansatz zahlreiche weitere Faktoren der Medienwirkung unberücksichtigt lässt, wie z.B. Wissensbestände, soziale, kulturelle und gesellschaftliche Kontexte.

Literatur

Herzog, H. (1944): What do we really know about daytime serial listeners. In: Lazarsfeld, P./Stanton, F. N. (Hg.): Radio Research 1942-1943. New York, 3-33. – Katz, E./ Blumler, J./Gurevitch, M. (1974): Utilization of Mass Communication by the Individual. In: Blumler, J./Katz, E. (Hg.): The Uses of Mass Communications. Beverly Hills, 19-32. – Renckstorf, K. (1977): Neue Perspektiven in der Massenkommunikationsforschung. Berlin.

Kai-Uwe Hugger

O

Oberlin, Johann Friedrich (1740-1826)

Einer alten Straßburger Honoratiorenfamilie entstammend, hat Oberlin nach Theologiestudium und Tätigkeit als Hauslehrer 1767 im ökonomisch und sozial heruntergekommenen elsässischen Steintal die Pfarrstelle übernommen. Frühzeitig erkannte Oberlin die Entwicklungschancen, die eine auf der Textilherstellung basierende Wirtschaft den Bewohnern dieser Talschaft bot. Um diese nutzen zu können, galt es jedoch, die Mentalität der Menschen zu ändern, sie an Fleiß und konzentriertes Arbeiten, an Genauigkeit, Pünktlichkeit und den Umgang mit Geld zu gewöhnen.
Um bereits die Kinder in diese Tugenden frühindustriellen Produzierens einzuführen und ferner ihren Eltern das ungestörte Arbeiten zuhause an den Webstühlen zu ermöglichen, schuf Oberlin schon für die Kleinsten außerfamiliale Betreuungseinrichtungen, die sog. Strickschulen, weil in ihnen nicht nur gespielt und gelernt, sondern auch einfache Textilarbeiten durchgeführt wurden. Vieles von dem, was spätere Pioniere der frühkindlichen Erziehung propagieren sollten, findet sich schon in Oberlins Einrichtungen, so z.B. die besonderen Spiel- und Lernmittel, wie sie heute allgemein mit Friedrich Fröbel in Verbindung gebracht werden.

Literatur

Psczolla, E. (1979): Johann Friedrich Oberlin. Gütersloh.

Franz-Michael Konrad

Oberlyzeum

Der Begriff Oberlyzeum fand schon 1911 Verwendung für die beiden weiterführenden Schulformen, die auf dem 10. Schuljahr des Lyzeums aufbauten. Das Oberlyzeum als grundständige, d.h. nach Absolvierung der vierten Grundschulklasse beginnende höhere Schule für Mädchen wurde 1923 eingeführt und ermöglichte diesen erstmalig eine durchgängige Schulkarriere von der Sexta bis zum Abitur. Dieser Schultyp schrieb Latein nicht als Pflichtfach vor, sondern begnügte sich mit zwei modernen Fremdsprachen – die erste ab Sexta, die zweite ab Quarta – und wahlfreiem Latein ab Untersekunda. 1924 kam mit dem Oberlyzeum nach Oberrealschullehrplan ein weiterer Typ hinzu, so dass nun auch die Mädchen bei der Wahl ihrer zur Hochschulreife führenden Schullaufbahn auf ein breites Spektrum an Schulformen zurückgreifen konnten, denn die verschiedenen, auf dem Lyzeum aufbauenden Formen der Studienanstalt bestanden auch weiterhin. 1937 setzten die Nationalsozialisten die Oberschule für Mädchen an die Stelle des Oberlyzeums.

Literatur

Kleinau, E./Opitz, C. (Hg.) (1996): Geschichte der Mädchen- und Frauenbildung. 2 Bde. Frankfurt, New York

Rüdiger Loeffelmeier

Oberrealschule

Die Oberrealschule war eine neunklassige, lateinlose höhere Schule, die sich im Zuge der Lehrplanreform von 1882 im Deutschen Reich herausbildete. Ihr Lehrplan konzentrierte sich auf die naturwissenschaftlichen Fächer und die neuen Sprachen. Die Wurzeln der Oberrealschule lagen im Realschulwesen, das sich im Gefolge der Industrialisierung etabliert hatte, sowie im frühen berufsbildenden Schulwesen (Gewerbeschulen). Die Oberrealschule ermöglichte ihren Absolventen – zumeist Kinder von Angehörigen des Mittelstands – zunächst nur einen eingeschränkten Universitätszugang, was sich nach heftigen bildungspolitischen Auseinandersetzungen um die Verleihung der allgemeinen Hochschulzugangsberechtigung erst mit der Schulkonferenz von 1900 änderte. Durch die Schulreform der Nationalsozialisten verlor die Oberrealschule 1938 zunächst ihren Namen und ging in der Nachkriegszeit in den unterschiedlichen Formen des Gymnasiums in der Bundesrepublik Deutschland bzw. der (Erweiterten) Oberschule der Deutschen Demokratischen Republik auf.

Literatur

Müller, D. K./Zymek, B. (1987): Sozialgeschichte und Statistik des Schulsystems in den Staaten des Deutschen Reiches 1800-1945. Göttingen.

Rüdiger Loeffelmeier

Oberschulkollegium

Mit dem auf Initiative des Staatsministers Karl Abraham von Zedlitz 1787 eingerichteten Oberschulkollegium wurde in Preußen erstmals eine Behörde ausschließlich für die Verwaltung des Schulwesens geschaffen. Dem Oberschulkollegium, dem neben dem Vorsitzenden fünf Oberschulräte, darunter drei pädagogische Fachmänner, angehörten, oblag neben der Beaufsichtigung aller Schul- und Erziehungseinrichtungen (einschließlich der Universitäten) die Prüfung aller Reformpläne und die Sorge für eine zweckmäßige pädagogische und ökonomische Einrichtung der Anstalten. Die Befugnisse des Oberschulkollegiums wurden allerdings bald auf das lutherische Schulwesen beschränkt. Zu den wichtigsten unter seiner Mitwirkung getroffenen Maßahmen gehörte die Einführung des Abiturs 1788. Insgesamt fällt die Einschätzung seines Wirkens zwiespältig aus. Auf der einen Seite waren seiner Tätigkeit auf Grund mangelnder Finanzmittel, des Fehlens nachgeordneter Behörden, konservativer Widerstände sowie der Beharrungskraft traditionaler Verhältnisse enge Grenzen gesetzt. Auf der anderen Seite trug das Oberschulkollegium maßgeblich bei zur Durchsetzung rationalen Verwaltungshandelns im Bildungsbereich und zur Verbreitung der Idee, dass die Schule ein wesentliches Instrument zur Heranziehung nützlicher und gesinnungstreuer Staatsbürger sei. Das Oberschulkollegium wurde 1808 im Zuge der Stein-Hardenbergschen Reformen aufgelöst.

Literatur

Heinemann, M. (1974): Schule im Vorfeld der Verwaltung. Göttingen.

Gerhard Kluchert

Objektive Hermeneutik

Bei der Objektiven Hermeneutik handelt es sich um ein Verfahren der Textinterpretation, das zu den qualitativen Methoden gehört und von Ulrich Oevermann Mitte der 1970er Jahre entwickelt wurde. Es entstand im Kontext der Erforschung familialsozialisatorischer Interaktion. Die soziale Verfasstheit des Gegenstands Familie konfrontiert eine naturalistisch-empirische Forschungsstrategie mit einem gravierenden Authentizitätsproblem. In der Anwesenheit des Forschers errichtet die Familie eine Fassade. Sie gewährt nicht den unmittelbaren Einblick in ihre naturwüchsige Interaktionspraxis. Methodisch war damit das für die Objektive Hermeneutik zentrale Problem der Trennung von Struktur und Inhalt angestoßen. An den Protokollen der familialen Interaktion wurde nämlich deutlich, dass eine detaillierte Analyse sehr wohl Einblick in deren Binnenkonstitution zu geben vermag. Durch ihre Außendarstellung hindurch verschafft sich die latente Sinnstruktur der Interaktion Ausdruck.

Seit diesem Gründungsinitial wurde die Methode kontinuierlich weiterentwickelt. Dies betrifft einerseits Themen- und Gegenstandsfelder, andererseits Text- bzw. Protokollgattungen. Vollzog sich die Methodenentwicklung und -schulung in den 1980er Jahren wesentlich in einem von Oevermann in Frankfurt am Main durchgeführten Forschungspraktikum – eine wöchentlich stattfindende, mehrstündige Interpretationssitzung –, erfolgt in den 1990er Jahren eine Öffnung des Methodendiskurses. Seit 1989 führt Oevermann jährliche Sommerkurse durch; 1991 gründete sich die AG objektive Hermeneutik und veranstaltet regelmäßig stattfindende Methodentagungen. Es erscheinen vielfältige Forschungsbeiträge in Form von Aufsätzen und Monografien, darüber hinaus Sammelbände, Lehrbücher und Übersichtsartikel zur Methode bzw. zu methodischen Detailfragen. Heute ist die Objektive Hermeneutik im deutschsprachigen Raum ein vor allem in den Sozialwissenschaften und der Erziehungswissenschaft etabliertes und häufig angewandtes Verfahren.

Im Kontext der qualitativen Methoden nimmt die Objektive Hermeneutik eine Sonderstellung ein. Statt sich auf phänomenologische, wissenssoziologische oder interaktionistisch-sozialkonstruktivistische Positionen zu berufen, steht sie in der Tradition strukturalistischen Denkens (wichtige Referenztheoretiker sind u.a. Jean Piaget, Claude Lévi-Strauss und Noam Chomsky). Ihr methodischer Zugriff auf Wirklichkeit beruft sich nicht auf die deskriptive Erkundung und Erfassung der Phänomene der Lebenswelt (Ethnografie) und auch nicht auf die nachvollziehende Deutung der subjektiven Handlungsmotive (Symbolischer Interaktionismus). Es geht ihr um die Rekonstruktion der sinnstrukturellen Verfasstheit der empirisch in den Blick genommenen Phänomene. Hier ist das Konzept der latenten Sinnstruktur von entscheidender Bedeutung. Damit sind jene Sinndimensionen der Handlungswirklichkeit gemeint, die jenseits und unterhalb der subjektiven Handlungsmotive und Sinnentwürfe der Akteure ihre strukturierende Kraft entfalten. Es geht der Objektiven

Hermeneutik somit immer auch um die empirische Rekonstruktion derjenigen Spannungsverhältnisse, die in den je untersuchten sozialen Phänomenen zwischen manifesten und latenten Sinnstrukturen zum Ausdruck kommen. Dieser Aspekt ist für die Rekonstruktion pädagogischer Interaktion von besonderer Bedeutung, weil damit der Blick systematisch auf die Differenzen zwischen pädagogischen Intentionen und Idealen einerseits und der pädagogischen Praxis andererseits gerichtet werden kann.

Methodologisch beruft sich die Objektive Hermeneutik dabei auf die hermeneutische Tradition der sinnrekonstruktiven Explikation textlich protokollierter Bedeutungsstrukturen. Gegenüber der älteren, skriptualen Hermeneutik nimmt die Objektive Hermeneutik einen Perspektivenwechsel vor, der durch das Konzept der Textförmigkeit sozialer Wirklichkeit charakterisiert ist. Damit erfährt die hermeneutische Methode eine wirklichkeitswissenschaftliche Weitung. Die Kunst der Auslegung bleibt nicht mehr auf herausragende Schriftwerke beschränkt, sondern wird gegenüber Protokollen alltäglicher Interaktion methodisch in Anschlag gebracht. Mit diesem wirklichkeitswissenschaftlichen Paradigmenwechsel geht eine methodologische Radikalisierung einher. Eine methodische Kontrolle des Verstehens der Lebenspraxis ist nur an den textlichen Protokollen dieser Lebenspraxis, an ihren textlichen Objektivationen, möglich. Jede Kritik einer Interpretation ist darauf angewiesen, sich auf ein Protokoll zu stützen (Methodologischer Realismus).

Die Objektive Hermeneutik folgt einem verbindlichen Methodenbegriff. Ihr Methodenanspruch zielt nicht auf eine mehr oder weniger plausible Anleitung und Konventionalisierung der Forschungspraxis oder auf die Kultivierung eines bestimmten Forschungsverständnisses; ihr Methodenverständnis gründet sich in dem Anspruch der Geltungsüberprüfung. Die methodischen Regeln, die sie formuliert, erheben den Anspruch, zulässige von unzulässigen Interpretationen unterscheiden zu können. Der damit erhobene (und gerade im Feld qualitativer Verfahren häufig kritisierte) Objektivitätsanspruch hat nichts mit letzten Wahrheiten zu tun. Er stützt sich auf die Idee der Falsifizierbarkeit interpretativer Aussagen und damit auf den Anspruch intersubjektiver Überprüfung.

Die methodische Grundhaltung, die diese Falsifizierbarkeit ermöglicht, besteht darin, den Text als Protokoll der Sinnstrukturiertheit von Wirklichkeit als empirisches Datum ernst zu nehmen. Die Interpretation kann die im Text sich Ausdruck verschaffenden Sinnstrukturen nur dann entschlüsseln, wenn sie die Gegebenheiten dieser Texte als methodisch verbindliches Datum anerkennt. Sie muss den Text als sinnstrukturiertes Gebilde so nehmen, wie er ist.

Diese als solche sehr einfache und kaum kritisierbare Grundhaltung ist deshalb bemerkenswert, weil sie in einem eigentümlichen Brechungsverhältnis zu alltäglichen Akten der Interpretation steht. Diesen gegenüber reklamiert die Objektive Hermeneutik nicht etwa eine interpretative Kunstfertigkeit, die für ein tieferes Verständnis sorge. Die Methode der Objektiven Hermeneutik kann keine andere Verstehenskompetenz reklamieren als die alltäglich und allgemein gegebene. Sie stützt sich bei ihren Sinnerschließungen auf die Regelkompetenz des native speaker. Die u.U. irritierende Differenz zum alltäglichen Verstehensprozess ergibt sich also nicht aus interpretativer, hermeneutischer Genialität, sondern aus einer spezifischen Haltung zum Text. Die methodischen Operationen dienen dazu, diese nichtalltägliche, hermeneutische Haltung einzunehmen und zu sichern.

Hier sind insbesondere die Prinzipien der Sequenzialität, Wörtlichkeit und Vollständigkeit zu nennen. Dem Interpretationsduktus einer flächigen Gesamtschau des Textes durch assoziative Interpretationen aufmerksamkeitserheischender Passagen (schöne Stellen) setzt die Objektive Hermeneutik eine streng sequenzanalytische Schritt-für-Schritt-Interpretation entgegen. Die interpretative Erschließung rekonstruiert den Prozess der sinnstrukturellen Bildung lebenspraktischer Subjektivität, indem sie dem Textprotokoll in seinem sequenziellen Aufbau folgt. Das sequenzanalytische Vorgehen impliziert, dass alle Textdetails, gerade auch die unscheinbaren, vermeintlich unbedeutsamen oder unpassenden (Fehlleistungen) interpretativ zu berücksichtigen sind. Erst wenn alle nach geltenden Regeln möglichen, mit einem Sequenzstrang kompatiblen Lesarten formuliert sind, geht die Interpretation zur nächsten Sequenzposition voran.

Als Methode der Rekonstruktion der Sinnstrukturen sozialen Handelns ist die Objektive Hermeneutik weder auf bestimmte Protokolltypen noch auf Gegenstands- oder Phänomenbereiche begrenzt. Die Regeln der Methode lassen sich auf die unterschiedlichsten Protokoll- und Textgattungen in den unterschiedlichsten materialen Forschungsfeldern anwenden. Diesem methodischen Universalismus auf dem Feld der Sinnrekonstruktion steht gegenüber, dass die Objektive Hermeneutik (anders etwa als die Grounded Theory) im strengen Sinne keine Lehre der praktischen Ausgestaltung des Forschungsprozesses ausgebildet hat. Fragen der Forschungspraxis lassen sich im Forschungsverständnis der Objektiven Hermeneutik nicht mit vorab formulierten Standards beantworten. Selbst so einfache Fragen wie die nach der Anzahl der zu interpretierenden Fälle oder nach den zu interpretierenden Sequenzpositionen lassen sich nur in Ansehung des materialen Gangs der Forschung beantworten.

Literatur
Oevermann, U. u.a. (1979): Die Methodologie einer „objektiven Hermeneutik" und ihre allgemeine forschungslogische Bedeutung in den Sozialwissenschaften. In: Soeffner, H.-G. (Hg.): Interpretative Verfahren in den Sozial- und Textwissenschaften. Stuttgart, 352-434. – Oevermann, U. (1993): Die objektive Hermeneutik als unverzichtbare methodologische Grundlage für die Analyse von Subjektivität. In: Jung, T./Müller-Doohm, S. (Hg.): „Wirklichkeit" im Deutungsprozeß: Frankfurt, 106-189. – Garz, D./Kraimer, K. (1994) (Hg.): Die Welt als Text. Frankfurt. – Wernet, A. (2006): Einführung in die Interpretationstechnik der Objektiven Hermeneutik. Wiesbaden.

Andreas Wernet

Objektivität

Objektivität wird als wissenschaftlicher Begriff in einer weiteren wissenschaftstheoretischen und in einer engeren forschungsmethodischen Bedeutung verwendet. In der Methodologie des Kritischen Rationalismus, wie sie Karl Raimund Popper entworfen hat, bezeichnet Objektivität ein Kriterium der Abgrenzung wissenschaftlicher Sätze (resp. Theorien) von nichtwissenschaftlichen Sätzen (resp. Theorien). Nach Popper liegt die Objektivität wissenschaftlicher Sätze darin, dass sie intersubjektiv nachprüfbar sein müssen, die Geltung von Aussagen also unabhängig von subjektiven Überzeugungen ist. Daraus folgt, dass Objektivität ein Gütekriterium für die empirische Prüfung von Hypothesen und Theorien ist. Bezogen auf die Stadien des Forschungsprozesses werden Erhebungsobjektivität, Auswertungsobjektivität und Interpretationsobjektivität unterschieden. Im engeren Sinne bezeichnet Objektivität ein Kriterium für die Güte von Forschungsinstrumenten, vor allem von Tests. Standardisierung von Forschungsinstrumenten und -verfahren sowie operationale Definition von theoretischen Konzepten und Variablen zu Zwecken deren Messung oder der Bestimmung des Auftretens sind Verfahren zur Sicherung von Objektivität. Wissenschaftstheoretisch, wissenschaftssoziologisch und wissenschaftspolitisch ist Objektivität in beiden Hinsichten nicht unumstritten.

Literatur
Popper, K. R. ([6]1976): Logik der Forschung. Tübingen. – Stegmüller, W. (1979): Wertfreiheit, Interessen und Objektivität. In: Ders.: Rationale Rekonstruktion von Wissenschaft und ihrem Wandel. Stuttgart, 177-203.

Guido Pollak

Odenwaldschule

Die 1910 von Paul und Edith Geheeb als Landerziehungsheim gegründete Odenwaldschule in Ober-Hambach bei Heppenheim/Bergstraße galt in den 1920er Jahren als der umfassendste und kühnste Schulversuch Deutschlands, ja vielleicht in ganz Europa. Sie fand internationale Anerkennung und wurde bis 1933 von rund 11.500 in- und ausländischen Gästen aufgesucht.
Getragen von Geheebs individualpädagogischem Ansatz, den er gerne mit einem verkürzten Zitat des griechischen Lyrikers Pindar zusammenfasste (Werde, der du bist; vollständig lautet das Zitat: Werde, wie du bist, indem du lernst), waren es vor allem vier Punkte, die die Pädagogik der Odenwaldschule von Beginn an kennzeichneten: 1.) die Koedukation, 2.) das Kurssystem, 3.) eine sehr weitgehende Selbstverwaltung der Schule durch die Mitarbeiter und Schüler sowie 4.) die gleichberechtigte Verbindung von kreativen, handwerklichen und intellektuellen Lernarrangements.
Unter veränderten personellen und strukturellen Bedingungen als sog. Gemeinschaft der Odenwaldschule während der Zeit des Nationalsozialismus fortbestehend, gingen in der Zeit nach 1945, vor allem aber in den 1950er und 1960er Jahren von der Odenwaldschule Reformimpulse aus, die die Bildungspolitik der Bundesrepublik nachhaltig beeinflusst haben. Dabei wurden wichtige neue Strukturelemente für das staatliche Schulsystem (u.a. Mittel- und Oberstufenreform) vorweggenommen, exemplarisch erprobt und evaluiert.
Die Individualität der Schüler und ihre flexible Förderung, das Hinausgehen in die soziale und politische Wirklichkeit der Gesellschaft und die zentrale Rolle eines rational und intellektuell anspruchsvollen Unterrichts heterogener Lerngruppen in einem ganzheitlich orientierten Internatsbetrieb sind die

Punkte, durch die sich die Odenwaldschule im Laufe ihrer Geschichte von anderen Landerziehungsheimen unterschied. So hat z.B. Martin Wagenschein das exemplarische Lehren und Lernen an der Odenwaldschule entwickelt.

Die Odenwaldschule hat sich im Verlauf ihrer 100-jährigen Geschichte zu einer integrierten Gesamtschule mit Internat entwickelt. Sie ist heute eine Schule in freier Trägerschaft und bietet die staatlich anerkannten Abschlüsse der Hauptschule, der Realschule, der Fachoberschule und des Gymnasiums an sowie, kombinierbar mit schulischen Abschlüssen, berufliche Ausbildungsgänge bis zur Gesellenprüfung im Schreiner- und Schlosserhandwerk und – in Verbindung mit dem Abitur – zur Abschlussprüfung für die Berufe des Chemisch-technischen und Informationstechnischen Assistenten. Das hundertjährige Bestehen der Schule im Jahr 2010 war überschattet von Fällen sexuellen Missbrauchs an der Odenwaldschule in den 1970er und 1980er Jahren, die in den letzten Jahren vermehrt publik und Gegenstand der innerschulischen und juristischen Aufarbeitung wurden. Heute besuchen ca. 280 Schüler die Odenwaldschule; etwa die Hälfte der ca. 120 Mitarbeiter ist mit pädagogischen Aufgaben betraut.

Literatur
Edelstein, W. (1967): Odenwaldschule. Frankfurt. – Kaufmann, M./Priebe, A. (Hg.) (2010): 100 Jahre Odenwaldschule. Berlin. – Schäfer, W. (1960): Die Odenwaldschule 1910-1960. Ober-Hambach.

Jörg-W. Link

OECD → Organisation for Economic Cooperation and Development

Öffentliche Meinung

Der Begriff öffentliche Meinung existiert bereits seit vielen Jahrhunderten. Erste Hinweise finden sich bereits in der Antike bei Cicero. In der frühen Neuzeit findet man den Begriff dann in verschiedenen Sprachen, im Spanischen, im Englischen, im Deutschen und im Französischen, so beispielsweise bei Michel de Montaigne im Jahr 1588 und schließlich bei Jean-Jacques Rousseau in der Mitte des 18. Jahrhunderts. Darüber hinaus gibt es auch eine Fülle von Synonymen für öffentliche Meinung, z.B. opinione, opinion. Frühe Nachweise finden sich bei Niccolò Macchiavelli, William Shakespeare, William Temple, John Locke, David Hume.

Der Begriff öffentliche Meinung und die Synonyme dafür wurden von Anfang an im Sinn von sozialer Kontrolle gebraucht. Öffentliche Meinung wurde als breiter Konsensus in der Bevölkerung verstanden, dem sowohl die Regierung als auch die einzelnen Glieder der Gesellschaft folgen müssen. Aristoteles erklärte: Der König, der die Zustimmung des Volkes verliert, ist kein König mehr. Ähnlich drückten es auch Erasmus von Rotterdam, Macchiavelli und Temple sowie Hume aus.

Mit dem 18. Jahrhundert setzte dann ein Bedeutungswandel des Begriffs öffentliche Meinung ein. Der in der Aufklärung so hoch bewertete Verstand bildete nun auch den Inhalt der öffentliche Meinung. Diese wurde nun angesehen als die Meinung der urteilsfähigen, kritisch räsonierenden, verantwortungsbewusst der Regierung gegenübertretenden Bürger. Diese Bedeutung von öffentliche Meinung setzte sich zunehmend durch. Wir finden sie noch in der zweiten Hälfte des 20. Jahrhunderts, etwa bei Pierre Bourdieu und Jürgen Habermas. Indessen war die alte Bedeutung nicht erloschen, sondern lebte vor allem im Alltagsgebrauch des Begriffs weiter,

Das wichtigste Kennzeichen öffentlicher Meinung, das auch dazu führt, dass sich Sozialwissenschaftler fortwährend mit diesem Gegenstand beschäftigen, ist ihre überwältigende Macht, die sich sowohl gegen das einzelne Mitglied der Gesellschaft richtet als auch gegen die Regierung. Mit einem Konzept von öffentlicher Meinung als rationalem Urteil lässt sich nicht erklären, warum die öffentliche Meinung mächtige Fürsten das Fürchten lehrt und Revolutionen auslöst. Die Macht der öffentlichen Meinung erklärt sich nur, wenn man auf die traditionelle, seit vielen Jahrhunderten überlieferte Bedeutung des Begriffs im Sinne von sozialer Kontrolle zurückgreift, wenn man annimmt, dass öffentliche Meinung ihre Macht daraus bezieht, dass Menschen im Laufe der Evolution eine soziale Natur entwickelt haben, Verhaltensweisen, die das Zusammenleben in einer Gemeinschaft erleichtern, und die nicht auf rationalem, logischem Nachdenken beruhen, sondern auf emotional bestimmten, reflexhaften, unbewussten Reaktionen.

Sozialpsychologisch betrachtet ist Öffentlichkeit ein Zustand, in dem der Einzelne von allen gesehen und beurteilt wird, in dem sein Ruf und seine Beliebtheit auf dem Spiel stehen. In der Öffentlichkeit will der Einzelne sich nicht isolieren, nicht sein Gesicht verlieren. Öffentliche Meinung kann in diesem Zusammenhang verstanden werden als eine Meinung oder Verhaltensweise, die man, wenn es sich um fest gefügte gesellschaftliche Übereinstimmung, Sitten, Dogmen handelt, zeigen muss, wenn man sich nicht isolieren will, oder bei im Wandel begriffenen oder moralisch wenig aufgeladenen Themen zeigen kann, ohne sich zu isolieren. Es gibt kurzfristige, aber auch langfristige, über Jahrzehnte hinweg andauernde Prozesse öffentlicher Meinung, bei denen nach und nach eine bestimmte Sichtweise die Gegenpositionen aus der öffentlichen Diskussion verdrängt und sich schließlich durchsetzt, unter Umständen bis zur rechtlichen Verankerung. Ein wichtiges Element öffentlicher Meinung ist, dass sie immer eine irrationale, wertgeladene Komponente hat. Aus dem moralischen Element zieht die öffentliche Meinung ihre Kraft, ihre Isolationsdrohung. Öffentliche Meinung ist damit nicht nur eine starke Kraft in der politischen Auseinandersetzung, sondern zieht sich durch viele Lebensbereiche. Derselbe sozialpsychologische Mechanismus, der Regierungen unter Druck setzt, bestimmt auch die Regeln der Mode, die Sitten und andere gesellschaftliche Spielregeln.

Literatur
Bauer, W. (1914): Die öffentliche Meinung und ihre geschichtlichen Grundlagen. Tübingen. – Goffman, E. (1963): Behavior in Public Places. New York. – Noelle-Neumann, E. (2001): Die Schweigespirale. München.

Thomas Petersen

Öffentliche Träger

Die Bundesrepublik Deutschland ist gemäß Artikel 20, Absatz 1 des Grundgesetzes der Sozialstaatlichkeit verpflichtet. Dem Staat kommt damit die Aufgabe zu, die soziale Sicherheit und das Wohlergehen seiner Bürger zu gewährleisten, indem er sie fördert und sozialen Risiken entgegenwirkt. Er erfüllt diese Aufgabe im Wege einer Rechtsetzung, mit der Formen von Sozialleistungen, Anspruchsrechte der Bürger und Grundlagen zur Organisation der Leistungserbringung festgelegt werden. Für den Bereich der Kinder- und Jugendhilfe gemäß Sozialgesetzbuch (SGB) VIII gelten Länder und Kommunen (Kreise und kreisfreie Städte) als öffentliche Träger, welche die Gesamtverantwortung für die Verfügbarkeit und Ausführung der Sozialleistungen in sachlicher, finanzieller und planerischer Hinsicht tragen. Das Reichsjugendwohlfahrtsgesetz (RJWG) von 1922 hat erstmalig die Gemeinden bzw. Gemeindeverbände auf die Einrichtung von Jugendämtern als eigenständige sozialpädagogische Fachbehörde, welche die vielfältigen gesellschaftlichen Bemühungen um die Jugend und ihre Familien zusammenführt, verpflichtet. Die Stellung der örtlichen öffentlichen Träger ist jedoch von Beginn an durch ein Spannungsverhältnis gekennzeichnet: Den Eingriffs- und Steuerungsansprüchen des Staates, die sich aus seiner Gewährleistungspflicht ergeben, steht die historische Tradition gegenüber, sozialpädagogische Leistungen in die Verantwortung gesellschaftlich selbstorganisierter Einheiten zu stellen, die als freie Träger auftreten. Als Regulativ des Spannungsverhältnisses wird der Subsidiaritätsgedanke herangezogen, demzufolge die soziale Struktur der Gesellschaft als aufsteigende Linie von kleineren zu größeren Einheiten zu fassen ist, d.h. vom Individuum über die Familie und gesellschaftliche Organisationen bis zur staatlichen Organisation. Innerhalb dieser Struktur sollen größere Einheiten die Funktionen kleinerer Einheiten nur so weit übernehmen, wie es um eine Kompensation von Mängeln der Funktionsausübung geht und soweit damit die Funktion der kleineren Einheit nicht aufgehoben wird. Vor diesem Hintergrund sind die kommunalen öffentlichen Träger zwar subsidiär gegenüber dem Staat, unterliegen aber selbst der Verpflichtung, freie Träger bzw. Formen der Selbsthilfe zu fördern. Sie übernehmen damit die staatliche Gewährleistungspflicht und stehen gleichzeitig für Eingriffs- und Steuerungsansprüche. In den Regelungen des SGB VIII hat sich in dieser Hinsicht statt einer strengen Ausformulierung subsidiärer Zuständigkeiten und Ansprüche das Gebot einer partnerschaftlichen Zusammenarbeit durchgesetzt. Dies trägt insbesondere der starken Stellung der großen Wohlfahrtsverbände Rechnung. Die grundsätzliche Frage des Verhältnisses von Gewährleistungspflichten und Gestaltungskompetenzen bleibt aber offen für politische Auseinandersetzungen.

Unter dem Eindruck zunehmender finanzieller Restriktionen stehen auch die internen Strukturen der öffentlichen Träger auf dem Prüfstand. In den 1990er Jahren sind Vorstöße einiger Länder unternommen worden, die auf eine Lockerung der im SGB VIII getroffenen Regelungen der Zuständigkeiten und Kompetenzen örtlicher und überörtlicher Träger abzielen. Begründet wird dies mit der Notwendigkeit einer höheren Flexibilität der Organisationsstrukturen. Kritiker verweisen darauf, dass die angestrebten Lockerungen einer Dominanz sachfremder politischer und finanzieller Kriterien Vorschub leisten können. Den Bestrebungen nach mehr Kostentransparenz und Effizienz stehen auch hier die Befürchtungen gegenüber, dass eine organisationsinterne Optimierung von Entscheidungsverfahren lediglich für eine Kostenreduktion genutzt wird, ohne eine verbesserte Orientierung an den lebensweltlichen Gegebenheiten der Adressaten zu erlauben.

Literatur
Bettmer, F. (³2010): Die öffentlichen Träger der Sozialen Arbeit. In: Thole, W. (Hg.): Grundriss Soziale Arbeit. Wiesbaden, 795-812. – Merchel, J. (2003): Trägerstrukturen in der Sozialen Arbeit. Weinheim, München. – Sachße, C. (2003): Subsidiarität – Leitidee des Sozialen. In: Hammerschmidt, P./Uhlendorff, U. (Hg.): Wohlfahrtsverbände zwischen Subsidiaritätsprinzip und EU-Wettbewerbsrecht. Kassel, 15-37.

Franz Bettmer

Öffentliche Verantwortung für die Weiterbildung

Erstmalig wird von der öffentlichen Verantwortung für die Weiterbildung im Strukturplan für das Bildungswesen des Deutschen Bildungsrates im Jahr 1970 gesprochen. Zentrale Forderung des Deutschen Bildungsrates mit Blick auf die Weiterbildung war der Ausbau des Weiterbildungsbereichs zu einem eigenständigen und integrierten Bildungsbereich. Das Einbeziehen der Weiterbildung in das Bildungssystem entspricht dabei ihrer wachsenden Bedeutung; wie andere Teile des Bildungssystems unterliegt damit Weiterbildung der öffentlichen Verantwortung.
Auch wenn der Begriff öffentliche Verantwortung in einem engeren juristischen Sinne unscharf ist, so verweist er doch auf zwei Zusammenhänge: Zum einen signalisiert er auf programmatischer Ebene, dass Weiterbildung nicht mehr nur wie bisher eine Aufgabe darstellt, die von gesellschaftlichen Gruppen und dem Staat weithin beliebig betrieben und gefördert wird, sondern vor dem Hintergrund der wachsenden Bedeutung für die Gesamtgesellschaft in das gesamte Bildungssystem einbezogen, staatlicher Regelungskompetenz unterstellt und damit systematisch betrieben werden soll. Zum anderen verweist der Begriff der öffentlichen Verantwortung auf die Verpflichtung des Staates, mit seinen verschiedenen Untergliederungen für die Erfüllung einer öffentlichen Aufgabe zu sorgen.
Verständnis und inhaltliche Ausgestaltung des Begriffs hingen in der Folge und hängen nach wie vor von politischen Konstellationen ab, wobei ein Changieren zwischen den Polen Staat und Markt auszumachen ist. Deutlich wird dies an den kontroversen Debatten um Privatisierung und Kommerzialisierung der Weiterbildung. In diesem Sinne ist der Begriff auch ein zentraler Fluchtpunkt in der bildungspolitischen Debatte.
Deutlicher werden die Kontroversen um die Reichweite öffentlicher Verantwortung und dabei auch der Rolle des staatlichen Handelns bei einer weiteren Differenzierung der Gestaltungsbereiche:
Hinsichtlich der juristischen Rahmensetzungen müssen durch entsprechende Regelungen die Handlungsspielräume der Weiterbildungsakteure definiert werden. Kontrovers ist dabei, ob diese sich auch auf curriculare und institutionelle Dimensionen ausweiten.
Mit Blick auf die finanzielle Förderung ist der Einsatz von öffentlichen Mitteln zu rechtfertigen, wenn Weiterbildung als kollektives Gut begriffen wird. Ungeklärt ist jedoch, ob Weiterbildungsangebote öffentlich oder privat finanziert werden sollen.
Neben der unmittelbaren Bereitstellung des Angebotes besteht hinsichtlich der infrastrukturellen Unterstützung weitgehender Konsens darüber, dass Unterstützungsstrukturen vorzuhalten sind. Offen ist jedoch, ob diese nur die Transparenz erhöhen oder auch den Systematisierungsgrad steigern sollen.
Schließlich besteht mit Blick auf die institutionelle Gewährleistung öffentliche Verantwortung darin, die Grundstrukturen eines Weiterbildungssystems zu sichern. Unklar ist jedoch, ob Einrichtungen in staatlicher Trägerschaft auch ein Basisangebot vorzuhalten haben.

Literatur
Bocklet, R. (1991): Öffentliche Verantwortung und Kooperation. In: Pädagogische Arbeitsstelle – Deutscher Volkshochschul-Verband e. V. (PAS/DVV) (Hg.): Gesellschaftliche Voraussetzungen der Erwachsenenbildung. Frankfurt, 66-104. – Deutscher Bildungsrat (1970): Strukturplan für das Bildungswesen. Stuttgart. – Faulstich, P./Haberzeth, E. (2007): Recht und Politik. Bielefeld.

Michael Schemmann

Ökologischer Fehlschluss

Ein ökologischer Fehlschluss entsteht, wenn festgestellte Zusammenhänge auf der Aggregatebene fälschlicherweise auf die Individualebene übertragen werden, denn Zusammenhänge auf der Aggregatebene müssen nicht zwangsläufig mit Zusammenhängen auf der Individualebene identisch sein. So bedeutet z.B. die Tatsache, dass an leistungsschwachen Schulen verhältnismäßig viele Schüler mit einem bestimmten Merkmal zu finden sind, nicht zwangsläufig, dass ausgerechnet die Schüler mit diesem Merkmal besonders leistungsschwach sind.

Literatur
Welzel, C. (2003): Irrtümer bei der Interpretation des „ökologischen Fehlschlusses". In: Pickel, G. u.a. (Hg.): Vergleichende Politikwissenschaftliche Methoden. Wiesbaden, 179-200.

Radoslaw Huth

Österreich (Republik Österreich; Austria)

Die heutige Republik Österreich bildete von 1804 bis 1867 das Kernland des österreichischen Kaiserreiches, eines Vielvölkerstaates, in dem Deutsch, Ungarisch, Italienisch, Tschechisch, Polnisch, Ukrainisch, Rumänisch, Kroatisch, Serbisch, Slowakisch und Slowenisch gesprochen wurde. 1918 entstand die erste Republik Österreich (1918-1938); in der Zeit des Nationalsozialismus wurde das Land 1938 an das Deutsche Reich angeschlossen; seit 1945 ist Österreich wieder ein souveräner Staat mit ca. 8,2 Millionen Einwohner (2009). In den meisten Landesteilen ist die Amtssprache Deutsch, nur in einigen wenigen Gemeinden ist sie Kroatisch, Slowenisch oder Ungarisch.

Die Schulpflicht gilt für Sechs- bis Fünfzehnjährige und umfasst neun Jahre. Der Kindergarten kann ab einem Alter von drei Jahren besucht werden; die Teilnahme an einem Kindergartenjahr ist verpflichtend. Sowohl die Volksschule als auch die daran anschließende Sekundarschule erstrecken sich auf jeweils vier Schuljahre. Zum Sekundarschulbereich I gehören: die Allgemeinbildende Höhere Schule (AHS), die eine Unterstufe und die Hauptschule umfasst, die Kooperative Mittelschule und die Neue Mittelschule. Die beiden letztgenannten Schulformen sollen die beiden erstgenannten nicht ersetzen, sondern den Erwerb der an diesen Schulen vergebenen Abschlüsse unter stärkerer Berücksichtigung der individuellen Lernausgangslagen der Schülerschaft ermöglichen. Der Sekundarbereich II umfasst die Oberstufe der AHS sowie die Berufsbildende Höhere Schule (BHS), die Berufsbildende Mittlere Schule (BMS) und die Polytechnische Schule mit anschließender Berufsausbildung. BHS und AHS ermöglichen am Ende der 12. Jahrgangsstufe den Erwerb der Allgemeinen Hochschulreife (Matura). 2006 besuchten 79% der 15- bis 19-Jährigen einen Bildungsgang der Sekundarstufe. Staatliche Schulen, die von 90% der Schüler besucht werden, sind kostenlos; daneben gibt es aber auch einen eher geringeren Anteil an privaten Schulen.

Der tertiäre Bildungsbereich setzt sich zusammen aus 22 staatlichen und elf privaten Universitäten sowie zwölf Fachhochschulen (2009). 2006 nahmen 42% eines Altersjahrgangs ein Studium auf.

Die Lehrerausbildung ist an neun staatlichen und sieben privaten, zum Teil kirchlichen, Pädagogischen Hochschulen angesiedelt und umfasst ein dreijähriges Studium, das zum Bachelor of Education führt (2008). Hier kann ein zwei Jahre dauerndes Studium anschließen, das zum Master of Arts in den Studiengängen Bildungsmanagement und Schulentwicklung führt.

Literatur
Federal Ministry for Education, Arts and Culture (BMUKK) (2007): Austria. In: Kennedy, M. et al.: PIRLS 2006 Encyclopedia. Boston, 21-32. – Luciak, M./Khan-Svik, G. (2008): Intercultural Education and Intercultural Learning in Austria. In: Intercultural Education 19, 493-504.

Sabine Hornberg

Oestreich, Paul (1878-1959)

Nach dem Besuch des Realgymnasiums in Kolberg studierte Oestreich von 1896-1900 Mathematik, Physik, Chemie, Philosophie und Pädagogik in Greifswald und Berlin. Seit 1901 bereits als Lehrer an mehreren Schulen tätig, wurde er 1905 Studienrat an einer Oberrealschule in Schöneberg, ab 1912 Berlin-Schöneberg, wo er bis zu seiner Entlassung durch die Nationalsozialisten tätig war. Nach der Zeit des Nationalsozialismus war Oestreich von 1945 bis 1949 als Hauptschulrat in Berlin-Zehlendorf, ab 1949 als Dezernent für die höheren Schulen in Ost-Berlin tätig. 1948 wurde ihm in Greifswald die Ehrendoktorwürde verliehen. Oestreich war ein politischer Pädagoge und gründete 1919 den (sozialdemokratisch-sozialistischen) Bund Entschiedener Schulreformer, dessen Vorsitzender er bis zur Auflösung 1933 war und dessen Zeitschrift (Die Neue Erziehung, 1919-1933) er herausgab. Als Reformpädagoge trat Oestreich u.a. wie Fritz Karsen für eine elastische Einheitsschule ein (Lebens- und Produktionsschule, 1921).

Literatur
Ellerbrock, W. (1992): Paul Oestreich. Weinheim u.a.

Jörg-W. Link

Offener Unterricht

Offener Unterricht steht für Konzepte einer Lehr-Lernkultur, die in ihrer Entstehung maßgeblich durch die Reformpädagogik (u.a. Maria Montessori, Peter Petersen, Célestin Freinet) sowie durch Tendenzen der englischen Primarschulreform Anfang der 1970er Jahre geprägt sind. Offenheit des Unterrichts bezieht sich in vorliegenden konzeptionellen Entwürfen insbesondere auf die Inhalte, Methoden, Organisationsformen des Unterrichts, die Beziehungsstrukturen zwischen Lehrern, Schülern und Eltern sowie eine institutionelle Öffnung gegenüber der außerschulischen Lebenswelt. Als entscheidendes Kriterium der Öffnung von Unterricht wird zumeist der Grad der Selbst- und Mitbestimmung im Unterricht durch die Schüler herausgestellt. Zu offenen Unterrichtsformen gehören Tages- und Wochenplanarbeit, Freiarbeit, Werkstattunterricht, Stationsarbeit, Projektarbeit. In pädagogischen Diskussionen um offenen Unterricht wird zunehmend die Relevanz der fachdidaktischen Qualität der Aufgabenstellungen in offenen Unterrichtsformen hervorgehoben.
Untersuchungen zur Realisierung von offenem Unterricht in der schulischen Alltagspraxis verweisen darauf, dass Lehrkräfte eine Öffnung des Unterrichts für pädagogisch sinnvoll erachten, aber nur ausgewählte Formen realisieren. Am häufigsten sind die offenen Unterrichtsformen Wochenplan- und Freiarbeit anzutreffen. Vorteile für offenen Unterricht gegenüber lehrgangsgebundenem Unterricht konnten unter den untersuchten Bedingungen pädagogischer Praxis mit dem bislang verwendeten forschungsmethodischen Design insbesondere im Persönlichkeitsbereich (z.B. Selbstständigkeit, positives Selbstkonzept), weniger im Bereich kognitiver Lernerfolge festgestellt werden. Dabei zeigte sich, dass leistungsschwächere Schüler eher von strukturierten Lernumgebungen im lehrgangsgebundenen Unterricht profitieren.

Literatur
Hanke, P. (2005): Öffnung des Unterrichts in der Grundschule. Münster.

Petra Hanke

Oman → Arabische Staaten

Onanie

Der Begriff Onanie (Selbstbefriedigung; mit moralischer Wertung auch: Selbstschändung, Selbstbefleckung, Selbstschwächung) leitet sich her von der biblischen Figur Onan (Genesis 38), der die Frau seines gestorbenen Bruders heiraten und mit ihr Kinder zeugen sollte, sich letzterem aber verweigerte, indem er seinen Samen auf die Erde fallen ließ. Onan wurde daraufhin von Gott getötet, weil er sich der Tradition widersetzte, als Ersatzehemann für seinen Bruder zu fungieren.
Infolge einer theologisch-pädagogischen Deutung der Bestrafung Onans wegen des Aktes der Masturbation wurde Onanie seit dem frühen 18. Jahrhundert in einem überwiegend von Theologen, Pädagogen und Medizinern geführten Diskurs als gesellschaftsbedrohende Krankheit eingestuft. Im deutschsprachigen Raum entstanden besonders in den 1780er Jahren zahlreiche Schriften zur Onanie, die sich, mahnend und aufrüttelnd geschrieben, vor allem an Erzieher sowie Eltern wandten und Körperpraktiken wie beispielsweise nächtliche Fesselungstechniken, Essens-, Kleidungs-, Körperhaltungs- und Hygienevorschriften sowie durch die Vorhaut gezogene Drahtringe empfahlen, um der Onanie gegenzusteuern.
Als Konsequenzen der Onanie wurden für Knaben und Männer mangelnde Aufmerksamkeit, ein zerstreutes Wesen, zerstörte Mienen und ein dummes Auftreten benannt. Bei Mädchen und Frauen sei vor allem der Verlust von Anmut, Frische und Farbe kennzeichnend, im heiratsfähigen Alter und in der Ehe käme es zu einer Abneigung gegen den ehelichen Beischlaf, so dass viele Frauen aus diesem Grund ledig bleiben würden.
Solche Krankheits- und Charakterzuschreibungen lassen sich noch bis in das frühe 20. Jahrhundert verfolgen, allerdings trat die Definition der Onanie als gesellschaftsbedrohende oder tödliche Krankheit in den Hintergrund. Im Kontext z.B. der Psychoanalyse wurde mäßige Onanie als bei gesunden Personen ohne schlimme Folgen beschrieben. Ein deutlicher Bruch in der Deutung der Onanie fand statt im Kontext der Sexualdebatten der 1960er und 1970er Jahre. Seitdem wird die Onanie von Pädagogen und Medizinern als Möglichkeit zur Entwicklung des kindlichen Körperverständnisses und zum Stressabbau gesehen.

Literatur
Bloch, K. H. (1998): Die Bekämpfung der Jugendmasturbation im 18. Jahrhundert. Frankfurt. – Laqueur, T. W. (2008): Die einsame Lust. Berlin. – Lütkehaus, L. (Hg.) (1992): „O Wollust, o Hölle". Frankfurt.

Sabine Todt

Online-Forschung

Unter den Neuen Medien bilden die Online-Medien bzw. Netzmedien eine Teilgruppe: Auf der Basis von Computernetzwerken (insbesondere dem Internet) ermöglichen Online-Medien mit ihrer spezifischen Hard- und Software (z.B. Desktop-Computer mit Web-Browser) unterschiedliche Formen der computervermittelten Individual-, Gruppen- und Massenkommunikation (z.B. E-Mail, Chat, Web-Foren, Online-Zeitungen). Die Online-Kommunikation oder computervermittelte Kommunikation wird abgegrenzt von der sog. Offline-Kommunikation, die nicht auf ein Computernetzwerk angewiesen ist (z.B. Face-to-Face-Kommunikation, Briefkommunikation, Print-Zeitung).

Mitte der 1990er Jahre wurde die Online-Kommunikation in den technologisch entwickelten Ländern in breiten Bevölkerungskreisen populär – ein weiterer Schritt zur durchgreifenden Mediatisierung bzw. Virtualisierung unseres Handelns im Alltag. Seit dieser Zeit wird auch verstärkt Online-Forschung betrieben, und zwar mit zwei verschiedenen Schwerpunkten: 1. Forschung über Online-Kommunikation mit dem Ziel des Erkenntnisgewinns zur Nutzung und Wirkung von virtuellen oder teilvirtuellen Kommunikations-Szenarien und 2. Forschung mittels Online-Medien mit dem Ziel einer möglichst effizienten Datensammlung zu prinzipiell allen Themen.

Die Forschung über Online-Kommunikation umfasst Forschung zu Produktion, Inhalten, Nutzern, Nutzung und Wirkung von Onlinemedien. Sie ist als Teilbereich der Medienforschung aufzufassen. Die Erforschung von Online-Szenarien erfolgt aus ganz unterschiedlichen disziplinären Perspektiven, das Spektrum reicht von ästhetischen, psychologischen, soziologischen und politologischen Aspekten bis zu theologischen, publizistischen oder kriminologischen. Die pädagogisch orientierte Online-Forschung befasst sich beispielsweise mit folgenden Fragen: Welche entwicklungsbeeinträchtigenden und -fördernden Inhalte werden von wem im Internet veröffentlicht (Bewahrpädagogische Position)? Welche Online-Kompetenzen benötigen Kinder und Jugendliche, Erwachsene oder Senioren, um aktiv und konstruktiv an der Informations- und Wissensgesellschaft partizipieren zu können (Verhinderung von Digital Divides und Digital Inequalities)? Wie lässt sich das Internet sinnvoll im Schulunterricht einsetzen (Mediendidaktische Position)?

Forschung über Online-Kommunikation ist mittlerweile institutionalisiert, beispielsweise in Fachgesellschaften wie der Association of Internet Researchers (A.o.I.R.) und Fachzeitschriften wie dem Journal of Computer-Mediated Communication (JCMC).

Forschung mittels Online-Kommunikation meint die Nutzung von Online-Medien (insbesondere dem Internet) als Hilfsmittel bei der sozialwissenschaftlichen Datenerhebung und Datenauswertung. Im Unterschied zu mündlichen Interviews oder postalischen Fragebogen-Erhebungen lassen sich Online-Umfragen sehr viel schneller und kostengünstiger durchführen – auch auf internationaler Ebene. Doch Online-Forschung beschränkt sich nicht auf Online-Umfragen per E-Mail. Auch Live-Gruppendiskussionen in Online-Chats oder experimentelle Designs auf Web-Plattformen lassen sich realisieren. Methodenstudien haben gezeigt, dass Online-Methoden wissenschaftlichen Gütekriterien genügen und neben der Ökonomie noch weitere Vorteile bieten können: So äußern sich Befragte online meist offener und ehrlicher als offline. Die Online-Forschung ist allerdings stets auf die Population der Internet-Nutzenden beschränkt und erreicht nicht die gesamte Bevölkerung. Online-Methoden haben sich in den Sozialwissenschaften, aber auch in der Markt- und Meinungsforschung stark etabliert. Der methodische Zweig der Online-Forschung ist mittlerweile institutionalisiert in Fachgesellschaften wie der Deutschen Gesellschaft für Online-Forschung (D.G.O.F.), die seit mehreren Jahren die Konferenzreihe General Online Research (G.O.R.) organisiert. Jenseits wissenschaftlicher Forschung ist mit dem Begriff Online Research auch die Internet-Recherche zu bestimmten Themen gemeint.

Literatur
Batinic, B./Reips, U./Bosnjak, M. (Hg.) (2002): Online Social Sciences. Göttingen. – Döring, N. ([2]2003): Sozialpsychologie des Internet. Göttingen. – Welker, M. (2005): Online-Research. Heidelberg.

Nicola Döring

OPD-KJ → Operationalisierte psychodynamische Diagnostik im Kindes- und Jugendalter

Operationalisierte psychodynamische Diagnostik im Kindes- und Jugendalter (OPD-KJ)

Die OPD-KJ ist der Versuch, psychodynamische Diagnostik so zu operationalisieren, dass die Interraterreliablität, also die Übereinstimmung zwischen zwei Untersuchern, möglichst groß ist. Die OPD-KJ ist aus der OPD hervorgegangen, der analogen Operationalisierung psychodynamischer Diagnostik im Erwachsenenalter.

Im deutschsprachigen Raum wurde mit der OPD seit 1992 ein System zur Ergänzung und Erweiterung der nosologischen Klassifikation durch psychodynamisch orientierte diagnostische Achsen entwickelt. Es wurde ein Instrument geschaffen, das der psychodynamischen Theoriebildung Rechnung trägt und die Unschärfe psychoanalytischer Begriffe aufzuheben versucht. Ausgehend vom Instrument der OPD für Erwachsene mussten weit reichende Modifikationen für das Kindes- und Jugendalter vorgenommen werden. Die zentrale Frage galt dem Einfluss von Entwicklung auf psychodynamische Prozesse. Die OPD-KJ verbindet psychodynamische, entwicklungspsychologische und klinisch-psychiatrischen Perspektiven und vertritt multidimensionale Modelle der Entstehung von psychischen Störungen. Ein solcher Zugang erfordert eine entsprechend komplexe, mehrdimensionale und entwicklungsbezogene Diagnostik.

Der in der OPD-KJ vertretene Ansatz geht allerdings über eine Integration von Entwicklungsdiagnostik und psychiatrischer Klassifikation hinaus. Die OPD-KJ strebt eine komplexe Erfassung psychodynamischer Prozesse an und bettet sie in den Entwicklungskontext ein. Der Entwicklungsgedanke ist zentral und betrifft alle Aspekte des Prozesses, von der Art der Befunderhebung über die Auswahl relevanter diagnostischer Kategorien bis hin zum Prozess der diagnostischen Einschätzung auf verschiedenen inhaltlichen Dimensionen sowie der Behandlungsempfehlung. Als Orientierungshilfe werden bestimmte Altersfenster vorgegeben, in denen entwicklungsbezogene Adaptation bzw. Maladaptation sowie strukturelle Ressourcen sichtbar werden. Auf vier psychodynamischen Achsen zu Beziehungsmustern, intrapsychischen Konflikten, der psychischen Struktur und zu den Behandlungsvoraussetzungen von Kindern und Jugendlichen werden psychodynamische Befunde erhoben, die zur Entscheidung für eine Therapieplanung und – nach Ende der Therapie – zur Evaluation des Therapieerfolges herangezogen werden können.

In psychiatrische und psychologische Untersuchungen von Kindern und Jugendlichen werden in der Regel die wichtigsten Beziehungspersonen, meist die Eltern, intensiv einbezogen. Neben der individuellen Diagnose ist die diagnostische Beurteilung der Beziehungsdynamik Eltern-Kind klinisch relevant. Je jünger der Patient ist, umso verwobener sind die intrapsychischen und die interpersonellen Ebenen. Aus diesem Grund beinhaltet die OPD-KJ eine Beziehungsachse, mit deren Hilfe die Beziehungen des Kindes/Jugendlichen zum Untersucher und zu relevanten familialen Beziehungspersonen sowie die Familiendynamik eingeschätzt werden können.

Mit der Auswahl des Konstrukts Konflikt wurde der Überlegung gefolgt, dass neben interaktionellen Aspekten (Beziehung) sowie Aspekten der psychischen Grundlagen (Struktur) auch wesentliche Aspekte des Unbewussten abgebildet werden sollten. Konflikte repräsentieren sehr viel mehr als Abwehrmechanismen das Unbewusste. Speziell für die Arbeit mit Kindern und Jugendlichen ist die Kombination von inneren und äußeren psychischen Bedingungsfaktoren, von Konflikt und Interaktion, notwendig, um der gesamten psychischen Situation gerecht zu werden. Die Achse Struktur versucht, die individuell typische Disposition des Erlebens und Verhaltens, die als Handlungsbereitschaft potentielle Interaktionsmöglichkeiten unter Gesichtspunkten der Wahl zur Verfügung stellt, abzubilden.

Die Achse Behandlungsvoraussetzungen bildet hier Bereiche ab, die zusätzlich zu rein psychodynamischen Konstrukten für die Behandlungsplanung von großer Bedeutung sind. Dazu gehören subjektive Dimensionen der Kinder und Jugendlichen, aber auch Ressourcen. Dies war ein besonderes Anliegen, weil sich nur allzu schnell der Blick auf das Pathologische und Intrapsychische defizitär orientiert.

Die OPD-KJ erhebt bezüglich psychodynamischer Konstrukte keinen Anspruch auf Vollständigkeit. Möglicherweise werden die Praxis und die wissenschaftliche Überprüfung zeigen, dass manche Items ungenügend reliabel sind oder man feststellen muss, dass die Operationalisierung mancher Items letztlich nicht durchführbar ist oder andere Bereiche sich sinnvoller in manualisierte Achsen transformieren lassen.

Literatur
Bürgin, D./Resch, F./Schulte-Markwort (Hg.) (²2007): Operationalisierte psychodynamische Diagnostik im Kindes- und Jugendalter. Bern.

Michael Schulte-Markwort

Operationalisierung

Der Begriff Operationalisierung bezieht sich auf den Prozess der Konkretisierung und Messbarmachung eines theoretischen Konstrukts im Rahmen einer empirischen Studie. Gemeint sind damit Dimensionen einer Untersuchung, die nicht direkt der Befragung oder Beobachtung zugänglich sind (z.B. Selbstkonzept, soziale Lage, Intelligenz). Über die Entwicklung von Einstellungsskalen, Tests oder mehrere kombinierte Fragen (z.B. zum Einkommen und dem Bildungsstand als Aspekten der sozialen Lage) werden die interessierenden Konstrukte einer Messung zugänglich gemacht. Mit der Auswahl von Indikatoren für die Messung eines Konstrukts wird der prinzipielle Erklärungsabstand zwischen Konstrukt und dessen Operationalisierung aber nicht aufgehoben, denn die gemessenen Indikatoren erfassen in der Regel nicht den gesamten Bedeutungsgehalt der Konstrukte. Insofern stellt sich stets neu die Frage, wie Konstrukte operationalisiert werden sollten. Diese Problematik sollte empirischen Forschern immer bewusst bleiben.

Literatur
Atteslander, P. u.a. (¹³2010): Methoden der empirischen Sozialforschung. Berlin.

Horst Weishaupt

Operationen

Unter Operationen versteht man im Anschluss an die Psychologie Jean Piagets und deren didaktische Auswertung durch Hans Aebli effektiv ausgeführte, phänomenal vorgestellte und/oder in einem Zeichensystem repräsentierte kognitive Handlungen, wobei die Aufmerksamkeit des Individuums ausschließlich auf die strukturellen – raumzeitlichen, sachlogischen, numerischen – Aspekte des Tuns gerichtet ist. Operationen grenzen sich von automatisierten Fertigkeiten und von statischen inneren Bildern dadurch ab, dass sie im Bewusstsein der Beziehungen realisiert werden, die zwischen den vorhandenen bzw. neu erzeugten Objekten und Ereignissen bestehen. Während konkretes Handeln auf Zustandsänderungen in der dinglichen Umwelt (Transaktionen) abzielt und an motorische Aktivitäten gebunden ist, strebt das Operieren die gedankliche Überführung eines impliziten, unübersichtlichen Sachgefüges in eine einfachere, geklärtere Aussage an und bewirkt somit Zustandsänderungen (Transformationen) in der Wissensrepräsentation. Als abstrakte Handlungen sind Operationen prozedurale Wissensstrukturen, die internal und external auf immer umfassendere Objektzusammenhänge angewandt werden können, wodurch ihre Beweglichkeit und Stabilität zunimmt.

Dieses Verständnis eines im konkreten, ursprünglich sensomotorischen Handeln wurzelnden, zunehmend aber von dessen Objekten und Modalitäten abstrahierenden Denkvorgangs trägt die Handschrift Piagets, der den Terminus der Operationen bzw. das Verständnis von Denken als einem Operieren mit direktem Bezug zu dessen ursprünglicher Bedeutung in Logik und Mathematik in der Psychologie etabliert hat. Operationen sind das aktive, die Fortschritte in der Intelligenzentwicklung sichernde Element des Denkens.

Das Stadium konkreter Operationen setzt nach Piaget im Alter von ca. sechs bis acht Jahren ein. Noch unmittelbar sachgebunden induziert das Kind u.a. die Regeln der Erhaltung, der Klasseninklusion und der Seriation. Die Fokussierung der Aufmerksamkeit auf strukturelle Züge der Handlung ermöglicht die zunehmende Beweglichkeit reversibler Operationen und lässt sie kohärente Systeme höherer Komplexität bilden. Formale Operationen als Charakteristika adoleszenten und erwachsenen Denkens sind durch reflektierende Abstraktion gewonnene, oftmals an (formale) Zeichensysteme gebundene Operationen zweiter Ordnung. Über logische Relationen kann auf rein propositionaler Ebene und in operationsverbindenden Theorien ohne ständigen Rückbezug auf materiell Fassbares nun auch hypothetisch-deduktiv nachgedacht werden.

Im Informationsverarbeitungsansatz wurde der Begriff der Operationen im Zusammenhang mit der Modellierung von Problemlöseprozessen um weitere Facetten bereichert. Dietrich Dörner unterscheidet zwischen dem Operator als einem allgemeinen Handlungsprogramm und Operationen als konkreten Realisierungen desselben. Zur Zielerreichung werden in engem Zusammenspiel mit dem Wissensgedächtnis im Operatorgedächtnis – je nach wahrgenommener Ausgangslage – bestimmte Operatoren zum Einsatz gebracht, die auf der Basis vergangener Operationen unter isomorphen Bedingungen gebildet worden sind. Die damit tangierten Fragen der Automatisierbarkeit und Transferierbarkeit von Operationen fokussiert u.a. John A. Andersons Theorie ACT – Adaptive Control of Thought. Unter der Annahme eines deklarativen und prozeduralen Wissens postuliert sie, dass sich kognitive Fertigkeiten durch Üben und Wiederholen in multiplen Anforderungssituationen allmählich von ihrer Gebundenheit an bereichs- und fertigkeitsspezifische Kontexte lösen und zu sog. Makrooperatoren, die aus dem Zusammenzug elementarer Operatoren resultieren, werden können.

In seiner v.a. auf der Grundlage Piagets entwickelten operativen Didaktik postuliert Aebli den problemorientierten Aufbau durchsichtiger, beweglicher und anwendungsfähiger, in Begriffen sich objektivierender Operationen als vorrangiges Ziel einer kognitiven Bildung.

Literatur
Aebli, H. (1980/81): Denken: Das Ordnen des Tuns. 2 Bde. Stuttgart. – Anderson. J. R. (1983): The architecture of cognition. Cambridge.

Kurt Reusser / Erich Steiner

Operative Pädagogik

Welche Formen des Handelns sind für das Erziehen kennzeichnend, wie können sie begründet werden und wodurch lassen sie sich von anderen Möglichkeiten kommunikativer Einflussnahme unterscheiden? Auf diese Fragen antwortet die Operative Pädagogik, die als ein Entwurf der Allgemeinen Pädagogik verstanden werden kann und seit geraumer Zeit zunehmend Resonanz erfährt.

Der Ansatz ist phänomenologisch fundiert und richtet im Sinne Immanuel Kants die Aufmerksamkeit auf den Mechanismus in der Erziehungskunst, darauf also, wie erzieherische Handlungsformen auf Lernprozesse von Zuerziehenden wirksam und nachhaltig Einfluss nehmen können. Erzieherische Interventionen sind überaus vielfältig; sie können allerdings auf das Zeigen als Grundform reduziert werden: Wann immer erzogen wird, wird etwas gezeigt. Je nach dem, was jeweils gelernt werden soll (z.B. Fertigkeiten, Kenntnisse oder Haltungen) werden die Formen des Zeigens variiert (z.B. vormachen, darstellen, appellieren). Der Lernstruktur der Adressaten steht also die Zeigestruktur des Erziehens (die gleichsam das in Zeichen kodierte Weltwissen enthält) gegenüber. Beide Strukturen sind zunächst unabhängig voneinander; damit das Lernen auf spezifische Weise beeinflusst werden kann, müssen sie aufeinander bezogen und synchronisierend miteinander in Verbindung gebracht werden. Das wiederum ist die Aufgabe der Artikulation, die den Zeige-Lern-Prozess verzeitigt und so der Erziehung auch die für sie notwendigen Zeiträume verschafft, die wiederum auf verschiedene Weise institutionelle Gestalt gewinnen können (z.B. Familie, Schule).

Eine operative Betrachtungsweise ist für das Verständnis der gegenwärtigen disziplinären Gestalt der Erziehungswissenschaft nützlich, da sie genauer festzustellen erlaubt, was die einzelnen Bereichspädagogiken miteinander verbindet und in welchen Hinsichten sie voneinander zu unterscheiden sind.

Literatur
Kraft, V. (2007): Operative Triangulierung und didaktische Emergenz. In: Aderhold, J./Kranz, O. (Hg.): Intention und Funktion. Wiesbaden, 140-158. – Prange, K. (2005): Die Zeigestruktur der Erziehung. Paderborn.

Volker Kraft

Oral History

Oral History (mündliche Geschichtsschreibung) ist eine aus den Vereinigten Staaten von Amerika in den 1970er Jahren zunächst von der Geschichtswissenschaft übernommene Forschungsrichtung, die auf der Grundlage von lebensgeschichtlichen und thematisch fokussierten Interviews Informationen über das Erleben historischer Ereignisse und die daraus entstandenen Erfahrungen aus der Perspektive der Zeitzeugen gewinnen will. Erziehungswissenschaftliche Forschungen auf der Grundlage von Oral History untersuchten u.a. den Wandel städtischer Lebenswelten von Kindern, Alltag und Handeln von Lehrerinnen und Lehrern im Nationalsozialismus, das Heranwachsen im ländlichen Raum, die Geschichte der Jugendbewegung, von Kinderleben und Jugendkulturen in verschiedenen Epochen des 20. Jahrhunderts sowie die Entwicklung erziehungswissenschaftlicher Teildisziplinen aus den Erinnerungen ihrer Protagonisten.

Im Unterschied zu biografischen Forschungsansätzen liegt der Schwerpunkt der Oral History eher auf historischen, milieuspezifischen und kulturellen

Fragestellungen als auf der Rekonstruktion individueller Lebensläufe und Bildungsgänge. Eine scharfe Abgrenzung lässt sich aber nicht immer vornehmen. Methodisch reflektierten Studien stehen Oral History-Forschungen gegenüber, die Interviewauszüge subsumtiv als Illustration vorab formulierter Hypothesen verwenden.
Der einschlägige internationale Fachverband sowie Fachzeitschriften für Oral History befassen sich immer wieder mit erziehungswissenschaftlich relevanten Fragestellungen.

Literatur
Bois-Reymond, M. du (2001): Die Oral-History-Methode. In: Behnken, I./Zinnecker, J. (Hg.): Kinder – Kindheit – Lebensgeschichte. Seelze, 218-232. – Plato, A. v. (2003): Oral History. In: Bohnsack, R./Marotzki, W./Meuser, M. (Hg.): Hauptbegriffe Qualitativer Sozialforschung. Opladen, 130-132.

Charlotte Heinritz

Orbis sensualium pictus

Das Schul- und Lehrbuch von Johann Amos Comenius erschien erstmals 1658 in einer lateinisch-deutschen Ausgabe in Nürnberg u. gehört zu den wirkungsvollsten Werken in der Geschichte der Schulliteratur. Die auf Anschauung setzende Darstellung der Welt sollte dem Sprachstudium u. dem Studium der Dinge zugleich dienen u. darüber hinaus Freude am Lehrinhalt vermitteln. Dem Anspruch nach versammelt das Werk in Wort und Bild die ganze dem Menschen offenbare Welt. Seine doppelseitigen Artikel erläutern mit 150 Holzschnitten die Dinge in lateinischer und deutscher Sprache, beginnend mit Gott, der Welt und den Elementen, über die Pflanzen und Tiere zu den Menschen und deren Beschäftigungen bis schließlich zum jüngsten Gericht.

Literatur
Fijałkowski, A. (2008): Orbis Pictus. Warschau.

Franziska Timm

Organisation

Der Begriff der Organisation wird im engeren Sinne als eine Gesamtheit von Akteuren verstanden, die ihre Tätigkeiten arbeitsteilig im Rahmen geplanter Strukturen (formale Organisation) sowie offiziell nicht geregelter Umgangsformen (informale Organisation) im Hinblick auf das Erreichen bestimmter Ziele relativ dauerhaft durchführen. Üblicherweise beinhalten Organisationen eine hierarchische Gliederung und damit verbunden Kontroll- und Entscheidungseinheiten, welche die Kooperation und Integration ihrer Mitglieder sicherstellen, damit die Organisationsziele erreicht werden können. Der Beitritt zu Organisationen ist begrenzt, so dass sie niemals Populationen, sondern immer nur bestimmte Gruppen von diesen umfassen. In modernen Gesellschaften lassen sich viele unterschiedliche Arten von Organisationen finden. Unter diesen mannigfaltigen Typen ist die theoretisch relevante Unterscheidung zwischen geschlossenen (ohne Umweltbezug agierenden) und offenen (sich mit anderen Organisationen austauschenden) Organisationen hervorzuheben. Besondere Beachtung fanden in der wissenschaftlichen Betrachtung auch die Organisation, in denen Menschen beruflichen Tätigkeiten nachgehen, und die Bürokratien, die durch Planung und routinierte Abfolge von Arbeitsabläufen sowie durch eindeutige Entscheidungs- und Machtstrukturen gekennzeichnet sind. Zeitgenössische Forscher betrachten vor allem dynamische Aspekte bei der Veränderung von Organisationen und versuchen, optimale Anpassungsstrategien zu entwickeln, mit denen diese auf Umweltveränderungen reagieren können.
Diese systemische Betrachtung von Organisation, wie sie in der Organisationssoziologie geläufig ist, richtet sich nicht nur auf den System-Umweltbezug, sondern genauso auf die Beziehungen und Abhängigkeiten des inneren Organisationsgefüges. Dabei werden nicht nur Personen als Organisationsmitglieder in ihren Organisationsrollen untersucht, sondern vor allem auch organisationelle Ziel- und Machtstrukturen in ihrem Bezug zu Organisationsabläufen. Hier geht es besonders um die Frage, wie die Organisationsziele und Organisationsstrukturen und -prozesse übersetzt werden können. Daran schließt sich die Analyse der Organisationskultur, d.h. der Muster von Ritualisierung, Partizipation, Zugehörigkeit, aber auch der Problemlösungstraditionen usw. an. Organisationskulturen haben eine große Bedeutung bei der Organisationsentwicklung und bei der Strategie des planmäßigen organisationellen Wandels. Barrieren werden hier vor allem in der systembeharrenden, selbstreflexiven Tendenz ausgemacht, die Organisationen innewohnt und die ihr Streben nach Stabilität bestimmt. Wenn in innerorganisatorisch spürbaren System-Umweltkonflikten systemöffnende Lernprozesse freigesetzt und Organisationen planvoll trans-

formiert werden, spricht man von lernenden Organisationen.
Die feministische Organisations- und Verwaltungsforschung sieht in den Grundmustern organisatorischer Wandlungsprozesse auch das Geschlecht als immanenten Steuerungsfaktor – vor allem in bürokratischen Organisationen – wirken.

Literatur
Katz, D./Kahn, R. L. ([2]1978): The social psychology of organizations. New York. – Kieser, A./Kubicek, H. ([3]1992): Organisation. Berlin, New York. – Sauer, B. (2004): Staat-Institutionen-Governance. In: Rosenberger, S. K./Sauer, B. (Hg.): Politikwissenschaft und Geschlecht. Wien, 107-124.

Peter Graeff / Lothar Böhnisch

Organisation for Economic Cooperation and Development (OECD)

Die OECD entstand 1961 aus der Organisation for European Economic Cooperation (OEEC) und hat ihren Sitz in Paris. Ihr gehören derzeit insgesamt 30 Mitgliedstaaten an. Dazu zählen neben 23 europäischen Staaten (Belgien, Dänemark, Deutschland, Finnland, Frankreich, Griechenland, Großbritannien, Irland, Island, Italien, Luxemburg, Niederlande, Norwegen, Österreich, Polen, Portugal, Schweden, Schweiz, Slowakische Republik, Spanien, Tschechische Republik, Türkei, Ungarn) auch Kanada, Mexiko und die Vereinigten Staaten von Amerika als gleichzeitige Begründer des North American Free Trade Agreement (NAFTA) sowie Japan, Südkorea, Australien und Neuseeland als industrialisierte Staaten aus dem pazifischen Raum.
Ihre Aufgaben sind die Förderung des Wirtschaftswachstums der Mitgliedstaaten, des Lebensstandards der Bevölkerung und des freien Welthandels. Finanziert wird die OECD durch die Beiträge der Mitgliedstaaten, deren Höhe sich aus dem Bruttoinlandsprodukt und der Wirtschaftskraft der Staaten ergibt. Das oberste Organ ist der Rat, in dem jedes Mitgliedsland eine Stimme hat. Der Rat ernennt einen Präsidenten und zwei Vizepräsidenten für ein Jahr sowie einen Generalsekretär für fünf Jahre. Da die dreißig Mitgliedstaaten fast ausschließlich Industrieländer sind, wird die Organisation häufig als Erste-Welt-Organisation bezeichnet.
Die OECD versteht sich als Think Tank, der frühzeitig Probleme und Lösungsmöglichkeiten zur Diskussion stellt. Die Beschlüsse sind für die Mitgliedstaaten nicht verpflichtend.
Ab den späten 1960er Jahren nahm die OECD Themen wie Bildungsexpansion und Bildungsplanung auf und befasste sich ab Mitte der 1970er Jahre mit den Auswirkungen der Rezession auf die Bildungspolitik sowie in der Folge mit der Rolle von Bildung im wirtschaftlichen Strukturwandel. Kennzeichnend war der dominante Blick auf die ökonomische Funktionalität von Bildung. Insbesondere in den 1990er Jahren ist Bildung zu einem wichtigen Arbeitsschwerpunkt der OECD avanciert. Dies findet in der Struktur der OECD insofern Niederschlag, als seit 2002 ein Direktorat für Bildung (Directorate for Education, EDU) besteht. Damit haben auch die organisatorischen und strukturellen Bedingungen des Bildungsbereiches an Klarheit gewonnen. Das EDU schließt vier von den jeweils teilnehmenden Staaten finanzierte Programme ein, die wiederum gemeinsam mit dem Bildungsausschuss (Education Committee, EDC) auf die Ziele im Bereich Bildung hinarbeiten. Diese vier Programme sind das Centre for Educational Research and Innovation (CERI), das Programme on Istitutional Management in Higher Education (IMHE), das Programme on Educational Building (PEB) und das Programme for International Student Assessment (PISA).
Das CERI besteht seit 1968, ist für bildungspolitische Fragen zuständig und befasst sich u.a. mit lebenslangem Lernen (recurrent education), Bildungsplanung und -finanzierung, der Erstellung von Bildungsindikatoren und der Messung von Schulleistung.
Die Richtlinien und Ziele der zukünftigen Arbeit der OECD im Bereich Bildung werden auf den in etwa Fünf-Jahresabständen stattfindenden Erziehungs- und Bildungsministertreffen festgelegt und in einem Kommuniqué veröffentlicht. Betrachtet man die Kommuniqués ab den 1990er Jahren, so wird deutlich, dass die OECD bildungspolitisch ein Konzept des lebenslangen Lernens favorisiert, das als umfassende Modernisierungsformel sämtliche Bereiche der formalen, nonformalen und informellen Bildung sowie deren Beziehung zueinander in den Blick nimmt. Das Verständnis von Bildung ist nach wie vor utilitaristisch, allerdings tritt neben die Betrachtung von Bildung in ihrer Bedeutung für ökonomisches Wachstum und Prosperität nun auch die Perspektive der Bedeutung für die soziale Dimension. Parallel zur Bedeutung von Bildung innerhalb der Organisation hat sich auch das Aktivitätenspektrum der OECD erweitert. Neben den traditionsreichen Länderstudien, in denen es darum geht, im Sinne des peer review-Prinzips Bildungsstrukturen und -politik eines

Landes in ihrem historischen und gesellschaftlichen Kontext zu analysieren und maßgeschneiderte Empfehlungen zu geben, sind seit den späten 1990ern auch thematische Studien getreten, die ländervergleichend und problemfokussiert vorgehen. Mit den seit Anfang der 1990er Jahre regelmäßig vom CERI erarbeiteten Bildungsberichten (Bildung auf einen Blick) verfügt die OECD auch über ein Instrument der indikatorisierten Bildungsberichterstattung, dessen Ziel es ist, auf der Basis von Indikatoren die Wirkungsweisen der unterschiedlichen Bildungssysteme vergleichend darzustellen. Schließlich ist noch auf die Leistungsvergleichsstudien hinzuweisen, die darauf abzielen, Fertigkeiten und Wissensbestände bei bestimmten Gruppen in (länder-)vergleichender Perspektive zu erfassen und in Form eines Rankings auszuweisen. Prominentestes Beispiel dieser Aktivität stellt wohl das Programme for International Student Assessment (PISA) dar, das seit 2000 alle drei Jahre Kompetenzen von fünfzehnjährigen Schülern misst; mit dem International Adult Literacy Survey (IALS) ist jedoch auch auf eine Vorläuferuntersuchung zu verweisen, die Literalität bei Erwachsenen in den Blick genommen hat.

Literatur

Henry, M. et al. (2001): The OECD. Oxford. – Organisation for Economic Cooperation and Develoment OECD (jährlich): Annual Report. Paris. – Papadopoulos, G. (1996): Die Entwicklung des Bildungswesens von 1960 bis 1990. Frankfurt. – Schemmann, M. (2007): Internationale Weiterbildungspolitik und Globalisierung. Bielefeld.

Michael Schemmann / Ina Sylvester

Organisationsberatung

Die Organisationsberatung ist eine seit den 1970er Jahren in Deutschland etablierte Dienstleistung. Sie wird in einem durch international operierende Beratungsgesellschaften einerseits sowie durch Klein- und Mittelbetriebe und selbständige Trainer/Berater andererseits segmentierten Markt angeboten. Ursprünglich gehörten Funktionen des organisationsbezogenen Expertentums zum Aufgabenbereich von spezialisierten Angestellten mit technischer Qualifikation.

Die Funktionen wurden mit überbetrieblichem, der Normung von Produkten und Prozessen verpflichteten Wissen aus verbandlichen Stabsstellen unterlegt. Der Unternehmenswandel seit den siebziger Jahren des 20. Jahrhunderts löste diese intermediäre Form der organisationsbezogenen Wissensdistribution zugunsten der Distribution durch die Marktform ab. Mit dem Wandel veränderte sich das im Wirtschaftssystem gängige Verständnis der Organisation. Sie gilt heute als disponibles Bezugssystem der Festlegung von Entscheidungs- und Vollzugsbedingungen, das die eigenen Grundlagen, die dem Aufgabenvollzug zugrunde liegen, ständig mitbearbeitet – sichtbar etwa im Bedeutungszuwachs des Qualitätsmanagements.

Insofern Organisationsberater sich an Individuen wenden, haben sie diese in der Form von Mitgliedern vor sich. Prinzipiell hat der Organisationsberater damit zwei Klienten zu bedienen: Seine Auftraggeber aus der organisatorischen Führungsebene und die Organisation selbst als System, das zur Disposition steht. Die resultierende doppelte Fallkonstitution und Reflexivität unterscheidet den Prozess der Organisationsberatung vom Prozess der auf Personen beschränkten Individualberatung.

Literatur

Faust, M. (2000): Warum boomt die Managementberatung? In: SOFI-Mitteilungen 28, 58-85. – Hartz, S. (2004): Biographizität und Professionalität. Wiesbaden.

Klaus Harney / Anja Voss

Organisationsentwicklung

Organisationsentwicklung ist ein Sammelbegriff, der geplante Veränderungs- bzw. Entwicklungsprozesse von Organisationen unter Anwendung verhaltenswissenschaftlicher Erkenntnisse umfasst. Der Ansatz wurde in Deutschland Ende der 1970er Jahre vor allem aus der Erkenntnis heraus verbreitet, dass eine einseitige Reorganisation von oben zu Widerständen von Betroffenen führen könnte. 1980 gründete sich die Gesellschaft für Organisationsentwicklung. Ihre grundlegende Definition von Organisationsentwicklung betont gleichermaßen die Verbesserung der Leistungsfähigkeit der Organisation (Effektivität) wie die Qualität des Arbeitslebens (Humanität). Zur Humanität gehören u.a. auch Weiterbildungs- oder berufliche Entwicklungsmöglichkeiten. Damit besteht eine Nähe zur Personalentwicklung.

Bei aller Unterschiedlichkeit in Definitionen sind gängige Merkmale von Organisationsentwicklung die aktive Beteiligung aller Organisationsmitglieder an den Veränderungen, die Auffassung, Organisationsentwicklung sei langfristig angelegt und (damit zusammenhängend) als spiralförmiger Prozess zu

verstehen, an dessen Beginn zwar eine gemeinsame Zielfindung und Planung steht, in dem aber in zyklisch wiederkehrenden Phasen quasi innegehalten wird, um gemeinsam das Erreichte zu bewerten, neue Erkenntnisse zu gewinnen, die nächsten Schritte zu planen usw. Oft wird empfohlen, den Zyklus von Diagnose-Planung-Aktion-Auswertung moderierend von Beratern begleiten zu lassen.
Organisationsentwicklung geht meist von einem planbaren und zeitlich begrenzten Veränderungsprozess aus. Wenn Organisationsentwicklung zum dauerhaften Normalfall wird, wie das z.B. bei der Schule als Organisation der Fall ist, spricht man von Lernenden Organisationen. Von der Organisationsentwicklung zur Lernenden Organisation erfolgt insofern ein qualitativer Sprung.

Literatur

Becker, H./Langosch, I. (⁵2002): Produktivität und Menschlichkeit. Stuttgart.

Susanne König / Mette Rehling

Orientierungsstufe

Die Orientierungsstufe ist eine in Deutschland ab 1974 eingeführte Organisationsform für die 5. und 6. Jahrgangsstufe der Schule. Sie war von Beginn an politisch heftig umstritten und ist mittlerweile in den meisten Bundesländern wieder abgeschafft. Die Orientierungsstufe ist ein Produkt des spezifisch gegliederten deutschen Schulsystems Sie zielte auf eine Entschärfung der punktuellen Übergangsentscheidung nach der vierten Klasse und der hiermit einhergehenden sozialen Selektivität. Chancengerechtigkeit sollte in der 5. und 6. Klasse dadurch erreicht werden, dass die Schüler anhand differenzierter Analysen der Lernausgangslagen und intensiver, systematischer Beobachtungen eine Orientierung über ihre jeweiligen Fähigkeiten und Interessen, eine angemessene individuelle Förderung und letztlich eine adäquate Schullaufbahnempfehlung erhalten sollten.
Im Strukturplan für das Bildungswesen des Deutschen Bildungsrates war die Orientierungsstufe als eigenständiges Strukturelement des Bildungssystems vorgesehen, das organisatorisch an die Sekundarstufe I angegliedert werden sollte. Debatten entstanden zwischen den Verfechtern eines modifizierten dreigliedrigen Schulsystems und den Befürwortern eines integrierten Systems über die Frage, ob die Orientierungsstufe schulformabhängig oder schulformunabhängig zu organisieren sei. Die Ständige Konferenz der Kultusminister der Länder der Bundesrepublik Deutschland (KMK) beschloss 1974, beide Formen zu akzeptieren. Die konkrete Umsetzung der Zielvorstellungen blieb den Ländern überlassen.
Realisiert wurden in der Folge unterschiedliche Modelle der Orientierungsstufe: Bayern und Baden-Württemberg führten sie als Schulversuche ein, in Hamburg, Schleswig-Holstein und Rheinland-Pfalz dominierten schulformgebundene Formen, nur Bremen und Niedersachsen führten sie als Regelschule ein (Hessen besaß mit der Förderstufe bereits eine der Orientierungsstufe ähnlich strukturierte Schulstufe).
Die Orientierungsstufe konnte sich als eigenständige Schulform nicht etablieren. Ihre Abschaffung in Niedersachsen (2004) wurde damit begründet, dass sie weder ihren Auftrag zur individuellen Förderung und objektiven Leistungsbeurteilung erfüllt, noch korrigierend auf schichtbedingte elterliche Bildungsaspirationen eingewirkt habe.
Derzeit wird in den meisten Bundesländern das Modell der Eignungsfeststellung nach der 4. Klasse praktiziert (eine Ausnahme bilden hier die Bundesländer Berlin und Brandenburg mit der 6jährigen Grundschule). Kritisch wird diskutiert, dass dieses Modell allerdings noch weniger als die Orientierungsstufe dazu beitrage, die für die Schullaufbahn eines Kindes äußerst wichtige Entscheidung objektiv und leistungsgerecht zu treffen.

Literatur

Schuchart, C. (2006): Orientierungsstufe und Bildungschancen. Münster. – Schuchart, C./Weishaupt, H. (2004): Die prognostische Qualität der Übergangsempfehlungen der niedersächsischen Orientierungsstufe. In: Zeitschrift für Pädagogik 50, 882-902.

Katja Koch

Ostasiatische Staaten

Das nach der Klassifikation der United Nations Educational, Scientific and Cultural Organisation (UNESCO) zusammengefasste Gebiet umfasst 1. Länder, die zu den ärmsten der Welt gehören (Kambodscha, Laos, Myanmar, Timor-Leste und Nordkorea, offiziell: Demokratische Volksrepublik Korea), 2. sog. Schwellenländer oder Länder, die sich jedenfalls zeitweise rasch entwickeln oder entwickelt haben, ohne dass damit die oft große Armut verschwunden wäre (China, Indonesien, Malaysia, Philippinen, Thailand, Vietnam), und 3. einige der weltweit reichsten Staaten, sei es wegen großer Öl- und Erdgas-Vorkommen (Brunei Darussalam) oder aufgrund einer rasanten wirtschaftlichen Entwicklung (Japan, Südkorea, offiziell: Republik Korea, Singapur sowie das nur beschränkt anerkannte Taiwan und Hongkong und Macao als zu China gehörende Sonderverwaltungszonen). Mit Ausnahme von Nordkorea und Timor-Leste sind die genannten Staaten in der Association of Southeast Asian Nations (ASEAN) und (außer Nordkorea) in der Southeast Asian Ministers of Education Organization (SEAMEO) zusammengeschlossen. Auf die Länder China, Indonesien, Japan und Südkorea wird in eigenen Beiträgen eingegangen, so dass hier die anderen Staaten im Mittelpunkt stehen.

Abgesehen von Nordkorea und Myanmar (dem ehemaligen Birma) sind alle genannten Staaten mehr oder weniger intensiv in die globalisierte Ökonomie integriert. Innerhalb der ärmeren Staaten gibt es allerdings große Disparitäten, die sich insbesondere in Stadt-Land-Gegensätzen und damit verbundenen Migrationsbewegungen in die Städte zeigen. Spätestens seit der Asienkrise in den 1990er Jahren hat sich die soziale Lage der großen Mehrheit der Bevölkerung teilweise dramatisch verschlechtert. Nicht, wie zuvor noch vielfach erwartet, einigermaßen stabile Lohnarbeitsverhältnisse sind zum Regelfall geworden, sondern prekäre Beschäftigungsformen. Sie bilden die stets gefährdete Grundlage für die Entwicklung von vielfältigen Strategien im Umgang mit Armut und sozialen Unsicherheiten. Zu diesen Strategien gehört auch die Arbeitsmigration, die von einigen Staaten (vor allem den Philippinen, wo etwa ein Viertel der gesamten Arbeitsbevölkerung im Ausland beschäftigt ist) explizit gefördert wird. Von der Armut der auf Lohn angewiesenen Bevölkerungsteile ist die in solchen ländlichen Regionen zu unterscheiden, die noch subsistenzwirtschaftlich geprägt sind. Geringe Einkünfte müssen hier keineswegs gleichbedeutend mit Not und Unsicherheit sein. Freilich können Einrichtungen wie die Schule mit ihren Vorgaben, Bücher, Hefte usw. zu kaufen, zur Ausbreitung einer geldvermittelten Ökonomie beitragen (und so womöglich eine neue Erfahrung von Armut mit sich bringen).

Große Teile der Region sind durch vielfältige Austauschbeziehungen seit Jahrtausenden ökonomisch und kulturell eng verbunden. Differenzen und Diversitäten sind damit nicht verschwunden, sondern eher alltäglich, manchmal selbstverständlich geworden, auch wenn soziale Konflikte sich bisweilen mit ethnischen vermengen. Fast alle heute existierenden Staaten, deren Zuschnitt oft auf Entscheidungen der Kolonialmächte zurückgeht, sind mehr oder weniger multikulturell und multilingual; selbst in Staaten mit jeweils ziemlich eindeutig dominierenden ethno-kulturellen Gruppierungen gibt es etliche marginalisierte Randbereiche, in denen sog. Ureinwohner leben (z.B. Thailand, Vietnam, aber auch Brunei Darussalam). Teilweise ist dies Anlass für langanhaltende bürgerkriegsähnliche Kämpfe (so in Myanmar).

Bildung spielt im gesamten ostasiatischen Raum traditionell eine große Rolle. Gerne wird dabei auf den Konfuzianismus verwiesen, aber dessen Einfluss ist noch keine Erklärung, sondern selbst erklärungsbedürftig. Abgesehen davon, dass im Namen Konfuzius' auch vor der Überschätzung des Lernens (bei Vernachlässigung der Tugend) gewarnt wird, muss die Hochschätzung von Bildung auch praktisch – in spezifischen schulischen Arrangements, im Alltag, im sozialen Gefüge – mit Leben erfüllt und immer wieder bestätigt werden. Dem Lernen wird so eine eigene Würde und etwas Selbstzweckhaftes eingeschrieben, das in kulturellen Praktiken nicht nur in den Schulen beständig reproduziert und bisweilen auch groß ausgestellt und gefeiert wird (wie anderswo eher der Sport). Zu einer solchen Lernkultur hat die Vergleichende Erziehungswissenschaft bislang noch kaum Untersuchungen angestellt. Das in ganz Ostasien verbreitete Prüfungswesen und der damit verbundene soziale Druck allein können jedenfalls weder die schulischen Höchstleistungen in den entwickelten ostasiatischen Staaten noch die meist große zahlungswillige Nachfrage nach Bildung verständlich machen, die oft weit über das öffentliche Angebot hinausgeht und privaten Anbietern ein breites Betätigungsfeld eröffnet.

Dass Bildung auch in Ländern, in denen der Konfuzianismus keine Rolle spielt (wie auf den Philippinen oder in Indonesien), als Weg aus der Armut und zentrale Ressource für Prestige gilt, hat freilich auch damit zu tun, dass sozialer Aufstieg oder das Ausbrechen aus prekären Lebensverhältnissen nur durch das Nadelöhr des mit Schule und Hochschule verknüpften Prüfungswesens vorstellbar erscheint. Ein privates Ergänzungsschulwesen, das den Prüfungserfolg garantieren soll, spielt inzwischen nicht nur in reichen Ländern wie Singapur eine große Rolle, sondern – zumindest in urbanen Regionen – auch in Malaysia oder Vietnam, ja selbst in Kambodscha, Laos und Myanmar.

Gerade für die meist jungen ostasiatischen Staaten ist der Beitrag der Schulen zur Konstruktion und

Aufrechterhaltung von nationaler Einheit und Identität von besonderer Bedeutung. Neben der Stiftung gemeinsamer Traditionen, der Sicherung eines allgemeinen Wissensbestands, der Vereinheitlichung von Alltagsstrukturen usw., gehört dazu wesentlich die Sprache. Dies ist in multikulturellen und multilingualen Staaten wie Indonesien oder Malaysia besonders offensichtlich. In beiden Ländern wurde eine einheitlichen Nationalsprache proklamiert, deren Durchsetzung jetzt Aufgabe der Schule ist. Dagegen wird in Singapur bewusst auf Englisch als lingua franca zurückgegriffen. Es soll nicht allein den Anschluss an die globalisierte Ökonomie gewährleisten, sondern auch als gleichsam neutrale gemeinsame Sprache die ethnisch-sprachlich verschiedenen Bevölkerungsgruppen verbinden. Die jeweiligen Herkunftssprachen werden in der Grundschule teils im Sinne einer bilingualen Erziehung einzubeziehen versucht (so in Singapur), teils aber auch schlicht unterdrückt (so in Myanmar).

Das gegenwärtige Schulwesen knüpft keineswegs allein an meist ohnehin nur punktuell durchgesetzte kolonialen Muster an. Christliche Missionen konnten sich allenfalls in Randbereichen und auf den Philippinen durchsetzen. Dagegen spielen in Myanmar, Thailand (das offiziell niemals Kolonie war) und Indochina buddhistische Schulen eine große Rolle, in Malaysia und Indonesien islamische. Heute sind sie teils in das staatliche Schulwesen integriert; teils (so etwa in Indonesien und Myanmar) bieten sie eine preiswerte Alternative zur staatlichen Schule.

Trotz z.T. beträchtlichem Bevölkerungswachstum ist eine Grundbildung in den meisten Staaten inzwischen weitgehend gewährleistet. Allerdings gibt es regionale Unterschiede und teilweise beträchtliche Mängel bei der Ausstattung der Schulen oder der Besoldung der Lehrkräfte. Soziale Verwerfungen können das Erreichte rasch gefährden. Auch wenn für den Pflichtschulbesuch meist keine Gebühren erhoben werden, fallen Kosten für Lehrbücher, Hefte, Transport, manchmal auch Schuluniform an, die von den Eltern getragen werden müssen. Der Ausbau vor allem des oberen Sekundarschulwesens steht in vielen Ländern gegenwärtig auf der Tagesordnung. Hier wird meist die Stärkung des beruflich-technischen Zweigs (gegenüber dem nachgefragteren akademischen) bei Berücksichtigung besonderer lokaler Bedürfnisse propagiert.

Nach dem Global Monitoring Report der UNESCO stellt sich die derzeitige Bildungssituation recht heterogen dar: Für die Vorschulerziehung liegen die Beteiligungsquoten zwischen etwa 10% (Kambodscha, Laos, Myanmar, Timor-Leste) und 90% und darüber (Malaysia, Thailand). Die Schulpflicht beginnt meist im Alter von fünf oder sechs und endet mit 14, 15 oder 16 Jahren (in Myanmar schon mit neun, in Laos mit zehn und auf den Philippinen mit zwölf). Die meist sechsjährige Grundschule wird in der Regel von fast allen Kindern besucht (nur für Timor-Leste liegt der Wert unter 70%). Allerdings schließen z.B. in Kambodscha nur 55% und in Laos nur 62% der Schülerinnen und Schüler die Grundschule ab, während dies in Brunei und Malaysia bei praktisch allen der Fall ist. Kinder, die aus Minderheiten stammen, auf dem Land leben oder arme Eltern haben, sind besonders benachteiligt.

Beim Übergang in die untere Sekundarstufe sind Mädchen in einigen Ländern unterrepräsentiert (so in Kambodscha und Laos); die Quote ist insgesamt aber recht hoch und liegt für Malaysia und die Philippinen bei 90%, für Myanmar unter 75%. Mit der oberen Sekundarstufe nehmen die Schulbesuchsquoten für Schülerinnen wie Schüler in den meisten Ländern deutlich ab. Auf Hochschulebene liegt die Beteiligungsquote zwischen 5% in Kambodscha, 17% in Indonesien, um die 30% in Malaysia und auf den Philippinen und 46% in Thailand. Dabei ist der Anteil der Frauen in Kambodscha und Laos niedriger als der der Männer; in Brunei, Malaysia und den Philippinen ist er höher; in Brunei und Malaysia gilt das sogar für die naturwissenschaftlichen Fächer.

Literatur

Keeves, J. P./Watanabe, R. (Eds.) (2003): International Handbook of Educational Research in the Asia-Pacific Region. 2 Bde. Dordrecht. – Kopp, B. v. (2002): Das Bildungssystem Malaysias. Münster. – Nohlen, D./Nuscheler, F. (Hg.) (1994): Handbuch der Dritten Welt. Bd. 7: Südasien und Südostasien. Bonn. – Schubert, V. (im Erscheinen): Ostasien. In: Adick, C. (Hg.): Regionale Bildungsentwicklungen und nationale Schulsysteme in Afrika, Asien, Lateinamerika und Karibik. Münster.

Volker Schubert

Otto, Berthold (1859-1933)

Nach dem Besuch des Rendsburger Gymnasiums und dem Abitur an der Schleswiger Domschule (1878) studierte Otto bis 1883 in Kiel und Berlin u.a. bei Friedrich Paulsen Philosophie, Arabisch, Syrisch, klassische Philologie, Nationalökonomie und Finanzwissenschaft. Zwischen 1883 und 1890 arbeitete er als Hauslehrer in Herne und Berlin sowie als

Redakteur beim Hamburger Korrespondenten. Anschließend war er bis 1902 als Redakteur im Verlag Brockhaus in Leipzig tätig. Seit 1901 gab er die Zeitschrift Der Hauslehrer (später Deutscher Volksgeist) heraus. Durch Vorträge und Veröffentlichungen zur Schulreform hatte Otto die Aufmerksamkeit des Preußischen Kultusministeriums geweckt und wurde nach Berlin berufen, wo er 1906 mit ministerieller Unterstützung die Hauslehrerschule in Berlin-Lichterfelde eröffnen konnte, die er bis zu seinem Tod leitete. Ottos Reformpädagogik stieß als Pädagogik vom Kinde aus auf großes öffentliches Interesse. Kern des Unterrichts in der Hauslehrerschule war ein Gesamtunterricht in kindgemäßer Sprache (Altersmundart). Otto publizierte viel, nicht nur zur Pädagogik, sondern auch zu politischen Themen, wobei er recht eigenwillige und widersprüchliche Ansichten vertrat (u.a. Der Zukunftsstaat als sozialistische Monarchie, 1910; Volksorganisches Denken, 1925f.). Noch heute existiert die private Berthold-Otto-Schule in Berlin als staatlich anerkannte Grund- und Hauptschule.

Literatur

Otto, B. (1901/1914): Lehrgang der Zukunftsschule. 2 Bde. Leipzig.

Jörg-W. Link

Overberg, Bernard Heinrich (1754-1826)

Overberg studierte in Münster katholische Theologie und wurde 1779 zum Priester geweiht. Zunächst Kaplan, wurde er bereits 1783 zum Leiter der neugegründeten Normalschule in Münster berufen, wo er bis 1826 Kurse für Lehrer durchführte. Außerdem unterrichtete Overberg an der Freischule der lotharingischen Chorfrauen sowie an ihrem Mädchenpensionat und setzte sich für die Lehrerinnenausbildung ein. Von schulpolitischer Bedeutung war seine Mitwirkung an der Verordnung für die Deutschen und Trivial-Schulen des Hofstifts Münster (1801). 1816 ernannte die preußische Regierung Overberg zum Konsistorialrat für die Angelegenheiten der katholischen Elementarschulen in Westfalen. Seine Anweisung zum zweckmäßigen Schulunterricht für die Schullehrer im Hochstifte Münster (1793, Neudruck 1957) fand weite Verbreitung. Der Lehrer als Vorbild, Anschaulichkeit und eine katechetische, die Verstandestätigkeit anregende Lehrweise waren zentrale Aspekte seines pädagogischen Denkens.

Literatur

Overberg, B. H. (1861-68): Sämmtliche Schriften für Schulen. 6 Tle. Münster.

Sylvia Schütze

Owen, Robert (1771-1858)

Owen, Besitzer einer Baumwollspinnerei in New Lanark in Schottland, war Mitbegründer eines kritisch-utopischen Frühsozialismus. Durch Sozialreformen (u.a. Verkürzung der Arbeitszeit und Verbot der Kinderarbeit bis zum 10. Lebensjahr) verbesserte er die Arbeits- und Lebensbedingungen der Arbeiter und Kinder seiner Fabrik. Sein sozialisationstheoretisch begründetes, von Johann Heinrich Pestalozzi und Johann Friedrich Oberlin beeinflusstes Erziehungsprogramm betonte die Bedeutung der ersten Lebensjahre und eine allseitige Erziehung in ständiger Verbindung von Bildung und Arbeit. Seine Schule bestand aus einer Kleinkinderschule (infant school) für Kinder von zwei bis fünf, einer Tagesschule für Kinder von fünf bis zehn und darauf aufbauend einer Abendschule für Kinder über zehn Jahren. Die Kleinkinderschule wurde zum Ausgangspunkt der Kleinkinderschulbewegung in England, seine Erziehungsvorstellungen zum Vorbild für eine sozialistische, polytechnische Ausbildung. Eine kritische Gesamtausgabe seiner Werke fehlt ebenso wie eine kritische Auseinandersetzung mit seiner bildungshistorischen Bedeutung.

Literatur

Owen, R. (1955): Pädagogische Schriften. Berlin. – Uhlig, Chr. (2003): Robert Owen. In: Tenorth H.-E (Hg.): Klassiker der Pädagogik. Bd. 1. München, 160-171.

Dieter Höltershinken

P

Pädagogik → Erziehungswissenschaft – Pädagogik

Pädagogik der Vielfalt

Pädagogik der Vielfalt bezeichnet ein Bildungsverständnis, das Heterogenität auf der Basis von Gleichheit im Sinne der Menschenrechte wertschätzt. Sie bezieht sich in Theorie, Empirie, Bildungspolitik und Praxis auf sich überschneidende Heterogenitätsdimensionen wie Kulturen-, Geschlechter- und Leistungsvielfalt. Im Elementarbereich, in außerschulischen Arbeitsfeldern und im gemeinsamen, individualisierenden Unterricht sollen behinderte, durchschnittliche und hochbegabte Mädchen und Jungen aus allen Kulturen und Lebensformen inklusiv lernen. Nach der Bildungsreform der sechziger Jahre führten Einsichten der Kritischen Theorie und postmoderner Theorien, empirische Befunde, soziale Bewegungen und erfolgreiche Schulversuche der Integrationspädagogik zur Anerkennung von Pluralität in der Pädagogik der Vielfalt. Forschungsdesiderate bilden der Widerspruch zwischen Standardisierung und Individualisierung im deutschen Bildungswesen sowie die Bedeutung der internationalen Diversity-Education.

Literatur

Prengel, A. ([3]2006): Pädagogik der Vielfalt. Wiesbaden.

Annedore Prengel

Pädagogische Anthropologie

Der Gegenstand der pädagogischen Anthropologie ist der Mensch und seine Erziehungs- und Bildungsverhältnisse. Die anthropologische Betrachtungsweise in der Pädagogik versucht dabei nach Otto Friedrich Bollnow einerseits, den Menschen von der Erziehung und die Erziehung vom Menschen her zu verstehen, und andererseits abzuklären, welche Methodik und Systematik dafür erforderlich ist. Denn in die pädagogischen Grundlagen, die erzieherischen Mittel und die Bildungsziele gehen explizit oder implizit anthropologische Ideen von Bildsamkeit und Bestimmung des Menschen mit ein. Damit eröffnet die pädagogische Anthropologie der Pädagogik Deutungs- und Orientierungsmuster.

Die anthropologische Frage ist zu allen Zeiten für die Pädagogik bestimmend gewesen. Auch wenn der Begriff Anthropologie erst seit dem 16. Jahrhundert geläufig zu werden beginnt, so lassen sich doch Zusammenhänge von Pädagogik und Anthropologie schon in den Schriften der Vorsokratiker und der Sophisten, dann natürlich auch in der griechischen Aufklärung bei Platon und Aristoteles sowie in den theologischen Interpretationen der Anthropologie bei Augustinus, Thomas von Aquin und den Scholastikern bis hin zu den Anfängen neuzeitlicher Pädagogik bei Johann Amos Comenius im 17. Jahrhundert, finden. Seit dem 18. Jahrhundert begegnen aufgeklärte Anthropologien bei Jean-Jacques Rousseau und Johann Heinrich Pestalozzi, im Zentrum von Aufklärung und Klassik, bei Immanuel Kant, Johann Gottfried Herder und Wilehlm von Humboldt und in der romantischen Tradition bei Friedrich Daniel Ernst Schleiermacher. Die Beziehung von Anthropologie und Pädagogik reicht dann über die Reformpädagogik von z.B. John Dewey, Ellen Key und Maria Montessori bis in die Gegenwart.

Die Bemühungen um eine im engeren Sinne explizite pädagogische Anthropologie beginnen im 18. Jahrhundert. In Folge der philosophischen Bemühungen am Anfang des 20. Jahrhunderts wird die pädagogische Anthropologie nach 1945 bis etwa 1975 zu einem zentralen Arbeitsbereich in der Erziehungswissenschaft. Ziel der Lehre vom Menschen war es, die Grundlagen eines pädagogischen Systems zu liefern, das die Erziehungsziele ebenso definiert wie die Erziehungsmittel, die Erziehungsmöglichkeiten und die Erziehungserfolge.

Die pädagogische Anthropologie greift in unterschiedlicher Weise auf die diversen anthropologischen Ansätze aus natur-, geistes-, sozial- und kulturwissenschaftlicher Provenienz zurück. Ihr kam und kommt es dabei immer auf die Beschreibung von zwei Momenten an: auf die Erziehungsbedürftigkeit (homo educandus) und auf die Erziehungsfähigkeit (homo educabilis) des Menschen. Denn nur, wenn der Mensch erziehungsbedürftig ist, soll er erzogen werden, und nur, wenn er erziehungsfähig ist, kann er auch erzogen werden.

In der neueren Geschichte der pädagogischen Anthropologie lassen sich mehrere Positionen unterscheiden: Über Vorformen pädagogischer Anthropologie im Umfeld der geisteswissenschaftlichen Pädagogik (Herman Nohl, Wilhelm Flitner), gewinnt sie ihr phänomenologisches Profil in den 1950er Jahren durch Martinus Jan Langevelds Studien zur Anthropologie und durch Bollnows Aufarbeitung existentieller Phänomene wie Begegnung, Ermahnung etc.; in den 1980er Jahren werden dann von Käte Meyer-Drawe (leibliche) Erfahrungs- und Lernprozesse untersucht. Diese Perspektive versteht den Menschen als homo distinctus, d.h. als Kind, Erwachsenen, Lehrer, Schüler etc.

Schon in den 1960er Jahren wird die Integration der Forschungsergebnisse anderer Anthropologien (Evolutionstheorie, Psychologie, Theologie, etc.) in die Pädagogik von Andreas Flitner, Heinrich Roth und Max Liedtke vorangetrieben. Dieser integrative Ansatz versteht den Menschen vor allem als homo educandus et educabilis, als ein erziehbares und erziehungsbedürftiges Wesen.

Die Versuche philosophischer Grundlegung pädagogischer Anthropologie, die den Menschen vor allem unter existentiellen und biografischen Aspekten betrachten, lassen sich bei Bollnow, Heinrich Döpp-Vorwald, Josef Derbolav und Werner Loch finden.

Sodann lässt sich ein dialogisch-reflexiver Ansatz ausmachen, in dem der Mensch als zoon politikon und seine individuellen, sozialen und ethischen Möglichkeiten im Mittelpunkt stehen (Theodor W. Adorno, Klaus Schaller, Wolfgang Klafki).

Und man findet eine implizite pädagogische Anthropologie (Hans Scheuerl), in der der Mensch im Modus des Bildes betrachtet wird: imago hominis.

Allerdings kam es nie dazu, dass sich die pädagogische Anthropologie als eine einheitliche und einende Disziplin darstellte. Dabei dachte die pädagogische Anthropologie des genannten Zeitraumes prinzipiell systematisch, um Erziehung und Bildung auf ein Fundament der Gewissheit, Stabilität, Eindeutigkeit und Universalität gründen zu können, das als a-historisches an jedem Ort und zu jeder Zeit Geltung besitzt. In diesem Sinne unterschlug sie die Historizität der Menschenbilder ebenso wie den Pluralismus der Denkmodelle der Beziehung von Mensch und Erziehung. Hier setzen in den 1980er Jahren Autoren wie Dietmar Kamper, Jürgen-Eckardt Pleines, Scheuerl, Dieter Lenzen und Christoph Wulf mit ihrer Orientierung an Historizität und Reflexivität an. Sie bestehen auf einer Betrachtung der immanenten Menschenbilder der Pädagogik und dem Versuch der Rekonstruktion der Geschichtlichkeit von Perspektiven, Methoden und Inhalten unter dem Einsatz neuer Denkmuster der Ethnologie, Ästhetik, Geschichts-, Literatur- und Kulturwissenschaft. Und sie lehnen die traditionelle Fixierung einer normativen Menschenbildpädagogik kategorisch ab.

Der Mensch erscheint in diesem pluralen, historischen Ansatz, der die Fraktalität und Negativität der Anthropologie betont, als homo absconditus (Helmuth Plessner, Johannes Bilstein, Eckart Liebau, Wulf, Jörg Zirfas). Er wird zu einer heuristischen Kategorie, die nach dem Tode des Menschen die Reflexion über anthropologische Grundphänomene historisch, interkulturell wie transdisziplinär möglich macht. Vor dem Hintergrund dieser Forschungen besteht die Idee einer heuristischen pädagogischen Anthropologie darin, strukturelle anthropologische Dimensionen auf pädagogische Sachverhalte und vice versa zu beziehen. Hier wird nicht mehr die Frage nach dem Menschen gestellt, sondern die Frage nach den historisch-apriorischen Momenten, die für die Erziehungs- und Bildungsprozesse des Menschen als konstitutiv betrachtet werden müssen. Die genannten Autoren gehen davon aus, dass man ohne die Aspekte der Liminalität, Temporalität, Korporalität, Kulturalität, Sozialität und Subjektivität den Menschen in der Pädagogik nicht zureichend verstehen kann.

So diskutiert die pädagogische Anthropologie die Grenzen des Menschen im Hinblick auf das Nicht-Humane (Tiere, Maschinen etc.) ebenso wie die Grenzen der menschlichen Vervollkommnungsmöglichkeiten. Sie widmet sich den zeitlichen Phänomenen der Phylo- und Ontogenese und den historischen und kulturell je unterschiedlichen Transformationen der Zeit und ihren jeweiligen Lernmöglichkeiten. Enorm bedeutsam für Erziehungs- und Bildungsprozesse sind zudem die Dimensionen der Körperlichkeit bzw. Leiblichkeit sowie ein hiermit verbundenes körperlich-praktisches, mimetisch erworbenes Wissen. Menschen wachsen in kulturell-symbolischen Zusammenhängen auf, und sie entwickeln und bilden sich in ihnen; hierbei sind Rezeptionsformen und performative Praxen von besonderer Relevanz. Als soziales Wesen kommt der Mensch pädagogisch in intra- und intergenerativen Beziehungen, in Institutionen wie Familien, Schulen etc. aber auch in sozialen Situationen wie Spielen und Ritualen in den

Blick. Dass der Mensch ein subjektives, einmaliges Lebewesen mit einer einzigartigen Identität und Biografie darstellt und dass er als freies und autonomes Wesen verstanden wird, konstituiert zum einen eine einzigartige Lern- und Bildungsentwicklung und zum anderen die pädagogische Berücksichtigung einer anthropologischen Differenz des animal rationale, d.h. eines empirischen Vernunftwesens.

Vor dem Hintergrund dieser Dimensionen stellen folgende Entwicklungen der Neuzeit die pädagogische Anthropologie vor neue Aufgaben: die Problematiken des Perfektionismus (enhancement) und des Transhumanen, die Errungenschaften in den Reproduktionstechnologien der life sciences, die moderne Dialektik von Geschwindigkeit und Langeweile, die Technologisierungen und Fragmentarisierungen des Körpers, die Prozesse von Transkulturalität und Globalisierung, die sozialen Formen von sozialer, kultureller Teilhabe und Teilnahme und die Biografisierung und Flexibilisierung menschlichen Lebens.

Literatur

Bollnow, O.F. (1965): Die anthropologische Betrachtungsweise in der Pädagogik. Essen. – Roth, H. (1966/1971): Pädagogische Anthropologie. 2 Bde.. Hannover u.a. – Scheuerl, H. (1982): Pädagogische Anthropologie. Stuttgart u.a. –Wulf, Ch. (2001): Einführung in die Anthropologie der Erziehung. Weinheim, Basel. – Zirfas, J. (2004): Pädagogik und Anthropologie. Stuttgart.

Jörg Zirfas

Pädagogische Antinomien

Im wissenschaftstheoretischen Verständnis ist eine Antinomie ein Widerspruch im Vernunftdenken. Dieser Widerspruch ergibt sich aus der Entgegensetzung zweier gleichwertiger, als wahr anerkannter Aussagen (These und Antithese). In der Erziehungswissenschaft sind Antinomien widerstreitende Sätze, Prinzipien oder im weiteren Sinne: Spannungen und paradoxe Verhältnisse im pädagogischen Denken und Handeln. Die antinomische Sichtweise pädagogischer Grundprobleme spielt z.B. in der Verhältnisbestimmung von Freiheit und Zwang, Allmacht und Beschränktheit, Führen und Wachsenlassen oder Freiheit und Fremdbestimmung eine Rolle. Pädagogische Antinomien können mithilfe der Bildung von Synthesen dialektisch gelöst werden.

Literatur

Helsper, W. ([8]2007): Pädagogisches Handeln in den Antinomien der Moderne. In: Krüger, H.-H./Helsper, W. (Hg.): Einführung in Grundbegriffe und Grundfragen der Erziehungswissenschaft. Opladen, Farmington Hills, 15-34.

Markus Rassiller

Pädagogische Bewegung

Herman Nohl beschreibt die pädagogische Bewegung im Deutschland des beginnenden 20. Jahrhunderts als Teil von kulturellen Bewegungen unterschiedlichen Umfangs. Bewegungen von weitreichendem Ausmaß sind z.B. der Sozialismus oder die Frauenbewegung, die nicht auf einzelne Regionen in Europa begrenzt waren, sondern die die ganze westliche Welt maßgeblich verändert haben. Spezifisch pädagogische Bewegungen entfalten ihre Wirkung in reformpädagogischen Kreisen als z.B. Jugend-, Kunsterziehungs-, Arbeitsschul-, Landerziehungsheim- und Einheitsschulbewegung (Gustav Wyneken, Berthold Otto, Paul Geheeb, Peter Petersen, William Lottig, Fritz Karsen, Paul Oestreich, Hermann Lietz).

Eine Bewegung ist als Reaktion auf eine empfundene Not zu verstehen. Reformpädagogische Bewegungen reagieren auf die Industrialisierung, die Entstehung der Großstädte, die zunehmende Verschlechterung von Arbeits- und Wohnverhältnissen vieler Bevölkerungsteile und die um sich greifende naturwissenschaftliche Aufklärung. Für den einzelnen bringen diese Veränderungen die Erfahrung eines Selbstwertverlustes mit sich. Er erlebt sich nicht mehr als jemanden, der durch eigene Leistung etwas zu bewirken vermag, sondern nur als Teil einer gesellschaftlichen Masse, und fühlt sich nicht mehr in sozialen Bindungen verankert, sondern als hin- und hergeworfen im Prozess einer zunehmend komplexer werdenden Welt. Typischerweise beginnen Bewegungen deshalb in den Gesellschaftskreisen, die von der Not am stärksten betroffen sind bzw. diese am intensivsten erleben: den Arbeiterschichten oder der Jugend.

Pädagogische Bewegungen kritisieren die Preisgabe des Humanitätsideals, an dem noch das 18. Jahrhundert Orientierung gefunden hatte, zugunsten des Fortschritts der zunehmend ökonomisch verstandenen Gesellschaft. Gegen solche Entwicklungen richtet sich insbesondere die Jugendbewegung, indem versucht wird, eine gegen die gesellschaftlichen Veränderungen abgeschottete und eigenen Regeln folgende Gemeinschaft entstehen zu lassen, die als eine Art Schutzraum für die Kultivierung eigener Ideale fungiert. Auf institutioneller Ebene entstehen Alternativschulen und Landerziehungsheime, die dem Trend zur Vermittlung objektiven Wissens und der bloßen Ausbildung entgegenwirken sollen.

Literatur
Benner, D./Kemper, H. (Hg.) ([2]2003): Quellentexte zur Theorie und Geschichte der Reformpädagogik. 2 Tle. Weinheim. – Nohl, H. (1935, [11]2002): Die pädagogische Bewegung in Deutschland und ihre Theorie. Frankfurt.

Elmar Anhalt

Pädagogische Bildung

Das Konzept der Pädagogischen Bildung entwickelte Wilhelm Flitner als Bindeglied zwischen Pädagogik als wissenschaftlicher Disziplin und praktischer Kunstlehre. Pädagogische Bildung nimmt Gestalt an in einem erzieherischen Denken, das in der pädagogischen Situation gründet: Sie steige aus dem unmittelbaren Theoretisieren in der Situation des Handelns auf und kehre, als Klarheit und Umsicht des Handelns, ins Tun zurück. Die Förderung der Pädagogischen Bildung ist nach Flitner die pädagogische und gesellschaftliche Aufgabe der wissenschaftlichen Pädagogik. Pädagogische Bildung übersteige die bloße Vermittlung akademischer Kunstlehren und grenze sich von der technologischen Aufbereitung, der popularisierenden Verbreitung und der isolierten Vermittlung wissenschaftlichen Wissens ab. Ihr übergreifendes Ziel bestehe darin, dem Praktiker Orientierung in der vielschichtigen Erziehungswirklichkeit zu vermitteln, die im Prozess der Moderne durch die Pluralisierung der Erziehungswerte verloren gegangen sei.

Durch Pädagogische Bildung sollen zudem Perspektiven eröffnet werden, einen öffentlichen Wertekonsens über die pädagogischen Ziele, den Stil des Erziehens, die Mittel, Wege und Methoden herbeizuführen. Ein solches kulturelles Einverständnis über den Sinn des Pädagogischen ist für Flitner die Grundvoraussetzung von Erziehung. Pädagogische Bildung ziele daher auf die Erkenntnis des Zusammenhangs einer pädagogischen Situation durch philosophische Besinnung. Auch wenn die philosophische Besinnung unter den Bedingungen der Unsicherheit von Werten keine letzte Sicherheit verbürge, so bewahre sie doch vor falschen Propheten und mache den Blick frei für die wahrhaft gestaltenden Kräfte. Sie führe zu einem reflexiven Verhältnis gegenüber den historisch gewachsenen pädagogischen Lebensformen und verbinde dies mit dem Handlungsziel, die guten erzieherischen Sitten in der Bevölkerung zu festigen und sie auch den künstlichen, öffentlichen Einrichtungen zugrunde zu legen.

Pädagogische Bildung soll vermittelt werden durch das Eintreten von Praktikern und Theoretikern der Erziehung in einen gemeinsamen Kommunikations- und Reflexionszusammenhang, mit dem Ziel, pädagogische Praxis zusammen zu verantworten und zu gestalten. Ein Beispiel hierfür ist das fallbezogene dialogisch-konsensuelle Interpretieren der Sinnstrukturen pädagogischer Interaktionen.

Literatur
Flitner, W. (1983): Allgemeine Pädagogik (1950). In: Ders.: Gesammelte Schriften. Bd 2. Paderborn u.a. – Flitner, W. (1989): Das Selbstverständnis der Erziehungswissenschaft in der Gegenwart (1957). In: Ders.: Gesammelte Schriften. Bd. 3. Paderborn u.a., 310-349.

Elmar Drieschner

Pädagogische Ethik

Die pädagogische Ethik sucht ethische Prinzipien der Erziehung und Bildung zu begründen. Jede Pädagogik ist ethisch, insofern sie auf das Gute und Richtige zielt. Sie ist mit Richard Peters (Ethics and Education, 1966) Einführung in wertvolle Tätigkeiten, fördert nach Wolfgang Brezinka (Tüchtigkeit, 1987) positiv bewertete Eigenschaften von Educand(inn)en. Mit Johann Friedrich Herbart (Über die ästhetische Darstellung der Welt als das Hauptgeschäft der Erziehung, 1804) ist Moralität die einzige und ganze Aufgabe der Erziehung; was ethischen Ansprüchen nicht genügt, kann nicht Ziel der Erziehung sein. Seit Jean-Jacques Rousseau genügt es der Pädagogik nicht mehr, die Kinder zu der Welt zu erziehen, wie sie ist, sondern sie sollen so erzogen werden, dass sie die Welt verbessern. Traditionell sieht die pädagogische Ethik ihre Aufgaben deshalb in der Reflektion auf eine mögliche bessere Welt und in der Untersuchung und Begründung von Zielen der Erziehung. Sie rezipiert nicht nur Moraltheorien, sondern begründet selbst welche.

Brezinka (Metatheorie der Erziehung, 1978) unterscheidet zwischen der empirischen Begründung der Erziehungsmittel und der philosophischen Untersuchung der Erziehungsziele. Weiterhin können die Institutionen der Erziehung und die Handlungen der Erzieher – als Mittel der Erziehung – auch unter ethischen Gesichtspunkten betrachtet werden; Brezinka fasst dies unter dem Titel der moralischen

Handlungsnormen. Die Pädagogik bedarf nicht nur einer Zielethik, sondern auch der ethisch guten, moralisch richtigen oder doch mindestens akzeptierbaren Formen.

Da die Trennung von Zielen und Mitteln allerdings ein problematisches technologisches Verständnis von Erziehung nahelegt, das die Educanden nicht als (zunehmend) freie Wesen anerkennen kann und dem eine Nähe zu Indoktrination, Manipulation und Konditionierung vorgeworfen wird, wurden Zielanalysen in der neueren Pädagogik von Analysen des Verständnisses von Erziehung und Bildung abgelöst. Die pädagogische Ethik versucht seither weniger Ziele der Erziehung als vielmehr einen ethisch tragbaren Begriff von Erziehung zu begründen.

Die pädagogische Ethik ist auf die allgemeine Ethik verwiesen, welche die Prinzipien der Moral zu klären sucht. Da die allgemeine Ethik selbst ein unabgeschlossenes Forschungsgebiet darstellt und die Erziehung ein eigenständiger ethischer Erfahrungsbereich ist wie etwa auch die Medizin, kann die pädagogische Ethik nicht als bloße Anwendung von Prinzipien konzipiert werden, die von der allgemeinen Ethik geliefert werden. Sie ist ein Forschungsbereich, der ethische Fragen der Erziehung und Bildung immer neu durchdenkt und selbst nie zu einem Abschluss kommt.

Nach Jürgen Oelkers kann kein moralischer Satz absolute Geltung beanspruchen; moralische Anforderungen an Educanden können nicht absolut gelten. Sie werden zwar nicht selten so formuliert, als ob sie absolut gelten würden. Erziehung muss jedoch mit der Möglichkeit von Irrtum rechnen; sie ist nicht Vermittlung von Moral, sondern Kommunikation über Moral. In dieser Kommunikation können nicht nur die Educanden von den Erziehern lernen, sondern auch diese von jenen. Trotz dieser partiellen Symmetrie zwischen Educanden und Erziehern ist das pädagogische Verhältnis nach Oelkers jedoch prinzipiell asymmetrisch.

Auch nach Jörg Zirfas verfügen nicht nur die Educanden, sondern auch die Erzieher nur über begrenzte moralische Kräfte. Die Moral der Erziehung resultiert nach Zirfas nicht aus der Verantwortung der Erzieher gegenüber Kindern als noch nicht moralischen Wesen, sondern aus der Verbundenheit beider als endlicher Wesen und aus der Pluralität von Ethiken. Auch wenn die Handlungskompetenzen zwischen Erziehern und Educanden faktisch ungleich verteilt sind, stehen beide nach Zirfas doch in einer reziproken und symmetrischen, ethischen Anerkennungsstruktur. Sie sprechen sich gegenseitig an, werden zu Antworten aufgefordert und konstituieren sich damit als Subjekte.

Erziehung beschränkt sich nicht nur auf moralische Kommunikation. Erzieher handeln vielfach für die Educanden und Entscheidungsträger entscheiden für sie, oftmals auch gegen ihren Willen. Die pädagogische Ethik diskutiert die Rechtfertigung für solche Handlungen unter dem Stichwort des Paternalismus. Paternalistisch sind Handlungen, die zugunsten einer Person in deren Freiheit unter der Annahme eingreifen, dass das stellvertretende Handeln dem Wohl dieser Person dient. Nach Micha Brumlik ist die Pädagogik advokatorisch, weil sie stellvertretend für das Kind, das seine Rechte noch nicht wahrnehmen kann, das Recht des Kindes auf Personwerdung vertritt und es deshalb erzieht. Personen werden mit Immanual Kant als Wesen definiert, die Zwecke an sich selbst sind, die sich selbst bestimmen können, dürfen und müssen. Sie stellt deshalb die Frage nach dem Glück des Kindes und nach den Tugenden als den Bedingungen der Möglichkeit des gelingenden Lebens.

Thomas Fuhr plädiert für eine Form der ethischen Reflexion, nach der diese von grundlegenden Urteilen ausgeht, moralischen Urteilen, die wohl überlegt, diskutiert, analysiert, weithin akzeptiert und gleichwohl nicht stark spezifiziert sind (schwache Bedingungen). Aus diesen grundlegenden Urteilen wird ein nicht-triviales Verständnis der pädagogischen Ethik entwickelt. Im Verlauf dieser Entwicklung einer pädagogischen Ethik wird man sich von den grundlegenden Urteilen teilweise entfernen, so dass die pädagogische Ethik von den grundlegenden Urteilen aus wiederum kritisiert werden kann. Der ethische Diskurs ist ein dauerndes Ringen um ein reflexives Gleichgewicht zwischen moralischen Intuitionen und Theorien.

Die Moral der Erziehung ist nach Fuhr, im Anschluss an Immanuel Kant, in dem berechtigten Verlangen des Kindes nach Zufriedenheit mit der Tatsache seines Geboren-Worden-Seins begründet. Auf die Verantwortung für das Sein des Kindes gründen sich die Pflicht und das Recht der Eltern auf Erziehung ihrer Kinder. Erziehung ist Hilfe zur Entwicklung moralischer Kompetenz und eines glücklichen, gelungenen Lebens.

Klaus Prange begründet die pädagogische Ethik von ihren Operationen her. Seine pädagogische Minimalethik fragt danach, was beim Vollzug der Erziehung mindestens zu beachten ist: Erziehung soll verständlich, zumutbar und anschlussfähig sein. Diese operative pädagogische Ethik versteht sich nicht als Anwendung allgemein gültiger moralischer Prinzipien, aber in sie sind allgemeine, auch außerhalb der Erziehung gültige Prinzipien eingeschrieben: Um verständlich zu sein, muss das Gelehrte wahr sein; wenn es zumutbar gelehrt wird, zeigt sich darin die Achtung vor den Educanden; anschlussfähig ist die Erziehung, wenn die Educanden das Gelernte selbständig fortsetzen und verändern können; anschlussfähige Erziehung setzt Freiheit der Rezeption von Moral voraus und befördert Freiheit. Den drei Maßstäben der Erziehung entsprechen drei Fehlformen: eine nicht verständliche Erziehung ist indoktrinär, eine nicht zumutbare manipulativ und eine nicht anschlussfähige sozial konditionierend.

Prange unterscheidet weiterhin zwischen der Erziehung als dem natürlichen Recht der Eltern, der Erziehung als öffentliches, verantwortetes Amt und Selbsterziehung aus Eigenverantwortung; dazu kommt noch die Ethik der Erziehungswissenschaft selbst. Die Eltern haben durch ihr Dasein eine umfassende Verantwortung für das Kind, die als Ethos der Liebe artikuliert wird; von ihnen wird eine anwaltliche Fürsorge für ihre Kinder erwartet. Die öffentliche Erziehung, vor allem in Form der Schule, braucht eine andere Normengrundlage. Lehrer sind stärker als die Eltern an öffentlich gesatzte Regeln gebunden; sie sind als Enkulturationshelfer Anwälte der Kultur und tragen damit zur kulturellen und sozialen Identität der nachwachsenden Kinder bei.

Die minimale pädagogische Ethik nach Prange plädiert für eine Selbständigkeit der operativ begründeten pädagogischen Ethik von der allgemeinen Ethik, geht aber davon aus, dass eine offene Gesellschaft und die pädagogische Moral der Verständlichkeit, Zumutbarkeit und Anschlussfähigkeit sich gegenseitig wenn nicht voraussetzen, so doch unterstützen. Aufgabe der Pädagogik ist es dann, den Gedanken der Erziehung festzuhalten und unter den Bedingungen der funktionalen Differenzierung der Gesellschaft ein spezifisches Leistungsangebot bereitzuhalten, so wie das auch für andere Professionen gilt.

Literatur

Brumlik, M. ([2]2004): Advokatorische Ethik. Berlin. – Fuhr, T. (1998): Ethik des Erziehens. Weinheim. – Giesinger, J. (2007): Autonomie und Verletzlichkeit. Bielefeld. – Oelkers, J. (1992): Pädagogische Ethik. Weinheim, München. – Prange, K. (2010): Die Ethik der Pädagogik. Paderborn. – Zirfas, J. (1999): Die Lehre der Ethik. Weinheim.

Thomas Fuhr

Pädagogische Flüchtlingsarbeit

Die Bezeichnung Flüchtling ist ein unscharfer Sammelbegriff. Er umfasst Asylbewerber in noch laufenden Asylverfahren, in unterschiedliche Rechtskategorien differenzierte anerkannte bzw. in ihrem Aufenthalt abgesicherte Flüchtlinge sowie nicht anerkannte, aber geduldete De-facto-Flüchtlinge. Die Mehrzahl der minderjährigen Flüchtlinge zählt zu der Kategorie der Geduldeten, da kinderspezifische Fluchtursachen selten rechtlich anerkannt werden und da Minderjährige ihre Fluchtgründe meist nicht in der rechtlich geforderten Weise zur Sprache bringen können. Eine spezielle Gruppe unter ihnen sind die minderjährigen unbegleiteten Flüchtlinge, die ohne erwachsene Begleitpersonen einreisen und denen nach internationalem Recht eine besondere pädagogische Fürsorge zusteht, die ihnen aber in Deutschland nur eingeschränkt gewährt wird.

Zentrale Aufgaben der Schule für Flüchtlingskinder sind die Stabilisierung durch vertraute Rituale, die Orientierung im neuen sozialen Kontext, die sozialpädagogische Unterstützung bei der Bewältigung schwieriger Lebenslagen sowie die sprachliche, berufliche und interkulturelle Bildung. Allerdings stößt jegliche pädagogische Arbeit mit Flüchtlingen aufgrund politisch-rechtlicher Restriktionen an enge Grenzen. So bilden Flüchtlingskinder (Asylbewerber und De-facto-Flüchtlinge) die einzige soziale Gruppe in Deutschland, die nicht in allen Bundesländern der allgemeinen Schulpflicht unterliegt. Der unsichere Aufenthaltsstatus der meisten jungen Flüchtlinge impliziert die tagtägliche Angst vor Abschiebung. Dies kann eine Ursache für unregelmäßigen Schulbesuch und Lernprobleme sein. Es ist außerdem üblich, unbegleiteten Minderjährigen, die sich nicht ausweisen können, bei ihrer Registrierung ein fiktives Alter von 16 oder 18 Jahren zuzuweisen, um Kosten durch pädagogische Betreuung in Jugendhilfeeinrichtungen und durch Schulbesuch einzusparen.

Aber auch für altersgemäß pädagogisch betreute und eingeschulte Flüchtlingskinder gibt es Barrieren in ihrem Bildungsweg: Asylbewerber und Defacto-Flüchtlinge haben nur eingeschränkt Zugang zu weiterführenden Bildungsgängen. Die restriktive Vergabe von Arbeitsgenehmigungen an Flüchtlinge bedeutet zudem, dass diese vielfach keine Möglichkeit haben, eine berufliche Ausbildung zu absolvieren.

Literatur
Neumann, U. u.a. (Hg.) (2003): Lernen am Rande der Gesellschaft. Münster u.a. – Woge e.V./Institut für soziale Arbeit e.V. (Hg.) (1999): Handbuch der sozialen Arbeit mit Kinderflüchtlingen. Münster.

Heike Niedrig

Pädagogische Freiheit

Mit dem Begriff der pädagogischen Freiheit wird der einer einzelnen Lehrkraft zugeordnete Gestaltungsspielraum verstanden, innerhalb dessen sie eigenverantwortlich unterrichtet und erzieht. In erziehungswissenschaftlicher Hinsicht wird die pädagogische Freiheit aus der Besonderheit des Erziehens und Unterrichtens im Umgang mit Schülern hergeleitet, der interpersonale Aspekt des Unterrichts- und Erziehungsprozesses in den Vordergrund gerückt und daraus die Notwendigkeit eines an der Lehrpersönlichkeit festgemachten Freiraumes festgemacht. Unter diesem Blickwinkel lässt sich die pädagogische Freiheit auch als eine Voraussetzung von Unterrichten und Erziehen in der Schule verstehen. In rechtlicher Hinsicht hat die pädagogische Freiheit ebenfalls Anerkennung gefunden. Die Mehrzahl der Schulgesetze der Länder erwähnen die pädagogische Freiheit (auch, mit einer veränderten Zielstellung, pädagogische Verantwortung genannt) ausdrücklich und verlangen zugleich, dass in diese pädagogische Freiheit der einzelnen Lehrkraft von außen nicht unverhältnismäßig eingegriffen werden darf; rechtliche Regelungen (Gesetze, Rechtsverordnungen, Richtlinien) ebenso wie Weisungen der Schulaufsicht und auch Vorgaben innerhalb der von Schulen selbstgesetzten Vorgaben (z.B. durch Schulprogramme) sollen die pädagogische Freiheit der einzelnen Lehrkraft nicht mehr als notwendig einschränken. Von Seiten der Rechtsprechung ist vom Bundesverfassungsgericht die pädagogische Freiheit als selbstverständlich vorausgesetzt, nicht aber näher rechtlich hergeleitet worden.
Die pädagogische Freiheit ist kein Grundrecht der einzelnen Lehrkraft, sie fußt trotz der wissenschaftlichen Ausbildung der Lehrkräfte nicht auf dem Grundrecht der Wissenschaftsfreiheit nach Artikel 5, Absatz 3 des Grundgesetzes für die Bundesrepublik Deutschland. In Anbetracht ihrer Herleitung primär aus den Besonderheiten des erzieherischen Prozesses muss sie im rechtlichen Sinne funktional verstanden werden, d.h. nicht als Entfaltungsrecht der einzelnen Lehrkraft, sondern als ein Instrument, um die im Rahmen (schulischer) Erziehung vorgesehenen Ziele und Zwecke zu erreichen; es wohnt damit der pädagogischen Freiheit auch ein Pflichtaspekt insoweit inne, als die einzelne Lehrkraft im Hinblick auf das Erreichen der Ziele von Unterricht und Erziehung ihre pädagogische Freiheit auszuschöpfen und zu nutzen verpflichtet ist.
Von dieser funktionalen (auch treuhänderisch genannten) Zielrichtung der pädagogischen Freiheit her ist auch die Frage eines möglichen Konflikts zwischen rechtlichen Regelungen, Einzelanweisungen oder auch innerschulischen Beschlüssen und dem Umfang der pädagogischen Freiheit im Einzelfall zu lösen. Im Ergebnis heißt dies, dass im Interesse eines – landesverfassungsrechtlich bzw. schulgesetzlich – vorgegebenen Ziels von Erziehung und Unterricht der jeweils individuellen Ausfüllung der pädagogischen Freiheit durch eine einzelne Lehrkraft ein Nachrang zuzuschreiben ist. Vorrangig bleiben die generellen, gemeinsamen Festlegungen. Gleichzeitig ist aber Sorge dafür zu tragen, dass die konkrete Umsetzung dieser Vorgaben im Rahmen des Unterrichts möglichst weitgehend in der Hand und Kompetenz der einzelnen Lehrkraft verbleibt. Von daher sind es insbesondere Fragen der didaktischen und methodischen Umsetzung, die die pädagogische Freiheit der einzelnen Lehrkraft prägen und dort ihre Wirkung entfalten. Da der Aspekt des Zweckes im Vordergrund der rechtlichen Bedeutung der pädagogischen Freiheit steht, mangelt es unmittelbar an einer persönlichen Betroffenheit der einzelnen Lehrkraft (juristisch gesprochen: Es liegt kein subjektives Recht vor), die Anlass für eine gerichtliche Überprüfung sein könnte; allerdings ist eine Überprüfung dahingehend denkbar, dass die Einhaltung der (schulgesetzlichen) Vorgaben bzw. ihrer Anwendung im konkreten Einzelfall zum Gegenstand einer verwaltungsinternen Prüfung gemacht werden kann.

Literatur
Rux, J. (2002): Die pädagogische Freiheit des Lehrers. Berlin. – Wißmann, H. (2002): Pädagogische Freiheit als Rechtsbegriff. Baden-Baden.

Hans-Peter Füssel

Pädagogische Hochschule (PH)

Nach dem Zweiten Weltkrieg wurde die Lehrerbildung in Deutschland neu organisiert. In der Bundesrepublik Deutschland wurden die bestehenden Einrichtungen der Volksschullehrerbildung in den

1950er Jahren entweder an Universitäten angegliedert oder in der Form von selbstständigen Pädagogischen Hochschulen weitergeführt. In den 1960er Jahren kam noch die Ausbildung für die Lehrer der Realschulen und Sonderschulen hinzu. So ergab sich eine Doppelstruktur: Lehrer für die Gymnasien wurden an Universitäten, Lehrer für die anderen Schulformen an Pädagogischen Hochschulen ausgebildet. In der Deutschen Demokratischen Republik (DDR) gab es ebenfalls Pädagogische Hochschulen, allerdings wurden hier wie an den Universitäten Lehrer für zwei Unterrichtsfächer der Klassenstufen 5-12 ausgebildet.

Während alle anderen Bundesländer seit den 1970er Jahren im Rahmen der Akademisierung der Lehrerbildung und der Statusaufwertung des Lehrerberufs ihre jeweiligen Pädagogischen Hochschulen entweder in Universitäten integriert oder sie zu Hochschulen mit Universitätsstatus weiterentwickelt haben, hielt das Land Baden-Württemberg an der Parallelstruktur fest. Die sechs Pädagogischen Hochschulen (Freiburg, Heidelberg, Karlsruhe, Ludwigsburg, Schwäbisch Gmünd und Weingarten) verfügen über das Promotionsrecht und Habilitationsrecht und bieten neben den Lehramtsstudiengängen auch einen erziehungswissenschaftlichen Hauptfachstudiengang (Diplom, neuerdings Bachelor und Master) und Aufbaustudiengänge an.

Der maßgebliche Unterschied der Lehrerausbildung an Universitäten und Pädagogischen Hochschulen besteht in der stärkeren Spezialisierung der Pädagogischen Hochschulen in Bezug auf die spätere Lehrertätigkeit. Diese Spezialisierung bringt gegenüber den Universitäten spezifische Vor- und Nachteile mit sich. So zeichen sich Pädagogische Hochschulen durch ihre überschaubare Größe aus: Die kleinste (Schwäbisch Gmünd) wies im Jahr 2004 nur ca. 1.830 und die größte (Freiburg) ca. 4.560 Studierende auf. Als besondere Profilmerkmale können sie auf Praxisnähe, einen hohen Anteil an Praktika und gute Kontakte zu Praktikumsschulen verweisen. Die Differenzen zwischen den sechs Hochschulen sind allerdings größer, als es die gemeinsame Geschichte der Pädagogischen Hochschulen in Baden-Württemberg nahe legt.

Aktuelle Probleme der Pädagogischen Hochschulen hängen mit den Bereichen Forschung, Kooperation und Internationalisierung zusammen. So führt der starke Akzent auf den Aspekt der Vermittlung zu einer eher schwachen Forschungsorientierung. Der vielfach kaum bestimmbare Lehrerbedarf führt zu erheblichen Schwankungen bei den Studierendenzahlen. In der Frage der Internationalisierung der Forschung halten Evaluationskommissionen erhebliche Reformanstrengungen für notwendig. Im Rahmen des Bologna-Prozesses ist bislang ungeklärt, ob vom Land Baden-Württemberg eine Anpassung der bisherigen Studienstruktur des Lehramtsstudiums an Pädagogischen Hochschulen an die Bachelor-Master-Studiengänge angestrebt wird. Eine Modularisierung des Lehrangebots ist zum Teil bereits umgesetzt.

Literatur
Ministerium für Wissenschaft, Forschung und Kunst Baden-Württemberg (Hg.) (2004): Evaluation der Erziehungswissenschaft an den Universitäten und Pädagogischen Hochschulen des Landes Baden-Württemberg. Bonn. – Evaluationsagentur Baden-Württemberg (Hg.) (2005): Zur künftigen Entwicklung der Pädagogischen Hochschule Weingarten. Bonn. – Terhart, E. (2008): Die Lehrerbildung. In: Cortina, K. S. u.a. (Hg.): Das Bildungswesen in der Bundesrepublik Deutschland. Reinbek, 745-772.

Josef Keuffer

Pädagogische Interaktion

Der Begriff Interaktion entstammt der Theorie des symbolischen Interaktionismus (George Herbert Mead) und wurde ab den 1970er Jahren vor allem durch Lutz Krappmann in der deutschen Pädagogik als Terminus eingeführt.

Interaktionen sind Formen, in denen Individuen sich durch Symbolgebrauch wechselseitig aneinander orientieren und ihre Identität konstituieren. Der einzelne gewinnt seine Perspektive durch Unterscheidung von der Perspektive eines anderen, auf den er sich bezieht, indem er ihn von sich und sich von ihm unterscheidet. In diesen Unterscheidungen konstituiert sich die Perspektive des I im Unterschied zu der Perspektive des Me. Durch Unterscheidung von einem (generalisierten) Anderen erhält die eigene Position im Umgang mit anderen Kontur. Sie ist identifizierbar als die stabile Erwartung anderer an das Verhalten, das man sich selbst zurechnet. Identität ist somit nicht eine unveränderlich gegebene Eigenschaft, sondern eine erworbene Leistung: Eine Identität hat, wer es versteht, sich im Umgang mit anderen gemäß der an ihn gerichteten Erwartungen als derselbe zu behaupten. Die Identität kann sich je nach Situation ändern. Sozialpsychologen sprechen daher von Identitäten bzw. Identitätsarbeit und beschreiben Identitätsentwicklung als Patchwork von Identitäten.

Krappmann hat die Einsicht Meads, in eine Rollentheorie transformiert, die in der zweiten Hälfte des 20. Jahrhunderts in der Erziehungswissenschaft auf großen Widerhall stieß. Mit der Rollentheorie war es möglich, die in pädagogischen Situationen wechselseitig individuell unterstellten und institutionell stabilisierten Erwartungen zu erfassen und zur Grundlage von Forschungen zu machen. Dies kam dem überall einsetzenden Trend zur Pädagogik als Sozialwissenschaft entgegen. Interaktionsformen, die Funktion von Ritualen für die Identitätsentwicklung und die Bedeutung besonderer Anderer als Interaktionspartner (Eltern, peers) wurden eingehend untersucht. Nicht nur die offensichtlichen, sondern auch die den Agierenden nicht bewussten Faktoren rückten dabei in den Blick (z.B. Pygmalion-Effekt, heimlicher Lehrplan). In der ideologiekritischen Erziehungswissenschaft ging es darum, den einzelnen zur Emanzipation freizusetzen, seine Identität im Umgang zu finden und gegen Machtinteressen durchzuhalten, um eigenen Ansprüchen gemäß am Umgang miteinander zu partizipieren.

Heute bezeichnet der Ausdruck pädagogische Interaktion oftmals nur noch allgemein den Umgang miteinander, ohne dass ausdrücklich die Nähe zu Meads Theorie des symbolischen Interaktionismus oder Krappmanns Rollentheorie deutlich gemacht werden soll.

Literatur

Krappmann, L. ([8]1993): Soziologische Dimensionen der Identität. Stuttgart. – Mead, G.H. ([7]1988): Geist, Identität und Gesellschaft. Frankfurt. – Ulich, D. (1976): Pädagogische Interaktion. Weinheim, Basel.

Elmar Anhalt

Pädagogische Kongresse

Das Veranstalten von Pädagogischen Kongressen in der Sowjetischen Besatzungszone Deutschlands (SBZ) bzw. in der Deutschen Demokratischen Republik (DDR) ging auf das Drängen der sowjetischen Militäradministration zurück, die öffentlichen Rückhalt für die nach Kriegsende in der SBZ begonnene Schulreform bekundet sehen wollte. Ein solcher Kongress fand auf Zonenebene erstmals im August 1946 statt. Wie dieser, so blieben auch die Pädagogischen Kongresse 1947 und 1948 ohne die erhoffte Resonanz und in ihrer Beschlussfassung für den sich anbahnenden diktaturstaatlichen politischen Umformungsprozess der Schule nahezu bedeutungslos.

Ein schulpolitisch markanteres Ereignis war hingegen der im August 1949 veranstaltete 4. Kongress, der sich als Forum politisch eindeutig selektierter Pädagogen sorgfältiger den kurz zuvor von der Sozialistischen Einheitspartie Deutschlands (SED) beschlossenen schulpolitischen Richtlinien für die deutsche demokratische Schule anschloss. Diese Richtlinien umrissen jene Vorhaben, deren konflikthafte Realisierung für die nächsten Jahre und darüber hinaus kennzeichnend für die Schulpolitik der DDR wurden: Anhebung des Leistungsstandes in allen allgemein- und berufsbildenden Schulen, weitere Veränderung der Inhalte des Unterrichts und der Erziehung im Sinne der SED, Herausbildung einer neuen Intelligenz vorrangig aus den Kreisen der Werktätigen. An alle Lehrer und Erzieher erging die Aufforderung, sich als sog. Kämpfer für die Festigung der antifaschistisch-demokratischen Ordnung zu verstehen, objektive Kenntnis des Marxismus-Leninismus zu erwerben und die Freundschaft zur Sowjetunion entwickeln zu helfen.

Durch politische Kurskorrekturen bedingt fand der 5. Kongress erst 1956 statt. Mehr als dieser standen die noch folgenden vier Kongresse im Zeichen der schulpolitischen Konkretisierung der jeweils aktuellen SED-Beschlüsse. Der im Juni 1989 inszenierte 9. Pädagogische Kongress demonstrierte kurz vor dem Zusammenbruch des politischen Systems der DDR nochmals die reformverweigernde Haltung der SED und insbesondere des von Margot Honecker seit 1965 geleiteten Ministeriums für Volksbildung.

Literatur

Feldmann, A. (1996): Der vergessene Kongreß. Regensburg.

Gert Geißler

Pädagogische Provinz

Unter pädagogischer Provinz versteht man in Anlehnung an Jean-Jacques Rousseau (Emile, 1762) und Johann Wolfgang Goethe (Wilhelm Meisters Wanderjahre, 1821/1829) eine vorbildliche Erziehungsgemeinschaft, in der Heranwachsende an einem Ort – meist in ländlicher Abgeschiedenheit – miteinander lernen, sich in das soziale Miteinander integrieren und soziale Verantwortung übernehmen. Im Hinblick auf die Bildungsinhalte fordern Rousseau und Goethe eine Beschränkung des Bildungsstoffes, den der einzelne mit seinem Verstand und mit Einsicht beurteilen und vollständig aufnehmen kann. Die Idee einer pädagogischen Provinz wurde in Romanen, Utopien und pädagogischen Schriften aufgegriffen u.a. von Maria Montessori (Erdkinderplan, 1948; dt. 1966), Hermann Hesse (Glasperlenspiel, 1943) oder in Burrhus F. Skinner (Futurum II, 1948; dt. 1970). Verwendet man den Begriff pädagogische Provinz heute, schwingt meist eine kritische Konnotation mit, die auf die Isolierung der Heranwachsenden von der gesellschaftlichen Wirklichkeit und damit von der Möglichkeit, sich mit ihr auseinander zu setzen, verweist.

Literatur
Flitner, W. (1948, [2]1962): Goethes pädagogische Ideen. Godesberg.

Waltraud Harth-Peter

Pädagogische Psychologie

Pädagogische Psychologie ist eines der ältesten und wichtigsten Anwendungsfächer der Pädagogik. Schon bei Platon und Aristoteles finden sich Erörterungen zentraler Themen (u.a. differenzielle Erziehung/Unterrichtung unterschiedlicher Personen, Wert- und Moralbildung, Lehrer-Schüler-Verhältnis, Lehrmethoden/Lernprozesse). Die neuere deutschsprachige Geschichte der Pädagogischen Psychologie ist mit Namen wie Johann Amos Comenius, Johann Friedrich Herbart, Ferdinand Kemsies, Ernst Meumann, Wilhelm August Lay, Aloys Fischer, Heinrich Roth, Reinhard Tausch, Franz E. Weinert verknüpft (für die Vereinigten Staaten von Amerika z.B. Edward L. Thorndike, John Dewey, Lee J. Cronbach, John B. Carroll, Robert Gagné, David C. Berliner).
Pädagogische Psychologie als Sozialwissenschaft bearbeitet eigenständige Fragestellungen im gesamten pädagogischen Bereich (Vorschule, Schule, Hochschule, Familie, Betrieb, Freizeit) mit den naturwissenschaftlich-empirischen Methoden der Psychologie. Sie bedient sich auch der Erkenntnisse anderer Teildisziplinen der Psychologie (besonders Entwicklungspsychologie, Sozialpsychologie, Lernpsychologie, Differentielle/Diagnostische Psychologie, Klinische Psychologie, Methodenlehre); die Abgrenzung von Empirischer Pädagogik ist schwierig und oft willkürlich. Pädagogische Psychologie stellt somit eine integrierende Klammer für alle Bemühungen dar, die zu einer besseren Beschreibung, Analyse, Vorhersage und Optimierung von Erziehungs-, Entwicklungs- und Bildungsprozessen in allen Altersstufen beitragen.
Operational definiert ist Pädagogische Psychologie das, was in Lehrbüchern/Zeitschriften der Pädagogischen Psychologie steht. In den letzen Jahren wurde u.a. zu folgenden Themen/Inhalten publiziert: (a) Lehren/Lernen (z.B. Lehr-/Lernstrategien, Bedingungen schulischen Lernens und schulischer Leistung, Lehrer-Schüler-Interaktion, Lernen mit neuen Medien, Lehrevaluation); (b) sozio-emotionale Faktoren in Unterricht und Erziehung (z.B. Selbstkonzepte, Schulangst, Schulanpassung, [Lern-] Motivationen); (c) pädagogisch-psychologische Diagnostik (z.B. Testfairness, Erfassung von Interessen, Leistungsmessung, Schülerbeurteilung, diagnostische Modelle); (d) Trainingsforschung und Förderung von Basiskompetenzen (z.B. soziales Problemlösen, Denk- und Intelligenztraining, Lesen, Leseverständnis, Rechnen, naturwissenschaftliches Verständnis); (e) Erziehungspsychologie, Beratung und Modifikation (z.B. Lern- und Verhaltensstörungen, Erziehungsberatung, Verhaltensmodifikation, Erziehungsstile, Eltern-Kind-Interaktion, familiäre Erziehung); (f) Entwicklung und Sozialisation (z.B. Prävention von Entwicklungsproblemen, soziales Lernen, Kindergarten- und Vorschulerziehung); (g) andere Themen (z.B. Hochbegabung, Teilleistungsschwächen, Migrantenkinder, Schul-, Studien- und Berufserfolgsprognose, Forschungsmethoden/Evaluation, Berufspraxis).
Hauptarbeitsfelder der in der Pädagogischen Psychologie Tätigen sind z.B. Erziehungs-, Schul- und Bildungsberatung (u.a. in Erziehungsberatungsstellen), pädagogisch-psychologische Diagnostik (u.a. Schulfähigkeit, Hochbegabung, Lernschwierigkeiten), Beratung und Behandlung von Lern-, Schul- und Erziehungsschwierigkeiten (u.a. Lese-Rechtschreib-Schwächen, Verhaltensprobleme), Forschung (u.a. Bildungsforschung), (Psychologie-)Unterricht an Schulen, Akademien und Hochschulen, Schulpsychologie, Erwachsenenbildung (u.a. Volkshochschule), Schulungsmaßnahmen (u.a. betriebliche Aus-/Weiterbildung), Schullaufbahn- und Berufsberatung (u.a. Schul-/Studienfachwahl), Organisation/Evaluation pädagogisch-psychologischer Maßnahmen (u.a. Elterntraining, Schulversuche), kinder- und jugendpsychologische Praxen und Kliniken, Arbeit in öffentlichen Institutionen mit pädagogisch-psychologischen Kontroll-, Beratungs- und Erziehungsfunktionen (u.a. Jugendämter, Drogenberatung, Heime).
In Wissenschaft/Öffentlichkeit wird die besondere gesellschaftliche Relevanz der Pädagogischen Psy-

chologie im Zusammenhang mit zunehmenden Entwicklungs-/Verhaltensstörungen und mit internationalen Schulleistungsstudien (u.a. Programme for International Students Assessment, PISA) betont.

Literatur
Rost, D. H. (Hg.) ([4]2010): Handwörterbuch Pädagogische Psychologie. Weinheim. – Krapp, A. (Hg.) ([5]2006): Pädagogische Psychologie. Weinheim.

Detlef H. Rost / Jörn R. Sparfeldt

Pädagogische Situation

Die traditionellen Versuche, die Besonderheit der pädagogischen Situationen zu thematisieren, stellten jeweils besondere Aspekte in den Vordergrund: die ethische Dimension und das existentielle Moment in der geisteswissenschaftlichen Tradition (Otto Friedrich Bollnow, Ernst Lichtenstein), die Verwendbarkeit im Rahmen empirischer Forschung (Peter Petersen/Else Müller-Petersen) oder die Tragweite des Begriffs im Kontext bestimmter Paradigmen (anthropologisch-phänomenologisch: Martinus Jan Langeveld, interaktionistisch-kommunikationstheoretisch: Klaus Mollenhauer). Neue Bedeutung erhält der Situationsbegriff in der Curriculumtheorie Ende der 1960er Jahre. Anhand objektiv erfassbarer, alltäglicher und typischer Lebenssituationen von Erwachsenen werden fachliche, soziale, politische und gesellschaftliche Qualifikationen formuliert, die Lehrplaninhalte und damit schulische Lernsituationen bestimmen sollen. Der Situationsbegriff findet sich seit den 1970er Jahren auch in der Vorschulpädagogik, wobei der sog. Situationsansatz von den aktuellen Lebenssituationen des Kindes ausgeht. Ein Versuch, pädagogische Situationen für empirische Forschung zu erschließen, ist die Analyse ihrer operativen Dimension (Klaudia Schultheis). Er zeigt, wie sich Themen in pädagogischen Situationen konstituieren und das Thema, die Lernprozesse und das pädagogische Handeln des Erziehenden bestimmen. Mit dem Blick auf die thematische Struktur der pädagogischen Situation lässt sich die Komplexität einer Lern- und Erziehungssituation auflösen und analysieren, wie pädagogische Intentionen, Mittel, anthropologische Gegebenheiten und Umweltbestandteile im konkreten Erziehungsgeschehen ineinandergreifen.

Literatur
Mollenhauer, K. (1972): Theorien zum Erziehungsprozess. München. – Schultheis, K. (1999): Die pädagogische Situation. In: Fuhr, Th./Schultheis, K. (Hg.): Zur Sache der Pädagogik. Bad Heilbrunn, 303-317.

Klaudia Schultheis

Pädagogische Sprache

Die Diskussion um die Spezifik einer pädagogischen Fachsprache korrespondiert von jeher mit dem Bedürfnis, erzieherisches Handeln reflexiv zu begleiten. Die Absicht, das Genuine pädagogischer Intervention aus dem Handlungskontext alltäglicher sozialer Praktiken zu lösen, schlug sich deshalb schon immer auch in dem Bemühen nieder, ein tragfähiges begriffliches Instrumentarium zur Beschreibung bewusster erzieherischer Praxis auszubilden. Dabei entwickelte sich der Wortschatz der pädagogischen Professionellen nicht zu einer eigenen Kunstsprache (wie in anderen spezialisierten Handlungskontexten). Vielmehr blieben die kommunikativen Praktiken des Pädagogischen weitgehend von den jeweils vorherrschenden Umgangs-, Gelehrten- oder Wissenschaftssprachen abhängig. Dieses Phänomen des Begriffsimports als charakteristischem Modus pädagogischer Fachsprachenbildung lässt sich zurückverfolgen bis zu den frühesten Versuchen, erzieherische Aktivitäten theoriegeleitet zu verifizieren - es zeigt sich bei den Sophisten ebenso wie bei den mittelalterlichen Praeceptoren oder bei den frühneuzeitlichen Didaktikern. Dass die Schulmänner den terminologischen Fundus der gelehrten Kommunikation selbst mit Neologismen oder sog. einheimischen Begriffen bereicherten, wird allenfalls an Autoren wie Johann Amos Comenius (Pampedia), Wolfgang Ratke (Allunterweisung) oder Johann Friedrich Herbart (pädagogischer Takt) sichtbar.
An dieser Praxis hat sich bis heute wenig geändert. Eher im Gegenteil nahm das Vertrauen des pädagogischen Milieus in die eigenfachliche Deutungskompetenz und die Hoheit über die einheimische Terminologie sogar signifikant ab. Dennoch ist in der Erziehungswissenschaft aber die Bereitschaft ausgeprägt, die sich im terminologischen Corpus niederschlagende pragmatische Heterogenität ihres Forschens zu problematisieren. Allerdings beschränken sich die Einsichten zur Fachsprachenproblematik bisher auf nur wenige Befunde: 1.) Eine genuine pädagogische Expertensprache existiert überhaupt nicht. Was in den erziehungsrelevanten Feldern anzutreffen ist, sind allenfalls verschiedene einschlägige Rhetoriken: die pädagogische Laiensprache, die Sprache der Professionspraktiker sowie die hetero-

gene Funktionalsprache der Erziehungswissenschaft. 2.) Der typische Modus zur Konstituierung pädagogischer Kommunikation ist der Begriffsimport. Die Referenzbereiche für diese Entlehnungspraxis reichen dabei von der Alltagssprache bis zur semantisch hoch aggregierten Spezialterminologie handlungs- und systemtheoretischer Kontexte. 3.) Diese Besonderheit des spezialisierten Redens über Erziehung als einer funktions- und milieuabhängigen Kommunikation, die sich über umgangs-, berufs- wie wissenschaftssprachliche Elemente realisiert, hat eine konnotative Unschärfe ihrer einschlägigen Begrifflichkeit zur Folge, die sich in einem überdurchschnittlichen Inventar an Metaphern, Slogans und sprachlichen Bildern mit hochgradig identitätsstiftenden Valenzen niederschlägt. 4.) Hinsichtlich der Nutzungsgewohnheiten des begrifflichen Repertoires der pädagogischen Kommunikation zeigt sich darüber hinaus die Tendenz, dass der Diskurs im Verlauf der Ausdifferenzierung der pädagogischen Rhetoriken auf wenige Grundbegriffe reduziert wird. Mit der heuristischen Nobilitierung des erwähnten Materials zur Kardinallexik ist aber häufig dessen semantische Entwertung verbunden: So lässt sich beobachten, dass ein Begriff mit seiner Statusanhebung oft gleichzeitig in seinen Bedeutungsgehalten ausgedünnt wird, seine Referenzvielfalt wie seine oft eigentümliche Pointierung verliert und für eine eindimensionale, technologisch schlichte Anschlussfähigkeit in der pädagogischen Praxis oder die theoretische Vergewisserung aufbereitet wird. Repräsentativ hierfür steht etwa die Rezeptionsgeschichte des Bildungsbegriffs, der um 1740 Teil der Kultursprache wird und dabei gleich mehrere komplexe Bedeutungshorizonte miteinander verschmilzt (das Gestaltwerden nach der christlichen imago dei-Lehre, das Formen der Seele nach einem ästhetisch-sittlich schönen Urbild im Sinne der platonischen Ideenlehre sowie die sittlich-weltliche Akzentuierung dieser beiden Traditionen im Paradigma der inward form der schottischen Moralphilosophie). Mit der Bildungsphilosophie des deutschen Idealismus erfährt der Begriff dann zwar Aufnahme in den Standardwortschatz pädagogischer Reflexion, was schließlich aber zur Folge hat, dass sich die Versuche der Transformation der Semantik in pädagogische Handlungsfelder in der Engführung des Bildungsverständnisses auf die Dimension der Sachkompetenz erschöpfen.

Literatur

Lenzen, D./Rost, F. (1998): Die neuere Fachsprache der Pädagogik/Erziehungswissenschaft seit dem Ende des 18. Jahrhunderts. In: Hoffmann, L. u.a. (Hg.): Fachsprachen – Languages for Special Purposes. 1. Halbbd. Berlin u.a., 1313-1321. – Scheffler, I. (1971): Die Sprache der Erziehung. Düsseldorf. – Terhart, E. (1992): Reden über Erziehung. In: Neue Sammlung 32, 195-214.

Jens Brachmann

Pädagogische Tatsachenforschung

Begriff und Programm der Pädagogischen Tatsachenforschung gehen auf den Erziehungswissenschaftler Peter Petersen und seine Frau Else Müller-Petersen zurück. Wichtige Anregungen zur Ausarbeitung der Pädagogischen Tatsachenforschung erhielt Petersen aus der von Wilhelm Wundt begründeten empirischen (Vermögens-) Psychologie und aus seiner Mitarbeit an dem von Ernst Meumann begründeten Institut für Jugendkunde in Hamburg, in dem eine experimentelle Pädagogik und Didaktik entwickelt wurden. Wie Meumann wollten Petersen und Müller-Petersen einer philosophisch und dogmatisch begründeten Pädagogik eine empirische Pädagogik auf dem methodologischen Fundament einer Tatsachenforschung entgegensetzen, mittels deren Forschungsinstrumenten Beobachtung, Beschreibung, Experiment und Statistik die vorfindliche Erziehungswirklichkeit in ihren Tatsachen, Strukturen (und auch gesetzmäßigen Zusammenhängen) erfasst werden sollte. Es sollte eine den besonderen Zielen pädagogischer Praxis und ihrer Verbesserung wie der Grundlegung einer autonomen Erziehungswissenschaft dienende Forschungsmethode entwickelt werden. Im Mittelpunkt der Pädagogischen Tatsachenforschung stand die Beobachtung und Protokollierung des Geschehens in sog. pädagogischen Situationen, die bes. im Bereich des an der Universitätsschule Jena erprobten Jena-Plans erforscht wurden. Die Protokollierung der Beobachtungen von pädagogischen Situationen nannte Petersen Aufnahme. Unterschieden werden die Einzelaufnahme (in der das Verhalten und Handeln eines Kindes oder einer Gruppe von Kindern protokolliert werden), die Lehreraufnahme (in der das Verhalten und Handeln des Lehrers in Bezug auf die Schüler, den Unterricht und die Umwelt der Schule protokolliert wird) und die Gesamtaufnahme (in der eine pädagogische Situation, also sowohl die Schüler, als auch die Lehreraktivitäten als ein sinnvolles Ganzes interpretierend protokolliert wird). Die Aufnahmen folgen Kriterien (echt, zweckgerichtet, ausführlich, stetig, anschaulich, rein), Kategorien (Zeit, Aufnahmebewertung,

Leistung, Deutung), Verwertungszwecken (deskriptive, phänomenologische, logische, numerische, kausale Verwertung) und Darstellungsformen für die gewonnenen Informationen (geometrische, grafische, Band- oder Bilderdarstellung, statische oder dynamische kausale Darstellung). Als so komplexe Forschungsmethodik kann die Pädagogische Tatsachenforschung als Vorform verstehender Sozialforschung angesehen werden.

Literatur
Petersen, P./Müller-Petersen, E. (1965): Die Pädagogische Tatsachenforschung. Paderborn. – Hopf, C. (2004): Die Experimentelle Pädagogik. Bad Heilbrunn.

Guido Pollak

Pädagogischer Bezug

Pädagogischer Bezug ist ein von Herman Nohl geprägter Terminus. Demzufolge ist die Grundlage der Erziehung das leidenschaftliche Verhältnis eines reifen Menschen zu einem werdenden Menschen, wobei dieses leidenschaftliche Verhältnis um des werdenden Menschen willen existiert, damit dieser zu seinem Leben und seiner Form komme.

Nohl entwickelte diesen Gedanken im ersten Drittel des 20. Jahrhunderts. Er betont die produktive Spannung der Generationendifferenz als Grundlage pädagogischer Prozesse. In ihr sei es notwendig, eine unbedingte Seelenverbundenheit zu schaffen, die dem berechtigten Geltungswillen des Jugendlichen und seinem Verlangen nach Selbständigkeit Rechnung trage. Die komplexe menschliche Triebstruktur stelle Pädagogik dabei vor eine zentrale ethische Aufgabe: Das Verhältnis von Erzieher und Zögling sei darauf verpflichtet, dass der Zögling in diesem und durch dieses seine eigenen schöpferischen Kräfte entfalten könne. Diese normative Vorgabe verlange, so Nohl, die Gestaltung einer antinomischen Beziehungsstruktur, in der sich beim Erzieher Liebe mit Autorität, beim Zögling Liebe mit Gehorsam verbinde. Die Anerkennung und produktive Umgestaltung der psychoanalytisch aufgefundenen Tatsachen zu einer pädagogisch gestalteten Beziehungsfigur wird so zur Voraussetzung jeder fruchtbaren pädagogischen Arbeit.

Die Kritik fand, dass Nohl Erziehung unter Ausblendung gesellschaftlicher Verhältnisse definiere, Gruppenphänomene unberücksichtigt lasse, die (selbst-)reflexiven Dimensionen in pädagogischen Verhältnissen gegenüber deren emotionalen Dimensionen vernachlässige, idealisierte Sollensvorgaben gegenüber empirischen Tatsachen verabsolutiere sowie dass er das behauptete Autoritätsgefälle zwischen Erzieher und Zögling nicht problematisiere. Eine implizite Berücksichtigung erfährt dieses Modell aktuell insbesondere in der Sozialpädagogik und in der Sozialisationstheorie. Im einen Fall geht es um das Problem von Nähe und Distanz im Verhältnis zwischen Professional und Klient, im anderen Fall darum, affektive Nähe in methodisch gestalteter Sozialisation als Mittel zur Überwindung von Kompetenzgefälle zu nutzen.

Literatur
Lee, J. (1989): Der Pädagogische Bezug. Frankfurt. – Nohl, H. (1933/35; 1970[7]): Die pädagogische Bewegung in Deutschland und ihre Theorie. Frankfurt.

Detlef Gaus

Pädagogischer Raum

Der Begriff pädagogischer Raum verdankt seine Entstehung der Aufmerksamkeit für räumliche Aspekte und Bezüge von Erziehung und Bildung (spatial turn in der Erziehungswissenschaft). Er bezieht sich auf Räume, die in ihrer Funktion und Intention auf pädagogisches Handeln bezogen sind und/oder im weitesten Sinne pädagogische Wirkungen nach sich ziehen. In diesem Kontext werden u.a. Vorstellungen vom idealen Ort in Theorien der Erziehung (Pädagogische Provinz, Denklehrzimmer), die Konstruktion von pädagogischen Räumen in Anlehnung an politische Gebilde (Sonnenstaat, Erziehungsstaat, Polis, Schulstadt), die Verwendung von Raum-Metaphern in Entwürfen und Praktiken institutioneller Erziehung (Kinder-Garten, Insel der Geborgenheit, Paradies vs. Labyrinth), raumbezogene Argumentationen in bildungspolitischen und reformpädagogischen Kontexten (Land vs. Stadt, Natur und Landschaft vs. Zivilisation), die Architektur und die räumlichen Arrangements von und in Bildungsbauten (Schulen, Landerziehungsheimen, Lehrwerkstätten, Universitäten, Museen, Gedenkstätten), die Intention, Nutzung und Wirkung spezifischer Raumformen und Ordnungssysteme in pädagogischen Kontexten (Rechteck-, Quadrat- oder Kreisformen, Reihungen, Sitzordnungen und Mobiliar) oder die Einrichtung und das Erleben privater Räume des Aufwachsens (Haus, Wohnung, Kinderzimmer, Spielplatz, Straße, Hof, Wandern, Reisen) in den Blick genommen. In der Forschung lassen sich phänomenologische, anthropologische, bildungs- und architekturhistorische, ökopsychologische oder disziplinierungstheoretische Zugänge unterscheiden. Die Forschungsinteressen reichen von der Wahrnehmung von Räumen in Bildungsprozessen über die material-architektonische Ausformung von Bildungsräumen und deren Bedeutung für sozialräumliche Prozesse, die Hervorbringung und Herstellung von pädagogischen Räumen durch die Akteure bis zur Veränderung des Aufwachsens und der Erziehung oder auch des Lehrens und Lernens durch die Existenz und die Nutzung virtueller Räume.

Literatur

Becker, G./Bilstein, J./Liebau, E. (Hg.) (1997): Räume bilden. Seelze. – Jelich, F.-J./Kemnitz, H. (Hg.) (2003): Die pädagogische Gestaltung des Raums. Bad Heilbrunn. – Liebau, E./Miller-Kipp, G./Wulf, C. (Hg.) (1999): Metamorphosen des Raums. Weinheim.

Heidemarie Kemnitz

Pädagogischer Takt

Der Ausdruck pädagogischer Takt wurde von Johann Friedrich Herbart 1802 in die Pädagogik eingeführt (Zwei Vorlesungen über Pädagogik). Pädagogischer Takt bezeichnet bei Herbart ein Vermittlungsglied zwischen Theorie und Praxis und steht im Kontext der grundlegenden Unterscheidung zwischen diesen Dimensionen. Der Pädagogik als Wissenschaft gehe es nach Herbart darum, das Ganze der Erziehung in einem allgemeinen Zusammenhang von Prinzipien und Lehrsätzen zu systematisieren (Theorie), wohingegen die Erziehung als Kunst die zufällige Ausübung des Erziehens in einen reflektierten Handlungszusammenhang (Praxis) stellen solle. Die Kluft zwischen Theorie und Praxis wird durch die theoretische Denkfigur des pädagogischen Takts in moralischer und zeitlicher Hinsicht überbrückt. In der Erziehung soll der Erzieher dem Zögling den nötigen Raum zur Entwicklung belassen, indem er ihm taktvoll begegnet (Moral) und den Takt seines Lernens (Zeit) weder über- noch unterfordert. Die pädagogischen Entscheidungen, die in der Praxis der Erziehung getroffen werden müssen, sollen vor und während der Ausübung des erzieherischen Geschäfts eine Orientierung in der Theorie erhalten, damit der Erzieher verantwortungsvoll handeln kann. Der pädagogische Takt ist aber nicht nur als Denkfigur ein Teil der pädagogischen Theoriebildung, er ist vielmehr auch als geübte Handlungsweise ein konstitutiv praktisches Phänomen und begründet somit ein handlungstheoretisches Modell der Pädagogik.
Als Mittelglied zwischen Theorie und Praxis ist der pädagogische Takt weder der Theorie noch der Praxis alleine zuzurechnen: Er ist, wenn er sich als Diener der Theorie von dieser anleiten lässt, Regent der Praxis, die er von einer unreflektierten Form der Ausübung (die Herbart als Schlendrian bezeichnete) in Kunstfertigkeit überführt. Die Orientierung an der Theorie ermöglicht eine schnelle Beurteilung und Entscheidung der situativen und je kontingenten Gegebenheiten durch den Erzieher, deren Angemessenheit die Orientierung an den Erfahrungen aus der Praxis gewährleisten soll.

Literatur

Anhalt, E. (1999): Bildsamkeit und Selbstorganisation. Weinheim. – Oelkers, J. (1976): Die Vermittlung von Theorie und Praxis in der Pädagogik. München.

Markus Rassiller

Pädagogisches Argumentieren

Pädagogisches Argumentieren bezeichnet das begründende und überzeugende Urteilen, mit Hilfe dessen praktische pädagogische Maßnahmen erörtert und ihre Alternativen abgewogen werden, um so zur Beratung der praktisch pädagogisch Tätigen beizutragen.
Die Wurzeln der Theorie des pädagogischen Argumentierens verweisen auf die antike Rhetorik, indem sie den aristotelischen Gedanken der topoi als Fundstellen für Argumente, der rhetorischen Überzeugungsmittel und Schlussverfahren aufgreift. Darüber hinaus bezieht sich die Theorie des pädagogischen Argumentierens auf eine Form der Argumentationstheorie, wie sie von Stephen Toulmin sowie Chaim Perelman und Lucie Olbrechts-Tyteca ausgearbeitet wurde. Besonders das von Toulmin entwickelte Argumentationsschema, das die verschiedenen Rollen, die Aussagen als Argumente übernehmen können, systematisiert, wird von der Theorie des pädagogischen Argumentierens genutzt. Trotz der vielfältigen Gebrauchsweise des Begriffs kann Argument annähernd verstanden werden als ein Vernunftgrund, dessen Qualität in der Überzeugungskraft liegt. Unter dem Begriff der Argumentation kann eine Kette von Argumenten verstanden werden, die gemeinsam eine komplexe sprachliche Handlung bilden, die zu überzeugen sucht.

Ausgangspunkt der Theorie des pädagogischen Argumentierens ist die Frage, ob die Erziehungswissenschaft über ein eigenes, pädagogisches Wissen verfügt, das die Legitimation der Erziehungswissenschaft als Disziplin gewährleistet. Diese Frage stellt sich angesichts einer Vielzahl möglicher Pädagogiken. Um sowohl bestehende empirische Argumentationen analysieren als auch neue konstruieren zu können, entwickelt Harm Paschen in Anlehnung an Toulmin ein Argumentationsschema, das aus sechs Prämissen und einem Schluss besteht. Die erste Prämisse besagt, dass ein (pädagogischer) Sachverhalt vorliegt und als Defizit interpretiert wird (Defizitprämisse). In der zweiten Prämisse wird das Defizit als pädagogisch verursacht und/oder als pädagogisch zu beheben bestimmt (Ursachenprämisse). Die dritte Prämisse bietet eine pädagogische Alternative, die die Defizite zu beheben beansprucht (Alternativprämisse). Ihre Realisierbarkeit wird mit einem praktischen Modell aufgewiesen (Praxisprämisse). Die fünfte Prämisse geht davon aus, dass die Lösung im Vergleich mit anderen adäquater sei (Adäquatheitsprämisse) und führt gemeinsam mit der sechsten Prämisse, die die möglichen Ausnahmen von der angenommenen Regelhaftigkeit bestimmt (Ausnahmeprämisse), zum praktischen Schluss, d.h. zu einer alternativen Pädagogik. Die Begründung gegen eine Pädagogik wird somit nicht inhaltlich, sondern strukturell begriffen.
Anhand der Untersuchung pädagogischer Argumentationen bearbeitet die Theorie des pädagogischen Argumentierens darüber hinaus die Frage, wie pädagogische Argumente als solche identifiziert werden können, das Problem, dass faktische Argumentationen nie vollständig sind, weil in empirischen Sprachhandlungen nicht alles expliziert wird, was als Stützung der Argumente vorausgesetzt wird, und das Problem des Geltungsanspruchs, den die Argumentation einerseits stellen muss und den sie andererseits aufgrund der Pluralität der Interpretationsweisen nur punktuell erfüllen kann.
Erziehungswissenschaft zielt vor dem Hintergrund unaufhebbarer pädagogischer Differenzen auf eine Systematik pädagogischer Alternativen und die Analyse und Reflexion von pädagogischen Argumentationen und Gewichtungskalkülen, die als Grundlage für pädagogische Kompetenz und pädagogische Autonomie verstanden werden.
In der Pluralität und Differenzierung pädagogischer Argumente zeigt sich nach Lothar Wigger in struktureller Hinsicht ein argumentativer Charakter des pädagogischen Wissens, der letztlich rational ist, und in inhaltlicher Hinsicht das einheitliche Moment der Sorge um das Gelingen von Erziehung.

Literatur

Paschen, H. (1991): Zur argumentativen Einheit pädagogischen Wissens. In: Zeitschrift für Pädagogik, 27. Beiheft. Weinheim, Basel, 319-332. – Paschen, H./Wigger, L. (Hg.) (1992): Pädagogisches Argumentieren. Weinheim. – Wigger, L. (1995): Zur Theorie pädagogischen Argumentierens. Bielefeld.

Barbara Platzer

Pädagogisches Denken

Pädagogisches Denken bezeichnet den intelligiblen Umgang mit den Phänomenen des Pädagogischen. Diese evozieren eine spezifisch pädagogische Denkart, spezifisch pädagogische Denkfiguren oder eröffnen Probleme, die nur über einen pädagogischen Zugriff behandelt werden können. Pädagogisches Denken zeigt sich in spezifischen Bedingungen und Strukturen, die einem historischen Wandel unterworfen sind. Es konstituiert seine Gegenstände unter je eigenen Perspektiven, die von keinem anderen Zugang abgedeckt werden können. Pädagogisches Denken konstituiert sich immer auch in Differenz zu anderen (disziplinären) Denkweisen und hebt somit die Pädagogizität des Bedachten hervor. So nimmt z.B. die pädagogische Anthropologie die Frage, was der Mensch sei, als Grundproblem menschlichen Denkens und Handelns auf und reflektiert, inwiefern das durch sie problematisierbare Menschenbild Einfluss auf Konzeptionen und Praxis von Erziehung, Bildung oder Lernen hat.
Pädagogisches Denken geht von den Grundbegriffen Erziehung und Bildung aus, versucht diese zu bestimmen und untersucht die Beziehungen zu anderen (möglichen) Grundbegriffen der Pädagogik (Sozialisation, Lernen etc.). Diese Grundbegriffe reflektieren Grundprobleme des Pädagogischen (z.B. die Asymmetrie im Prinzip der Fremdaufforderung zur Selbsttätigkeit). Dabei werden gemäß der Binnendifferenzierung der Erziehungswissenschaft bereichsspezifische Grundprobleme identifiziert und verschiedene theoretische Positionen und Methoden präferiert. Dies wirft die Frage auf, ob es einen zentralen Grundgedankengang gibt, auf den pädagogisches Denken in den verschiedenen Bereichen zurückführbar ist.

Literatur

Benner, D. ([5]2005): Allgemeine Pädagogik. Weinheim,

München. – Bernhard, A. (2006): Pädagogisches Denken. Baltmannsweiler.

Markus Rassiller

Pädagogisches Ethos

Die Ausformulierung eines pädagogischen Ethos kann bis zur Auseinandersetzung des Sokrates mit den Sophisten zurück verfolgt werden. Die Sophisten verstanden das Lehren als lehrbare Technik und Beruf, der den Schülern zu Erfolg in der Lebenspraxis verhilft. Sokrates steht für die Kritik an der pädagogischen Methode des Lehrens. Pädagogik ist danach nicht Vermittlung von Kompetenzen, sondern Bildungshilfe. Die Technik des Lehrens und Lernens wird nicht von der Kritik am Wahrheitsanspruch, der mit der Lehre verbunden ist, getrennt. Es geht darum, das Wissen zu prüfen, nicht, es anzuwenden. Später hat Johann Friedrich Herbart eine wissenschaftliche Pädagogik als Grundlage des pädagogischen Handelns gefordert. Zu dieser Pädagogik gehörte eine Untersuchung der Ziele und Möglichkeiten der Pädagogik.

Eine der wirkungsmächtigsten Formulierungen eines pädagogischen Ethos hat Adolph Diesterweg im Anschluss an Johann Gottlieb Fichte für den Berufsstand der Volksschullehrer gegeben. Danach dient die Erziehung der Förderung der Selbsttätigkeit des Menschen; dafür wurde eine Anhebung des Ansehens, der Autonomie und des Auskommens der Lehrer als erforderlich angesehen. In manchen Ländern der Bundesrepublik Deutschland war allerdings noch bis in die 1960er Jahre hinein der Volksschule eine volkstümliche Pädagogik zugedacht, der eine enge, konfessionelle Anbindung der Schulen und der Lehrerbildung an die Kirchen entsprach.

Heute wird pädagogisches Ethos als Teil der pädagogischen Kompetenz betrachtet und teilweise in Berufsethiken kodifiziert. Schulen sind aufgefordert, im Rahmen von Profilbildungen ein Schulethos zu entwickeln. Pädagogisches Ethos umfasst sowohl Sachnormen, das sind Normen, die ein sachgerechtes Lehren und Lernen betreffen, als auch im engeren Sinn moralische Normen. Mit Birgit Ofenbach handelt es sich beim pädagogischen Ethos nicht um einen Zustand, sondern um einen komplexen, ganzheitlichen Prozess, in den wissenschaftlich-theoretische, lebensweltliche, subjektive und affektive Faktoren eingehen. Es entwickelt sich nicht allein durch Reflexion, sondern wird im Handeln bestimmt.

Fritz Oser hat ein praktisches Prozessmodell entwickelt, welches das pädagogische Ethos nicht als besondere Auszeichnung einer Person, als Rucksack voller Tugenden oder als das Einhalten berufsethischer Normen versteht, sondern als Diskursverfahren, mit dem moralische Entscheidungsfragen in Schulen identifiziert und behandelt werden können.

Literatur

Ofenbach, B. (2006): Geschichte des pädagogischen Berufsethos. Würzburg. – Oser, F. (1998): Ethos – die Vermenschlichung des Erfolgs. Opladen.

Thomas Fuhr

Pädagogisches Handeln

Handeln ist eine sinnorientierte, auf Intentionen eines Subjekts basierende und auf die zweckorientierte Veränderung eines Objekts zielende Tätigkeit. Pädagogisches Handeln ist ein Typ sozialen Handelns, da seine Adressaten Menschen bzw. menschliche Verhältnisse sind. Der spezifische Sinn pädagogischen Handelns ist auf Erziehung gerichtet, wobei die Bestimmung dessen, worauf die Erziehungsabsicht zielt, vielfältig sein kann (Lernen, Mündigkeit, Selbstbestimmung, Entfaltung der Persönlichkeit etc.). Pädagogisches Handeln konturiert sich also in Differenz zu anderen Formen sozialen Handelns, z.B. des politischen, künstlerischen oder therapeutischen Handelns, da diese Formen des Handelns nicht auf Erziehung zielen. Pädagogisches Handeln ist eingebunden in Interaktionsstrukturen, die durch ein asymmetrisches Verhältnis zwischen Erzieher und Edukand vorstrukturiert sind, findet i.d.R. innerhalb bestimmter Rahmungen statt (Familie, Institutionen) und ist, wie diese Rahmungen auch, dem historischen Wandel unterworfen. So ändern sich z.B. die möglichen und akzeptierten Formen pädagogischen Handelns.

Es können mannigfaltige Formen pädagogischen Handelns ausgemacht werden (z.B. anleiten, auffordern, beraten, lehren, organisieren). In systematisierender Absicht werden diese heterogenen Formen unter wenige, elementare Grundformen (nach Hermann Giesecke: animieren, arrangieren, beraten, informieren, unterrichten) oder sogar unter eine einzige Grundform (bei Klaus Prange das Zeigen) subsumiert.

Literatur

Giesecke, H. ([9]2007): Pädagogik als Beruf. Weinheim,

München. – Prange, K./Strobel-Eisele, G. (2006): Die Formen pädagogischen Handelns. Stuttgart.

Markus Rassiller

Pädagogisches Jahrhundert

Der Begriff Pädagogisches Jahrhundert wurde bereits von Zeitgenossen zur Charakterisierung des 18. Jahrhunderts geprägt. Im Mittelpunkt des neuen pädagogischen Denkens stand eine Überwindung von Erziehung als Kinderzucht und Anpassung. Der damit verbundene Paradigmenwechsel zu einer Pädagogik vom Kinde aus findet sich schon in John Lockes Gedanken über Erziehung (1693). Die dort enthaltenen anthropologischen und psychologischen Grundlagen wurden durch eine empirisch-praktische Sicht auf Bildung und Erziehung weiterentwickelt und in den Musterschulen der Philanthropen (u. a. von Johann Bernhard Basedow, Christian Gotthilf Salzmann und Friedrich Eberhard von Rochow) erprobt. Dabei waren Erziehung und Bildung keineswegs nur auf die oberen Gesellschaftsschichten begrenzt, denn es gab erstmals eine vom Kinde aus konzipierte Pädagogik der niederen Volksklassen.

Die Wende zum Kind spiegelte sich auch in einer speziellen Kinder- und Jugendliteratur der Zeit. Sodann gab es in einzelnen kleineren Territorialstaaten erste Reformversuche des niederen und höheren Schulwesens sowie der Lehrerbildung. Diese hatten eine von der Kirche getrennte staatliche Schulverwaltung zum Ziel, wobei diese Anfange moderner Bildungsreform erst im 19. bzw. im beginnenden 20. Jahrhundert eine allgemeine Wirksamkeit entfalten konnten. Aus heutiger Sicht wurden im pädagogischen Jahrhundert die Grundlagen einer Erziehung zur Mündigkeit, zur religiösen Toleranz, zum Erwerb nützlicher Kenntnisse im Unterricht sowie zur professionellen Lehrerbildung gelegt.

Literatur
Hammerstein, N./Herrmann, U. (Hg.) (2005): Handbuch der deutschen Bildungsgeschichte. 2. Bd.: 18. Jahrhundert. München. – Schmitt, H. (2007): Vernunft und Menschlichkeit. Bad Heilbrunn.

Hanno Schmitt

Pädagogisch-psychologische Diagnostik

Pädagogisch-psychologische Diagnostik dient der theoriegeleiteten Gewinnung (z.B. Lernstandsfeststellung) und Analyse von Kennwerten (z.B. normierter Testwert) für inter- und intraindividuell variable Merkmale von Personen oder Personengruppen, die an Erziehungsprozessen beteiligt sind, und von relevanten Umgebungsmerkmalen der pädagogischen Prozesse. Zumeist werden die Ergebnisse pädagogischer Diagnostik verwendet, um pädagogische Entscheidungen zu optimieren. Diese Entscheidungen können formativer Art sein und die Wahl alternativer Lernwege, Lehrangebote oder erzieherischer Handlungsweisen betreffen (z.B. fehlerabhängige Zusatzerklärungen; Verstärkung nach prosozialem Konfliktverhalten). Summative Entscheidungen richten sich auf die Zuordnung von Lernenden oder zu Erziehenden zu alternativen pädagogischen Programmen aufgrund einer zusammenfassenden Einschätzung des Lern- oder Entwicklungsstands (z.B. Schulfähigkeit; Schulformempfehlung; Förderbedarf; Selbstsicherheitstraining). Die Erfassung von Merkmalen des Lehr- und Erziehungsverhaltens (z.B. Strukturiertheit der Instruktion; Erziehungsstil) findet zumeist als Einzeldiagnostik statt.

Zu selten wird hinreichend beachtet, dass alle pädagogisch-diagnostischen Entscheidungen unausweichlich fehlerbehaftet sind. Da alle Diagnoseverfahren weder vollständig messgenau (reliabel) noch vollständig gültig (valide) sein können, lassen sich (a) falsch-positive Diagnosen (z.B. Gymnasialeignung bei extremer außerschulischer Lernzeit; Verhaltensauffälligkeit von häufig ermahntem Kind) und (b) falsch-negative Diagnosen (z.B. unzureichende Deutschkenntnisse bei schüchternem Schüler) nur in Grenzen vermeiden. Zudem sind beide Arten von Fehlentscheidungen invers gekoppelt und können nicht gleichzeitig minimiert werden, was kritische pädagogische Rahmenentscheidungen erfordert (z.B. bei Schulformentscheidungen primär Reduzierung der falsch-negativen Entscheidungen und beträchtliche Billigung des damit einhergehenden Anwachsens von falsch-positiven, d.h. überfordernden Schulformwahlen).

Zudem sollte bei allen individualdiagnostischen Kennwerten das Ausmaß der Unsicherheit zumindest sprachlich angezeigt oder bei Vorliegen von Daten zur Messgüte (Reliabilität, Validität) ausgewiesen werden. Statt des punktuellen Wertes wird das Konfidenzintervall für diesen Wert mitgeteilt. Für den Umgang mit Schulnoten, die in beträchtlichem Maße auf weniger genauen Beurteilungen mündlich erbrachter Unterrichtsleistungen beruhen sollen, würde somit allerdings eine ungewohnte Zurückhaltung resultieren.

In pädagogischen Handlungsfeldern sind die Beurteiler häufig zugleich das Messinstrument. So schätzen Lehrer z.B. retrospektiv das Sozialverhalten von Schülern ein, oder Schüler bilden sich ihre Meinung über ihre fachliche Fähigkeit (Selbstbeurteilung; bereichsspezifisches Selbstkonzept). Sowohl für die hier anfallenden Einzeldiagnosen als auch für deren Zusammenfassung zu Eindrucksurteilen muss berücksichtigt werden, dass Urteilstendenzen (z.B. Tendenz zur Strenge) und Urteilsfehler (z.B. Halo-Effekt) nur tendenziell vermieden werden können. Subjektive Theorien von Lehrern und Erziehungspersonen können in soziale Stereotype (z.B. Einstellung zu Behinderten oder zu Ausländern) übergehen und urteilsverzerrend wirken sowie zu problematischen Unterschätzungen, aber auch zu Überschätzungen führen.

Pädagogisch-psychologische Diagnostik ist weder ein Selbstzweck (z.B. sich ein Bild vom Schüler machen) noch eine Suche nach unbestimmten Merkmalen (die Eigenart des Kindes erfassen), sondern ein wissenschaftliches Routineverfahren, das von einer zu explizierenden Fragestellung ausgeht (z.B. Ausmaß der bereichsspezifischen Vorkenntnisse; Anlässe für emotionales Belastungserleben). Die erhobenen Informationen werden theorieorientiert zusammengefasst, um zu einer Beantwortung der eingangs gestellten oder implizit gegebenen pädagogischen Fragestellung zu gelangen. Für den Bereich der Individualdiagnostik kann die psychologische Begutachtung als Rahmenmodell dienen und um Aspekte des pädagogischen Fallverstehens erweitert werden.

Die empirisch-analytische Grundstruktur der pädagogisch-psychologischen Diagnostik ermöglicht auch deren Anwendung auf Personengruppen, wenn handlungsrelevante Fragestellungen für deren Unterrichtung oder Erziehung vorliegen (z.B. Erfassung des Paarklimas in Familien; Soziometrie in Schulklassen; Kooperationsverhalten in Lehrerkollegien). Hingegen werden bildungspolitisch und/oder wissenschaftlich initiierte Erhebungen in Klassen und Schulen, die pädagogisch bedeutsame Merkmale von Schülern erfassen, eher als Evaluation bezeichnet, da hier die individuelle Veranlassung der Informationserhebung in der Regel fehlt. Gleichwohl kann eine geeignet gestaltete Rückmeldung von fairen Evaluationsdaten (z.B. Lehrerrückmeldung aus dem Programme for International Students Assessment, PISA; Rückmeldung von adjustierten Klassenwerten und Individualwerten für Vergleichsarbeiten) zumindest zu einer Verbesserung der pädagogischen Diagnosepraxis führen.

Zunehmende Bedeutung erlangt die Diagnostik von Lehrermerkmalen, insbesondere der Unterrichtsqualität. Dazu liegen dimensionale Einschätzskalen vor (z.B. Klarheit; Wert- vs. Geringschätzung), die jedoch einer professionellen Handhabung bedürfen. Schülerurteile über Lehrer sind gleichfalls erfassbar und geben die Rezipientenperspektive von Unterricht wieder. Die Übereinstimmung von Selbst- und Fremdwahrnehmung in erzieherischen Situationen ist moderat: Eltern- und Lehrerurteile über Schülerverhalten korrespondieren stärker miteinander als mit der Selbsteinschätzung der Schüler.

Grundsätzlich basiert die empirische Lehr- und Lernforschung auf gleichen diagnostischen Prinzipien wie die Einzelfalldiagnostik. Für den Bereich der Familienerziehung und der Erziehung in sozialpädagogischen Einrichtungen bestehen größere Diskrepanzen, da die Einzelfallhilfe stärker an der Bearbeitung von Beziehungsstrukturen ausgerichtet ist. Aus diagnostischer Sicht erscheinen einige Kontroversen (z.B. Förder- vs. Selektionsdiagnostik; Status- vs. Prozessdiagnostik; individuelle vs. soziale Bezugsnormorientierung in der unterrichtlichen Leistungsbeurteilung; Lehrer- vs. Schülerselbstbeurteilung; schriftliche vs. mündliche Leistungsbeurteilung) wenig fruchtbar, da sie komplementäre Diagnosestrategien als gegensätzlich interpretieren.

Gleichwohl verweisen die Argumente auf ein nicht selten ignoriertes Validitätsproblem: Alle diagnostischen Verfahren haben intendierte Haupt-, aber auch nicht-intendierte Nebenwirkungen. Zumeist führt eine stärkere Nutzung von High-Stakes-Testing (z.B. zentrale Abschlussprüfungen; Schuleffizienzkennwerte) zu einer stärkeren Ausrichtung des Unterrichts an den Inhalten der eingesetzten Erfassungsinstrumente und zu einer Reduzierung des Curriculums, falls dieses nicht hinreichend breit geprüft wird (z.B. Vernachlässigung von sog. Nebenfächern oder sozialen Fähigkeiten).

Die formalen Grundlagen der pädagogisch-psychologischen Diagnostik entsprechen jenen der psychologischen Diagnostik und werden als Test- bzw. Messgütekriterien bezeichnet: (1) Objektivität, (2) Zuverlässigkeit (Reliabilität) sowie (3) Gültigkeit (Validität). Unklar ist, ob aus der qualitativen Forschung stammende Gütemerkmale weitere Kriterien stiften (z.B. lebensweltliche Bedeutsamkeit) oder aber die Hauptgütekriterien der Testtheorie ergänzend spezifizieren.

Diagnostische Beurteilungen erfolgen nach drei komplementären Bezugsnormen. Die Sachnorm zeigt das

Ausmaß der Zielerreichung. Die Sozialnorm spiegelt die Leistungsposition in einer Gruppe. Die Individualnorm als Differenz zweier sachnormorientierter Messungen informiert über Lernfortschritte.

Literatur
Kleber, E. W. (1992): Diagnostik in pädagogischen Handlungsfeldern. München. – Lukesch, H. (²1998): Einführung in die pädagogisch-psychologische Diagnostik. Regensburg. – Langfeldt, H.-P./Tent, L. (1999): Pädagogisch-psychologische Diagnostik. Göttingen. – Nitko, A. J. (³2003): Educational assessment of students. New York.

Karl-Heinz Arnold

Pädagogisierung

Der Terminus Pädagogisierung wurde 1976 als theoretisch und empirisch bestimmter Begriff von Jan Peter Kob in die erziehungswissenschaftliche Forschung eingeführt. Zwar findet der Terminus schon früher in unterschiedlichen pädagogischen Diskussionskontexten Verwendung – so hatte Theodor Litt bereits 1926 im Bemühen, die Autonomie der Pädagogik zum einen als Praxis in deren Verhältnis zu Staat, Wirtschaft, Gesellschaft und zum anderen als Theorie in deren Verhältnis zu anderen Disziplinen zu klären, etwa die Pädagogisierung der Politik gegen die Politisierung der Pädagogik dialektisch abgewogen. Doch erst Kob gibt dem Terminus eine theoretische Bestimmung, welche ihn auch für empirische Forschung verwendungsfähig und für erziehungswissenschaftliche Theoriediskussionen anschlussfähig macht.

Bei Kob erhält der Terminus eine bei Max Weber, Talcott Parsons und Niklas Luhmann Anleihen nehmende modernisierungstheoretische Bedeutung: Pädagogisierung bezeichnet demnach die im Prozess funktionaler Differenzierung von modernen Gesellschaften sich vollziehende Entstehung eines in quantitativer wie qualitativer Hinsicht bedeutenden Erziehungssystems. Dieser Prozess bringt die Bedeutung und Besonderheit des intentionalen und funktionalen Erziehungshandelns für gesellschaftliche Reproduktion zum Ausdruck.

Dieser modernisierungstheoretischen Sichtweise folgen zahlreiche historische und empirische Detailanalysen der Ausdifferenzierung pädagogischer Aufgaben- und Handlungsfelder in ihrem mit Modernisierungsprozessen zu erklärenden Form- und Funktionswandel. Historische Beschreibung und theoretische Erklärung sehen in der vom Kindergarten bis zur Universitätsreform reichenden Pädagogisierung der Gesellschaft die Erfüllung systemfunktionaler Erfordernisse, welche im Zusammenhang mit der Entstehung weiterer Kennzeichen moderner Gesellschaften – kapitalistische Industrialisierung, bürokratische Rationalisierung, politische Demokratisierung, Technisierung und Verwissenschaftlichung der Lebenswelt, Professionalisierung von Berufen und Standardisierung des Lebenslaufs – stehen. In der Folgezeit kam es zu einer Fülle von Forschungsarbeiten, welche diese Ausdifferenzierungs-, Institutionalisierungs- und Expansionsprozesse des Bildungssystems hinsichtlich ihrer vielfältigen Voraussetzungen, Formen und Folgen auf den Ebenen von Gesellschaft, von Institution(en) und der Individuen beschreiben.

Dieser ersten Phase der Verwendungsgeschichte des Begriffs folgt eine zweite, welche die historischen Pädagogisierungsprozesse einer kritischen Reflexion aus erziehungswissenschaftlicher Perspektive unterzieht. Dies erfolgt zum einen unter Heranziehung von seit den frühen 1970er Jahren seitens der Erziehungswissenschaft rezipierten moderne- und modernisierungskritischen Theorien der Entstehung der bürgerlichen Gesellschaft, etwa die Analysen des Zivilisationsprozesses von Norbert Elias, Michel Foucaults Analysen des Machtdiskurses und besonders der Dialektik der Aufklärung im Sinne der Frankfurter Schule um Max Horkheimer, Theodor W. Adorno, Alfred Schmidt und Jürgen Habermas. Im Lichte dieser Theorien werden Pädagogisierungsprozesse als kultur-, gesellschafts- und mentalitätsgeschichtliche Formen der Zivilisierung, Disziplinierung und Qualifizierung des bürgerlichen Individuums interpretiert, das mittels pädagogischer Einflussnahme für politische, ökonomische und soziale Herrschaftsinteressen verfügbar gemacht wird. Pädagogisierung dient dieser Verfügbarmachung wie vergleichbare Machtdiskurse der Kolonialisierung, Klientelisierung, Therapeutisierung und Psychiatrisierung.

An solche kritischen Interpretationen schließt eine dritte Phase der Begriffsverwendung an, welche den Ertrag der empirischen und theoretischen Forschungsergebnisse für Fragen der disziplinären Identität zu bestimmen sucht. Im Zentrum steht nun die Frage nach der Legitimität der aufgewiesenen Pädagogisierungsprozesse unter einem normativen Kriterium des genuin Pädagogischen, d.h. der legitimierbaren Sicherung genuin pädagogischer Optionen in der Zustimmung zu oder Ablehnung von Pädagogisierungsprozessen aus einer eigenständigen erziehungswissenschaftlichen Definitionsperspektive. Pädagogisierung ist in dieser Verwendung ein Topos für die Reflexion disziplinären Selbstverständnisses, welche an Litts Fragestellung anschließen kann.

Literatur
Kob, J. (1976): Soziologische Theorie der Erziehung. Stuttgart. – Litt, T. (1926/1965): Die gegenwärtige Lage der Pädagogik und ihre Forderungen. In: Ders.: Pädagogik und Kultur. Bad Heilbrunn. – Pollak, G. (1993): „Pädagogisierung" – Exemplarische Untersuchung zur Semantik und Pragmatik der Erziehungswissenschaft. Regensburg.

Guido Pollak

Paideia

Der Begriff Paideia ist erstmals bei Aischylos zu finden und bedeutet Aufzucht von Kindern. Er erfährt ab dem 4. Jahrhundert v. Chr. eine enorme Bedeutungsaufwertung, die sich von der Kindererziehung zum Bildungsvorgang bis zur Charakterisierung des Gebildeten steigert, schließlich die gesamte geistige Bildungswelt umfasst und somit zu einem Synonym für Zivilisation und Kultur wird.
Während in der aristokratischen Gesellschaft des antiken Griechenland die gymnastische und musische Erziehung das Ideal der inneren und äußeren Vortrefflichkeit (Kalokagathía) annahm und ein Privileg des Adels blieb, unterrichteten die Sophisten wohlsituierte, nach politischem Einfluss strebende Bürger gegen Geld in Grammatik, Rhetorik, Dialektik und enzyklopädischem Wissen. In Abgrenzung zu ihnen verstand Sokrates Paideia als göttliche Berufung und suchte, getragen vom pädagogischen Eros, im Dialog (Mäeutik) nach Wahrheit. Mit dem philosophischen Bildungsprogramm seines Schülers Platon und dem des Rhetorbildners Isokrates stellte sich erneut die für die antike Bildungsdiskussion konstitutiv bleibende Frage, ob Philosophie oder Rhetorik die Grundlage wahrer Paideia sei. Im Hellenismus löste sich der Begriff aus dem Bezugsrahmen der Polis und richtete sich auf die vollkommene Entfaltung der seelischen und geistigen Fähigkeiten der Persönlichkeit, was Varro und Cicero als humanitas wiedergeben. Im frühen Christentum wurde die griechische Paideia in die christliche Lehre eingepasst.
Auf die Idee der Paideia, die bereits in ihrer Aneignung durch die Römer als humanitas fortwährte, wurde in den einzelnen Humanismusbewegungen immer wieder Bezug genommen.

Literatur
Jaeger, W. ([3]1959): Paideia. 3 Bde. Berlin. – Christes, J./Klein, R./Lüth, C. (Hg.) (2006): Handbuch der Bildung und Erziehung in der Antike. Darmstadt.

Franziska Timm

Pakistan → Süd- und Westasien

Palästinensische Autonomiegebiete → Arabische Staaten

Palau → Pazifikregion

Panama → Lateinamerika

Pappenheim, Bertha (1859-1936)

In Wien in einer wohlhabenden orthodoxen jüdischen Familie geboren, zog Pappenheim nach längerer Krankheit – sie ging als Anna O., die Patientin, an der Sigmund Freud und Josef Breuer ihre Theorie über die Hysterie entwickelt haben, in die Geschichte der Psychoanalyse ein – 1888 nach Frankfurt am Main um, wo sie sich in der Frauenbewegung und in der jüdischen Wohlfahrtspflege engagierte. Insbesondere mit der Gründung des Vereins Weibliche Fürsorge 1904 und eines Mädchenwohnheims in Neu-Isenburg 1907 hat Pappenheim sich im Bereich der Sozialpädagogik hervorgetan. Das Heim, das 1938 aufgelöst wurde, sollte von Prostitution und Mädchenhandel bedrohte jüdische junge Frauen unterstützen. In diesem Bereich war Pappenheim auch publizistisch tätig (Sisyphus-Arbeit – Reisebriefe aus den Jahren 1911 und 1912, 1924; Sisyphus-Arbeit, zweite Folge, 1929). 1917 war sie zudem an der Gründung der Zentralwohlfahrtstelle der Juden in Deutschland beteiligt.

Literatur
Konz, B. (2005): Bertha Pappenheim (1859-1936). Frankfurt.

Kurt Schilde

Papua-Neuguinea → Pazifikregion

Paradigma

Als wissenschaftlicher Terminus wurde Paradigma vom amerikanischen Wissenschaftshistoriker Thomas S. Kuhn eingeführt (The Structure of Scientific Revolutions, 1962; deutsche Übersetzung 1973). Kuhn versteht unter einem Paradigma wissenschaftliche Leistungen, die in einer bestimmten wissenschaftlichen Gemeinschaft eine Zeitlang als Grundlagen für die weitere Arbeit anerkannt werden. Sie bestimmen für gegenwärtige und folgende Generationen von Fachleuten die anerkannten Probleme und Methoden eines Forschungsgebietes. Kuhns Beispiele entstammen ausschließlich der Geschichte der Naturwissenschaften (bspw. kopernikanische Astronomie, Newtonsche Dynamik, Wellen-Optik). Bestandteile von Paradigmata (oder auch Paradigmen) sind Gesetze, Theorien, Anwendungsbeispiele, Hilfsmittel, die Modelle bilden, aus denen sich wiederum bestimmte fest gefügte Traditionen wissenschaftlicher Forschung entwickeln.

Paradigmata fungieren als normative Lösungsregeln für die durch das Paradigma auch formulierten sog. Forschungsrätsel. Phasen wissenschaftlicher Forschung, in den Paradigmata zur Lösung von Forschungsrätseln führen, nennt Kuhn Normalwissenschaft. Sind Paradigmata in ihrer Problemlösungskraft erschöpft, kommt es zu Krisen, schließlich zu wissenschaftlichen Revolutionen, denen ein Paradigmenwechsel folgt. Gegen die von David Hume bis Karl Raimund Popper reichende Auffassung, dass der durch Entwicklung, Prüfung und Verdrängung von Theorien herbeigeführte Erkenntnisfortschritt zu einer kumulativen Wahrheitsannäherung führe und i. S. einer Logik der Forschung rational verlaufe, setzt Kuhn die These, dass alte und neue Paradigmata inkommensurabel und Theorienwechsel irrational seien.

Kuhn weist darauf hin, dass sein Werk viel der Arbeit des jüdisch-polnischen Wissenschaftstheoretikers Ludwik Fleck verdanke. Kuhns Positionen wurden radikalisiert durch den Wissenschaftstheoretiker Paul Feyerabend, der die wissenschaftshistorische These vertritt, dass Erkenntnisfortschritt durch ein methodologisches anything goes bedingt werde. In der deutschen Erziehungswissenschaft wurde der Paradigmabegriff breit rezipiert: Die als Hauptströmungen bezeichneten erziehungswissenschaftlichen Forschungstraditionen können auch als Paradigmata bezeichnet werden.

Literatur
Diederich, W. (Hg.) (1974): Theorien der Wissenschaftsgeschichte. Frankfurt. – Feyerabend, P. (1975): Wider den Methodenzwang. Frankfurt. – Fleck, L. (1980): Entstehung und Entwicklung einer wissenschaftlichen Tatsache. Frankfurt.

Guido Pollak

Paraguay → Lateinamerika

Parasoziale Interaktion

Innerhalb der kommunikationswissenschaftlichen Rezeptionsforschung stellen die parasoziale Interaktion und die parasoziale Beziehung führende Konzepte dar. Begründet wurde das Konzept der parasozialen Interaktion von den amerikanischen Sozialwissenschaftlern Donald Horton und Richard R. Wohl in den 1950er Jahren: Ein wesentliches Kennzeichen der damaligen Massenmedien bestehe darin, dass diese dem Rezipienten die Illusion einer face-to-face-Beziehung mit dem medialen Darsteller (performer) vermittelten. Der Rezipient werde auf eine Weise angesprochen und in das mediale Geschehen miteinbezogen, als stehe er in einer direkten Interaktion mit diesem. Die Illusion einer solchen face-to-face-Beziehung in Verbindung mit der spezifischen Adressierung des Rezipienten durch den Darsteller, der eine Intimität auf Distanz entstehen lässt, könnten als konstituierende Merkmale dieser Situation angesehen werden. Die Autoren beschrieben den Prozess der Medienrezeption als eine aktive Handlung des Rezipienten im Sinne einer Interaktion, die mit einer orthosozialen Interaktion zu vergleichen sei, sich jedoch im Wesentlichen durch die fehlende Reziprozität von dieser unterscheide. Der Anreiz bzw. Nutzen für den Rezipienten, eine solche parasoziale Interaktion bzw. eine solche parasoziale Beziehung einzugehen, bestehe in der Verlässlichkeit und der unbegrenzten Vielfalt der Erkundungs- und Entwicklungsmöglichkeiten von sozialen Rollen, die im Unterschied zur orthosozialen Alltagswelt so oder in ähnlicher Form nicht eingenommen werden können. Aus der Sicht von Horton und Wohl sind parasoziale Interaktionen und parasoziale Beziehungen mehrheitlich komplementär zum alltäglichen Leben zu sehen. Zu ihrer Erfassung wird als quasi standardisiertes Instrument die Parasoziale Interaktion-Skala (parasocial interaction scale) genutzt, die in zahlreichen Untersuchungen in ihrer ursprünglichen oder modifizierten Form Verwendung fand.

Literatur
Horton, D./Wohl, R. R. (2001): Massenkommunikation und parasoziale Interaktion. In: Adelmann, R. u.a. (Hg.): Grundlagentexte zur Fernsehwissenschaft. Konstanz, 74-104.

Myriam Reimer

Parkhurst, Helen (1886-1973)

Die US-amerikanische Reformpädagogin und Begründerin des Daltonplanes arbeitete zunächst als Landlehrerin in Wisconsin und schloss 1907 ein zweijähriges Lehrerstudium mit Auszeichnung ab. Zwischen 1907 und 1913 war Parkhurst Grundschullehrerin an verschiedenen Schulen in Wisconsin und entwickelte in dieser Zeit den Laboratory Plan als Vorläufer des Daltonplans. 1913 wechselte sie in die Lehrerbildung ans Central Teachers' College in Stevens Point (Wisconsin). Zwischen 1913 und 1918 arbeitete Parkhurst eng mit Maria Montessori zusammen, zunächst in Rom, dann als offizielle amerikanische Stellvertreterin Montessoris in New York. Dort leitete sie die Montessori-Demonstrationsschule und die Montessori-Lehrerausbildung und entwickelte den Laboratory Plan weiter, der nach Einführung in der High School der Stadt Dalton (Massachusetts) ab 1920 Daltonplan genannt wurde. Dieses individualisierende und aktivierende Lernarrangement für Sekundarschüler stieß auf großes auch internationales Interesse, so dass Parkhurst nach der Veröffentlichung ihres Buches Education on the Dalton Plan (1922) eine vielgefragte Vortragsrednerin und Lehrerbildnerin wurde. Ihre New Yorker Childrens University School wurde 1924 in Dalton School umbenannt und damit international bekannt. Nach dem Zweiten Weltkrieg widmete Parkhurst sich verstärkt der Erforschung kindlicher Lebenswelten und gestaltete u.a. auch Rundfunkgespräche mit Kindern und Jugendlichen; außerdem publizierte sie weiter zu Montessori und zum Daltonplan.

Literatur
Popp, S. (1995): Der Daltonplan in Theorie und Praxis. Bad Heilbrunn.

Jörg-W. Link

Parsons, Talcott (1902-1979)

Parsons, von 1927 bis 1973 Professor an der Harvard-Universität, gehört zu den einflussreichsten Soziologen des 20. Jahrhunderts. In seiner ersten großen Arbeit (The Structure of Social Action, 1937) entwickelte er in einer Zusammenschau der Klassiker der europäischen Soziologie Grundlagen der modernen Soziologie, die aufbauend auf einer Handlungstheorie eine Theorie der Gesellschaft anbot; diese strukturell-funktionale Theorie war über Jahrzehnte hinweg Ausgangspunkt und zugleich Widerpart weiterführender wie kritischer soziologischer Entwicklungen. Parsons selbst hat seinen Ansatz in einem stetigen Prozess weiterentwickelt und ausdifferenziert.

Seine grundlegenden Arbeiten und Ideen haben auch besondere Bedeutung für die Pädagogik. Sie kreisen um die Frage, wie in modernen Gesellschaften Ordnung und damit geregeltes Zusammenleben von Menschen möglich ist. Seine Antwort: Durch Normen, die gemeinsam geteilt werden und intersubjektiv dadurch gelten, dass sie sich auf gemeinsame generalisierte Werte – wie z. B. die Menschenrechte – beziehen, auch wenn sie in einzelnen sozialen Systemen unterschiedlich angelegt und ausgelegt sind. Subjektive Geltung erhalten diese Normen durch die in der Lebenszeit fortschreitende, kumulierende Integration in soziale Systeme, verstanden als System von Rollen und Institutionen: Familie, Schule, formale Organisationen, in denen Sozialisationsprozesse stattfinden. Dabei formen und differenzieren sich Bedürfnisdispositionen; Orientierungen und Handlungsmuster, in Rollen institutionalisiert, werden über Identifikation mit Personen und Rollenträgern, welche die Normen und Werte des jeweiligen Systems verkörpern, sukzessive angeeignet. Parsons geht von einer gegenseitigen Durchdringung von Bedürfnissen, Gesellschaft und Identitätsentwicklung aus; Personen entwickeln über die soziale, sanktionsbewehrte Verpflichtung zur Konformität hinaus die Motivation, Werte und Normen zu befolgen. Im Ablauf der Phasen des Sozialisationsprozesses entstehen so die Grundlagen einer universalistischen Persönlichkeit, die imstande ist, die Rollenanforderungen moderner Gesellschaften zu bewältigen; diese zeichnen sich, nach dem Modell der pattern variables, durch affektive Neutralität, Spezifität, Leistung, Universalismus und Selbstorientierung aus.

Diese Theorie ist zwar in wesentlichen Punkten kritisiert worden, die Verdienste Parsons, durch eine erste zugleich soziologisch und psychologisch konzipierte Sozialisationstheorie diese befördert zu haben, bleiben aber.

Literatur
Gerhardt, U. (2002): Talcott Parsons. Cambridge. – Münch, R. (1999): Talcott Parsons. In: Käsler, D. (Hg.): Klassiker der Soziologie. Bd. 2. München, 24-50.

Werner Schefold

Parteinahe Stiftungen

Als parteinahe Stiftungen bzw. politische Stiftungen werden in Deutschland insbesonders sechs bundesweit agierende Organisationen bezeichnet, die den im Bundestag vertretenen Parteien nahe stehen: Friedrich-Ebert-Stiftung (seit 1925, Sozialdemokratische Partei Deutschlands, SPD), Friedrich-Naumann-Stiftung (1958, Freie Demokratische Partei Deutschlands, FDP), Konrad-Adenauer-Stiftung (1964, Christlich-Demokratische Union, CDU), Hanns-Seidel-Stiftung (1967, Christlich-Soziale Union, CSU), Heinrich-Böll-Stiftung (1997, Bündnis90/Die Grünen) und Rosa-Luxemburg-Stiftung (1991, Die Linke). Daneben existieren etwa 20 weitere, zumeist regionale parteinahe Stiftungen, z.B. Hermann-Ehlers-Stiftung (CDU, Schleswig-Holstein), Heinz-Kühn-Stiftung (SPD, Nordrhein-Westfalen), Karl-Hermann-Flach-Stiftung (FDP, Hessen), Petra-Kelly-Stiftung (Grüne, Bayern), Kurt-Eisner-Stiftung (Die Linke, Bayern).

Parteinahe Stiftungen sind i.d.R. eingetragene Vereine, nur die Friedrich-Naumann-Stiftung ist eine Stiftung im Rechtssinne. Sie verfolgen einerseits die Interessen der ihnen jeweils nahestehenden politischen Parteien wie Programmarbeit, Werbung und Funktionärsschulung und andererseits allgemeine Aufgaben, insbesondere auf den Gebieten der Bildungs- und Entwicklungsarbeit. Sie werden aus dem Bundeshaushalt mit Mitteln des Bundesministeriums des Innern und des Bundesministeriums für wirtschaftliche Zusammenarbeit und Entwicklung sowie durch Spenden finanziert; sie unterliegen nicht den strengen gesetzlichen Bestimmungen der Parteienfinanzierung. Das Volumen der ihnen zufließenden staatlichen Mittel erreicht nahezu das der staatlichen Parteienfinanzierung von ca. 240 Millionen Euro pro Jahr.

Im Zentrum der innerstaatlichen Bildungsarbeit steht die finanzielle und ideelle Förderung deutscher und ausländischer Studierender und Doktoranden. Im Rahmen der Entwicklungsarbeit führen die parteinahen Stiftungen auf der Grundlage eines Grundsätzepapiers des Bundesministeriums für wirtschaftliche Zusammenarbeit Projekte mit Partnern in den jeweiligen Ländern durch, die zur Stärkung der politischen Mitwirkung und wirtschaftlichen Eigenständigkeit, zur Verbesserung der Bildungschancengleichheit und Eigenständigkeit insb. unterprivilegierter Gruppen dienen. In den übrigen Staaten ergänzen sie – neben ihrer Funktion als informelle politische Gesprächspartner – die Aktivitäten anderer deutscher staatlichen und nichtstaatlichen Akteure auf den Gebieten der Kultur- , Bildungs- und Wissenschaftspolitik.

Literatur
Andersen, U./Woyke, W. (Hg.) (2003): Handwörterbuch des politischen Systems der Bundesrepublik Deutschland. Bonn.

Lutz R. Reuter

Partizipation

Der sozialwissenschaftliche Partizipationsdiskurs hat – vor der Hintergrundsicherheit eines regulativ weitgehend geschlossenen, nationalgesellschaftlich autonomen Sozialstaates – zur Wende vom 20. zum 21. Jahrhundert eine bemerkenswerte Komplexität erreicht. Auf die früher eher zirkelhaften demokratietheoretischen Begründungen, nach denen Demokratie Partizipation verkörpert, Partizipation wiederum demokratische Prinzipien von Freiheit und Pluralität voraussetzt, sind paradigmatische Schritte gefolgt, die Partizipation als Dimension der Vermittlung von politischen und sozialen Prozessen begreifen. In diesen Zusammenhang gehört die heute geläufige These, dass Partizipation ein zentraler Modus politischer und sozialer Integration darstelle, genauso wie sie die Identifikation mit Institutionen und Gemeinwesen, denen die Individuen zugehören, stärke. Im engeren politischen Sinne ist die theoretische Entwicklung bedeutsam, nach der Partizipation nicht einfach als Voraussetzung legitimer Herrschaft (im Sinne Max Webers) immer wieder erzeugt werden muss – das machte ja den Übergang von demokratischen zu totalitären Systemen in der Moderne immer wieder fließend –, sondern dass politische Macht kommunikativ (im Sinne tendenziell herrschaftsfreier Kommunikation) begründet werden kann. Damit könne auch der bürokratischen Verselbstständigung administrativer Systeme vorgebeugt, die Macht der Verwaltungen gleichsam in Rückkoppelung an kollektive Meinungs- und Willensbildungsprozesse offen und wandelbar gehalten werden. Schließlich hat der neuere bürgergesellschaftliche Diskurs mit dem republikanisch geformten Bürger einen Partizipationsstatus eingeführt, der die Beteiligungs- und Integrationsverluste, die im Strukturwandel der Arbeitsgesellschaft qua Ausgrenzung entstehen, auffangen soll.

Auf der Ebene der Herstellung von Partizipation im Alltag werden Aktivierungs- und Beteiligungsmodelle in dienstleistungstheoretischer Perspektive diskutiert. Sie stellen Interaktion als operativen Kern der Partizipation heraus und die Individuen prinzipiell als Koproduzenten institutioneller Ergebnisse. Gleichzeitig machen sie aber auch auf die gegenwärtig besonders virulente Ambivalenz der Entwicklung von Partizipation in neokapitalistisch entgrenzten Gesellschaften aufmerksam: Denn die Frage, ob eine Nutzerpartizipation an öffentlichen Institutionen – so könnte man politische Partizipation dienstleistungstheoretisch umschreiben – mehr dem ökonomisch-utilitaristischen oder dem sozialintegrativen Pfad folgt, Gemeinschaft als Ware oder als Solidargut empfunden wird, bleibt heute mehr denn je offen. In den inzwischen verbreiteten Befunden eines zunehmenden Bestrebens der Individuen nach biografischer Passung des bürgerschaftlich-sozialen Engagements in den Industriegesellschaften ist diese Ambivalenz deutlich geworden, auch wenn ihre endliche Richtung noch nicht erkennbar ist. Im Partizipationsdiskurs ist also immer wieder neu zu berücksichtigen, dass Partizipationsprozesse immer das Problem der Vermittlung von Individualität und gesellschaftlich geltender, verallgemeinerter Gesamtnorm enthalten. Diese Vermittlung ist in unserer Gesellschaft vor allem über den Sozialstaat und seine Integrationskraft in Gang gebracht und ausgestaltet worden.

Mit der Entgrenzung des Sozialstaates im digitalen Kapitalismus ist nun eben jene sozialstaatliche Hintergrundsicherheit gefährdet, die von den Partizipationskonzepten gleichsam vorausgesetzt und damit theoretisch nicht weiter im Auge behalten worden ist. Entsprechend hat sich der sozialwissenschaftliche Partizipationsdiskurs auch auf die Inklusions-/Exklusionsthematik verlagert. Dabei wird auch deutlich: Je mehr sich die sozialen und psychischen Energien auf das arbeitsgesellschaftliche Mithalten konzentrieren, desto wahrscheinlicher werden die Exklusionseffekte für sozial benachteiligte Bevölkerungsgruppen. Chantal Munch hat in ihrer ethnografischen Arbeit über die Effektivitätsfalle der Gemeinwesenarbeit gezeigt, wie ökonomisch-technologische Prinzipien der Effizienz einen bestimmten Idealtypus des beteiligungsfähigen Bürgers voraussetzen und jene, die vom Sozialstatus diesem Typus nicht nahe kommen, in ihrem Beteiligungsverhalten nicht mehr sichtbar werden lassen.

Literatur

Frankenberg, G. (1997): Die Verfassung der Republik. Frankfurt. – Gerhardt, V. (2007): Partizipation. München. – Kronauer, M. (2002): Exklusion. Frankfurt, New York. – Schnurr, S. (2001): Partizipation. In: Otto, H.-U./ Thiersch, H. (Hg.): Handbuch Sozialarbeit/Sozialpädagogik. Neuwied, 1330-1345.

Wolfgang Schröer

Paulsen, Friedrich (1846-1908)

Paulsen war Philosoph und Bildungshistoriker. Er wurde als einziger Sohn eines Bauernpaares in Langenhorn (Herzogtum Schleswig) geboren. Seine Lebenserinnerungen (Aus meinem Leben, 2008) beschreiben eindrücklich seinen Aufstieg zur geistigen Elite.

1866 nahm Paulsen ein Studium der Theologie in Erlangen auf und wechselte 1867 zur Philosophie über, die er an den Universitäten in Berlin, Kiel und Bonn studierte. Der Philosophie widmete er als Neukantianer seine größeren Werke (System der Ethik, 1889; Einleitung in die Philosophie, 1892; Immanuel Kant, 1898). Ab 1877/78 nahm Paulsen Vorlesungen über Pädagogik und Bildungsgeschichte in sein Lehrgebiet als Professor an der Berliner Universität auf. Als Schulreformer setzte sich Paulsen während der preußischen Schulkonferenzen (1890/1900) für die Gleichberechtigung des Realgymnasiums mit dem humanistischen Gymnasium ein.

Mit seinen philosophischen und pädagogischen Werken stieß er bei Fachkollegen immer wieder auf Ablehnung. Als Berater des Ministerialdirektors und bedeutendsten deutschen Kultus-, Wissenschafts- und Bildungspolitikers der Zeit Friedrich Althoff fand Paulsen jedoch Anerkennung. Zusammen mit dem Theologen Adolf Harnack bildeten sie das intellektuelle Dreigestirn der gebildeten Schichten zu dieser Zeit. Viele Werke von Paulsen wurden in zahlreiche Sprachen wie z.B. ins Englische und Japanische übersetzt. In Amerika haben zur Verbreitung seiner Ideen besonders seine Schüler Frank Thilly und Kuno Francke, Förderer des Deutschtums in den USA, beigetragen.

Nach mehrjähriger Krankheit starb Paulsen 1908 in Steglitz. Seine schulgeschichtlichen Untersuchungen

(Geschichte des gelehrten Unterrichts auf den deutschen Schulen und Universitäten, 1885) gehören noch heute zu den Standardwerken der historischen Pädagogik.

Literatur
Paulsen, F. (1912): Gesammelte Pädagogische Abhandlungen. Stuttgart, Berlin. – Sachse, Arnold (1928): Friedrich Althoff und sein Werk. Berlin.

Daniela Bartholome

Pawlow, Iwan Petrowitsch (1849-1936)

Der russische Mediziner und Physiologe Pawlow erhielt 1904 den Nobelpreis für Medizin aufgrund seiner Forschung über Verdauungsdrüsen. Weltberühmt wurde jedoch seine Grundlegung der Verhaltensforschung. Auf ihn geht die sog. klassische Konditionierung zurück. Sie besagt, dass ein existierender Reflex so konditioniert werden kann, dass ihn zukünftig ein neuer Reiz auslöst. Pawlow war von einem engen Zusammenhang zwischen Verhalten und Reflexen überzeugt. Von nachhaltiger Wirkung war seine Unterscheidung zwischen unbedingten und bedingten Reflexen. Unbedingte oder angeborene Reflexe entwickeln sich im Laufe der biologischen Reifung. Bedingte oder erworbene Reflexe sind dagegen erlernt. Ursprünglich neutrale Signale können im Laufe des Lernens eine Auslöserfunktion übernehmen.

Pawlow unterscheidet zwischen tierischem und menschlichem Lernen, indem er dem Wort als Signal des Signals eine besondere Bedeutung beimisst. Während Tiere nur über ein erstes Signalsystem verfügen, verfügen Menschen über ein erstes und ein zweites Signalsystem. Im Laufe der Entwicklung des Menschen übernimmt das zweite Signalsystem zunehmend die führende Rolle.

Pawlows Lerntheorie beeinflusste die behavioristische Lernforschung in den Vereinigten Staaten von Amerika. In vielen Experimenten zeigte sich jedoch, dass die Belohnung zufälliger Bewegungen eines Lebewesens in der Regel häufige Wiederholungen dieser Bewegung auslöst. Auch oft sehr komplex anmutende Verhaltensweisen können so Tieren durch Dressur vermittelt werden. Das Auftreten neuer Verhaltensweisen lässt sich mit Pawlows Theorie nicht befriedigend erklären; die instrumentellen Konditionierungstheorien bilden eine notwendige Ergänzung.

Literatur
Pawlow, I. P. (1998): Gesammelte Werke über die Physiologie und Pathologie der höheren Nerventätigkeit. Würzburg.

André Frank Zimpel

Pazifikregion

Neben Australien und Neuseeland, zu denen es gesonderte Beiträge gibt, zählen zur Pazifikregion eine Reihe von abhängigen Gebieten und – nach der Klassifikation der United Nations Educational, Scientific and Cultural Organisation (UNESCO) – 14 (formal) selbständige Inselstaaten. Der weitaus größte davon ist mit ca. 6 Millionen Einwohnern Papua-Neuguinea; die anderen gehören mit Einwohnerzahlen zwischen 930.000 (Fidschi) und 1.500 (Niue) zu den kleinsten Staaten der Welt. Gemeinhin wird zwischen Polynesien (Cook-Inseln, Niue, Samoa, Tonga, Tuvalu), Mikronesien (Kiribati, Marschall-Inseln, Föderierte Staaten von Mikronesien, Nauru, Palau) und Melanesien (Fidschi, Papua-Neuguinea, Salomonen, Vanuatu) unterschieden. Inwieweit dem eine kulturräumliche Gliederung entspricht, ist umstritten; politisch lassen sich die Gebiete aber ungefähr nach Einflusssphären unterteilen: Mikronesien ist größtenteils mit den Vereinigten Staaten von Amerika (USA) verbunden (Guam und die Nördlichen Marianen sind Territorien der USA; die Marshall-Inseln, Palau und die Föderierten Staaten von Mikronesien sind mit ihnen frei assoziiert); der Westen Polynesiens steht (mit Ausnahme von Amerikanisch-Samoa) eher unter neuseeländischem (die Cook-Inseln und Niue sind frei assoziiert), Melanesien unter australischem Einfluss. Französische Überseeterritorien verteilen sich auf den Osten Polynesiens (Französisch-Polynesien einschließlich Tahiti) und Melanesien (Neukaledonien).

Ökonomisch ist unter den gegenwärtigen Umständen schon die geografische Randlage von Nachteil. Kleine Binnenmärkte und große Entfernungen setzen dem wirtschaftlichen Aufbau enge Grenzen. Die Region ist vor allem durch Subsistenzwirtschaft geprägt, die meist auch Teile von Marktorientierung aufweist, sowie durch Arbeitsmigration. Im Extremfall Niue stehen den 1.500 Inselbewohnern 22.000 Niueaner in Neuseeland und 2.000 in Australien gegenüber. Unterstützungsleistungen von im Ausland arbeitenden Migranten stellen besonders in den kleinen Staaten neben ausländischen Hilfen oder

Lizenzzahlungen für das Abfischen der Inselgewässer die wichtigste Einnahmequelle dar.
Kulturell ist die Region außergewöhnlich heterogen und vielfältig. Das gilt zumal für das relativ bevölkerungsreiche Melanesien. Allein auf den 82 Inseln von Vanuatu (ca. 200.000 Einwohner) werden etwa 40 Sprachen mit 70 Dialekten gesprochen; für Papua-Neuguinea lassen sich 850 voneinander unabhängige Sprachgruppen unterscheiden. Lediglich das Königreich Tonga, das auf eine lange eigene Geschichte zurückblicken kann und nie vollständig kolonialisiert war, gilt als kulturell homogen. Erziehungspraktiken und -konzepte in diesen unterschiedlichen Kulturen sind teilweise in ethnografischen Berichten überliefert, die – auch wenn sie nicht immer frei von Projektionen sind – noch immer Impulse für eine kulturvergleichende pädagogische Anthropologie zu liefern vermögen.
Die Gegenwart zumindest der institutionalisierten Erziehung und Bildung ist eher von der immer noch sehr aktiven (vorwiegend protestantischen) Mission und verschiedenen kolonialen Einflüssen geprägt. Für ein sog. modernes Schulwesen stellt die geografische Zersplitterung und die Aufteilung der Bevölkerung in kleine Gruppen und Ethnien allerdings eine besondere Schwierigkeit dar. So scheitert Chancengleichheit oft schon an den geografischen Gegebenheiten. Sie lässt sich allenfalls um den Preis massenhafter Bildungsmigration und der sukzessiven Entvölkerung ganzer Inseln realisieren.
Trotz dieser Schwierigkeiten scheint die Grundbildung einigermaßen gesichert zu sein. In allen Staaten beginnt die Schulpflicht im Alter von fünf oder sechs und endet mit 14, 15 oder 16 Jahren (in Vanuatu schon mit zwölf). Die meist sechsjährige Grundschule wird in der Regel von fast allen Kindern absolviert (für die Cookinseln, die Marshallinseln, die Salomonen und Papua-Neuguinea liegt die Rate allerdings unter 80%). Nach dem Global Monitoring Report der UNESCO schwankt die Alphabetisierungsrate bei Erwachsenen zwischen 57% in Papua Neuguinea (eine Zahl, hinter der sich eine beachtliche Steigerung verbirgt) und angeblichen 99% in Samoa und Tonga. Entsprechend der kolonialen Geschichte und den engen Bindungen an Neuseeland, Australien und die USA ist Englisch (in Vanuatu auch Französisch) in den meisten Staaten zumindest in den Sekundarstufen Unterrichtssprache. Als Ideal gilt der Beginn mit der jeweiligen einheimischen Muttersprache; dies lässt sich allerdings in Staaten mit einer dominierenden Landessprache (wie Kiribati, Tonga oder Samoa) leichter verwirklichen als in multilingualen (wie Vanuatu oder Papua-Neuguinea). Selbst wenn durch das wachsende Interesse an bilingualer Bildung der Bedeutungsrückgang indigener Sprachen nicht aufgehalten werden kann, wird als wichtig hervorgehoben, dass die Grundforderung jeder pädagogischen Arbeit, an die lebensweltlichen Erfahrungen der Kinder (nicht nur sprachlich) anzuknüpfen (ohne sie darauf festzulegen), auch in geographischen und kulturellen Randlagen eingelöst wird. In diese Richtung zielt auch die Kritik an den vielfach importierten Lehrmaterialien und Curricula, in denen die eigene Welt nicht vorkommt oder (implizit) sogar abgewertet wird.
In der unteren Sekundarstufe sind die Schulbesuchsquoten teilweise noch recht hoch; sie nehmen aber in der oberen Sekundarstufe rasch ab, z.T. mit einem Geschlechtergefälle zugunsten der Mädchen (so in Kiribati, Nauru, und Samoa). Grund für den Rückgang sind oft infrastrukturelle Bedingungen; bisweilen übersteigt die Nachfrage nach Sekundarschulen das Angebot deutlich (so in Vanuatu und den Salomonen). Probleme bereitet auch die Trägerschaft durch alle möglichen religiösen Gruppen und deren inhaltliche Orientierung. Beklagt wird neben unzureichender Ausstattung der Schulen und mangelnder Qualifikation etlicher Lehrkräfte auch die Dominanz eines Examenssystems, das passive Wiedergabe honoriere.
Je nach Größe des Staates bzw. der Insel gibt es begrenzte Angebote zur beruflichen Bildung, z.B. in Form von Berufsschulen, Fachschulen oder Fachoberschulen. Auch Lehrer werden meist vor Ort in pädagogischen Seminaren oder Hochschulen ausgebildet. Wo Ausbildungen in Übersee erforderlich sind, kann das den Migrationsdruck verstärken, zumal auf den Inseln ohnehin oft adäquate Beschäftigungsmöglichkeiten fehlen.
Mit der Dekolonisierung in den 1960er und 1970er Jahren begann auch der allmähliche Aufbau eigener Universitäten. Schon 1966 (neun Jahre vor der politischen Selbständigkeit) wurde die University of Papua New Guinea in Port Moresby gegründet. Es folgten einige kleinere Hochschulen in Papua-Neuguinea. Die kleineren Staaten bauten seit 1968 gemeinsam die University of the South Pacific auf, die in allen zwölf beteiligten Ländern (die hier behandelten außer den Föderierten Staaten von Mikronesien, Papua-Neuguinea und Palau, aber einschließlich Tokelau, einem neuseeländischen Überseeterritorium in Polynesien) kleine Niederlassungen unterhält.

Der Hauptcampus ist in Suva, Fidschi, die School of Law in Vanuatu und die School of Agriculture and Food Technology in Samoa. Die Universität bietet nicht zuletzt auch Fernstudiengänge an – ein Markt, auf den inzwischen auch kommerzielle Anbieter aus dem Ausland drängen – und ist darüber hinaus für Weiterbildung zuständig. In Fidschi und Samoa gibt es inzwischen weitere, teilweise private Neugründungen.

Literatur

Coxon, E./Munce, K. (2008): The Global Education Agenda and the Delivery of Aid to Pacific Education. In: Comparative Education 44, 147-165. – Nohlen, D./ Nuscheler, F. (Hg.) ([3]1994): Handbuch der Dritten Welt. Bd. 8: Ostasien und Ozeanien. Bonn. – Schubert, V. (im Erscheinen): Pazifikregion. In: Adick, C. (Hg.): Regionale Bildungsentwicklungen und nationale Schulsysteme in Afrika, Asien, Lateinamerika und Karibik. Münster. – Tree of Opportunity – Rethinking Pacific Education (2002). The University of the South Pacific [Suva, Fiji]. – Weiss, F. (1981): Kinder schildern ihren Alltag. Basel.

Volker Schubert

PEKiP → Prager Eltern-Kind-Programm

Perls, Fritz (1893-1970)

Perls studierte ab 1913 Medizin und wurde 1921 promoviert. Anschließend war er als Neuropsychiater tätig. Er wanderte in die Vereinigten Staaten von Amerika (USA) aus, kehrte aber 1924 wieder zurück. Seit 1926 betrieb er Studien an Hirnverletzten und befasste sich bei bei Karen Horney mit der Psychoanalyse. 1933 floh er aus Deutschland zunächst nach Südafrika. Mit seiner Frau Laura Perls entwickelte er in Abgrenzung zur Psychoanalyse die Theorie der Gestalttherapie (Grundlagen der Gestalttherapie, [12]2007). 1946 erfolgte die Auswanderung in die USA und die Einbürgerung unter dem Namen Frederick S. Perls. 1952 wurde das Gestaltinstitut in New York gegründet.

Literatur

Clarkson, P./Mackewn, J. (1993): Frederick S. Perls und die Gestalttherapie. Köln.

Kurt Schilde

Persönlichkeit und Selbstkonzept

Die Persönlichkeit eines Menschen ist die Gesamtheit seiner Eigenschaften und Verhaltensdispositionen, die ihn über Zeitpunkte und Situationen hinweg charakterisieren und von anderen Menschen unterscheiden. Das Selbstkonzept (synonym auch Selbst, Identität) meint demgegenüber das Bild oder das Wissen, das das Individuum über die eigene Person hat: Es stellt eine Gedächtnisrepräsentation dar, die Information über persönliche Eigenschaften und Verhaltenstendenzen, über die eigene Vergangenheit und mögliche Zukunft enthält. In jüngerer Zeit werden Selbstkonzept und Persönlichkeit in der Forschung integrativ betrachtet: Inwieweit können Persönlichkeitsunterschiede auf Inhalte und Strukturen des Selbst zurückgeführt werden und inwieweit entwickelt sich das Selbst in Abhängigkeit von Persönlichkeitsmerkmalen unterschiedlich?

Die Beschäftigung mit der Persönlichkeit des Menschen geht bis in der Antike zurück. Hippokrates entwickelte eine Typologie verschiedener Charaktere oder Persönlichkeiten. Er nahm an, dass die Körpersäfte vier verschiedene Temperamente hervorbringen: den Sanguiniker (aktiv, heiter; Blutfülle), den Choleriker (leicht erregbar; gelbe Galle), den Melancholiker (traurig, grüblerisch; schwarze Galle) und den Phlegmatiker (schwerfällig, teilnahmslos; Schleim).

Im ausgehenden 19. Jahrhundert schlug Sigmund Freud im Rahmen seiner Tiefenpsychologie ein Modell vor, demzufolge sich die Persönlichkeit des Menschen aus den drei Instanzen Es (Triebe), Über-Ich (verinnerlichte Normen) und Ich (Vermittlungsinstanz zwischen Es und Über-Ich) konstituiert. Die Entwicklung der Persönlichkeit und mögliche Störungen der Persönlichkeit betrachtete er als von inneren Trieben und deren Befriedigung in der frühen Kindheit abhängig.

Im Gegensatz dazu erklären behavioristische Theorien die Persönlichkeit als Ergebnis von Umwelteinflüssen: Habitualisierte Verhaltensweisen, die einen Menschen charakterisieren und von anderen unterscheiden, resultieren demnach aus Klassischer Konditionierung oder aus Kontingenzen, d.h. Erfahrungen positiver oder negativer Konsequenzen eigenen Verhaltens.

Moderne Persönlichkeitstheorien (Humanistische Theorien, Soziale Lerntheorien, Kognitive Theorien) berücksichtigen sowohl den Einfluss innerer Dispositionen als auch den Einfluss äußerer Situationen. Ein Beispiel ist die Theorie personaler Konstrukte von George A. Kelly, die annimmt, dass jeder Mensch im Laufe seines Lebens idiosynkratische Betrachtungsweisen von Ereignissen entwickelt und auf dieser Grundlage seine Umwelt auf individuelle Weise konstruiert. Die Persönlichkeit eines Menschen definiert Kelly entsprechend als die Gesamtheit seiner personalen Konstrukte.

Während Persönlichkeitstheorien erklären wollen, warum Menschen unterschiedliche Persönlichkeiten entwickeln, versucht die Psychodiagnostik, interindividuelle Unterschiede in der Persönlichkeit zu beschreiben. Zu diesem Zweck werden psychodiagnostische Verfahren (nach wissenschaftlichen Kriterien konstruierte Tests) eingesetzt. Heute dominiert der sog. Big Five-Ansatz, nach dem sich Persönlichkeitsunterschiede auf den fünf unabhängigen Dimensionen Neurotizismus (z.B. Ängstlichkeit, Nervosität), Extraversion (z.B. Geselligkeit, Humor), Offenheit für Erfahrungen (z.B. Wissbegierde, Interesse), soziale Verträglichkeit (z.B. Hilfsbereitschaft, Aufrichtigkeit) und Gewissenhaftigkeit (z.B. Fleiß, Pflichtbewusstsein) beschreiben lassen. Diese Faktoren werden gemessen, indem die Testperson eine Selbstbeurteilung ihrer Persönlichkeit abgibt (psychodiagnostische Persönlichkeitstests). Im Unterschied dazu werden in psychodiagnostischen Leistungstests Aufgaben vorgegeben, die die Testperson lösen muss. Auf diese Weise werden beispielsweise interindividuelle Unterschiede in der Intelligenz oder in kognitiven Fähigkeiten gemessen.

Die spezifisch menschliche Fähigkeit, sich zum Gegenstand eigener Gedanken zu machen, ist Grundlage dafür, dass das Kind (unabhängig von seiner Persönlichkeit) ca. im Alter von 18 Monaten beginnend ein Selbstkonzept, d.h. ein Bild der eigenen Person, entwickelt. Ausgangspunkt ist die Bewusstwerdung über die eigene Existenz, die sich darin zeigt, dass das Kind sein eigenes Spiegelbild erkennen kann. Fortan entsteht eine zunehmend komplexe Gedächtnisrepräsentation, in der sämtliches Wissen gespeichert wird, das die Person im Laufe ihres Lebens über sich selbst erwirbt.

Die Beschäftigung der Psychologie mit dem Selbst geht bis in das ausgehende 19. Jahrhundert zurück: William James unterschied zwischen Self as Knower, d.h. der Person als erkennendes Subjekt, und Self as Known, d.h. der Person als Objekt ihrer Wahrnehmung. Während das Self as Known die Summe der Inhalte des Selbst darstellt (z.B. Ich habe Sommersprossen, Ich kann gut Klavier spielen), ist das Self as Knower der fortlaufende Bewusstseinsfluss, durch den das Wissen über das Selbst generiert wird.

Vertreter des zu Beginn des 20. Jahrhunderts aufkommenden Symbolischen Interaktionismus (Charles H. Cooley, Erving Goffman, George H. Mead) betonten, dass der Mensch ein Bild von sich selbst vor allem durch Interaktion mit anderen erwirbt. Demnach bildet sich das Selbstkonzept in dem Maße heraus, wie die Person die Wahrnehmungen und Bewertungen erkennt, die andere von ihr haben.

Dass die Entstehung des Selbst die Fähigkeit voraussetzt, die Perspektive anderer einzunehmen, belegt die Empathieforschung. Empathie wird als Fähigkeit definiert, an Emotionen oder Intentionen einer anderen Person teilzuhaben und sie dadurch zu verstehen. Entwicklungspsychologische Untersuchungen zeigen nun, dass Empathie erst auftritt, nachdem ein Kind sich selbst im Spiegel erkennen kann, also ein Selbst entwickelt hat.

In der modernen Selbstkonzeptforschung dominieren sozial-kognitive Theorien, die zu erklären versuchen, wie Selbstwissen das Denken, Fühlen und Handeln der Person beeinflusst. Viel beforschte Selbstwissensbereiche sind dabei Selbstwirksamkeit, Selbstkonzept eigener Begabung und Selbstwertgefühl.

Selbstwirksamkeit meint die subjektive Überzeugung einer Person, durch eigenes Handeln bestimmte Ergebnisse herstellen zu können – z.B. durch Üben eine Mathearbeit bestehen zu können (ein theoretisch verwandtes Konzept sind subjektive Kontrollüberzeugungen). Untersuchungen belegen, dass hohe Selbstwirksamkeit Motivation, Leistung und die Bewältigung von Alltagsproblemen günstig beeinflusst.

In der pädagogisch-psychologischen Forschung interessiert vorrangig der Ausschnitt aus dem Selbstwissen einer Person, der auf eigene Fähigkeiten bezogen ist. Das Selbstkonzept eigener Begabung meint die Überzeugungen der Person, wie gut ihre Fähigkeiten in bestimmten akademischen Domänen sind (z.B. mathematisches vs. verbales Selbstkonzept bei Herbert W. Marsh und Richard Shavelson). Untersuchungen zeigen, dass bei objektiv gleicher Fähigkeit Personen mit hohem Selbstkonzept eigener Begabung bessere Leistungsergebnisse erzielen als Personen mit niedrigem Selbstkonzept.

Viele Selbstwissenskomponenten schließen eine Bewertung ein (z.B. Ich mag meine Sommersprossen nicht; Ich bin stolz darauf, gut Klavier zu spielen). Die Gesamtheit dieser affektiven Komponenten konstituiert den Selbstwert der Person. Wir sprechen auch vom Selbstwertgefühl, weil die Verwendung positiven Selbstwissens mit angenehmen und die von negativem Selbstwissen mit unangenehmen Gefühlen einhergeht. Der Selbstwert einer Person beeinflusst ihre Selbstbeurteilung: Personen mit hohem Selbstwert neigen zur Selbstüberschätzung, Personen mit geringem Selbstwert hingegen zu realistischen oder negativ verzerrten Selbstbeurteilungen.

Literatur
Amelang, M./Zielinski, W. (2002): Psychologische Diagnostik und Intervention. Berlin. – Asendorpf, J. B. (2004): Psychologie der Persönlichkeit. Berlin. – Baumeister, R. (Hg.) (1999): The self in social psychology. Cleveland/OH. – Greve, W. (2000): Psychologie des Selbst. Weinheim. – Hannover, B. (1997): Das dynamische Selbst. Bern.

Bettina Hannover

Persönlichkeitsforschung

Die Persönlichkeit eines Menschen ist die Gesamtheit seiner Eigenschaften und Verhaltensdispositionen, die ihn über Zeitpunkte und Situationen hinweg charakterisieren und von anderen Menschen unterscheiden. Ein großer Bereich der Persönlichkeitsforschung zielt darauf ab, Verhaltens- und Erlebenstrends von Personen über verschiedene Situationen zusammenzufassen, künftiges Verhalten und Erleben vorherzusagen sowie interindividuelle Verhaltens- und Erlebenstrends zu erklären. Diese als Traits bezeichneten Dispositionen sind abstrakte Kategorien für konkret beobachtbare Verhaltensweisen. Welche Verhaltensweisen einem Trait zugeordnet werden, wird in der Persönlichkeitsforschung nach bestimmten Regeln konzeptioneller Ähnlichkeit entschieden. So teilten Gordon W. Allport und Henry S. Odbert 1936 alle persönlichkeitsrelevanten Begriffe aus Webster's Dictionary in Kategorien ein; diesen Datensatz reduzierte Raymond Cattell auf 35 Cluster von Variablen. Auch die aktuellen Gesamtsysteme der Persönlichkeit (z.B. Big Five), die Faktorenanalysen verwenden, basieren auf diesen Vorarbeiten.

Zu den sog. objektiven psychologisch-diagnostischen Verfahren zur Messung der Ausprägung von Traits zählen Leistungstests, Persönlichkeitsfragebogen, objektive Tests und psychophysiologische Messungen. Am häufigsten werden die mit wenig Aufwand einsetzbaren Persönlichkeitsfragebogen verwendet, die auf Selbstberichten der Untersuchungspersonen beruhen.

Im pädagogischen Bereich sind vor allem solche Konstrukte der Persönlichkeitspsychologie relevant, die Lern- und Leistungsverhalten erklären und vorhersagen. Dazu gehören Intelligenz, Ängstlichkeit, Leistungsmotivation, Erfolgs- versus Misserfolgsorientierung, Attributionsstil, Interesse, Bezugsnormorientierung (individuell versus sozial), Zielorientierung (Aufgaben- versus Egoorientierung) und das fähigkeitsbezogene Selbstkonzept. Neben dem Vermitteln von Fachwissen besteht ein Ziel pädagogischen Handelns auch darin, günstige Ausprägungen dieser Persönlichkeitsmerkmale zu fördern. Inwiefern bestimmte Persönlichkeitsmerkmale lernwirksames Lehren vorhersagen, wurde vor allem in den 1950er und 1960er Jahren untersucht, ohne dass sich ein generell gültiges Persönlichkeitsprofil des guten Lehrers ableiten ließ. Allerdings gibt es bei einigen Persönlichkeitsvariablen (Kontaktbereitschaft; emotionale Stabilität/Belastbarkeit; Selbstkontrolle) Mindestausprägungen als notwendige Bedingungen für eine erfolgreiche Berufspraxis als Lehrkraft. Ein entsprechendes Instrumentarium für die Studienberatung liegt vor.

Literatur
Brandstätter, H./Mayer, J. (1994): Die „Lehrer-Persönlichkeits-Adjektivskalen" (LPA). In: Mayer, J. (Hg): Lehrer/in werden. Innsbruck, 231-247. – Angleitner, A./Riemann, R. (2005): Eigenschaftstheoretische Ansätze. In: Weber, H./Rammsayer, T. (Hg.): Handbuch der Persönlichkeitspsychologie und Differentiellen Psychologie. Göttingen, 93-103.

Ursula Kessels

Personal in Tageseinrichtungen für Kinder

Tageseinrichtungen für Kinder bilden das größte Berufsfeld in der Kinder- und Jugendhilfe. Eine Schlüsselposition bei der Bewältigung der fachlich formulierten Anforderungen nehmen jene Personalgruppen ein, die dort jenseits des Verwaltungs- und Hauswirtschaftsbereichs leitend oder pädagogisch tätig sind. Aus dieser Perspektive werden die Qualifikationsstrukturen in Tageseinrichtungen nachhaltig durch die Berufsgruppe der Erzieherinnen geprägt. Diese stellten nach Daten des Statistischen Bundesamts im Jahr 2006 allein knapp 71% des Personals in pädagogischen Aufgabenbereichen und in Leitungsfunktionen. Werden unter dieser Prämisse die übrigen Personalgruppen stärker ins Blickfeld gerückt, dann lässt sich – wenn auch mit großem Abstand zu den Erzieherinnen – eine zweite größere Einzelberufsgruppe identifizieren, die ebenfalls zum Spektrum sozialpädagogischer Ausbildungen und Berufe gerechnet wird: die Gruppe der staatlich anerkannten bzw. geprüften Kinderpflegerinnen. Sie umfasste zeitgleich einen Personalanteil von gut 13%. Den sozialpädagogischen Berufsfachschulqualifikationen lässt sich – mit einem Anteil unterhalb der 1%-Marke – auch die Gruppe der Sozialassistenten zurechnen, deren Ausbildung eine Modernisierungsvariante der Kinderpflege darstellt. Die übrigen Mitarbeiterinnen verteilten sich mit gut 3% auf verschiedene Sozial-, Erziehungs- und Gesundheitsberufe (etwa aus dem heilpädagogischen Berufsspektrum oder der Krankenpflege) oder hatten einen anderweitigen Ausbildungsabschluss (knapp 2%). Im Vergleich zu den Beschäftigten mit Berufsausbildung waren Fachhochschul- und Universitätsabsolventen mit knapp 4% relativ selten in Tageseinrichtungen anzutreffen. Und schließlich waren im Unterschied zu den aufgeführten Berufsgruppen auch noch Mitarbeiter tätig, die keine abgeschlossene Ausbildung hatten, d.h. Praktikanten (zu mehr als 4%) sowie Beschäftigte ohne Berufsabschluss (rund 2%). Neben den Erzieherinnen stellten Kinderpflegerinnen und Sozialassistenten somit fast die Hälfte der verbleibenden Belegschaft in den pädagogischen und steuernden Arbeitsbereichen von Tageseinrichtungen.

Bei den Kinderpflegerinnen handelt es sich um einen traditionsreichen Frauenberuf, der auf eine wechselvolle Geschichte in der Kleinkinderbetreuung, -erziehung und -pflege zurückblicken kann. Sein Entstehungsprozess ist aufs engste mit dem Kindergärtnerinnenberuf verbunden, der einen Entwicklungsstrang des heutigen Erzieherberufs darstellt. Die Orientierung an der Altersgruppe der Kleinst- und Kleinkinder sowie die Verschränkung von Betreuungs-, Erziehungs- und Pflegeaufgaben spiegeln sich auch heute noch im Berufsbild. Charakteristisch für den Berufszuschnitt ist sein Assistenz- und Helfercharakter. Dementsprechend werden Kinderpflegerinnen auch in Kindertageseinrichtungen hauptsächlich als Ergänzungs- bzw. Zweitkräfte im Gruppendienst eingesetzt.

Ihren Ausbildungsabschluss erwerben sie an Berufsfachschulen, die als berufsqualifizierender Unterbau der Erzieherinnenausbildung fungieren. Der Bildungsgang wird jedoch nur in 11 Bundesländern angeboten. Zwischen den Ausbildungsmodellen der Länder bestehen große Differenzen (z.B. bei einer Ausbildungsdauer von zwei oder drei Jahren). Die Zukunftstauglichkeit des Kinderpflegeberufs wird bereits seit den 1970er Jahren kritisch diskutiert. Als Ergebnis dieser fachpolitischen Debatte wurden seit Ende der 1980er Jahre in einigen Ländern Ausbildungen im Bereich der Sozialassistenz ins Leben gerufen. Sie sind zugleich im Kontext von Bestrebungen zu positionieren, einen vereinheitlichenden, modularen Grundberuf für soziale, sozialpflegerische und sozialpädagogische Berufe zu etablieren.

Zusammengenommen differieren die Personalstrukturen in Tageseinrichtungen erheblich vom Qualifikationsgefüge in anderen Feldern der Kinder- und Jugendhilfe. So ist bei Dominanz der Berufsgruppe der Erzieherinnen und einem relativ hohen Anteil von Kinderpflegerinnen der Akademisierungsgrad trotz der hohen Fachlichkeitsansprüche in diesem Handlungsfeld äußerst niedrig. Eine forcierte Akademisierung des Berufsfeldes zur Normalisierung der Qualifikationsstrukturen, aber auch verstärkte Anstrengungen im Bereich der Fort- und Weiterbildung erscheinen somit als wesentliche Strategien, um auf breiterer Ebene zur Qualitätsverbesserung der Arbeit in Kindertageseinrichtungen beizutragen.

Literatur
Amthor, R. C. (2003): Die Geschichte der Berufsausbildung in der Sozialen Arbeit. Weinheim, München. – Statistisches Bundesamt (Hg.) (2007): Statistiken der Kinder- und Jugendhilfe. Wiesbaden.

Karin Beher

Personalentwicklung

In Theorie und Praxis gibt es eine große Vielzahl verschieden(st)er Definitionen und Verständnisse von Personalentwicklung. Enge Vorstellungen setzen Personalentwicklung im Wesentlichen mit Bildung gleich. Danach wären mit Personalentwicklungsmaßnahmen vor allem Berufsbildung, Weiterbildung, Anlernung oder Umschulung gemeint. Legt man ein weitergehendes Verständnis zugrunde, geht Personalentwicklung über reine Aus- und Weiterbildung hinaus und nimmt zusätzlich Förderaspekte mit in den Blick. Darunter sind beispielsweise Inhalte bzw. Instrumente wie Auswahl und Einarbeitung neuer Mitarbeiter, Nachfolge- und Karriereplanung, Mitarbeiter-Gespräche, Leistungsbeurteilung, Coaching oder Gesundheitsförderung zu fassen. Noch weiter gehende Definitionen begreifen auch organisationsumfassende Aspekte bzw. Maßnahmen der Organisationsentwicklung als Inhalte von Personalentwicklung. Dazu gehören z.B. Teamentwicklung, Projektarbeit oder Gruppenarbeit.

Bei den Interessen, die mit Personalentwicklung verfolgt werden, kann nicht einfach von einer Interessenidentität zwischen Arbeitgeber und Beschäftigten ausgegangen werden. Während auf Arbeitgeberseite Nutzenaspekte und die Zielgerichtetheit von Personalentwicklung im Vordergrund stehen, versprechen sich Beschäftigte häufig Aufstiegs- und Entwicklungsmöglichkeiten oder mehr Transparenz bzw. Beteiligung. Da die Gelder für Personalentwicklung nicht in uneingeschränktem Maße zur Verfügung stehen, müssen sich Personalentwicklungsmaßnahmen für die Arbeitgeberseite auszahlen, d.h. den Nachweis erbringen, inwiefern sie für die Organisation (Unternehmen, Verwaltung, Schule) dienlich sind.
Zunehmend gewinnt Personalentwicklung auch an Bedeutung im Schulbereich. Zu den Aufgaben der Schulleitung wird mehr und mehr auch die Entwicklung und Förderung der Lehrer gezählt. Dabei kommen etwa Maßnahmen wie Mitarbeitergespräche oder Leistungsbeurteilungen zum Tragen.

Literatur

Becker, M. (2002): Personalentwicklung. Stuttgart.

Mette Rehling / Susanne König

Peru → Lateinamerika

Pestalozzi, Johann Heinrich (1746-1827)

Das politisch-pädagogische Denken Pestalozzis wurde entscheidend von der republikanischen Tradition seiner Heimatstadt Zürich geprägt. Diese verfolgte das Ideal einer patriarchalen, tugendhaften und aristodemokratischen Republik, in welcher Erziehung zur Tugend ein integraler Bestandteil des politischen Verständnisses ist. 1767 begann Pestalozzi eine landwirtschaftliche Lehre, da er im Dasein als Bauer die einzige Möglichkeit sah, der vermeintlichen Korruption der Stadt zu entkommen und die republikanischen Ideale zu verwirklichen. Der wirtschaftliche Erfolg war sehr bescheiden und als 1771/72 europaweite Missernten sein landwirtschaftliches Gut in existentielle Nöte brachten, entschloss sich Pestalozzi zum Aufbau einer protoindustriellen Produktionsanstalt, in welcher Kinder preisgünstig arbeiten und im Gegenzug Unterricht in Lesen, Schreiben, Rechnen und Religion haben sollten. Trotz anfänglich breiter Unterstützung durch unterschiedliche Reformzirkel der Schweiz gelang es Pestalozzi nicht, dieses Unternehmen rentabel zu machen, 1780 musste die Anstalt schließen.

Die Bemühungen um die Finanzierung seiner Anstalt brachten ihn in Kontakt mit einem der einflussreichsten Publizisten der Schweiz, dem Basler Isaak Iselin. Dieser unterstützte Pestalozzis schriftstellerische Versuche. Ab 1781 erschienen die ersten größeren Schriften von Pestalozzi (Lienhard und Gertrud, erster Teil 1781; Gesetzgebung und Kindermord, 1783). In seiner Schrift zum Kindermord ergriff er explizit für die Kindsmörderinnen Partei und stellte den Kindsmord in einen gesellschaftlich-politischen Kontext.
Die Französische Revolution 1789 erwies sich auch für Pestalozzis intellektuelle Biografie als einschneidendes Ereignis. Die anfänglich positive Rezeption wich schon bald einer skeptischen Einschätzung, und er entwickelte – beeinflusst von den Kritikern der deutschen Aufklärung – ein Konzept der individuellen Freiheit, das er 1797 publizierte (Meine Nachforschungen über den Gang der Natur in der Entwicklung des Menschengeschlechts).
Die Helvetische Revolution 1798 und die damit verbundene politische Neuorganisation der Schweiz prägte die weitere Entwicklung von Pestalozzis Biografie. Ende 1798 wurde er als Leiter einer Armenanstalt nach Stans berufen, die aber schon ein halbes Jahr später wieder geschlossen wurde; seine Erfahrungen wurden 1807 publiziert (Stanser Brief). 1800 übernahm Pestalozzi die Leitung der helvetischen Lehrerbildungsanstalt in Burgdorf und entwickelte hier ein Konzept zur Reform der Erziehung und der Schule, das die Gesellschaft im Sinne der alten Tugendrepublik erneuern sollte und als Pestalozzis Methode Verbreitung fand (Wie Gertrud ihre Kinder lehrt, 1801).
1804 wurde die unterdessen sehr erfolgreiche Anstalt von Burgdorf nach Yverdon verlegt und die Erfolgsgeschichte setzte sich anfänglich fort, bis 1809 eine öffentliche Evaluation Kritik am Modellcharakter des Instituts übte. 1817 kam es zu einer juristischen Auseinandersetzung mit ehemaligen Mitarbeitern und der Gründung von Konkurrenz-Anstalten in Yverdon, was neben der Unfähigkeit Pestalozzis, ein so großes Unternehmen zu führen, zum Untergang der Anstalt beitrug. Gleichzeitig äußerte Pestalozzi zunehmend Zweifel an den Versprechungen seiner eigenen Methode und beschäftigte sich wieder stärker mit Konzepten, mit denen er sich schon vor der Französischen und Helvetischen Revolution auseinandergesetzt hatte. Seine späten Veröffentlichungen (Schwanengesang, 1826) weisen denn auch viele Parallelen zu den Nachforschungen auf.

Nach Pestalozzis Tod 1827 versank sein Name bald in der Vergessenheit. Erst die Aktivitäten Friedrich Adolph Wilhelm Diesterwegs zum 100jährigen Geburtstag Pestalozzis 1846 und die damit verbundene Stilisierung Pestalozzis zum Ahnherrn der deutschen Lehrerbildung läuteten eine breite Rezeption ein, die bis heute in unterschiedlichster Form anhält. Die Spannbreite reicht dabei von einer unkritischen Funktionalisierung als Klassiker über eine kritische Auseinandersetzung hauptsächlich mit der Rezeption Pestalozzis im 19. und frühen 20. Jahrhundert bis hin zu einer kontextualisierenden historischen Forschung.

Literatur

Pestalozzi, J. H. (1927-1996): Sämtliche Werke. Kritische Ausgabe. 29 Bde. Zürich. – Pestalozzi, J. H. (2004-2009): Ausgewählte Werke – Studienausgabe. 8 Bde. Zürich – Stadler, P. (1988/1993): Pestalozzi. 2 Bde. Zürich. – Tröhler, D. (2008): Johann Heinrich Pestalozzi. Bern.

Rebekka Horlacher

Petersen, Peter (1884-1952)

Aufgewachsen als eines von sieben Kindern in einer bäuerlichen Großfamilie bei Flensburg studierte Petersen ab 1904 in Leipzig, Kiel, Kopenhagen und Posen evangelische Theologie, Philosophie, Geschichte und Anglistik, wurde 1908 promoviert und legte 1909 das Erste Staatsexamen für das Lehramt an Gymnasien ab. Danach arbeitete Petersen als Lehrer am Johanneum-Gymnasium in Hamburg, wo er mit der Hamburger Schulreform-Bewegung in Kontakt kam und u.a. 1912 Vorstandsmitglied im Bund für Schulreform wurde. 1920 übernahm er die Leitung der Lichtwark-Schule, einer der wenigen höheren Reformschulen der Weimarer Republik. Nach der Habilitation (1920 in Hamburg) wurde Petersen 1923 auf den Lehrstuhl für Erziehungswissenschaft an die Universität Jena berufen. In dieser Funktion leitete er zugleich die Jenaer Universitätsschule und entwickelte nicht nur sein reformpädagogisches Schulmodell (Jena-Plan, 1927), sondern auch eine empirisch orientierte Erziehungswissenschaft bzw. Unterrichtsforschung, die er als Pädagogische Tatsachenforschung verstand. Beides wurde international rezipiert und von Petersen selbst in einen internationalen Kontext gestellt (Die Neueuropäische Erziehungsbewegung, 1926). Sein schulpädagogisches Hauptwerk erschien 1937 unter dem Titel Führungslehre des Unterrichts. Petersens Denken war geprägt von christlichen, sozialkonservativen, antiliberalen, volkstheoretischen und gemeinschaftsideologischen Orientierungen.

Petersens Verhältnis zum Nationalsozialismus führt noch immer zu Diskussionen. Er äußerte sich positiv zum Nationalsozialismus und argumentierte auch rassistisch und antisemitisch. Strittig ist jedoch, welche Konsequenzen dies für sein über alle historisch-politischen Zäsuren hinweg vertretenes Schulmodell, den Jena-Plan, hat. Seine Jenaer Professur behielt Petersen auch über das Kriegsende 1945 hinaus. 1948 zeichnete sich jedoch ab, dass seine Pädagogik in der Deutschen Demokratischen Republik entgegen erster Erwartungen nicht auf bildungspolitische Resonanz stieß. Die Universitätsschule wurde 1950 geschlossen, und Petersen scheiterte mit dem Versuch, seine Professorenkarriere in der Bundesrepublik Deutschland fortzusetzen.

Literatur

Kluge, B. (1992): Peter Petersen. Heinsberg. – Retter, H. (2007): Reformpädagogik und Protestantismus im Übergang zur Demokratie. Frankfurt u.a.

Jörg-W. Link

Petzelt, Alfred (1886-1967)

Petzelt nahm nach einer Blindenlehrerausbildung 1919 in Breslau das Studium von Philosophie, Psychologie und Physik auf. Vom Neukantianer Richard Hönigswald wurde er 1923 promoviert, 1930 habilitierte er sich und lehrte danach an der Pädagogischen Akademie Beuthen und als Privatdozent an der Universität Breslau. Bereits 1933 kam er in einen sich verschärfenden Konflikt mit den Nationalsozialisten und wurde ab 1939 als Volksschullehrer fern der Universität eingesetzt. Ab 1945 lebte er in Leipzig unter schwierigen politischen Bedingungen als Hochschullehrer und floh 1949 nach Münster, wo er 1952 zum Ordinarius für Pädagogik ernannt wurde.

Petzelt hat eine umfassende philosophisch-prinzipientheoretische Bildungs-, Erziehungs- und Unterrichtssystematik vorgelegt, in der er die Pädagogik v.a. gegen psychologisierende Einflüsse empirischer Art abgrenzt (Grundzüge systematischer Pädagogik, 1947; Grundlegung der Erziehung, 1954; Von der Frage, 1957).

Literatur

Petzelt, A. (2003): Pädagogik wider den Zeitgeist. Baltmannsweiler.

Peter Kauder

Peukert, Detlev J. K. (1950-1990)

In einer Bergarbeiterkolonie aufgewachsen, legte Peukert 1969 das Abitur ab und studierte anschließend bis 1975 Geschichte, Germanistik und Philosophie in Bochum. In der Folgezeit wurde er wissenschaftlicher Assistent an der Universität Essen. 1979 erfolgte die Promotion mit einer Arbeit über die Kommunistische Partei Deutschlands im Widerstand. 1984 habilitierte sich Peukert an der Universität Essen mit der für die Geschichtsschreibung der Sozialpädagogik bedeutsamen Studie über die Entstehung und Krise der Jugendfürsorge in Deutschland von 1878 bis 1932 (Grenzen der Sozialdisziplinierung, 1986). Die Geschichte der Jugendfürsorge und der Jugend war auch in weiteren Veröffentlichungen das zentrale Thema (z.B. Jugend zwischen Krieg und Krise, 1987). 1988 wurde Peukert wissenschaftlicher Direktor der Forschungsstelle für Zeitgeschichte in Hamburg und erhielt 1989 eine außerplanmäßige Professur an der Universität Essen.

Literatur
Bajohr, F. (Hg.) (1991): Zivilisation und Barbarei. Hamburg.

Kurt Schilde

Pfahler, Gerhard (1897-1976)

Nach Kriegsdienst und Ausbildung zum Volksschullehrer begann Pfahler 1921 ein Studium der Pädagogik, Psychologie und Philosophie in Tübingen und München. In Tübingen wurde er 1924 bei Oswald Kroh über das Gesetz der ethischen Wertung als ein Hauptproblem der Pädagogik promoviert. Pfahler habilitierte sich 1928 mit dem vielfach rezipierten System der Typenlehre und erhielt 1934 ein Ordinariat für Psychologie und Pädagogik an der Universität Gießen.
1938 übernahm Pfahler in Tübingen den Lehrstuhl Krohs und führte – dessen psychologisch-experimentelle Forschung fortsetzend – mit Unterstützung der Deutschen Forschungsgemeinschaft rassetheoretisch fundierte Untersuchungen durch (Rassekerne des Deutschen Volkes und ihre Gemische, 1940), die auch in einschlägigen Vorträgen (z.B. Rasse und Erziehung, 1939) sowie in einer Monografie (Warum Erziehung trotz Vererbung?, 1935, [5]1943) mit pädagogischen Fragestellungen in Zusammenhang gebracht wurden.
Auf Suspendierung 1945 und Entzug der Lehrbefugnis 1948 folgten Pfahlers Rehabilitierung und Einsatz als Professor für Psychologie und Erziehungswissenschaft zur Wiederverwendung an der Universität Tübingen 1953-1959.

Literatur
Kersting, C. (2008): Pädagogik im Nachkriegsdeutschland. Klinkhardt.

Anne Hild / Friederike Hoffmann

Pflegeversicherung

1994 wurde das Gesetz zur sozialen Absicherung des Risikos der Pflegebedürftigkeit verabschiedet. Regierung und Opposition hatten sich auf eine umlagefinanzierte Lösung unter dem Dach der Krankenversicherung sowie auf eine private Pflegeversicherung geeinigt. Dem Gesetz war eine mehr als 20-jährige Diskussion vorausgegangen, die insbesondere auf die starken gesellschaftspolitischen Kontroversen um die Zukunft des Sozialstaates seit den 1980er Jahren verwies. Mit dem Pflegeversicherungsgesetz als neuem Zweig der Sozialversicherung sollte Pflegebedürftigkeit als allgemeines Lebensrisiko anerkannt und im Rahmen der Solidargemeinschaft abgesichert werden. Pflegebedürftigkeit wird dabei als ein Prozess definiert, der durch präventive, therapeutische und rehabilitative Maßnahmen beeinflussbar ist. Im Mittelpunkt des Pflegebegriffs steht deshalb die Leitidee einer aktivierenden Pflege, die ein möglichst selbstständiges und würdiges Leben pflegebedürftiger Personen sichern soll. Anfang 1995 wurde eine Versicherungs- und Beitragspflicht eingeführt, seit 1995 bestehen Leistungen bei häuslicher, seit 1996 Leistungen bei stationärer Pflege. Diese Leistungen sind untergliedert in Dienst-, Sach- und Geldleistungen und sollen zur Unterstützung der Grundpflege und der hauswirtschaftlichen Versorgung bei Pflegebedürftigkeit beitragen. Drei Pflegestufen, unterteilt in erhebliche, schwere und schwerste Pflegebedürftigkeit, bestimmen den Zugang zur Pflegeversicherung. 1994 verfassten die Spitzenverbände der neu gegründeten Pflegekassen dazu Richtlinien über die Abgrenzung der Merkmale der Pflegebedürftigkeit sowie zum Verfahren ihrer Feststellung. Welche Pflegestufe vorliegt, wird vom Medizinischen Dienst der Krankenkassen (MDK) für jeden individuellen Fall in Orientierung an der jeweils benötigten Zeit für pflegerische Versorgung und hauswirtschaftliche Unterstützung geprüft.

Literatur
Gröning, K. (2006): Das Pflegeversicherungsgesetz und die Pädagogik. In: Neue Praxis 36, 225–235. – Klie, Th. ([8]2009): Pflegversicherung. Hannover.

Katharina Gröning

Pflegewissenschaft

Pflegewissenschaft versteht sich als wissenschaftliche Grundlage für die Praxisdisziplin der Pflege in den Bereichen Gesundheits-, Kranken-, Kinderkranken- und Altenpflege. Als integrierende Wissenschaft bereitet die Pflegewissenschaft Erkenntnisse aus den Disziplinen Medizin, Soziologie, Psychologie, Biologie, Pädagogik und Philosophie unter pflegerelevanten Aspekten auf. Der Pflegewissenschaft liegt ein ganzheitliches Menschenbild zugrunde, in dem die Perspektive der zu pflegenden Person eine bedeutsame Rolle einnimmt. Die Pflegewissenschaft hat sich in Deutschland vor dem Hintergrund veränderter Anforderungen an die Pflege durch den steigenden Anteil älterer Menschen erst in den 1990er Jahren wissenschaftlich etablieren können. Besondere Bedeutung hat daher vor allem die gerontologische Pflegewissenschaft, die sich mit der Untersuchung von Pflegeprozessen und den Auswirkungen verschiedener Pflegemodelle befasst.

Literatur
Brandenburg, H./Dorschner, S. (Hg.) ([2]2008): Pflegewissenschaft I. Bern.

Stephan Baas

PH → Pädagogische Hochschulen